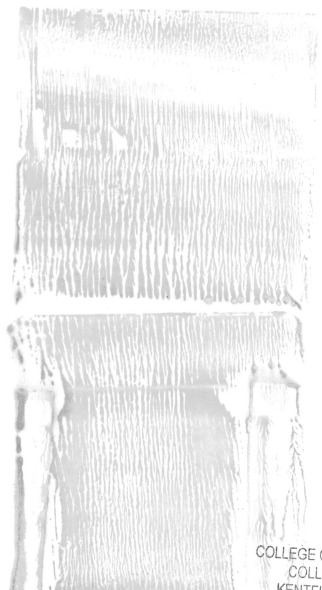

NINETEENTH CENTURY SPANISH PLAYS

NINETEENTH CENTURY SPANISH PLAYS

EDITED BY

LEWIS E. BRETT
Queens College

PRENTICE-HALL, INC., ENGLEWOOD CLIFFS, NEW JERSEY

PREFACE

The present collection of nineteenth-century Spanish plays, more complete in scope than any heretofore available, is modeled along the lines of the two volumes of French plays already published by the D. Appleton-Century Company. It is hoped that it will fill a long-standing need in this country for a text equally suitable for general reading purposes and for more specialized courses in the drama. The editor has long been of the opinion that, were suitable materials available in convenient and economical form, many classes now devoted to desultory readings could greatly increase the amount of work accomplished, with both pleasure and profit to the student.

The fifteen plays in this volume, each complete in every respect, illustrate all the important literary movements of the past century. An endeavor has been made in every case to select works not merely representative of the various periods but of intrinsic interest to the modern student. Among their number will be found some of the greatest favorites of the Spanish stage; several of the others have never before been edited in this country.

A word may be said on the arrangement of this volume. The several plays have been presented in chronological order. A general introduction touching upon the salient features of the century as a whole is supplemented by individual studies of the authors represented. The general bibliography, necessarily incomplete, lists only the more indispensable and easily accessible works on the modern period. The separate bibliographies are limited to studies on the authors directly concerned. References to journals and periodicals have only rarely been included. Inasmuch as really advanced classes of Spanish are unfortunately small in this country, the linguistic notes have been prepared with the definite purpose of bringing the book within reach of students who have had the equivalent of two or more years of college work in the language. This has been done, it is hoped, in a manner which will not prove annoying to the advanced reader, who may still find among the other notes details of general interest. The linguistic notes aim to include words and idioms not readily to be found in *Appleton's New Spanish Dictionary*, which has served as a norm in this respect, but any reasonably complete dictionary should be satisfactory.

For suggestions regarding choice of plays or the interpretation of a few obscure passages the editor is gratefully indebted to Professors J. D. M. Ford and Guillermo Rivera of Harvard, Professor F. Courtney Tarr of Princeton and Sr. Francisco Aguilera of Yale. He is particularly under obligations to Professor Kenneth McKenzie of Princeton for his kindly and helpful criticism throughout the preparation of the volume. Special thanks are also due to Sr. Jacinto Benavente for his kind permission to reproduce *El nido ajeno* in this collection.

L. E. B.

CONTENTS

TRANSLATION HINTS

The following constructions of frequent occurrence sometimes prove troublesome to the less experienced student:

1. *a* with infinitive = " if," " provided ":—
   A querer tú ayudarme . . .
   A no ser yo quien me soy . . .
2. *¿a que?* = " what do you bet that? ":—
   ¿A que es cierto?
   ¿A que no aciertas?
3. *¿a qué?* or *¿qué?* = " why? ":—
   ¿A qué negarlo?
   ¿Qué se admira usted?
   ¿Qué me detengo?
4. *como* with subjunctive = " if," " provided ":—
   Como lo hagan bien . . .
5. *¿cuánto va que?* = " what will you wager that? ":—
   ¿Cuánto va que lo hago?
6. *de todos modos* or *de todas suertes* = " in any event," " anyhow."
7. *el que* = *el hecho de que*, " (the fact) that ":—
   Me cansa el que siempre que te hablo de esto no me respondas.
8. *y eso que* = " notwithstanding the fact that ":—
   Y eso que traía los ojos, de llorar y de polvo, que daba compasión.
9. *lo que es (a)* = " as for ":—
   Lo que es (a) eso . . .
   Lo que es atravesar el puente . . .
10. *mucho* or *muy* . . . *para* = *demasiado* . . . *para*:—
    Tengo mucha penetración para que tú me engañes.
    Él es muy niño para saber ocultar sus sentimientos.
11. *no* with subjunctive = " lest ":—
    Salga Vd., no vayan a creer que estábamos juntos aquí.
12. *no sea que* = " lest ":—
    Cierre Vd. la ventana, no sea que se me llene el cuarto de mosquitos.
13. *para con* = " toward ":—
    Es muy bueno para con sus amigos.
14. *por si* = " in case ":—
    Por si no nos volvemos a ver.
15. *que* = *porque*:—
    Vámonos de prisa, que no es posible quedar aquí.
16. *que* = *de modo (manera) que*:—
    Escribe que da gusto. Cf. also example eight above.
17. *que* with subjunctive in exclamations = " to think that ":—
    ¡Que Vd. crea eso!
    ¡Y que yo tenga impaciencia por ver esa cara!
18. *si*, emphatic or expostulatory, = " Why! " " But I tell you! " etc.:—
    ¡Si no lo creo!
    ¡Si parece mentira!

INTRODUCTION

The Golden Age of Spanish letters and art, the age of Cervantes and Lope de Vega, of El Greco, Velázquez and Murillo, came to a close in 1680 with the death of Calderón, the last of the great national dramatists. Spain's political and economic power, however, was already seriously undermined at the death of Philip II in 1598, and throughout the succeeding century the decline became more and more visible, reaching its lowest ebb under the last of the Hapsburgs, Charles II the Bewitched (1665–1700). With the accession to the throne of Philip V, grandson of Louis XIV of France and first of the Bourbon line which has ruled almost continuously up to our own days, Spain entered upon a new period. Exposed for the first time to a powerful French cultural movement, to be followed later by similar neo-classic influences from Italy; somewhat strengthened economically also, despite a disastrous war of succession and the loss of Flanders and the Italian possessions, the nation appeared to be on the up grade until it encountered the reactionary policies of Charles IV and his still more bigoted and despotic son Ferdinand VII, ill-named the Desired. After the enforced abdication of Charles IV in 1808 in favor of his son, they both were held as more or less willing captives in France while Napoleon planted his brother Joseph on the Spanish throne and vainly sought to crush the desperate resistance of the people. When Ferdinand was finally restored in 1814, he found a nation more democratically-minded than ever before, but he blindly abrogated the parliamentary constitution which had been proclaimed at Cadiz in 1812. Henceforth there was bitter strife between Liberals and Absolutists, and in the Revolution of 1823 Ferdinand was saved only by armed French intervention. Immediately following his death in 1833, the first Carlist war of succession broke out, and thereafter revolution and counter-revolution swept the country. The high spots of these political upheavals saw the dethronement of Isabel II in 1868, the brief reign of an Italian prince, Amadeo of Savoy, a short-lived Republic, and the restoration of the Bourbons with Alphonso XII in 1874. At the very close of the century came the crushing defeat in the war with the United States, the loss of Spain's last colonies, and the determined effort at national rehabilitation made by the so-called Generation of 1898.

The influence on literature of these changing political and social conditions was bound to be marked, as will become more apparent in the studies devoted to the several authors represented in this volume. For the moment we are concerned only with the task of tracing as briefly as possible the main currents flowing into the nineteenth-century theatre, with no attempt at exploring a multitude of tributary streams of less significance. Inasmuch as a full third of this period is but a continuation of eighteenth-century traditions, we must retrace our steps for a moment to discover the dominant tendencies of that age.

In 1700, Spain was utterly exhausted after centuries of almost unparalleled efforts in every field. It was inevitable that for a long period to come she should lie fallow, in relative sterility. When examined beneath the surface, to be sure, the eighteenth century is by no means as barren intellectually as is popularly believed; but outwardly, and in the light of the luxuriant epoch which preceded and the rich revival which followed, it seems impoverished indeed. The decadence was particularly noticeable in the theatre. The Golden Age dramatists had created a purely national art which in richness and variety, if not in absolute merit, has never been even remotely approached in any other country. The vein had been completely worked out, however, and with the passing of Calderón the Spanish theatre, left in the hands of inept imitators, rapidly degenerated into a sorry caricature of its former self.

It was then that the more intelligent men of letters turned to neo-classic France for rules and models on which to build anew. In their reaction to what seemed an intolerable state of affairs they not merely banned the current dramatic productions but went to the absurd extreme of denouncing everything that had gone before. In their eyes, the theatre of Lope and Calderón was wholly barbarous, fit only to entertain a race of savages. Shakespeare long enjoyed a similar reputation among neo-classicists. Everything possible was done to prevent the performance of such works, either in the originals or in the form of adaptations, although some of the less fanatical reformers conceded that a few of the old masterpieces might be worth making over on the classic pattern. In 1763 the representation of the *autos sacramentales,* one of the glories of Calderón, was prohibited by law; at the very turn of the century a long list of the most noted Golden Age dramas was put on the official index. In place of all these works the neo-classicists proposed translations from the French and Italian, to be followed by timid imitations of the same models.

This campaign, which had the strong support of the Court and of most of the cultured classes, was stubbornly combatted by the great mass of Spaniards. The long struggle which ensued was to be finally resolved by a virtual return to the national traditions, aided in part by a French movement diametrically opposed to the neo-classic. The clash was inevitable. No country was ever more rooted to tradition than Spain, and no movement could have been more foreign to the national temperament than that which was now being thrust upon it. French neo-classicism incarnates the spirit of moderation, good taste, order and clarity; the Spaniard since the time of Seneca has been conspicuous for his fiery, ebullient nature, his love of pomp and bombast, his ultra-personal character. Little wonder that the masses, who have ever been almost fiercely rebellious to foreign influences, now showed only contempt for dogmatic rules and laboriously contrived compositions. They demanded works modeled on the olden type, gloriously free and untrammeled, as full of defects as of flashes of genius, but spontaneous, and above all, Spanish in theme and inspiration.

That is why the people hailed with delight a champion like Ramón de la Cruz (1731–94) with his realistic portrayal of popular life in his innumerable *sainetes;* that is also why clumsy adaptations of the Golden Age drama, or even the monstrosities of a Comella, were preferred to the coldly academic productions of the *afran-cesados*. For the works of the latter were just that. Many a classical tragedy was written in exact conformity to rules, and could not even obtain a hearing, so great was the opposition of public and actors to the *estilo francés*. Although Luzán and other erudites had been preaching the new doctrine since before 1737, the elder Moratín's *Hormesinda* (1770) was the first play of this type to be staged. The only tragedy of the century to enjoy success was García de la Huerta's *Raquel* (1778), precisely because it was so genuinely *siglo de oro* in theme and spirit, beneath an outward observance of the rules. García de la Huerta was an avowed defender of the national school; the elder Moratín was a staunch neo-classicist, but he too owed his relative success to a compromise which he probably would have been the first to deny.

The more important rôle played by the younger Moratín will be studied in another place. It will suffice to state at this point that he and Ramón de la Cruz represent almost the extremes in the struggle between classicism and *españolismo*. If the latter had the more popular success, Moratín is of far greater literary signifi-cance, although he failed in his ambition to create a national theatre along rigid classical lines. This was less of a misfortune than he suspected, since in fully half of his own work it was once again proved that something more than rules and imitation of models is needed to produce a vigorous product in any field. Despite many admirers, Moratín had no immediate disciples of real importance. In the tragedy, which he had been prudent enough not to attempt, Cienfuegos, Quintana and a few others made praiseworthy if futile efforts to carry on his ideals; in the comedy the results for some years were even more disheartening.

Under these conditions, the nineteenth century opened inauspiciously. Apart from *El sí de las niñas* (1806), shining in solitary splendor, the theatre appeared prostrate. The people still favored *refundiciones* of the Golden Age drama or patronized the melodramatic absurdities of the type so keenly satirized by Moratín in *La comedia nueva* (1792). During all this period the plague of French transla-tions continued, and with some cause. Combined with the craze for Italian opera was the general apathy of the theatre-going public, whose jaded appetite had to be coaxed with an endless stream of new titles. Original works received little more consideration than translations from the poorest foreign authors, and were paid for accordingly; writers received no protection in the way of copyrights or royalties; on the other hand, a translation required little effort or ingenuity, and was less perilous to one's reputation. For over half a century many of the best authors had to resort to such work for a living.

The few original plays at this time follow the neo-classic tradition. In the tragedy the only titles still recalled, aside from a half dozen of the Duque de Rivas which will be discussed in connection with that author, are those of Martínez de la Rosa (1787–1862), one of the most prominent literary and political figures of the day. Like most of their kind, *La viuda de Padilla* (1814) and *Moraima* (1818) are stilted and cold, but the later *Edipo* (1829) is the finest modern version of Sophocles' masterpiece, the one most faithful to the letter, if not to the spirit of the original. The same author gave the first comedy in the Moratinian manner with *Lo que puede un empleo* (1812), followed by *La niña en casa y la madre en la máscara* (1821) and others which yield only to *El sí de las niñas* in observation, humor and moralizing aim. Chief among the other continuers of Moratín are the Mexican dramatist Gorostiza, best remembered for his *Indulgencia para todos* (1818) and the very popular *Contigo pan y cebolla* (1833); Gil y Zárate and Bretón de los Herreros, who owed to him their initial inspiration; and coming somewhat later, Hartzenbusch and Ventura de la Vega. In the special studies devoted to the four last mentioned authors, it will be seen that Bretón soon outstripped all others, including his model, and became the dominant figure in the comedy of manners.

In 1834, following so closely upon the death of Ferdinand VII that its significance cannot be overlooked, came an almost complete reversal in literary trends. Up to that point in the century, it had become increasingly evident that neoclassicism was hopelessly outmoded and that no life-giving force need be sought in it. Nothing, however, had yet appeared to take its place. Conditions had been particularly unfavorable in Spain for innovation of any sort. The heroic struggle against the French invaders was rewarded by the despotic oppression of Ferdinand, which plunged the country into civil war, stifled every vestige of free expression, and most important of all, exiled some 40,000 of the intellectuals, including almost every author of note. These men, taking refuge in England, France and other countries, were thrown into intimate contact with the Romantic movement which had been gathering momentum for some time and reached its culminating force about 1830. With Ferdinand's death, the exiles were permitted to return under the provisions of a general amnesty inspired chiefly by the Queen Regent's desperate need of Liberal support for the infant Isabel II, whose claim to the throne was contested by her uncle Don Carlos. Many of them had been absent for ten years, and almost all of them, thorough classicists by training, returned imbued with the new Romantic theories.

What was this new movement? Nothing is more impossible to define precisely, because by its very nature Romanticism knows no rules nor fixed patterns. With an underlying community of spirit, it has varied in its manifestations not only in the several countries, but among the writers of the same nation, and even in individuals at different periods of their lives. Some were touched but lightly by it, and very few of the greater Romanticists remained wholly faithful to their original inspiration. The most concise, if negative way to define it, would be to say that Romanticism is everything that Classicism is not. It is in essence a movement of youth, and of rebellion against all restraint of either a formal or emotional nature. Like every violent reaction, it was carried too far, but on the whole it was productive of enormous good. Its effects on literature were comparable to those of a torrential rain after a long period of drought,—destructive, perhaps, but refreshing and vivifying. Long after its vogue had apparently passed, many of its finest and richest contributions persisted.

The Romantic revolt, long overdue everywhere, reached Spain later, and with much more suddenness, than the rest of Europe. As Spain has always been backward in receiving new ideas, she here seemed to be running true to form. One might suppose that she had been waiting for the new doctrines to be fully elaborated and tested elsewhere before deciding to adopt them bodily. But if this adoption coincided so closely with the return of the exiles, and if the inspiration they had received abroad was undoubtedly the spark that touched off the powder, it is nevertheless true that certain forces, some of recent date, others of long standing, had been preparing the way. First, the bitter disputes and noisy triumphs of Romanticism in other countries had been watched with interest by the literary-minded at home. Again, unmistakable evidence of that peculiar melancholy and despair so typical of Romanticism in one of its phases, is found even in the late eighteenth century poets Cienfuegos, Cadalso, Jovellanos and Juan Meléndez Valdés. Finally, native scholars like Agustín Durán in his *Romancero general* and famous *Discurso* on the Golden Age drama; adopted ones like Böhl von Faber in his *Teatro español anterior a Lope* and *Rimas antiguas;* foreign critics and ballad-collectors, including the Schlegel brothers, Herder and Grimm in Germany, Southey and Lockhart in England, had all been demonstrating, from different angles, one fact of the utmost significance: namely, that nearly all the Romantic features then being acclaimed as new and revolutionary, were native to the earlier Spanish literature, and had persisted there for centuries until temporarily submerged by the neo-classic invasion. Some of these features, indeed, forgotten or scorned by latter-day Spaniards, had been among the most powerful stimulants to the Romantic vogue elsewhere.

A rapid enumeration of these elements traditional in the national literature will serve both to indicate the chief distinctions between Classicism and Romanticism, and to demonstrate that the new movement came to Spain, not as a complete revolution, but as a revival or restoration. Spanish writers have from the beginning rebelled against all attempts to impose rules of any sort on their work. The Golden Age drama rejects absolutely the classic unities of time and place, and does not always observe even the unity of action; it habitually mingles various *genres,* the comic and the tragic, with persons of high and low degree; it has no scruples about violating the dictates of moderation, decorum and probability; it often treats its themes from a very subjective and " romantic " point of view, revealing a marked predilection for those drawn from legend and the national past; it has always been the blind defender of Catholicism, and has freely treated religious subjects and dogma; and finally, along with a wide variety of metrical forms, it has ever possessed the same rich, colorful and brilliant language which the Romanticists of other countries struggled so hard to introduce. For all these reasons, and because much of the old spirit of honor, chivalry and adventure is still latent in the Spanish race, Romanticism won an easier victory there than elsewhere.

The same Martínez de la Rosa whose neo-classic tragedies and comedies have been noted previously, and whose *Poética* (1827) had formulated in the most dogmatic terms the accepted rules of that school, now gave to Spain her first Romantic drama. *La conjuración de Venecia* (1834), though avoiding the extremes of the new movement, is typically Romantic in theme and treatment; and it was received with enthusiasm. Two years later he presented less successfully *Abén-Humeya,* a drama which he had originally composed in French and staged at Paris in 1830, under the influence of Victor Hugo and his school. In 1834, Larra, the ill-fated *Fígaro,* likewise attempted the Romantic drama with *Macías,* whose protagonist, a Galician troubadour of the fifteenth century, has become the symbol of the unhappy lover. It is plain that the author here introduced some of his own passionate nature; but despite this and his extreme pains to obtain convincing local color, the play is of but mediocre worth. It is significant that Hartzenbusch defined it as " una restauración de la comedia antigua con tendencias modernas," while a modern critic (Lomba y Pedraja, *Teatro romántico*) points out elements in it so typical of the Romantic drama in general that his words bear citing: " El drama entero es un grito de rebeldía contra la ley moral, en primer término; contra la tiranía de las convenciones sociales, en segundo; una reivindicación sin medida de fueros individuales; . . . una obra de exaltación, no de serenidad; de arrebato lírico, o bien, a falta de inspiración—lo que con frecuencia sucede,—de retórica detonante."

A third play of that same year was *Elena* of Bretón de los Herreros, who received as much censure as praise for attempting a type so foreign to his true genius. The definitive Romantic triumphs came almost immediately afterward. In successive years, the Duque de Rivas, García Gutiérrez and Hartzenbusch produced in *Don Álvaro, El Trovador* and *Los amantes de Teruel,* three dramas very distinct in tone but alike in beauty and lasting appeal. In another dozen years the Romantic movement proper had about run its brief course, leaving behind a multitude of works, some of ephemeral fame, others as unique as the *Don Juan Tenorio* of Zorrilla, who did more than any other of these authors to restore the national drama of the Golden Age type. His *Traidor, inconfeso y mártir,* the two parts of *El zapatero y el rey* and *El puñal del godo,* etc., have all the savor of the traditional historical and legendary drama, free from the deplorable excesses often found in the plays imitated from the elder Dumas or Hugo, and from the tendency at this period to make the historical drama subservient to political and religious propaganda. Such was the case with Gil y Zárate's notorious *Carlos II el Hechizado* as contrasted with his *Guzmán el Bueno,* and Hartzenbusch's *Doña Mencía o la boda en la Inquisición* as compared with *Alfonso el Casto.* Throughout the century, the historical drama continued to be cultivated by authors of widely differing temperaments, resulting in such notable works as Tamayo y Baus' *Locura de amor,* Ayala's *Un hombre de Estado* and Núñez de Arce's *El haz de leña.*

During the Romantic period the Moratinian comedy of manners had continued to develop, freed now from the artificial restraints imposed by neo-classic rules. Under Bretón particularly it attained an exuberant growth not seen before, depicting middle-class life in all its phases, now satirically, now humorously, again swayed by moralizing aims. Outgrowths of the Bretonian comedy include the realistic plays of intrigue and character represented by Ventura de la Vega's *Hombre de mundo,*

Narciso Serra's *Don Tomás* (1858) and *El gran filón* (1874) of Rodríguez Rubí;
the philosophical and moralizing drama like *Don Francisco de Quevedo* (1848) of
Florentino Sanz; and the sentimental type of bourgeois play seen in *Flor de un día*
(1851) of Camprodón, *El cura de aldea* (1858) of Pérez Escrich, *Verdades amargas*
(1853) and *La cruz del matrimonio* (1861) of Eguílaz. In proportion as the serious
didactic element prevails, this comedy approaches the realistic theatre, or *alta
comedia*, which Ayala and Tamayo definitely established after the mid-point of the
century. The decided moral purpose of these two authors, more persistent in Ayala,
more evident perhaps in Tamayo, is matched by a striving for artistic perfection,
balance and moderation which is almost classic. In this last respect, no plays of
modern times are superior to *Consuelo* and *Un drama nuevo*.

The writers thus far considered may fairly claim to have based their plays on
a faithful observation of life, but even when they proposed moral or social problems
for solution they did not present them in the baldly realistic fashion that Augier
and the younger Dumas were then employing in their thesis plays. It is misleading
therefore to say, as is often done, that Ayala and Tamayo were merely following
a French example. Not only was there a long tradition in Spain itself for the
moralizing play, but the Spanish public was always slow to accept certain problems,
and was easily shocked by the daring treatment they received in French hands.
This may appear strange in a people which has known works as frankly realistic as
La Celestina, El libro de buen amor and some of the picaresque novels; but it is
none the less true that Spanish literature in general has been on a distinctly higher
moral plane than its northern neighbor's, and that certain social evils have either not
existed there to the same extent or have been much less discussed than in France.
However, during the second half of the century, Spain slowly became educated to
European modes of thought. Before she had become accustomed to French realism
on the stage, the latter had evolved into naturalism with its quasi-scientific and
photographic representation of life. Not long afterward, the inevitable reaction
against this excess of prosaic reality led to the so-called theatre of ideas, where a
new type of philosophical and psychological problem is treated more or less sym-
bolically, and with a conscious effort toward artistic effect. The names of Ibsen,
Strindberg, Björnson and Maeterlinck are among those associated with this last evolution in its various forms.

The efforts of Spain to catch up with this procession almost remind one of Sancho
Panza panting after his master on several occasions. First a great number of French
works, purporting to reflect life and naked reality, came in as translations, con-
siderably subdued in tone if not changed wholly in character. Gradually native
writers began to treat similar questions, but still often avoided meeting the issues
squarely. The most surprising spectacle of the whole century was provided by José
Echegaray, who suddenly appeared with a flamboyant type of Romanticism on which
he grafted the modern thesis play. Among his innumerable dramas which hypnotized
the Spanish public for three decades, can be traced the literary evolution just re-

ferred to, for they include examples of the realistic, naturalistic and symbolical *teatro de ideas*.

Despite the strong individualistic tendencies in the modern theatre, Echegaray created a school whose members may be briefly mentioned. Eugenio Sellés treated the question of adultery and divorce from the traditional Spanish viewpoint in *El nudo gordiano* (1878); in *Las vengadoras* (1884) he caused scandal with an inexact portrayal of the class of women treated thirty years before in Dumas' *Le Demimonde*. Enrique Gaspar, who had begun as realist before Echegaray's appearance (*El estómago*, 1871), anticipated in many respects the tone and style of Benavente's earlier plays, in *Las personas decentes* (1890), followed by *Huelga de hijos* (1893) on the revolt of the individual against convention. Leopoldo Cano is remembered chiefly for *La pasionaria* (1883), another study of prostitution. An entirely new field for observation was discovered by three other writers. José Felíu y Codina, a Catalan, has given realistic pictures of popular life in the provinces, in *La Dolores* (1892) and *María del Carmen* (1896). Guimerá, writing in Catalan, studies rural manners in *María Rosa* (1894), *Terra baixa* (*Tierra baja*) (1897) and *Daniela* (1902). Joaquín Dicenta won extraordinary success with *Juan José* (1895), a naturalistic and semi-socialistic study of the city proletariat.

For a long period Echegaray and his followers completely monopolized the serious theatre. Extremely popular at the same time were the light comedies of Echegaray's brother Miguel, and of Vital Aza, Ramos Carrión and Ricardo de la Vega, who also cultivated extensively what is termed the *género chico*. A brief account of the revived interest in the traditional *sainete* and *zarzuela* will be given in connection with the introduction to Ricardo de la Vega's *Pepa la frescachona*.

The century closes with two original and forceful figures in the persons of Pérez Galdós and Benavente. Galdós, representing all that was most modern and progressive in Spanish life and thought, and endeavoring to create a theatre which characteristically ignored many traditional principles of dramatic art, must be regarded as the bed-rock on which the Generation of 1898 strove to build a new Spain. Benavente owed much to Galdós, but in attaining to the position of foremost contemporary dramatist he has revealed a many-sided inspiration put at the service of an exceptionally subtle intellect and highly personal art. Sharing the Spanish stage with him at the present moment are a group of writers of diversified tastes, some of whom, like Benavente, have already produced their best work and will soon be replaced by a younger generation. Without pausing to characterize their several arts, we cannot fail to mention here the names of the brothers Álvarez Quintero, Martínez Sierra, Linares Rivas, Marquina, Villaespesa, the Machado brothers and Valle-Inclán.

GENERAL BIBLIOGRAPHY

J. M. AICARDO, *De literatura contemporánea*, Madrid, 1905.
C. BARJA, *Literatura española: Libros y autores modernos*, Los Angeles, 1933.
A. F. G. BELL, *Contemporary Spanish Literature*, New York, 1933.

F. Blanco García, *La literatura española en el siglo XIX*, 3 vols., Madrid, 1899–1903.

M. Bueno, *Teatro español contemporáneo*, Madrid, 1909.

A. Castro, *Les grands romantiques espagnols*, Paris, 1923.

J. Cejador y Frauca, *Historia de la lengua y literatura castellana*, 14 vols., Madrid, 1915–22.

N. Díaz de Escobar y F. Lasso de la Vega, *Historia del teatro español: comediantes, escritores, curiosidades escénicas*, 2 vols., Barcelona, 1924.

Espasa-Calpe (publisher), *Clásicos castellanos*, 105 vols. to date, Madrid, 1910–.

A. Ferrer del Río, *Galería de la literatura española*, Madrid, 1846.

J. Fitzmaurice-Kelly, *A New History of Spanish Literature*, Oxford, 1926.

J. D. M. Ford, *Main Currents of Spanish Literature*, New York, 1919.

A. Gassier, *Le théâtre espagnol*, Paris, 1898.

I. Goldberg, *The Drama of Transition*, Cincinnati, 1922.

J. Hurtado y A. González Palencia, *Historia de la literatura española*, Madrid, 1932.

J. M. de Larra, *Obras completas*, 4 vols., Paris, n.d.; cf. also ed. J. R. Lomba y Pedraja, *Clásicos castellanos*, 45, 52, 77, Madrid, 1923–27.

J. R. Lomba y Pedraja, *Teatro romántico*, Madrid, 1926.

S. Madariaga, *The Genius of Spain and Other Essays on Spanish Contemporary Literature*, Oxford, 1923.

——, *Semblanzas literarias contemporáneas*, Barcelona, 1924.

E. Martinenche, *L'Espagne et le Romantisme français*, Paris, 1922.

E. Mérimée and S. G. Morley, *A History of Spanish Literature*, New York, 1930.

G. T. Northup, *An Introduction to Spanish Literature*, Chicago, 1925.

P. de Novo y Colson (editor), *Autores dramáticos contemporáneos y joyas del teatro español del siglo XIX*, 2 vols., Madrid, 1881–82.

N. Pastor Díaz y F. de Cárdenas, *Galería de españoles célebres contemporáneos*, 9 vols., Madrid, 1841–45.

E. A. Peers, *Rivas and Romanticism in Spain*, London, 1923.

R. E. Pellisier, *The Neo-Classic Movement in Spain During the Eighteenth Century*, Leland Stanford Jr. University, 1918.

E. Piñeyro, *El romanticismo en España*, Paris, 1904.

M. Rivadeneyra (editor), *Biblioteca de autores españoles*, 71 vols., Madrid, 1846–80.

M. Romera-Navarro, *Historia de la literatura española*, New York, 1928.

A. de Rojas, *Literatura española comparada con la extranjera*, Madrid, 1928.

J. Yxart, *El arte escénico en España*, 2 vols., Barcelona, 1894–96.

For other works, particularly articles appearing in journals and periodicals, reference may be made to the very complete bibliographies appearing quarterly in the *Revista de filología española*, Madrid; and also to R. L. Grismer, J. E. Lepine and R. H. Olmsted, *A Bibliography of Articles on Spanish Literature*, Minneapolis, 1933.

MORATÍN

Leandro Fernández de Moratín, born at Madrid on March 10, 1760, forms a connecting link between the eighteenth and nineteenth centuries and is the best representative of that broad movement which dominated Spanish literary as well as social and political tastes for well over a century. With the close of the Golden Age, Spain had fallen upon evil days, and a long period of lamentable decadence set in. In literature and in art generally, the French neo-classic influence which was preponderant in all Europe, received double impetus with the establishment in 1700 of the Bourbon dynasty under Philip V, who strove, as did his successors, to implant the French vogue in everything. His efforts in this direction were seconded not merely by the court hangers-on but by most of the intellectuals, who sincerely believed that only through a close imitation of the great French classicists could good taste be restored and anything of artistic value produced. These partisans of the French mode were called *afrancesados*.

A few biographical details will indicate how Moratín came to have similar French leanings. First of all, Moratín owed most of his education and the early formation of his literary tastes to his father, Nicolás, who was one of the most noted literary figures of the day and a poet and leader of the *afrancesados* in the theatre. He soon gave evidence of poetic ability and a studious nature, but his character was such as to win him few friends and many enemies. He grew up timid, taciturn and delicate of health; an almost fatal attack of smallpox at four years left him, according to his biographers, permanently disfigured and changed in temperament. But his timidity was matched by pride, even conceit, in his own abilities; he scorned to play the sycophant, yet often sought patronage and frequently obtained it; unable to bear criticism, he himself lashed others unmercifully. The favor of the minister Godoy enabled him to travel extensively (1792–1796), studying the theatres and library systems of various countries, which prepared him later to accept from Joseph Bonaparte a post as Chief Librarian of the present Biblioteca Nacional, although he had earlier refused, as hopeless, an appointment as Director of Theatres. He had already made bitter enemies through his satires and through jealousy caused by the relative success of his earlier plays when the unmistakable triumph of *El sí de las niñas* (1806) aroused such violent opposition against him that Moratín, denounced to the Inquisition, forsook playwrighting, disgusted and, no doubt, thoroughly intimidated. His worst troubles began with the invasion of the French in 1808, leading to the fall of Godoy and the persecution of all his henchmen by a frenzied populace. Moratín, up to now an *afrancesado* only platonically, so to speak, was almost forced by circumstances to embrace the French cause actively. To his natural leanings were added the apparent hopelessness of the national cause, the popular animosity toward all the *afrancesados*, and the fact that Bonaparte abolished the Inquisition, which Moratín's enemies had given him cause to fear. His whole attitude in this was doubtless due to moral cowardice and apathy, plus self-interest, rather than to treasonable design; but many Spaniards have never forgiven him for it. He fled, with others in the same situation, on the temporary withdrawal of the French from the capital after Bailén; he returned with them and was well treated by the " intrusive king," Joseph Bonaparte. With the final defeat of the French and return of Ferdinand VII (1814), Moratín had to flee again and suffered such harrowing experiences that at one time he contemplated suicide. After many vicissitudes he died in Paris on June 21, 1828, and was buried between Molière and La Fontaine. Only in 1853 were his remains returned to Spain, largely through the efforts of his disciple, Ventura de la Vega.

Moratín's literary production is not large, owing as much to lack of rich inventive powers as to the circumstances which cut short his dramatic career. His occasional verse reveals him a thorough classicist where sobriety, elegance and perfection of form and language count for more than warmth and real inspiration. Even the ode on the death of his father is cold and full of classical allusions. Only exceptionally do we find something in a familiar, humorous tone. *La toma de Granada* (1779), an epic, and the *Lección poética sobre los vicios introducidos en la poesía castellana* (1782) are youthful works which merited second prizes in Academy competitions. *La derrota de los pedantes* (1789), a prose satire, pillories the ignorant writers and critics of the day, and at the same time, affords the author some satisfaction for his difficulties with a stupid censorship and with temperamental actresses in having his first play staged. *Orígenes del teatro español* (1830) represents a life-long work of scholarship on a field but then little explored, and proves how carefully the author had formulated his own dramatic doctrines.

To the theatre Moratín gave but five comedies and three translations. The latter call for no comment other than that *Hamlet* (1798), purporting to be a faithful version of the original, reveals an imperfect knowledge of English and a failure to appreciate an author as full of " monstrosities " as of beauties; while *La escuela de los maridos* (1812) and *El médico a palos* (1814), are free adaptations from Molière's *L'école des maris* and *Le médecin malgré lui*. Molière was ever his literary idol, and Moratín understood him perfectly, but he felt that there was much in the originals that no Spanish audience would tolerate. In his original plays, he deliberately set about to carry on and complete the reform initiated by his father and other neoclassicists. He shared with them the same views as to the necessity of conforming strictly to certain well-defined rules of art; he differed from them in recognizing that not everything in the earlier national drama was deserving of condemnation, and he went further than they in his conviction that the stage should offer instruction as well as entertainment. If he succeeded where all others of his school had failed, it was because he alone sensed the need of combining the best in the neo-classic traditions with the best in the national traditions, basing his comedies on a faithful observance of contemporary Spanish manners. " La comedia española," he often remarked, " ha de llevar basquiña y mantilla," and most critics grant him success in this respect.

Only two of his plays, however, have stood the test of time. One of these, *La comedia nueva, o el café* (1792), a two-act prose comedy, is the logical sequel to the satire contained in the *Lección poética* and *La derrota de los pedantes,* and claims to offer a faithful picture of the grotesque works being currently offered on the Spanish stage. There could be no more eloquent proof of the need of drastic reform than this take-off of an imaginary play by the well-meaning but misguided Don Eleuterio, who is the incarnation " de muchos escritores ignorantes que abastecen nuestra escena de comedias desatinadas, de sainetes groseros, de tonadillas necias y escandalosas "; whose wife, Doña Agustina, model " de muchas mujeres sabidillas y fastidiosas," has neglected home and children to aid him in his idiotic design; whose intended brother-in-law, Don Hermógenes, is the embodiment " de muchos pedantes erizados, locuaces, presumidos de saberlo todo "; and whose play, *El gran cerco de Viena,* is an example " de muchas farsas monstruosas, llenas de disertaciones morales, soliloquios furiosos, hambre calagurritana, batallas, tempestades, bombazos y humo." (Prologue to the Parma edition.) *La comedia nueva,* which Menéndez y Pelayo terms "la más asombrosa sátira literaria que en ninguna lengua conozco," was a deserved success, but it aroused bitter opposition and made many enemies for its author. Probably no one felt the lash more than Comella (1751–1812), the most popular and extravagant of the contemporary dramatists.

The remaining four plays are designed to show the proper application to be made of the neo-classic rules, and at the same time they take up certain social or family problems and abuses which Moratín felt called upon to combat. *El viejo y la niña* (1790), the weakest of all, discusses the time-worn theme of disparity of age between husband and wife. We have here the consummation of the tragedy narrowly averted in *El sí de las niñas.* In *El barón* (1803), a mother, obsessed with the idea of social position for herself and daughter, plays into the hands of an unscrupulous swindler who is exposed in the nick of time, thus leaving the girl free to marry a youth of her own choice. *La mojigata* (1804), a study of hypocrisy far inferior to Tirso's *Marta la piadosa* and Molière's *Tartuffe,* reveals to what lengths a girl may go who has not been brought up in normal, healthy freedom of thought and action. Following a favorite device of Molière, the moral of the play is driven home by a contrary example, furnished by a brother of the girl's father, who has reared his daughter more wisely. The great distance separating these last two plays from *El sí de las niñas* is at least partly due to the fact that they were first composed in 1787 and 1791 respectively (*El barón* as a zarzuela). When Moratín at length was forced to revamp them, to prevent distorted versions from further circulating, he met with many difficulties; a literary cabal almost stopped the performance of *El barón,* while literary enmities and religious bigotry finally secured the prohibition of *La mojigata.*

El sí de las niñas, first performed on January 24, 1806, brings to a virtual close Moratín's brief dramatic career. He has here once more, but this time in a manner worthy of Molière himself, dealt with the evils attendant upon an unwise system of education and an abuse of parental authority. The thesis of the play is so sane and obvious that to-day a reminder is perhaps necessary that such problems were then actual, not theoretical, and that to attack them required courage. The bigotry of the times is sufficiently indicated by the repeated censorships and prohibitions placed upon various of Moratín's plays, and by the flimsy pretexts which his enemies seized upon to denounce *El sí de las niñas* and its author to the Inquisition. They forced him to abandon his career, but could not check the triumph of this last play, which had a run of twenty-six consecutive performances and went through four editions within the

year. In form and technique it is practically flawless. Menéndez y Pelayo termed it
incomparable; another critic has cited it as perhaps the best Spanish play produced
since the Golden Age; Ventura de la Vega, himself of fine dramatic judgment, declared: " Entre cuantas obras dramáticas conozco, antiguas y modernas, *El sí de las
niñas* es, en mi juicio, la que más se acerca a la perfección." Certain it is that the
prose style is excellent; the language—lively, idiomatic, and colloquial—is naturalness
itself; the several characters are well-portrayed and true to life, if we overlook the
element of caricature in Doña Irene; the interest is sustained throughout; there is an
agreeable blending of humor and pathos, and the moral lesson does not obtrude unduly
upon our enjoyment of the very human situation involved.

Moratín lacked, however, certain qualities essential to a great dramatist. Perfection of form and technique are not enough, though accompanied by the elegance and
delicacy of a Menander or a Terence. The best of his plays reveal a lack of spon-
taneity and genuine emotion which is due to temperament fully as much as to close
observation of rules: few plays ever observed these more easily and naturally than *El
sí de las niñas,* and the same may be said for his other works with the exception of *La
mojigata.* Moratín never gave indication of ability to create an outstandingly great
character or to deal in a large way with any fundamental issue. Even disregarding the
numerous suggestions he utilized from Molière, there is a disappointing sameness,
despite a difference in detail, in the themes treated in four of his five plays. For these
reasons Moratín was not successful in his efforts to reform the national theatre on
strictly classical lines. He was not original or vigorous enough to overcome single-
handed the apathy or open hostility of his contemporaries. The day of dogmatic rules
was definitely past, and with Moratín's abrupt withdrawal from the scene, no noteworthy defender of his cherished doctrines was to be found. Fortunately the rules were
the least important part of his contribution. He had pointed the way for the true
comedy of manners, where emphasis will be placed on content rather than on form,
although the latter can no longer be neglected after the excellent example set by *El sí
de las niñas.* Within a few years a brilliant revival of the Spanish theatre will be under
way, with an outstanding group of writers cultivating what will long be termed *la
comedia moratiniana.*

Bibliography: *Obras,* with life, notices and the author's *Discurso preliminar,* in
Biblioteca de autores españoles, II. *Comedias de Moratín,* Baudry, Paris, 1838. *Obras,*
ed. Real Acad. de la Historia, 6 vols., Madrid, 1830–1831. *Obras póstumas,* with life
by M. Silvela, and prefaces, 3 vols., Madrid, 1867–1868. *Teatro (La comedia nueva*
and *El sí)* in ed. *Clásicos castellanos,* vol. 58, 1933, with study by F. Ruiz Morcuende.
La comedia nueva and *El sí de las niñas,* ed. Umphrey and Wilson, Century Modern
Languages Series, 1930.

To consult: ALCALÁ GALIANO, *Juicio crítico sobre el célebre poeta cómico don
L. F. de Moratín,* Madrid, 1856. M. J. LARRA, *Representación de la Mojigata; Representación de el Sí de las niñas,* Obras, II. J. DE LA REVILLA, *Juicio crítico de don L. F.
de Moratín como autor cómico,* Sevilla, 1833.

EL SÍ DE LAS NIÑAS

Por LEANDRO FERNÁNDEZ DE MORATÍN

(1806)

PERSONAJES

Don Diego   Rita
Don Carlos   Simón
Doña Irene   Calamocha
Doña Francisca

La escena es en una posada de Alcalá de Henares.[1]

El teatro representa una sala de paso[2] con cuatro puertas de habitaciones para huéspedes, numeradas todas. Una más grande en el foro, con escalera que conduce al piso bajo de la casa. Ventana de antepecho[3] a un lado. Una mesa en medio, con banco, sillas, etcétera.

La acción empieza a las siete de la tarde y acaba a las cinco de la mañana siguiente.

ACTO PRIMERO

ESCENA PRIMERA

Don Diego, Simón

(*Sale don Diego de su cuarto. Simón, que está sentado en una silla, se levanta.*)

D. Diego. ¿No han venido todavía?

Simón. No, señor.

D. Diego. Despacio la han tomado por cierto.

Simón. Como su tía la quiere tanto, según parece, y no la ha visto desde que la llevaron a Guadalajara[4] . . .   7

D. Diego. Sí. Yo no digo que no la viese; pero con media hora de visita y cuatro lágrimas, estaba concluído.[5]   10

Simón. Ello también ha sido extraña determinación la de estarse usted dos días enteros sin salir de la posada. Cansa el leer, cansa el dormir . . . Y sobre todo cansa la mugre del cuarto, las sillas desvencijadas, las estampas del *hijo pródigo*, el ruido de campanillas y cascabeles, y la conversación ronca de carromateros y patanes que no permiten un instante de quietud.   20

D. Diego. Ha sido conveniente el hacerlo así. Aquí me conocen todos, y no he querido que nadie me vea.

Simón. Yo no alcanzo la causa de tanto retiro. Pues ¿hay más en esto que haber acompañado usted a doña Irene hasta Guadalajara, para sacar del con-

---

[1] *Alcalá de Henares*, a town of some 12,000 inhabitants, twenty miles east of Madrid, on the direct highway to Guadalajara and Saragossa. Famous as the birthplace of Cervantes.

[2] *sala de paso*, " waiting room."

[3] *de antepecho*, " with a sill breast high."

[4] *Guadalajara*, town of about 12,000 inhabitants, thirty-five miles from Madrid.

[5] *estaba concluído*, " that should have been the end of it."

17

vento a la niña y volvernos con ellas a Madrid?   29

D. Diego. Sí, hombre, algo más hay de lo que has visto.

Simón. Adelante.

D. Diego. Algo, algo . . . Ello tú al cabo lo has de saber, y no puede tardarse mucho . . . Mira, Simón, por Dios te encargo que no lo digas . . . Tú eres hombre de bien, y me has servido muchos años con fidelidad . . . Ya ves que hemos sacado a esa niña del convento y nos la llevamos a Madrid.   40

Simón. Sí, señor.

D. Diego. Pues bien . . . Pero te vuelvo a encargar que a nadie lo descubras.

Simón. Bien está, señor. Jamás he gustado de chismes.   45

D. Diego. Ya lo sé, por eso quiero fiarme de ti. Yo, la verdad, nunca había visto a la tal doña Paquita; [6] pero mediante la amistad con su madre, he tenido frecuentes noticias de ella; he leído muchas de las cartas que escribía; he visto algunas de su tía la monja, con quien ha vivido en Guadalajara; en suma, he tenido cuantos informes pudiera desear acerca de sus inclinaciones y su conducta. Ya he logrado verla; he procurado observarla en estos pocos días, y a decir verdad, cuantos elogios hicieron de ella me parecen escasos.   59

Simón. Sí por cierto . . . Es muy linda y . . .

D. Diego. Es muy linda, muy graciosa, muy humilde . . . Y sobre todo, ¡aquel candor, aquella inocencia! Vamos, es de lo que no se encuentra por ahí [7] . . . Y talento . . . Sí, señor, mucho talento . . .

Conque, para acabar de informarte, lo que yo he pensado es . . .   68

Simón. No hay que decírmelo.

D. Diego. ¿No? ¿Por qué?

Simón. Porque ya lo adivino. Y me parece excelente idea.

D. Diego. ¿Qué dices?

Simón. Excelente.   74

D. Diego. ¿Conque al instante has conocido? . . .

Simón. ¿Pues no es claro? . . . ¡Vaya! . . . Dígole a usted que me parece muy buena boda; buena, buena.   79

D. Diego. Sí, señor. . . . Yo lo he mirado bien, y lo tengo por cosa muy acertada.

Simón. Seguro que sí.

D. Diego. Pero quiero absolutamente que no se sepa hasta que esté hecho.   85

Simón. Y en eso hace usted bien.

D. Diego. Porque no todos ven las cosas de una manera, y no faltaría quien murmurase, y dijese que era una locura, y me . . .   90

Simón. ¿Locura? ¡Buena locura! . . . ¿Con una chica como ésa, eh?

D. Diego. Pues ya ves tú. Ella es una pobre . . . Eso sí . . . Porque,[8] aquí entre los dos, la buena de doña Irene se ha dado tal prisa a gastar desde que murió su marido, que si no fuera por esas benditas religiosas y el canónigo de Castrojeriz,[9] que es también su cuñado, no tendría para poner un puchero a la lumbre [10] . . . Y muy vanidosa y muy remilgada, y hablando siempre de su parentela y de sus difuntos,[11] y sacando unos cuentos, allá, que [12] . . . Pero esto no es del caso . . . Yo no he buscado

---

[6] *Paquita,* one of several variants of *Francisca,* others used in this play being *Francisquita* and *Currita.*

[7] *es de lo que . . . por ahí,* " it (or possibly she) is of the kind you don't find everywhere."

[8] The next three sentences were suppressed by Moratín in his final revision.

[9] *Castrojeriz,* a small town in the province of Burgos.

[10] *no tendría . . . lumbre,* " she wouldn't have enough to keep the pot boiling."

[11] *difuntos,* " deceased husbands."

[12] *sacando . . . allá, que,* " getting off such tales as to . . ."

dinero, que dineros tengo; he buscado modestia, recogimiento,[13] virtud. 107

SIMÓN. Eso es lo principal ... Y sobre todo, lo que usted tiene, ¿para quién ha de ser?

D. DIEGO. Dices bien ... ¿Y sabes tú lo que es una mujer aprovechada, hacendosa, que sepa cuidar de la casa, economizar, estar en todo? ... Siempre lidiando con amas, que si una es mala, otra es peor, regalonas, entremetidas, habladoras, llenas de histérico, viejas, feas como demonios ... No, señor, vida nueva. Tendré quien me asista con amor y fidelidad, y viviremos como unos santos ... Y deja que hablen y murmuren y ...

SIMÓN. Pero, siendo a gusto de entrambos, ¿qué pueden decir? 123

D. DIEGO. No, yo ya sé lo que dirán; pero ... Dirán que la boda es desigual, que no hay proporción en la edad, que ...

SIMÓN. Vamos, que no me parece tan notable la diferencia. Siete u ocho años, a lo más. 129

D. DIEGO. ¡Qué, hombre! ¿Qué hablas de siete u ocho años? Si ella ha cumplido diez y seis años pocos meses ha.

SIMÓN. Y bien, ¿qué?

D. DIEGO. Y yo, aunque gracias a Dios estoy robusto y ... con todo eso, mis cincuenta y nueve años no hay quien me los quite. 137

SIMÓN. Pero si yo no hablo de eso.

D. DIEGO. Pues ¿de qué hablas?

SIMÓN. Decía que ... Vamos, o usted no acaba de explicarse, o yo lo entiendo al revés ... En suma, esta doña Paquita ¿con quién se casa?

D. DIEGO. ¿Ahora estamos ahí? Conmigo. 145

SIMÓN. ¿Con usted?

D. DIEGO. Conmigo.

SIMÓN. ¡Medrados quedamos! [14]

D. DIEGO. ¿Qué dices? Vamos, ¿qué? ... 150

SIMÓN. ¡Y pensaba yo haber adivinado!

D. DIEGO. Pues ¿qué creías? ¿Para quién juzgaste que la destinaba yo?

SIMÓN. Para don Carlos, su sobrino de usted, mozo de talento, instruído, excelente soldado, amabilísimo por todas sus circunstancias ... Para ése juzgué que se guardaba la tal niña. 158

D. DIEGO. Pues no, señor.

SIMÓN. Pues bien está.

D. DIEGO. ¡Mire usted qué idea! ¡Con el otro la había de ir a casar! ... No, señor; que estudie sus matemáticas.

SIMÓN. Ya las estudia; o por mejor decir, ya las enseña. 165

D. DIEGO. Que se haga hombre de valor y ...

SIMÓN. ¡Valor! ¿Todavía pide usted más valor a un oficial que en la última guerra, con muy pocos que se atrevieron a seguirle, tomó dos baterías, clavó los cañones, hizo algunos prisioneros, y volvió al campo lleno de heridas y cubierto de sangre? ... Pues bien satisfecho quedó usted entonces del valor de su sobrino; y yo le ví a usted más de cuatro veces llorar de alegría, cuando el rey le premió con el grado de teniente coronel y una cruz de Alcántara.[15] 179

D. DIEGO. Sí, señor; todo eso es verdad; pero no viene a cuento. Yo soy el que me caso.

SIMÓN. Si está usted bien seguro de que ella le quiere, si no la asusta la diferencia de la edad, si su elección es libre ... 186

D. DIEGO. Pues ¿no ha de serlo? ... ¿Y qué sacarían con engañarme? Ya ves tú la religiosa de Guadalajara si es mujer de juicio; ésta de Alcalá, aunque no la conozco, sé que es una señora de excelentes prendas; mira tú si doña Irene

---

[13] *recogimiento,* " a retiring disposition."

[14] *¡Medrados quedamos!* " Well, that's a good one on me!"

[15] *Alcántara,* one of the famous religious-military orders founded in 1156 to combat the Moors and defend the faith.

querrá el bien de su hija; pues todas ellas me han dado cuantas seguridades puedo apetecer . . . La criada, que la ha servido en Madrid y más de cuatro años en el convento, se hace lenguas de ella; y sobre todo me ha informado de que jamás observó en esta criatura la más remota inclinación a ninguno de los pocos hombres que ha podido ver en aquel encierro. Bordar, coser, leer libros devotos, oír misa y correr por la huerta detrás de las mariposas, y echar agua en los agujeros de las hormigas, éstas han sido su ocupación y sus diversiones . . . ¿Qué dices? 207

SIMÓN. Yo nada, señor.

D. DIEGO. Y no pienses tú que, a pesar de tantas seguridades, no aprovecho las ocasiones que se presentan para ir ganando su amistad y su confianza, y lograr que se explique conmigo en absoluta libertad . . . Bien que aún hay tiempo . . . Sólo que aquella doña Irene siempre la interrumpe; todo se lo habla . . . Y es muy buena mujer, buena . . .

SIMÓN. En fin, señor, yo desearé que salga como usted apetece. 219

D. DIEGO. Sí, yo espero en Dios que no ha de salir mal. Aunque el novio no es muy de tu gusto . . . ¡Y qué fuera de tiempo me recomendabas al tal sobrinito! ¿Sabes tú lo enfadado que estoy con él?

SIMÓN. Pues ¿qué ha hecho? 225

D. DIEGO. Una de las suyas . . . Y hasta pocos días ha no lo he sabido. El año pasado, ya lo viste, estuvo dos meses en Madrid . . . Y me costó buen dinero la tal visita . . . En fin, es mi sobrino, bien dado está; pero voy al asunto. Llegó el caso de irse a Zaragoza [16] a su regimiento . . . Ya te acuerdas de que a muy pocos días de haber salido de Madrid recibí la noticia de su llegada. 235

SIMÓN. Sí, señor.

D. DIEGO. Y que siguió escribiéndome, aunque algo perezoso, siempre con la data de Zaragoza.

SIMÓN. Así es la verdad. 240

D. DIEGO. Pues el pícaro no estaba allí cuando me escribía las tales cartas.

SIMÓN. ¿Qué dice usted?

D. DIEGO. Sí, señor. El día tres de julio salió de mi casa, y a fines de septiembre aún no había llegado a sus pabellones [17] . . . ¿No te parece que para ir por la posta hizo muy buena diligencia? [18] 249

SIMÓN. Tal vez se pondría malo en el camino, y por no darle a usted pesadumbre . . .

D. DIEGO. Nada de eso. Amores del señor oficial y devaneos que le traen loco . . . Por ahí en esas ciudades puede que . . . ¿Quién sabe? Si encuentra un par de ojos negros, ya es hombre perdido . . . ¡No permita Dios que me le engañe alguna bribona de estas que truecan el honor por el matrimonio! 260

SIMÓN. ¡Oh! no hay que temer . . . Y si tropieza con alguna fullera de amor,[19] buenas cartas ha de tener para que le engañe. 264

D. DIEGO. Me parece que están ahí . . . Sí. Busca al mayoral, y dile que venga, para quedar de acuerdo en la hora a que deberemos salir mañana.

SIMÓN. Bien está. 269

D. DIEGO. Ya te he dicho que no quiero que esto se trasluzca, ni . . . ¿Estamos?

SIMÓN. No haya miedo que a nadie lo cuente. (Simón se va por la puerta del foro. Salen por la misma las tres mujeres

---

[16] *Zaragoza,* " Saragossa," important city of 120,000 inhabitants, 200 miles from Madrid; formerly capital of Aragon.

[17] *pabellones,* " colors," " regimental quarters."

[18] *para ir . . . diligencia,* " for one going by the post (stagecoach) he made very good speed "; with a play on the words *por la posta,* " post haste," *diligencia,* " stagecoach " and *hacer diligencia,* " to endeavor."

[19] *fullera de amor,* " adventuress."

con mantillas y basquiñas. Rita deja un pañuelo atado sobre la mesa, y recoge las mantillas y las dobla.) 277

ESCENA II

Doña Irene, Doña Francisca, Rita, Don Diego

D.ª Francisca. Ya estamos acá.

D.ª Irene. ¡Ay, qué escalera!

D. Diego. Muy bien venidas, señoras.

D.ª Irene. ¿Conque usted, a lo que parece, no ha salido? (*Se sientan doña Irene y don Diego.*) 6

D. Diego. No, señora. Luego más tarde daré una vueltecilla por ahí . . . He leído un rato. Traté de dormir, pero en esta posada no se duerme. 10

D.ª Francisca. Es verdad que no . . . ¡Y qué mosquitos! Mala peste en ellos. Anoche no me dejaron parar [20] . . . Pero mire usted, mire usted (*Desata el pañuelo y manifiesta algunas cosas de las que indica el diálogo.*), cuántas cosillas traigo. Rosarios de nácar, cruces de ciprés, la regla de San Benito,[21] una pililla [22] de cristal . . . Mire usted qué bonita. Y dos corazones de talco . . . ¡Qué sé yo cuánto viene aquí! . . . ¡Ay! y una campanilla de barro bendito para los truenos . . . ¡Tantas cosas! 23

D.ª Irene. Chucherías que la han dado las madres. Locas estaban con ella.

D.ª Francisca. ¡Cómo me quieren todas! ¡Y mi tía, mi pobre tía lloraba tanto! . . . Es ya muy viejecita.

D.ª Irene. Ha sentido mucho no conocer a usted. 30

D.ª Francisca. Sí, es verdad. Decía, «¿Por qué no ha venido aquel señor?»

D.ª Irene. El padre capellán y el rector de los Verdes [23] nos han venido acompañando hasta la puerta. 35

D.ª Francisca. Toma (*Vuelve a atar el pañuelo y se le da a Rita, la cual se va con él y con las mantillas al cuarto de doña Irene.*), guárdamelo todo allí, en la excusabaraja. Mira, llévalo así de las puntas . . . ¡Válgate Dios! ¡Eh! ¡Ya se ha roto la santa Gertrudis de alcorza! 42

Rita. No importa; yo me la comeré.

ESCENA III

Doña Irene, Doña Francisca, Don Diego

D.ª Francisca. ¿Nos vamos adentro, mamá, o nos quedamos aquí?

D.ª Irene. Ahora, niña, que quiero descansar un rato. 4

D. Diego. Hoy se ha dejado sentir el calor en forma.

D.ª Irene. ¡Y qué fresco tienen aquel locutorio! Está hecho un cielo . . .

D.ª Francisca. Pues con todo (*Sentándose junto a doña Irene.*), aquella monja tan gorda que se llama la madre Angustias, bien sudaba . . . ¡Ay, cómo sudaba la pobre mujer! [24] 13

D.ª Irene. Mi hermana es la que sigue siempre bastante delicadita. Ha padecido mucho este invierno . . . Pero vaya, no sabía qué hacerse con su sobrina la buena señora. Está muy contenta de nuestra elección. 19

D. Diego. Yo celebro que sea tan a gusto de aquellas personas a quienes debe usted particulares obligaciones.

D.ª Irene. Sí, Trinidad está muy contenta; y en cuanto a Circuncisión,[25] ya

---

[20] *parar*, "rest," "have a moment's peace."

[21] *la regla de San Benito*, the monastic rule of St. Benedict, founder of the Benedictine Order, A.D. 529.

[22] *pililla*, "a miniature font," or "holy-water basin."

[23] *el rector de los Verdes*, the director of the Colegio de Santa Catalina, an academy for youths in Alcalá. The students wore green uniforms.

[24] It seems incredible that Moratín later suppressed this innocent remark of Francisca, fearful lest it be regarded as irreverent by the Inquisition.

[25] *Trinidad, Circuncisión*; names pertaining to the mystery and feast of the Trinity and Circumcision, adopted by the nuns in question.

lo ha visto usted. La ha costado mucho despegarse de ella; pero ha conocido que siendo para su bienestar, es necesario pasar por todo . . . Ya se acuerda usted de lo expresiva que estuvo, y . . . 29

D. Diego. Es verdad. Sólo falta que la parte interesada tenga la misma satisfacción que manifiestan cuantos la quieren bien.

D.ᴬ Irene. Es hija obediente, y no se apartará jamás de lo que determine su madre. 36

D. Diego. Todo eso es cierto, pero . . .

D.ᴬ Irene. Es de buena sangre, y ha de pensar bien, y ha de proceder con el honor que la corresponde. 40

D. Diego. Sí, ya estoy; pero ¿no pudiera, sin faltar a su honor ni a su sangre? . . .

D.ᴬ Francisca. ¿Me voy, mamá? (Se levanta y vuelve a sentarse.) 45

D.ᴬ Irene. No pudiera, no, señor. Una niña bien educada, hija de buenos padres, no puede menos de conducirse en todas ocasiones como es conveniente y debido. Un vivo retrato es la chica, ahí donde usted la ve, de su abuela, que Dios perdone, doña Jerónima de Peralta . . . En casa tengo el cuadro, ya le habrá usted visto. Y le hicieron, según me contaba su merced, para enviárselo a su tío carnal el padre fray Serapión de San Juan Crisóstomo,[26] electo obispo de Mechoacán.[27]

D. Diego. Ya. 58

D.ᴬ Irene. Y murió en el mar el buen religioso, que fué un quebranto para toda la familia . . . Hoy es, y todavía estamos sintiendo su muerte; particularmente mi primo don Cucufate,[28] regidor perpetuo de Zamora,[29] no puede oír hablar de su ilustrísima sin deshacerse en lágrimas. 65

D.ᴬ Francisca. Válgate Dios, qué moscas tan . . .

D.ᴬ Irene. Pues murió en olor de santidad.

D. Diego. Eso bueno es. 70

D.ᴬ Irene. Sí, señor; pero como la familia ha venido tan a menos . . . ¿Qué quiere usted?[30] Donde no hay facultades . . . Bien que por lo que puede tronar, ya se le está escribiendo la vida; y ¿quién sabe que el día de mañana[31] no se imprima, con el favor de Dios? 77

D. Diego. Sí, pues ya se ve. Todo se imprime.

D.ᴬ Irene. Lo cierto es que el autor, que es sobrino de mi hermano político el canónigo de Castrojeriz, no la deja de la mano; y a la hora de ésta lleva ya escritos nueve tomos en folio, que comprenden los nueve años primeros de la vida del santo obispo. 86

D. Diego. ¿Conque para cada año un tomo?

D.ᴬ Irene. Sí, señor, ese plan se ha propuesto.

D. Diego. ¿Y de qué edad murió el venerable? 92

D.ᴬ Irene. De ochenta y dos años, tres meses y catorce días.

D.ᴬ Francisca. ¿Me voy, mamá?

D.ᴬ Irene. Anda, vete. ¡Válgate Dios, qué prisa tienes! 97

D.ᴬ Francisca. ¿Quiere usted (Se levanta, y después de hacer una graciosa cortesía a don Diego, da un beso a doña Irene, y se va al cuarto de ésta.) que le haga una cortesía a la francesa, señor don Diego? 103

D. Diego. Sí, hija mía. A ver.

D.ᴬ Francisca. Mire usted, así.

---

[26] *San Juan Crisóstomo*, St. John Chrysostom was one of the Church Fathers, and bishop of Constantinople. Fray Serapión adopted his name on taking his religious vows.

[27] *Mechoacán*, Michoacán, a state in central Mexico.

[28] *Cucufate*, an African saint, martyred in Spain in A.D. 306.

[29] *Zamora*, a very ancient walled city of N.W. Spain.

[30] *¿Qué quiere usted?* "What can you expect?"

[31] *el día de mañana*, "some fine day soon."

D. Diego. ¡Graciosa niña! ¡Viva la Paquita, viva!

D.ᴬ Francisca. Para usted una cortesía, y para mi mamá un beso. 109

ESCENA IV

Doña Irene, Don Diego

D.ᴬ Irene. Es muy gitana [32] y muy mona, mucho.

D. Diego. Tiene un donaire natural que arrebata. 4

D.ᴬ Irene. ¿Qué quiere usted? Criada sin artificio ni embelecos de mundo, contenta de verse otra vez al lado de su madre, y mucho más de considerar tan inmediata su colocación,[33] no es maravilla que cuanto hace y dice sea una gracia, y máxime a los ojos de usted, que tanto se ha empeñado en favorecerla. 12

D. Diego. Quisiera sólo que se explicase libremente acerca de nuestra proyectada unión, y . . .

D.ᴬ Irene. Oiría usted lo mismo que le he dicho ya. 17

D. Diego. Sí, no lo dudo; pero el saber que la merezco alguna inclinación, oyéndoselo decir con aquella boquilla tan graciosa que tiene, sería para mí una satisfacción imponderable. 22

D.ᴬ Irene. No tenga usted sobre ese particular la más leve desconfianza; pero hágase usted cargo de que a una niña no la es lícito decir con ingenuidad lo que siente. Mal parecería, señor don Diego, que una doncella de vergüenza y criada como Dios manda, se atreviese a decirle a un hombre: « Yo le quiero a usted. » 30

D. Diego. Bien, si fuese un hombre a quien hallara por casualidad en la calle y le espetara ese favor de buenas a primeras, cierto que la doncella haría muy mal; pero a un hombre con quien ha de casarse dentro de pocos días, ya pudiera decirle alguna cosa que . . . Además, que hay ciertos modos de explicarse . . . 38

D.ᴬ Irene. Conmigo usa de más franqueza . . . A cada instante hablamos de usted, y en todo manifiesta el particular cariño que a usted le tiene . . . ¡Con qué juicio hablaba ayer noche después que usted se fué a recoger! No sé lo que hubiera dado porque hubiese podido oírla. 46

D. Diego. ¿Y qué? ¿Hablaba de mí?

D.ᴬ Irene. Y qué bien piensa acerca de lo preferible que es para una criatura de sus años un marido de cierta edad, experimentado, maduro y de conducta . . .

D. Diego. ¡Calle! ¿Eso decía? 52

D.ᴬ Irene. No, esto se lo decía yo, y me escuchaba con una atención como si fuera una mujer de cuarenta años, lo mismo . . . ¡Buenas cosas la dije! Y ella, que tiene mucha penetración, aunque me esté mal el decirlo . . . ¿Pues no da lástima, señor, el ver cómo se hacen los matrimonios hoy en el día? Casan a una muchacha de quince años con un arrapiezo de diez y ocho, a una de diez y siete con otro de veintidós: ella niña, sin juicio ni experiencia, y él niño también, sin asomo de cordura ni conocimiento de lo que es mundo. Pues, señor, que es lo que yo digo, ¿quién ha de gobernar la casa? ¿Quién ha de mandar a los criados? ¿Quién ha de enseñar y corregir a los hijos? Porque sucede también que estos atolondrados de chicos suelen plagarse de criaturas en un instante, que da compasión. 73

D. Diego. Cierto que es un dolor el ver rodeados de hijos a muchos que carecen del talento, de la experiencia y de la virtud que son necesarias para dirigir su educación. 78

D.ᴬ Irene. Lo que sé decirle a usted es que aún no había cumplido los diez y nueve cuando me casé de primeras nupcias con mi difunto don Epifanio, que esté en el cielo. Y era un hombre que, mejo-

[32] *gitana,* " charming," " winsome."
[33] *colocación,* " establishment " (by marriage).

rando lo presente, no es posible hallarle de más respeto, más caballeroso . . . y al mismo tiempo más divertido y decidor. Pues, para servir a usted,[34] ya tenía los cincuenta y seis, muy largos de talle, cuando se casó conmigo. 89

D. Diego. Buena edad . . . No era un niño, pero . . .

D.ᴬ Irene. Pues a eso voy . . . Ni a mí podía convenirme en aquel entonces un boquirrubio con los cascos a la jineta[35] . . . No, señor . . . Y no es decir tampoco que estuviese achacoso ni quebrantado de salud, nada de eso. Sanito estaba, gracias a Dios, como una manzana; ni en su vida conoció otro mal, sino una especie de alferecía que le amagaba de cuando en cuando. Pero luego que nos casamos, dió en darle[36] tan a menudo y tan de recio, que a los siete meses me hallé viuda y encinta de una criatura que nació después, y al cabo y al fin se me murió de alfombrilla. 106

D. Diego. ¡Oiga! . . . Mire usted si dejó sucesión el bueno de don Epifanio.

D.ᴬ Irene. Sí, señor, ¿pues por qué no?

D. Diego. Lo digo porque luego saltan con[37] . . . Bien que si uno hubiera de hacer caso . . . ¿Y fué niño, o niña? 112

D.ᴬ Irene. Un niño muy hermoso. Como una plata era el angelito.

D. Diego. Cierto que es consuelo tener, así, una criatura, y . . .

D.ᴬ Irene. ¡Ay, señor! Dan malos ratos, pero ¿qué importa? Es mucho gusto, mucho. 119

D. Diego. Yo lo creo.

D.ᴬ Irene. Sí, señor.

D. Diego. Ya se ve que será una delicia, y . . .

D.ᴬ Irene. ¿Pues no ha de ser? 124

D. Diego. Un embeleso, el verlos juguetear y reír, y acariciarlos, y merecer sus fiestecillas inocentes.

D.ᴬ Irene. ¡Hijos de mi vida! Veintidós he tenido en los tres matrimonios que llevo hasta ahora, de los cuales sólo esta niña me ha venido a quedar; pero le aseguro a usted que . . . 132

ESCENA V

Simón, Doña Irene, Don Diego

Simón. (*Sale por la puerta del foro.*) Señor, el mayoral está esperando.

D. Diego. Dile que voy allá . . . ¡Ah! Tráeme primero el sombrero y el bastón, que quisiera dar una vuelta por el campo. (*Entra Simón al cuarto de don Diego, saca un sombrero y un bastón, se los da a su amo, y al fin de la escena se va con él por la puerta del foro.*) ¿Conque, supongo que mañana tempranito saldremos?

D.ᴬ Irene. No hay dificultad. A la hora que a usted le parezca. 12

D. Diego. A eso de las seis. ¿Eh?

D.ᴬ Irene. Muy bien.

D. Diego. El sol nos da de espaldas[38] . . . Le diré que venga una media hora antes. 17

D.ᴬ Irene. Sí, que hay mil chismes[39] que acomodar.

ESCENA VI

Doña Irene, Rita

D.ᴬ Irene. ¡Válgame Dios! Ahora que me acuerdo . . . ¡Rita! . . . Me le habrán dejado morir. ¡Rita!

Rita. Señora. (*Sacará Rita unas sábanas y almohadas debajo del brazo.*) 5

D.ᴬ Irene. ¿Qué has hecho del tordo? ¿Le diste de comer?

---

[34] *para servir a usted,* " if you please."
[35] *boquirrubio . . . jineta,* " hare-brained, callow youth."
[36] *dió en darle,* " it began to attack him."
[37] *saltan con,* " people begin to jump at conclusions."
[38] *El sol . . . espaldas,* " The sun will be at our backs."
[39] *chismes.* " odds and ends."

RITA. Sí, señora. Más ha comido que un avestruz. Ahí le puse en la ventana del pasillo. 10

D.ᴬ IRENE. ¿Hiciste las camas?

RITA. La de usted ya está. Voy a hacer esotras antes que anochezca, porque si no, como no hay más alumbrado que el del candil y no tiene garabato, me veo perdida. 16

D.ᴬ IRENE. Y aquella chica ¿qué hace?

RITA. Está desmenuzando un bizcocho, para dar de cenar a don Periquito.⁴⁰

D.ᴬ IRENE. ¡Qué pereza tengo de escribir! (*Se levanta y se entra en su cuarto.*) Pero es preciso, que estará con mucho cuidado la pobre Circuncisión. 23

RITA. ¡Qué chapucerías! ⁴¹ No ha dos horas, como quien dice, que salimos de allá, y ya empiezan a ir y venir correos. ¡Qué poco me gustan a mí las mujeres gazmoñas y zalameras! ⁴² (*Éntrase en el cuarto de doña Francisca.*) 29

ESCENA VII

CALAMOCHA (*Sale por la puerta del foro con unas maletas, látigo y botas; lo deja todo sobre la mesa, y se sienta.*)

¿Conque ha de ser el número tres? Vaya en gracia ⁴³ . . . Ya, ya conozco el tal número tres. Colección de bichos más abundante, no la tiene el Gabinete ⁴⁴ de Historia Natural . . . Miedo me da de entrar . . . ¡Ay! ¡ay! . . . ¡Y qué agujetas! Éstas sí que son agujetas . . . Paciencia, pobre Calamocha, paciencia . . . Y gracias a que los caballitos dijeron: «No podemos más»; que si no, por esta vez no veía yo el número tres, ni las plagas de Faraón que tiene dentro . . . En fin, como

los animales amanezcan vivos, no será poco . . . Reventados están . . . (*Canta Rita desde adentro. Calamocha se levanta desperezándose.*) ¡Oiga! . . . ¿Seguidillitas? . . . Y no canta mal . . . Vaya, aventura tenemos . . . ¡Ay! ¡qué desvencijado estoy! 19

ESCENA VIII

RITA, CALAMOCHA

RITA. Mejor es cerrar, no sea que ⁴⁵ nos alivien de ropa, y . . . (*Forcejeando para echar ⁴⁶ la llave.*) Pues cierto que está bien acondicionada la llave. 4

CALAMOCHA. ¿Gusta usted de que eche una mano, mi vida?

RITA. Gracias, mi alma.

CALAMOCHA. ¡Calle! . . . ¡Rita!

RITA. ¡Calamocha!

CALAMOCHA. ¿Qué hallazgo es éste? 10

RITA. ¿Y tu amo?

CALAMOCHA. Los dos acabamos de llegar.

RITA. ¿De veras? 14

CALAMOCHA. No, que es chanza. Apenas recibió la carta de doña Paquita, yo no sé adónde fué, ni con quién habló, ni cómo lo dispuso; sólo sé decirte que aquella tarde salimos de Zaragoza. Hemos venido como dos centellas por ese camino. Llegamos esta mañana a Guadalajara, y a las primeras diligencias ⁴⁷ nos hallamos con que los pájaros volaron ya. A caballo otra vez, y vuelta a correr y a sudar y a dar chasquidos . . . En suma, molidos los rocines, y nosotros a medio moler,⁴⁸ hemos parado aquí con ánimo de salir mañana . . . Mi teniente se ha ido al Colegio

---

⁴⁰ *don Periquito,* name of the pet thrush; diminutive of *Pedro.*
⁴¹ *chapucerías,* "bosh."
⁴² *gazmoñas y zalameras,* "hypocritical and cajoling."
⁴³ *Vaya en gracia,* "Well, all right."
⁴⁴ *Gabinete,* "Museum."
⁴⁵ *no sea que,* "lest."
⁴⁶ *echar,* "turn." Just below, "lend."
⁴⁷ *diligencias,* "inquiries."
⁴⁸ *a medio moler,* "half dead" (with exhaustion).

Mayor[49] a ver a un amigo, mientras se dispone algo que cenar . . . Ésta es la historia.   31

RITA. ¿Conque le tenemos aquí?

CALAMOCHA. Y enamorado más que nunca, celoso, amenazando vidas . . . Aventurado a quitar el hipo a[50] cuantos le disputen la posesión de su Currita idolatrada.   37

RITA. ¿Qué dices?

CALAMOCHA. Ni más ni menos.

RITA. ¡Qué gusto me das! . . . Ahora sí se conoce que la tiene amor.   41

CALAMOCHA. ¿Amor? . . . ¡Friolera! El moro Gazul fué para él un pelele, Medoro un zascandil, y Gaiferos[51] un chiquillo de la doctrina.[52]   45

RITA. ¡Ay, cuando la señorita lo sepa!

CALAMOCHA. Pero, acabemos. ¿Cómo te hallo aquí? ¿Con quién estás? ¿Cuándo llegaste? ¿Qué? . . .   49

RITA. Yo te lo diré. La madre de doña Paquita dió en escribir cartas y más cartas, diciendo que tenía concertado su casamiento en Madrid con un caballero rico, honrado, bien quisto; en suma, cabal y perfecto, que no había más que apetecer. Acosada la señorita con tales propuestas, y angustiada incesantemente con los sermones de aquella bendita monja, se vió en la necesidad de responder que estaba pronta a todo lo que la mandasen . . . Pero no te puedo ponderar cuánto lloró la pobrecita, qué afligida

estuvo. Ni quería comer, ni podía dormir . . . Y al mismo tiempo era preciso disimular, para que su tía no sospechara la verdad del caso. Ello es que cuando, pasado el primer susto, hubo lugar de discurrir escapatorias y arbitrios, no hallamos otro que el de avisar a tu amo, esperando que si era su cariño tan verdadero y de buena ley como nos había ponderado, no consentiría que su pobre Paquita pasara a manos de un desconocido, y se perdiesen para siempre tantas caricias, tantas lágrimas y tantos suspiros estrellados en las tapias del corral. A pocos días de haberle escrito, cata[53] el coche de colleras[54] y el mayoral Gasparet con sus medias azules, y la madre y el novio que vienen por ella; recogimos a toda prisa nuestros meriñaques,[55] se atan los cofres, nos despedimos de aquellas buenas mujeres, y en dos latigazos llegamos antes de ayer a Alcalá. La detención ha sido para que la señorita visite a otra tía monja que tiene aquí, tan arrugada y tan sorda como la que dejamos allá. Ya la ha visto, ya la han besado bastante una por una todas las religiosas, y creo que mañana temprano saldremos. Por esta casualidad nos . . .   91

CALAMOCHA. Sí. No digas más. Pero . . . ¿Conque el novio está en la posada?

RITA. Ése es su cuarto (*Señalando el cuarto de don Diego, el de doña Irene y*

---

[49] The *Colegio Mayor* de San Ildefonso, dating from 1459, served as the cornerstone of the famous University of Alcalá, founded in 1498 by Cardinal Cisneros.

[50] *Aventurado a quitar el hipo a*, " Bold enough to take away the hiccoughs from "; i.e., " cut the throat of."

[51] *Gazul, Medoro, Gaiferos,* well-known lovers appearing in various old ballads and romances of chivalry. The Moor Gazul, in Pérez de Hita's *Guerras civiles de Granada* (1595–1604) effectively " cured of the hiccoughs " a rival who had just wed his beloved Zaïda. Medoro, in Ariosto's *Orlando furioso* (1516), was the handsome Moorish stripling for whom the fair Angelica spurned Roland and other mighty paladins. Gaiferos was a French knight who delivered his wife Melisendra from captivity in Saragossa (cf. *Don Quijote,* II, ch. 26).

[52] *zascandil,* " young puppy-lover "; *chiquillo de la doctrina,* " only a timid youngster " (like one reared in an orphan asylum).

[53] *cata,* " behold."

[54] *coche de colleras,* a heavy type of stagecoach, usually drawn by six mules wearing collars instead of simple breast straps.

[55] *meriñaques,* more usually *miriñaques,* " trinkets," " duds."

el de doña Francisca.), éste el de la madre, y aquél el nuestro. 97

CALAMOCHA. ¿Cómo nuestro? ¿Tuyo y mío?

RITA. No por cierto. Aquí dormiremos esta noche la señorita y yo; porque ayer, metidas las tres en ése de enfrente, ni cabíamos de pie, ni pudimos dormir un instante, ni respirar siquiera. 104

CALAMOCHA. Bien. Adiós. (*Recoge los trastos que puso sobre la mesa, en ademán de irse.*)

RITA. ¿Y adónde? 108

CALAMOCHA. Yo me entiendo . . . Pero el novio, ¿trae consigo criados, amigos o deudos que le quiten la primera zambullida que le amenaza?

RITA. Un criado viene con él. 113

CALAMOCHA. ¡Poca cosa! . . . Mira, dile en caridad que se disponga, porque está de peligro. Adiós.

RITA. ¿Y volverás presto? 117

CALAMOCHA. Se supone. Estas cosas piden diligencia; y aunque apenas puedo moverme, es necesario que mi teniente deje la visita y venga a cuidar de su hacienda,[56] disponer el entierro de ese hombre, y . . . ¿Conque ése es nuestro cuarto, eh? 124

RITA. Sí. De la señorita y mío.

CALAMOCHA. ¡Bribona!

RITA. ¡Botarate! Adiós.

CALAMOCHA. Adiós, aborrecida. (*Éntrase con los trastos en el cuarto de don Carlos.*) 130

ESCENA IX

DOÑA FRANCISCA, RITA

RITA. ¡Qué malo es! . . . Pero . . . ¡Válgame Dios, don Félix aquí! . . . Sí, la quiere, bien se conoce . . . (*Sale Calamocha del cuarto de don Carlos, y se va por la puerta del foro.*) ¡Oh! por más que digan, los hay muy finos; y entonces, ¿qué ha de hacer una? . . . Quererlos; no

tiene remedio, quererlos . . . Pero ¿qué dirá la señorita cuando le vea, que está ciega por él? ¡Pobrecita! ¿Pues no sería una lástima que? . . . Ella es. (*Sale doña Francisca.*) 12

D.ᴬ FRANCISCA. ¡Ay, Rita!

RITA. ¿Qué es eso? ¿Ha llorado usted?

D.ᴬ FRANCISCA. ¿Pues no he de llorar? Si vieras mi madre . . . Empeñada está en que he de querer mucho a ese hombre . . . Si ella supiera lo que sabes tú, no me mandaría cosas imposibles . . . Y que es tan bueno, y que es rico, y que me irá tan bien con él . . . Se ha enfadado tanto, y me ha llamado picarona, inobediente . . . ¡Pobre de mí! Porque no miento ni sé fingir, por eso me llaman picarona. 24

RITA. Señorita, por Dios, no se aflija usted.

D.ᴬ FRANCISCA. Ya, como tú no lo has oído . . . Y dice que don Diego se queja de que yo no le digo nada . . . Harto le digo, y bien he procurado hasta ahora mostrarme contenta delante de él, que no lo estoy por cierto, y reírme y hablar niñerías . . . Y todo por dar gusto a mi madre, que si no . . . Pero bien sabe la Virgen que no me sale del corazón. (*Se va oscureciendo lentamente el teatro.*) 36

RITA. Vaya, vamos, que no hay motivo todavía para tanta angustia . . . ¡Quién sabe! . . . ¿No se acuerda usted ya de aquel día de asueto que tuvimos el año pasado en la casa de campo del intendente? 42

D.ᴬ FRANCISCA. ¡Ay! ¿Cómo puedo olvidarlo? . . . Pero, ¿qué me vas a contar?

RITA. Quiero decir, que aquel caballero que vimos allí con aquella cruz verde,[57] tan galán, tan fino . . . 48

D.ᴬ FRANCISCA. ¡Qué rodeos! . . . Don Félix. ¿Y qué?

RITA. Que nos fué acompañando hasta la ciudad . . .

---

[56] *hacienda*, " affairs," " interests."
[57] *cruz verde*. The insignia of the Order of Alcántara is in fact a green cross *fleurie*.

D.ᴬ Francisca. Y bien . . . Y luego volvió, y le ví, por mi desgracia, muchas veces . . . mal aconsejada de ti.   55

Rita. ¿Por qué, señora? . . . ¿A quién dimos escándalo? Hasta ahora nadie lo ha sospechado en el convento. Él no entró jamás por las puertas, y cuando de noche hablaba con usted, mediaba entre los dos una distancia tan grande que usted la maldijo no pocas veces . . . Pero esto no es del caso. Lo que voy a decir es, que un amante como aquél no es posible que se olvide tan presto de su querida Paquita . . . Mire usted que todo cuanto hemos leído a hurtadillas en las novelas no equivale a lo que hemos visto en él. ¿Se acuerda usted de aquellas tres palmadas que se oían entre once y doce de la noche, de aquella sonora,⁵⁸ punteada con tanta delicadeza y expresión?   72

D.ᴬ Francisca. ¡Ay, Rita! Sí, de todo me acuerdo, y mientras viva conservaré la memoria . . . Pero está ausente . . . y entretenido acaso con nuevos amores.

Rita. Eso no lo puedo yo creer.   77

D.ᴬ Francisca. Es hombre al fin, y todos ellos . . .

Rita. ¡Qué bobería! Desengáñese usted, señorita. Con los hombres y las mujeres sucede lo mismo que con los melones de Añover.⁵⁹ Hay de todo; la dificultad está en saber escogerlos. El que se lleve chasco en la elección, quéjese de su mala suerte, pero no desacredite la mercancía . . . Hay hombres muy embusteros, muy picarones; pero no es creíble que lo sea el que ha dado pruebas tan repetidas de perseverancia y amor. Tres meses duró el terrero ⁶⁰ y la conversación a oscuras, y en todo aquel tiempo, bien sabe usted que no vimos en

él una acción descompuesta, ni oímos de su boca una palabra indecente ni atrevida.

D.ᴬ Francisca. Es verdad. Por eso le quise tanto, por eso le tengo tan fijo aquí . . . aquí . . . (Señalando el pecho.) ¿Qué habrá dicho al ver la carta? . . . ¡Oh! Yo bien sé lo que habrá dicho . . . «¡Válgate Dios! ¡Es lástima! Cierto. ¡Pobre Paquita! . . .» Y se acabó . . . No habrá dicho más . . . Nada más.   104

Rita. No, señora, no ha dicho eso.

D.ᴬ Francisca. ¿Qué sabes tú?

Rita. Bien lo sé. Apenas haya leído la carta se habrá puesto en camino, y vendrá volando a consolar a su amiga . . . Pero . . . (Acercándose a la puerta del cuarto de doña Irene.)   111

D.ᴬ Francisca. ¿Adónde vas?

Rita. Quiero ver si . . .

D.ᴬ Francisca. Está escribiendo.

Rita. Pues ya presto habrá de dejarlo, que empieza a anochecer . . . Señorita, lo que la he dicho a usted es la verdad pura. Don Félix está ya en Alcalá.   118

D.ᴬ Francisca. ¿Qué dices? No me engañes.

Rita. Aquél es su cuarto . . . Calamocha acaba de hablar conmigo.

D.ᴬ Francisca. ¿De veras?   123

Rita. Sí, señora . . . Y le ha ido a buscar para . . .

D.ᴬ Francisca. ¿Conque me quiere? . . . ¡Ay, Rita! Mira tú si hicimos bien de avisarle . . . Pero ¿ves qué fineza? . . . ¿Si vendrá bueno? ⁶¹ ¡Correr tantas leguas sólo por verme . . . porque yo se lo mando! . . . ¡Qué agradecida le debo estar! . . . ¡Oh! yo le prometo que no se quejará de mí. Para siempre agradecimiento y amor.   134

---

⁵⁸ sonora = bandurria, a kind of guitar.

⁵⁹ melones de Añover, a proverbial expression to indicate the uncertainty of anything. Añover de Tajo is a village in the province of Toledo, which produces a highly esteemed variety of melon. Cf. the proverb, El melón y el casamiento ha de ser acertamiento.

⁶⁰ terrero, "courting," he in the street, she at her balcony window.

⁶¹ ¿Si vendrá bueno? "Do you suppose he comes in good health?"

RITA. Voy a traer luces. Procuraré detenerme por allá abajo hasta que vuelvan . . . Veré lo que dice y qué piensa hacer, porque hallándonos todos aquí, pudiera haber una de Satanás [62] entre la madre, la hija, el novio y el amante; y si no ensayamos bien esta contradanza, nos hemos de perder en ella. 142

D.ᴬ FRANCISCA. Dices bien . . . Pero no; él tiene resolución y talento, y sabrá determinar lo más conveniente . . . ¿Y cómo has de avisarme? . . . Mira que así que llegue le quiero ver. 147

RITA. No hay que dar cuidado. Yo le traeré por acá, y en dándome aquella tosecilla seca . . . ¿me entiende usted?

D.ᴬ FRANCISCA. Sí, bien. 151

RITA. Pues entonces no hay más que salir con cualquiera excusa. Yo me quedaré con la señora mayor; la hablaré de todos sus maridos y de sus concuñados, y del obispo que murió en el mar . . . Además, que si está allí don Diego . . . 157

D.ᴬ FRANCISCA. Bien, anda; y así que llegue . . .

RITA. Al instante.

D.ᴬ FRANCISCA. Que no se te olvide toser.

RITA. No haya miedo. 163

D.ᴬ FRANCISCA. ¡Si vieras qué consolada estoy!

RITA. Sin que usted lo jure, lo creo.

D.ᴬ FRANCISCA. ¿Te acuerdas, cuando me decía que era imposible apartarme de su memoria, que no habría peligros que le detuvieran, ni dificultades que no atropellara por mí? 171

RITA. Sí, bien me acuerdo.

D.ᴬ FRANCISCA. ¡Ah! . . . Pues mira cómo me dijo la verdad. (*Doña Francisca se va al cuarto de doña Irene; Rita, por la puerta del foro.*) 176

ACTO SEGUNDO
ESCENA PRIMERA
(*Teatro oscuro.*)
DOÑA FRANCISCA

Nadie parece aún . . . (*Acércase a la puerta del foro, y vuelve.*) ¡Qué impaciencia tengo! . . . Y dice mi madre que soy una simple, que sólo pienso en jugar y reír, y que no sé lo que es amor . . . Sí, diez y siete años y no cumplidos; pero ya sé lo que es querer bien, y la inquietud y las lágrimas que cuesta. 8

ESCENA II
DOÑA IRENE, DOÑA FRANCISCA

D.ᴬ IRENE. Sola y a oscuras me habéis dejado allí.

D.ᴬ FRANCISCA. Como estaba usted acabando su carta, mamá, por no estorbarla me he venido aquí, que está mucho más fresco. 6

D.ᴬ IRENE. Pero aquella muchacha, ¿qué hace que no trae una luz? Para cualquiera cosa se está un año . . . Y yo que tengo un genio como una pólvora . . . (*Siéntase.*) Sea todo por Dios . . . ¿Y don Diego no ha venido? 12

D.ᴬ FRANCISCA. Me parece que no.

D.ᴬ IRENE. Pues cuenta, niña, con lo que te he dicho ya. Y mira que no gusto de repetir una cosa dos veces. Este caballero está sentido,[1] y con muchísima razón . . . 18

D.ᴬ FRANCISCA. Bien; sí, señora, ya lo sé. No me riña usted más.

D.ᴬ IRENE. No es esto reñirte, hija mía; esto es aconsejarte. Porque como tú no tienes conocimiento para considerar el bien que se nos ha entrado por las puertas . . . Y lo atrasada que me coge, que yo no sé lo que hubiera sido de tu pobre madre . . . Siempre cayendo y levantando [2] . . . Médicos, botica . . .

---

[62] *pudiera . . . Satanás,* " there might be a dickens of a scene."

[1] *sentido,* " hurt," " offended."

[2] *Siempre cayendo y levantando,* " No sooner up than down again " (with her various ailments).

Que se dejaba pedir aquel caribe de don Bruno[3] (Dios le haya coronado de gloria) los veinte y los treinta reales por cada papelillo de píldoras de coloquíntida y asafétida . . . Mira que un casamiento como el que vas a hacer, muy pocas le consiguen. Bien que a las oraciones de tus tías, que son unas bienaventuradas, debemos agradecer esta fortuna, y no a tus méritos ni a mi diligencia . . . ¿Qué dices?

D.ᴬ FRANCISCA. Yo, nada, mamá.   39

D.ᴬ IRENE. Pues, nunca dices nada. ¡Válgame Dios, señor! . . . En hablándote de esto no te ocurre nada que decir.

ESCENA III

RITA, DOÑA IRENE, DOÑA FRANCISCA

(*Sale Rita por la puerta del foro con luces y las pone encima de la mesa.*)

D.ᴬ IRENE. Vaya, mujer, yo pensé que en toda la noche no venías.

RITA. Señora, he tardado, porque han tenido que ir a comprar las velas. ¡Como el tufo del velón la hace a usted tanto daño! . . .   6

D.ᴬ IRENE. Seguro que me hace muchísimo mal, con esta jaqueca que padezco . . . Los parches de alcanfor al cabo tuve que quitármelos; ¡si no me sirvieron de nada! Con las obleas[4] me parece que me va mejor . . . Mira, deja una luz ahí, y llévate la otra a mi cuarto, y corre la cortina, no se me llene todo de mosquitos.   15

RITA. Muy bien. (*Toma una luz y hace que se va.*[5])

D.ᴬ FRANCISCA. (*Aparte a Rita.*) ¿No ha venido?

RITA. Vendrá.   20

D.ᴬ IRENE. Oyes, aquella carta que está sobre la mesa dásela al mozo de la posada para que la lleve al instante al correo . . . (*Vase Rita al cuarto de doña Irene.*) Y tú, niña, ¿qué has de cenar? Porque será menester recogernos presto para salir mañana de madrugada.   27

D.ᴬ FRANCISCA. Como las monjas me hicieron merendar . . .

D.ᴬ IRENE. Con todo eso . . . Siquiera unas sopas del puchero para el abrigo del estómago . . . (*Sale Rita con una carta en la mano, y hasta el fin de la escena hace que se va y vuelve, según lo indica el diálogo.*) Mira, has de calentar el caldo que apartamos[6] al mediodía, y haznos un par de tazas de sopas, y tráetelas luego que estén.[7]   38

RITA. ¿Y nada más?

D.ᴬ IRENE. No, nada más . . . ¡Ah! y házmelas bien caldositas.

RITA. Sí, ya lo sé.

D.ᴬ IRENE. ¡Rita!

RITA. (¡Otra!) ¿Qué manda usted?   44

D.ᴬ IRENE. Encarga mucho al mozo que lleve la carta al instante . . . Pero no, señor, mejor es . . . No quiero que la lleve él, que son unos borrachones, que no se les puede . . . Has de decir a Simón que digo yo que me haga el gusto de echarla en el correo; ¿lo entiendes?   51

RITA. Sí, señora.

D.ᴬ IRENE. ¡Ah! mira.

RITA. (¡Otra!)

D.ᴬ IRENE. Bien que ahora no corre prisa . . . Es menester que luego me saques de ahí al tordo y colgarle por aquí, de modo que no se caiga y se me lastime . . . (*Vase Rita por la puerta del foro.*) ¡Qué noche tan mala me dió! . . . ¡Pues no se estuvo el animal toda la noche de

---

[3] *Que se dejaba pedir . . . Bruno,* "The prices that that robber of a Don Bruno charged me, the twenty and thirty *reales* . . ." A *real* is normally worth about five cents.

[4] *obleas,* "wafers."

[5] *hace que se va,* this common stage direction means, according to the situation, either "starts to go off" or "makes a move as if to go away" (with no real intention of doing so).

[6] *apartamos,* "we put aside."

[7] *estén,* sc. *listas* or *calientes.*

Dios rezando el Gloria Patri y la oración del Santo Sudario! [8] . . . Ello por otra parte edificaba, cierto . . . pero cuando se trata de dormir . . . 65

ESCENA IV

DOÑA IRENE, DOÑA FRANCISCA

D.ᴬ IRENE. Pues mucho será que [9] don Diego no haya tenido algún encuentro por ahí, y eso le detenga. Cierto que es un señor muy mirado, muy puntual . . . ¡Tan buen cristiano! ¡Tan atento! ¡Tan bien hablado! ¡Y con qué garbo y generosidad se porta! . . . Ya se ve, un sujeto de bienes y de posibles . . . ¡Y qué casa tiene! Como un ascua de oro [10] la tiene . . . Es mucho aquello. ¡Qué ropa blanca! ¡Qué batería de cocina! ¡Y qué despensa, llena de cuanto Dios crió! . . . Pero tú no parece que atiendes a lo que estoy diciendo. 14

D.ᴬ FRANCISCA. Sí, señora, bien lo oigo; pero no la quería interrumpir a usted.

D.ᴬ IRENE. Allí estarás, hija mía, como el pez en el agua: pajaritas del aire que apetecieras las tendrías,[11] porque como él te quiere tanto, y es un caballero tan de bien y tan temeroso de Dios . . . Pero mira, Francisquita, que me cansa de veras el que siempre que te hablo de esto, hayas dado en la flor [12] de no responderme palabra . . . ¡Pues no es cosa particular, señor! [13] 27

D.ᴬ FRANCISCA. Mamá, no se enfade usted.

D.ᴬ IRENE. ¡No es buen empeño de! [14] . . . ¿Y te parece a ti que no sé yo muy bien de dónde viene todo eso? . . . ¿No ves que conozco las locuras que se te han metido en esa cabeza de chorlito? [15] . . . ¡Perdóneme Dios! 35

D.ᴬ FRANCISCA. Pero . . . Pues ¿qué sabe usted?

D.ᴬ IRENE. ¿Me quieres engañar a mí, eh? ¡Ay, hija! He vivido mucho, y tengo yo mucha trastienda [16] y mucha penetración para que tú me engañes. 41

D.ᴬ FRANCISCA. (¡Perdida soy!)

D.ᴬ IRENE. Sin contar con su madre . . . Como si tal madre no tuviera . . . Yo te aseguro que aunque no hubiera sido con esta ocasión, de todos modos era ya necesario sacarte del convento. Aunque hubiera tenido que ir a pie y sola por ese camino, te hubiera sacado de allí . . . ¡Mire usted qué juicio de niña éste! Que porque ha vivido un poco de tiempo entre monjas, ya se la puso en la cabeza el ser ella monja también . . . ¿Ni qué entiende ella de eso, ni qué? . . . En todos los estados se sirve a Dios, Frasquita; pero el complacer a su madre, asistirla, acompañarla y ser el consuelo de sus trabajos, ésa es la primera obligación de una hija obediente . . . Y sépalo usted, si no lo sabe. 60

---

[8] *¡Pues no se estuvo . . . Santo Sudario!* " Well, if the little beast didn't spend the whole livelong night reciting the *Gloria Patri* and the prayer of the Holy Winding-sheet! " The monotonous chatter of the bird, coupled with her own drowsiness, made Doña Irene imagine she was hearing the familiar chant of the *Gloria Patri et Filio et Spiritui Sancto* and the prayer commemorating the cloth in which the body of Christ was shrouded.

[9] *mucho será que,* " it will be extraordinary if . . ."

[10] *Como un ascua de oro,* " As spick and span as gleaming gold." Doña Irene is perhaps thinking particularly of the rows of burnished copper utensils comprising the typical Spanish *batería de cocina.*

[11] *pajaritas . . . tendrías,* " your every little whim will be indulged."

[12] *hayas dado en la flor,* " you have fallen into the habit."

[13] *¡Pues . . . señor!* " It's mighty peculiar, I tell you! "

[14] *¡No es buen empeño de!* . . . " It's a great idea, your persisting in . . . ! " Note how often one says ironically, or in anger, just the opposite to what is really meant.

[15] *esa cabeza de chorlito,* " that silly little head of yours."

[16] *mucha trastienda,* " too much astuteness."

D.ᴬ Francisca. Es verdad, mamá . . . Pero yo nunca he pensado abandonarla a usted.

D.ᴬ Irene. Sí, que no sé yo [17] . . . 64

D.ᴬ Francisca. No, señora, créame usted. La Paquita nunca se apartará de su madre, ni la dará disgustos.

D.ᴬ Irene. Mira si es cierto lo que dices. 69

D.ᴬ Francisca. Sí, señora, que yo no sé mentir.

D.ᴬ Irene. Pues, hija, ya sabes lo que te he dicho. Ya ves lo que pierdes, y la pesadumbre que me darás si no te portas en un todo como corresponde . . . Cuidado con ello. 76

D.ᴬ Francisca. (¡Pobre de mí!)

ESCENA V

Don Diego, Doña Irene, Doña Francisca

(*Sale don Diego por la puerta del foro, y deja sobre la mesa sombrero y bastón.*)

D.ᴬ Irene. Pues ¿cómo tan tarde?

D. Diego. Apenas salí, tropecé con el rector de Málaga, y el doctor Padilla, y hasta que me han hartado bien de chocolate y bollos no me han querido soltar . . . (*Siéntase junto a doña Irene.*) Y a todo esto,[18] ¿cómo va? 7

D.ᴬ Irene. Muy bien.

D. Diego. ¿Y doña Paquita?

D.ᴬ Irene. Doña Paquita siempre acordándose de sus monjas. Ya la digo que es tiempo de mudar de bisiesto,[19] y pensar sólo en dar gusto a su madre y obedecerla. 14

D. Diego. ¡Qué diantre! ¿Conque tanto se acuerda de? . . .

D.ᴬ Irene. ¿Qué se admira usted? Son niñas . . . No saben lo que quieren, ni lo que aborrecen . . . En una edad, así tan . . . 20

D. Diego. No, poco a poco, eso no. Precisamente en esa edad son las pasiones algo más enérgicas y decisivas que en la nuestra, y por cuanto la razón se halla todavía imperfecta y débil, los ímpetus del corazón son mucho más violentos . . . (*Asiendo de una mano a doña Francisca, la hace sentar inmediata a él.*) Pero de veras, doña Paquita, ¿se volvería usted al convento de buena gana? . . . La verdad. 31

D.ᴬ Irene. Pero si ella no . . .

D. Diego. Déjela usted, señora, que ella responderá.

D.ᴬ Francisca. Bien sabe usted lo que acabo de decirla . . . No permita Dios que yo la dé que sentir. 37

D. Diego. Pero eso lo dice usted tan afligida y . . .

D.ᴬ Irene. Si es natural, señor. ¿No ve usted que? . . . 41

D. Diego. Calle usted, por Dios, doña Irene, y no me diga usted a mí lo que es natural. Lo que es natural es que la chica esté llena de miedo, y no se atreva a decir una palabra que se oponga a lo que su madre quiere que diga . . . Pero si esto hubiese, por vida mía, que estábamos lucidos.[20] 49

D.ᴬ Francisca. No, señor, lo que dice su merced, eso digo yo; lo mismo. Porque en todo lo que me mande la obedeceré.

D. Diego. ¡Mandar, hija mía! . . . En estas materias tan delicadas los padres que tienen juicio no mandan. Insinúan, proponen, aconsejan; eso sí, todo eso sí; ¡pero mandar! . . . ¿Y quién ha de evitar después las resultas funestas de lo que mandaron? . . . Pues ¿cuántas veces vemos matrimonios infelices, uniones monstruosas, verificadas solamente porque

[17] *que no sé yo,* " as if I didn't know," or " for maybe I don't know."
[18] *a todo esto,* "meanwhile."
[19] *mudar de bisiesto,* " change her tactics."
[20] *Pero . . . lucidos,* " But if there should be anything in this (her wanting to become a nun), by my life we'd be in a fine box."

un padre tonto se metió a mandar lo que no debiera? . . . ¿Cuántas veces una desdichada mujer halla anticipada la muerte en el encierro de un claustro, porque su madre o su tío se empeñaron en regalar a Dios lo que Dios no quería? [21] ¡Eh! No, señor, eso no va bien . . . Mire usted, doña Paquita, yo no soy de aquellos hombres que se disimulan los defectos. Yo sé que ni mi figura ni mi edad son para enamorar perdidamente a nadie; pero tampoco he creído imposible que una muchacha de juicio y bien criada llegase a quererme con aquel amor tranquilo y constante que tanto se parece a la amistad, y es el único que puede hacer los matrimonios felices. Para conseguirlo no he ido a buscar ninguna hija de familia de estas que viven en una decente libertad . . . Decente; que yo no culpo lo que no se opone al ejercicio de la virtud. Pero, ¿cuál sería entre todas ellas la que no estuviese ya prevenida [22] en favor de otro amante más apetecible que yo? ¡Y en Madrid! ¡Figúrese usted, en un Madrid! . . . Lleno de estas ideas me pareció que tal vez hallaría en usted todo cuanto yo deseaba. 89

D.ᴬ IRENE. Y puede usted creer, señor don Diego, que . . .

D. DIEGO. Voy a acabar, señora, déjeme usted acabar. Yo me hago cargo, querida Paquita, de lo que habrán influído en una niña tan bien inclinada como usted las santas costumbres que ha visto practicar en aquel inocente asilo de la devoción y la virtud; pero si a pesar de todo esto la imaginación acalorada, las circunstancias imprevistas, la hubiesen hecho elegir sujeto más digno, sepa usted que yo no quiero nada con violencia. Yo soy ingenuo; mi corazón y mi lengua no

se contradicen jamás. Esto mismo la pido a usted, Paquita: sinceridad. El cariño que a usted la tengo no la debe hacer infeliz . . . Su madre de usted no es capaz de querer una injusticia, y sabe muy bien que a nadie se le hace dichoso por fuerza. Si usted no halla en mí prendas que la inclinen, si siente algún otro cuidadillo [23] en su corazón, créame usted, la menor disimulación en esto nos daría a todos muchísimo que sentir. 114

D.ᴬ IRENE. ¿Puedo hablar ya, señor?

D. DIEGO. Ella, ella debe hablar, y sin apuntador y sin intérprete.

D.ᴬ IRENE. Cuando yo se lo mande.

D. DIEGO. Pues ya puede usted mandárselo, porque a ella la toca responder . . . Con ella he de casarme, con usted no.

D.ᴬ IRENE. Yo creo, señor don Diego, que ni con ella ni conmigo. ¿En qué concepto nos tiene usted? . . . Bien dice su padrino, y bien claro me lo escribió pocos días ha, cuando le dí parte de este casamiento. Que aunque no la ha vuelto a ver desde que la tuvo en la pila, la quiere muchísimo; y a cuantos pasan por el Burgo de Osma [24] les pregunta cómo está, y continuamente nos envía memorias con el ordinario. 132

D. DIEGO. Y bien, señora, ¿qué escribió el padrino? . . . O por mejor decir, ¿qué tiene que ver nada de eso con lo que estamos hablando? 136

D.ᴬ IRENE. Sí, señor, que tiene que ver, sí, señor. Y aunque yo lo diga, le aseguro a usted que ni un padre de Atocha [25] hubiera puesto una carta mejor que la que él me envió sobre el matrimonio de la niña . . . Y no es ningún catedrático, ni bachiller, ni nada de eso, sino un cualquiera, como quien dice, un hombre de

---

[21] This last sentence was suppressed by Moratín in the later editions.

[22] *prevenida*, " predisposed," " prejudiced."

[23] *cuidadillo*, " inclination," " attachment."

[24] *el Burgo de Osma*, a small town in the province of Soria, in Old Castile.

[25] *padre de Atocha*, a priest of the church of Our Lady of Atocha, patroness of Madrid, to whose image have been attributed many miracles.

capa y espada,[26] con un empleíllo infeliz en el ramo del viento,[27] que apenas le da para comer . . . Pero es muy ladino, y sabe de todo, y tiene una labia y escribe que da gusto . . . Cuasi toda la carta venía en latín, no le parezca a usted,[28] y muy buenos consejos que me daba en ella . . . Que no es posible sino que adivinase lo que nos está sucediendo.   153

D. DIEGO. Pero, señora, si no sucede nada, ni hay cosa que a usted la deba disgustar.

D.ᴬ IRENE. Pues ¿no quiere usted que me disguste oyéndole hablar de mi hija en unos términos que? . . . ¡Ella otros amores ni otros cuidados! . . . Pues si tal hubiera . . . ¡Válgame Dios! . . . la mataba[29] a golpes, mire usted . . . Respóndele, una vez que quiere que hables, y que yo no chiste.[30] Cuéntale los novios que dejaste en Madrid cuando tenías doce años, y los que has adquirido en el convento al lado de aquella santa mujer. Díselo para que se tranquilice, y . . .   168

D. DIEGO. Yo, señora, estoy más tranquilo que usted.

D.ᴬ IRENE. Respóndele.

D.ᴬ FRANCISCA. Yo no sé qué decir. Si ustedes se enfadan.   173

D. DIEGO. No, hija mía; esto es dar alguna expresión a lo que se dice, pero, ¡enfadarnos! no por cierto. Doña Irene sabe lo que yo la estimo.

D.ᴬ IRENE. Sí, señor, que lo sé, y estoy sumamente agradecida a los favores que usted nos hace . . . Por eso mismo . . .

D. DIEGO. No se hable de agradecimiento; cuanto yo puedo hacer, todo es poco . . . Quiero sólo que doña Paquita esté contenta.   184

D.ᴬ IRENE. ¿Pues no ha de estarlo? Responde.

D.ᴬ FRANCISCA. Sí, señor, que lo estoy.

D. DIEGO. Y que la mudanza de estado que se la previene no la cueste el menor sentimiento.   190

D.ᴬ IRENE. No, señor, todo al contrario . . . Boda más a gusto de todos no se pudiera imaginar.

D. DIEGO. En esa inteligencia puedo asegurarla que no tendrá motivos de arrepentirse después. En nuestra compañía vivirá querida y adorada, y espero que a fuerza de beneficios he de merecer su estimación y su amistad.   199

D.ᴬ FRANCISCA. Gracias, señor don Diego . . . ¡A una huérfana, pobre, desvalida como yo! . . .

D. DIEGO. Pero de prendas tan estimables, que la hacen a usted digna todavía de mayor fortuna.   205

D.ᴬ IRENE. Ven aquí, ven . . . Ven aquí, Paquita.

D.ᴬ FRANCISCA. ¡Mamá! (*Levántase, abraza a su madre, y se acarician mutuamente.*)   210

D.ᴬ IRENE. ¿Ves lo que te quiero?

D.ᴬ FRANCISCA. Sí, señora.

D.ᴬ IRENE. ¿Y cuánto procuro tu bien, que no tengo otro pío sino el de verte colocada antes que yo falte?   215

D.ᴬ FRANCISCA. Bien lo conozco.

D.ᴬ IRENE. ¡Hija de mi vida! ¿Has de ser buena?

D.ᴬ FRANCISCA. Sí, señora.

D.ᴬ IRENE. ¡Ay, que no sabes tú lo que te quiere tu madre!   221

D.ᴬ FRANCISCA. Pues qué, ¿no la quiero yo a usted?

D. DIEGO. Vamos, vamos de aquí. (*Levántase don Diego, y después doña Irene.*) No venga alguno y nos halle a los tres llorando como tres chiquillos.   227

D.ᴬ IRENE. Sí, dice usted bien. (*Vanse los dos al cuarto de doña Irene. Doña*

[26] *un hombre de capa y espada,* "an ordinary individual."
[27] *empleíllo . . . viento,* "insignificant position in the excise department."
[28] *no le parezca a usted,* "if you can believe it."
[29] *mataba = mataría.*
[30] *chiste,* "open my mouth."

*Francisca va detrás; y Rita, que sale por
la puerta del foro, la hace detener.)*

ESCENA VI

RITA, DOÑA FRANCISCA

RITA. Señorita . . . ¡Eh! chit . . . señorita . . .

D.ª FRANCISCA. ¿Qué quieres?

RITA. Ya ha venido.

D.ª FRANCISCA. ¿Cómo? 5

RITA. Ahora mismo acaba de llegar. Le he dado un abrazo con licencia de usted, y ya sube por la escalera.

D.ª FRANCISCA. ¡Ay, Dios! ¿Y qué debo hacer? 10

RITA. ¡Donosa pregunta! . . . Vaya, lo que importa es no gastar el tiempo en melindres de amor . . . Al asunto . . . y juicio. Y mire usted que en el paraje en que estamos, la conversación no puede ser muy larga . . . Ahí está. 16

D.ª FRANCISCA. Sí . . . Él es.

RITA. Voy a cuidar de aquella gente . . . Valor, señorita, y resolución. (*Rita se va al cuarto de doña Irene.*) 20

D.ª FRANCISCA. No, no, que yo también . . . Pero no lo merece.

ESCENA VII

DON CARLOS, DOÑA FRANCISCA

(*Sale don Carlos por la puerta del foro.*)

D. CARLOS. ¡Paquita! . . . ¡Vida mía! . . . Ya estoy aquí . . . ¿Cómo va, hermosa, cómo va?

D.ª FRANCISCA. Bien venido. 4

D. CARLOS. ¿Cómo tan triste? . . . ¿No merece mi llegada más alegría?

D.ª FRANCISCA. Es verdad; pero acaban de sucederme cosas que me tienen fuera de mí . . . Sabe usted . . . Sí, bien lo sabe usted . . . Después de escrita aquella carta, fueron por mí . . . Mañana a Madrid . . . Ahí está mi madre. 12

D. CARLOS. ¿En dónde?

D.ª FRANCISCA. Ahí, en ese cuarto. (*Señalando al cuarto de doña Irene.*)

D. CARLOS. ¿Sola?

D.ª FRANCISCA. No, señor. 17

D. CARLOS. Estará en compañía del prometido esposo. (*Se acerca al cuarto de doña Irene, se detiene y vuelve.*) Mejor . . . Pero ¿no hay nadie más con ella?

D.ª FRANCISCA. Nadie más, solos están . . . ¿Qué piensa usted hacer? 23

D. CARLOS. Si me dejase llevar de mi pasión y de lo que esos ojos me inspiran, una temeridad . . . Pero tiempo hay . . . Él también será hombre de honor, y no es justo insultarle porque quiere bien a una mujer tan digna de ser querida . . . Yo no conozco a su madre de usted ni . . . Vamos, ahora nada se puede hacer . . . Su decoro de usted merece la primera atención. 33

D.ª FRANCISCA. Es mucho el empeño que tiene en que me case con él.

D. CARLOS. No importa.

D.ª FRANCISCA. Quiere que esta boda se celebre así que lleguemos a Madrid.

D. CARLOS. ¿Cuál? . . . No. Eso no. 39

D.ª FRANCISCA. Los dos están de acuerdo, y dicen . . .

D. CARLOS. Bien . . . Dirán . . . Pero no puede ser.

D.ª FRANCISCA. Mi madre no me habla continuamente de otra materia. Me amenaza, me ha llenado de temor . . . Él insta por su parte, me ofrece tantas cosas, me . . . 48

D. CARLOS. Y usted, ¿qué esperanza le da? . . . ¿Ha prometido quererle mucho?

D.ª FRANCISCA. ¡Ingrato! . . . ¿Pues no sabe usted que? . . . ¡Ingrato!

D. CARLOS. Sí, no lo ignoro, Paquita . . . Yo he sido el primer amor. 55

D.ª FRANCISCA. Y el último.

D. CARLOS. Y antes perderé la vida, que renunciar al lugar que tengo en ese corazón . . . Todo él es mío . . . ¿Digo bien? (*Asiéndola de las manos.*) 60

D.ª FRANCISCA. ¿Pues de quién ha de ser?

D. Carlos. ¡Hermosa! ¡Qué dulce esperanza me anima! . . . Una sola palabra de esa boca me asegura . . . Para todo me da valor . . . En fin, ya estoy aquí . . . ¿Usted me llama para que la defienda, la libre, la cumpla una obligación mil y mil veces prometida? Pues a eso mismo vengo yo . . . Si ustedes se van a Madrid mañana, yo voy también. Su madre de usted sabrá quién soy . . . Allí puedo contar con el favor de un anciano respetable y virtuoso, a quien más que tío debo llamar amigo y padre. No tiene otro deudo más inmediato ni más querido que yo; es hombre muy rico, y si los dones de la fortuna tuviesen para usted algún atractivo, esta circunstancia añadiría felicidades a nuestra unión. 80

D.ᴬ Francisca. ¿Y qué vale para mí toda la riqueza del mundo?

D. Carlos. Ya lo sé. La ambición no puede agitar a un alma tan inocente.

D.ᴬ Francisca. Querer y ser querida . . . Ni apetezco más ni conozco mayor fortuna. 87

D. Carlos. Ni hay otra . . . Pero usted debe serenarse, y esperar que la suerte mude nuestra aflicción presente en durables dichas. 91

D.ᴬ Francisca. ¿Y qué se ha de hacer para que a mi pobre madre no la cueste una pesadumbre? . . . ¡Me quiere tanto! . . . Si acabo de decirla que no la disgustaré, ni me apartaré de su lado jamás; que siempre seré obediente y buena . . . ¡Y me abrazaba con tanta ternura! Quedó tan consolada con lo poco que acerté a decirla . . . Yo no sé, no sé qué camino ha de hallar usted para salir de estos ahogos. 102

D. Carlos. Yo le buscaré . . . ¿No tiene usted confianza en mí?

D.ᴬ Francisca. ¿Pues no he de tenerla? ¿Piensa usted que estuviera yo viva, si esa esperanza no me animase? Sola y desconocida de todo el mundo,

¿qué había yo de hacer? Si usted no hubiese venido, mis melancolías me hubieran muerto, sin tener a quien volver los ojos, ni poder comunicar a nadie la causa de ellas . . . Pero usted ha sabido proceder como caballero y amante, y acaba de darme con su venida la prueba mayor de lo mucho que me quiere. (Se enternece y llora.) 117

D. Carlos. ¡Qué llanto! . . . ¡Cómo persuade! . . . Sí, Paquita, yo solo basto para defenderla a usted de cuantos quieran oprimirla. A un amante favorecido, ¿quién puede oponérsele? Nada hay que temer. 123

D.ᴬ Francisca. ¿Es posible?

D. Carlos. Nada . . . Amor ha unido nuestras almas en estrechos nudos, y sólo la muerte bastará a dividirlas. 127

ESCENA VIII

RITA, DON CARLOS, DOÑA FRANCISCA

Rita. Señorita, adentro. La mamá pregunta por usted. Voy a traer la cena, y se van a recoger al instante . . . Y usted, señor galán, ya puede también disponer de su persona. 5

D. Carlos. Sí, que no conviene anticipar [31] sospechas . . . Nada tengo que añadir.

D.ᴬ Francisca. Ni yo. 9

D. Carlos. Hasta mañana. Con la luz del día veremos a este dichoso competidor.

Rita. Un caballero muy honrado, muy rico, muy prudente; con su chupa larga, su camisola limpia, y sus sesenta años debajo del peluquín. (Se va por la puerta del foro.) 17

D.ᴬ Francisca. Hasta mañana.

D. Carlos. Adiós, Paquita.

D.ᴬ Francisca. Acuéstese usted, y descanse. 21

D. Carlos. ¿Descansar con celos?

D.ᴬ Francisca. ¿De quién?

[31] anticipar, " provoke unnecessarily."

D. Carlos. Buenas noches ... Duerma usted bien, Paquita.   25

D.ᴬ Francisca. ¿Dormir con amor?

D. Carlos. Adiós, vida mía.

D.ᴬ Francisca. Adiós. (*Éntrase al cuarto de doña Irene.*)   29

ESCENA IX

Don Carlos, Calamocha, Rita

D. Carlos. ¡Quitármela! (*Paseándose con inquietud.*) No ... Sea quien fuere, no me la quitará. Ni su madre ha de ser tan imprudente que se obstine en verificar este matrimonio repugnándolo su hija ... mediando yo ... ¡Sesenta años! ... Precisamente será muy rico ... ¡El dinero! Maldito él sea, que tantos desórdenes origina.   9

Calamocha. Pues, señor (*Sale por la puerta del foro.*), tenemos un medio cabrito asado, y ... a lo menos parece cabrito. Tenemos una magnífica ensalada de berros, sin anapelos ni otra materia extraña, bien lavada, escurrida y condimentada por estas manos pecadoras, que no hay más que pedir. Pan de Meco, vino de la Tercia [32] ... Conque si hemos de cenar y dormir, me parece que sería bueno ...   20

D. Carlos. Vamos ... ¿Y adónde ha de ser?

Calamocha. Abajo. Allí he mandado disponer una angosta y fementida mesa, que parece un banco de herrador.   25

Rita. ¿Quién quiere sopas? (*Sale por la puerta del foro con unos platos, taza, cuchara y servilleta.*)

D. Carlos. Buen provecho.   29

Calamocha. Si hay alguna real moza que guste de cenar cabrito, levante el dedo.

Rita. La real moza se ha comido ya media cazuela de albondiguillas ... Pero

lo agradece, señor militar. (*Éntrase al cuarto de doña Irene.*)   36

Calamocha. Agradecida te quiero yo, niña de mis ojos.

D. Carlos. Conque ¿vamos?

Calamocha. ¡Ay! ¡ay! ¡ay! ... (*Calamocha se encamina a la puerta del foro, y vuelve; se acerca a don Carlos, y hablan con reserva hasta el fin de la escena, en que Calamocha se adelanta a saludar a Simón.*) ¡Eh! chit, digo ...   45

D. Carlos. ¿Qué?

Calamocha. ¿No ve usted lo que viene por allí?

D. Carlos. ¿Es Simón?

Calamocha. Él mismo ... Pero ¿quién diablos le? ...   51

D. Carlos. ¿Y qué haremos?

Calamocha. ¿Qué sé yo? Sonsacarle, mentir y ... ¿Me da usted licencia para que? ...   55

D. Carlos. Sí; miente lo que quieras. ¿A qué habrá venido este hombre?

ESCENA X

Simón, Don Carlos, Calamocha

(*Simón sale por la puerta del foro.*)

Calamocha. Simón, ¿tú por aquí?

Simón. Adiós, Calamocha. ¿Cómo va?

Calamocha. Lindamente.

Simón. ¡Cuánto me alegro de! ...   4

D. Carlos. ¡Hombre! ¿Tú en Alcalá? ¿Pues qué novedad es ésta?

Simón. ¡Oh, que estaba usted ahí, señorito! ¡Voto a sanes! [33]

D. Carlos. ¿Y mi tío?

Simón. Tan bueno.   10

Calamocha. ¿Pero se ha quedado en Madrid, o? ...

Simón. ¿Quién me había de decir a mí? ... ¡Cosa como ella! Tan ajeno [34] estaba yo ahora de ... Y usted de cada

---

[32] *Meco, Tercia.* Two villages noted respectively for their bread and wine; the former near Alcalá, the latter in the province of Leon.

[33] *¡Voto a sanes!* " I swear by all the saints! "

[34] *ajeno,* " far from " (expecting to find you here).

vez más guapo . . . ¿Conque usted irá a ver al tío, eh? 17

CALAMOCHA. Tú habrás venido con algún encargo del amo.

SIMÓN. ¡Y qué calor traje, y qué polvo por ese camino! ¡Ya, ya!

CALAMOCHA. Alguna cobranza tal vez ¿eh? 23

D. CARLOS. Puede ser. Como tiene mi tío ese poco de hacienda en Ajalvir [35] . . . ¿No has venido a eso?

SIMÓN. ¡Y qué buena maula le ha salido el tal administrador! Labriego más marrullero y más bellaco no le hay en toda la campiña . . . ¿Conque usted viene ahora de Zaragoza? 31

D. CARLOS. Pues . . . Figúrate tú.

SIMÓN. ¿O va usted allá?

D. CARLOS. ¿Adónde?

SIMÓN. A Zaragoza. ¿No está allí el regimiento? 36

CALAMOCHA. Pero, hombre, si salimos el verano pasado de Madrid, ¿no habíamos de haber andado más de cuatro leguas? 40

SIMÓN. ¿Qué sé yo? Algunos van por la posta, y tardan más de cuatro meses en llegar . . . Debe de ser un camino muy malo. 44

CALAMOCHA. (Separándose de Simón.) (¡Maldito seas tú, y tu camino, y la bribona que te dió papilla!)

D. CARLOS. Pero aún no me has dicho si mi tío está en Madrid o en Alcalá, ni a qué has venido, ni . . . 50

SIMÓN. Bien, a eso voy . . . Sí, señor, voy a decir a usted . . . Conque . . . Pues el amo me dijo . . .

ESCENA XI
DON DIEGO, DON CARLOS, SIMÓN, CALAMOCHA

D. DIEGO. (Desde adentro.) No, no es menester; si hay luz aquí. Buenas noches, Rita. (Don Carlos se turba, y se aparta a un extremo del teatro.)

D. CARLOS. (¡Mi tío!) 5

D. DIEGO. ¡Simón! (Sale don Diego del cuarto de doña Irene, encaminándose al suyo; repara en don Carlos, y se acerca a él. Simón le alumbra, y vuelve a dejar la luz sobre la mesa.) 10

SIMÓN. Aquí estoy, señor.

D. CARLOS. (¡Todo se ha perdido!)

D. DIEGO. Vamos . . . Pero . . . ¿quién es?

SIMÓN. Un amigo de usted, señor. 15

D. CARLOS. (Yo estoy muerto.)

D. DIEGO. ¿Cómo un amigo? . . . ¿Qué? Acerca esa luz.

D. CARLOS. ¡Tío! (En ademán de besar la mano a don Diego, que le aparta de sí con enojo.) 21

D. DIEGO. Quítate de ahí.

D. CARLOS. ¡Señor!

D. DIEGO. Quítate . . . No sé cómo no le . . . ¿Qué haces aquí? 25

D. CARLOS. Si usted se altera y . . .

D. DIEGO. ¿Qué haces aquí?

D. CARLOS. Mi desgracia me ha traído.

D. DIEGO. ¡Siempre dándome que sentir, siempre! Pero . . . (Acercándose a don Carlos.) ¿Qué dices? ¿De veras ha ocurrido alguna desgracia? Vamos . . . ¿Qué te sucede? . . . ¿Por qué estás aquí? 34

CALAMOCHA. Porque le tiene a usted ley, y le quiere bien, y . . .

D. DIEGO. A ti no te pregunto nada . . . ¿Por qué has venido de Zaragoza sin que yo lo sepa? . . . ¿Por qué te asusta el verme? . . . Algo has hecho: sí, alguna locura has hecho que le habrá de costar la vida a tu pobre tío. 42

D. CARLOS. No, señor, que nunca olvidaré las máximas de honor y prudencia que usted me ha inspirado tantas veces.

D. DIEGO. Pues, ¿a qué viniste? ¿Es desafío? ¿Son deudas? ¿Es algún disgusto con tus jefes? Sácame de esta inquietud, Carlos . . . Hijo mío, sácame de este afán.

[35] Ajalvir, a village near Alcalá.

CALAMOCHA. Si todo ello no es más que . . .   51

D. DIEGO. Ya he dicho que calles . . . Ven acá. (*Asiendo de una mano a don Carlos, se aparta con él a un extremo del teatro, y le habla en voz baja.*) Dime qué ha sido.   56

D. CARLOS. Una ligereza,[36] una falta de sumisión a usted. Venir a Madrid sin pedirle licencia primero . . . Bien arrepentido estoy, considerando la pesadumbre que le he dado al verme.   61

D. DIEGO. ¿Y qué otra cosa hay?

D. CARLOS. Nada más, señor.

D. DIEGO. Pues ¿qué desgracia era aquella de que me hablaste?   65

D. CARLOS. Ninguna. La de hallarle a usted en este paraje . . . y haberle disgustado tanto, cuando yo esperaba sorprenderle en Madrid, estar en su compañía algunas semanas, y volverme contento de haberle visto.   71

D. DIEGO. ¿No hay más?

D. CARLOS. No, señor.

D. DIEGO. Míralo bien.

D. CARLOS. No, señor . . . A eso venía. No hay nada más.   76

D. DIEGO. Pero no me digas tú a mí . . . Si es imposible que estas escapadas se . . . No, señor . . . ¿Ni quién ha de permitir que un oficial se vaya cuando se le antoje, y abandone de ese modo sus banderas? . . . Pues si tales ejemplos se repitieran mucho, adiós disciplina militar . . . Vamos . . . Eso no puede ser.   84

D. CARLOS. Considere usted, tío, que estamos en tiempo de paz; que en Zaragoza no es necesario un servicio tan exacto como en otras plazas,[37] en que no se permite descanso a la guarnición . . . Y en fin, puede usted creer que este viaje supone la aprobación y la licencia de mis superiores; que yo también miro por mi estimación, y que cuando me he venido, estoy seguro de que no hago falta.   94

D. DIEGO. Un oficial siempre hace falta a sus soldados. El rey le tiene allí para que los instruya, los proteja y les dé ejemplo de subordinación, de valor, de virtud.   99

D. CARLOS. Bien está; pero ya he dicho los motivos . . .

D. DIEGO. Todos esos motivos no valen nada . . . ¡Porque le dió la gana de ver al tío! . . . Lo que quiere su tío de usted no es verle cada ocho días, sino saber que es hombre de juicio, y que cumple con sus obligaciones. Eso es lo que quiere . . . Pero (*Alza la voz, y se pasea inquieto.*) yo tomaré mis medidas para que estas locuras no se repitan otra vez . . . Lo que usted ha de hacer ahora es marcharse inmediatamente.   112

D. CARLOS. Señor, si . . .

D. DIEGO. No hay remedio . . . Y ha de ser al instante. Usted no ha de dormir aquí.

CALAMOCHA. Es que los caballos no están ahora para correr . . . ni pueden moverse.   119

D. DIEGO. Pues con ellos (*A Calamocha.*) y con las maletas al mesón de afuera. Usted (*A don Carlos.*) no ha de dormir aquí . . . Vamos (*A Calamocha.*) tú, buena pieza, menéate. Abajo con todo. Pagar el gasto que se haya hecho, sacar los caballos, y marchar . . . Ayúdale tú . . . (*A Simón.*) ¿Qué dinero tienes ahí?

SIMÓN. Tendré unas cuatro o seis onzas.[38] (*Saca de un bolsillo algunas monedas, y se las da a don Diego.*)   130

D. DIEGO. Dámelas acá. Vamos, ¿qué haces? (*A Calamocha.*) ¿No he dicho que ha de ser al instante? Volando. Y tú (*A Simón.*), ve con él, ayúdale, y no te me apartes de allí hasta que se hayan ido. (*Los dos criados entran en el cuarto de don Carlos.*)   137

---

[36] *ligereza*, " a thoughtless caprice."

[37] *plazas*, " military posts."

[38] *onzas*. The *onza* is a gold coin worth 80 pesetas, or about $16.00 normally.

ESCENA XII

Don Diego, Don Carlos

D. Diego. Tome usted . . . (*Le da el dinero.*) Con eso hay bastante para el camino . . . Vamos, que cuando yo lo dispongo así, bien sé lo que me hago . . . ¿No conoces que es todo por tu bien, y que ha sido un desatino lo que acabas de hacer? . . . Y no hay que afligirse por eso, ni creas que es falta de cariño . . . Ya sabes lo que te he querido siempre; y en obrando tú según corresponde,[39] seré tu amigo como lo he sido hasta aquí.   11

D. Carlos. Ya lo sé.

D. Diego. Pues bien, ahora obedece lo que te mando.

D. Carlos. Lo haré sin falta.   15

D. Diego. Al mesón de afuera. (*A los dos criados, que salen con los trastos del cuarto de don Carlos, y se van por la puerta del foro.*) Allí puedes dormir, mientras los caballos comen y descansan . . . Y no me vuelvas aquí por ningún pretexto ni entres en la ciudad . . . ¡Cuidado! Y a eso de las tres o las cuatro, marchar. Mira que he de saber a la hora que sales. ¿Lo entiendes?   25

D. Carlos. Sí, señor.

D. Diego. Mira que lo has de hacer.

D. Carlos. Sí, señor, haré lo que usted manda.   29

D. Diego. Muy bien. Adiós . . . Todo te lo perdono . . . Vete con Dios . . . Y yo sabré también cuándo llegas a Zaragoza: no te parezca que estoy ignorante de lo que hiciste la vez pasada.

D. Carlos. Pues ¿qué hice yo?   35

D. Diego. Si te digo que lo sé, y que te lo perdono, ¿qué más quieres? No es tiempo ahora de tratar de eso. Vete.

D. Carlos. Quede usted con Dios. (*Hace que se va, y vuelve.*)   40

D. Diego. ¿Sin besar la mano a su tío, eh?

D. Carlos. No me atreví. (*Besa la mano a don Diego, y se abrazan.*)

D. Diego. Y dame un abrazo, por si no nos volvemos a ver.   46

D. Carlos. ¿Qué dice usted? ¡No lo permita Dios!

D. Diego. ¡Quién sabe, hijo mío! ¿Tienes algunas deudas? ¿Te falta algo?

D. Carlos. No, señor, ahora no.   51

D. Diego. Mucho es, porque tú siempre tiras por largo . . . Como cuentas con la bolsa del tío . . . Pues bien, yo escribiré al señor Aznar para que te dé cien doblones[40] de orden mía. Y mira cómo los gastas. ¿Juegas?   57

D. Carlos. No, señor, en mi vida.

D. Diego. Cuidado con eso . . . Conque, buen viaje. Y no te acalores: jornadas regulares y nada más . . . ¿Vas contento?

D. Carlos. No, señor. Porque usted me quiere mucho, me llena de beneficios, y yo le pago mal.   64

D. Diego. No se hable ya de lo pasado . . . Adiós.

D. Carlos. ¿Queda usted enojado conmigo?

D. Diego. No, no por cierto . . . Me disgusté bastante, pero ya se acabó . . . No me des que sentir. (*Poniéndole ambas manos sobre los hombros.*) Portarse como hombre de bien.   73

D. Carlos. No lo dude usted.

D. Diego. Como oficial de honor.

D. Carlos. Así lo prometo.

D. Diego. Adiós, Carlos. (*Abrazándose.*)   78

D. Carlos. (*Al irse por la puerta del foro.*) (¡Y la dejo! . . . ¡Y la pierdo para siempre!)

ESCENA XIII

Don Diego

Demasiado bien se ha compuesto . . . Luego lo sabrá, enhorabuena . . . Pero no

---

[39] *en obrando . . . corresponde,* " if you behave yourself as you should."

[40] *doblones.* The *doblón,* an ancient gold coin, was worth about 20 pesetas ($4.00), although its value has varied greatly.

es lo mismo escribírselo, que . . . Despúes de hecho, no importa nada . . . ¡Pero siempre aquel respeto al tío! . . . Como una malva es. (*Se enjuga las lágrimas, toma la luz y se va a su cuarto. El teatro queda solo y oscuro por un breve espacio.*) 9

ESCENA XIV

Doña Francisca, Rita

(*Salen del cuarto de doña Irene. Rita sacará una luz y la pone encima de la mesa.*)

RITA. Mucho silencio hay por aquí.

D.ᴬ FRANCISCA. Se habrán recogido ya . . . Estarán rendidos.

RITA. Precisamente. 4

D.ᴬ FRANCISCA. ¡Un camino tan largo!

RITA. ¡A lo que obliga el amor, señorita!

D.ᴬ FRANCISCA. Sí, bien puedes decirlo: amor . . . Y yo ¿qué no hiciera por él? 9

RITA. Y deje usted,[41] que no ha de ser éste el último milagro. Cuando lleguemos a Madrid, entonces será ella[42] . . . El pobre don Diego, ¡qué chasco se va a llevar! Y por otra parte, vea usted qué señor tan bueno, que cierto da lástima . . .

D.ᴬ FRANCISCA. Pues en eso consiste todo. Si él fuese un hombre despreciable, ni mi madre hubiera admitido su pretensión, ni yo tendría que disimular mi repugnancia . . . Pero ya es otro tiempo, Rita. Don Félix ha venido, y ya no temo a nadie. Estando mi fortuna en su mano, me considero la más dichosa de las mujeres. 24

RITA. ¡Ay! ahora que me acuerdo . . . Pues poquito me lo encargó[43] . . . Ya se ve, si con estos amores tengo yo también la cabeza . . . Voy por él. (*Encaminándose al cuarto de doña Irene.*)

D.ᴬ FRANCISCA. ¿A qué vas? 30

RITA. El tordo, que ya se me olvidaba sacarle de allí.

D.ᴬ FRANCISCA. Sí, tráele, no empiece a rezar como anoche . . . Allí quedó junto a la ventana . . . Y ve con cuidado, no despierte mamá. 36

RITA. Sí, mire usted el estrépito de caballerías que anda por allá abajo . . . Hasta que lleguemos a nuestra calle del Lobo,[44] número siete, cuarto[45] segundo, no hay que pensar en dormir . . . Y ese maldito portón, que rechina que . . . 42

D.ᴬ FRANCISCA. Te puedes llevar la luz.

RITA. No es menester, que ya sé dónde está. (*Vase al cuarto de doña Irene.*)

ESCENA XV

Simón, Doña Francisca

(*Sale Simón por la puerta del foro.*)

D.ᴬ FRANCISCA. Yo pensé que estaban ustedes acostados.

SIMÓN. El amo ya habrá hecho esa diligencia; pero yo todavía no sé en dónde he de tender el rancho[46] . . . Y buen sueño que tengo. 6

D.ᴬ FRANCISCA. ¿Qué gente nueva ha llegado ahora?

SIMÓN. Nadie. Son unos que estaban ahí, y se han ido. 10

D.ᴬ FRANCISCA. ¿Los arrieros?

SIMÓN. No, señora. Un oficial y un criado suyo, que parece que se van a Zaragoza. 14

D.ᴬ FRANCISCA. ¿Quiénes dice usted que son?

SIMÓN. Un teniente coronel y su asistente.

D.ᴬ FRANCISCA. ¿Y estaban aquí? 19

SIMÓN. Sí, señora, ahí en ese cuarto.

D.ᴬ FRANCISCA. No los he visto.

---

[41] *deje usted*, " wait a minute."

[42] *entonces será ella*, " then the fur will begin to fly! "

[43] *Pues poquito me lo encargó*, " And maybe she wasn't emphatic about my doing it! "

[44] *calle del Lobo*, to-day, *calle de Echegaray.*

[45] *cuarto*, " floor."

[46] *tender el rancho*, " stretch out for the night."

Simón. Parece que llegaron esta tarde y ... A la cuenta [47] habrán despachado ya la comisión que traían ... Conque se han ido ... Buenas noches, señorita. (*Vase al cuarto de don Diego.*) 26

ESCENA XVI

Rita, Doña Francisca

D.ᴬ Francisca. ¡Dios mío de mi alma! ¿Qué es esto? No puedo sostenerme ... ¡Desdichada! (*Siéntase en una silla inmediata a la mesa.*) 4

Rita. Señorita, yo vengo muerta. (*Saca la jaula del tordo y la deja encima de la mesa; abre la puerta del cuarto de don Carlos, y vuelve.*)

D.ᴬ Francisca. ¡Ay, que es cierto! ... ¿Tú lo sabes también? 10

Rita. Deje usted, que todavía no creo lo que he visto ... Aquí no hay nadie ... ni maletas, ni ropa, ni ... Pero ¿cómo podía engañarme? Si yo misma los he visto salir. 15

D.ᴬ Francisca. ¿Y eran ellos?

Rita. Sí, señora. Los dos.

D.ᴬ Francisca. Pero ¿se han ido fuera de la ciudad? 19

Rita. Si no los he perdido de vista hasta que salieron por Puerta de Mártires ... Como está un paso de aquí.[48]

D.ᴬ Francisca. ¿Y es ése el camino de Aragón?

Rita. Ése es. 25

D.ᴬ Francisca. ¡Indigno! ¡Hombre indigno!

Rita. ¡Señorita!

D.ᴬ Francisca. ¿En qué te ha ofendido esta infeliz? 30

Rita. Yo estoy temblando toda ... Pero ... Si es incomprensible ... Si no alcanzo a discurrir qué motivos ha podido haber para esta novedad. 34

D.ᴬ Francisca. ¿Pues no le quise más que a mi vida? ... ¿No me ha visto loca de amor?

Rita. No sé qué decir al considerar una acción tan infame. 39

D.ᴬ Francisca. ¿Qué has de decir? Que no me ha querido nunca, ni es hombre de bien ... ¿Y vino para esto? ¡Para engañarme, para abandonarme así! (*Levántase y Rita la sostiene.*) 44

Rita. Pensar que su venida fué con otro designio no me parece natural ... Celos ... ¿Por qué ha de tener celos? ... Y aun eso mismo debiera enamorarle más ... Él no es cobarde, y no hay que decir que habrá tenido miedo de su competidor.

D.ᴬ Francisca. Te cansas en vano. Di que es un pérfido, di que es un monstruo de crueldad, y todo lo has dicho. 53

Rita. Vamos de aquí, que puede venir alguien, y ...

D.ᴬ Francisca. Sí, vámonos ... Vamos a llorar ... ¡Y en qué situación me deja! ... Pero ¿ves qué malvado? 58

Rita. Sí, señora, ya lo conozco.

D.ᴬ Francisca. ¡Qué bien supo fingir! ¿Y con quién? Conmigo ... ¿Pues yo merecí ser engañada tan alevosamente? ... ¿Mereció mi cariño este galardón? ... ¡Dios de mi vida! ¿Cuál es mi delito, cuál es? (*Rita coge la luz y se van entrambas al cuarto de doña Francisca.*) 66

ACTO TERCERO

ESCENA PRIMERA

(*Teatro oscuro. Sobre la mesa habrá un candelero con vela apagada, y la jaula del tordo. Simón duerme tendido en el banco. Sale don Diego de su cuarto acabándose de poner la bata.*)

Don Diego, Simón

D. Diego. Aquí, a lo menos, ya que no duerma no me derretiré ... Vaya, si alcoba como ella no se ... ¡Cómo ronca éste! ... Guardémosle el sueño hasta que venga el día, que ya poco puede

[47] *A la cuenta,* "Apparently."
[48] Rita has of course observed all this from Doña Irene's window.

tardar . . . (*Simón despierta, y al oír a don Diego se incorpora y se levanta.*) ¿Qué es eso? Mira no te caigas, hombre.

SIMÓN. Qué, ¿estaba usted ahí, señor?

D. DIEGO. Sí, aquí me he salido, porque allí no se puede parar. 11

SIMÓN. Pues yo, a Dios gracias, aunque la cama es algo dura, he dormido como un emperador.

D. DIEGO. ¡Mala comparación! . . . Di que has dormido como un pobre hombre, que no tiene ni dinero, ni ambición, ni pesadumbres, ni remordimientos. 18

SIMÓN. En efecto, dice usted bien . . . ¿Y qué hora será ya?

D. DIEGO. Poco ha que sonó el reloj de San Justo,[1] y si no conté mal, dió las tres. 23

SIMÓN. ¡Oh! pues ya nuestros caballeros irán por ese camino adelante echando chispas.[2]

D. DIEGO. Sí, ya es regular que hayan salido. Me lo prometió, y espero que lo hará. 29

SIMÓN. ¡Pero si usted viera qué apesadumbrado le dejé! ¡Qué triste!

D. DIEGO. Ha sido preciso.

SIMÓN. Ya lo conozco.

D. DIEGO. ¿No ves qué venida tan intempestiva? 35

SIMÓN. Es verdad. Sin permiso de usted, sin avisarle, sin haber un motivo urgente . . . Vamos, hizo muy mal. Bien que por otra parte él tiene prendas suficientes para que se le perdone esta ligereza. Digo . . . Me parece que el castigo no pasará adelante, ¿eh? 42

D. DIEGO. ¡No, qué! No, señor. Una cosa es que le haya hecho volver . . . Ya ves en qué circunstancias nos cogía . . . Te aseguro que cuando se fué me quedó un ansia en el corazón. (*Suenan a lo lejos tres palmadas, y poco después se oye que puntean un instrumento.*) ¿Qué ha sonado? 50

SIMÓN. No sé. Gente que pasa por la calle. Serán labradores.

D. DIEGO. Calla.

SIMÓN. Vaya, música tenemos, según parece. 55

D. DIEGO. Sí, como lo hagan bien.

SIMÓN. ¿Y quién será el amante infeliz que se viene a puntear a estas horas en ese callejón tan puerco? Apostaré que son amores con la moza de la posada, que parece un mico. 61

D. DIEGO. Puede ser.

SIMÓN. Ya empiezan, oigamos. (*Tocan una sonata*[3] *desde adentro.*) Pues dígole a usted que toca muy lindamente el pícaro del barberillo. 66

D. DIEGO. No; no hay barbero que sepa hacer eso, por muy bien que afeite.

SIMÓN. ¿Quiere usted que nos asomemos un poco, a ver? . . . 70

D. DIEGO. No, dejarlos. ¡Pobre gente! ¡Quién sabe la importancia que darán ellos a la tal música! No gusto yo de incomodar a nadie. (*Sale de su cuarto doña Francisca y Rita con ella. Las dos se encaminan a la ventana. Don Diego y Simón se retiran a un lado, y observan.*)

SIMÓN. ¡Señor! ¡Eh! . . . Presto, aquí a un ladito.

D. DIEGO. ¿Qué quieres? 80

SIMÓN. Que han abierto la puerta de esa alcoba, y huele a faldas que trasciende.[4]

D. DIEGO. ¿Sí? . . . Retirémonos.

ESCENA II

DOÑA FRANCISCA, RITA, DON DIEGO, SIMÓN

RITA. Con tiento, señorita.

D.ª FRANCISCA. Siguiendo la pared, ¿no voy bien? (*Vuelven a probar el instrumento.*) 4

---

[1] *San Justo*, a church in Alcalá.
[2] *echando chispas*, "making the sparks fly."
[3] *sonata*, "strain," "melody."
[4] *huele . . . trasciende,* "there's a strong suspicion of petticoats around here."

RITA. Sí, señora . . . Pero vuelven a tocar . . . Silencio . . .

D.ᴬ FRANCISCA. No te muevas . . . Deja . . . Sepamos primero si es él.

RITA. ¿Pues no ha de ser? . . . La seña no puede mentir. 10

D.ᴬ FRANCISCA. Calla . . . (*Repiten desde adentro la sonata anterior.*) Sí, él es . . . ¡Dios mío! . . . (*Acércase Rita a la ventana, abre la vidriera y da tres palmadas. Cesa la música.*) Ve, responde . . . Albricias, corazón. Él es. 16

SIMÓN. ¿Ha oído usted?

D. DIEGO. Sí.

SIMÓN. ¿Qué querrá decir esto?

D. DIEGO. Calla. 20

D.ᴬ FRANCISCA. (*Se asoma a la ventana. Rita se queda detrás de ella. Los puntos suspensivos indican las interrupciones más o menos largas que deben hacerse.*) Yo soy . . . Y ¿qué había de pensar viendo lo que usted acaba de hacer? . . . ¿Qué fuga es ésta? . . . Rita (*Apartándose de la ventana, y vuelve después.*), amiga, por Dios, ten cuidado, y si oyeres algún rumor, al instante avísame . . . ¿Para siempre? ¡Triste de mí! . . . Bien está, tírela usted . . . Pero yo no acabo de entender . . . ¡Ay, don Félix! nunca le he visto a usted tan tímido . . . (*Tiran desde adentro una carta que cae por la ventana al teatro. Doña Francisca hace ademán de buscarla, y no hallándola vuelve a asomarse.*) No, no la he cogido; pero aquí está sin duda . . . ¿Y no he de saber yo hasta que llegue el día los motivos que tiene usted para dejarme muriendo? . . . Sí, yo quiero saberlo de su boca de usted. Su Paquita de usted se lo manda . . . Y ¿cómo le parece a usted que estará el mío? . . . No me cabe en el pecho . . . diga usted.⁵ (*Simón se adelanta un poco, tropieza con la jaula y la deja caer.*) 48

RITA. Señorita, vamos de aquí . . . Presto, que hay gente.

D.ᴬ FRANCISCA. ¡Infeliz de mí! . . . Guíame.

RITA. Vamos. (*Al retirarse tropieza Rita con Simón. Las dos se van apresuradamente al cuarto de doña Francisca.*) ¡Ay! 56

D.ᴬ FRANCISCA. ¡Muerta voy!

ESCENA III
DON DIEGO, SIMÓN

D. DIEGO. ¿Qué grito fué ése?

SIMÓN. Una de las fantasmas, que al retirarse tropezó conmigo.

D. DIEGO. Acércate a esa ventana, y mira si hallas en el suelo un papel . . . ¡Buenos estamos!⁶ 6

SIMÓN. (*Tentando por el suelo, cerca de la ventana.*) No encuentro nada, señor.

D. DIEGO. Búscale bien, que por ahí ha de estar. 10

SIMÓN. ¿Le tiraron desde la calle?

D. DIEGO. Sí . . . ¿Qué amante es éste? ¡Y diez y seis años, y criada en un convento! Acabó ya toda mi ilusión. 14

SIMÓN. Aquí está. (*Halla la carta, y se la da a don Diego.*)

D. DIEGO. Vete abajo, y enciende una luz . . . En la caballeriza o en la cocina . . . Por ahí habrá algún farol . . . Y vuelve con ella al instante. (*Vase Simón por la puerta del foro.*) 21

ESCENA IV
DON DIEGO

¿Y a quién debo culpar? (*Apoyándose en el respaldo de una silla.*) ¿Es ella la delincuente, o su madre, o sus tías, o yo? . . . ¿Sobre quién, sobre quién ha de caer esta cólera, que por más que lo procuro, no la sé reprimir? . . . ¡La naturaleza la hizo tan amable a mis ojos! . . . ¡Qué esperanzas tan halagüeñas concebí! ¡Qué

---

⁵ *No me cabe . . . diga usted,* " It (my heart) is almost bursting in my breast, I can assure you."
⁶ *¡Buenos estamos!* " This is a pretty howdy-do ! "

felicidades me prometía! . . . ¡Celos! . . . ¿Yo? ¡En qué edad tengo celos! . . . Vergüenza es . . . Pero esta inquietud que yo siento, esta indignación, estos deseos de venganza, ¿de qué provienen? ¿Cómo he de llamarlos? Otra vez parece que . . . (*Advirtiendo que suena ruido en la puerta del cuarto de doña Francisca, se retira a un extremo del teatro.*) Sí. 17

ESCENA V

RITA, SIMÓN, DON DIEGO

RITA. Ya se han ido . . . (*Rita observa, escucha, asómase después a la ventana, y busca la carta por el suelo.*) ¡Válgame Dios! . . . El papel estará muy bien escrito, pero el señor don Félix es un grandísimo picarón . . . ¡Pobrecita de mi alma! Se muere sin remedio . . . Nada, ni perros parecen por la calle . . . ¡Ojalá no los hubiéramos conocido! . . . ¿Y este maldito papel? . . . Pues buena la hiciéramos [7] si no pareciese . . . ¿Qué dirá? . . . Mentiras, mentiras, y todo mentira.

SIMÓN. Ya tenemos luz. (*Sale con luz. Rita se sorprende.*)

RITA. (¡Perdida soy!) 15

D. DIEGO. ¡Rita! ¿Pues tú aquí? (*Acercándose.*)

RITA. Sí, señor, porque . . .

D. DIEGO. ¿Qué buscas a estas horas?

RITA. Buscaba . . . Yo le diré a usted . . . Porque oímos un ruido tan grande . . .

SIMÓN. ¿Sí, eh? 22

RITA. Cierto . . . Un ruido y . . . Y mire usted (*Alza la jaula que está en el suelo.*), era la jaula del tordo . . . Pues la jaula era, no tiene duda . . . ¡Válgate Dios! ¿Si se habrá muerto? No, vivo está, vaya . . . Algún gato habrá sido. Preciso.

SIMÓN. Sí, algún gato. 29

RITA. ¡Pobre animal! ¡Y qué asustadillo se conoce que está todavía!

SIMÓN. Y con mucha razón . . . ¿No te parece, si le hubiera pillado el gato? . . .

RITA. Se le hubiera comido. (*Cuelga la jaula de un clavo que habrá en la pared.*)

SIMÓN. Y sin pebre . . . Ni plumas hubiera dejado. 37

D. DIEGO. Tráeme esa luz.

RITA. ¡Ah! Deje usted, encenderemos ésta (*Enciende la vela que está sobre la mesa.*), que ya lo que no se ha dormido [8] . . . 42

D. DIEGO. Y doña Paquita, ¿duerme?

RITA. Sí, señor.

SIMÓN. Pues mucho es que con el ruido del tordo . . .

D. DIEGO. Vamos. (*Don Diego se entra en su cuarto. Simón va con él, llevándose una de las luces.*) 49

ESCENA VI

DOÑA FRANCISCA, RITA

D.ª FRANCISCA. (*Saliendo de su cuarto.*) ¿Ha parecido el papel?

RITA. No, señora.

D.ª FRANCISCA. ¿Y estaban aquí los dos cuando tú saliste? 5

RITA. Yo no lo sé. Lo cierto es que el criado sacó una luz, y me hallé de repente, como por máquina,[9] entre él y su amo, sin poder escapar ni saber qué disculpa darles. (*Rita coge la luz, y vuelve a buscar la carta cerca de la ventana.*) 12

D.ª FRANCISCA. Ellos eran sin duda . . . Aquí estarían cuando yo hablé desde la ventana . . . ¿Y ese papel?

RITA. Yo no lo encuentro, señorita. 16

D.ª FRANCISCA. Le tendrán ellos, no te canses . . . Si es lo único que faltaba a mi desdicha . . . No le busques. Ellos le tienen. 20

RITA. A lo menos por aquí . . .

---

[7] *buena la hiciéramos,* "we'd be in one dickens of a mess."

[8] *que ya . . . dormido,* "for what hasn't been slept now" (isn't worth sleeping); i.e., it is already so near morning that it isn't worth while trying to go to sleep again.

[9] *por máquina,* "by magic."

D.ᴬ Francisca. ¡Yo estoy loca! (*Siéntase.*)

Rita. Sin haberse explicado este hombre, ni decir siquiera . . .   25

D.ᴬ Francisca. Cuando iba a hacerlo, me avisaste, y fué preciso retirarnos . . . Pero ¿sabes tú con qué temor me habló, qué agitación mostraba? Me dijo que en aquella carta vería yo los motivos justos que le precisaban a volverse; que la había escrito para dejársela a persona fiel que la pusiera en mis manos, suponiendo que el verme sería imposible. Todo engaños, Rita, de un hombre aleve que prometió lo que no pensaba cumplir . . . Vino, halló un competidor, y diría: « Pues yo ¿para qué he de molestar a nadie, ni hacerme ahora defensor de una mujer? . . . ¡Hay tantas mujeres! Cásenla . . . Yo nada pierdo . . . Primero es mi tranquilidad que la vida de esa infeliz . . . » ¡Dios mío, perdón! . . . ¡Perdón de haberle querido tanto!   44

Rita. ¡Ay, señorita! (*Mirando hacia el cuarto de don Diego.*) Que parece que salen ya.

D.ᴬ Francisca. No importa, déjame.

Rita. Pero si don Diego la ve a usted de esa manera . . .   50

D.ᴬ Francisca. Si todo se ha perdido ya, ¿qué puedo temer? . . . ¿Y piensas tú que tengo alientos para levantarme? . . . Que vengan, nada importa.   54

ESCENA VII

Don Diego, Simón, Doña Francisca, Rita

Simón. Voy enterado, no es menester más.

D. Diego. Mira, y haz que ensillen inmediatamente al *Moro*, mientras tú vas allá. Si han salido, vuelves, montas a caballo, y en una buena carrera que des,[10] los alcanzas . . . ¿Los dos aquí, eh? . . . Conque, vete, no se pierda tiempo. (*Después de hablar los dos, inmediatos a la puerta del cuarto de don Diego, se va Simón por la del foro.*)   11

Simón. Voy allá.

D. Diego. Mucho se madruga, doña Paquita.

D.ᴬ Francisca. Sí, señor.   15

D. Diego. ¿Ha llamado ya doña Irene?

D.ᴬ Francisca. No, señor . . . (*A Rita.*) Mejor es que vayas allá, por si ha despertado y se quiere vestir. (*Rita se va al cuarto de doña Irene.*)   20

ESCENA VIII

Don Diego, Doña Francisca

D. Diego. ¿Usted no habrá dormido bien esta noche?

D.ᴬ Francisca. No, señor. ¿Y usted?

D. Diego. Tampoco.   4

D.ᴬ Francisca. Ha hecho demasiado calor.

D. Diego. ¿Está usted desazonada?

D.ᴬ Francisca. Alguna cosa.

D. Diego. ¿Qué siente usted? (*Siéntase junto a doña Francisca.*)   10

D.ᴬ Francisca. No es nada . . . Así un poco de . . . Nada . . . no tengo nada.

D. Diego. Algo será; porque la veo a usted muy abatida, llorosa, inquieta . . . ¿Qué tiene usted, Paquita? ¿No sabe usted que la quiero tanto?   16

D.ᴬ Francisca. Sí, señor.

D. Diego. Pues ¿por qué no hace usted más confianza de mí? ¿Piensa usted que no tendré yo mucho gusto en hallar ocasiones de complacerla?   21

D.ᴬ Francisca. Ya lo sé.

D. Diego. ¿Pues cómo, sabiendo que tiene usted un amigo, no desahoga con él su corazón?   25

D.ᴬ Francisca. Porque eso mismo me obliga a callar.

D. Diego. Eso quiere decir que tal vez soy yo la causa de su pesadumbre de usted.   30

---

[10] *en una buena carrera que des,* " by riding along at a good clip."

D.ᴬ Francisca. No, señor; usted en nada me ha ofendido . . . No es de usted de quien yo me debo quejar.

D. Diego. Pues ¿de quién, hija mía? . . . Venga usted acá . . . (*Acércase más.*) Hablemos siquiera una vez sin rodeos ni disimulación. Dígame usted: ¿no es cierto que usted mira con algo de repugnancia este casamiento que se la propone? ¿Cuánto va [11] que si la dejasen a usted entera libertad para la elección, no se casaría conmigo?   42

D.ᴬ Francisca. Ni con otro.

D. Diego. ¿Será posible que usted no conozca otro más amable que yo, que la quiera bien, y que la corresponda como usted merece?   47

D.ᴬ Francisca. No, señor; no, señor.

D. Diego. Mírelo usted bien.

D.ᴬ Francisca. ¿No le digo a usted que no?   51

D. Diego. ¿Y he de creer, por dicha, que conserve usted tal inclinación al retiro en que se ha criado, que prefiera la austeridad del convento a una vida más? . . .

D.ᴬ Francisca. Tampoco; no, señor . . . Nunca he pensado así.   57

D. Diego. No tengo empeño de saber más . . . Pero de todo lo que acabo de oír resulta una gravísima contradicción. Usted no se halla inclinada al estado religioso, según parece. Usted me asegura que no tiene queja ninguna de mí, que está persuadida de lo mucho que la estimo, que no piensa casarse con otro, ni debo recelar que nadie me dispute su mano . . . Pues ¿qué llanto es ése? ¿De dónde nace esa tristeza profunda, que en tan poco tiempo ha alterado su semblante de usted, en términos que [12] apenas le reconozco? ¿Son éstas las señales de quererme exclusivamente a mí, de casarse gustosa conmigo dentro de pocos días? ¿Se anuncian así la alegría y el amor? (*Vase iluminando lentamente el teatro, suponiéndose que viene la luz del día.*)   76

D.ᴬ Francisca. ¿Y qué motivos le he dado a usted para tales desconfianzas?

D. Diego. ¿Pues qué? Si yo prescindo de estas consideraciones, si apresuro las diligencias [13] de nuestra unión, si su madre de usted sigue aprobándola, y llega el caso de . . .   83

D.ᴬ Francisca. Haré lo que mi madre me manda, y me casaré con usted.

D. Diego. ¿Y después, Paquita?

D.ᴬ Francisca. Después . . . y mientras me dure la vida, seré mujer de bien.   88

D. Diego. Eso no lo puedo yo dudar. Pero si usted me considera como el que ha de ser hasta la muerte su compañero y su amigo, dígame usted: estos títulos, ¿no me dan algún derecho para merecer de usted mayor confianza? ¿No he de lograr que usted me diga la causa de su dolor? Y no para satisfacer una impertinente curiosidad, sino para emplearme todo en su consuelo, en mejorar su suerte, en hacerla dichosa, si mi conato y mis diligencias pudiesen tanto.   100

D.ᴬ Francisca. ¡Dichas para mí! . . . Ya se acabaron.

D. Diego. ¿Por qué?

D.ᴬ Francisca. Nunca diré por qué.

D. Diego. Pero ¡qué obstinado, qué imprudente silencio! . . . Cuando usted misma debe presumir que no estoy ignorante de lo que hay.   108

D.ᴬ Francisca. Si usted lo ignora, señor don Diego, por Dios no finja que lo sabe; y si en efecto lo sabe usted, no me lo pregunte.   112

D. Diego. Bien está. Una vez que no hay nada que decir, que esa aflicción y esas lágrimas son voluntarias, hoy llegaremos a Madrid, y dentro de ocho días será usted mi mujer.   117

D.ᴬ Francisca. Y daré gusto a mi madre.

[11] ¿*Cuánto va?* "What will you wager?"
[12] *en términos que,* "to such a degree that."
[13] *diligencias,* "preparations."

D. Diego. Y vivirá usted infeliz.

D.ᴬ Francisca. Ya lo sé. 121

D. Diego. He aquí los frutos de la educación. Esto es lo que se llama criar bien a una niña: enseñarla a que desmienta y oculte las pasiones más inocentes con una pérfida disimulación. Las juzgan honestas luego que las ven instruídas en el arte de callar y mentir. Se obstinan en que el temperamento, la edad ni el genio no han de tener influencia alguna en sus inclinaciones, o en que su voluntad ha de torcerse al capricho de quien las gobierna. Todo se las permite, menos la sinceridad. Con tal que no digan lo que sienten, con tal que finjan aborrecer lo que más desean, con tal que se presten a pronunciar, cuando se lo manden, un *sí* perjuro, sacrílego, origen de tantos escándalos, ya están bien criadas; y se llama excelente educación la que inspira en ellas el temor, la astucia y el silencio de un esclavo. 141

D.ᴬ Francisca. Es verdad . . . Todo eso es cierto . . . Eso exigen de nosotras, eso aprendemos en la escuela que se nos da . . . Pero el motivo de mi aflicción es mucho más grande. 146

D. Diego. Sea cual fuere, hija mía, es menester que usted se anime . . . Si la ve a usted su madre de esa manera, ¿qué ha de decir? . . . Mire usted que ya parece que se ha levantado. 151

D.ᴬ Francisca. ¡Dios mío!

D. Diego. Sí, Paquita; conviene mucho que usted vuelva un poco sobre sí [14] . . . No abandonarse tanto . . . Confianza en Dios . . . Vamos, que no siempre nuestras desgracias son tan grandes como la imaginación las pinta . . . ¡Mire usted qué desorden éste! ¡Qué agitación! ¡Qué lágrimas! Vaya, ¿me da usted palabra de presentarse así . . . con cierta serenidad y . . . eh? 162

D.ᴬ Francisca. Y usted, señor . . . Bien sabe usted el genio de mi madre. Si usted

no me defiende, ¿a quién he de volver los ojos? ¿Quién tendrá compasión de esta desdichada? 167

D. Diego. Su buen amigo de usted . . . Yo . . . ¿Cómo es posible que yo la abandonase . . . ¡criatura! . . . en la situación dolorosa en que la veo? (*Asiéndola de las manos.*) 172

D.ᴬ Francisca. ¿De veras?

D. Diego. Mal conoce usted mi corazón.

D.ᴬ Francisca. Bien le conozco. (*Quiere arrodillarse; don Diego se lo estorba, y ambos se levantan.*) 178

D. Diego. ¿Qué hace usted, niña?

D.ᴬ Francisca. Yo no sé . . . ¡Qué poco merece toda esa bondad una mujer tan ingrata para con [15] usted! . . . No, ingrata no, infeliz . . . ¡Ay, qué infeliz soy, señor don Diego! 184

D. Diego. Yo bien sé que usted agradece como puede el amor que la tengo . . . Lo demás todo ha sido . . . ¿qué sé yo? . . . una equivocación mía, y no otra cosa . . . Pero usted, inocente, usted no ha tenido la culpa. 190

D.ᴬ Francisca. Vamos . . . ¿No viene usted?

D. Diego. Ahora no, Paquita. Dentro de un rato iré por allá. 194

D.ᴬ Francisca. Vaya usted presto. (*Encaminándose al cuarto de doña Irene, vuelve y se despide de don Diego besándole las manos.*)

D. Diego. Sí, presto iré. 199

ESCENA IX

Simón, Don Diego

Simón. Ahí están, señor.

D. Diego. ¿Qué dices?

Simón. Cuando yo salía de la Puerta, los ví a lo lejos, que iban ya de camino. Empecé a dar voces y hacer señas con el pañuelo; se detuvieron, y apenas llegué y le dije al señorito lo que usted mandaba,

---

[14] *vuelva un poco sobre sí*, "pull yourself together a bit."
[15] *para con* "toward."

volvió las riendas, y está abajo. Le encargué que no subiera hasta que le avisara yo, por si acaso había gente aquí, y usted no quería que le viesen. 11

D. Diego. ¿Y qué dijo cuando le diste el recado?

Simón. Ni una sola palabra . . . Muerto viene. Ya digo, ni una sola palabra . . . A mí me ha dado compasión el verle así, tan . . . 17

D. Diego. No me empieces ya a interceder por él.

Simón. ¿Yo, señor?

D. Diego. Sí, que no te entiendo yo [16] . . . ¡Compasión! . . . Es un pícaro. 22

Simón. Como yo no sé lo que ha hecho . . .

D. Diego. Es un bribón, que me ha de quitar la vida . . . Ya te he dicho que no quiero intercesores. 27

Simón. Bien está, señor. (*Vase por la puerta del foro. Don Diego se sienta, manifestando inquietud y enojo.*)

D. Diego. Dile que suba. 31

ESCENA X

Don Carlos, Don Diego

D. Diego. Venga usted acá, señorito, venga usted . . . ¿En dónde has estado desde que no nos vemos?

D. Carlos. En el mesón de afuera.

D. Diego. ¿Y no has salido de allí en toda la noche, eh? 6

D. Carlos. Sí, señor, entré en la ciudad y . . .

D. Diego. ¿A qué? . . . Siéntese usted.

D. Carlos. Tenía precisión de hablar con un sujeto . . . (*Siéntase.*) 11

D. Diego. ¡Precisión!

D. Carlos. Sí, señor . . . Le debo muchas atenciones, y no era posible volverme a Zaragoza sin estar primero con él. 15

D. Diego. Ya. En habiendo tantas obligaciones de por medio . . . Pero venirle a ver a las tres de la mañana, me parece mucho desacuerdo . . . ¿Por qué no le escribiste un papel? . . . Mira, aquí he de tener . . . Con este papel que le hubieras enviado en mejor ocasión, no había necesidad de hacerle trasnochar, ni molestar a nadie. (*Dándole el papel que tiraron a la ventana. Don Carlos, luego que le reconoce, se le vuelve y se levanta en ademán de irse.*) 27

D. Carlos. Pues si todo lo sabe usted, ¿para qué me llama? ¿Por qué no me permite seguir mi camino, y se evitaría una contestación de la cual ni usted ni yo quedaremos contentos? 32

D. Diego. Quiere saber su tío de usted lo que hay en esto, y quiere que usted se lo diga.

D. Carlos. ¿Para qué saber más? 36

D. Diego. Porque yo lo quiero, y lo mando. ¡Oiga!

D. Carlos. Bien está.

D. Diego. Siéntate ahí . . . (*Siéntase don Carlos.*) ¿En dónde has conocido a esta niña? . . . ¿Qué amor es éste? ¿Qué circunstancias han ocurrido? . . . ¿Qué obligaciones hay entre los dos? ¿Dónde, cuándo la viste? 45

D. Carlos. Volviéndome a Zaragoza el año pasado, llegué a Guadalajara sin ánimo de detenerme; pero el intendente, en cuya casa de campo nos apeamos, se empeñó en que había de quedarme allí todo aquel día, por ser cumpleaños de su parienta, prometiéndome que al siguiente me dejaría proseguir mi viaje. Entre las gentes convidadas hallé a doña Paquita, a quien la señora había sacado aquel día del convento para que se esparciese un poco . . . Yo no sé qué vi en ella, que excitó en mí una inquietud, un deseo constante, irresistible, de mirarla, de oírla, de hallarme a su lado, de hablar con ella, de hacerme agradable a sus ojos . . . El intendente dijo entre otras cosas . . . burlándose . . . que yo era muy enamorado, y le ocurrió fingir que me llamaba don Félix de Toledo. Yo sostuve esta ficción,

[16] *que no te entiendo yo*, "you think I am not wise to you."

porque desde luego concebí la idea de permanecer algún tiempo en aquella ciudad, evitando que llegase a noticia de usted ... Observé que doña Paquita me trató con un agrado particular, y cuando por la noche nos separamos, yo quedé lleno de vanidad y de esperanzas, viéndome preferido a todos los concurrentes [17] de aquel día, que fueron muchos. En fin ... Pero no quisiera ofender a usted refiriéndole ...   76

D. DIEGO. Prosigue.

D. CARLOS. Supe que era hija de una señora de Madrid, viuda y pobre, pero de gente muy honrada ... Fué necesario fiar de mi amigo los proyectos de amor que me obligaban a quedarme en su compañía; y él, sin aplaudirlos ni desaprobarlos, halló disculpas las más ingeniosas para que ninguno de su familia extrañara mi detención. Como su casa de campo está inmediata a la ciudad, fácilmente iba y venía de noche ... Logré que doña Paquita leyese algunas cartas mías; y con las pocas respuestas que de ella tuve, acabé de precipitarme en una pasión que mientras viva me hará infeliz.   93

D. DIEGO. Vaya ... Vamos, sigue adelante.

D. CARLOS. Mi asistente (que, como usted sabe, es hombre de travesura, y conoce el mundo) con mil artificios que a cada paso le ocurrían, facilitó los muchos estorbos que al principio hallábamos ... La seña era dar tres palmadas, a las cuales respondían con otras tres desde una ventanilla que daba al corral de las monjas. Hablábamos todas las noches, muy a deshora, con el recato y las precauciones que ya se dejan entender ... Siempre fuí para ella don Félix de Toledo, oficial de un regimiento, estimado de mis jefes y hombre de honor. Nunca la dije más,

ni la hablé de mis parientes ni de mis esperanzas, ni la dí a entender que casándose conmigo podría aspirar a mejor fortuna; porque ni me convenía nombrarle a usted, ni quise exponerla a que las miras de interés, y no el amor, la inclinasen a favorecerme. De cada vez la hallé más fina, más hermosa, más digna de ser adorada ... Cerca de tres meses me detuve allí; pero al fin era necesario separarnos, y una noche funesta me despedí, la dejé rendida a un desmayo mortal, y me fuí ciego de amor adonde mi obligación me llamaba ... Sus cartas consolaron por algún tiempo mi ausencia triste, y en una que recibí pocos días ha, me dijo cómo su madre trataba de casarla, que primero perdería la vida que dar su mano a otro que a mí; me acordaba mis juramentos, me exhortaba a cumplirlos ... Monté a caballo, corrí precipitado el camino, llegué a Guadalajara, no la encontré, vine aquí ... Lo demás bien lo sabe usted, no hay para qué decírselo. 133

D. DIEGO. ¿Y qué proyectos eran los tuyos en esta venida?

D. CARLOS. Consolarla, jurarla de nuevo un eterno amor, pasar a Madrid,[18] verle a usted, echarme a sus pies, referirle todo lo ocurrido, y pedirle, no riquezas, ni herencias, ni protecciones, ni ... eso no ... Sólo su consentimiento y su bendición para verificar un enlace tan suspirado, en que ella y yo fundábamos toda nuestra felicidad.   144

D. DIEGO. Pues ya ves, Carlos, que es tiempo de pensar muy de otra manera.

D. CARLOS. Sí, señor.

D. DIEGO. Si tú la quieres, yo la quiero también. Su madre y toda su familia aplauden este casamiento. Ella ... y sean las que fueren las promesas que a ti te hizo ... ella misma, no ha media hora, me ha dicho que está pronta a obedecer a su madre y darme la mano así que ...

---

[17] *concurrentes,* " guests."

[18] Don Carlos speaks as though he had fully expected to find Paquita here, in Alcalá, which of course was not the case.

D. Carlos. ¡Pero no el corazón! (*Levántase.*)   156

D. Diego. ¿Qué dices?

D. Carlos. No, eso no . . . Sería ofenderla . . . Usted celebrará sus bodas cuando guste; ella se portará siempre como conviene a su honestidad y a su virtud; pero yo he sido el primero, el único objeto de su cariño, lo soy y lo seré . . . Usted se llamará su marido; pero si alguna o muchas veces la sorprende, y ve sus ojos hermosos inundados en lágrimas, por mí las vierte . . . No la pregunte usted jamás el motivo de sus melancolías . . . Yo, yo seré la causa . . . Los suspiros, que en vano procurará reprimir, serán finezas dirigidas a un amigo ausente.   172

D. Diego. ¿Qué temeridad es ésta? (*Se levanta con mucho enojo, encaminándose hacia don Carlos, el cual se va retirando.*)

D. Carlos. Ya se lo dije a usted . . . Era imposible que yo hablase una palabra sin ofenderle . . . Pero acabemos esta odiosa conversación . . . Viva usted feliz, y no me aborrezca, que yo en nada le he querido disgustar . . . La prueba mayor que yo puedo darle de mi obediencia y mi respeto, es la de salir de aquí inmediatamente . . . Pero no se me niegue a lo menos el consuelo de saber que usted me perdona.   186

D. Diego. ¿Conque, en efecto, te vas?

D. Carlos. Al instante, señor . . . Y esta ausencia será bien larga.

D. Diego. ¿Por qué?   190

D. Carlos. Porque no me conviene verla en mi vida . . . Si las voces que corren de una próxima guerra se llegaran a verificar . . . entonces . . .   194

D. Diego. ¿Qué quieres decir? (*Asiendo de un brazo a don Carlos, le hace venir más adelante.*)

D. Carlos. Nada . . . Que apetezco la guerra, porque soy soldado.   199

D. Diego. ¡Carlos! . . . ¡Qué horror! . . . ¿Y tienes corazón para decírmelo?

D. Carlos. Alguien viene . . . (*Mirando con inquietud hacia el cuarto de doña Irene, se desprende de don Diego, y hace ademán de irse por la puerta del foro. Don Diego va detrás de él y quiere impedírselo.*) Tal vez será ella . . . Quede usted con Dios.   208

D. Diego. ¿Adónde vas? . . . No, señor, no has de irte.

D. Carlos. Es preciso . . . Yo no he de verla . . . Una sola mirada nuestra pudiera causarle a usted inquietudes crueles.

D. Diego. Ya he dicho que no ha de ser . . . Entra en ese cuarto.   215

D. Carlos. Pero si . . .

D. Diego. Haz lo que te mando. (*Éntrase don Carlos en el cuarto de don Diego.*)   219

ESCENA XI

Doña Irene, Don Diego

D.ª Irene. Conque, señor don Diego, ¿es ya la de vámonos? [19] . . . Buenos días . . . (*Apaga la luz que está sobre la mesa.*) ¿Reza usted?   4

D. Diego. Sí, para rezar estoy [20] ahora. (*Paseándose con inquietud.*)

D.ª Irene. Si usted quiere, ya pueden ir disponiendo el chocolate, y que avisen al mayoral para que enganchen luego que . . . Pero ¿qué tiene usted, señor? . . . ¿Hay alguna novedad?   11

D. Diego. Sí, no deja de haber novedades.[21]

D.ª Irene. Pues ¿qué? Dígalo usted, por Dios . . . ¡Vaya, vaya! . . . No sabe usted lo asustada que estoy . . . Cualquiera cosa, así, repentina, me remueve toda y me . . . Desde el último malparto que tuve, quedé tan sumamente delicada de los nervios . . . Y va ya para diez y nueve años, si no son veinte; pero desde en-

---

[19] *¿es ya la de vámonos?* "is it time for us to be starting?"

[20] *para rezar estoy,* "I feel a lot like praying!"

[21] *no deja de haber novedades,* "there's no end of unexpected developments."

tonces, ya digo, cualquiera friolera me trastorna . . . Ni los baños, ni caldos de culebra,[22] ni la conserva de tamarindos, nada me ha servido; de manera que . . .

D. Diego. Vamos, ahora no hablemos de malos partos ni de conservas . . . Hay otra cosa más importante de que tratar . . . ¿Qué hacen esas muchachas? 29

D.ᴬ Irene. Están recogiendo la ropa y haciendo el cofre, para que todo esté a la vela, y no haya detención.

D. Diego. Muy bien. Siéntese usted . . . Y no hay que asustarse ni alborotarse (*Siéntanse los dos.*) por nada de lo que yo diga; y cuenta, no nos abandone el juicio cuando más lo necesitamos . . . Su hija de usted está enamorada . . . 38

D.ᴬ Irene. ¿Pues no lo he dicho ya mil veces? Sí, señor, que lo está; y bastaba que yo lo dijese para que . . .

D. Diego. ¡Este vicio maldito de interrumpir a cada paso! Déjeme usted hablar. 44

D.ᴬ Irene. Bien, vamos, hable usted.

D. Diego. Está enamorada; pero no está enamorada de mí.

D.ᴬ Irene. ¿Qué dice usted?

D. Diego. Lo que usted oye. 49

D.ᴬ Irene. Pero ¿quién le ha contado a usted esos disparates?

D. Diego. Nadie. Yo lo sé, yo lo he visto, nadie me lo ha contado; y cuando se lo digo a usted, bien seguro estoy de que es verdad . . . Vaya, ¿qué llanto es ése? 56

D.ᴬ Irene. ¡Pobre de mí! (*Llora.*)

D. Diego. ¿A qué viene eso?

D.ᴬ Irene. ¡Porque me ven sola y sin medios, y porque soy una pobre viuda, parece que todos me desprecian y se conjuran contra mí! 62

D. Diego. Señora doña Irene . . .

D.ᴬ Irene. Al cabo de mis años y de mis achaques, verme tratada de esta manera, como un estropajo, como una puerca cenicienta, vamos al decir [23] . . . ¿Quién lo creyera de usted? . . . ¡Válgame Dios! . . . ¡Si vivieran mis tres difuntos! . . . Con el último difunto que me viviera,[24] que tenía un genio como una serpiente . . .

D. Diego. Mire usted, señora, que se me acaba ya la paciencia. 73

D.ᴬ Irene. Que lo mismo era replicarle que se ponía hecho [25] una furia del infierno; y un día del Corpus,[26] yo no sé por qué friolera, hartó de mojicones [27] a un comisario ordenador, y si no hubiera sido por dos padres del Carmen,[28] que se pusieron de por medio, le estrella [29] contra un poste en los portales de Santa Cruz.[30]

D. Diego. Pero ¿es posible que no ha de atender usted a lo que voy a decirla?

D.ᴬ Irene. ¡Ay! no, señor, que bien lo sé, que no tengo pelo de tonta, no, señor . . . Usted ya no quiere a la niña, y busca pretextos para zafarse de la obligación en que está . . . ¡Hija de mi alma y de mi corazón! 89

D. Diego. Señora doña Irene, hágame usted el gusto de oírme, de no replicarme, de no decir despropósitos; y luego que usted sepa lo que hay, llore y gima, y grite, y diga cuanto quiera . . . Pero entre

---

[22] *caldos de culebra.* In reality, snake broth is a mild and savory medicament, in comparison with many wierd popular remedies that might be cited.

[23] *vamos al decir,* " as I might say."

[24] *Con el último . . . viviera,* " If only my last husband were still alive."

[25] *Que lo mismo . . . hecho,* " For just as sure as one crossed him, he turned into a . . ."

[26] *un día del Corpus,* " one Corpus Christi day," one of the most solemn and dramatic church festivals.

[27] *hartó de mojicones,* " gave his fill of punches in the face."

[28] *padres del Carmen,* " Carmelite friars."

[29] *estrella* = *hubiera estrellado.*

[30] *Santa Cruz,* a church of Madrid, formerly situated in the Calle de Atocha, demolished in 1869.

tanto, no me apure usted el sufrimiento, por amor de Dios. 96

D.ᴬ Irene. Diga usted lo que le dé la gana.

D. Diego. Que no volvamos otra vez a llorar y a ...

D.ᴬ Irene. No, señor, ya no lloro. (*Enjugándose las lágrimas con un pañuelo.*) 103

D. Diego. Pues hace ya cosa de un año, poco más o menos, que doña Paquita tiene otro amante. Se han hablado muchas veces, se han escrito, se han prometido amor, fidelidad, constancia ... Y por último, existe en ambos una pasión tan fina, que las dificultades y la ausencia, lejos de disminuirla, han contribuído eficazmente a hacerla mayor. En este supuesto ... 113

D.ᴬ Irene. Pero ¿no conoce usted, señor, que todo es un chisme inventado por alguna mala lengua que no nos quiere bien? 117

D. Diego. Volvemos otra vez a lo mismo. No, señora, no es chisme. Repito de nuevo que lo sé.

D.ᴬ Irene. ¿Qué ha de saber usted, señor, ni qué traza tiene eso de verdad? ¡Conque la hija de mis entrañas, encerrada en un convento, ayunando los siete reviernes, acompañada de aquellas santas religiosas! ... ¡Ella, que no sabe lo que es mundo, que no ha salido todavía del cascarón, como quien dice! ... Bien se conoce que no sabe usted el genio que tiene Circuncisión ... ¡Pues bonita es ella para haber disimulado a su sobrina el menor desliz! [31] 132

D. Diego. Aquí no se trata de ningún desliz, señora doña Irene; se trata de una inclinación honesta, de la cual hasta ahora no habíamos tenido antecedente [32] alguno. Su hija de usted es una niña muy honrada, y no es capaz de deslizarse ... Lo que digo es que la madre Circuncisión, y la Soledad, y la Candelaria,[33] y todas las madres, y usted, y yo el primero, nos hemos equivocado solemnemente. La muchacha se quiere casar con otro, y no conmigo. Hemos llegado tarde; usted ha contado muy de ligero con la voluntad de su hija ... Vaya, ¿para qué es cansarnos? Lea usted ese papel, y verá si tengo razón. (*Saca el papel de don Carlos y se le da. Doña Irene, sin leerle, se levanta muy agitada, se acerca a la puerta de su cuarto y llama. Levántase don Diego, y procura en vano contenerla.*) 152

D.ᴬ Irene. ¡Yo he de volverme loca! ... ¡Francisquita! ... ¡Virgen del Tremedal! [34] ... ¡Rita! ¡Francisca!

D. Diego. Pero ¿a qué es llamarlas?

D.ᴬ Irene. Sí, señor, que quiero que venga, y que se desengañe la pobrecita de quién es usted. 159

D. Diego. Lo echó todo a rodar ... Esto le sucede a quien se fía de la prudencia de una mujer.

ESCENA XII

Doña Francisca, Rita, Doña Irene, Don Diego

(*Salen doña Francisca y Rita de su cuarto.*)

Rita. ¡Señora!

D.ᴬ Francisca. ¿Me llamaba usted?

D.ᴬ Irene. Sí, hija, sí; porque el señor don Diego nos trata de un modo que ya no se puede aguantar. ¿Qué amores tienes,

---

[31] *bonita . . . desliz,* " it would have been just like her to overlook the slightest slip on the part of her niece! "

[32] *antecedente,* " inkling."

[33] *Soledad, Candelaria.* Further examples of religious names; Solitude, after Nuestra Señora de la Soledad, and Candlemas, the festival in honor of the purification of the Blessed Virgin Mary (February 2).

[34] *¡Virgen del Tremedal!* An invocation which, like that to the Virgen del Pilar, at Saragossa, is doubtless associated with some miraculous apparition of the Virgin. *Tremedal* means " quagmire," but also occurs as the name of a mountain-range in Teruel, and of various towns.

niña? ¿A quién has dado palabra de matrimonio? ¿Qué enredos son éstos? ... Y tú, picarona ... (*A Rita.*) Pues tú también lo has de saber ... Por fuerza lo sabes ... ¿Quién ha escrito este papel? ¿Qué dice? (*Presentando el papel abierto a doña Francisca.*)   12

RITA. (*Aparte a doña Francisca.*) Su letra es.

D.ᴬ FRANCISCA. ¡Qué maldad! ... Señor don Diego, ¿así cumple usted su palabra?   17

D. DIEGO. Bien sabe Dios que no tengo la culpa ... Venga usted aquí. (*Asiendo de una mano a doña Francisca, la pone a su lado.*) No hay que temer ... Y usted, señora, escuche y calle, y no me ponga en términos de hacer un desatino ... Déme usted ese papel. (*Quitándola el papel de las manos a doña Irene.*) Paquita, ya se acuerda usted de las tres palmadas de esta noche.   27

D.ᴬ FRANCISCA. Mientras viva me acordaré.

D. DIEGO. Pues éste es el papel que tiraron a la ventana. No hay que asustarse, ya lo he dicho. (*Lee.*) «Bien mío: si no consigo hablar con usted, haré lo posible para que llegue a sus manos esta carta. Apenas me separé de usted, encontré en la posada al que yo llamaba mi enemigo, y al verle no sé cómo no expiré de dolor. Me mandó que saliera inmediatamente de la ciudad, y fué preciso obedecerle. Yo me llamo don Carlos, no don Félix. Don Diego es mi tío. Viva usted dichosa, y olvide para siempre a su infeliz amigo.—*Carlos de Urbina.*»   43

D.ᴬ IRENE. ¿Conque hay eso?

D.ᴬ FRANCISCA. ¡Triste de mí!

D.ᴬ IRENE. ¿Conque es verdad lo que decía el señor, grandísima picarona? Te has de acordar de mí. (*Se encamina hacia doña Francisca, muy colérica y en ademán de querer maltratarla. Rita y don Diego procuran estorbarlo.*)   51

D.ᴬ FRANCISCA. ¡Madre! ... ¡Perdón!

D.ᴬ IRENE. No, señor, que la he de matar.

D. DIEGO. ¿Qué locura es ésta?

D.ᴬ IRENE. He de matarla.   56

ESCENA XIII

DON CARLOS, DON DIEGO, DOÑA IRENE, DOÑA FRANCISCA, RITA

(*Sale don Carlos del cuarto precipitadamente; coge de un brazo a doña Francisca, se la lleva hacia el fondo del teatro, y se pone delante de ella para defenderla. Doña Irene se asusta y se retira.*)

D. CARLOS. Eso no. Delante de mí nadie ha de ofenderla.

D.ᴬ FRANCISCA. ¡Carlos!

D. CARLOS. (*Acercándose a don Diego.*) Disimule usted mi atrevimiento ... He visto que la insultaban, y no me he sabido contener.   7

D.ᴬ IRENE. ¿Qué es lo que me sucede? ¡Dios mío! ¿Quién es usted? ... ¿Qué acciones son éstas? ... ¡Qué escándalo!

D. DIEGO. Aquí no hay escándalos. Ése es de quien su hija de usted está enamorada. Separarlos y matarlos, viene a ser lo mismo ... Carlos ... No importa ... Abraza a tu mujer. (*Don Carlos va adonde está doña Francisca; se abrazan, y ambos se arrodillan a los pies de don Diego.*)   18

D.ᴬ IRENE. ¿Conque su sobrino de usted?

D. DIEGO. Sí, señora, mi sobrino, que con sus palmadas, y su música, y su papel me ha dado la noche más terrible que he tenido en mi vida ... ¿Qué es esto, hijos míos, qué es esto?   25

D.ᴬ FRANCISCA. ¿Conque usted nos perdona y nos hace felices?

D. DIEGO. Sí, prendas de mi alma ... Sí. (*Los hace levantar con expresiones de ternura.*)   30

D.ᴬ IRENE. ¿Y es posible que usted se determina a hacer un sacrificio? ...

D. DIEGO. Yo pude separarlos para siempre, y gozar tranquilamente la pose sión de esta niña amable; pero mi conciencia no lo sufre . . . ¡Carlos! . . . ¡Paquita! ¡Qué dolorosa impresión me deja en el alma el esfuerzo que acabo de hacer! . . . Porque, al fin, soy hombre miserable y débil. 40

D. CARLOS. (*Besándole las manos.*) Si nuestro amor, si nuestro agradecimiento pueden bastar a consolar a usted en tanta pérdida . . . 44

D.ª IRENE. ¡Conque el bueno de don Carlos! Vaya que . . .

D. DIEGO. Él y su hija de usted estaban locos de amor, mientras usted y las tías fundaban castillos en el aire, y me llenaban la cabeza de ilusiones, que han desaparecido como un sueño . . . Esto resulta del abuso de la autoridad, de la opresión que la juventud padece; éstas son las seguridades que dan los padres y los tutores, y esto es lo que se debe fiar en EL SÍ DE LAS NIÑAS . . . Por una casualidad he sabido a tiempo el error en que estaba. ¡Ay de aquellos que lo saben tarde! 58

D.ª IRENE. En fin, Dios los haga buenos, y que por muchos años se gocen . . . Venga usted acá, señor, venga usted, que quiero abrazarle. (*Abrázanse don Carlos y doña Irene; doña Francisca se arro-*

dilla y la besa la mano.) Hija, Francisquita. ¡Vaya! Buena elección has tenido . . . Cierto que es un mozo muy galán . . . Morenillo, pero tiene un mirar de ojos muy hechicero. 68

RITA. Sí, dígaselo usted, que no lo ha reparado la niña . . . Señorita, un millón de besos. (*Doña Francisca y Rita se besan, manifestando mucho contento.*) 72

D.ª FRANCISCA. Pero ¿ves qué alegría tan grande? . . . ¡Y tú, como me quieres tanto! . . . Siempre, siempre serás mi amiga. 76

D. DIEGO. Paquita hermosa (*Abraza a doña Francisca*), recibe los primeros abrazos de tu nuevo padre . . . No temo ya la soledad terrible que amenazaba a mi vejez . . . Vosotros (*Asiendo de las manos a doña Francisca y a don Carlos.*) seréis la delicia de mi corazón; y el primer fruto de vuestro amor . . . sí, hijos, aquél . . . no hay remedio, aquél es para mí. Y cuando le acaricie en mis brazos podré decir: « A mí me debe su existencia este niño inocente; si sus padres viven, si son felices, yo he sido la causa.» 89

D. CARLOS. ¡Bendita sea tanta bondad!

D. DIEGO. Hijos, bendita sea la de Dios.

RIVAS

The first significant name in Spanish Romanticism, and perhaps the greatest, is that of Ángel de Saavedra, Duque de Rivas (1791–1865). Born at Cordova, where he spent his most impressionable years, he absorbed more than the usual Andalusian love for his province, its romantic traditions and its bright colors, which were a constant source of inspiration to him. At seventeen he participated in the War of Independence, being left for dead on the field of Ocaña with eleven wounds—a significant contrast to Moratín's attitude during these stirring years. With the close of the war he retired with the rank of colonel to Seville where he formed many literary friendships. He entered political life when elected deputy from his province (1822).

In common with all men of letters of his time, Rivas' background was formed in the neo-classic tradition, and his earliest poetic efforts (*Poesías*, 1814) reveal him as a follower of Quintana, although traces of a Romantic tendency can be detected even here. To the period 1814–1822 also belong six tragedies on the neo-classic model, imitating in particular the Italian, Alfieri. These early plays naturally suffer from the inexperience of the author as well as from the restraints imposed by observance of rules and models. Of these works, *Ataulfo*, *El Duque de Aquitania* and *Malek-Adhel* were never performed; *Aliatar* and *Doña Blanca* had moderate success, but *Lanuza*, owing largely to the political allusions read into it, was received everywhere with extraordinary applause. Declamatory in tone, this play portrayed the heroic efforts of Lanuza, Chief Justice of Aragon, to defend the privileges of his people against the despotism of Philip II, but it was readily interpreted as a veiled attack on the tyranny of Ferdinand VII.

The second and most decisive period in Rivas' literary career corresponds to the ten years of exile which he suffered as a consequence of his liberal ideas. Condemned to death for having voted in favor of the deposition of Ferdinand VII, Rivas fled to Gibraltar and thence by way of London and Italy to Malta. The remaining years of exile were spent in France, whence he returned to Spain on January 9, 1834, following the death of Ferdinand. On the crossing to England, Rivas composed *El desterrado*, followed by *El sueño del proscripto*, poems revealing the author's grief at his exile and his patriotic laments over the plight of his country. His latent Romanticism was brought into full flower at Malta, chiefly through the influence of Sir John Hookham Frere, former ambassador from England to Madrid, who initiated him into the beauties of Shakespeare, Byron and Scott, and aroused in him an enthusiasm for the earlier Spanish literature. *El faro de Malta* (1828) gives unmistakable evidence of this; while *El moro expósito*, begun at Frere's suggestion in 1829 and completed at Tours four years later, ranks as the first great Romantic production in Spanish literature and is perhaps the best modern Spanish epic. As indicated by its sub-title, *Córdoba y Burgos en el siglo décimo*, the subject provides an opportunity for the portrayal of two contrasting civilizations, the Moorish and the Christian, in which

Rivas' art is revealed at its best. This period also produced Rivas' outstanding drama, a work which proved the turning point in the battle between Classicism and Romanticism. While still at Malta he had written two plays, *Arias Gonzalo* (1826), a historical tragedy, and *Tanto vales cuanto tienes* (1827), a comedy in the Moratinian style, which give little hint of the break with neo-classic traditions which *Don Álvaro* represents.

Shortly after his return from exile, Rivas fell heir to the ducal title through the death of his elder brother. This event cannot but be regarded as an unfortunate turn in his literary career, which henceforth is subordinated to new social and political responsibilities. As duke and peer of the realm he will fill many important posts, including those of Minister of the Interior, Vice-President of the Senate and Ambassador to Naples and Paris; he likewise is made a member of all the important academies. Not unnaturally his political views undergo a profound change; the young noble who had once fled for his life because of his liberalism, now becomes a thorough conservative; and within three years, ironically enough, he will have to flee again, for a brief period, this time perescuted as a reactionary.

The same change toward moderation can be observed in his literary production during this period. After *Don Álvaro*, no further extreme manifestations of Romanticism come from his pen. *El parador de Bailén* is a farcical comedy; three other plays, *Solaces de un prisionero, o tres noches de Madrid, La morisca de Alajuar* and *El crisol de la lealtad*, are in the style of the Golden Age *capa y espada* dramas, and have perhaps suffered in comparison with *Don Álvaro*. Only *El desengaño en un sueño* is generally regarded as worthy to stand beside the latter, because of its development of the idea that man's quest for happiness and power too often ends in disillusionment. In the use of a dream to convey the lesson, as in other particulars, Rivas' play recalls Calderón's famous drama, *La vida es sueño*, but it abounds also in reminiscences of such works as *Faust, The Tempest* and Espronceda's *Diablo mundo*.

Rivas' chief poetic contributions at this time are the *Romances históricos* (1841) and the *Leyendas* (1854). The former are a collection of eighteen narrative poems which present a gallery of noted national figures, ranging from the time of Peter the Cruel to the Napoleonic invasion. These vivid poems testify once more to the author's life-long pride and interest in his country's traditions and represent what many critics regard as his most enduring work. In the *Leyendas*, three in number, the supernatural and the fantastic play a larger part than is usual with Rivas; in this they show kinship to the legends of Zorrilla and Bécquer. With them Rivas' literary career is practically brought to a close. It is significant of the effect which political life exerted on lessening his literary activity during these last thirty years, that in the brief space of three years, following the expulsion of the Queen Regent in 1840, Rivas, aloof from political affairs and devoted wholly to literary pursuits at Seville, composed all five of the plays just mentioned and published the *Romances históricos*, some of which, indeed, had been written earlier. This leaves only the three *Leyendas* and some scattered prose work to show for the other years.

Don Álvaro, if not strictly the first Spanish Romantic drama in point of time, is universally conceded to be the most powerful and significant manifestation of the whole movement, although much controversy has arisen regarding several features of it. From all indications, Rivas, fired by the example of the French Romanticists, had completed a prose version of the play by 1831, while still in France. His friend Alcalá Galiano translated this work into French for representation in one of the Paris theatres; but the amnesty permitting the exiles to return to Spain interrupted this plan, and for a while the play remained forgotten (some say that it was destroyed) in the face of deeper preoccupations. Then, stimulated perhaps by the success in 1834 of Martínez de la Rosa's *Conjuración de Venecia* and by Larra's *Macías*, two historical dramas of Romantic spirit, Rivas hastily reworked and partially versified his original. The first performance of the play was given in the Teatro del Príncipe, Madrid, on March 22, 1835, and to this day conflicting reports are given as to its reception. Some insist that it won a success comparable only to that of *Hernani* in France, being received with veritable stupor by the neo-classicists but with frantic applause by most of the spectators, who were swept off their feet by the grandeur and variety of so imposing a spectacle. It had, however, an initial run of only eleven performances. Juan Valera hints that the actors, with two exceptions, took their rôles none too well; another admirer of both author and play wrote significantly, only three or four days after the *estreno:* " Sabemos que el autor de Don Álvaro no se retrae de la carrera dramática, por no haber obtenido en esta obra el éxito tan feliz que apetece todo autor." It would appear, therefore, that the Spanish public was not yet quite prepared to appreciate whole-heartedly so novel a drama. Rivas, at least, never again attempted a work of this nature. Was it because, as one modern scholar puts it, his success with this play was too great to be repeated, or was it rather that his success was too ambiguous to risk a repetition?

There are many things in *Don Álvaro* calculated to shock conservative tastes. It deliberately flouts the rules, as Romantic drama is supposed to do. The unities of time and place are wholly disregarded, and even the unity of action is dubious; the work is in mixed prose and verse, which establishes a precedent for future Romantic plays; persons of the highest and lowest degrees continually alternate in the action; the tragic and the comic, the sublime and the trivial are interwoven; scenes of frank realism are mingled with others of Romantic frenzy, and the play ends with the extermination of an entire noble family and the suicide of the protagonist. But the powerful imagination which could create a theme so essentially original, the lyric beauty and force of much of the verse, the abundance of local color and the genuinely Spanish flavor of the scenes and characters, all atone for improbabilities of situation, structural weakness and general abuse of Romantic license which carping critics can easily point out. *Don Álvaro* has not the artistic perfection of *Los amantes de Teruel*, nor has it ever enjoyed such universal popularity as *Don Juan Tenorio,* but among all the Romantic dramas it stands out like some compellingly beautiful though cragged mountain peak.

The significance of the sub-title, *La fuerza del Sino*, has caused much discussion. Some have interpreted the word Fate or Destiny according to the Greek idea, and have referred to *Don Álvaro* as the Spanish *Œdipus,* conceiving the protagonist as being swept along on his career of involuntary crime by a force wholly beyond his control.

Some who incline to this view regard Fate itself as the real protagonist of the drama, with Don Álvaro and the other characters as mere pawns. Others see here the very natural influence of the Moorish idea of predestination at work. Others again read into the play a symbol of the terrible but just workings of Divine Providence, which punishes the guilt of those who knowingly transgress its precepts. The author's friend Pacheco proclaims this work " verdadero Edipo de la musa católica," oblivious of the fact that to link thus the Greek idea of Fate, as usually interpreted in *Œdipus*, with the Catholic conception of Providence, is an utter absurdity. Menéndez y Pelayo ends his panegyric of *Don Álvaro* with a still more meaningless assertion: " Una fatalidad, no griega, sino española, es el dios que hizo aquella máquina y arrastra al protagonista, personaje de sombría belleza." Hostile critics find no genuine fate element in the play at all; they maintain that the successive catastrophes are due solely to Chance, *casualidad*, of a peculiarly uncasual type.

Amid this confusing variety of opinions, perhaps the most evident explanation is being overlooked. The idea of Fate and Destiny, common enough to all times and peoples, is one of the cherished philosophic conceptions of Romanticism. No theme lent itself more admirably to the creating of an atmosphere of mystery, pity and terror than the portrayal of a hero, preferably of unknown origin, noble and generous of character but buffeted about in a cruel world, pursued to the end by an inclement fate. The terms *Fate, Destiny, Ill-starred* and the like are constantly on the lips of every Romantic hero, be he a Werther, René, Ortis or Don Álvaro. The same conventional epithets are found over and over in other works of the Duque de Rivas. If we remember, finally, that Rivas, like most of the great Romanticists, was a " poeta más espontáneo que reflexivo," whose merits lie elsewhere than in depth of thought, we may well be justified in concluding that neither intentionally nor unconsciously did he put in his *Don Álvaro* any transcendental philosophic thought on this mysterious power of destiny. For him, doubtless, the play was the thing.

Bibliography: *Obras completas,* with biographical introduction by N. Pastor Díaz; 7 volumes, but not complete, Madrid, 1894–1904. *Obras completas, corregidas por el mismo,* 5 volumes, Madrid, 1854–1855; this edition, or the 2 volume edition of Barcelona, 1884–1885, must be consulted for *El desengaño en un sueño. Romances históricos* (ed. C. Rivas Cherif, *Clásicos castellanos,* 9, 12), Madrid, 1912.

To consult: G. BOUSSAGOL, *Ángel de Saavedra, duc de Rivas, sa vie, son oeuvre poétique,* Toulouse, 1926. M. CAÑETE, critical study in *Autores dramáticos contemporáneos,* I. A. CASTRO, in *Les grands romantiques espagnols,* Paris, 1923. J. MARTÍNEZ RUIZ (AZORÍN), *Rivas y Larra: razón social del romanticismo en España,* Madrid, 1916. R. MENÉNDEZ PIDAL, *L'épopée castillane à travers la littérature espagnole,* Paris, 1910. E. A. PEERS, *Ángel de Saavedra, Duque de Rivas. A Critical Study,* in *Revue Hispanique,* 58 (1923). Id., *Rivas and Romanticism in Spain,* Liverpool, 1923. E. PIÑEYRO, *El romanticismo en España,* Paris, 1904.

DON ÁLVARO O LA FUERZA DEL SINO

POR ÁNGEL DE SAAVEDRA, DUQUE DE RIVAS

(1835)

PERSONAS

Don Álvaro	Un Alcalde
El Marqués de Calatrava	Un Estudiante
Don Carlos de Vargas, *su hijo*	Un Majo [1]
Don Alfonso de Vargas, *ídem*	Mesonero
Doña Leonor, *ídem*	Mesonera
Curra, *criada*	La Moza del Mesón
Preciosilla, *gitana*	El Tío Trabuco, *arriero*
Un Canónigo	El Tío Paco, *aguador*
El Padre guardián del con-	El Capitán Preboste
vento de los Ángeles	Un Sargento
El Hermano Melitón, *portero*	Un Ordenanza a Caballo
del mismo	Dos habitantes de Sevilla
Pedraza y otros oficiales	Soldados españoles, arrieros,
Un Cirujano de Ejército	Lugareños y Lugareñas
Un Capellán de Regimiento	

Los trajes son los que se usaban a mediados del siglo pasado.

JORNADA PRIMERA

La escena es en Sevilla y sus alrededores.

ESCENA PRIMERA

El teatro representa la entrada del antiguo puente de barcas de Triana,[2] el que estará practicable a la derecha. En primer término, al mismo lado, un aguaducho o barraca de tablas y lonas, con un letrero que diga: AGUA DE TOMARES:[3] *dentro habrá un mostrador rústico con cuatro grandes cántaros, macetas de flores, vasos, un anafre con una cafetera de hoja de lata y una bandeja con azucarillos.[4] Delante del aguaducho habrá bancos de pino. Al fondo se descubrirá de lejos parte del arrabal de Triana, la huerta de los Remedios[5] con sus altos ci-*

[1] *Majo*, a term applied to a popular type in Andalusia, loud of dress and speech, loitering braggarts and would-be dandies; frequently (as in this case) professional bullfighters.

[2] From Moorish times a bridge of boats thrown across the Guadalquivir served to connect Seville with the suburb of Triana, famed for its pottery and *azulejos*. The 1835 edition of the play omits the word *antiguo*, since it was not until later (1845–52) that the old bridge was replaced by the present iron one called the *Puente de Triana* or *de Isabel Segunda*.

[3] *Tomares*, a small village 3 miles S.W. of Seville.

[4] *azucarillos*, thin wafers made of egg white, sugar and flavoring, much used for sweetening water or chocolate. Same as *panal* below.

[5] *huerta de los Remedios*, probably the spot called *Punta de los Remedios*, just below Seville on a bend of the river.

preses, el río y varios barcos en él, con flámulas y gallardetes. A la izquierda se verá en lontananza la Alameda.[6] Varios habitantes de Sevilla cruzarán en todas direcciones durante la escena. El cielo demostrará el ponerse el sol en una tarde de julio, y al descorrerse el telón aparecerán: el TÍO PACO *detrás del mostrador en mangas de camisa; el* OFICIAL, *bebiendo un vaso de agua y de pie;* PRECIOSILLA, *a su lado templando una guitarra; el* MAJO *y los* DOS HABITANTES DE SEVILLA *sentados en los bancos.*

OFICIAL. Vamos, Preciosilla, cántanos la rondeña. Pronto, pronto: ya está bien templada.

PRECIOSILLA. Señorito, no sea su merced tan súpito.[7] Déme antes esa mano, y le diré la buenaventura.   6

OFICIAL. Quita, que no quiero tus zalamerías. Aunque efectivamente tuvieras la habilidad de decirme lo que me ha de suceder, no quisiera oírtelo . . . Sí, casi siempre conviene el ignorarlo.   11

MAJO. (*Levantándose.*) Pues yo quiero que me diga la buenaventura esta prenda. He aquí mi mano.

PRECIOSILLA. Retire usted allá esa porquería . . . Jesús, ni verla quiero, no sea que se encele aquella niña de los ojos grandes.   18

MAJO. (*Sentándose.*) ¡Qué se ha de encelar de ti,[8] pendón!

PRECIOSILLA. Vaya, saleroso, no se cargue usted de estera,[9] convídeme a alguna cosita.   23

MAJO. Tío Paco, déle usted un vaso de agua a esta criatura, por mi cuenta.

PRECIOSILLA. ¿Y con panal?   26

OFICIAL. Sí, y después que te refresques el garguero y que te endulces la boca, nos cantarás las corraleras. (*El aguador sirve un vaso de agua con panal a Preciosilla, y el Oficial se sienta junto al Majo.*)   31

HABITANTE 1.º ¡Hola! Aquí viene el señor canónigo.

ESCENA II

DICHOS *y el* CANÓNIGO

CANÓNIGO. Buenas tardes, caballeros.

HABITANTE 2.º Temíamos no tener la dicha de ver a su merced esta tarde, señor canónigo.   4

CANÓNIGO. (*Sentándose y limpiándose el sudor.*) ¿Qué persona de buen gusto, viviendo en Sevilla, puede dejar de venir todas las tardes de verano a beber la deliciosa agua de Tomares, que con tanta limpieza y pulcritud nos da el tío Paco, y a ver un ratito este puente de Triana, que es lo mejor del mundo?   12

HABITANTE 1.º Como ya se está poniendo el sol . . .

CANÓNIGO. Tío Paco, un vasito de la fresca.   16

TÍO PACO. Está usía muy sudado; en descansando un poquito le daré el refrigerio.

MAJO. Dale a su señoría agua templada.   21

CANÓNIGO. No, que hace mucho calor.

MAJO. Pues yo templada la he bebido, para tener el pecho suave, y poder entonar el rosario por el barrio de la Borcinería,[10] que a mí me toca esta noche.   26

OFICIAL. Para suavizar el pecho, mejor es un trago de aguardiente.

---

[6] *la Alameda,* probably the *Alameda Vieja* mentioned below, and now called *Alameda de Hércules;* a broad promenade crowned by two granite columns bearing statues of Hercules and Julius Caesar.

[7] *súpito,* "impatient."

[8] *¡Qué se ha de encelar de ti!* "As if she would be jealous of you!"

[9] *no se cargue usted de estera,* "don't get peeved."

[10] *Borcinería,* a popular quarter doubtless identified with the modern *Borceguinería,* where *borceguíes* (buskins or high boots) are made and sold. Located in the southern part of the city (*Calle de Mateos Gago*), it is called *Borciguinería* in Guevara's *Diablo cojuelo* (1641).

MAJO. El aguardiente es bueno para sosegarlo después de haber cantado la letanía. 31

OFICIAL. Yo lo tomo antes y después de mandar el ejercicio.

PRECIOSILLA. (*Habrá estado punteando la guitarra y dirá al Majo:*) Oiga usted, rumboso, ¿y cantará usted esta noche la letanía delante del balcón de aquella persona? ... 38

CANÓNIGO. Las cosas santas se han de tratar santamente. Vamos. ¿Y qué tal los toros de ayer?

MAJO. El toro berrendo de Utrera [11] salió un buen bicho, muy pegajoso [12] ... Demasiado. 44

HABITANTE 1.º Como que se me figura que le tuvo usted asco.

MAJO. Compadre, alto allá, que yo soy muy duro de estómago ... Aquí está mi capa (*Enseña un desgarrón.*) diciendo por esta boca [13] que no anduvo muy lejos. 50

HABITANTE 2.º No fué la corrida tan buena como la anterior.

PRECIOSILLA. Como que ha faltado en ella don Álvaro el indiano, que a caballo y a pie es el mejor torero que tiene España.[14] 56

MAJO. Es verdad que es todo un hombre, muy duro con el ganado y muy echado adelante.[15]

PRECIOSILLA. Y muy buen mozo. 60

HABITANTE 1.º ¿Y por qué no se presentaría ayer en la plaza?

OFICIAL. Harto tenía que hacer con estarse llorando el mal fin de sus amores.

MAJO. ¿Pues qué, lo ha plantado ya la hija del señor Marqués? 66

OFICIAL. No: doña Leonor no lo ha plantado a él, pero el Marqués la ha trasplantado a ella.

HABITANTE 2.º ¿Cómo? ... 70

HABITANTE 1.º Amigo, el señor Marqués de Calatrava tiene mucho copete, y sobrada vanidad para permitir que un advenedizo sea su yerno. 74

OFICIAL. ¿Y qué más podía apetecer su señoría que el ver casada a su hija (que con todos sus pergaminos está muerta de hambre), con un hombre riquísimo, y cuyos modales están pregonando que es un caballero? 80

PRECIOSILLA. ¡Si los señores de Sevilla son vanidad y pobreza todo en una pieza! Don Álvaro es digno de ser marido de una emperadora ... ¡Qué gallardo! ... ¡Qué formal y qué generoso! ... Hace pocos días que le dije la buenaventura (y por cierto no es buena la que le espera si las rayas de la mano no mienten), y me dió una onza de oro como un sol de mediodía.

TÍO PACO. Cuantas veces viene aquí a beber, me pone sobre el mostrador una peseta columnaria. 92

MAJO. ¡Y vaya un hombre valiente! Cuando en la Alameda Vieja le salieron aquella noche los siete hombres más duros que tiene Sevilla, metió mano [16] y me los acorraló a todos contra las tapias del picadero.[17] 98

OFICIAL. Y en el desafío que tuvo con el capitán de artillería se portó como un caballero.

PRECIOSILLA. El Marqués de Calatrava es un vejete tan ruin, que por no aflojar la mosca, y por no gastar ... 104

OFICIAL. Lo que debía hacer don Álvaro era darle una paliza que ...

---

[11] *Utrera*, a town about 17 miles S.E. of Seville, in a district famous for its fighting bulls.

[12] *pegajoso*, in the language of the arena, *el que se ciñe*, i.e., "close-attacking," "tenacious."

[13] *boca*, i.e., the rent in the cape proclaims the *majo's* valor, since he permitted the bull's horn to pass very close to his body.

[14] Formerly the highest nobility participated in bullfights, usually on horseback. The young Duque de Rivas himself was once rebuked for his excessive fondness for this sport.

[15] *echado adelante*, "reckless in exposing himself."

[16] *metió mano = metió mano a su espada.*

[17] *picadero*, the training field for *picadores* in bullfighting.

CANÓNIGO. Paso, paso, señor militar. Los padres tienen derecho de casar a sus hijas con quien les convenga. 109

OFICIAL. ¿Y por qué no le ha de convenir don Álvaro? ¿Porque no ha nacido en Sevilla? . . . Fuera de Sevilla nacen también caballeros. 113

CANÓNIGO. Fuera de Sevilla nacen también caballeros, sí señor; pero . . . ¿lo es don Álvaro? . . . Sólo sabemos que ha venido de Indias [18] hace dos meses, y que ha traído dos negros y mucho dinero . . . ¿Pero quién es? . . . 119

HABITANTE 1.º Se dicen tantas y tales cosas de él . . .

HABITANTE 2.º Es un ente muy misterioso. 123

TÍO PACO. La otra tarde estuvieron aquí unos señores hablando de lo mismo, y uno de ellos dijo que el tal don Álvaro había hecho sus riquezas siendo pirata . . .

MAJO. ¡Jesucristo! 128

TÍO PACO. Y otro, que don Álvaro era hijo bastardo de un grande de España y de una reina mora . . .

OFICIAL. ¡Qué disparate! 132

TÍO PACO. Y luego dijeron que no, que era . . . no lo puedo declarar . . . finca . . . o brinca . . . una cosa así . . . así como . . . una cosa muy grande allá de la otra banda.[19] 137

OFICIAL. ¿Inca?

TÍO PACO. Sí, señor; eso, Inca . . . Inca.

CANÓNIGO. Calle usted, tío Paco, no diga sandeces. 141

TÍO PACO. Yo nada digo, ni me meto en honduras; para mí cada uno es hijo de sus obras, y en siendo buen cristiano y caritativo . . .

PRECIOSILLA. Y generoso y galán. 146

OFICIAL. El vejete roñoso del Marqués de Calatrava hace muy mal en negarle su hija.

CANÓNIGO. Señor militar, el señor Marqués hace muy bien. El caso es sencillísimo. Don Álvaro llegó hace dos meses; nadie sabe quién es. Ha pedido en casamiento a doña Leonor, y el Marqués, no juzgándolo buen partido para su hija, se la ha negado. Parece que la señorita estaba encaprichadilla, fascinada, y el padre la ha llevado al campo, a la hacienda que tiene en el Aljarafe,[20] para distraerla. En todo lo cual el señor Marqués se ha comportado como persona prudente.

OFICIAL. ¿Y don Álvaro, qué hará? 162

CANÓNIGO. Para acertarlo, debe buscar otra novia; porque si insiste en sus descabelladas pretensiones, se expone a que los hijos del señor Marqués vengan, el uno de la Universidad, y el otro del regimiento, a sacarle de los cascos los amores de doña Leonor. 169

OFICIAL. Muy partidario soy de don Álvaro, aunque no le he hablado en mi vida, y sentiría verlo empeñado en un lance con don Carlos, el hijo mayorazgo del Marqués. Le he visto el mes pasado en Barcelona, y he oído contar los dos últimos desafíos que ha tenido ya; y se le puede ayunar.[21] 177

CANÓNIGO. Es uno de los oficiales más valientes del regimiento de Guardias Españolas, donde no se chancea en esto de lances de honor. 181

HABITANTE 1.º Pues el hijo segundo del señor Marqués, el don Alfonso, no le va en zaga. Mi primo, que acaba de llegar de Salamanca,[22] me ha dicho que es el coco de la Universidad, más espadachín que estudiante, y que tiene metidos en un puño a los matones sopistas.[23] 188

---

[18] *Indias,* Spanish America.

[19] *allá de la otra banda,* " beyond the seas."

[20] *Aljarafe,* a village on the outskirts of Triana, now called *Mairena del Aljarafe.*

[21] *se le puede ayunar,* " one had better steer clear of him."

[22] *Salamanca,* seat of the oldest university in Spain, once numbering 14,000 students.

[23] *tiene metidos . . . sopistas,* " he's got all the bullying charity students in the hollow of his hand."

MAJO. ¿Y desde cuándo está fuera de Sevilla la señorita doña Leonor?

OFICIAL. Hace cuatro días que se la llevó el padre a su hacienda, sacándola de aquí a las cinco de la mañana, después de haber estado toda la noche hecha la casa un infierno. 195

PRECIOSILLA. ¡Pobre niña! . . . ¡Qué linda que es, y qué salada! . . . Negra suerte le espera . . . Mi madre le dijo la buenaventura, recién nacida, y siempre que la nombra se le saltan las lágrimas . . . Pues el generoso don Álvaro . . . 201

HABITANTE 1.º En nombrando el ruin de Roma, luego asoma [24] . . . Allí viene don Álvaro.

ESCENA III

DICHOS y DON ÁLVARO

Empieza a anochecer, y se va obscureciendo el teatro. Don Álvaro sale embozado en una capa de seda, con un gran sombrero blanco, botines y espuelas; cruza lentamente la escena mirando con dignidad y melancolía a todos lados, y se va por el puente. Todos lo observan en gran silencio.

ESCENA IV

DICHOS menos DON ÁLVARO

MAJO. ¿Adónde irá a estas horas?

CANÓNIGO. A tomar el fresco al Altozano. [25]

TÍO PACO. Dios vaya con él.

OFICIAL. ¿A que va al Aljarafe? 5

TÍO PACO. Yo no sé; pero como estoy siempre aquí de día y de noche, soy un vigilante centinela de cuanto pasa por esta puente . . . Hace tres días que a media tarde pasa por ella hacia allá un negro con dos caballos de mano, y que

don Álvaro pasa a estas horas; y luego a las cinco de la mañana vuelve a pasar hacia acá, siempre a pie, y como media hora después pasa el negro con los mismos caballos llenos de polvo y de sudor.

CANÓNIGO. ¿Cómo? . . . ¿Qué me cuenta usted, tío Paco? . . . 18

TÍO PACO. Yo nada, digo lo que he visto; y esta tarde ya ha pasado el negro, y hoy no lleva dos caballos, sino tres.

HABITANTE 1.º Lo que es atravesar el puente hacia allá a estas horas, he visto yo a don Álvaro tres tardes seguidas. 24

MAJO. Y yo he visto ayer a la salida de Triana al negro con los caballos.

HABITANTE 2.º Y anoche, viniendo yo de San Juan de Alfarache, [26] me paré en medio del olivar a apretar las cinchas a mi caballo, y pasó a mi lado, sin verme y a escape, don Álvaro, como alma que llevan los demonios, y detrás iba el negro. Los conocí por la jaca torda, que no se puede despintar . . . ¡Cada relámpago que daban las herraduras! [27] 35

CANÓNIGO. (*Levantándose y aparte.*) ¡Hola! ¡hola! . . . Preciso es dar aviso al señor Marqués.

OFICIAL. Me alegrara de que la niña traspusiese [28] una noche con su amante, y dejara al vejete pelándose las barbas.

CANÓNIGO. Buenas noches, caballeros; me voy, que empieza a ser tarde. (*Aparte, yéndose.*) Sería faltar a la amistad no avisar al instante al Marqués de que don Álvaro le ronda la hacienda. Tal vez podemos evitar una desgracia. 47

ESCENA V

El teatro representa una sala colgada de damasco, con retratos de familia, escudos de armas y los adornos que se estilaban en el siglo pasado, pero todo deteriorado; y

[24] *En nombrando,* etc., " Speak of the devil and he is sure to appear."

[25] *Altozano,* a *plaza* at the Triana end of the bridge of boats, across the river.

[26] *San Juan de Alfarache,* now San Juan de Aznalfarache, just beyond Triana; a favorite resort of the Sevillians.

[27] *¡Cada relámpago . . . herraduras!* " How the sparks flew from the shoes! "

[28] *traspusiese,* " light out," " elope."

habrá dos balcones, uno cerrado y otro
abierto y practicable, por el que se verá
un cielo puro, iluminado por la luna, y
algunas copas de árboles. Se pondrá en
medio una mesa con tapete de damasco, y
sobre ella habrá una guitarra, vasos chi-
nescos con flores, y dos candeleros de
plata con velas, únicas luces que alum-
brarán la escena. Junto a la mesa habrá
un sillón. Por la izquierda entrará el
MARQUÉS DE CALATRAVA *con una palma-*
toria en la mano, y detrás de él DOÑA
LEONOR, *y por la derecha entra la* CRIADA.

MARQUÉS

(*Abrazando y besando a su hija.*)

Buenas noches, hija mía;
hágate una santa el cielo.
Adiós, mi amor, mi consuelo,
mi esperanza, mi alegría.
No dirás que no es galán   5
tu padre. No descansara
si hasta aquí no te alumbrara
todas las noches . . . Están
abiertos estos balcones, (*Los cierra.*)
y entra relente . . . Leonor . . .   10
¿nada me dice tu amor?
¿Por qué tan triste te pones?

DOÑA LEONOR

(*Abatida y turbada.*)

Buenas noches, padre mío.

MARQUÉS

Allá para Navidad
iremos a la ciudad,   15
cuando empiece el tiempo frío.
Y para entonces traeremos
al estudiante, y también
al capitán. Que les den
permiso a los dos haremos.   20
¿No tienes gran impaciencia
por abrazarlos?

DOÑA LEONOR

¿Pues no?
¿Qué más puedo anhelar yo?

MARQUÉS

Los dos lograrán licencia.
Ambos tienen mano franca,   25
condición que los abona,
y Carlos, de Barcelona,
y Alfonso, de Salamanca,
ricos presentes te harán.
Escríbeles tú, tontilla,   30
y algo que no haya en Sevilla
pídeles, y lo traerán.

DOÑA LEONOR

Dejarlo será mejor
a su gusto delicado.

MARQUÉS

Lo tienen, y muy sobrado: 35
como tú quieras, Leonor.

CURRA

Si como a usted, señorita,
carta blanca se me diera,
a don Carlos le pidiera
alguna bata bonita   40
de Francia. Y una cadena
con su broche de diamante
al señorito estudiante,
que en Madrid la hallará buena.

MARQUÉS

Lo que gustes, hija mía.   45
Sabes que el ídolo eres
de tu padre . . . ¿No me quieres?
(*La abraza y besa tiernamente.*)

DOÑA LEONOR

¡Padre! . . . ¡Señor! . . . (*Afligida.*)

MARQUÉS

La alegría
vuclva a ti, prenda del alma;
piensa que tu padre soy,   50
y que de continuo estoy
soñando tu bien . . . La calma
recobra, niña . . . En verdad,
desde que estamos aquí
estoy contento de ti.   55
Veo la tranquilidad

que con la campestre vida
va renaciendo en tu pecho,
y me tienes satisfecho;
sí, lo estoy mucho, querida.   60
Ya se me ha olvidado todo;
eres muchacha obediente,
y yo seré diligente
en darte un buen acomodo.[29]
Sí, mi vida . . . ¿quién mejor   65
sabrá lo que te conviene,
que un tierno padre, que tiene
por ti el delirio mayor?

DOÑA LEONOR

(*Echándose en brazos de su padre con
gran desconsuelo.*)

¡Padre amado! . . . ¡Padre mío!

MARQUÉS

Basta, basta . . . ¿Qué te agita?   70

(*Con gran ternura.*)

Yo te adoro, Leonorcita;
no llores . . . ¡Qué desvarío!

DOÑA LEONOR

¡Padre! . . . ¡Padre!

MARQUÉS

(*Acariciándola y desasiéndose de sus
brazos.*)

        Adiós, mi bien.
A dormir, y no lloremos.
Tus cariñosos extremos   75
el cielo bendiga, amén.

(*Vase el Marqués, y queda Leonor muy
abatida y llorosa sentada en el sillón.*)

ESCENA VI

DOÑA LEONOR y CURRA

*Curra va detrás del Marqués, cierra la
puerta por donde aquél se ha ido, y vuelve
cerca de Leonor.*

[29] *acomodo,* "match," "marriage."

CURRA

¡Gracias a Dios! . . . Me temí
que todito se enredase,
y que Señor se quedase
hasta la mañana aquí.
¡Qué listo cerró el balcón! . . .   5
Que por el del palomar
vamos las dos a volar,
le dijo su corazón.
Abrirlo sea lo primero; (*Ábrelo.*)
ahora lo segundo es   10
cerrar las maletas. Pues
salgan ya de su agujero.

(*Saca Curra unas maletas y ropa, y se
pone a arreglarlo todo sin que en ello re-
pare doña Leonor.*)

DOÑA LEONOR

¡Infeliz de mí! . . . ¡Dios mío!
¿Por qué un amoroso padre,
que por mí tanto desvelo   15
tiene, y cariño tan grande,
se ha de oponer tenazmente
(¡ay, el alma se me parte! . . .)
a que yo dichosa sea,
y pueda feliz llamarme? . . .   20
¿Cómo, quien tanto me quiere,
puede tan crüel mostrarse?
Más dulce mi suerte fuera
si aún me viviera mi madre.

CURRA

¿Si viviera la señora? . . .   25
Usted está delirante.
Más vana que Señor era;
Señor al cabo es un ángel.
¡Pero ella! . . . Un genio tenía
y un copete . . . Dios nos guarde.   30
Los señores de esta tierra
son todos de un mismo talle.
Y si alguna señorita
busca un novio que le cuadre,
como no esté en pergaminos   35
envuelto, levantan tales
alaridos . . . ¿Mas qué importa
cuando hay decisión bastante? . . .

Pero no perdamos tiempo;
venga usted, venga a ayudarme,   40
porque yo no puedo sola . . .

Doña Leonor

¡Ay, Curra! . . . ¡Si penetrases
cómo tengo el alma! Fuerza
me falta hasta para alzarme
de esta silla . . . ¡Curra, amiga!   45
Lo confieso, no lo extrañes:
no me resuelvo, imposible . . .
es imposible. ¡Ah! . . . ¡Mi padre!
Sus palabras cariñosas,
sus extremos, sus afanes,   50
sus besos y sus abrazos,
eran agudos puñales
que el pecho me atravesaban.
Si se queda [30] un solo instante
no hubiera más resistido . . .   55
Ya iba a sus pies a arrojarme,
y confundida, aterrada,
mi proyecto a revelarle;
y a morir, ansiando sólo
que su perdón me acordase.[31]   60

Curra

¡Pues hubiéramos quedado
frescas, y echado un buen lance! [32]
Mañana vería usted
revolcándose en su sangre,
con la tapa de los sesos   65
levantada, al arrogante,
al enamorado, al noble
don Álvaro. O arrastrarle
como un malhechor, atado,
por entre estos olivares   70
a la cárcel de Sevilla;
y allá para Navidades
acaso, acaso en la horca.

Doña Leonor

¡Ay, Curra! . . . El alma me partes.

Curra

Y todo esto, señorita,   75
porque la desgracia grande

tuvo el infeliz de veros,
y necio de enamorarse
de quien no le corresponde,
ni resolución bastante   80
tiene para . . .

Doña Leonor

Basta, Curra;
no mi pecho despedaces.
¿Yo a su amor no correspondo?
Que le correspondo sabes . . .
Por él mi casa y familia,   85
mis hermanos y mi padre
voy a abandonar, y sola . . .

Curra

Sola no, que yo soy alguien,
y también Antonio va,
y nunca en ninguna parte   90
la dejaremos . . . ¡Jesús!

Doña Leonor

¿Y mañana?

Curra

Día grande.
Usted la adorada esposa
será del más adorable,
rico y lindo caballero   95
que puede en el mundo hallarse,
y yo la mujer de Antonio:
y a ver tierras muy distantes
iremos ambas . . . ¡Qué bueno!

Doña Leonor

¿Y mi anciano y tierno padre?   100

Curra

¿Quién? . . . ¿Señor? . . . Rabiará un poco,
pateará, contará el lance
al capitán general
con sus pelos y señales;
fastidiará al asistente   105
y también a sus compadres
el canónigo, el jurado

---

[30] *Si se queda = Si se hubiese quedado.*
[31] *acordase,* " grant."
[32] *hubiéramos . . . lance,* " we'd have gotten in a pretty fix and made a fine move! "

y los vejetes maestrantes; [33]
saldrán mil requisitorias
para buscarnos en balde,   110
cuando nosotras estemos
ya seguritas en Flandes.
Desde allí escribirá usted,
y comenzará a templarse
Señor; y a los nueve meses,   115
cuando sepa hay un infante
que tiene sus mismos ojos,
empezará a consolarse.
Y nosotras chapurrando,
que no nos entienda nadie,   120
volveremos de allí a poco,
a que con festejos grandes
nos reciban, y todito
será banquetes y bailes.

DOÑA LEONOR

¿Y mis hermanos del alma?   125

CURRA

¡Toma! ¡toma! . . . Cuando agarren
del generoso cuñado,
uno con que [34] hacer alarde
de vistosos uniformes,
y con que rendir beldades;   130
y el otro para libracos,
merendonas y truhanes,
reventarán de alegría.

DOÑA LEONOR

No corre en tus venas sangre.
¡Jesús, y qué cosas tienes!   135

CURRA

Porque digo las verdades.

DOÑA LEONOR

¡Ay desdichada de mí!

CURRA

Desdicha por cierto grande
el ser adorado dueño
del mejor de los galanes.   140

Pero vamos, señorita,
ayúdeme usted, que es tarde.

DOÑA LEONOR

Sí, tarde es, y aún no parece
don Álvaro . . . ¡Oh, si faltase
esta noche! . . . ¡Ojalá! . . . ¡Cielos! . . .   145
Que jamás estos umbrales
hubiera pisado, fuera
mejor . . . No tengo bastante
resolución . . . Lo confieso.
Es tan duro el alejarse   150
así de su casa . . . ¡Ay triste!

(Mira el reloj y sigue en inquietud.)

Las doce han dado . . . ¡Qué tarde
es ya, Curra! No, no viene.
¿Habrá en esos olivares
tenido algún mal encuentro?   155
Hay siempre en el Aljarafe
tan mala gente . . . ¿Y Antonio
estará alerta?

CURRA

Indudable
es que está de centinela . . .

DOÑA LEONOR

¡Curra! . . . ¿Qué suena? . . . ¿Escuchaste?   160

(Con gran sobresalto.)

CURRA

Pisadas son de caballos.

DOÑA LEONOR

¡Ay! él es . . . (Corre al balcón.)

CURRA

Si que faltase
era imposible . . .

DOÑA LEONOR

¡Dios mío! (Muy agitada.)

[33] maestrantes, here members of the maestranza, originally one of five distinguished equestrian schools located at Ronda, Sevilla, Granada, etc.; later a riding club for noblemen.
[34] con que, " the wherewithal to."

CURRA

Pecho al agua, y adelante.

ESCENA VII

DICHAS y DON ÁLVARO

Don Álvaro en cuerpo, con una jaquetilla de mangas perdidas[35] *sobre una rica chupa de majo, redecilla,*[36] *calzón de ante, etc., entra por el balcón y se echa en brazos de Leonor.*

DON ÁLVARO

(*Con gran vehemencia.*)

¡Ángel consolador del alma mía! . . .
¿Van ya los santos cielos
a dar corona eterna a mis desvelos? . . .
Me ahoga la alegría . . .
¿Estamos abrazados   5
para no vernos nunca separados? . . .
Antes, antes la muerte,
que de ti separarme y que perderte.

DOÑA LEONOR

¡Don Álvaro! (*Muy agitada.*)

DON ÁLVARO

Mi bien, mi Dios, mi todo.
¿Qué te agita y te turba de tal modo?   10
¿Te turba el corazón ver que tu amante
se encuentra en este instante
más ufano que el sol? . . . ¡Prenda adorada!

DOÑA LEONOR

Es ya tan tarde . . .

DON ÁLVARO

¿Estabas enojada
porque tardé en venir? De mi retardo   15
no soy culpado, no, dulce señora;
hace más de una hora
que despechado aguardo

por estos rededores
la ocasión de llegar, y ya temía   20
que de mi adversa estrella los rigores
hoy deshicieran la esperanza mía.
Mas no, mi bien, mi gloria, mi consuelo;
protege nuestro amor el santo cielo,
y una carrera eterna de ventura,   25
próvido a nuestras plantas asegura.
El tiempo no perdamos.
¿Está ya todo listo? Vamos, vamos.

CURRA

Sí; bajo del balcón, Antonio, el guarda,
las maletas espera;   30
las echaré al momento. (*Va hacia el balcón.*)

DOÑA LEONOR

(*Resuelta.*)

Curra, aguarda,
detente . . . ¡Ay Dios! ¿No fuera,
don Álvaro, mejor? . . .

DON ÁLVARO

¿Qué, encanto mío? . . .
¿Por qué tiempo perder? La jaca torda,
la que, cual dices tú, los campos borda,[37] 35
la que tanto te agrada
por su obediencia y brío,
para ti está, mi dueño, enjaezada.
Para Curra el overo,
para mí el alazán gallardo y fiero . . .   40
¡Oh, loco estoy de amor y de alegría!
En San Juan de Alfarache, preparado
todo, con gran secreto, lo he dejado.
El sacerdote en el altar espera;
Dios nos bendecirá desde su esfera;   45
y cuando el nuevo sol en el Oriente,
protector de mi estirpe soberana,[38]
numen eterno en la región indiana,
la regia pompa de su trono ostente,
monarca de la luz, padre del día,   50
yo tu esposo seré, tú, esposa mía.

[35] *mangas perdidas*, a kind of full, open sleeves hanging from the shoulder.
[36] *redecilla*, a type of hair-net hanging from the back of the head like a bag, formerly used by both men and women to confine their long (and all too often unkempt) hair.
[37] *borda*, " embroiders," i.e., " embellishes."
[38] Don Álvaro, as is revealed later, is of royal Inca blood, and therefore naturally regards the sun (worshipped by the Incas) as the protector of his race.

DOÑA LEONOR

Es tan tarde . . . ¡Don Álvaro!

DON ÁLVARO (*A Curra.*)

Muchacha,
¿qué te detiene ya? Corre, despacha;
por el balcón esas maletas, luego . . .

DOÑA LEONOR

¡Curra, Curra, detente! (*Fuera de sí.*) 55
¡Don Álvaro!

DON ÁLVARO

¡Leonor!!!

DOÑA LEONOR

¡Dejadlo os ruego
para mañana!

DON ÁLVARO

¿Qué?

DOÑA LEONOR

Más fácilmente . . .

DON ÁLVARO

(*Demudado y confuso.*)

¿Qué es esto, qué, Leonor? ¿Te falta ahora
resolución? . . . ¡Ay yo desventurado!

DOÑA LEONOR

¡Don Álvaro! ¡Don Álvaro!!!

DON ÁLVARO

¡Señora! 60

DOÑA LEONOR

¡Ay! Me partís el alma . . .

DON ÁLVARO

Destrozado
tengo yo el corazón . . . ¿Dónde está, dónde,
vuestro amor, vuestro firme juramento?
Mal con vuestra palabra corresponde
tanta irresolución en tal momento. 65
Tan súbita mudanza . . .

³⁹ *alboraba = alboreaba.*

No os conozco, Leonor. ¿Llevóse el viento
de mi delirio toda la esperanza?
Sí, he cegado en el punto
en que alboraba ³⁹ el más risueño día. 70
Me sacarán difunto
de aquí, cuando inmortal salir creía.
Hechicera engañosa,
¿la perspectiva hermosa
que falaz me ofreciste, así deshaces? 75
¡Pérfida! ¿Te complaces
en levantarme al trono del Eterno
para después hundirme en el infierno?
¿Sólo me resta ya? . . .

DOÑA LEONOR

(*Echándose en sus brazos.*)

No, no, te adoré.
¡Don Álvaro! . . . ¡Mi bien! . . . Vamos,
sí, vamos. 80

DON ÁLVARO

¡Oh mi Leonor! . . .

CURRA

El tiempo no perdamos.

DON ÁLVARO

¡Mi encanto! ¡Mi tesoro!

(*Doña Leonor, muy abatida, se apoya en
el hombro de don Álvaro, con muestras de
desmayarse.*)

Mas ¿qué es esto? ¡Ay de mí! ¡Tu mano
yerta!
Me parece la mano de una muerta . . .
Frío está tu semblante, 85
como la losa de un sepulcro helado . . .

DOÑA LEONOR

¡Don Álvaro!

DON ÁLVARO

¡Leonor! (*Pausa.*) Fuerza bastante
hay para todo en mí . . . ¡Desventurado!
La conmoción conozco que te agita,
inocente Leonor. Dios no permita 90

que por debilidad en tal momento
sigas mis pasos y mi esposa seas.
Renuncio a tu palabra y juramento;
hachas de muerte las nupciales teas
fueran para los dos ... Si no me amas, 95
como te amo yo a ti ... Si arrepentida ...

DOÑA LEONOR

Mi dulce esposo, con el alma y vida
es tuya tu Leonor; mi dicha fundo
en seguirte hasta el fin del ancho mundo.
Vamos; resuelta estoy, fijé mi suerte; 100
separarnos podrá sólo la muerte.

(*Van hacia el balcón, cuando de repente
se oye ruido, ladridos, y abrir y cerrar
puertas.*)

DOÑA LEONOR. ¡Dios mío! ¿Qué ruido
es éste? ¡Don Álvaro!!!

CURRA. Parece que han abierto la
puerta del patio ... y la de la escalera ...   106

DOÑA LEONOR. ¿Se habrá puesto malo
mi padre? ...

CURRA. ¡Qué! No, señora; el ruido
viene de otra parte.   110

DOÑA LEONOR. ¿Habrá llegado alguno
de mis hermanos?

DON ÁLVARO. Vamos, vamos, Leonor,
no perdamos ni un instante. (*Vuelven
hacia el balcón, y de repente se ve por él
el resplandor de hachones de viento, y se
oye galopar caballos.*)   117

DOÑA LEONOR. ¡Somos perdidos! ...
Estamos descubiertos ... Imposible es la
fuga.

DON ÁLVARO. Serenidad es necesario
en todo caso.   122

CURRA. ¡La Virgen del Rosario nos
valga, y las ánimas benditas! ... ¿Qué
será de mi pobre Antonio? (*Se asoma al
balcón y grita.*) ¡Antonio! ¡Antonio! 126

DON ÁLVARO. ¡Calla, maldita! no
llames la atención hacia este lado; entor-
na el balcón. (*Se acerca el ruido de puertas y pisadas.*)   130

DOÑA LEONOR. ¡Ay desdichada de mí!

Don Álvaro, escóndete ... aquí ... en
mi alcoba ...

DON ÁLVARO. (*Resuelto.*) No, yo no
me escondo ... No te abandono en tal
conflicto. (*Prepara una pistola.*) De-
fenderte y salvarte es mi obligación. 137

DOÑA LEONOR. (*Asustadísima.*) ¿Qué
intentas? ¡Ay! Retira esa pistola, que me
hiela la sangre ... ¡Por Dios, suéltala!
... ¿La dispararás contra mi buen padre?
... ¿Contra alguno de mis hermanos?
... ¿Para matar a alguno de los fieles y
antiguos criados de esta casa?   144

DON ÁLVARO. (*Profundamente conmovido.*) No, no, amor mío ... La
emplearé en dar fin a mi desventurada
vida.

DOÑA LEONOR. ¡Qué horror! ¡Don
Álvaro!!!   150

ESCENA VIII

DICHOS, el MARQUÉS y CRIADOS

*Ábrese la puerta con estrépito, después
de varios golpes en ella, y entra el
Marqués, en bata y gorro, con un espadín
desnudo en la mano, y detrás dos criados
mayores con luces.*

MARQUÉS. (*Furioso.*) ¡Vil seductor!
... ¡Hija infame!

DOÑA LEONOR. (*Arrojándose a los pies
de su padre.*) ¡Padre!!! ¡Padre!!!   4

MARQUÉS. No soy tu padre ... Aparta
... Y tú, vil advenedizo ...

DON ÁLVARO. Vuestra hija es inocente
... Yo soy el culpado ... Atravesadme
el pecho. (*Hinca una rodilla.*)   9

MARQUÉS. Tu actitud suplicante manifiesta lo bajo de tu condición ...

DON ÁLVARO. (*Levantándose.*) ¡Señor
Marqués! ... ¡Señor Marqués! ...   13

MARQUÉS. (*A su hija.*) Quita, mujer
inicua. (*A Curra, que le sujeta el brazo.*)
¿Y tú, infeliz ... osas tocar a tu señor?
(*A los criados.*) Ea, echaos sobre ese
infame, sujetadle, atadle ...   18

DON ÁLVARO. (*Con dignidad.*) Desgraciado del que me pierda el respeto.
(*Saca una pistola y la monta.*)

DOÑA LEONOR. (*Corriendo hacia don Álvaro.*) ¡Don Álvaro! . . . ¿Qué vais a hacer? 24

MARQUÉS. Echaos sobre él al punto.

DON ÁLVARO. ¡Ay de vuestros criados si se mueven! Vos solo tenéis derecho para atravesarme el corazón. 28

MARQUÉS. ¿Tú morir a manos de un caballero? No; morirás a las del verdugo.

DON ÁLVARO. ¡Señor Marqués de Calatrava! Mas ¡ah! no; tenéis derecho para todo . . . Vuestra hija es inocente . . . Tan pura como el aliento de los ángeles que rodean el trono del Altísimo. La sospecha a que puede dar origen mi presencia aquí a tales horas concluya con mi muerte; salga envolviendo mi cadáver como si fuera mi mortaja . . . Sí, debo morir . . . , pero a vuestras manos. (*Pone una rodilla en tierra.*) Espero resignado el golpe, no lo resistiré; ya me tenéis desarmado. (*Tira la pistola, que al dar en tierra se dispara y hiere al Marqués, que cae moribundo en los brazos de su hija y de los criados, dando un alarido.*)

MARQUÉS. Muerto soy . . . ¡Ay de mí! . . . 48

DON ÁLVARO. ¡Dios mío! ¡Arma funesta! ¡Noche terrible!

DOÑA LEONOR. ¡Padre, padre!!!

MARQUÉS. ¡Aparta! Sacadme de aquí . . . , donde muera sin que esta vil me contamine con tal nombre . . . 54

DOÑA LEONOR. ¡Padre! . . .

MARQUÉS. Yo te maldigo. (*Cae Leonor en brazos de don Álvaro, que la arrastra hacia el balcón.*)

JORNADA SEGUNDA

La escena es en la villa de Hornachuelos [1] y sus alrededores.

ESCENA PRIMERA

Es de noche, y el teatro representa la cocina de un mesón de la villa de Hornachuelos. Al frente estará la chimenea y el hogar. A la izquierda la puerta de entrada; a la derecha dos puertas practicables. A un lado una mesa larga de pino, rodeada de asientos toscos, y alumbrado todo por un gran candilón. El MESONERO y el ALCALDE aparecerán sentados gravemente al fuego. La MESONERA, de rodillas guisando. Junto a la mesa, el ESTUDIANTE cantando y tocando la guitarra. El ARRIERO que habla, cribando cebada en el fondo del teatro. El TÍO TRABUCO, tendido en primer término sobre sus jalmas. Los DOS LUGAREÑOS, las DOS LUGAREÑAS, la MOZA y uno de los ARRIEROS, que no habla, estarák bailando seguidillas. El otro ARRIERO, que no habla, estará sentado junto al ESTUDIANTE y jaleando a las que bailan. Encima de la mesa habrá una bota de vino, unos vasos y un frasco de aguardiente.

ESTUDIANTE

(*Cantando en voz recia al son de la guitarra, y las tres parejas bailando con gran algazara.*)

Poned en estudiantes
vuestro cariño,
que son, como discretos,
agradecidos.
    Viva Hornachuelos, 5
vivan de sus muchachas
los ojos negros.
    Dejad a los soldados,
que es gente mala,
y así que dan el golpe [2] 10
vuelven la espalda.
    Viva Hornachuelos,
vivan de sus muchachas
los ojos negros.

MESONERA. (*Poniendo una sartén sobre la mesa.*) Vamos, vamos, que se enfría . . . (*A la criada.*) Pepa, al avío. 17

ARRIERO. (*El del cribo.*) Otra coplita.

---

[1] *Hornachuelos*, a small town about thirty-two miles S.W. of Cordova.

[2] *dan el golpe*, "attain their purpose."

ESTUDIANTE. (*Dejando la guitarra.*) Abrenuntio.[3] Antes de todo, la cena.

MESONERA. Y si después quiere la gente seguir bailando y alborotando, váyanse al corral o a la calle, que hay una luna clara como de día. Y dejen en silencio el mesón, que si unos quieren jaleo, otros quieren dormir. Pepa, Pepa . . . ¿no digo que basta ya de zangoloteo? . . .   28

TÍO TRABUCO. (*Acostado en sus arreos.*) Tía Colasa, usted está en lo cierto. Yo por mí, quiero dormir.

MESONERO. Sí, ya basta de ruido. Vamos a cenar. Señor alcalde, eche su merced la bendición, y venga a tomar una presita.   35

ALCALDE. Se agradece, señor Monipodio.

MESONERA. Pero acérquese su merced.

ALCALDE. Que eche la bendición el señor licenciado.   40

ESTUDIANTE. Allá voy, y no seré largo, que huele el bacallao a gloria. *In nomine Patris et Filii et Spiritus Sancti.*

TODOS. Amén. (*Se van acomodando alrededor de la mesa todos menos Trabuco.*)   46

MESONERA. Tal vez el tomate no estará bastante cocido, y el arroz estará algo duro . . . Pero con tanta babilonia no se puede . . .   50

ARRIERO. Está diciendo *comedme, comedme.*

ESTUDIANTE. (*Comiendo con ansia.*) Está exquisito . . . especial; parece ambrosía . . .   55

MESONERA. Alto allá, señor bachiller; la tía Ambrosia no me gana a mí a guisar, ni sirve para descalzarme el zapato; no, señor.   59

ARRIERO. La tía Ambrosia es más puerca que una telaraña.

MESONERO. La tía Ambrosia es un guiñapo, es un paño de aporrear moscas; se revuelven las tripas [4] de entrar en su mesón, y compararla con mi Colasa no es regular.   66

ESTUDIANTE. Ya sé yo que la señora Colasa es pulcra, y no lo dije por tanto.[5]

ALCALDE. En toda la comarca de Hornachuelos no hay una persona más limpia que la señora Colasa, ni un mesón como el del señor Monipodio.   72

MESONERA. Como que cuantas comidas de boda se hacen en la villa pasan por estas manos que ha de comer la tierra. Y de las bodas de señores, no le parezca a usted,[6] señor bachiller . . . Cuando se casó el escribano con la hija del regidor . . .   79

ESTUDIANTE. Conque se le puede decir a la señora Colasa, *tu das mihi epulis accumbere divum.*[7]

MESONERA. Yo no sé latín, pero sé guisar . . . Señor alcalde, moje siquiera una sopa . . .   85

ALCALDE. Tomaré, por no despreciar, una cucharadita de gazpacho, si es que lo hay.

MESONERO. ¿Cómo que si lo hay?   89

MESONERA. ¿Pues había de faltar donde yo estoy? . . . ¡Pepa! (*A la Moza.*) Anda a traerlo. Está sobre el brocal del pozo, desde media tarde, tomando el fresco. (*Vase la Moza.*)   94

ESTUDIANTE. (*Al Arriero, que está acostado.*) ¡Tío Trabuco, hola, tío Trabuco! ¿No viene usted a hacer la razón? [8]

TÍO TRABUCO. No ceno.

ESTUDIANTE. ¿Ayuna usted?   100

TÍO TRABUCO. Sí, señor, que es viernes.

[3] *Abrenuntio,* " I renounce," " nothing doing."
[4] *se revuelven las tripas,* "it's enough to turn your stomach."
[5] *no lo dije por tanto,* " I didn't mean anything by it."
[6] *no le parezca a usted,* " I'll have you know."
[7] *tu das . . . divum,* " Thou grantest me to recline at the banquets of the gods." (*Æneid,* I, 79)
[8] *hacer la razón,* " join in " (usually in the sense of returning a toast).

Mesonero. Pero un traguito . . .

Tío Trabuco. Venga. (*Le alarga el Mesonero la bota, y bebe un trago el tío Trabuco.*) ¡Jú! Esto es zupia. Alárgueme usted, tío Monipodio, el frasco del aguardiente para enjuagarme la boca. (*Bebe y se acurruca.*) 108

(*Entra la Moza con una fuente de gazpacho.*)

Moza. Aquí está la gracia de Dios.[9]

Todos. Venga, venga.

Estudiante. Parece, señor alcalde, que esta noche hay mucha gente forastera en Hornachuelos. 113

Arriero. Las tres posadas están llenas.

Alcalde. Como es el jubileo de la Porciúncula,[10] y el convento de San Francisco de los Ángeles, que está aquí en el desierto, a media legua corta, es tan famoso . . . viene mucha gente a confesarse con el padre Guardián, que es un siervo de Dios. 121

Mesonera. Es un santo.

Mesonero. (*Toma la bota y se pone de pie.*) Jesús: por la buena compañía, y que Dios nos dé salud y pesetas en esta vida, y la gloria en la eterna. (*Bebe.*) 128

Todos. Amén. (*Pasa la bota de mano en mano.*)

Estudiante. (*Después de beber.*) Tío Trabuco, tío Trabuco, ¿está usted ya con los angelitos? 131

Tío Trabuco. Con las malditas pulgas y con sus voces de usted, ¿quién puede estar sino con los demonios?

Estudiante. Queríamos saber, tío Trabuco, si esa personilla de alfeñique, que ha venido con usted y que se ha escondido de nosotros, viene a ganar el jubileo. 139

Tío Trabuco. Yo no sé nunca a lo que van ni vienen los que viajan conmigo.

Estudiante. Pero . . . ¿es gallo, o gallina?

Tío Trabuco. Yo de los viajeros no miro más que la moneda, que ni es hembra ni es macho. 146

Estudiante. Sí, es género epiceno, como si dijéramos hermafrodita . . . Pero veo que es usted muy taciturno, tío Trabuco. 150

Tío Trabuco. Nunca gasto saliva en lo que no me importa; y buenas noches, que se me va quedando la lengua dormida, y quiero guardarle el sueño; sonsoniche.[11]

Estudiante. Pues, señor, con el tío Trabuco no hay emboque.[12] Dígame usted, nostrama [13] (*A la Mesonera.*), ¿por qué no ha venido a cenar el tal caballerito?

Mesonera. Yo no sé. 159

Estudiante. Pero, vamos, ¿es hembra o varón?

Mesonera. Que sea lo que sea, lo cierto es que le ví el rostro, por más que se lo recataba, cuando se apeó del mulo, y que lo tiene como un sol; y eso que [14] traía los ojos, de llorar y de polvo, que daba compasión. 167

Estudiante. ¡Oiga!

Mesonera. Sí, señor; y en cuanto se metió en ese cuarto, volviéndome siempre la espalda, me preguntó cuánto había de aquí al convento de los Ángeles, y yo se lo enseñé desde la ventana, que, como está tan cerca, se ve clarito, y . . . 174

Estudiante. ¡Hola, conque es pecador que viene al jubileo!

---

[9] *la gracia de Dios*, a familiar expression applied to something unusually fine or delicious.

[10] *jubileo de la Porciúncula*, or, as generally known in Spain, *jubileo de los Ángeles*, a religious festival falling on August 2nd, at which plenary indulgence is granted the faithful who visit the *Porziuncula*, original home of the Order of St. Francis (near Assisi, Italy), or one of the other Franciscan monasteries.

[11] *sonsoniche*, "keep still," "shut up" (a cant term).

[12] *no hay emboque*, "there's no deceiving or getting anything out of . . ."

[13] *nostrama = nuestra ama.*

[14] *y eso que*, "notwithstanding the fact that"; the following *que* means "in a way that."

MESONERA. Yo no sé; luego, se acostó; digo, se echó en la cama, vestido, y bebió antes un vaso de agua con unas gotas de vinagre. 180

ESTUDIANTE. Ya, para refrescar el cuerpo.

MESONERA. Y me dijo que no quería luz, ni cena, ni nada, y se quedó como rezando el rosario entre dientes. A mí me parece que es persona muy . . . 186

MESONERO. Charla, charla . . . ¿Quién diablos te mete en hablar de los huéspedes? . . . ¡Maldita sea tu lengua!

MESONERA. Como el señor licenciado quería saber . . . 191

ESTUDIANTE. Sí, señora Colasa; dígame usted . . .

MESONERO. (A su mujer.) ¡Chitón!

ESTUDIANTE. Pues, señor, volvamos al tío Trabuco. ¡Tío Trabuco, tío Trabuco! (Se acerca a él y le despierta.) 197

Tío TRABUCO. ¡Malo! . . . ¿Me quiere usted dejar en paz?

ESTUDIANTE. Vamos, dígame usted, esa persona ¿cómo viene en el mulo, a mujeriegas o a horcajadas? 202

Tío TRABUCO. ¡Ay, qué sangre! . . . De cabeza.

ESTUDIANTE. Y dígame usted, ¿de dónde salió usted esta mañana, de Posadas o de Palma? [15] 207

Tío TRABUCO. Yo no sé sino que tarde o temprano voy al cielo.

ESTUDIANTE. ¿Por qué?

Tío TRABUCO. Porque ya me tiene usted en el purgatorio. 212

ESTUDIANTE. (Se ríe.) ¡Ah, ah, ah! . . . ¿Y va usted a Extremadura? [16]

Tío TRABUCO. (Se levanta, recoge sus jalmas y se va con ellas muy enfadado.) No, señor; a la caballeriza, huyendo de usted, y a dormir con mis mulos, que no saben latín ni son bachilleres. 219

ESTUDIANTE. (Se ríe.) ¡Ah, ah, ah! Se atufó . . . ¡Hola, Pepa, salerosa! ¿Y no has visto tú al escondido?

MOZA. Por la espalda. 223

ESTUDIANTE. ¿Y en qué cuarto está?

MOZA. (Señala la primera puerta de la derecha.) En ése . . .

ESTUDIANTE. Pues ya que es lampiño, vamos a pintarle unos bigotes con tizne . . . Y cuando se despierte por la mañana reiremos un poco. (Se tizna los dedos y va hacia el cuarto.) 231

ALGUNOS. Sí . . . , sí.

MESONERO. No, no.

ALCALDE. (Con gravedad.) Señor estudiante, no lo permitiré yo, pues debo proteger a los forasteros que llegan a esta villa, y administrarles justicia como a los naturales de ella. 238

ESTUDIANTE. No lo dije por tanto, señor alcalde . . .

ALCALDE. Yo sí. Y no fuera malo saber quién es el señor licenciado, de dónde viene y adónde va, pues parece algo alegre de cascos. 244

ESTUDIANTE. Si la justicia me lo pregunta de burlas o de veras, no hay inconveniente en decirlo, que aquí se juega limpio. Soy el bachiller Pereda, graduado por Salamanca, in utroque,[17] y hace ocho años que curso sus escuelas, aunque pobre, con honra, y no sin fama. Salí de allí hace más de un año acompañando a mi amigo y protector el señor licenciado Vargas, y fuimos a Sevilla, a vengar la muerte de su padre el Marqués de Calatrava, y a indagar el paradero de su hermana, que se escapó con el matador. Pasamos allí algunos meses, donde también estuvo su hermano mayor, el actual marqués, que es oficial de Guardias. Y como no lograron su propósito, se separaron jurando venganza. Y el licenciado y yo nos vinimos a Córdoba, donde dijeron que estaba la hermana. Pero no la ha-

---

[15] *Posadas, Palma:* two towns in the same judicial district as Hornachuelos, but lying in different directions.

[16] *Extremadura,* a province lying N.W. of this district.

[17] *in utroque* = *in utroque jure,* "in both canon and civil law."

llamos tampoco, y allí supimos que había muerto en la refriega que armaron los criados del Marqués, la noche de su muerte, con los del robador y asesino, y que éste se había vuelto a América. Con lo que marchamos a Cádiz, donde mi protector, el licenciado Vargas, se ha embarcado para buscar allá al enemigo de su familia. Y yo me vuelvo a mi universidad a desquitar el tiempo perdido y a continuar mis estudios; con los que, y la ayuda de Dios, puede ser que me vea algún día gobernador del Consejo o arzobispo de Sevilla.   278

ALCALDE. Humos tiene el señor bachiller, y ya basta; pues se ve en su porte y buena explicación que es hombre de bien y que dice verdad.

MESONERA. Dígame usted, señor estudiante, ¿y qué, mataron a ese Marqués?

ESTUDIANTE. Sí.   285

MESONERA. ¿Y lo mató el amante de su hija y luego la robó? . . . ¡Ay! Cuéntenos su merced esa historia, que será muy divertida; cuéntela su merced . . .

MESONERO. ¿Quién te mete a ti en saber vidas ajenas? ¡Maldita sea tu curiosidad! Pues que ya hemos cenado, demos gracias a Dios, y a recogerse. (*Se ponen todos en pie, y se quitan el sombrero como que rezan.*) Eh, buenas noches; cada mochuelo a su olivo.[18]   296

ALCALDE. Buenas noches, y que haya juicio y silencio.

ESTUDIANTE. Pues me voy a mi cuarto. (*Se va a meter en el del viajero incógnito.*)   301

MESONERO. ¡Hola! No es ése; el de más allá.

ESTUDIANTE. Me equivoqué.

(*Vanse el Alcalde y los Lugareños; entra el Estudiante en su cuarto; la Moza, el Arriero y la Mesonera retiran la mesa y bancos, dejando la escena desembarazada. El Mesonero se acerca al hogar, y queda todo en silencio y solos el Mesonero y Mesonera.*)

ESCENA II

El MESONERO y la MESONERA

MESONERO

Colasa, para medrar
en nuestro oficio, es forzoso
que haya en la casa reposo,
y a ninguno incomodar.
Nunca meterse a oliscar   5
quiénes los huéspedes son;
no gastar conversación
con cuantos llegan aquí;
servir bien, decir *no* o *sí*,
cobrar la mosca, y chitón.   10

MESONERA

No, por mí no lo dirás;
bien sabes que callar sé.
Al bachiller pregunté . . .

MESONERO

Pues eso estuvo demás.

MESONERA

También ahora extrañarás   15
que entre en ese cuarto a ver
si el huésped ha menester
alguna cosa, marido;
pues es, sí, lo he conocido,
una afligida mujer.   20

(*Toma un candil y entra la Mesonera muy recatadamente en el cuarto.*)

MESONERO

Entra, que entrar es razón,
aunque temo, a la verdad,
que vas por curiosidad,
más bien que por compasión.

MESONERA

(*Saliendo muy asustada.*)

¡Ay, Dios mío! Vengo muerta;   25
desapareció la dama;

---

[18] *cada mochuelo a su olivo,* " every chicken to his roost."

nadie he encontrado en la cama,
y está la ventana abierta.

MESONERO

¿Cómo? ¿cómo? . . . ¡Ya lo sé! . . .
La ventana al campo da,　　　　　　30
y como tan baja está,
sin gran trabajo se fué.

(*Andando hacia el cuarto donde entró la
mujer, quedándose él a la puerta.*)

Quiera Dios no haya cargado
con la colcha nueva.

MESONERA

(*Dentro.*)

Nada,
todo está aquí . . . ¡Desdichada!　　35
Hasta dinero ha dejado . . .
Sí, sobre la mesa un duro.

MESONERO

Vaya entonces en buen hora.

MESONERA

(*Saliendo a la escena.*)

No hay duda: es una señora
que se encuentra en grande apuro.　40

MESONERO

Pues con bien [19] la lleve Dios,
y vámonos a acostar,
y mañana no charlar,
que esto quede entre los dos.
Echa un cuarto en el cepillo　　　45
de las ánimas,[20] mujer;
y el duro véngame a ver;
échamelo en el bolsillo.

ESCENA III

*El teatro representa una plataforma en
la ladera de una áspera montaña. A la
izquierda precipicios y derrumbaderos. Al
frente un profundo valle atravesado por*
un riachuelo, en cuya margen se ve, a lo
lejos, la villa de Hornachuelos, terminan-
do el fondo en altas montañas. A la
derecha, la fachada del convento de los
Ángeles, de pobre y humilde arquitectura.
La gran puerta de la iglesia, cerrada, pero
practicable, y sobre ella una claraboya de
medio punto [21] por donde se verá el
resplandor de las luces interiores; más
hacia el proscenio, la puerta de la portería, también practicable y cerrada; en
medio de ella una mirilla o gatera, que se
abre y se cierra, y al lado el cordón de
una campanilla. En medio de la escena
habrá una gran cruz de piedra tosca y
corroída por el tiempo, puesta sobre
cuatro gradas que puedan servir de asiento. Estará todo iluminado por una luna
clarísima. Se oirá dentro de la iglesia el
órgano, y cantar maitines al coro de
frailes, y saldrá como subiendo por la
izquierda* DOÑA LEONOR, *muy fatigada y
vestida de hombre con un gabán de
mangas, sombrero gacho y botines.*

DOÑA LEONOR

Sí . . . ya llegué . . . Dios mío,
gracias os doy rendida.

(*Arrodíllase al ver el convento.*)

En ti, Virgen santísima, confío;
sed el amparo de mi amarga vida.
Este refugio es sólo　　　　　　5
el que puedo tener de polo a polo.

(*Álzase.*)

No me queda en la tierra
más asilo y resguardo
que los áridos riscos de esta sierra:
en ella estoy . . . ¿Aún tiemblo y me
　　acobardo? . . .　　　　　10

(*Mira hacia el sitio por donde ha venido.*)

¡Ah! . . . Nadie me ha seguido,
ni mi fuga veloz notada ha sido.

---

[19] *con bien,* " safely," as again a few lines below.
[20] *cepillo de las ánimas,* contribution box to pay for prayers for the souls in Purgatory.
[21] *claraboya de medio punto,* " small semicircular window."

No me engañé; la horrenda historia mía
escuché referir en la posada . . .
Y ¿quién, cielos, sería   15
aquel que la contó? ¡Desventurada!
Amigo dijo ser de mis hermanos . . .
¡Oh cielos soberanos! . . .
¿Voy a ser descubierta?
Estoy de miedo y de cansancio muerta. 20

(*Se sienta mirando en rededor y luego
al cielo.*)

¡Qué asperezas! ¡Qué hermosa y clara
   luna!
¡La misma que hace un año
vió la mudanza atroz de mi fortuna,
y abrirse los infiernos en mi daño!

(*Pausa larga.*)

No fué ilusión . . . Aquel que de mí
   hablaba   25
dijo que navegaba
don Álvaro, buscando nuevamente
los apartados climas de Occidente.
¡Oh Dios! ¿Y será cierto?
Con bien arribe de su patria al puerto. 30

(*Pausa.*)

¿Y no murió la noche desastrada
en que yo, yo . . . manchada
con la sangre infeliz del padre mío,
le seguí . . . le perdí? . . . ¿Y huye el
   impío?
¿Y huye el ingrato? . . . ¿Y huye y me
   abandona?   35

(*Cae de rodillas.*)

¡Oh Madre santa de piedad! Perdona,
perdona, le olvidé. Sí, es verdadera,
lo es mi resolución. Dios de bondades,
con penitencia austera,
lejos del mundo en estas soledades,   40
el furor expiaré de mis pasiones.
¡Piedad, piedad, Señor, no me abandones!

(*Queda en silencio y como en profunda
meditación, recostada en las gradas de la
cruz, y después de una larga pausa continúa.*)

Los sublimes acentos de ese coro

de bienaventurados,
y los ecos pausados   45
del órgano sonoro,
que cual de incienso vaporosa nube
al trono santo del Eterno sube,
difunden en mi alma
bálsamo dulce de consuelo y calma.   50

(*Se levanta resuelta.*)

¿Qué me detengo, pues? . . . Corro al
   tranquilo,
corro al sagrado asilo . . .

(*Va hacia el convento y se detiene.*)

Mas ¿cómo a tales horas? . . . ¡Ah! . . .
   No puedo
ya dilatarlo más; hiélame el miedo
de encontrarme aquí sola. En esa aldea 55
hay quien mi historia sabe.
En lo posible cabe
que descubierta con la aurora sea.
Este santo prelado
de mi resolución está informado,   60
y de mis infortunios . . . Nada temo.
Mi confesor de Córdoba hace días
que las desgracias mías
le escribió largamente . . .
Sé de su caridad el noble extremo;   65
me acogerá indulgente.
¿Qué dudo, pues, qué dudo? . . .
Sed, oh Virgen santísima, mi escudo.

(*Llega a la portería y toca la campanilla.*)

ESCENA IV

DOÑA LEONOR *y el* HERMANO MELITÓN

*Se abre la mirilla que está en la puerta, y
por ella sale el resplandor de un farol que
da de pronto en el rostro de doña Leonor,
y ésta se retira como asustada. El hermano
Melitón habla toda esta escena dentro.*

HERMANO MELITÓN. ¿Quién es?
DOÑA LEONOR. Una persona a quien
interesa mucho, mucho, ver al instante al
reverendo padre Guardián.   4
HERMANO MELITÓN. ¡Buena hora de
ver al padre Guardián! . . . La noche está
clara y no será ningún caminante perdido.

Si viene a ganar el jubileo, a las cinco se
abrirá la iglesia; vaya con Dios; él le
ayude.   10

Doña Leonor. Hermano, llamad al
padre Guardián. Por caridad.

Hermano Melitón. ¡Qué caridad a
estas horas! El padre Guardián está en
el coro.   15

Doña Leonor. Traigo para su reverencia un recado muy urgente del padre
Cleto, definidor del convento de Córdoba,
quien ya le ha escrito sobre el asunto de
que vengo a hablarle.   20

Hermano Melitón. ¡Hola! . . . ¿Del
padre Cleto, el definidor del convento de
Córdoba? Eso es distinto . . . Iré, iré a
decírselo al padre Guardián. Pero dígame,
hijo: ¿el recado y la carta son sobre aquel
asunto con el padre General, que está
pendiente allá en Madrid?   27

Doña Leonor. Es una cosa muy interesante.

Hermano Melitón. Pero ¿para quién?

Doña Leonor. Para la criatura más
infeliz del mundo.   32

Hermano Melitón. ¡Mala recomendación! . . . Pero, bueno, abriré la portería,
aunque es contra regla, para que entréis
a esperar.   36

Doña Leonor. No, no, no puedo entrar . . . ¡Jesús!

Hermano Melitón. Bendito sea su
santo nombre . . . ¿Pero sois algún exco-
mulgado? . . . Si no, es cosa rara preferir
el esperar al raso. En fin, voy a dar el
recado, que probablemente no tendrá respuesta. Si no vuelvo, buenas noches; ahí
a la bajadita²² está la villa, y hay un
buen mesón: el de la tía Colasa. (*Ciérrase
la ventanilla, y doña Leonor queda muy
abatida.*)   48

ESCENA V
Doña Leonor

¿Será tan negra y dura
mi suerte miserable,

que este santo prelado
socorro y protección no quiera darme?
La rígida aspereza   5
y las dificultades
que ha mostrado el portero
me pasman de terror, hielan mi sangre.
Mas no; si da el aviso
al reverendo padre,   10
y éste es tan dulce y bueno
cual dicen todos, volará a ampararme.
¡Oh soberana Virgen,
de desdichados Madre!
Su corazón ablanda   15
para que venga pronto a consolarme.

(*Queda en silencio; da la una el reloj del
convento; se abre la portería, en la que
aparecen el padre Guardián y el hermano
Melitón con un farol; éste se queda en la
puerta y aquél sale a la escena.*)

ESCENA VI
Doña Leonor, el Padre Guardián
y el Hermano Melitón

Padre Guardián

¿El que me busca, quién es?

Doña Leonor

Yo soy, padre, que quería . . .

Padre Guardián

Ya se abrió la portería;
entrad en el claustro, pues.

Doña Leonor

(*Muy sobresaltada.*)

¡Ah! . . . Imposible, padre, no.   5

Padre Guardián

¡Imposible! . . . ¿Qué decís? . . .

Doña Leonor

Si que os hable permitís,
aquí sólo puedo yo.

²² *a la bajadita,* " right down there at the foot of the hill."

PADRE GUARDIÁN

Si os envía el padre Cleto,
hablad, que es mi grande amigo. 10

DOÑA LEONOR

Padre, que sea sin testigo,
porque me importa el secreto.

PADRE GUARDIÁN

¿Y quién? . . . Mas ya os entendí.
Retiraos, fray Melitón,
y encajad ese portón; 15
dejadnos solos aquí.

HERMANO MELITÓN

¿No lo dije? Secretitos.
Los misterios ellos solos,
que los demás somos bolos
para estos santos benditos. 20

PADRE GUARDIÁN

¿Qué murmura?

HERMANO MELITÓN

Que está tan
premiosa esta puerta . . . y luego . . .

PADRE GUARDIÁN

Obedezca, hermano lego.

HERMANO MELITÓN

Ya me la echó de guardián.[23]

(Ciérrase la puerta y vase.)

ESCENA VII

DOÑA LEONOR y el PADRE GUARDIÁN

PADRE GUARDIÁN

(Acercándose a Leonor.)

Ya estamos, hermano, solos.
¿Mas por qué tanto misterio?
¿No fuera más conveniente
que entrarais en el convento?
No sé qué pueda impedirlo . . . 5
Entrad, pues, que yo os lo ruego;

entrad, subid a mi celda;
tomaréis un refrigerio,
y después . . .

DOÑA LEONOR

No, padre mío.

PADRE GUARDIÁN

¿Qué os horroriza? . . . No entiendo . . . 10

DOÑA LEONOR

(Muy abatida.)

Soy una infeliz mujer.

PADRE GUARDIÁN

(Asustado.)

¡Una mujer! . . . ¡Santo cielo!
¡Una mujer! . . . A estas horas,
en este sitio . . . ¿Qué es esto?

DOÑA LEONOR

Una mujer infelice, 15
maldición del universo,
que a vuestras plantas rendida

(Se arrodilla.)

os pide amparo y remedio,
pues vos podéis libertarla
de este mundo y del infierno. 20

PADRE GUARDIÁN

Señora, alzad. Que son grandes

(La levanta.)

vuestros infortunios creo,
cuando os miro en este sitio
y escucho tales lamentos.
¿Pero qué apoyo, decidme, 25
qué amparo prestaros puedo
yo, un humilde religioso,
encerrado en estos yermos?

DOÑA LEONOR

¿No habéis, padre, recibido
la carta que el padre Cleto? . . . 30

---

[23] Ya me la echó de guardián, "Now he has let me know who is the Superior!"

PADRE GUARDIÁN

(*Recapacitando*.)

¿El padre Cleto os envía? . . .

DOÑA LEONOR

A vos, cual solo remedio
de todos mis infortunios;
si benigno los intentos
que a estos montes me conducen   35
permitís tengan efecto.

PADRE GUARDIÁN

(*Sorprendido*.)

¿Sois doña Leonor de Vargas? . . .
¿Sois por dicha? . . . ¡Dios eterno!

DOÑA LEONOR

(*Abatida*.)

¡Os horroriza el mirarme!

PADRE GUARDIÁN

(*Afectuoso*.)

No, hija mía, no por cierto,   40
ni permita Dios que nunca
tan duro sea mi pecho,
que a los desgraciados niegue
la compasión y el respeto.

DOÑA LEONOR

¡Yo lo soy tanto!

PADRE GUARDIÁN

Señora,   45
vuestra agitación comprendo.
No es extraño, no. Seguidme,
venid. Sentaos un momento
al pie de esta cruz; su sombra
os dará fuerza y consuelos.   50

(*Lleva el Guardián a doña Leonor, y se
sientan ambos al pie de la cruz.*)

DOÑA LEONOR

¡No me abandonéis, oh padre!

PADRE GUARDIÁN

No, jamás; contad conmigo.

DOÑA LEONOR

De este santo monasterio
desde que el término piso,
más tranquila tengo el alma,   55
con más libertad respiro.
Ya no me cercan, cual hace
un año, que hoy se ha cumplido,
los espectros y fantasmas
que siempre en redor he visto.   60
Ya no me sigue la sombra
sangrienta del padre mío,
ni escucho sus maldiciones,
ni su horrenda herida miro,
ni . . .

PADRE GUARDIÁN

¡Oh! no lo dudo, hija mía;   65
libre estáis en este sitio
de esas vanas ilusiones,
aborto de los abismos.
Las insidias del demonio,
las sombras a que da brío   70
para conturbar al hombre,
no tienen aquí dominio.

DOÑA LEONOR

Por eso aquí busco ansiosa
dulce consuelo y auxilio,
y de la Reina del cielo   75
bajo el regio manto abrigo.

PADRE GUARDIÁN

Vamos despacio, hija mía;
el padre Cleto me ha escrito
la resolución tremenda
que al desierto os ha traído;   80
pero no basta.

DOÑA LEONOR

Sí basta;
es inmutable . . . lo fío,
es inmutable.

PADRE GUARDIÁN

¡Hija mía!

DOÑA LEONOR

Vengo resuelta, lo he dicho,
a sepultarme por siempre   85
en la tumba de estos riscos.

PADRE GUARDIÁN

¡Cómo!

DOÑA LEONOR

¿Seré la primera? . . .
No lo seré, padre mío.
Mi confesor me ha informado
de que en este santo sitio,   90
otra mujer infelice
vivió muerta para el siglo.
Resuelta a seguir su ejemplo
vengo en busca de su asilo:
dármelo sin duda puede   95
la gruta que le dió abrigo,
vos la protección y amparo
que para ello necesito,
y la soberana Virgen
su santa gracia y su auxilio.   100

PADRE GUARDIÁN

No os engañó el padre Cleto,
pues diez años ha vivido
una santa penitente
en este yermo tranquilo,
de los hombres ignorada,   105
de penitencias prodigio.[24]
En nuestra iglesia sus restos
están, y yo los estimo
como la joya más rica
de esta casa que, aunque indigno,   110
gobierno en el santo nombre
de mi padre San Francisco.[25]
La gruta que fué su albergue,
y a que reparos precisos
se le hicieron, está cerca,   115
en ese hondo precipicio.
Aún existen en su seno
los humildes utensilios
que usó la santa; a su lado
un arroyo cristalino   120
brota apacible.

DOÑA LEONOR

Al momento
llevadme allá, padre mío.

PADRE GUARDIÁN

¡Oh, doña Leonor de Vargas!
¿Insistís?

DOÑA LEONOR

Sí, padre, insisto.
Dios me manda . . .

PADRE GUARDIÁN

Raras veces   125
Dios tan grandes sacrificios
exige de los mortales.
Y ¡ay de aquel que de un delirio
en el momento, hija mía,
tal vez se engaña a sí mismo!   130
Todas las tribulaciones
de este mundo fugitivo,
son, señora, pasajeras;
al cabo encuentran alivio.
Y al Dios de bondad se sirve,   135
y se le aplaca lo mismo
en el claustro, en el desierto,
de la corte en el bullicio,
cuando se le entrega el alma
con fe viva y pecho limpio.   140

DOÑA LEONOR

No es un acaloramiento,
no un instante de delirio,
quien me sugirió la idea
que a buscaros me ha traído.
Desengaños de este mundo,   145
y un año ¡ay Dios! de suplicios,
de largas meditaciones,
de continuados peligros,
de atroces remordimientos,
de reflexiones conmigo,   150
mi intención han madurado
y esfuerzo me han concedido
para hacer voto solemne
de morir en este sitio.
Mi confesor venerable,   155
que ya mi historia os ha escrito,
el Padre Cleto, a quien todos
llaman santo, y con motivo,

---

[24] This is in accord with a popular tradition dating from the time of Ferdinand and Isabel; it is treated in a play by Fernando Pedrique, *El escándalo del mundo y prodigio del desierto* (1674).
[25] *San Francisco*, i.e., St. Francis of Assisi (1182–1226), founder of the Franciscan Order.

mi resolución aprueba;
aunque, cual vos, al principio   160
trató de desvanecerla
con sus doctos raciocinios;
y a vuestras plantas me envía
para que me deis auxilio.
No me abandonéis, oh padre;   165
por el cielo os lo suplico;
mi resolución es firme,
mi voto inmutable y fijo,
y no hay fuerza en este mundo
que me saque de estos riscos.   170

PADRE GUARDIÁN

Sois muy joven, hija mía;
¿quién lo que el cielo propicio
aún os puede guardar sabe?

DOÑA LEONOR

Renuncio a todo, lo he dicho.

PADRE GUARDIÁN

Acaso aquel caballero . . .   175

DOÑA LEONOR

¿Qué pronunciáis? . . . ¡oh martirio!
Aunque inocente, manchado
con sangre del padre mío
está, y nunca, nunca . . .

PADRE GUARDIÁN

                     Entiendo.
Mas de vuestra casa el brillo,   180
vuestros hermanos . . .

DOÑA LEONOR

                    Mi muerte
sólo anhelan vengativos.

PADRE GUARDIÁN

¿Y la bondadosa tía
que en Córdoba os ha tenido
un año oculta?

DOÑA LEONOR

                  No puedo,   185
sin ponerla en compromiso,
abusar de sus bondades.

PADRE GUARDIÁN

Y qué, ¿más seguro asilo
no fuera, y más conveniente,
con las esposas de Cristo,   190
en un convento? . . .

DOÑA LEONOR

                  No, padre;
son tantos los requisitos
que para entrar en el claustro
se exigen . . . y . . . ¡oh! no, Dios mío,
aunque me encuentro inocente,   195
no puedo, tiemblo al decirlo,
vivir sino donde nadie
viva y converse conmigo.
Mi desgracia en toda España
suena de modo distinto,   200
y una alusión, una seña,
una mirada, suplicios
pudieran ser que me hundieran
del despecho en el abismo.
No, jamás . . . Aquí, aquí sólo;   205
si no me acogéis benigno,
piedad pediré a las fieras
que habitan en estos riscos,
alimento a estas montañas,
vivienda a estos precipicios.   210
No salgo de este desierto;
una voz hiere mi oído,
voz del cielo, que me dice:
aquí, aquí; y aquí respiro.
          (*Se abraza con la cruz.*)
No, no habrá fuerzas humanas   215
que me arranquen de este sitio.

PADRE GUARDIÁN
(*Levantándose y aparte.*)

¡Será verdad, Dios eterno!
¿Será tan grande y tan alta
la protección que concede
vuestra Madre soberana   220
a mí, pecador indigno,
que cuando soy de esta casa
humilde prelado, venga
con resolución tan santa
otra mujer penitente   225
a ser luz de estas montañas?

¡Bendito seáis, Dios eterno,
cuya omnipotencia narran
esos cielos estrellados,
escabel de vuestras plantas! (*Pausa.*) 230
¿Vuestra vocación es firme? ... (*A Leonor.*)
¿Sois tan bienaventurada? ...

DOÑA LEONOR

Es inmutable, y cumplirla
la voz del cielo me manda.

PADRE GUARDIÁN

Sea, pues, bajo el amparo 235
de la Virgen soberana.

(*Extiende una mano sobre ella.*)

DOÑA LEONOR

(*Arrojándose a las plantas del padre Guardián.*)

¿Me acogéis? ... ¡Oh Dios! ... ¡Oh dicha!
¡Cuán feliz vuestras palabras
me hacen en este momento! ...

PADRE GUARDIÁN

(*Levantándola.*)

Dad a la Virgen las gracias. 240
Ella es quien asilo os presta
a la sombra de su casa;
no yo, pecador protervo,
vil gusano, tierra, nada. (*Pausa.*)

DOÑA LEONOR

Y vos, tan sólo vos, oh padre mío, 245
sabréis que habito en estas asperezas;
ningún otro mortal.

PADRE GUARDIÁN

Yo solamente
sabré quién sois. Pero que avise es fuerza
a la comunidad de que la ermita
está ocupada y de que vive en ella 250
una persona penitente. Y nadie,

bajo precepto santo de obediencia,
osará aproximarse de cien pasos,
ni menos penetrar la humilde cerca
que a gran distancia la circunda en torno. 255
La mujer santa, antecesora vuestra,
sólo fué conocida del prelado,
también mi antecesor. Que mujer era,
lo supieron los otros religiosos,
cuando se celebraron sus exequias. 260
Ni yo jamás he de volver a veros:
cada semana, sí, con gran reserva,
yo mismo os dejaré junto a la fuente
la escasa provisión: de recogerla
cuidaréis vos ... Una pequeña esquila, 265
que está sobre la puerta con su cuerda,
calando a lo interior, tocaréis sólo
de un gran peligro en la ocasión extrema,
o en la hora de la muerte. Su sonido,
a mí, o al que cual yo prelado sea, 270
avisará, y espiritual socorro
jamás os faltará ... No, nada tema.
La Virgen de los Ángeles os cubre
con su manto, será vuestra defensa
el ángel del Señor.

DOÑA LEONOR

Mas mis hermanos ... 275
o bandidos tal vez ...

PADRE GUARDIÁN

Y ¿quién pudiera
atreverse, hija mía, sin que al punto
sobre él tronara la venganza eterna?
Cuando vivió la penitente antigua
en este mismo sitio, adonde os lleva 280
gracia especial del brazo omnipotente,
tres malhechores, con audacia ciega,
llegar quisieron al albergue santo;
al momento una horrísona tormenta
se alzó, enlutando el indignado cielo, 285
y un rayo desprendido de la esfera
hizo ceniza a dos de los bandidos,
y el tercero, temblando, a nuestra iglesia
acogióse, vistió el escapulario,
abrazando contrito nuestra regla, 290
y murió a los dos meses.

Doña Leonor

Bien: ¡oh padre!
pues que encontré donde esconderme pueda
a los ojos del mundo, conducidme;
sin tardanza llevadme . . .

Padre Guardián

Al punto sea,
que ya la luz del alba se avecina.   295
Mas antes entraremos en la iglesia;
recibiréis mi absolución, y luego
el pan de vida y de salud eterna.[26]
Vestiréis el sayal de San Francisco,
y os daré avisos que importaros puedan   300
para la santa y penitente vida,
a que con gloria tanta estáis resuelta.

ESCENA VIII

Dichos y el Hermano Melitón

Padre Guardián

¡Hola! . . . Hermano Melitón.
¡Hola! . . . despierte, le digo;
de la iglesia abra el postigo.

Hermano Melitón (Dentro.)

Pues qué, ¿ya las cinco son? . . .

(Sale bostezando.)

Apostaré a que no han dado. (Bosteza.)   5

Padre Guardián

La iglesia abra.

Hermano Melitón

No es de día.

Padre Guardián

¿Replica? . . . Por vida mía . . .

Hermano Melitón

¿Yo? . . . en mi vida he replicado.
Bien podía el penitente

hasta las cinco esperar;   10
difícil será encontrar
un pecador tan urgente.

(Vase, y en seguida se oye descorrer el
cerrojo de la puerta de la iglesia, y se la
ve abrirse lentamente.)

Padre Guardián

(Conduciendo a Leonor hacia la iglesia.)

Vamos al punto, vamos.
En la casa de Dios, hermana, entremos,
su nombre bendigamos,   15
en su misericordia confiemos.

JORNADA TERCERA

La escena es en Italia, en Veletri[1] y sus
alrededores.

ESCENA PRIMERA

El teatro representa una sala corta,[2] alojamiento de oficiales calaveras. En las
paredes estarán colgados en desorden uniformes, capotes, sillas de caballos, armas,
etc.; en medio habrá una mesa con tapete
verde, dos candeleros de bronce con velas
de sebo; cuatro oficiales alrededor, uno de
ellos con la baraja en la mano; algunas
sillas desocupadas.

Pedraza y Oficiales

Pedraza. (Entra muy de prisa.) ¡Qué
frío está esto!
Oficial 1.º Todos se han ido en cuanto
me han desplumado: no he conseguido
tirar ni una buena talla.[3]   5
Pedraza. Pues precisamente va a venir
un gran punto,[4] y si ve esto tan desierto
y frío . . .
Oficial 1.º ¿Y quién es el pájaro?
Todos. ¿Quién?   10
Pedraza. El ayudante del general, ese

---

[26] el pan de vida . . . eterna, i.e., the consecrated bread or wafer of the Blessed Sacrament.
[1] Veletri, i.e., Velletri, a town about nineteen miles S.E. of Rome.
[2] sala corta, "short scene" or "carpenter's scene," played near the footlights while more
elaborate scenery is being set up behind. (Cf. IV, i)
[3] talla, "hand" (at cards).
[4] un gran punto, "a big shot" (slang); but punto in cards refers either to the player or to
the points scored.

teniente coronel que ha llegado con la orden de que al amanecer estemos sobre las armas. Es gran aficionado, tiene mucho rumbo, y a lo que parece es blanquito.⁵ Hemos cenado juntos en casa de la coronela, a quien ya le está echando requiebros, y el taimado de nuestro capellán lo marcó por suyo. Le convidó con que viniera a jugar, y ya lo trae hacia aquí.   21

OFICIAL 1.º Pues, señores, ya es éste otro cantar. Ya vamos a ser todos unos . . . ¿Me entienden ustedes?

TODOS. Sí, sí, muy bien pensado.   25

OFICIAL 2.º Como que es de plana mayor, y será contrario de los pobres pilíes.⁶

OFICIAL 4.º A él, y duro.   29

OFICIAL 1.º Pues para jugar con él tengo baraja preparada, más obediente que un recluta y más florida que el mes de mayo . . . (Saca una baraja del bolsillo.) Y aquí está.   34

OFICIAL 3.º ¡Qué fino es usted, camarada!

OFICIAL 1.º No hay que jugar ases ni figuras.⁷ Y al avío, que ya suena gente en la escalera. Tiro, tres a la derecha, nueve a la izquierda.⁸   40

ESCENA II

DICHOS, DON CARLOS DE VARGAS y el CAPELLÁN

CAPELLÁN

Aquí viene, compañeros,
un rumboso aficionado.

TODOS

Sea, pues, muy bien llegado.

(Levantándose y volviéndose a sentar.)

DON CARLOS

Buenas noches, caballeros.
¡Qué casa tan indecente! (Aparte.)   5
Estoy, vive Dios, corrido
de verme comprometido
a alternar ⁹ con esta gente.

OFICIAL 1.º

Sentaos.

(Se sienta don Carlos, haciéndole todos lugar.)

CAPELLÁN

    Señor capitán, (Al banquero.¹⁰)
¿y el concurso?

OFICIAL 1.º

            Se afufó (Barajando.)   10
en cuanto me desbancó.
Toditos repletos van.
Se declaró un juego eterno
que no he podido quebrar,
y siempre salió a ganar   15
una sota del infierno.
Veintidós veces salió
y jamás a la derecha.¹¹

OFICIAL 2.º

El que nunca se aprovecha
de tales gangas ¹² soy yo.   20

OFICIAL 3.º

Y yo en el juego contrario
me empeñé, que nada ví,

---

⁵ blanquito, " an easy mark."

⁶ pilíes, evidently a slang term denoting the lower officers, not members of the staff (plana mayor).

⁷ In the game of Veintiuna or " Twenty-one," here played, the object is to obtain twenty-one points, or as near that number as possible, without exceeding it. Face cards count ten points; the ace either one or eleven; other cards have their usual value. As the game begins with two cards dealt to each player, care must be taken not to let the newcomer obtain an ace and a face card, which would win the game.

⁸ Tiro, etc., " I deal, the trey to the right, the nine-spot to the left."

⁹ alternar, " associate."

¹⁰ banquero. The dealer is also the banker in the game.

¹¹ Apparently in the previous game, the speaker was seated to the right of the dealer; hence never received the winning knave.

¹² gangas, " bargains," " opportunities."

y ya sólo estoy aquí
para rezar el rosario.[13]

CAPELLÁN

Vamos.

PEDRAZA

Vamos.

OFICIAL 1.º

Tiro.

DON CARLOS

Juego.   25

OFICIAL 1.º

Tiro, a la derecha el as,
y a la izquierda la sotita.

OFICIAL 2.º

Ya salió la muy maldita.
Por vida de Barrabás . . .

OFICIAL 1.º

Rey a la derecha, nueve   30
a la izquierda.

DON CARLOS

Yo lo gano.[14]

OFICIAL 1.º

¡Tengo apestada la mano! (*Paga.*)
Tres onzas, nada se debe.
A la derecha la sota.

OFICIAL 4.º

Ya quebró.[15]

OFICIAL 3.º

Pegarle fuego.   35

OFICIAL 1.º

A la izquierda siete.

DON CARLOS

Juego.

OFICIAL 2.º

Sólo el verla me rebota.

DON CARLOS

Copo.[16]

CAPELLÁN

¿Con carta tapada? [17]

OFICIAL 1.º

Tiro, a la derecha el tres.

PEDRAZA

¡Qué bonita carta es!   40

OFICIAL 1.º

Cuando sale descargada.[18]
A la izquierda el cinco.

DON CARLOS

(*Levantándose y sujetando la mano del
que talla.*)
                                   No,
con tiento, señor banquero,

(*Vuelve su carta.*)

que he ganado mi dinero,
y trampas no sufro yo.   45

[13] The third officer likewise did not have a " look-in " in the losing game, and has been so completely cleaned out that now he can only look on.

[14] Don Carlos, seated to the right of dealer, who alone is playing with him, receives in succession an ace and a king, i.e., twenty-one points and the game; the banker has to pay the stakes, and a new game begins.

[15] The knave has finally turned up on the right hand, thus breaking its long streak; the onlookers are ready to curse it for its unlucky behavior.

[16] *Copo,* " I cover." Don Carlos bets a sum equal to all that is in the bank.

[17] ¿*Con carta tapada?* " With the next card covered up? " (i.e., still in doubt).

[18] Pedraza has termed the trey a pretty card, either ironically, because so insignificant, or more probably because it is not so apt to run the count above twenty-one. The dealer replies that it is all right when it turns up " unloaded," i.e., without having to carry the burden of a face card or two. The term *descargada* is also applied to a card on which the stakes have not been raised (*doblado* or *duplicado*).

OFICIAL 1.º

¿Cómo trampas? . . . ¿Quién osar? . . .

DON CARLOS

Yo: pegado tras del cinco
está el caballo; buen brinco
le hicisteis, amigo, dar.[19]

OFICIAL 1.º

Soy hombre pundonoroso,   50
y esto una casualidad . . .

DON CARLOS

Ésta es una iniquidad;
vos un taimado tramposo.

PEDRAZA

Sois un loco, un atrevido.

DON CARLOS

Vos un vil, y con la espada . . .   55

TODOS

Ésta es una casa honrada.

CAPELLÁN

Por Dios, no hagamos rüido.

DON CARLOS

(Echando a rodar la mesa.)

Abreviemos de razones.

TODOS

(Tomando las espadas.)

¡Muera, muera el insolente!

DON CARLOS

(Sale defendiéndose.)

¿Qué puede con un valiente   60
una cueva de ladrones?

(Salen de la estancia acuchillándose, y dos
o tres soldados retiran la mesa, las sillas y
desembarazan la escena.)

ESCENA III

El teatro representa una selva en noche
muy obscura. Aparece al fondo DON ÁL-
VARO, solo, vestido de capitán de granaderos; se acerca lentamente, y dice con
gran agitación.

DON ÁLVARO solo.[20]

¡Qué carga tan insufrible
es el ambiente vital,
para el mezquino mortal
que nace en signo terrible!
¡Qué eternidad tan horrible   5
la breve vida! ¡Este mundo,
qué calabozo profundo
para el hombre desdichado,
a quien mira el cielo airado
con su ceño furibundo!   10
    Parece, sí, que a medida
que es más dura y más amarga,
más extiende, más alarga
el destino nuestra vida.
Si nos está concedida   15
sólo para padecer,
y debe muy breve ser
la del feliz, como en pena
de que su objeto no llena,[21]
¡terrible cosa es nacer!   20
    Al que tranquilo, gozoso
vive entre aplausos y honores,
y de inocentes amores
apura el cáliz sabroso,
cuando es más fuerte y brioso,   25
la muerte sus dichas huella
sus venturas atropella;
y yo que infelice soy,
yo que buscándola voy,

---

[19] Don Carlos has been dealt the knave and the trey, but then notices that dealer has slipped the *caballo* (queen) behind his own five-spot, so that it will be the card next dealt to Don Carlos, thus running the latter's point total up to twenty-three, and losing the game for him.

[20] This famous soliloquy on the mysterious ways of life, death and destiny, recalls strongly that of Segismundo in Calderón's drama *La vida es sueño* (I, ii).

[21] *como . . . llena,* "as if in penalty for not fulfilling its object" (i.e., to cause suffering).

no puedo encontrar con ella.
¿ Mas cómo la he de obtener,
¡desventurado de mí!
pues cuando infeliz nací,
nací para envejecer? 35
Si aquel día de placer
(que uno solo he disfrutado)
fortuna hubiese fijado,[22]
¡cuán pronto muerte precoz
con su guadaña feroz
mi cuello hubiera segado! 40
   Para engalanar mi frente,
allá en la abrasada zona,[23]
con la espléndida corona
del imperio de Occidente,
amor y ambición ardiente 45
me engendraron de concierto;
pero con tal desacierto,
con tan contraria fortuna,
que una cárcel fué mi cuna,
y fué mi escuela el desierto. 50
   Entre bárbaros crecí,
y en la edad de la razón,
a cumplir la obligación
que un hijo tiene, acudí:
mi nombre ocultando fuí 55
(que es un crimen) a salvar
la vida, y así pagar
a los que a mí me la dieron;
que un trono soñando vieron
y un cadalso al despertar. 60
   Entonces risueño un día,

30 uno sólo, nada más,
me dió el destino; quizás
con intención más impía.
Así en la cárcel sombría 65
mete una luz el sayón,
con la tirana intención
de que un punto el preso vea
el horror que lo rodea
en su espantosa mansión. 70
   ¡Sevilla!!! ¡Guadalquivir!!! [24]
¡Cuál atormentáis mi mente! . . .
¡Noche en que ví de repente
mis breves dichas hüir!
¡Oh qué carga es el vivir! . . . 75
¡Cielos, saciad el furor! . . .
Socórreme, mi Leonor,
gala del suelo andaluz,
que ya eres ángel de luz
junto al trono del Señor. 80
   Mírame desde tu altura,
sin nombre, en extraña tierra,
empeñado en una guerra
por ganar mi sepultura.
¿Qué me importa, por ventura, 85
que triunfe Carlos [25] o no?
¿Qué tengo de Italia en pro?
¿Qué tengo? ¡Terrible suerte!
Que en ella reina la muerte,
y a la muerte busco yo. 90
   ¡Cuánto, oh Dios, cuánto se engaña
el que elogia mi ardor ciego,
viéndome siempre en el fuego

[22] *fortuna hubiese fijado*, i.e., if Fortune had fixed (made lasting) that one day of pleasure on which he had hoped to marry Leonor.

[23] A reference to Don Álvaro's royal birth in Peru (situated in the " torrid zone " or equator), and to the attendant circumstances, which are revealed fully only in the last act. His father, Viceroy of Peru, had married an Inca princess, with the mad ambition of setting up an independent " empire of the West," but was defeated, imprisoned, and at first condemned to the scaffold.

[24] As truly an echo of the author's own nostalgia in exile as of Don Álvaro's separation from what was most dear to him. Cf. his letter dedicating this play to his friend Alcalá Galiano: " Dedico a Vd. este drama, que vió nacer en las orillas de la Loira, cuando los recuerdos de las del Guadalquivir, de las costumbres de nuestra patria, y de los rancios cuentos y leyendas que nos adormecieron y nos desvelaron en la infancia tenían para nosotros todo el mágico prestigio, que dan a tales cosas la proscripción y el destierro."

[25] *Carlos*, i.e., Charles of Bourbon, son of Philip V of Spain and Elizabeth Farnese; ruled as king of Naples (1734–59) and as Charles III of Spain (1759–88). The war here mentioned is that of the Austrian Succession (1740–48), which eventually involved almost all Europe. In 1744 a combined force of Spanish and Neapolitan troops under King Charles occupied Velletri, and on August 11 crushed the Austrians under Lobkovitz after being almost routed in the surprise attack described in Act IV, scene 7.

de esta extranjera campaña!
Llámanme la prez de España,   95
y no saben que mi ardor
sólo es falta de valor,
pues busco ansioso el morir
por no osar el resistir
de los astros el furor.   100
    Si el mundo colma de honores
al que mata a su enemigo,
el que lo lleva consigo
¿por qué no puede? [26] ...

(*Óyese ruido de espadas.*)

Don Carlos (*Dentro.*)
                    ¡Traidores!!!

Voces (*Dentro.*)
¡Muera!

Don Carlos (*Dentro.*)
¡Viles!

Don Álvaro (*Sorprendido.*)
                ¡Qué clamores!   105

Don Carlos (*Dentro.*)
¡Socorro!!!

Don Álvaro

(*Desenvainando la espada.*)
            Dárselo quiero,
que oigo crujir el acero;
y si a los peligros voy
porque desgraciado soy,
también voy por caballero.   110

(*Éntrase; suena ruido de espadas; atraviesan dos hombres la escena como fugitivos, y vuelven a salir don Álvaro y don Carlos.*)

ESCENA IV
Don Álvaro y Don Carlos *con las espadas desnudas.*

Don Álvaro
Huyeron . . . ¿Estáis herido?

Don Carlos
Mil gracias os doy, señor;
sin vuestro heroico valor
de cierto estaba perdido;
y no fuera maravilla: 5
eran siete contra mí,
y cuando grité, me ví
en tierra ya una rodilla.

Don Álvaro
¿Y herido estáis?

Don Carlos (*Reconociéndose.*)
            Nada siento.

(*Envainan.*)

Don Álvaro
¿Quiénes eran?

Don Carlos
            Asesinos.   10

Don Álvaro
¿Cómo osaron, tan vecinos
de un militar campamento? . . .

Don Carlos
Os lo diré francamente:
fué contienda sobre el juego.
Entré sin pensarlo, ciego,   15
en un casuco [27] indecente . . .

Don Álvaro
Ya caigo, aquí, a mano diestra . . .

Don Carlos
Sí.

Don Álvaro
    Que extrañe perdonad,
que un hombre de calidad,
cual vuestro esfuerzo demuestra,   20
entrara en tal gazapón,
donde sólo va la hez,
la canalla más soez,
de la milicia borrón.

[26] *¿por qué no puede?* . . . Don Álvaro. as a typical Romantic hero, is flirting with the idea of suicide.

[27] *casuco,* " gambling den."

DON CARLOS

Sólo el ser recién llegado   25
puede, señor, disculparme;
vinieron a convidarme,
y accedí desalumbrado.

DON ÁLVARO

¿Conque ha poco estáis aquí?

DON CARLOS

Diez días ha que llegué   30
a Italia; dos sólo que
al cuartel general fuí.
Y esta tarde al campamento
con comisión especial
llegué de mi general,   35
para el reconocimiento
de mañana. Y si no fuera
por vuestra espada y favor,
mi carrera sin honor
ya terminada estuviera.   40
Mi gratitud sepa, pues,
a quién la vida he debido,
porque el ser agradecido
la obligación mayor es
para el hombre bien nacido.   45

DON ÁLVARO (Con indiferencia.)

Al acaso.[28]

DON CARLOS (Con expresión.)

            Que me deis
vuestro nombre a suplicaros
me atrevo. Y para obligaros,
primero el mío sabréis.
Siento no decir verdad: (Aparte.)   50
soy don Félix de Avendaña,
que he venido a esta campaña
sólo por curiosidad.
Soy teniente coronel,
y del general Briones   55
ayudante: relaciones
tengo de sangre con él.

DON ÁLVARO (Aparte.)

¡Qué franco es y qué expresivo!
Me cautiva el corazón.

DON CARLOS

Me parece que es razón   60
que sepa yo por quién vivo,
pues la gratitud es ley.

DON ÁLVARO

Soy . . . don Fadrique de Herreros,
capitán de granaderos
del regimiento del Rey.   65

DON CARLOS

(Con grande admiración y entusiasmo.)

¿Sois . . . ¡grande dicha es la mía!
del ejército español
la gloria, el radiante sol
de la hispana valentía?

DON ÁLVARO

Señor . . .

DON CARLOS

            Desde que llegué   70
a Italia, sólo elogiaros
y prez de España llamaros
por dondequiera escuché.
Y de español tan valiente
anhelaba la amistad.   75

DON ÁLVARO

Con ella, señor, contad,
que me honráis muy altamente.
Y según os he encontrado
contra tantos combatiendo
bizarramente, comprendo   80
que seréis muy buen soldado.
Y la gran cortesanía
que en vuestro trato mostráis,
dice a voces que gozáis
de aventajada hidalguía.   85

(Empieza a amanecer.)

Venid, pues, a descansar
a mi tienda.

DON CARLOS

            Tanto honor
será muy corto, señor,
que el alba empieza a asomar.

---

[28] Al acaso, i.e., You owe your life to chance, merely.

(Se oye a lo lejos tocar generala a las bandas de tambores.[29])

DON ÁLVARO

Y por todo el campamento,   90
de los tambores el son
convoca a la formación.
Me voy a mi regimiento.

DON CARLOS

Yo también, y a vuestro lado
asistiré en la pelea,   95
donde os admire y os vea
como a mi ejemplo y dechado.

DON ÁLVARO

Favorecedor y amigo,
si sois cual cortés valiente,[30]
yo de vuestro arrojo ardiente   100
seré envidioso testigo. *(Vanse.)*

ESCENA V

El teatro representa un risueño campo de Italia, al amanecer; se verá a lo lejos el pueblo de Veletri y varios puestos militares; algunos cuerpos de tropa cruzan la escena, y luego sale una compañía de infantería con el CAPITÁN, *el* TENIENTE *y el* SUBTENIENTE; DON CARLOS *sale a caballo con un ordenanza detrás y coloca la compañía a un lado, avanzando una guerrilla al fondo del teatro.*

DON CARLOS. Señor capitán, permaneceréis aquí hasta nueva orden; pero si los enemigos arrollan las guerrillas y se dirigen a esa altura donde está la compañía de Cantabria,[31] marchad a socorrerla a todo trance.   6

CAPITÁN. Está bien: cumpliré con mi obligación. *(Vase don Carlos.)*

ESCENA VI

DICHOS *menos* DON CARLOS

CAPITÁN. Granaderos, en su lugar, descanso. Parece que lo entiende este ayudante.

(Salen los oficiales de las filas y se reúnen, mirando con un anteojo hacia donde suena rumor de fusilería.)

TENIENTE. Se va galopando al fuego como un energúmeno, y la acción se empeña más y más.   6

SUBTENIENTE. Y me parece que ha de ser muy caliente.

CAPITÁN. *(Mirando con el anteojo.)* Bien combaten los granaderos del Rey. 10

TENIENTE. Como que llevan a la cabeza a la prez de España, al valiente don Fadrique de Herreros, que pelea como un desesperado.   14

SUBTENIENTE. *(Tomando el anteojo y mirando con él.)* Pues los alemanes cargan a la bayoneta y con brío; adiós, que nos desalojan de aquel puesto. *(Se aumenta el tiroteo.)*   19

CAPITÁN. *(Toma el anteojo.)* A ver, a ver . . . ¡Ay! Si no me engaño, el capitán de granaderos del Rey ha caído o muerto o herido; lo veo claro, muy claro.

TENIENTE. Yo distingo que se arremolina la compañía . . . y creo que retrocede.

SOLDADOS. ¡A ellos, a ellos!   26

CAPITÁN. Silencio. Firmes. *(Vuelve a mirar con el anteojo.)* Las guerrillas también retroceden.

SUBTENIENTE. Uno corre a caballo hacia allá.   31

CAPITÁN. Sí, es el ayudante . . . Está reuniendo la gente y carga . . . ¡con qué denuedo! . . . nuestro es el día.

TENIENTE. Sí, veo huir a los alemanes.

SOLDADOS. ¡A ellos!   36

CAPITÁN. Firmes, granaderos. *(Mira con el anteojo.)* El ayudante ha recobrado el puesto, la compañía del Rey carga a la bayoneta y lo arrolla todo.   40

TENIENTE. A ver, a ver. *(Toma el anteojo y mira.)* Sí, cierto. Y el ayudante se apea del caballo y retira en sus brazos al capitán don Fadrique. No debe de estar más que herido; se lo llevan hacia Veletri.

---

[29] *tocar . . . tambores,* "the drum corps beat the general" (i.e., sound the call to arms).
[30] *cual cortés valiente = tan valiente como cortés.*
[31] *Cantabria,* the region in northern Spain which includes the provinces of Biscay and Santander.

Todos. Dios nos le conserve, que es la
flor del ejército.   47

Capitán. Pero por este lado no va tan
bien. Teniente, vaya usted a reforzar con
la mitad de la compañía las guerrillas que
están en esa cañada; que yo voy a
acercarme a la compañía de Cantabria;
vamos, vamos.   53

Soldados. ¡Viva España! ¡Viva España! ¡Viva Nápoles! (*Marchan.*)

ESCENA VII

*El teatro representa el alojamiento de un
oficial superior; al frente estará la puerta
de la alcoba, practicable y con cortinas.
Entra* Don Álvaro *herido y desmayado
en una camilla, llevada por cuatro granaderos; el* Cirujano *a un lado y* Don
Carlos *a otro, lleno de polvo y como
muy cansado; un soldado traerá la maleta
de don Álvaro y la pondrá sobre una
mesa; colocarán la camilla en medio de
la escena, mientras los granaderos entran
en la alcoba a hacer la cama.*

Don Carlos

Con mucho, mucho cuidado,
dejadle aquí, y al momento
entrad a arreglar mi cama.

(*Vanse a la alcoba dos de los soldados y
quedan otros dos.*)

Cirujano

Y que haya mucho silencio.

Don Álvaro

(*Volviendo en sí.*)

¿Dónde estoy? ¿Dónde?

Don Carlos

(*Con mucho cariño.*)

En Veletri,   5
a mi lado, amigo excelso.
Nuestra ha sido la victoria,
tranquilo estad.

Don Álvaro

¡Dios eterno!
¡Con salvarme de la muerte,
qué gran daño me habéis hecho!   10

Don Carlos

No digáis tal, don Fadrique,
cuando tan vano me encuentro
de que salvaros la vida
me haya concedido el cielo.

Don Álvaro

¡Ay, don Félix de Avendaña,   15
qué grande mal me habéis hecho!

(*Se desmaya.*)

Cirujano

Otra vez se ha desmayado:
agua y vinagre.

Don Carlos

(*A uno de los soldados.*)

Al momento.
¿Está de mucho peligro? (*Al Cirujano.*)

Cirujano

Este balazo del pecho,   20
en donde aún tiene la bala,
me da muchísimo miedo;
lo que es las otras heridas
no presentan tanto riesgo.

Don Carlos

(*Con gran vehemencia.*)

Salvad su vida, salvadle;   25
apurad todos los medios
del arte, y os aseguro
tal galardón . . .

Cirujano

Lo agradezco:
para cumplir con mi oficio
no necesito de cebo,   30
que en salvar a este valiente
interés muy grande tengo.

(*Entra el soldado con un vaso de agua y vinagre. El Cirujano le rocía el rostro y le aplica un pomito a las narices.*)

DON ÁLVARO (*Vuelve en sí.*)

¡Ay!

DON CARLOS

Ánimo, noble amigo,
cobrad ánimo y aliento:
pronto, muy pronto curado,   35
y restablecido y bueno,
volveréis a ser la gloria,
el norte de los guerreros.
Y a vuestras altas hazañas
el Rey dará todo el premio   40
que merecen. Sí, muy pronto,
lozano otra vez, cubierto
de palmas inmarchitables [32]
y de laureles eternos,
con una rica encomienda   45
se adornará vuestro pecho
de Santiago o Calatrava.[33]

DON ÁLVARO (*Muy agitado.*)

¿Qué escucho? ¿Qué? ¡Santo cielo!
¡Ah! . . . no, no de Calatrava:
jamás, jamás . . . ¡Dios eterno!   50

(*Se desmaya.*)

CIRUJANO

Ya otra vez se desmayó:
sin quietud y sin silencio
no habrá forma de curarlo.
Que no le habléis más os ruego.

(*A don Carlos.—Vuelve a darle agua y a aplicarle el pomito a las narices.*)

DON CARLOS

(*Suspenso, aparte.*)

El nombre de Calatrava   55
¿qué tendrá, qué tendrá . . . tiemblo,
de terrible a sus oídos? . . .

CIRUJANO

No puede esperar más tiempo.
¿Aún no está lista la cama?

DON CARLOS

(*Mirando a la alcoba.*)

Ya lo está.

(*Salen los dos soldados.*)

CIRUJANO

(*A los cuatro soldados.*)

Llevadle luego.   60

DON ÁLVARO

¡Ay de mí! (*Volviendo en sí.*)

CIRUJANO

Llevadle.

DON ÁLVARO

(*Haciendo esfuerzos.*)

Esperen.
Poco, por lo que en mí siento,
me queda ya de este mundo,
y en el otro pensar debo.
Mas antes de desprenderme   65
de la vida, de un gran peso
quiero descargarme. Amigo,

(*A don Carlos.*)

un favor tan sólo anhelo.

CIRUJANO

Si habláis, señor, no es posible . . .

DON ÁLVARO

No volver a hablar prometo.   70
Pero sólo una palabra,
y a él solo, que decir tengo.

DON CARLOS

(*Al Cirujano y soldados.*)

Apartad, démosle gusto;
dejadnos por un momento.

[32] *inmarchitables*, " imperishable," " unfading."

[33] *Santiago, Calatrava*: two of the oldest and most distinguished of the great military-religious orders, founded respectively in 1170 and 1158, and open only to those of the strictest nobility and orthodoxy.

(*Se retiran el Cirujano y los asistentes a un lado.*)

DON ÁLVARO

Don Félix, vos solo, solo, (*Dale la mano.*)
cumpliréis con lo que quiero   76
de vos exigir. Juradme
por la fe de caballero
que haréis cuanto aquí os encargue,
con inviolable secreto.   80

DON CARLOS

Yo os lo juro, amigo mío;
acabad, pues.

(*Hace un esfuerzo don Álvaro como para meter la mano en el bolsillo y no puede.*)

DON ÁLVARO

        ¡Ah! . . . no puedo.
Meted en este bolsillo,
que tengo aquí al lado izquierdo
sobre el corazón, la mano.   85

(*Lo hace don Carlos.*)

¿Halláis algo en él?

DON CARLOS

            Sí, encuentro
una llavecita . . .

DON ÁLVARO

        Es ésa.

(*Saca don Carlos la llave.*)

Con ella abrid, yo os lo ruego,
a solas y sin testigos,
una caja que en el centro   90
hallaréis de mi maleta.
En ella con sobre y sello
un legajo hay de papeles;
custodiadlos con esmero,
y al momento que yo expire   95
los daréis, amigo, al fuego.

DON CARLOS

¿Sin abrirlos?

DON ÁLVARO

(*Muy agitado.*)

        Sin abrirlos,
que en ellos hay un misterio
impenetrable . . . ¿Palabra
me dais, don Félix, de hacerlo?   100

DON CARLOS

Yo os la doy con toda el alma.

DON ÁLVARO

Entonces tranquilo muero.
Dadme el postrimer abrazo,
y ¡adiós, adiós!

CIRUJANO (*Enfadado.*)

        Al momento
a la alcoba. Y vos, don Félix,   105
si es que tenéis tanto empeño
en que su vida se salve,
haced que guarde silencio;
y excusad también que os vea,
pues se conmueve en extremo.   110

(*Llévanse los soldados la camilla; entra también el Cirujano, y don Carlos queda pensativo y lloroso.*)

ESCENA VIII

DON CARLOS

¿Ha de morir . . . ¡qué rigor!
tan bizarro militar?
Si no lo puedo salvar
será eterno mi dolor,
puesto que él me salvó a mí,   5
y desde el momento aquel
que guardó mi vida él,
guardar la suya ofrecí. (*Pausa.*)
Nunca ví tanta destreza
en las armas, y jamás   10
otra persona de más
arrogancia y gentileza.
Pero es hombre singular;
y en el corto tiempo que
le trato, rasgos noté   15
que son dignos de extrañar. (*Pausa.*)
¿Y de Calatrava el nombre

por qué así le horrorizó
cuando pronunciarlo oyó? . . .
¿Qué hallará en él que le asombre? 20
¡Sabrá que está deshonrado! . . .
Será un hidalgo andaluz [34] . . .
¡Cielos! . . . ¡Qué rayo de luz
sobre mí habéis derramado
en este momento! . . . Sí. 25
¿Podrá ser éste el traidor,
de mi sangre deshonor,
el que a buscar vine aquí?

(*Furioso y empuñando la espada.*)

¿Y aún respira? . . . No, ahora mismo
a mis manos . . .

(*Corre hacia la alcoba y se detiene.*)

¿Dónde estoy? . . . 30
¿Ciego a despeñarme voy
de la infamia en el abismo?
¿A quien mi vida salvó,
y que moribundo está,
matar inerme podrá 35
un caballero cual yo? (*Pausa.*)
¿No puede falsa salir
mi sospecha? . . . Sí . . . ¿Quién sabe? . . .
Pero ¡cielos! esta llave
todo me lo va a decir. 40

(*Se acerca a la maleta, la abre precipitado y saca la caja, poniéndola sobre la mesa.*)

Salid, caja misteriosa,
del destino urna fatal,
a quien con sudor mortal
toca mi mano medrosa:
me impide abrirte el temblor 45
que me causa el recelar
si en tu centro voy a hallar
los pedazos de mi honor.

(*Resuelto y abriendo.*)

Mas no, que en ti mi esperanza,
la luz que me da el destino 50

está, para hallar camino
que me lleve a la venganza.

(*Abre y saca un legajo sellado.*)

Ya el legajo tengo aquí.
¿Qué tardo el sello en romper? . . .

(*Se contiene.*)

¡Oh cielos! ¡Qué voy a hacer! 55
¿Y la palabra que dí?
Mas si la suerte me da
tan inesperado medio
de dar a mi honor remedio,
el perderlo ¿qué será? 60
Si a Italia sólo he venido
a buscar al matador
de mi padre y de mi honor,
con nombre y porte fingido,
¿qué importa que el pliego abra, 65
si lo que vine a buscar
a Italia voy a encontrar? . . .
Pero no, dí mi palabra . . .
Nadie, nadie aquí lo ve . . .
¡Cielos! lo estoy viendo yo. 70
Mas si él mi vida salvó,
también la suya salvé.
Y si es el infame indiano,
el seductor asesino,
¿no es bueno cualquier camino 75
por donde venga a mi mano?
Rompo esta cubierta, sí,
pues nadie lo ha de saber . . .
Mas ¡cielos! ¿qué voy a hacer?
¿Y la palabra que dí? (*Suelta el legajo.*)
No, jamás. ¡Cuán fácilmente 81
nos pinta nuestra pasión
una infame y vil acción
como acción indiferente!
A Italia vine anhelando 85
mi honor manchado lavar;
¿y mi empresa he de empezar
el honor amancillando?
Queda, oh secreto, escondido,

---

[34] *Será un hidalgo andaluz.* Don Carlos seems to use the term disparagingly, possibly implying that Don Álvaro may have Moorish blood, which would automatically exclude him from membership in the order of Calatrava. Another interpretation would be: " He must know that it (the name of Calatrava) is dishonored (by the unavenged death of the Marqués). He is probably an Andalusian nobleman (who would be apt to know of the affair)."

si en este legajo estás;　　　　　90
que un medio infame, jamás
lo usa el hombre bien nacido.

(*Registrando la maleta.*)

Si encontrar aquí pudiera
algún otro abierto indicio
que, sin hacer perjüicio　　　　95
a mi opinión,[35] me advirtiera . . .

(*Sorprendido.*)

¡Cielos! . . . lo hay . . . esta cajilla,

(*Saca una cajita como de retrato.*)

que algún retrato contiene,

(*Reconociéndola.*)

ni sello ni sobre tiene,
tiene sólo una aldabilla.　　　　100
Hasta sin ser indiscreto
reconocerla me es dado;
nada de ella me han hablado,
ni rompo ningún secreto.
Ábrola, pues, en buen hora,　　　105
aunque un basilisco vea,
aunque para el mundo sea
caja fatal de Pandora.

(*La abre, y exclama muy agitado.*)

¡Cielos! . . . no . . . no me engañé,
ésta es mi hermana Leonor . . .　　110
¿Para qué prueba mayor? . . .
Con la más clara encontré.
Ya está todo averiguado:
don Álvaro es el herido.
Brújula el retrato ha sido　　　115
que mi norte me ha marcado.
¿Y a la infame . . . me atribulo,
con él en Italia tiene? . . .
Descubrirlo me conviene
con astucia y disimulo.　　　　120
¡Cuán feliz será mi suerte
si la venganza y castigo
sólo de un golpe consigo,
a los dos dando la muerte! . . .

Mas . . . ¡ah! . . . no me precipite　　125
mi honra ¡cielos! ofendida.
Guardad a este hombre la vida
para que yo se la quite.[36]

(*Vuelve a colocar los papeles y el retrato en la maleta. Se oye ruido, y queda suspenso.*)

ESCENA IX

Don Carlos *y el* Cirujano, *que sale muy contento.*

Cirujano

Albricias pediros quiero;
ya le he sacado la bala, (*Se la enseña.*)
y no es la herida tan mala
cual me pareció primero.

Don Carlos

(*Le abraza fuera de sí.*)

¿De veras? . . . Feliz me hacéis:　　5
por ver bueno al capitán,
tengo, amigo, más afan
del que imaginar podéis.

JORNADA CUARTA

La escena es en Veletri.

ESCENA PRIMERA

El teatro representa una sala corta, de alojamiento militar.

Don Álvaro *y* Don Carlos

Don Carlos

Hoy que vuestra cuarentena [1]
dichosamente cumplís,
¿de salud cómo os sentís?
¿Es completamente buena? . . .
¿Reliquia alguna notáis　　　5
de haber tanto padecido?
¿Del todo restablecido,
y listo y fuerte os halláis?

---

[35] *opinión*, " good name," " reputation "; a frequent meaning.

[36] This whole complicated honor problem of Don Carlos is very Calderonian; it illustrates the cold-blooded refinement of the honor code as presented in the Golden Age dramas.

[1] *cuarentena*, " period of convalescence."

DON ÁLVARO

Estoy como si tal cosa;
nunca tuve más salud,
y a vuestra solicitud
debo mi cura asombrosa.
Sois excelente enfermero;
ni una madre por un hijo
muestra un afán más prolijo,
tan gran cuidado y esmero.

DON CARLOS

En extremo interesante
me era la vida salvaros.

DON ÁLVARO

¿Y con qué, amigo, pagaros
podré interés semejante?
Y aunque gran mal me habéis hecho
en salvar mi amarga vida,
será eterna y sin medida
la gratitud de mi pecho.

DON CARLOS

¿Y estáis tan repuesto y fuerte
que sin ventaja pudiera
un enemigo cualquiera? . . .

DON ÁLVARO

Estoy, amigo, de suerte,
que en casa del coronel
he estado ya a presentarme,
y de alta acabo de darme
ahora mismo en el cuartel.

DON CARLOS

¿De veras?

DON ÁLVARO

          ¿Os enojáis
porque ayer no os dije acaso
que iba hoy a dar este paso?
Como tanto me cuidáis,
que os opusierais temí;
y estando sano, en verdad,
vivir en la ociosidad
no era honroso para mí.

DON CARLOS

¿Conque ya no os duele nada,
ni hay asomo de flaqueza
en el pecho, en la cabeza,
ni en el brazo de la espada?

DON ÁLVARO

No . . . Pero parece que
algo, amigo, os atormenta,
y que acaso os descontenta
el que yo tan bueno esté.

DON CARLOS

¡Al contrario! . . . Al veros bueno,
capaz de entrar en acción,
palpita mi corazón
del placer más alto lleno.
Solamente no quisiera
que os engañara el valor,
y que el personal vigor
en una ocasión cualquiera . . .

DON ÁLVARO

¿Queréis pruebas?

DON CARLOS

(*Con vehemencia.*)

Las deseo.

DON ÁLVARO

A la descubierta vamos
de mañana, y enredamos
un rato de tiroteo.[2]

DON CARLOS

La prueba se puede hacer,
pues que estáis fuerte, sin ir
tan lejos a combatir,
que no hay tiempo que perder.

DON ÁLVARO

(*Confuso.*)

No os entiendo . . .

---

[2] *A la descubierta . . . tiroteo,* "We are going out to reconnoitre early in the morning, and will engage in a little skirmishing."

DON CARLOS

   ¿No tendréis,   65
sin ir a los imperiales,[3]
enemigos personales
con quien probaros podréis?

DON ÁLVARO

¿A quién le faltan? . . . Mas no
lo que me decís comprendo.   70

DON CARLOS

Os lo está a voces diciendo
más la conciencia que yo.
Disimular fuera en vano . . .
vuestra turbación es harta . . .
¿Habéis recibido carta   75
de don Álvaro el indiano?

DON ÁLVARO

(*Fuera de sí.*)

¡Ah, traidor! . . . ¡Ah, fementido! . . .
Violaste infame un secreto,
que yo débil, yo indiscreto,
moribundo . . . inadvertido . . .   80

DON CARLOS

¿Qué osáis pensar? . . . Respeté
vuestros papeles sellados,
que los que nacen honrados
se portan cual me porté.
El retrato de la infame   85
vuestra cómplice os perdió,
y sin lengua me pidió
que el suyo y mi honor reclame.
Don Carlos de Vargas soy,
que por vuestro crimen es   90
de Calatrava marqués:
temblad, que ante vos estoy.

DON ÁLVARO

No sé temblar . . . Sorprendido,
sí, me tenéis . . .

DON CARLOS

  No lo extraño.

DON ÁLVARO

¿Y usurpar con un engaño   95
mi amistad, honrado ha sido?
¡Señor Marqués! . . .

DON CARLOS

   De esa suerte
no me permito llamar,
que sólo he de titular [4]
después de daros la muerte.   100

DON ÁLVARO

Aconteceros pudiera
sin el título morir.

DON CARLOS

Vamos pronto a combatir,
quedemos o dentro o fuera.
Vamos donde mi furor . . .   105

DON ÁLVARO

Vamos, pues, señor don Carlos,
que si nunca fuí a buscarlos,
no evito lances de honor.
Mas esperad, que en el alma
del que goza de hidalguía,   110
no es furia la valentía,
y ésta obra siempre con calma.
Sabéis que busco la muerte,
que los riesgos solicito,
pero con vos necesito   115
comportarme de otra suerte;
y explicaros . . .

DON CARLOS

   Es perder
tiempo toda explicación.

DON ÁLVARO

No os neguéis a la razón,
que suele funesto ser.   120
Pues trataron las estrellas
por raros modos de hacernos
amigos, ¿a qué oponernos
a lo que buscaron ellas?

---

[3] *los imperiales,* " the Imperial troops," i.e., the Austrians.
[4] *titular,* " assume my title."

Si nos quisieron unir   125
de mutuos y altos servicios
con los vínculos propicios,
no fué, no, para reñir.
Tal vez fué para enmendar
la desgracia inevitable   130
de que no fuí yo culpable.

DON CARLOS

¿Y me la osáis recordar?

DON ÁLVARO

¿Teméis que vuestro valor
se disminuya y se asombre,
si halla en su contrario un hombre   135
de nobleza y pundonor?

DON CARLOS

¡Nobleza un aventurero!
¡Honor un desconocido!
¡Sin padre, sin apellido,
advenedizo, altanero! . . .   140

DON ÁLVARO

¡Ay, que ese error a la muerte,
por más que lo evité yo,
a vuestro padre arrastró! . . .
No corráis la misma suerte.
Y que infundados agravios   145
e insultos no ofenden, muestra
el que [5] está ociosa mi diestra
sin arrancaros los labios.
Si un secreto misterioso
romper hubiera podido,   150
¡oh! . . . cuán diferente sido . . .

DON CARLOS

Guardadlo, no soy curioso,
que sólo anhelo venganza
y sangre.

DON ÁLVARO

¿Sangre? . . . La habrá.

DON CARLOS

Salgamos al campo ya.   155

[5] *el que,* " the fact that."

DON ÁLVARO

Salgamos sin más tardanza. (*Deteniéndose.*)
Mas, don Carlos . . . ¡Ah! ¿Podréis
sospecharme con razón
de falta de corazón?
No, no, que me conocéis.   160
Si el orgullo, principal
y tan poderoso agente
en las acciones del ente
que se dice racional,
satisfecho tengo ahora,   165
esfuerzos no he de omitir
hasta aplacar conseguir
ese furor que os devora.
Pues mucho repugno yo
el desnudar el acero   170
con el hombre que primero
dulce amistad me inspiró.
Yo a vuestro padre no herí:
le hirió sólo su destino.
Y yo, a aquel ángel divino,   175
ni seduje, ni perdí.
Ambos nos están mirando
desde el cielo; mi inocencia
ven, esa ciega demencia
que os agita, condenando.   180

DON CARLOS (*Turbado.*)

Pues qué, ¿mi hermana? . . . ¿Leonor? . . .
(Que con vos aquí no está
lo tengo aclarado ya.)
¿Mas cuándo ha muerto? . . . ¡Oh furor!

DON ÁLVARO

Aquella noche terrible   185
llevándola yo a un convento,
exánime y sin aliento,
se trabó un combate horrible,
al salir del olivar,
entre mis fieles crïados   190
y los vuestros irritados,
y no la pude salvar.
Con tres heridas caí,
y un negro de puro fiel
(fidelidad bien crüel),   195

veloz me arrancó de allí,
falto de sangre y sentido.
Tuve en Gelves [6] larga cura,
con accesos de locura;
y apenas restablecido,   200
ansioso empecé a indagar
de mi único bien la suerte;
y supe ¡ay Dios! que la muerte
en el obscuro olivar . . .

      DON CARLOS (*Resuelto.*)

¡Basta, impudente impostor!   205
¿Y os preciáis de caballero? . . .
¿Con embrollo tan grosero
queréis calmar mi furor?
Deponed tan necio engaño:
después del funesto día,   210
en Córdoba, con su tía,
mi hermana ha vivido un año.
Dos meses ha que fuí yo
a buscarla, y no la hallé;
pero de cierto indagué   215
que al verme llegar huyó.
Y el perseguirla he dejado,
porque sabiendo yo allí
que vos estabais aquí,
me llamó mayor cuidado.   220

      DON ÁLVARO (*Muy conmovido.*)

¡Don Carlos! . . . ¡Señor! . . . ¡Amigo!
¡Don Félix! . . . ¡ah! . . . tolerad
que el nombre que en amistad
tan tierna os unió conmigo
use en esta situación.   225
¡Don Félix! . . . soy inocente;
bien lo podéis ver patente
en mi nueva agitación.
¡Don Félix! . . . ¡Don Félix! . . . ¡ah! . . .
¿Vive? . . . ¿vive? . . . ¡oh justo Dios!

      DON CARLOS

Vive; ¿y qué os importa a vos?   231
Muy pronto no vivirá.

      DON ÁLVARO

Don Félix, mi amigo; sí.
Pues que vive vuestra hermana,
la satisfacción es llana   235

que debéis tomar en mí.
A buscarla juntos vamos;
muy pronto la encontraremos,
y en santo nudo estrechemos
la amistad que nos juramos.   240
¡Oh! . . . Yo os ofrezco, yo os juro
que no os arrepentiréis
cuando a conocer lleguéis
mi origen excelso y puro.
Al primer grande español   245
no le cedo en jerarquía;
es más alta mi hidalguía
que el trono del mismo sol.

      DON CARLOS

¿Estáis, don Álvaro, loco?
¿Qué es lo que pensar osáis?   250
¿Qué proyectos abrigáis?
¿Me tenéis a mí en tan poco?
Ruge entre los dos un mar
de sangre . . . ¿Yo al matador
de mi padre y de mi honor   255
pudiera hermano llamar?
¡Oh afrenta! Aunque fuerais rey.
Ni la infame ha de vivir.
No, tras de vos va a morir,
que es de mi venganza ley.   260
Si a mí vos no me matáis,
al punto la buscaré,
y la misma espada que
con vuestra sangre tiñáis,
en su corazón . . .

      DON ÁLVARO

      Callad.   265
Callad . . . ¿delante de mí
osasteis? . . .

      DON CARLOS

      Lo juro, sí;
lo juro . . .

      DON ÁLVARO

      ¿El qué? . . . Continuad.

      DON CARLOS

La muerte de la malvada,
en cuanto acabe con vos.   270

---

[6] *Gelves,* a small village about four miles south of Seville.

DON ÁLVARO

Pues no será, vive Dios,
que tengo brazo y espada.
Vamos . . . Libertarla anhelo
de su verdugo. Salid.

DON CARLOS

A vuestra tumba venid.   275

DON ÁLVARO

Demandad perdón al cielo.

ESCENA II

El teatro representa la plaza principal de Veletri; a un lado y otro se ven tiendas y cafés; en medio, puestos de frutas y verduras; al fondo, la guardia del principal,[7] y el centinela paseándose delante del armero; los oficiales en grupos a una parte y otra, y la gente del pueblo cruzando en todas direcciones. El TENIENTE, SUBTENIENTE *y* PEDRAZA *se reunirán a un lado de la escena, mientras los* OFICIALES *1.º, 2.º, 3.º y 4.º hablan entre sí, después de leer un edicto que está fijado en una esquina y que llama la atención de todos.*

OFICIAL 1.º El rey Carlos de Nápoles no se chancea: pena de muerte nada menos.

OFICIAL 2.º ¿Cómo pena de muerte?

OFICIAL 3.º Hablamos de la ley que se acaba de publicar, y que allí está para que nadie la ignore, sobre desafíos.   7

OFICIAL 2.º Ya, ciertamente es un poco dura.

OFICIAL 3.º Yo no sé cómo un rey tan valiente y joven puede ser tan severo contra los lances de honor.   12

OFICIAL 1.º Amigo, es que cada uno arrima el ascua a su sardina;[8] y como siempre los desafíos suelen ser entre españoles y napolitanos, y éstos llevan lo peor, el Rey, que al cabo es Rey de Nápoles . . .   18

OFICIAL 2.º No, ésas son fanfarronadas, pues hasta ahora no han llevado siempre lo peor los napolitanos; acordaos del mayor Caraciolo, que despabiló a dos oficiales.   23

TODOS. Eso fué una casualidad.

OFICIAL 1.º Lo cierto es que la ley es dura; pena de muerte por batirse; pena de muerte por ser padrino; pena de muerte por llevar cartas [9] . . . ¡qué sé yo! Pues el primero que caiga . . .   29

OFICIAL 2.º No, no es tan riguroso.

OFICIAL 1.º ¿Cómo no? Vean ustedes. Leamos otra vez.

(Se acercan a leer el edicto, y se adelantan en la escena los otros.)

SUBTENIENTE. ¡Hermoso día!   33

TENIENTE. Hermosísimo. Pero pica mucho el sol.

PEDRAZA. Buen tiempo para hacer la guerra.   37

TENIENTE. Mejor es para los heridos convalecientes. Yo me siento hoy enteramente bueno de mi brazo.

SUBTENIENTE. También me parece que el valiente capitán de granaderos del Rey está enteramente restablecido. ¡Bien pronto se ha curado!   44

PEDRAZA. ¿Se ha dado ya de alta?

TENIENTE. Sí, esta mañana. Está como si tal cosa; un poco pálido, pero fuerte. Hace un rato que lo encontré; iba como hacia la Alameda a dar un paseo con su amigote el ayudante don Félix de Avendaña.   51

SUBTENIENTE. Bien puede estarle agradecido, pues además de haberlo sacado del campo de batalla, le ha salvado la vida con su prolija y esmerada asistencia.

---

[7] *la guardia del principal,* " the garrison of the main guard."

[8] *cada uno . . . sardina,* " everyone draws the ember to his own sardine " (i.e., looks after his own interests).

[9] *cartas,* here used in the technical sense of *carteles,* the written challenge to a duel sent by the offended one to the aggressor, with the names of his seconds, so that necessary arrangements may be made. For the intricate formalities involved, cf. Enciclopedia Espasa-Calpe, XVIII, art. *duelo.*

TENIENTE. También puede dar gracias a la habilidad del doctor Pérez, que se ha acreditado de ser el mejor cirujano del ejército.   59

SUBTENIENTE. Y no lo perderá; pues, según dicen, el ayudante, que es muy rico y generoso, le va a hacer un gran regalo.

PEDRAZA. Bien puede; pues según me ha dicho un sargento de mi compañía, andaluz, el tal don Félix está aquí con nombre supuesto, y es un marqués riquísimo de Sevilla.   67

TODOS. ¿De veras?

(Se oye ruido, y se arremolinan todos mirando hacia el mismo lado.)

TENIENTE. ¡Hola! ¿Qué alboroto es aquél?

SUBTENIENTE. Veamos . . . Sin duda algún preso. Pero ¡Dios mío! ¿qué veo? 72

PEDRAZA. ¿Qué es aquello?

TENIENTE. ¿Estoy soñando? . . . ¿No es el capitán de granaderos del Rey el que traen preso?   76

TODOS. No hay duda, es el valiente don Fadrique.

(Se agrupan todos sobre el primer bastidor de la derecha, por donde salen el capitán preboste y cuatro granaderos, y en medio de ellos, preso, sin espada ni sombrero, don Álvaro; y atravesando la escena, seguidos por la multitud, entran en el cuerpo de guardia, que está al fondo; mientras tanto se desembaraza el teatro.—Todos vuelven a la escena, menos Pedraza, que entra en el cuerpo de guardia.)

TENIENTE. Pero, señor, ¿qué será esto? ¿Preso el militar más valiente, más exacto que tiene el ejército?   81

SUBTENIENTE. Ciertamente es cosa muy rara.

TENIENTE. Vamos a averiguar . . .

SUBTENIENTE. Ya viene aquí Pedraza, que sale del cuerpo de guardia, y sabrá algo. Hola, Pedraza, ¿qué ha sido? 87

PEDRAZA. (Señalando al edicto, y se reúne más gente a los cuatro oficiales.) Muy mala causa tiene. Desafío . . . El primero que quebranta la ley; desafío y muerte.   92

TODOS. ¡Cómo!!! ¿Y con quién?

PEDRAZA. ¡Caso extrañísimo! El desafío ha sido con el teniente coronel Avendaña.

TODOS. ¡Imposible! . . . ¡Con su amigo!

PEDRAZA. Muerto le deja de una estocada ahí detrás del cuartel.   98

TODOS. ¡Muerto!

PEDRAZA. Muerto.

OFICIAL 1.° Me alegro, que era un botarate.

OFICIAL 2.° Un insultante.   103

TENIENTE. ¡Pues, señores, la ha hecho buena! Mucho me temo que va a estrenar aquella ley.

TODOS. ¡Qué horror!   107

SUBTENIENTE. Será una atrocidad. Debe haber alguna excepción a favor de oficial tan valiente y benemérito.

PEDRAZA. Sí, ya está fresco.[10]   111

TENIENTE. El capitán Herreros es, con razón, el ídolo del ejército. Y yo creo que el general y el coronel, y los jefes todos, tanto españoles como napolitanos, hablarán al Rey . . . , y tal vez . . . 116

SUBTENIENTE. El rey Carlos es tan testarudo . . . , y como éste es el primer caso que ocurre, el mismo día que se ha publicado la ley . . . No hay esperanza. Esta noche misma se juntará el Consejo de guerra, y antes de tres días le arcabucean . . . Pero, ¿sobre qué habrá sido el lance?

PEDRAZA. Yo no sé, nada me han dicho. Lo que es el capitán tiene malas pulgas, y su amigote era un poco caliente de lengua.

OFICIALES 1.° y 4.° Era un charlatán, un fanfarrón.   128

SUBTENIENTE. En el café han entrado algunos oficiales del regimiento del Rey; sabrán sin duda todo el lance. Vamos a hablar con ellos.

TODOS. Sí, vamos.   133

---

[10] ya está fresco, "he's done for now," "he's got into a pretty pickle now."

ESCENA III

El teatro representa el cuarto de un oficial de guardia; se verá a un lado el tabladillo [11] *y el colchón, y en medio habrá una mesa y sillas de paja.*

DON ÁLVARO *y el* CAPITÁN

CAPITÁN

Como la mayor desgracia
juzgo, amigo y compañero,
el estar hoy de servicio [12]
para ser alcaide vuestro.
Resignación, don Fadrique;   5
tomad una silla os ruego.

(*Se sienta don Álvaro.*)

Y mientras yo esté de guardia,
no miréis este aposento
como prisión . . . Mas es fuerza,
pues orden precisa tengo,   10
que dos centinelas ponga
de vista [13] . . .

DON ÁLVARO

Yo os agradezco,
señor, tal cortesanía.
Cumplid, cumplid al momento
con lo que os tienen mandado,   15
y los centinelas luego
poned . . . Aunque más seguro
que de hombres y armas en medio,
está el oficial de honor
bajo su palabra . . . ¡Oh cielos!   20

(*Coloca el Capitán dos centinelas; un soldado entra luces, y se sientan el Capitán y don Álvaro junto a la mesa.*)

¿Y en Veletri qué se dice?
¿Mil necedades diversas
se esparcirán, procurando
explicar mi suerte adversa?

CAPITÁN

En Veletri, ciertamente,   25
no se habla de otra materia.

Y aunque de aquí separarme
no puedo, como está llena
toda la plaza de gente,
que gran interés demuestra   30
por vos, a algunos he hablado . . .

DON ÁLVARO

Y bien, ¿qué dicen? ¿qué piensan?

CAPITÁN

La amistad íntima todos
que os enlazaba recuerdan
con don Félix . . . Y las causas   35
que la hicieron tan estrecha;
y todos dicen . . .

DON ÁLVARO

Entiendo.
Que soy un monstruo, una fiera.
Que a la obligación más santa
he faltado. Que mi ciega   40
furia ha dado muerte a un hombre,
a cuyo arrojo y nobleza
debí la vida en el campo;
y a cuya nimia asistencia
y esmero debí mi cura,   45
dentro de su casa mesma.
Al que como tierno hermano . . .
¡Como hermano! . . . ¡Suerte horrenda!
¿Como hermano? . . . ¡Debió serlo!
Yace convertido en tierra   50
por no serlo . . . ¡Y yo respiro!
¿Y aún el suelo me sustenta? . . .
¡Ay! ¡ay de mí!

(*Se da una palmada en la frente, y queda en la mayor agitación.*)

CAPITÁN

Perdonadme
si con mis noticias necias . . .

DON ÁLVARO

Yo lo amaba . . . ¡Ah, cuál me aprieta   55
el corazón una mano
de hierro ardiente! La fuerza

[11] *tabladillo,* " cot bed."
[12] *estar . . . de servicio,* " to be on duty."
[13] *de vista,* " on watch."

me falta . . . ¡Oh Dios! ¡Qué bizarro,
con qué noble gentileza
entre un diluvio de balas   60
se arrojó, viéndome en tierra,
a salvarme de la muerte!
¡Con cuánto afán y terneza
pasó las noches y días
sentado a mi cabecera! (*Pausa.*)   65

CAPITÁN

Anuló sin duda tales
servicios con un agravio.
Diz que era un poco altanero,
picajoso, temerario;
y un hombre cual vos . . .

DON ÁLVARO

          No, amigo;   70
cuanto de él se diga es falso.
Era un digno caballero
de pensamientos muy altos.
Retóme con razón harta,
y yo también le he matado   75
con razón. Sí, si aún viviera,
fuéramos de nuevo al campo,
él a procurar mi muerte,
yo a esforzarme por matarlo.
O él o yo solo en el mundo.   80
Pero imposible en él ambos.

CAPITÁN

Calmaos, señor don Fadrique:
aún no estáis del todo bueno
de vuestras nobles heridas,
y que os pongáis malo temo.   85

DON ÁLVARO

¿Por qué no quedé en el campo
de batalla como bueno?
Con honra acabado hubiera.
Y ahora, oh Dios . . . , la muerte anhelo,
y la tendré . . . pero ¿cómo?   90
En un patíbulo horrendo,
por infractor de las leyes,
de horror o de burla objeto.

CAPITÁN

¿Qué decís? . . . No hemos llegado,
señor, a tan duro extremo;   95

aún puede haber circunstancias
que justifiquen el duelo,
y entonces . . .

DON ÁLVARO

          No, no hay ninguna.
Soy homicida, soy reo.

CAPITÁN

Mas, según tengo entendido   100
(ahora de mi regimiento
me lo ha dicho el ayudante),
los generales, de acuerdo
con todos los coroneles,
han ido sin perder tiempo   105
a echarse a los pies del Rey,
que es benigno, aunque severo,
para pedirle . . .

DON ÁLVARO (*Conmovido.*)

         ¿De veras?
Con el alma lo agradezco,
y el interés de los jefes   110
me honra y me confunde a un tiempo.
Pero ¿por qué han de empeñarse
militares tan excelsos,
en que una excepción se haga
a mi favor de un decreto   115
sabio, de una ley tan justa,
a que yo falté el primero?
Sirva mi pronto castigo
para saludable ejemplo.
¡Muerte es mi destino, muerte,   120
porque la muerte merezco,
porque es para mí la vida
aborrecible tormento!
Mas ¡ay de mí sin ventura!
¿Cuál es la muerte que espero?   125
La del criminal, sin honra,
¡en un patíbulo!! . . . ¡Cielos!!!

(*Se oye un redoble.*)

ESCENA IV

DICHOS *y el* SARGENTO

SARGENTO

Mi capitán . . .

CapitÁn

¿Qué se ofrece?

Sargento

El mayor ...

CapitÁn

Voy al momento. (*Vase.*)

ESCENA V

Don Álvaro

¡Leonor! ¡Leonor! Si existes, desdichada,
¡oh, qué golpe te espera,
cuando la nueva fiera
te llegue adonde vives retirada,
de que la misma mano,   5
la mano ¡ay triste! mía,
que te privó de padre y de alegría,
acaba de privarte de un hermano!
No; te ha librado, sí, de un enemigo,
de un verdugo feroz, que por castigo   10
de que diste en tu pecho
acogida a mi amor, verlo deshecho,
y roto, y palpitante,
preparaba anhelante,
y con su brazo mismo,   15
de su venganza hundirte en el abismo.
¡Respira, sí, respira,
que libre estás de su tremenda ira!
   (*Pausa.*)
¡Ay de mí! Tú vivías,
y yo, lejos de ti, muerte buscaba,   20
y sin remedio las desgracias mías
despechado juzgaba;
mas tú vives, ¡mi cielo!
y aún aguardo un instante de consuelo.
¿Y qué espero? ¡Infeliz! De sangre un
   río,   25
que yo no derramé, serpenteaba
entre los dos; mas ahora el brazo mío
en mar inmenso de tornarlo acaba.
¡Hora de maldición, aciaga hora
fué aquella en que te ví la vez primera 30

en el soberbio templo de Sevilla,[14]
como un ángel bajado de la esfera
en donde el trono del Eterno brilla!
¡Qué porvenir dichoso
vió mi imaginación por un momento, 35
que huyó tan presuroso
como al soplar de repentino viento
las torres de oro, y montes argentinos,
y colosos y fúlgidos follajes
que forman los celajes   40
en otoño a los rayos matutinos! [15]
   (*Pausa.*)
¡Mas en qué espacio vago, en qué regiones
fantásticas! ¿Qué espero?
¡Dentro de breves horas,
lejos de las mundanas afecciones,   45
vanas y engañadoras,
iré de Dios al tribunal severo! (*Pausa.*)
¿Y mis padres? ... Mis padres desdichados
aún yacen encerrados
en la prisión horrenda de un castillo ... 50
Cuando con mis hazañas y proezas
pensaba restaurar su nombre y brillo
y rescatar sus míseras cabezas,
no me espera más suerte
que, como criminal, infame muerte.   55

   (*Queda sumergido en el despecho.*)

ESCENA VI

Don Álvaro *y el* Capitán

CapitÁn

¡Hola, amigo y compañero! ...

Don Álvaro

¿Vais a darme alguna nueva?
¿Para cuándo convocado
está el Consejo de guerra?

CapitÁn

Dicen que esta noche misma   5
debe reunirse a gran priesa ...
De hierro, de hierro tiene
el rey Carlos la cabeza.

---

[14] The cathedral of Seville is one of the finest and largest churches in the world.
[15] A good example of Rivas' pictorial art.

Don Álvaro

¡Es un valiente soldado!
¡Es un gran rey!

Capitán

    Mas pudiera   10
no ser tan tenaz y duro;
pues nadie, nadie lo apea
en diciendo no.[16]

Don Álvaro

    En los reyes
la debilidad es mengua.

Capitán

Los jefes y generales   15
que hoy en Veletri se encuentran,
han estado en cuerpo a verle
y a rogarle suspendiera
la ley en favor de un hombre
que tantos méritos cuenta . . .   20
Y todo sin fruto. Carlos,
aun más duro que una peña,
ha dicho que no, resuelto,
y que la ley se obedezca;
mandando que en esta noche   25
falle el Consejo de guerra.
Mas aún quedan esperanzas:
puede ser que el fallo sea . . .

Don Álvaro

Según la ley. No hay remedio;
injusta otra cosa fuera.   30

Capitán

Pero ¡qué pena tan dura,
tan extraña, tan violenta! . . .

Don Álvaro

La muerte. Como cristiano
la sufriré: no me aterra.
Dármela Dios no ha querido,   35
con honra y con fama eterna,
en el campo de batalla,
y me la da con afrenta
en un patíbulo infame . . .
Humilde la aguardo . . . Venga.   40

Capitán

No será acaso . . . Aún veremos . . .
Puede que se arme una gresca . . .
El ejército os adora . . .
Su agitación es extrema,
y tal vez un alboroto . . .   45

Don Álvaro

Basta . . . ¿Qué decís? ¿Tal piensa
quien de militar blasona?
¿El ejército pudiera
faltar a la disciplina,
ni yo deber mi cabeza   50
a una rebelión? . . . No, nunca;
que jamás, jamás suceda
tal desorden por mi causa.

Capitán

¡La ley es atroz, horrenda!

Don Álvaro

Yo la tengo por muy justa;   55
forzoso remediar era
un abuso . . .

    (Se oye un tambor y dos tiros.)

Capitán

    ¿Qué?

Don Álvaro

    ¿Escuchasteis?

Capitán

El desorden ya comienza.

(Se oye gran ruido; tiros, confusión y
cañonazos, que van en aumento hasta el
fin del acto.)

ESCENA VII

Dichos y el Sargento, que entra muy
    presuroso.

    Sargento. ¡Los alemanes! ¡Los ene-
migos están en Veletri! ¡Estamos sorprendidos!

    Voces. (Dentro.) ¡A las armas! ¡A las
armas! (Sale el oficial un instante, se

---

[16] nadie . . . no, " no one can dissuade him when he once says no."

aumenta el ruido, y vuelve con la espada desnuda.)

CAPITÁN. Don Fadrique, escapad; no puedo guardar más vuestra persona: andan los nuestros y los imperiales mezclados por las calles; arde el palacio del Rey; hay una confusión espantosa; tomad vuestro partido. Vamos, hijos, a abrirnos paso como valientes, o a morir como españoles.

(Vanse el Capitán, los centinelas y el sargento.)

ESCENA VIII

DON ÁLVARO

Denme una espada: volaré a la muerte,
y si es vivir mi suerte,
y no la logro en tanto desconcierto,
yo os hago, eterno Dios, voto profundo
de renunciar al mundo,   5
y de acabar mi vida en un desierto.

JORNADA QUINTA

La escena es en el convento de los Ángeles y sus alrededores.

ESCENA PRIMERA

El teatro representa lo interior del claustro bajo del convento de los Ángeles, que debe ser una galería mezquina, alrededor de un patiecillo con naranjos, adelfas y jazmines. A la izquierda se verá la portería; a la derecha la escalera. Debe de ser decoración corta,[1] para que detrás estén las otras por su orden.—Aparecen el PADRE GUARDIÁN paseándose gravemente por el proscenio y leyendo en su breviario, y el HERMANO MELITÓN sin manto, arremangado, y repartiendo con un cucharón, de un gran caldero, la sopa, al VIEJO, al COJO, al MANCO, a la MUJER y al grupo de pobres que estará apiñado en la portería.

HERMANO MELITÓN. Vamos, silencio y orden, que no están en ningún figón.

MUJER. Padre, ¡a mí, a mí!

VIEJO. ¿Cuántas raciones quiere Marica?   5

COJO. Ya le han dado tres, y no es regular . . .

HERMANO MELITÓN. Callen, y sean humildes, que me duele la cabeza.

MANCO. Marica ha tomado tres raciones.   11

MUJER. Y aun voy a tomar cuatro, que tengo seis chiquillos.

HERMANO MELITÓN. ¿Y por qué tiene seis chiquillos? . . . Sea su alma.[2]   15

MUJER. Porque me los ha dado Dios.

HERMANO MELITÓN. Sí . . . Dios . . . Dios . . . No los tendría si se pasara las noches, como yo, rezando el rosario, o dándose disciplina.   20

PADRE GUARDIÁN. (*Con gravedad.*) ¡Hermano Melitón! . . . ¡Hermano Melitón! . . . ¡Válgame Dios!

HERMANO MELITÓN. Padre nuestro, si estos desarrapados tienen una fecundidad que asombra.   26

COJO. ¡A mí, padre Melitón, que tengo ahí fuera a mi madre baldada!

HERMANO MELITÓN. ¡Hola! . . . ¿También ha venido hoy la bruja? Pues no nos falta nada.   31

PADRE GUARDIÁN. ¡Hermano Melitón! . . .

MUJER. Mis cuatro raciones.

MANCO. A mí antes.   35

VIEJO. A mí.

TODOS. A mí, a mí . . .

HERMANO MELITÓN. Váyanse noramala, y tengan modo . . . ¿A que les doy con el cucharón? . . .   40

PADRE GUARDIÁN. ¡Caridad, hermano, caridad, que son hijos de Dios!

HERMANO MELITÓN. (*Sofocado.*) Tomen, y váyanse . . .   44

---

[1] *decoración corta* = *sala corta*, as in the first scene of Acts III and IV.
[2] *Sea su alma,* "Plague take your soul."

MUJER. Cuando nos daba la guiropa [3] el padre Rafael, lo hacía con más modo y con más temor de Dios.

HERMANO MELITÓN. Pues llamen al padre Rafael ..., que no los pudo aguantar ni una semana. 50

VIEJO. Hermano, ¿me quiere dar otro poco de bazofia? ...

HERMANO MELITÓN. ¡Galopo! ... ¿Bazofia llama a la gracia de Dios? [4] ... 54

PADRE GUARDIÁN. Caridad y paciencia, hermano Melitón; harto trabajo tienen los pobrecitos.

HERMANO MELITÓN. Quisiera yo ver a Vuestra Reverendísima lidiar con ellos un día, y otro, y otro. 60

COJO. El padre Rafael ...

HERMANO MELITÓN. No me jeringuen con el padre Rafael ... y ... tomen las arrebañaduras (*Les reparte los restos del caldero, y lo echa a rodar de una patada.*) y a comerlo al sol. 66

MUJER. Si el padre Rafael quisiera bajar a decirle los Evangelios a mi niño, que tiene sisiones [5] ...

HERMANO MELITÓN. Tráigalo mañana, cuando salga a decir misa el padre Rafael.

COJO. Si el padre Rafael quisiera venir a la villa, a curar a mi compañero, que se ha caído ... 74

HERMANO MELITÓN. Ahora no es hora de ir a hacer milagros: por la mañanita, por la mañanita, con la fresca.

MANCO. Si el padre Rafael ... 78

HERMANO MELITÓN. (*Fuera de sí.*) Ea, ea, fuera ... Al sol ... ¡Cómo cunde la semilla de los perdidos! Horrio [6] ... ¡afuera! 82

(*Los va echando con el cucharón y cierra la portería, volviendo luego muy sofocado y cansado donde está el Guardián.*)

ESCENA II

El PADRE GUARDIÁN *y el* HERMANO MELITÓN

HERMANO MELITÓN. No hay paciencia que baste, padre nuestro.

PADRE GUARDIÁN. Me parece, hermano Melitón, que no os ha dotado el Señor con gran cantidad de ella. Considere que en dar de comer a los pobres de Dios, desempeña un ejercicio de que se honraría un ángel. 8

HERMANO MELITÓN. Yo quisiera ver a un ángel en mi lugar siquiera tres días ... Puede ser que de cada guantada ...

PADRE GUARDIÁN. No diga disparates. 12

HERMANO MELITÓN. Pues si es verdad. Yo lo hago con mucho gusto, eso es otra cosa. Y bendito sea el Señor, que nos da bastante para que nuestras sobras sirvan de sustento a los pobres. Pero es preciso enseñarles los dientes. Viene entre ellos mucho pillo ... Los que están tullidos y viejos, vengan en hora buena, y les daré hasta mi ración, el día que no tenga mucha hambre; pero jastiales [7] que pueden derribar a puñadas un castillo, váyanse a trabajar. Y hay algunos tan insolentes ... Hasta llaman bazofia a la gracia de Dios ... Lo mismo que restregarme siempre por los hocicos al padre Rafael [8]: toma si nos daba más, daca si tenía mejor modo, torna si era más caritativo, vuelta si no metía tanta prisa. [9] Pues a fe, a fe, que el bendito padre Ra-

---

[3] *guiropa*, " stew " (an Andalusianism).

[4] *la gracia de Dios*. In addition to its popular meaning of " bread " and " free gift or benefaction," cf. the use of this expression in the opening scene of Act II.

[5] *sisiones* = *ciciones*, " intermittent fever."

[6] *Horrio*, probably a slang interjection meaning to " scram," or perhaps merely an onomatopoeic exclamation of disgust.

[7] *jastiales* = *hastiales*, " big louts."

[8] *Lo mismo ... Rafael*, " And then, too, they are always throwing Father Raphael up at me."

[9] *toma si nos daba más*, etc., " one minute they say he gave us more, the next that he was more civil, then that he was more charitable, and again that he wasn't in such a confounded hurry."

fael a los ocho días se hartó de pobres y de guiropa, y se metió en su celda, y aquí quedó el hermano Melitón. Y por cierto, no sé por qué esta canalla dice que tengo mal genio. Pues el padre Rafael también tiene su piedra en el rollo,[10] y sus prontos, y sus ratos de murria como cada cual. 38

PADRE GUARDIÁN. Basta, hermano, basta. El padre Rafael no podía, teniendo que cuidar del altar y que asistir al coro, entender en el repartimiento de la limosna, ni éste ha sido nunca encargo de un religioso antiguo, sino incumbencia del portero . . . ¿Me entiende? . . . Y, hermano Melitón, tenga más humildad y no se ofenda cuando prefieran al padre Rafael, que es un siervo de Dios a quien todos debemos imitar. 49

HERMANO MELITÓN. Yo no me ofendo de que prefieran al padre Rafael. Lo que digo es que tiene su genio. Y a mí me quiere mucho, padre nuestro, y echamos nuestras manos de conversación.[11] Pero tiene de cuando en cuando unas salidas,[12] y se da unas palmadas en la frente . . . y habla solo, y hace visajes como si viera algún espíritu. 58

PADRE GUARDIÁN. Las penitencias, los ayunos . . .

HERMANO MELITÓN. Tiene cosas muy raras. El otro día estaba cavando en la huerta, y tan pálido y tan desemejado, que le dije en broma: « Padre, parece un mulato »; y me echó una mirada, y cerró el puño, y aun lo enarboló de modo que parecía que me iba a tragar. Pero se contuvo, se echó la capucha y desapareció; digo, se marchó de allí a buen paso. 69

PADRE GUARDIÁN. Ya.

HERMANO MELITÓN. Pues el día que fué a Hornachuelos a auxiliar al alcalde, cuando estaba en toda su furia aquella tormenta en que nos cayó la centella sobre el campanario, al verlo yo salir sin cuidarse del aguacero ni de los truenos que hacían temblar estas montañas, le dije por broma que parecía entre los riscos un indio bravo, y me dió un berrido que me aturrulló . . . Y como vino al convento de un modo tan raro, y nadie lo viene nunca a ver, ni sabemos dónde nació . . . 82

PADRE GUARDIÁN. Hermano, no haga juicios temerarios. Nada tiene de particular eso, ni el modo con que vino a esta casa el padre Rafael es tan raro como dice. El padre limosnero, que venía de Palma, se lo encontró muy mal herido en los encinares de Escalona, junto al camino de Sevilla, víctima, sin duda, de los salteadores, que nunca faltan en semejante sitio; y lo trajo al convento, donde Dios, sin duda, le inspiró la vocación de tomar nuestro santo escapulario, como lo verificó en cuanto se vió restablecido, y pronto hará cuatro años. Esto no tiene nada de particular. 97

HERMANO MELITÓN. Ya, eso sí . . . Pero, la verdad, siempre que lo miro me acuerdo de aquello que Vuestra Reverendísima nos ha contado muchas veces, y también se nos ha leído en el refectorio, de cuando se hizo fraile de nuestra orden el demonio, y que estuvo allá en un convento algunos meses.[13] Y se me ocurre si el padre Rafael será alguna cosa así . . . , pues tiene unos repentes, una fuerza, y un mirar de ojos . . . 108

PADRE GUARDIÁN. Es cierto, hermano mío; así consta de nuestras crónicas y está consignado en nuestros archivos. Pero, además de que rara vez se repiten tales milagros, entonces el Guardián de aquel convento en que ocurrió el prodigio tuvo una revelación que le previno de todo. Y lo que es yo, hermano mío, no he tenido hasta ahora ninguna. Conque

---

[10] tiene su piedra en el rollo, " is touchy enough," " has his crotchets."
[11] echamos . . . conversación, " we have our little chats."
[12] salidas, " outbursts."
[13] This legend is to be found in the very popular play of Luis Belmonte (1587–1650), *El diablo predicador o mayor contrario amigo.*

tranquilícese y no caiga en la tentación de sospechar del padre Rafael. 119

HERMANO MELITÓN. Yo nada sospecho.

PADRE GUARDIÁN. Le aseguro que no he tenido revelación.

HERMANO MELITÓN. Ya, pues entonces . . . Pero tiene muchas rarezas el padre Rafael. 125

PADRE GUARDIÁN. Los desengaños del mundo, las tribulaciones . . . Y luego el retiro con que vive, las continuas penitencias . . . (*Suena la campanilla de la portería.*) Vaya a ver quién llama. 130

HERMANO MELITÓN. ¿A que son otra vez los pobres? Pues ya está limpio el caldero . . . (*Suena otra vez la campanilla.*) No hay más limosna; se acabó por hoy, se acabó. (*Suena otra vez la campanilla.*) 136

PADRE GUARDIÁN. Abra, hermano, abra la puerta. (*Vase. Abre el lego la portería.*)

ESCENA III

El HERMANO MELITÓN *y* DON ALFONSO *vestido de monte,*[14] *que sale embozado.*

DON ALFONSO

(*Con muy mal modo y sin desembozarse.*)

De esperar me he puesto cano.
¿Sois vos, por dicha, el portero?

HERMANO MELITÓN

Tonto es este caballero. (*Aparte.*)
Pues que abrí la puerta, es llano. (*Alto.*)
Y aunque de portero estoy, 5
no me busque las cosquillas,
que padre de campanillas [15]
con olor de santo soy.

DON ALFONSO

¿El padre Rafael está?
Tengo que verme con él. 10

HERMANO MELITÓN

¡Otro padre Rafael! (*Aparte.*)
Amostazándome va.

DON ALFONSO

Responda pronto.

HERMANO MELITÓN

(*Con miedo.*)
Al momento.
Padres Rafaeles . . . hay dos.
¿Con cuál queréis hablar vos? 15

DON ALFONSO

Para mí más que haya ciento.[16]
El padre Rafael . . . (*Muy enfadado.*)

HERMANO MELITÓN

¿El gordo?
¿El natural de Porcuna? [17]
No os oirá cosa ninguna,
que es como una tapia sordo, 20
y desde el pasado invierno
en la cama está tullido;
noventa años ha cumplido.
El otro es . . .

DON ALFONSO

El del infierno.

HERMANO MELITÓN

Pues ahora caigo en quién es: 25
el alto, adusto, moreno,
ojos vivos, rostro lleno . . .

DON ALFONSO

Llevadme a su celda, pues.

HERMANO MELITÓN

Daréle aviso primero,
porque si está en oración, 30
disturbarle no es razón . . .
Y ¿quién diré?

---

[14] *vestido de monte,* " in hunting costume."

[15] *padre de campanillas,* a pun on the literal meaning, " monk who answers the door-bell," as *portero,* and the figurative meaning, " monk of great importance."

[16] *Para mí más que haya ciento,* " I don't care if there are a hundred."

[17] *Porcuna,* one of the oldest towns in Spain, about forty miles due east of Cordova, in the province of Jaen.

DON ALFONSO

Un caballero.

HERMANO MELITÓN

(*Yéndose hacia la escalera muy lentamente, dice aparte:*)

¡Caramba! . . . ¡Qué raro gesto!
Me da malísima espina,
y me huele a chamusquina . . .   35

DON ALFONSO

(*Muy irritado.*)

¿Qué aguarda? Subamos presto.

(*El Hermano se asusta y sube la escalera, y detrás de él don Alfonso.*)

ESCENA IV

El teatro representa la celda de un franciscano. Una tarima con una estera a un lado; un vasar con una jarra y vasos; un estante con libros, estampas, disciplinas y cilicios colgados. Una especie de oratorio pobre, y en su mesa una calavera; DON ÁLVARO, vestido de fraile francisco, aparece de rodillas en profunda oración mental.

DON ÁLVARO y el HERMANO MELITÓN

HERMANO MELITÓN

¡Padre, padre! (*Dentro.*)

DON ÁLVARO

(*Levantándose.*)

                    ¿Qué se ofrece?
Entre, hermano Melitón.

HERMANO MELITÓN

Padre, aquí os busca un matón, (*Entra.*)
que muy ternejal parece.

DON ÁLVARO

(*Receloso.*)

¿Quién, hermano? . . . ¿A mí? . . . ¿Su
nombre?   5

HERMANO MELITÓN

Lo ignoro; muy altanero
dice que es un caballero,
y me parece un mal hombre.
Él muy bien portado viene,
y en un andaluz rocín;   10
pero un genio muy rüin,
y un tono muy duro tiene.

DON ÁLVARO

Entre al momento quien sea.

HERMANO MELITÓN

No es un pecador contrito.
Se quedará tamañito (*Aparte.*)   15
al instante que lo vea. (*Vase.*)

ESCENA V

DON ÁLVARO

¿Quién podrá ser? . . . No lo acierto.
Nadie, en estos cuatro años
que, huyendo de los engaños
del mundo, habito el desierto,
con este sayal cubierto,   5
ha mi quietud disturbado.
¿Y hoy un caballero osado
a mi celda se aproxima?
¿Me traerá nuevas de Lima?
¡Santo Dios! . . . ¡qué he recordado!   10

ESCENA VI

DON ÁLVARO y DON ALFONSO, *que entra sin desembozarse, reconoce en un momento la celda, y luego cierra la puerta por dentro y echa el pestillo.*

DON ALFONSO

¿Me conocéis?

DON ÁLVARO

No, señor.

DON ALFONSO

¿No veis en mis ademanes
rasgo alguno que os recuerde
de otro tiempo y de otros males?
¿No palpita vuestro pecho,   5
no se hiela vuestra sangre,

no se anonada y confunde
vuestro corazón cobarde
con mi presencia? ... O, por dicha,
¿es tan sincero, es tan grande,   10
tal vuestro arrepentimiento,
que ya no se acuerda el padre
Rafael de aquel indiano
don Álvaro, del constante
azote de una familia   15
que tanto en el mundo vale?
¿Tembláis y bajáis los ojos?
Alzadlos, pues, y miradme.

(*Descubriéndose el rostro y
mostrándoselo.*)

DON ÁLVARO

¡Oh Dios! ... ¡Qué veo! ... ¡Dios mío!
¿Pueden mis ojos burlarme?   20
¡Del Marqués de Calatrava
viendo estoy la viva imagen!

DON ALFONSO

Basta, que está dicho todo.
De mi hermano y de mi padre
me está pidiendo venganza   25
en altas voces la sangre.
Cinco años ha que recorro,
con dilatados viajes,
el mundo para buscaros;
y aunque ha sido todo en balde,   30
el cielo (que nunca impunes
deja las atrocidades
de un monstruo, de un asesino,
de un seductor, de un infame),
por un imprevisto acaso   35
quiso por fin indicarme
el asilo donde a salvo
de mi furor os juzgaste.
Fuera el mataros inerme
indigno de mi linaje.   40
Fuiste valiente; robusto
aún estáis para un combate.
Armas no tenéis, lo veo;
yo dos espadas iguales
traigo conmigo: son éstas;   45

(*Se desemboza y saca dos espadas.*)

elegid la que os agrade.

DON ÁLVARO

(*Con gran calma, pero sin orgullo.*)

Entiendo, joven, entiendo,
sin que escucharos me pasme,
porque he vivido en el mundo
y apurado sus afanes.   50
De los vanos pensamientos
que en este punto en vos arden,
también el juguete he sido;
quiera el Señor perdonarme.
Víctima de mis pasiones,   55
conozco todo el alcance
de su influjo, y compadezco
al mortal a quien combaten.
Mas ya sus borrascas miro,
como el náufrago que sale   60
por un milagro a la orilla,
y jamás torna a embarcarse.
Este sayal que me viste,
esta celda miserable,
este yermo, adonde acaso   65
Dios por vuestro bien os trae,
desengaños os presentan
para calmaros bastantes;
y más os responden mudos
que pueden labios mortales.   70
Aquí de mis muchas culpas,
que son ¡ay de mí! harto grandes,
pido a Dios misericordia;
que la consiga dejadme.

DON ALFONSO

¿Dejaros? ... ¿Quién? ... ¿Yo dejaros
sin ver vuestra sangre impura   75
vertida por esta espada
que arde en mi mano desnuda?
Pues esta celda, el desierto,
ese sayo, esa capucha,   80
ni a un vil hipócrita guardan,
ni a un cobarde infame escudan.

DON ÁLVARO

¿Qué decís? ... ¡Ah! ... (*Furioso.*)
(*Reportándose.*)   ¡No, Dios mío! ...
En la garganta se anuda
mi lengua ... ¡Señor! ... esfuerzo   85
me dé vuestra santa ayuda.

Los insultos y amenazas (*Repuesto.*)
que vuestros labios pronuncian,
no tienen para conmigo
poder ni fuerza ninguna. 90
Antes, como caballero,
supe vengar las injurias;
hoy, humilde religioso,
darles perdón y disculpa.
Pues veis cuál es ya mi estado, 95
y, si sois sagaz, la lucha
que conmigo estoy sufriendo,
templad vuestra saña injusta.
Respetad este vestido,
compadeced mis angustias, 100
y perdonad generoso
ofensas que están en duda.

(*Con gran conmoción.*)

¡Sí, hermano, hermano!

DON ALFONSO

        ¿Qué nombre
osáis pronunciar? . . .

DON ÁLVARO

      ¡Ah! . . .

DON ALFONSO

       Una
sola hermana me dejasteis 105
perdida y sin honra . . . ¡Oh furia!

DON ÁLVARO

¡Mi Leonor! ¡Ah! No sin honra,
un religioso os lo jura.
¡Leonor . . . ¡ay! la que absorbía
toda mi existencia junta! (*En delirio.*)
La que en mi pecho por siempre . . . 111
por siempre, sí, sí . . . que aún dura . . .
una pasión . . . Y qué, ¿vive?
¿Sabéis vos noticias suyas? . . .
Decid que me ama y matadme. 115
Decidme . . . ¡Oh Dios! . . . ¿Me rehusa

(*Aterrado.*)

vuestra gracia sus auxilios?
¿De nuevo el triunfo asegura

el infierno, y se desploma
mi alma en su sima profunda? 120
¡Misericordia! . . . Y vos, hombre
o ilusión, ¿sois, por ventura,
un tentador que renueva
mis criminales angustias
para perderme? . . . ¡Dios mío! 125

DON ALFONSO (*Resuelto.*)

De estas dos espadas, una
tomad, don Álvaro, luego;
tomad, que en vano procura
vuestra infame cobardía
darle treguas a mi furia. 130
Tomad . . .

DON ÁLVARO (*Retirándose.*)

    No, que aún fortaleza
para resistir la lucha
de las mundanas pasiones
me da Dios con bondad suma.
¡Ah! Si mis remordimientos, 135
mis lágrimas, mis confusas
palabras no son bastante
para aplacaros; si escucha
mi arrepentimiento humilde
sin caridad vuestra furia, 140

(*Arrodíllase.*)

prosternado a vuestras plantas
vedme, cual persona alguna
jamás me vió [18] . . .

DON ALFONSO

(*Con desprecio.*)

    Un caballero
no hace tal infamia nunca.
Quién sois bien claro publica 145
vuestra actitud, y la inmunda
mancha que hay en vuestro escudo.

DON ÁLVARO

(*Levantándose con furor.*)

¿Mancha? . . . y ¿cuál? . . . ¿cuál? . . .

DON ALFONSO

      ¿Os asusta?

[18] Don Álvaro is forgetting his encounter with Leonor's father (I, viii).

DON ÁLVARO

Mi escudo es como el sol limpio,
como el sol.

DON ALFONSO

   ¿Y no lo anubla   150
ningún cuartel de mulato? [19]
¿de sangre mezclada, impura?

DON ÁLVARO

(*Fuera de sí.*)

¡Vos mentís, mentís, infame!
Venga el acero; mi furia

(*Toca el pomo de una de las espadas.*)
os arrancará la lengua,   155
que mi clara estirpe insulta.
Vamos.

DON ALFONSO

  Vamos.

DON ÁLVARO

(*Reportándose.*)

   No . . . no triunfa
tampoco con esta industria
de mi constancia el infierno.
Retiraos, señor.

DON ALFONSO

(*Furioso.*)

   ¿Te burlas   160
de mí, inicuo? Pues cobarde
combatir conmigo excusas,
no excusarás mi venganza.
Me basta la afrenta tuya:
toma. (*Le da una bofetada.*)

DON ÁLVARO

(*Furioso y recobrando toda su energía.*)

   ¿Qué hiciste? . . . ¡Insensato!!! 165
Ya tu sentencia es segura:
hora es de muerte, de muerte.
El infierno me confunda.

(*Salen ambos precipitados.*)

ESCENA VII

*El teatro representa el mismo claustro
bajo que en las primeras escenas de esta
jornada. El* HERMANO MELITÓN *saldrá
por un lado; y como bajando la escalera,*
DON ÁLVARO *y* DON ALFONSO, *embozado
en su capa, con gran precipitación.*

HERMANO MELITÓN. (*Saliéndole al
paso.*) ¿Adónde bueno?

DON ÁLVARO. (*Con voz terrible.*) Abra
la puerta.   4

HERMANO MELITÓN. La tarde está
tempestuosa, va a llover a mares.

DON ÁLVARO. Abra la puerta.

HERMANO MELITÓN. (*Yendo hacia la
puerta.*) ¡Jesús! Hoy estamos de marea
alta.[20] Ya voy . . . ¿Quiere que le acompañe? . . . ¿Hay algún enfermo de peligro
en el cortijo? . . .   12

DON ÁLVARO. La puerta, pronto.

HERMANO MELITÓN. (*Abriendo la
puerta.*) ¿Va el padre a Hornachuelos?

DON ÁLVARO. (*Saliendo con don Alfonso.*) Voy al infierno. (*Queda el hermano
Melitón asustado.*)   18

ESCENA VIII

HERMANO MELITÓN

¡Al infierno! . . . ¡Buen viaje!
También que era del infierno
dijo, para mi gobierno,
aquel nuevo personaje.
¡Jesús, y qué caras tan! . . .   5
Me temo que mis sospechas
han de quedar satisfechas.
Voy a ver por dónde van.

(*Se acerca a la portería y dice como
admirado:*)

¡Mi gran Padre San Francisco
me valga! . . . Van por la sierra,   10
sin tocar con el pie en tierra,
saltando de risco en risco.
Y el jaco los sigue en pos

---

[19] *cuartel de mulato.* In heraldry the shield is divided into four quarters, to indicate the an-
cestry of the possessor. *Mulato* is here used in the sense of *mestizo.*

[20] *estamos de marea alta,* "we are in for a high tide" (i.e., we are feeling pretty touchy today).

como un perrillo faldero.
¡Calla! . . . hacia el despeñadero   15
de la ermita van los dos.

(*Asomándose a la puerta con gran afán, y a voces:*)

¡Hola . . . hermanos . . . hola! . . . ¡Digo! . . .
¡No lleguen al paredón!
¡Miren que hay excomunión,
que Dios les va a dar castigo!   20

(*Vuelve a la escena.*)

No me oyen, vano es gritar.
Demonios son, es patente.
Con el santo penitente
sin duda van a cargar.
¡El padre, el padre Rafael! . . .   25
Si quien piensa mal, acierta.[21]
Atrancaré bien la puerta . . .
pues tengo un miedo crüel.

(*Cierra la puerta.*)

Un olorcillo han dejado
de azufre . . . Voy a tocar   30
las campanas.

(*Vase por un lado, y luego vuelve por otro como con gran miedo.*)

        Avisar
será mejor al prelado.
Sepa que en esta ocasión,
aunque refunfuñe luego,
no el padre Guardián, el lego   35
tuvo la revelación. (*Vase.*)

ESCENA IX

El teatro representa un valle rodeado de riscos inaccesibles y de malezas, atravesado por un arroyuelo. Sobre un peñasco accesible con dificultad, y colocado al fondo, habrá una medio gruta, medio ermita con puerta practicable, y una campana que pueda sonar y tocarse desde dentro; el cielo representará el ponerse el sol de un día borrascoso; se irá obscureciendo lentamente la escena y aumen-

tándose los truenos y relámpagos; DON ÁLVARO *y* DON ALFONSO *salen por un lado.*

DON ALFONSO

De aquí no hemos de pasar.

DON ÁLVARO

No, que tras de estos tapiales,
bien sin ser vistos, podemos
terminar nuestro combate.
Y aunque en hollar este sitio   5
cometo un crimen muy grande,
hoy es de crímenes día,
y todos han de apurarse.
De uno de los dos la tumba
se está abriendo en este instante.   10

DON ALFONSO

Pues no perdamos más tiempo,
y que las espadas hablen.

DON ÁLVARO

Vamos; mas antes es fuerza
que un gran secreto os declare,
pues que de uno de nosotros   15
es la muerte irrevocable;
y si yo caigo, es forzoso
que sepáis en este trance
a quién habéis dado muerte,
que puede ser importante.   20

DON ALFONSO

Vuestro secreto no ignoro.
Y era el mejor de mis planes
(para la sed de venganza
saciar que en mis venas arde),
después de heriros de muerte,   25
daros noticias tan grandes,
tan impensadas y alegres,
de tan feliz desenlace,
que al despecho de saberlas,
de la tumba en los umbrales,   30
cuando no hubiese remedio,
cuando todo fuera en balde,
el fin espantoso os diera
digno de vuestras maldades.

---

[21] *Si quien piensa mal, acierta.* A proverb more often expressed, *Piensa mal y acertarás.*

DON ÁLVARO

Hombre, fantasma o demonio,   35
que ha tomado humana carne
para hundirme en los infiernos,
para perderme . . . ¿qué sabes? . . .

DON ALFONSO

Corrí el Nuevo Mundo . . . ¿Tiemblas? . . .
Vengo de Lima . . . esto baste.   40

DON ÁLVARO

No basta, que es imposible
que saber quién soy lograses.

DON ALFONSO

De aquel Virrey fementido
que (pensando aprovecharse
de los trastornos y guerras,   45
de los disturbios y males
que la sucesión al trono
trajo a España) [22] formó planes
de tornar su virreinato
en imperio, y coronarse,   50
casando con la heredera
última de aquel linaje
de los Incas (que en lo antiguo,
del mar del Sur [23] a los Andes
fueron los emperadores),   55
eres hijo. De tu padre
las traiciones descubiertas,
aún a tiempo de evitarse,
con su esposa, en cuyo seno
eras tú ya peso grave,   60
huyó a los montes, alzando
entre los indios salvajes
de traición y rebeldía
el sacrílego estandarte.
No los ayudó fortuna,   65
pues los condujo a la cárcel
de Lima, do tú naciste . . .

(*Hace extremos de indignación y sorpresa don Álvaro.*)

Oye . . . espera hasta que acabe.
El triunfo del rey Felipe
y su clemencia notable,   70
suspendieron la cuchilla
que ya amagaba a tus padres,
y en una prisión perpetua
convirtió el suplicio infame.
Tú entre los indios creciste,   75
como fiera te educaste,
y viniste, ya mancebo,
con oro y con favor grande,
a buscar completo indulto
para tus traidores padres.   80
Mas no, que viniste sólo
para asesinar cobarde,
para seducir inicuo,
y para que yo te mate.

DON ÁLVARO (*Despechado.*)

Vamos a probarlo al punto.   85

DON ALFONSO

Ahora tienes que escucharme,
que has de apurar ¡vive el cielo!
hasta las heces el cáliz.
Y si, por ser mi destino,
consiguieses el matarme,   90
quiero allá en tu aleve pecho
todo un infierno dejarte.
El Rey, benéfico, acaba
de perdonar a tus padres.
Ya están libres y repuestos   95
en honras y dignidades.
La gracia alcanzó tu tío,
que goza favor notable,
y andan todos tus parientes
afanados por buscarte   100
para que tenga heredero . . .

[22] On the death of Charles II (1700) without issue, a grandson of Louis XIV of France was called to the Spanish throne as Philip V. The Archduke Charles of Austria also claimed the throne, and as other European powers feared so close an alliance between Spain and France, a typical "war of succession" was soon raging, to be ended by the Treaty of Utrecht (1713) and the recognition of Philip V.

[23] *mar del Sur*, the term formerly applied to that part of the Pacific Ocean adjacent to Spanish America.

DON ÁLVARO

(*Muy turbado y fuera de sí.*)

Ya me habéis dicho bastante . . .
No sé dónde estoy ¡oh cielos! . . .
Si es cierto, si son verdades
las noticias que dijisteis . . .   105

(*Enternecido y confuso.*)

¡todo puede repararse!
Si Leonor existe, todo:
¿veis lo ilustre de mi sangre? . . .
¿Veis? . . .

DON ALFONSO

          Con sumo gozo veo
que estáis ciego y delirante.   110
¿Qué es reparación? . . . Del mundo
amor, gloria, dignidades
no son para vos . . . Los votos
religiosos e inmutables
que os ligan a este desierto;   115
esa capucha, ese traje,
capucha y traje que encubren
a un desertor, que al infame
suplicio escapó en Italia,
de todo incapaz os hacen.   120
Oye cuál truena indignado (*Truena.*)
contra ti el cielo . . . Esta tarde
completísimo es mi triunfo.
Un sol hermoso y radiante
te he descubierto, y de un soplo   125
luego he sabido apagarle.

DON ÁLVARO

(*Volviendo al furor.*)

¿Eres monstruo del infierno,
prodigio de atrocidades?

DON ALFONSO

Soy un hombre rencoroso
que tomar venganza sabe.   130
Y porque sea más completa,
te digo que no te jactes
de noble . . . ¡eres un mestizo,
fruto de traiciones! . . .

DON ÁLVARO

(*En el extremo de la desesperación.*)

          ¡Baste!
¡Muerte y exterminio! ¡Muerte   135
para los dos! Yo matarme
sabré, en teniendo el consuelo
de beber tu inicua sangre.

(*Toma la espada, combaten y cae herido
don Alfonso.*)

DON ALFONSO. Ya lo conseguiste . . .
¡Dios mío! ¡Confesión! Soy cristiano . . .
Perdonadme . . . salvad mi alma . . .   141
DON ÁLVARO. (*Suelta la espada y
queda como petrificado.*) ¡Cielos! . . .
¡Dios mío! . . . ¡Santa Madre de los
Ángeles! . . . ¡Mis manos tintas en sangre
. . . en sangre de Vargas! . . .   146
DON ALFONSO. ¡Confesión! ¡Con-
fesión! . . . Conozco mi crimen y me
arrepiento . . . Salvad mi alma, vos que
sois ministro del Señor . . .   150
DON ÁLVARO. (*Aterrado.*) ¡No, yo no
soy más que un réprobo, presa infeliz del
demonio! Mis palabras sacrílegas aumen-
tarían vuestra condenación. Estoy manchado de sangre, estoy irregular . . .
Pedid a Dios misericordia . . . Y . . .
esperad . . . cerca vive un santo penitente
. . . podrá absolveros . . . Pero está prohibido acercarse a su mansión . . . ¿Qué
importa? Yo que he roto todos los
vínculos, que he hollado todas las obligaciones . . .   162
DON ALFONSO. ¡Ah! Por caridad, por
caridad . . .
DON ÁLVARO. Sí; voy a llamarlo . . .
al punto . . .
DON ALFONSO. Apresuraos, padre . . .
¡Dios mío!   168

(*Don Álvaro corre a la ermita y golpea
la puerta.*)

DOÑA LEONOR. (*Dentro.*) ¿Quién se
atreve a llamar a esta puerta? Respetad
este asilo.
DON ÁLVARO. Hermano, es necesario

salvar un alma, socorrer a un moribundo: venid a darle el auxilio espiritual. 174

DOÑA LEONOR. (*Dentro.*) Imposible, no puedo, retiraos.

DON ÁLVARO. Hermano, ¡por el amor de Dios!

DOÑA LEONOR. (*Dentro.*) No, no, retiraos. 180

DON ÁLVARO. Es indispensable, vamos.

(*Golpea fuertemente la puerta.*)

DOÑA LEONOR. (*Dentro, tocando la campanilla.*) ¡Socorro! ¡Socorro!

ESCENA X

DICHOS y DOÑA LEONOR, *vestida con un saco, y esparcidos los cabellos, pálida y desfigurada, aparece a la puerta de la gruta, y se oye repicar a lo lejos las campanas del convento.*

DOÑA LEONOR. ¡Huid, temerario; temed la ira del cielo!

DON ÁLVARO. (*Retrocediendo horrorizado por la montaña abajo.*) ¡Una mujer! ...¡Cielos! ...¡Qué acento! ...¡Es un espectro! ... Imagen adorada ...¡Leonor! ¡Leonor! 7

DON ALFONSO. (*Como queriéndose incorporar.*) ¡Leonor! ...¿Qué escucho? ¡Mi hermana!

DOÑA LEONOR. (*Corriendo detrás de don Álvaro.*) ¡Dios mío! ¿Es don Álvaro? ...Conozco su voz ...Él es ...¡Don Álvaro! 14

DON ALFONSO. ¡Oh furia! Ella es ... ¡Estaba aquí con su seductor! ... ¡Hipócritas! ...¡Leonor!!!

DOÑA LEONOR. ¡Cielos! ...¡Otra voz conocida! ... Mas ¿qué veo? ... (*Se precipita hacia donde ve a don Alfonso.*)

DON ALFONSO. ¡Ves al último de tu infeliz familia! 22

DOÑA LEONOR. (*Precipitándose en los brazos de su hermano.*) ¡Hermano mío! ...¡Alfonso!

DON ALFONSO. (*Hace un esfuerzo, saca un puñal y hiere de muerte a Leonor.*)

Toma, causa de tantos desastres, recibe el premio de tu deshonra ... Muero vengado. (*Muere.*) 30

DON ÁLVARO. ¡Desdichado! ...¿Qué hiciste? ...¡Leonor! ¿Eras tú? ...¿Tan cerca de mí estabas? ...¡Ay! (*Se inclina hacia el cadáver de ella.*) Aún respira ..., aún palpita aquel corazón todo mío ...Ángel de mi vida ... vive, vive; yo te adoro ...¡Te hallé, por fin ... sí, te hallé ... muerta! (*Queda inmóvil.*) 38

ESCENA ÚLTIMA

Hay un rato de silencio; los truenos resuenan más fuertes que nunca, crecen los relámpagos, y se oye cantar a lo lejos el Miserere *a la comunidad, que se acerca lentamente.*

VOZ. (*Dentro.*) Aquí, aquí. ¡Qué horror!

(*Don Álvaro vuelve en sí, y luego huye hacia la montaña.—Sale el padre Guardián con la comunidad, que queda asombrada.*)

PADRE GUARDIÁN. ¡Dios mío! ... ¡Sangre derramada! ¡Cadáveres! ...¡La mujer penitente! 5

TODOS LOS FRAILES. ¡Una mujer! ... ¡Cielos!

PADRE GUARDIÁN. ¡Padre Rafael!

DON ÁLVARO. (*Desde un risco, con sonrisa diabólica, todo convulso, dice:*) Busca, imbécil, al padre Rafael ... Yo soy un enviado del infierno; soy el demonio exterminador ... Huid, miserables. 14

TODOS. ¡Jesús, Jesús!

DON ÁLVARO. ¡Infierno, abre tu boca y trágame! ¡Húndase el cielo, perezca la raza humana; exterminio, destrucción! ... (*Sube a lo más alto del monte y se precipita.*) 20

TODOS. (*Aterrados y en actitudes diversas.*) ¡Misericordia, Señor! ¡Misericordia!

HARTZENBUSCH

Juan Eugenio Hartzenbusch, born in 1806 of a Spanish mother and a German father, a cabinet-maker established in Madrid, inherited qualities suggestive of both races. Although destined to lead for the most part the tranquil life of a scholar, aloof from the political turmoils of the day, he could not wholly escape their influence. In 1808, his mother died from the shock of scenes of mob violence indirectly caused by the French invasion, and soon afterward his father had to flee with him from the wave of anti-foreign feeling. Returning in 1815, the boy was educated for the priesthood; but his bent lay in the direction of letters and scholarship. The Revolution of 1823 swept away the family fortune, and for seven years Hartzenbusch worked at his father's trade, to support himself and his ailing parent. The years following the latter's death were equally difficult. The disturbances of the first Carlist War rendered his trade unprofitable and he had to seek a living in journalistic work. Meanwhile he had been studying assiduously; as early as 1823 he began his long series of translations from French and Italian dramatists, and from 1827 date the first of his *refundiciones* or adaptations of Spanish works of the Golden Age. Two original historical dramas in 1831 were failures, but early in 1837 he leaped into fame with the performance of *Los amantes de Teruel*. Thenceforth his career was assured. Increasing opportunities for research and literary work were afforded by his appointment as chief assistant of the Biblioteca Nacional (1844–1854), Director of the Escuela Normal (1854–1862), and Director of the Biblioteca Nacional (1862–1875). In 1847 the Spanish Academy was glad to open its doors to one who had once vainly sought admittance to it as doorman and was now to prove one of its most active members. His last years were saddened by infirmities, which left him almost blind and partially paralyzed. He died in Madrid in 1880.

The literary output of Hartzenbusch is large and varied. Thirty-one translations of foreign plays and ten *refundiciones* enter into his literary apprenticeship. His non-dramatic work includes several volumes of poetry, fables, tales and *costumbrista* articles of varying worth. His scholarly contributions are chiefly in editorial and critical work, including editions of *Don Quijote* and of the works of Tirso de Molina, and especially the ten volumes which he edited for the Biblioteca de Autores Españoles, containing some three hundred full-length plays of Tirso, Lope de Vega, Calderón and Alarcón. The same diversity of interests characterizes the original plays, which embrace almost every dramatic form. Among the most ephemeral of these works are a *zarzuela*, three *loas* and two children's plays. Three *comedias de magia*, particularly *La redoma encantada* (1839), are a delightful blending of fantasy and humor. The four comedies, *La visionaria* (1840), *La coja y el encogido* (1843), *Juan de las viñas* (1844) and *Un sí y un no* (1854), follow in a general way the Moratinian pattern and still make interesting reading.

His best work is in serious drama. Following two attempts in the historical drama (1831) came the unexpected triumph of *Los amantes de Teruel* (1837). The following year appeared *Doña Mencía o la boda en la Inquisición,* a historical drama which provoked a storm of applause and protest, both more indicative of the inflamed political and religious passions aroused by the Carlist War than of the literary qualities of the play. For the only time in his career, Hartzenbusch is here seen involved in such controversies, taking his stand on the side of the Liberals who detested the fanaticism and oppression which had made the Inquisition possible. This powerful play, ending with the suicide of the heroine when she discovers that her treacherously won lover is her own father, is marred by an unfortunate tendency of the author to complicate plot at the expense of probability and clarity. The next drama, *Alfonso el Casto* (1841), with its portrayal of feudal ideals, passions and intrigues, is superior in plan and execution. Especially noteworthy is the delicacy with which the author has treated the central theme, the incestuous passion of Alfonso II of Leon for his sister Jimena, and his final mastery of self. Three further plays reach far back into Spain's past for their inspiration. *La jura en Santa Gadea* (1845) is a splendid evocation of the national hero, the Cid Campeador. In *La madre de Pelayo* (1846) is woven the story of a mother's sacrifice to save the future hero of Covadonga, initiator of the great struggle of the Reconquest. But here, as in *La ley de raza* (1852), which presents the still more nebulous period of the Visigothic rule in Spain, Hartzenbusch is less convincing. Aware of his tendency to overload the action with incidents, in these two plays he made a deliberate effort to remedy this common Romantic defect and went too far in the opposite direction. The action is still complicated, but so much essential explanatory matter has been suppressed that the average Spanish audience, we are told, had difficulty in comprehending it all. There are, finally, three other titles of a very distinctive character: *Primero yo* (1842), a strange philosophical and symbolical drama; *Vida por honra* (1858), a *drama caballeresco* of the days of Philip IV; and *El mal apóstol y el buen ladrón* (1860), perhaps the best imitation of the old *autos sacramentales* since the time of Calderón.

From what has been stated of the life and works of Hartzenbusch, it is evident that two conflicting forces are at work within him. Romanticism in every country produced writers who for a brief moment followed the vogue of the day; it produced others whose whole lives and works reflect the very soul of the movement. Hartzenbusch represents an intermediate type. He has been termed the least Romantic of Romanticists, " un romántico abortado, nacido para clásico y académico "; one in whom the scholar emerges above the poet and the dramatist. This is true to a certain extent. Hartzenbusch lived a sober, bourgeois existence; he displayed a typically German patience in searching for obscure but precise archeological and historical details for the setting of many of his plays; in some cases, at least, he used a constant filing and polishing process, as un-Romantic as it was characteristic of one trained from youth as a skilled cabinet-maker; and finally, in the midst of his Romantic and historical dramas he was capable of turning out light plays of totally different character. Yet it would be a mistake to assume that his was wholly a cold and academic temperament, with none of the true Romantic inspiration. If such were the case, we might find purely formal imitations of the new vogue, such as the choice of themes derived from the national past and the complete disregard for the neo-classic rules; but we should not anticipate the freedom and exuberance of fantasy, the fondness for complicated plot and incident, and especially the powerful portrayal of the most violent passions, which Hartzenbusch has put into several of his most important works.

It is in *Los amantes de Teruel,* as finally elaborated by the author, that both sides of his temperament and art are revealed at their finest. The first performance of this play, on January 19, 1837, obtained a success rivaling the ovation accorded *El Trovador* of García Gutiérrez less than a year previously. In both cases, a discouraged young playwright, practically unknown to the world, won instantaneous and lasting fame through virtually his first drama. Both plays were localized in Aragon in the Middle Ages; but whereas the theme of *El Trovador* was original, that of the lovers of Teruel, who died of grief at being separated, was familiar to all. This made the task of Hartzenbusch doubly difficult. It would be futile to enumerate here the many occasions on which this legend has been utilized, or to enter into the disputes that have arisen regarding its origin and authenticity. The latter question will doubtless never be settled to the satisfaction of everyone, because on the one hand there are patriotic *creyentes* who can specify the precise year (1217) in which the tragedy occurred, name the judge for that year (Don Domingo Celladas), mention the exact street in Teruel (calle de los Ricoshombres) where the two lovers lived, and even point to their mummified remains exhibited in the church of San Pedro; and on the other hand there are critics who scoff at so improbable a story, detect forgeries in certain pertinent documents and insist that the whole fiction goes back to the *Decameron.*

As to the comparative literary and artistic value of the many treatments of this legend, there is no such room for argument. Starting, if one will, with Boccaccio's tale of Girolamo and Salvestra (*Decameron,* IV, 8), and considering particularly the three Golden Age dramas of Rey de Artieda, Tirso de Molina and Pérez de Montalbán, it can safely be said that all these works together have not a tithe of the worth of Hartzenbusch's play. The Italian story, with the same basic theme, naturally differs wholly from the Spanish versions in spirit, setting and circumstances. The Golden Age plays bring forward the action to the time of Charles V and his conquest of Tunis (1535), and treat the theme in a manner which represents the art of their time at its worst. Not one of them succeeds in creating the essential atmosphere, in imparting to the lovers a shadow of nobility or passion, or in so motivating the steps of the tragedy as to bring out its full pathos, causing the traditional ending, so improbable in itself, to appear the logical and inevitable one. Hartzenbusch had the artistic sense to put the setting back where the legend demanded that it should be, in a crusading age of strong passions and high ideals, and even more appropriately, in a region whose inhabitants have ever been conspicuous for tenacity of purpose and a courage bordering on folly. He has, while preserving the basic legend, completely transformed almost every detail of the plot and created most of the characters: Isabel's mother and her fatal secret locked up in the letters from Roger de Lizana, Azagra the rival suitor, Zulima and the other Moorish figures, the parents of Marsilla, etc., are all products of his imagination. His play is universally conceded to be the definitive version of the legend.

It was Larra who first pointed out the difficulties inherent in the dramatization of a theme so well-known as to be almost trivial, and indicated the masterly way in which Hartzenbusch had met them. Commenting on this point he remarked: " El ingenio no consiste en decir cosas nuevas, maravillosas y nunca oídas, sino en eternizar, en formular las verdades más sabidas . . . ; el ingenio no está en el asunto, sino en el autor que le trata." In the same article, appearing shortly after the first performance of the play, Larra defended in these words the plausibility of the lovers' death as handed down by tradition: " Si (el autor) oyese decir que el final de su obra es inverosímil, que el amor no mata a nadie, puede responder que es un hecho consignado en la historia; que los cadáveres se conservan en Teruel, y la posibilidad en los corazones sensibles; que las penas y las pasiones han llenado más cementerios que los médicos y los necios; que el amor mata (aunque no mate a todo el mundo) como matan la ambición y la envidia; que más de una nueva mala al ser recibida ha matado a personas robustas, instantáneamente y como un rayo." A few days later, Larra was dead by his own hand, victim of an unfortunate love-affair. If the violent manner of his death weakens somewhat the force of these last words of his, the circumstances of it lend them a tragic significance.

The five-act version of the play which Larra had witnessed and praised so highly was not the one which its author was content to leave behind him. Profiting by his own artistic instinct, as well as by criticisms and suggestions, he subjected the work to two drastic revisions, and in fact never quite ceased polishing and perfecting it. Critics have sometimes severely condemned this procedure, claiming that it harmed rather than strengthened the original; but all things considered, the justice of such criticism is hard to admit. Save for a possible line here and there, now less happily phrased than before; at the expense perhaps also of a little more Romantic vigor and boldness in the original, the final version as here presented is by all odds the most satisfactory. Other plays of his would have gained from a similar treatment.

Bibliography: *Obras escogidas,* ed. Baudry, Paris, 1850. *Obras escogidas. Nueva edición, corregida por el autor,* Leipzig, 1873. *Obras,* 5 vols., Madrid, 1887–92.

To consult: A. S. Corbière, *Juan Hartzenbusch and the French Theatre,* Philadelphia, 1927. E. Hartzenbusch, *Bibliografía de H. formada por su hijo,* Madrid, 1900. A. Fernández-Guerra y Orbe, critical study and bibliography in *Autores dramáticos contemporáneos,* I. J. E. Hartzenbusch, *Historia de los amantes de Teruel,* in *El Laberinto,* 16 de diciembre, 1843. E. Cotarelo y Mori, *Sobre el origen y desarrollo de la leyenda de los Amantes de Teruel,* Madrid, 1907. D. Gascón y Guimbao, *Los Amantes de Teruel, Bibliografía de los Amantes,* Madrid, 1907. Larra, *Los amantes de Teruel,* Obras III, Paris, n.d.

LOS AMANTES DE TERUEL

POR JUAN EUGENIO HARTZENBUSCH

(1837)

PERSONAJES

JUAN DIEGO MARTÍNEZ GARCÉS DE MARCILLA, O MARSILLA.
ISABEL DE SEGURA.
DOÑA MARGARITA.
ZULIMA.
DON RODRIGO DE AZAGRA.
DON PEDRO DE SEGURA.
DON MARTÍN GARCÉS DE MARSILLA.
TERESA.
ADEL.
OSMÍN.

Soldados moros, damas, caballeros, pajes, criados, criadas.

*El primer acto pasa en Valencia y los demás en Teruel.
Año de 1217.*

ACTO PRIMERO

Dormitorio morisco en el alcázar de Valencia.[1] A la derecha del espectador una cama, junto al proscenio; a la izquierda, una ventana con celosías y cortinajes. Puerta grande en el fondo y otras pequeñas a los lados.

ESCENA PRIMERA

ZULIMA, ADEL;[2] JUAN DIEGO MARSILLA, *adormecido en la cama: sobre ella un lienzo con letras de sangre.*

ZULIMA

No vuelve en sí.

ADEL

Todavía
tardará mucho en volver.

ZULIMA

Fuerte el narcótico ha sido.

ADEL

Poco ha se lo administré.
Dígnate de oír, señora,   5
la voz de un súbdito fiel;
que orillas de un precipicio
te ve colocar el pie.

ZULIMA

Si disuadirme pretendes,
no te fatigues, Adel.   10
Partir de Valencia quiero,
y hoy, hoy mismo partiré.

ADEL

¿Con ese cautivo?

---

[1] *Valencia,* an important seaport on the east coast; it was recaptured from the Moors by James I of Aragon in 1238, only twenty-one years after the events here described.

[2] *Adel.* In the earlier editions of the play it is made evident that Adel is not, as might appear, the female servant and confidante of Zulima, but rather the *carcelero,* in charge of the prisoners.

ZULIMA

Tú
me has de acompañar con él.

ADEL

¿Así al esposo abandonas? 15
¡Un Amir, señora, un Rey!

ZULIMA

Ese Rey, al ser mi esposo,
me prometió no tener
otra consorte que yo.
¿Lo ha cumplido? Ya lo ves. 20
A traerme una rival
marchó de Valencia ayer.
Libre a la nueva sultana
mi puesto le dejaré.

ADEL

Considera . . .

ZULIMA

Está resuelto. 25
El renegado Zaén,
el que aterra la comarca
de Albarracín [3] y Teruel,
llamado por mí ha venido,
y tiene ya en su poder 30
casi todo lo que yo
de mis padres heredé,
que es demás [4] para vivir
con opulencia los tres.
De la alcazaba [5] saldremos 35
a poco de anochecer.

ADEL

Y ese cautivo, señora,
¿te ama? ¿Sabes tú quién es?

ZULIMA

Es noble, es valiente; en una
mazmorra iba a perecer 40
de enfermedad y de pena,
de frío, de hambre y de sed:

yo le doy la libertad,
riquezas, mi mano: ¿quién
rehusa estos dones? ¡Oh! 45
Si ofendiera mi altivez
con una repulsa, caro
le costara [6] su desdén
conmigo. Tiempo hace ya
que este acero emponzoñé, 50
furiosa contra mi aleve
consorte Zeit Abenzeit:
quien es capaz de vengarse
en el Príncipe, también
escarmentara al esclavo, 55
como fuera menester.

ADEL

¿Qué habrá escrito en ese lienzo
con su sangre? Yo no sé
leer en su idioma; pero
puedo llamar a cualquier 60
cautivo . . .

ZULIMA

Él nos lo dirá;
yo se lo preguntaré.

ADEL

¿No fuera mejor hablarle
yo primero, tú después?

ZULIMA

Le voy a ocultar mi nombre: 65
ser Zoraida fingiré,
hija de Merván.

ADEL

¡Merván!
¿Sabes que ese hombre sin ley
conspira contra el Amir?

ZULIMA

A él le toca defender 70
su trono, en vez de ocuparse,
contra la jurada fe,

---

[3] *Albarracín,* a town picturesquely situated in the mountain-range of the same name about twenty-three miles west of Teruel, which in turn is some ninety miles N.W. of Valencia.

[4] *demás = demasiado,* "more than enough."

[5] *alcazaba,* " castle."

[6] *costara = costaría.* This construction is common in this play.

en devaneos que un día
lugar a su ruina den.
Mas Ramiro no recobra 75
los sentidos: buscaré
un espíritu a propósito ... (*Vase.*)

ESCENA II

Osmín, *por una puerta lateral;* Adel,
Marsilla

OSMÍN

¿Se fué Zulima?

ADEL

Se fué.
Tú nos habrás acechado.

OSMÍN

He cumplido mi deber.
Al ausentarse el Amir,
con este encargo quedé. 5
Es más cauto nuestro dueño
que esa liviana mujer.
El lienzo escrito con sangre,
¿dónde está?

ADEL

Allí. (*Señalando la cama.*)

OSMÍN

Venga.

ADEL

Ten.

(*Le da el lienzo y Osmín lee.*)

Mira si es que dice, ya 10
que tú lo sabes leer,
dónde lo pudo escribir;
porque en el encierro aquel
apenas penetra nunca
rayo de luz; verdad es 15
que rotas esta mañana
puerta y cadenas hallé:
debió, después de romperlas,
el subterráneo correr,
y hallando el lienzo ...

Osmín, *asombrado de lo que ha leído*

¡Es posible! 20

ADEL

¿Qué cosa?

OSMÍN

¡Oh, vasallo infiel!
Avisar al Rey es fuerza,
y al pérfido sorprender.

ADEL

¿Es éste el pérfido? (*Señalando a Marsilla.*)

OSMÍN

No;
ese noble aragonés 25
hoy el salvador será
de Valencia y de su Rey.

ADEL

Zulima viene.

OSMÍN

Silencio
con ella, y al punto ve
a buscarme. (*Vase.*)

ADEL

Norabuena. 30
Así me harás la merced
de explicarme lo que pasa.

ESCENA III

Zulima, Adel, Marsilla

ZULIMA

Déjame sola.

ADEL

Está bien. (*Vase.*)

ESCENA IV

Zulima, Marsilla

ZULIMA

Su pecho empieza a latir
más fuerte; así que perciba ...

(*Aplícale un pomito a la nariz.*)

MARSILLA

¡Ah!

ZULIMA

Volvió.[7]

MARSILLA, *incorporándose*

¡Qué luz tan viva!
No la puedo resistir.   5

ZULIMA

De aquella horrible mansión
está a las tinieblas hecho.

(*Corriendo las cortinas de la ventana.*)

MARSILLA

No es esto piedra, es un lecho.
¿Qué ha sido de mi prisión?

ZULIMA

Mira este albergue despacio,   10
y abre el corazón al gozo.

MARSILLA

¡Señora! ... (*Reparando en ella.*)

ZULIMA

Tu calabozo
se ha convertido en palacio.

MARSILLA

Di (porque yo no me explico
milagro tal), di, ¿qué es esto?   15

ZULIMA

Que eras esclavo, y que presto
vas a verte libre y rico.

MARSILLA

¡Libre! ¡Oh divina clemencia!
Y ¿a quién debo tal favor?

ZULIMA

¿Quién puede hacerle mejor   20
que la Reina de Valencia?
Zulima te proporciona
la sorpresa que te embarga
dulcemente: ella me encarga
que cuide de tu persona;   25

[7] *Volvió = Ha vuelto en sí.*

y desde hoy ningún afán
permitiré que te aflija.

MARSILLA

¿Eres? ...

ZULIMA

Dama suya, hija
del valeroso Merván.

MARSILLA

¿De Merván? (¡Ah! ¡qué recuerdo!)   30

(*Busca y recoge el lienzo.*)

ZULIMA

¿Qué buscas tan azorado?
¿Ese lienzo ensangrentado?

MARSILLA

(Si ésta lo sabe, me pierdo.)

ZULIMA

¿Qué has escrito en él?

MARSILLA

No va
esto dirigido a ti: 35
es para el Rey.

ZULIMA

No está aquí.

MARSILLA

Para la Reina será.
Haz, pues, que a mi bienhechora
vea: por Dios te lo ruego.

ZULIMA

Conocerás aquí luego   40
a la Reina tu señora.

MARSILLA

¡Oh! ...

ZULIMA

No estés con inquietud.
Olvida todo pesar:
trata sólo de cobrar
el sosiego y la salud.   45

MARSILLA

Defienda próvido el cielo
y premie con altos dones
los piadosos corazones
que dan al triste consuelo.
Tendrá Zulima, tendrás   50
tú siempre un cautivo en mí:
hermoso es el bien por sí,
pero en una hermosa, más.
Ayer, hoy mismo, ¿cuál era
mi suerte? Sumido en honda   55
cárcel, estrecha y hedionda,
sin luz, sin aire siquiera;
envuelto en infecta nube
que húmedo engendra el terreno;
paja corrompida, cieno   60
y piedras por cama tuve.
Hoy . . . si no es esto soñar,
torno a la luz, a la vida,
y espero ver la florida
margen del Guadalaviar,[8]   65
allí donde alza Teruel,
señoreando la altura,
sus torres de piedra obscura
que están mirándose en él.
No es lo más que me redima   70
la noble princesa mora:
el bien que me hace, lo ignora
aun la propia Zulima.

ZULIMA

Ella siempre algún misterio
supuso en ti, y así espera   75
que me des noticia entera
de tu vida y cautiverio.
Una vez que en tu retiro
las dos ocultas entramos,
te oímos . . . y sospechamos   80
que no es tu nombre Ramiro.

MARSILLA

Mi nombre es Diego Marsilla,
y cuna Teruel me dió,

pueblo que ayer se fundó[9]
y es hoy poderosa villa,   85
cuyos muros, entre horrores
de lid atroz levantados,
fueron con sangre amasados
de sus fuertes pobladores.
Yo creo que al darme ser   90
quiso formar el Señor,
modelos de puro amor,
un hombre y una mujer;
y para hacer la igualdad
de sus afectos cumplida,   95
les dió un alma en dos partida,
y dijo: « Vivid y amad.»
Al son de la voz creadora
Isabel y yo existimos,
y ambos los ojos abrimos   100
en un día y una hora.
Desde los años más tiernos
fuimos ya finos amantes;
desde que nos vimos . . . antes
nos amábamos de vernos;[10]   105
porque el amor principió
a enardecer nuestras almas,
al contacto de las palmas
de Dios cuando nos crió;
y así fué nuestro querer,   110
prodigioso en niña y niño,
encarnación del cariño
anticipado al nacer,[11]
seguir Isabel y yo,
al triste mundo arribando,   115
seguir con el cuerpo amando
como el espíritu amó.

ZULIMA

Inclinación tan igual
sólo dichas pronostica.

MARSILLA

Soy pobre, Isabel es rica.   120

ZULIMA

(Respiro.)

---

[8] *Guadalaviar,* a river (called also the Turia) emptying into the Mediterranean at Valencia.
[9] Teruel itself dates from before the Christian era but had been founded anew following its recapture from the Moors in 1171 by Alonso II of Aragon.
[10] *antes . . . de vernos = antes de vernos nos amábamos.*
[11] *anticipado al nacer,* " which existed before birth."

MARSILLA

Tuve un rival.

ZULIMA

¿Sí?

MARSILLA

Y opulento.

ZULIMA

Y bien . . .

MARSILLA

Hizo
alarde de su riqueza . . .

ZULIMA

¿Y qué? ¿Rindió la firmeza
de Isabel?

MARSILLA

Es poco hechizo 125
el oro para quien ama.
Su padre, sí, deslumbrado . . .

ZULIMA

¿Tu amor dejó desairado,
privándote de tu dama?

MARSILLA

Le ví, mi pasión habló, 130
su fuerza exhalando toda,
y, suspendida la boda,
un plazo se me otorgó,
para que mi esfuerzo activo
juntara un caudal honrado. 135

ZULIMA

¿Es ya el término pasado?

MARSILLA

Señora, ya ves . . . aún vivo.[12]
Seis años y una semana

me dieron: los años ya
se cumplen hoy; cumplirá 140
el primer día mañana.

ZULIMA

Sigue.

MARSILLA

Un adiós a la hermosa
dí, que es de mis ojos luz,
y combatí por la cruz
en las Navas de Tolosa.[13] 145
Gané con brïoso porte
crédito allí de guerrero;
luego, en Francia, prisionero
caí del conde Monforte.[14]
Huí, y en Siria un francés 150
albigense, refugiado [15]
a quien había salvado
la vida junto a Besiés,[16]
me dejó, al morir, su herencia;
volviendo con fama y oro 155
a España, pirata moro
me apresó y trajo a Valencia.
Y en pena de que rompió
de mis cadenas el hierro
mi mano, profundo encierro 160
en vida me sepultó,
donde mi extraño custodio,
sin dejarse ver ni oír,
me prolongaba el vivir,
o por piedad o por odio. 165
De aquel horrendo lugar
me sacáis: bella mujer,
sentir sé y agradecer:
di cómo podré pagar.

ZULIMA

No borres de tu memoria 170
tan debido ofrecimiento,
y haz por escuchar atento
cierta peregrina historia.

[12] *aún vivo.* Marsilla would not still be alive if all hope of winning Isabel were lost.

[13] *las Navas de Tolosa*, a village in the province of Jaen, scene of a decisive victory over the Moors in 1212.

[14] *conde Monforte*, i.e., Simon de Montfort, who ruthlessly exterminated a religious sect in Southern France, in the so-called Albigensian crusade, early in the thirteenth century.

[15] *refugiado*, " refugee."

[16] *Besiés*, i.e., Béziers, a city nearly destroyed in the Albigensian crusade (1209).

Un joven aragonés
vino cautivo al serrallo;   175
sus prendas y nombre callo:
tú conocerás quién es.
Toda mujer se lastima
de ver padecer sonrojos [17]
a un noble: puso los ojos   180
en el esclavo Zulima,
y férvido amor en breve
nació de la compasión:
aquí es brasa el corazón;
allá entre vosotros, nieve.   185
Quiso aquel joven huir;
fué desgraciado en su empeño:
le prenden, y por su dueño
es condenado a morir.
Pero en favor del cristiano   190
velaba Zulima: ciega,
loca, le salva;—más, llega
a brindarle con su mano.
Respuesta es bien se le dé
en trance tan decisivo: 195
habla tú por el cautivo;
yo por la Reina hablaré.

MARSILLA

Ni en desgracia ni en ventura
cupo en mi lenguaje dolo:
este corazón es sólo   200
para Isabel de Segura.

ZULIMA

Medita, y concederás
al tiempo lo que reclama.
¿Sabes tú si es fiel tu dama?
¿Sabes tú si la verás?   205

MARSILLA

Me matara mi dolor
si fuera Isabel perjura:
mi constancia me asegura
la firmeza de su amor.
Con espíritu gallardo,   210
si queréis, daré mi vida:
dada el alma y recibida,
fiel al dueño se la guardo.

ZULIMA

Mira que es poco prudente
burlar a tu soberana,   215
que tiene sangre africana
y ama y odia fácilmente.
Y si ella sabe que cuando
yo su corazón te ofrezco,
por ella el dolor padezco   220
de ver que le estás pisando,
volverás a tus cadenas
y a tu negro calabozo,
y allí yo, con alborozo   225
que más encone tus penas,
la nueva te llevaré
de ser Isabel esposa.

MARSILLA

Y en prisión tan horrorosa
¿cuántos días viviré?

ZULIMA

¡Rayo del cielo! El traidor   230
cuanto fabrico derrumba:
defendido con la tumba,
se ríe de mi furor.
Trocarás la risa en llanto.
Cautiva desde Teruel   235
me han de traer a Isabel . . .

MARSILLA

¿Quién eres tú para tanto?

ZULIMA

Tiembla de mí.

MARSILLA

    Furia vana.

ZULIMA

¡Insensato! La que ves
no es hija de Merván, es   240
Zulima.

MARSILLA

    ¡Tú la Sultana!

ZULIMA

La Reina.

[17] *sonrojos,* " indignities," " outrages."

MARSILLA

Toma, con eso

(*Dándole el lienzo ensangrentado.*)

corresponde a tu afición:
entrega sin dilación
a hombre de valor y seso   245
el escrito que te doy.
Sálvete su diligencia.

ZULIMA

¡Cómo! ¿Qué riesgo?

MARSILLA

A Valencia
tu esposo ha de llegar hoy;
y en llegando, tú y él y otros   250
al sedicioso puñal
perecéis.

ZULIMA

¿Qué desleal
conspira contra nosotros?

MARSILLA

Merván, tu padre supuesto.
Si tu cólera no estalla,   255
mi labio el secreto calla
y el fin os llega funesto.

ZULIMA

¿Cómo tal conjuración
a ti? . . .

MARSILLA

Frenético ayer,
la puerta pude romper   260
de mi encierro: la prisión
recorro, oigo hablar, atiendo . . .
—Junta de aleves impía
era: Merván presidía.—
Allí supe que volviendo   265
a este alcázar el Amir,
trataban de asesinarle.
Resuélvome a no dejarle

pérfidamente morir,
y con roja tinta humana   270
y un pincel de mi cabello,
la trama en un lienzo sello,
y el modo de hacerla vana.[18]
Poner al siguiente día
pensaba el útil aviso   275
en la cesta que el preciso
sustento me conducía.
Vencióme tenaz modorra,
más fuerte que mi cuidado:
desperté maravillado,   280
fuera ya de la mazmorra.
Junta, pues, tu guardia, pon
aquí un acero, y que venga
con todo el poder que tenga
contra ti la rebelión.   285

ZULIMA

Dé a la rebelión castigo
quien tema por su poder;
no yo, que al anochecer
hüir pensaba contigo.
Poca gente, pero brava,   290
que al marchar nos protegiera,
sumisa mi voz espera
escondida en la alcazaba.
Con ellos entre el rebato
del tumulto, partiré;   295
con ellos negociaré
que me venguen de un ingrato.
Teme la cuchilla airada
de Zaén el bandolero;
tiembla más que de su acero,   300
de esta daga envenenada.
¡Ay del que mi amor trocó
en frenesí rencoroso!
¡Nunca espere ser dichoso
quien de celos me mató!   305

MARSILLA

¡Zulima! . . . ¡Señora! . . .

(*Vase Zulima por la puerta del fondo y
cierra por dentro.*)

---

[18] For motive, aside from Marsilla's generous nature, cf. edition of 183⁰· " Salvarle resuelvo
para obligarle a ponerme en libertad."

ESCENA V

Osmín, Marsilla

Osmín

       Baste
de plática sin provecho.
Al Rey un favor has hecho:
acaba lo que empezaste.

Marsilla

¡Cómo! ¿tú? . . .

Osmín

      El lienzo he leído   5
que al Rey dirigiste: allí
le ofreces tu brazo.

Marsilla

      Sí,
armas y riesgo le pido.

Osmín

Pues bien, dos tropas formadas
con los cautivos están: 10
serás el un capitán,
el otro, Jaime Celladas.

Marsilla

¡Jaime está aquí! Es mi paisano,
es mi amigo.

Osmín

      Si hay combate,
así tendrá su rescate   15
cada cautivo en la mano.
Con ardimiento lidiad.

Marsilla

¿Quién, de libertad sediento,
no lidia con ardimiento
al grito de libertad?   20

Osmín

Cuanto a Zulima . . .

Marsilla

      También
libre ha de ser.

Osmín

      No debiera;
pero llévesela fuera
de nuestro reino Zaén.

ESCENA VI

Adel, Soldados Moros, Marsilla, Osmín

Adel

Osmín, a palacio van
turbas llegando en tumulto,
y Zaén, que estaba oculto,
sale aclamando a Merván.
Zulima nos ha vendido.   5

Osmín

Ya no hay perdón que le alcance.

Marsilla

Después de correr el lance,[19]
se dispondrá del vencido.
Cuando rueda la corona
entre la sangre y el fuego,   10
primero se triunfa, luego . . .

Osmín

Se castiga.

Marsilla

      Se perdona.

Voces, dentro

¡Muera el tirano!

Marsilla

      ¡Mi espada!
¡Mi puesto!

Osmín

      Ven, ven a él.
Guarda el torreón, Adel.   15

Adel

Ten tu acero. (*Dásele a Marsilla.*)

Marsilla

      ¡Arma anhelada!
¡Mi diestra te empuña ya!

---

[19] *Después de correr el lance,* " After settling this affair."

Ella al triunfo te encamina.
Rayo fué de Palestina,
rayo en Valencia será.   20

ACTO SEGUNDO

Teruel.—Sala en casa de don Pedro
Segura.

ESCENA PRIMERA

Don Pedro, *entrando en su casa;* Margarita, Isabel *y* Teresa, *saliendo a recibirle.*

MARGARITA

¡Esposo! (*Arrodillándose.*)

ISABEL

¡Padre! (*Arrodillándose.*)

TERESA

¡Señor!

PEDRO

¡Hija! ¡Margarita! Alzad.

ISABEL

Dadme a besar vuestra mano.

MARGARITA

Déjame el suelo besar
que pisas.

TERESA, *a Margarita*

Vaya, señora,   5
ya es vicio tanta humildad.

PEDRO

Pedazos del corazón,
no es ése vuestro lugar.
Abrazadme. (*Levanta y abraza a las dos.*)

TERESA

Así me gusta.
Y a mí luego.

PEDRO

Ven acá,   10
fiel Teresa.

TERESA

Fiel y franca,
tengo en ello vanidad.

PEDRO

Ya he vuelto por fin.

MARGARITA

Dios quiso
mis plegarias escuchar.

PEDRO

Gustoso a Monzón [1] partí,
comisionado especial   15
para ofrecer a don Jaime
las tropas que alistará
nuestra villa de Teruel
en defensa de la paz,
que don Sancho y don Fernando   20
nos quieren arrebatar.[2]
Fué don Rodrigo de Azagra,
obsequioso y liberal,
acompañándome al ir,
y me acompaña al tornar;   25
mas yo me acordaba siempre
de vosotras con afán.
Triste se quedó Isabel;
más triste la encuentro.

TERESA

Ya.

MARGARITA

¡Teresa!

ISABEL

¡Padre!

PEDRO

Hija mía,   30
dime con sinceridad
lo que ha pasado en mi ausencia.

---

[1] *Monzón*, a small town about fifty miles N.E. of Saragossa, and still possessing an imposing
castle of the Templars.

[2] Sancho VII *el Fuerte*, king of Navarre (1194–1234) and Ferdinand III *el Santo*, king of
Castile (1217–1252) and of Leon (1230–1252), were both attempting at this time to dispossess the
young king James I *el Conquistador* of his throne.

TERESA

Poco tiene que contar.

MARGARITA

¡Teresa!

TERESA

    Digo bien. ¿Es
por ventura novedad   35
que Isabel suspire, y vos (*a Margarita.*)
recéis, y ayunéis a pan
y agua, y os andéis curando
enfermos por caridad?
Es la vida que traéis,   40
lo menos, quince años ha . . .

MARGARITA

Basta.

TERESA

    Y hace seis cumplidos
que no se ha visto asomar
en los labios de Isabel
ni una sonrisa fugaz.   45

ISABEL

(¡Ay, mi bien!)

TERESA

        En fin, señor,
del pobrecillo don Juan
Diego de Marsilla, nada
se sabe.

MARGARITA

    Si no calláis,
venid conmigo.

TERESA

        Ir con vos   50
fácil es; pero callar . . .

(*Vanse Margarita y Teresa. Don Pedro
se quita la espada y la pone sobre un
bufete.*)

ESCENA II

DON PEDRO, ISABEL

PEDRO

Mucho me aflige, Isabel,
tu pesadumbre tenaz;
pero, por desgracia, yo
ro la puedo remediar.
Esclavo de su palabra   5
es el varón principal;
tengo empeñada la mía,
la debo desempeñar.
En el honor de tu padre
no se vió mancha jamás: 10
juventud honrada pide
más honrada ancianidad.

ISABEL

No pretendo yo . . .

PEDRO

        Por otra
parte, parece que están
de Dios ciertas cosas. Oye   15
un lance bien singular,
y di si no tiene traza
de caso providencial.

ISABEL

A ver.

PEDRO

    En Teruel vivió
(no sé si te acordarás)   20
un tal Roger de Lizana,
caballero catalán.

ISABEL

¿El templario? [3]

PEDRO

        Sí. Roger
paraba en Monzón. Allá
es voz que penas y culpas   25
de su libre mocedad
trajéronle una dolencia
de espíritu y corporal,

[3] *templario*, member of the Knights of the Temple, a military order founded in 1118 to defend the Latin Kingdom of Jerusalem.

que vino a dejarle casi
mudo, imbécil, incapaz.   30
Pacífico en su idiotez,
permitíanle vagar
libre por el pueblo. Un día,
sobre una dificultad
en mi encargo y sobre cómo   35
se debiera de allanar,
don Rodrigo y yo soltamos
palabras de enemistad.
Marchóse enojado, y yo
exclamé al verle marchar: 40
«¿Ha de ser este hombre dueño
de lo que yo quiero más?
Si la muerte puede sola
mi palabra desatar,
lléveme el Señor, y quede   45
Isabel en libertad.»

ISABEL

¡Oh padre!

PEDRO

En esto, un empuje
tremendo a la puerta dan,
se abre, y con puñal en mano
entra . . .

ISABEL

¡Virgen del Pilar! [4]   50
¿Quién?

PEDRO

Roger. Llégase a mí,
y en voz pronunciada mal,
«Uno (dijo) de los dos
la vida aquí dejará.»

ISABEL

¿Y qué hicisteis?

PEDRO

Yo, pensando   55
que bien pudiera quizás
mi muerte impedir alguna

mayor infelicidad,
crucé los brazos, y quieto
esperé el golpe mortal.   60

ISABEL

¡Cielos! ¿Y Roger?

PEDRO

Roger,
parado al ver mi ademán,
en lugar de acometerme
se fué retirando atrás,
mirándome de hito en hito,   65
llena de terror la faz.
Asió con entrambas manos
el arma por la mitad,
y señas distintas hizo
de querérmela entregar.   70
Yo no le atendí, guardando
completa inmovilidad
como antes; y él, con los ojos
fijos, y sin menear
los párpados, balbuciente [5]   75
dijo: «Matadme, salvad
en el hueco de mi tumba
mi secreto criminal.»

ISABEL

¡Su secreto!

PEDRO

En fin, de estarse
tanto sin pestañear,   80
él, cuyos sentidos eran
la suma debilidad,[6]
se trastornó, cayó, dió
la guarnición del puñal
en tierra, le fué la punta   85
al corazón a parar
al infeliz, y a mis plantas
rindió el aliento vital.
Huí con espanto; Azagra,
viniéndose a disculpar   90
conmigo, me halló; le dije

[4] *Virgen del Pilar*, one of the most revered images in Spain, commemorating the miraculous appearance of the Virgin to the Apostle St. James on the banks of the Ebro, where Saragossa now stands.
[5] *balbuciente*, "stammering."
[6] *eran la suma debilidad*, "were extremely weak."

que no pisaba [7] el umbral
de aquella casa en mi vida;
y él, próvido y eficaz,
avisó al Rey y mandó   95
el cadáver sepultar.
Ya ves, hija: por no ir
yo contra tu voluntad,
por no cumplir mi palabra,
quise dejarme matar,   100
y Dios me guardó la vida:
su decreto celestial
es sin duda que esa boda
se haga por fin ... y se hará,
si en tres días no parece   105
tu preferido galán.

ISABEL

(¡Ay de él y de mí!)

ESCENA III

TERESA, DON PEDRO, ISABEL

TERESA

    Señor,
acaba de preguntar
por vos don Martín, el padre
de don Diego.

ISABEL

(¿Si sabrá? ...)

TERESA

Como es enemigo vuestro,   5
le he dejado en el zaguán.

PEDRO

A enemigo noble se abren
las puertas de par en par.
Que llegue. (*Vase Teresa.*) Vé con tu
    madre.

ISABEL

(Ella a sus pies me verá   10
llorando hasta que consiga
vencer su severidad.) (*Vase.*)

ESCENA IV

DON PEDRO

Desafiados quedamos
al tiempo de cabalgar
yo para Monzón: el duelo
llevar a cabo querrá.
Bien. Pero él ha padecido
una larga enfermedad.
Si no tiene el brazo firme,
conmigo no lidiará.[8]

ESCENA V

DON MARTÍN, DON PEDRO

MARTÍN

Don Pedro Segura, seáis bien venido.

PEDRO

Y vos, don Martín Garcés de Marsilla,
seáis bien hallado: tomad una silla.

(*Siéntase don Martín mientras don Pedro va a tomar su espada.*)

MARTÍN

Dejad vuestra espada.

PEDRO, *sentándose*

    Con pena he sabido
la grave dolencia que habéis padecido.   5

MARTÍN

Al fin me repuse del todo.

PEDRO

    No sé ...

MARTÍN

Domingo Celladas ...

PEDRO

¡Fuerte hombre es, a fe!

MARTÍN

Pues aún a la barra [9] le gano el partido.

---

[7] *pisaba = pisaría.*

[8] Cf. *Don Álvaro* (IV, i) for the same generous concern over an adversary's fitness for a duel.

[9] *a la barra,* "in throwing the bar" (a popular game of skill and strength).

PEDRO

Así os quiero yo. Desde hoy, elegid
al duelo aplazado seguro lugar. 10

MARTÍN

Don Pedro, yo os tengo primero que
hablar.

PEDRO

Hablad en buen hora: ya escucho. Decid.

MARTÍN

Causó nuestra riña . . .

PEDRO

La causa omitid:
sabémosla entrambos. Por vos se me dijo
que soy un avaro, y os privo de un hijo. 15
De honor es la ofensa, precisa la lid.

MARTÍN

¿Tenéisme por hombre de aliento?

PEDRO

Sí tal.
Si no lo creyera, con vos no lidiara.

MARTÍN

Jamás al peligro le vuelvo la cara.

PEDRO

Sí, nuestro combate puede ser igual. 20

MARTÍN

Será por lo mismo . . .

PEDRO

Sangriento, mortal.
Ha de perecer uno de los dos.

MARTÍN

Oíd un suceso feliz para vos . . .
feliz para entrambos.

PEDRO

Decídmele. ¿Cuál?

MARTÍN

Tres meses hará que en lecho de duelo 25
me puso la mano que todo lo guía.[10]
Del riesgo asustada la familia mía,
quiso en vuestra esposa buscar su consuelo.
Con tino infalible, con próvido celo
salud en la villa benéfica vierte, 30
y enfermo en que airada se ceba la
muerte,
le salva su mano, bendita del cielo.
Con vos irritado, no quise atender
al dulce consejo de amante inquietud.
« No cobre (decía) jamás la salud, 35
si mano enemiga la debe traer. »
Mayor mi tesón a más padecer,
la muerte en mi alcoba plantó su bandera.
Por fin una noche . . . ¡qué noche tan
fiera!
blasfemo el dolor hacíame ser; 40
pedía una daga con furia tenaz,
rasgar anhelando con ella mi pecho . . .
En esto a mis puertas, y luego a mi lecho,
llegó un peregrino, cubierta la faz.
Ángel parecía de salud y paz . . . 45
Me habla, me consuela; benigno licor
al labio me pone; me alivia el dolor,
y parte, y no quiere quitarse el disfraz.
La noche que tuve su postrer visita,
ya restablecido, sus pasos seguí. 50
Cruzó varias calles, viniendo hacia aquí,
y entró en esa ruina de gótica ermita,
que a vuestros jardines términos limita.
Detúvele entonces: el velo cayó,
radiante la luna su rostro alumbró . . . 55
Era vuestra esposa.

PEDRO

¡Era Margarita!

MARTÍN

Confuso un momento, cobréme después,
y vióme postrado la noble señora.
Con tal beneficio, no cabe que ahora
provoque mi mano sangriento revés. 60
Don Pedro Segura, decid a quien es

---

[10] la mano que todo lo guía, i.e., the hand of Divine Providence.

deudor este padre de verse con vida,
que está la contienda por mí fenecida.
Tomad este acero, ponedle a sus pies.

(*Da su espada a don Pedro, que la coloca
en el bufete.*)

PEDRO

¡Feliz yo, que logro el duelo excusar   65
con vos, por motivo que es tan lisonjero!
Si pronto me hallasteis, por ser caballero,
cuidado me daba el ir a lidiar.
Con tal compañera, ¿quién no ha de
    arriesgar
con susto la vida que lleva dichosa?   70
Ella me será desde hoy más preciosa,
si ya vuestro amigo queréisme llamar.

MARTÍN

Amigos seremos. (*Danse las manos.*)

PEDRO

Siempre.

MARTÍN

Siempre, sí.

PEDRO

Y al cabo, ¿qué nuevas tenéis de don
    Diego?
En hora menguada, vencido del ruego   75
de Azagra, la triste palabra le dí.
Si antes vuestro hijo se dirige [11] a mí,
¡cuánto ambas familias se ahorran de
    llanto!
No lo quiso Dios.

MARTÍN

Yo su nombre santo
bendigo; mas lloro por lo que perdí.   80

PEDRO

Pero ¿qué? . . .

MARTÍN

Después de la de Maurel,[12]
donde cayó en manos del conde Simón,
de nadie consigo señal ni razón,
por más que anhelante pregunto por él.
Cada día al cielo con súplica fiel   85
pido que me diga qué punto en la tierra
sostiénele vivo, o muerto le encierra:
mundo y cielo guardan silencio crüel.

PEDRO

El plazo otorgado dura todavía.
Un hora, un instante le basta al Eterno;
y mucho me holgara si fuera mi yerno   91
quien a mi Isabel tan fino quería.
Pero si no viene, y cúmplese el día,
y llega la hora . . . por más que me pesa,
me tiene sujeto sagrada promesa: 95
si fuera posible, no la cumpliría.

MARTÍN

Diligencia escasa, fortuna severa
parece que en suerte a mi sangre cupo: [13]
quien a la desgracia sujetar no supo,
sufrido se muestre cuando ella le hiera. 100
Adiós.

PEDRO

No han de veros de aquesa manera.
Yo quiero esta espada; la mía tomad
(*Dásela.*)
en prenda segura de fiel amistad.

MARTÍN

Acepto: un monarca llevarla pudiera.
(*Vase don Martín, y don Pedro le acompaña.*)

ESCENA VI

MARGARITA, ISABEL

MARGARITA, *siguiendo con la vista a los
dos que se retiran*

(Aunque nada les oí,

---

[11] *dirige* = *hubiera dirigido; ahorran* = *habrían ahorrado.*

[12] *la de Maurel,* i.e., the battle of Muret (1213), won by Simon de Montfort during the Albigensian crusade; here Peter II of Aragon lost his life.

[13] *Diligencia escasa . . . cupo,* " It seems that fruitless endeavor, hostile fortune, fell to the lot of my race."

deben estar ya los dos
reconciliados.)

ISABEL, *que viene tras su madre*

Por Dios,
madre, haced caso de mí.

MARGARITA

No, que es repugnancia loca   5
la que mostráis a un enlace,
que de seguro nos hace
a todos merced no poca.
Noble sois; pero mirad
que quien su amor os consagra   10
es don Rodrigo de Azagra,
que goza más calidad,
más bienes: en Aragón
le acatan propios y ajenos,[14]
y muestra, con vos al menos,   15
apacible condición.

ISABEL

Vengativo y orgulloso
es lo que me ha parecido.

MARGARITA

Vuestro padre le ha creído
digno de ser vuestro esposo.   20
Prendarse de quien le cuadre
no es lícito a una doncella,
ni hay más voluntad en ella
que la que tenga su padre.
Hoy día, Isabel, así   25
se conciertan nuestras bodas:
así nos casan a todas,
y así me han casado a mí.

ISABEL

¿No hay a los tormentos míos
otro consuelo que dar?   30

MARGARITA

No me tenéis que mentar
vuestros locos amoríos.
Yo por delirios no abogo.
Idos.

ISABEL

En vano esperé. (*Sollozando al
retirarse.*)

MARGARITA

¡Qué! ¿lloráis?

ISABEL

Aún no me fué   35
vedado este desahogo.

MARGARITA

Isabel, si no os escucho,
no me acuséis de rigor.
Comprendo vuestro dolor
y le compadezco mucho;   40
pero, hija . . . cuatro años ha
que a nadie Marsilla escribe.
Si ha muerto . . .

ISABEL

¡No, madre, vive! . . .
¡Pero cómo vivirá!
Tal vez, llorando, en Sión[15]   45
arrastra por mí cadenas;
quizá gime en las arenas
de la líbica región.[16]
Con aviso tan funesto
no habrá querido afligirme.   50
Yo trato de persuadirme,
y sin cesar pienso en esto.
Yo me propuse aprender
a olvidarle, sospechando
que infiel estaba gozando   55
caricias de otra mujer;
yo escuché de su rival
los acentos desabridos,
y logré de mis oídos
que no me sonaran mal.   60
Pero ¡ay! cuando la razón
iba a proclamarse ufana
vencedora soberana
de la rebelde pasión,
al recordar la memoria   65
un suspiro de mi ausente,

---

[14] *propios y ajenos,* " his own people and others."
[15] *Sión,* Zion, i.e., Jerusalem.
[16] *líbica región,* Libyan region, i.e., Northern Africa.

se arruinaba de repente
la fortaleza ilusoria,
y con ímpetu mayor,
tras el combate perdido,   70
se entraba por mi sentido
a sangre y fuego el amor.
Yo entonces a la virtud
nombre daba de falsía,
rabioso llanto vertía,   75
y hundirme en el ataúd
juraba en mi frenesí
antes que rendirme al yugo
de ese hombre, fatal verdugo,
genio infernal para mí.   80

MARGARITA

Por Dios, por Dios, Isabel,
moderad ese delirio:
vos no sabéis el martirio
que me hacéis pasar con él.

ISABEL

¡Qué! ¿mi audacia os maravilla?   85
Pero estando ya tan lleno
el corazón de veneno,
fuerza es que rompa su orilla.
No a vos, a la piedra inerte [17]
de esa muralla desnuda;   90
a esa bóveda que muda
oyó mi queja de muerte;
a este suelo donde mella
pudo hacer el llanto mío,
a no ser tan duro y frío   95
como alguno que le huella,
para testigos invoco
de mi doloroso afán;
que, si alivio no le dan,
no les ofende tampoco.   100

MARGARITA

¿Quién con ánimo sereno
la oyera?—El dolor mitiga;
de una madre, de una amiga
ven al cariñoso seno.
Conóceme, y no te ahuyente   105
la faz severa que ves:

máscara forzosa es,
que dió el pesar a mi frente;
pero tras ella te espera,
para templar tu dolor,   110
el tierno, indulgente amor
de una madre verdadera.

ISABEL

¡Madre mía! (Abrázanse.)

MARGARITA

Mi ternura
te oculté . . . porque debí . . .
¡Ha quince años que hay aquí   115
guardada tanta amargura!
Yo hubiera en tu amor filial
gozado, y gozar no debo
nada ya, desde que llevo
el cilicio y el sayal.   120

ISABEL

¡Madre!

MARGARITA

Temí, recelé
dar a tu amor incentivo,
y sólo por correctivo
severidad te mostré;
mas oyéndote gemir   125
cada noche desde el lecho,
y a veces en tu despecho
mis rigores maldecir,
yo al Señor, de silencioso
materno llanto hecha un mar,   130
ofrecí mil veces dar
mi vida por tu reposo.

ISABEL

¡Cielos! ¡Qué revelación
tan grata! ¡Qué injusta he sido!
¿Que tanto me habéis querido?   135
¡Madre de mi corazón!
Perdonadme . . . ¡Qué alborozo
siento, aunque llorar me veis!
Seis años ha, más de seis,
que tanta dicha no gozo.   140
Mi desgracia contemplad,
cuando como dicha cuento

---

[17] a vos, a la piedra, etc., direct objects of invoco, several lines below.

que mis penas un momento
aplaquen su intensidad.
Pero este rayo que inunda   145
en viva luz mi alma yerta,
¿dejaréis que se convierta
en lobreguez más profunda?
Madre, madre a quien adoro,
el labio os pongo en el pie: 150
mi aliento aquí exhalaré
si no cedéis a mi lloro. (*Póstrase.*)

MARGARITA

Levanta, Isabel; enjuga
tus ojos; confía . . . Sí:
cuanto dependa de mí . . .   155

ISABEL

Ya veis que en rápida fuga
el tiempo desaparece.
Si pasan tres días, ¡tres!
todo me sobra después,
toda esperanza fallece.   160
Mi padre, por no faltar
a la palabra tremenda,
le rendirá por ofrenda
mi albedrío en el altar.
Vuestras razones imprimen   165
en su alma la persuasión:
en mí toda reflexión [18]
fuera desacato, crimen.
Y yo, señora, lo veo:
podrá llevarme a casar;   170
pero en vez de preparar
las galas del himeneo,
que a tenerme se limite
una cruz y una mortaja;
que esta gala y esta alhaja   175
será lo que necesite.

MARGARITA

No, no, Isabel; cesa, cesa;
yo en tu defensa me empeño:
no será Azagra tu dueño,
yo anularé la promesa.   180
Me oirá tu padre, y tamaños
horrores evitará.

18 *reflexión*, " objection," " argument."

Hoy madre tuya será
quien no lo fué tantos años.

ESCENA VII

TERESA, MARGARITA, ISABEL

TERESA. Señoras, don Rodrigo de
Azagra pide licencia para visitaros.
MARGARITA. Hazle entrar. A buen
tiempo llega. (*Vase Teresa.*)
ISABEL. Permitid que yo me retire.   5
MARGARITA. Quédate en la pieza in-
mediata y escucha nuestra conversación.
ISABEL. ¿Qué vais a decir?
MARGARITA. Óyelo y acabarás de hacer
justicia a tu madre. (*Vase Isabel.*)   10

ESCENA VIII

DON RODRIGO, MARGARITA

MARGARITA. Ilustre don Rodrigo . . .
RODRIGO. Señora . . . al fin nos vemos.
MARGARITA. Honrad mi estrado, ya que
la prisa de venir a mi casa no os ha
dejado sosegar en la vuestra.   5
RODRIGO. Aquí vengo a buscar el
sosiego que necesito. (*Siéntase.*) ¿Qué me
decís de mi desdeñosa?
MARGARITA. ¿Me permitiréis que hable
con toda franqueza?   10
RODRIGO. Con franqueza pregunto yo.
Hablad.
MARGARITA. Mi esposo os prometió la
mano de su hija única, y, por él, debéis
contar de seguro con ella. Pero la delicadeza de vuestro amor y la elevación de
vuestro carácter, ¿se satisfarían con la
posesión de una mujer cuyo cariño no
fuese vuestro?   19
RODRIGO. El corazón de Isabel no es
ahora mío, lo sé; pero Isabel es virtuosa,
es el espejo de las doncellas: cumplirá lo
que jure, apreciará mi rendida fe y será
el ejemplo de las casadas.   24
MARGARITA. Mirad que su afecto a
Marsilla no se ha disminuído.

Rodrigo. No me inspira celos un rival cuyo paradero se ignora, cuya muerte, para mí, es indudable.   29

Margarita. ¿Y si volviese aún? ¿Y si antes de cumplirse el término se presentara tan enamorado como se fué, y con aumentos muy considerables de hacienda?   34

Rodrigo. Mal haría en aparecer ni antes ni después de mis bodas. Él prometió renunciar a Isabel si no se enriquecía en seis años; pero yo nada he prometido. Si vuelve, uno de los dos ha de quedar solo junto a Isabel. La mano que pretendemos ambos no se compra con oro: se gana con hierro, se paga con sangre.   43

Margarita. Vuestro lenguaje no es muy reverente para usado en esta casa y conmigo; pero os le perdono, porque me perdonéis la pesadumbre que voy a daros. Yo, noble don Rodrigo; yo, que hasta hoy consentí en vuestro enlace con Isabel, he visto, por último, que de él iba a resultar su desgracia y la vuestra. Tengo, pues, que deciros, como cristiana y madre; tengo que suplicaros por nuestro Señor y nuestra Señora, que desistáis de un empeño ya poco distante de la temeridad.

Rodrigo. Ese empeño es público; hace muchos años que dura, y se ha convertido para mí en caso de honor. Es imposible que yo desista. No os opongáis a lo que no podréis impedir.   60

Margarita. Aunque habéis desairado mi ruego, tal vez no le desaire mi esposo.

Rodrigo. Mucho alcanzáis con él: adora en vos, y lo merecéis, porque ha quince años que os empleáis en la caridad y la penitencia . . . Pero . . . ¿os ha contado ya la muerte de Roger de Lizana?   68

Margarita. ¡Cómo! ¿Roger ha muerto?

Rodrigo. Sí, loco y mudo, según estaba; desgraciadamente, según merecía; y a los pies de don Pedro, como era justo.   74

Margarita. ¡Cielos! Nada sabía de ese infeliz.

Rodrigo. Ese infeliz era muy delincuente, era el corruptor de una dama ilustre.

Margarita. ¡Don Rodrigo!   80

Rodrigo. La esposa más respetable entre las de Teruel.

Margarita. ¡Por compasión! . . . Si Roger ha muerto . . .   84

Rodrigo. Casi expiró en mis brazos. Yo tendí sobre el féretro su cadáver, yo hallé sobre su corazón unas cartas . . .

Margarita. ¡Cartas!   88

Rodrigo. De mujer . . . cinco . . . sin firma todas. Pero yo os las presentaré, y vos me diréis quién las ha escrito.

Margarita. ¡Callad! ¡callad!

Rodrigo. Si no, acudiré a vuestro esposo: bien conoce la letra.   94

Margarita. ¡No! ¡Dádmelas, rompedlas, quemadlas!

Rodrigo. Se os entregarán; pero Isabel me ha de entregar a mí su mano primero.

Margarita. ¡Oh!

Rodrigo. Dios os guarde, señora.   100

Margarita. Deteneos, oídme.

Rodrigo. Para que os oiga, venid a verlas. (Vase.)

Margarita. Escuchad, escuchadme. (Vase tras don Rodrigo.)   105

ESCENA IX

Isabel; después Teresa

Isabel. ¿Qué es lo que oí? No lo he comprendido, no quiero comprender ese misterio horrible: sólo entiendo que de infeliz he pasado a más. (Sale Teresa.)

Teresa. Señora, un joven extranjero ha llegado a casa pidiendo que se le dejara descansar un rato . . .   7

Isabel. Recíbele y déjame.

Teresa. Ya se le recibió, y le han agasajado con vino y magras; por señas que nada de ello ha probado, como si fuera moro o judío. Aparte de esto, es muy lindo muchacho: he trabado con-

versación con él y dice que viene de
Palestina.   15
    ISABEL. ¿De Palestina?
    TERESA. Yo me acordé al punto del
pobre don Diego. Como os figuráis que
debe estar por allá . . .   19
    ISABEL. Sí. Llámale pronto. (*Vase
Teresa.*) ¡Virgen piadosa! ¡Que haya sido
sueño lo que pienso que oí! ¡Oh! Pensemos en el que viene de Palestina.

ESCENA X

ZULIMA, *en traje de noble aragonés;*
TERESA, ISABEL

ZULIMA

El cielo os guarde.

ISABEL

          Y a vos
también.

ZULIMA

    (Mi rival es ésta.)

ISABEL

Mejor podéis descansar
en esta sala que fuera.

TERESA

Este mancebo, señora,   5
viene de lejanas tierras:
de Jerusalén, de Jope,[19]
de Belén y de Judea.

ISABEL

¿Cierto?

ZULIMA

    Sí.

TERESA

      Y ha conocido
allá gente aragonesa.   10

ZULIMA

Un caballero traté[20]
de Teruel.

ISABEL

¿Cuál? ¿Quién? ¿Quién era?
Su nombre.

ZULIMA

Diego Marsilla.

ISABEL

¡Os trajo Dios a mi puerta!
¿Dónde le dejáis?

TERESA

         Entonces,   15
¿era ya rico?

ZULIMA

      Una herencia
cuantïosa le dejaron
allí.

ISABEL

   Pero ¿dónde queda?

ZULIMA

Hace poco era cautivo
del Rey moro de Valencia.   20

ISABEL

¡Cautivo! ¡Infeliz!

ZULIMA

       No tanto.
La esposa del Rey, la bella
Zulima, le amó.

ISABEL

    ¿Le amó?

ZULIMA

¡Sí! ¡mucho!

TERESA

    ¡Qué desvergüenza!

ISABEL

¡Y qué! ¿No viene por eso   25
Marsilla donde le esperan?

---

[19] *Jope*, Joppa, modern Jaffa, seaport of Palestine.
[20] *traté*, " I was acquainted with."

TERESA

¿Se ha vuelto moro quizá?

ZULIMA

(Ya que padecí, padezca.
Finjamos.)

ISABEL

Hablad.

ZULIMA

No es fácil
resistir a una princesa   30
hermosa y amante: al fin
Marsilla, para con ella,[21]
era un miserable.

TERESA

Pero
vamos, acabad . . .

ISABEL

(¡Apenas
vivo!)

ZULIMA

El Rey llegó a saber   35
lo que pasaba; la Reina
pudo escapar, protegida
por un bandido, cabeza
de la cuadrilla temible
que hoy anda por aquí cerca;   40
y Marsilla . . .

ISABEL

¿Qué?

ZULIMA

Rogad
a Dios que le favorezca.

ISABEL

¡Ha muerto! ¡Jesús, valedme!

(Desmáyase.)

TERESA

¡Isabel! ¡Isabel!—¡Buena
la habéis hecho!

ZULIMA

(Sabe amar
esta cristiana de veras;   45
yo sé más: yo sé vengarme.)

TERESA

¡Señora! ¡Paula! ¡Jimena!

(A Zulima.)

Buscad agua, llamad gente.

ZULIMA

(Salgamos. Con esta nueva
se casará.) (Vase.)

TERESA

¡Dios confunda   50
la boca ruin que nos cuenta
noticia tan triste! . . . Pero
un prójimo que no prueba
cerdo ni vino, ¿qué puede
dar de sí? [22]

(Salen dos criadas que traen agua.)

Pronto aquí, lerdas.   55
¿Dónde estabais? A ver: dadme
el agua.

ISABEL

¡Ay, Dios! ¡Ay, Teresa!

ESCENA XI

MARGARITA, ISABEL, TERESA, CRIADAS

MARGARITA

¿Qué sucede?

ISABEL

¡Ay, madre mía!
Ya no es posible que venga.
Murió.

---

[21] para con ella, " compared to her " and also " toward her "; note that nowhere does Zulima
tell an outright falsehood.

[22] ¿qué puede dar de sí? " what can you expect of him? "

MARGARITA

¿Quién? ¿Marsilla?

TERESA

¿Quién
ha de ser?

ISABEL

Y ha muerto en pena
de serme infiel.

TERESA

Una mora,   5
que dicen que no era fea,
la esposa del Reyezuelo
valenciano, buena pieza
sin duda, nos le quitó.

ISABEL

¡En esto paran aquellas   10
ilusiones de ventura
que alimentaba risueña!
¡Conmigo nacieron, ay!
Se van, y el alma se llevan.
Ese infausto mensajero,   15
¿dónde está? Dile que vuelva.

MARGARITA

Sí; yo le preguntaré . . .

TERESA

Pues como nos dé respuestas
por el estilo . . . Seguidme.

(Vanse Teresa y las criadas.)

ESCENA XII

MARGARITA, ISABEL

ISABEL

¿Quién figurarse pudiera
que me olvidara Marsilla?
¡Qué sonrojo! ¡Qué vileza!
Pero ¿cómo ha sido, cómo
fué que no lo presintiera   5
mi corazón? No es verdad:
imposible que lo sea.
Se engañó, si lo creyó,
la Sultana de Valencia.

Sólo por volar a mí,   10
quebrantando sus cadenas,
dejó soñar a la mora
con esa falaz idea.
Mártir de mi amor ha sido,
que desde el cielo en que reina, 15
de su martirio me pide
la debida recompensa.
Yo se la daré leal,
yo defenderé mi diestra:
viuda del primer amor   20
he de bajar a la huesa.
Llorar libremente quiero
lo que de vivir me resta,
sin que pueda hacer ninguno
de mis lágrimas ofensa.   25
No he de ser esposa yo
de Azagra: primero muerta.

MARGARITA

¿Tendrás valor para? . . .

ISABEL

Sí,
mi desgracia me le presta.

MARGARITA

¿Y si te manda tu padre? . . .   30

ISABEL

Diré que no.

MARGARITA

Si te ruega . . .

ISABEL

No.

MARGARITA

Si amenaza . . .

ISABEL

Mil veces
no. Podrán enhorabuena
de los cabellos asida
arrastrarme hasta la iglesia;   35
podrán maltratar mi cuerpo,
cubrirle de áspera jerga,
emparedarme en un claustro
donde lentamente muera:

todo esto podrán, sí; pero 40
lograr que diga mi lengua
un sí perjuro, no.

MARGARITA

Bien,
bien. Tu valor . . . me consuela.
(Nada oyó: más vale así.
La culpa, no la inocencia, 45
debe padecer.)—Ten siempre
esa misma fortaleza,
y no te dejes vencer,
suceda lo que suceda.
Matrimonio sin cariño 50
crímenes tal vez engendra.
Yo sé de alguna infeliz
que dió su mano violenta [23] . . .
y . . . después de larga lucha . . .
desmintió su vida honesta. 55
Muchos años lleva ya
de dolor y penitencia . . .
y al fin le toca morir,
de oprobio justo cubierta.

ISABEL

¡Ah, madre! ¿Qué dije yo? 60
Me olvidé, con esa nueva,
de otra desdicha tan grande
que a mi desdicha supera.

MARGARITA

¡No te cases, Isabel!

ISABEL

Sí, madre; mi vida es vuestra: 65
dárosla me manda Dios,
lo manda naturaleza.

MARGARITA

¡Hija!

ISABEL

Por fortuna mía,
Marsilla al morir me deja
el corazón sin amor 70
y sin lugar donde prenda.
Por más fortuna, Marsilla
de mí se olvidó en la ausencia,

y puso en otra mujer
el amor que me debiera. 75
Por dicha mayor, Azagra
es de condición soberbia,
celoso, iracundo: así
mis lágrimas y querellas
insufribles le serán; 80
querrá que yo las contenga;
no podré, se irritará,
y me matará.

MARGARITA

¡Me aterras,
hija, me matas a mí!

ISABEL

Tengo yo cartas que lea: 85
puede encontrármelas.

MARGARITA

¡Oh!
Si como las tuyas fueran
otras . . .

ISABEL

Y tengo un retrato
en esta joya. (Saca un relicario.)
¿Son ésas
sus facciones? Pues sabed 90
que, sin estudio ni regla,
de amor guiada la mano,
al primer ensayo diestra,
yo supe dar a ese rostro
semejanza tan perfecta. 95
Me sirvió para suplir
de Marsilla la presencia;
no le necesito ya:
más vale que no le vea.
¡Ah! dejadme que le bese 100
una vez . . . la última es ésta.
Tomad. ¿Veis? el sacrificio
consumo, y estoy serena,
tranquila . . . como la tumba.
Imitad vos mi entereza, 105
mi calma . . . y no me digáis
una palabra siquiera.
De mí vuestra fama pende:

[23] *violenta,* " under compulsion."

la conserváreis ilesa.
Yo me casaré: no importa,   110
no importa lo que me cuesta. (*Vase.*)

ESCENA XIII

MARGARITA

Y ¿debo yo consentir
que la inocente Isabel,
por mi egoísmo crüel,
se ofrezca más que a morir?
Pero ¿cómo he de sufrir   5
que, perdida mi opinión,
me llame todo Aragón
hipócrita y vil mujer?
Mala madre me hace ser
mi buena reputación.   10
A todo me resignara
con ánimo ya contrito,
si al saberse mi delito
yo sola me deshonrara.
Pero a mi esposo manchara   15
con ignominia mayor.
¡Hija infeliz en amor!
¡Hija desdichada mía!
Perdona la tiranía
de las leyes del honor.   20

ACTO TERCERO

Retrete o gabinete de Isabel. Dos puertas.

ESCENA PRIMERA

ISABEL, TERESA

*Aparece Isabel ricamente vestida, sentada
en un sillón junto a una mesa, sobre la cual
hay un espejo de mano, hecho de metal. Teresa está acabando de adornar a su ama.*

TERESA. ¿Qué os parece el tocado?
Nada, ni os oye. Que os miréis os digo;
tomad el espejo. (*Se le da a Isabel, que
maquinalmente le toma, y deja caer la
mano sin mirarse.*) A esotra puerta. Miren
¡qué trazas éstas de novia!—¡Ved qué
preciosa gargantilla voy a poneros!
(*Isabel inclina la cabeza.*) Pero alzad la
cabeza, Isabel. Si esto es amortajar a un
difunto.   10
ISABEL. ¡Marsilla!
TERESA. (Dios le haya perdonado.)—
Ea, se concluyó. Bien estáis. Ello, sí, me
habéis hecho perder la paciencia treinta
veces.   15
ISABEL. ¡Madre mía!
TERESA. Si echáis menos a mi señora,
ya os he dicho que no está en casa,
porque para ella la caridad es antes que
todo. El juez de este año, Domingo Celladas, tenía un hijo en tierra de infieles:
Jaime, ya le conocéis. Hoy, sin que
hubiese noticia de que viniera, se le han
encontrado en el camino de Valencia unos
mercaderes, herido y sin conocimiento.
Por un rastro de sangre que iba a parar a
un hoyo, se ha comprendido que debieron
echarle dentro; y se cree que hasta poder
salir habrá estado en el hoyo quizá más
de un día, porque las heridas no son
recientes. Vuestra madre ha sido llamada
para asistirle; me ha encargado que os
aderece; os he puesto hecha una imagen,
y ni siquiera he logrado que deis una
mirada al vestido para ver si os gusta.   35
ISABEL. Sí: es el último.
TERESA. ¡El dulcísimo nombre de Jesús! No lo quiera Dios, Isabelita de mi
alma; no lo querrá Dios: antes os hará
tan dichosa como vos merecéis. Pero salid
de ese abatimiento; mirad que ya van a
venir los convidados a la boda, y es
menester no darles que decir.   43
ISABEL, *con sobresalto.* ¿Qué hora es
ya?
TERESA. No tardarán en tocar a vísperas ahí al lado, en San Pedro.[1] Es la hora
en que salió de Teruel don Diego, y hasta
que pase, mi señor no se considera libre
de su promesa.   50

---

[1] *San Pedro*, a Gothic church, now restored, which still preserves the reputed remains of
the two lovers.

ISABEL. Sí, a esa hora, a esa hora misma partió . . . para nunca volver. En este aposento, allí, delante de ese balcón estaba yo, llorando sobre mi labor, como ahora sobre mis galas. Continuamente miraba a la calle por donde había de pasar, para verle; ahora no miro: no le veré. Por allí vino, dirigiendo el fogoso alazán enseñado a pararse bajo mis balcones. Por allí vino, vestida la cota, la lanza en la mano, al brazo la banda, último don de mi cariño. «Hasta la dicha o hasta la tumba,» me dijo. «Tuya o muerta,» le dije yo; y caí sin aliento en el balcón mismo, tendidas las manos hacia la mitad de mi alma que se ausentaba.—¡Suya o muerta! Y voy a dar la mano a Rodrigo. ¡Bien cumplo mi palabra! 68

TERESA. Hija mía, desechad esas ideas. Yo ¿qué os he de decir para consolaros? Que os he visto nacer, que habéis jugado en mis brazos y en mis rodillas . . . y que diera yo porque recobraseis la paz del alma y fuerais feliz, ¡ay! diera yo todos los días que me faltan que vivir, menos uno para verlo. 76

ISABEL. ¿Feliz, Teresa? Con este vestido, ¿cómo he de ser feliz? ¡Pesa tanto, me ahoga tanto! . . . Quítamele, Teresa. (*Levantándose.*) 80

TERESA. Señora, que viene don Rodrigo.

ISABEL. ¡Don Rodrigo! Busca pronto a mi madre. (*Vase Teresa.*)

ESCENA II

DON RODRIGO, ISABEL

RODRIGO

Mis ojos por fin os ven
a solas, ángel hermoso.
Siempre un amargo desdén
y un recato rigoroso
me han privado de este bien. 5
Trémula estáis: ocupad
la silla.

ISABEL

¡Ante mi señor!

RODRIGO

Esclavo diréis mejor.
Soberana es la beldad
en el reino del amor. 10

ISABEL

¡Mentida soberanía!

RODRIGO

De mi rendimiento fiel,
que dudarais no creía.
¡Si a conocer, Isabel,
llegaseis el alma mía! 15

ISABEL

¿Para qué? Señas ha dado
que indican su índole bella.

RODRIGO

Mi destino desastrado
sólo mostrar me ha dejado
lo deforme que hay en ella. 20
Un Azagra conocéis
orgulloso y vengativo;
y otro por fin hallaréis,
que en vuestro rigor esquivo
figuraros no podéis. 25
El Azagra que os adora,
el Azagra para vos,
aún no le visteis, señora;
y nos conviene a los dos
una explicación ahora. 30

ISABEL

Mis padres pueden mandar,
yo tengo que obedecer;
nada pretendo saber:
hiciera bien en callar
quien ha logrado vencer. 35

RODRIGO

El vencedor, que aparece
lleno ante vos de amargura,
manifestaros ofrece
que sabe lo que merece
doña Isabel de Segura. 40
Os ví, y en vos admiré
virtud y belleza rara;

digno de vos me juzgué,
y uniros a mí juré,
costara lo que costara.　　　　45
Maldición más espantosa
no pudo echarme jamás
una lengua venenosa,
que decir: «No lograrás
hacer a Isabel tu esposa.»　　　50
«Lidiaré, si es necesario,
por ella con todo el orbe,»
clamaba yo de ordinario.
«¡Infeliz el que me estorbe,
competidor o contrario!»　　　55
En mi celoso furor
cabe hasta lo que denigre
mi calidad y mi honor.
Amo con ira de tigre . . .
porque es muy grande mi amor.　　　60
—No el vuestro, tan delicado,
me pintéis para mi mengua:
quizá no lo haya expresado
en seis años vuestra lengua,
sin que me lo hayan contado.　　　65
Cuantas cartas escribió
Marsilla ausente, leí;
él su retrato no vió,
yo sí: junto a vos aquí
siempre tuve un guarda yo.　　　70
Ha sido mi ocupación
observaros noche y día,
y abandonaba a Monzón
siempre que lo permitía
la marcial obligación.　　　75
Viéndoos al balcón sentada
por las noches a la luna,
mi fatiga era pagada:
jamás fué mujer ninguna
de amante más respetada.　　　80
Para romper mis prisiones,
para defectos hallaros
fueron mis indagaciones;
y siempre para adoraros
encontré nuevas razones.　　　85
Seducido el pensamiento

de lisonjeros engaños,
un favorable momento
espero hace ya seis años,
y aún llegado no lo cuento.　　　90
Pero, por dicha, quizá
no deba estar muy distante.

ISABEL

¡Qué! ¿Pensáis que cesará
mi pasión, muerto mi amante?
No; lo que yo viviré.　　　95

RODRIGO

Pues bien, amad, Isabel,
y decidlo sin reparo; [2]
que con ese amor tan fiel,
aunque a mí me cueste caro,
nunca me hallaréis cruel.　　　100
Mas si ese afecto amoroso,
cuya expresión no limito,
mantener os es forzoso,
yo, mi bien, yo necesito
el nombre de vuestro esposo.　　　105
No más que el nombre, y concluyo
de desear y pedir;
todas mis dichas incluyo
en la dicha de decir:
«Me tienen por dueño suyo.»　　　110
Separada habitación,
distinto lecho tendréis . . .
¿Queréis más separación?
Vos en Teruel viviréis,
yo en la corte de Aragón. [3]　　　115
¿Teméis que la soledad
bajo mi techo os consuma?
Vuestros padres os llevad
con vos; mudaréis en suma
de casa y de vecindad.　　　120
Nunca sin vuestra licencia
veré esos divinos ojos . . .
¡Ay! dádmela con frecuencia.
Si os oprimen los enojos, [4]
hablad, y mi diligencia　　　125
ya un festín, ya una batida,
ya un torneo dispondrá.

---

[2] *reparo*, "fear of rebuke."
[3] *en la corte de Aragón*, i.e., Saragossa.
[4] *enojos*, "ennui," "boredom."

Si lloráis . . . ¡Prenda querida!
Cuando lloréis, ¿qué os dirá
quien no ha llorado en su vida?   130
Míseros ambos, hacer
con la indulgencia podemos
menor nuestro padecer.
Ahora, aunque nos casemos,
¿me podréis aborrecer?   135

ISABEL

¡Don Rodrigo! ¡Don Rodrigo! (*Sollozando.*)

RODRIGO

¡Lloráis! ¿Es porque me muestro
digno de ser vuestro amigo?
¿No sufrí del odio vuestro
bastante el duro castigo?   140

ISABEL

¡Oh! no, no: mi corazón
palpitar de odio no sabe.

RODRIGO

Ni al mirar vuestra aflicción
hay fuerza en mí que no acabe
rindiéndose a discreción.   145
Es ya el caso de manera
que el infausto desposorio
viene a ser obligatorio
para ambos: lo demás fuera
dar escándalo notorio.   150
Pero el amor que os consagro
se ha vuelto a vos tan propicio,
que si Dios en su alto juicio
quiere obrar hoy un milagro . . .
contad con un sacrificio.   155
Ayer, si resucitara
mi aciago rival Marsilla,
sin compasión le matara,
y sin limpiar la cuchilla
corriera con vos al ara.   160
Hoy, resucitado o no,
si antes que me deis el sí
viene . . . que triunfe de mí.

---

5 *malogrado*, "ill-starred."

ISABEL

¡Vos sí que triunfáis así
de esta débil mujer!   165

(*El llanto le ahoga la voz por unos
instantes; luego, al ver a don Pedro y a
los que le acompañan, se contiene, excla-
mando:*)

¡Oh!

ESCENA III

DON PEDRO, DON MARTÍN, DAMAS,
CABALLEROS, PAJES, ISABEL, DON RO-
DRIGO; *después*, TERESA

PEDRO. Hijos, el sacerdote que ha de
bendecir vuestra unión ya nos está esperando en la iglesia. Tanto mis deudos
como los de Azagra me instan a que
apresure la ceremonia; pero aún no ha
fenecido el plazo que otorgué a don
Diego. Al toque de vísperas de un domingo salió de su patria el malogrado [5]
joven, seis años y siete días hace: hasta
que suene aquella señal en mi oído, no
tengo libertad para disponer de mi hija.
(*A don Martín.*) Porque veáis de qué
modo cumplo mi promesa, os he rogado
que vinierais aquí.   14

MARTÍN. ¡Inútil escrupulosidad! No os
detengáis. No romperá mi hijo el seno de
la tierra para reconveniros.

ISABEL. (¡Infeliz!)

PEDRO. Fiel a lo que juré me verá desde
el túmulo, cual me hallaría viviendo.
(*Sale Teresa.*)   21

RODRIGO. Isabel deseará la compañía
de su madre: pudiéramos pasar por casa
del juez . . .

TERESA. Ahora empezaba el herido a
volver en su conocimiento. Si antes de
vísperas no se halla mi señora en la
iglesia, es señal de que no puede asistir a
los desposorios: esto me ha dicho.   29

PEDRO. La esperaremos en el templo.
(*A don Martín.*) Si la pesadumbre os
permite acompañarnos, venid . . .

MARTÍN. Excusadme el presenciar un acto que debe serme tan doloroso. 34

PEDRO. Estad seguro de que mientras no oigáis las campanas, no habrá dado su mano Isabel. Estos caballeros podrán atestiguar que se esperó hasta el cabal vencimiento del plazo. Marchemos. 39

ISABEL. (¡Morada de mi pasado bien, adiós para siempre!) (*Vanse todos, menos don Martín.*)

ESCENA IV

DON MARTÍN. Con pena, con celos veo yo a Isabel dirigirse al altar. Hubo un tiempo en que la tuve por hija; hoy me quitan su filial cariño, y ella consiente. Pero ¿qué falta hace al mísero cadáver de mi hijo la constancia de la que él amó? ¡Si su sombra necesita lágrimas, bien se puede satisfacer con las mías! 8

ESCENA V

ADEL, DON MARTÍN

ADEL. Cristiano, busco a Martín Marsilla, que está aquí, según se me dice. ¿Eres tú?

MARTÍN. Yo soy.

ADEL. ¿Qué sabes de tu hijo? 5

MARTÍN. ¡Moro! . . . su muerte.

ADEL. Esa noticia . . . ¿quién la ha traído?

MARTÍN. Un joven forastero.

ADEL. ¿En dónde para? 10

MARTÍN. Apenas se detuvo en Teruel: yo no pude verle.

ADEL. ¿Qué ha pasado con Jaime Celladas?

MARTÍN. Le han herido gravemente al llegar a la villa: en su lecho yace todavía sin voz ni conocimiento. 17

ADEL. ¿Luego tú nada sabes?

MARTÍN. ¿Qué vas a decirme?

ADEL. Acabo de averiguar que disfrazada con traje de hombre, ha entrado en Teruel Zulima. la esposa del Amir de Valencia. 23

MARTÍN. ¿La que fué causa de la pérdida de mi hijo?

ADEL. Él la desdeñó, y ella se ha vengado mintiendo.

MARTÍN. ¿Mintiendo? 28

ADEL. ¡Anciano! Bendice al Señor: aún eres padre.

MARTÍN. ¡Dios poderoso!

ADEL. Tu hijo libró de un asesinato pérfido al Amir de Valencia, y el Amir le ha colmado de riquezas y honores. Herido en un combate, no se le permitió caminar hasta reponerse. Jaime venía delante para anunciar su vuelta. Sígueme, y no pararé hasta poner a Marsilla en tus brazos. (*Vase.*) 39

MARTÍN, *alzando las manos al cielo, arrebatado de júbilo.* ¡Señor! ¡Señor!

ESCENA VI

MARGARITA, DON MARTÍN

MARGARITA, *dentro.* ¡Isabel! ¡Isabel! (*Sale y repara en don Martín, que se retiraba con Adel.*) Don Martín . . .

MARTÍN, *deteniéndose.* Margarita, sabedlo . . . 5

MARGARITA. Sabedlo el primero. Jaime Celladas . . .

MARTÍN. Ese moro que veis . . .

MARGARITA. Ha vuelto en sí.

MARTÍN. Viene de Valencia. 10

MARGARITA. Jaime también.

MARTÍN. Vive mi hijo.

MARGARITA. Lo ha dicho Jaime. Corred, impedid ese casamiento. (*Óyese el toque de vísperas.*) 15

MARTÍN. ¡Ah! ya es tarde.

MARGARITA. ¡Dios ha rechazado mi sacrificio!

MARTÍN. ¡Hijo infeliz! 19

MARGARITA. ¡Hija de mis entrañas! (*Vase.*)

ESCENA VII

Bosque inmediato a Teruel.

MARSILLA, *atado a un árbol*

Infames bandoleros,

que me habéis a traición acometido,
venid y ensangrentad vuestros aceros:
la muerte ya por compasión os pido.
Nadie llega, de nadie soy oído: 5
vuelve el eco mis voces, y parece
que goza en mi dolor y me escarnece.
Me adelanté a la escolta que traía:
su lento caminar me consumía.
Yo vengo con amor, ellos con oro. 10
Enemigos villanos,
los ricos dones del monarca moro
no como yo darán en vuestras manos:
tienen quien los defienda.
Pero las horas pasan, huye el día. 15
¿Qué vas a imaginar, Isabel mía?
¿Qué pensarás, idolatrada prenda,
si esperando abrazar al triste Diego,
corrido el plazo ves y yo no llego?
Mas por Jaime avisados 20
en mi casa estarán: pronto, azorados
con mi tardanza . . . Sí, ya se aproxima
gente. ¿Quién es?

ESCENA VIII

Zulima, *en traje de hombre;* Marsilla

Zulima

Yo soy.

Marsilla

¡Cielos! ¡Zulima!
¡Tú aquí! (¡Presagio horrendo!)

Zulima

Vecinos de Teruel vienen corriendo
a quienes más que a mí toca librarte:
yo sólo en esta parte 5
me debo detener mientras te digo
que Isabel es mujer de don Rodrigo.

Marsilla

¡Gran Dios! Mas no: me engañas, impostora.

Zulima

Zaén, que llega de Teruel ahora,
Zaén ha visto dar aquella mano 10
tan ansiada por ti.

Marsilla

Finges en vano.
Tú ignoras que mi próxima llegada
previno un mensajero.

Zulima

Tú no sabes
que un tirador certero
supo dejar tu previsión burlada, 15
saliéndole al camino al mensajero.[6]
Yo hablé con Isabel; yo de tu muerte
la noticia le dí, y a los bandidos
encargué que tu viaje detuvieran.
Yo, celebradas de Isabel las bodas, 20
te las vengo a anunciar.

Marsilla

¿Conque es ya tarde?

Zulima

Mírame bien, y dúdalo si puedes.
Inútiles mercedes
el Rey te prodigó: más he podido,
prófuga yo, que mi real marido. 25
Yo mi amor te ofrecí, bienes y honores,
y te inmolé mi fe [7] y el ser que tengo;
tú preferiste ingrato mis rencores:
me ofendiste cruel, cruel me vengo.
Adiós: en mi partida 30
te dejo por ahora con la vida,
mientras padeces en el duro potro
de ver a tu Isabel en brazos de otro.
(*Vase.*)

ESCENA IX

Marsilla

Monstruo, por cuya voz ruge el abismo,
vuelve y di que es engaño

---

[6] *saliéndole . . . mensajero,* "intercepting the messenger on his way."
[7] *fe* here means "religious faith," as indicated clearly in the 1838 edition, where Zulima, confessing her love for the Christian captive, says: "En mi desvarío le dije: tu Dios es mío, mi Dios en ti veré yo."

todo lo que te oí. (*Forcejea para desatarse.*)

Lazos crueles,
¿cómo me resistís? ¡Ligan cordeles   4
al que hierros quebró! ¿No soy el mismo?
¡Ah! no. Mujer fatal, cortos instantes
me quedan que vivir, si no has mentido;
¡pero permita Dios que mueras antes!

ESCENA X

ADEL, *pasando por una altura;* MARSILLA

ADEL

Rumor aquí he sentido.
Atraviesan el valle bandoleros
con Zulima a caballo.
Yo, cueste lo que cueste,
la tengo de prender: voy a ver si hallo   5
cerca mis compañeros.

MARSILLA

¿Quién va?

ADEL

Marsilla es éste.

(*A voces.*)

¡Aquí! ¡Por este lado, caballeros! (*Vase.*)

ESCENA XI

DON MARTÍN, CABALLEROS, CRIADOS, MARSILLA

MARTÍN, *dentro*

Él es.

MARSILLA

¡Mi padre!

VOCES, *dentro*

Él es.

MARSILLA

¡Padre!

MARTÍN, *dentro*

¡Hijo mío!
Subid, corred, volad: libradle pronto.

(*Salen caballeros y criados.*)

MARSILLA

Desatadme, decidme . . . (*Desatan a Marsilla.*)

MARTÍN, *saliendo*

¡Hijo querido!

MARSILLA

¡Padre!

MARTÍN

Por fin te hallé.

MARSILLA

Decid . . . ¿Es tarde?
Yo quisiera dudar . . . Mi mal ¿es cierto?   5

MARTÍN

Respóndante las lágrimas que vierto.
Hijo del alma, a quien su hierro ardiente
la desgracia al nacer marcó [8] en la frente,
tu triste padre, que por verte vive,
con dolor en sus brazos te recibe.   10
¿Quién tu llegada ha retardado?

MARSILLA

El cielo . . .
El infierno . . . No sé . . . Facinerosos . . .
Una mujer . . . Dejadme.

MARTÍN

¿La Sultana?
¿Esos bandidos que cobardes huyen
de los guerreros que conmigo traje?   15
¿Te han herido?

MARSILLA

¡Ojalá!

MARTÍN

¿Te han despojado?

MARSILLA

Nada he perdido. La esperanza sólo.

MARTÍN

¡Suerte cruel! Cuando el fatal sonido
de la campana término ponía . . .

[8] *a quien . . . marcó,* " whom misfortune branded at birth with burning iron."

MARSILLA

¡Esa tigre anunció la muerte mía!   20

MARTÍN

¿Lo sabes?

MARSILLA

De ella.

MARTÍN

                    ¡Horror! Entonces era
cuando Jaime, el sentido recobrando,
la traidora noticia desmentía.
Corro al templo a saber . . . Miro, en-
mudezco . . .
¡Eran esposos ya! Tu bien perdiste . . .   25
Dios lo ha querido así . . . Pero aún te
    quedan
padres que lloren tu destino triste.

MARSILLA

El ajeno dolor no quita el mío.
¿Con qué llenáis el hórrido vacío
que el alma siente, de su bien privada?   30
¡Padre! sin Isabel, para Marsilla
no hay en el mundo nada.
Por eso en mi doliente desvarío
sed bárbara de sangre me devora.
Verterla a ríos para hartarme quiero,   35
y cuando más que derramar no tenga,
la de mis venas soltará mi acero.

MARTÍN

Hijo, modera ese furor.

MARSILLA

                    ¿Quién osa
hijo llamarme ya? ¡Fuera ese nombre!
La desventura quiebra   40
los vínculos del hombre con el hombre,
y con la vida y la virtud. Ahora,
que tiemble mi rival, tiemble la mora.
Breve será su victorioso alarde:
para acabar con ambos aún no es tarde.   45

MARTÍN

¡Desgraciado! ¿qué intentas?

MARSILLA

                    Con el crimen
el crimen castigar. Una serpiente
se me enreda en los pies: mi pie destroce
su garganta infernal. Un enemigo
me aparta de Isabel: desaparezca.   50

MARTÍN

Hijo . . .

MARSILLA

Perecerá.

MARTÍN

No . . .

MARSILLA

                    ¡Maldecido
mi nombre sea, si la sangre odiosa
de mi rival no vierto!

MARTÍN

                    Es poderoso . . .

MARSILLA

Marsilla soy.

MARTÍN

                    Mil deudos le acompañan . . .

MARSILLA

Mi furia a mí.

MARTÍN

                    Merézcate respeto   55
ese lazo . . .

MARSILLA

                    Es sacrílego, es aleve.

MARTÍN

En presencia de Dios formado ha sido.

MARSILLA

Con mi presencia queda destruído.

ACTO CUARTO

Habitación de Isabel en la casa de don
Rodrigo. Dos puertas a la izquierda del espectador, una en el fondo, y una ventana
sin reja a la derecha.

ESCENA PRIMERA

DON PEDRO, DON MARTÍN

PEDRO

Ya cesó la vocería.

MARTÍN

Ya se tranquiliza el pueblo.
Zaén en la cárcel queda
con los demás bandoleros.

PEDRO

Milagro ha sido salvarlos   5
mayor que lo fué prenderlos.

MARTÍN

Y no los prenden [1] quizá,
si no acuden tan a tiempo
los moros que de Valencia
con los regalos vinieron   10
de su Rey para mi hijo.
¡Regalos ya sin provecho!
¡Castigue Dios a quien tiene
la culpa!

PEDRO

     ¡Oh! lo hará.—Primero
que vayamos esta noche   15
los dos al Ayuntamiento,[2]
donde ya deben hallarse
juntos el juez y mi yerno,
¿tendréis, don Martín, a bien
que los dos conferenciemos   20
un rato?

MARTÍN

     Hablad.

PEDRO

        Aquí está
Zulima.

MARTÍN

     Bien me dijeron
los moros.

PEDRO

En esta calle
arremetió con los presos
un tropel de gente; y ella,   25
puesta en libertad en medio
del tumulto, se arrojó
por estas puertas adentro.

MARTÍN

Confesad que don Rodrigo
la salvó.

PEDRO

     No lo confieso ...   30
porque no lo ví.

MARTÍN

        Yo, en suma,
no diré que fué mal hecho:
él debe a la mora estar
agradecido en extremo.
Por ella logra la mano   35
de Isabel.

PEDRO

     Resentimiento
justo mostráis; pero yo,
que he sido enemigo vuestro,
necesito de vos hoy.

MARTÍN

Aquí me tenéis, don Pedro.   40

PEDRO

Sois quien sois. Esa mujer
nos pone en terrible aprieto.
Ya veis, los moros reclaman
su entrega con mucho empeño.

MARTÍN

Y mientras el juez resuelve,   45
cercada se ve por ellos
esta casa.

PEDRO

     Y bien, ¿quisierais
que entre vos y yo, de un riesgo
libráramos a Teruel?

---

[1] prenden = habrían prendido; acuden = hubiesen acudido.
[2] Ayuntamiento, "Town Hall."

MARTÍN

Crimen fuera no quererlo.   50

PEDRO

Si en la junta de la villa
negamos, como debemos,
la entrega de la Sultana,
va a ser enemigo nuestro
el Rey de Valencia, y puede   55
gravísimo daño hacernos.

MARTÍN

Y el que recibimos ambos
de su mujer, ¿es pequeño?

PEDRO

Pero es mujer, y nosotros
cristianos y caballeros.   60

MARTÍN

Proseguid.

PEDRO

El compromiso
queda evitado, si hacemos
que huya en el instante.

MARTÍN

Hagámoslo.
Págueme Dios el esfuerzo
que me cuesta no vengarme.   65
Disponed.

PEDRO

Con un pretexto
llevad los moros de aquí.
De vos harán caso.

MARTÍN

Creo
que sí.

PEDRO

Lo demás es fácil.
Puesta ya en salvo, diremos   70
que ella huyó por sí.

MARTÍN

Voy, pues,
y ya que la mano tiendo
al uno de los autores

de mi desventura, quiero
dársela también al otro.   75
Decid al dichoso dueño
de esta casa y de Isabel,
que mire en estos momentos
por su vida; que mi hijo
va, loco de sentimiento   80
y de furor, en su busca
por Teruel; y ¡vive el cielo
que, doliente como está,
valor le sobra al mancebo
para vengar! . . . Perdonadme.   85
Adiós. Voy a complaceros,
y a buscarle y conducirle
esta noche misma lejos
de unos lugares en donde
vivimos los dos muriendo.   90

(*Vase por la puerta de la izquierda más
cercana al proscenio.*)

PEDRO

Id con Dios.—¡Padre infeliz!
¿Y nosotros? Me estremezco
al pensar en Isabel,
cuando de todo el suceso
llegue a enterarse.   95

ESCENA II

TERESA, DON PEDRO

TERESA, *dentro*

¡Favor!
¡Que me vienen persiguiendo! (*Sale.*)

PEDRO

¡Teresa! ¿Qué hay? ¿Quién te sigue?

TERESA

Las ánimas del infierno . . .
Las del purgatorio . . . No   5
sé cuáles; pero las veo,
las oigo . . .

PEDRO

Mas ¿qué sucede?

TERESA

¡Ay! Muerta de susto vengo.
¡Ay!—Isabel me ha enviado

por mi señora corriendo,
que volvió, no sé por qué,
a la casa del enfermo;
y antes de llegar, he visto
en un callejón estrecho,
junto a la ermita caída . . . 15
¡Jesús! convulsa me vuelvo
a casa.

PEDRO

¿Qué viste? Di.

TERESA

Una fantasma, un espectro
todo parecido, todo,
al pobrecito don Diego. 20

PEDRO

Calla: no te oiga Isabel.
Guarda con ella silencio.
Marsilla ha venido, y ella
no lo sabe.

TERESA

Pero ¿es cierto
que vive?

PEDRO

¿No ha de ser?

TERESA

¡Ay! 25
Pues otra desgracia temo.

PEDRO

¿Cuál?

TERESA

No lo aseguraré,
por si es aprensión del miedo;
sin embargo, yo creí
ver que se llevaba el muerto 30
asido del brazo al novio.

PEDRO

¿Qué dices?

TERESA

Aún traigo el eco
de su voz en los oídos.
Con alarido tremendo

10

decía: «Vas a morir, 35
has de morir.» «Lo veremos,»
replicaba don Rodrigo;
y echando votos y retos,
iban los dos como rayos
camino del cementerio. 40
Yo, señor, ya les recé
la *salve* y el *padre nuestro*
en latín.

PEDRO

Se han encontrado
y van a tener un duelo.
Esto es, antes.

ESCENA III

ISABEL, *por la segunda puerta del lado
izquierdo;* DON PEDRO, TERESA

ISABEL

¡Padre!

PEDRO

Aguárdame
aquí: pronto volveremos
tu madre, tu esposo y yo.
Venid, Teresa. (*Vanse los dos.*)

ISABEL

¿Qué es esto? 5
¡Mi padre me deja sola,
cuando con tanto secreto
un moro me quiere hablar!
Sin duda están sucediendo
cosas extrañas aquí.

(*Acércase a la segunda puerta.*)

Llegad.—Al mirarle, tiemblo. 10

ESCENA IV

ADEL, ISABEL

ADEL

Cristiana, brillante honor
de las damas de tu ley,[3]
yo imploro, en nombre del Rey
de Valencia, tu favor.

---

3 *ley,* " faith," again in the religious sense.

ISABEL

¿Mi favor?

ADEL

Tendrás noticia 5
de que salió de su corte
Zulima, su infiel consorte,
huyendo de su justicia.

ISABEL

Sí.

ADEL

Mi señor decretó
con rectitud musulmana 10
castigar a la Sultana,
ya que a Marsilla premió.

ISABEL

¡Premiar! . . . ¿Ignoras, crüel,
que le dió muerte sañuda?

ADEL

Tú no le has visto, sin duda, 15
entrar como yo en Teruel.

ISABEL

¿Marsilla en Teruel?

ADEL

Sí.

ISABEL

Mira
si te engañas.

ADEL

Mal pudiera.
Infórmate de cualquiera,
y mátenme si es mentira. 20

ISABEL

No es posible. ¡Ah! ¡sí! que siendo
mal, no es imposible nada.

ADEL

Por la villa alborotada
tu nombre va repitiendo.

ISABEL

¡Eterno Dios! ¡Qué infelices 25
nacimos!—¿Cuándo ha llegado?

¿Cómo es que me lo han callado?
Y tú, ¿por qué me lo dices?

ADEL

Porque estás, a mi entender,
en grave riesgo quizá. 30

ISABEL

Perdido Marsilla, ya
¿qué bien tengo que perder?

ADEL

Con viva lástima escucho
tus ansias de amor extremas;
pero aunque tú nada temas, 35
yo debo decirte mucho.
Marsilla a mi Rey salvó
de unos conjurados moros,
y el Rey vertió sus tesoros
en él, y aquí le envió. 40
Él despreció la liviana
inclinación de la infiel . . .

ISABEL

¡Oh! ¡Sí!

ADEL

Y airada con él,
vino, y se vengó villana
contando su falso fin. 45

ISABEL

¡Ella!

ADEL

Con una gavilla
de bandidos, a Marsilla
detuvo, ya en el confín
de Teruel, donde veloces
corriendo en tropel armado, 50
le hallamos a un tronco atado,
socorro pidiendo a voces.

ISABEL

Calla, moro: no más.

ADEL

Pasa
más, y es bien que te aperciba.
La Sultana fugitiva 55

se ha refugiado en tu casa:
en ésta.

ISABEL

¡Aquí mi rival!

ADEL

Tu esposo la libertó.

ISABEL

¡Ella donde habito yo!

ADEL

Guárdate de su puñal.   60
Por celos allá en Valencia
matar a Marsilla quiso.

ISABEL

A tiempo llega el aviso.

ADEL

Confirma tú la sentencia
que justo lanzó el Amir.   65
Por esa mujer malvada,
para siempre separada
de Marsilla has de vivir.
Ella te arrastra al odioso
tálamo de don Rodrigo.   70
Envíala tú conmigo
al que le apresta su esposo,
pena digna del ultraje
que siente.

ISABEL

Sí, moro: salga
pronto de aquí, no le valga   75
el fuero del hospedaje.⁴
Como perseguida fiera
entró en mi casa: pues bien,
al cazador se la den,
que la mate donde quiera.   80
Mostrarse de pecho blando
con ella, fuera rayar
en loca: voy a mandar
que la traigan arrastrando.

Sean de mi furia jueces   85
cuantas pierdan lo que pierdo.
¡Jesús! Cuando yo recuerdo
que hoy pude . . . ¡Jesús mil veces!
No le ha de valer el llanto,
ni el ser mujer, ni ser bella,   90
ni Reina. ¡Si soy por ella
tan infeliz! ¡Tanto, tanto! . . .
Dime, pues, di: tu señor,
¿qué suplicio le impondrá?

ADEL

Una hoguera acabará   95
con su delincuente amor.

ISABEL

¡Su amor! ¡Amor desastrado!
Pero es amor . . .

ADEL

Y ¿es bastante
esa razón? . . .

ISABEL

¡Es mi amante
tan digno de ser amado!   100
Le vió, le debió querer
en viéndole. ¡Y yo, que hacía
tanto que no le veía . . .
y ya no le puedo ver!—
Moro, la víctima niego   105
que me vienes a pedir:
quiero yo darle a sufrir
castigo mayor que el fuego.
Ella con feroz encono
mi corazón desgarró . . .   110
me asesina el alma . . . yo
la defiendo, la perdono. (Vase.)

ESCENA V

ADEL

He perdido la ocasión.
Suele tener esta gente
acciones, que de un creyente ⁵

---

⁴ *fuero del hospedaje,* "the law of hospitality." According to the Spanish honor code, a person once given shelter in a house must be protected at all costs, regardless of the crimes he may have committed.

⁵ *creyente,* "true believer" (from the Mohammedan point of view).

propias en justicia son.
Yo dejara con placer   5
este empeño abandonado;
pero el Amir lo ha mandado,
y es forzoso obedecer. (*Vase.*)

ESCENA VI

MARSILLA, *por la ventana*

Jardín . . . una ventana . . . y ella luego.
Jardín abierto hallé y hallé ventana;
¿mas dónde está Isabel? Dios de clemencia,
detened mi razón, que se me escapa;   5
que de luchar con el dolor se cansa.
Siete días hace hoy, ¡qué venturoso
era en aquel salón! ¡Sangre manaba
de mi herida, es verdad! Pero agolpados
alrededor de mi lujosa cama,   10
la tierna historia de mi amor oían
los guerreros, el pueblo y el monarca;
y entre piadoso llanto y bendiciones,
« Tuya será Isabel,» juntos clamaban
súbditos y Señor. Hoy no me ofende   15
mi herida, rayos en mi diestra lanza
el damasquino acero . . . No le traigo . . .
¡Y hace un momento que con dos me hallaba!
Salvo en Teruel y vencedor, ¿qué angustia
viene a ser ésta que me rinde el alma,   20
cuando acabada la cruel ausencia,
voy a ver a Isabel?

ESCENA VII

ISABEL, MARSILLA

ISABEL

        Por fin se encarga
mi madre de Zulima.

MARSILLA

        ¡Cielo santo!

ISABEL

¡Gran Dios!

MARSILLA

¿No es ella?

ISABEL

        ¡Él es!

MARSILLA

        ¡Prenda adorada!

ISABEL

¡Marsilla!

MARSILLA

        ¡Gloria mía!

ISABEL

        ¿Cómo, ¡ay! cómo
te atreves a poner aquí la planta?   5
Si te han visto llegar . . . ¿A qué has
venido?

MARSILLA

Por Dios . . . que lo olvidé. Pero ¿ no basta,
para que hacia Isabel vuele Marsilla,
querer, deber, necesitar mirarla?
¡Oh! ¡qué hermosa a mis ojos te presentas!
    10
Nunca te ví tan bella, tan galana . . .
Y un pesar, sin embargo, indefinible
me inspiran esas joyas, esas galas.
Arrójalas, mi bien; lana modesta,
cándida flor, en mi jardín crïada,   15
vuelvan a ser tu virginal adorno:
mi amor se asusta de riqueza tanta.

ISABEL

(¡Delira el infeliz! Sufrir no puedo
su dolorida, atónita mirada.)—
¿No entiendes lo que indica el atavío,   20
que no puedes mirar sin repugnancia?
Nuestra separación.

MARSILLA

        ¡Poder del cielo!
Sí. ¡Funesta verdad!

ISABEL

        ¡Estoy casada!

MARSILLA

Ya lo sé. Llegué tarde. Ví la dicha,
tendí las manos, y voló al tocarla.   25

ISABEL

Me engañaron: tu muerte supusieron
y tu infidelidad.

MARSILLA

¡Horrible infamia!

ISABEL

Yo la muerte creí.

MARSILLA

Si tú vivías,
y tu vida y la mía son entrambas
una sola no más, la que me alienta,   30
¿cómo de ti sin ti se separara?
Juntos aquí nos desterró la mano
que gozo y pena distribuye sabia:
juntos al fin de la mortal carrera
nos toca ver la celestial morada.   35

ISABEL

¡Oh! ¡Si me oyera Dios! . . .

MARSILLA

Isabel, mira,
yo no vengo a dar quejas: fueran vanas.
Yo no vengo a decirte que debiera
prometerme de ti mayor constancia,
cumplimiento mejor del tierno voto   40
que, invocando a la Madre inmaculada,
me hiciste amante la postrera noche
que me apartó de tu balcón el alba.[6]
« Para ti (sollozando me decías),
o si no, para Dios.» ¡Dulce palabra,   45
consoladora fiel de mis pesares
en los ardientes páramos del Asia
y en mi cautividad! Hoy ni eres mía,
ni esposa del Señor. Di, pues, declara
(esto quiero saber) de qué ha nacido   50
el prodigio infeliz de tu mudanza.
Causa debe tener.

ISABEL

La tiene.

MARSILLA

Grande.

ISABEL

Poderosa, invencible: no se casa
quien amaba cual yo, sino cediendo
a la fuerza mayor en fuerza humana.   55

MARSILLA

Dímelo pronto, pues, dilo.

ISABEL

Imposible.
No has de saberlo.

MARSILLA

Sí.

ISABEL

No.

MARSILLA

Todo.

ISABEL

Nada.
Pero tú en mi lugar también el cuello
dócil a la coyunda sujetaras.

MARSILLA

Yo no, Isabel, yo no. Marsilla supo   60
despreciar una mano soberana
y la muerte arrostrar, por quien ahora
la suya vende y el porqué le calla.

ISABEL

(¡Madre, madre!)

MARSILLA

Responde.

ISABEL

(¿Qué le digo?)
Tendré que confesar . . . que soy culpa-
da.   65
¿Cómo no lo he de ser? Me ves ajena.
Perdóname . . . Castígame por falsa
(*Llora.*);
mátame, si es tu gusto . . . Aquí me tienes,
para el golpe mortal arrodillada.

[6] We have been previously told (III, i, iii) by Isabel, Teresa and Don Pedro, that Marsilla had departed in the early evening, *al toque de vísperas.*

MARSILLA

Ídolo mío, no; yo sí que debo 70
poner mis labios en tus huellas. Alza.
No es de arrepentimiento el lloro triste
que esos luceros fúlgidos empaña:
ese llanto es de amor, yo lo conozco;
de amor constante, sin doblez, sin tacha,
ferviente, abrasador, igual al mío. 76
¿No es verdad, Isabel? Dímelo franca:
va mi vida en oírtelo.

ISABEL

          ¿Prometes
obedecer a tu Isabel?

MARSILLA

          ¡Ingrata!
¿Cuándo me rebelé contra tu gusto? 80
Mi voluntad, ¿no es tuya? Dispón, habla.

ISABEL

Júralo.

MARSILLA

  Sí.

ISABEL

    Pues bien . . . Yo te amo. Vete.

MARSILLA

¡Crüel! ¿Temiste que ventura tanta
me matase a tus pies, si su dulzura
con venenosa hiel no iba mezclada? 85
¿Cómo esas dos ideas enemigas
de destierro y de amor hiciste hermanas?

ISABEL

Ya lo ves, no soy mía; soy de un hombre
que me hace de su honor depositaria,
y debo serle fiel. Nuestros amores 90
mantuvo la virtud libres de mancha:
su pureza de armiño [7] conservemos.
Aquí hay espinas, en el cielo palmas.
Tuyo es mi amor y lo será: tu imagen
siempre en el pecho llevaré grabada, 95
y allí la adoraré: yo lo prometo,
yo lo juro; mas huye sin tardanza.

Libértame de ti, sé generoso:
libértame de mí . . .

MARSILLA

        No sigas, basta.
¿Quieres que huya de ti? Pues bien, te
  dejo. 100
Valor . . . y separémonos. En paga,
en recuerdo si no,[8] de tantas penas
con gozo por tu amor sobrellevadas,
permite, Isabel mía, que te estrechen
mis brazos una vez . . .

ISABEL

        Deja a la esclava 105
cumplir con su señor.

MARSILLA

        Será el abrazo
de un hermano dulcísimo a su hermana,
el ósculo será que tantas veces
cambió feliz en la materna falda
nuestro amor infantil.

ISABEL

        No lo recuerdes. 110

MARSILLA

Ven . . .

ISABEL

  No: jamás.

MARSILLA

        En vano me rechazas.

ISABEL

Detente . . . o llamo . . .

MARSILLA

     ¿A quién? ¿A don Rodrigo?
No te figures que a tu grito salga.
No lisonjeros plácemes oyendo,
su vanidad en el estrado sacia, 115
no: lejos de los muros de la villa,
muerde la tierra que su sangre baña.

---

[7] de armiño, " ermine-like," i.e., " spotless."
[8] en recuerdo si no, " in remembrance, at least."

ISABEL

¡Qué horror! ¿Le has muerto?

MARSILLA

¡Pérfida! ¿te afliges?
Si lo llego a pensar, ¿quién le librara?

ISABEL

¿Vive?

MARSILLA

Merced a mi nobleza loca,   120
vive: apenas cruzamos las espadas,
furiosa en él se encarnizó la mía;
un momento después, hundido estaba
su orgullo en tierra, en mi poder su acero.
¡Oh! ¡maldita destreza de las armas!   125
¡Maldito el hombre que virtudes siembra,
que le rinden cosecha de desgracias!
No más humanidad, crímenes quiero.
A ser crüel tu crüeldad me arrastra,
y en ti la he de emplear. Conmigo ahora 130
vas a salir de aquí.

ISABEL

¡No, no!

MARSILLA

Se trata
de salvarte, Isabel. ¿Sabes qué dijo
el cobarde que lloras desolada,
al caer en la lid? « Triunfante quedas;
pero mi sangre costará bien cara.»   135

ISABEL

¿Qué dijo? ¿Qué?

MARSILLA

« Me vengaré en don Pedro,
en su esposa, en los tres: guardo las
cartas.»

ISABEL

¡Jesús!

MARSILLA

¿Qué cartas son? ...

ISABEL

¡Tú me has perdido!
La desventura sigue tus pisadas.

⁹ entrañas, " heart-strings."

¿Dónde mi esposo está? ¡Dímelo pronto,   140
para que fiel a socorrerle vaya,
y a fuerza de rogar venza sus iras!

MARSILLA

¡Justo Dios! ¡Y decía que me amaba!

ISABEL

¿Con su pasión funesta reconvienes
a la mujer del vengativo Azagra?   145
¡Te aborrezco! (Vase.)

ESCENA VIII

MARSILLA

¡Gran Dios! Ella lo dice.
Con furor me lo dijo: no me engaña.
Ya no hay amor allí. ¡Mortal veneno
su boca me arrojó, que al fondo pasa
de mi seno infeliz, y una por una   5
rompe, rompe, me rompe las entrañas! ⁹
Yo con ella, por ella, para ella
viví ... Sin ella, sin su amor, me falta
aire que respirar ... ¡Era amor suyo
el aire que mi pecho respiraba!   10
Me le negó, me le quitó: me ahogo,
no sé vivir.

VOCES, dentro

Entrad, cercad la casa.

ESCENA IX

ISABEL, trémula y precipitada; MARSILLA

ISABEL

Huye, que viene gente, huye.

MARSILLA, todo trastornado

No puedo.

VOCES, dentro

¡Muera, muera!

MARSILLA

Eso sí.

ISABEL

Ven.

MARSILLA

¡Dios me valga!

(*Isabel le ase la mano y se entra con él por la puerta del fondo.*)

ESCENA X

ADEL, *huyendo de varios* CABALLEROS *con espadas desnudas;* DON PEDRO, MARGARITA, CRIADOS; ISABEL *y* MARSILLA, *dentro.*

CABALLEROS

¡Muera, muera!

PEDRO *y* MARGARITA

Escuchad.

ADEL

Aragoneses,
yo la sangre vertí de la Sultana;
pero el Rey de Valencia, esposo suyo,
tras ella me envió para matarla.
Consorte criminal, amante impía, 5
la muerte de Marsilla maquinaba,
la muerte de Isabel . . .

ISABEL, *dentro*

¡¡¡Ay!!!

ADEL

Ved en prueba
esta punta sutil envenenada.

(*Muestra el puñal de Zulima.*)

Marsilla lo que digo corrobore.
Cerca de aquí ha de estar.

(*Ábrese la puerta del fondo y sale por ella Isabel, que se arroja en brazos de Margarita. Marsilla aparece caído en un escaño.*)

ESCENA ÚLTIMA

DICHOS, ISABEL

ISABEL

¡Madre del alma!

ADEL

Vedle allí . . .

MARGARITA

¡Santo Dios!

PEDRO

Inmóvil . . .

ISABEL

¡Muerto!

ADEL

Cumplió Zulima su feroz venganza.

ISABEL

No le mató la vengativa mora.
Donde estuviera yo, ¿quién le tocara? 5
Mi desgraciado amor, que fué su vida . . .
su desgraciado amor es quien le mata.
Delirante le dije: «Te aborrezco.»
Él creyó la sacrílega palabra,
y expiró de dolor.

MARGARITA

Por todo el cielo . . . 10

ISABEL

El cielo que en la vida nos aparta,
nos unirá en la tumba.

PEDRO

¡Hija!

ISABEL

Marsilla
un lugar a su lado me señala.

MARGARITA

¡Isabel!

PEDRO

¡Isabel!

ISABEL

Mi bien, perdona
mi despecho fatal. Yo te adoraba. 15
Tuya fuí, tuya soy: en pos del tuyo
mi enamorado espíritu se lanza.

(*Dirígese adonde está el cadáver de Marsilla; pero antes de llegar, cae sin aliento con los brazos tendidos hacia su amante.*)

BRETÓN DE LOS HERREROS

The most prolific dramatic author that Spain has produced since the Golden Age, and the acknowledged master in the comedy of manners of his century, is Manuel Bretón de los Herreros (1796–1873). When scarcely fifteen years of age he enlisted in the War of Independence, and he remained in military service for ten years. Here he had many adventures, lost an eye in a duel, and obtained much of that intimate acquaintance with army customs and popular life which he has reproduced in his comedies. In 1823 he saw further action in the civil war between Liberals and Absolutists, and with the triumph of the latter he was for a time proscribed. He accordingly had to conceal his identity when his first play was performed the following year at a festival celebrating Ferdinand VII's birthday. Subsequently he filled sundry administrative posts, edited several journals, was Director of the Biblioteca Nacional (1847–1854) and perpetual secretary of the Spanish Academy from 1853. His last years were embittered by the attacks of personal and literary enemies, the changing tastes of the public, and his own increasing ill health.

Before Bretón closed his long career he had given to the Spanish stage the amazing total of 175 plays. Of these, 103 were original, sixty-two were translations, and ten were *refundiciones* of the Golden Age drama. He left also a large mass of miscellaneous poetry and several hundred critical articles on drama, music and language. The dominant note in his poetry, as in his plays, is satirical. Of particular interest is the satire *Contra el furor filarmónico* (1828), attacking the fad for Italian opera which since 1825 had left the theatres in a bad way, and also a series of effective *letrillas* (1834–1836) against the Carlists, modern representatives of the despotism and the Inquisition of the old régime.

Even before his first school days Bretón gave evidence of his amazing facility in versification, and while still a youth in the army he amused his companions with his improvisations or inspired them with his patriotic hymns. It was not until he chanced upon the works of Moratín in 1817 that he became fired with the ambition to emulate him, " poseído de una afición casi supersticiosa a tan insigne cómico." He immediately composed *A la vejez, viruelas,* one of his few prose plays, which was not performed until seven years later. This comedy, following closely the Moratinian pattern in its satire of a ridiculous type (*la vieja enamorada*), is of no great intrinsic merit; but it had sufficient success to determine Bretón's future career. For several years his original plays reveal the same close imitation. The best of these, *A Madrid me vuelvo* (1828), combines the familiar warning against parental tyranny with an amusing picture of the drawbacks of village life. But the rewards for original work at this time were so meager that Bretón, like most other dramatists, had to depend largely on translations for a livelihood. His translated plays represent every mode from the classic tragedy of Racine and Alfieri to the Romantic drama of Hugo and Delavigne, but chief emphasis is laid on the comedy of Scribe and others of less worth. Such breadwork had its

167

compensations; it gave Bretón an opportunity to study the theatre intensively, to perfect his style, and frequently to improve upon the originals. Best of all, it did not destroy his own originality.

With *Marcela o ¿a cuál de los tres?* (1831), Bretón inaugurates that long line of plays which marks him as the real restorer of the Spanish comedy. He still retains certain Moratinian features, in particular the study of contemporary manners with the double purpose of amusing while instructing; but his comedy from now on has traits that stamp it indelibly as *bretoniana,* completely emancipated from the French neo-classic doctrines. In the rich variety of metrical forms replacing the conventional octosyllabic *romance,* as also in originality, facility and fecundity, Bretón is the antithesis of Moratín. After *Marcela,* some of the most noted of his plays are *Muérete ¡y verás!* (1837), *El pelo de la dehesa* (1840), *La batelera de Pasajes* (1842), *¿Quién es ella?* (1849) and *La escuela de matrimonio* (1852). Scarcely inferior are one-act plays like *Ella es él* (1838), *Mi secretario y yo* (1841) and *A lo hecho pecho* (1844). Even his last work, *Los sentidos corporales* (1867), is marked by his accustomed wit and richness of versification. These titles alone refute the charge that Bretón lacked variety and originality. He further proved his versatility by composing a Romantic drama, *Elena* (1834), a classical tragedy, *Mérope* (1835), and two historical dramas, *Don Fernando el Emplazado* (1837) and *Vellido Dolfos* (1839), none of which met with much success. His forte was clearly the comedy of manners.

The majority of Bretón's plays are written in a festive tone with a tendency toward the exaggeration and caricature of the old *comedia de figurón* initiated by Rojas in the seventeenth century. The characters speak a language that is natural, racy and idiomatic, for Bretón does not hesitate to introduce colloquialisms and even dialect where called for. His plots in general are simple and lacking in action, but his admirers maintain that this is not a weakness but a merit, which allows full play to his inexhaustible *vis comica.* The criticism is frequently made that Bretón repeated himself over and over: everyone recalls Larra's ironical praise of that genius which could create not merely one play (*Marcela*) from almost nothing, but follow it up with three others on the same subject. Bretón protested that no one producing an equal number of works in such rapid succession had offered a greater variety. If he has treated certain characters with special predilection (*la coqueta, el farsante, la vieja ridícula,* etc.), close examination will reveal that they are presented in a different light and under different circumstances in the several plays.

It is undeniable that Bretón's plays in general lack profundity. There are no Tartuffes, Misanthropes nor Othellos in his gallery. He seldom plumbs the human soul or attempts a serious study of philosophic, political or social problems. He is at his best when portraying the surface defects and foibles of the society of his time. His extensive picture-gallery of middle-class life and manners spanning a period of half a century of social and political upheaval, has the same documentary value as the *costumbrista* articles of Mesonero Romanos, Estébanez Calderón and Larra, all of whom were satirists and reformers in varying degree. This raises the question as to the extent to which Bretón sought to reform contemporary manners. All critics mention the *fin docente* of his work, and some have regarded him as even more a moralist than a dramatist. Hartzenbusch states that Bretón first tried to correct individual defects, then became the censor of the customs of a nation, and finally his lessons became applicable to all humanity. Such claims can be taken with some reservations. The didactic element is certainly present, but most of the plays leave the impression that an innate taste for satire combined with an irrepressible comic vein are stronger in their author than the deliberate purpose to effect social reforms. With due regard for the wide differences separating their art, it may be said that in this respect Bretón is more akin to Ramón de la Cruz and Ventura de la Vega than to Moratín, Ayala and Tamayo y Baus.

Of all Bretón's plays, none is more representative of his best qualities than *Muérete ¡y verás!* It was his favorite, and its initial performance on April 27, 1837 marked perhaps his greatest stage triumph. The plot, though simple, is developed with more than customary movement. There is the usual liveliness of dialogue and facility of versification. The several characters are original and interesting. The predominating tone of comedy, carried to the point of caricature in Don Froilán and Don Elías, is blended with an element of sentiment which is rather rare in Bretón. The play offers a good antidote to the furious passions treated in the Romantic drama and may even be regarded as a take-off of certain Romantic devices, as when the hero is made to witness, as it were, his own funeral, and later appears in melodramatic fashion to rebuke his faithless lover and friend. The satire involved here is also typical of Bretón. It is directed mainly at woman's fickleness, but it does not overlook the type of calumny and hypocrisy found in Don Antonio and his companions, the petty miserliness of Don Elías, nor the disloyalty of Don Matías. In all this the author is stirred by no great indignation. What irritates him most, we feel, is the unpatriotic attitude of Don Froilán in the face of a national crisis. The play was written during the first Carlist war, and more than once reference is made to the demoralization of Spain at that moment. This element of actuality lends additional interest to the play; but it should be noted that Bretón felt it necessary, after the heat of passions had cooled, to soften or suppress many of his original allusions to these events. His final version, therefore, gives little hint of the animosity that lay behind some of his earlier attacks on the Carlist leaders.

Bibliography: *Obras*, 5 vols., Madrid, 1883–84. Vol. I contains a detailed biography, a complete catalogue of Bretón's works, and prefaces by the author and by Hartzenbusch. *Teatro* (*Muérete* and *El pelo de la dehesa*), ed. N. Alonso Cortés, *Clásicos castellanos*, 92, 1928.

To consult: Ferrer del Río, in *Galería de la literatura española*, Madrid, 1846. G. Le Gentil, *Le poète M. Bretón de los H. et la société espagnole de 1830 à 1860*, Paris, 1909. Marqués de Molins, *Bretón de los H. Recuerdos de su vida y de sus obras*, Madrid, 1883; also cf. same author in *Autores dramáticos contemporáneos*, II, for criticism and list of works.

MUÉRETE ¡Y VERÁS!

Por MANUEL BRETÓN DE LOS HERREROS

(1837)

PERSONAJES

ISABEL	DON ANTONIO
JACINTA	DON LUPERCIO
DON PABLO	DON MARIANO
DON FROILÁN	UN BARBERO
DON ELÍAS	UN NOTARIO
DON MATÍAS	RAMÓN

Un ciego, una ciega, guardias nacionales, hombres y mujeres de duelo, damas y caballeros convidados, pueblo.

La escena es en Zaragoza.

ACTO PRIMERO

LA DESPEDIDA

Calle. Un café en el foro con puerta vidriera.

ESCENA PRIMERA

DON ANTONIO, DON LUPERCIO, DON MARIANO

(*Durante esta escena atraviesan de un lado al otro del teatro algunos milicianos nacionales, equipados como de camino, y gentes del pueblo que se supone van a ver salir la tropa.*)

ANTONIO

(*Saliendo del café.*)

Salgamos, Lupercio, a ver
lo que pasa por la calle.

LUPERCIO

Ya transita poca gente.

MARIANO

Como por aquí no sale
la columna . . .

LUPERCIO

Quiera Dios   5
que a los facciosos[1] alcancen
y los destruyan.

---

[1] *facciosos*, "rebels," "insurgents," i.e., the Carlists. The cause of the civil war raging at the time this play was written (1837) may be briefly summarized. The despotical Ferdinand VII, on his death in 1833, left as heir and successor to the throne his daughter Isabel, then but three years of age. His brother Carlos immediately disputed this arrangement, and proclaimed himself king, as Carlos V (not to be confused with the great Carlos V, emperor of the Holy Roman Empire, who was really Carlos I of Spain). Thus began the first of the so-called Carlist wars, which were to harass Spain intermittently for half a century. The first struggle, known as the Seven-Years War, was brought to a close by the treaty of Vergara, in 1839. The cause of Isabel was espoused by the Liberals; that of Carlos by the extreme clerical and conservative party. Most of the fighting was carried on in the North and Northeast, and was attended by acts of the most barbarous savagery on both sides. The central government was in a precarious position for several years; in September, 1837, Don Carlos and his army appeared at the very gates of Madrid, and in the following year Saragossa itself was captured by surprise, but was quickly regained.

ANTONIO

¿Qué fuerza
va a marchar?

LUPERCIO

Dos mil infantes
y ciento veinte caballos,
entre tropa y nacionales   10
movilizados.

MARIANO

Venid,
que ya es regular que marchen
en breve.

ANTONIO

No tengas prisa.
Cuando están los oficiales
tan despacio en el café . . .   15

LUPERCIO

Sí. Ahí quedan don Pablo Yagüe
y don Matías Calanda;
pero éste es un botarate
que cuando está en una broma
no oye cajas ni timbales,   20
y don Pablo, embelesado
en los ojos de su amable
Jacinta . . .

ANTONIO

Pues malas lenguas
dicen que el otro compadre
gusta también de la niña,   25
y si puede desbancarle . . .

LUPERCIO

Por ahora es el preferido
don Pablo. Más adelante,
no diré . . . Porque en mujeres
no hay que fiar, y el carácter   30
de Jacinta es, en mi juicio,
más veleidoso que el aire.

MARIANO

Sin embargo, tiene mil
apasionados, y nadie
piensa en Isabel, su hermana,   35
aunque yo creo que vale
mucho más.

ANTONIO

Mal gusto tienes.
Ella podrá ser un ángel,
mas ¡tan callada! . . .

MARIANO

Es modestia.

ANTONIO

Sosería. Aquel donaire   40
de Jacinta, aquel mirar,
aquel despejo, aquel talle . . .

MARIANO

No es menos bella Isabel,
pero desconoce el arte
de coquetear y fingir.   45
Si yo hubiera de casarme
con alguna de las dos . . .

ANTONIO

¡Eh! no digas disparates.

LUPERCIO

Filósofo estás, Mariano.

ANTONIO

Perdió anoche dos mil reales   50
al *ecarté,* y no me admiro . . .

MARIANO

No reprobará el enlace
de su hermana don Froilán,
pues sufre que la acompañe
don Pablo, y le dé convites . . .   55

LUPERCIO

Como en ellos tenga parte,
no haya miedo que por eso
se incomode. Es el más grande
egoísta . . .

ANTONIO

Es un amigo,
y no debo criticarle;   60
mas por no mover un brazo
morir dejara a su padre
si lo tuviera.

LUPERCIO

Y en todo
ve peligros y desastres.
¡Qué agorero! Otra campana   65
de Velilla.[2]

ANTONIO

Eso lo hace
por disculpar su egoísmo.
Ya se ve, cuando a los males
no hay remedio, es excusado
que los médicos se cansen.   70

MARIANO

¡Antonio! ten caridad.
Y nosotros, paseantes
y ociosos de profesión,
¿qué hacemos en este valle
de lágrimas?

ANTONIO

               ¡Eh! . . . Nosotros,   75
aunque somos holgazanes,
servimos de algo en el mundo.
Acreditamos a un sastre,
alegramos las tertulias,
sostenemos los billares,   80
y brindamos en la fonda
por las patrias libertades.

LUPERCIO

A propósito, ¿estarán
almorzando hasta la tarde?—
Pero ya sale don Pablo.   85

ESCENA II

DICHOS, DON PABLO

(*Don Pablo viste uniforme de teniente de
nacionales movilizados.*)

PABLO

(Ese usurero bergante
no parece, y necesito

que me preste para el viaje
diez onzas.[3] Éstos tal vez
me dirán . . .) ¿Ustedes saben   5
dónde para don Elías?

MARIANO

No.

LUPERCIO

   No sé.

PABLO

Voy a buscarle.

ESCENA III

DON ANTONIO, DON LUPERCIO,
DON MARIANO

ANTONIO

Ya anda en busca de usureros.

MARIANO

Ya se ve, ¡tanto gastar! . . .

LUPERCIO

Ese hombre se va a arruinar.

ANTONIO

Le vamos a ver en cueros.

MARIANO

Su patrimonio es crecido.   5

LUPERCIO

Su vanidad es mayor.

ANTONIO

Libertino . . .

LUPERCIO

Jugador . . .

MARIANO

Disipado . . .

---

[2] *Otra campana de Velilla.* The ancient village of Velilla de Ebro, in the province of Saragossa, possessed a bell which was reputed to sound of its own accord, " para avisar los sucesos prósperos o adversos de los reyes." This bell now appears on the municipal coat of arms.

[3] *diez onzas,* as later indicated, was a sum equivalent to forty *doblones* or 3,200 *reales;* i.e., about $160.

ANTONIO

Corrompido.
¿Veis el ardor con que pinta
la pasión que le sujeta?　　10
Pues que me lleve pateta
si se casa con Jacinta.

LUPERCIO

Yo sé que tiene otra moza.

MARIANO

Sí; la viuda de Quirós.

ANTONIO

Pues se olvida de las dos　　15
al salir de Zaragoza.

LUPERCIO

Con la seducción y el dolo
otras hallará al momento.

MARIANO

Presume tener talento . . .

ANTONIO

Es un ignorante, un bolo.　　20

LUPERCIO

Aunque atusando el bigote
se tiene por muy galán,
me parece a mí un gañán.

ANTONIO

Y a mí un Judas Iscariote.

ESCENA IV

DICHOS, DON FROILÁN

FROILÁN

¿Todavía por aquí,
caballeros?

ANTONIO

¡Don Froilán!

FROILÁN

¿No van ustedes a ver
la columna desfilar?

LUPERCIO

Eso pensamos. Supongo　　5
que también usted irá
con las niñas . . .

FROILÁN

No por cierto.
Hoy tengo un esplín mortal.
Estoy malo. Hace mal día.

MARIANO

Hombre, ¡si hace un sol que da　　10
regocijo!

FROILÁN

Sin embargo,
el viento se va a mudar . . . ,
y yo tengo para mí
que esta tarde nevará.

ANTONIO

El calendario de usted,　　15
amigo, es siempre fatal.

FROILÁN

Nevará. ¡Pobre milicia!
¡Qué trabajos va a pasar!

ANTONIO

Mucho sentirá don Pablo
marcharse de la ciudad　　20
dejándose aquí a la bella
Jacinta. Dicen que ya
se trataba de la boda.

FROILÁN

Sí; pero ¡buenos están
los tiempos para casorios!　　25
Yo no quiero contrariar
el gusto de mis hermanas,
pero pronostico mal
de ese casamiento.

LUPERCIO

¡Cómo!
¿No iban con gusto al altar　　30
ambos contrayentes?

FROILÁN

Mucho,
mas si la fatalidad
hiciera . . . Anoche Jacinta
vertió en la mesa la sal
nombrando a don Pablo.

MARIANO

Y eso,   35
¿qué puede significar? . . .

FROILÁN

Es mal agüero. Ese viaje
inesperado, es quizá
otro aviso de los cielos . . .
Piensa mal y acertarás,   40
dice el refrán.

ANTONIO

Si es funesta
esa coyunda nupcial,
¿por qué no interpone usted
su fraterna autoridad
para que no se efectúe?   45

FROILÁN

No, amigo, no haré yo tal.
Las voluntades son libres;
las chicas tienen ya edad
para saber lo que se hacen.
Mi individuo y nada más.[4]   50
Yo sé que puedo vivir
sin una cara mitad.
Si ellas piensan de otro modo,
si ellas se quieren casar,
para ellas será la dicha   55
o la pena; me es igual.
Ellas comen de su dote . . .
Ni me quitan, ni me dan.

ANTONIO

¡Vaya, que es filosofía
la de usted . . . original!   60

(*Sigue hablando con los ociosos don
Froilán.*)

ESCENA V

DICHOS, JACINTA, ISABEL, DON MATÍAS

(*Don Matías lleva uniforme de subteniente de milicia movilizada.*)

JACINTA

¡Cómo! ¡Aún no viene don Pablo!

MATÍAS

No tardará. Aquí en la puerta
estaremos más alerta . . .

(*A un mozo que llega a la puerta.*)

¡Hola! ¡Mozo! . . . ¿Con quién hablo?
Trae sillas aquí; al momento.   5

ISABEL

(¡Dios mío, vela por él!)

(*Trae sillas el mozo, y se sientan don
Matías y Jacinta.*)

JACINTA

¿No te sientas, Isabel?

ISABEL

Sí . . . , me sentaré . . . (¡Oh tormento!)

(*Se sienta. Don Matías y Jacinta hablan
en voz baja.*)

MATÍAS

Mil veces afortunado
mi cautivo corazón   10
si fuese yo la ocasión
de ese amoroso cuidado.

JACINTA

Vamos, deje usté esa chanza.

MATÍAS

¡Chanza cuando gimo y ardo,
y tengo en el pecho un dardo! . . .   15
He dicho poco: ¡una lanza!
Aun ese desdén fatal
amara yo con delirio
si no viese mi martirio
en la dicha de un rival.   20

---

[4] *Mi individuo y nada más,* " I'm worrying only about number one."

ISABEL

(¡Qué desgraciada nací!)

JACINTA

¡Qué temeraria porfía!
Mi voluntad ya no es mía.
¿Qué pretende usted de mí?

MATÍAS

O tan divina beldad   25
no estrechen brazos ajenos,
o vuélvame usted al menos
mi perdida libertad.

JACINTA

Si basta decirlo yo,
libre es usted desde ahora;   30
libre y sin costas.

MATÍAS

                    ¡Traidora!
¿Te burlas de mí?

JACINTA

                    Yo no.

MATÍAS

Si otro consuelo no halla
el afán que me atormenta,
me hago dar muerte sangrienta   35
en la primera batalla.
¡Qué temeraria virtud!

JACINTA

¿Conque usted quiere un favor? . . .
Bien. Portarse con honor,
buen viaje y mucha salud.   40

MATÍAS

Eso se dice a cualquiera.

JACINTA

Mas no como yo lo digo.
Le amo a usted . . . como a un amigo.

MATÍAS

¿Por qué no de otra manera?

JACINTA

Porque estoy comprometida   45
y así la suerte lo quiso.

MATÍAS

¿Y a no mediar compromiso? . . .

JACINTA

Entonces . . .

ISABEL

            (¡Fatal partida!)

JACINTA

Me apura usted demasiado.
¿Pretende usted que yo fragüe? . . .   50

MATÍAS

Si no amara usted a Yagüe . . .

JACINTA

Usted sería el amado.

MATÍAS

Ya que victoria no cante,
aunque la razón me sobre,
no es malo que aspire un pobre   55
a la primera vacante.

JACINTA

Basta. Merece castigo
quien a la dama echa flores
de su amigo.

MATÍAS

            Hija, en amores
no hay amigo para amigo.   60

JACINTA

Pues de camarada fiel
se la echa usted.

MATÍAS

                Estoy loco.
Anímeme usted un poco,
y hoy mismo riño con él.

JACINTA

Busque usted más alta gloria   65
combatiendo al despotismo,

y vénzase usté a sí mismo,
que es la más noble victoria.

MATÍAS

¡Amonestación discreta!
Mas quien mira esos encantos . . .   70

JACINTA

Déjeme usted con mil santos.
Yo no quiero ser coqueta.

MATÍAS

¡Crüel! . . .

JACINTA

(Lástima me da,
mas el deber . . . ¡Y es buen chico!)

MATÍAS

Tus ojos . . .

JACINTA

Calle usté el pico,   75
que viene Pablo.

ISABEL

(¡Allí está!)

(*Se levantan viendo venir a don Pablo,
y reparando en las damas los otros interlocutores se incorporan con ellas.*)

ESCENA VI

DICHOS, DON PABLO, DON ELÍAS

PABLO

Me vienen perfectamente
los tres mil reales y pico,
y con la vida y el alma
quedo a usted agradecido.

JACINTA

(Mi Pablo . . . No, no es posible   5
que yo ponga mi cariño
en otro hombre.)

ELÍAS

El interés
es muy corto. Un veinte y cinco
por ciento . . .

PABLO

Sí; en cuatro meses . . . ,
no me parece excesivo.   10

ELÍAS

Ser servicial y económico
son mis dotes favoritos.
Sin lo segundo no hiciera
lo primero. Economizo,
y de esta manera puedo   15
ser útil a mis amigos.

PABLO

¡Bien! Lo explica usted a modo
de charada o logogrifo.

ELÍAS

No tomará usted a mal
que extendamos un recibo . . .   20

PABLO

Sí, sí; que somos mortales.

ELÍAS

No es decir que desconfío . . .
Ahí en el café lo pongo
en dos plumadas . . .

PABLO

Lo firmo,
y estamos del otro lado.[5]   25

(*Se reúne con los demás interlocutores.
Don Elías va a entrar en el café, y a la
puerta le detiene don Antonio.*)

Cierto negocio preciso
ha motivado mi ausencia . . .

ELÍAS

Tengo prisa.

ANTONIO

Necesito . . .

(*Siguen hablando los dos en voz baja.*)

PABLO

Ahora soy todo de ustedes
hasta ponerme en camino.   30

[5] *y estamos del otro lado,* " and that's all there is to it."

ISABEL

(¡Le quiero más que a mi vida,
y me parece delito
el mirarle!)

ELÍAS

Ya hablaremos.
Ya sabe usted dónde vivo . . .
(¡Cuando el otro va a partir   35
me detiene este maldito!)

ANTONIO

La hipoteca es abonada.

ELÍAS

Bien, sí . . .

ANTONIO

Corrientes los títulos . . .
Si hoy no me socorre usted
mañana me pego un tiro.   40

ELÍAS

(¿No hay quien te lo pegue ahora?)

(*Con un pie dentro del café.*)

Veremos . . .

ANTONIO

Pero . . .

ELÍAS

Lo dicho.

(*Entra en el café.*)

LUPERCIO

(*A don Antonio y a don Mariano.*)

Vamos a ver la columna.
¿Qué hacemos en este sitio?

ANTONIO

Sí; vámonos. Señoritas,   45
a los pies de ustedes. Chicos,
¡buen viaje!

MATÍAS

¡Abur!

JACINTA

Beso a ustedes
la mano.

PABLO

(*Está muy entretenido hablando con
Jacinta desde que se acercó al corro.*)

Adiós . . .

LUPERCIO

Si servimos
de algo . . .

MARIANO

Que escribáis . . .

FROILÁN

Señores . . .
(¡Gracias a Dios que se han ido!)   50

ESCENA VII

JACINTA, ISABEL, DON PABLO, DON
MATÍAS, DON FROILÁN

MATÍAS

(Ellos en dulce coloquio
y yo aquí siendo testigo . . .
Me largo con viento fresco,
que es crüel este suplicio.)
La columna va a marchar   5
y yo no me he despedido
de mi familia. Madamas,
¡hasta la vuelta!

FROILÁN

Repito . . .

ISABEL

Buen viaje.

JACINTA

Abur, don Matías.

MATÍAS

(¡Ah! Voy hecho un basilisco.   10
Vosotros lo pagaréis,
soldados de Carlos Quinto.)

ESCENA VIII

ISABEL, JACINTA, DON PABLO, DON
FROILÁN, DON ELÍAS

(*Siguen hablando aparte don Pablo y
Jacinta.*)

ISABEL

(¡Qué felices son! Y yo . . .
¡Suerte infeliz, suerte amarga
la de una mujer! Mis labios
sella la vergüenza. El alma
se me arranca, y yo no puedo   5
decir: ¡ese hombre me mata!)

(*Se sienta afligida.*)

FROILÁN

Despacio la toman.

(*A la puerta del café.*)

¡Mozo!
La *Gaceta*. Nunca acaban
de hablar los enamorados.

(*El mozo le trae la* Gaceta, *se sienta y la
lee. Sale don Elías del café con el recibo
en la mano.*)

ELÍAS

¿No es raro que en estas casas   10
nunca ha de haber un tintero
corriente?

(*Acercándose con el recibo en la mano a
don Pablo, que entretenido con Jacinta
no le ve.*)

Ya sólo falta
que firme usted . . .

JACINTA

Sí, mi Pablo.
Mi corazón se desgarra
al verte partir. Si el freno   15
del pudor no me atajara,
tan briosa como amante
te siguiera a la campaña.
Mas, ya que de este placer
me privan leyes tiranas,   20
ya que viva no te sigo,
ya que el cielo nos separa,
he aquí mi retrato: toma,

(*Da el retrato a don Pablo.*)

bien mío, y amor le haga

escudo que te defienda   25
de las enemigas lanzas.

ISABEL

(¡Qué suplicio!)

ELÍAS

Con permiso . . .

PABLO

(*Besando el retrato, que guarda luego en
el pecho.*)

¡Oh, don precioso! Tú inflamas
mi valor, que con la pena
de ausentarme desmayaba.   30
Ahora me siento capaz
de las mayores hazañas.

ISABEL

(¡Qué no me muriera aquí!) [6]

ELÍAS

Con licencia de esa dama,
la firma . . .

FROILÁN

(*Levantándose, y acercándose a don
Pablo.*)

¡Ah, señor don Pablo!   35

ELÍAS

(¡Este llorón me faltaba!)

FROILÁN

¡Inútil valor! ¡Inútil
patriotismo! Está ya echada
la suerte. ¡Pobre nación!
Volverá a gemir esclava.   40
El genio del mal persigue
a la miserable España.
Tanto afán, tantos tesoros,
tanta sangre derramada,
¿de qué han servido? La hidra   45
de la rebelión levanta
sus cien cabezas. El cielo
nos abandona . . . ¡No hay patria!

[6] *¡Qué . . . aquí!* "Why can't I die right now!"

ELÍAS

(*A don Pablo.*)

Mientras don Froilán parodia
la tragedia de Quintana,[7]   50
firme usted . . .

PABLO

            Mucho me admiran,
don Froilán, esas palabras
en boca de un español,
de quien liberal se llama.

FROILÁN

Ya verá usted . . .

PABLO

            Ese cuadro   55
es el parto de una amarga
misantropía . . . No quiero
atribuirle otra causa.
Mas yo supongo que es fiel;
que mil desastres amagan   60
al Estado; que peligra
la libertad. Por ser ardua
la lid, ¿debemos acaso
abandonar la demanda?
¿Ha de faltarnos el brío   65
primero que la esperanza?
¿Doblaremos la cerviz
antes de probar la espada?
Sacrificios, no clamores;
tesón, virtudes, no lágrimas,   70
la nación pide a sus hijos.
Si hoy se pierde una batalla,
no se recobra el honor
sino venciendo mañana.

JACINTA

¡Bien dicho!

ISABEL

            (¿Y no le he de amar?)   75

ELÍAS

El recibito . . .

FROILÁN

            La llaga
es muy profunda, don Pablo.
Nuestras discordias infaustas
nos llevan al precipicio.
Las pasiones enconadas   80
nos ciegan; los pueblos gimen;
no hay dinero; esto no marcha;
no vamos todos a un fin;
los partidos . . .

PABLO

            Así hablan
el egoísmo y el miedo.   85
En las tristes circunstancias
se acrisola el patriotismo,
y el que noble tiene el alma
no se deja dominar
de miras interesadas,   90
ni de ocultas influencias,
ni de pasiones bastardas.

ELÍAS

Y el que diga lo contrario
es un . . . ¿lo digo?, es un mandria.
Don Pablo es buen caballero,   95
y así maneja la espada
como la pluma. A propósito,
¿quiere usté hacerme la gracia
de firmar? . . .

PABLO

            ¡Ah! sí. El recibo . . .
Vamos . . .

(*Va a entrar en el café, y le detiene don
Froilán.*)

FROILÁN

            Nadie me aventaja   100
en patrio amor; mas al ver
tantos errores y tantas
calamidades, confieso
que mi corazón desmaya.
¡Ay, don Pablo! Rara vez   105
mis presentimientos fallan.
El yerro mayor de Troya

----

[7] Manuel José Quintana (1772–1857), noted poet and author of the tragedy *Pelayo* (1805), in which he assailed the oppression and degradation of his day.

fué no escuchar a Casandra.[8]
Crea usted a un fiel amigo.
No salga usted a campaña.   110

JACINTA

¿Por qué?

PABLO

¡Es honroso el consejo!

ISABEL

(¡Si pudiera hablar!)

FROILÁN

La baja [9]
de un hombre, sea quien fuere,
no es de tan grave importancia . . .
Quédese usté en Zaragoza.   115

PABLO

¡Bravo! Si esa cuenta echara
cada cual, pronto estaríamos
en una paz octaviana.[10]

FROILÁN

¡Mire usted que ya en el cielo
leyendo estoy una página   120
sangrienta! ¡Ya en mis oídos
está silbando la bala
matadora! ¡Ay infeliz!
En vez de bélica palma,
tu generoso ardimiento   125
va a buscar . . . ¡una mortaja!

ISABEL

(¡Maldita tu boca sea!)

JACINTA

¡Ah! ¿Qué estás diciendo? Calla.
¿Por qué afligirnos así?
¡Qué idea! . . .

PABLO

¡Bah! es una chanza.   130
Si yo creyese en agüeros

sería un poco pesada.
Pero, en fin, morir lidiando
por la mejor de las causas
es muerte gloriosa.

JACINTA

¡Ah! no.   135
Dios oirá mis plegarias.

PABLO

Sólo por ti lo sintiera.
Por lo demás, no me espanta
la muerte a mí. Y casi, casi,
muriera de buena gana   140
sólo por dar un petardo
a mis acreedores. (*Riéndose.*)

ELÍAS

¡Cáscaras!

JACINTA

Vamos, deja ya esa broma.

ELÍAS

(¡Ah! si no firma y le matan . . .)
Vamos, don Pablo. Esa firma . . .   145

(*Tocan dentro llamada y tropa. Isabel se
levanta.*)

PABLO

Vamos . . .

FROILÁN

¡Ya suenan las cajas!

JACINTA

¡Oh pena!

ISABEL

(¡Amargo momento!)

ELÍAS

(¡Voto a! . . .) Si usted me firmara . . .

---

[8] Allusion to the vain efforts of the daughter of Priam and Hecuba to convince her people that the arrival of Helen and the subsequent siege of Troy would be disastrous.

[9] *baja*, " absence."

[10] *paz octaviana*, i.e., complete peace and tranquility such as obtained in the reign of Caesar Octavius Augustus, particularly about the time of Christ's birth.

PABLO

(*Abrazando a Jacinta.*)

¡Adiós, bien del alma mía!
La ausencia no será larga.   150
¿Serás fiel?

JACINTA

Hasta la tumba.
¡Oh! poco he dicho. La llama
que abrasa mi corazón
ni en el sepulcro se apaga.

ELÍAS

(Los momentos son preciosos.   155
Traeré el tintero . . .)

(*A un mozo desde la puerta del café.*)

¡Despacha!
¡Un tintero! (Por el gusto
de que yo me ahorque de rabia
se hará matar.)

PABLO

En tus ojos
prisionera dejo el alma.   160

JACINTA

¡Adiós! . . . La pena me ahoga.

(*Sollozando.*)

Mi corazón te idolatra
más de lo que yo creía.
Si mi desventura es tanta
que por la postrera vez   165
tu Jacinta fiel te abraza,
¡ay! te seguiré muy pronto
a la tumba solitaria.
¡Adiós!

PABLO

(*Desprendiéndose de sus brazos.*)

¡Adiós!

FROILÁN

(*Abrazando a don Pablo.*)

¡Caro amigo!

[11] *romper,* " begin."

ELÍAS

(*Con el papel en una mano y el tintero en
la otra.*)

(No me dejan meter baza   170
el amor y la amistad.)

FROILÁN

¡Adiós! La lengua me embarga
el sentimiento . . .

PABLO

(*Volviendo a Jacinta que llora.*)

¡Qué llantos! . . .
Aunque me fuese a la Habana . . .
Ea, adiós . . . No más . . . (*Yéndose.*)
¡Adiós!   175

ISABEL

(*Con amargura y llorando.*)

(¡Y a mí no me dice nada!)

ELÍAS

¡Don Pablo! . . . ¡Señor don Pablo! . . .

PABLO

(*Volviendo.*)

¡Pobre Isabel! . . . Me olvidaba . . .
Venga un abrazo. (*La abraza.*)

ISABEL

(*Estremecida de gozo.*) (¡Ah, Dios mío!)

PABLO

Case usted a esta muchacha,   180
don Froilán. Está tan triste . . .
Adiós. Cuídame a tu hermana.

ISABEL

(¡Infeliz! . . .) Así lo haré.

ELÍAS

Antes de romper [11] la marcha . . .

(*Viendo don Pablo que don Elías se dirige
a él con los brazos abiertos, le estrecha en*)

*los suyos, y ruedan por tierra papel y
tintero.*)

PABLO

Sí. ¡Adiós, adiós, don Elías!   185

ELÍAS

(En vez de firmar me abraza . . .
¡Adiós, tintero! El papel . . .)

JACINTA

¡Pablo!

PABLO

¡Jacinta!

(*Le da el último abrazo, y vase corriendo.*)

ELÍAS

(*Buscando la pluma después de haber
recogido el tintero.*)

¡Mal haya! . . .
¡Don Pablito! . . . ¡Échale un galgo! [12]
¡Don Pablo ! . . . Ya ¿quién le alcanza? 190

(*Arroja enfadado el tintero.*)

ESCENA IX

DICHOS, *menos* DON PABLO

JACINTA

Vamos a verle marchar . . .

FROILÁN

No. La gente . . . Los caballos . . .
¡Eh! Ya no es tiempo . . . Y los callos
que no me dejan andar . . .
¿Y a qué repetir? . . . No, no.   5

ELÍAS

(¡Ahí es un grano de anís!
¡Diez onzas!)

JACINTA

Vamos . . .

(*Una música militar toca marcha a lo
lejos.*)

FROILÁN

¿Oís?
Suena la marcha. ¡Partió!

JACINTA

¡No podré vivir sin él!

ELÍAS

¡Libértale de un balazo,   10
Virgen del Pilar! [13]

FROILÁN

(*Da el brazo a Jacinta.*) El brazo,
y a casa. Usted a Isabel.

(*Don Elías da el brazo a Isabel.*)

ELÍAS

Con mucho gusto. (¡Qué bella!
Esto alivia mi dolor.
A estar de mejor humor,   15
hoy me declaraba a ella.)

FROILÁN

¿Qué hace usted tan pensativo?
Ande usted.

JACINTA

¡Qué desconsuelo!

ISABEL

(Me ha dado un abrazo. ¡Oh cielo!)

ELÍAS

(¡No me ha firmado el recibo!)   20

ACTO SEGUNDO
LA MUERTE

Sala en la casa de don Froilán. A la derecha
del actor la puerta que conduce a la de la
escalera; a la izquierda otra que guía a las
habitaciones interiores, y otra en el foro con
vidriera y cortinas.

---

[12] *¡Échale un galgo!* " Set a greyhound after him ! ", i.e., " Try and catch him ! "
[13] *Virgen del Pilar*. The image of the Virgin especially revered at Saragossa. (Cf. *Don Juan,*
Act II, note 4.)

ESCENA PRIMERA

ISABEL

(*Aparece sentada junto a un velador don-*
de habrá varios periódicos, y acabando de
leer uno.)

Ni cartas confidenciales,
ni partes, ni conjeturas
siquiera . . . Desde que entró
la brigada en Cataluña
no ha vuelto a saberse de ella.　　5
¿Qué suerte será la suya?
No escribir en tantos días
don Pablo . . . ¡Mortal angustia!
¿Habrán sido derrotados?
Alguna emboscada, alguna　　10
sorpresa . . . Pero muy pronto
las malas nuevas circulan.
Parciales [1] y confidentes
tiene la rebelde turba
dondequiera, y cuando callan　　15
es seguro que no triunfan.
Esta reflexión me vuelve
la esperanza. Sí, me anuncia
el corazón . . .

ESCENA II

ISABEL, DON FROILÁN

FROILÁN

　　　　　¡Hola! ¡Cómo
te aplicas a la lectura
estos días! ¿También tú
te aficionas como muchas
a las cuestiones políticas　　5
más que a la plancha y la aguja?

ISABEL

A todos nos interesa
saber quién vence en la lucha
funesta que nos divide.

FROILÁN

Eso ya no admite duda;　　10
al fin cantarán victoria

don Carlos y la cogulla.[2]
Ya todo esfuerzo es inútil.
Nuestro mal no tiene cura.
La libertad es aquí　　15
planta exótica, infecunda.
La sociedad se desquicia
y la patria se derrumba.

ISABEL

(*Entre dientes.*)

Si como tú se echan todos
en el surco [3] . . .

FROILÁN

　　　　　¿Qué murmuras?　　20
Yo soy un buen ciudadano;
yo siento que la fortuna
nos vuelva la espalda, y son
mis intenciones muy puras;
pero, en fin, estaba escrito　　25
allá arriba, y es locura . . .
Repasaré esos periódicos,
sin embargo. Ni disputas
políticas, ni noticias
busco en ellos: son absurdas　　30
comúnmente las primeras,
y fatales las segundas;
pero en tanto que me sirven
el desayuno, me gusta
recrearme con un trozo　　35
de amena literatura,
descifrar una charada,
reírme con una pulla . . .
Así me distraigo un poco,
y las lágrimas se enjugan　　40
que a mi corazón arrancan
las calamidades públicas.

(*Se iba con los papeles, y vuelve.*)

¡Ah! ¿Viene aquí alguna nueva
de nuestra marcial columna?

ISABEL

¡Nada!

---

[1] *Parciales,* " Adherents."

[2] *cogulla,* " cowl," " monk's habit," i.e., the clerical party which supported Don Carlos.

[3] *se echan . . . surco,* " all give up in despair."

FROILÁN

¡Pues! ¡Lo que yo digo!   45
¡Pereció! ¡Todo se frustra!
La falta de dirección ...
Alguna mano perjura
sin duda los hizo presa
de *Tristany* o *Camas-Crúas*.[4]   50
¡Qué dolor de juventud!
¡La flor de Césaraugusta! [5] ...

(*A don Elías que entra*.)

¡Oh amigo! Soy con usted.[6]
¡Qué horror!—El almuerzo, Bruna.
(*Vase*.)

ESCENA III

ISABEL, DON ELÍAS

ISABEL

(¡Ay desgraciada! Su triste
presagio me hace temblar.)

ELÍAS

(Yo la voy a declarar
mi amor ... y *laus tibi, Christe*.) [7]
Para un asunto de urgencia,   5
que diré en lenguaje explícito,
concédame usted, si es lícito,
cuatro minutos de audiencia.
Yo la amo a usted. Más conciso
ningún amante sería,   10
y es que entra en mi economía
no hablar más de lo preciso.
En paz y en gracia de Dios
que hemos de vivir entiendo,
y no es maravilla, siendo   15
capitalistas los dos.
Mi caudal es la salud,
el dinero y la alegría;
y el de usted, señora mía,
la hermosura y la virtud.   20

(Paso en silencio su dote,
que es lo que más me acomoda.)
Ajustemos, pues, la boda,
y casémonos a escote.[8]
Mucho vale el ser hermosa: 25
mi amor sea el testimonio;
pero un rico patrimonio
también vale alguna cosa.
No sé qué será peor
en este mundo embustero: 30
si hermosura sin dinero,
o dinero sin amor;
mas siempre que a lo segundo
lo primero unido va,
allí la ventura está,   35
o no hay ventura en el mundo.
Aunque en la ciudad se suena
que soy dado a la avaricia,
comer bien es mi delicia ...
(cuando como en casa ajena).   40
Ello sí, como está en moda,
la economía cursé,
y a todo la aplicaré ...
menos al pan de la boda.
Poco avaro, en fin, soy yo   45
cuando a casarme me allano.
Conque ... ¿acomoda mi mano?
Responda usted: sí o no.

ISABEL

Aunque debo celebrar
con más risa que sorpresa   50
el sumo donaire de esa
declaración singular,
merece el que así me honró
igual franqueza de mí:
no puedo decir que sí.   55

ELÍAS

¿Luego dice usted que no?
¡Crüel mujer!

---

[4] *Tristany, Camas-Crúas*. Two of the Carlist leaders, the former being especially famous in his day. Of a restless, vulgar nature, this canon of Gerona (later referred to in the play as *el canónigo*) was made a field-marshal by Don Carlos, and at the time of the play was the most feared of the *cabecillas* operating in Catalonia. He was later captured and executed (1847).

[5] *Césaraugusta*, i.e., Saragossa, named by the Romans after Caesar Augustus.

[6] *Soy con usted*, " I'll be right with you."

[7] *laus tibi, Christe*, "praise to thee, Christ" (if I am successful).

[8] *a escote*, " on even terms."

ISABEL

No. Sincera.

ELÍAS

¡Tal desvío a mi pasión!
¡Ah! ¿Tiene usted corazón?

ISABEL

¡Ojalá no lo tuviera!   60

ELÍAS

Si no ha de ser para mí,
si otro hombre lo cautivó . . .

ISABEL

No puedo decir que no.

ELÍAS

¿Luego dice usted que sí?
¿Habrá fortuna más perra?   65
¿Habrá mujer más ingrata?
Si dice que no, me mata;
si dice que sí, me entierra.

ISABEL

¡Ay, don Elías, que el cielo
con mayor mal me atormenta!   70
Ese *no* que usted lamenta
fuera para mí un consuelo.

ELÍAS

¡Cómo! . . .

ISABEL

        Basta ya, si es chanza.
Si habla usted de veras . . .

ELÍAS

                        Sí.
¡Oh! . . .

ISABEL

        Yo no tengo, ¡ay de mí!   75
ni puedo dar esperanza.
Con harta pena lo digo.

ELÍAS

¿Qué va a ser de mí, Isabel?

ISABEL

Sea usted mi amigo fiel . . .
Yo he menester un amigo.   80

ELÍAS

Algo más quise alcanzar,
mas lo seré. (Y me conviene,
porque al fin y al cabo tiene
haciendas que administrar.)

ESCENA IV

DICHOS, JACINTA

JACINTA

¡Oh, que está aquí don Elías!
Lo celebro mucho.

ELÍAS

                Siempre
a los pies de usted. ¿Qué tal?
¿Hay noticias del ausente?

JACINTA

Ninguna. Nada se sabe;   5
ni hay cartas, ni los papeles
públicos me dan indicios
de si vive o de si muere.

ELÍAS

No es extraño que en la guerra
los correos se intercepten;   10
mas no tenga usted cuidado,
porque la facción rebelde
o no osará combatir
con nuestra tropa valiente,
o pagará su osadía   15
muy cara.

JACINTA

        Pero, ¡tenerme
sin saber de él tanto tiempo!
Si es cierto que bien me quiere,
¿cómo no ha hallado camino
para hablarme de su suerte,   20
de su amor? . . . ¡Su amor! . . . Jacinta
ya tal vez no lo merece.
Quizá a los pies de otra dama
ha puesto ya sus laureles.

ISABEL

No digas tal de don Pablo,   25
pues ningún motivo tienes
para dudar de su fe.

JACINTA

¡Ah, que la ausencia es la muerte
del amor! Los hombres . . .

ELÍAS

                          Son
pérfidos, inconsecuentes . . .   30
¡Hombres! ¡Oh! yo no los quiero . . .
Me gustan más las mujeres.

UN CIEGO

(*Dentro, gritando.*)

¡El suplimiento [9] al *Patriota Aragonés*,
que acaba de salir ahora nuevo, con noticias interesantes!

ISABEL

¿Qué grita ese ciego? Oigamos . . .

JACINTA

Suplemento . . .

ISABEL

                    (¡Ay, Dios! Si fuese . . .)

EL CIEGO

Con la completa derrota de la faición [10]
del Canónigo, por la colufna que salió de
esta capital en su presecución.

ISABEL

¿Has oído?—¡Ah! Don Elías . . .   35

JACINTA

¡Qué gozo!

ISABEL

Corra usted, vuele . . .

ELÍAS

El suplemento . . . Sí . . . Voy . . .
(Es chasco que se me peguen
los cuartos [11] . . .) No tengo suelto . . .

ISABEL

¡Oh, Dios mío!

JACINTA

(*Dándole el ridículo, del cual saca cuartos don Elías.*)

                    Aquí habrá.

ELÍAS

                              Nueve . . . 40
diez . . . Hay bastante.

JACINTA

                    ¡Qué plomo!

ISABEL

¡Vamos!

ELÍAS

(*Yéndose.*) (Si lo saco en siete [12] . . .)

ESCENA V

JACINTA, ISABEL

EL CIEGO (*Dentro.*)

¡El suplimiento al *Patriota Aragonés*, que
ahora acaba de salir nuevo, con la derrota! . . . ¿Quién llama?

ISABEL

Ya los afanes cesaron.
Nuestros milicianos vencen.   5
Pronto a los dulces hogares
volverán . . . ¡Ah, cuán alegre
estoy!

JACINTA

        ¡Pablo de mi vida!
Vuelve a mis brazos. ¡Oh! Vuelve
la dicha a mi corazón.   10

---

[9] *suplimiento = suplemento.*
[10] *faición = facción; colufna = columna; presecución = persecución.*
[11] *Es chasco . . . cuartos,* " It's the limit the way coppers stick to me " (or perhaps, " come my way "). The miserly Don Elías either has some small change which he hates to part with, or sees a chance to pick up a little.
[12] *Si lo saco en siete,* " If I get it for seven *cuartos* " (I'll keep the rest).

ESCENA VI

JACINTA, ISABEL, DON ELÍAS

ELÍAS (*Con un impreso.*)

¡Victoria! Escuchen ustedes:

(*Lee.*) « La columna expedicionaria de Zaragoza ha dado un día de gloria a la nación. La gavilla del Canónigo ha sido batida, destrozada a las inmediaciones de Gandesa.[13] Así lo afirma de oficio el alcalde constitucional de dicha villa, y se espera de un momento a otro el parte circunstanciado. Mientras llega y lo publican las autoridades, no queremos retardar a nuestros lectores tan fausta noticia. Nuestros bizarros milicianos han rivalizado en pericia y valor con las beneméritas tropas que han tenido parte en la acción. ¡Viva la libertad! ¡Viva Isabel II! »

ISABEL

¡Oh cielo, yo te bendigo!

ELÍAS

Doy a usted mil parabienes, Jacinta.

JACINTA

¡Y Pablo no escribe!

ISABEL

Querrá tal vez sorprenderte . . .   5

ELÍAS

Aquí viene don Froilán.
¡Qué cara de *miserere!*

ESCENA VII

DICHOS, DON FROILÁN

FROILÁN

Todo el barrio se alborota;
los ciegos van dando gritos . . .
¿Qué anuncian esos malditos?
Sin duda, alguna derrota.

JACINTA

Derrota: tienes razón.   5

FROILÁN

¿Lo veis? ¡Oh días aciagos!

ISABEL

Mas quien llora sus estragos
es la enemiga facción.

FROILÁN

Dirán que es suyo el revés,
mas yo temo que en el lance . . .   10

ELÍAS

¡Oh! . . . Lea usted el alcance
del *Patriota Aragonés.*
(*Le da el impreso, y lo lee para sí don Froilán.*)

JACINTA

En todo ve mal agüero.

ISABEL

En nada encuentra placer.

ELÍAS

Corneja debía ser   15
ese hombre, o sepulturero.

FROILÁN

Es muy vaga la noticia.
Es atrasada la fecha.
Si fué la facción deshecha,
¿qué se hizo nuestra milicia?   20
En la guerra hay mil azares,
y, además, la exactitud
no siempre fué la virtud
de los partes militares.
Muchos planes y cautelas,   25
y alardes y movimientos,
y zanjas y campamentos,
y curvas y paralelas.
Mucho de causar zozobras
a las fuerzas enemigas;   30
de encarecer las fatigas,
de describir las maniobras.

---

[13] *Gandesa,* a town about midway between Saragossa and Barcelona.

Mucha recomendación;
mucho de Roma y Numancia,[14]
y ¿qué nos dice en sustancia   35
el jefe de división?
Que anduvimos cuatro leguas;
que el faccioso echó a correr,
dejando en nuestro poder
una mochila y dos yeguas;   40
que allí hubieran muerto muchos
de la gavilla perjura
a no ser la noche oscura
y a no faltar los cartuchos;
que el cabecilla vasallo   45
huyó a tiempo de la quema,
y se salvó . . . por la extrema
ligereza del caballo;
que por falta de refuerzo
deja el campo de batalla   50
y va a esperar la vitualla
a Villafranca del Bierzo; [15]
que envíen francas de portes
diez cruces de San Fernando; [16]
y concluye suplicando   55
al Ministro y a las Cortes,
que sin exigir recibo
le traigan los maragatos [17]
seis mil pares de zapatos
y un millón en efectivo.   60

JACINTA

Jefes hay que en tu pintura
su historia acaso verán,
pero no todos, Froilán,
merecen esa censura.

ISABEL

Ver siempre males eternos   65
es fatal filosofía.

ELÍAS

Se previene por si un día
va a parar a los infiernos.

ESCENA VIII

DICHOS, RAMÓN

RAMÓN

Esta carta para usted.

(Da una carta a Jacinta.)

JACINTA

¡Es letra de don Matías!
¿Y don Pablo? . . . ¿No hay más cartas?

RAMÓN

No hay más que ésa, señorita.

ESCENA IX

JACINTA, ISABEL, DON FROILÁN, DON
ELÍAS

ISABEL

¡No escribir don Pablo! (¡Oh Dios!)

FROILÁN

Eso me da mala espina.

JACINTA

¡Qué ingratitud!

ELÍAS

Abra usted
pronto esa carta, Jacinta,
y saldremos de inquietudes,   5
y ahorraremos profecías.

[14] *Numancia,* an ancient town in north-central Spain, immortalized by its heroic defense against the Romans under Scipio Africanus (134–133 B.C.), who finally captured the stronghold only when its last inhabitant had perished. This sublime heroism, similar to that displayed by the people of Sagunto against Hannibal, is commemorated in a tragedy by Cervantes, later performed in Saragossa to inspire its inhabitants to the same mad resistance against the French in 1808.

[15] *Villafranca del Bierzo,* a town in northwestern Spain, about midway between Astorga and Lugo, in one of the most desolate regions in the country.

[16] *San Fernando.* The military order of San Fernando was instituted in 1811, during the war of Independence against the French.

[17] *maragatos,* a people of obscure origin and very distinctive dress, who inhabit a district near Astorga, in the province of Leon.

JACINTA

(*Abre la carta y lee.*)

« En el mismo campo de batalla, cu- bierto de cadáveres enemigos, me apre- suro a participar a usted la victoria de nuestras armas. Los restos de la facción huyen dispersos y aterrados, y una parte de la columna los persigue y acosa en todas direcciones. Yo también parto ahora en su seguimiento. La pérdida del enemi- go es grave; la nuestra muy corta: cuatro soldados muertos y unos veinte heridos, todos de tropa . . .»

ISABEL

(¡Ah! Respiro.)

ELÍAS

(*A don Froilán.*) ¿Lo ve usted?

FROILÁN

Déjela usted que prosiga
leyendo, y harto será
que alguna mala noticia . . .   10

JACINTA

Lo demás son cumplimientos,
memorias, galanterías . . .
¡Es tan fino aquel muchacho!
En el campo, entre las filas,
rendido acaso del hambre,   15
de la sed, de la fatiga,
me escribe tan obsequioso;
y al que en la amarga partida
me juró constancia eterna
¡no le merezco dos líneas!   20
Así son todos los hombres.
¡Necia la que en ellos fía!

ISABEL

No habrá podido escribir.

ELÍAS

Muchas cartas se extravían . . .

FROILÁN

Mi corazón es leal.   25
No en vano me lo decía.
Don Pablo es un aturdido.
Engolfado en la milicia,
ya no se acuerda de ti.

ISABEL

(¡No tuviera yo esa dicha!)   30

FROILÁN

Alguna linda patrona
en sus brazos le cautiva.

ISABEL

(¡Ay, eso no!)

JACINTA

                    ¡Quién creyera
que su amor fuese mentira!

UNA CIEGA (*Dentro.*)

    ¡El supimiento al *Boletín Oficial!*   35
¡El supimiento extraudinario! [18]

ISABEL

¿Habéis oído? Otro parte
sin duda . . .

ELÍAS

            Será la misma
relación . . .

JACINTA

            Manda a comprarlo,
Froilán.

FROILÁN

    Alguna engañifa . . .   40

ESCENA X

DICHOS, RAMÓN

RAMÓN

Aquí está el impreso.

ELÍAS

            Venga.

---

[18] *supimiento extraudinario* = *suplemento extraordinario.*

RAMÓN

Parece que se confirma . . .

FROILÁN

Bien está, sí. Ya sabemos
leer. Vete a la cocina.

ESCENA XI

ISABEL, JACINTA, DON ELÍAS,
DON FROILÁN

ELÍAS (*Lee.*)

«Capitanía general de Aragón. Hago
saber al público para su satisfacción que
los rebeldes han sido en efecto batidos
completamente entre Mora y Gandesa
por la valerosa columna de milicianos y
tropa que salió últimamente de esta
capital. Mientras se imprime y publica el
parte circunstanciado, me complazco en
asegurar a este heroico vecindario que
nuestra pérdida sólo ha consistido en seis
hombres muertos, entre ellos un oficial, y
diez y ocho heridos, ascendiendo la del
enemigo a ciento veinte de los primeros,
sobre trescientos de los segundos, y más
de quinientos prisioneros. Zaragoza, etc.»

ISABEL

¡Ah! ¿Quién será ese oficial
muerto? ¿Será por desdicha . . .
don Pablo?

FROILÁN

¡Pues! ¡Si lo dije!

JACINTA

¡Jesús, qué fatal manía
de presagiar infortunios!   5

ELÍAS

Si alguno de la milicia
hubiera muerto en la acción,
en su carta lo diría
don Matías.

JACINTA

Cierto. Esa
reflexión me tranquiliza.   10

FROILÁN

Aún seguían nuestras tropas
a las huestes fugitivas
cuando se escribió la carta;
esto y el no haber noticias
de don Pablo, hacen temer   15
que alguna bala homicida
abrevió ¡desventurado!
la carrera de sus días.

ISABEL

¡Ah! ¡Fundado es su temor!

JACINTA

Que lo tema y no lo diga.   20
Parece que se deleita
en afligir . . .

ELÍAS

¿Y no había
más oficiales allí?
¿Qué razón nos autoriza
a suponer que entre tantos   25
tocó a don Pablo la china?
Otro pudo ser el muerto:
quizá el mismo que escribía
tan gozoso . . .

JACINTA

¡Oh! Sí. ¿Quién sabe? . . .
Dice en su carta que él iba   30
a marchar segunda vez
contra la fuerza enemiga.

FROILÁN

Pues bien, el uno o el otro,
ya no hay duda, han sido víctimas.
¡Tal vez entrambos! ¡Oh guerra!   35
¡Guerra infausta, fratricida!
¡Pobres muchachos! . . . En fin,
¡estaba escrito allá arriba!
No han de dar vida a los muertos
nuestras lágrimas tardías.   40
Yo me voy a mis negocios.
Esas cosas me contristan
sobremanera. De hoy más
nadie me hable de política.
Soy sensible . . .

(*A Jacinta e Isabel.*)

   ¡Eh! No lloréis . . . 45
Dios guarde a usted, don Elías.

ESCENA XII

Isabel, Jacinta, Don Elías

ELÍAS

Maldita sea tu estampa,
y otra vez sea maldita.
¿Por qué no lleva a una gruta
su negra misantropía?
Malo está ese hombre. Yo creo 5
que padece de ictericia.

JACINTA

(¡Mi Pablo! ¿Será posible? . . .
¡La prenda del alma mía! . . .
¡Ah, qué amargura! Y el otro . . .
El amable don Matías . . . 10
Lástima fuera por cierto . . .)

ELÍAS

(Y ello . . . si bien se examina . . .
no es temerario el pronóstico.
Lo cierto es que los carlistas
no tiran con algodón. 15
¡Broma pesada sería
haberse muerto don Pablo
dejándome a mí *per istam* [19]
sin cobrar aquella cuenta,
y en circunstancias tan críticas!) 20

ISABEL

(Saber la verdad anhelo . . .
y tiemblo de descubrirla.)

JACINTA

(¡Tan bizarros y morir
en lo mejor de su vida!)

ELÍAS

(Diez onzas me debe el uno, 25
y el otro sólo una fina
amistad. Si el uno de ellos

expiró, Virgen Santísima,
¡que sea el vivo don Pablo
y el difunto don Matías!) 30

ISABEL

(¡No quiero que nadie muera;
quiero que don Pablo viva,
aunque otra mujer le goce . . .
y yo me muera de envidia!)

MATÍAS (*Dentro.*)

¿Dónde están?

JACINTA

(*Corriendo a recibirle.*)

   Esa voz . . .

ISABEL

(*Lo mismo y también don Elías.*)
      ¿Qué oigo? 35

ELÍAS

¡Amigo!

ISABEL

 ¡Cielos!

MATÍAS

(*Entrando.*)

 ¡Jacinta!

ESCENA XIII

Dichos, Don Matías

JACINTA

¡Bien venido el vencedor!

ISABEL

¿Y don Pablo?

JACINTA

 ¡Cuánto polvo!

MATÍAS

Apenas hace una hora
que llegué . . .

---

[19] *per istam*, "fasting," "flat"; a familiar expression from *per istam crucem*, "by this cross,"
or *per istam sanctam unctionem*, pronounced by the priest on administering extreme unction.

ISABEL

Pero . . .

ELÍAS

¿Usted solo? . . .

MATÍAS

Solo. Yo he traído el parte   5
de nuestro triunfo glorioso.
En casa del general
me han tenido hasta hace poco;
he abrazado a mi familia,
y sin quitarme este lodo   10
vengo a saludar a ustedes.

JACINTA

¿Y sabes que viene gordo,
Isabel?—Pero don Pablo . . .

ISABEL

¡Ah! ¿Qué es de él? ¿Vive?

MATÍAS

El destrozo
del enemigo fué grande,   15
pero los humanos gozos
¡cuán rara vez son completos!

JACINTA

¡Cómo!

ISABEL

¡Acabe usted!

MATÍAS

El rostro
de la fortuna no siempre
sonríe al valor heroico.   20

JACINTA

¿Será posible? . . .

ISABEL

¡Ah! ¡Murió!

JACINTA

¡Cumplióse el fatal pronóstico
de Froilán!

MATÍAS

Siento afligir
a ustedes. Su ciego arrojo . . .

ISABEL

¡Ay, dolor! ¡Ay, desventura!   25
(Se deja caer en una silla y llora amargamente.)

ELÍAS

(¡Mi dinero!) ¡Pobre mozo! . . .

JACINTA

Bien mi corazón temía . . .

MATÍAS

Justo es, Jacinta, ese lloro;
mas si la flor de su vida
cortó el enemigo plomo,   30
al menos murió vengado,
y en los siglos más remotos
vivirá inmortal su nombre.

ISABEL

¡Dios mío! ¡Salvarse todos,
y él solo morir!

JACINTA

¡Mi Pablo!   35

MATÍAS

Persiguiendo a los facciosos
con más valor que cautela . . .

ISABEL

¿Y nadie le dió socorro?

MATÍAS

¿Y quién detiene una bala,
Isabel? Ciego de encono   40
contra la armada facción,
se desvió de nosotros
demasiado cuando ya
la columna, después de ocho
o diez horas de pelea,   45
necesitando reposo,
se acantonaba triunfante
en los pueblos del contorno.

JACINTA

¡Ah! ¿Quién se lo hubiera dicho?
¡Infeliz!

ELÍAS

(¡Diez onzas de oro!)   50

ISABEL

¡Y abandonado en el monte
será presa de los lobos
su cadáver insepulto!
Y ¡quién sabe si esos monstruos
ceban la impotente saña   55
en sus sangrientos despojos!
¡Ah! (*Queda abismada en su dolor.*)

ELÍAS

¡Qué horror! . . . ¿Murió don Pablo
sin reconocer? . . .

MATÍAS

Supongo . . .

ELÍAS

(¡Ah! ¿de quién reclamo? . . . Ese hombre
estaba dado al demonio.   60
¿A quién le ocurre morirse
sin arreglar sus negocios?)

(*Se sienta en otra silla junto a Isabel, y
de cuando en cuando le dirige la palabra
para consolarla.*)

MATÍAS

También yo corrí peligro
de quedar allí.

JACINTA

(*Con interés.*)

Pues ¿cómo? . . .

MATÍAS

Me pasó el chacó una bala,   65
y otra me alcanzó en el hombro.

JACINTA

¡Cielos! ¿Fué grave la herida?

20 *Venía cansada,* " It was a spent ball."

MATÍAS

No; me lastimó muy poco.
Venía cansada.[20]—Y siento
no haber caído redondo   70
en el campo de batalla.

JACINTA

No diga usted despropósitos.

MATÍAS

Más vale morir amado
que pasar el purgatorio
en vida, siendo el objeto   75
del menosprecio, del odio
de una ingrata.

JACINTA

¿Y es posible
que cuando lloran mis ojos
la desgracia de don Pablo,
usted me hable de ese modo?   80

MATÍAS

¡Ah! si el muerto fuese yo,
no bañara usted su rostro
en lágrimas de amargura.

JACINTA

¿Por qué no? ¿Soy algún tronco
insensible?

MATÍAS

Usted me dijo . . .   85
burla fué, bien lo conozco,
que me amaría a no estar
comprometida con otro.

JACINTA

Y crea usted . . . Pero ¡ay Dios!
dejemos este coloquio.   90
Necesito desahogar
mi corazón en sollozos.
No debo pensar ahora
sino en mi Pablo. Aún le oigo
decirme el último adiós   95
tan tierno, tan amoroso . . .
¡Y eterna fidelidad

le juré yo! Si de pronto
aquí se alzara su sombra,
¡cuál sería mi sonrojo!   100

MATÍAS

No. Don Pablo desde el cielo
aprueba nuestro consorcio.
¿Sabe usted lo que mi dijo . . .
(apelemos al embrollo)
cuando rompimos el fuego   105
contra el rebelde Canónigo?
«Tú eres mi mejor amigo,
Matías. Si cierro el ojo,
a ti dejo encomendada
mi Jacinta. Sé su esposo,   110
y el Ser Supremo bendiga
vuestro casto matrimonio.»

JACINTA

¿Eso dijo?

MATÍAS

Ah, sí, señora;
y lo dijo con un tono
de solemnidad profética   115
que llenó mi alma de asombro.

JACINTA

¡Pobrecillo! ¡Ay, Dios! Ahora
con más motivo le lloro.

MATÍAS

Yo también lloro y me aflijo,
y más cuando reflexiono,   120
Jacinta, que no merezco
heredar tanto tesoro.

JACINTA

Merecerlo . . . ¡ah! . . . sí.

MATÍAS

¿De veras?

Esa palabra es el colmo
de mi gloria.

JACINTA

Yo ¿qué he dicho?   125
Por ahora nada respondo.
La memoria de don Pablo
es un cordel, es un tósigo

que me mata. Si algún día
la paz del alma recobro . . .   130

MATÍAS

¡Bien mío!

JACINTA

(Bajando la voz.) ¡Ah! Váyase usted,
que no estamos entre sordos.

MATÍAS

(Dice bien.)

JACINTA

Usted vendrá
fatigado, y es forzoso
descansar. (Siguen hablando aparte.)

ELÍAS

(Se levanta.) (No me responde.   135
Veo que en vano la exhorto
a consolarse . . . Y a mí
¿quién me consuela? Hoy no como
de pena . . . aunque esto no entraba
en mis planes económicos.   140
Vámonos de aquí.) Señora . . .

MATÍAS

Si viene usted hacia el Coso,[21]
vamos juntos. Señoritas . . .
(Bajo a Jacinta.)
No olvide usted que la adoro.
—Hasta luego.

JACINTA

Adiós, señores.   145

ELÍAS

(Otra vez yo ataré corto
al que me pida dinero.
Sin recibo . . . y testimonio
de no morir insolvente,
no vuelvo a prestar al prójimo.)   150

ESCENA XIV

ISABEL, JACINTA

JACINTA

¡Tú, Isabel, llorando así!
Me admira tu amargo duelo.

---

21 el Coso, a broad boulevard circling the southern portion of Saragossa.

¿Habrá de darte consuelo
quien lo esperaba de ti?

ISABEL

(*Se levanta.*)

Viendo en mi frente la pena,　　　5
dices que admirada estás . . .
Yo debo admirarme más
de ver la tuya serena.

JACINTA

¡Ah, que es mucha mi aflicción,
aunque ves mi rostro enjuto!　　　10

ISABEL

Cuando en el rostro no hay luto
no hay pena en el corazón.

JACINTA

Sabe el cielo . . .

ISABEL

　　　　Sabe el cielo
que en alma capaz de amor,
no es verdadero dolor　　　15
dolor que pide consuelo.
No hipócrita al cielo implores.
¡Aún el cuerpo no está frío
del que te dió su albedrío,
y de otro escuchas amores!　　　20

JACINTA

Siempre me amó don Matías,
y aunque en tan mala ocasión
me recuerda su pasión,
yo no sé hacer groserías.
No es culpa mía, Isabel,　　　25
que ese muchacho me quiera;
ni porque Pablo se muera
he de enterrarme con él.
Yo le amé mientras vivió.
Si el cielo cortó sus días,　　　30
y no ha muerto don Matías,
¿puedo remediarlo yo?
No es decir que esté dispuesta
a admitir amante nuevo,
aunque en justicia no debo　　　35
darle una mala respuesta.

Don Pablo, que era su amigo,
le dijo que si él moría,
y yo en ello consentía,
se desposase conmigo.　　　40
Harto en mi dolor demuestro
cuán de veras he sentido
que se haya ¡ay de mí! cumplido
aquel presagio siniestro;
mas yo ahora te pregunto:　　　45
si al otro llego a querer,
¿hago más que obedecer
la voluntad del difunto?

ISABEL

¿Su voluntad? ¡Impostura!
¡Maldad! Quien de veras ama,　　　50
con el amor que le inflama
desciende a la sepultura.
Si el pago que tú le das
sabido hubiera al morir,
pudiérate maldecir,　　　55
pero ¿olvidarte? ¡Jamás!
¡Así tu lengua le infama!
¿Qué amante, si de este nombre
es merecedor, a otro hombre
deja en herencia su dama?　　　60
No, que es la dulce mitad
de su alma, y en la agonía
tras sí llevarla querría
a la inmensa eternidad.

JACINTA

Tanta exaltación me asombra　　　65
y tan extraña amargura.
¿Le amabas tú, por ventura,
que así defiendes su sombra?

ISABEL

Le amaba . . . ¿Qué digo? Le amo,
le idolatro todavía,　　　70
y él solo me arrancaría
las lágrimas que derramo.
Él ignoró mi tormento,
—¡triste ley de la mujer!—
y ni aun pude merecer　　　75
cortés agradecimiento.
Ahora sin rubor quebranto
del silencio la cadena;

¡ahora que la dicha ajena
no turbaré con mi llanto!   80
Ya no temo adversa suerte,
ni rivales, ni baldón.
Sagrada es ya mi pasión.
¡La divinizó la muerte!

JACINTA

¿Tú le amabas, Isabel?   85
Absorta me dejas.

ISABEL

¡Cielos!
Sin esperanza . . . , con celos . . .
¿Hay suplicio más crüel?
Y otra vez lo sufriría,
aunque penando muriera,   90
porque a la vida volviera
el dueño del alma mía.
Yo infeliz no borraré
su imagen de mi memoria;
y tú, que fuiste su gloria,   95
¡le guardas tan poca fe!

JACINTA

Deja ya reconvenciones.
No porque celos te dí
te quieras vengar de mí
con importunos sermones.   100

ISABEL

¡Jacinta!

JACINTA

¡Calla por Dios!
Amar sin consuelo es duro;
mas también es fuerte apuro
el verse amada por dos.
Mujeres hay, más de diez,   105
que a dos suelen contentar;
pero yo no puedo amar
más que uno solo a la vez.
Pues basta con un esposo,
querer a dos es punible;   110
pero mi pecho es sensible . . .
y no puede estar ocioso.
Iguales galanterías
debí a los dos de que hablo,
mas mientras vivió don Pablo   115

no quise yo a don Matías.
¿Y no será un desacierto,
si ahora de amarle me privo,
matar sin piedad al vivo
porque no se ofenda el muerto?   120
Su especial filosofía
cada cual tiene en secreto,
y pues la tuya respeto,
déjame en paz con la mía. (Vase.)

ESCENA XV

ISABEL

¡Alma a quien el alma dí,
si a las dos nos escuchaste,
mira a qué mujer amaste!
¡Júzgala y júzgame a mí!

ACTO TERCERO

EL ENTIERRO

Plazuela con fachada y puerta de iglesia en
el foro. Entre las casas hay una cuyo portal
está abierto y alumbrado. En frente de dicha
casa hay una barbería.

ESCENA PRIMERA

DON FROILÁN, DON ELÍAS, JACINTA,
DON MATÍAS

(Don Matías viene delante con Jacinta
de bracero; los cuatro se dirigen al portal
abierto. Todos con abrigos.)

MATÍAS

Mucho sufriré esta noche,
Jacinta.

JACINTA

¿Por qué lo dices?

MATÍAS

Porque estás bella en extremo,
y vendrán de quince en quince
a colmarte de lisonjas   5
los que conmigo compiten.

JACINTA

¿Qué importa, si sólo a ti
el alma mía se rinde?

MATÍAS

¡Oh dicha! Sólo te ruego
que no bailes con el títere   10
de Ferminito.

JACINTA

Contigo
sólo, mi bien.

MATÍAS

¡Qué felices
seremos cuando el enlace
suspirado! . . .

(*Sigue hablando en voz baja con Jacinta.
Los cuatro se han parado junto a la
puerta.*)

FROILÁN

(*A don Elías.*) ¿Usted no asiste
al baile?

ELÍAS

Tengo un asunto . . .   15

FROILÁN

Pues yo también pienso irme
a la ópera y volver;
porque los bailes me embisten,[1]
aun siendo de confianza
como éste.

ELÍAS

A tales convites   20
soy yo poco aficionado.
Si además de los violines
hubiese cena . . . Lo digo
por la broma y por los brindis.

JACINTA

¿Qué hacemos aquí? ¿No subes?   25

FROILÁN

Vamos. (*Entran en la casa.*)

ELÍAS

Ea, divertirse.

ESCENA II

DON ELÍAS

Hora es de entrar en la iglesia,
y aunque un funeral es triste
función, Isabel la paga,
y basta que ella me fíe
sus secretos y yo sea   5
su amigo y correvedile,
para acompañarla pío
hasta el postrer *parce mihi*.[2]

(*Las campanas tocan a muerto.*)

Esa fúnebre campana
me recuerda, ¡ay infelice!   10
mis diez medallas difuntas;
y a fe que no se redimen
las ánimas de esa especie
con responsos ni con kiries.
¿Y habré de rezar al muerto   15
después que fué tan caribe
que se llevó al otro mundo
mis pobres maravedises?
Si al menos, en justo premio
de un esfuerzo tan sublime,   20
ya que Isabel no me dé
su mano y su dote pingüe,
me confiriese el empleo
de su curador *ad lítem*[3] . . .
Pero en el templo me espera.   25
Vamos . . . ¡Ah, qué bella efigie!
¡Lástima de crïatura![4]
¡Por un muerto se desvive,
cuando suspira por ella
un vivo de mi calibre!   30

(*Al entrar don Elías en la iglesia llegan
hablando don Antonio y sus amigos.
Óyese otra vez la campana.*)

ESCENA III

DON ANTONIO, DON LUPERCIO, DON
MARIANO, EL BARBERO

ANTONIO

La noche no está muy fría.
No entremos, que aún es temprano.

---

[1] *embisten,* " bore to death."
[2] *parce mihi,* " spare me," from the Latin words used in the Church service.
[3] *ad lítem,* " in any legal matters."
[4] *¡Lástima de criatura!,* " Poor child! "

LUPERCIO

¿Dónde encenderé este habano?

MARIANO

Ahí está la barbería.

LUPERCIO

Dices bien.—¡Ave María! [5]   5

(*A la puerta, y sale el Barbero.*)

¿Podré encender este puro?

BARBERO

¡Señor don Lupercio Muro!
Ya sabe usted que en mi casa . . .
—Dame esa luz, Nicolasa.

(*Entra, y vuelve a salir al momento con
la luz; enciende en ella su cigarro don
Lupercio, y se la vuelve.*)

¿Va usted de baile? Seguro.   10

LUPERCIO

Sí; subiremos después.

BARBERO

Cuidadito, que el demonio . . .
¡Hola! ahí está don Antonio . . .
y don Mariano . . . (¡Qué tres!)
Ofrezco a ustedes cortés   15
la justa hospitalidad,
la cena, la facultad,
conversación, la guitarra . . .

ANTONIO

(*En voz baja a sus amigos.*)

No, que el oído desgarra.
—Gracias, maestro. Escuchad.   20

(*Saludan al Barbero, y se pasean por la
plazuela conversando en voz baja.*)

BARBERO

Yo celebro que en la plaza
prefieran pasar el rato,

porque entre ese triunvirato
no podría meter baza.
Tienen lenguas de mostaza;   25
sobre todo, el cocodrilo
de don Antonio. ¿Hay asilo
que de su pico defienda
la honra? No hay en mi tienda
navaja de tanto filo.   30
Que hable y murmure un barbero,
eso es moneda corriente;
pero ¡ser tan maldiciente
un ilustre caballero!
Ya se ve; el ocio, el dinero . . .   35

(*Se oye la música del baile.*)

¡Hola! El violín se hace rajas,
y entre tanto las barajas . . .
¡Qué inmoralidad! ¡Qué vicio! . . .
Mas cada cual a su oficio.
Afilemos las navajas.   40

(*Al entrarse el Barbero en su tienda
aparece embozado don Pablo.*)

ESCENA IV

DICHOS, DON PABLO

PABLO

Por aquí atajo camino.[6]
Tiro después a la izquierda . . .
¡Oh Jacinta! ¡Cuál va a ser
tu alegría, tu sorpresa! . . .
Quizá no haya recibido   5
mis cartas; quizá me tenga
por muerto. De todas suertes [7]
es imposible que sepa
mi llegada. Entrar de incógnito
ha sido feliz idea,   10
y apearme en un mesón.
—Antes que llegue a su puerta,
quiero besar otra vez
su adorada imagen bella.

(*Saca el retrato y lo besa.*)

¡Bien mío! ¿Serán iguales   15

---

[5] *¡Ave María!* a common form of salutation on entering a building, like *Deo gracias* in the next scene.

[6] *atajo camino*, "I can take a short cut."

[7] *De todas suertes*, "At any rate."

tu hermosura y tu firmeza?
¡Ah! no lo dudo. Volemos . . .

(*La música no ha cesado. Las campanas
vuelven a sonar.*)

Mas ¿qué campanas son ésas?
¡Tocan a muerto! Con malos
auspicios vuelvo a mi tierra.   20
No he temido en la campaña
a balas ni bayonetas,
y sin poder remediarlo
esas campanas me aterran.
¡Por cierto que es miserable   25
la humana naturaleza!—
¡A muerto, sí! En ese templo
están celebrando exequias . . .
¿Si entraré? . . . Mejor será
preguntar en esta tienda.   30
¡Deo gracias!

BARBERO (*Saliendo.*)

Adelante.
La navaja está dispuesta.
Entre usted. Le afeitaré
con primor y ligereza.

PABLO

No lo necesito. Gracias.   35
Parece que en esa iglesia
hay entierro. ¿Sabe usted
quién es . . . , digo mal, quién era
el muerto?

BARBERO

Don Pablo Yagüe.

PABLO

(¡Demonio!) ¿Habla usted de veras?   40

BARBERO

Lo que oye usted; sí, don Pablo,
natural de Cariñena,[8]
vecino de Zaragoza,
hacendado, hombre de letras,
de estado soltero, edad   45
como de veintiocho a treinta,

oficial movilizado,
buen mozo, *et cætera, et cætera.*

PABLO

(Peregrina es la aventura;
y el hombre da tales señas . . .   50
Lo más singular del caso
es el ser yo a quien lo cuenta.)

BARBEPO

Ya nadie ignora su muerte,
ni aun los niños de la escuela.

PABLO

(¡Bravo! Puede ser que yo   55
me haya muerto y no lo sepa.)

BARBERO

Parece que usted se aflige
al oír tan triste nueva.

PABLO

¡Todas las malas noticias
que oiga yo sean como ésa!   60

BARBERO

¿Qué dice usted? ¿Conque un muerto? . . .

PABLO

Dios le dé la gloria eterna;
pero yo llorara más
la muerte de otro cualquiera.

BARBERO

¡Hombre! ¿Por qué?

PABLO

                    Yo me entiendo.   65
¿Ha muerto aquí?

BARBERO

                    No. En la guerra.
En la gloriosa jornada
de los campos de Gandesa.
Murió como un Alejandro
después de hacer mil proezas.   70

---

[8] *Cariñena*, a town twenty-eight miles S.W. of Saragossa, in a district noted for its wines.

Cargó él solo a un batallón
y le quitó la bandera.

PABLO

¡Cáspita!

BARBERO

Treinta facciosos
le atacan; y él ¿qué hace? Cierra
con todos, y a veinticuatro   75
deja tendidos.

PABLO

¡Aprieta!

BARBERO

Al fin sucumbió. ¡Qué lástima!
¡Un mozo de tantas prendas! . . .

PABLO

¡Ah! ¿Le conocía usted?

BARBERO

No, señor; y es que, a la cuenta,[9]   80
se afeitaba solo. Pero
todo el mundo le celebra . . .

PABLO

¡Después de muerto! ¿Verdad?

(*Vuelve a oírse el son de las campanas
sin cesar el de la música.*)

BARBERO

Yo le diré a usted . . .

(*Los tres paseantes se paran en corrillo
cerca de la barbería.*)

LUPERCIO

Aún suenan
las campanas. ¡Pobre Pablo!   85
Su muerte me causa pena.

BARBERO

Justamente esos señores
hablan del muerto.

PABLO

Quisiera

escuchar . . .

BARBERO

Pues entre usted
en el corro; con franqueza.   90
Son parroquianos y amigos.

PABLO

No quiero yo que me vean.

BARBERO

¿Por qué?

PABLO

Tengo mis razones.

BARBERO

Si no mienten mis sospechas
usté es pariente del muerto.   95

PABLO

Algo hay de eso; sí.

BARBERO

Por fuerza.
(Cuando ví que se alegraba
de oír el *requiem æternam*,[10]
dije para mí al momento:
éste es de la parentela.)   100

PABLO

Y allí hay música.

BARBERO

Es un baile.

PABLO

¡Éste es el mundo!

MARIANO

Mi lengua
siempre elogiará a don Pablo.

(*Don Pablo aplica el oído sin desembozarse.*)

---

[9] *a la cuenta,* "apparently."
[10] *requiem æternam,* "grant eternal rest," from the mass for the repose of the soul of a person deceased.

ANTONIO

¡Qué talento aquél!

LUPERCIO

¡Qué amena
conversación!

MARIANO

¡Qué donaire! 105

BARBERO

¿Lo oye usted?

PABLO

Sí.

ANTONIO

¡Qué nobleza
de sentimientos!

LUPERCIO

Su bolsa
para todo el mundo abierta . . .

PABLO

Esos que ahora le alaban
le quitaban la pelleja 110
cuando vivo: yo lo sé.
¡Maestro, al que está en la huesa
nadie le envidia! (Cesa la música.)

BARBERO

En efecto,
siempre oigo decir lindezas
de todos los que se mueren. 115

ANTONIO

Dices bien. No lo creyera
de don Matías. ¡Qué acción
tan indigna! ¡Qué bajeza!
Solicitar a Jacinta . . .

PABLO

(¡Qué oigo!)

ANTONIO

¡Habiendo sido prenda 120
de su amigo y camarada!

11 al emparejar con, " on joining."

PABLO

(¡Ah, traidor amigo!—Y ella . . .
¡Oh! no; no es posible . . . Oigamos . . .
¡Ahora que más me interesa
oírlos, bajan la voz!)
(Don Froilán sale de la casa del baile,
atraviesa el teatro, y al emparejar con 11
los del corrillo le reconoce don Antonio.)

LUPERCIO

No ví ingratitud más negra.

ESCENA V

DICHOS, DON FROILÁN

ANTONIO

¡Don Froilán! ¿Adónde bueno?
¿Ya deja usté el baile?

FROILÁN

Es fiesta
que me fastidia y me apesta . . .
Prefiero estarme al sereno.
Diversión es el bailar 5
expuesta a mil contingencias.
Sus fatales consecuencias
he visto a muchos llorar.
Ya pincha como lanceta
el alfiler de un justillo; 10
ya se disloca un tobillo
al hacer una pirueta;
ya, por estar ajustado,
se revienta el pantalón;
ya encaja mal el balcón, 15
y entra un dolor de costado.
El ruido, la baraúnda
le vuelven a un hombre loco . . .
Y no es difícil tampoco
que se abra el piso y nos hunda. 20

LUPERCIO

(Bajo a don Mariano.)
Todo es triste para él.

ANTONIO

¿Y las hermanitas bellas?
Allí estarán.

FROILÁN

Sí, una de ellas.

PABLO

(¡Cielos! . . . ¡Oh! será Isabel.)

ANTONIO

Una . . . ¿Cuál? ¿Jacinta?

FROILÁN

Sí.   25

PABLO

(¡Ah! . . .)

MARIANO

¿Cómo no están las dos?

PABLO

(¡Ella baila, justo Dios,
y están doblando por mí!)

FROILÁN

¿Baile la otra? Ni el nombre
sufriría. Es tan adusta . . .   30

BARBERO

(*En voz baja a don Pablo. Ambos se
mantienen a la puerta de la tienda algo
distantes de los demás.*)
Pues mire usté, a mí me gusta . . .

PABLO

¡Silencio!

BARBERO

(¿Quién será este hombre?)

ANTONIO

¿Y es siempre a Jacinta fiel
el insigne don Matías?

FROILÁN

Tierno está como un Macías.[12]   35

ANTONIO

¿Y ella?

FROILÁN

Se muere por él.

PABLO

(¡Eso más! ¡Pérfida! . . .¡Ingratos! . . .)

LUPERCIO

Boda habrá.

FROILÁN

¿No la ha de haber?
Mañana al anochecer
se celebran los contratos.   40

PABLO

(*Muérete ¡y verás!* . . . ¡Ah, perra!)

ANTONIO

Pero, amigo, usted confiese
que es infamia . . . ¡Si lo viese
el que está pudriendo tierra!

FROILÁN

Sin razón se quejaría,   45
porque ¿qué mal hay en esto?
Nada. A rey muerto, rey puesto.
Lo demás es bobería.

(*Suena otra vez la campana.*)

PABLO

(¡Habrá pícaro!)[13]

FROILÁN

¡Qué diablo! . . .
Me aturde ese campaneo.   50
¿Es sermón, o jubileo?

MARIANO

No. Las honras de don Pablo.

---

[12] Macías *el Enamorado,* a Galician troubador of the fifteenth century, has become the symbol of the passionate and unfortunate lover. Among the many literary treatments of his story are Lope de Vega's *Porfiar hasta morir,* and, only three years previous to the present play, two works of the ill-fated Larra: a historical novel, *El doncel de don Enrique el Doliente,* and a historical drama, *Macías,* which offers striking parallels, in certain respects, with the legend of the lovers of Teruel.

[13] *¡Habrá pícaro!* " Was there ever such a knave ?"

ANTONIO

Pues, ¡qué! ¿usted no lo sabía?

FROILÁN

¿Qué he de saber? No por cierto.

LUPERCIO

Pues ya. Sabiendo que el muerto   55
es don Pablo, asistiría . . .

FROILÁN

No tal. Tengo mil asuntos . . .
Es muy triste un ataúd . . .
No poseo la virtud
de resucitar difuntos.   60

PABLO

(¡Bribón! Aunque tú no quieras,
resucitaré, y tres más;
y mañana sentirás
que no haya muerto de veras.)

FROILÁN

Ya al solemne funeral   65
el domingo asistí yo
que por su alma celebró
la Milicia Nacional.
¡Dos entierros! ¡Qué boato!
¿Tanto valía su nombre?   70
¡Dos entierros para un hombre
que falleció *ab intestato!* [14]

BARBERO

¡Qué tío!

PABLO (*Haciéndole callar*)

¡Por Dios, maestro! . . .

FROILÁN

Y es todo en vano. Yo sé
que al otro mundo se fué   75
sin rezar un *Padrenuestro.*
Él buscó su muerte, sí,
y por eso no me aflige.
Yo su horóscopo le dije
y no hizo caso de mí.   80

ANTONIO

Pero, hombre . . .

FROILÁN

                Las ocho . . . Aún llego
al acto segundo. Estoy
convidado . . . Ea, me voy
a la ópera. Hasta luego.

ESCENA VI

DICHOS, *menos* DON FROILÁN

MARIANO

¡Qué entrañas tiene!

ANTONIO

                Es nefando.

LUPERCIO

¡Y predica como un fraile!

ANTONIO

Basta. ¿Vámonos al baile?

LUPERCIO

Sí, sí. Ya estarán tallando.

(*Se entran en la casa del baile. Don Pablo
se queda pensativo.*)

ESCENA VII

DON PABLO, EL BARBERO

BARBERO

¿Sabe usted que el don Froilán
es hombre de mala estofa?
El egoísta agorero
le llaman en Zaragoza.
¡Miren qué disculpas da   5
para faltar a las honras
del que iba a ser su cuñado!
Y eso que, según me informan,
le hizo el muerto mil favores.
Pues, ¡digo, también la otra,   10
que al son del *luceat ei* [15]
bailando está la gavota,

---

[14] *ab intestato,* " intestate," " without having made a will."
[15] *luceat ei,* " may it shine for him," further words taken from the Church service.

y con el pérfido amigo
concierta alegre la boda!
Y luego si uno murmura   15
dirán . . . (Pero no se toma
la molestia de escucharme.
Extravagante persona
es este *quídam*.)

PABLO

(Estoy
por subir, y a esa traidora . . .   20
Pero más que ella me irrita
su hermano. ¡Pues no hace mofa
de mi muerte! A bien que [16] pronto
se convertirá en congojas
y lamentos el sarcasmo   25
con que a los muertos baldona.
Aquí le traigo yo un *récipe*
que no ha de tomarlo a broma.
Pero el castigo, aunque duro,
no satisface mi cólera.   30
Yo quisiera otra venganza
más directa; mía sola . . .
¡Ah! ¡Qué idea tan feliz!
Mi escribano Ambrosio Mora
vive al volver esa esquina;   35
don Froilán está en la ópera . . .
Voy volando . . .) Abur, maestro.

BARBERO

Felices noches. (Ahora
se va y me deja en ayunas . . .)

PABLO

¿Oyó usted a aquella boca   40
excomulgada insultar
al que está bajo la losa?

BARBERO

Sí; ¡el tal don Froilán! . . .

PABLO

Pues luego
cantará la palinodia.

BARBERO

¿De veras? Diga usted. ¿Cómo? . . .   45

[16] *A bien que*, " Fortunately."

PABLO

Es un secreto.

BARBERO

No importa.
Vamos . . . , yo no lo diré . . .

PABLO

Sino a toda la parroquia.

BARBERO

No tal. Yo soy . . .

PABLO

Excelente
barbero.

BARBERO

Usted me sonroja;   50
mas . . .

PABLO

Cuente usted con mi barba
si me quedo en Zaragoza.

ESCENA VIII

EL BARBERO

¡Por el alma de Judas! . . .
Ahora le prendería, a ser alcalde.
Yo quiero su secreto, no su barba;
y por salir de dudas
consintiera en rapársela de balde.   5
¡Señor! ¿Qué extraño ente
es éste, que una sola *Avemaría*
no reza por el alma de un pariente,
y luego, si otra lengua
a escarnecer se atreve su ceniza,   10
cual si oyera a Luzbel se escandaliza?
Calla su nombre, oculta su semblante . . . ,
si hablan del muerto, aplica las orejas . . . ,
¡y las cierra a la fúnebre salmodia!
Y ¿qué le importa, en fin, que el otro
cante   15
o deje de cantar la palinodia?
Ello, el asunto es serio.
Un embozado, un muerto, un maldiciente . . .
Si aclarar no consigo este misterio

¿qué me dirá después el parroquiano? 20
¿Qué valdrán mi facundia y mi prosodia
si no puedo nombrar a ese fulano
ni acierto a definir la palinodia?

ESCENA IX

EL BARBERO, DON ELÍAS

ELÍAS

¡Hermosa criatura! Con el llanto,
que a otras afea tanto,
se aumenta de su rostro peregrino
el seductor encanto.
Por no ofender a Dios, salgo del templo. 5
¡Oh ciegos pecadores,
de mi austera virtud tomad ejemplo!
Otro en el dulce error se obstinaría,
mas yo ni aun en la senda del pecado
abandono la sabia economía. 10
Ya que es pecar sin fruto
el adorar las dotes . . . ¡y la dote!
de ese hermoso portento,
pongamos al amor veto absoluto,
y demos otro giro al pensamiento. 15
Diez onzas . . . ¡ay! cabales
tres mil doscientos reales.
¡Fatal recuerdo! ¡El corazón le odia,
y siempre ha de venir a atormentarme!

BARBERO

(No puedo echar de mí la palinodia.) 20
(*Don Elías llega paseando a la puerta de
la barbería. Suenan por última vez las
campanas.*)

ELÍAS

Maestro, buenas noches.

BARBERO

        ¿Sanguijuelas?
¿Un repaso a la barba? [17]

ELÍAS

No, amigo. Mi dolor . . .

BARBERO

        ¿Dolor de muelas?

ELÍAS

¡Ah!

BARBERO

Si hay caries, afuera; es muy sencillo.
Prepararé el gatillo . . . 25

ELÍAS

¡Por Dios y por las ánimas benditas!
Ya me han sacado ¡diez!—No de la boca.
¡Ojalá!

BARBERO

    Pues ¿de dónde?

ELÍAS

        ¡Del bolsillo!
Óigame usted: le contaré mis cuitas.
Ese hombre a quien entierran . . .

BARBERO

        A propósito . . . 30
Un embozado aquí que, por lo visto,
es su pariente . . .

ELÍAS

      ¡Ah! ¿Le dejó en depósito
alguna cantidad? ¿Es su albacea?

BARBERO

Lo contrario barrunto,
porque habló con desprecio del difunto. 35

ELÍAS

¡No hay esperanza!

BARBERO

       Es hombre misterioso.
Quizá usted le conozca, don Elías.
Quizá usted que era amigo de don
    Pablo . . .

ELÍAS

En hora buena se le lleve el diablo,
mas ¡también mi dinero! . . .

BARBERO

        A lo que entiendo, 40
él tiene trazas de mover un cisco . . .
Con don Froilán es toda su ojeriza.

---

[17] *¿Un repaso a la barba?* " A little trimming of the beard? "

ELÍAS

¡Sepultadas mis onzas en el fisco! [18]
Al pensarlo me tiro de las greñas,
y bramo de furor.

BARBERO

                    Daré las señas.   45
Es alto, es rubio . . .

ELÍAS

                    No, no le perdono.
Su muerte fué un suicidio.

BARBERO

Militar parecía . . .

ELÍAS

                    ¡Se ha matado
por llevarse a la tumba mi subsidio!

BARBERO

Hombre de buena edad, grueso . . .

ELÍAS

                              ¡Mentira!   50

BARBERO

Perdone usted . . .

ELÍAS

                    ¡Mentira! No he rezado,
aunque usted me haya visto, ¡mal pecado! [19]
salir del templo.

BARBERO

                    ¡Dale!
¡Si yo no hablo del muerto! Hablo del
otro.
Al despedirse dijo . . .   55

ELÍAS

Maestro, aquella tumba era mi potro,
y el duelo era un sarcasmo, una parodia . . .

BARBERO

Dijo que don Froilán . . .

ELÍAS

                    ¡Pérfido! ¡Ingrato!

BARBERO

Cantaría . . .

ELÍAS

¡Ay de mí!

BARBERO

                    La palinodia.

ELÍAS

Su muerte . . .

BARBERO

                    ¡Óigame usted!

ELÍAS

                    Es una afrenta.   60

BARBERO

Pero ¡hombre! . . .

ELÍAS

                    ¡Bancarrota fraudulenta!

BARBERO

¡Oh! quedarme prefiero
con mi curiosidad.

ELÍAS

                    Yo . . .

BARBERO

                              ¡Basta, basta!
¡Atajar la palabra de un barbero!

ELÍAS

Es que . . .

BARBERO

                    ¡Maldita, amén, sea tu casta!   65
(Se entra en la tienda y la cierra por dentro. Cesan las campanas.)

---

[18] ¡Sepultadas . . . fisco! i.e., Don Pablo having died intestate, his estate will go to the State,
in the absence of legal heirs.
[19] ¡mal pecado! " devil take me! " " confound it all! "

ESCENA X
Don Elías

¡Cierra la puerta y me planta!
¿Qué diablos tiene ese hombre?
¿Prestó también al difunto
y perdió sus patacones?—
Mas huele a cera apagada;   5
las campanas no se oyen . . .
Vamos, se acabó el entierro;
y pues yo hago los honores
funerales, despidamos
el duelo.

(*Se coloca a la puerta de la iglesia, y van
saliendo varias personas de luto, hombres
y mujeres, a quienes saluda entre afectuoso y compungido.*)

Mujer
Dios le perdone.   10

Elías
Amén. Gracias. Caballeros . . .
Señoras . . .

Hombre
Felices noches.

Mujer
Dios le dé la gloria eterna.

Elías
Así sea.

Hombre
¡Pobre joven!

Elías
Que Dios se lo pague a ustedes . . .   15
(mejor que él a mí.) Señores . . .

Mujer
Beso a usted la mano.

Elías
       Amén . . .
Digo, gracias.

[20] *Ora pro nobis,* " Pray for us."

Hombre
(*Rezando.*) Pater noster.

Elías
Gracias por mí y por el muerto.
(¡Qué tormento! Echo los bofes   20
de rabia, y tengo que hacer
cumplidos . . .)

Mujer
(*Rezando.*) Ora pro nobis [20] . . .

Elías
Abur.—Isabel no sale.
¿Pensará pasar la noche
en la iglesia? ¡Ah! ya está aquí.   25

ESCENA XI
Isabel, Don Elías, Ramón

(*Isabel estará vestida de luto; Ramón
trae una linterna encendida. Suenan otra
vez los violines.*)

Isabel
¡Aún bailan! ¡Qué corazones!
Ten piedad de ellos, Dios mío.
Suspende el terrible golpe
de tu justicia, por más
que su maldad lo provoque.   5

Elías
¡Oh Isabel, Isabelita!
Usted es un ángel.

Isabel
       ¡Pobre
don Elías! Usté es fiel
a la amistad. ¡Alma noble,
alma sensible y piadosa!   10

Elías
No merezco esos loores.
Crea usted . . .

ISABEL

Olvidan otros
sagradas obligaciones,
y usted, que nada debía
a don Pablo ...

ELÍAS

Yo ¿de dónde? ...   15
Al contrario ...

ISABEL

Pero Dios
premia las buenas acciones.

ELÍAS

Yo confío en su infinita
misericordia ... (¡Este postre
me faltaba!)

ISABEL

La que fué   20
su delicia, sus amores,
su único bien, ni aun escucha
el son del místico bronce
que anuncia su funeral.
Ceñida la sien de flores,   25
no deposita una sola
sobre la tumba del hombre
que la adoró. Ni un suspiro
lanza aquel pecho de roble,
si no a la grata memoria   30
del que iba a ser su consorte,
siquiera al sincero amigo,
siquiera al valiente joven
que el alma rindió invocando
de patria y de amor el nombre.—   35
Bien haces. Dios no se paga
de sacrílegos clamores.
No insultes, ¡ay! a su sombra.
Déjala que en paz repose,
ingrata mujer; no mandes   40
a tus ojos que le lloren
si en otro semblante luego
se han de fijar seductores.
Más puro será mi llanto,
más veraz, y desde el orbe   45
celestial quizá benigno

mi Pablo amado lo acoge.
Mi tálamo es su sepulcro.
Deja que en él me corone
yo sola. Yo sé que su alma   50
al alma mía responde,
y pues yo la he merecido
más que tú, ¡no me la robes!

(*El sacristán sale de la iglesia, cierra la
puerta y se retira. Sigue la música.*)

ELÍAS

¡Ah, señora! Yo tendría
un corazón de alcornoque [21]   55
si no derramase lágrimas ...
(por mis cuarenta doblones.)
Pero al fin ... ¡Cómo ha de ser!
Aunque usted gima y solloce,
Dios lo hizo: no hay esperanza   60
de que su fallo revoque.
Y ya han cerrado la puerta,
y sopla un viento de norte ...

(*Isabel se arrodilla en el umbral de la
puerta y cruza las manos en actitud de
orar.*)

(No me escucha; se arrodilla
en los yertos escalones,   65
y orando por el difunto
estatua parece inmóvil.
¡Oh, Virgen Madre, que ruegas
por nosotros ... acreedores!
¿Merece un muerto insolvente   70
tan devotas oraciones?)

ESCENA XII

DICHOS, DON PABLO

PABLO

Ya ha recibido el papel,
ya es otro hombre, ya me llora.
¿Qué apostamos a que ahora
soy un santo para él?—
¿Otra vez en el salón   5
suena la música impía?
¡Oh vil, infame alegría!
¡Oprobio! ... ¡Prostitución!

---

[21] *alcornoque*, the wood of the cork tree, which is very hard, is here indicated.

¿Y no arrojaré del pecho
al ídolo torpe, ingrato? . . . 10

(*Saca el retrato, lo despedaza y lo pisa.*)

¡He aquí su falaz retrato! . . .
Caiga a mis plantas deshecho.
Si un día fuí tu cautivo,
ya no, mujer inconstante.
Quien vende muerto al amante, 15
vendiera al esposo vivo.
¿Qué se diría de mí
si me rindiese al dolor? . . . .
Entierra, Pablo, al amor,
pues te han enterrado a ti. 20
Engañadora sirena,
te creí sincera y firme . . .
Pues si acierto a no morirme,
¡como hay Dios que la hago buena! [22]
Olvidemos a la infiel, 25
que si airado resucito,
¿qué haré con alzar el grito?
Un ridículo papel.
Vuelva a mi pecho la calma,
y pues soy muerto viviente, 30
voy a ver qué buena gente
pide al cielo por mi alma.
Y a fe que, si al catecismo
doy un repaso, quizás
tampoco estará de más 35
que yo me rece a mí mismo.—
¡Vaya, que es rara aventura!
Para mí es niño de teta
el austero anacoreta
que cava su sepultura. 40
Más eco hará en los anales
el nombre de un ciudadano
que concurre vivo y sano
a sus propios funerales.[23]

(*Da algunos pasos hacia la iglesia, siempre embozado, y se para.*)

Por hoy ya no puede ser, 45
que la iglesia está cerrada.
Mas ¿qué veo? ¡Arrodillada

al umbral una mujer!
¿Quién será el alma bendita
que así me llora insepulto? 50
En este esquinazo oculto
observaré . . .

ELÍAS

¡Isabelita! . . .

PABLO

(¿Si será la hermana bella
de Jacinta? No. ¿A qué asunto
suspirar por un difunto 55
que en su vida? . . .

(*El criado que se pasea silencioso con la linterna en la mano, pasa por junto a Isabel, y la reconoce don Pablo. Cesa la música.*)

¡Pues es ella!—
¡La otra tan malas entrañas,
y ésta adorando mi nombre!
No hay como morirse un hombre
para ver cosas extrañas.) 60

ISABEL

Sombra que amo y reverencio,
perdóname si llorosa
interrumpo de tu losa
el venerable silencio.

PABLO

(¿Qué oigo?)

ISABEL

Más grata oblación 65
diérate la amada prenda;
mas no rehuses la ofrenda
de mi tierno corazón.

PABLO

(Me amaba, me ama . . . ¡Oh portento!)

ISABEL

Si de una triste mortal 70
desde el trono celestial

[22] *si acierto . . . buena*, "if I had happened not to die, as sure as God lives I'd have got into a fine mess!"
[23] Cf. the introductory remarks to *Don Juan Tenorio* for the theme of a man witnessing his own funeral.

oyes benigno el acento,
no a Dios le pidas que yo
deje, sin dejar el mundo,
el dolor veraz, profundo   75
que tu muerte me infundió.
No turbe, no, mi quebranto
las delicias de tu Edén,
¡que Dios ha puesto también
gloria y delicia en el llanto!   80

PABLO

(¡Qué alma! ¡Y no la conocí!)

ISABEL

Pídele sólo al Señor
que eterno sea el amor
con que el alma te rendí;
que nunca humana flaqueza   85
me conduzca a no quererte.
¡Antes un rayo de muerte
caiga sobre mi cabeza!
(*Calla y contemplativa alza los ojos al
cielo.*)

PABLO

(¡No puedo más! ¡Qué pasión!
Yo llego ... ¡Oh ventura mía!   90
        (*Deteniéndose.*)
Mas la súbita alegría
tal vez ...)

ISABEL

(*Después de un profundo suspiro.*)
Vámonos, Ramón.

ESCENA XIII

DICHOS, DON FROILÁN

FROILÁN

Entremos. Aún será tiempo ...
Pero la iglesia cerraron.

PABLO

(Ya está aquí mi hombre.)

FROILÁN

                        ¡Isabel!
¡Don Elías! ¿Cómo os hallo
a estas horas por aquí?   5

¿Salís del entierro acaso?
¡Ah! sí, no hay duda. Ese luto ...
Parece que se ha acabado
el funeral.

ELÍAS

        Sí, señor.

FROILÁN

¡Y fué para mí un arcano!   10
¿Por qué no habérmelo dicho,
y mis ardientes sufragios? ...

ISABEL

¿A qué, si ya en otra tumba
le habías tú sepultado
más profunda?

FROILÁN

            ¡Yo! no entiendo ...   15

ISABEL

¡En el olvido!

FROILÁN

        ¿A mi Pablo?
¿Al mejor de mis amigos?
¿A quien ya llamaba hermano?

PABLO

(¡Para el necio que te crea!)

FROILÁN

Pues ¡si le quería tanto! ...   20
Poco he dicho. Le adoraba.

PABLO

(No sé cómo no le mato.)

ELÍAS

(¡Extraña metamorfosis
por cierto!)

FROILÁN

        ¡Tan buen muchacho! ...
¡Ah! ... Me nombró su heredero.   25

ELÍAS

¿Qué dice usted?

FROILÁN

Aquí traigo
su postrera voluntad.

PABLO

(Eso no, que ya he tomado
mis medidas, por si muero
antes de reír el chasco.)   30

ELÍAS

¡Usted su heredero!

FROILÁN

Sí.

ELÍAS

¿No habla de otros legatarios
el testamento? ¿O de deudas? . . .

FROILÁN

No. Todo me lo ha dejado.
¿Qué mucho, si nos unió   35
desde los primeros años
la dulcísima amistad
cuyos halagüeños lazos? . . .

PABLO

(¡Hipocritón!)

FROILÁN

¿Nuestras almas
llenaron siempre de encantos?   40

ELÍAS

Vea usted; y yo creía . . .

FROILÁN

¡Ay, caro amigo! Este rasgo
de cariñosa bondad
hace mayor mi quebranto.
¿Qué son todos los tesoros   45
del mundo, si los comparo
con la delicia de verte,
de hablarte? . . . Mi acerbo llanto
no podrá, ¡triste de mí!
arrancarte al duro mármol   50
que te esconde . . .

ISABEL

¡Calla, impío!
¡Blasfemo, sella los labios!
Guárdate el oro que heredas
y no turbes el descanso
de aquella alma generosa,   55
que acaso estará penando
porque tan mal empleó
sus dádivas.

FROILÁN

Ese agravio . . .

ISABEL

¡Calla por piedad! No me hagas
testigo del vil escarnio   60
con que insultas las cenizas
de tu bienhechor. Huyamos . . .

PABLO

(¡Ah, qué ángel!)

FROILÁN

Oye . . .

ELÍAS

Si usted
quiere servirse del brazo . . .

ISABEL

¡No! Sola me quiero ir.   65
Detesto al linaje humano.
¡Perfidia, maldad, bajeza
dondequiera! . . . ¡Ay Pablo, Pablo!

ESCENA XIV

DON PABLO, DON FROILÁN, DON ELÍAS

PABLO

(¿Es sueño acaso? ¿Es delirio?
¡Tanto amor! . . .)

FROILÁN

¡Qué sinrazón!
¡Qué ruin interpretación
de mi profundo martirio!

ELÍAS

Y en efecto, el testamento . . .   5

FROILÁN

¡Ah! ¡Cuánto dolor me cuesta!
Y ahora volver a esa fiesta . . .
He aquí mi mayor tormento.
Mas debo forzosamente
acompañar a mi hermana.   10

ELÍAS

La herencia es más que mediana,
y usted que era ya pudiente . . .

FROILÁN

¡Yo baile, oh Dios, yo concierto,
cuando mi pena es tan grave! . . .

ELÍAS

Yo tenía, usted lo sabe,   15
relaciones con el muerto . . .

FROILÁN

No toque usted ese punto,
que mi aflicción . . .

ELÍAS

                    Sin embargo . . .
Usted debe hacerse cargo
de las deudas del difunto.   20

FROILÁN

¡Ya no hay placer para mí
en el mundo!

ELÍAS

                    Él me debía
unos cuartos . . .

FROILÁN

                    Noche y día
rezaré por su alma, sí.

PABLO

(El diálogo me divierte.)   25

ELÍAS

Si me olvidó, no es portento,
que sin duda el testamento
lo hizo . . .

FROILÁN

¡Antes de su muerte!

ELÍAS

Ya, sí . . .

FROILÁN

¡Mi alma se destroza!

ELÍAS

(¡Diablo de hombre!) Yo decía . . .   30

FROILÁN

Lo dejó en la escribanía
al salir de Zaragoza.

ELÍAS

Bien, y luego . . .

FROILÁN

                    ¡Amigo fiel!
Aunque venda mis camisas,
mañana doscientas misas   35
mandaré rezar por él.

PABLO

(Eso me encuentro. Por Dios
que de él no esperaba tanto.)

ELÍAS

Mas yo le hice un adelanto . . .

FROILÁN

¡Ah! Sí; lloremos los dos.   40

ELÍAS

Pero . . .

FROILÁN

                    Con ojos serenos
¿quién ve a su amigo morir?

ELÍAS

Pero puede usted decir:
los duelos con pan son menos.[24]
¿Y quién vuelve a mi escritorio   45
el dinero? . . .

---

[24] los duelos . . . menos, " a good inheritance makes bereavement easier to bear."

FROILÁN

        ¡Acerba llaga,

crüel!

ELÍAS

    Alma que no paga
no sale del purgatorio.
Diez onzas . . .

FROILÁN

      No cuestan tanto
las doscientas misas.

ELÍAS

        ¡Oh! . . .   50

FROILÁN

A peseta . . .

ELÍAS

      No hablo yo
de misas . . .

FROILÁN

    Me ahoga el llanto.

(*Hablando, han llegado a la casa del baile.*)

ELÍAS

Oiga usted . . .

FROILÁN

    (*Ya dentro del portal.*)

      Ni a hablar acierto.
¡Adiós!

ELÍAS

    ¡Hombre! . . .

FROILÁN

      ¡Pobre Pablo!

ELÍAS

¡Me plantó! ¡Lléveos el diablo   55
a ti, a la herencia, y al muerto!

ESCENA XV

DON PABLO, DON ELÍAS

(*Llega don Pablo por detrás de don Elías
y le toca en el hombro.*)

PABLO

Tenga usted más caridad
con los difuntos.

ELÍAS

(*Volviéndose asustado.*) ¿Qué voz? . . .
Si yo creyera en visiones
diría . . . (*Reconociéndole.*)
      Sí, ¡él es! ¡Favor! . . .

PABLO

¡Silencio! No soy fantasma.   5
Vengo . . .

ELÍAS

      De parte de Dios
te digo, sombra iracunda . . .

PABLO

No hay tal sombra. Vivo estoy.
Acérquese usted sin miedo.
Tenemos que hablar los dos.   10

ELÍAS

Si en el otro mundo penas
como en éste peno yo,
al heredero le toca
procurar tu redención;
no a mí, difunto don Pablo,   15
a mí que soy tu acreedor,
a mí . . .

PABLO

    Basta. Sabe usted
que soy hombre de razón,
y si yo me hubiera muerto,
no lo negaría, no.   20
Caí herido de un balazo
en medio de la facción.
Sin duda, al verme tendido
sin aliento y sin color,
todos me dieron por muerto   25
sin más averiguación;
y como nadie después
de mí ha sabido hasta hoy,
no extraño que en mis exequias
haya graznado el fagot.   30
Recobrados mis sentidos
con el frío y el dolor,

medio vivo, medio muerto,
me levanté del montón.
En vano pedía auxilio: 35
nadie escuchaba mi voz.
Por fin llegué como pude
a la choza de un pastor.
Por buena suerte la herida
no era mortal, aunque atroz.   40
Aquella familia honrada
tuvo de mí compasión,
y curándome en sigilo,
sin botica ni doctor,
me libertó de las uñas   45
de *Tristany* o *Caragol*.[25]
Recobradas ya mis fuerzas,
mi marcha emprendo veloz
de regreso a Zaragoza,
y hoy llego a puestas de sol   50
para reír desengaños
de este mundo pecador.

ELÍAS

¡Es posible! ¡Ah! mi alegría . . .

PABLO

Usté es un hombre de pro.
Usté ha rezado en mi entierro . . .   55

ELÍAS

¡Oh! Sí, con mucho fervor.

PABLO

Y gracias por su cristiana
misericordia le doy.
Sólo a usted me he descubierto . . .

ELÍAS

¡Usted me hace sumo honor! . . .   60

PABLO

Mas nadie sepa que vivo
hasta mejor ocasión.
Usted sabrá mis proyectos,
y cuento con su favor
para llevarlos a cabo.   65

ELÍAS

Sabe usted que siempre estoy
a su obediencia.—A propósito,
el papel que se quedó
sin firmar . . . Aquí lo traigo.
Si a la luz de ese farol   70
(*El que habrá en el portal de la casa*
donde se baila.)
quisiera usted . . . Pediremos
un tintero . . .

PABLO

¿No es mejor
que se venga usted conmigo,
y le daré en el mesón
las diez onzas consabidas,   75
los réditos y otras dos
en muestra de gratitud? . . .

ELÍAS

¡Oh, qué bello corazón!

PABLO

Justamente ya ha debido
cobrar mi administrador   80
unas letras [26] . . .

ELÍAS

No es decir
que yo tenga prisa, no.
Sólo por acompañar
a usted . . . (¡Supremo Hacedor,
no me le mates ahora!   85
¡Cumpla su buena intención!)

PABLO

Vamos . . .

ELÍAS

(*Componiéndole el embozo de la capa.*)
Abríguese usted.

(*Don Pablo tose.*)

¡Cuidarse! ¿Qué es eso? ¿Tos?

PABLO

No es nada.

---

[25] *Caragol*, one of the Carlist leaders.
[26] *letras* = *letras de cambio*, " drafts."

ELÍAS

Es que usté estará
delicado, y el pulmón . . . 90

PABLO

(*Riéndose.*)

Cálmese usted, don Elías,
que mi palabra le doy
de no morirme otra vez
sin pagarle.

ELÍAS

(¡Óigate Dios!)

ACTO CUARTO

LA RESURRECCIÓN

La misma decoración del acto segundo.

ESCENA PRIMERA

DON PABLO, DON ELÍAS

(*Entran con precaución. El teatro está
oscuro.*)

PABLO

Si alguno nos ha observado . . .

ELÍAS

Sólo lo sabe Ramón,
y ése es de satisfacción.
Puede usté entrar descuidado.
Jacinta está de jolgorio 5
con su novio y los amigos
que servirán de testigos
para el impío casorio.
Luego que apuren los platos
del opíparo banquete, 10
vendrán a este gabinete
para firmar los contratos.

PABLO

Isabel . . .

ELÍAS

No fué posible
hacerla entrar en la fiesta.

¹ *Voila = La voy.*

La maldice y la detesta 15
como sacrilegio horrible.

PABLO

¡Pobrecilla! ¿Y don Froilán?

ELÍAS

Muerto está de pesadumbre;
mas, ya se ve, la costumbre . . .
la etiqueta, el *qué dirán* . . . 20

PABLO

Al bien y al mal se acomoda
esa frase; y ¿qué ha de hacer
quien por fuerza ha de escoger
entre un duelo y una boda?

ELÍAS

Ya; pero, entre el mundo y Dios, 25
don Froilán gime . . . y devora;
luego apura el vaso . . . y llora;
y así cumple con los dos.

PABLO

¿Está todo preparado?

ELÍAS

Todo como usted desea. 30

PABLO

Sentiré que alguien me vea.

ELÍAS

¿Cómo? En un cuarto excusado . . .

PABLO

Quisiera un instante hablar
con Isabelita . . . Pero
prepárela usted primero. 35

ELÍAS

Entiendo. Voila ¹ a buscar.
Pues llevan largo el convite
y Ramón está advertido,
fácil será . . .

PABLO

Siento ruido . . .

ELÍAS

Traen luces. ¡Al escondite! 40

(*Don Pablo corre a esconderse en el cuarto del foro y cierra por dentro las vidrieras. Ramón trae luces.*)

ESCENA II

DON ELÍAS, RAMÓN

ELÍAS

¿Ha visto alguien a don Pablo?

RAMÓN

No, señor; nadie le ha visto.

ELÍAS

Vete, y ¡silencio!

RAMÓN

No chisto.[2]

ELÍAS

Se va a desatar el diablo.

ESCENA III

DON ELÍAS

¡Por hacer aquí el rufián [3]
dejo la opípara mesa! . . .
Pero servir me interesa
al escondido galán.
¿Qué no he de esperar de ti, 5
difunto que expresamente
resucitas complaciente
sólo por pagarme a mí?
¡Y con qué rumbo! Ea, pues,
busquemos a Isabelita 10
y anunciemos la visita . . .
Mas ¿quién se acerca?—Ella es.

ESCENA IV

DON ELÍAS, ISABEL

ISABEL

¿Qué hace usted tan solo aquí?

[2] *No chisto,* " I'm keeping mum."
[3] *rufián,* " go-between," " intermediary."

ELÍAS

Isabel, no es de mi gusto
esa infame bacanal,
y aquí me estoy hecho un buho
contemplando las flaquezas 5
y aberraciones del mundo.
¿Dejarán la mesa pronto?

ISABEL

No sé.

ELÍAS

Desde aquí descubro . . .

(*Mirando por la puerta de la izquierda.*)

Los postres sirven.—No acaban
ni en veinticinco minutos. 10
¡Qué contraste! Ellos riendo,
¡y usted vestida de luto!

ISABEL

Y quizás de mi aflicción
se mofan.

ELÍAS

¡Atroz insulto!
¡Y acaso aún están calientes 15
las cenizas del difunto!

ISABEL

¡Ah!

ELÍAS

Si apareciese ahora
entre ellos vivo y robusto
el mismo a quien juzgan muerto,
como figuras de estuco 20
se quedarían.

ISABEL

¡Ay Dios!

ELÍAS

Y ¿qué maravilla? Algunos
suelen tornar a la vida
desde el borde del sepulcro.

ISABEL

No con vanas ilusiones 25
aumente usted mi profundo
dolor.

ELÍAS

No quiero decir
que Dios, aunque sea sumo
su poder, haga un milagro
y se alcen a mis conjuros 30
los que descansan en paz;
pero, señor, yo pregunto,
¿quién da fe de que haya muerto
don Pablo? Un parte confuso . . . ,
la declaración verbal 35
de un amigo infiel, perjuro . . .

ISABEL

Y otros ciento que en el campo
le vieron yerto, insepulto;
y los facciosos también
le contaron en el número 40
de los muertos. Si él viviera,
no podría estar oculto
su destino tantos días.
¡Nunca se verán enjutos
mis ojos! ¡No hay esperanza! 45

ELÍAS

Pues yo la tengo, y la fundo
en razones poderosas.
¡Oh! ¡Cómo de esos renuncios
se cometen en los partes!
Ni siempre la voz del vulgo . . . 50
Bien pudo caer don Pablo
herido en el campo, y pudo
salvarse después . . . En fin,
aunque parezca un absurdo,
yo creo . . . Yo tengo datos . . . 55

ISABEL

¡Ah! ¿cuáles son?

ELÍAS

Dios es justo . . .

ISABEL

¡Insensata! ¿Cómo puedo
esperar? . . .

ELÍAS

Si de su puño [4]
enseñase yo una carta . . .

ISABEL

Basta, basta. Yo no sufro 60
que usted se burle de mí
tan cruelmente.

ELÍAS

No me burlo.
Vive don Pablo.

ISABEL

¡Oh, Dios mío!
¿Será posible?

ELÍAS

¡Lo juro!

ISABEL

¿Dónde? . . .

ELÍAS

Baje usted la voz. 65
Si no temiera que un susto
repentino . . .

ISABEL

No, mi gozo . . .
Venga esa carta . . .

ELÍAS

Presumo
que usted daría más crédito
a un testigo . . . , y me aventuro 70
a presentarlo . . .

ISABEL

¿A quién? ¡Cómo! . . .

ELÍAS

Usted le conoce mucho.

ISABEL

¡Yo! ¿Dónde está? . . .

[4] *puño*, " handwriting," " hand."

ELÍAS

(*Junto a la puerta del foro que había entreabierto don Pablo.*)

Salga usted.
El momento es oportuno.

ESCENA V

DON PABLO, ISABEL, DON ELÍAS

PABLO

¡Isabel!

ISABEL

(*Al verle grita y retrocede asustada, y después de un instante de silencio le abraza con la mayor ternura.*)

¡Ah! . . . ¡Pablo mío!
¿Es posible que te ven
mis ojos? ¡Pablo! ¿Tú vives?
Mi alma se anega en placer.
¡Dios de bondad! Si es delirio,   5
muera yo dichosa en él.
Mas no; mis brazos amantes
le están estrechando. ¡Él es!

(*Avergonzada se desprende de los brazos de don Pablo, y baja los ojos.*)

(¿Qué estoy diciendo, insensata?
¡Oh rubor!) Perdone usted . . .   10

ELÍAS

(*Observando a la puerta.*)

Ya han retirado los postres
y las copas de Jerez.[5]

PABLO

Isabel, ese cariño
que en el alma grabaré,
viene a endulzar la amargura   15
de un desengaño crüel.

ISABEL

Dios sabe con qué aflicción
tu muerte, Pablo, lloré . . .

ELÍAS

Ya recogen la vajilla.
Ya levantan el mantel.   20

PABLO

Aunque por muerto me dieron,
de mis heridas sané.
Otra me han hecho en el alma.
Yo la curaré también.

ISABEL

¡Pablo! . . .

PABLO

¡Hermana de mi vida!   25

ISABEL

(¡Hermana! . . . ¡Ay de mí!)

PABLO

Isabel,
tú sola sabes que vivo.
Otros lo sabrán después.
¿Querrás por breves instantes
guardarme el secreto fiel?   30

ISABEL

Lo guardaré; mas ¿qué intento? . . .

ELÍAS

Ya están tomando café.

PABLO

A ese contrato nupcial
presente quiero que estés.

ISABEL

¡Tú lo exiges!

PABLO

Y no importa   35
que les des el parabién.
Yo se lo doy desde luego;
y ya jamás fïaré
ni en lisonjeros amigos
ni en palabras de mujer.   40

ISABEL

(¿Qué oigo?)

[5] *Jerez*, sherry wine, from the district of that name near Cádiz.

PABLO

¡En la tumba se aprende
mucho!

ELÍAS

¡Que ya están en pie!

PABLO

Adiós . . . Yo seré más cauto . . .
por si me muero otra vez.

(*Se entra en el cuarto del foro, cerrando
las vidrieras.*)

ESCENA VI

ISABEL, DON ELÍAS

ELÍAS

¡Confidente y centinela
de mi rival! Por usted,
sólo por usted haría
tan subalterno papel;
papel que entrará en el fárrago   5
de deuda sin interés.

ISABEL

(*Sin oírle.*)

(¡No me ama! ¡Infeliz de mí!
Mas al fin no le veré
en los brazos de Jacinta.
¿Y si otra me roba el bien   10
que el alma anhela? . . . ¡No importa!
¡Perezca yo, y viva él!)

ESCENA VII

ISABEL, DON ELÍAS, DON FROILÁN,
JACINTA, DON MATÍAS, DON ANTONIO,
DON LUPERCIO, DAMAS, CABALLEROS

(*Toman todos asiento en varios grupos.
Don Matías, Jacinta con otras damas y
galanes a un lado; don Lupercio con los
demás convidados a otro; don Antonio
junto a don Froilán; don Elías e Isabel
a un extremo.*)

MATÍAS

Adentro. Sin ceremonia.

JACINTA

Tomen ustedes asiento.

LUPERCIO

¡Oh, que está aquí don Elías!

ELÍAS

Buenas noches, don Lupercio.

MATÍAS

¿Cuándo viene ese notario? . . .   5
que en verdad, ya me impaciento
esperándole.

JACINTA

Ya poco
puede tardar.

MATÍAS

Mira, luego
que se firmen los contratos
conyugales, bailaremos.   10

DAMA 1ª

Sí, sí, un poquito de baile.

CABALLERO 1º

Y será el día completo.

FROILÁN

(*Aparte con don Antonio.*)

Esa boda se va a hacer
bajo auspicios muy funestos,
don Antonio.

ANTONIO

¿Qué sé yo? . . .   15
Se quieren y están contentos . . .

JACINTA

(*Aparte con don Matías.*)

Por fin ya nos favorece
mi hermana. Pero ¡qué gesto!
Y es un insulto el entrarse
aquí con vestido negro.   20

MATÍAS

Como es tan sentimental,
no me admiro . . .

JACINTA

Pues yo creo
que tiene más de envidiosa
que de santa.

MATÍAS

Y aun por eso,
a falta de otro galán,   25
se resigna a los obsequios
del buen don Elías.

JACINTA

Siempre
tuvo ruines pensamientos.

DAMA 2ª

(*En voz baja.*)

¿Qué dote lleva la novia?

LUPERCIO

No es gran cosa. Seis mil pesos.   30

ISABEL

(*Aparte con don Elías.*)

¿Cuáles serán los designios
de don Pablo?

ELÍAS

Es un secreto,
señorita; y como yo
de económico me precio,
quiero ahorrar las conjeturas,   35
pues al fin he de saberlo.

FROILÁN

(*Aparte con don Antonio.*)

Es un cargo de conciencia,
sí, señor; y yo no debo
autorizar . . .

ANTONIO

¡Bobería!
Los que se casan son ellos,   40
no usted.

FROILÁN

¡Casamiento horrible!

ANTONIO

Peor sería no hacerlo.

FROILÁN

¡Don Pablo amaba a Jacinta!

ANTONIO

¡Sí, señor . . . pero se ha muerto!

FROILÁN

Don Matías fué su amigo.   45

ANTONIO

Ya, pero no es su heredero.

FROILÁN

¡Yo lo soy a mi pesar!

ANTONIO

¡Cómo ha de ser! Ya lo veo.

FROILÁN

Mis lágrimas . . .

ANTONIO

Yo también
las vertería . . . a ese precio.   50

MATÍAS

Ya está aquí el notario. ¡Viva!

ESCENA VIII

DICHOS, EL NOTARIO

NOTARIO

Buenas noches, caballeros.

DAMA 1ª

(*Aparte a un convidado.*)

Ese curial incivil
no saluda al bello sexo.

MATÍAS

Vamos; ¿vienen ya extendidos
los contratos?

NOTARIO

(*Sentándose a una mesa, donde habrá
recado de escribir.*)

Sí por cierto. 5
No falta más que firmar;
los contrayentes primero
y los testigos despúes
en sus respectivos huecos.

FROILÁN

(*A don Antonio en voz baja.*)

Ese hombre, que para mí 10
es una especie de cuervo,
despierta en mi corazón
atroces remordimientos.

NOTARIO

Si ustedes me lo permiten,
calo las gafas y leo . . . 15

MATÍAS

¡No, por Dios! ¿A qué cansarnos
con ese eterno proceso?

NOTARIO

No tal. Yo soy muy lacónico.
Tendrá veintisiete pliegos . . .

MATÍAS

¡Misericordia! . . . ¡Una pluma! 20
(*Llega a la mesa y la toma.*)
¿Da usted fe de que en efecto
me caso con la que adora
mi corazón?

NOTARIO

Por supuesto.
Con doña Jacinta . . .

MATÍAS

Basta.
Firmo como en un barbecho.⁶ 25

(*Firma.*)

FROILÁN

(*Tapándose los ojos.*)

¡Ah! ¡Qué horror! ¿Y sufro yo
tan bárbaro sacrilegio?

ELÍAS

(*A Isabel.*)

¿Qué le ha dado a don Froilán?
Suspira, se pone trémulo . . .

NOTARIO

Ahora la novia.

JACINTA

(*Se acerca a la mesa.*)

Volando, 30
que mi gloria cifro en esto.

FROILÁN

¡No puedo más!
(*Se levanta, y se acerca también a la mesa.*)

JACINTA

¿Dónde?

NOTARIO

Aquí.

FROILÁN

¡Detén, en nombre del cielo,
esa mano temeraria!
¿Olvidas tus juramentos? 35
¿Menosprecias tu opinión? ⁷
¿No sabes que hay un infierno
para los perjuros? ¡Ah! . . .

MATÍAS

¿Qué dice ese majadero?

FROILÁN

¿Vas a casarte con otro 40
cuando la sangre del muerto
está humeando? Aún escucho
las campanas de su entierro . . .

JACINTA

¡Eh! ¿Quieres dejarme en paz?

CABALLERO 2º

Ese hombre ha perdido el seso. 45

---

⁶ *Firmo . . . barbecho,* " I'll sign without examination."
⁷ *opinión,* " good name," " reputation."

DAMA 3ª

(*A don Antonio.*)

¡Qué hipocresía!

ANTONIO

¡La herencia!

ELÍAS

(*A Isabel.*)

Como soy que me divierto.[8]

MATÍAS

Ea, firma, y no hagas caso
de un fastidioso agorero.

JACINTA

Sí; el corazón me lo manda.—   50
¿Aquí? . . . (No sé por qué tiemblo.
¡Ánimo!) (*Firma.*)
          Ya está.

FROILÁN

               ¡Gran Dios! . . .
¡Ella ha firmado! ¡Esto es hecho!
¡Ah! ¿Qué sería de ti,
falsa mujer, si del centro   55
de la tumba aquí se alzase
don Pablo y con voz de trueno? . . .

MATÍAS

¡Oiga! . . .

(*Todos los interlocutores, a excepción de
Isabel, ríen estrepitosamente.*)

LUPERCIO

¡Donosa ocurrencia!

DAMA 1ª

¡Qué visionario!

CABALLERO 1º

¡Qué necio!

ANTONIO

Se nos viene con sandeces   60
del siglo décimotercio.

MATÍAS

No hablaba usted de ese modo
dos días ha.

FROILÁN

Me arrepiento.

ELÍAS

(*A Isabel.*)

Oportuno es el sermón.
Parece que está de acuerdo   65
con don Pablo. Mas ¿qué aguarda,
que no sale del encierro?

FROILÁN

Don Matías, no es la herencia
la que ha obrado este portento.
Mueve mi labio divina   70
inspiración. Yo preveo . . .

MATÍAS

¡Eh! basta ya de simplezas,
que estamos perdiendo el tiempo.
Concluyamos.—Los testigos.

NOTARIO

Don Antonio Mollinedo . . .   75

ANTONIO

Servidor. (*Va a la mesa y firma.*)
          Sea mil veces
en buen hora.

NOTARIO

          Don Lupercio . . .

LUPERCIO

Allá voy . . . (*Firmando.*)
          Y con el alma
y la vida lo celebro.

NOTARIO

Don Elías Ruiz . . .

ELÍAS

(*Va y firma.*)
          Presente.—   90
Sea enhorabuena, y *laus Deo.*

[8] *Como soy que me divierto,* " As I live, this is amusing! "

NOTARIO

Hemos concluído.

PABLO

(*Dentro.*)

¡No!

¡Falta un testigo! (*Sorpresa general.*)

MATÍAS

¿Qué es eso?

JACINTA

¿Qué voz? . . .

FROILÁN

Por allí ha sonado . . .

MATÍAS

¿Quién es el testigo?

(*Óyese una fuerte detonación en el cuarto del foro; ábrese la puerta, y aparece don Pablo cubierto de pies a cabeza con un manto blanco. Un vivo resplandor rojizo alumbra el cuarto de donde sale.*)

PABLO

¡El muerto! 85

ESCENA IX

DICHOS, DON PABLO

(*Al aparecer don Pablo retrocede Jacinta aterrada; las demás señoras chillan, y una o dos se desmayan en brazos de los caballeros que las rodean, volviendo en sí a pocos momentos; don Froilán se queda extático; don Elías suelta la carcajada, y hace notar a Isabel los gestos de los demás; don Matías calla, entre dudoso y amostazado; don Antonio y don Lupercio dan muestras de admiración, y el notario se esconde detrás de la mesa.*)

JACINTA

¡Cielos!

NOTARIO

¡Oh!

MATÍAS

¡Don Pablo!

FROILÁN

¡Es él!

ELÍAS

¡Lindas figuras!

DAMA 1ª

¡Qué espanto!

FROILÁN

¡Yo no lo dije por tanto! [9]

JACINTA

¡Aparta, sombra crüel!

GALÁN 3º

(*Haciendo aire a una que está desmayada y en breve recobra el sentido.*)

¡Señora! . . .

DAMA 2ª

¡Qué horrible vista! 5

GALÁN 2º

(Yo tengo más miedo que ella.)

ELÍAS

(*Aparte a Isabel.*)

La tramoya ha estado bella.

¡Se ha portado el polvorista!

JACINTA

(La imagen de mi conciencia

veo en su rostro fatal.) 10

FROILÁN

(Si es aparición, tal cual;

si está vivo, ¡adiós la herencia!)

JACINTA

Yo confieso mi locura,

Pablo, y te pido perdón.

[9] *¡Yo no lo dije por tanto!* "I didn't mean it seriously!" (referring to his words in the previous scene, " ¿Qué sería de ti, falsa mujer? . . .").

MATÍAS

¿Locura?

JACINTA

Ten compasión   15
de una frágil criatura . . .
A tus plantas . . .

(*Va a arrodillarse, y don Matías la detiene.*)

MATÍAS

¡Eso no,
por vida de San Matías! [10]
¿Tú a sus plantas? ¡No en mis días!
Él ha muerto, y vivo yo.   20
Y nos veremos las caras,
pues ya se firmó el concierto,
si quiere meterse el muerto
en camisa de once varas.
Ni él ha muerto; no hay tal cosa;   25
que si difunto estuviera
no alzara así como quiera
la yerta y pesada losa.
Yo no le disputo a Dios
el poder de hacer milagros;   30
mas los muertos están magros,
y éste abulta como dos.
Le quisiste vivo, es cierto,
y ahora a mí; sea enhorabuena.
Eso no vale la pena   35
de resucitar a un muerto.
Si él ha muerto, ¿qué hace aquí?
Vuelva al panteón profundo;
y si vive para el mundo,
muerto sea para ti.   40
En fin, que viva o que muera,
tuyo no ha de ser jamás.
Veremos quién puede más;
éi muerto, y yo . . . calavera.

PABLO

(*Soltando el manto y dando algunos pasos.*)

No he muerto, gracias al cielo,   45
ni por una infiel y un loco

quiero exponerme tampoco
a dar la vida en un duelo.
Que perdone este mal rato
pido a la tertulia toda,   50
pues mal sienta en una boda
el funeral aparato;
pero hombre de calidad,
cuya muerte es tan sentida,
justo es que vuelva a la vida   55
con cierta solemnidad.
Conozco que algún menguado
en esta cómica escena
más me quisiera alma en pena
que muerto resucitado;   60
pero si alguno desea
ser pasto a la muerte avara,
yo no: ya he visto su cara,
y me parece muy fea;
y puesto que debo tanto   65
al Sumo Hacedor, no es justo
que por dar a nadie gusto
me vuelva yo al campo santo.—
Mis quejas no escucharán
los amigos fementidos;   70
no, porque a muertos y a idos [11] . . .
Conocido es el refrán.
Que matan los desengaños
dice la gente.—No a mí;
que, como muerto los ví,   75
no han de abreviarme los años.—
Nada de rencor, Matías.
Querer a una dama hermosa
más que a un fiel amigo, es cosa
que se ve todos los días.   80
Siempre amor en tal pelea
ha de triunfar; esto es cierto;
y más si el amigo ha muerto
y la dama pestañea.
Yo la quise; tú la quieres . . .   85
Tuya debe ser la bella,
pues yo he muerto para ella,
y tú por ella te mueres.—
Ni tu cambio llevo a mal,
Jacinta. ¿Con qué derecho   90

---

[10] *San Matías,* i.e., Matthias, chosen to succeed Judas among the twelve apostles of Christ.

[11] *a muertos y a idos.* The full proverb is, *A muertos y a idos, no hay (más) amigos.* "The dead and absent are soon forgotten."

pidiera yo a tu despecho
una palma virginal?
Se olvida al galán más pulcro,
vivo, lozano, fornido,
¿y no ha de echarse en olvido 95
al que yace en el sepulcro?
El amor en nuestros días
como el Fénix se renueva,
que ya no hay almas a prueba
de balas y pulmonías. 100
Yo te creía más firme,
mas si otro me reemplazó,
la culpa me tengo yo.
¿Quién me mandaba morirme?

MATÍAS

No haya duelo. ¿En qué lo fundo 105
si no hay rival a mi amor?
Mucho aplaudo el buen humor
con que vuelves a este mundo.

JACINTA

Pablo, la sorpresa . . . el gozo . . .
Pero . . . ya ves . . . he jurado . . . 110
(Después que ha resucitado
me parece mejor mozo.)

PABLO

Señoras, cese ya el susto,
que si lo causo viviente,
me moriré de repente 115
estando sano y robusto.—
Y el notario fugitivo
¿adónde fué?

NOTARIO

(Sacando la cabeza.) Me escondí . . .

PABLO

Ea, salga usted de ahí
a dar fe de que estoy vivo. 120
Aquiete usted la conciencia,
que, a fe del nombre que tengo,
del purgatorio no vengo

a tomarle residencia.¹²
¡Don Lupercio! ¡Don Antonio! 125
De ustedes muy servidor.
Hasta ahora, aunque pecador,
no me ha llevado el demonio.

ANTONIO

Yo lloraba . . .

PABLO

Sí por cierto.

LUPERCIO

Yo . . .

PABLO

Como hablan las paredes, 130
ya sé que me han hecho ustedes
justicia . . . después de muerto.
¡No era tan feliz mi suerte
cuando vivo! . . . ¿Conque soy
un ángel ahora? Doy 135
muchas gracias a la muerte.
Ruego a ustedes, pues advierto
que me va mejor así,
que siempre que hablen de mí
se figuren que estoy muerto. 140

ANTONIO

(Aparte a don Lupercio.)

¡Pullas, después que en mil puntos
su elogio hicimos ayer!
Ya no se puede tener
caridad . . . ni con difuntos.

PABLO

Don Froilán, siento en verdad 145
decir a un amigo fiel
que el consabido papel
no es mi postrer voluntad.

FROILÁN

Es acción muy baladí ¹³
que perdonarse no puede, 150

---

¹² a tomarle residencia, " to exact an accounting from you." A reference to the custom of requiring certain magistrates, on the expiration of their term of office, to remain for a stated period in the same district while an investigation is made of their accounts and stewardship.
¹³ baladí, " scurvy."

el resucitar adrede
para burlarse de mí. (*Risa general.*)
Señores, nada de risas,
que es sobrada impertinencia
despojarme de la herencia 155
y quedarse con las misas.

ELÍAS

Agorero cejijunto,[14]
justo es que a Dios satisfagan
herederos que no pagan
lo que debía el difunto. 160
Era insigne mala fe,
riendo de mi abstinencia,
comerse, amén de la herencia,
lo que yo economicé.
No era usted quien merecía 165
tanta dicha, alma de Anás,[15]
Tartufo [16] . . . No digo más . . .

MATÍAS

¿Por qué?

ELÍAS

Por economía.

FROILÁN

¡Por vida! . . .

PABLO

Tenga usted calma.
Yo las misas pagaré . . . , 170
a no ser que quiera usté
que se endosen a su alma.
Lea usted ahora en desquite
esta carta que Melchor
me dió . . .

FROILÁN

(*Toma la carta, la abre y la lee para sí.*)

Sí, mi arrendador 175
de la hacienda de Belchite.[17]

ISABEL

¿Qué será?

MATÍAS

Le tiembla el pulso . . .

ANTONIO

Gime . . .

ELÍAS

Un color se le va
y otro se le viene . . .

FROILÁN

¡Ah!

JACINTA

Mira al cielo . . .

LUPERCIO

Está convulso . . . 180

FROILÁN

¡Crüel, funesta noticia!
¡Desventurado de mí!
Yo esperaba el bien ajeno,
¡y pierdo el mío! ¡Infeliz!
Me han subastado el aceite, 185
me han secuestrado el redil,
me han destruído el molino,
y ¡adiós, trigo! ¡adiós, maíz!
A mí, que no me metía
con liberal ni servil, 190
y ni he sido diputado,
ni prócer, ni alcalde, ni . . .
Si hasta los neutrales tienen
su hacienda y vida en un tris,
ya es crimen la indiferencia. 195
¡Guerra! ¡Un fusil! ¡Un fusil!
¡Canónigo atroz! la sangre
siento ya en mi pecho hervir.
Yo moriré peleando
o me vengaré de ti. 200

---

[14] *cejijunto,* " scowling," " pessimistic."

[15] *Anás,* i.e., Annas, the high priest of the Jews, before whom Jesus was brought for trial.

[16] *Tartufo,* the arch-type of the sinister moral and religious hypocrite, as portrayed in Molière's *Tartuffe.*

[17] *Belchite,* a small town thirty-two miles S.W. of Saragossa, home of the crude provincial Don Frutos Calamocha, protagonist of Bretón's play, *El Pelo de la dehesa* and its sequel, *Don Frutos de Belchite.*

ESCENA ÚLTIMA

DICHOS, *menos* DON FROILÁN

JACINTA

¡Dios mío!

ISABEL

¡Pobre Froilán! ...
¡Funesta guerra civil!

PABLO

Le está muy bien empleado.[18]

ELÍAS

Lo merece el malandrín.

PABLO

Volviendo a lo de la boda,   5
en buen hora sea mil
y mil veces.—Yo también
me caso.

ISABEL

(¡Ay!)

JACINTA

¿De veras?

PABLO

Sí.
Si ustedes quieren mañana
a mi contrato asistir ...   10

ISABEL

(¡Mañana! ...)

DAMAS

¿Quién? ...
(*Muestran todas mucha curiosidad.*)

ANTONIO

¿Quién será? ...
(*Los caballeros forman otra vez corrillo.*)

MATÍAS

¿Quién es la novia feliz?
Dime ...

PABLO

Son amores póstumos.
No es la novia que escogí
de este mundo.

MATÍAS

Alguna momia ...   15

PABLO

No. Fresca como el abril.
¡Flor de mi tumba! ¿Por qué
tan tarde te conocí?

ISABEL

(Me mira ... ¡Ah! ¡Cómo palpita
mi corazón!)

ANTONIO

Pero en fin ...   20

JACINTA

(¿Será Isabel? ...)

DAMA 1ª

¿No sabremos? ...

PABLO

Aunque a su gracia gentil
sabe hermanar la modestia,
su nombre puedo decir,
que pues le ofrezco mi mano,   25
no la alejará de sí
quien ya me dió el corazón.

(*Isabel no puede reprimir su agitación.*)

DAMA 1ª

(*Aparte a las otras.*)
Hacia aquí mira. ¿Advertís?

PABLO

¡Ah! sí. Ya anuncia mi dicha
en su labio de carmín   30
la sonrisa del amor.

DAMA 1ª

(¡Yo soy! Me ve sonreír ...)

---

[18] *Le está muy bien empleado,* " It serves him right."

PABLO

Y esa mirada . . .

(*Acercándose a Isabel y presentándole la mano.*)

¡Isabel!

ISABEL

¡Pablo mío!

(*Toma la mano de don Pablo, y reclina la cabeza en el pecho del mismo como para ocultar el exceso de su gozo.*)

DAMA 1ª

(*Con un suspiro y abanicándose.*)

(¡No era a mí!)

ANTONIO, LUPERCIO, DAMAS, GALANES

¡Isabel!

MATÍAS

(*A Jacinta.*) ¡Era tu hermana!   35

ELÍAS

(¡Ya llegó mi San Martín!) [19]

MATÍAS

¿No dijiste que tu esposa
no era de este mundo?

PABLO

Sí.
Mujer de un alma tan pura,
cuya virtud sin igual   40
compite con su hermosura,
es un ser angelical;
no es humana criatura.
Mujer de tanta virtud,
mujer de amor tan profundo   45
que en su tierna juventud
se inmolaba . . . ¡a un ataúd! . . .
no pertenece a este mundo.

Yo, que su ventura anhelo,
ya no me juzgo habitante   50
de este miserable suelo;
que Isabel me mira amante
y sus brazos son . . . ¡el cielo!

ISABEL

Yo que te lloré en la losa;
yo, que con verte, no más,   55
me tenía por dichosa,
¿qué haré ahora que me das
el dulce nombre de esposa?

PABLO

¡Cuán de veras lo mereces!
¡Dichosa muerte mil veces!—   60
¡*Muérete, y verás*, Matías! . . .

MATÍAS

¡Lindo regalo me ofreces!

PABLO

¿Qué dice usted, don Elías?

ELÍAS

Que el mundo es un entremés,
don Pablo.

MATÍAS

Es cierto.

LUPERCIO

Así es.

ANTONIO

Para aprender a vivir . . .   66

ELÍAS

No hay cosa como morir . . .

PABLO

Y resucitar después.

---

[19] ¡*Ya llegó mi San Martín!* " That dashes all my hopes!" (of ever obtaining Isabel's hand and fortune.) Martinmas (November 11th) is the traditional season for killing hogs. The expression *llegarle a uno su San Martín* is used to indicate that a day of reckoning is in store for those who live not wisely but too well.

GIL Y ZÁRATE

Antonio Gil y Zárate (1793–1861) is to-day much neglected, but in his time he occupied an important position and he has left one historical drama which still ranks with the best. Like Tamayo y Baus, he was early exposed to the influence of the theatre, for his father, Bernardo Gil, was a noted actor and singer at Madrid; his mother, Antonia Zárate, whom he lost early, was an actress, and his stepmother was the famous Antera Baus, a sister of the mother of Tamayo. He received most of his schooling in Paris. In 1823 he served in the national militia at Cádiz, and as a result he was not permitted to return to Madrid until 1826. Prevented then by a stupid censorship from engaging immediately on a literary career, he spent some years in obscurity. Later he occupied responsible governmental posts, notably as Director of Education and Public Works, Under-Secretary of the Interior, and Royal Counsellor; and he was elected to the Spanish Academy and the Academy of San Fernando. His career resembles on a smaller scale that of Echegaray, whose interests were likewise divided between literature, science and politics.

Among his non-dramatic works are many miscellaneous articles, a biography of Bretón de los Herreros, a *Manual de literatura* (1844), and a long treatise entitled *De la instrucción pública en España* (1855). His dramatic career was full of frustrations and noisy triumphs. Had conditions been more favorable, he might conceivably have won a more solid reputation as playwright, and he would certainly have added to the number of his works. His French education naturally instilled in him neo-classic leanings. In the comedy this merely meant following the pattern set by Moratín, as Bretón was beginning to do in this period. His earliest attempt in this field was *La cómico-manía* (1816), performed only privately. This was followed by *¡Cuidado con las novias! o la escuela de los jóvenes* (1826) and *Un año después de la boda* (1826), the latter being very similar in theme to *El hombre de mundo* of Ventura de la Vega (1845). These are all comedies of manners, rivaling in merit Bretón's initial successes.

But Gil y Zárate was not satisfied to stop there. To a much greater extent than Bretón, he was attracted by subjects offering strong passions and involving often grave moral or political issues. This immediately brought him into conflict with a two-headed censorship whose severity and capriciousness were maddening enough to everyone but particularly fatal to him. After repeated difficulties with translated works, his first original tragedy, *Rodrigo, último rey de los godos,* was banned by the religious censor with this explanation: " Aunque es cierto que los Reyes han sido con frecuencia aficionados a las muchachas, no conviene que se les presente tan enamorados en el teatro." His next attempt, *Blanca de Borbón* (1829), was held up by the political censor, because the play portrayed the poisoning of the heroine by her husband, Peter the Cruel, and was also generously sprinkled with Liberal propaganda. The author later admitted that this last prohibition was more justified, but at the time he was so disgusted and discouraged that he renounced literature, as he thought, forever. By

1835, however, the political outlook had changed, and Gil y Zárate, still an ardent classicist, determined to challenge the supremacy of the new Romantic vogue by staging *Blanca de Borbón,* three months after the appearance of *Don Álvaro.* The experiment was a success, and he decided to resume his dramatic career.

During his second period (1837–1843), Gil y Zárate continued in part his early manner but revealed a decided change in his opposition to Romanticism. In addition to a number of translations from the French, two original comedies of manners offer interesting comparison with Bretón. They are *Un amigo en candelero* and *Don Trifon, o todo por el dinero,* whose protagonist is a caricature closely related to the croaking Don Froilán of *Muérete ¡y verás!* More noteworthy is a group of eleven dramas wholly in the Romantic style, for which the author was more adapted by temperament than he had suspected. The subjects are chiefly historical and offer the same play of violent passions as the earlier tragedies.

The first and most notorious was *Carlos II el Hechizado* (1837), whose every performance caused more scandal and tumult throughout the country than probably any other play ever produced in Spain, and made the author himself later regret having composed it. As with all such plays of a controversial nature, the stormy applause and bitter denunciation were the reflections of religious and political passion; but those who can tolerate a pitiless exposure of the national institutions at a moment when Spain had sunk to her lowest depths of decadence, still find elements of the highest dramatic power in this treatment of a theme which needed little exaggeration to make it repulsive. Among the other plays, *Rosmunda* and *Matilde, o a un tiempo dama y esposa* are dramas of love and jealousy. *Cecilia la Cieguecita* is an improbable account of a street-singer's devotion to her protector. *Don Álvaro de Luna* and *Un monarca y su privado* depict with considerable historical accuracy the careers of two famous favorites. Further examples of the historical drama are *El gran capitán, Masanielo, Guillermo Tell* and, greatest of all, *Guzmán el Bueno.* These works are of very uneven merit, and with the exception of *Guzmán el Bueno* and the echo of *Carlos II* which still persists, are now quite forgotten. All but *Masanielo,* however, were well received at the time. Gil y Zárate knew how to appeal to the tastes of the public with movement, complication of intrigue and portrayal of events and passions of powerful dramatic interest; but his style, which could be easy and brilliant, is sometimes cold and stilted, the local color is weak or falsified, and there are marks of hasty construction in the development of plot and character.

The best of his qualities are revealed in *Guzmán el Bueno* (1842), the definitive version of one of the famous traditions of Spanish history. The barbarous but sublime sacrifice which won immortality for the defender of Tarifa has often been sung in literature, particularly in the drama, but nowhere has it received nobler expression than in this play. Alonso Pérez de Guzmán was one of those doughty warriors produced by the long crusade against the Moors. Born at León in 1256, he early participated in the civil and foreign strife of the times, and perished, still fighting the infidel, in a skirmish near Algeciras in 1309. In his first battle he captured the Berber chieftain Aben-Comat, who figures in our play in a sympathetic rôle. Circumstances later took Guzmán to Africa in the service of Aben-Jucef, king of Fez, who treated him royally;

but after Jucef's death, his son Aben-Jacob and nephew Amir, jealous of his power and wealth, plotted against Guzmán, who was given timely warning by Aben-Comat, now his friend. Returning to Spain, Guzmán in 1292 aided Sancho IV to capture Tarifa, the southernmost point in Spain and of enormous importance as the key to the Andalusian defenses against the African hordes. Intrusted with the defense of this stronghold, Guzmán in 1294 successfully withstood a siege by a large force of Berbers under Amir. Aiding the Moors was a traitor, the infante Don Juan, brother of King Sancho, who held in his possession Guzmán's eldest son, then only nine years of age. All this is historically exact, but some doubt has been cast on the tradition that Guzmán threw his own dagger over the walls as a challenge to Don Juan to carry out his barbarous threat to kill the son if Tarifa were not surrendered. The early chronicles accept the tradition without question, but they are all much later than the event; on the other hand, certain documents purporting to come directly from Sancho IV, likening Guzmán to Abraham and conferring upon him the title *el Bueno* with other rewards for his service, are said to have been put forward merely to glorify the noble house of Medina-Sidonia, of which Guzmán was the founder. Nothing, however, disproves the authenticity of the tradition, which is so in keeping with the epic temper of that age.

Gil y Zárate, discarding certain fabulous exploits in Guzmán's earlier career, has followed previous dramatists in embellishing the basic theme with a love element, but he has surpassed them all in dramatic effect by supposing Don Pedro's lover to be the daughter of the traitor Don Juan. He alone, too, has succeeded in clothing the central figures with a character which is neither brutally inhuman nor weakly sentimental. As thus presented, no more fearful conflict was ever conceived than the struggle which Guzmán, his noble wife Doña María, Don Pedro and Doña Sol are individually forced to wage between the demands of patriotism and honor on one hand, and all the intricate bonds of affection on the other—a struggle which finds its solution when all have come to agree with Guzmán that

" Sin honor la vida es muerte . . .
    vida la muerte con honra."

Besides revealing the best side of the old Castilian traditions of valor, loyalty and honor, this historical play is rich in allusions to other great names and deeds in Spanish history, and it evokes the whole picture of that long duel between the Cross and the Crescent, with the strange feudal conceptions which could permit friendly and loyal relations between Christian and Moor at a time when Christian was often betraying Christian and Moor was fighting Moor.

Bibliography: *Obras dramáticas*, ed. Baudry, Paris, 1850 (contains 17 plays).

To consult: L. DE CUETO, *Don Antonio Gil y Zárate*, in *Autores dramáticos contemporáneos*, II. A. FERRER DEL RÍO, *Galería de la literatura española*, Madrid, 1846. On the subject of the play, cf. I. MILLÉ GIMÉNEZ, *Guzmán el Bueno en la historia y en la literatura*, in *Revue Hispanique*, 78 (1930). QUINTANA, *Guzmán el Bueno*, in *Biblioteca de autores españoles*, XIX. M. GAIBROIS DE BALLESTEROS, *Tarifa y la política de Sancho IV de Castilla*, Madrid, 1919.

GUZMÁN EL BUENO

POR ANTONIO GIL Y ZÁRATE

(1842)

PERSONAJES

Don Alonso Pérez de Guzmán
Don Pedro, *su hijo*
Nuño
Don Juan, *infante de Castilla*

Aben-Comat
Aben-Said
Doña María, *esposa de Guzmán*
Doña Sol, *hija de don Juan*

Caballeros, damas, soldados, escuderos, pajes, hombres y mujeres del pueblo.

La escena es en Tarifa, año de 1294.

ACTO PRIMERO

El teatro representa un salón de arquitectura árabe. En el fondo una capilla.

ESCENA PRIMERA

Guzmán, Don Pedro, Doña María, Don Juan, Doña Sol, Nuño, Caballeros, Damas, Soldados, Escuderos, Pajes, Pueblo.

Al correrse el telón se está en el acto de armar caballero a don Pedro. La capilla del fondo está abierta.

Guzmán

Pues ya el sacerdote las armas bendijo,
doblad la rodilla, don Pedro, ante mí,
que en nombre del cielo mi voz os dirijo,
mi voz, que proclama sus glorias aquí.
La frente inclinando, con golpe ligero   5
os hiera esta espada del moro terror;
el sello os imprima de fiel caballero,
y a par [1] os infunda constancia y valor.

(Le da el espaldarazo; don Pedro se alza, y doña Sol se acerca a él para ceñirle la espada.)

Doña Sol

Mi mano, aunque débil, os ciñe la espada
que armar debe un día la vuestra en la
lid;   10
en sangre de infieles traedla manchada,
con ella emulando las glorias del Cid. [2]
Guzmán, vuestro padre, de honor y victoria
la senda os trazara; [3] marchad en pos de
él,
y unidos al templo subid de la gloria,   15
al vuestro enlazando su eterno laurel.

Don Pedro

¡Ah! Ya en sacro fuego mi pecho inflamado,
las lides aguarda con noble ansiedad;
¡qué gloria me espera, pues hoy me han
armado
tan fuerte guerrero, tan rara beldad!   20

---

[1] *a par*, "likewise," "at the same time."

[2] *Cid*, Rodrigo (Ruy) Díaz de Vivar (died 1099), called the *Cid Campeador*, the national hero of Spain.

[3] *trazara = trazó* or *ha trazado*. This survival of the Latin pluperfect indicative, frequently still found with that function, has also occasionally the value of a mere perfect (aorist) tense.

Que venga el alarbe, que venga, y en breve
mi esfuerzo invencible probar yo le haré;
asedie a Tarifa, si a tanto se atreve,
que en lagos de sangre su furia ahogaré.

GUZMÁN

Bien, hijo; me agrada tan noble ardi-
    miento,   25
que es ya de victoria presagio feliz;
en ti se renueven mi sangre, mi aliento,
por ti rinda el moro la altiva cerviz;
y allá de Granada [4] las fuertes murallas
cediendo a tu esfuerzo, se humillen tam-
    bién,   30
y en ellas de Cristo, tras tantas batallas,
la enseña tus manos al viento le den.

(*A doña María.*)

Y vos, noble madre, ¿por qué, retirada,
al hijo valiente feliz no abrazáis?
¿Por qué, estar debiendo de gozo inun-
    dada,   35
hoy mustia, abatida, la frente mostráis?
En fuertes matronas ser suele tal día
de dicha inefable, de inmenso placer;
¿perder hora acaso vuestra alma podría
la audacia que siempre me alienta a ven-
    cer?   40

DOÑA MARÍA

Esta alma no tiembla de Marte al es-
    truendo,
ni menos conoce flaqueza o pavor;
bien sé que a las lides el hombre naciendo,
sus timbres infama si esquiva su horror.
Valiente el esposo yo quise que fuera;   45
no es menos heroico mi amor maternal;
mas ¡ay! mal mi grado, con vana quimera,
el pecho me aterra presagio fatal.

GUZMÁN

¡Qué indignos temores! Dejad . . .

DOÑA MARÍA

                  ¡Hijo mío!

DON PEDRO

¡Oh madre!

DOÑA MARÍA

En mis brazos refúgiate, ven.

DON PEDRO

¿A qué tal flaqueza? Vencer yo confío.   51

GUZMÁN

¿Quién esos recelos te inspira, di, quién?

DOÑA MARÍA

Un hombre . . . Miradle.

GUZMÁN

             ¡María . . . el in-
fante! [5]
¿Te atreves? . . .

DOÑA MARÍA

          Me aterran sus ojos, su faz.
El crimen retrata su torvo semblante;   55
su pérfido pecho de todo es capaz.

GUZMÁN

Le injuriáis. Es cierto; con torpes pa-
    siones
don Juan infamara su edad juvenil,
mas ya desengaños y crudas lecciones
de honor le trajeron al recto carril.   60
Por Dios . . . apartaos . . . que atento nos
    mira.

DON JUAN

(¿Por qué en mí sus ojos clavados están?
Envidia y rencores mi pecho respira;
mas hoy disimula tus odios, don Juan.)

GUZMÁN

Amigos, que sea Tarifa la fuerte   65
hoy júbilo toda, placeres sin fin;
en justas y cañas [6] probad vuestra suerte,
y dulces licores nos brinde el festín.
Mañana, sonora la trompa guerrera

---

[4] *Granada,* last stronghold of the Moors in Spain, not captured until 1492. As a matter of fact, the Moorish king of Granada was at this time (intermittently) an ally of Sancho IV, and had only recently aided the latter to capture Tarifa from the Emir of Morocco.

[5] *el infante,* Don Juan, traitorous brother of Sancho IV.

[6] *cañas,* a popular equestrian sport in which the participants fought with reed canes.

al campo nos llame tal vez del honor; 70
gozad de este día, que ya nos espera
la lid afanosa con muertes y horror.
Jacob [7] ambicioso, legiones de infieles
sobre estas orillas se apresta a lanzar,
e intenta de Muza [8] los negros laureles, 75
a España fatales, audaz renovar.
Mas no como entonces, Tarifa en sus muros
cobardes abriga ni infame traición;
encierra soldados leales y duros
que al moro preparan acerba lección. 80
Don Juan, vuestro brazo nos mandan los cielos;
el brazo que teme la pérfida grey,
y ya no me inspira la lucha recelos,
pues cerca el hermano nos mira del rey.
Diréisle, si el cielo la palma nos diere,[9] 85
cómo estos leales le saben servir;
si acaso el destino contrario nos fuere,
diréisle que al menos supimos morir.

DON JUAN

Contad, don Alonso, contad con mi espada,
que a viles contrarios jamás perdonó; 90
veréis muy en breve, con prueba sobrada,
que en vano a Tarifa don Juan no llegó.
Ven, hija, conmigo. (*Vase con doña Sol.*)

DOÑA MARÍA

(*A Guzmán.*)   ¿Notáis en su acento
la amarga ironía?

GUZMÁN

¡Qué injusta aprensión!
Marchad; y entregaos al dulce contento.

(*A todos.*)

DOÑA MARÍA

¡Ah! Tú no me engañas, leal corazón.   96
(*Vanse todos.*)

ESCENA II

GUZMÁN, DON PEDRO y NUÑO

NUÑO

Por fin, don Pedro, tenéis
a vuestro lado una espada;
no, no estará mal templada,
buen batallador seréis.
De valiente tenéis traza,   5
mas decirlo es por demás: [10]
no han existido jamás
cobardes en vuestra raza.
Dadme la mano . . . apretad.
¡Ah! ¡Buen rapaz, tenéis puño!   10
Blandiréis, como soy Nuño,
vuestra lanza sin piedad.
¿Queréis que portentos obre?
A mí arrimaos; que a fe,
de seguro os llevaré   15
do se bata bien el cobre.[11]

GUZMÁN

Mirad que es aún muy niño
para exponerle . . .

NUÑO

¡Aprensión!
Entre hombres de corazón
así se muestra el cariño.   20
Y, en verdad, no erais muy viejo
en vuestra primer batalla,[12]
y disteis de la canalla
buena cuenta.—En este espejo,
don Pedro, os debéis mirar.   25
¡Qué hazañas! Dígalo Fez: [13]

[7] *Jacob*, Aben-Jacob, king of Fez. Cf. Introduction to this play.
[8] *Muza*, a general of the Caliph Walid I who conquered northern Africa and then invaded Spain (712), after his lieutenant Tarik had prepared the way.
[9] *diere*, one of many examples in this play of the now archaic future subjunctive.
[10] *por demás*, " superfluous."
[11] *do se bata bien el cobre*, " where the fighting will be hottest."
[12] *vuestra primer batalla*, i.e., the battle of Jaen (1272), when Guzmán was about sixteen years old.
[13] *Fez*, the capital of Morocco, and seat of Aben-Jucef's kingdom. According to tradition, it was here that Guzmán, after the death of his patron, slew a dragon or monstrous serpent which Aben-Jacob had hoped would destroy him.

con endriagos hubo vez
que le vimos pelear.
¡Qué lástima de proezas
de los moros en favor! 30
¿No se emplearan mejor
en abatir sus cabezas?
Yo mil veces renegué;
por fin volvimos a España,
y ya con más de una hazaña 35
el mal humor aplaqué.
Sólo el haberle esta plaza [14]
al perro moro quitado,
el corazón me ha ensanchado,
que [15] no cabe en la coraza. 40
Él hace muy grande apresto
por recobrarla, mas yerra:
la presa que el león [16] aferra
no se la arrancan tan presto.

GUZMÁN

No será mientras yo viva, 45
que en sus muros moriré,
o más bien abatiré
del moro la furia altiva.
Sí, don Pedro; la ocasión
en breve tendréis aquí 50
de que pruebas den de sí
la mano y el corazón.
Los deberes recordad
que os impone en este día
la ley de caballería: 55
valor, honor y lealtad.
Sed en la lid atrevido,
mas prudente; fiel al rey;
de Dios defended la ley,
y amparad al desvalido. 60
No dejéis por interés
de ser en todo cabal,
con los hombres liberal,
y con las damas cortés.
En fin, temed de faltar 65
a la palabra empeñada;
que aunque fuere a un moro dada,
la es fuerza siempre guardar.

NUÑO

Él hará lo que conviene,
que es de vos digno heredero; 70
y será buen caballero
porque en la sangre lo tiene.
Venga el moro, voto a tal,
que él y todos ya sabemos
lo que hacer aquí debemos. 75
¿Todos he dicho? Hice mal.
Hay uno . . . ¡Qué buena pieza!
Maldito si de él me fío;
tiene cara de judío.
Os lo digo con franqueza, 80
señor: si fuera que vos,
hoy mismo, sin más tardar,
de aquí le hiciera saltar.

GUZMÁN

¿Quién es?

NUÑO

Don Juan.

GUZMÁN

¡Vive Dios!
Cosas tenéis . . . ¿Al infante? 85

NUÑO

Al infante; de ése os hablo.

GUZMÁN

Al hermano del . . .

NUÑO

Del diablo.
¿A qué vino ese bergante?
A vendernos. Id con tiento:
turbulento y sin valor, 90
fué ya mil veces traidor;
quien hizo un cesto hará ciento.
Siempre pérfido y villano,
no hay maldad que no le cuadre:
primero vendió a su padre, 95

---

[14] *plaza* = *plaza fuerte*, " stronghold," " fortress."
[15] *que*, " to such an extent that."
[16] *león*, the symbol of Spain. León was also Guzmán's native city.

y vendió luego al hermano.[17]
Contra el señor de Vizcaya [18]
hierro asesino asestó;
y en un fuerte le encerró
el rey, por tenerle a raya.   100
Dejárale allí que pene,[19]
mas le ha soltado; mal hecho;
jamás andará derecho
quien tan malas mañas tiene.

GUZMÁN

Palabra ha dado don Juan   105
de ser ya súbdito fiel.

NUÑO

Ni aun así me fío de él;
en fin, allá lo verán.
Por mi parte os aseguro
no le perderé de vista;   110
yo le seguiré la pista,
y si hace alguna,[20] le juro . . .

GUZMÁN

Basta, Nuño; respetad
al príncipe.

NUÑO

Callo, pues.

GUZMÁN

Iremos luego los tres   115
a la justa. Preparad
vuestras armas, hijo mío;
en este ensayo primero,
que a todos mostréis espero
a dó alcanza vuestro brío.   120

DON PEDRO

Si el cielo me da favor,
satisfecho os dejaré.

NUÑO

No le han de ganar, a fe,
ni en destreza ni en valor.

(*Vanse Guzmán y Nuño.*)

ESCENA III

DON PEDRO

Apenas siente ya robusta el ala
el águila caudal,[21] sus padres deja,
y hasta el trono del sol rauda se aleja,
o en atrevida lid su ardor señala.
   Del no probado esfuerzo haciendo
      gala,[22]   5
así el valor paterno en mí refleja,
y mi brazo al combate se apareja,
y la audacia del Cid mi arrojo iguala.
   Águila soy que al sol subir pretende,
que altiva desafía al buitre insano;   10
pero vana quimera el alma emprende.
   De la gloria sin fruto en pos me
      afano:
hoy que en mi pecho amor su llama en-
      ciende,
todo, si él no me ayuda, será en vano.

ESCENA IV

DON PEDRO y DOÑA SOL

*Sale doña Sol pensativa, sin reparar en
don Pedro.*

---

[17] The complete story of Don Juan's intrigues and treachery would be a long one. He had, with some justification, sided with his brother Sancho IV *el Bravo* against his own father, Alfonso X, but had then turned against Sancho in the most unscrupulous manner. His real character is better portrayed in this play than in other works on the subject; it is also brought out in Tirso de Molina's drama, *La prudencia en la mujer.*

[18] *el señor de Vizcaya,* Lope Díaz de Haro, lord of Biscay; long a favorite of Sancho IV, who had conferred enormous powers upon him, he was later assassinated at the king's orders (1288) for supporting the cause of Don Juan, and for his insolent attitude in other matters.

[19] *Dejárale allí que pene,* "He might better have left him there to suffer."

[20] *si hace alguna,* "if he tries any of his tricks."

[21] *águila caudal,* i.e., the long-tailed royal or golden eagle.

[22] *Del no probado . . . gala,* "Glorying in my as yet untested prowess."

DOÑA SOL

¿Qué es esto, corazón mío?
¿Por qué suspiras así?
¿Qué es lo que pasa por ti?
¿Qué dolor es este impío [23]
que yo jamás conocí? 5
¿Por qué cuando pienso en él
estremecida me siento,
y este tenaz pensamiento
vuelve más fijo y crüel
cuanto más lanzarlo intento? 10
¿Pero qué miro? . . . ¡Él es . . . ah!

(*Reparando en don Pedro.*)

Huyamos pronto.

DON PEDRO

     ¿Qué veo?
¡Doña Sol!

DOÑA SOL

    Me ha visto ya . . .
Luchando mi pecho está
entre el temor y el deseo. 15

DON PEDRO

¿Huís de mí, Sol hermosa?

DOÑA SOL

¿Yo? . . . Don Pedro . . . os engañáis.
Mas, ¿cómo aquí solo estáis?
¿Acaso a la palma honrosa
de la justa no aspiráis? 20

DON PEDRO

Aunque aspire a tanto honor,
lucharé sin esperanza.

DOÑA SOL

¿Pensáis que tan poco alcanza,
don Pedro, vuestro valor?

DON PEDRO

¡Ah! Mi justa desconfianza . . . 25

DOÑA SOL

Es indigna de un Guzmán.
Mucho del novel guerrero

todos esperando están,
y ya la victoria dan
al que yo armé caballero. 30

DON PEDRO

Sólo esa dicha, señora,
hoy puede alentarme ufano;
pues la espada cortadora
que ciñera vuestra mano
debe ser la vencedora. 35
Mas perdonad si, ofendiendo
a quien tanta gloria ofrece,
mi espíritu desfallece,
para alcanzarla sintiendo
que de otro impulso carece. 40

DOÑA SOL

¿Cuál es?

DON PEDRO

    No me atrevo . . .

DOÑA SOL

        Hablad;
y si a mi poder no excede . . .

DON PEDRO

¿Qué ardor, qué virtud no puede
inspirar esa beldad?

DOÑA SOL

Aún no os comprendo . . . explicad . . . 45

DON PEDRO

¿Qué le importa al justador
la noble liza hollar fiero?
¿Qué le importa su valor,
ni del pecho en derredor
un muro tener de acero, 50
si allá en el alto balcón
no hay un solo corazón
que, atento a su noble empresa,
con tierna palpitación
por su triunfo se interesa; 55
si entre tantos ojos bellos
ninguno afable le mira,
y al contemplar sus destellos
no puede beber en ellos

---

[23] *impío*, " cruel," " pitiless "; a very common meaning of this word.

el ardor que aliento inspira;   60
si la impresión dulce, blanda,
junto al pecho enamorado
no siente de flor o banda,
don del objeto adorado,
que amor y entusiasmo manda?   65

DOÑA SOL

¿Quién que no existe asegura [24]
ese corazón que os ame,
ni esa prenda de ternura,
ni ese mirar que derrame
en vos aliento y bravura?   70
Acaso entre las hermosas
que luego justar os miren,
mil hallaréis que suspiren,
mil que penen silenciosas
y amantes por vos deliren.   75

DON PEDRO

¿Y qué me importa su amor?
Mi alma a todas las detesta,
si, despreciando mi ardor,
una sola con rigor
a mi fiel pasión contesta.   80
A una sola amar me es dado,
y una que me adore quiero;
responda a mi amor sincero,
y entonces, afortunado,
mas que me odie el mundo entero.   85

DOÑA SOL

¡Cómo! . . . ¿Amáis?

DON PEDRO

Sin esperanza.

DOÑA SOL

¡Sin esperanza! ¿Por qué?

DON PEDRO

Porque el deseo llevé
do mi fortuna no alcanza.

DOÑA SOL

¿Os desprecia?

DON PEDRO

No lo sé.   90

DOÑA SOL

¿Vuestro amor acaso ignora?

DON PEDRO

Sus fieros rigores temo.

DOÑA SOL

Sois cobarde con extremo.

DON PEDRO

Es ley de quien bien adora.

DOÑA SOL

Amor, cual numen supremo,   95
vence imposibles tal vez.

DON PEDRO

¡Ah! Sí . . . Decid que piadosa,
deponiendo la altivez,
no abrigará su alma hermosa
ni rigores ni esquivez;   100
decid que oirá mis querellas
con benigna compasión,
y por dulce galardón
dejará a sus plantas bellas
que ponga mi corazón.   105
Decid me ha de permitir
que cuando la lid me llame,
su nombre adorado aclame,
y ese nombre, al combatir,
de invencible ardor me inflame.   110

DOÑA SOL

Sí, sí, don Pedro, alentad;
sed su noble caballero;
por ella a la lid marchad,
esgrimid el fuerte acero,
y la victoria alcanzad.   115
Si a vuestros golpes zozobra
el poder de los infieles,
y España su honor recobra,
al mirar vuestros laureles
dirá ufana: « Ésa es mi obra »;   120

---

[24] *¿Quién . . . asegura? . . .* Read, *¿Quién asegura que no existe?* . . .

y cuando el carro triunfal
mire desde sus ventanas,
premiando ese ardor marcial,
hará su lecho nupcial
con banderas musulmanas.   125

DON PEDRO

¿Qué escucho? ¡Oh dicha! ¡Oh placer!
¿Vos aprobáis mi ternura?
¿No es sueño? ¿No es locura?
¡Ah! Me siento fallecer
de entusiasmo y de ventura.   130

DOÑA SOL

Calmad, don Pedro, ese ardor;
¿qué vale el que [25] yo le apruebe?
Sólo tal vez por error
he supuesto aquí el amor
que otro pecho abrigar debe.   135

DON PEDRO

¿Otro pecho? ¿Así, señora,
desvanecéis mi ilusión?
¡Halagabais mi pasión,
y cual con daga traidora
desgarráis mi corazón!   140
¿No han dicho mis ojos ya
quién amo, por quién deliro?
¿Mi voz, con hondo suspiro,
publicándolo no está,
y hasta el aire que respiro?   145
¿Pensáis que, do sin rival
vuestra hermosura descuella,
puedo hallar otra más bella,
ni en mi ceguedad fatal
querer ansiar si no es ella? [26]   150

DOÑA SOL

¡Cómo! . . . ¿Qué decís? . . . ¿Soy yo? . . .

DON PEDRO

Castigad mi atrevimiento
si este amor os ofendió.

DOÑA SOL

¡Ofenderme! . . . No . . . Eso no . . .

DON PEDRO

¿Que no, respondéis? . . . Ya aliento.   155
Colmad mi felicidad.

DOÑA SOL

¿Yo, don Pedro? . . . ¿De qué modo? . . .
Mi padre viene . . . Tomad . . .
Esta banda os dice todo . . .
Id, y por mí pelead . . .   160

(*Se quita una banda que lleva al pecho y
se la da. Vase.*)

ESCENA V

DON PEDRO y luego DON JUAN

DON PEDRO

¡Esta banda! . . . ¡Oh gozo! . . . ¡Me ama!
¡Me ama! . . . No hay duda . . . No es
  sueño,
no es ilusión . . . Banda hermosa,
ven, cubre mi amante pecho;
tú le harás invulnerable   5
a los golpes del acero.

DON JUAN

(Los dos estaban aquí . . .
Sí; mi hija es la que va huyendo . . .
Esa banda suya es . . .
¿Se amarán? . . . Disimulemos.)   10
De gozo miro brillar
vuestro semblante, don Pedro,
y el fuego que arde en los ojos
revela el fuerte guerrero.

DON PEDRO

Don Juan, digno de mi padre   15
en todo mostrarme anhelo,
e igualaré su valor,
cuando no sus altos hechos.

DON JUAN

La justa os aguarda ya;
marchad, que en lances como éstos,   20
quien de valiente blasona
debe acudir el primero. (*Vase don Pedro.*)

---

[25] *el que*, " the fact that."
[26] *querer . . . ella*, " desire to love any but her."

ESCENA VI

DON JUAN *y luego* ABEN-SAID

DON JUAN

Vé; gózate por ahora
en tus ilusiones, necio;
halaguen tu pecho altivo
esos soñados trofeos,
mientras en tu padre, en ti,   5
descargo el golpe tremendo.
Pero Aben-Said espera;
de introducirle ya es tiempo.

(*Abre una puerta secreta y sale Aben-Said.*)

Ven ... solo me encuentro ya;
entra, Aben-Said, sin miedo.   10

ABEN-SAID

¿Nadie nos escucha?

DON JUAN

Nadie.

ABEN-SAID

¿Y esas puertas?

DON JUAN

Ya las cierro.

(*Cierra las dos puertas laterales.*)
Puedes hablar.

ABEN-SAID

¿Y Guzmán?

DON JUAN

No abriga el menor recelo.

ABEN-SAID

¿Qué ruido es ese que se oye?   15

DON JUAN

Que a la justa acude el pueblo.

ABEN-SAID

¿Y si a buscarte vinieren?

DON JUAN

Por esa puerta al momento
huirás.

ABEN-SAID

¿No pueden abrirla?

DON JUAN

Yo sé solo este secreto.   20

ABEN-SAID

Bien está.

DON JUAN

¿Nadie te ha visto?

ABEN-SAID

No.

DON JUAN

Ese traje ...

ABEN-SAID

Con él puedo
por doquiera discurrir
en esta ciudad sin riesgo:
no ha dos años que los moros   25
eran de Tarifa dueños,
y en ella hay mil que se adornan
con el turbante agareno.

DON JUAN

Y bien, noble Aben-Said,
¿de África el monarca excelso,   30
el poderoso Jacob,
conoce ya mis deseos?

ABEN-SAID

Los conoce.

DON JUAN

¿Y qué resuelve?

ABEN-SAID

Apoyando tus intentos,
ya ejército numeroso   35
ha traspasado el estrecho,
y tal vez en este día
a Tarifa ponga cerco.

DON JUAN

Lo sabemos; y Guzmán
está al combate dispuesto.   40

ABEN-SAID

¿Piensa acaso resistir?

DON JUAN

Y rechazar el asedio.

ABEN-SAID

¿No cuenta nuestros soldados?

DON JUAN

Le ciega el atrevimiento.

ABEN-SAID

Inmenso es nuestro poder.   45

DON JUAN

Él tiene valor y esfuerzo.

ABEN-SAID

Tarifa sucumbirá.

DON JUAN

Por la fuerza no lo creo.

ABEN-SAID

¿Pues cómo?

DON JUAN

          La astucia; no hay
para rendirla otro medio.   50

ABEN-SAID

¿Estás dispuesto a emplearla?

DON JUAN

A emplearla estoy dispuesto.

ABEN-SAID

Eso Jacob de ti espera.

DON JUAN

Mas, ¿cuál ha de ser el premio?

ABEN-SAID

Si le entregas esta plaza;   55
si sus huestes conduciendo,
hasta el Betis [27] caudaloso
extiendes su vasto imperio,
tuyos serán de León
y de Castilla los reinos.   60

DON JUAN

Acepto, y a mi palabra
quiero siga el cumplimiento.
Entregada a mi cuidado
la puerta de tierra [28] tengo;
mañana, cuando la noche   65
extienda su oscuro velo,
con sigilo la abriré;
vosotros estad dispuestos,
y al mirar lucir en ella
de débil luz los reflejos,   70
acudid, que sin combate
el castillo será vuestro.

ABEN-SAID

¿Eso, don Juan, nos prometes?

DON JUAN

Esto, Aben-Said, prometo.

ABEN-SAID

Pues llevo tan feliz nueva   75
al caudillo sarraceno.
A mañana. Alá te guarde.

DON JUAN

Adiós . . . Prudencia y secreto.

(*Vase Aben-Said por la puerta secreta.*)

Al fin logrados veré
mis ambiciosos deseos.   80
Mas vamos pronto a la justa
antes que adviertan . . .

(*Abre la puerta y retrocede viendo llegar
a Guzmán.*)

---

[27] *Betis,* the older name given to the Guadalquivir river, which flows past Cordova and Seville.
[28] *puerta de tierra.* The fortress, part of which still exists, was built on a point of land close to the sea.

¿Qué veo?
Guzmán se dirige aquí.
¡Cuán alterado aquel pliego
leyendo viene! ... Me ha visto ...   85
¡Qué miradas! ... Esperemos.

ESCENA VII

DON JUAN y GUZMÁN

GUZMÁN

¿Vos aquí, señor infante?

DON JUAN

¿A qué tanta admiración?

GUZMÁN

¡Retirado y solo estáis
cuando todos, en redor,
de ver tan brillantes fiestas
aprovechan la ocasión!   5
¿No queréis, señor, honrarlas?

DON JUAN

El honrado fuera yo;
mas no es de extrañar las deje,
pues también las dejáis vos;   10
vos, Guzmán, cuya presencia
les diera tanto esplendor.

GUZMÁN

La sangre de nuestros reyes
ilustra vuestro blasón,
y mal puedo, donde estéis,   15
oscureceros, señor.
Demás, que justos cuidados
reclaman hoy mi atención,
y cuando me habla el deber
tan sólo escucho su voz.   20

DON JUAN

¿Teméis por dicha, Guzmán,
el nuevo asedio?

GUZMÁN

                Eso no,
que jamás ante el peligro
desmaya mi corazón.
Todo en buena y noble lid   25

lo espero de mi valor;
mas do la espada no alcanza
llega tal vez la traición.

DON JUAN

¡La traición!

GUZMÁN

              ¿Os asombráis?
Razón tenéis, vive Dios;   30
y yo me asombro también
al mirar algún traidor.

DON JUAN

¿Acaso habéis descubierto? ...

GUZMÁN

No ... nada ... es suposición.
Mas ya que solos estamos,   35
pediros quiero un favor.

DON JUAN

Hablad.

GUZMÁN

        Lo veis; aunque fuertes,
pocos los soldados son
que encierra esta débil plaza,
do en defensa de su Dios,   40
más que trofeos, esperan
de mártires el honor.
Que nosotros perezcamos,
tal es nuestra obligación;
¡mas vos, hermano del rey,   45
su inmediato sucesor! ...
No, jamás desdicha tanta
consentir pudiera yo.

DON JUAN

En verdad, buen don Alonso,
pasmado oyéndoos estoy;   50
¿y a qué ese extraño discurso
se dirige en conclusión?

GUZMÁN

¿Necesitaré decirlo?
¿Tan poco entendido sois?

DON JUAN

¿Queréis salga de Tarifa?   55

GUZMÁN

Eso espero.

DON JUAN

Guzmán, no.

GUZMÁN

Es forzoso.

DON JUAN

¿Quién lo manda?

GUZMÁN

De Tarifa alcaide soy.

DON JUAN

Y yo infante.

GUZMÁN

En otro sitio
seré vuestro servidor,   60
mas aquí reemplazo al rey:
¿quién es más, el rey o vos?

DON JUAN

Os comprendo, don Alonso:
no ocultéis vuestra intención.
De traidor antes el nombre   65
vuestra lengua pronunció:
¿soy ese traidor acaso?

GUZMÁN

Vos lo sabréis si lo sois.

DON JUAN

¿Pensáis? . . .

GUZMÁN

Lo que vos pensareis,
eso, don Juan, pienso yo.   70

DON JUAN

Explicaos.

GUZMÁN

Es inútil;
dispensadme ese rubor.

DON JUAN

¡Vive el cielo, tal injuria! . . .
Explícaos, o si no . . .

GUZMÁN

¿Lo queréis? Ved esta carta.   75

DON JUAN

Y bien, ¿qué?

GUZMÁN

Noticias son
de Fez . . . Un secreto amigo,
privado de Aben-Jacob,
me avisa que cauteloso
aquí nos vende un traidor.   80
¿Queréis ahora que os diga,
aquí para entre los dos,
quién es?

DON JUAN

Alguna calumnia.

GUZMÁN

Vos sois, don Juan.

DON JUAN

¿Yo?

GUZMÁN

Sí, vos.

DON JUAN

¡Yo!

GUZMÁN

Si no lo declarara   85
la carta, esa turbación,
ese rubor, esos ojos
lo dijeran.

DON JUAN

¡Oh furor!
¿Y porque un moro lo diga? . . .

GUZMÁN

No lo dice él solo, no.   90

DON JUAN

¿Quién más?

GUZMÁN

Colocad la mano,
don Juan, en el corazón;
recordad los hechos vuestros:
ése es vuestro acusador.

DON JUAN

¿A un infante de Castilla   95
así habláis con torpe voz?

GUZMÁN

Por ser hermano del rey
así os hablo, que si no,
ya estuvierais a estas horas
colgado de aquel balcón.   100

DON JUAN

¡Que sufra tal insolencia!

GUZMÁN

¿Saldréis, en fin?

DON JUAN

                ¿Cuándo?

GUZMÁN

                Hoy.

DON JUAN

¿Y no teméis mi venganza?

GUZMÁN

Cumpla yo mi obligación,
y lo que fuere después   105
allá lo dispondrá Dios.

ESCENA VIII

DICHOS y DON PEDRO

DON PEDRO

(Acudiendo apresurado.)

Padre, a las armas; se acerca
de la ansiada lid la hora.
Por el lejano horizonte
la hueste enemiga asoma;
entre el polvo que levanta   5
su marcha atrevida y pronta,
con la luz del sol heridas
brillan sus lucientes cotas,
y en alas del viento llega
el ronco son de sus trompas.   10
Nuestros guerreros llevando
en sus ojos la victoria,
cual si fuesen a un festín,
el alto muro coronan;

y allí con gritos de guerra   15
al odiado infiel provocan,
blandiendo con fuerte mano
las espadas cortadoras.
Venid, que para vencer
vuestra vista aguardan sola.   20

GUZMÁN

Bien, me agrada ese ardimiento;
nunca yo esperé otra cosa;
cada día de batalla
un día será de gloria.

(Se oye a lo lejos un rumor que se va acercando por grados.)

Mas, ¿qué rumor? . . .

DON PEDRO

                Son las voces   25
que el entusiasmo denotan
con que corren ardorosos . . .

GUZMÁN

No . . . la causa ha de ser otra . . .
Silencio . . . ¿Oís? . . . Muera, dicen.

DON JUAN

¡Muera!

GUZMÁN

        Sí. (Abre un balcón y miran.)
        Mirad . . . furiosa   30
la plebe aquí se encamina . . .
Arrastra a un hombre . . . Sus rotas
vestiduras manifiestan
que es un moro.

DON JUAN

                ¡Un moro!

GUZMÁN

                        ¿Y osan? . . .

DON JUAN

(¿Será acaso Aben-Said?)   35

GUZMÁN

(Observando a don Juan.)

(¡Oh! ¡Cuál su faz se trastorna!
¡Qué sospecha!) Pronto . . . vamos . . .
Sepamos quién ocasiona . . .

ESCENA IX

DICHOS y DOÑA SOL

DOÑA SOL

¡Ah! Padre, os encuentro al fin;
huid, huid sin demora,
que el alborotado pueblo
vuestra vida, en su ira loca,
viene pidiendo.

DON JUAN

¡Mi vida!   5

DON PEDRO

¡Cielos!

GUZMÁN

¿Qué decís?

DON JUAN

Me ahoga
la rabia.

DOÑA SOL

Que muera dicen
con furor mil y mil bocas.
Salvadle . . . ¡Cielos! . . . Ya suben . . .
¡Ay! Una hija os implora . . .   10
Defendedle.

DON PEDRO

Os lo prometo.

GUZMÁN

Nada temáis, Sol hermosa.
¿Quién podrá, donde yo mando,
atreverse a su persona?

ESCENA X

DICHOS, NUÑO, SOLDADOS y PUEBLO

NUÑO

Aquí está . . . miradle . . . a él.

PUEBLO

¡Muera el traidor!

DON PEDRO

(*Desnudando la espada y colocándose
delante de don Juan.*)

Si alguien osa . . .

GUZMÁN

Tened.

NUÑO

Dejad que llevemos
ese infame a la picota . . .

GUZMÁN

¡Nuño!

NUÑO

Señor.

GUZMÁN

¡Y te atreves! . . .   5

NUÑO

Es que . . . se ven tales cosas . . .
Señor, os lo tengo dicho:
aquí se arman mil tramoyas;
y ese traidor . . .

GUZMÁN

¡El infante!

NUÑO

El infante . . . ¿Qué me importa?   10
Aún al lucero del alba,
sin andarme en más retóricas,
si le hallo en un mal fregado,[29]
le colgaré de una horca.

GUZMÁN

¿Pero qué? . . .

NUÑO

Que yendo al muro,   15
topé de manos a boca
con cierto moro de Fez
aun más traidor que Mahoma.
Quiere escapar . . . le detengo . . .
viene gente . . . le interrogan . . .   20
se turba . . . declara al fin . . .
¡Lo que yo decía, toma!

[29] *un mal fregado*, " some piece of deviltry."

Que para entregar la plaza,
ese traidor que deshonra
su sangre, ese nuevo Dolfos, 25
aun más vil que el de Zamora,[30]
se ha vendido al marroquí.

DON JUAN

Miente.

NUÑO

No, que muchas otras
habéis hecho.

GUZMÁN

Nuño, basta.
Reportaos. ¿No os sonroja 30
así sospechar de un noble
a quien sangre real abona?
¿Por sólo el dicho de un moro
creéis que tan fea nota
eche en su fama un guerrero 35
que hermano del rey se nombra?
No, no; sabed que don Juan
marcha de Tarifa ahora
a pedir al rey don Sancho
que sin tardar nos socorra. 40
Conociendo él mismo ha poco
cuánto este socorro importa,
ir se ofrecía a Sevilla
con riesgo de su persona.
¿No es verdad, don Juan?

DON JUAN

Mas yo . . . 45

GUZMÁN

(Bajo y con energía a don Juan.)

Si vivir os acomoda,
decid, infante, que sí;
pues de otra suerte os ahorcan.

DON JUAN

Así es . . . Compartir quería
con vos la muerte o la gloria; 50
mas imperioso deber
hoy me aleja de esta costa,

y sólo porque así os sirvo
mi alma con él se conforma.
Marcho ahora mismo.

DOÑA SOL

(¡Dios mío, 55
lejos de él!)

DON PEDRO

(¡Ah! ¡Me la roban!)

NUÑO

(¡Con todo, mejor sería
meterle en una mazmorra!)

DON JUAN

Ven, hija. (A doña Sol.)

DON PEDRO

Sol, ¿me dejáis? (Bajo.)

DOÑA SOL

Es separación forzosa. 60

DON JUAN

Quedad con Dios.

GUZMÁN

Él, don Juan,
os guarde.

NUÑO

(Bajo una losa.)

ESCENA XI

GUZMÁN, DON PEDRO, NUÑO, SOLDADOS
y PUEBLO

Óyense a lo lejos clarines que tocan al
arma.

GUZMÁN

¿Oís, soldados? La sonora trompa
ya nos llama a la lid: corramos luego,
y alarde haciendo de guerrera pompa,
al brazo no hay que dar paz ni sosiego;
pechos infieles nuestra espada rompa; 5

---

[30] el de Zamora. Zamora is an ancient walled town in western Spain. In 1072 Sancho II tried to wrest it from his sister Doña Urraca, but was slain by Bellido Dolfos, a native of the town, who came to his camp ostensibly to betray the city into his hands.

sus tiendas de oro y seda trague el fuego,
y véanos trocar la mar cercana
en otra mar de sangre musulmana.

No os asusten los fieros escuadrones
que en torno al muro su furor ostentan, 10
que al número no atienden los leones
cuando en débil rebaño se ensangrientan;
siempre los esforzados corazones
sus contrarios combaten, no los cuentan;
seguidme, y descargando golpes ciertos, 15
los contaréis mejor después de muertos.

¿Españoles no sois? Pues sois valientes;
a fuer de castellanos sois leales;
ni al peligro jamás volvéis las frentes,
ni os pueden abatir hados fatales; 20
antes que aquí rendidos, hoy las gentes
verán vuestros honrosos funerales,
renovando con ínclita constancia
las glorias de Sagunto y de Numancia.[31]

Sí, castellanos; si el rigor del cielo 25
negase a nuestras armas la victoria,
en el trance fatal, para consuelo,
nos queda siempre de morir la gloria;
guarde este ardiente ensangrentado suelo
de Tarifa tan sólo la memoria; 30
y conquiste el alárabe entre asombros
montones de cadáveres y escombros.

Pero no, no será; ya vuestros ojos
en sacrosanta llama ardiendo veo,
y alzar vuestras espadas con despojos 35
en estos muros inmortal trofeo;
dejándolos doquier con sangre rojos,
el moro llore este fatal bloqueo;
y estrechado entre el mar y nuestras lanzas,
completen hierro y mar nuestras ven-
ganzas. 40

Venid, que desde el alto firmamento,
el Dios por quien lidiamos ya nos mira,
y dando a nuestras almas ardimiento,
lanza al infiel los rayos de su ira.
Nuestras hazañas, desde el regio asiento, 45

con nobles premios, el monarca admira.
¡Feliz quien por los dos su sangre vierte!
¡A morir o vencer!

TODOS

¡Victoria o muerte!

ACTO SEGUNDO

La misma decoración que en el primer acto.

ESCENA PRIMERA

GUZMÁN y DOÑA MARÍA

DOÑA MARÍA

No vuelve, ¡ay cielos! no vuelve.
¡Madre infelice!

GUZMÁN

Calmaos;
mostrad, por Dios, fortaleza,
y reprimid ese llanto.

DOÑA MARÍA

¡Reprimir el llanto! ¡Yo! 5
¡Una madre! Al hijo amado
pierdo, y queréis . . . ¡Ah! Vosotros,
hombres de hierro, gozaos
en la sangre; ved morir
sin duelo a hijos, hermanos; 10
pero al menos a las madres
dejadnos llorar, dejadnos.

GUZMÁN

A par de vos, también siento
mi corazón destrozado,
y no es menos mi dolor 15
porque lo sufro y lo callo.
¿Pero somos, por ventura,
los únicos que en el campo,
combatiendo por la patria,
perdieron los hijos caros? 20
Mil hay, sí, que cual nosotros
sienten los golpes infaustos

[31] *Sagunto, Numancia.* Two ancient towns which attained tragic glory by resisting capture until almost the last inhabitant had perished. Sagunto, a few miles north of Valencia, was besieged by Hannibal (218 B.C.). Numancia in north-central Spain, was captured by the Romans under Scipio Africanus (133 B.C.) after a long siege.

de la guerra; mil que lloran,
y lo ocultan sin embargo.
¿Queréis que en lágrimas viles   25
muestre los ojos bañados,
y en Tarifa de flaqueza
el infame ejemplo dando,
con lamentos importunos
siembre doquiera el desmayo?   30
¿Queréis que al mirarme caigan
las espadas de las manos,
y tantos fuertes guerreros
convierta en viles esclavos?
No, señora, no.

Doña María

                    ¡Qué bien   35
que discurre un inhumano!
¡Qué bien se encuentran pretextos
cuando un corazón de mármol
disculpa lo que no siente
con esos deberes vanos!   40
Mas soy madre: mi dolor
es legítimo, sagrado;
dad vos el hijo al olvido,
mi obligación es llorarlo.

Guzmán

Llorad, pues; mas ocultad   45
el lloro en este palacio.
Yo también, luego que tienda
la noche el oscuro manto,
a solas aquí con vos
daré a mis lágrimas vado; [1]   50
sin que nadie aquí lo sienta,
en vuestro seno llorando,
veréis que también es padre
este rústico soldado.
Pero, ¿qué digo? tal vez   55
sin razón nos alarmamos.
Novel guerrero, don Pedro
por su audacia arrebatado,
dió rienda al bridón fogoso
persiguiendo al africano;   60
pronto volverá, sin duda,
ceñido de noble lauro,
en puro y sublime gozo

[1] *vado,* " vent," " outlet."

esas lágrimas trocando.
Ya Nuño salió en su busca: 65
demos treguas al quebranto;
que sin tener nuevas de él
no volverá el buen anciano.
Mas ¿qué miro? ... Él es ... ¡Ay! ...
¡Solo!
Dadme valor, cielo santo.   70

ESCENA II
Dichos, Nuño y Soldados
Guzmán
¿Y bien, Nuño?

Doña María
                ¿Y mi hijo? ... Hablad ...
¡Mi hijo! ... ¿Qué es de él?

Nuño
                        ¡Voto al diablo!
No lo sé.

Guzmán
¿No lo sabéis?

Doña María
¡Murió ... murió ... desdichado!

Nuño
Tanto como eso no creo;   5
pero ...

Guzmán
Acabad.

Nuño
                Todo el campo
he recorrido ... busqué ...
su cadáver ... ¡qué! ... ni rastro.
Nada; ni vivo ni muerto
se le halla por ningún lado.   10

Doña María
¡Dios mío!

Guzmán
¿Pues dónde? ...

NUÑO

¿Dónde?
Vive Dios, mucho me engaño,
o está . . .

GUZMÁN

Decid.

NUÑO

Prisionero.

GUZMÁN

¡Prisionero!

NUÑO

Sí.

DOÑA MARÍA

Pues vamos,
vamos al campo enemigo,   15
pronto, pronto, a rescatarlo.
Mis tesoros, mis preseas,
cuanto tengo, al africano,
si al hijo mío me vuelve,
prometo dar . . . No perdamos   20
tiempo, venid.

NUÑO

¡Qué ocurrencia!
¿Por ventura es necesario?

GUZMÁN

Sí, Nuño, sí . . . Marchad vos;
os doy este dulce encargo.
Id, y ofreced cuanto pida   25
al caudillo mahometano.

NUÑO

¡Ir yo con esa embajada!
¿A la postre de mis años
rescatar con el dinero
lo que puedo a cintarazos?   30
¡No, señor; bueno sería,
teniendo acero en las manos!
Dejadme a mí . . . yo sabré . . .

GUZMÁN

¿Qué intentáis?

NUÑO

¡Toma! Está claro:
si al chico nos quitó el moro,   35
de sus garras arrancarlo.
¡Pues cabalmente me pinto
yo solo para estos casos! [2]
Voy esta noche a sus tiendas,
entro en ellas por asalto,   40
pego a diestro y a siniestro,
a éste hiero, a este otro mato,
y queda antes que amanezca
el negocio despachado.

GUZMÁN

O más bien pereceréis.   45

NUÑO

Que perezca: ¡vaya un daño!
Mejor: así como así
me estará bien empleado.
Porque yo tengo la culpa:
yo le levanté de cascos, [3]   50
diciéndole: « Vamos, hijo,
a ellos, ya llegó el caso:
aquí se ha de ver a un hombre.
¡Castilla y viva Santiago! » [4]
Y él, que no lo necesita,   55
echó a correr como un rayo.
Eso sí, voto va brios,
¡qué valiente, qué bizarro!
¡Como que atrás me quedé,
y ya no le ví! . . . ¡Y dejarlo   60
he podido en la estacada! [5]
¡Y sin él vivo he tornado!
No tengo honor ni vergüenza
si hoy libre aquí no os le traigo.
Voy . . . Mas ¿qué veo? . . . ¿No es él? 65

GUZMÁN

¿Quién?

[2] *¡Pues cabalmente . . . casos!* " This is just the sort of thing in which I shine! "
[3] *le levanté de cascos,* " I raised his ambitions," " I turned his head."
[4] *Santiago,* i.e., St. James, the patron saint of Spain, whose aid is invoked particularly in time of battle.
[5] *¡ Y dejarlo . . . estacada!* " And to think that I left him in the lurch! "

DOÑA MARÍA

¡Mi hijo!

GUZMÁN

Sí . . . Apresurado
corre hacia aquí.

DOÑA MARÍA

Sí . . . sí . . . él es.

GUZMÁN

Gracias, cielos soberanos.

ESCENA III

DICHOS, DON PEDRO y SOLDADOS

DOÑA MARÍA

¡Hijo!

DON PEDRO

¡Madre!

GUZMÁN

¡Amado Pedro!

DON PEDRO

¡Padre querido!

GUZMÁN

Un abrazo.

DON PEDRO

¡Nuño!

DOÑA MARÍA

¡Al fin te vuelvo a ver!
¡Ah! ¿Por qué has tardado tanto?
¿Estás herido?

DON PEDRO

No, madre.   5

DOÑA MARÍA

Ven otra vez a mis brazos.
No le hemos perdido, no.
Vedle . . . aquí está . . . ya le hallamos.
¿Lo ves, Nuño?

NUÑO

Sí, ya veo
que buen susto nos ha dado.   10

DOÑA MARÍA

¡Hacernos así penar!
¿Dónde te hallabas, ingrato?
¿No pensabas en tu madre?

DON PEDRO

¡Ay! Harto pensaba.

NUÑO

¡Bravo!
Don Pedro, por la primera,   15
como un Cid habéis lidiado.

GUZMÁN

Más de lo que es menester;
pues buen guerrero no llamo
al que en la lid no reúne
lo prudente a lo esforzado.   20

NUÑO

¿Y quién diablos, si es valiente,
se contiene peleando?

GUZMÁN

Otra vez en la batalla
vendréis, don Pedro, a mi lado.
Mas ahora habréis menester   25
entregaros al descanso.
Venid.

DON PEDRO

No puedo.

DOÑA MARÍA

¿No puedes?

DON PEDRO

Hoy mismo, señor, me marcho.

DOÑA MARÍA

¿Te marchas?

GUZMÁN

¿Dónde?

DON PEDRO

Señor . . .
no me atrevo a pronunciarlo.   30

GUZMÁN

¿Pues qué sucede?

DOÑA MARÍA

Di pronto.

DON PEDRO

Si os he vuelto a ver, si os hablo,
lo debo, señor, tan sólo
a la piedad del contrario.

GUZMÁN

¡A su piedad!

DOÑA MARÍA

¿Cómo?

DON PEDRO

En mí   35
ved a un miserable esclavo.

GUZMÁN

Pues qué, ¿acaso prisionero?

DON PEDRO

Sí.

DOÑA MARÍA

¡Dios mío!

GUZMÁN

¡Desgraciado!

NUÑO

¿No lo dije?

DON PEDRO

En la refriega
cayó muerto mi caballo.   40
Entonces de la morisma
por todas partes cercado,
contra tantos enemigos
procuro lidiar en vano.
Rota en mil trozos la adarga,   45
y rodando en tierra el casco,
sobre mi frente desnuda

ví cien alfanjes alzados.
Un moro me reconoce,
y grita al punto: « Apartaos,   50
respetad a este guerrero,
pues le defiendo y le guardo.»
Era Aben-Comat,[6] a quien [7]
en días menos aciagos,
con vos, después de vencido,   55
unió de amistad el lazo.
Mas llega el caudillo moro;
« Eres mi esclavo, cristiano,»
dice, y al punto me cercan,
y mírome desarmado.   60
Sabiendo quién soy, pretende
hora entrar con vos en trato
sobre mi rescate, y tiene
Aben-Comat este encargo.
Al pie del muro se encuentra,   65
vuestro seguro [8] esperando.

GUZMÁN

¡Aben-Comat! Venga luego.
Id . . . traedle . . . ya le aguardo.

(*Vase un soldado.*)

DON PEDRO

A su sincera amistad
debo el placer de abrazaros,   70
pues que [9] aquí le acompañara
del jefe Amir ha alcanzado,
mi palabra de volver
cuando él regrese empeñando.

DOÑA MARÍA

¡Oh Dios! ¿Y nos dejarás?   75

DON PEDRO

Lo manda el honor sagrado.

DOÑA MARÍA

¡Ah! Nunca consentiré . . .

---

[6] *Aben-Comat.* See Introduction for his previous relations with Guzmán.

[7] *a quien,* etc. Read, *a quien el lazo de amistad unió con vos, después de vencido, en días menos aciagos.*

[8] *seguro,* " safe conduct."

[9] *pues que,* etc. Read, *pues que ha alcanzado del jefe Amir que (yo) le acompañara aquí, empeñando (yo) mi palabra de,* etc. For Amir, cf. Introduction.

GUZMÁN

Cese ya tu sobresalto,
María; nada receles,
pues hoy será rescatado.   80
Si el oro apetece Amir,
le daré tesoros tantos
que pueda igualar con ellos
la pompa de un soberano.

DON PEDRO

Amir en el campo moro   85
menos, señor, manda acaso
que un traidor, baldón de España,
que está su estirpe infamando.

GUZMÁN

¿Quién es?

DON PEDRO

¡Don Juan!

GUZMÁN

¡El infante!

DON PEDRO

De aquí viéndose arrojado,   90
ha ofrecido al musulmán
el apoyo de su brazo.

NUÑO

¿No lo dije? . . . Si su cara
de Judas es el retrato.
¡Qué poco nos vendería   95
si le hubiéramos ahorcado!

GUZMÁN

Suya la infamia será;
yo cumplí cual buen vasallo.

DON PEDRO

A par del caudillo Amir,
por los moros acatado,   100
alzar le ví más que nunca
la frente orgulloso y vano.
Brilló, al mirarme cautivo,
feroz sonrisa en sus labios,

y retrataban los ojos   105
su corazón inhumano.

DOÑA MARÍA

¡Ah! Me estremece.

GUZMÁN

            Se acerca
Aben-Comat; sosegaos.

ESCENA IV

DICHOS y ABEN-COMAT

ABEN-COMAT

Salud, noble Guzmán.

GUZMÁN

            Dame los brazos,
generoso Comat.

ABEN-COMAT

            Dios solo es grande: [10]
Él te proteja, castellano insigne.

GUZMÁN

¡Cuán dulce a mi amistad es estrecharte
sobre este corazón! Tú solo, amigo,
la memoria de Fez grata me haces;
de los lazos que allí con vil perfidia
me tendiera un traidor, tú me libraste;
y hoy deteniendo los mortales golpes,
la prenda de su amor vuelves a un padre. 10
Gratitud para siempre.

ABEN-COMAT

            Amistad santa
nuestras almas, Guzmán, por siempre enlace.

DOÑA MARÍA

Permite, Aben-Comat, que agradecida
bese tus plantas una triste madre.

ABEN-COMAT

¿Qué hacéis? . . . ¡Ah, levantad! . . . Eso,
señora,   15
más bien que agradecer, es humillarme.

---

[10] *Dios solo es grande*, a favorite expression of the Moors, as seen in the repeated inscriptions on the walls of the Alhambra.

NUÑO

¡Bien!

ABEN-COMAT

¡Pero Nuño aquí! . . . Valiente anciano,
¿no te acuerdas de mí?

NUÑO

Moro del diantre,
más de lo que quisiera.

ABEN-COMAT

¿Siempre guardas
a los míos rencor?

NUÑO

¡Sí, voto a sanes! [11]   20
Solamente a ti no.

ABEN-COMAT

La mano.

NUÑO

Toma.
(Lástima que este moro no se salve.[12])

GUZMÁN

Y bien, Aben-Comat, di tu embajada.
Si a proponerme vienes el rescate
del hijo que idolatro, hablar ya puedes. 25
Estados tengo que señor me llamen;
ricos tesoros en mis arcas guardo,
que a comprar todo un reino son bastantes;
si Amir los apetece, suyos sean,
pues mientras este acero no me falte, 30
y existan en España pueblos moros,
riquezas, vive Dios, no han de faltarme.

ABEN-COMAT

No exige tanto Amir; antes desea
que esos estados y tesoros guardes.
Al hijo te dará, y a par, si quieres, 35
con él nuevos estados y caudales,
que en África encumbrando tu fortuna,

a los más altos príncipes te igualen.
Una cosa no más pide.

GUZMÁN

¿Cuál? Dila.

ABEN-COMAT

Que el fuerte de Tarifa has de entregarle. 40

GUZMÁN

¡Yo entregar a Tarifa!

DOÑA MARÍA

¡Oh Dios!

NUÑO

¡Infamia!

DON PEDRO

¿Eso a Guzmán propones, miserable?

GUZMÁN

Dale gracias, Comat, al ser mi amigo,
y a que el seguro que te dí te ampare;
pues nadie osara hacerme tal propuesta 45
sin que la torpe lengua le arrancase.

ABEN-COMAT

Modera ese furor, Guzmán, y advierte . . .

GUZMÁN

Sólo advierto que quieres infamarme.
¡Tú proponerme a mí! . . . ¿No me conoces?
¿Qué hicieras tú, si en mi lugar te hallases? 50

ABEN-COMAT

¿Yo? . . . Dejemos inútiles preguntas.
¿Puedo acaso saber? . . .

GUZMÁN

Harto lo sabes;
y que, cual yo rehuso, rehusaras,
diciendo está el rubor de tu semblante.

[11] *voto a sanes,* " by all the saints! "
[12] *no se salve,* " can not be saved " (because he is not a Christian).

Aben-Comat

Sólo de quien me envía los mandatos 55
fiel debo aquí cumplir, y sin examen.

Guzmán

Pues lleva a quien te envía, por respuesta,
que, cual cumple a mi gloria y a mi
sangre,
para entrar en Tarifa ha de servirle
de sangriento camino mi cadáver; 60
y que sus condiciones yo desprecio,
como también desprecio a quien las hace.

Aben-Comat

Piénsalo bien, Guzmán: tuya es Tarifa;
tú solo con valor la conquistaste;
hora con tus tesoros la sostienes; 65
la defienden tus deudos y parciales; [13]
nada a tu rey le debes.

Guzmán

Ten la lengua,
que no discurren tanto los leales.
A Tarifa guardar juré en su nombre,
y nunca hombres cual yo juran en balde.

Aben-Comat

¡Ah! Duélate el destino que le espera 71
en África a tu hijo. ¿Que allí arrastre
la vil cadena dejarás que a un tiempo
sus fuerzas mengüe y su deshonra labre?
¿Mientras en la abundancia aquí te goces, 75
que sufra dejarás la sed, el hambre,
y lejos de su patria, acaso encuentre
temprana sepultura entre arenales?

Guzmán

Moro, como quien es, al hijo mío
en África yo espero se le trate. 80

Don Pedro

¿Y qué importa, señor? Dejad que apuren
esas fieras en mí sus crüeldades.

¿Trátase del honor, de patria y gloria,
y en mi triste existir puede pensarse?
¿Un inútil guerrero que sin fuerzas 85
rendir se deja en el primer combate,
con la suerte de un reino osara acaso
ponerse en parangón un solo instante?
No, no, jamás ... Señor, a vuestro hijo
ya no miréis en mí ... Soy un infame, 90
un vil esclavo soy ... Mi cobardía
con la cadena vil justo es que pague,
y en tamaño baldón, no pertenezco
a la sangre inmortal de los Guzmanes.

Doña María

¿Qué dices, hijo? ¡Oh Dios! ¿Quieres que
muera 95
esta madre infeliz?

Don Pedro

Madre, dejadme;
no se quieren aquí lágrimas viles,
se necesitan pechos indomables.
¿Tarifa ha menester mi sacrificio?
Mi sacrificio, pues, no se retarde. 100

Doña María

¡Ah!

Guzmán

Bien, hijo, muy bien ... Ven a mis
brazos;
eres digno de mí, eres mi sangre.
¿Lo ves, Aben-Comat? Puedes la infamia
a otra parte llevar, que aquí no cabe.

Aben-Comat

Ilusos, deliráis. ¿Pensáis acaso 105
que ni aun así Tarifa ha de salvarse?
¡Perdéis por ella libertad y vida!
¿Para qué, si es su ruina inevitable?
Mirad esas legiones que la asedian;
pequeña muestra son de las falanges 110
que puede sobre España el mauritano
lanzar de sus ardientes arenales.
Ya se congregan en inmensas huestes

[13] *parciales,* "followers," "adherents." It may be recalled that the Cid Campeador captured Valencia (1094) under the same general conditions here mentioned by Aben-Comat, and maintained himself there, until his death, practically as an independent sovereign. Guzmán, however, had not captured Tarifa unaided; cf. Introduction.

los hijos del desierto; ya el alfanje
desnudan vengador cuantos respiran   115
desde el fecundo Nilo hasta el Atlante; [14]
y tantos son, que con las flechas pueden
oscurecer el día sus enjambres.
¿Contra tanto poder, Tarifa acaso
espera resistir? Espera en balde.   120
Caerá, logrando sólo entre sus ruinas
sus necios defensores sepultarse.

GUZMÁN

Mas caerá con honor; pero cayendo,
nuestra fama y virtud serán más grandes.
No es la gloria tan sólo del que vence,   125
eslo también del que lidió constante;
y tal vez sobre ruinas, más lozanas
suelen crecer las palmas inmortales.
También cayó Numancia: en sus escombros
las alas tendió el águila [15] triunfante;   130
mas sólo allí vergüenza alcanzó Roma,
y Numancia es honor de las edades.
¿Piensas que nuestros pechos amedrentas
de ese inmenso poder haciendo alarde?
Moro, te engañas; españoles somos   135
que, do más riesgos hay, menos se abaten;
su muerte cierta ven, y no desmayan;
pueden vencidos ser, mas no cobardes;
y siempre superiores al destino,
lauros, donde otros mengua, encontrar
saben.   140

ABEN-COMAT

¿Luego hoy tus esperanzas llegan sólo
a perecer con gloria en el combate?

GUZMÁN

No, que aspiro a vencer. Dios, por quien
lidio,
me prestará la fuerza que me falte;
y dispuesto a morir, la palma aguardo.   145
De tus inmensas huestes no te jactes.
¿Ves los pocos guerreros que me cercan?
Del triunfo en la esperanza todos arden,
y ser un héroe cada cual creyendo,
de los tuyos por mil piensa que vale.   150

ABEN-COMAT

Guzmán, te admiro, aunque a la par me
duele
tu ceguedad funesta.

GUZMÁN

No te canses,
que esto exige mi honor, y esto resuelvo.
Vuélvete, Aben-Comat, a tus reales,
y lleva a tu caudillo mi respuesta.   155
Nuño, le seguirás, y del rescate
tratarás con Amir; cuantos tesoros
hoy tengo en mi poder, ofrezco darle;
pero, si mis ofertas despreciando,
a devolverme el hijo se negase,   160
si cual esclavo al África le lleva,
del África yo mismo iré a sacarle. (*Vase.*)

ESCENA V
DOÑA MARÍA, DON PEDRO, ABEN-COMAT
y NUÑO

ABEN-COMAT

Oídme, doña María:
si al hijo prenda del alma
ansiáis conservar, venced
esa bárbara constancia.
Ved que peligra su vida.   5

DOÑA MARÍA
¡Oh Dios!

DON PEDRO
¿Qué decís?

NUÑO
¿Osarán? . . .

ABEN-COMAT
Mi intento ocultaros era
el riesgo que le amenaza;
mas ya es preciso sepáis . . .

DOÑA MARÍA
Hablad; no me ocultéis nada.   10

---

[14] *Atlante,* the Atlantic Ocean.
[15] *águila,* the symbol of the Roman legions.

ABEN-COMAT

Don Juan en el campo moro
cual dueño absoluto manda;
y aun Amir, obedeciendo
las leyes de su monarca,
sus consejos, sin osar   15
contradecirlos, acata.
Si al real vuelve don Pedro
sin que Tarifa nos abra
sus puertas, lo temo todo
de su implacable venganza: 20
en mi presencia ha jurado
sacrificarlo a su rabia.

DOÑA MARÍA

¡Ah! Lo hará ... sí ... le conozco;
ninguna maldad le espanta.

ABEN-COMAT

Puesto que Guzmán desoye   25
mis amistosas palabras,
probemos si vuestro llanto,
si vuestros ruegos le ablandan.
Aprovechad los instantes
que aún de estar aquí me faltan;   30
ved que si llego a marchar,
si don Pedro me acompaña,
por más que estorbarlo quiera
mi amistad acrisolada,
segará tal vez hoy mismo   35
un cuchillo su garganta. (*Vase.*)

ESCENA VI

DOÑA MARÍA, DON PEDRO y NUÑO

DOÑA MARÍA

¿Qué dice? ... ¡Oh cielos! ... ¡Morir
el hijo de mis entrañas!
¡Y yo lo consentiría!
¡Y yo marchar le dejara!
No, no será, si primero   5
de mis brazos no le arrancan.

DON PEDRO

Calmaos, madre.

NUÑO

Señora ...

DOÑA MARÍA

Vamos, vamos sin tardanza,
no perdamos tiempo ... Vea
tu padre mi pena amarga ...   10
y tú también, Nuño, ven:
vamos los dos a sus plantas.
No desoirá nuestros ruegos;
y si estos ruegos no bastan,
cuantas madres en Tarifa   15
presencian hoy mi desgracia,
a nosotros se unirán
en triste llanto bañadas.

ACTO TERCERO

La misma decoración que en los actos
anteriores.

ESCENA PRIMERA

NUÑO y ABEN-COMAT

ABEN-COMAT

¿Entró por fin doña Sol?

NUÑO

Mi palabra te cumplí;
con sigilo, cual deseas,
la acabo de introducir,
y en una estrecha estancia   5
está no lejos de aquí.

ABEN-COMAT

Bien ... ¿Nada sabrá Guzmán?

NUÑO

Nada. Mas ¿dirás al fin
qué extraña venida es ésta?
¿Qué es lo que quiere decir   10
este misterio?

ABEN-COMAT

　　　　　Tal vez
se salve don Pedro así.
Prendado se halla hace tiempo
de ese bello serafín;
y puesto que en mi mensaje   15
tan poco dichoso fuí,

amor con dos bellos ojos
será acaso más feliz.

NUÑO

¿Pero lo sabe don Juan?

ABEN-COMAT
Él lo quiere.

NUÑO

¡Malandrín!   20
Alguna nueva tramoya;
me pesa ya consentir . . .

ABEN-COMAT

En que se hablen dos amantes
no hay peligro.

NUÑO

A veces sí;
y en cuanto don Juan dispone   25
hay oculto algún ardid.

ABEN-COMAT

Bien . . . Si temes . . .

NUÑO

Ya ha venido,
y es tan buena, tan gentil . . .
Trabajo cuesta el creerla
hija de padre tan ruin;   30
no cabe en su corazón
ningún pensamiento vil,
ni en don Pedro mucho menos . . .
Conque pecho al agua, y . . .

ABEN-COMAT

Esta secreta entrevista   35
debe, Nuño, decidir
si habrá de volver don Pedro
al campo del marroquí,
o bien quedarse ya libre
en Tarifa; y pues salir   40
me es fuerza antes que se oculte
el sol, corre, y que por ti
no se pierda tiempo.

NUÑO

¿Al cabo
te marchas?

ABEN-COMAT

Me anuncia Amir
que al nuevo día embarcarme   45
me manda Jacob.

NUÑO

Pues di,
¿no podrías retardar? . . .

ABEN-COMAT

Con ser tan fuerte adalid,
si en obedecer tardase,
cayera, triste de mí,   50
pronto al suelo mi cabeza.

NUÑO

Pardiez, que hila muy sutil [1]
vuestro califa: a nosotros
no nos manda el rey así;
de nobles fueros gozamos,   55
y alta siempre la cerviz,
no dejamos que nos quiten
la cabeza así en un tris.

ABEN-COMAT

Esto nuestra ley ordena.

NUÑO

Sea en buen hora, que al fin   60
en algo se debe un moro
de un cristiano distinguir.
Mas voy luego por la infanta.

ABEN-COMAT

Traerla puedes aquí,
y cuida de que también   65
don Pedro pueda venir. (*Vase Nuño.*)

ESCENA II

ABEN-COMAT

Con una infernal astucia
don Juan calculó sus planes.

---

[1] *hila muy sutil,* "spins very finely," i.e., "is very exacting." Nuño's boastful remark seems hardly justified by actual conditions of the day.

De una madre los lamentos,
los halagos de una amante,
más que el temor de la muerte   5
serán hoy sus auxiliares;
pero él de los otros juzga
por su corazón infame,
y estos pechos a la voz
del honor tan sólo laten.   10
Con repugnancia obedezco;
mas si don Pedro aceptase,
serviré a un tiempo al califa
y lograré que él se salve.

ESCENA III

ABEN-COMAT y DOÑA SOL

ABEN-COMAT

Venid, venid, Sol hermosa . . .
Mas ¿por qué en vuestro semblante
de inoportuno dolor
miro impresas las señales?
¡Vais a ver al noble objeto   5
de un amor puro, constante,
y miro esos tristes ojos
en lágrimas anegarse!
Joven, gallardo, valiente,
en merecimientos grande,   10
digno es don Pedro de vos;
y sola vos podréis darle
el galardón que merecen
su virtud, sus altas partes.
¿Por qué, pues? . . .

DOÑA SOL

            Sí, lo confieso: 15
sus prendas nobles, brillantes,
con encanto irresistible
consiguieron cautivarme.
Siendo suya, mi ventura
envidiarían los ángeles;   20
mas no puede a tanta costa
esa ventura aceptarse.

ABEN-COMAT

Sé que un triste sacrificio
exige de él vuestro padre;
mas, ¿quién para poseer   25
tal tesoro? . . .

DOÑA SOL

¡Medio infame!
Tan vil traición no consiente
la hidalguía de su sangre;
y si capaz fuese de ello,
yo dejaría de amarle.   30

ABEN-COMAT

Considerad . . .

DOÑA SOL

            ¿Y han creído
que él a Tarifa entregase?
¿Premio me hacen de quien venda
a su patria, vil, cobarde?
¿Y he de ser yo quien proponga? . . . 35
¡Ah! Fuera un horrible enlace
comprando a tal precio . . . Nunca . . .
Consentir en él no es dable.

ABEN-COMAT

Mas si peligra su vida . . .

DOÑA SOL

Aún estremecer me hacen   40
estas horribles palabras:
«O de esa ciudad me abre
la puerta, y suya es tu mano,
o su cabeza un alfanje
divide luego . . .» Esto dijo   45
con voz terrible mi padre . . .
Y me estremecí . . . A sus plantas
me arrojé . . . Con abundante
llanto las regué . . . Mis súplicas,
mi lloro, todo fué en balde.   50
¡Ah! Sin tan fiera amenaza,
cielo santo, bien lo sabes,
no viniera a ser aquí
mensajera de maldades.

ABEN-COMAT

Calmaos . . . Oíd tan sólo   55
esa pasión que en vos arde.
Don Pedro viene . . . Mirad
que es tiempo aún de salvarle,
y a decretar vais ahora
o su muerte o su rescate. (Vase.)   60

DOÑA SOL

¿Qué haré? ¿Qué diré? Dios mío,
mi espíritu vacilante
sostened . . . Dadme valor,
o de este abismo sacadme.

ESCENA IV

DOÑA SOL y DON PEDRO

DON PEDRO

Sol, lucero de mis ojos,
¿es verdad que torno a veros?
Cesando ya mis enojos,
¿me es permitido ofreceros
el corazón por despojos?   5
A esas plantas permitid . . .

DOÑA SOL

¡Ah! De mí, don Pedro, huid.

DON PEDRO

¡Huir cuando al colmo llega
mi dicha! . . . No, recibid . . .

DOÑA SOL

Un funesto error os ciega.   10
Huidme, sí.

DON PEDRO

        ¿Qué terror
altera vuestro semblante?

DOÑA SOL

Hoy mi padre, en su furor . . .

DON PEDRO

¿Sabe ya mi amor constante?

DOÑA SOL

Es vuestra muerte ese amor.   15

DON PEDRO

Entiendo: injusto, insensible,
le ofende mi pura llama.

DOÑA SOL

¡Pluguiese a Dios! [2] . . . Preferible
fuera su enojo inflexible.

DON PEDRO

¿Eso decís a quien ama?   20

DOÑA SOL

Esto quien os ama os dice.

DON PEDRO

¿Cómo? Cuando nuestro amor
un padre no contradice . . .

DOÑA SOL

Antes aprueba este ardor.

DON PEDRO

¿Y osáis llamarme infelice?   25

DOÑA SOL

¿Queréis más? El inhumano,
con despiadada ironía,
consiente en daros mi mano.

DON PEDRO

¿Qué escucho? ¡Al fin seréis mía!

DOÑA SOL

¡Ah! No os mostréis tan ufano.   30
Sí, vuestra ya puedo ser;
¿pero sabéis a qué precio
me tenéis que poseer?

DON PEDRO

Todo lo prometo hacer
por un bien que tanto aprecio.   35
Decidme dónde en España,
fuera de ella, hay una hazaña
que emprender por vos yo pueda;
si el corazón no me engaña,
nada hay que a mi amor no ceda.   40

DOÑA SOL

Hora camino [3] el honor
para obtenerme no es.

DON PEDRO

¿Cuál?

DOÑA SOL

        Otro lleno de horror.

---

[2] ¡Pluguiese a Dios! "Would to God!" (from placer.)
[3] Hora camino, etc. Read, Ahora el honor no es el camino para obtenerme.

DON PEDRO

¿Qué me es preciso hacer, pues?

DOÑA SOL

Es preciso . . . ser traidor.   45

DON PEDRO

¡Traidor!

DOÑA SOL

Sí . . . Sabéislo ya.

DON PEDRO

¡Cielos! ¡Aterrado estoy!

DOÑA SOL

Dispuesto el altar está;
si a Tarifa entregáis hoy,
si a la patria, al soberano,   50
si la santa ley de Dios
vender consentís villano,
unida quedo con vos.
¿Aceptáis? . . . Ésta es mi mano.

DON PEDRO

Señora, ¿me conocéis?   55

DOÑA SOL

Porque os conozco sobrado
por vos la respuesta he dado.

DON PEDRO

¿Por mí respondido habéis?
¿Queréisme, pues, deshonrado?

DOÑA SOL

¿Eso receláis de mí?   60
Atenta a vuestro decoro,
vuestra muerte preferí,
porque para vos creí
la honra el mayor tesoro.

DON PEDRO

Ahora sí, Sol hermosa,   65
conozco que me adoráis;
en esa respuesta honrosa

de vuestra llama amorosa
la mejor prueba me dais.

DOÑA SOL

Al precio de vuestra fama   70
no compro yo mi ventura;
mas esta mujer que os ama,
¡ay triste! si no os infama,
os da una muerte segura.

DON PEDRO

¿Y qué me importa el morir?   75
Con mi honor he de cumplir;
y pues no os prefiero a vos,
menos lo haré, vive Dios,
con un mísero existir.
Don Juan me ha juzgado mal   80
si al poder de [4] esa belleza
piensa hacerme desleal;
ni he de perder mi firmeza,
ni ha de faltarme un puñal;
que aunque es inmenso mi amor,   85
sabré dar a mi querida,
de mí mismo matador,
más bien que un traidor con vida,
un cadáver con honor.

DOÑA SOL

Y ella, aunque débil mujer,   90
así también te prefiere.
Firme cual tú sabrá ser;
y si te ha de envilecer,
cadáver también te quiere.
Mas puesto que tú pereces   95
por una causa tan bella,
que ella te imite mereces;
y no una sola, mil veces
debe morir también ella.
Y morirá; te lo jura   100
quien nunca supo mentir;
si en la tierra, con fe pura,
a ti no se logra unir,
se unirá en la sepultura;
y libres de todo afán,   105
nuestras almas subirán
una de otra al cielo en pos,

---

[4] *al poder de,* "through the influence of."

y felices se amarán
en la presencia de Dios.

DON PEDRO

¿Qué escucho? ¡Mujer sublime!   110
Tu grata voz de tal suerte
consuelo en el alma imprime,
que ya de su mal no gime,
y haces dulce hasta la muerte.
¡Pero tú morir! . . . Jamás;   115
vive . . . Cuando de ti en torno
sembrando la dicha vas,
¿de su más precioso adorno
privar al mundo podrás?
Deja que yo solo muera: 120
dentro del pecho mezquino ⁵
me dice voz lastimera
que morir es mi destino
en mi tierna primavera.

DOÑA SOL

No morirás si el acento   125
escuchas de quien te adora.
Libre aquí te ves ahora;
no vuelvas al campamento,
do hallarás muerte traidora.

DON PEDRO

¡Yo a mi palabra faltar!   130
No exijas eso de mí;
al real debo tornar,
por más que me espere allí
la muerte fiera al llegar.

DOÑA SOL

Mi ruego . . .

DON PEDRO

Vano es en esto;   135
te lo digo con dolor.

DOÑA SOL

¿Tan poco podrá mi amor?

DON PEDRO

Aunque me sea funesto,
puede en mí más el honor.
Vé, y dile a tu padre fiero   140

⁵ mezquino, " luckless.'·

que soy fiel a mi deber;
y que, cual buen caballero,
sin tardanza a su poder
volverá su prisionero;
que pues al cielo le plugo,   145
prepare para mi cuello
de la esclavitud el yugo,
o si más se goza en ello,
el hacha vil del verdugo.
Cautivo, tú de mis penas   150
sabrás templar los rigores;
y pensando en tus favores,
al ruido de las cadenas
yo cantaré mis amores;
o si es mi suerte morir,   155
al dar el postrer suspiro,
seré feliz si te miro,
creyendo aún que es vivir
si a tus ojos, Sol, espiro.

ESCENA V

DICHOS y NUÑO

NUÑO

¡Ah! Don Pedro, vuestra madre,
en lágrimas anegada,
a voces por el palacio
os busca ansiosa y os llama.
Vos, retiraos, señora,   5
que ya se acerca a esta estancia.

DOÑA SOL

Don Pedro, en el campo moro
esta mujer os aguarda;
si mis súplicas allí
a un padre crüel no ablandan,   10
si no rompe vuestros hierros,
u os diere muerte inhumana,
en tal extremo, yo sé
lo que amor y honor me mandan.
Adiós. (Vase.)

DON PEDRO

Adiós.—¡Oh, cuál sufre   15
mi corazón! Si a mi amada
resistí, con una madre
dame, cielo, igual constancia.

ESCENA VI

Don Pedro, Doña María y Nuño

DOÑA MARÍA

¡Ah! Te hallo al fin, hijo mío.
Mírame desesperada.
Tu padre, ¡ay cielos! tu padre,
bárbaro, crüel, sin alma,
ha repelido insensible 5
mis maternales instancias.
En vano, en vano he regado
con triste llanto sus plantas;
ni le mueven mis suspiros,
ni mis lágrimas le apiadan.[6] 10
Él sólo me habla de honor,
de juramentos, de patria . . .
cual si una madre entendiera
esas mentidas palabras.
Mi honor, mi patria, mi dicha, 15
es mi hijo, mi prenda cara;
él es mi bien, mi tesoro,
y fuera de eso no hay nada.

DON PEDRO

Si vos no entendéis, señora,
esas voces sacrosantas, 20
en el pecho de mi padre
con eco tremendo claman.
A vos os toca llorar;
dad al llanto rienda larga;
pero no exijáis, por Dios, 25
se cubra un Guzmán de infamia.
Si él entregase a Tarifa . . .

DOÑA MARÍA

¿Y quién dice que tal haga?
¿No estás aquí? ¿Quién por fuerza
de nuestro lado te aparta? 30
¿Será que él mismo te entregue
a la horrible cimitarra?
No, no . . . Pues te trajo el cielo
do del peligro te salvas,
para correr a la muerte 35
ya de Tarifa no marchas.

DON PEDRO

¡Ah! ¿Qué decís? . . . ¿Olvidáis
que mi palabra empeñada? . . .

DOÑA MARÍA

¡Siempre palabras, honor!

DON PEDRO

Partir ese honor me manda. 40

DOÑA MARÍA

Pues yo mando que te quedes;
yo, tu madre . . . ¿Qué, ya nada
puede una madre? . . . ¿Se oirán
no sé qué vanos fantasmas,
y de una madre las quejas 45
sólo serán despreciadas?

DON PEDRO

Pero mi padre . . .

DOÑA MARÍA

¡Tu padre!
Si su protección te falta,
la mía te queda, sí,
y esta protección te basta. 50
Ven, sígueme . . . Yo conozco
una secreta morada
do no te podrá alcanzar
de tus verdugos la rabia.
Sabrán soy yo quien te oculto; 55
no me importa . . . Ni amenazas,
ni aun los más fieros tormentos,
me harán descubrir tu estancia.
Ven, hijo, ven . . . ¿No es verdad
que vendrás? . . . Mira estas lágrimas . . .
Dame la mano . . . Ven . . . llega . . . 61
Tócalas . . . ¿Sientes cuál bañan
esta mano, ¡ay Dios! que beso,
y en la cual exhalo el alma?

DON PEDRO

Por Dios, cesad . . . ¿Qué queréis? 65
Si aceptase mengua tanta,
ante mi padre, ante el mundo,
¿cómo presentarme osara?
Volver al campo enemigo
es obligación sagrada: 70
lo prometí, y vale más
que mi vida, mi palabra.

[6] apiadan, "move to pity," "soften."

DOÑA MARÍA

Hijo digno de Guzmán,
no, no desmientes tu raza,
y tienes de dura roca,   75
cual tu padre, las entrañas.
Marcha, pues; corre a morir,
si tanto el morir te agrada.
Deja que tu triste madre
en llanto aquí se deshaga,   80
y en su dolor . . . Mas no creas
permita que solo vayas.
Adondequiera que fueres,
yo seguiré tus pisadas;
a ti me asiré cual yedra   85
que al árbol tenaz se agarra;
y cuando sobre tu cuello
caiga del verdugo el hacha,
a un tiempo dividirá
con la tuya mi garganta,   90
regando la tierra en torno
nuestras dos sangres mezcladas.

DON PEDRO

¡Ah! ¡Qué horror! . . . No quebrantéis
de esa suerte mi constancia.
¿Por qué hablar de vuestra muerte,   95
si la mía no me espanta?
Cielos, piedad; dadme fuerzas,
que las que tengo me faltan.

DOÑA MARÍA

¡Ah! ¿Cedes al fin?

NUÑO

            No cede,
no, señora; ni esa mancha,   100
vive Dios . . .

DOÑA MARÍA

        ¿Y tú también,
tú, contra mí te declaras?

NUÑO

¿Yo? . . . ¿Contra vos? . . . ¡Voto a tal!
¿No veis el llanto que arrasa

mis ojos? . . . ¡Nuño llorar!   105
¡Si Guzmán lo presenciara!
Mas ya sé lo que he de hacer;
secad, señora, esas lágrimas,
que yo salvaré a don Pedro.

DOÑA MARÍA

¡Tú!

DON PEDRO

    ¡Vos!

NUÑO

        Yo.

DOÑA MARÍA

        ¿Cómo? . . . Di . . . Habla.

NUÑO

Él ha jurado volver;   111
mas yo no he jurado nada,
ni los soldados, ni el pueblo;
conque vaya al campo, vaya,
que yo lo sabré estorbar.   115

DON PEDRO

¿Osaréis? . . .

NUÑO

            Sobre la marcha
junto [7] a los míos, les cuento
el peligro que os amaga . . .

DOÑA MARÍA

Sí . . . sí . . .

DON PEDRO

        Mas Nuño . . .

NUÑO

                Veréis,
veréis qué bolina se arma;   120
no ha de haber uno en Tarifa
que a defenderos no salga;
y aunque se oponga Guzmán,
y el moro brame de rabia,
no hay remedio, os quedaréis,   125
o es fuerza que el mundo se arda.

DOÑA MARÍA

¡Ah! Buen Nuño; sí, sí, corre:
no tardes . . . sálvale.

---

[7] *Sobre la marcha junto,* "I shall collect at once."

DON PEDRO

Aguarda.

NUÑO

¡Qué aguardar! ... Podéis hacer
vos lo que os diere la gana,   130
que yo haré mi voluntad,
y nadie de ello me saca.
¡Dejar yo que le degüellen!
¡Esto solo nos faltaba! (*Vase.*)

ESCENA VII

DOÑA MARÍA y DON PEDRO

DON PEDRO

¿Qué es lo que pretende hacer?
¡Ah! Yo lo debo estorbar.

(*Quiere seguir a Nuño.*)

DOÑA MARÍA

Detente.

DON PEDRO

Dejadme.

DOÑA MARÍA

No;
de este sitio no saldrás,
o primero sobre el cuerpo   5
de tu madre has de pasar.

DON PEDRO

¡Ah! (*Horrorizado.*)

DOÑA MARÍA

¡Crüel! ¿Ves mi dolor,
y de él no tienes piedad?
¿En dónde está tu cariño?
No me quisiste jamás.   10

DON PEDRO

¡Yo, madre!

DOÑA MARÍA

Deja este nombre,
que en tus labios está mal;
tú quieres, hombre insensible,
tú quieres verme espirar.
Pues quedarás satisfecho;   15

vé, no te detengo ya;
corre a la muerte; mas sabe
que tú la mía me das.

DON PEDRO

¿Qué decís? ... ¿Yo seré causa? ...
Madre mía, perdonad.   20
Vencisteis, vencisteis.

DOÑA MARÍA

¡Cielos!
¿Conque ya no partirás?

DON PEDRO

¡Ay! Al llanto de su madre,
¿qué puede un hijo negar?

DOÑA MARÍA

¡Ah! ... Bien ... bien ... te reconozco;
eres mi hijo ... sí ... serás   26
mi amor, mi consuelo ... Ven,
ven a mis brazos.

DON PEDRO

¡Qué afán!

DOÑA MARÍA

Alégrate ... ¿No ves yo
cuán contenta estoy? ... Mi faz   30
no riegan ya tristes lágrimas;
todas secadas están.
Y tú también, hijo mío,
tú estás contento, ¿es verdad?

DON PEDRO

Yo ... señora ... ¡Mas mi padre!   35

DOÑA MARÍA

¡Ah! No nos separará.

ESCENA VIII

DICHOS y GUZMÁN

GUZMÁN

Abrazad, señora, al hijo;
hacéis bien: aprovechad
estos instantes que restan
a vuestro amor maternal,
que en breve debe partir.   5

DOÑA MARÍA

¡Partir él! . . . ¡Ah! No, jamás.

GUZMÁN

¡Jamás! ¿Qué decís?

DOÑA MARÍA

Sabedlo;
de aquí no le arrancarán.

GUZMÁN

Ved que Aben-Comat le espera.

DOÑA MARÍA

Pues solo puede marchar. 10

GUZMÁN

¡Solo! . . . Deliráis, señora.
No puede ser.

DOÑA MARÍA

¿Quién podrá
estorbarlo?

GUZMÁN

Su palabra
y su honor lo estorbarán.

DOÑA MARÍA

Te engañas, hombre crüel. 15
Ese lenguaje falaz
no puede ya seducirle;
me ha prometido quedar.

GUZMÁN

¡Él!

DOÑA MARÍA

Sí.

GUZMÁN

¡Qué decís!

DON PEDRO

Señora . . .

GUZMÁN

Don Pedro, ¿es esto verdad? 20

DON PEDRO

Padre . . .

GUZMÁN

Comprendo. ¡Oh baldón!
¡Oh flaqueza! . . . Bien está.
Señora, dejadnos solos;
con él necesito hablar.

DOÑA MARÍA

Y yo también necesito 25
velar sobre él.

GUZMÁN

¿Receláis? . . .

DOÑA MARÍA

Sí; recelo que en mi ausencia . . .

GUZMÁN

Juro que antes de marchar
le veréis.

DOÑA MARÍA

Pero . . .

GUZMÁN

Ésta es,
señora, mi voluntad. 30

DOÑA MARÍA

Bien . . . me voy. (Mas los designios
vamos de Nuño a ayudar.) (*Vase.*)

ESCENA IX

GUZMÁN *y* DON PEDRO

GUZMÁN

Acércate . . . ¿Por qué lejos
así de tu padre estás?
¿Huyes, cuando a partir vas,
mis abrazos, mis consejos?

DON PEDRO

Señor . . .

GUZMÁN

Ven . . . ¡Dame la mano! . . . 5
¡Vive Dios, temblar la siento! . . .
¿Qué se hizo aquel ardimiento
que ostentabas tan ufano?
¿Es miedo? ¿Es vergüenza? Di.
¡Ah! ¡Mi pecho en furor arde! 10

¿Estoy mirando a un cobarde,
o a un hijo digno de mí?

DON PEDRO

¡Cobarde! ... Si otro, señor,
esa pregunta me hiciera,
de existir dejado hubiera.   15

GUZMÁN

Pues bien; si tienes valor,
si hay en tu pecho virtud,
¿por qué temblar y turbarte?
Pero comprendo ... arredrarte
no puede la esclavitud ...   20
Fué tu flaqueza ficción:
de tu madre viste el llanto,
y ahorrarle mayor quebranto
quisiste a su corazón.

DON PEDRO

No, no; yo soy criminal,   25
y mi lengua os lo confiesa;
de no partir la promesa
hizo aquí mi amor filial.
Una madre lo exigía;
¿quién a una madre resiste?   30
Lloró, suplicó, y ¡ay triste!
conmigo morir quería.
Dadme un contrario, señor,
que a mi altiva audacia cuadre;
¡mas combatir a una madre! ...   35
¡Ah! No tengo ese valor.

GUZMÁN

Y dime: si ese contrario
a tu vista se ofreciera;
si morir lidiando fuera
por la patria necesario;   40
y entonces, para guardar
una vida que infamara,
esa madre te mandara
la noble lid evitar,
¿a sus ruegos, a su llanto   45
cedieras con vil flaqueza?
¿Cegárate tu terneza
hasta aceptar baldón tanto?

DON PEDRO

¡Ah!

GUZMÁN

No lo aceptaras, no.
Callas ... te asusta esa mengua ...   50
Mucho mejor que tu lengua,
tu silencio respondió.

DON PEDRO

¿Conque es preciso cien dagas
clavar en su corazón?

GUZMÁN

Cumplir con tu obligación,   55
eso es preciso que hagas.
En lo que el honor previene
se halla sólo el buen sendero;
oídos un caballero
para otra cosa no tiene.   60
¿Piensas tú que es este pecho
sordo de natura al grito?
También sollozo y palpito
en triste llanto deshecho;
también padezco al mirar,   65
de una esposa a quien adoro,
el justo dolor y el lloro
que no me es dado secar.
Tú, al menos, te marcharás,
y en el árido desierto,   70
ora estés esclavo o muerto,
su pena ya no verás;
mas yo la tendré a mi lado;
oiré su queja incesante,
y de impío a cada instante   75
seré por ella acusado;
y para doble dolor,
deberé, en mi afán prolijo,
sufrir la falta de un hijo,
y de una madre el furor.   80

DON PEDRO

¡Ah! Perdonad mi flaqueza;
me avergüenzo de mí mismo ...
Mas para tanto heroísmo,
¿dónde encontráis fortaleza?

GUZMÁN

Qué, ¿sólo el valor se muestra   85
por ventura en la batalla?
Ése fácilmente se halla,

pero hay más ruda palestra;
palestra, sí, donde son
inútiles peto y lanza, 90
que en ella a lidiar se lanza
sin defensa el corazón.
Dichoso mil veces fuera
el hombre, si su existir
a pelear y morir 95
tan sólo se redujera;
su vida es el bien tal vez
que a menos afán le obliga;
y cuanto más la prodiga,
alcanza más gloria y prez; 100
mas otro bien Dios le dió
que es fuerza conserve y ame,
pues un poco que derrame,
todo con él lo perdió.
Este bien es el honor; 105
será fantasma, quimera,
pero el mundo, dondequiera,
a ése solo da valor.
Éste te manda partir;
y aunque el dolor que me aqueja 110
detenerte me aconseja,
crimen fuera resistir.
Ni pienses que de otra suerte
tu vida salvar podrías:
siempre, Pedro, morirías, 115
pero de más triste muerte;
que do el honor muerto está,
no hay ya de vida esperanza;
y muerte es ésa que alcanza
del sepulcro aun más allá.[8] 120

DON PEDRO

Basta . . . No vacilo . . . Adiós,
padre; do el honor lo exige
vuestro hijo se dirige,
y digno seré de vos.
Sólo os pido, al ausentarme 125
en este instante fatal,
un favor inmenso.

GUZMÁN

¿Cuál?
Di.

DON PEDRO

Que os dignéis perdonarme,
y me abracéis.

GUZMÁN

Hijo, sí.
Ven sobre este pecho, ven; 130
hijo, mi prenda, mi bien,
abraza a tu padre . . . así.

DON PEDRO

¡Ah! Siento en el corazón
un consuelo celestial.

GUZMÁN

El ósculo paternal 135
recibe, y mi bendición.
Recibe también el llanto
que de mis ojos te envío . . .
¡Perdonádmelo, Dios mío;
soy padre . . . y le quiero tanto! 140

DON PEDRO

¡Dios! ¿Qué veo? ¿Lloráis? . . . ¡Vos!
¡Vos! ¡Guzmán!

GUZMÁN

Nadie nos ve.
No . . . nadie . . . Llorar podré,
que estamos solos los dos.

DON PEDRO

¡Oh dulce llanto! ¡Oh placer! 145
¡Mil veces feliz instante!

GUZMÁN

De esos crüeles distante,
pueda este llanto correr;
deja, sin que a nadie asombre,
ni mi dolor nadie vea, 150
que padre un momento sea:
después volveré a ser hombre.

DON PEDRO

¡Ay! Aunque tuviera ciertas
mil muertes, ya con valor . . .
(Óyense voces del pueblo. Guzmán corre
a mirar por el balcón.)

---

[8] y muerte . . . más allá, " and that is a death which reaches even beyond the tomb."

GUZMÁN

Mas ¿qué es esto? . . . ¿Qué rumor? . . .
Agolpados a las puertas   156
de este alcázar los soldados . . .
¿Qué podrá ser?

DON PEDRO

¡Santo cielo!

GUZMÁN

¿Te turbas? . . . ¡Ah! ¡Qué recelo!

DON PEDRO

Me olvidaba . . . Alborotados   160
por Nuño . . . vienen . . .

GUZMÁN

¿A qué?

DON PEDRO

No me atrevo . . .

GUZMÁN

Di.

DON PEDRO

A impedir
que de aquí pueda salir.

GUZMÁN

¡Ah! ¡Maldición! ¿Qué escuché?
¿Eso intentan? . . . Y tú, aleve,   165
traidor, perjuro, villano . . .

DON PEDRO

Oponerme quise en vano;
que Nuño . . .

GUZMÁN

¡Nuño! ¿Y se atreve? . . .
Mas yo sabré, juro a Dios,
castigar tanta osadía.   170

DON PEDRO

Su afecto . . .

GUZMÁN

Nos perdería
su infame trama a los dos.
Autorizada por mí
la va a creer toda España,

y este día solo empaña   175
cuantas glorias adquirí.

ESCENA X

DICHOS y DOÑA MARÍA

DOÑA MARÍA

¡Ah! ¡Triunfamos, sí, triunfamos!
No partirás, hijo mío;
no, no saldrás de Tarifa;
que prestándome su auxilio,
todo un pueblo entusiasmado   5
te conserva a mi cariño.

DON PEDRO

Madre . . .

GUZMÁN

¿Qué es lo que decís?

DOÑA MARÍA

¿Estáis ahí, padre inicuo?
No, no cumpliréis al fin
este crüel sacrificio.   10
Abrazado aquí le tengo;
miradle bien: éste es mi hijo;
quitármelo no esperéis;
venid, que ya os desafío.

GUZMÁN

¿Osaréis? . . .

DOÑA MARÍA

¿Oís, oís?   15
Del pueblo ésos son los gritos;
del pueblo, que más humano
que un padre, más compasivo,
atiende a mi triste queja
y viene a romper sus grillos.   20
Vos le perdéis, yo le salvo;
ya triunfé de vos, impío.

GUZMÁN

Pues no imaginéis . . .

ESCENA XI

DICHOS, NUÑO, SOLDADOS y PUEBLO

NUÑO

Entrad;
vedle allí . . . Salvadle, amigos.

PUEBLO

¡Viva don Pedro!

NUÑO

Sí, viva;
y ningún perro judío . . .

GUZMÁN

¡Nuño! (*Con grande energía.*)

NUÑO

(*Aterrado.*) ¡Señor!

GUZMÁN

¿Qué tumulto   5
es éste? ¿Qué ha sucedido?
¿Acaso ha logrado entrar
en la plaza el enemigo?

NUÑO

No; pero . . .

GUZMÁN

Pues si no es eso,
¿por qué de esta suerte os miro   10
entrar aquí? ¿Quién os llama?
¿O teméis ya ser vencidos?

NUÑO

¡Temer nosotros!

GUZMÁN

Pues bien,
acercaos . . . ¿Qué motivo? . . .
¿Bajáis los ojos? . . . ¿Calláis?   15
¡Nuño! ¡Nuño!

NUÑO

(Está ya visto;
no hay medio de resistirle.)

GUZMÁN

Algún infame designio
os trae aquí . . . lo conozco . . .
que si de vos fuera digno,   20
ni mudo estuviera el labio,
ni temblarais, fementido.

NUÑO

¡Ah! . . . Sabed . . .

GUZMÁN

Yo nada quiero
saber . . . Ignoro un delito
que debiera castigar . . .   25
Pero salid de este sitio.

NUÑO

Bien . . . señor . . . os obedezco.

DOÑA MARÍA

¿Qué veo? . . . ¿Cedéis? . . . ¡Indigno!
¿Así cumplís? . . . Pero yo
no cedo, no.

ESCENA XII

DICHOS y ABEN-COMAT

ABEN-COMAT

¿Qué he sabido?
Guzmán, ¿estorbar pretendes
que tu hijo vuelva conmigo?

GUZMÁN

¿Cuándo, moro, que un Guzmán
faltase a su fe has oído?   5
Ahí está; para seguirte
abierto tiene el camino.

DOÑA MARÍA

No, no lo tiene . . . Primero
ha de pasar tu cuchillo
mi garganta . . . No, de aquí   10
no saldrá; no lo permito.
Soldados, ¿consentiréis
que un moro lleve cautivo
al hijo, sola esperanza
de un noble guerrero invicto?   15
¿Consentiréis que, saciando
en él su rabia un inicuo,
vaya el triste a perecer
entre bárbaros suplicios?

PUEBLO

No, no.

DOÑA MARÍA

¿Queréis que se salve?   20

PUEBLO

Sí.

GUZMÁN

Pues bien, no me resisto;
se quedará . . . Ya, señora,
tenéis libre a vuestro hijo.
Mas un santo juramento
ha hecho, y hay que cumplirlo.　　25
El moro espera a su esclavo;
y puesto que se le quito,
yo debo ocupar su puesto.
Aben-Comat, ya te sigo.

DON PEDRO

¡Ah! ¿Qué hacéis? . . . Señor . . .

DOÑA MARÍA

　　　　　¿Qué dices?　30
¿Piensas que he de consentirlo?
Soldados, tenedle.

(*Los soldados hacen ademán de adelantarse para detener a Guzmán.*)

GUZMÁN

　　　　¿Y quién
osa los mandatos míos
desobedecer? Soldados,
respeto a vuestro caudillo.　　35
Abrid paso.

(*Los soldados se retiran y dejan libre la puerta.*)

DOÑA MARÍA

　　　¡Desdichada!
¡Cobardes, y habéis cedido!
Mas no me le arrancarán
de mi lado . . . Atrás, impíos;
es mi hijo, mi bien.

(*Se abraza a don Pedro, y le detiene a pesar de sus esfuerzos para desasirse.*)

DON PEDRO

　　　　Señora . . .　　40

GUZMÁN

Sólo una palabra os digo:
libre está el paso; elegid
entre el esposo y el hijo.

DOÑA MARÍA

¡Yo elegir! ¡Bárbaro! . . . ¿Osáis
imponerme tal martirio?　　45

(*Se arroja a sus plantas.*)

¡Ah! Yo beso vuestros pies;
ved mis lágrimas . . . ¡Dios mío!
Compadeceos . . . Mirad
que han jurado su exterminio,
que van a matarle . . . y nunca　　50
ya le veréis.

GUZMÁN

　　¡Oh suplicio!

DON PEDRO

Este instante aprovechemos.
Seguidme, Comat.

(*Mientras doña María está abrazando las rodillas de Guzmán, don Pedro y Aben-Comat se dirigen rápidamente a la puerta.*)

DOÑA MARÍA

　　　¿Qué miro?

¡Ah!

DON PEDRO

Madre, adiós . . . Adiós, padre.

(*Doña María quiere dirigirse hacia don Pedro; Nuño y los soldados se adelantan y estorban el paso. Don Pedro desaparece.*)

DOÑA MARÍA

No . . . no irás solo . . . te sigo.　　55

NUÑO

Tened, señora.

DOÑA MARÍA

　　　¡Inhumanos!
Dejadme, dejadme. Espiro.

(*Cae sin sentido.*)

GUZMÁN

Protegedle, santos cielos,
pues mi deber he cumplido.

ACTO CUARTO

El teatro representa parte de la fortificación de Tarifa. En el fondo se verá el muro, al cual se sube por una rampa. A los lados, casas y árboles. Cerca del proscenio, a la derecha del actor, un grupo de árboles con un banco debajo.

ESCENA PRIMERA

GUZMÁN, DOÑA MARÍA y SOLDADOS

Es de noche. Guzmán está durmiendo sobre el banco, manifestando mucha agitación. Varios soldados están también durmiendo, esparcidos por el suelo. Encima del muro un centinela. Sale doña María muy agitada.

DOÑA MARÍA

¡Ah! No puedo sosegar:
en esta tremenda duda,
es el lecho un potro horrible,
ni acaba la noche nunca.
En vano el sueño un instante   5
vino a suspender la furia
de mis males; aun durmiendo
tristes presagios me asustan.
Hijo mío, ¿dónde estás?
¿Cuál será la suerte tuya?   10
¿No respondes a una madre
que te llama, que te busca?
¿Te he perdido para siempre?
Crüeles, mirad mi angustia,
mis lágrimas . . . ¿De qué sirven?   15
¿Vencerán sus almas rudas,
si un esposo las desprecia,
si un padre de ellas se burla?
¡Bárbaro! . . . Mi vista teme;
huye de mis quejas justas . . .   20
Hace bien . . . Mas no imagine . . .

GUZMÁN

(*Durmiendo y muy agitado.*)
¡Crüeles!

DOÑA MARÍA

¿Qué voz se escucha?

GUZMÁN

Tened . . . tened . . .

DOÑA MARÍA

¿Quién será?

GUZMÁN

No le matéis.

DOÑA MARÍA

¡Virgen pura!
Es Guzmán.

GUZMÁN

¡Ah! ¿No os apiada   25
su juventud?

DOÑA MARÍA

¡Cuál le turba
horrible ensueño!

GUZMÁN

¡Malvados!
(*Se levanta, pero siempre durmiendo.*)
Verdugo . . . Aparta . . . Sepulta
ese acero en mis entrañas,
mas respeta . . .

DOÑA MARÍA

¡Qué locura!   30

GUZMÁN

Es mi hijo, mi hijo querido . . .
Tomad oro . . . Por la suya
tomad mi vida . . .

DOÑA MARÍA

Desecha
esa ilusión que te ofusca.

GUZMÁN

¿Qué es lo que pedís, infames?   35
¿Queréis que al crimen sucumba? . . .
¿Que sea traidor? . . . ¿Que venda
al rey, a la patria? . . . Nunca.
A ese precio, no . . . Que muera . . .
¡Mas, cielos, su sangre . . . inunda   40
la tierra! ¡Qué horror! Fallezco.

DOÑA MARÍA

¡Esposo!
(*Le coge entre sus brazos, y agitándole fuertemente, le despierta.*)

GUZMÁN

¿Quién es? ... ¿Quién turba
mi sueño? ... ¿Dó estoy? ... ¿Quién
eres?

DOÑA MARÍA

Soy tu esposa.

GUZMÁN

¿Tú? ... ¿Qué buscas?
¡Infeliz! ... Huye ... ¿No sabes? ... 45

DOÑA MARÍA

¡Ah! Cálmate.

GUZMÁN

No ... no subas
a esa muralla ... Verías ...

DOÑA MARÍA

Desecha el terror que abruma
tus sentidos ... Todo fué
vana ilusión.

GUZMÁN

¿Lo aseguras?   50

DOÑA MARÍA

Sí ... Mírame ... mira en torno
de ti ...

GUZMÁN

Es verdad ... Fué sin duda
un sueño ... sí ... sí ... soñaba ...
¡Pero qué sueño! Aún me asusta
la horrible visión.

DOÑA MARÍA

Hablabas   55
de tu hijo.

GUZMÁN

En la llanura ...
Allá ... cerca de la torre ...
le creí ver ... Y una turba
de verdugos ... Y con ellos
don Juan ... que Dios le confunda ... 60
Y a una señal, relumbrar
una cuchilla desnuda ...

Y luego sangre ... ¡Gran Dios!
No ... no puede ser la suya.

DOÑA MARÍA

No lo es ... pero sosiega.   65

(*Amanece. Los soldados se van levantando.*)

Huyan de ti lejos, huyan
esos crüeles fantasmas
que engendra la noche oscura.
Ya desterrando sus sombras,
el nuevo sol nos alumbra;   70
y la aurora ...

GUZMÁN

¿Mas no adviertes
cuán opaca? ... ¡Cuál la anublan
negros vapores! ... Parece
que sólo males anuncia.
¿Aún no ha vuelto Nuño?

DOÑA MARÍA

No.   75

GUZMÁN

¡Cuánto tarda! ¿Serán nulas
sus instancias con Amir?
¿Tan implacable la furia
será del moro, que en vano
el oro a sus ojos luzca?   80
Pues juro que si así fuere,
con todas mis huestes juntas
hoy he de asaltar su campo;
y en fiera, sangrienta pugna,
o rescato al hijo mío,   85
o encuentro mi sepultura.

DOÑA MARÍA

Y yo te acompañaré,
pues las lanzas no me asustan;
y aunque el llanto maternal
en mí cual flaqueza culpas,   90
si es forzoso por un hijo
blandir el asta robusta,
o verter mi sangre toda
sin duelo a par de la tuya,
verás que lo sé cumplir,   95

sirviendo en la horrible lucha,
cuando no para vencer,
para encerrarme en la tumba.

GUZMÁN

Pues bien, que no se retarde,
y al valor por fin se acuda.   100
Soldados, pronto a las armas;
los rayos del sol ya inundan
el campo moro; de sangre
y horror a la par se cubra.
Lancémonos denodados   105
sobre esa canalla inmunda;
ante nuestras santas cruces
huya la infiel media luna,[1]
y el mar sepulte sus huestes
allá en sus simas profundas.   110

ESCENA II

DICHOS y NUÑO

GUZMÁN

Vamos . . . ¡Pero Nuño!

DOÑA MARÍA

¡Nuño!

GUZMÁN

Sí . . . ven a calmar mi pena . . .
Ven, amigo . . . ¿Has visto a Amir? . . .
¿Consiente que por fin vuelva
mi Pedro? . . . ¿Admite el rescate?   5
Habla . . . luego . . . di, ¿qué esperas?

NUÑO

Amir, señor, ya no manda
las falanges agarenas.

GUZMÁN

¿No? . . . ¿Pues quién?

NUÑO

Don Juan.

GUZMÁN

¿Don Juan?

DOÑA MARÍA

¿Qué dices? . . . ¡Suerte funesta!   10

NUÑO

Su voluntad en el campo
musulmán ya sólo impera.

GUZMÁN

¿Y mi hijo?

NUÑO

Vive, señor,
sin que su sangre desmienta.

GUZMÁN

¿Pero qué suerte? . . .

NUÑO

Este pliego   15
os dirá la que le espera.

(Le da el pliego; Guzmán lo toma con
ansia.)

GUZMÁN

¿Ese pliego? . . . Dame . . . pronto . . .
Veamos . . . ¡Cielos! . . .

DOÑA MARÍA

¿Te alteras?

GUZMÁN

¡Ay! . . . Sí . . . que un ascua encendida
mi mano en él tocar piensa.   20
¿Qué contendrá? . . . Con espanto
mirándolo estoy . . . Se hiela
mi sangre al pensar que aquí
mi vida o muerte se encierra.
Abramos por fin . . . La vista   25
se ofusca . . . la mano tiembla . . .
No puedo.

NUÑO

Valor.

GUZMÁN

(Con curiosidad inquieta y recelo.)

Decid . . .
Don Juan . . . ¿le visteis?

---

[1] *media luna,* the crescent, symbol of the Moors.

NUÑO

Por fuerza.

GUZMÁN

¿Y él ... os dió? ...

NUÑO

Con propia mano.

GUZMÁN

¿Su faz ... entonces?

NUÑO

Perversa   30
como siempre.

GUZMÁN

¿Sus miradas? ...

NUÑO

Falsas.

GUZMÁN

¿Y ... brillaba en ellas
algún gozo?

NUÑO

Sí, el de un tigre
cuando la sangre olfatea.

GUZMÁN

Pero, ¿tú, tú no adivinas   35
(Con impaciencia.)
lo que este pliego contenga?

NUÑO

Don Juan me habló de rescate.

GUZMÁN

¡De rescate! ... ¡Si así fuera! ...

DOÑA MARÍA

¿Qué otra cosa puede ser?

GUZMÁN

Es verdad ... No sé qué idea ...   40
Mucho pedirá ... No importa ...
Llévese allá mis riquezas ...
Todas se las doy gustoso

como al hijo me devuelva.
Eso será ... sí ... veamos ...   45
Mi alma a respirar empieza.
(Abre el pliego, lee, lanza un grito de
desesperación y va a dejarse caer en el
banco.)
¡Cielos! ¡Maldición!

DOÑA MARÍA

¡Dios mío!

NUÑO

¡Señor!

DOÑA MARÍA

¿Qué funesta nueva
contiene ese pliego? ... Di,
¿ha muerto mi hijo?

GUZMÁN

¡Pluguiera   50
a Dios!

DOÑA MARÍA

¿Qué dices? ... ¡Ah! Dame,
dame ... déjame que lea ...

GUZMÁN

No ... no ... apártate, María ...
No lo mires ... Si supieras ...
¡Oh perversidad! ... Mas es   55
imposible ... sí ... Me quema
la frente ... Estoy delirando ...
Leí mal ... ¡Oh, no ... no ... es cierta
mi desgracia! ... ¡Que yo mate
a mi hijo el bárbaro intenta!   60
¡Cielos!

DOÑA MARÍA

¡Qué horror! ... ¡Tú!

GUZMÁN

Mirad,
mirad ... Lo dice ... es su letra.
Hoy mismo, si al tercer toque
del clarín no se le entrega
esta plaza, al pie del muro   65
veré caer su cabeza.

DOÑA MARÍA

¡Ah!

NUÑO

¡Infame!

DOÑA MARÍA

¡Bárbaro! . . . No;
tú no darás esa muestra
de ferocidad . . . El hijo
no dejarás que perezca.   70

GUZMÁN

(*Mirándola con aire de asombro y deci-*
sión.)

¿Quién? . . . ¿Yo? . . . No . . . pero . . .

DOÑA MARÍA

¡Dios mío!
Tu vista de horror me llena.
Le matarás . . . sí . . . lo leo,
lo leo en tus ojos . . . Fiera,
le matarás . . .

GUZMÁN

Nunca . . . Nunca . . .   75
¡Oh patria! ¡Oh terrible prueba!—
Idos . . . dejadme.

DOÑA MARÍA

Permite . . .

GUZMÁN

Dejadme . . . Vuestra presencia
me es enojosa . . . Idos todos . . .
Dejad que aquí solo muera.   80

DOÑA MARÍA

Este crüel sacrificio
no esperen, no, que consienta.
Ven, Nuño . . . Para estorbarlo
nada habrá que yo no emprenda.

(*Vanse todos, quedando sólo Guzmán.*)

ESCENA III

GUZMÁN

Guzmán ha quedado, abismado en su do-
lor, sentado en el banco. Después de un
rato de silencio vuelve a desdoblar el
pliego, y lo lee de nuevo sollozando.

« Si mañana, después de tres toques de
clarín, no me habéis entregado a Tarifa,
la cabeza de vuestro hijo caerá sin remedio al pie de los muros que obstinada-
mente me negáis.»   5
Sí . . . no hay duda . . . esto dice . . . En
vano, en vano
vuelvo a leer este fatal escrito . . .
palabras busco en él que lo desmientan . . .
y estas líneas de sangre sólo miro.
No me engañan mis ojos . . . ¡Desdichado!
Parricida o traidor ser es preciso.   11
¿Esto a un padre propones? . . . ¿Esto
quieres
de un noble, de un soldado, fementido?
¡Y eres tú caballero! . . . ¡Y de un Alfonso,
de un castellano rey eres el hijo!   15
No, no lo eres . . . Te abortó en su furia,
para baldón de España, el negro abismo.

(*Se levanta.*)

Pero no puede ser . . . Un vano amago
es sin duda; un ardid con que ha creído
mi constancia vencer . . . ¡Ah! Le conozco,
y es de ello harto capaz su pecho inicuo. 21
Le matará el traidor . . . ¡Cielos! ¡Tan
joven,
tan valiente! . . . ¿Y habré de consentirlo?
¿Le entregaré yo mismo a sus verdugos?
¿Quién me puede imponer tal sacrificio? 25
Nadie . . . Perdona, oh rey; perdona, oh
patria;
en vano lo pedís, no he de cumplirlo.
Ya mi deuda os pagué. Ya en cien com-
bates
mi sangre por vosotros he vertido,
y con ella doquier en toda España   30
mi lealtad y valor se hallan escritos.
¿Queréis aun más de mí? . . . ¿Queréis los
muros
del poder musulmán bello residuo?
¿A Granada queréis? . . . Pues a Granada
os daré por Tarifa . . . Mas ¿qué digo? 35
¡Necia, vana ilusión! . . . ¡Hazañas sueño,
y a darles voy con la traición principio!
¡Y aun espero vencer, cual si quedara
valor alguno en pecho envilecido!

No; la infamia, Guzmán, será tu suerte;
tu preclaro blasón verás marchito,   41
y el hecho de Julián,[2] fatal a España,
infiel renovarás; y aborrecido
con ese hijo que salvar pretendes,
te ocultarás entre ignorados riscos.   45
No; más vale morir . . . ¿Qué es él? . . .
        Tan sólo
sangre mía que está en vaso distinto.
¿Y de ella avaro me verán ahora,
cuando tanto otras veces la prodigo?
La patria la reclama, suya sea;   50
no tengo yo valor para impedirlo.
Viviendo, a eterna infamia le condeno;
muriendo, a mejor vida le destino.

ESCENA IV

GUZMÁN y DOÑA MARÍA

Sale doña María antes de concluirse el anterior monólogo y oye los últimos versos.

DOÑA MARÍA

Sí . . . sí . . . muy bien hacéis . . . y yo os
        lo apruebo.
Tal designio, Guzmán, de vos es digno.

GUZMÁN

¡Dios! . . . ¡María! . . . ¿Y venís? . . .

DOÑA MARÍA

                No os dé cuidado:
no veréis con mis lágrimas que impido
resolución tan noble . . . antes pretendo   5
alentaros yo misma al sacrificio.

GUZMÁN

¡Vos!

DOÑA MARÍA

¿Lo dudáis?

GUZMÁN

Señora . . .

DOÑA MARÍA

        ¿Se halla acaso
reservado a vos solo el heroísmo?
Venid . . . yo os guiaré . . . Ya desde el
        muro
los aprestos se ven . . . ya circüido   10
vuestro hijo de bárbaros sayones
marcha al sitio fatal.

GUZMÁN

¡Ah! ¿Qué habéis dicho?

DOÑA MARÍA

Nada, señor, que conmoveros deba.
Es cuanto apetecéis . . . Marcha al mar-
        tirio,
a la gloria . . . Venid . . . Veréisle pronto 15
entregar la garganta al vil cuchillo;
veréisle por la herida, entre agonías,
verter su noble sangre hilo a hilo;[3]
y os envaneceréis, y nuevos timbres
dará a la fama vuestra este suplicio.   20

GUZMÁN

¿Estáis sin seso?

DOÑA MARÍA

        ¡Qué placer, qué triunfo
cuando el pueblo os aclame, y con delirio
vuestro nombre inmortal al viento dando,
siembre de flores mil vuestro camino!
Esas flores, es cierto, con la sangre   25
manchadas estarán de un tierno hijo . . .
Pero ¿qué importa? . . . Un héroe no re-
        para
en un poco de sangre . . . Permitido
no le es sentir. ¡Llorar . . . flaqueza! ¿Hay
        gloria?
Basta; ya es bello, grande, hasta el delito.

GUZMÁN

Señora, proseguid . . . Herid furiosa,   31
desgarrad a placer el pecho mío.

---

[2] *Julián,* Count Julian, governor of the frontier province in North Africa during the reign of Roderick, last of the Gothic kings in Spain. According to popular tradition, he connived with the Moors to invade Spain (711) in order to avenge the dishonor of his daughter Florinda (or La Cava) at the hands of Roderick. Cf. Zorrilla's plays, *El puñal del godo* and *La calentura,* as also Gil y Zárate's own play, *Rodrigo, último rey de los godos.*

[3] *hilo a hilo,* "drop by drop."

No basta a mi dolor la horrible prueba
que me imponen los cielos; es preciso
que vos me atormentéis, y que esta muerte
me echéis en cara con rabiosos gritos. 36
Pues bien, si lo queréis, yo soy un mons-
    truo,
un bárbaro crüel, padre asesino:
al hijo mato, vos ansiáis salvarlo . . .
Salvadlo, pues, señora . . . os lo permito. 40
Id . . . marchad . . . no tardéis . . . Abrid
    al moro
las puertas de Tarifa . . . En este sitio
de nuevo plante su pendón sangriento,
y triunfe en la traición vuestro cariño.

DOÑA MARÍA

¡La traición!

GUZMÁN

        La traición. Decid si acaso 45
encontrarle podéis nombre distinto.
Alegad vuestro amor; mostrad al mundo
en lágrimas los ojos sumergidos;
que sois madre decid . . . ¡Vanas discul-
    pas!
El mundo exclamará: « ¡Traición! ¡Cas-
    tigo! »   50

DOÑA MARÍA

Clame en buen hora; su clamor desprecio.

GUZMÁN

Pues una condición de vos exijo.

DOÑA MARÍA

¿Cuál?

GUZMÁN

        Señaladme una región, un clima
do me pueda ocultar . . . porque os lo digo,
no penséis que despúes muestre a las
    gentes   55
un rostro por la infamia enrojecido.
¿Dónde me ocultaré? Decid.

DOÑA MARÍA

                Doquiera
que al hijo de mi amor tenga conmigo.

GUZMÁN

¡Vuestro hijo! . . . ¡Infeliz! . . . ¿Y ésa es
    la suerte

que vos le destináis? . . . Mofa, ludibrio 60
del mundo habrá de ser . . . ¿Pensáis que
    acepte
vuestro funesto don? . . . ¿Envilecido
consentirá en vivir? . . . ¡Él, tan valiente,
tan noble, tan honrado! . . . ¡Ah! No, lo
    afirmo.

DOÑA MARÍA

¿Qué hacer, pues, osará?

GUZMÁN

                Su propia mano 65
a su afrenta pondrá término digno.

DOÑA MARÍA

¡Él! ¡Qué horror!

GUZMÁN

        ¿Lo dudáis?

DOÑA MARÍA

                No, no lo dudo:
tiene, cual vos, el corazón de risco;
y cual vos, ¡ay de mí! será el ingrato
insensible a mi llanto, a mis suspiros.   70

GUZMÁN

No lo será, María . . . no . . . te engañas;
será tu llanto su mayor suplicio . . .
Y lo es mío también. Mujer injusta,
¿tan mal juzgas de mí? . . . Si no resisto
a un horrible deber, ¿piensas que ignoran
lo que es llanto también los ojos míos? 76
No, no lo ignoran . . . si le niegan paso,
es ¡ay! porque aquí dentro, en lo más vivo
cae del corazón . . . ¡Ah! Son atroces
los tormentos ocultos con que lidio.   80
Diérate compasión si un solo instante
en este triste pecho permitido
te fuera penetrar . . . Con mis dolores,
allí también los tuyos, los de mi hijo
hallarías, allí . . . pero más fieros   85
en unión tan horrible, más activos,
y envidiables haciendo en su barbarie
las penas todas del infierno mismo.

Doña María

¡Ah! Mal te conocí . . . Perdona, esposo,
mi insensato furor . . . Mas pierdo el
  juicio   90
al pensar que tan joven me arrebata
la muerte a un hijo que . . .

Guzmán

                        Te lo suplico:
ten ánimo, valor . . . Piensa que el cielo
va, entre glorias, a darle eterno asilo.
No es él quien compasión aquí merece: 95
nosotros de piedad somos más dignos.

Doña María

Sí . . . yo tendré valor . . . Tu voz me
  alienta . . .
Gran Dios, pues tú lo quieres, si es preciso,
ahogar mi pena me verás sumisa;
a tu alta voluntad ya me resigno.   100

Guzmán

Ven a mis brazos, ven . . . Y tú, Dios
  justo,
acepta este cruento sacrificio;
abre las puertas de tu santo alcázar,
y esta víctima admite en su recinto.
También muere por ti . . . Mas ¡ay! perdona   105
si baña nuestros ojos llanto indigno;
en trance tan crüel séale al menos
llorar a un triste padre permitido.

(*Caen los dos abrazados de rodillas.*)

ESCENA V

Dichos, Nuño, Soldados y Pueblo

*Al tiempo de caer de rodillas Guzmán y
doña María, óyese al otro lado del muro
el primer toque de clarín. Ambos se estre-
mecen, y doña María se alza fuera de sí,
abandonando su resignación. A poco rato
van saliendo Nuño, soldados, y hombres y
mujeres del pueblo. Los unos se esparcen
por el teatro y los otros coronan el muro.*

Doña María

¡Ah! ¡La horrible señal!

Guzmán

                        Cielos piadosos,
dadme fuerza y valor.

Doña María

                        Ese sonido
renueva mi furor . . . ¡Ah! Yo no puedo . . .
En vano consentí . . . no lo permito.
¡Mi hijo morir! . . . Jamás . . . Quiero salvarlo;   5
quiero salvarlo . . . sí . . . ¿lo habéis oído?

Guzmán

¿Mas cómo? . . .

Doña María

      ¿Cómo? ¡Oh Dios! ¿Esa pregunta
a hacerme os atrevéis?—Nobles vecinos
de esta ilustre ciudad, soldados, todos,
sed a mi triste llanto compasivos.   10
Una madre os implora.

(*A Nuño que sale con soldados.*)

                        Y tú, buen Nuño,
ven, accede a mis ruegos . . . Salva a mi
  hijo;
sálvale, por piedad.

Nuño

                  Eso queremos,
y ya todos aquí lo resolvimos.

Doña María

¿Es cierto?

Guzmán

      ¿Qué decís?

Nuño

                  Ceda Tarifa: 15
bien merece don Pedro un sacrificio.

Guzmán

¿Osáis? . . .

NUÑO

Pero después, sin perder tiempo,
sitiémosla nosotros . . . ¿No supimos
arrancarla al infiel? Pues eso haremos
otra vez y otras ciento si es preciso.   20
No han de pasar tres días sin que vuelva
esta plaza a ser nuestra, voto a Cristo.

DOÑA MARÍA

¡Ah! Sí, sí.

GUZMÁN

¿Deliráis? Aunque segura
tuviese la victoria, en tal peligro
no es justo corra, por salvar mi sangre,   25
la sangre de otros mil, todos más dignos.

DOÑA MARÍA

¡Cómo! ¿Os negáis?

(*Suena el segundo toque del clarín.*)

¡Gran Dios! . . . ¿Oís? . . . Se acerca
el instante fatal.

NUÑO

Vamos, amigos;
no hay tiempo que perder.

DOÑA MARÍA

Sí, pronto.

TODOS

Vamos.

(*Hacen todos ademán de dirigirse hacia el
muro. Guzmán los detiene.*)

GUZMÁN

¿Qué intentáis? Deteneos . . . No; yo
mismo   30
la respuesta daré.

DOÑA MARÍA

¡Vos!

GUZMÁN

Paso . . . Al muro
dejadme ya subir.—Cielos divinos,
valor.

(*Sube al muro y dirige la palabra a los
de fuera.*)

¡Don Juan! Si mi lealtad pensaste,
pérfido, quebrantar, mal has creído.
Un hijo dióme Dios para mi patria;   35
su apoyo debe ser, no su enemigo;
pereciendo por ella, eterna gloria
le aguarda, y sólo a ti baldón indigno;
y porque te persuadas cuán distante
me encuentro de faltar al deber mío,   40
si arma no tienes para darle muerte,
¡toma, allá va, verdugo, mi cuchillo!

(*Arroja su puñal; todos dan un grito de
asombro.*)

TODOS

¡Ah!

DOÑA MARÍA

¡Qué horror!

NUÑO

¿Qué habéis hecho, desdichado?

GUZMÁN

(*Bajando vacilante y cayendo en brazos
de Nuño.*)
Nuño, no puedo más; sostenme, amigo.

DOÑA MARÍA

¡Al fin triunfaste, bárbaro!   45

(*Óyese dentro ruido y la voz de doña
Sol.*)

ESCENA ÚLTIMA

DICHOS y DOÑA SOL

DOÑA SOL

(*Dentro.*)   Dejadme;
abridme paso, abrid.

GUZMÁN

¿Oís? ¡Qué gritos!
¿Cuál causa?

NUÑO

Una mujer que presurosa
se acerca aquí.

DOÑA SOL

(*Saliendo.*)   ¡Guzmán! ¡Guzmán!

GUZMÁN

¡Qué miro!

¡Doña Sol!

DOÑA SOL

Sí . . . yo soy.

DOÑA MARÍA

¡Cielos! ¡La hija
del pérfido don Juan!

GUZMÁN

¡En este sitio   5
vos, señora! . . . ¿Y osáis? . . .

DOÑA SOL

¿Os causa asombro?
Hora explicarme más veda el peligro.
La piedad . . . el amor . . . aquí me traen:
libertar a don Pedro es mi designio.

GUZMÁN

¡Vos!

DOÑA MARÍA

¿Es cierto?

GUZMÁN

¿Mas cómo?

DOÑA SOL

En este trance 10
partir quiero con él riesgo y destino.
Vea mi padre que en el alto muro
amenaza a mi vida igual suplicio,
y sepa que al cumplir su horrible fallo,
le es preciso pagar hijo con hijo.[4]   15

GUZMÁN

¡Oh asombro!

DOÑA SOL

No tardemos.

DOÑA MARÍA

Los instantes
son preciosos.

NUÑO

Venid.

DOÑA MARÍA

Vamos.

DOÑA SOL

Ya os sigo.

(*Se dirigen todos hacia el muro, y suena
el tercer toque del clarín. Grito general.*)

TODOS

¡Ah!

DOÑA MARÍA

¡Tan pronto!

DOÑA SOL

Corramos.

NUÑO

Sí, corramos.

(*Nuño se adelanta a todos y sube el primero al muro. Al llegar, da un grito de
espanto, retrocede, se vuelve e impide que
suban los demás.*)

¡Qué veo! . . . ¡Ah! . . . No paséis . . . ¡Vil
asesino!
¡No es tiempo ya!

DOÑA SOL

¡Murió!

DOÑA MARÍA

¡Jesús mil veces! 20

(*Doña María cae desmayada en brazos
de doña Sol y de mujeres del pueblo.
Guzmán se deja caer de rodillas, alzando
las manos al cielo.*)

GUZMÁN

¡Recíbele en tu seno, Dios benigno!

NUÑO

¡Infeliz! De su sangre generosa
corre por la ancha herida horrible río.

---

[4] Zorrilla's drama, *El zapatero y el rey* (1841), may have suggested this scene; but there, under somewhat different circumstances, the innocent girl is actually sacrificed by her own lover, to avenge the murder of Don Pedro *el Cruel*.

GUZMÁN

(*Alzándose furioso y sacando la espada.*)

¡Compañeros, venganza!

TODOS

(*Sacando las espadas.*)

¡Sí, venganza!

NUÑO

(*Desde el muro, mirando al campo.*)

La tendrás, la tendrás ... Cerca la miro. 25
Hacia el campo, veloz, de espeso polvo
extensa nube, en anchos remolinos,
acercándose va ... Su seno ardiente
lanza a lo lejos el fulgente brillo
de mil cotas y mil ... Ya de Castilla 30
miran mis ojos el pendón invicto.
Él es, no hay duda, él es ... Regocijaos:
somos por el monarca socorridos.

GUZMÁN

¡Cielos! ¿Será verdad?

NUÑO

¡Sí, que ya el moro
de espanto huye doquier despavorido! 35

GUZMÁN

¡Gracias, Dios eterno! ... Pues sin tardanza
llevemos a esos viles su exterminio.
¡A la lid!

TODOS

¡A la lid!

GUZMÁN

No ha sido inútil
de mi más pura sangre el sacrificio.
Con ella en esos campos un ejemplo 40
del honor castellano dejo escrito,
y de este suelo [5] para eterna gloria
sabrán honrarlo los futuros siglos.
A la voz de la patria nunca tenga
límite en nuestro pecho el heroísmo; 45
y siempre que peligre, sepa España
que otros tantos Guzmanes son sus hijos.

[5] *y de este suelo,* etc. Read, *y los futuros siglos sabrán honrarlo para eterna gloria de este suelo.*

ZORRILLA

José Zorrilla, *el hijo mimado* of Spanish Romanticism, was the last and best beloved of the great national poets. From his birth in 1817 at Valladolid until his death at Madrid in 1893, his life was that of the wanderer and bohemian. His precocious aptitudes for versifying, declaiming and acting were encouraged by his first teachers; when it came to the serious study of law, he failed ignominiously. His whole interest lay in devouring Romantic literature and in storing his mind with the legends which became the basis of his literary inspiration. He ran off to Madrid, where he led a precarious existence for some months until fame came to him under dramatic circumstances. On February 15, 1837 all literary Madrid had gathered for the funeral of José de Larra, the brilliant critic and satirist whose suicide had shocked the nation. The last tributes had been paid the unfortunate *Fígaro* when suddenly an unknown youth stepped forward and, in a voice vibrant with emotion, began to read a poem expressive of the very spirit of Larra's doubt and despair. The effect was electrifying, as indicated in the words of an eye-witness: " Los mismos que en fúnebre pompa habíamos conducido al ilustre Larra a la mansión de los muertos, salimos de aquel recinto llevando en triunfo a otro poeta al mundo de los vivos, y proclamando con entusiasmo el nombre de Zorrilla." From that moment, Zorrilla's popularity grew steadily. He was welcomed in literary circles, obtained employment with leading journals, and in the next dozen years he produced much of his best work. He spent several years abroad, chiefly in France, and in 1855 he went to Cuba and Mexico for eleven years. His return was the occasion of a veritable apotheosis, which could not long disguise, however, the bitter realization that he had outlived his day. Most of his subsequent work, if not wholly lacking in inspiration, savors of the desperate effort to publish something in order to live; this work, with an occasional pension from the Government, barely sufficed to support him in his remaining years. He was still to receive most signal honors. In 1885 the Spanish Academy conferred membership upon him for a second time, since he had failed to take possession of his seat in 1848; four years later he was crowned poet laureate at Granada amid scenes of extraordinary enthusiasm; and his death in 1893 was the occasion of almost unprecedented tributes. But the real Zorrilla had long since died, as he himself lamented: " Yo no existo ya. Estoy enterrado. Pero el sepulturero me dejó una mano fuera y en ella una pluma. Si alguna vez me ponen un papel delante, escribo. Pero no escribo yo: escribe el Zorrilla que ha desaparecido, y yo le sirvo de amanuense."

With the exception of a few articles and the picturesque account of his life contained in *Recuerdos del tiempo viejo,* all of Zorrilla's work is in verse, which can be conveniently classified as lyrical, narrative and dramatic. As lyricist he is not usually accorded very high rank, yet the best of his lyrics belie the assertion of those extremists who deny that there is any real emotion in his work. His best qualities, however, are revealed in a different field. He was endowed with an amazing capacity for brilliant improvisation and an imagination sensitive to stimuli of all sorts. He was *el pájaro que canta,* not a scholar; he had no social or moral problems to solve, but he had a mission of which he was fully conscious: to be the poet of the Faith and of the Fatherland, to sing for the people the story of its old legends as preserved in the *Romancero,* in many of the Golden Age dramas and in the rich lore of oral tradition. Again and again he tells us:

> " Yo vivo en la pasada para la edad futura,
>   y aislado entre dos siglos está mi corazón . . . " (*Serenata morisca.*)

> " Cristiano y español, con fe y sin miedo,
>   canto mi religión, mi patria canto . . . " (*Cantos del trovador.*)

Zorrilla's legends appeared, singly and in collections, scattered over a period of forty years. Among the individual legends are *A buen juez, mejor testigo, Justicias del rey don Pedro* and *La azucena silvestre;* others, *El capitán Montoya, El testigo de bronce* and *El desafío del diablo,* are of particular interest for their connection with the Don Juan theme. The most notable collection is *Cantos del trovador,* in three volumes (1840–1841). The unfinished *Granada* (1852) is Zorrilla's most ambitious attempt to encompass within a single work, or series of legends, a theme of vast proportions; the result is, however, a marvelous display of the author's own rich fantasy rather than an accurate restoration of the scenes described. The same search for the picturesque in preference to the historically exact is revealed in *La leyenda del Cid* (1882), which brought Zorrilla's career to a virtual close.

Although Zorrilla felt that he would be remembered for his *leyendas* alone, his importance in the theatre is great, and through one of his plays he was to surpass in lasting popularity any other dramatist that Spain ever produced. With few exceptions, his plays are dramatizations of themes similar to or identical with the legends, with the same brilliant qualities of improvisation, movement and color. His first play, *Juan Dandolo* (1839), was written in collaboration with García Gutiérrez; *Traidor, inconfeso y mártir* owes a few scenes to another friend; *La mejor razón la espada* is an adaptation from Moreto, and *Don Juan Tenorio* reflects the influence of several earlier treatments of the theme. The remaining thirty or more plays are completely original, and with two exceptions were composed between the years 1839–1849. These works vary in character and length from the one-act *loa* and *zarzuela* to the seven-act drama, and include an allegory, an *obra de espectáculo* and two neo-classic tragedies. The great majority are Romantic or historical dramas, many of which savor strongly of the *comedia de capa y espada* of the seventeenth century. Representative of these are *Cada cual con su razón* and *Ganar perdiendo.* Two others, *El puñal del godo* and *La calentura,* deal with the mysterious fate of Roderick, last of the Gothic kings. *El zapatero y el rey,* in two distinct parts (1840–1841), was Zorrilla's first great success. The first part is a powerful but melodramatic evocation of Peter the Cruel as defender of the people against the nobility; the much superior second part, ending with Peter's murder at Montiel by his half-brother, Henry of Trastamara, gives a vivid conception of the

traditional Golden Age drama. *Traidor, inconfeso y mártir* (1849), the last of Zorrilla's notable plays, is his favorite work, "su única obra dramática pensada,
coordinada y hecha según las reglas del arte," as he expresses it. In it he has given
a very original turn to the theme of the *pastelero de Madrigal,* one of several impostors
claiming to be the lost King Sebastian of Portugal, who disappeared in a battle in
Northern Africa in 1578.

But all of Zorrilla's works have long since been eclipsed in fame by one which
most irked its author and still riles many critics. *Don Juan Tenorio* (1844), a " drama
religioso-fantástico en dos partes," has the distinction of being the most widely-ac-
claimed treatment of the most imitated character in literature. Part of its success lay
in the theme itself, but much of it is due to Zorrilla's unique handling. The origin of
the Don Juan tradition with its subsequent world-wide ramifications offers a complex
problem, only a few details of which can be sketched here. The first complete portrayal
of the Don Juan type is found early in the seventeenth century in Tirso de Molina's
El burlador de Sevilla y convidado de piedra. As conceived by Tirso, this theme involves more than the presentation of an arch libertine of seductive manners and
appearance; an essential element is the divine retribution inflicted in penalty for moral
transgression. On the one side is the scoffer, on the other, the statue of the murdered
Commander who acts as God's agent in carrying out the punishment. The legend has
been the subject of endless treatments in every country and in every form of art.
Gendarme de Bévotte distinguishes three main stages in the evolution of this theme,
which reflect the changing tastes of society in its attitude toward moral and philosophic problems. First was the tendency to combat *donjuanismo,* stressing its dangers
to the individual and to society, and utilizing the terrors of eternal damnation. Then,
with the beginnings of Romanticism, came a gradual inclination to idealize the type
of Don Juan, representing him as saved at the end by the regenerating influence of a
spiritual love. The third stage, the ultra-modern one, is perhaps best represented by
Bernard Shaw's *Man and Superman.*

Zorrilla's *Don Juan Tenorio* represents the intermediate stage, which explains
much that is admirable and fantastic in the work. By this time another popular
Spanish legend had become grafted upon the original tradition. This was the weird
story of Don Miguel de Mañara, the profligate nobleman of Seville who was made to
witness his own funeral, and immediately repented of his evil life. This theme is the
basis of Zorrilla's legend, *El capitán Montoya,* and had recently appeared in Espronceda's poem, *El estudiante de Salamanca.* Zorrilla has left an account of the genesis of
his play and of the way it was thrown together within the space of twenty days. His
only sources, he says, were Moreto's (i.e., Tirso's) *Burlador de Sevilla* and " its de-
testable adaptation " by Solís (he meant Zamora), *No hay deuda que no se pague, y
convidado de piedra,* which in fact was the version most often presented in Spain up
to this time. In professing to know nothing of foreign treatments of the subject, either
his memory was playing him false, or he was unwilling to admit an almost certain
indebtedness to the elder Dumas' play, *Don Juan de Marana* (1836), which in turn
reflects the immediate influence of Blaze de Bury's *Le souper chez le Commandeur*
(1834), where for the first time Don Juan is actually saved by a pure love, and

Mérimée's *Les âmes du Purgatoire* (1834), which first combines elements of the two legendary figures of Don Juan and Don Miguel de Mañara.

Zorrilla's attitude toward the one play which assured him of immortality is extremely puzzling. No one has pointed out more pitilessly than he its flaws and absurdities. But how sincere was he in this? It may be that his artistic pride was hurt to see his most carefully wrought play discarded in favor of this hasty improvisation, but this seems hardly likely. On the other hand, his tone is often one of raillery, rather than bitterness, suggestive of the proud father relating the pranks of a mischievous child. At the same time it is difficult to avoid the suspicion that Zorrilla, despite his protests to the contrary, was galled by the fact that he had sold his rights for a very moderate sum, and then saw publishers, managers and actors reap a fortune from a work which brought him only glory, secretly sweet, doubtless, but of as little material value as the 843 laurel crowns which he received at Granada in 1889. His veritable caricature of the play, in the form of a zarzuela in 1877, is thought by some to represent an attempt to kill it entirely; but it was more probably a desperate endeavor to salvage what he might from a treasure that had slipped from his grasp. However, neither Zorrilla nor the critics have been able to check the ever-increasing popularity of *Don Juan Tenorio*. The play has become almost a national institution and is performed throughout the Spanish-speaking world during the religious observances of the first week in November. Don Juan, with all his vices and virtues, represents elements deeply-rooted in the national temperament. If he makes unprecedented appeal in Zorrilla's version, it is because no one else has succeeded in presenting him in so seductive a light, saved in a manner more pleasing to popular sentiment, and bathed in the magic of such musical verse. Spaniards are still thrilled by this stupendous figure, product of a more heroic, if more barbarous and superstitious age. As expressed by Fernández Flórez, Zorrilla's biographer: " Todavía hoy si nuestra razón le condena, nuestro corazón y nuestra fantasía le encuentran hermoso. El día en que esa realidad histórica produzca repugnancia en nuestro pueblo, cualquiera que sea su ropaje poético; el día en que anunciándose *Don Juan Tenorio* estén vacíos los teatros, España habrá llegado a su completa civilización, pero no será España."

Bibliography: *Obras líricas y dramáticas*, 4 vols., Madrid, 1895. *Obras completas*, 4 vols., Madrid, 1905, 1917. *Poesías*, ed. *Clásicos castellanos*, Madrid, 1925. *Recuerdos del tiempo viejo*, 3 vols., Barcelona, 1880–82.

To consult: N. ALONSO CORTÉS, *Zorrilla, su vida y sus obras*, 3 vols., Valladolid, 1916–20. I. FERNÁNDEZ FLÓREZ, *D. José Zorrilla*, in *Autores dramáticos contemporáneos*, I. A. FERRER DEL RÍO, in *Galería de la literatura española*, Madrid, 1846. E. RAMÍREZ ÁNGEL, *José Zorrilla. Biografía anecdótica*, Madrid, 1917. A. DE VALBUENA, *José Zorrilla, estudio crítico-biográfico*, Madrid, 1889. GENDARME DE BÉVOTTE, *La légende de Don Juan*, Paris, 1906, 1911. M. DE LA REVILLA, *El tipo legendario del Tenorio y sus manifestaciones en las modernas literaturas*, in *Obras*, Madrid, 1883. V. SAID-ARMESTO, *La leyenda de Don Juan*, Madrid, 1908. S. M. WAXMAN, *The Don Juan Legend in Literature*, in *Journal of American Folk-Lore*, XXI, 1908.

DON JUAN TENORIO

Por JOSÉ ZORRILLA

(1844)

PERSONAJES

Don Juan Tenorio	Don Rafael de Avellaneda
Don Luis Mejía	Lucía
Don Gonzalo de Ulloa, *Comendador de Calatrava* [1]	La Abadesa de las Calatravas de Sevilla [2]
Don Diego Tenorio	La Tornera de ídem
Doña Inés de Ulloa	Gastón
Doña Ana de Pantoja	Miguel
Christófano Buttarelli	Un Escultor
Marcos Ciutti	Alguaciles 1.º y 2.º
Brígida	Un Paje (*que no habla*)
Pascual	La estatua de Don Gonzalo (*él mismo*)
El Capitán Centellas	La sombra de Doña Inés (*ella misma*)

Caballeros sevillanos, encubiertos,[3] curiosos, esqueletos, estatuas, ángeles, sombras, justicia y pueblo.

La acción pasa en Sevilla por los años de 1545, últimos del emperador Carlos V.[4] Los cuatro primeros actos pasan en una sola noche. Los tres restantes, cinco años después y en otra noche.

PRIMERA PARTE
ACTO PRIMERO
LIBERTINAJE Y ESCÁNDALO

Hostería de Christófano Buttarelli.[5] Puerta en el fondo que da a la calle; mesas, jarros y demás utensilios propios de semejante lugar.

ESCENA PRIMERA

Don Juan, *con antifaz, sentado a una mesa escribiendo;* Ciutti [6] *y* Buttarelli, *a un lado esperando. Al levantarse el telón, se ven pasar por la puerta del fondo máscaras, estudiantes y pueblo con hachones, músicas, etc.*

---

[1] *Calatrava.* The Order of Calatrava, founded in 1158 by Sancho III of Castile, was the oldest and most famous of the military-religious orders created primarily as an aid against the Moors.

[2] *Las Calatravas de Sevilla,* a convent connected with the Order of Calatrava, situated not far from the Alameda de Hércules, in the N.W. section of the city.

[3] *encubiertos,* "maskers." It is Carnival time.

[4] *Carlos V,* king of Spain and emperor of the Holy Roman Empire; he abdicated in 1555, in favor of his son Philip II.

[5] *Buttarelli,* proprietor of the *Hostería de la Virgen del Carmen* in Madrid, where Zorrilla had spent six months in 1842; a chance visit paid the author only the day before he began to write this play suggested the idea of introducing him here. (*Recuerdos*, I, 165.)

[6] *Ciutti,* another personal acquaintance of the author, an Italian waiter, " un pillete, muy listo," who had served him in the *Café del Turco* at Seville. According to Zorrilla, the play made Ciutti so famous that he was able to return to Italy with a fortune. (*op. cit.*, I, 165.)

DON JUAN

¡Cuál gritan esos malditos!
Pero ¡mal rayo me parta
si, en concluyendo la carta,
no pagan caros sus gritos!

(*Sigue escribiendo.*)

BUTTARELLI (*A Ciutti.*)

Buen Carnaval.

CIUTTI (*A Buttarelli.*)

Buen agosto   5
para rellenar la arquilla.

BUTTARELLI

¡Quiá! Corre ahora por Sevilla
poco gusto y mucho mosto.
Ni caen aquí buenos peces,
que son casas mal miradas   10
por gentes acomodadas,
y atropelladas a veces.[7]

CIUTTI

Pero hoy . . .

BUTTARELLI

Hoy no entra en la cuenta,
Ciutti; se ha hecho buen trabajo.

CIUTTI

¡Chist! Habla un poco más bajo,   15
que mi señor se impacienta
pronto.

BUTTARELLI

¿A su servicio estás?

CIUTTI

Ya ha un año.

BUTTARELLI

Y ¿qué tal te sale?[8]

CIUTTI

No hay prior que se me iguale;
tengo cuanto quiero, y más.   20
Tiempo libre, bolsa llena,
buenas mozas y buen vino.

BUTTARELLI

¡Cuerpo de tal,[9] qué destino!

CIUTTI

(*Señalando a don Juan.*)
Y todo ello a costa ajena.

BUTTARELLI

Rico, ¿eh?

CIUTTI

Varea la plata.[10]   25

BUTTARELLI

¿Franco?

CIUTTI

Como un estudiante.

BUTTARELLI

Y ¿noble?

CIUTTI

Como un infante.

BUTTARELLI

Y ¿bravo?

CIUTTI

Como un pirata.

BUTTARELLI

¿Español?

CIUTTI

Creo que sí.

BUTTARELLI

¿Su nombre?

CIUTTI

Lo ignoro en suma.   30

---

[7] Buttarelli's complaint is that inns like his are no longer frequented by the well-to-do, with their taste for rare old wines, and that they are sometimes unjustly abused.

[8] *¿qué tal te sale?* "how does it work out for you?"

[9] *¡Cuerpo de tal!* "Odsbody!", "Odsbodkins!"; a minced oath for *cuerpo de Cristo.*

[10] *Varea la plata,* "He's rolling in wealth."

BUTTARELLI

¡Bribón! Y ¿dónde va?

CIUTTI

Aquí.

BUTTARELLI

Largo plumea.[11]

CIUTTI

Es gran pluma.

BUTTARELLI

Y ¿a quién mil diablos escribe
tan cuidadoso y prolijo?

CIUTTI

A su padre.

BUTTARELLI

¡Vaya un hijo!   35

CIUTTI

Para el tiempo en que se vive,
es un hombre extraordinario.
Mas silencio.

DON JUAN

(Cerrando la carta.)
Firmo y plego.
¿Ciutti?

CIUTTI

Señor.

DON JUAN

Este pliego
irá, dentro del Horario [12]   40
en que reza doña Inés,
a sus manos a parar.

CIUTTI

¿Hay respuesta que aguardar?

DON JUAN

Del diablo con guardapiés
que la asiste, de su dueña,   45
que mis intenciones sabe,
recogerás una llave,
una hora y una seña;
y más ligero que el viento,
aquí otra vez.

CIUTTI

Bien está. (Vase.)   50

ESCENA II

DON JUAN y BUTTARELLI

DON JUAN

Christófano, vieni quà.

BUTTARELLI

¡Eccellenza!

DON JUAN

Senti.

BUTTARELLI

Sento.
Ma hò imparato il castigliano,
se è più facile al signor
la sua lingua [13] . . .

DON JUAN

Sí, es mejor;   5
lascia dunque il tuo toscano,[14]
y dime: don Luis Mejía,
¿ha venido hoy?

BUTTARELLI

Excelencia,
no está en Sevilla.

DON JUAN

Su ausencia,
¿dura en verdad todavía?   10

---

[11] Largo plumea, "He's doing a lot of writing there."

[12] Horario, "Book of Hours," "Prayer-book." Zorrilla himself pokes fun at this passage: "¡Hombre, no! en el Horario en que rezará, cuando Vd. se lo regale; pero no en el que reza aún, porque aún no se lo ha dado Vd." (op. cit., I, 169.)

[13] vieni quà . . . lingua, Italian for ven acá.—¡Excelencia!—Escucha.—Escucho. Mas he aprendido el castellano, si su propia lengua le es más fácil al señor.

[14] lascia . . . toscano, Italian for deja, pues, tu toscano.

BUTTARELLI

Tal creo.

DON JUAN

Y ¿noticia alguna
no tenéis de él?

BUTTARELLI

¡Ah! Una historia
me viene ahora a la memoria
que os podrá dar . . .

DON JUAN

¿Oportuna
luz sobre el caso?

BUTTARELLI

Tal vez.   15

DON JUAN

Habla, pues.

BUTTARELLI

(*Hablando consigo mismo.*)
No, no me engaño;
esta noche cumple el año,
lo había olvidado.

DON JUAN

¡Pardiez!
¿Acabarás con tu cuento?

BUTTARELLI

Perdonad, señor; estaba   20
recordando el hecho.

DON JUAN

Acaba,
¡vive Dios! que me impaciento.

BUTTARELLI

Pues es el caso, señor,
que el caballero Mejía
por quien preguntáis, dió un día   25
en la ocurrencia peor [15]
que ocurrírsele podía.

DON JUAN

Suprime lo al hecho extraño; [16]
que apostaron me es notorio,
a quién haría en un año,   30
con más fortuna, más daño,
Luis Mejía y Juan Tenorio.

BUTTARELLI

¿La historia sabéis?

DON JUAN

Entera;
por eso te he preguntado
por Mejía.

BUTTARELLI

¡Oh! Me pluguiera [17]   35
que la apuesta se cumpliera,
que pagan bien y al contado.

DON JUAN

Y ¿no tienes confïanza
en que don Luis a esta cita
acuda?

BUTTARELLI

¡Quiá! Ni esperanza;   40
el fin del plazo se avanza,
y estoy cierto que maldita
la memoria que ninguno
guarda de ello.

DON JUAN

Basta ya.
Toma.

BUTTARELLI

Excelencia, ¿y de alguno   45
de ellos sabéis vos?

DON JUAN

Quizá.

BUTTARELLI

¿Vendrán, pues?

[15] *dió . . . peor,* "one day hit upon the worst notion."
[16] *Suprime . . . extraño,* "Omit all irrelevant details."
[17] *pluguiera,* imperfect subjunctive of *placer.*

DON JUAN

Al menos uno;
mas por si acaso los dos
dirigen aquí sus huellas,
el uno del otro en pos,   50
tus dos mejores botellas
prevénles.

BUTTARELLI

Mas . . .

DON JUAN

¡Chito! . . . Adiós.

ESCENA III

BUTTARELLI

¡Santa Madona! De vuelta
Mejía y Tenorio están
sin duda . . . , y recogerán
los dos la palabra suelta.[18]
¡Oh! Sí; ese hombre tiene traza 5
de saberlo a fondo.

   (*Ruido dentro.*)

     Pero
¿qué es esto?

   (*Se asoma a la puerta.*)

     ¡Anda! ¡El forastero
está riñendo en la plaza! [19]
¡Válgame Dios! ¡Qué bullicio!
¡Cómo se le arremolina   10
chusma [20] . . . , y cómo la acoquina
él solo! . . . ¡Puf! ¡Qué estropicio!
¡Cuál corren delante de él!
No hay duda; están en Castilla
los dos, y anda ya Sevilla   15
toda revuelta. ¡Miguel!

ESCENA IV

BUTTARELLI y **MIGUEL**

MIGUEL

¿Che comanda?

BUTTARELLI

Presto, quì
servi una tavola, amico;
e del Lacryma più antico,
porta due bottiglie.

MIGUEL

    Sì,
signor padron.

BUTTARELLI

¡Micheletto,   5
apparecchia in carità
il più ricco, che si fa,
affrettati!

MIGUEL

   Già mi affretto,
signor padrone.[21] (*Vase.*)

ESCENA V

BUTTARELLI y **DON GONZALO**

DON GONZALO

   Aquí es.
¿Patrón?

BUTTARELLI

¿Qué se ofrece?

DON GONZALO

    Quiero
hablar con el hostelero.

BUTTARELLI

Con él habláis; decid, pues.

DON GONZALO

¿Sois vos?

BUTTARELLI

   Sí; mas despachad, 5
que estoy de priesa.

---

[18] *recogerán . . . suelta,* " both will redeem their pledged word."
[19] Don Juan is keeping the promise made in the opening words of the play.
[20] *¡Cómo . . . chusma!* " How the crowd mills about him! "
[21] *¿Che comanda? . . . signor padrone,* Italian for *¿Qué manda?—Pronto, pon aquí una mesa, amigo; y trae dos botellas del más viejo Lácrima Cristi* (a choice muscatel wine produced near Vesuvius).—*Sí, señor patrón.—Miguelito, prepara por favor lo más rico que hay; ¡despacha!—Ya despacho, señor patrón.*

DON GONZALO

En tal caso,
ved si es cabal y de paso [22]
esa dobla, y contestad.

BUTTARELLI

¡Oh, excelencia!

DON GONZALO

¿Conocéis
a don Juan Tenorio?

BUTTARELLI

Sí.   10

DON GONZALO

Y ¿es cierto que tiene aquí
hoy una cita?

BUTTARELLI

¡Oh! ¿Seréis
vos el otro?

DON GONZALO

¿Quién?

BUTTARELLI

Don Luis.

DON GONZALO

No, pero estar me interesa
en su entrevista.

BUTTARELLI

Esta mesa   15
les preparo; si os servís
en esotra colocaros,
podréis presenciar la cena
que les daré . . . ¡Oh! Será escena
que espero que ha de admiraros.   20

DON GONZALO

Lo creo.

BUTTARELLI

Son, sin disputa,
los dos mozos más gentiles
de España.

DON GONZALO

Sí, y los más viles
también.

BUTTARELLI

¡Bah! Se les imputa
cuanto malo se hace hoy día;   25
mas la malicia lo inventa,
pues nadie paga su cuenta
como Tenorio y Mejía.

DON GONZALO

¡Ya!

BUTTARELLI

Es afán de murmurar,
porque conmigo, señor,   30
ninguno lo hace mejor,
y bien lo puedo jurar.

DON GONZALO

No es necesario; mas . . .

BUTTARELLI

¿Qué?

DON GONZALO

Quisiera yo ocultamente
verlos, y sin que la gente   35
me reconociera.

BUTTARELLI

A fe,
que eso es muy fácil, señor.
Las fiestas de Carnaval,
al hombre más principal
permiten, sin deshonor   40
de su linaje, servirse
de un antifaz, y bajo él,
¿quién sabe, hasta descubrirse,
de qué carne es el pastel?

DON GONZALO

Mejor fuera en aposento   45
contiguo . . .

BUTTARELLI

Ninguno cae
aquí.

----

[22] *de paso,* " good," " passable."

DON GONZALO

Pues entonces, trae
el antifaz.

BUTTARELLI

Al momento.

ESCENA VI

DON GONZALO

No cabe en mi corazón [23]
que tal hombre pueda haber,
y no quiero cometer
con él una sinrazón.
Yo mismo indagar prefiero   5
la verdad . . . ; mas, a ser cierta
la apuesta, primero muerta
que esposa suya la quiero.
No hay en la tierra interés
que si la daña me cuadre;   10
primero seré buen padre,
buen caballero después.[24]
Enlace es de gran ventaja,
mas no quiero que Tenorio
del velo del desposorio   15
la recorte una mortaja.

ESCENA VII

DON GONZALO y BUTTARELLI, _que trae un
antifaz._

BUTTARELLI

Ya está aquí.

DON GONZALO

Gracias, patrón;
¿tardarán mucho en llegar?

BUTTARELLI

Si vienen, no han de tardar;
cerca de las ocho son.

DON GONZALO

¿Ésa es la hora señalada?   5

BUTTARELLI

Cierra el plazo, y es asunto
de perder quien no esté a punto
de la primer campanada.

DON GONZALO

Quiera Dios que sea una chanza,
y no lo que se murmura.   10

BUTTARELLI

No tengo aún por muy segura
de que cumplan, la esperanza;
pero si tanto os importa
lo que ello sea saber,
pues la hora está al caer,[25]   15
la dilación es ya corta.

DON GONZALO

Cúbrome, pues, y me siento.
(_Se sienta en una mesa a la derecha, y se
pone el antifaz._)

BUTTARELLI

(Curioso el viejo me tiene
del misterio con que viene . . . ,
y no me quedo contento   20
hasta saber quién es él.)
(_Limpia y trajina, mirándole de reojo._)

DON GONZALO

(¡Que un hombre como yo tenga
que esperar aquí, y se avenga
con semejante papel!
En fin, me importa el sosiego   25
de mi casa, y la ventura
de una hija sencilla y pura,
y no es para echarlo a juego.[26])

ESCENA VIII

DICHOS y DON DIEGO, _a la puerta del
fondo._

DON DIEGO

La seña está terminante,
aquí es; bien me han informado;
llego pues.

---

[23] _No cabe en mi corazón,_ " My heart cannot believe."
[24] Cf. this attitude with that of Isabel's father in _Los amantes de Teruel._
[25] _está al caer,_ " is about up."
[26] _no es . . . juego,_ " it is not a matter to be taken lightly."

BUTTARELLI

¿Otro embozado?

DON DIEGO

¡Ah de esta casa!

BUTTARELLI

Adelante.

DON DIEGO

¿La Hostería del Laurel? 5

BUTTARELLI

En ella estáis, caballero.

DON DIEGO

¿Está en casa el hostelero?

BUTTARELLI

Estáis hablando con él.

DON DIEGO

¿Sois vos Buttarelli?

BUTTARELLI

Yo.

DON DIEGO

¿Es verdad que hoy tiene aquí 10
Tenorio una cita?

BUTTARELLI

Sí.

DON DIEGO

Y ¿ha acudido a ella?

BUTTARELLI

No.

DON DIEGO

Pero ¿acudirá?

BUTTARELLI

No sé.

DON DIEGO

¿Le esperáis vos?

BUTTARELLI

Por si acaso
venir le place.

DON DIEGO

En tal caso, 15
yo también le esperaré.

(*Se sienta al lado opuesto a don Gonzalo.*)

BUTTARELLI

¿Que os sirva vianda alguna
queréis mientras?

DON DIEGO

No; tomad.

BUTTARELLI

¡Excelencia!

DON DIEGO

Y excusad
conversación importuna. 20

BUTTARELLI

Perdonad.

DON DIEGO

Vais perdonado;
dejadme, pues.

BUTTARELLI

(¡Jesucristo!
En toda mi vida he visto
hombre más malhumorado.)

DON DIEGO

(¡Que un hombre de mi linaje 25
descienda a tan ruin mansión!
Pero no hay humillación
a que un padre no se baje
por un hijo. Quiero ver
por mis ojos la verdad, 30
y el monstruo de liviandad
a quien pude dar el ser.)

(*Buttarelli, que anda arreglando sus trastos, contempla desde el fondo a don Gonzalo y a don Diego, que permanecerán embozados y en silencio.*)

BUTTARELLI

(¡Vaya un par de hombres de piedra!
Para éstos sobra mi abasto;
mas ¡pardiez! pagan el gasto   35
que no hacen, y así se medra.)

ESCENA IX

DICHOS, EL CAPITÁN CENTELLAS, AVE-
LLANEDA y DOS CABALLEROS

AVELLANEDA

Vinieron, y os aseguro
que se efectuará la apuesta.

CENTELLAS

Entremos, pues. ¿ Buttarelli?

BUTTARELLI

Señor capitán Centellas,
¿vos por aquí?

CENTELLAS

                    Sí, Christófano.   5
¿Cuándo aquí, sin mi presencia,
tuvieron lugar las orgías
que han hecho raya en la época?

BUTTARELLI

Como ha tanto tiempo ya
que no os he visto . . .

CENTELLAS

                    Las guerras   10
del Emperador, a Túnez [27]
me llevaron; mas mi hacienda
me vuelve a traer a Sevilla;
y, según lo que me cuentan,
llego lo más a propósito   15
para renovar añejas
amistades. Conque apróntanos
luego unas cuantas botellas,
y en tanto que [28] humedecemos
la garganta, verdadera   20

relación haznos de un lance
sobre el cual hay controversia.

BUTTARELLI

Todo se andará; [29] mas antes
dejadme ir a la bodega.

VARIOS

Sí, sí.

ESCENA X

DICHOS, *menos* BUTTARELLI

CENTELLAS

          Sentarse, señores,
y que siga Avellaneda
con la historia de don Luis.

AVELLANEDA

No hay ya más que decir de ella,
sino que creo imposible   5
que la de Tenorio sea
más endiablada, y que apuesto
por don Luis.

CENTELLAS

          Acaso pierdas.
Don Juan Tenorio se sabe
que es la más mala cabeza   10
del orbe, y no hubo hombre alguno
que aventajarle pudiera
con sólo su inclinación; [30]
conque, ¿qué hará si se empeña?

AVELLANEDA

Pues yo sé bien que Mejía   15
las ha hecho tales, que a ciegas
se puede apostar por él.

CENTELLAS

Pues el capitán Centellas
pone por don Juan Tenorio
cuanto tiene.

[27] *Túnez,* Tunis, important Moorish stronghold on the northern coast of Africa; besieged and captured by Charles V in 1535.
[28] *en tanto que,* " while."
[29] *Todo se andará,* " That will be done in due time."
[30] *con sólo su inclinación,* " when he was only half trying."

AVELLANEDA

Pues se acepta   20
por don Luis, que es muy mi amigo.

CENTELLAS

Pues todo en contra se arriesga;
porque no hay, como Tenorio,
otro hombre sobre la tierra,
y es proverbial su fortuna   25
y extremadas sus empresas.

ESCENA XI

DICHOS y BUTTARELLI, con botellas.

BUTTARELLI

Aquí hay Falerno, Borgoña,
Sorrento.[31]

CENTELLAS

   De lo que quieras
sirve, Christófano, y dinos:
¿qué hay de cierto en una apuesta
por don Juan Tenorio ha un año   5
y don Luis Mejía hecha?

BUTTARELLI

Señor capitán, no sé
tan a fondo la materia,
que os pueda sacar de dudas,
pero os diré lo que sepa.   10

VARIOS

Habla, habla.

BUTTARELLI

   Yo, la verdad,
aunque fué en mi casa mesma
la cuestión entre ambos, como
pusieron tan larga fecha
a su plazo, creí siempre   15
que nunca a efecto viniera;
así es, que ni aun me acordaba
de tal cosa a la hora de ésta.
Mas esta tarde, sería
al anochecer apenas,   20
entróse aquí un caballero

pidiéndome que le diera
recado con que escribir
una carta, y a sus letras
atento no más, me dió   25
tiempo a que charla metiera
con un paje que traía,
paisano mío, de Génova.
No saqué nada del paje,
que es ¡por Dios! muy brava pesca;[32]   30
mas cuando su amo acababa
la carta, le envió con ella
a quien iba dirigida.
El caballero, en mi lengua
me habló, y me pidió noticias   35
de don Luis; dijo que entera
sabía de ambos la historia,
y tenía la certeza
de que, al menos uno de ellos,
acudiría a la apuesta.   40
Yo quise saber más de él,
mas púsome dos monedas
de oro en la mano, diciéndome:
«Y por si acaso los dos
al tiempo aplazado[33] llegan,   45
ten prevenidas para ambos
tus dos mejores botellas.»
Largóse sin decir más,
y yo, atento a sus monedas,
les puse en el mismo sitio   50
donde apostaron, la mesa.
Y vedla allí con dos sillas,
dos copas y dos botellas.

AVELLANEDA

Pues, señor, no hay que dudar:
era don Luis.

CENTELLAS

   Don Juan era.   55

AVELLANEDA

¿Tú no le viste la cara?

BUTTARELLI

¡Si la traía cubierta
con un antifaz!

[31] *Falerno . . . Sorrento,* i.e., Falernian, Burgundy and Sorrento wines.
[32] *brava pesca,* "cunning rogue," "sly dog."
[33] *aplazado,* "appointed."

CENTELLAS

Pero, hombre,
¿tu a los dos no los recuerdas,
o no sabes distinguir 60
a las gentes por sus señas
lo mismo que por sus caras?

BUTTARELLI

Pues confieso mi torpeza;
no lo supe conocer,
y lo procuré de veras. 65
Pero silencio.

AVELLANEDA

¿Qué pasa?

BUTTARELLI

A dar el reloj comienza
los cuartos [34] para las ocho.

(Dan.)

CENTELLAS

Ved, ved la gente que se entra.

AVELLANEDA

Como que está de este lance 70
curiosa Sevilla entera.

(Se oyen dar las ocho; varias personas
entran y se reparten en silencio por la
escena; al dar la última campanada, don
Juan, con antifaz, se llega a la mesa que
ha preparado Buttarelli en el centro del
escenario, y se dispone a ocupar una de las
dos sillas que están delante de ella. Inmediatamente después de él, entra don
Luis, también con antifaz, y se dirige a la
otra. Todos los miran.)

ESCENA XII

DICHOS, DON JUAN, DON LUIS, CABA-
LLEROS, CURIOSOS y ENMASCARADOS

AVELLANEDA

(A Centellas, por don Juan.)

Verás aquél, si ellos vienen,
qué buen chasco que se lleva.

CENTELLAS

(A Avellaneda, por don Luis.)

Pues allí va otro a ocupar
la otra silla. ¡Uf! ¡Aquí es ella! [35]

DON JUAN

(A don Luis.)

Esa silla está comprada, 5
hidalgo.

DON LUIS

(A don Juan.)

Lo mismo digo,
hidalgo; para un amigo
tengo yo esotra pagada.

DON JUAN

Que ésta es mía haré notorio.

DON LUIS

Y yo también que ésta es mía. 10

DON JUAN

Luego sois don Luis Mejía.

DON LUIS

Seréis, pues, don Juan Tenorio.

DON JUAN

Puede ser.

DON LUIS

Vos lo decís.

DON JUAN

¿No os fiáis?

DON LUIS

No.

DON JUAN

Yo tampoco.

DON LUIS

Pues no hagamos más el coco.[36] 15

---

[34] los cuartos, i.e., the chimes which strike the quarter hours.
[35] ¡Aquí es ella! "Now we'll see the fun begin!"
[36] no hagamos más el coco, "let's not stand here playing bugaboo any longer."

DON JUAN

(*Quitándose la máscara.*)

Yo soy don Juan.

DON LUIS

(*Idem.*)

Yo don Luis.

(*Se descubren y se sientan. El capitán
Centellas, Avellaneda, Buttarelli y algunos otros se van a ellos y les saludan,
abrazan y dan la mano y hacen otras
semejantes muestras de cariño y amistad.
Don Juan y don Luis las aceptan cortés-
mente.*)

CENTELLAS

¡Don Juan!

AVELLANEDA

¡Don Luis!

DON JUAN

¡Caballeros!

DON LUIS

¡Oh, amigos! ¿Qué dicha es ésta?

AVELLANEDA

Sabíamos vuestra apuesta,
y hemos acudido a veros.   20

DON LUIS

Don Juan y yo, tal bondad
en mucho os agradecemos.

DON JUAN

El tiempo no malgastemos,
don Luis.

(*A los otros.*)

Sillas arrimad.

(*A los que están lejos.*)

Caballeros, yo supongo   25
que a ustedes también aquí
les traerá la apuesta, y por mí,
a antojo tal no me opongo.

DON LUIS

Ni yo; que aunque nada más
fué el empeño entre los dos,   30
no ha de decirse ¡por Dios!
que me avergonzó jamás.

DON JUAN

Ni a mí, que el orbe es testigo
de que hipócrita no soy,
pues por doquiera que voy,   35
va el escándalo conmigo.

DON LUIS

¡Eh! Y esos dos, ¿no se llegan
a escuchar? Vos.

(*Por don Diego y don Gonzalo.*)

DON DIEGO

Yo estoy bien.

DON LUIS

¿Y vos?

DON GONZALO

De aquí oigo también.

DON LUIS

Razón tendrán si se niegan.   40

(*Se sientan todos alrededor de la mesa en
que están don Luis Mejía y don Juan
Tenorio.*)

DON JUAN

¿Estamos listos?

DON LUIS

Estamos.

DON JUAN

Como quien somos cumplimos.

DON LUIS

Veamos, pues, lo que hicimos.

DON JUAN

Bebamos antes.

DON LUIS

Bebamos.

(*Lo hacen.*)

DON JUAN

La apuesta fué . . .

DON LUIS

Porque un día 45
dije que en España entera
no habría nadie que hiciera
lo que hiciera Luis Mejía.

DON JUAN

Y siendo contradictorio
al vuestro mi parecer, 50
yo os dije: « Nadie ha de hacer
lo que hará don Juan Tenorio.»
¿No es así?

DON LUIS

Sin duda alguna;
y vinimos a apostar
quién de ambos sabría obrar 55
peor, con mejor fortuna,
en el término de un año;
juntándonos aquí hoy
a probarlo.

DON JUAN

Y aquí estoy.

DON LUIS

Y yo.

CENTELLAS

¡Empeño bien extraño, 60
por vida mía!

DON JUAN

Hablad, pues.

DON LUIS

No, vos debéis empezar.

DON JUAN

Como gustéis, igual es,
que nunca me hago esperar.
Pues, señor, yo desde aquí, 65
buscando mayor espacio
para mis hazañas, dí

sobre [37] Italia, porque allí
tiene el placer un palacio.
De la guerra y del amor 70
antigua y clásica tierra,
y en ella el Emperador,
con ella y con Francia en guerra,[38]
díjeme: « ¿Dónde mejor?
Donde hay soldados, hay juego, 75
hay pendencias y amoríos.»
Dí, pues, sobre Italia luego,
buscando a sangre y a fuego
amores y desafíos.
En Roma, a mi apuesta fiel, 80
fijé, entre hostil y amatorio,
en mi puerta este cartel:
« *Aquí está don Juan Tenorio*
para quien quiera algo de él.»
De aquellos días la historia 85
a relataros renuncio;
remítome a la memoria
que dejé allí, y de mi gloria
podéis juzgar por mi anuncio.
Las romanas, caprichosas; 90
las costumbres, licenciosas;
yo, gallardo y calavera;
¿quién a cuento redujera
mis empresas amorosas?
Salí de Roma, por fin, 95
como os podéis figurar:
con un disfraz harto ruin
y a lomos de un mal rocín,
pues me querían ahorcar.
Fuí al ejército de España; 100
mas todos paisanos míos,
soldados y en tierra extraña,
dejé pronto su compaña
tras cinco o seis desafíos.
Nápoles, rico vergel 105
de amor, de placer emporio,
vió en mi segundo cartel:
« *Aquí está don Juan Tenorio,*
y no hay hombre para él.
Desde la princesa altiva 110
a la que pesca en ruin barca,
no hay hembra a quien no suscriba;

---

[37] *dí sobre*, " I made for."

[38] Charles V waged many wars with Francis I of France, chiefly over disputed Italian possessions; in the great victory of Pavia (1525) he captured his French rival.

y cualquiera empresa abarca
si en oro o valor estriba.
Búsquenle los reñidores;   115
cérquenle los jugadores;
quien se precie, que le ataje;
a ver si hay quien le aventaje
en juego, en lid o en amores.»
Esto escribí; y en medio año   120
que mi presencia gozó
Nápoles, no hay lance extraño,
no hubo escándalo ni engaño
en que no me hallara yo.
Por dondequiera que fuí,   125
ia razón atropellé,
la virtud escarnecí,
a la justicia burlé
y a las mujeres vendí.
Yo a las cabañas bajé,   130
yo a los palacios subí,
yo los claustros escalé,
y en todas partes dejé
memoria amarga de mí.
Ni reconocí sagrado,   135
ni hubo razón ni lugar
por mi audacia respetado;
ni en distinguir me he parado
al clérigo del seglar.
A quien quise provoqué,   140
con quien quiso me batí,
y nunca consideré
que pudo matarme a mí
aquel a quien yo maté.
A esto don Juan se arrojó,   145
y escrito en este papel
está cuanto consiguió;
y lo que él aquí escribió,
mantenido está por él.

DON LUIS

Leed, pues.

DON JUAN

            No; oigamos antes   150
vuestros bizarros extremos,[39]
y si traéis terminantes
vuestras notas comprobantes,
lo escrito cotejaremos.

DON LUIS

Decís bien; cosa es que está,   155
don Juan, muy puesta en razón;
aunque, a mi ver, poco irá
de una a otra relación.

DON JUAN

Empezad, pues.

DON LUIS

            Allá va.
Buscando yo, como vos,   160
a mi aliento empresas grandes,
dije: «¿Dó iré, ¡vive Dios!
de amor y lides en pos,
que vaya mejor que a Flandes?
Allí, puesto que empeñadas   165
guerras hay, a mis deseos
habrá al par [40] centuplicadas
ocasiones extremadas
de riñas y galanteos.»
Y en Flandes conmigo dí,   170
mas con tan negra fortuna,
que al mes de encontrarme allí
todo mi caudal perdí,
dobla a dobla, una por una.
En tan total carestía   175
mirándome de dineros,
de mí todo el mundo huía;
mas yo busqué compañía,
y me uní a unos bandoleros.
Lo hicimos bien, ¡voto a tal!   180
y fuimos tan adelante,
con suerte tan colosal,
que entramos a saco en Gante
el palacio episcopal.
¡Qué noche! Por el decoro   185
de la Pascua, el buen Obispo
bajó a presidir el coro,
y aún de alegría me crispo
al recordar su tesoro.
Todo cayó en poder nuestro;   190
mas mi capitán, avaro,
puso mi parte en secuestro;
reñimos, yo fuí más diestro,

---

[39] *bizarros extremos,* " gallant exploits."
[40] *al par,* " likewise."

y le crucé sin reparo.[41]
Juróme al punto la gente 195
capitán, por más valiente;
juréles yo amistad franca;
pero a la noche siguiente
huí y les dejé sin blanca.
Yo me acordé del refrán 200
de que quien roba al ladrón
ha cien años de perdón,
y me arrojé a tal desmán
mirando a mi salvación.
Pasé a Alemania opulento, 205
mas un provincial jerónimo,[42]
hombre de mucho talento,
me conoció, y al momento
me delató en un anónimo.[43]
Compré a fuerza de dinero 210
la libertad y el papel;
y topando en un sendero
al fraile, le envié certero
una bala envuelta en él.
Salté a Francia, ¡buen país! 215
y como en Nápoles vos,
puse un cartel en París,
diciendo: «*Aquí hay un don Luis
que vale lo menos dos.
Parará aquí algunos meses,* 220
*y no trae más intereses
ni se aviene a más empresas,
que adorar a las francesas
y a reñir con los franceses.*»
Esto escribí; y en medio año 225
que mi presencia gozó
París, no hubo lance extraño,
ni hubo escándalo ni daño
donde no me hallara yo.
Mas, como don Juan, mi historia 230
también a alargar renuncio;
que basta para mi gloria
la magnífica memoria
que allí dejé con mi anuncio.
Y cual vos, por donde fui 235
la razón atropellé,
la virtud escarnecí,

a la justicia burlé
y a las mujeres vendí.
Mi hacienda llevo perdida 240
tres veces; mas se me antoja
reponerla, y me convida
mi boda comprometida
con doña Ana de Pantoja.
Mujer muy rica me dan, 245
y mañana hay que cumplir
los tratos que hechos están;
lo que os advierto, don Juan,
por si queréis asistir.
A esto don Luis se arrojó, 250
y escrito en este papel
está lo que consiguió;
y lo que él aquí escribió,
mantenido está por él.

DON JUAN

La historia es tan semejante, 255
que está en el fiel la balanza;
mas vamos a lo importante,
que es el guarismo a que alcanza
el papel; conque adelante.

DON LUIS

Razón tenéis, en verdad. 260
Aquí está el mío; mirad,
por una línea apartados
traigo los nombres sentados,
para mayor claridad.

DON JUAN

Del mismo modo arregladas 265
mis cuentas traigo en el mío;
en dos líneas separadas
los muertos en desafío
y las mujeres burladas.
Contad.

DON LUIS

Contad.

DON JUAN

Veintitrés. 270

[41] *le crucé sin reparo,* "I ran him through without scruple."
[42] *provincial jerónimo,* "Hieronymite provincial," i.e., a monastic superior of the Order of St. Jerome in a province or district.
[43] *anónimo,* "anonymous denunciation."

Don Luis

Son los muertos. A ver vos.
¡Por !a cruz de San Andrés! [44]
Aquí sumo treinta y dos.

Don Juan

Son los muertos.

Don Luis

Matar es.

Don Juan

Nueve os llevo.

Don Luis

Me vencéis.   275
Pasemos a las conquistas.

Don Juan

Sumo aquí cincuenta y seis.

Don Luis

Y yo sumo en vuestras listas
setenta y dos.

Don Juan

Pues perdéis.

Don Luis

¡Es increíble, don Juan!   280

Don Juan

Si lo dudáis, apuntados
los testigos ahí están,
que si fueren preguntados
os lo testificarán.

Don Luis

¡Oh! Y vuestra lista es cabal.   285

Don Juan

Desde una princesa real
a la hija de un pescador,
¡oh! ha recorrido mi amor
toda la escala social.
¿Tenéis algo que tachar?   290

Don Luis

Sólo una os falta, en justicia.

Don Juan

¿Me la podéis señalar?

Don Luis

Sí, por cierto; una novicia
que esté para profesar. [45]

Don Juan

¡Bah! Pues yo os complaceré   295
doblemente, porque os digo
que a la novicia uniré
la dama de algún amigo
que para casarse esté.

Don Luis

¡Pardiez, que sois atrevido!   300

Don Juan

Yo os lo apuesto si queréis.

Don Luis

Digo que acepto el partido.
Para darlo por perdido,
¿queréis veinte días?

Don Juan

Seis.

Don Luis

¡Por Dios, que sois hombre extraño!   305
¿Cuántos días empleáis
en cada mujer que amáis?

Don Juan

Partid los días del año
entre las que ahí encontráis.
Uno para enamorarlas,   310
otro para conseguirlas,
otro para abandonarlas,
dos para sustitüirlas
y una hora para olvidarlas.
Pero la verdad a hablaros,   315
pedir más no se me antoja,

[44] *San Andrés,* St. Andrew, brother of St. Peter, *aspado,* i.e., martyred on an X-shaped cross.
[45] *una novicia . . . profesar,* "a novice who is about to take final vows."

porque pues vais a casaros,
mañana pienso quitaros
a doña Ana de Pantoja.

DON LUIS

Don Juan, ¿qué es lo que decís? 320

DON JUAN

Don Luis, lo que oído habéis.

DON LUIS

Ved, don Juan, lo que emprendéis.

DON JUAN

Lo que he de lograr, don Luis.

DON LUIS

¡Gastón!

GASTÓN
Señor.

DON LUIS

Ven acá.

(Habla don Luis en secreto con Gastón, y
éste se va precipitadamente.)

DON JUAN

¡Ciutti!

CIUTTI
Señor.

DON JUAN

Ven aquí. 325

(Don Juan ídem con Ciutti, que hace lo
mismo.)

DON LUIS

¿Estáis en lo dicho? 46

DON JUAN

Sí.

DON LUIS

Pues va la vida.47

DON JUAN

Pues va.

(Don Gonzalo, levantándose de la mesa
en que ha permanecido inmóvil durante la
escena anterior, se afronta con don Juan
y don Luis.)

DON GONZALO

¡Insensatos! ¡Vive Dios,
que a no temblarme las manos,
a palos, como a villanos, 330
os diera muerte a los dos!

DON JUAN y DON LUIS

Veamos.

DON GONZALO

Excusado 48 es,
que he vivido lo bastante
para no estar arrogante
donde no puedo.

DON JUAN

Idos, pues. 335

DON GONZALO

Antes, don Juan, de salir
de donde oírme podáis,
es necesario que oigáis
lo que os tengo que decir.
Vuestro buen padre don Diego, 340
porque pleitos acomoda,49
os apalabró una boda
que iba a celebrarse luego;
pero por mí mismo yo,
lo que erais queriendo ver, 345
vine aquí al anochecer,
y el veros me avergonzó.

DON JUAN

¡Por Satanás, viejo insano,
que no sé cómo he tenido
calma para haberte oído 350

46 ¿Estáis en lo dicho? "Do you stick to what has been said?"
47 Pues va la vida, "Then life itself is staked."
48 Excusado, "Useless."
49 porque pleitos acomoda, "because it would settle old differences" (between the two families).

sin asentarte la mano!
Pero di pronto quién eres,
porque me siento capaz
de arrancarte el antifaz
con el alma que tuvieres.   355

DON GONZALO
¡Don Juan!

DON JUAN
¡Pronto!

DON GONZALO
Mira, pues.

DON JUAN
¡Don Gonzalo!

DON GONZALO
El mismo soy.
Y adiós, don Juan; mas desde hoy
no penséis en doña Inés;
porque antes que consentir   360
en que se case con vos,
el sepulcro, ¡juro a Dios!
por mi mano la he de abrir.

DON JUAN
Me hacéis reír, don Gonzalo;
pues venirme a provocar,   365
es como ir a amenazar
a un león con un mal palo.
Y pues hay tiempo, advertir
os quiero a mi vez a vos
que, o me la dais, o ¡por Dios,   370
que a quitárosla he de ir!

DON GONZALO
¡Miserable!

DON JUAN
Dicho está;
sólo una mujer como ésta
me falta para mi apuesta;
ved, pues, que apostada va.   375

(*Don Diego, levantándose de la mesa en
que ha permanecido encubierto mientras*

*la escena anterior, baja al centro de la
escena, encarándose con don Juan.*)

DON DIEGO
No puedo más escucharte,
vil don Juan, porque recelo
que hay algún rayo en el cielo
preparado a aniquilarte.
¡Ah!... No pudiendo creer   380
lo que de ti me decían,
confiando en que mentían,
te vine esta noche a ver.
Pero te juro, malvado,
que me pesa haber venido   385
para salir convencido
de lo que es para ignorado.[50]
Sigue, pues, con ciego afán
en tu torpe frenesí,
mas nunca vuelvas a mí;   390
no te conozco, don Juan.

DON JUAN
¿Quién nunca a ti se volvió,
ni quién osa hablarme así,
ni qué se me importa a mí
que me conozcas o no?   395

DON DIEGO
Adiós, pues; mas no te olvides
de que hay un Dios justiciero.

DON JUAN (*Deteniéndole.*)
Ten.

DON DIEGO
¿Qué quieres?

DON JUAN
Verte quiero.

DON DIEGO
Nunca; en vano me lo pides.

DON JUAN
¿Nunca?

DON DIEGO
No.

[50] *para ignorado,* " best left unknown."

DON JUAN

Cuando me cuadre.   400

DON DIEGO

¿Cómo?

DON JUAN

Así.

(*Le arranca el antifaz.*)

TODOS

¡Don Juan!

DON DIEGO

¡Villano!
Me has puesto en la faz la mano.

DON JUAN

¡Válgame Cristo, mi padre!

DON DIEGO

Mientes; no lo fuí jamás.

DON JUAN

¡Reportaos, con Belcebú! [51]   405

DON DIEGO

No, los hijos como tú
son hijos de Satanás.
Comendador, nulo sea
lo hablado.

DON GONZALO

Ya lo es por mí;
vamos.

DON DIEGO

Sí; vamos de aquí,   410
donde tal monstruo no vea.
Don Juan, en brazos del vicio
desolado te abandono;
me matas . . . , mas te perdono
de Dios en el santo juicio.[52]   415

(*Vanse poco a poco don Diego y don Gonzalo.*)

DON JUAN

Largo el plazo me ponéis;
mas ved que os quiero advertir
que yo no os he ido a pedir
jamás que me perdonéis.
Conque no paséis afán   420
de aquí adelante por mí,
que como vivió hasta aquí,
vivirá siempre don Juan.

ESCENA XIII

DON JUAN, DON LUIS, CENTELLAS, AVE-
LLANEDA, BUTTARELLI, CURIOSOS y
MÁSCARAS

DON JUAN

¡Eh! Ya salimos del paso,
y no hay que extrañar la homilia;
son pláticas de familia,
de las que nunca hice caso.
Conque lo dicho, don Luis,   5
van doña Ana y doña Inés
en apuesta.

DON LUIS

Y el precio es
la vida.

DON JUAN

Vos lo decís;
vamos.

DON LUIS

Vamos.

(*Al salir, se presenta una ronda que los detiene.*)

ESCENA XIV

DICHOS y UNA RONDA DE ALGUACILES

ALGUACIL

¡Alto allá!
¿Don Juan Tenorio?

DON JUAN

Yo soy.

---

[51] *con Belcebú*, " by Beelzebub! "
[52] *santo juicio*, " Last Judgment Day," which Don Juan derides as being very far removed from present concern; so in Tirso's play, Don Juan scoffingly remarks on several occasions: *¡Qué largo me lo fiáis!*

ALGUACIL

Sed preso.

DON JUAN

Soñando estoy.
¿Por qué?

ALGUACIL

Despúes lo verá.

DON LUIS

(*Acercándose a don Juan y riéndose.*)

Tenorio, no lo extrañéis,   5
pues mirando a lo apostado,
mi paje os ha delatado
para que vos no ganéis.

DON JUAN

¡Hola! Pues no os suponía
con tal despejo, ¡pardiez!   10

DON LUIS

Id, pues, que por esta vez,
don Juan, la partida es mía.

DON JUAN

Vamos, pues.
(*Al salir, los detiene otra ronda que entra
en la escena.*)

ESCENA XV

DICHOS y UNA RONDA

ALGUACIL (*Que entra.*)
¡Ténganse allá!
¿Don Luis Mejía?

DON LUIS

Yo soy.

ALGUACIL

Sed preso.

DON LUIS

Soñando estoy.
¡Yo preso!

DON JUAN

(*Soltando la carcajada.*)
¡Ja, ja, ja, ja!
Mejía, no lo extrañéis,   5

pues mirando a lo apostado,
mi paje os ha delatado
para que no me estorbéis.

DON LUIS

Satisfecho quedaré
aunque ambos muramos.

DON JUAN

Vamos: 10
conque, señores, quedamos
en que la apuesta está en pie.

(*Las rondas se llevan a don Juan y a don
Luis; muchos los siguen. El capitán Centellas, Avellaneda y sus amigos quedan en
la escena mirándose unos a otros.*)

ESCENA XVI

EL CAPITÁN CENTELLAS, AVELLANEDA y
CURIOSOS

AVELLANEDA

¡Parece un juego ilusorio!

CENTELLAS

¡Sin verlo no lo creería!

AVELLANEDA

Pues yo apuesto por Mejía.

CENTELLAS

Y yo pongo por Tenorio.

ACTO SEGUNDO

DESTREZA

Exterior de la casa de doña Ana, vista por
una esquina. Las dos paredes que forman el
ángulo se prolongan igualmente por ambos
lados, dejando ver en la de la derecha una
reja, y en la izquierda una reja y una puerta.

ESCENA PRIMERA

DON LUIS MEJÍA, *embozado.*

Ya estoy frente de la casa
de doña Ana, y es preciso   5

que esta noche tenga aviso
de lo que en Sevilla pasa.
No dí con persona alguna,　　　　5
por dicha mía . . . ¡Oh, qué afán!
Por ahora, señor don Juan,
cada cual con su fortuna.
Si honor y vida se juega,
mi destreza y mi valor,　　　　10
por mi vida y por mi honor,
jugarán . . . ; mas alguien llega.

ESCENA II

Don Luis y Pascual

PASCUAL

¡Quién creyera lance tal!
¡Jesús, qué escándalo! ¡Presos!

DON LUIS

¡Qué veo! ¿Es Pascual?

PASCUAL

　　　　　　Los sesos
me estrellaría.

DON LUIS

　　¿Pascual?

PASCUAL

¿Quién me llama tan apriesa?　　　　5

DON LUIS

Yo. Don Luis.

PASCUAL

　　¡Válame ¹ Dios!

DON LUIS

¿Qué te asombra?

PASCUAL

　　　Que seáis vos.

DON LUIS

Mi suerte, Pascual, es ésa.
Que a no ser yo quien me soy,

¹ Válame = Válgame.
² por demás, " extremely."

y a no dar contigo ahora,　　　　10
el honor de mi señora
doña Ana moría hoy.

PASCUAL

¿Qué es lo que decís?

DON LUIS

　　　　¿Conoces
a don Juan Tenorio?

PASCUAL

　　　Sí.
¿Quién no le conoce aquí?　　　　15
Mas, según públicas voces,
estabais presos los dos.
Vamos, ¡lo que el vulgo miente!

DON LUIS

Ahora, acertadamente
habló el vulgo; y juro a Dios　　　　20
que, a no ser porque mi primo,
el tesorero real,
quiso fïarme, Pascual,
pierdo cuanto más estimo.

PASCUAL

Pues ¿cómo?

DON LUIS

　　¿En servirme estás?　　　　25

PASCUAL

Hasta morir.

DON LUIS

　　Pues escucha.
Don Juan y yo, en una lucha
arriesgada por demás,²
empeñados nos hallamos;
pero, a querer tú ayudarme,　　　　30
más que la vida salvarme
puedes.

PASCUAL

　¿Qué hay que hacer? Sepamos.

Don Luis

En una insigne locura
dimos tiempo ha: en apostar
cuál de ambos sabría obrar   35
peor, con mejor ventura.
Ambos nos hemos portado
bizarramente a cuál más;
pero él es un Satanás,
y por fin me ha aventajado.   40
Púsele no sé qué pero; ³
dijímonos no sé qué
sobre ello, y el hecho fué
que él, mofándose altanero,
me dijo: « Y si esto no os llena,   45
pues que os casáis con doña Ana,
os apuesto a que mañana
os la quito yo.»

Pascual
    ¡Ésa es buena!
¿Tal se ha atrevido a decir?

Don Luis

No es lo malo que lo diga,   50
Pascual, sino que consiga
lo que intenta.

Pascual
    ¿Conseguir?
En tanto que yo esté aquí,
descuidad, don Luis.

Don Luis
    Te juro
que si el lance no aseguro,   55
no sé qué va a ser de mí.

Pascual
¡Por la Virgen del Pilar! ⁴
¿Le teméis?

Don Luis
    No; ¡Dios testigo!
Mas lleva ese hombre consigo
algún diablo familiar.   60

Pascual
Dadlo por asegurado.

Don Luis
¡Oh! Tal es el afán mío,
que ni en mí propio me fío
con un hombre tan osado.

Pascual
Yo os juro, por San Ginés,⁵   65
que, con toda su osadía,
le ha de hacer, por vida mía,
mal tercio un aragonés;
nos veremos.

Don Luis
    ¡Ay, Pascual,
que en qué te metes no sabes!   70

Pascual
En apreturas más graves
me he visto, y no salí mal.

Don Luis
Estriba en lo perentorio
del plazo y en ser quien es.⁶

Pascual
Más que un buen aragonés   75
no ha de valer un Tenorio.
Todos esos lenguaraces,
espadachines de oficio,
no son más que frontispicio
y de poca alma capaces.   80

---

³ *Púsele . . . pero,* " I found some defect or other " (in his list of conquests).

⁴ *¡Por la Virgen del Pilar!* The Virgin of the Pillar, one of the most revered images in all Spain, is particularly dear to the Aragonese; for it was on the banks of the Ebro, near what was to become Saragossa, that the Virgin miraculously appeared to the Apostle St. James and commanded a church to be erected on the site. Pascual, who proves himself an Aragonese to the core in his stubborn loyalty and faith in his own valor, very naturally has recourse to this oath here.

⁵ *San Ginés,* a Roman actor who, while entertaining the Emperor Diocletian with a play in mockery of the Christian doctrines, was touched by grace, professed his faith and was martyred. The subject was used by Lope de Vega in *Lo fingido verdadero* and by Rotrou in *Saint Genest.*

⁶ *Estriba . . . quien es,* " The difficulty lies in the very brevity of the time limit, and in his being the man that he is."

Para infamar a mujeres
tienen lengua, y tienen manos
para osar a los ancianos
o apalear a mercaderes.
Mas cuando una buena espada,   85
por un buen brazo esgrimida,
con la muerte les convida,
todo su valor es nada.
Y sus empresas y bullas
se reducen todas ellas   90
a hablar mal de las doncellas
y a huir ante las patrullas.

DON LUIS

¡Pascual!

PASCUAL

No lo hablo por vos,
que, aunque sois un calavera,
tenéis la alma bien entera   95
y reñís bien, ¡voto a brios!

DON LUIS

Pues si es en mí tan notorio
el valor, mira, Pascual,
que el valor es proverbial
en la raza de Tenorio.   100
Y porque conozco bien
de su valor el extremo,
de sus ardides me temo
que en tierra con mi honra den.

PASCUAL

Pues suelto [7] estáis ya, don Luis,   105
y pues que tanto os acucia
el mal de celos, su astucia
con la astucia prevenís.
¿Qué teméis de él?

DON LUIS

No lo sé;
mas esta noche sospecho   110
que ha de procurar el hecho
consumar.

PASCUAL

Soñáis.

DON LUIS

¿Por qué?

PASCUAL

¿No está preso?

DON LUIS

Sí que está;
mas también lo estaba yo,
y un hidalgo me fió.   115

PASCUAL

Mas ¿quién a él le fiará?

DON LUIS

En fin, sólo un medio encuentro
de satisfacerme.

PASCUAL

¿Cuál?

DON LUIS

Que de esta casa, Pascual,
quede yo esta noche dentro.   120

PASCUAL

Mirad que así de doña Ana
tenéis el honor vendido.

DON LUIS

¡Qué mil rayos! ¿Su marido
no voy a ser yo mañana?

PASCUAL

Mas, señor, ¿no os digo yo   125
que os fío con la existencia?

DON LUIS

Sí; salir de una pendencia,
mas de un ardid diestro, no.
Y, en fin, o paso en la casa
la noche, o tomo la calle,   130
aunque la justicia me halle.

PASCUAL

Señor don Luis, eso pasa
de terquedad, y es capricho

---

[7] *suelto,* " released " (from prison).

que dejar os aconsejo,
y os irá bien.

DON LUIS

No lo dejo,   135
Pascual.

PASCUAL

¡Don Luis!

DON LUIS

Está dicho.

PASCUAL

¡Vive Dios! ¿Hay tal afán?

DON LUIS

Tú dirás lo que quisieres,
mas yo fío en las mujeres
mucho menos que en don Juan.   140
Y pues lance es extremado
por dos locos emprendido,
bien será un loco atrevido
para un loco desalmado.[8]

PASCUAL

Mirad bien lo que decís,   145
porque yo sirvo a doña Ana
desde que nació, y mañana
seréis su esposo, don Luis.

DON LUIS

Pascual, esa hora llegada
y ese derecho adquirido,   150
yo sabré ser su marido
y la haré ser bien casada.
Mas en tanto . . .

PASCUAL

No habléis más.
Yo os conozco desde niños,
y sé lo que son cariños,   155
¡por vida de Barrabás!
Oíd: mi cuarto es sobrado
para los dos; dentro de él
quedad; mas palabra fiel
dadme de estaros callado.   160

DON LUIS

Te la doy.

PASCUAL

Y hasta mañana,
juntos con doble cautela,
nos quedaremos en vela.

DON LUIS

Y se salvará doña Ana.

PASCUAL

Sea.

DON LUIS

Pues vamos.

PASCUAL

¡Teneos!   165
¿Qué vais a hacer?

DON LUIS

A entrar.

PASCUAL

¿Ya?

DON LUIS

¿Quién sabe lo que él hará?

PASCUAL

Vuestros celosos deseos
reprimid, que ser no puede
mientras que no se recoja   170
mi amo, don Gil de Pantoja,
y todo en silencio quede.

DON LUIS

¡Voto a! . . .

PASCUAL

¡Eh! Dad una vez
breves treguas al amor.

DON LUIS

Y ¿a qué hora ese buen señor   175
suele acostarse?

PASCUAL

A las diez;
y en esa calleja estrecha

---

[8] *bien será . . . desalmado,* " it were well that one of the madmen should perhaps be imprudent (in jeopardizing his lady's honor) in order to thwart an unscrupulous one."

hay una reja; llamad
a las diez, y descuidad
mientras en mí.⁹

DON LUIS

Es cosa hecha.   180

PASCUAL

Don Luis, hasta luego, pues.

DON LUIS

Adiós, Pascual, hasta luego.

ESCENA III

DON LUIS

Jamás tal desasosiego
tuve. Paréceme que es
esta noche hora menguada ¹⁰
para mí . . . , y no sé qué vago
presentimiento, qué estrago   5
teme mi alma acongojada.
¡Por Dios, que nunca pensé
que a doña Ana amara así,
ni por ninguna sentí
lo que por ella! . . . ¡Oh! Y a fe   10
que de don Juan me amedrenta,
no el valor, mas la ventura.
Parece que le asegura
Satanás en cuanto intenta.
No, no; es un hombre infernal,   15
y téngome para mí
que, si me aparto de aquí,
me burla, pese a Pascual.
Y aunque me tenga por necio,
quiero entrar; que con don Juan   20
las precauciones no están
para vistas con desprecio.

(Llama a la ventana.)

ESCENA IV

DON LUIS y DOÑA ANA

DOÑA ANA

¿Quién va?

DON LUIS

¿No es Pascual?

DOÑA ANA

¡Don Luis!

DON LUIS

¡Doña Ana!

DOÑA ANA

¿Por la ventana
llamas ahora?

DON LUIS

¡Ay, doña Ana,
cuán a buen tiempo salís!

DOÑA ANA

Pues, ¿qué hay, Mejía?

DON LUIS

Un empeño   5
por tu beldad con un hombre
que temo.

DOÑA ANA

Y ¿qué hay que te asombre
en él, cuando eres tú el dueño
de mi corazón?

DON LUIS

Doña Ana,
no lo puedes comprender,   10
de ese hombre sin conocer
nombre y suerte.

DOÑA ANA

Será vana
su buena suerte conmigo;
ya ves, sólo horas nos faltan
para la boda, y te asaltan   15
vanos temores.

DON LUIS

Testigo
me es Dios que nada por mí
me da pavor mientras tenga

⁹ descuidad . . . en mí, " meanwhile rely on me."
¹⁰ menguada, " fatal."

espada, y ese hombre venga
cara a cara contra ti.   20
Mas, como el león audaz,[11]
y cauteloso y prudente
como la astuta serpiente . . .

DOÑA ANA

¡Bah! Duerme, don Luis, en paz,
que su audacia y su prudencia   25
nada lograrán de mí,
que tengo cifrada en ti
la gloria de mi existencia.

DON LUIS

Pues bien, Ana, de ese amor
que me aseguras en nombre,   30
para no temer a ese hombre,
voy a pedirte un favor.

DOÑA ANA

Di; mas bajo, por si escucha
tal vez alguno.

DON LUIS

Oye, pues.

ESCENA V

DOÑA ANA y DON LUIS *a la reja derecha;* DON JUAN *y* CIUTTI, *en la calle izquierda.*

CIUTTI

Señor, ¡por mi vida, que es
vuestra suerte buena y mucha!

DON JUAN

Ciutti, nadie como yo;
ya viste cuán fácilmente
el buen alcaide prudente   5
se avino, y suelta me dió.
Mas no hay ya en ello que hablar;
¿mis encargos has cumplido?

CIUTTI

Todos los he concluído
mejor que pude esperar.   10

DON JUAN

¿La beata? . . .

CIUTTI

Ésta es la llave
de la puerta del jardín
que habrá que escalar al fin,
pues como usarced ya sabe,
las tapias de este convento   15
no tienen entrada alguna.

DON JUAN

Y ¿te dió carta?

CIUTTI

Ninguna;
me dijo que aquí al momento
iba a salir de camino;
que al convento se volvía,   20
y que con vos hablaría.

DON JUAN

Mejor es.

CIUTTI

Lo mismo opino.

DON JUAN

¿Y los caballos?

CIUTTI

Con silla
y freno los tengo ya.

DON JUAN

¿Y la gente?

CIUTTI

Cerca está.   25

DON JUAN

Bien, Ciutti; mientras Sevilla
tranquila en sueño reposa
creyéndome encarcelado,
otros dos nombres añado
a mi lista numerosa.   30
¡Ja, ja!

CIUTTI

¡Señor!

---

[11] *como el león audaz,* " since he is both as fearless as a lion . . . "

Don Juan

¿Qué?

Ciutti

¡Callad!

Don Juan

¿Qué hay, Ciutti?

Ciutti

Al doblar la esquina,
en esa reja vecina
he visto un hombre.

Don Juan

Es verdad;
pues ahora sí que es mejor   35
el lance. ¿Y si es ése?

Ciutti

¿Quién?

Don Juan

Don Luis.

Ciutti

Imposible.

Don Juan

¡Toma!
¿No estoy yo aquí?

Ciutti

Diferencia
va de él a vos.

Don Juan

Evidencia
lo creo, Ciutti; allí asoma   40
tras de la reja una dama.

Ciutti

Una criada tal vez.

Don Juan

Preciso es verlo, ¡pardiez!
no perdamos lance y fama.
Mira, Ciutti: a fuer de ronda,   45
tú, con varios de los míos,

por esa calle escurríos,
dando vuelta a la redonda
a la casa.

Ciutti

Y en tal caso,
cerrará ella.

Don Juan

Pues con eso,   50
ella ignorante y él preso,
nos dejará franco el paso.

Ciutti

Decís bien.

Don Juan

Corre, y atájale,
que en ello el vencer consiste.

Ciutti

Mas ¿si el truhán se resiste? ...   55

Don Juan

Entonces, de un tajo rájale.

ESCENA VI

DON JUAN, DOÑA ANA y DON LUIS

Don Luis

¿Me das, pues, tu asentimiento?

Doña Ana

Consiento.

Don Luis

¿Complácesme de ese modo?

Doña Ana

En todo.

Don Luis

Pues te velaré hasta el día.   5

Doña Ana

Sí, Mejía.

Don Luis

Páguete el cielo, Ana mía,
satisfacción tan entera.

DOÑA ANA
Porque me juzgues sincera
consiento en todo, Mejía.   10

DON LUIS
Volveré, pues, otra vez.

DOÑA ANA
Sí, a las diez.

DON LUIS
¿Me aguardarás, Ana?

DOÑA ANA
Sí.

DON LUIS
Aquí.

DOÑA ANA
Y tú estarás puntual, ¿eh?   15

DON LUIS
Estaré.

DOÑA ANA
La llave, pues, te daré.

DON LUIS
Y dentro yo de tu casa,
venga Tenorio.

DOÑA ANA
Alguien pasa.
4 las diez.

DON LUIS
Aquí estaré.   20

ESCENA VII
DON JUAN y DON LUIS

DON LUIS
Las se acercan. ¿Quién va allá?

DON JUAN
Quien va.

DON LUIS
De quien va así, ¿qué se infiere?

DON JUAN
Que quiere . . .

DON LUIS
¿Ver si la lengua le arranco?   5

DON JUAN
El paso franco.

DON LUIS
Guardado está.

DON JUAN
Y yo, ¿soy manco?

DON LUIS
Pidiéraislo en cortesía.

DON JUAN
Y ¿a quién?

DON LUIS
A don Luis Mejía.

DON JUAN
Quien va, quiere el paso franco.   10

DON LUIS
¿Conocéisme?

DON JUAN
Sí.

DON LUIS
¿Y yo a vos?

DON JUAN
Los dos.

DON LUIS
Y ¿en qué estriba el estorballe? [12]

DON JUAN
En la calle . . .

DON LUIS
¿De ella los dos por ser amos?   15

DON JUAN
Estamos.

---

[12] *estorballe = estorbarle,* an assimilation of *r* to *l* common in poetry.

DON LUIS

Dos hay no más que podamos
necesitarla a la vez.

DON JUAN

Lo sé.

DON LUIS

Sois don Juan.

DON JUAN

¡Pardiez!
Los dos ya en la calle estamos.   20

DON LUIS

¿No os prendieron?

DON JUAN

Como a vos.

DON LUIS

¡Vive Dios!
Y ¿huisteis?

DON JUAN

Os imité:
y ¡qué!

DON LUIS

Que perderéis.

DON JUAN

No sabemos.   25

DON LUIS

Lo veremos.

DON JUAN

La dama entrambos tenemos
sitiada, y estáis cogido.

DON LUIS

Tiempo hay.

DON JUAN

Para vos perdido.

DON LUIS

¡Vive Dios, que lo veremos!   30

(*Don Luis desenvaina su espada; mas
Ciutti, que ha bajado con los suyos caute-*

*losamente hasta colocarse tras él, le su-
jeta.*)

DON JUAN

Señor don Luis, vedlo pues.

DON LUIS

Traición es.

DON JUAN

La boca . . .

(*A los suyos, que se la tapan a don Luis.*)

DON LUIS

¡Oh!

DON JUAN

Sujeto atrás,
más.

(*Le sujetan los brazos.*)

La empresa es, señor Mejía,   35
como mía.

(*A los suyos.*)

Encerrádmele hasta el día.
La apuesta está ya en mi mano.

(*A don Luis.*)

Adiós, don Luis; si os la gano,
traición es, mas como mía.   40

ESCENA VIII

DON JUAN

¡Buen lance, viven los cielos!
Estos son los que dan fama;
mientras le soplo la dama,
él se arrancará los pelos
encerrado en mi bodega.   5
¿Y ella? . . . Cuando crea hallarse
con él . . . ¡Ja, ja! . . . ¡Oh, y quejarse
no puede; limpio se juega!
A la cárcel le llevé,
y salió; llevóme a mí,   10
y salí; hallarnos aquí
era fuerza . . . ; ya se ve,
su parte en la grave apuesta
defendía cada cual.

Mas con la suerte está mal 15
Mejía, y también pierde ésta.
Sin embargo, y por si acaso,
no es de más asegurarse
de Lucía, a desgraciarse
no vaya por poco el paso.[13] 20
Mas por allí un bulto negro
se aproxima . . . y, a mi ver,
es el bulto una mujer.
¿Otra aventura? Me alegro.

ESCENA IX

DON JUAN y BRÍGIDA

BRÍGIDA

¿Caballero?

DON JUAN

¿Quién va allá?

BRÍGIDA

¿Sois don Juan?

DON JUAN

¡Por vida de! . . .
¡Si es la beata! ¡Y, a fe,
que la había olvidado ya!
Llegaos; don Juan soy yo. 5

BRÍGIDA

¿Estáis solo?

DON JUAN

Con el diablo.

BRÍGIDA

¡Jesucristo!

DON JUAN

Por vos lo hablo.

BRÍGIDA

¿Soy yo el diablo?

DON JUAN

Créolo.

BRÍGIDA

¡Vaya! ¡Qué cosas tenéis!
Vos sí que sois un diablillo . . . 10

DON JUAN

Que te llenará el bolsillo [14]
si le sirves.

BRÍGIDA

Lo veréis.

DON JUAN

Descarga, pues, ese pecho.
¿Qué hiciste?

BRÍGIDA

Cuanto me ha dicho
vuestro paje . . . ; y ¡qué mal bicho [15] 15
es ese Ciutti!

DON JUAN

¿Qué ha hecho?

BRÍGIDA

¡Gran bribón!

DON JUAN

¿No os ha entregado
un bolsillo y un papel?

BRÍGIDA

Leyendo estará ahora en él
doña Inés.

DON JUAN

¿La has preparado? 20

BRÍGIDA

Vaya; y os la he convencido
con tal maña y de manera,
que irá como una cordera
tras vos.

DON JUAN

¡Tan fácil te ha sido!

BRÍGIDA

¡Bah! Pobre garza [16] enjaulada, 25
dentro la jaula nacida,

---

[13] *a desgraciarse . . . el paso,* "lest the affair miscarry for lack of a little care."
[14] *bolsillo,* "purse."
[15] *mal bicho,* "knave," "rogue."
[16] *garza,* "heron,"—a peculiar metaphor, which Don Juan himself later employs in his impassioned declaration of love; its only appropriateness lies in the dictionary definition of the bird: "Es melancólica y espantadiza, sobre todo al aproximarse el hombre."

¿qué sabe ella si hay más vida
ni más aire en que volar?
Si no vió nunca sus plumas
del sol a los resplandores, 30
¿qué sabe de los colores
de que se puede ufanar?
No cuenta la pobrecilla
diez y siete primaveras,
y aún virgen a las primeras 35
impresiones del amor,
nunca concibió la dicha
fuera de su pobre estancia,
tratada desde la infancia
con cauteloso rigor. 40
Y tantos años monótonos
de soledad y convento,
tenían su pensamiento
ceñido a punto tan ruin,
a tan reducido espacio 45
y a círculo tan mezquino,
que era el claustro su destino
y el altar era su fin.
« Aquí está Dios,» la dijeron;
y ella dijo: « Aquí le adoro.» 50
« Aquí está el claustro y el coro »;
y pensó: « No hay más allá.» [17]
Y sin otras ilusiones
que sus sueños infantiles,
pasó diez y siete abriles 55
sin conocerlo quizá.

DON JUAN

Y ¿ está hermosa?

BRÍGIDA

¡Oh! Como un ángel.

DON JUAN

Y ¿ la has dicho? . . .

BRÍGIDA

Figuraos
si habré metido mal caos
en su cabeza, don Juan. 60
La hablé del amor, del mundo,
de la corte y los placeres,
de cuanto con las mujeres
erais pródigo y galán.
La dije que erais el hombre 65
por su padre destinado
para suyo; os he pintado
muerto por ella de amor,
desesperado por ella,
y por ella perseguido, 70
y por ella decidido
a perder vida y honor.
En fin, mis dulces palabras,
al posarse en sus oídos,
sus deseos mal dormidos [18] 75
arrastraron de sí en pos;
y allá dentro de su pecho
han inflamado una llama
de fuerza tal, que ya os ama
y no piensa más que en vos. 80

DON JUAN

Tan incentiva pintura
los sentidos me enajena,
y el alma ardiente me llena
de su insensata pasión.
Empezó por una apuesta, 85
siguió por un devaneo,
engendró luego un deseo,
y hoy me quema el corazón.
Poco es el centro de un claustro:
¡al mismo infierno bajara, 90
y a estocadas la arrancara
de los brazos de Satán!
¡Oh! Hermosa flor, cuyo cáliz
al rocío aún no se ha abierto,
a trasplantarte va al huerto 95
de sus amores don Juan.
¿ Brígida?

BRÍGIDA

Os estoy oyendo,
y me hacéis perder el tino;
yo os creía un libertino
sin alma y sin corazón. 100

DON JUAN

¿ Eso extrañas? ¿ No está claro
que en un objeto tan noble

---

[17] No hay más allá, " There is nothing further " (in life).
[18] mal dormidos, " slumbering."

hay que interesarse doble
que en ? tros?

BRÍGIDA

Tenéis razón.

DON JUAN

Conque ¿a qué hora se recogen   105
las madres?

BRÍGIDA

Ya recogidas
estarán. Vos, ¿prevenidas
todas las cosas tenéis?

DON JUAN

Todas.

BRÍGIDA

Pues luego que doblen
a las ánimas,[19] con tiento   110
saltando al huerto, al convento
fácilmente entrar podéis
con la llave que os he enviado;
de un claustro oscuro y estrecho
es; seguid bien derecho   115
y daréis con poco afán
en nuestra celda.

DON JUAN

Y si acierto
a robar tan gran tesoro,
te he de hacer pesar en oro.

BRÍGIDA

Por mí no queda,[20] don Juan.   120

DON JUAN

Vé y aguárdame.

BRÍGIDA

Voy, pues,
a entrar por la portería
y a cegar a sor María
la tornera. Hasta después.

(*Vase Brígida, y un poco antes de concluir esta escena, sale Ciutti, que se para en el fondo, esperando.*)

ESCENA X

DON JUAN y CIUTTI

DON JUAN

Pues, señor, ¡soberbio envite!
Muchas hice hasta esta hora,
mas ¡por Dios! que la de ahora
será tal, que me acredite.
Mas ya veo que me espera   5
Ciutti. ¡Lebrel!

(*Llamándole.*)

CIUTTI

Aquí estoy.

DON JUAN

¿Y don Luis?

CIUTTI

Libre por hoy
estáis de él.

DON JUAN

Ahora quisiera
ver a Lucía.

CIUTTI

Llegar
podéis aquí.

(*A la reja derecha.*)

Yo la llamo,   10
y al salir a mi reclamo,
la podéis vos abordar.[21]

DON JUAN

Llama, pues.

CIUTTI

La seña mía
sabe bien para que dude
en acudir.

DON JUAN

Pues si acude,   15
lo demás es cuenta mía.

(*Ciutti llama a la reja con una seña que parezca convenida. Lucía se asoma a ella,*)

[19] *doblen a las ánimas,* " toll the bells for prayers for the souls in Purgatory."
[20] *Por mí no queda,* " It won't fail through my fault."
[21] *abordar,* " accost."

y al ver a don Juan, se detiene un mo-
mento.)

ESCENA XI [22]

DON JUAN, LUCÍA y CIUTTI

LUCÍA

¿Qué queréis, buen caballero?

DON JUAN

Quiero . . .

LUCÍA

¿Qué queréis? Vamos a ver.

DON JUAN

Ver . . .

LUCÍA

¿Ver? ¿Qué veréis a esta hora?　　　5

DON JUAN

A tu señora.

LUCÍA

Idos, hidalgo, en mal hora;
¿quién pensáis que vive aquí?

DON JUAN

Doña Ana Pantoja, y
quiero ver a tu señora.　　　10

LUCÍA

¿Sabéis que casa doña Ana?

DON JUAN

Sí, mañana.

LUCÍA

Y ¿ha de ser tan infiel ya?

DON JUAN

Sí será.

LUCÍA

Pues ¿no es de don Luis Mejía?　　　15

DON JUAN

¡Ca! Otro día.
Hoy no es mañana, Lucía;
yo he de estar hoy con doña Ana,
y si se casa mañana,
mañana será otro día.　　　20

LUCÍA

¡Ah! ¿En recibiros está?

DON JUAN

Podrá.

LUCÍA

¿Qué haré si os he de servir?

DON JUAN

Abrir.

LUCÍA

¡Bah! Y ¿quién abre este castillo?　　　25

DON JUAN

Ese bolsillo.

LUCÍA

¡Oro!

DON JUAN

Pronto te dió el brillo.[23]

LUCÍA

¡Cuánto!

DON JUAN

De cien doblas pasa.

LUCÍA

¡Jesús!

DON JUAN

Cuenta, y di: esta casa,
¿podrá abrir ese bolsillo?　　　30

---

[22] It is interesting to learn from Zorrilla himself that he began the play with this scene, " en una noche de insomnio," without knowing too well what use he could make of it; and that he regarded the *ovillejo,* as here used, " la más forzada y falsa metrificación que conozco." (*Recuerdos,* I, 164.)

[23] *Pronto te dió el brillo,* " The gleam of it soon caught your eye."

LUCÍA

¡Oh! Si es quien me dora el pico²⁴ ...

DON JUAN (*Interrumpiéndola.*)

Muy rico.

LUCÍA

¿Sí? ¿Qué nombre usa el galán?

DON JUAN

Don Juan.

LUCÍA

¿Sin apellido notorio?   35

DON JUAN

Tenorio.

LUCÍA

¡Ánimas del purgatorio!
¿Vos don Juan?

DON JUAN

            ¿Qué te amedrenta,
si a tus ojos se presenta
muy rico don Juan Tenorio?   40

LUCÍA

Rechina la cerradura.

DON JUAN

Se asegura.

LUCÍA

Y a mí, ¿quién? ¡Por Belcebú!

DON JUAN

Tú.

LUCÍA

Y ¿qué me abrirá el camino?   45

DON JUAN

Buen tino.

LUCÍA

¡Bah! Id en brazos del destino ...

DON JUAN

Dobla el oro.

LUCÍA

Me acomodo.

DON JUAN

Pues mira cómo de todo
se asegura tu buen tino.   50

LUCÍA

Dadme algún tiempo, ¡pardiez!

DON JUAN

A las diez.

LUCÍA

¿Dónde os busco, o vos a mí?

DON JUAN

Aquí.

LUCÍA

Conque estaréis puntual, ¿eh?   55

DON JUAN

Estaré.

LUCÍA

Pues yo una llave os traeré.

DON JUAN

Y yo otra igual cantidad.

LUCÍA

No me faltéis.

DON JUAN

            No, en verdad;
a las diez aquí estaré.   60
Adiós, pues, y en mí te fía.

LUCÍA

Y en mí el garboso galán.

DON JUAN

Adiós, pues, franca Lucía.

____

²⁴ *Si ... pico,* " If the one who gilds my beak (i.e., silences me, by putting gold on my tongue)
is ..."

LUCÍA

Adiós, pues, rico don Juan.

(*Lucía cierra la ventana. Ciutti se acerca
a don Juan a una seña de éste.*)

ESCENA XII

DON JUAN *y* CIUTTI

DON JUAN (*Riéndose.*)

Con oro, nada hay que falle.
Ciutti, ya sabes mi intento:
a las nueve, en el convento;
a las diez, en esta calle.[25]

(*Vanse.*)

ACTO TERCERO

PROFANACIÓN [1]

Celda de doña Inés. Puerta en el fondo y a
la izquierda.

ESCENA PRIMERA

DOÑA INÉS *y* LA ABADESA

ABADESA

¿Conque me habéis entendido?

DOÑA INÉS

Sí, señora.

ABADESA

　　Está muy bien;
la voluntad decisiva
de vuestro padre, tal es.
Sois joven, cándida y buena;   5
vivido en el claustro habéis
casi desde que nacisteis;
y para quedar en él
atada con santos votos
para siempre, ni aun tenéis,   10

como otras, pruebas difíciles
ni penitencias que hacer.
¡Dichosa mil veces vos;
dichosa, sí, doña Inés,
que no conociendo el mundo,   15
no le debéis de temer!
¡Dichosa vos, que del claustro
al pisar en el dintel,
no os volveréis a mirar
lo que tras vos dejaréis!   20
Y los mundanos recuerdos
del bullicio y del placer,
no os turbarán, tentadores,
del ara santa a los pies;
pues ignorando lo que hay   25
tras esa santa pared,
lo que tras ella se queda,
jamás apeteceréis.
Mansa paloma, enseñada
en las palmas a comer   30
del dueño que la ha criado
en doméstico vergel,
no habiendo salido nunca
de la protectora red,
no ansiaréis nunca las alas   35
por el espacio tender.
Lirio gentil, cuyo tallo
mecieron sólo tal vez
las embalsamadas brisas
del más florecido mes,   40
aquí a los besos del aura,
vuestro cáliz abriréis,
y aquí vendrán vuestras hojas
tranquilamente a caer.
Y en el pedazo de tierra   45
que abarca nuestra estrechez,
y en el pedazo de cielo
que por las rejas se ve,
vos no veréis más que un lecho
do en dulce sueño yacer,   50

[25] Had the author consciously endeavored to preserve the unity of time, he could have done no better (nor worse) in crowding an impossible amount of action within the period of a couple of hours. Joking over such absurdities, in his *Recuerdos del tiempo viejo*, he adds: "Estas horas de doscientos minutos son exclusivamente propias del reloj de mi Don Juan . . . La unidad de tiempo está maravillosamente observada . . ." (I, 169.)

[1] Cf. author: "Mi plan era . . . hacer novicia a la hija del Comendador, a quien mi Don Juan debía sacar del convento, para que hubiese escalamiento, profanación, sacrilegio y todas las demás puntadas de semejante zurcido." (*Recuerdos*, I, 164.)

y un velo azul suspendido
a las puertas del Edén ...
¡Ay! En verdad que os envidio,
venturosa doña Inés,
con vuestra inocente vida,   55
la virtud del no saber.
Mas ¿por qué estáis cabizbaja?
¿Por qué no me respondéis
como otras veces, alegre,
cuando en lo mismo os hablé?   60
¿Suspiráis? ... ¡Oh! Ya comprendo;
de vuelta aquí hasta no ver [2]
a vuestra aya, estáis inquieta,
pero nada receléis.
A casa de vuestro padre   65
fué casi al anochecer,
y abajo en la portería
estará; yo os la enviaré,
que estoy de vela esta noche.
Conque, vamos, doña Inés,   70
recogeos, que ya es hora;
mal ejemplo no me deis
a las novicias, que ha tiempo
que duermen ya; hasta después.

DOÑA INÉS

Id con Dios, madre abadesa.   75

ABADESA

Adiós, hija.

ESCENA II

DOÑA INÉS

Ya se fué.
No sé qué tengo, ¡ay de mí!
que en tumultuoso tropel
mil encontradas ideas
me combaten a la vez.   5
Otras noches, complacida
sus palabras escuché,
y de esos cuadros tranquilos
que sabe pintar tan bien,
de esos placeres domésticos   10
la dichosa sencillez
y la calma venturosa,
me hicieron apetecer

[2] *hasta no ver,* " until you see."

la soledad de los claustros
y su santa rigidez.   15
Mas hoy la oí distraída,
y en sus pláticas hallé,
si no enojosos discursos,
a lo menos aridez.
Y no sé por qué al decirme   20
que podría acontecer
que se acelerase el día
de mi profesión, temblé,
y sentí del corazón
acelerarse el vaivén,   25
y teñírseme el semblante
de amarilla palidez.
¡Ay de mí! ... Pero mi dueña,
¿dónde estará? ... Esa mujer,
con sus pláticas, al cabo,   30
me entretiene alguna vez.
Y hoy la echo menos ... Acaso
porque la voy a perder,
que en profesando, es preciso
renunciar a cuanto amé.   35
Mas pasos siento en el claustro;
¡oh! reconozco muy bien
sus pisadas ... Ya está aquí.

ESCENA III

DOÑA INÉS y BRÍGIDA

BRÍGIDA

Buenas noches, doña Inés.

DOÑA INÉS

¿Cómo habéis tardado tanto?

BRÍGIDA

Voy a cerrar esta puerta.

DOÑA INÉS

Hay orden de que esté abierta.

BRÍGIDA

Eso es muy bueno y muy santo   5
para las otras novicias
que han de consagrarse a Dios;
no, doña Inés, para vos.

DOÑA INÉS

Brígida, ¿no ves que vicias
las reglas del monasterio,   10
que no permiten? . . .

BRÍGIDA

            ¡Bah, bah!
Más seguro así se está,
y así se habla sin misterio
ni estorbos. ¿Habéis mirado
el libro que os he traído?   15

DOÑA INÉS

¡Ay, se me había olvidado!

BRÍGIDA

Pues ¡me hace gracia el olvido! [3]

DOÑA INÉS

¡Como la madre abadesa
se entró aquí inmediatamente!

BRÍGIDA

¡Vieja más impertinente!   20

DOÑA INÉS

Pues ¿tanto el libro interesa?

BRÍGIDA

¡Vaya si interesa, mucho!
Pues ¡quedó con poco afán
el infeliz!

DOÑA INÉS

        ¿Quién?

BRÍGIDA

        Don Juan.

DOÑA INÉS

¡Válgame el cielo! ¿Qué escucho?   25
¿Es don Juan quien me le envía?

BRÍGIDA

Por supuesto.

DOÑA INÉS

        ¡Oh! Yo no debo
tomarle.

BRÍGIDA

        ¡Pobre mancebo!
Desairarle así, sería
matarle.

DOÑA INÉS

¿Qué estás diciendo?   30

BRÍGIDA

Si ese Horario no tomáis,
tal pesadumbre le dais,
que va a enfermar, lo estoy viendo.

DOÑA INÉS

¡Ah! No, no; de esa manera,
le tomaré.

BRÍGIDA

        Bien haréis.   35

DOÑA INÉS

Y ¡qué bonito es!

BRÍGIDA

            Ya veis;
quien quiere agradar, se esmera.

DOÑA INÉS

Con sus manecillas de oro.
Y cuidado que está prieto.[4]
A ver, a ver si completo   40
contiene el rezo del coro.

(Le abre, y cae una carta de entre sus
hojas.)

Mas ¿qué cayó?

BRÍGIDA

        Un papelito.

DOÑA INÉS

¡Una carta!

---

[3] ¡me hace . . . olvido! "I like your forgetfulness!"
[4] Y cuidado . . . prieto, "And see how compact it is!"

BRÍGIDA

Claro está;
en esa carta os vendrá
ofreciendo el regalito.   45

DOÑA INÉS

¡Qué! ¿Será suyo el papel?

BRÍGIDA

¡Vaya, que sois inocente!
Pues que os feria,⁵ es consiguiente
que la carta será de él.

DOÑA INÉS

¡Ay, Jesús!

BRÍGIDA

¿Qué es lo que os da?   50

DOÑA INÉS

Nada, Brígida, no es nada.

BRÍGIDA

No, no; si estáis inmutada.
(Ya presa en la red está.)
¿Se os pasa?

DOÑA INÉS

Sí.

BRÍGIDA

Eso habrá sido
cualquier mareíllo ⁶ vano.   55

DOÑA INÉS

¡Ay, se me abrasa la mano
con que el papel he cogido!

BRÍGIDA

Doña Inés, ¡válgame Dios!
jamás os he visto así;
estáis trémula.

DOÑA INÉS

¡Ay de mí!   60

BRÍGIDA

¿Qué es lo que pasa por vos?

DOÑA INÉS

No sé . . . El campo de mi mente
siento que cruzan perdidas
mil sombras desconocidas
que me inquietan vagamente,   65
y ha tiempo al alma me dan
con su agitación tortura.

BRÍGIDA

¿Tiene alguna, por ventura,
el semblante de don Juan?

DOÑA INÉS

No sé; desde que le ví,   70
Brígida mía, y su nombre
me dijiste, tengo a ese hombre
siempre delante de mí.
Por doquiera me distraigo
con su agradable recuerdo,   75
y si un instante le pierdo,
en su recuerdo recaigo.
No sé qué fascinación
en mis sentidos ejerce,
que siempre hacia él se me tuerce   80
la mente y el corazón;
y aquí, y en el oratorio,
y en todas partes advierto
que el pensamiento divierto
con la imagen de Tenorio.   85

BRÍGIDA

¡Válgame Dios! Doña Inés,
según lo vais explicando,
tentaciones me van dando
de creer que eso amor es.

DOÑA INÉS

¿Amor has dicho?

BRÍGIDA

Sí, amor.   90

⁵ feria, " is bestowing a gift upon."
⁶ mareíllo, " passing spell of giddiness."

DOÑA INÉS

No, de ninguna manera.

BRÍGIDA

Pues por amor lo entendiera
el menos entendedor;
mas vamos la carta a ver:
¿en qué os paráis? ¿Un suspiro?   95

DOÑA INÉS

¡Ay, que cuanto más la miro,
menos me atrevo a leer!

(*Lee.*)

« Doña Inés del alma mía . . .»
¡Virgen Santa, qué principio!

BRÍGIDA

Vendrá en verso, y será un ripio   100
que traerá la poesía.
Vamos, seguid adelante.

DOÑA INÉS (*Lee.*)

« Luz de donde el sol la toma,
hermosísima paloma
privada de libertad,   105
si os dignáis por estas letras
pasar vuestros lindos ojos,
no los tornéis con enojos
sin concluir, acabad . . .»

BRÍGIDA

¡Qué humildad, y qué finura!   110
¿Dónde hay mayor rendimiento?

DOÑA INÉS

Brígida, no sé qué siento.

BRÍGIDA

Seguid, seguid la lectura.

DOÑA INÉS (*Lee.*)

« Nuestros padres, de consuno
nuestras bodas acordaron,   115
porque los cielos juntaron
los destinos de los dos.
Y halagado desde entonces

con tan risueña esperanza,
mi alma, doña Inés, no alcanza   120
otro porvenir que vos.
De amor con ella en mi pecho
brotó una chispa ligera,
que han convertido en hoguera
tiempo y afición tenaz.   125
Y esta llama, que en mí mismo
se alimenta, inextinguible,
cada día más terrible
va creciendo y más voraz . . .»

BRÍGIDA

Es claro; esperar le hicieron   130
en vuestro amor algún día,
y hondas raíces tenía
cuando a arrancársele fueron.
Seguid.

DOÑA INÉS (*Lee.*)

« En vano a apagarla
concurren tiempo y ausencia,   135
que, doblando su violencia,
no hoguera, ya volcán es.
Y yo, que en medio del cráter
desamparado batallo,
suspendido en él me hallo   140
entre mi tumba y mi Inés . . .»

BRÍGIDA

¿Lo veis, Inés? Si ese Horario
le despreciáis, al instante
le preparan el sudario.

DOÑA INÉS

Yo desfallezco.

BRÍGIDA

Adelante.   145

DOÑA INÉS (*Lee.*)

« Inés, alma de mi alma,
perpetuo imán de mi vida,
perla sin concha escondida
entre las algas del mar;
garza que nunca del nido   150
tender osastes [7] el vuelo,
el diáfano azul del cielo

----

[7] *osastes*, archaic form of *osas*,

para aprender a cruzar,
si es que a través de esos muros
el mundo apenada miras,   155
y por el mundo suspiras,
de libertad con afán,
acuérdate que al pie mismo
de esos muros que te guardan,
para salvarte te aguardan   160
los brazos de tu don Juan . . . »
¿Qué es lo que me pasa, ¡cielo!
que me estoy viendo morir?

                    BRÍGIDA

(Ya tragó todo el anzuelo.)
Vamos, que está al concluir.   165

                DOÑA INÉS (*Lee.*)

« Acuérdate de quien llora
al pie de tu celosía,
y allí le sorprende el día
y le halla la noche allí;
acuérdate de quien vive   170
sólo por ti, ¡vida mía!
y que a tus pies volaría
si le llamaras a ti . . . »

                    BRÍGIDA

¿Lo veis? Vendría.

                DOÑA INÉS

                    ¡Vendría!

                    BRÍGIDA

A postrarse a vuestros pies.   175

                DOÑA INÉS

¿Puede?

                    BRÍGIDA

    ¡Oh, sí!

                DOÑA INÉS

                ¡Virgen María!

                    BRÍGIDA

Pero acabad, doña Inés.

                DOÑA INÉS (*Lee.*)

« Adiós, ¡oh luz de mis ojos!
adiós, Inés de mi alma;
medita, por Dios, en calma   180
las palabras que aquí van;
y si odias esa clausura
que ser tu sepulcro debe,
manda, que a todo se atreve
por tu hermosura, don Juan.»   185
¡Ay! ¿Qué filtro envenenado
me dan en este papel,
que el corazón desgarrado [8]
me estoy sintiendo con él?
¿Qué sentimientos dormidos   190
son los que revela en mí?
¿Qué impulsos jamás sentidos?
¿Qué luz, que hasta hoy nunca ví?
¿Qué es lo que engendra en mi alma
tan nuevo y profundo afán?   195
¿Quién roba la dulce calma
de mi corazón?

                    BRÍGIDA

Don Juan.

                DOÑA INÉS

¡Don Juan dices! . . . ¿Conque ese hombre
me ha de seguir por doquier?
¿Sólo he de escuchar su nombre,   200
sólo su sombra he de ver?
¡Ah! ¡Bien dice! Juntó el cielo
los destinos de los dos,
y en mi alma engendró este anhelo
fatal.

                    BRÍGIDA

¡Silencio, por Dios!   205

        (*Se oyen dar las ánimas.*) [9]

                DOÑA INÉS

¿Qué?

                    BRÍGIDA

Silencio.

---

[8] *desgarrado,* " torn."
[9] Cf. Act II, note 19, and the author's remark: " Yo tengo en mis dramas una debilidad por el toque de ánimas . . . y cuando necesito marcar la hora en la escena, oigo siempre campanas, pero no sé dónde, y pregunto qué hora es a las ánimas del Purgatorio." (*op. cit.,* I, 169.)

DOÑA INÉS

Me estremezco.

BRÍGIDA

¿Oís, doña Inés, tocar?

DOÑA INÉS

Sí; lo mismo que otras veces
las ánimas oigo dar.

BRÍGIDA

Pues no habléis de él.

DOÑA INÉS

                    ¡Cielo santo!   210
¿De quién?

BRÍGIDA

            ¿De quién ha de ser?
De ese don Juan que amáis tanto,
porque puede aparecer.

DOÑA INÉS

¡Me amedrentas! ¿Puede ese hombre
llegar hasta aquí?

BRÍGIDA

                Quizá,   215
porque el eco de su nombre
tal vez llega adonde está.

DOÑA INÉS

¡Cielos! Y ¿podrá? . . .

BRÍGIDA

                        ¿Quién sabe?

DOÑA INÉS

¿Es un espíritu, pues?

BRÍGIDA

No; mas si tiene una llave . . .   220

DOÑA INÉS

¡Dios!

BRÍGIDA

    Silencio, doña Inés,
¿no oís pasos?

DOÑA INÉS

            ¡Ay! Ahora
nada oigo.

BRÍGIDA

        Las nueve dan.
Suben . . . , se acercan . . . , señora . . .
ya está aquí.

DOÑA INÉS

        ¿Quién?

BRÍGIDA

            Él.

DOÑA INÉS

                    ¡Don Juan!   225

ESCENA IV

DOÑA INÉS, DON JUAN y BRÍGIDA

DOÑA INÉS

¿Qué es esto? ¿Sueño . . . , deliro?

DON JUAN

¡Inés de mi corazón!

DOÑA INÉS

¿Es realidad lo que miro,
o es una fascinación? . . .
¡Tenedme . . . , apenas respiro . . . ;   5
sombra . . . , huye, por compasión!
¡Ay de mí! . . .

(*Desmáyase doña Inés, y don Juan la sostiene. La carta de don Juan queda en el suelo, abandonada por doña Inés al desmayarse.*)

BRÍGIDA

            La ha fascinado
vuestra repentina entrada,
y el pavor la ha trastornado.

DON JUAN

Mejor; así nos ha ahorrado   10
la mitad de la jornada.
¡Ea! No desperdiciemos
el tiempo aquí en contemplarla,

si perdernos no queremos.
En los brazos a tomarla   15
voy, y cuanto antes, ganemos
ese claustro solitario.

BRÍGIDA

¡Oh! ¿Vais a sacarla así?

DON JUAN

¡Necia! ¿Piensas que rompí
la clausura, temerario,   20
para dejármela aquí?
Mi gente abajo me espera;
sígueme.

BRÍGIDA

¡Sin alma estoy!
¡Ay! Este hombre es una fiera;
nada le ataja ni altera . . .   25
Sí, sí; a su sombra me voy.[10]

ESCENA V

LA ABADESA

Jurara que había oído
por estos claustros andar;
hoy a doña Inés velar
algo más la he permitido,
y me temo . . . Mas no están   5
aquí. ¿Qué pudo ocurrir
a las dos para salir
de la celda? ¿Dónde irán?
¡Hola! Yo las ataré
corto para que no vuelvan   10
a enredar, y me revuelvan
a las novicias . . . ; sí, a fe.
Mas siento por allá fuera
pasos. ¿Quién es?

ESCENA VI

LA ABADESA y LA TORNERA

TORNERA

Yo, señora.

ABADESA

¡Vos en el claustro a esta hora!
¿Qué es esto, hermana tornera?

TORNERA

Madre abadesa, os buscaba.

ABADESA

¿Qué hay? Decid.

TORNERA

Un noble anciano   5
quiere hablaros.

ABADESA

Es en vano.

TORNERA

Dice que es de Calatrava
caballero; que sus fueros
le autorizan a este paso,
y que la urgencia del caso   10
le obliga al instante a veros.

ABADESA

¿Dijo su nombre?

TORNERA

El señor
don Gonzalo Ulloa.

ABADESA

¿Qué
puede querer? . . . Ábrale,
hermana; es Comendador   15
de la Orden, y derecho tiene
en el claustro de entrada.

ESCENA VII

LA ABADESA

¿A una hora tan avanzada
venir así? . . . No sospecho
qué pueda ser . . . ; mas me place,
pues no hallando a su hija aquí,
la reprenderá, y así   5
mirará otra vez lo que hace.

[10] *a su sombra me voy,* " I'll cast my lot in with him."

ESCENA VIII

LA ABADESA y DON GONZALO; LA TOR-
NERA, *a la puerta.*

DON GONZALO

Perdonad, madre abadesa,
que en hora tal os moleste;
mas para mí, asunto es éste
que honra y vida me interesa.

ABADESA

¡Jesús!

DON GONZALO

Oíd.

ABADESA

Hablad, pues.   5

DON GONZALO

Yo guardé hasta hoy un tesoro
de más quilates que el oro,
y ese tesoro es mi Inés.

ABADESA

A propósito . . .

DON GONZALO

Escuchad.
Se me acaba de decir   10
que han visto a su dueña ir
ha poco por la ciudad,
hablando con el crïado
de un don Juan, de tal renombre,
que no hay en la tierra otro hombre   15
tan audaz y tan malvado.
En tiempo atrás se pensó
con él a mi hija casar,
y hoy, que se la fuí a negar,
robármela me juró;   20
que por el torpe doncel[11]
ganada la dueña está,
no puedo dudarlo ya;
debo, pues, guardarme de él.
Y un día, una hora quizás   25
de imprevisión, le bastara
para que mi honor manchara
ese hijo de Satanás.

[11] *doncel,* " youth."

He aquí mi inquietud cuál es;
por la dueña, en conclusión,   30
vengo; vos la profesión
abreviad de doña Inés.

ABADESA

Sois padre, y es vuestro afán
muy justo, Comendador;
mas ved que ofende a mi honor.   35

DON GONZALO

¡No sabéis quién es don Juan!

ABADESA

Aunque le pintáis tan malo,
yo os puedo decir de mí,
que mientra Inés esté aquí,
segura está, don Gonzalo.   40

DON GONZALO

Lo creo; mas las razones
abreviemos; entregadme
a esa dueña, y perdonadme
mis mundanas opiniones.
Si vos de vuestra virtud   45
me respondéis, yo me fundo
en que conozco del mundo
la insensata juventud.

ABADESA

Se hará como lo exigís.
Hermana tornera: id, pues,   50
a buscar a doña Inés
y a su dueña.

(*Vase la tornera.*)

DON GONZALO

¿Qué decís,
señora? O traición me ha hecho
mi memoria, o yo sé bien
que ésta es hora de que estén   55
ambas a dos en su lecho.

ABADESA

Ha un punto sentí a las dos
salir de aquí, no sé a qué.

DON GONZALO

¡Ay! ¿Por qué tiemblo? ¡No sé!
Mas ¿qué veo? ¡Santo Dios!   60
¡Un papel! ... ¡Me lo decía
a voces mi mismo afán!

(*Leyendo.*)

« Doña Inés del alma mía ... »
¡Y la firma de don Juan!
¡Ved ..., ved ... esa prueba escrita!   65
¡Leed ahí! ... ¡Oh! ¡Mientras que vos
por ella rogáis a Dios,
viene el diablo y os la quita!

ESCENA IX

LA ABADESA, DON GONZALO y
LA TORNERA

TORNERA

Señora ...

ABADESA

¿Qué es?

TORNERA

¡Vengo muerta!

DON GONZALO

¡Concluid!

TORNERA

¡No acierto a hablar! ...
¡He visto a un hombre saltar
por las tapias de la huerta!

DON GONZALO

¿Veis? ¡Corramos! ¡Ay de mí!   5

ABADESA

¿Dónde vais, Comendador?

DON GONZALO

¡Imbécil! ¡Tras de mi honor,
que os roban a vos de aquí!

ACTO CUARTO
EL DIABLO A LAS PUERTAS DEL CIELO

Quinta de don Juan Tenorio, cerca de Sevilla y sobre el Guadalquivir. Balcón en el fondo. Dos puertas a cada lado.

ESCENA PRIMERA

BRÍGIDA y CIUTTI

BRÍGIDA

¡Qué noche, válgame Dios!
A poderlo calcular,
no me meto [1] yo a servir
a tan fogoso galán.
¡Ay, Ciutti! Molida estoy;   5
no me puedo menear.

CIUTTI

Pues ¿qué os duele?

BRÍGIDA

Todo el cuerpo,
y toda el alma además.

CIUTTI

¡Ya! No estáis acostumbrada
al caballo, es natural.   10

BRÍGIDA

Mil veces pensé caer.
¡Uf! ¡Qué mareo! ¡Qué afán!
Veía yo unos tras otros
ante mis ojos pasar
los árboles como en alas   15
llevados de un huracán,
tan apriesa y produciéndome
ilusión tan infernal,
que perdiera los sentidos
si tardamos en parar.   20

CIUTTI

Pues de estas cosas veréis,
si en esta casa os quedáis,
lo menos seis por semana.

[1] *A poderlo ... meto = Si lo hubiese podido calcular, no me habría metido ...*

BRÍGIDA

¡Jesús!

CIUTTI

Y esa niña, ¿está
reposando todavía? 25

BRÍGIDA

Y ¿a qué se ha de despertar?

CIUTTI

Sí; es mejor que abra los ojos
en los brazos de don Juan.

BRÍGIDA

Preciso es que tu amo tenga
algún diablo familiar. 30

CIUTTI

Yo creo que sea él mismo
un diablo en carne mortal,
porque a lo que él, solamente
se arrojara Satanás.

BRÍGIDA

¡Oh! ¡El lance ha sido extremado! 35

CIUTTI

Pero al fin logrado está.

BRÍGIDA

¡Salir así, de un convento,
en medio de una ciudad
como Sevilla!

CIUTTI

Es empresa
tan sólo para hombre tal; 40
mas ¡qué diablos! si a su lado
la fortuna siempre va,
y encadenado a sus pies
duerme sumiso el azar.

BRÍGIDA

Sí; decís bien.

CIUTTI

No he visto hombre 45
de corazón más audaz;
no halla riesgo que le espante,

ni encuentra dificultad
que, al empeñarse en vencer,
le haga un punto vacilar. 50
A todo osado se arroja;
de todo se ve capaz;
ni mira dónde se mete,
ni lo pregunta jamás.
« Allí hay un lance,» le dicen; 55
y él dice: « Allá va don Juan.»
Mas ya tarda, ¡vive Dios!

BRÍGIDA

Las doce en la catedral
han dado ha tiempo.

CIUTTI

Y de vuelta
debía a las doce estar. 60

BRÍGIDA

Pero ¿por qué no se vino
con nosotros?

CIUTTI

Tiene allá,
en la ciudad, todavía
cuatro cosas que arreglar.

BRÍGIDA

¿Para el viaje?

CIUTTI

Por supuesto; 65
aunque muy fácil será
que esta noche a los infiernos
le hagan a él mismo viajar.

BRÍGIDA

¡Jesús, qué ideas!

CIUTTI

Pues ¡digo!
¿Son obras de caridad 70
en las que nos empleamos,
para mejor esperar?
Aunque seguros estamos
como vuelva por acá.

BRÍGIDA

¿De veras, Ciutti?

CIUTTI

Venid   75
a este balcón, y mirad;
¿qué veis?

BRÍGIDA

Veo un bergantín,
que anclado en el río está.

CIUTTI

Pues su patrón sólo aguarda
las órdenes de don Juan,   80
y salvos, en todo caso,
a Italia nos llevará.

BRÍGIDA

¿Cierto?

CIUTTI

Y nada receléis
por nuestra seguridad,
que es el barco más velero   85
que boga [2] sobre la mar.

BRÍGIDA

¡Chist! Ya siento a doña Inés . . .

CIUTTI

Pues yo me voy, que don Juan
encargó que sola vos
debíais con ella hablar.   90

BRÍGIDA

Y encargó bien, que yo entiendo
de esto.

CIUTTI

Adiós, pues.

BRÍGIDA

Vete en paz.

ESCENA II

DOÑA INÉS y BRÍGIDA

DOÑA INÉS

¡Dios mío, cuánto he soñado!
¡Loca estoy! ¿Qué hora será?

[2] boga, "sails."

Pero ¿qué es esto? ¡ay de mí!
No recuerdo que jamás
haya visto este aposento.   5
¿Quién me trajo aquí?

BRÍGIDA

Don Juan.

DOÑA INÉS

Siempre don Juan . . .
¿Aquí tú también estás,
Brígida?

BRÍGIDA

Sí, doña Inés.

DOÑA INÉS

Pero dime, en caridad,   10
¿dónde estamos? Este cuarto,
¿es del convento?

BRÍGIDA

No tal;
aquello era un cuchitril
en donde no había más
que miseria.

DOÑA INÉS

Pero, en fin,   15
¿en dónde estamos?

BRÍGIDA

Mirad,
mirad por este balcón,
y alcanzaréis lo que va
desde un convento de monjas
a una quinta de don Juan.   20

DOÑA INÉS

¿Es de don Juan esta quinta?

BRÍGIDA

Y creo que vuestra ya.

DOÑA INÉS

Pero no comprendo, Brígida,
lo que dices.

BRÍGIDA

Escuchad.
Estabais en el convento
leyendo con mucho afán
una carta de don Juan,
cuando estalló en un momento
un incendio formidable.

DOÑA INÉS

¡Jesús!

BRÍGIDA

Espantoso, inmenso;
el humo era ya tan denso,
que el aire se hizo palpable.

DOÑA INÉS

Pues no recuerdo ...

BRÍGIDA

Las dos,
con la carta entretenidas,
olvidamos nuestras vidas;
yo oyendo, y leyendo vos.
Y estaba, en verdad, tan tierna,
que entrambas a su lectura
achacamos la tortura
que sentíamos interna.
Apenas ya respirar
podíamos, y las llamas
prendían en nuestras camas;
nos íbamos a asfixiar,
cuando don Juan, que os adora,
y que rondaba el convento,
al ver crecer con el viento
la llama devastadora,
con inaudito valor,
viendo que ibais a abrasaros,
se metió para salvaros
por donde pudo mejor.
Vos, al verle así asaltar
la celda tan de improviso,
os desmayasteis ... ; preciso,
la cosa era de esperar.
Y él, cuando os vió caer así,
en sus brazos os tomó
y echó a huir; yo le seguí,
y del fuego nos sacó.

¿Dónde íbamos a esta hora?
Vos seguíais desmayada,
yo estaba ya casi ahogada.
Dijo, pues: « Hasta la aurora
en mi casa las tendré.»
Y henos, doña Inés, aquí.

DOÑA INÉS

¿Conque ésta es su casa?

BRÍGIDA

Sí.

DOÑA INÉS

Pues nada recuerdo, a fe.
Pero ... ¡en su casa! ... ¡Oh, al punto
salgamos de ella! ... Yo tengo
la de mi padre.

BRÍGIDA

Convengo
con vos; pero es el asunto ...

DOÑA INÉS

¿Qué?

BRÍGIDA

Que no podemos ir.

DOÑA INÉS

Oír tal me maravilla.

BRÍGIDA

Nos aparta de Sevilla ...

DOÑA INÉS

¿Quién?

BRÍGIDA

Vedlo, el Guadalquivir.

DOÑA INÉS

¿No estamos en la ciudad?

BRÍGIDA

A una legua nos hallamos
de sus murallas.

DOÑA INÉS

¡Oh! ¡Estamos
perdidas!

BRÍGIDA

¡No sé, en verdad,   80
por qué!

DOÑA INÉS

Me estás confundiendo,
Brígida . . . Yo no sé qué redes
son las que entre estas paredes
temo que me estás tendiendo.
Nunca el claustro abandoné,   85
ni sé del mundo exterior
los usos, mas tengo honor;
noble soy, Brígida, y sé
que la casa de don Juan
no es buen sitio para mí;   90
me lo está diciendo aquí
no sé qué escondido afán.
Ven, huyamos.

BRÍGIDA

Doña Inés,
la existencia os ha salvado.

DOÑA INÉS

Sí, pero me ha envenenado   95
el corazón.

BRÍGIDA

¿Le amáis, pues?

DOÑA INÉS

No sé . . . Mas, por compasión,
huyamos pronto de ese hombre,
tras de cuyo solo nombre
se me escapa el corazón.   100
¡Ah! Tú me diste un papel
de manos de ese hombre escrito,
y algún encanto maldito
me diste encerrado en él.
Una sola vez le ví   105
por entre unas celosías,
y que estaba, me decías,
en aquel sitio por mí.
Tú, Brígida, a todas horas
me venías de él a hablar,   110
haciéndome recordar
sus gracias fascinadoras.
Tú me dijiste que estaba

para mío destinado
por mi padre, y me has jurado   115
en su nombre que me amaba.
¿Que le amo dices? . . . Pues bien;
si esto es amar, sí, le amo;
pero yo sé que me infamo
con esa pasión también.   120
Y si el débil corazón
se me va tras de don Juan,
tirándome de él están
mi honor y mi obligación.
Vamos, pues; vamos de aquí   125
primero que ese hombre venga,
pues fuerza acaso no tenga
si le veo junto a mí.
Vamos, Brígida.

BRÍGIDA

Esperad.
¿No oís?

DOÑA INÉS

¿Qué?

BRÍGIDA

Ruido de remos.   130

DOÑA INÉS

Sí, dices bien; volveremos
en un bote a la ciudad.

BRÍGIDA

Mirad, mirad, doña Inés.

DOÑA INÉS

Acaba . . . Por Dios; partamos.

BRÍGIDA

Ya, imposible que salgamos.   135

DOÑA INÉS

¿Por qué razón?

BRÍGIDA

Porque él es
quien en ese barquichuelo
se adelanta por el río.

Doña Inés

¡Ay! ¡Dadme fuerzas, Dios mío!

Brígida

Ya llegó; ya está en el suelo.   140
Sus gentes nos volverán
a casa; mas antes de irnos,
es preciso despedirnos
a lo menos de don Juan.

Doña Inés

Sea, y vamos al instante.   145
No quiero volverle a ver.

Brígida

(Los ojos te hará volver
al encontrarle delante.)
Vamos.

Doña Inés

   Vamos.

Ciutti (*Dentro.*)

   Aquí están.

Don Juan (*Ídem.*)

Alumbra.

Brígida

¡Nos busca!

Doña Inés

   Él es.   150

ESCENA III

Dichas y Don Juan

Don Juan

¿Adónde vais, doña Inés?

Doña Inés

Dejadme salir, don Juan.

Don Juan

¿Que os deje salir?

Brígida

   Señor,
sabiendo ya el accidente
del fuego, estará impaciente   5
por su hija el Comendador.

Don Juan

¡El fuego! ¡Ah! No os dé cuidado
por don Gonzalo, que ya
dormir tranquilo le hará
el mensaje que le he enviado.   10

Doña Inés

¿Le habéis dicho? . . .

Don Juan

   Que os hallabais
bajo mi amparo segura,
y el aura del campo pura
libre por fin respirabais.

(Vase Brígida.)

Cálmate, pues, vida mía; [3]   15
reposa aquí, y un momento
olvida de tu convento
la triste cárcel sombría.
¡Ah! ¿No es cierto, ángel de amor,
que en esta apartada orilla   20
más pura la luna brilla
y se respira mejor?
Esta aura que vaga llena
de los sencillos olores
de las campesinas flores   25
que brota esa orilla amena;
esa agua limpia y serena,
que atraviesa sin temor
la barca del pescador
que espera cantando el día,   30
¿no es cierto, paloma mía,
que están respirando amor?
Esa armonía que el viento
recoge entre esos millares
de floridos olivares,   35
que agita con manso aliento;

---

[3] Here follow " aquellas *décimas* tan famosas como fuera de lugar " and " las *redondillas* mejores que han salido de mi pluma," which Zorrilla himself confesses are ridiculously inopportune, inasmuch as Don Juan " sabe muy bien que no van a poder permanecer allí cinco minutos." (*Recuerdos*, I, 170.)

ese dulcísimo acento
con que trina el ruiseñor
de sus copas morador,
llamando al cercano día,   40
¿no es verdad, gacela mía,
que están respirando amor?
Y estas palabras que están
filtrando insensiblemente
tu corazón, ya pendiente   45
de los labios de don Juan,
y cuyas ideas van
inflamando en su interior
un fuego germinador
no encendido todavía,   50
¿no es verdad, estrella mía,
que están respirando amor?
Y esas dos líquidas perlas
que se desprenden tranquilas
de tus radiantes pupilas   55
convidándome a beberlas,
evaporarse a no verlas [4]
de sí mismas al calor,
y ese encendido color
que en tu semblante no había,   60
¿no es verdad, hermosa mía,
que están respirando amor?
¡Oh! Sí, bellísima Inés,
espejo y luz de mis ojos;
escucharme sin enojos   65
como lo haces, amor es;
mira aquí a tus plantas, pues,
todo el altivo rigor
de este corazón traidor
que rendirse no creía,   70
adorando, vida mía,
la esclavitud de tu amor.

Doña Inés

Callad, por Dios, ¡oh! don Juan,
que no podré resistir
mucho tiempo sin morir   75
tan nunca sentido afán.
¡Ah! Callad, por compasión,
que oyéndoos, me parece
que mi cerebro enloquece
y se arde mi corazón.   80

[4] *a no verlas*, "lest I see them."

¡Ah! Me habéis dado a beber
un filtro infernal sin duda,
que a rendiros os ayuda
la virtud de la mujer.
Tal vez poseéis, don Juan,   85
un misterioso amuleto,
que a vos me atrae en secreto
como irresistible imán.
Tal vez Satán puso en vos
su vista fascinadora,   90
su palabra seductora
y el amor que negó a Dios.
Y ¿qué he de hacer, ¡ay de mí!
sino caer en vuestros brazos,
si el corazón en pedazos   95
me vais robando de aquí?
No, don Juan, en poder mío
resistirte no está ya;
yo voy a ti, como va
sorbido al mar ese río.   100
Tu presencia me enajena,
tus palabras me alucinan,
y tus ojos me fascinan,
y tu aliento me envenena.
¡Don Juan, don Juan! Yo lo imploro   105
de tu hidalga compasión:
o arráncame el corazón,
o ámame, porque te adoro.

Don Juan

¡Alma mía! Esa palabra
cambia de modo mi ser,   110
que alcanzo que puede hacer
hasta que el Edén se me abra.
No es, doña Inés, Satanás
quien pone este amor en mí;
es Dios, que quiere por ti   115
ganarme para *Él* quizás.
No; el amor que hoy se atesora
en mi corazón mortal,
no es un amor terrenal
como el que sentí hasta ahora;   120
no es esa chispa fugaz
que cualquier ráfaga apaga;
es incendio que se traga
cuanto ve, inmenso, voraz.
Desecha, pues, tu inquietud,   125

bellísima doña Inés,
porque me siento a tus pies
capaz aún de la virtud.
Sí; iré mi orgullo a postrar
ante el buen Comendador,   130
y, o habrá de darme tu amor,
o me tendrá que matar.

DOÑA INÉS

¡Don Juan de mi corazón!

DON JUAN

¡Silencio! ¿Habéis escuchado?

DOÑA INÉS

¿Qué?

DON JUAN

Sí; una barca ha atracado   135
debajo de ese balcón.
Un hombre embozado, de ella
salta . . . Brígida, al momento

(*Entra Brígida.*)

pasad a esotro aposento,
y perdonad, Inés bella,   140
si solo me importa estar.

DOÑA INÉS

¿Tardarás?

DON JUAN

Poco ha de ser.

DOÑA INÉS

A mi padre hemos de ver.

DON JUAN

Sí; en cuanto empiece a clarear.
Adiós.

ESCENA IV

DON JUAN *y* CIUTTI

CIUTTI

Señor . . .

DON JUAN

¿Qué sucede,
Ciutti?

CIUTTI

Ahí está un embozado,
en veros muy empeñado.

DON JUAN

¿Quién es?

CIUTTI

Dice que no puede   5
descubrirse más que a vos,
y que es cosa de tal priesa,
que en ella se os interesa
la vida a entrambos a dos.

DON JUAN

¿Y en él no has reconocido
marca ni señal alguna   10
que nos oriente?

CIUTTI

Ninguna;
mas a veros decidido
viene.

DON JUAN

¿Trae gente?

CIUTTI

No más
que los remeros del bote.

DON JUAN

Que entre.

ESCENA V

DON JUAN, *luego* CIUTTI *y* DON LUIS,
embozado.

DON JUAN

¡Jugamos a escote
la vida! [5] . . . Mas, si es quizás
un traidor que hasta mi quinta
me viene siguiendo el paso . . . ,

[5] *¡Jugamos a escote la vida!* "Both he and I have our lives at stake!" (with reference probably to Ciutti's words above, rather than to the latest wager with Don Luis).

hálleme, pues, por si acaso,　　5
con las armas en la cinta.

(*Se ciñe la espada y suspende al cinto un
par de pistolas que habrá colocado sobre
la mesa a su salida en la escena tercera.
Al momento sale Ciutti, conduciendo a
don Luis, que, embozado hasta los ojos,
espera a que se queden solos. Don Juan
hace a Ciutti una seña para que se retire.
Lo hace.*)

ESCENA VI

DON JUAN y DON LUIS

DON JUAN

(¡Buen talante!) Bien venido,
caballero.

DON LUIS

　　　Bien hallado,
señor mío.

DON JUAN

　　　Sin cuidado
hablad.

DON LUIS

　　　Jamás lo he tenido.

DON JUAN

Decid, pues: ¿a qué venís　　5
a esta hora y con tal afán?

DON LUIS

Vengo a mataros, don Juan.

DON JUAN

Según eso, ¿sois don Luis?

DON LUIS

No os engañó el corazón,
y el tiempo no malgastemos,　　10
don Juan; los dos no cabemos
ya en la tierra.

DON JUAN

　　　En conclusión,
señor Mejía: ¿es decir

⁶ *habemos = hemos.*

que, porque os gané la apuesta,
queréis que acabe la fiesta　　15
con salirnos a batir?

DON LUIS

Estáis puesto en la razón;
la vida apostado habemos,⁶
y es fuerza que nos paguemos.

DON JUAN

Soy de la misma opinión.　　20
Mas ved que os debo advertir
que sois vos quien la ha perdido.

DON LUIS

Pues por eso os la he traído;
mas no creo que morir
deba nunca un caballero　　25
que lleva en el cinto espada,
como una res destinada
por su dueño al matadero.

DON JUAN

Ni yo creo que resquicio
habréis jamás encontrado　　30
por donde me hayáis tomado
por un cortador de oficio.

DON LUIS

De ningún modo; y ya veis
que, pues os vengo a buscar,
mucho en vos debo fiar.　　35

DON JUAN

No más de lo que podéis.
Y por mostraros mejor
mi generosa hidalguía,
decid si aún puedo, Mejía,
satisfacer vuestro honor.　　40
Leal la apuesta os gané;
mas si tanto os ha escocido,
mirad si halláis conocido
remedio, y le aplicaré.

DON LUIS

No hay más que el que os he propuesto,　45
don Juan. Me habéis maniatado,

y habéis la casa asaltado
usurpándome mi puesto;
y pues el mío tomasteis
para triunfar de doña Ana,   50
no sois vos, don Juan, quien gana,
porque por otro jugasteis.

DON JUAN

Ardides del juego son.

DON LUIS

Pues no os los quiero pasar,
y por ellos a jugar   55
vamos ahora el corazón.

DON JUAN

¿Le arriesgáis, pues, en revancha
de [7] doña Ana de Pantoja?

DON LUIS

Sí; y lo que tardo me enoja
en lavar tan fea mancha.   60
Don Juan, yo la amaba, sí;
mas con lo que habéis osado,
imposible la hais [8] dejado
para vos y para mí.

DON JUAN

¿Por qué la apostasteis, pues?   65

DON LUIS

Porque no pude pensar
que la pudierais lograr.
Y . . . vamos ¡por San Andrés!
a reñir, que me impaciento.

DON JUAN

Bajemos a la ribera.   70

DON LUIS

Aquí mismo.

DON JUAN

                        Necio fuera;
¿no veis que en este aposento
prendieran al vencedor?
Vos traéis una barquilla.

---

[7] *en revancha de,* " to avenge."
[8] *hais = habéis.*

DON LUIS

Sí.

DON JUAN

Pues que lleve a Sevilla   75
al que quede.

DON LUIS

            Eso es mejor;
salgamos, pues.

DON JUAN

            Esperad.

DON LUIS

¿Qué sucede?

DON JUAN

            Ruido siento.

DON LUIS

Pues no perdamos momento.

ESCENA VII

Don Juan, Don Luis y Ciutti

CIUTTI

Señor, la vida salvad.

DON JUAN

¿Qué hay, pues?

CIUTTI

            El Comendador,
que llega con gente armada.

DON JUAN

Déjale franca la entrada,
pero a él solo.

CIUTTI

            Mas señor . . .   5

DON JUAN

Obedéceme.
            (*Vase Ciutti.*)

ESCENA VIII

DON JUAN y DON LUIS

DON JUAN

Don Luis,
pues de mí os habéis fiado
cuanto dejáis demostrado
cuando a mi casa venís,
no dudaré en suplicaros, 5
pues mi valor conocéis,
que un instante me aguardéis.

DON LUIS

Yo nunca puse reparos
en valor que es tan notorio,
mas no me fío de vos. 10

DON JUAN

Ved que las partes son dos
de la apuesta con Tenorio,
y que ganadas están.

DON LUIS

¡Lograsteis a un tiempo! . . .

DON JUAN

Sí;
la del convento está aquí; 15
y pues viene de don Juan
a reclamarla quien puede,
cuando me podéis matar,
no debo asunto dejar
tras mí que pendiente quede. 20

DON LUIS

Pero mirad que meter
quien puede el lance impedir
entre los dos, puede ser . . .

DON JUAN

¡Qué?

DON LUIS

Excusaros de reñir.

DON JUAN

¡Miserable! . . . De don Juan 25

podéis dudar sólo vos;
mas aquí entrad, ¡vive Dios!
y no tengáis tanto afán
por vengaros, que este asunto
arreglado con ese hombre, 30
don Luis, yo os juro a mi nombre
que nos batimos al punto.

DON LUIS

Pero . . .

DON JUAN

¡Con una legión
de diablos! entrad aquí,
que harta nobleza es en mí 35
aun daros satisfacción.
Desde ahí ved y escuchad;
franca tenéis esa puerta;
si veis mi conducta incierta,
como os acomode obrad. 40

DON LUIS

Me avengo, si muy reacio [9]
no andáis.

DON JUAN

Calculadlo vos
a placer; mas ¡vive Dios,
que para todo hay espacio!

(*Entra don Luis en el cuarto que don Juan le señala.*)

Ya suben.

(*Don Juan escucha.*)

DON GONZALO (*Dentro.*)

¿Dónde está?

DON JUAN

Él es. 45

ESCENA IX [10]

DON JUAN y DON GONZALO

DON GONZALO

¿Adónde está ese traidor?

[9] *muy reacio,* "too slow."
[10] Note the superiority of this scene over that between Don Álvaro and Leonor's father (*Don Álvaro,* I, viii).

DON JUAN

Aquí está, Comendador.

DON GONZALO

¿De rodillas?

DON JUAN

Y a tus pies.

DON GONZALO

Vil eres hasta en tus crímenes.

DON JUAN

Anciano, la lengua ten, 5
y escúchame un solo instante.

DON GONZALO

¿Qué puede en tu lengua haber
que borre lo que tu mano
escribió en este papel?
¡Ir a sorprender, infame, 10
la cándida sencillez
de quien no pudo el veneno
de esas letras precaver!
¡Derramar en su alma virgen
traidoramente la hiel 15
en que rebosa la tuya,
seca de virtud y fe!
¡Proponerse así enlodar
de mis timbres la alta prez,
como si fuera un harapo 20
que desecha un mercader!
¿Ése es el valor, Tenorio,
de que blasonas? ¿Ésa es
la proverbial osadía
que te da al vulgo a temer? 25
¿Con viejos y con doncellas
la muestras?... Y ¿para qué?
¡Vive Dios! Para venir
sus plantas así a lamer,
mostrándote a un tiempo ajeno 30
de valor y de honradez.

DON JUAN

¡Comendador!

DON GONZALO

¡Miserable!
Tú has robado a mi hija Inés

de su convento, y yo vengo
por tu vida o por mi bien. 35

DON JUAN

Jamás delante de un hombre
mi alta cerviz incliné,
ni he suplicado jamás,
ni a mi padre, ni a mi rey.
Y pues conservo a tus plantas 40
la postura en que me ves,
considera, don Gonzalo,
que razón debo tener.

DON GONZALO

Lo que tienes es pavor
de mi justicia.

DON JUAN

¡Pardiez! 45
Óyeme, Comendador,
o tenerme no sabré,
y seré quien siempre he sido,
no queriéndolo ahora ser.

DON GONZALO

¡Vive Dios!

DON JUAN

Comendador, 50
yo idolatro a doña Inés,
persuadido de que el cielo
me la quiso conceder
para enderezar mis pasos
por el sendero del bien. 55
No amé la hermosura en ella,
ni sus gracias adoré;
lo que adoro es la virtud,
don Gonzalo, en doña Inés.
Lo que justicias ni obispos 60
no pudieron de mí hacer
con cárceles y sermones,
lo pudo su candidez.
Su amor me torna en otro hombre,
regenerando mi ser, 65
y ella puede hacer un ángel
de quien un demonio fué.
Escucha, pues, don Gonzalo,
lo que te puede ofrecer
el audaz don Juan Tenorio 70

de rodillas a tus pies.
Yo seré esclavo de tu hija,
en tu casa viviré,
tú gobernarás mi hacienda
diciéndome: *Esto ha de ser.*   75
El tiempo que señalares,
en reclusión estaré;
cuantas pruebas exigieres
de mi audacia o mi altivez,
del modo que me ordenares,   80
con sumisión te daré.
Y cuando estime tu juicio
que la pueda merecer,
yo la daré un buen esposo,
y ella me dará el Edén.   85

Don Gonzalo

Basta, don Juan; no sé cómo
me he podido contener,
oyendo tan torpes pruebas
de tu infame avilantez.[11]
Don Juan, tú eres un cobarde   90
cuando en la ocasión te ves,
y no hay bajeza a que no oses
como te saque con bien.[12]

Don Juan

¡Don Gonzalo!

Don Gonzalo

                Y me avergüenzo
de mirarte así a mis pies,   95
lo que apostabas por fuerza
suplicando por merced.

Don Juan

Todo así se satisface,
don Gonzalo, de una vez.

Don Gonzalo

¡Nunca! ¡Nunca! ¿Tú su esposo?   100
Primero la mataré.
¡Ea, entregádmela al punto,
o, sin poderme valer,
en esa postura vil
el pecho te cruzaré!   105

Don Juan

Míralo bien, don Gonzalo,
que vas a hacerme perder
con ella hasta la esperanza
de mi salvación tal vez.

Don Gonzalo

Y ¿qué tengo yo, don Juan,   110
con tu salvación que ver?

Don Juan

¡Comendador, que me pierdes!

Don Gonzalo

¡Mi hija!

Don Juan

                Considera bien
que por cuantos medios pude
te quise satisfacer;   115
y que con armas al cinto
tus denuestos toleré,
proponiéndote la paz
de rodillas a tus pies.

ESCENA X

Dichos y Don Luis, *soltando una carcajada de burla.*

Don Luis

Muy bien, don Juan.

Don Juan

                ¡Vive Dios!

Don Gonzalo

¿Quién es ese hombre?

Don Luis

                Un testigo
de su miedo, y un amigo,
Comendador, para vos.

Don Juan

¡Don Luis!

---

[11] *avilantez,* " baseness," " vileness."
[12] *como te saque con bien,* " provided it gets you safely out."

DON LUIS

       Ya he visto bastante,
don Juan, para conocer
cuál uso puedes hacer
de tu valor arrogante;
y quien hiere por detrás
y se humilla en la ocasión,
es tan vil como el ladrón
que roba y huye.

DON JUAN

       ¿Esto más?

DON LUIS

Y pues la ira soberana
de Dios junta, como ves,
al padre de doña Inés
y al vengador de doña Ana,
mira el fin que aquí te espera
cuando a igual tiempo te alcanza
aquí dentro su venganza
y la justicia allá fuera.

DON GONZALO

¡Oh! Ahora comprendo . . . ¿Sois vos
el que? . . .

DON LUIS

       Soy don Luis Mejía,
a quien a tiempo os envía
por vuestra venganza Dios.

DON JUAN

¡Basta, pues, de tal suplicio!
Si con hacienda y honor
ni os muestro ni doy valor
a mi franco sacrificio,
y la leal solicitud
con que ofrezco cuanto puedo
tomáis ¡vive Dios! por miedo,
y os mofáis de mi virtud,
os acepto el que me dais,
plazo breve y perentorio,
para mostrarme el Tenorio
de cuyo valor dudáis.

DON LUIS

Sea, y cae a nuestros pies
digno al menos de esa fama
que tan por bravo te aclama . . .

DON JUAN

Y venza el infierno, pues.
¡Ulloa, pues mi alma así
vuelves a hundir en el vicio,
cuando Dios me llame a juicio,
tú responderás por mí!

       (*Le da un pistoletazo.*)

DON GONZALO (*Cayendo.*)

¡Asesino!

DON JUAN

       Y tú, insensato,
que me llamas vil ladrón,
di en prueba de tu razón
que cara a cara te mato.

       (*Riñen, y le da una estocada.*)

DON LUIS (*Cayendo.*)

¡Jesús!

DON JUAN

       Tarde tu fe ciega
acude al cielo, Mejía,
y no fué por culpa mía;
pero la justicia llega,
y a fe que ha de ver quién soy.

CIUTTI (*Dentro.*)

¡Don Juan!

DON JUAN (*Asomando al balcón.*)

       ¿Quién es?

CIUTTI (*Dentro.*)

           Por aquí;
salvaos.

DON JUAN

¿Hay paso?

CIUTTI

       Sí;
arrojaos.

DON JUAN

       Allá voy.
Llamé al cielo, y no me oyó,
y pues sus puertas me cierra,

de mis pasos en la tierra
responda el cielo y no yo.   60

(*Se arroja por el balcón, y se le oye caer
en el agua del río, al mismo tiempo que el
ruido de los remos muestra la rapidez del
barco en que parte; se oyen golpes en las
puertas de la habitación; poco después
entra la justicia, soldados, etc.*)

ESCENA XI

ALGUACILES *y* SOLDADOS; *luego* DOÑA
INÉS *y* BRÍGIDA

ALGUACIL 1.º

El tiro ha sonado aquí.

ALGUACIL 2.º

Aún hay humo.

ALGUACIL 1.º

¡Santo Dios!
Aquí hay un cadáver.

ALGUACIL 2.º

Dos.

ALGUACIL 1.º

¿Y el matador?

ALGUACIL 2.º

Por allí.

(*Abren el cuarto en que están doña Inés
y Brígida, y las sacan a la escena; doña
Inés reconoce el cadáver de su padre.*)

ALGUACIL 1.º

¡Dos mujeres!

DOÑA INÉS

¡Ah! ¡Qué horror!   5
¡Padre mío!

ALGUACIL 1.º

¡Es su hija!

BRÍGIDA

Sí.

DOÑA INÉS

¡Ay! ¿Dó estás, don Juan, que aquí
me olvidas en tal dolor?

ALGUACIL 1.º

Él le asesinó.

DOÑA INÉS

¡Dios mío!
¿Me guardabas esto más?   10

ALGUACIL 2.º

Por aquí ese Satanás
se arrojó, sin duda, al río.

ALGUACIL 1.º

¡Miradlos! . . . A bordo están
del bergantín calabrés.

TODOS

¡Justicia por doña Inés!   15

DOÑA INÉS

¡Pero no contra don Juan!

SEGUNDA PARTE

ACTO PRIMERO

LA SOMBRA DE DOÑA INÉS

Panteón de la familia Tenorio. El teatro
representa un magnífico cementerio, hermo-
seado a manera de jardín. En primer término, aislados y de bulto, los sepulcros de
don Gonzalo de Ulloa, de doña Inés y de
don Luis Mejía, sobre los cuales se ven sus
estatuas de piedra. El sepulcro de don Gonzalo a la derecha, y su estatua de rodillas; el
de don Luis a la izquierda, y su estatua también de rodillas; el de doña Inés en el centro,
y su estatua de pie. En segundo término
otros dos sepulcros en la forma que convenga; y en tercer término, y en puesto elevado, el sepulcro y estatua del fundador, don
Diego Tenorio, en cuya figura remata la
perspectiva de los sepulcros. Una pared llena
de nichos y lápidas circuye el cuadro hasta
el horizonte. Dos llorones [1] a cada lado de

---

[1] *llorones = sauces llorones*, " weeping willows."

la tumba de doña Inés, dispuestos a servir de
la manera que a su tiempo exige el juego
escénico. Cipreses y flores de todas clases
embellecen la decoración, que no debe tener
nada de horrible. La acción se supone en una
tranquila noche de verano, y alumbrada por
una clarísima luna.

ESCENA PRIMERA

El Escultor, *disponiéndose a marchar.*

Pues señor, es cosa hecha:
el alma del buen don Diego
puede, a mi ver, con sosiego
reposar muy satisfecha.
La obra está rematada   5
con cuanta suntuosidad
su postrera voluntad
dejó al mundo encomendada.
Y ya quisieran ¡pardiez!
todos los ricos que mueren,   10
que su voluntad cumplieren
los vivos, como esta vez.
Mas ya de marcharme es hora:
todo corriente lo dejo,
y de Sevilla me alejo   15
al despuntar de la aurora.
¡Ah! Mármoles que mis manos
pulieron con tanto afán,
mañana os contemplarán
los absortos sevillanos,   20
y al mirar de este panteón
las gigantes proporciones,
tendrán las generaciones
la nuestra en veneración.
Mas yendo y viniendo días,   25
se hundirán unas tras otras,
mientra en pie estaréis vosotras,
póstumas memorias mías.
¡Oh! Frutos de mis desvelos,
peñas a quien yo animé,   30
y por quienes arrostré
la intemperie de los cielos;
el que forma y ser os dió,
va ya a perderos de vista:
velad mi gloria de artista,   35
pues viviréis más que yo.
Mas ¿quién llega?

ESCENA II

El Escultor y Don Juan, *que entra
embozado.*

ESCULTOR

Caballero . . .

DON JUAN

Dios le guarde.

ESCULTOR

Perdonad,
mas ya es tarde, y . . .

DON JUAN

Aguardad
un instante, porque quiero
que me expliquéis . . .

ESCULTOR

Por acaso,   5
¿sois forastero?

DON JUAN

Años ha
que falto de España ya,
y me chocó el ver al paso,
cuando a esas rejas llegué,
que encontraba este recinto   10
enteramente distinto
de cuando yo le dejé.

ESCULTOR

Ya lo creo; como que esto
era entonces un palacio,
y hoy es panteón el espacio   15
donde aquél estuvo puesto.

DON JUAN

¡El palacio hecho panteón!

ESCULTOR

Tal fué de su antiguo dueño
la voluntad, y fué empeño
que dió al mundo admiración.   20

DON JUAN

Y ¡por Dios, que es de admirar!

ESCULTOR

Es una famosa historia,
a la cual debo mi gloria.

DON JUAN

¿Me la podéis relatar?

ESCULTOR

Sí, aunque muy sucintamente,   25
pues me aguardan.

DON JUAN

Sea.

ESCULTOR

Oíd

la verdad pura.

DON JUAN

Decid,
que me tenéis impaciente.

ESCULTOR

Pues habitó esta ciudad
y este palacio, heredado,   30
un varón muy estimado
por su noble calidad.

DON JUAN

Don Diego Tenorio.

ESCULTOR

El mismo.

Tuvo un hijo este don Diego,
peor mil veces que el fuego,   35
un aborto del abismo;
un mozo sangriento y cruel,
que con tierra y cielo en guerra,
dicen que nada en la tierra
fué respetado por él.   40
Quimerista, seductor
y jugador con ventura,
no hubo para él segura
vida, ni hacienda, ni honor.
Así le pinta la historia,   45
y si tal era, por cierto

2 *enverjado*, " grating."

que obró cuerdamente el muerto
para ganarse la gloria.

DON JUAN

Pues ¿cómo obró?

ESCULTOR

Dejó entera
su hacienda al que la empleara   50
en un panteón que asombrara
a la gente venidera;
mas con condición, que dijo
que se enterraran en él
los que a la mano cruel   55
sucumbieron de su hijo.
Y mirad en derredor
los sepulcros de los más
de ellos.

DON JUAN

Y vos, ¿sois quizás
el conserje?

ESCULTOR

El escultor   60
de estas obras encargado.

DON JUAN

¡Ah! Y ¿las habéis concluído?

ESCULTOR

Ha un mes; mas me he detenido
hasta ver ese enverjado [2]
colocado en su lugar,   65
pues he querido impedir
que pueda el vulgo venir
este sitio a profanar.

DON JUAN (*Mirando.*)

¡Bien empleó sus riquezas
el difunto!

ESCULTOR

¡Ya lo creo!   70
Miradle allí.

DON JUAN

Ya le veo.

ESCULTOR

¿Le conocisteis?

DON JUAN

Sí.

ESCULTOR

Piezas
son todas muy parecidas,
y a conciencia trabajadas.

DON JUAN

¡Cierto que son extremadas! 75

ESCULTOR

¿Os han sido conocidas
las personas?

DON JUAN

Todas ellas.

ESCULTOR

Y ¿os parecen bien?

DON JUAN

Sin duda,
según lo que a ver me ayuda
el fulgor de las estrellas. 80

ESCULTOR

¡Oh! Se ven como de día
con esta luna tan clara.
Ésta es mármol de Carrara.³

(Señalando a la de don Luis.)

DON JUAN

¡Buen busto es el de Mejía!
¡Hola! Aquí el Comendador 85
se representa muy bien.

ESCULTOR

Yo quise poner también
la estatua del matador
entre sus víctimas, pero
no pude a manos haber 90

su retrato. Un Lucifer
dicen que era el caballero
don Juan Tenorio.

DON JUAN

¡Muy malo!
Mas, como pudiera hablar,
le había algo de abonar ⁴ 95
la estatua de don Gonzalo.

ESCULTOR

¿También habéis conocido
a don Juan?

DON JUAN

Mucho.

ESCULTOR

Don Diego
le abandonó desde luego,
desheredándole.

DON JUAN

Ha sido 100
para don Juan poco daño
ése, porque la fortuna
va tras él desde la cuna.

ESCULTOR

Dicen que ha muerto.

DON JUAN

Es engaño;
vive.

ESCULTOR

Y ¿dónde?

DON JUAN

Aquí, en Sevilla. 105

ESCULTOR

Y ¿no teme que el furor
popular? . . .

DON JUAN

En su valor
no ha echado el miedo semilla.

³ Carrara, a town of northern Italy, renowned for its white marble.
⁴ le había . . . abonar, " would have something to say in his behalf."

ESCULTOR

Mas cuando vea el lugar
en que está ya convertido   110
el solar que suyo ha sido,
no osará en Sevilla estar.

DON JUAN

Antes ver tendrá a fortuna [5]
en su casa reunidas
personas de él conocidas,   115
puesto que no odia a ninguna.

ESCULTOR

¿Creéis que ose aquí venir?

DON JUAN

¿Por qué no? Pienso, a mi ver,
que donde vino a nacer
justo es que venga a morir.   120
Y pues le quitan su herencia
para enterrar a éstos bien,
a él es muy justo también
que le entierren con decencia.

ESCULTOR

Sólo a él le está prohibida   125
en este panteón la entrada.

DON JUAN

Trae don Juan muy buena espada,
y no sé quién se lo impida.

ESCULTOR

¡Jesús! ¡Tal profanación!

DON JUAN

Hombre es don Juan que, a querer,   130
volverá el palacio a hacer
encima del panteón.

ESCULTOR

¿Tan audaz ese hombre es,
que aun a los muertos se atreve?

DON JUAN

¿Qué respetos gastar debe   135
con los que tendió a sus pies?

ESCULTOR

Pero ¿no tiene conciencia
ni alma ese hombre?

DON JUAN

                 Tal vez no,
que al cielo una vez llamó
con voces de penitencia,   140
y el cielo en trance tan fuerte
allí mismo le metió,
que a dos inocentes dió,
para salvarse, la muerte.

ESCULTOR

¡Qué monstruo, supremo Dios!   145

DON JUAN

Podéis estar convencido
de que Dios no le ha querido.

ESCULTOR

Tal será.

DON JUAN

          Mejor que vos.

ESCULTOR

(Y ¿quién será el que a don Juan
abona con tanto brío?)   150
Caballero, a pesar mío,
como aguardándome están . . .

DON JUAN

Idos, pues, enhorabuena.

ESCULTOR

He de cerrar.

DON JUAN

              No cerréis,
y marchaos.

ESCULTOR

           Mas ¿no veis? . . .   155

DON JUAN

Veo una noche serena,
y un lugar que me acomoda

---

[5] *Antes . . . fortuna,* " Rather will he deem it fortunate to see . . ."

para gozar su frescura,
y aquí he de estar a mi holgura,
si pesa a Sevilla toda.   160

ESCULTOR

(¿Si acaso padecerá
de locura desvaríos?)

DON JUAN

(*Dirigiéndose a las estatuas.*)

¡Ya estoy aquí, amigos míos!

ESCULTOR

(¿No lo dije? Loco está.)

DON JUAN

Mas ¡cielos! ¿Qué es lo que veo?   165
¡O es ilusión de mi vista,
o a doña Inés el artista
aquí representa creo!

ESCULTOR

Sin duda.

DON JUAN

¿También murió?

ESCULTOR

Dicen que de sentimiento   170
cuando de nuevo al convento
abandonada volvió
por don Juan.[6]

DON JUAN

Y ¿yace aquí?

ESCULTOR

Sí.

DON JUAN

¿La visteis muerta vos?

ESCULTOR

Sí.

DON JUAN

¿Cómo estaba?

ESCULTOR

¡Por Dios,   175
que dormida la creí!
La muerte fué tan piadosa
con su cándida hermosura,
que la envió con la frescura
y las tintas de la rosa.   180

DON JUAN

¡Ah! ¡Mal la muerte podría
deshacer con torpe mano
el semblante soberano
que un ángel envidiaría!
¡Cuán bella y cuán parecida   185
su efigie en el mármol es!
¡Quién pudiera,[7] doña Inés,
volver a darte la vida!
¿Es obra del cincel vuestro?

ESCULTOR

Como todas las demás.   190

DON JUAN

Pues bien merece algo más
un retrato tan maestro.
Tomad.

ESCULTOR

¿Qué me dais aquí?

DON JUAN

¿No lo veis?

ESCULTOR

Mas . . . caballero . . . ,
¿por qué razón? . . .

DON JUAN

Porque quiero   195
yo que os acordéis de mí.

ESCULTOR

Mirad que están bien pagadas.

DON JUAN

Así lo estarán mejor.

---

[6] *cuando . . . don Juan* = *cuando, abandonada por don Juan, volvió de nuevo al convento.*
[7] *¡Quién pudiera!* . . . "Would that I could . . . !"

ESCULTOR

Mas vamos de aquí, señor,
que aún las llaves entregadas   200
no están, y al salir la aurora
tengo que partir de aquí.

DON JUAN

Entregádmelas a mí,
y marchaos desde ahora.

ESCULTOR

¿A vos?

DON JUAN

A mí: ¿qué dudáis?   205

ESCULTOR

Como no tengo el honor . . .

DON JUAN

Ea, acabad, escultor.

ESCULTOR

Si el nombre al menos que usáis
supiera . . .

DON JUAN

¡Viven los cielos!
Dejad a don Juan Tenorio   210
velar el lecho mortuorio
en que duermen sus abuelos.

ESCULTOR

¡Don Juan Tenorio!

DON JUAN

Yo soy.
Y si no me satisfaces,
compañía juro que haces   215
a tus estatuas desde hoy.

ESCULTOR

(Alargándole las llaves.)

Tomad. (No quiero la piel
dejar aquí entre sus manos.
Ahora, que los sevillanos
se las compongan con él.)   220

(Vase.)

ESCENA III

DON JUAN

Mi buen padre empleó en esto
entera la hacienda mía;
hizo bien; yo al otro día
la hubiera a una carta puesto.[8]

(Pausa.)

No os podréis quejar de mí,   5
vosotros a quien maté;
si buena vida os quité,
buena sepultura os dí.
¡Magnífica es, en verdad,
la idea del tal panteón!   10
Y . . . siento que el corazón
me halaga esta soledad.
¡Hermosa noche! . . . ¡Ay de mí!
¡Cuántas como ésta tan puras,
en infames aventuras   15
desatinado perdí!
¡Cuántas, al mismo fulgor
de esa luna transparente,
arranqué a algún inocente
la existencia o el honor!   20
Sí; después de tantos años,
cuyos recuerdos espantan,
siento que aquí se levantan

(Señalando a la frente.)

pensamientos en mí extraños.
¡Oh! ¡Acaso me los inspira   25
desde el cielo, en donde mora,
esa sombra protectora
que por mi mal no respira!

(Se dirige a la estatua de doña Inés,
hablándola con respeto.)

Mármol en quien doña Inés
en cuerpo sin alma existe,   30
deja que el alma de un triste
llore un momento a tus pies.
De azares mil a través
conservé tu imagen pura,
y pues la mala ventura   35
te asesinó de don Juan,
contempla con cuánto afán

---

[8] la hubiera . . . puesto, "would have staked it on a single card."

vendrá hoy a tu sepultura.
En ti nada más pensó
desde que se fué de ti;   40
y desde que huyó de aquí,
sólo en volver meditó.
Don Juan tan sólo esperó
de doña Inés su ventura,
y hoy que en pos de su hermosura   45
vuelve el infeliz don Juan,
mira cuál será su afán
al dar con tu sepultura.
Inocente doña Inés,
cuya hermosa juventud   50
encerró en el ataúd
quien llorando está a tus pies;
si de esa piedra a través
puedes mirar la amargura
del alma que tu hermosura   55
adoró con tanto afán,
prepara un lado a don Juan
en tu misma sepultura.
Dios te crió por mi bien;
por ti pensé en la virtud;   60
adoré su excelsitud,
y anhelé su santo Edén.
Sí; aun hoy mismo en ti también
mi esperanza se asegura,
y oigo una voz que murmura   65
en derredor de don Juan
palabras con que su afán
se calma en tu sepultura.
¡Oh, doña Inés de mi vida!
Si esa voz con quien deliro   70
es el postrimer suspiro
de tu eterna despedida;
si es que de ti desprendida
llega esa voz a la altura,
y hay un Dios tras de esa anchura   75
por donde los astros van,
dile que mire a don Juan
llorando en tu sepultura.

(Se apoya en el sepulcro, ocultando el
rostro; y mientras se conserva en esta
postura, un vapor que se levanta del sepulcro oculta la estatua de doña Inés.
Cuando el vapor se desvanece, la estatua

ha desaparecido. Don Juan sale de su
enajenamiento.)
Este mármol sepulcral
adormece mi vigor,   80
y sentir creo en redor
un ser sobrenatural.
Mas . . . ¡cielos! ¡El pedestal
no mantiene su escultura!
¿Qué es esto? Aquella figura,   85
¿fué creación de mi afán?

ESCENA IV

DON JUAN y LA SOMBRA DE DOÑA INÉS.
El llorón y las flores de la izquierda del
sepulcro de doña Inés se cambian en una
apariencia,[9] dejando ver dentro de ella, y
en medio de resplandores, la sombra de
doña Inés.

SOMBRA

No; mi espíritu, don Juan,
te aguardó en mi sepultura.

DON JUAN (De rodillas.)

¡Doña Inés! ¡Sombra querida,
alma de mi corazón,
no me quites la razón   5
si me has de dejar la vida!
Si eres imagen fingida,
sólo hija de mi locura,
no aumentes mi desventura
burlando mi loco afán.   10

SOMBRA

Yo soy doña Inés, don Juan,
que te oyó en su sepultura.

DON JUAN

¿Conque vives?

SOMBRA

Para ti;
mas tengo mi purgatorio
en ese mármol mortuorio   15
que labraron para mí.
Yo a Dios mi alma ofrecí
en precio de tu alma impura,

---

[9] apariencia, " scenic effect," " stage device."

y Dios, al ver la ternura
con que te amaba mi afán,   20
me dijo: «Espera a don Juan
en tu misma sepultura.
Y pues quieres ser tan fiel
a un amor de Satanás,
con don Juan te salvarás,   25
o te perderás con él.
Por él vela; mas si cruel
te desprecia tu ternura,
y en su torpeza y locura
sigue con bárbaro afán,   30
llévese tu alma don Juan
de tu misma sepultura. »

DON JUAN (*Fascinado.*)

¡Yo estoy soñando quizás
con las sombras de un Edén!

SOMBRA

No; y ve que si piensas bien,   35
a tu lado me tendrás;
mas si obras mal, causarás
nuestra eterna desventura.
Y medita con cordura
que es esta noche, don Juan,   40
el espacio que nos dan
para buscar sepultura.
Adiós, pues; y en la ardua lucha
en que va a entrar tu existencia,
de tu dormida conciencia   45
la voz que va a alzarse escucha,
porque es de importancia mucha
meditar con sumo tiento
la elección de aquel momento
que, sin poder evadirnos,   50
al mal o al bien ha de abrirnos
la losa del monumento.

(*Ciérrase la apariencia; desaparece doña Inés, y todo queda como al principio del acto, menos la estatua de doña Inés, que no vuelve a su lugar. Don Juan queda atónito.*)

ESCENA V

DON JUAN

¡Cielos! ¿Qué es lo que escuché?
¡Hasta los muertos así

dejan sus tumbas por mí!
Mas . . . sombra, delirio fué.
Yo en mi mente lo forjé;   5
la imaginación le dió
la forma en que se mostró,
y ciego, vine a creer
en la realidad de un ser
que mi mente fabricó.   10
Mas nunca de modo tal
fanatizó mi razón
mi loca imaginación [10]
con su poder ideal.
Sí; algo sobrenatural   15
ví en aquella doña Inés
tan vaporosa, a través
aun de esa enramada espesa;
mas . . . ¡bah! circunstancia es ésa
que propia de sombra es.   20
¿Qué más diáfano y sutil
que las quimeras de un sueño?
¿Dónde hay nada más risueño,
más flexible y más gentil?
Y ¿no pasa veces mil   25
que, en febril exaltación,
ve nuestra imaginación
como ser y realidad
la vacía vanidad
de una anhelada ilusión?   30
Sí, ¡por Dios! ¡Delirio fué!
Mas su estatua estaba aquí.
Sí; yo la ví y la toqué,
y aun en albricias le dí
al escultor no sé qué.   35
¡Y ahora sólo el pedestal
veo en la urna funeral!
¡Cielos! ¿La mente me falta,
o de improviso me asalta
algún vértigo infernal?   40
¿Qué dijo aquella visión?
¡Oh! Yo la oí claramente,
y su voz triste y doliente
resonó en mi corazón.
¡Ah! ¡Y breves las horas son   45
del plazo que nos augura!
No, no; ¡de mi calentura
delirio insensato es!

[10] *fanatizó . . . imaginación,* "did my wild imagination bewitch my reason."

Mi fiebre fué a doña Inés
quien abrió la sepultura. 50
¡Pasad, y desvaneceos;
pasad, siniestros vapores
de mis perdidos amores
y mis fallidos deseos!
¡Pasad, vanos devaneos 55
de un amor muerto al nacer;
no me volváis a traer
entre vuestro torbellino
ese fantasma divino
que recuerda a una mujer! 60
¡Ah! ¡Estos sueños me aniquilan;
mi cerebro se enloquece . . .
y esos mármoles parece
que estremecidos vacilan!

(*Las estatuas se mueven lentamente, y
vuelven la cabeza hacia él.*)

Sí, sí; ¡sus bustos oscilan, 65
su vago contorno medra! [11]
Pero don Juan no se arredra:
¡alzaos, fantasmas vanos,
y os volveré con mis manos
a vuestros lechos de piedra! 70
No; no me causan pavor
vuestros semblantes esquivos;
jamás, ni muertos ni vivos,
humillaréis mi valor.
Yo soy vuestro matador, 75
como al mundo es bien notorio;
si en vuestro alcázar mortuorio
me aprestáis venganza fiera,
daos prisa, que aquí os espera
otra vez don Juan Tenorio. 80

ESCENA VI

DON JUAN, EL CAPITÁN CENTELLAS y
AVELLANEDA

CENTELLAS (*Dentro.*)
¿Don Juan Tenorio?

DON JUAN (*Volviendo en sí.*)
¿Qué es eso?
¿Quién me repite mi nombre?

[11] *medra,* " grows larger and more distinct."

AVELLANEDA (*Saliendo.*)
¿Veis a alguien?
(*A Centellas.*)
CENTELLAS (*Ídem.*)
Sí; allí hay un hombre.
DON JUAN
¿Quién va?
AVELLANEDA
Él es.
CENTELLAS
(*Yéndose a don Juan.*)
Yo pierdo el seso
con la alegría. ¡Don Juan! 5
AVELLANEDA
¡Señor Tenorio!
DON JUAN
¡Apartaos,
vanas sombras!
CENTELLAS
Reportaos,
señor don Juan . . . Los que están
en vuestra presencia ahora,
no son sombras, hombres son, 10
y hombres cuyo corazón
vuestra amistad atesora.
A la luz de las estrellas
os hemos reconocido,
y un abrazo hemos venido 15
a daros.
DON JUAN
Gracias, Centellas.
CENTELLAS
Mas ¿qué tenéis? ¡Por mi vida,
que os tiembla el brazo, y está
vuestra faz descolorida!
DON JUAN
(*Recobrando su aplomo.*)
La luna tal vez lo hará. 20

AVELLANEDA

Mas, don Juan, ¿qué hacéis aquí?
¿Este sitio conocéis?

DON JUAN

¿No es un panteón?

CENTELLAS

Y ¿sabéis
a quién pertenece?

DON JUAN

A mí;
mirad a mi alrededor,   25
y no veréis más que amigos
de mi niñez, o testigos
de mi audacia y mi valor.

CENTELLAS

Pero os oímos hablar:
¿con quién estabais?

DON JUAN

Con ellos.   30

CENTELLAS

¿Venís aún a escarnecellos?

DON JUAN

No; los vengo a visitar.
Mas un vértigo insensato
que la mente me asaltó,
un momento me turbó;   35
y a fe que me dió un mal rato.
Esos fantasmas de piedra
me amenazaban tan fieros,
que a mí acercado no haberos [12]
pronto . . .

CENTELLAS

¡Ja, ja, ja! ¿Os arredra,   40
don Juan, como a los villanos,
el temor de los difuntos?

DON JUAN

No a fe; contra todos juntos
tengo aliento y tengo manos.

Si volvieran a salir   45
de las tumbas en que están,
a las manos de don Juan
volverían a morir.
Y desde aquí en adelante
sabed, señor capitán,   50
que yo soy siempre don Juan,
y no hay cosa que me espante.
Un vapor calenturiento
un punto me fascinó,
Centellas, mas ya pasó;   55
cualquiera duda un momento.

AVELLANEDA y CENTELLAS

Es verdad.

DON JUAN

Vamos de aquí.

CENTELLAS

Vamos, y nos contaréis
cómo a Sevilla volvéis
tercera vez.

DON JUAN

Lo haré así.   60
Si mi historia os interesa,
a fe que oírse merece,
aunque mejor me parece
que la oigáis de sobremesa.
¿No opináis? . . .

AVELLANEDA y CENTELLAS

Como gustéis.   65

DON JUAN

Pues bien; cenaréis conmigo,
y en mi casa.

CENTELLAS

Pero digo:
¿es cosa de que dejéis
algún huésped por nosotros?
¿No tenéis gato encerrado?   70

DON JUAN

¡Bah! Si apenas he llegado;
no habrá allí más que vosotros
esta noche.

---

[12] a . . . no haberos, " if you hadn't approached me."

CENTELLAS

Y ¿no hay tapada
a quien algún plantón demos? [13]

DON JUAN

Los tres solos cenaremos.　75
Digo, si de esta jornada
no quiere igualmente ser
alguno de éstos.

(*Señalando a las estatuas de los sepulcros.*)

CENTELLAS

Don Juan,
dejad tranquilos yacer
a los que con Dios están.　80

DON JUAN

¡Hola! ¿Parece que vos
sois ahora el que teméis,
y mala cara ponéis
a los muertos? Mas ¡por Dios!
que ya que de mí os burlasteis　85
cuando me visteis así,
en lo que penda de mí
os mostraré cuánto errasteis.
Por mí, pues, no ha de quedar;
y, a poder ser, estad ciertos　90
que cenaréis con los muertos,
y os los voy a convidar.

AVELLANEDA

Dejaos de esas quimeras.

DON JUAN

¿Duda en mi valor ponerme,
cuando hombre soy para hacerme　95
platos de sus calaveras?
Yo a nada tengo pavor:

(*Dirigiéndose a la estatua de don Gonzalo, que es la que tiene más cerca.*)

tú eres el más ofendido;
mas, si quieres, te convido
a cenar, Comendador.　100
Que no lo puedas hacer
creo, y es lo que me pesa;

mas, por mi parte, en la mesa
te haré un cubierto poner.
Y a fe que favor me harás,　105
pues podré saber de ti
si hay más mundo que el de aquí
y otra vida en que jamás,
a decir verdad, creí.

CENTELLAS

Don Juan, eso no es valor;　110
locura, delirio es.

DON JUAN

Como lo juzguéis mejor;
yo cumplo así. Vamos, pues.
Lo dicho, Comendador.

ACTO SEGUNDO
LA ESTATUA DE DON GONZALO

Aposento de don Juan Tenorio. Dos puertas en el fondo a derecha e izquierda, preparadas para el juego escénico del acto. Otra puerta en el bastidor que cierra la decoración por la izquierda. Ventana en el de la derecha. Al alzarse el telón están sentados a la mesa don Juan, Centellas y Avellaneda. La mesa ricamente servida; el mantel cogido con guirnaldas de flores, etc. Enfrente del espectador, don Juan, y a su izquierda Avellaneda; en el lado izquierdo de la mesa, Centellas, y en el de enfrente de éste, una silla y un cubierto desocupados.

ESCENA PRIMERA

DON JUAN, EL CAPITÁN CENTELLAS, AVELLANEDA, CIUTTI y UN PAJE

DON JUAN

Tal es mi historia, señores;
pagado de mi valor,
quiso el mismo Emperador
dispensarme sus favores.
Y aunque oyó mi historia entera,　5
dijo: « Hombre de tanto brío
merece el amparo mío;
vuelva a España cuando quiera »;
y heme aquí en Sevilla ya.

[13] *a quien . . . demos,* " whom we would keep waiting."

CENTELLAS

Y ¡con qué lujo y riqueza! 10

DON JUAN

Siempre vive con grandeza
quien hecho a grandeza está.

CENTELLAS

A vuestra vuelta.

DON JUAN

Bebamos.

CENTELLAS

Lo que no acierto a creer
es cómo, llegando ayer, 15
ya establecido os hallamos.

DON JUAN

Fué el adquirirme, señores,
tal casa con tal boato,
porque se vendió a barato
para pago de acreedores; 20
y como al llegar aquí
desheredado me hallé,
tal como está la compré.

CENTELLAS

¿Amueblada y todo?

DON JUAN

Sí;
un necio, que se arruinó 25
por una mujer, vendióla.

CENTELLAS

Y ¿vendió la hacienda sola?

DON JUAN

Y el alma al diablo.

CENTELLAS

¿Murió?

DON JUAN

De repente; y la justicia,
que iba a hacer de cualquier modo 30

pronto despacho de todo,
viendo que yo su codicia
saciaba, pues los dineros
ofrecía dar al punto,
cedióme el caudal por junto [1] 35
y estafó a los usureros.

CENTELLAS

Y la mujer, ¿qué fué de ella?

DON JUAN

Un escribano la pista
la siguió, pero fué lista
y escapó.

CENTELLAS

¿Moza?

DON JUAN

Y muy bella. 40

CENTELLAS

Entrar hubiera debido
en los muebles de la casa.

DON JUAN

Don Juan Tenorio no pasa
moneda que se ha perdido.[2]
Casa y bodega he comprado; 45
dos cosas que, no os asombre,
pueden bien hacer a un hombre
vivir siempre acompañado;
como lo puede mostrar
vuestra agradable presencia, 50
que espero que con frecuencia
me hagáis ambos disfrutar.

CENTELLAS

Y nos haréis honra inmensa.

DON JUAN

Y a mí vos. Ciutti ...

CIUTTI

Señor ...

[1] *el caudal por junto,* " the estate in its entirety."
[2] *no pasa ... perdido,* " doesn't accept lost money " (i.e., second-hand things).

DON JUAN

Pon vino al Comendador. 55

(*Señalando al vaso del puesto vacío.*)

CENTELLAS

Don Juan, ¿aún en eso piensa
vuestra locura?

DON JUAN

Sí, ¡a fe!
Que si él no puede venir,
de mí no podréis decir
que en ausencia no le honré. 60

CENTELLAS

¡Ja, ja, ja! Señor Tenorio,
creo que vuestra cabeza
va menguando en fortaleza.

DON JUAN

Fuera en mí contradictorio
y ajeno de mi hidalguía 65
a un amigo convidar,
y no guardar el lugar
mientras que llegar podría.
Tal ha sido mi costumbre
siempre, y siempre ha de ser ésa; 70
y al mirai sin él la mesa,
me da, en verdad, pesadumbre,
porque si el Comendador
es, difunto, tan tenaz
como vivo, es muy capaz 75
de seguirnos el humor.

CENTELLAS

Brindemos a su memoria,
y más en él no pensemos.

DON JUAN

Sea.

CENTELLAS

Brindemos.

AVELLANEDA y DON JUAN

Brindemos.

CENTELLAS

A que Dios le dé su gloria. 80

DON JUAN

Mas yo, que no creo que haya
más gloria que ésta mortal,
no hago mucho en brindis tal;
mas por complaceros, ¡vaya!
Y brindo a que Dios te dé 85
la gloria, Comendador.

(*Mientras beben, se oye lejos un alda-
bonazo, que se supone dado en la puerta
de la calle.*)

Mas ¿llamaron?

CIUTTI

Sí, señor.

DON JUAN

Ve quién.

CIUTTI

(*Asomando por la ventana.*)

A nadie se ve.
¿Quién va allá? Nadie responde.

CENTELLAS

Algún chusco.

AVELLANEDA

Algún menguado
que al pasar habrá llamado, 90
sin mirar siquiera dónde.

DON JUAN (*A Ciutti.*)

Pues cierra y sirve licor.

(*Llaman otra vez más recio.*)

Mas llamaron otra vez.

CIUTTI

Sí.

DON JUAN

Vuelve a mirar.

CIUTTI

¡Pardiez!
A nadie veo, señor. 94

DON JUAN

Pues ¡por Dios, que del bromazo,
quien es, no se ha de alabar!
Ciutti, si vuelve a llamar,
suéltale un pistoletazo.

(*Llaman otra vez y se oye un poco más
cerca.*)

¿Otra vez?

CIUTTI

¡Cielos!

AVELLANEDA y CENTELLAS

¿Qué pasa?   100

CIUTTI

Que esa aldabada postrera
ha sonado en la escalera,
no en la puerta de la casa.

AVELLANEDA y CENTELLAS

(*Levantándose asombrados.*)

¿Qué dices?

CIUTTI

Digo lo cierto,
nada más; dentro han llamado   105
de la casa.

DON JUAN

¿Qué os ha dado?
¿Pensáis que sea el muerto?
Mis armas cargué con bala;
Ciutti, sal a ver quién es.

(*Vuelven a llamar más cerca.*)

AVELLANEDA

¿Oísteis?

CIUTTI

¡Por San Ginés,   110
que eso ha sido en la antesala!

DON JUAN

¡Ah! Ya lo entiendo; me habéis
vosotros mismos dispuesto
esta comedia, supuesto
que lo del muerto sabéis.   115

AVELLANEDA

Yo os juro, don Juan . . .

CENTELLAS

Y yo.

DON JUAN

¡Bah! Diera en ello el más topo; [3]
y apuesto a que ese galopo [4]
los medios para ello os dió.

AVELLANEDA

Señor don Juan, escondido   120
algún misterio hay aquí.

(*Vuelven a llamar más cerca.*)

CENTELLAS

¡Llamaron otra vez!

CIUTTI

Sí,
y ya en el salón ha sido.

DON JUAN

¡Ya! Mis llaves en manojo
habréis dado a la fantasma,   125
y que entre así no me pasma;
mas no saldrá a vuestro antojo,
ni me han de impedir cenar
vuestras farsas desdichadas.

(*Se levanta, y corre los cerrojos de la
puerta del fondo, volviendo a su lugar.*)

Ya están las puertas cerradas;   130
ahora el coco, para entrar,
tendrá que echarlas al suelo,
y en el punto que lo intente,
que con los muertos se cuente,
y apele después al cielo.   135

CENTELLAS

¡Qué diablos, tenéis razón!

[3] *Diera . . . topo,* " The veriest dolt would see through that."
[4] *galopo,* refers to Ciutti.

DON JUAN

Pues ¿no temblabais?

CENTELLAS

Confieso
que en tanto que no dí en eso,
tuve un poco de aprensión.

DON JUAN

¿Declaráis, pues, vuestro enredo?   140

AVELLANEDA

Por mi parte, nada sé.

CENTELLAS

Ni yo.

DON JUAN

Pues yo volveré
contra el inventor el miedo.
Mas sigamos con la cena;
vuelva cada uno a su puesto,   145
que luego sabremos de esto.

AVELLANEDA

Tenéis razón.

DON JUAN (*Sirviendo a Centellas.*)

Cariñena; [5]
sé que os gusta, capitán.

CENTELLAS

Como que somos paisanos.

DON JUAN

(*A Avellaneda, sirviéndole de otra botella.*)
Jerez [6] a los sevillanos,   150
don Rafael.

AVELLANEDA

Hais, don Juan,
dado a entrambos por el gusto; [7]
mas ¿con cuál brindaréis vos?

DON JUAN

Yo haré justicia a los dos.

CENTELLAS

Vos siempre estáis en lo justo.   155

DON JUAN

Sí, a fe; bebamos.

AVELLANEDA y CENTELLAS

Bebamos.

(*Llaman a la misma puerta de la escena, fondo derecha.*)

DON JUAN

Pesada me es ya la broma,
mas veremos quién asoma
mientras en la mesa estamos.

(*A Ciutti, que se manifiesta asombrado.*)

Y ¿qué haces tú ahí, bergante?   160
¡Listo! Trae otro manjar.

(*Vase Ciutti.*)

Mas me ocurre en este instante
que nos podemos mofar
de los de afuera, invitándoles
a probar su sutileza,   165
entrándose hasta esta pieza
y sus puertas no franqueándoles.

AVELLANEDA

Bien dicho.

CENTELLAS

Idea brillante.

(*Llaman fuerte, fondo derecha.*)

DON JUAN

Señores, ¿a qué llamar?
Los muertos se han de filtrar   170
por la pared; adelante.

(*La estatua de don Gonzalo pasa por la puerta sin abrirla y sin hacer ruido.*)

[5] *Cariñena,* wine from the district of that name, near Saragossa.
[6] *Jerez,* "sherry," from Jerez de la Frontera, near Cádiz.
[7] *Hais . . . gusto,* "You have hit upon the favorite of us both."

ESCENA II

DON JUAN, CENTELLAS, AVELLANEDA y
LA ESTATUA DE DON GONZALO

CENTELLAS

¡Jesús!

AVELLANEDA

¡Dios mío!

DON JUAN

¡Qué es esto!

AVELLANEDA

Yo desfallezco.
(*Cae desvanecido.*)

CENTELLAS

Yo expiro.
(*Cae lo mismo.*)

DON JUAN

¡Es realidad, o deliro!
Es su figura . . . , su gesto.

ESTATUA

¿Por qué te causa pavor   5
quien convidado a tu mesa
viene por ti?

DON JUAN

¡Dios! ¿No es ésa
la voz del Comendador?

ESTATUA

Siempre supuse que aquí
no me habías de esperar.   10

DON JUAN

Mientes, porque hice arrimar
esa silla para ti.
Llega, pues, para que veas
que, aunque dudé en un extremo
de sorpresa, no te temo,   15
aunque el mismo Ulloa seas.

ESTATUA

¿Aún lo dudas?

DON JUAN

No lo sé.

ESTATUA

Pon, si quieres, hombre impío,
tu mano en el mármol frío
de mi estatua.

DON JUAN

¿Para qué?   20
Me basta oírlo de ti;
cenemos, pues, mas te advierto . . .

ESTATUA

¿Qué?

DON JUAN

Que si no eres el muerto,
lo vas a salir de aquí.

(*A Centellas y a Avellaneda.*)

¡Eh! Alzad.

ESTATUA

No pienses, no,   25
que se levanten, don Juan,
porque en sí no volverán
hasta que me ausente yo;
que la divina clemencia
del Señor para contigo,   30
no requiere más testigo
que tu juicio y tu conciencia.
Al sacrílego convite
que me has hecho en el panteón,
para alumbrar tu razón,   35
Dios asistir me permite.
Y heme que vengo en su nombre
a enseñarte la verdad,
y es: que hay una eternidad
tras de la vida del hombre;   40
que numerados están
los días que has de vivir,
y que tienes que morir
mañana mismo, don Juan.
Mas como esto que a tus ojos   45
está pasando, supones
ser del alma aberraciones
y de la aprensión antojos,
Dios, en su santa clemencia,

te concede todavía 50
un plazo hasta el nuevo día
para ordenar tu conciencia.
Y su justicia infinita,
porque conozcas mejor,
espero de tu valor 55
que me pagues la visita.
¿Irás, don Juan?

DON JUAN

Iré, sí;
mas me quiero convencer
de lo vago de tu ser
antes que salgas de aquí. 60

(*Coge una pistola.*)

ESTATUA

Tu necio orgullo delira,
don Juan; los hierros más gruesos
y los muros más espesos
se abren a mi paso; mira.

(*Desaparece la estatua sumiéndose por la pared.*)

ESCENA III

DON JUAN; CENTELLAS y AVELLANEDA, *dormidos.*

DON JUAN

¡Cielos! ¡Su esencia se trueca
el muro hasta penetrar,
cual mancha de agua que seca
el ardor canicular!
¿No me dijo: « El mármol toca 5
de mi estatua »? ¿Cómo, pues,
se desvanece una roca?
¡Imposible! Ilusión es.
Acaso su antiguo dueño
mis cubas envenenó, 10
y el licor tan vano ensueño
en mi mente levantó.
Mas si éstas que sombras creo
espíritus reales son,
que por celestial empleo 15
llaman a mi corazón,
entonces, para que iguale
su penitencia don Juan

con sus delitos, ¿qué vale
el plazo ruin que le dan? . . . 20
¡Dios me da tan sólo un día! . . .
Si fuese Dios en verdad,
a más distancia pondría
su aviso a mi eternidad.
« Piensa bien, que al lado tuyo 25
me tendrás . . . , » dijo de Inés
la sombra; y si bien arguyo,
pues no la veo, sueño es.

(*Transparéntase en la pared la sombra de doña Inés.*)

ESCENA IV

DON JUAN, LA SOMBRA DE DOÑA INÉS;
CENTELLAS y AVELLANEDA, *dormidos.*

SOMBRA

Aquí estoy.

DON JUAN

¡Cielos!

SOMBRA

Medita
lo que al buen Comendador
has oído, y ten valor
para acudir a su cita.
Un punto se necesita 5
para morir con ventura;
elígele con cordura,
porque mañana, don Juan,
nuestros cuerpos dormirán
en la misma sepultura. 10

(*Desaparece la sombra.*)

ESCENA V

DON JUAN, CENTELLAS y AVELLANEDA

DON JUAN

Tente, doña Inés, espera,
y si me amas en verdad,
hazme al fin la realidad
distinguir de la quimera.
Alguna más duradera 5
señal dame, que, segura,
me pruebe que no es locura
lo que imagina mi afán,

para que baje don Juan
tranquilo a la sepultura.　　　10
Mas ya me irrita ¡por Dios!
el verme siempre burlado,
corriendo desatentado
de varias sombras en pos.
¡Oh! Tal vez todo esto ha sido　　15
por estos dos preparado,
y mientras se ha ejecutado,
su privación [8] han fingido.
Mas ¡por Dios, que si es así,
se han de acordar de don Juan!　　20
¡Eh! Don Rafael, capitán,
ya basta; alzaos de ahí.

(*Don Juan mueve a Centellas y a Avellaneda, que se levantan como quien
vuelve de un profundo sueño.*)

CENTELLAS

¿Quién va?

DON JUAN

Levantad.

AVELLANEDA

　　　¿Qué pasa?
¡Hola! ¿Sois vos?

CENTELLAS

　　　¿Dónde estamos?

DON JUAN

Caballeros, claros vamos.　　　25
Yo os he traído a mi casa,
y temo que a ella al venir,
con artificio apostado,
habéis, sin duda, pensado
a costa mía reír;　　　30
mas basta ya de ficción,
y concluid de una vez.

CENTELLAS

Yo no os entiendo.

AVELLANEDA

　　　¡Pardiez!
Tampoco yo.

DON JUAN

En conclusión:
¿nada habéis visto ni oído?　　　35

AVELLANEDA y CENTELLAS

¿De qué?

DON JUAN

No finjáis ya más.

CENTELLAS

Yo no he fingido jamás,
señor don Juan.

DON JUAN

　　　¡Habrá sido
realidad! ¿Contra Tenorio
las piedras se han animado,　　　40
y su vida han acotado
con plazo tan perentorio?
Hablad, pues, por compasión.

CENTELLAS

¡Voto va a Dios! ¡Ya comprendo
lo que pretendéis!

DON JUAN

　　　Pretendo　　　45
que me deis una razón
de lo que ha pasado aquí,
señores, o juro a Dios
que os haré ver a los dos
que no hay quien me burle a mí.　　　50

CENTELLAS

Pues ya que os formalizáis,
don Juan, sabed que sospecho
que vos la burla habéis hecho
de nosotros.

DON JUAN

　　　¡Me insultáis!

CENTELLAS

No ¡por Dios! Mas si cerrado　　　55
seguís en que aquí han venido
fantasmas, lo sucedido

---

[8] *privación*, " swoon," " unconsciousness."

oíd cómo me he explicado.
Yo he perdido aquí del todo
los sentidos, sin exceso   60
de ninguna especie, y eso
lo entiendo yo de este modo.

DON JUAN

A ver, decídmelo, pues.

CENTELLAS

Vos habéis compuesto el vino,
semejante desatino   65
para encajarnos después.

DON JUAN

¡Centellas!

CENTELLAS

    Vuestro valor
al extremo por mostrar,
convidasteis a cenar
con vos al Comendador.   70
Y para poder decir
que a vuestro convite exótico
asistió, con un narcótico
nos habéis hecho dormir.
Si es broma, puede pasar;   75
mas a ese extremo llevada,
ni puede probarnos nada,
ni os la hemos de tolerar.

AVELLANEDA

Soy de la misma opinión.

DON JUAN

¡Mentís!

CENTELLAS

    Vos.

DON JUAN

    Vos, capitán.   80

CENTELLAS

Esa palabra, don Juan . . .

DON JUAN

La he dicho de corazón.
Mentís: no son a mis bríos

---

9 *Poned a tasa,* " Restrain."

menester falsos portentos,
porque tienen mis alientos   85
su mejor prueba en ser míos.

AVELLANEDA *y* CENTELLAS

Veamos.

(*Ponen mano a la espada.*)

DON JUAN

    Poned a tasa [9]
vuestra furia, y vamos fuera;
no piense después cualquiera
que os asesiné en mi casa.   90

AVELLANEDA

Decís bien . . . Mas somos dos.

CENTELLAS

Reñiremos, si os fiáis,
el uno del otro en pos.

DON JUAN

O los dos, como queráis.

CENTELLAS

¡Villano fuera, por Dios!   95
Elegid uno, don Juan,
por primero.

DON JUAN

    Sedlo vos.

CENTELLAS

Vamos.

DON JUAN

    Vamos, capitán.

ACTO TERCERO

MISERICORDIA DE DIOS Y APO-TEOSIS DEL AMOR

Panteón de la familia Tenorio, como estaba
en el acto primero de la segunda parte, menos las estatuas de doña Inés y de don Gonzalo, que no están en su lugar.

ESCENA PRIMERA

Don Juan

*Embozado y distraído, entra en la escena
lentamente.*

Culpa mía no fué; delirio insano
me enajenó[1] la mente acalorada.
Necesitaba víctimas mi mano
que inmolar a mi fe desesperada,[2]
y al verlos en mitad de mi camino,   5
presa les hice allí de mi locura.
No fuí yo, ¡vive Dios! ¡Fué su destino!
Sabían mi destreza y mi ventura.
¡Oh! Arrebatado el corazón me siento
por vértigo infernal . . . Mi alma perdida 10
va cruzando el desierto de la vida,
cual hoja seca que arrebata el viento.
Dudo . . . , temo . . . , vacilo . . . En mi
      cabeza
siento arder un volcán . . . Muevo la
      planta
sin voluntad, y humilla mi grandeza 15
un no sé qué de grande que me espanta.

(Un momento de pausa.)

¡Jamás mi orgullo concibió que hubiere
nada más que el valor! . . . Que se aniquila
el alma con el cuerpo cuando muere
creí . . . , mas hoy mi corazón vacila. 20
¡Jamás creí en fantasmas! . . . ¡Desvaríos!
Mas del fantasma aquel, pese a mi alien-
      to,[3]
los pies de piedra caminando siento,
por doquiera que voy, tras de los míos.
¡Oh! Y me trae a este sitio irresistible, 25
misterioso poder . . .

*(Levanta la cabeza y ve que no está en su
pedestal la estatua de don Gonzalo.)*

Pero ¡qué veo!
¡Falta de allí su estatua! . . . Sueño ho-
      rrible,
déjame de una vez . . . ¡ No, no te creo!
Sal; huye de mi mente fascinada,

fatídica ilusión . . . Estás en vano 30
con pueriles asombros empeñada
en agotar mi aliento sobrehumano.
Si todo es ilusión, mentido sueño,
nadie me ha de aterrar con trampantojos;
si es realidad, querer es necio empeño 35
aplacar de los cielos los enojos.
No; sueño o realidad, del todo anhelo
vencerle o que me venza; y si piadoso
busca tal vez mi corazón el cielo,
que le busque más franco y generoso. 40
La efigie de esa tumba me ha invitado
a venir a buscar prueba más cierta
de la verdad en que dudé obstinado . . .
Heme aquí, pues; Comendador, despierta.

*(Llama al sepulcro del Comendador. Este
sepulcro se cambia en una mesa que parodia horriblemente la mesa en que comie-
ron en el acto anterior don Juan, Centellas
y Avellaneda. En vez de las guirnaldas que
cogían en pabellones[4] sus manteles, de sus
flores y lujoso servicio, culebras, huesos y
fuego, etc. (a gusto del pintor). Encima
de esta mesa aparece un plato de ceniza,
una copa de fuego y un reloj de arena. Al
cambiarse este sepulcro, todos los demás
se abren y dejan paso a las osamentas de
las personas que se suponen enterradas en
ellos, envueltas en sus sudarios. Sombras,
espectros y espíritus pueblan el fondo de
la escena. La tumba de doña Inés permanece.)*

ESCENA II

Don Juan, La Estatua de Don Gon-
zalo y Las Sombras

Estatua

Aquí me tienes, don Juan,
y he aquí que vienen conmigo
los que tu eterno castigo
de Dios reclamando están.

Don Juan

¡Jesús!

---

[1] *enajenó,* " crazed," " drove mad."
[2] *fe desesperada,* " despairing faith."
[3] *pese a mi aliento,* " despite all my valor."
[4] *pabellones,* " ruffled hangings."

ESTATUA

Y ¿de qué te alteras
si nada hay que a ti te asombre,
y para hacerte eres hombre
platos con sus calaveras?

DON JUAN

¡Ay de mí!

ESTATUA

¿Qué? ¿El corazón
te desmaya?

DON JUAN

No lo sé;
concibo que me engañé;
no son sueños . . . , ¡ellos son!

(*Mirando a los espectros.*)

Pavor jamás conocido
el alma fiera me asalta,
y aunque el valor no me falta,
me va faltando el sentido.

ESTATUA

Eso es, don Juan, que se va
concluyendo tu existencia,
y el plazo de tu sentencia
fatal ha llegado ya.

DON JUAN

¡Qué dices!

ESTATUA

Lo que hace poco
que doña Inés te avisó,
lo que te he avisado yo,
y lo que olvidaste loco.
Mas el festín que me has dado
debo volverte, y así,
llega, don Juan, que yo aquí
cubierto te he preparado.

DON JUAN

Y ¿qué es lo que ahí me das?

ESTATUA

Aquí fuego, allí ceniza.

DON JUAN

El cabello se me eriza.

ESTATUA

Te doy lo que tú serás.

DON JUAN

¡Fuego y ceniza he de ser!

ESTATUA

Cual los que ves en redor;
en eso para el valor,
la juventud y el poder.

DON JUAN

Ceniza, bien; pero ¡fuego! . . .

ESTATUA

El de la ira omnipotente,
do arderás eternamente
por tu desenfreno ciego.

DON JUAN

¿Conque hay otra vida más
y otro mundo que el de aquí?
¿Conque es verdad ¡ay de mí!
lo que no creí jamás?
¡Fatal verdad que me hiela
la sangre en el corazón!
¡Verdad que mi perdición
solamente me revela!
¿Y ese reloj?

ESTATUA

Es la medida
de tu tiempo.

DON JUAN

¿Expira ya?

ESTATUA

Sí; en cada grano se va
un instante de tu vida.

DON JUAN

¿Y ésos me quedan no más?

ESTATUA

Sí.

DON JUAN

¡Injusto Dios! Tu poder   55
me haces ahora conocer,
cuando tiempo no me das
de arrepentirme.

ESTATUA

Don Juan,
un punto de contrición
da a un alma la salvación,[5]
y ese punto aún te le dan.   60

DON JUAN

¡Imposible! ¡En un momento
borrar treinta años malditos
de crímenes y delitos!

ESTATUA

Aprovéchale con tiento,

(*Tocan a muerto.*)

porque el plazo va a expirar,   65
y las campanas doblando
por ti están, y están cavando
la fosa en que te han de echar.

(*Se oye a lo lejos el oficio de difuntos.*)

DON JUAN

¿Conque por mí doblan?

ESTATUA

Sí.

DON JUAN

¿Y esos cantos funerales?   70

ESTATUA

Los salmos penitenciales
que están cantando por ti.

(*Se ve pasar por la izquierda luz de hachones, y rezan dentro.*)

DON JUAN

¿Y aquel entierro que pasa?

ESTATUA

Es el tuyo.

DON JUAN

¡Muerto yo! [6]

ESTATUA

El capitán te mató   75
a la puerta de tu casa.

DON JUAN

Tarde la luz de la fe
penetra en mi corazón,
pues crímenes mi razón
a su luz tan sólo ve.   80
Los ve . . . y con horrible afán,
porque al ver su multitud,
ve a Dios en su plenitud
de su ira contra don Juan.
¡Ah! Por doquiera que fuí,   85
la razón atropellé,
la virtud escarnecí
y a la justicia burlé;
y emponzoñé cuanto ví,
y a las cabañas bajé,   90
y a los palacios subí,
y los claustros escalé;
y pues tal mi vida fué,
no, no hay perdón para mí.

(*A los fantasmas.*)

Mas ¡ahí estáis todavía   95
con quietud tan pertinaz!
Dejadme morir en paz
a solas con mi agonía.
Mas con esa horrenda calma,
¿qué me auguráis, sombras fieras?   100
¿Qué esperáis de mí?

---

[5] This is the doctrine so forcefully exposed in Tirso de Molina's play, *El condenado por desconfiado.*

[6] For the legend of a libertine witnessing his own funeral, cf. the introductory remarks on this play. It must be admitted that although this legend explains much that is most fantastic in this last act, it is difficult to reconcile the conflicting accounts here given of the exact time and nature of Don Juan's death.

ESTATUA

Que mueras
para llevarse tu alma.
Y adiós, don Juan; ya tu vida
toca a su fin, y pues vano
todo fué, dame la mano   105
en señal de despedida.

DON JUAN

¿Muéstrasme ahora amistad?

ESTATUA

Sí; que injusto fuí contigo,
y Dios me manda tu amigo
volver a la eternidad.   110

DON JUAN

Toma, pues.

ESTATUA

Ahora, don Juan,
pues desperdicias también
el momento que te dan,
conmigo al infierno ven.

DON JUAN

¡Aparta, piedra fingida!   115
Suelta, suéltame esa mano,
que aún queda el último grano
en el reloj de mi vida.
Suéltala, que si es verdad
que un punto de contrición   120
da a un alma la salvación
de toda una eternidad,
yo, santo Dios, creo en ti;
si es mi maldad inaudita,
tu piedad es infinita . . .   125
¡Señor, ten piedad de mí!

ESTATUA

Ya es tarde.

(*Don Juan se hinca de rodillas, tendiendo
al cielo la mano que le deja libre la estatua. Las sombras, esqueletos, etc., van a
abalanzarse sobre él, en cuyo momento se
abre la tumba de doña Inés y aparece
ésta. Doña Inés toma la mano que don
Juan tiende al cielo.*)

⁷ *livianas,* " unsubstantial," " incorporeal."

ESCENA III

DON JUAN, LA ESTATUA DE DON GON-
ZALO, DOÑA INÉS, SOMBRAS, *etc.*

DOÑA INÉS

No; heme ya aquí,
don Juan; mi mano asegura
esta mano que a la altura
tendió tu contrito afán,
y Dios perdona a don Juan   5
al pie de mi sepultura.

DON JUAN

¡Dios clemente! ¡Doña Inés!

DOÑA INÉS

Fantasmas, desvaneceos;
su fe nos salva . . . ; volveos
a vuestros sepulcros, pues.   10
La voluntad de Dios es;
de mi alma con la amargura
purifiqué su alma impura,
y Dios concedió a mi afán
la salvación de don Juan   15
al pie de la sepultura.

DON JUAN

¡Inés de mi corazón!

DOÑA INÉS

Yo mi alma he dado por ti,
y Dios te otorga por mí
tu dudosa salvación.   20
Misterio es que en comprensión
no cabe de crïatura,
y sólo en vida más pura
los justos comprenderán
que el amor salvó a don Juan   25
al pie de la sepultura.
Cesad, cantos funerales;

(*Cesa la música y salmodia.*)

callad, mortuorias campanas;

(*Dejan de tocar a muerto.*)

ocupad, sombras livianas,⁷
vuestras urnas sepulcrales;   30

(Vuelven los esqueletos a sus tumbas, que se cierran.)

volved a los pedestales,
animadas esculturas;

(Vuelven las estatuas a sus lugares.)

y las celestes venturas,
en que los justos están,
empiecen para don Juan   35
en las mismas sepulturas.

(Las flores se abren y dan paso a varios angelitos, que rodean a doña Inés y a don Juan, derramando sobre ellos flores y perfumes, y al son de una música dulce y lejana, se ilumina el teatro con luz de aurora. Doña Inés cae sobre un lecho de flores, que quedará a la vista, en lugar de su tumba, que desaparece.)

ESCENA ÚLTIMA

Doña Inés, Don Juan y Los Ángeles

Don Juan

¡Clemente Dios, gloria a ti!
Mañana a los sevillanos
aterrará el creer que a manos
de mis víctimas caí.
Mas es justo; quede aquí   5
al universo notorio
que pues me abre el purgatorio
un punto de penitencia,
es el Dios de la clemencia
el Dios de Don Juan Tenorio.   10

(Cae don Juan a los pies de doña Inés, y mueren ambos. De sus bocas salen sus almas representadas en dos brillantes llamas, que se pierden en el espacio al son de la música. Cae el telón.)

VENTURA DE LA VEGA

Ventura de la Vega (1807–1865), the most notable of Moratín's followers after Bretón de los Herreros, was born in Buenos Aires, where his father occupied an important post for the Spanish Government. At eleven years he was sent to Spain to be educated, and there he remained for the rest of his life. His literary tastes were formed under such scholars and poets as Alberto Lista and Hermosilla who instilled in him a taste for classicism which distinguished him from most writers of his day. Aside from a youthful fling as member of a radical student society, politics held little attraction for him, and it was only from financial necessity that he accepted certain appointments. He served first as literary preceptor, then private secretary to the young Queen Isabel II; later he was Director of the Teatro Español and of the Conservatory of Music and Declamation, and for a brief period, Under-Secretary of State. He was admitted to the Spanish Academy in 1842. His chief interests were always centered on literary and theatrical matters, for which he had exceptional qualifications. Gifted with an unerring sense of taste and elegance, a remarkable conversationalist and elocutionist, and combining also great dramatic ability with a mastery of stage technique, he was equally popular in the drawing-rooms of the aristocracy and in the theatrical circles of his time. But all such distractions, joined to a native indolence, discouraged literary production beyond such amount as was inspired by some unusual emotion or the actual need to live.

Ventura de la Vega early established a reputation with translations and imitations of the *Song of Songs* (1825) and *Psalms* (1826), and an unfinished version of the *Æneid* which with some exaggeration has been termed the finest in Spanish. The most appealing to-day of his original poems are those in which, by exception, he reveals an inspiration strongly suggestive of the Romantic; such are the odes *A mis amigos, La agitación* and *El entusiasmo*, of the period 1830–1833. All the rest is made up of occasional verse in the neo-classic manner, exquisite in taste, impeccable in form, but devoid of true emotion. On the dramatic side, Vega began with translations and adaptations from the French, as did Hartzenbusch, Bretón and others; but whereas they soon turned from imitation to original production, he long continued to follow the easier path, partly through indolence and lack of inventive power and partly because so little distinction was in those days made between original and imitative work. A total of more than eighty plays, of many types and authors, represents his efforts in this field. By spurts his activity was amazing; to the years 1841–1842 alone are ascribed some thirty-five titles. No less remarkable is the consummate skill which he displayed in retouching and improving upon these adopted works, many of them offering scant promise of their own.

It is difficult to-day to determine with precision the amount of Ventura de la Vega's original dramatic production, for the available information is incomplete and obscure on this point. *El hombre de mundo* (1845) is commonly cited as his first wholly origi-

369

nal work, but before that date we have the fantasy on Calderón (1841); his historical drama had been completed (1844) but not publicly performed; and according to his biographer and life-long friend Cheste, an original one-act comedy called *Virtud y reconocimiento* had initiated his career on October 14, 1824, the same night that Bretón began his with the play *A la vejez, viruelas*. Others, however, put this first comedy among the translations. Vega himself selected but six plays for inclusion in his collected works. Three of these are little more than dramatic sketches composed for special circumstances, but they are of interest, aside from their intrinsic merits, as almost the only expressions of the author's literary criticism.

   La tumba salvada (1841) is an allegorical *loa*, performed along with the famous comedy *Casa con dos puertas* on the occasion of the removal of Calderón's remains to their permanent resting place. *La crítica del " Sí de las niñas "* (1848), in imitation of Molière's *Critique de l'école des femmes*, was written to accompany a special performance of Moratín's masterpiece on the anniversary of his birth. Here Vega has introduced very cleverly the familiar figures (or rather their none too estimable modern counterparts) of *El sí de las niñas* and *La comedia nueva*, in what is at once a eulogy of Moratín and a satire on the current Romantic vogue with its pernicious moral influence. Although both works were received with enthusiasm, Vega perhaps carried his neo-classic prejudices too far and also came perilously near defeating his own ends in permitting all of Moratín's most obvious weaknesses to be held up to ridicule by the degenerate *moderns* who are supposedly witnessing the revival performance. The third of these playlets, entitled *Fantasía dramática para el aniversario de Lope de Vega* (1859), reveals a warmer and more sympathetic appreciation of this author than appears in the *loa* in honor of Calderón. The work is in two parts, serving as *prólogo* and *epílogo* for a revival of Lope's play, *El premio del bien hablar*, which Ventura himself skilfully adapted for the occasion.

   The remaining plays represent three distinct types. *Don Fernando el de Antequera*, a historical drama, recalls one of Hartzenbusch's earliest failures and other works on the same theme. Vega's play also must be ranked as a failure, despite many excellent qualities. The subject, carefully elaborated, is presented with a notable regard for historical truth and local color; the protagonist is one of the noblest figures of medieval history, and his refusal to usurp the throne of the infant King John II, as his own interests and the will of all Castile seem bent on forcing him to do, is dramatically woven with other incidents evocative of the times. But all this, in a play which is only a timid concession to the Romantic tastes, failed to move a Spanish audience accustomed by now to the more violent productions of that school. Likewise, when read to-day, it suffers from the usual neo-classic defects—lack of warmth, naturalness and sustained interest. *La muerte de César* (1863) is, by common consent, one of the finest neo-classic tragedies of modern times, sharing this honor with Tamayo y Baus' *Virginia* (1853) and Martínez de la Rosa's *Edipo* (1829). Composed only shortly before Vega's death, this work was his personal favorite, the one on which he had lavished most pains, as though determined to create a masterpiece in the tragedy which should eclipse all others and form a worthy pendant to his masterpiece in the comedy, *El hombre de mundo*. Yet once again the public was not satisfied and the play proved an almost complete failure. The usual explanation for this is that the theme, with its apparent apology of an enlightened and benevolent despotism, gave offense to a people who had suffered too much from tyranny of a different character and who had always hailed with enthusiasm inferior plays which defended the cause of freedom and democracy. There is also the fact that the day of the classic tragedy, a genre never popular in Spain, was definitely past, and that no modern attempt to revive it has anywhere met with genuine success.

For the great majority of public and critics alike, *El hombre de mundo* remains as Vega's greatest success. Termed by some of its admirers the most perfect example of its type, it is qualified by others as possessing a negative sort of perfection, faultless in itself yet lacking in certain qualities that would raise it to the category of the truly great comedy of manners. There is some justification for both views. As an example of the so-called *alta comedia,* it is undeniable that this work lacks that depth of purpose and lofty moral tone which Tamayo and Ayala were soon to put into their finest plays. But if we put aside the purely gratuitous assumption that *El hombre de mundo* represents this sort of high comedy, and regard it, as we feel its author meant it to be, merely as a diverting and faithful portrayal of middle-class life and manners of a certain type, then the play stands out as an unsurpassable example of fine satire, keen observation of character and ingenious stagecraft. It would be difficult to imagine a group of individuals more human and real, or a more original, amusing and complicated series of *quid pro quo* arisings so naturally from events insignificant in themselves. The moral lesson to be drawn from these torments of an ex-Don Juan is evident enough, but it is not obtrusive, in the form of prosy preachment. Ventura de la Vega himself was too discreet an *hombre de mundo* for that.

Bibliography: *Obras poéticas,* Paris, 1866. *Obras escogidas,* Madrid, 1874. *Obras escogidas,* 2 vols., Barcelona, 1894. *Cartas íntimas,* Madrid, 1874.

To consult: Conde de Cheste, *Elogio fúnebre,* in *Memorias de la Academia,* II, 1870, or in vol. I of the Barcelona edition of the *Obras escogidas.* Ferrer del Río, *Galería de la literatura española,* Madrid, 1846. J. Güell y Renté, *Estudio sobre los Césares de Shakespeare, Alfieri y Voltaire, y juicio crítico sobre " La muerte de César "* de D. V. de la Vega, Madrid, 1866. Menéndez Pelayo, in *Antología de poetas hispano-americanos,* IV, 1895. J. Valera, *Estudio biográfico-crítico,* in *Autores dramáticos contemporáneos,* I.

EL HOMBRE DE MUNDO

Por VENTURA DE LA VEGA

(1845)

PERSONAJES

CLARA	ANTOÑITO
EMILIA	BENITA
DON LUIS	RAMÓN
DON JUAN	

La escena en Madrid.

ACTO PRIMERO

Gabinete elegante en casa de don Luis. Una puerta a la derecha que da al cuarto de éste. Otra a la izquierda que conduce a lo interior. Por la del foro se sale a la calle. Está puesta la mesa para almorzar.

ESCENA PRIMERA

CLARA *y* EMILIA

EMILIA

¡No, por Dios!

CLARA

    Pues ello,[1] Emilia,
preciso es que algo resuelvas;
así no puede seguir.

EMILIA

¡Ay, Clara!

CLARA

    Tú no me dejas
que hable a mi marido.

EMILIA

    No.   5

CLARA

Tú . . . despedirlo . . . confiesas
que no te es posible. Pues
entonces, ¿cuál es tu idea?
¿Qué plan es el vuestro? ¿Estaros
toda la vida con señas   10
y cartitas? ¿Tú asomando
a escondidas la cabeza
por detrás de la cortina
del balcón, y él en la puerta
del tirolés de ahí enfrente,   15
hecho una estatua de piedra
de noche y de día? ¿A qué hora
come ese hombre? ¿A qué hora almuerza?
Cuando se abren los balcones,
ahí está; cuando se cierran,   20
ahí está; cuando salimos
a paseo o a las tiendas,
detrás; si vuelvo la cara
tal vez, da un brinco y se cuela
en algún portal, huyendo   25
y tomándome las vueltas.[2]
¿A qué vienen esas farsas,
señor? ¿Por qué no se acerca,
y nos habla, y viene a casa?
En fin, Emilia, me seca   30
andar haciendo el papel

[1] *Pues ello,* " There's no getting around it."
[2] *tomándome las vueltas,* " spying my every move," " trailing me at every turn."

de una madre de comedia.
Si vivo, y Dios me da hijos,
tendré que hacerlo por fuerza
algún día; pero ahora,   35
ni soy madre, ni soy vieja.

(*Mirándola, después de una pausa.*)

Lo de siempre. Con callar
sales del paso.

EMILIA

   ¡Y tú, al tema
de siempre! ¿Qué he de decirte,
si yo no sé? Pues no es buena   40
que ha de venir el muchacho
y ha de decir lo que piensa,
y con qué intención me mira,
y qué plan . . . ¡Pues ya te acuerdas
cuando Antoñito iba a casa   45
antes, siendo tú soltera,
qué elogios hacías de él!

CLARA

Y los hago: tiene prendas
apreciables . . . Pero, Emilia,
un niño que cuenta apenas   50
veinte años, ¿piensas que puede
hacerte dichosa?

EMILIA

   Vuelta
a lo mismo. ¡Qué sé yo!
Tú que tienes experiencia,
dices que el hombre de mundo . . .   55

CLARA

Ya estás viendo que la regla
no falla. Cuando se supo
que la cosa iba de veras,
y Luis pedía mi mano . . .
¡qué anónimos, qué indirectas,   60
qué pronósticos, qué chismes!
Cuántas amiguitas de esas
que dicen que nos adoran,
y que tanto se interesan
por nuestra suerte, vinieron   65
con mil dengues y reservas
a contarme atrocidades
del novio. « Clarita, vea
usted lo que hace: ese hombre
tiene una fama perversa;   70
con él no ha habido mujer
segura; tiene una lengua
de escorpión; trasnochador,
quimerista, calavera.»
Y yo decía: « ¡Mejor! »   75

EMILIA

¿Conque mejor? ¡Pues es buena!

CLARA

Sí; porque esas aventuras
tiene el hombre que correrlas;
y si no lo hace soltero,
¡después de casado es ella!   80

EMILIA

Así será. Pero a mí,
esos que tanto se precian
de haber sido libertinos
como Luis . . . Yo en su presencia
ni me atrevo a respirar,   85
y nunca tendré franqueza
con él; todo en las mujeres
lo censura y lo interpreta.
¡Ay, qué hombre!—No, Clara. ¡Dios
me libre de su tijera!   90
Por Jesucristo te ruego,
hermana, que nunca sepa
lo de Antoñito.

CLARA

   ¿Y no ves
que es más fácil que lo advierta
si seguís como hasta aquí,   95
y le ve de centinela?
Entonces sí que podrá
sospechar . . . En fin, ¿te empeñas
en quererle? Pues, Emilia,
vendrá a casa.

EMILIA

   ¿Y Luis?

CLARA

   No temas.   100

EMILIA

Pero, ¿cómo, sin decirle? . . .

CLARA

Eso corre de mi cuenta.

EMILIA

¡Por Dios, Clara!

CLARA

Yo lo haré
con Luis de modo que crea
que es cosa mía, que es un   105
amigo.—Las once y media,

(Llama.)

y Luis no viene a almorzar.

EMILIA

Verás cómo al fin sospecha.
Mejor es que no . . .

CLARA

Descuida.

ESCENA II

DICHAS y RAMÓN, que sale del cuarto de
don Luis.

RAMÓN

¿Señora?

CLARA

¿Y tu amo? ¿No piensa
almorzar?

RAMÓN

Se está vistiendo.
Le diré . . .

CLARA

Dile que venga,
que le estamos esperando.

RAMÓN

Muy bien.—Ya está aquí.

CLARA

Pues ea,   5
sirve el almuerzo.

(Ramón se entra a lo interior de la casa,
y poco después viene con el almuerzo.)

ESCENA III

DICHAS y DON LUIS

DON LUIS

Perdona.

(Acariciando a Clara)

¿He tardado, sí? Por fuerza
te he hecho pasar un mal rato.
Desde las ocho, con media
taza de café . . .

CLARA

Ya estaba   5
desfallecida.

DON LUIS

¡Me pesa
en el alma!—Buenos días,
Emilia.

EMILIA

Felices.

CLARA

¿Piensas
salir?

DON LUIS

No.

CLARA

Como te veo
tan elegante, con esa   10
corbata . . .

DON LUIS

Regalo tuyo.
Pues no; como tú no quieras
que salgamos . . . Me he vestido
para ti.

CLARA

¡Jesús! Me llenas
de orgullo. Pues bien, yo así   15
que almuerce, voy a las tiendas.

DON LUIS

Iremos juntos. Si no,
mi plan, ya lo sabes, era
pasar el día a tu lado,
como siempre. No me queda   20

más ilusión en la vida
que tu cariño, y sintiera,
por culpa mía, perder
la única cosa en la tierra
que he creído, entre las mil   25
mentiras que he visto en ella.

CLARA

¡Ay! ¡Qué galante amanece
hoy el día!

DON LUIS

Sí; de veras
te lo digo. Haber hallado
una mujer de tus prendas,   30
Clara mía, es poco menos
que un milagro.

CLARA

Eso ya peca
de exageración. Yo estoy
muy lejos de ser perfecta;
y en el mundo hay infinitas   35
mujeres . . .

DON LUIS

¿Que se parezcan
a ti?

CLARA

Mejores que yo.

DON LUIS

No las he visto.

CLARA

Pudiera
consistir en que tampoco
las has buscado. Y observa   40
que está aquí Emilia, y según
tu opinión, se mira envuelta
en la regla general.

EMILIA

¡Cómo ha de ser! ³

DON LUIS

No; no es ésa
mi intención. ¡Cómo es posible!   45
Lo bueno también se pega,

y Emilia es tu hermana. Pero
no juzgues por ti y por ella
de las demás; créeme a mí,
que soy voto en la materia.   50

CLARA

¡Ay! ¡Pobres mujeres! Eso
es juzgar con ligereza,
Luis. Como tú no has tratado
de acercarte sino a aquellas
de quienes ya se sabía   55
que eran materia dispuesta
para aventuras galantes,
sacas hoy la consecuencia
de que a ese círculo estrecho
que conoces, se asemejan   60
todas las demás mujeres;
y eso, permite que crea
que no es conocer el mundo,
sino conocerle a medias.

DON LUIS

Bien; eso quiere decir   65
que yo, por mi mala estrella,
he visto la parte mala,
y ahora empiezo a ver la buena.
Siento no haber encontrado
antes . . .

CLARA

No; a mí no me pesa   70
que la hayas visto; al contrario.
Dicen que los calaveras
son después buenos maridos.
Ya lo veremos. Sintiera
convencerme de que tiene   75
alguna excepción la regla.

DON LUIS

No seré yo la excepción,
te lo ofrezco. Ya estoy fuera
de combate. La mayor
diversión que ahora me queda   80
es ponerme en un rincón,
y pasar horas enteras
viendo cómo pillo al vuelo
los guiños de inteligencia

³ *¡Cómo ha de ser!* " Of course! " " How else could it be? "

de los amantes. Es mucha
mi práctica en la materia,
y tengo yo tan presentes
las astucias y las tretas
que he visto usar ...

CLARA

Y has usado.

DON LUIS

Y como todos emplean 90
los mismos medios ... me río,
cuando en una concurrencia
veo a los pobres maridos
que en la sala se pasean
entre el recio tiroteo [4] 95
de miradas y de señas.

CLARA

Si no te equivocas nunca,
yo me doy la enhorabuena.

EMILIA

(¡Yo no! ¡Lo va a descubrir
en cuanto entre por las puertas 100
Antoñito!)

DON LUIS

¡Pero es cierto,
es cierto! La verdadera
felicidad no es andar
vagando de ceca en meca
en pos de vanos placeres. 105
Yo, con todas mis riquezas,
jamás he sido feliz.
¡La felicidad es ésta;
ésta que ahora gozo! ¡Hallar
una dulce compañera, 110
una casa, una familia!
¡Esta vida me embelesa!
Bien lo ves: yo casi nunca
salgo. De noche una vuelta
por el café, y al teatro; 115
acabada la comedia,
a casa. Pero tú, Clara,
siento que no te diviertas

más. Mi deseo mayor
sería verte contenta. 120

CLARA

A tu lado lo estoy siempre.

DON LUIS

Es que yo quiero que seas
completamente feliz
como yo lo soy.

CLARA

¿De veras?

DON LUIS

¡Ah! ¡Muy feliz! ¿No lo ves? 125
Tengo una confianza ciega
en ti. Vé al Prado,[5] a tertulias,
entra, sal, haz lo que quieras.
Vente conmigo al teatro.

CLARA

De noche me da pereza 130
de salir.

DON LUIS

Pero estar siempre
sola ... No, Clara. Que vengan
gentes a casa; los que iban,
cuando te hallabas soltera,
a visitarte.

CLARA

Si allí 135
no iba nadie; ya te acuerdas.
Como no fuera Antoñito ...

EMILIA

(Aparte a Clara.)
¡No le digas!

DON LUIS

Cierto. Ése era
aquel jovencito ...

CLARA

Sí;
aquél.

---

[4] *tiroteo*, " cross-fire."

[5] *Prado*. The Paseo del Prado is the fashionable boulevard and promenade of Madrid; the museum of that name is situated on the same boulevard.

DON LUIS

¡Bonita presencia!   140
Allí le ví algunas veces
de visita; pero apenas
entraba yo, se marchaba.

CLARA

Es un chiquillo que empieza
a vivir; sin mundo, corto   145
de genio . . .

DON LUIS

                    Pues ya que llega
la ocasión . . .

EMILIA

              (¡Estoy en ascuas!)

DON LUIS

Diré a ustedes . . . como muestra
de mi práctica, que entonces
creí columbrar en cierta   150
jovencita, aquí presente,
síntomas . . .

EMILIA

              ¡Vaya! Si piensas
que iba por mí, te equivocas.
Yo no he sido nunca de esas
que tú dices. Yo no miro   155
a nadie; yo no hago señas
a nadie; y aquí está Clara
que diga . . .

              (Aparte a Clara.)

              ¡No me desmientas!

CLARA

Es verdad. Y ya ves tú
si sería una completa   160
locura. ¡Un chico sin pelo
de barba! ¡Qué! Sin carrera
todavía . . .

DON LUIS

              Me engañé;
como él iba con frecuencia,
y allí no había tertulia   165

ni otro objeto que pudiera
dar aliciente . . .

EMILIA

              Eso es.
¡Y el milagro me lo cuelgas
a mí!

DON LUIS

    ¿Pues a quién?

EMILIA

              Con nadie
puede una hablar sin que crean   170
estos hombres que hay intriga,
y amores, y . . . ¡Estamos frescas! [6]

              (Se levanta.)

CLARA

Anda, ponte la mantilla,
que es hora de ir a las tiendas;
y trae la mía.

EMILIA

              (Aparte a Clara.)

              No digas   175
nada; no quiero que venga
Antoñito.

ESCENA IV

DON LUIS y CLARA

CLARA

              Ya la has puesto
como una grana. Se quema
con tus bromas.

DON LUIS

              Pero, en fin,
¿mi observación era cierta?

CLARA

Sí.

DON LUIS

¡Toma! ¡Tengo yo un ojo!   5

----

[6] ¡Estamos frescas! " It's a pretty state of affairs we are in! "

CLARA

Pero, por Dios, que no sepa
Emilia que te lo he dicho.

DON LUIS

¿Y por qué?

CLARA

Porque te tiembla.

DON LUIS

Pues yo acaso . . .

CLARA

Es sumamente
tímida; y con las lindezas   10
que dices de las mujeres . . .

DON LUIS

Y ese chico . . .

CLARA

Antes que vuelva
Emilia, te contaré.
Ese chico no nos deja
a sol ni a sombra; nos sigue   15
sin descanso, nos asedia.
No se ven; y ya conoces
que la privación fomenta
el amor en esa edad.
Por eso, Luis, yo quisiera   20
una cosa . . .

DON LUIS

¿Qué?

CLARA

Si tú
una noche le trajeras . . .
Sin darte por entendido . . .
como que [7] me le presentas
a mí, porque fué visita   25
de casa [8] . . .

DON LUIS

Pero, ¿tú piensas
casarlos?

CLARA

¿Estás en ti?
¿Casarlos? ¿Para exponerla
a que al año se le antoje
al niño ser calavera   30
y la haga infeliz? No, no.
Lo que quiero es que se vean
a su sabor; que se juren
amor y constancia eterna
cada minuto; que agoten   35
la cartilla de ternezas
y requiebros; y verás,
cuando sus amores pierdan
el romántico barniz
de carta, escondite y reja,   4c
cómo los dos se fastidian
y se acaba la comedia.

DON LUIS

¡Magnífico plan! ¡Amiga,
te digo que eres maestra!
Hoy mismo le traigo a casa.   45
Tú siempre estarás alerta.

CLARA

No hay cuidado.

DON LUIS

No te fíes,
que la ocasión . . .

CLARA

No la temas.

ESCENA V

DICHOS, DON JUAN y RAMÓN, *el que
viene como deteniendo a don Juan, quien
sin atenderle se entra con el sombrero
puesto.*

DON JUAN

¡Qué recado! Quita allá.

RAMÓN

Es que . . .

[7] *como que,* " inasmuch as."
[8] *porque . . . casa,* " because he was formerly a caller at my house."

DON JUAN

¿Ya no me conoces?
¿Dónde está Luis?

(*Llegando.*)

DON LUIS

¿Quién da voces?

DON JUAN

¡Luisillo!

DON LUIS

¡Juan!

DON JUAN

(*Le abraza.*)

¡Voto va!
El tunante de Ramón   5
quería pasar recado.
Yo que estoy acostumbrado
a colarme de rondón
en tu casa.

DON LUIS

(*Indicando a Clara, con empacho.*)

Pero ahora . . .

DON JUAN

¡Calla! (*Reparando en Clara.*)

DON LUIS

Ya ves . . .

DON JUAN

Es verdad;
habiendo esta novedad   10
no digo nada.—¡Señora!

(*Se saludan.*)

Ya se ve, como hace un año
que al extranjero marché,
y anoche mismo llegué
con la Mala, no es extraño   15
que ignorase . . . Conque . . .

DON LUIS

(¡Ay Dios,
qué burla me espera!)

DON JUAN

Ha sido
muy bien hecho . . . Hemos tenido
un pensamiento los dos.

DON LUIS

¿Es posible?

DON JUAN

¡Bravo, Luis!   20
¡Es guapísima! De veras.
Soberbia elección. ¡Si vieras
la que traigo de París!

CLARA

¡Cómo!

DON LUIS

¿Qué?

DON JUAN

Cuando concluya
un negocio, a casa voy   25
y la traigo. Ha de hacer hoy
amistades con la tuya.

CLARA

Pero . . .

DON LUIS

¡Conque tú también! . . .
(¡Se ha casado! ¡Respiremos!)
Si al cabo todos caemos.   30

DON JUAN

(*Se pasea, tomando algo del almuerzo.*)

Lo demás es un belén.
Andar a salto de mata,[9]
y esclavo de la querida.
¡Vayan al diablo! Ésta es vida
más cómoda y más barata.   35

CLARA

(¡Qué frases!)

DON LUIS

(El casamiento
no le ha hecho mudar de estilo.)

---

[9] *Andar a salto de mata,* " Being kept continually on the jump."

DON JUAN

Así se vive tranquilo.—
¡Esta tuya es un portento!
Poco te podrá gastar: 40
tiene facha de hacendosa.
¡La mía . . . la mía es cosa! . . .
Luisillo: ¿quieres cambiar?

DON LUIS

¡Viene muy bromista!

(*Con risa forzada.*)

CLARA

(*Con ironía.*)

¡Sí!

ESCENA VI

DICHOS y EMILIA *que trae ia mantilla
puesta y saca la de Clara.*

EMILIA

¿Vamos, Clarita?

CLARA

(*Se pone la mantilla.*)

Al instante.

DON JUAN

¡Ay! ¡Qué linda! ¡Este tunante
las tiene a pares aquí!
¿Vive contigo?

DON LUIS

Sí tal;
si es hermana . . .

DON JUAN

Me interesa   5
también. ¿Cuándo una francesa
ha de tener esa sal?
¿Ésta no tendrá querido?

EMILIA

¡Qué dice!

DON LUIS

(*Aparte a Juan.*)

Juan, sé prudente.

CLARA

(¡Hay hombre más insolente!)   10

DON JUAN

Pues, señor, yo me decido.

DON LUIS

¿A qué?

DON JUAN

Nada; que me apesta
la francesa; que esta noche
vuelvo a soplarla en el coche,[10]
y me acomodo con ésta.   15

(*La toma del brazo.*)

EMILIA

¡Dios mío! (*Gritando.*)

CLARA

(*Con enfado.*)

¡Qué va usté a hacer!

DON JUAN

¡Partie carrée! [11]

DON LUIS

¡Juan, repara! . . .

DON JUAN

¡Quita!

EMILIA

¡Suelte usted!

DON JUAN

¿No es Clara
tu querida?

DON LUIS

Es mi mujer.

[10] *vuelvo . . . coche,* "I'm going to send her packing" (i.e., back to France).
[11] *¡Partie carrée!* "A foursome!" (French).

Don Juan

(*Sorprendido, quitándose el sombrero.*)
¡Tu mujer! . . .

Don Luis

Sí; y ese modo   20
de hablar . . .

Don Juan

(*A Clara.*)

He sido un grosero,
señora. Este majadero
tiene la culpa de todo.
¿Me ves hablar disparates
y no me avisas?

Don Luis

Y a ti,   25
¿quién te manda hablar así,
sin saber? . . .

Clara

No más debates.
No hay nada aquí que me choque.
El que trata solamente
con cierta clase de gente,   30
¿qué extraño es que se equivoque?

Don Juan

(¡Me ha pegado a la pared!)

Clara

Vamos, niña.

Don Luis

(¡Qué dirán!)

Clara

Adiós, Luis.—Señor don Juan,
esta casa es muy de usted.   35

Don Juan

Hasta que mi aturdimiento
logre el perdón alcanzar,
vendré, aunque sepa abusar
de ese amable ofrecimiento.

Emilia

(¡Pues como otra vez me asuste!)   40

Clara

¡Jesús! No se necesita
tal perdón. Eso no quita
que venga usted cuando guste.

Don Juan

(¡Qué gracia tan seductora!)

Don Luis

¿Te marchas? Saldré contigo.   45

(*A Clara.*)

Clara

No; quédate con tu amigo.
Vamos a tiendas ahora.

Don Juan

Por mí . . .

Clara

No, no; que se esté.
¿Qué ha de hacer el pobre allí,
oyendo hablar de *organdí*,   50
y de *raso* y de *muaré*,
y « vamos, ¿llevo el vestido?
no sea usted tan carero »? . . .
Fastidiarse; y yo no quiero
fastidiar a mi marido.   55

ESCENA VII

Don Luis y **Don Juan**. *Don Luis se sienta con aire formal. Don Juan permanece de pie.*

Don Juan

(¡Qué graciosa criatura!
Mi virtud está en un tris.
¡A un amigo! ¡Pobre Luis!
¡No tienes hora segura!)

Don Luis

¡Me has dado un rato! . . .

Don Juan

¡Qué quieres!   5
Si aún no he vuelto de mi espanto.
¡Tú que blasonabas tanto

de conocer las mujeres! ...
¡Tú, casado!

DON LUIS

A esa experiencia
que adquirí en mi juventud   10
debo, Juan, esta quietud.

DON JUAN

¡Te has perdido con mi ausencia!
Si tengo [12] el menor indicio,
cuando me voy de tu lado ...
Te encontraste abandonado   15
y diste en el precipicio.
Pero, sin ser adivino,
¿quién sospecha? ¡Ya se ve,
cuando de aquí me marché
ibas por tan buen camino!   20

DON LUIS

Aquello era una ilusión.
Sólo aquí la dicha existe.

DON JUAN

Pero, ¿cómo concebiste
esa fogosa pasión?

DON LUIS

No hubo tal pasión en mí.   25

DON JUAN

Pues entonces no se explica.
A no ser que fuera ... ¿Es rica?

DON LUIS

No tiene un maravedí.

(Se levanta.)

Ni el dinero me movía,
ni amor me ofuscaba el alma;   30
por eso pude con calma
observar lo que valía.
Yo, que cansado además
de esa vida borrascosa,
iba buscando otra cosa   35
sin encontrarla jamás,
ví esta mujer hechicera:
rompí los antiguos lazos,

y he hallado, Juan, en sus brazos
felicidad verdadera.   40
En fin, tú caerás también,
y ya me dirás si miento.

DON JUAN

De tan fatal pensamiento
el Señor me libre, amén.

DON LUIS

Ésas no son más que frases.   45
Tú estás cansado.

DON JUAN

No digo ...

DON LUIS

Créeme, Juan, yo soy tu amigo:
es preciso que te cases.

DON JUAN

¿Cómo es eso? Poco a poco.
No exijas el sacrificio   50
de que también pierda el juicio
porque tú te has vuelto loco.
La amistad no llega a tanto.

DON LUIS

Eso dices porque ignoras
cómo se pasan las horas   55
en esta vida de encanto.
Mi mujer es un tesoro,
es un ángel; no hay ninguna
que tales prendas reúna.
La estimaba, ¡y ya la adoro!   60

DON JUAN

Pues si no hay otra como ella,
y ésa la pillaste ya,
¿con quién me caso?

DON LUIS

Otra habrá;
confía en tu buena estrella.

DON JUAN

Serán mis maravedís   65
lo que busque, no mi amor;

---

[12] *tengo = hubiese tenido; voy = fuí.*

y en ese caso es mejor
la que traigo de París.
Porque ésa, si yo la pillo
en un renuncio, *laus Deo:* [13]   70
la acomodo en el correo,[14]
y a Francia. Créeme, Luisillo;
la mujer no ama jamás.

DON LUIS

De soltera, poco o nada;
pero despúes de casada   75
suele amar . . .

DON JUAN

A los demás.

DON LUIS

Hombre, alguna . . .

DON JUAN

Haré excepción
en favor de tu mujer.

DON LUIS

Gracias; no era menester.

DON JUAN

Y también, por atención,   80
la haré en favor de su hermana,
que al fin es de la familia.

DON LUIS

¡Hombre! ¡Harías con Emilia
una boda soberana!

DON JUAN

¡Sí!

DON LUIS

Ello,[15] habrá que desbancar   85
a un rival . . .

DON JUAN

¡Por eso no! [16]
Como me empeñase yo,
¡dónde iba [17] el pobre a parar!

DON LUIS

¡Pues hazlo! Mira que es cosa
de que no tienes idea,   90
lo que cautiva y recrea
el cariño de una esposa.
Y no lo juzgues por ese
con que te tiene embaucado
la francesa: amor comprado,   95
por mucho que te embelese . . .
Ni es tampoco aquel delirio,
aquella fiebre de amante,
abrasadora, incesante,
que más que gozo es martirio.   100
Es fuego que da calor
al alma, sin abrasar;
es conjunto singular
de la amistad y el amor.
Huye de ti el egoísmo,   105
porque hay a tu lado un ser
que tu pena y tu placer
los siente como tú mismo.
En vez de frivolidad
y de desprecio del mundo,   110
se despierta en ti un profundo
instinto de dignidad.
Quieres merecer del hombre
respeto, aprecio, interés,
porque refleje después   115
en la que lleva tu nombre.
Ese tu eterno viajar
por Francia, Italia, Inglaterra,
sin que haya un punto en la tierra
que alivie tu malestar,   120
¿qué es sino cansancio, di?
¿Qué es sino un vago deseo
de encontrar más digno empleo
a la vida que hay en ti?
¡Pues esa eterna vagancia,   125
ese vivir volandero
que te hace tan extranjero
en España como en Francia;
la indiferencia fatal,
o el tedio más bien que sientes   13(?

---

[13] *laus Deo,* " praise be to God! "
[14] *correo* = *tren correo.*
[15] *Ello,* " To be sure."
[16] *¡Por eso no!* " That wouldn't deter me! "
[17] *iba* = *iría.*

cuando ventilan las gentes
algún negocio formal;
todo eso, que yo he probado
cuando como tú vivía,
se borra, Juan, desde el día 135
en que te miras casado!
Ya por el público bien
te afanas, y en ti rebosa,
con el amor de tu esposa,
el de tu patria también. 140
Y el alma y los ojos fijos
en su porvenir tendrás,
porque esta patria, dirás,
es la patria de mis hijos.
En fin, Juan, el matrimonio 145
es origen, no lo dudes,
de las mayores virtudes
de la tierra. Y . . . ¡qué demonio!
Mucho contra él se propala;
pero cuando todos dan 150
en casarse . . . Vamos, Juan,
no será cosa tan mala.

Don Juan

¿Cuándo te casaste?

(*Después de una pausa.*)

Don Luis

¿Cuándo?
Hará tres meses.

(*Vuelve a sentarse.*)

Don Juan

Corriente.
Pues voy a tener presente 155
esa arenga; y si en pasando . . .
vaya, no quiero alargarme,[18]
un año, dices lo que hoy,
consiento por lo que soy . . .
¿En qué diré yo? En casarme. 160

Don Luis

Tendré la misma opinión;
no es Clara de esas mujeres.

Don Juan

Te lo concedo, si quieres;
es la misma perfección.
Pero no está en ella el mal; 165
y aun cuando yo tropezara
con otra segunda Clara,
no me casaría.

Don Luis

¡Hay tal!
¿Ni aun teniendo esa fortuna
querrías casarte?

Don Juan

No. 170

Don Luis

Pero, ¿por qué?

Don Juan

Porque yo
no creo, Luis, en ninguna.
Juntos corrimos el mundo:
tú has perdido la memoria;
yo recuerdo aquella historia, 175
y en su experiencia me fundo.
Todas son a cual peor; [19]
yo me mantengo en mis trece.
La que más santa parece
es porque engaña mejor. 180

Don Luis

Pues yo veo por ahí
muchos maridos felices.

Don Juan

¿Quién lo duda?

Don Luis

Es que tú dices . . .

Don Juan

Los predestinados, sí.
La culpa es siempre del hombre. 185
Todos tienen igual suerte;
pero el que el riesgo no advierte,

---

[18] *no quiero alargarme,* " I won't make it too long."
[19] *a cual peor,* " one worse than another."

¿de qué quieres que se asombre?
El que de ellas solamente
ha visto el falso barniz, 190
se casa ¡y es muy feliz!
No hay amigo ni pariente
que con caridad extraña,
como escamado²⁰ le vea,
en el deber no se crea 195
de decirle: « ¡Usted se engaña! »
Vienen la suegra y el suegro,
y entre ellos y la mujer,
y el amante, le hacen ver
que lo que era blanco es negro. 200
Pero yo que soy un galgo
que huele a media jornada,²¹
y que aunque no vea nada
he de presumir que hay algo,
¿iré a aumentar el artículo,²² 205
bastante crecido ya,
de esa caterva que está
constantemente en ridículo?

(*Poniendo el brazo sobre el cuello de
don Luis.*)

¡Cuántas víctimas, oh Luis,
hemos hecho!—¿Qué es de²³ aquel 210
intendente?

DON LUIS

(*Sonriendo.*)

¿Don Gabriel?
¿El que jugaba al bisbís?

DON JUAN

Y ella, ¡cómo te quería!

DON LUIS

Era un volcán.

DON JUAN

Y el simplón
decía: « ¡Es mucha pensión!²⁴ 215
¡Esta Enriqueta es tan fría! »

DON LUIS

¡Pobre diablo! (*Riendo.*)

DON JUAN

¿Y tus amores
con la rubia? Con aquella . . .

DON LUIS

¡Oh, Maruja!

DON JUAN

Y su doncella,
¡qué alhaja!

DON LUIS

Sí; la Dolores. 220

(*Se levanta.*)

Todos los días, más fija
que el sol, a la misma hora
con carta de su señora.

DON JUAN

¿Conservas aún la sortija?

DON LUIS

Por ahí anda.

DON JUAN

¡Te la dió 225
en las barbas del marido!

DON LUIS

Pues no era aquél muy sufrido.

DON JUAN

Ella le domesticó.

DON LUIS

¡Tenía golpes²⁵ soberbios!

DON JUAN

¡Y qué caricias le hacía 230
cuando más! . . .

²⁰ *escamado*, " distrustful," " suspicious."
²¹ *huele a media jornada*, " scents things from afar."
²² *artículo*, " ranks," " number."
²³ *¿Qué es de?* " What has become of? "
²⁴ *¡Es mucha pensión!* " It is very vexing! "
²⁵ *golpes*, " tricks," " ideas."

Don Luis

¡Qué bien sabía
fingir ataques de nervios!

Don Juan

Y cuando dió en ir a misa
sin dejar una mañana,
y él decía: «¡Qué cristiana   235
es mi Maruja!»

Don Luis

¡Qué risa!
¡Mereció por animal! . . .

Don Juan

¡Toma!

Don Luis

¡Tan corto de alcances! . . .

Don Juan

Pero entre todos tus lances,
el más chistoso fué . . .

Don Luis

¿Cuál?   240

Don Juan

El de aquella con quien tú
te estacionaste.[26]

Don Luis

¡Ah! Sí; Rosa.

Don Juan

La facha más candorosa . . .
¡Y era el mismo Belcebú![27]

Don Luis

¿Qué lance? ¿Cuando me dió   245
una cita por el *Diario?*

Don Juan

No . . .

Don Luis

¿Cuando en aquel armario
me tuvo escondido?

Don Juan

No.
Eso a cualquiera le pasa.
¡Cuando urdió aquel embolismo   250
para que el marido mismo
te presentase en su casa!

Don Luis

¡El marido mismo! (*Mudando de color.*)

Don Juan

¡Pues!
¿No te acuerdas?

Don Luis

Sí me acuerdo.

Don Juan

¡Y eso que aquél no era lerdo!   255

Don Luis

¡No era lerdo!

Don Juan

No; al revés.
Hombre de mundo, y muy ducho . . .

Don Luis

¿De mundo?

Don Juan

Pero es en vano:
no basta el saber humano.

Don Luis

Pues, o yo me engaño mucho . . .   260
o, vamos, aquel marido
era torpe. Quien da un paso
tan . . . No sé; pero en su caso
yo lo hubiera conocido.

Don Juan

¡Qué habías de conocer!   265
Ella lo prepararía
con aquella maestría
que tiene toda mujer.

---

[26] *aquella . . . estacionaste,* " the one you stuck to " (longer than the others!)
[27] *Belcebú,* " Beelzebub."

Con ese don infernal
de tal suerte le ofuscó, 270
que al hombre le pareció
la cosa más natural.

DON LUIS

Es verdad, eso sería. (*Sentándose.*)

DON JUAN

¿Qué tienes?

DON LUIS

Nada.

DON JUAN

Ya estoy.
Estos recuerdos ... Me voy. 275
Ya has hecho la tontería ...
Conque adelante; a vivir.
Adiós, chico. (*Abrazándole.*)

DON LUIS

¿Volverás?

DON JUAN

¡Pues no he de volver! [28] Quizás
me llegues tú a convertir. 280

ESCENA VIII

DON LUIS

¡El marido mismo, sí!
¡El marido mismo fué!
¡Vino de tan buena fe
a llevarme! ... Y luego allí,
¡qué ridículo papel 5
entre las gentes hacía!
Todo Madrid lo sabía;
todo Madrid ... menos él.
Me ha entrado un desasosiego ...

(*Se levanta.*)

Este Antoñito ... ¡Dios mío! 10
Si en la relación confío
y le traigo a casa, y luego ...
No le traigo: se acabó.
¿Y qué pretexto he de dar?

¡Si Clara llega a notar 15
que sospecho de ella! No.
Porque si no hay fundamento,
¿qué logro? Mortificarla.
Y si le hay, es avisarla
que se vaya con más tiento. 20
¡Pero también, si es que existe
ese condenado plan
para traer el galán,
traerle yo mismo ... es chiste!
Dice que a Emilia pretende; 25
pero Emilia lo negaba,
y Clara titubeaba
al explicarme ... Aquí hay duende.
¡Qué bueno es haber corrido! [29] 29
Este lance lo acredita. 30
¡Aquel candor de Rosita
cuando persuadió al marido,
es una lección preciosa!
¿Qué ardid pueden ya inventar
que yo no haya visto usar? 35
¡La experiencia es mucha cosa!
¡Y yo sin aprovecharme
de la que tengo! Fortuna
que en ocasión oportuna
viene Juan a despertarme. 40
Yo traeré a Antoñito a casa.—
¡Ramón!

ESCENA IX

DON LUIS y RAMÓN

RAMÓN

¿Señor?

DON LUIS

El sombrero.

(*Se va Ramón, y vuelve con el sombrero.*)

Le traeré. Pero primero ...
Voy. Yo sabré lo que pasa.
Tratemos de preparar
el campo. ¡El tal Antoñito! ... 5
Pero, ¡Dios mío! ¿está escrito
que ninguno ha de escapar?

(*Se va por el foro.*)

[28] *¡Pues no he de volver!* " Of course I'll be back! "
[29] *haber corrido.* " to have had experience of the world."

ACTO SEGUNDO

La misma decoración del acto primero.

ESCENA PRIMERA

Don Juan y Ramón *que salen por el foro.*

DON JUAN

¿Conque todos están fuera?

RAMÓN

Sí, señor.

DON JUAN

Por eso vuelvo.
He hallado a Luis en la calle
tan distraído, que habiendo
pasado yo junto a él,   5
ni me ha visto. Y como tengo
deseos de hablar contigo,
dije: « Allá voy . . . » Conque hablemos.
Explícame tú . . .

RAMÓN

¡Ay! ¡Señor
don Juan! ¡Usted nos ha muerto   10
con marcharse de Madrid!
¡Por ese viaje nos vemos
casados!

DON JUAN

¡Tú también!

RAMÓN

No;
pero es lo mismo. Estoy hecho
tan marido como el amo.   15
Esta casa es un convento.
Sólo cada tres domingos
me dejan ir a paseo
un par de horas, y si tardo
dos minutos más, ya hay gesto   20
en la señora.

DON JUAN

¡Hola! Dime:
¿qué tal genio?

RAMÓN

Un cancerbero
conmigo . . . Me hace barrer,
me hace ir a la compra, y luego
apuntar en un librote   25
lo que traigo, con sus precios;
y como falten dos cuartos,
me hace devanar los sesos
hasta que sale la cuenta
cabal. ¡Yo no soy para esto: 30
el orden me mata! ¡Usted
que me ha visto en aquel tiempo
dichoso, ser confidente
de los íntimos secretos
del amo, no descansar   35
estudiando el mejor medio
de deslizar un billete,
de entretener a un cochero,
de acechar a algún marido,
y mientras estaba dentro   40
el amo, ensayarme yo
en conquistar el afecto
de una linda camarera! . . .
El que se ha criado en eso
no puede . . . Pues ¿y propinas?   45
¿Y ser dueño del dinero,
sin andar jamás con cuentas
de esto pongo y esto debo? [1]
La verdad, señor don Juan,
el amo me tira,[2] es cierto;   50
pero ya estoy hasta aquí
de escoba y de casamiento.[3]

DON JUAN

¡Pobre Ramón! ¡Eres digno
de mejor suerte! Ya veo
que tú no has hecho traición,   55
como el pobre Luis, a aquellos
principios que en nuestra escuela
aprendiste.

RAMÓN

Nada de eso.
¡Calavera hasta la muerte!
Y en esta casa no puedo . . .   60

---

[1] *con cuentas . . . debo,* " keeping strict account of every penny."

[2] *tira,* " attracts."

[3] *ya estoy . . . casamiento,* " I'm full up to here " (indicating the forehead), i.e., " I'm sick and tired of brooms and marriage."

DON JUAN

Anda, déjalo correr.
Ten paciencia; tras de un tiempo
viene otro. Quizás hoy mismo
las cosas muden de aspecto,
y entonces . . . (Éste es muy listo,   65
y si no logro ponerlo
de mi parte, es imposible
mi plan: lo descubre al vuelo.)
Tú, por volver a tu oficio,
darías . . .

RAMÓN

¡Lo que no tengo!   70

DON JUAN

Y como hombre de principios
fijos, no te importa un bledo
que la persona a quien sirvas
se llame . . .

RAMÓN

Nada. En habiendo
intriguilla, ya estoy yo   75
en mis glorias, y dispuesto
a engañar al *sursum corda*.[4]

DON JUAN

Al mismo Luis.

RAMÓN

Lo que es eso . . .
es mi amo . . .

DON JUAN

¡Pero es marido!

RAMÓN

¡Es verdad!

DON JUAN

Y en el momento   80
que se casa un hombre, pierde . . .
¿No te acuerdas?

RAMÓN

Sí me acuerdo;
sí, señor. Pierde . . . ¿Cómo era?

DON JUAN

Pierde todos sus derechos
sociales, y se declara . . .   85

RAMÓN

Eso es; se declara objeto
de hospitalidad. ¿Eh?

DON JUAN

Mal
pronunciado; pero es eso.
Objeto de hostilidad.

RAMÓN

Pues, como quien dice: ¡a ellos!   90

DON JUAN

Y si a ti se te ofreciera
una ocasión, por ejemplo,
de ejercer tu habilidad,
aun cuando fuera aquí dentro,
¿renunciarías, Ramón,   95
a la gloria y al provecho
que pudiera resultarte,
por guardarle miramientos
a un amo, indigno de ti,
débil, apóstata? . . .

RAMÓN

Pero   100
en esta casa no alcanzo
quién pueda ser. Yo no veo . . .

DON JUAN

¿No me ves a mí?

RAMÓN

¡Usted! . . .

DON JUAN

Calla.
Éste es un golpe maestro.
Tu ama es preciosa, y merece   105
que por compasión al menos
se la saque de esa vida
de hacer cuentas y andar viendo
cómo se barre y se cose;

---

[4] *sursum corda,* "lift up your hearts"; freely, "the Lord Almighty himself."

en fin, de esos ministerios 110
mecánicos.

RAMÓN

Eso sí.
¡Es un dolor! ¡Con un cuerpo
y una cara! ... ¡Y sin pensar
en más que en quitar de en medio
los trastos,[5] y en que se barra! ... 115

DON JUAN

¡Oh! Verás cómo la hacemos
que se olvide de esas cosas.

RAMÓN

¡Será muy útil!

DON JUAN

Te ofrezco
trocar antes de dos meses
este triste monasterio 120
en la mansión del placer.
Y tu ama dará el ejemplo.
Es decir, si tú me ayudas.

RAMÓN

¿Conque usted, por lo que veo,
ni a sus antiguos amigos 125
perdona?

DON JUAN

Pero, hombre, puesto
que más tarde o más temprano
alguno ha de ser, yo quiero
adelantarme. Lo haré
como amigo. Desde luego, 130
por ser él, suprimiré
el escándalo. Y te advierto
que es sacrificio. Ya sabes
que no parece completo
el triunfo sin la salsilla 135
de que corra.[6]

RAMÓN

Es verdad; pero
en casos como éste, cuando
hay amistad de por medio ...

DON JUAN

Y luego, hay compensaciones.
A tu amo le volveremos 140
al mundo, se distraerá.
La vida que hace es un mero
paréntesis. Ahora mismo
casi a apostarte me atrevo
que tiene intriga. ¿Has olido 145
tú?

RAMÓN

Nada.

DON JUAN

Pues, ¿a que es cierto?
Tú obsérvalo bien, y como
yo me equivoque ...

RAMÓN

Veremos.
Conmigo no se franquea.
Pero me pondré en acecho, 150
y no se me escapará.

DON JUAN

Pues avísame al momento
que lo sepas. ¡Ya verás
llover sobre ti de nuevo
los lances y las propinas!— 155
¡Ah! Cuidado. Lo primero
es ganar a la doncella.
Tú ya sabes el secreto:
la haces el amor, la ofreces,
si es preciso ...

RAMÓN

Está usted fresco.[7] 160
¿Amor? ¡Si es una argandeña [8]
como un puerco espín! Yo, lleno
de amabilidad, por ver ...
y en fin, por matar el tiempo,
me he acercado algunas veces ... 165
¡Que si quieres! [9] Siempre llevo
una coz. Señor don Juan,
esto no es el bello sexo.

---

[5] *quitar ... trastos*, " getting things put away and straightened up."
[6] *sin la salsilla de que corra*, " without the satisfaction (sauce) of having it noised about."
[7] *Está usted fresco*, " You're crazy ! " Cf. Act I, note 6.
[8] *argandeña*, a native of Arganda, a village about seventeen miles from Madrid, noted especially for its red wine.
[9] *¡Que si quieres!* " Not on your life.' "

DON JUAN

Pues es preciso que insistas
en tu plan. ¿Quién dijo miedo? 170
Esa conquista te cubre
de gloria. ¡Ablandar un pecho
de cal y canto!

RAMÓN

Sí tal.

BENITA

(Dentro.)

¡Ramón!

DON JUAN

¿Quién te llama?

RAMÓN

Creo
que es la susodicha.

DON JUAN

Pues 175
me voy. Cómprala un pañuelo.

(Le da dinero.)

¿Qué horas tiene Luis?

RAMÓN

De noche
va al teatro ...

DON JUAN

¿Sí? Hasta luego.

ESCENA II

RAMÓN

Pues señor, ya empiezo yo
a encontrarme en mi elemento.
Propinas ... Amores ... Ande
la ...¹⁰

BENITA

(Dentro.)

¿Ramón?

RAMÓN

¡Otra te pego! ¹¹
Es mi víctima futura. 5
No la respondo: con eso
vendrá aquí, y empezaré
el plan de ataque. Allá dentro,
con la cocinera, es cosa
imposible.—Dicho y hecho. 10

ESCENA III

RAMÓN y BENITA; ésta sale, y al verle se
queda parada, con enojo. Ramón ha tomado una actitud sentimental.

BENITA

¡Sordo!

RAMÓN

¿Quién?

BENITA

¿Pues no oye usted
que le llaman?

RAMÓN

¿Será cierto?
¡Benita! ¿Usted me llamaba?

BENITA

Sí, señor; ¿a ver si aquello
ha sido en la vida un cuarto 5
de perejil? ¹²

RAMÓN

¡Dios eterno!
¡De perejil viene a hablarme!

BENITA

Todos los días tenemos
la misma canción. La Juana
dice que es usté un mostrenco, 10
que no trae la compra bien
casi nunca.

RAMÓN

¿Ese concepto
tiene la Juana de mí?
¿Qué me importa? A quien yo quiero

---

¹⁰ Ande la . . . , sc. cosa, " Let's have it ! " " Let 'er go ! "
¹¹ ¡Otra te pego! " Now what ! " " There you go again ! "
¹² ¿a ver . . . perejil? " do you call that a cuarto's worth of parsley ? "

agradar no es a la Juana,   15
sino a ese rostro de cielo
que . . .

BENITA

    Siempre trae las perdices
pasadas.[13]

RAMÓN

    Pasado el pecho
tengo yo.

BENITA

    De las dos libras
de vaca, la mitad hueso.   20

RAMÓN

¡Usted me lo hace roer,
ingrata! . . .

BENITA

    El tocino, añejo.

RAMÓN

Más añejo es este amor . . .

BENITA

La leche, aguada.

RAMÓN

        Que siento . . .

BENITA

Los tomates . . .

RAMÓN

        En el alma.   25

BENITA

Podridos.

RAMÓN

    ¿Y no hay remedio
para mí?

BENITA

    Registrar antes
las cosas.

RAMÓN

    Si no es más que eso . . .

BENITA

¡Quite usted allá! Yo no soy
guitarra.

RAMÓN

    No puede menos,   30
Benita, sino que usted
nunca se mire al espejo;
porque si usted se mirase
esa cara . . .

BENITA

    ¿Y qué tenemos? [14]

RAMÓN

Que es lástima que con ella,   35
y esas carnes, y ese cuerpo,
hable usted de perejil
y de tomates y . . .

BENITA

        Quiero
hablar. Porque tengo ley
a mis amas. Me trajeron   40
desde que era una chiquilla
a Madrid, porque en mi pueblo
he sido hermana de leche
de la señorita; y llevo
más de diez años con ellas;   45
y miro por el gobierno
de la casa. Y me he criado
con vergüenza. Y no consiento
que nadie me toque; ¿estamos?
Que mi padre es cosechero   50
de Arganda. ¿Qué se pensaba
usted?

RAMÓN

    ¡Hola!

BENITA

    Y si le cuento
que usted me persigue, puede . . .
Yo soy única,[15] y no tengo
necesidad de servir;   55
¿estamos? Y si me meto
en mi casa, seré reina;
¿estamos?

[13] *pasadas,* "tainted," "over-ripe," with a pun in the next line, "pierced."
[14] *¿Y qué tenemos?* "And what's wrong with it?"
[15] *única,* "an only daughter."

RAMÓN

(¡Bueno es saberlo!)
¿Conque allá en Arganda? ...

BENITA

Pues.
Y a mí nadie ... en no viniendo   60
con buen fin ...

RAMÓN

¿Pues con qué fin,
que no sea santo y bueno,
pudiera acercarme yo
a la alhaja de más precio
del cosechero de Arganda?   65
(Pues este negocio es serio.)
¡Oh! ¡Benita! ¿No sería
un horror que algún paleto
de vara en cinta cargara
con tan robusto majuelo? [16]   70
Si usted se volviera allá
llevando al lado un ... (¡le tengo
una aversión al vocablo!)
llevando al lado un ... mancebo ...
en fin ... casi un señorito ...   75
Míreme usted.

BENITA

Yo ... en viniendo
mi padre ... se lo diré ...
(¡No es mal mozo!) Siendo cierto ...

RAMÓN

¿Cómo cierto? Pues si traigo
en vez de lechuga, berros;   80
si se me olvida barrer,
si dejo caer al suelo
los platos ... ¿por qué será,
sino porque me enajeno
pensando en esta Benita   85
que me ha trabucado el seso?

BENITA

Entonces ... bien; porque, en fin,
¿a qué está una?

RAMÓN

¡Oh, portento
de bondad! ... (¡Es propietaria!)
¡Sí, Benita! ... El himeneo ...   90

BENITA

¿Qué ha dicho usté?

RAMÓN

El matrimonio ...

BENITA

¡Ah!

RAMÓN

Ligará con el tiempo
esta mano. (*Va a tomársela.*)

BENITA

Vaya, vaya,
las manos quedas.

ESCENA IV

DICHOS, CLARA y EMILIA. *Clara trae un
lío de compras.*

CLARA

¿Qué es esto?
¿Qué hacen ustedes aquí
en conversación? ¡Me alegro!

RAMÓN

Señora, yo bien he oído
la campanilla, mas yendo   5
a abrir, oí pasos, y dije
a Benita: « Ya han abierto.»

CLARA

¡Pues es oír! Porque yo
no he llamado.

RAMÓN

¿No? Pues ello ...

CLARA

Salía gente, y entramos;   10
conque ...

16 *algún paleto ... majuelo,* " some country bumpkin should carry off such a promising new
vineyard."

RAMÓN

Pues yo . . .

CLARA

(*Con severidad.*)

Vete adentro.

RAMÓN

¡Jurara! . . .

(*A una mirada de Clara se va.*)

(Para abadesa
no hay otra.[17] Yo te prometo
que he de ayudar a don Juan . . .
y te domesticaremos.)   15

ESCENA V

CLARA, EMILIA y BENITA

CLARA

¿Y tú, tampoco tenías
que hacer?

EMILIA

No la riñas.

BENITA

Tengo,
sí, señora; pero a veces
una . . .

CLARA

¿Has planchado ya el cuello
que te dije?

BENITA

¡Cuánto ha! [18]

CLARA

Bien.   5
¿Y no tienes ahí un cesto
de ropa que repasar?

BENITA

¡Como si no hubiera tiempo!

CLARA

No, señor; lo que hay que hacer,
a hacerlo. Y en fin, no quiero   10
verte mano sobre mano,[19]
ni en conferencias . . .

EMILIA

Yo creo
que la riñes sin motivo.
Ella trabaja.

CLARA

No es eso.
¿Qué sabes tú?—Vete al cuarto   15
de la labor.

ESCENA VI

CLARA y EMILIA

CLARA

Yo me entiendo.
Esta chica se va echando
a perder. Hace algún tiempo
que, sin pedirme licencia,
cosa que jamás ha hecho,   5
sale de casa y no dice
dónde ha ido.

EMILIA

Eso no.

CLARA

Y luego,
este perillán se arrima
demasiado; y yo sospecho . . .

EMILIA

¡Oh! Lo que es él . . . ha servido   10
a Luis . . . y de tal maestro
tal discípulo.

CLARA

(*Examinando las compras que ha puesto
en el velador.*)

¡Qué tema
le tienes!

---

[17] *Para abadesa no hay otra,* " No one could beat her as abbess! "
[18] *¡Cuánto ha!* " Ages ago! "
[19] *mano sobre mano.* " standing idle."

EMILIA

Ya lo estás viendo.
¿Y el hombre de esta mañana?
Verás cómo vuelve.

CLARA

Bueno;   15
que vuelva.

EMILIA

¿A darme otro susto?

CLARA

Eso no; mira qué presto
mudó de estilo.

EMILIA

Verás
cómo pervierte de nuevo
a Luis.

CLARA

¡Qué afán de anunciarme! ...   20
Si yo creyera en agüeros ...
Por fortuna, Luis se encarga
de desmentirte con hechos;
y hoy mismo tengo una prueba.
Sin duda con el objeto   25
de desenfadarme, el pobre ...

EMILIA

¿Cuál es?, dime.

CLARA

Es un misterio.

EMILIA

A propósito. ¿Querrás
explicarme qué fué aquello
que te dijo el tirolés   30
al oído, que al momento
te hizo dejar los pendientes
que ibas a llevar? Has hecho
mal.

CLARA

Es verdad.

EMILIA

Tan baratos ...

CLARA

¡Mucho!

EMILIA

¡Y de un gusto tan nuevo!   35
Y no tenía otro par.

CLARA

Pues esta noche has de verlos ...

EMILIA

¿Dónde?

CLARA

Aquí. (*Indicando sus orejas.*)

EMILIA

¡Qué dices! ¿Cómo?

CLARA

Para que vayas perdiendo
la mala opinión que tienes   40
de Luis, te diré el secreto
del tirolés. Como somos
parroquianos hace tiempo,
me dijo aparte: « Señora,
no los lleve usted. La advierto   45
(en confianza) que ha estado
aquí hace pocos momentos
el señor don Luis en busca
de unos pendientes, que luego
dijo que recogería;   50
y yo al punto, conociendo
que sería un regalito
para usted, le iba a dar éstos,
que acabo de recibir.»

EMILIA

¡Hola!

CLARA

¿Te vas convenciendo?   55

EMILIA

¡Vamos! ...

CLARA

Yo voy a dejar
que él me sorprenda primero;
y en seguida le doy ...

(*Abriendo una cajita en que hay una
sortija.*)

EMILIA

¡Ya!
Yo no acertaba . . . Por eso
has comprado esta sortija.   60

(*Mirándola.*)
¡Qué linda!

CLARA

Y de poco precio.

EMILIA

No he visto ninguna . . .

CLARA

                    Ayer
dice que las recibieron.

EMILIA

Y otra igual le queda allí.

CLARA

No hay más que las dos.

EMILIA

                    Por cierto,   65
Clara . . .

CLARA

    ¿Qué?

EMILIA

                Se me han pasado
unos deseos . . .

CLARA

            Deseos,
¿de qué?

EMILIA

        Me da cortedad.

CLARA

Vamos, habla. ¿El camafeo
aquel?

EMILIA

    No.

CLARA

        ¿El devocionario   70
con forro de terciopelo
y los adornos de plata?

EMILIA

No. La otra sortija.

CLARA

                Pero,
Emilia, ¿no ves que son
para hombre?

EMILIA

        Pues por eso.   75

CLARA

¡Cómo!

EMILIA

            Vamos, que me pongo
colorada.

CLARA

        Ya comprendo.
¿Estás loca?

EMILIA

            ¿Por qué?

CLARA

                Pues;
para Antoñito.

EMILIA

            Y no veo . . .

CLARA

¡Calla!

EMILIA

    ¿Pues qué tiene?

CLARA

                Tiene,   80
y mucho.

EMILIA

    ¡Ya! Si queremos
interpretar, como Luis,
hasta lo más . . . Mira; tengo
que corresponder también.
Vamos, te diré un secreto   85
en pago de ese que tú
me has revelado. ¿Ves esto?

CLARA

Hola, un brazalete.

EMILIA

Sí.

CLARA

¿Cómo has sabido esconderlo?

EMILIA

Pues él me le dió en memoria, 90
llorando de sentimiento,
(¡qué bonito es!) cuando tú
te casaste, conociendo
que ya con la nueva vida
no sería fácil vernos. 95
Conque es preciso que yo . . .

CLARA

No, Emilia. Yo no exagero
las cosas; ya me conoces.
El brazalete . . . no hay riesgo
en que tú le hayas tomado; 100
pero en esto sí: es muy feo
en una niña el hacer
regalos a un muchachuelo
con quien no ha mediado nada
formal, dándole derecho 105
a jactarse . . .

EMILIA

Él no es capaz . . .
Y aquí no hay malicia.

CLARA

Pero
como al mundo no le consta,
juzgará de muy diverso
modo.

EMILIA

La que es buena . . .

CLARA

Debe 110
además . . .

EMILIA

¿Qué?

CLARA

Parecerlo.

EMILIA

El mundo . . .

CLARA

(Llamando.)
Ven a quitarte
la mantilla; mediremos
ese lienzo, mientras Luis
viene.

ESCENA VII

DICHAS y RAMÓN

RAMÓN

¿Señora?

CLARA

Trae eso
a mi cuarto. (Se van.)

ESCENA VIII

RAMÓN y luego DON LUIS

RAMÓN

(Recogiendo las compras.)
Me pilló.
Ha olido mi trapicheo
amoroso . . . (Llevándoselas.)

DON LUIS

¿Adónde vas?

RAMÓN

A llevar esto allá dentro.

DON LUIS

¿Y qué es eso? A ver, a ver. 5

RAMÓN

Yo no sé; compras que ha hecho
la señora . . .

DON LUIS

(Mirando las compras.)
¿Ya ha venido?

RAMÓN

Ahí está.

DON LUIS

Medias . . . pañuelos . . .
¿y esta cajita encarnada?

(*La abre.*)

(¡Una sortija! Probemos.   10

(*Se la prueba.*)

¡Hola! Pues no es para ella.
Me viene a mí. Es para dedo
de hombre. No hay duda. ¡Dios mío!
¿Para quién será?)

RAMÓN

¿Lo llevo?

DON LUIS

(No se me despintará.)   15
Sí, llévalo; y vuelve presto.

RAMON

(Se ha quedado pensativo.)

(*Se va.*)

ESCENA IX

DON LUIS

¿Será para mí? No creo
que esté de humor de regalos.
Porque ella, con el suceso
de esta mañana, noté,
a pesar de sus esfuerzos,   5
que se fué muy enfadada
conmigo. ¡Tendrá hoy un gesto!
De fijo: [20] no es para mí.
En fin, calma, y vamos viendo.
Lo primero es no ofuscarme.   10
El plan que traigo dispuesto
es el mejor: la crïada
ha de saber. Yo me acuerdo
de que en todas mis intrigas
siempre eran ellas. Por medio   15
de Ramón, veré si logro
saber con maña . . . No tengo
necesidad de nombrar
a mi mujer: nada de eso.

[20] *De fijo,* " Assuredly."

Decir a un criado . . . ¡No!   20
Con averiguar si es cierto
que hay amores entre Emilia
y Antoñito, voy derecho
a sacar la consecuencia
precisa. Él es listo. Y luego . . .   25
¡dádivas quebrantan peñas!
¡Oh! Como haya algo, lo pesco.

ESCENA X

DON LUIS *y* RAMÓN

DON LUIS

¿Lo llevaste?

RAMÓN

Lo llevé.

DON LUIS

¿Y qué ha dicho?

RAMÓN

Regañar
porque he tardado en entrar.
Y yo la he dicho que usté
al mismo tiempo llegó . . .   5

DON LUIS

¿Y entonces?

RAMÓN

Me ha preguntado
si había usted registrado
el envoltorio.

DON LUIS

(¡Hola!)

RAMÓN

Y yo . . .
le he dicho . . . que no.

DON LUIS

¡Bien hecho!

RAMÓN

Buscó esa caja encarnada.   10

DON LUIS

¿Y qué hizo con ella?

RAMÓN

Nada;
la guardó.

DON LUIS

¿Dónde?

RAMÓN

En el pecho.

DON LUIS

(Ahí es donde guardan ellas.)
Tú lo llevarías todo
revuelto, de cualquier modo.[21]   15

RAMÓN

No tal.

DON LUIS

¡Siempre te atropellas!—
Vamos, si he de hacer tu suerte,
vida nueva; ya es razón
olvidar. Quiero, Ramón,
que trates de establecerte.   20
Haz lo que yo. ¿No conoces
alguna? Ahí está Benita,
muchacha honrada, bonita.
¡Oh! ¡No sabes tú los goces!

RAMÓN

¡Sí, señor! (Saquemos raja[22]   25
por este lado también.)

DON LUIS

¿Y ella?

RAMÓN

Como ve mi tren,[23]
ella quisiera andar maja.

DON LUIS

Háblala; dila que vas
con buen fin.

RAMÓN

Eso es seguro.   30

DON LUIS

Que tu cariño es muy puro.

RAMÓN

Por supuesto.

DON LUIS

Y lo demás
corre de mi cuenta.

RAMÓN

¿El qué?

(Escamado.)

DON LUIS

Que haya algunos regalillos.

RAMÓN

(Comamos a dos carrillos.[24])   35
Eso siempre . . . ¡Ya se ve!
¡Muchas gracias! (¡Calla, calla!
Don Juan me mandó observar.
¿Si la querrá conquistar,
y seré yo la pantalla?)   40

DON LUIS

En fin, a ver si consiente.

RAMÓN

(¡Adiós, majuelos de Arganda!)

DON LUIS

Y cuando la tengas blanda,
le has de decir que te cuente . . .

RAMÓN

¿Qué?

DON LUIS

Yo tengo una familia   45
a mi cargo: soy su jefe;
y eso de que un mequetrefe
engañe a la pobre Emilia . . .

---

[21] *Tú lo llevarías . . . modo,* "You probably carried everything upside down, anyway."
[22] *Saquemos raja,* "Let us derive profit."
[23] *tren,* "class," "speed."
[24] *Comamos a dos carrillos,* "Let's eat off of both loaves," i.e., stuff both cheeks with what we can get out of both Don Luis and Don Juan.

RAMÓN

¿A la señorita?

DON LUIS

Pues.
Yo tengo acá mi recelo 50
de que cierto jovenzuelo
la anda rondando, ¡y ya ves!
¡Tan niña, tan candorosa!
¡Ay, Ramón, me hace temblar!
¡Con cien ojos hay que estar! 55

RAMÓN

(¡Ya entiendo; esto es otra cosa!)

DON LUIS

Pregúntale tú . . . Averigua
con maña si ese mocito,
que ha de llamarse Antoñito,
era ya visita antigua; 60
si le vió dar a entender
que a la muchacha quería,
y si ella correspondía.
Eso lo debe saber.
Hoy mismo quiere ese tonto 65
venir aquí, y es preciso
que yo viva sobre aviso.
¡Conque, Ramón, hazlo pronto!

RAMÓN

Por mi parte . . .

DON LUIS

¡Sí, por Dios!

RAMÓN

(No hay duda; es la cuñadita.) 70

DON LUIS

Sonsaca bien a Benita.

RAMÓN

(¡Calla! ¿Si querrá a las dos?)

DON LUIS

Y por ahora, Ramón,
en prueba de tu terneza,

como cosa tuya, empieza 75
por hacerla esta expresión.

(*Sacando una caja con pendientes.*)

RAMÓN

¿Y qué es esto?

DON LUIS

Unos pendientes . . .

RAMÓN

¡Qué bonitos!

DON LUIS

Muy sencillos.
Di que con tus ahorrillos . . .

RAMÓN

Ya estoy.

DON LUIS

Y a nadie le cuentes . . . 80

RAMÓN

¡Qué he de contar!

DON LUIS

Bien; pues anda,
a ver si hoy mismo . . .

RAMÓN

Allá voy.

DON LUIS

Vete, que vienen.

RAMÓN

(¡Ya soy
el cosechero de Arganda!)

ESCENA XI

DON LUIS *y luego* CLARA

DON LUIS

Mi mujer. Seamos prudentes.
¡Bonita cara traerá
con el lance de hoy!

CLARA

(*Saliendo.*)

(¿Qué hará,
que no me trae los pendientes?)

(*Llégase a él con aire festivo, y le toma
cariñosamente el brazo.*)

Un buen marido, al volver   5
a su casa, lo primero
que debe hacer, caballero,
es buscar a su mujer
y darla un abrazo; ¿estamos?

DON LUIS

(¿Qué cariño intempestivo   10
es éste? Yo no concibo . . .)

CLARA

Que estoy esperando, ¡vamos!
ese abrazo.

DON LUIS

(*La abraza.*)

(¡Es singular!)

CLARA

¿Y nada más? . . .

DON LUIS

(¿Qué más quiere?)

CLARA

(Cuando trae algo, se muere   15
por hacerlo desear.)
¿Por dónde has andado, di?

DON LUIS

Por las calles, sin objeto . . .
He encontrado a aquel sujeto.

CLARA

¿A quién?

DON LUIS

A Antoñito.

CLARA

¡Ah!

DON LUIS

Sí.   20

CLARA

¿Y de mí, te has acordado?

DON LUIS

(¡Muda de conversación!)

CLARA

(¡Cómo se hace el remolón! [25])

DON LUIS

Y tú, dime, ¿qué has comprado?

CLARA

¿Yo?

(*Tentándole los bolsillos con disimulo, y
fingiendo que le acaricia y le compone la
corbata y el chaleco.*)

DON LUIS

Sí.

CLARA

(¿Dónde los tendrá?)   25
Con ver tanta baratija . . .

DON LUIS

(¡Si irá a darme la sortija!)

CLARA

Nada al fin.

DON LUIS

(No me la da.
¡Si ahora yo se la sacara
del pecho! . . .)

CLARA

(Aquí no los tiene.)   30

DON LUIS

(Pero no, no me conviene.)

CLARA

Poco has pensado en tu Clara.
Yo, como nunca me olvido
de mi Luis . . .

---

[25] *¡Cómo se hace el remolón!* " How he loves to prolong the agony! "

DON LUIS

(¡Qué soboncita! [26]
Lo mismo estaba Rosita   35
con aquel pobre marido.)

CLARA

Fuí a una tienda a buscar
una holanda muy barata,
y he comprado otra corbata
que te quiero regalar.   40

DON LUIS

¡Hola! ¿Otra corbata, eh?
Te lo estimo. Pero Clara,
extraño verte esa cara
tan alegre, y tan . . .

CLARA

¿Por qué?

DON LUIS

Por la escena que ese tonto   45
de Juan . . .

CLARA

Sí, me incomodó.
Pero ya sabes que yo
me desenfado muy pronto.
Y como tú no has tenido
la culpa . . . En fin, no fué nada.   50
Y luego, di, ¿quién se enfada
con tan amable marido?
Y hoy que va a dar a su esposa
el pobre una prueba más . . .

DON LUIS

(Ya te entiendo.) Lo dirás   55
porque te traigo . . .

CLARA

(Con viveza.)

¿Qué cosa?

DON LUIS

A Antoñito.

CLARA

(Picada.)

Sí; eso es.
(Pues no me los da. ¿Qué aguarda?)

DON LUIS

(¡Qué tal, merezco una albarda! [27])

CLARA

(Pues aunque los tenga un mes . . .)

DON LUIS

(¡Paciencia!) Le he dado cita . . .   60
(¡Infame!) y vendré con él . . .
(¡Estoy haciendo el papel
del marido de Rosita!)

ESCENA XII

DON LUIS, CLARA y BENITA

BENITA

La sopa.

CLARA

Vamos allá.

DON LUIS

(Disimulo hasta saber . . .)

CLARA

¿Vamos, Luisito, a comer?

DON LUIS

Vamos.

CLARA

(¡Caviloso está! [28])

ESCENA XIII

DICHOS y EMILIA

EMILIA

Clara, la sopa se enfría.

CLARA

Te hallo triste, Luis.

(Tomándole el brazo.)

---

[26] ¡Qué soboncita! "What a little wheedler!" "The sly little puss!"
[27] merezco una albarda, "I'm a jack-ass" (such as might deserve to wear a pack-saddle).
[28] ¡Caviloso está! "There's something on his mind!"

DON LUIS

No tal.
¡Tú sí que estás hoy jovial!

CLARA

¿Te pesa?

DON LUIS

¡No, vida mía!

ESCENA XIV

EMILIA y BENITA. *Emilia detiene a Benita, que se iba con sus amos.*

EMILIA

Ven, escucha.

BENITA

Señorita,
que van hacia el comedor.

EMILIA

Me vas a hacer un favor.

BENITA

Pero . . .

EMILIA

¡Un momento, Benita!

BENITA

Pronto.

EMILIA

Después que comamos,   5
haces una escapatoria . . .

BENITA

¡Eso es! Tendremos historia;
me regañarán los amos.

EMILIA

¡Anda! . . .

BENITA

Y luego la señora,
si huele que salgo así,   10
a quien reñirá es a mí.

EMILIA

Yo seré tu defensora.

BENITA

¡Siempre con el papelito! . . .
¡Cásese usted!

EMILIA

Ya verás
cómo no te envío más: 16
va a venir aquí Antoñito.

BENITA

¡Me alegro!

EMILIA

Conque después
irás, ¿sí?

BENITA

¿Dónde?

EMILIA

Cerquita;
a esa tienda tan bonita
de ahí enfrente.

BENITA

¿Al tirolés?   20

EMILIA

Sí; que te dé una sortija
igual a otra que mi hermana
ha llevado esta mañana.

BENITA

¿Quiere usted que yo la elija?

EMILIA

Si no hay más que una.

BENITA

Ya estoy.   25

EMILIA

Toma. (*Dándole dinero.*)
(Yo se la regalo.
¿Por qué ha de ser esto malo?)

BENITA

Que nos llaman.

EMILIA

Allá voy.

ACTO TERCERO

La misma decoración del acto primero.

ESCENA PRIMERA

CLARA y EMILIA. *Es de noche. Están sentadas a un velador tomando café.*

EMILIA

¿Y cuándo le va a traer?

CLARA

Ahora mismo.

EMILIA

¡Ay!

CLARA

¿Qué te pasa?

EMILIA

¡Me lo has dicho tan de pronto!
Por poco vierto la taza
de café.

CLARA

¡No es para menos   5
el susto! ¡Que viene a casa
Antoñito! ¡Vea usted!
¿No te dije esta mañana
que iba a hacer que lo trajeran?

EMILIA

Es verdad; pero ignoraba   10
que fuese ahora mismo.

CLARA

Luis
le dijo que le esperara
en el café, y allá ha ido
a buscarle.

EMILIA

¡Estoy en ascuas!
¡Lo va a conocer!

CLARA

No temas.   15

EMILIA

¿Tú no le habrás dicho? . . .

CLARA

Nada.

EMILIA

No importa; en sintiendo pasos,
me meto en mi cuarto.

CLARA

Vaya,
déjate de tonterías.
Y a ver si desde hoy se acaba   20
el seguirnos por las calles,
y andar haciendo esas farsas.
Ya viene aquí; conque . . .

EMILIA

Bien.

CLARA

Díselo tú.

EMILIA

Bien.

CLARA

(Se cansan
de amores antes de un mes.)   25

EMILIA

A nosotros ya nos basta
con vernos este ratito
por las noches.—Dime, Clara,
¿y se irá Luis al teatro?

CLARA

Sí.

EMILIA

Como hoy le dé la gana   30
de quedarse, nos divierte.
Yo me pongo a veinte varas
de Antoñito, y ni le miro.
Pero irá. Si él nunca falta
al teatro; ¿no es verdad?   35

CLARA

Nunca.

EMILIA

A las siete se marcha,
y hasta las doce . . . ¡Cinco horas!

CLARA

Cinco horas. (*Cavilosa.*)

EMILIA

¡Cinco horas diarias
para vernos! Lo demás
del día pronto se pasa.   40
Y ya me ha de parecer
más corto, con la esperanza
de que ha de llegar la noche . . .

CLARA

(¡Cinco horas! . . .)

EMILIA

¿Qué piensas?

CLARA

Nada.

EMILIA

¡Ah! No me has dicho . . . ¿Te dió   45
los pendientes?

CLARA

No.

EMILIA

¿A qué aguarda?

CLARA

No sé; se le olvidaría . . .
(No quiero que Emilia caiga
en sospechas.) Tú tampoco
le digas una palabra.   50

EMILIA

Yo no.

CLARA

Quizás me reserva
alguna sorpresa.

EMILIA

¡Calla!
Pudiera ser.

CLARA

¿Sí? ¿Por qué?

EMILIA

Porque desde esta mañana
se me figura que está . . .   55
así . . . yo no sé . . . con cara
de distraído.

CLARA

No.

EMILIA

Apenas
comimos, se fué con tanta
prisa . . .

CLARA

Le estaba esperando
Antoñito.

EMILIA

¡Y cómo tardan!   60

CLARA

(¡Esos pendientes! . . . No sé.
No decirme una palabra
siquiera . . . y eso que yo
bien le daba pie . . .)

EMILIA

¡Ay! ¡Qué ansia
se siente cuando se espera!   65

CLARA

(No sé, no sé.—Estoy tentada
por ir. Los tendrá en su cuarto,
en algún cajón . . .)

(*Se levanta y llama.*)

EMILIA

¿Te marchas?

CLARA

No. (Le voy a dar un chasco.
Se los quito, y cuando vaya   70
a buscarlos, en lugar
de los pendientes, se halla
con la sortija.)

ESCENA II

CLARA, EMILIA y RAMÓN

RAMÓN

¿Señora?

CLARA

Di a Benita que me traiga
una luz.

RAMÓN

Yo la traeré.

CLARA

No; Benita.

RAMÓN

No está en casa.

CLARA

¿Cómo es eso? ¿Dónde ha ido? 5

RAMÓN

No sé, señora.

EMILIA

(¡Es desgracia!)

CLARA

¡Otra tenemos! [1] ¿No he dicho
cien veces que nadie salga
sin decírmelo?

EMILIA

(¡Ay, Dios mío,
debo estar muy colorada! 10
¡Pobre Benita!) Quizá . . .
de repente . . .

CLARA

¡Una muchacha
sola, de noche! Tendré
al fin que enviarla a Arganda
con su padre, antes que aquí . . . 15

EMILIA

Habrá ido cerca.

CLARA

Que vaya
cerca o lejos, nunca sale
sin licencia una criada.
Y va de muchas.[2]

RAMÓN

(Y el amo
también se marchó. ¡Caramba! 20
¿Será cosa de que yo

esté empleando mi labia
para él? [3])

CLARA

¿Y tú, no sabes?

RAMÓN

No sé . . .

CLARA

¡Tú no sabes nada!
Trae una luz.

ESCENA III

CLARA y EMILIA

EMILIA

No te enfades.
Antes nunca te enfadabas
así. ¡Has echado mal genio!

CLARA

Es que antes era una malva
Benita; y ahora . . .

EMILIA

No.
En fin, dame tu palabra 5
de no reñirla, y . . .

CLARA

¡Me gusta!

EMILIA

Y yo me encargo de echarla
una peluca.

CLARA

¿Tú? ¡Buena
peluca! Tú la das alas 10
con tus disculpas.

EMILIA

Ya ves;
criada desde la infancia
con ella . . . La quiero mucho.

[1] *¡Otra tenemos!* "There's at it again!"
[2] *Y va de muchas,* "And this has happened many times."
[3] *¿Será cosa . . . para él?* "Can it be that I have been using all my eloquence (on Benita) just for his profit?"

Pero esta vez no me ablanda.
Y si me dejas, te ofrezco 15
averiguar qué escapadas
son éstas, y que no vuelva
nunca más . . .

CLARA

Bien está; calla.

ESCENA IV

DICHAS y RAMÓN con una luz.

RAMÓN

Aquí está ya.

CLARA

Dame.

RAMÓN

¿Alumbro?

CLARA

No; dame. (¡Si los hallara!
¿Y la sortija? Aquí va.)

(Toma la luz y entra en el cuarto de don
Luis.)

ESCENA V

EMILIA y RAMÓN

EMILIA

(¡He escapado en una tabla!)

RAMÓN

(¡Se va al cuarto de mi amo!
¡Y no ha querido que vaya
con luz! ¿Pues qué irá a hacer?
Miraré por la ventana 5
que da al pasillo.)

ESCENA VI

EMILIA

¡No ha sido
poca dicha! ¡Por mi causa
iba a sufrir otra riña
la pobre! ¡Pero es cachaza

la suya! ¡Para una cosa 5
que en dos brincos se despacha,
tanto tardar! Por fortuna,
ya no llevará más cartas
a Antoñito.—¡Ay! ¡Siento pasos!
Él será. ¡Y esa pesada 10
de Benita! . . . ¡Yo me escondo!

ESCENA VII

EMILIA y BENITA, la que viene vestida
con esmero, aunque de mal gusto; trae
la mantilla puesta.

BENITA

¿Señorita?

EMILIA

¿Eres tú? ¡Gracias
a Dios!

BENITA

Aquí tiene usted
la sortija.

EMILIA

¡Buena calma

(Abriendo la caja.)

tienes! Te ha echado de menos.

BENITA

¡Ay, Jesús!

EMILIA

Pero yo estaba 5
delante, y pude arreglarlo.—
¡Igualita! [4]—Adiós.

BENITA

¿Y el ama?

EMILIA

Por allá dentro. Me voy;
no me conozca en la cara [5] . . .

ESCENA VIII

BENITA

Todo me sale a mí mal.
La señora nunca llama

[4] ¡Igualita! " Exactly the same! " (referring to the ring).
[5] no me conozca en la cara, " so she won't read my thoughts."

a estas horas, y hoy ... Tampoco
he tardado tanto, ¡vaya!
Yo no he hecho más que alargarme⁶   5
ahí donde está mi paisana
sirviendo. ¡Ya estaba yo
rabiando por enseñarla
mi regalo! ¡Qué dentera
la he dado! ¡Qué rabia! ¡Anda!   10

(*Se mira a un espejo, dando la espalda al
cuarto de don Luis.*)

¡Éstos sí que son pendientes
de lujo! ¡No los que gasta
la pobre, de similor!
¡Cómo relucen! ¡Mañana
es domingo, y no me toca   15
salir! ¡Iría yo a casa
de la Gabina! ... ¡Mal año
para Judas!⁷ ¡Ay! ¡Qué alhaja
es Ramón! ¡Ya tengo novio!
¡Y dice que el amo trata   20
de casarnos! ¡Ya lo creo!
¡Quién me tose a mí en Arganda
con este avío!⁸

(*Continúa mirándose al espejo.*)

ESCENA IX

CLARA y BENITA. *Clara sale del cuarto
de don Luis con la luz.*

CLARA

(Es inútil.
Todo lo he revuelto, y nada:
no los tiene aquí. ¡Dios mío!
¡No sé qué pensar!) ¡Muchacha!

(*Viendo a Benita.*)

BENITA

(¡Ay! ¡El ama! ¡Me pilló!)   5

(*Se cierra la mantilla de modo que no se
ven los pendientes.*)

CLARA

¿Dónde has ido?

BENITA

Ahí cerca; a casa ...

CLARA

¿A casa de quién?

BENITA

Ahí cerca.

CLARA

¿Dónde?

BENITA

A ver a la Anastasia.

CLARA

¡Y a estas horas! ¡Calle, calle!
¡Y tan emperejilada! ...   10

BENITA

¿Pues para qué quiere una
la ropa?

CLARA

¡Pocas palabras!
¡Oiga, el arrapiezo! Sí;
¡pues estoy yo bien templada!⁹ ...
Y va de muchas.

BENITA

Pues una   15
tiene ...

CLARA

No hay una que valga.¹⁰

BENITA

Suele tener ...

CLARA

Sin licencia,
nunca has de salir de casa.

BENITA

Es que ...

⁶ *alargarme,* " slip off for a moment."
⁷ *¡Mal año para Judas!* " Confound it all! "
⁸ *avío,* " finery," " outfit."
⁹ *¡pues estoy yo bien templada!* " for I'm in a fine mood! "
¹⁰ *No hay una que valga,* " No use trying to argue with me."

CLARA

¡Calle usted!

BENITA

A veces . . .

CLARA

¡Oiga! ¿Hasta la nueva gracia   20
de ser respondona?

BENITA

Pues

digo bien.

CLARA

¡Jesús, qué alhaja
se ha vuelto la niña!

BENITA

¡Toma!

CLARA

Vete adentro. Y si no callas,
mañana mismo te planto   25
de patitas en Arganda.
Allá, a cuidar de las viñas.

BENITA

Pues a mí no me hace falta
cuidar de las viñas.

CLARA

¡Hola!

BENITA

Y si ahora sirvo, mañana   30
puede que . . . No ha de ser una
toda su vida crïada.

CLARA

¡Vete!

BENITA

Y no es una ningún
monstruo; que a nadie le falta . . .
Y puede que antes que muchos   35
lo piensen . . .

CLARA

¿Qué dices?

BENITA

Nada.

(Se va.)

ESCENA X

CLARA

¿Qué quiere dar a entender?
¡Y qué tono, y qué bravatas!
¡Una chica tan humilde,
tan dócil; que nunca alzaba
los ojos del suelo! . . . Vamos,   5
no hay duda: ese buena maula
de Ramón la ha levantado
de cascos; [11] seguro. ¡Vaya,
que Luis me hace conocer
una gentecita! Y gracias   10
que él no vuelva [12] . . .

(Se sienta.)

Esos pendientes
me hacen cavilar [13] . . . ¿Qué aguarda,
si son para mí? Por fuerza,
para mí son: él no trata
persona a quien deba hacer   15
ese obsequio . . . y si se hallara
en necesidad de hacerlo,
me lo diría . . . Es extraña
su conducta. Y hoy . . . es cierto
lo que decía mi hermana,   20
está distraído. Dios
quiera que con la llegada
de ese calavera . . . Acaso
saldrían juntos, y . . .

(Se levanta.)

Vaya,
estos maridos, no hay duda,   25
ofrecen muchas ventajas,
pero también es verdad
que a la menor circunstancia
ya está una mujer temblando

---

[11] *la ha levantado de cascos,* " has turned her head."
[12] *Y gracias que él no vuelva,* " And we can be thankful if he doesn't go back " (to his old tricks).
[13] *cavilar,* " mistrust," " suspect."

que vuelvan a las andadas.   30
¡Dios mío! ¡Qué haría yo
para averiguar! . . .

ESCENA XI

CLARA, DON JUAN y RAMÓN *que asoman*
por el foro hablando, sin que al pronto
los sienta Clara, que está sumergida
en sus cavilaciones.

DON JUAN

Me basta.
Y ella, ¿quién es?

RAMÓN

Aún no estoy
seguro . . .

DON JUAN

Y dices que Clara
le registra.

RAMÓN

Sí, señor.

DON JUAN

El campo es mío.—Pues anda,   5
y no olvides el toser . . .

RAMÓN

Descuide usted. ¡Esto marcha!

ESCENA XII

CLARA y DON JUAN

DON JUAN

Si ofendida, con razón,
por aquel pasado lance,
me permite usted que alcance
un generoso perdón . . .

CLARA

(¡Éste lo debe saber!)   5

DON JUAN

Sirva de merecimiento
este mismo atrevimiento,
que da, señora, a entender
el ansia con que lo imploro.

CLARA

Algo es ya, señor don Juan,   10
que usted confiese el desmán
que hizo agravio a mi decoro.

DON JUAN

Pues bien: a esas plantas puesto,
ya que humilde he confesado . . .

CLARA

¡No! No es justo a tal pecado   15
dar la absolución tan presto.

DON JUAN

¡Señora! Cuando contrito
el penitente se postra,
y la humillación arrostra
de confesar su delito,   20
¿no alcanza siempre merced
cuantas veces llega allí?
Pues si Dios perdona así,
¿no ha de perdonar usted?

CLARA

Al perdón que Dios envía   25
va unida una penitencia.

DON JUAN

Ya espero con impaciencia
que usted me imponga la mía.

CLARA

¡Muy grande tiene que ser!

DON JUAN

No ha de parecerme grande.   30
A menos que usted me mande
no volverla más a ver.

CLARA

(¡Hola! Éste viene con plan.)

DON JUAN

¡Fuera precepto inhumano! . . .

CLARA

No se canse usted en vano;   35
no es ésa, señor don Juan.

DON JUAN

¡Oh placer! Si la sentencia
no es ésa, ninguna habrá
que me cueste . . .

CLARA

    Basta ya;
oiga usted la penitencia.   40

DON JUAN

Pronuncie usted.

CLARA

    Que en la vida,[14]
sin una prueba formal,
vuelva usted a pensar mal
de toda mujer nacida.

DON JUAN

¡Señora! . . .

CLARA

    Y pues hizo Dios   45
que un sexo de otro dependa,
sea usted noble, y defienda
al más débil de los dos.

DON JUAN

¿A eso se reduce?

CLARA

Sí.

DON JUAN

Pues, señora, eso no es pena.   50

CLARA

¿Por qué?

DON JUAN

    Porque me condena
a ser lo que siempre fuí.

CLARA

¿Siempre fué usted? . . .

DON JUAN

    Sí, señora;
el más ciego defensor
de ese sexo encantador,   55
tan calumniado hasta ahora.

CLARA

¡Vea usted! Pues a juzgar
por el lance . . .

DON JUAN

    El lance de hoy
es la prueba de que soy
quien se ha llegado a formar   60
concepto tan elevado
de las mujeres . . .

CLARA

    No entiendo
de qué modo . . .

DON JUAN

    Conociendo
a Luis, y viendo a su lado
una mujer . . . Digo mal: 65
perdone usted mi franqueza;
un prodigio de belleza;
no pensé que a rostro tal
se uniese un alma tan pura;
porque, cuando así acontece,   70
¿qué hombre, y menos Luis, merece
gozar de tanta ventura?

CLARA

La defensa es ingeniosa;
y ciertamente debía,
por tanta galantería,   75
manifestarme orgullosa;
pero yo en esta ocasión
ni la admito ni la creo.

DON JUAN

¿Por qué?

CLARA

    Porque en ella veo
que es todo exageración.   80
Usted quizá no ha advertido
que hace, al disculparse así,
una adulación a mí,
y una ofensa a mi marido.
Ni yo soy ese portento   85
celestial que usted pondera,
ni tampoco, aunque lo fuera,

[14] *en la vida*, "never"; *toda*, "any."

creo yo que hay fundamento
para poder afirmar
que el pobre Luis no merece . . .   90

DON JUAN

Quizá . . .

CLARA

                Digo . . . me parece . . .
(Éste me lo va a contar.)

DON JUAN

Pues ni adulo, ni exagero;
y usted muy pronto verá
que mi defecto es quizá   95
ser demasiado sincero.

CLARA

¡Así me gusta a mí un hombre!

DON JUAN

¿Le gusta a usted?

CLARA

                Para amigo.

DON JUAN

¡Ah! Si yo de usted consigo
merecer sólo ese nombre . . .   100

CLARA

Poco a poco, caballero.
Usted me ha llamado diosa;
y una amistad tan preciosa
no se gana así; primero
haga usted méritos.

DON JUAN

                Sí;   105
con la amistad me contento,
aunque es otro sentimiento
el que hay escondido aquí.

CLARA

Para amiga soy muy buena.

DON JUAN

¡Paciencia, ya que el destino   110
no me deja otro camino
que envidiar la dicha ajena!

CLARA

No es la dicha ciertamente
para que así satisfaga.[15]

DON JUAN

¡Ay! Es dicha que no paga   115
el que su precio no siente.

CLARA

¿Pues qué, Luis? . . .

DON JUAN

                Si la fortuna
me hubiera hecho poseer
tan peregrina mujer,
no miraría a ninguna . . .   120

CLARA

¿Pues qué, Luis? . . .

DON JUAN

                ¡Usted sería
la reina de mis amores! . . .

CLARA

(¡Dale con echarme flores! [16])
Pues Luis . . .

DON JUAN

                ¿Qué mujer podría
distraerme un solo instante   125
del solo objeto querido? . . .

CLARA

Pues Luis . . .

DON JUAN

                Luis es un marido;
y yo sería un amante.

---

[15] *No es la dicha . . . satisfaga,* "Happiness of that kind isn't supposed to be satisfying to others."

[16] *¡Dale con echarme flores!* "Plague take him and all his throwing of bouquets!"

CLARA

¡Pero es un marido fiel!

DON JUAN

¡Oh, sí! Delante de gente 130
no querrá seguramente
que haga usted un mal papel.

CLARA

¿Cómo? ¿Pues qué, porque ignoro
la ofensa, ya no hay ofensa?
¿Así en el mundo se piensa? 135

DON JUAN

Quedando a salvo el decoro . . .

CLARA

¿Pues qué, es justicia, es razón
que el marido nos provoque,
y si faltamos, invoque
las leyes de la opinión? [17] 140
¡La opinión! ¡Con ellos blanda,
con nosotras siempre dura!
Yo me exalto . . . ¡Qué locura!
¡Esto es tomar la demanda [18]
por mi sexo en general! . . . 145

DON JUAN

Ya entiendo.

CLARA

Lo que es a mí,
gracias a Dios, hasta aquí . . .
Pero nunca vendrá mal
que usted me diga . . . Hace ya
tiempo que usted no le ve; 150
pero como siempre fué
su íntimo amigo, y quizá . . .

DON JUAN

(¡Bien, ya la veo venir!)

CLARA

Le guarda el mismo interés . . .

DON JUAN

Somos uña y carne . . .

CLARA

¡Pues! 155
Y usted me podrá decir . . .
Yo sé que Luis, hasta el día
en que me empezó a tratar,
no ha hecho más que enamorar
a cuanta mujer veía. 160
Y ahora, no porque me espante,
ni eso a mí me llegue al alma . . .
¡Jesús, tengo yo una calma! . . .
¡Soy mujer muy tolerante!
Pero usted lo sabe, él tiene 165
esa fatal propensión;
y una mujer de razón,
si está advertida, previene
esas cosas, y aun las corta . . .
O al menos tiene el placer 170
de hacerle al marido ver
que lo sabe y no le importa.
Conque, hable usted; es forzoso;
como amigo, desde ahora . . .

DON JUAN

¡Aún no he ganado, señora, 175
ese título precioso!

CLARA

Es verdad, mas de ese modo . . .

DON JUAN

¿Qué méritos he hecho yo
para conseguir? . . . No, no;
en usted es bondad todo. 180

CLARA

Bien; mas cuando yo me digno
anticipar . . .

DON JUAN

No lo acepto.
Usted me impuso un precepto;
fué muy justo, me resigno.

CLARA

Suele una al pronto creer . . . 185
Pero si después advierte . . .

[17] *opinión*, " public opinion," " reputation."
[18] *demanda*, " cudgels," " defense."

Don Juan

¡Bondad, bondad! De otra suerte,
¿cómo pudiera yo ser
elevado a tanta altura?
¡Al colmo de mi esperanza,   190
a la íntima confianza
de tan perfecta hermosura!

Clara

Pues eso le empeña a usted . . .
(¡Qué terco!)

Don Juan

(¡Bien va el asedio!)

Clara

A ganar . . .

Don Juan

                    (La tengo en medio   195
de la espada y la pared.)
Yo la ganaré, ¡lo juro!
que tengo constancia y fe;
yo algún día ganaré
la amistad de un ser tan puro.   200
No me arredra el tiempo, no.

Clara

Algunos logran más presto . . .
Hay simpatías . . .

Don Juan

                    ¿Qué es esto?
¿Qué ha dicho usted? ¡Sueño yo!

Clara

Nada . . . Que si usted me aclara . . .   205

Don Juan

¡Es posible, oh Dios! Yo he sido
tan feliz, que he conseguido
en un día, hermosa Clara,
el afecto, la amistad,
el cariño . . .

Clara

                    Poco a poco,   210
que no he dicho . . .

Don Juan

                    ¡Yo estoy loco
de gozo y de vanidad!

Clara

Amiga, sí.

Don Juan

                    Tierna amiga,
¡y yo un amigo sincero!

Clara

Bien, pero la prueba espero;   215
y ha de ser que usted me diga . . .

Don Juan

¡Cuanto se encierra en mi pecho!
Ya no hay nada oculto aquí
para usted. ¿Y usted a mí
me concederá el derecho   220
de exigir que entre los dos
no haya secretos?

Clara

                    (¡Me quema!)
Bien, sí; basta. Pero . . .

Don Juan

                    (Al tema.)

Clara

Lo que urge . . .

(*Ramón aparece a la puerta del foro y tose.*)

Don Juan

                    (¡Maldita tos!)
¡Silencio! Es él.

(*Con tono de inteligencia marcada.*)

Clara

(*Sorprendida del tono de don Juan.*)

                    ¿Quién?

Don Juan

                    Luis.

Clara

                    ¿Sí?   225
¿Pues cómo? . . .

DON JUAN

Ramón . . .

CLARA

(¡Qué escucho!)

DON JUAN

Él nos avisa; ¡es muy ducho!

CLARA

(¡Cielos! ¡Yo no estoy en mí!)

DON JUAN

¡Disimulo! Ya tendremos

(*La indica una silla, donde ella maquinalmente se sienta, y la pone un libro en la
mano, que ella toma del mismo modo.*)

ocasión. Si usted me ayuda,   230
le haremos irse, no hay duda.
¡Y usted sabrá! . . . Ya hablaremos.

CLARA

(¡Dios mío! ¡Esto es una cita!
Y yo le he dado derecho . . .
Estoy turbada. ¡Qué he hecho!   235
¡La curiosidad maldita! . . .)

DON JUAN

(El asunto va vencido.
Ya entre los dos, al presente,
hay un secreto pendiente
que ella oculta a su marido.)   240

ESCENA XIII

DICHOS, DON LUIS y ANTOÑITO

DON LUIS

(*A Antoñito.*)

Entre usted.—¡Hola, Juan! ¿Tú
por esta casa?

DON JUAN

Ahora mismo . . .

(*Atestiguando con Clara.*)

CLARA

Sí.

DON LUIS

(*A Clara.*)

Aquí tienes . . . (¡Qué encarnada
se ha puesto!) A un amigo antiguo . . .

CLARA

¿Quién es?

DON LUIS

(*A Antoñito que está retirado.*)

Acérquese usted.   5

(*Don Luis se coloca entre Clara y Antoñito, y observa a los dos.*)

ANTOÑITO

Yo, señora.

CLARA

¡Hola, Antoñito!

DON LUIS

(¡Qué frialdad!)

CLARA

Celebro mucho . . .

ANTOÑITO

Gracias.

DON JUAN

(¿Quién será este chico?)

ANTOÑITO

(¡Qué gesto! ¡Bien lo temí!
La hermana es el enemigo   10
mayor que tengo.) Señora . . .
Este caballero quiso
con tanto empeño traerme,
¿no es verdad? que yo he cedido.

DON LUIS

(Aun querrá que le agradezca . . .)   15

CLARA

Ha hecho bien.

DON LUIS

Siento infinito
que desde mi casamiento
no hayamos nunca tenido
el gusto de hallar a usted.

ANTOÑITO

A esta señora la he visto   20
alguna vez . . .

DON LUIS

¡Ya!

CLARA

(*En tono de burla.*)

De lejos.

DON LUIS

(¡Disculpa al canto! [19])

DON JUAN

              (¡Era amigo
de la casa!)

DON LUIS

    Pues señor,
desde hoy puede usted, lo mismo
que allá, visitar a Clara   25
cuando guste. Ya me ha dicho
que es usted un joven franco,
amable . . .

ANTOÑITO

¿De veras?

DON LUIS

             Digno
de estimación.

CLARA

        Sí; me debe
tal concepto.

ANTOÑITO

      Yo lo estimo,   30
señora, y le juro a usted
que a nada en el mundo aspiro
tanto como a merecer
que forme usted ese juicio
de mí. (Bien; por la peana   35
se adora al santo.[20])

DON LUIS

      (Es muy niño [21]
para fingir. Por Emilia,
ni siquiera le ha ocurrido
preguntar.)

CLARA

      Ya debe usted
saber que desde el principio,   40
tanto Emilia como yo . . .

DON LUIS

(¡Qué tal! Ella abre el camino
para que mienta.)

ANTOÑITO

        ¡Ah! Sí; Emilia.
Es verdad, le he merecido . . .
¡Pero usted, señora, usted!   45

DON LUIS

(No disimula; es novicio.)
Tiene usted razón; ¡aquí
la persona que es preciso
adorar es esta alhaja!
¡Esto no es mujer, amigo;   50
esto es un ángel; un ángel
que del cielo ha descendido
a hacer feliz a este pobre
mortal! ¿No es cierto, bien mío?

    (*Abrazando cariñosamente a Clara.*)

(¡Que rabie, como rabiaba   55
yo, siempre que aquel marido
hacía fiestas a Rosa!)

CLARA

Vamos, Luis; vamos, quietito;
no seas pesado.

    (*Desasiéndose con sequedad.*)

DON LUIS

      (¡Es claro!
Delante de él . . . ¡Otro indicio!)   60
¿Qué es eso? ¿Estás triste?

[19] *¡Disculpa al canto!* " She has an alibi right at hand! "

[20] *por la peana . . . santo,* a familiar expression to indicate that one can often reach the real object of one's devotion by worshipping at the feet of an intermediary.

[21] *muy niño,* " too young."

CLARA

¡Hola!
Ahora es cuando yo te digo
como antes tú me dijiste:
« Luis, ¿qué acceso de cariño
es éste? »

DON LUIS

¿Pues no estoy siempre   65
del mismo modo contigo?
Tú estás hoy . . . No sé qué tienes.
¡Ah! ¡Ya caigo! Juan, ¿le has dicho
a Clara? . . . ¿Has pedido ya
perdón?

DON JUAN

Venía a pedirlo;   70
pero, a pesar de mis ruegos,
aún no había conseguido
aplacar su justo enojo,
cuando llegaste, y . . .

DON LUIS

Pues, hijo,
a ver cómo te compones.[22]   75
Si no te indulta . . .

DON JUAN

Yo abrigo
la lisonjera esperanza
de que así que me haya oído
todo lo que iba a decir,
cuando vino a interrumpirnos   80
tu llegada, lograré
el perdón que solicito.

CLARA

Si usted lo cumple.

DON JUAN

Señora,
ya vió usted que iba a decirlo.

DON LUIS

Pues vamos, empieza; y yo   85
seré juez.

DON JUAN

No; ahora . . .

DON LUIS

¿Has visto
la humildad con que lo pide?
¡Vamos, Clarita! Yo fío[23]
en que por mi intercesión . . .
Ven acá, Juan.—Antoñito,   90
venga usted a presenciar.
(¡Voy a darle otro martirio!)
Ea, en muestra de perdón,
dale la mano.

CLARA

¡Luis!

DON JUAN

(Fijos
son los toros.[24])

(*Alargando la suya con humildad.*)

DON LUIS

Te lo ruego.   95

CLARA

¡Pero, hombre!

ANTOÑITO

(¡Pues el marido
es más amable!)

DON LUIS

¡Clarita!

¡Vamos!

CLARA

(¡Todos son lo mismo!)
(*Le da la mano.*)

DON LUIS

¡Eso es!

CLARA

(¡El hombre de mundo!)

---

[22] *te compones,* " you fix it up," " settle your differences."
[23] *fío,* " trust," " have faith."
[24] *Fijos son los toros,* " The bullfight will certainly be held," i.e., " It's a sure-fire thing! "

Don Luis

(¡Lo que ella se ha resistido!)   100

Don Juan

¡Este momento, señora!

(*Aparte a Clara.*)

Clara

¡Calle usted!

(*Aparte a don Juan.*)

Don Luis

(*A Antoñito.*)

Ya son amigos;
¿lo está usted viendo? (¡Si Juan
supiera que me ha servido
de instrumento!)

Antoñito

¡Oh! En viendo hacer 105
unas paces, me electrizo.

Clara

Pero Emilia, ¿dónde está?

(*A don Luis.*)

Dile que venga: Antoñito
querrá verla.

Antoñito

Sí, señora.

Don Luis

(*Llamando.*)

¡Emilia! (Si me desvío   110
de aquí, le da la sortija
en mis barbas, como hizo
aquélla.[25])

ESCENA XIV

Dichos y Emilia

Emilia

¿Llamas?—¡Ay, Dios!

(*Se sorprende viendo gente extraña.*)

25 *aquélla,* i.e., Maruja (cf. I, vii).
26 *escamarse,* " to grow suspicious."

Clara

Ven, que hay aquí un conocido.
¿No te acuerdas?

Emilia

Sí. El señor . . .

(*Se saludan con empacho.*)

Antoñito

Señorita . . . yo . . . (¡Ay, qué brincos
me da el corazón!)

(*Emilia hace señas a Antoñito de que no
la mire y hable con Clara.*)

Don Luis

(¡Albricias!   5
Que ha mostrado regocijo
al verla. ¿Si habré yo estado
sospechando sin motivo?)

Emilia

(No me entiende.) Háblale tú.

(*A Clara.*)

Antoñito

(Me hace señas. No adivino . . .)   10

Don Luis

(¡Pobre Clara!)

(*Don Luis, como arrepentido de sus sospechas, va a acariciar a Clara, la cual le
rechaza.*)

Clara

Quita, quita.

(*A Antoñito.*)

Conque, sepamos, ¿qué ha sido
de usted en todo este tiempo?

(*Clara y Antoñito hablan. Don Luis empieza a escamarse [26] de nuevo.*)

Antoñito

Señora, yo . . .

DON JUAN

(Si consigo
despertar en Luis sospechas 15
por otro lado, me libro
de que las conciba acaso
de mí. Con este chiquillo
que la visitaba, y tiene
facha . . .)

(*Clara se acerca a Antoñito, se sientan y
siguen hablando. Emilia se sienta más
distante y afecta no atender a nada. Don
Juan toma a don Luis del brazo, y se
pasea con él. Antoñito, en la escena muda,
se vuelve alguna vez a hablar a Emilia;
pero ésta lo evita siempre, haciéndole señas de que hable con su hermana.*)

ANTOÑITO

No tengo más vicio. 20
Eso sí, todas las noches
al teatro.

CLARA

No ha perdido
usted aquella afición . . .

DON JUAN

Di, ¿quién es ese mocito?

DON LUIS

¿Ése? Un joven . . . que iba a casa 25
de Clara.

DON JUAN

Parece listo.

DON LUIS

¡Hombre, no!

DON JUAN

Sí tal. Así,
con ese aire de doctrino,
se le conoce.

DON LUIS

¿De veras?

DON JUAN

Ya sabes que yo los pillo 30
al vuelo.

DON LUIS

Es verdad. Lo que es
socarrón . . .

DON JUAN

¡Vaya! Ese niño . . .
Le he estado observando.

DON LUIS

¿Y qué?

DON JUAN

Con el tiempo . . .

DON LUIS

(*Recordando.*)

¡Ah! Si es el mismo
de quien te hablé esta mañana. 35

DON JUAN

¿Cuál?

DON LUIS

El que anda haciendo guiños . . .

DON JUAN

¿A quién?

DON LUIS

¿Cómo a quién? A Emilia.

DON JUAN

¿Sí? Nunca lo hubiera dicho.

DON LUIS

¿Por qué no?

DON JUAN

¿Tú estás seguro?

DON LUIS

Yo . . . seguro . . . sí.

DON JUAN

Te digo 40
que no puede ser.

DON LUIS

¿Por qué?

DON JUAN

Porque eso, a un hombre corrido
como yo, no se le escapa.
Y me alegro; porque, chico,
la verdad . . . estoy haciendo 45
reflexiones . . . y me inclino
a tu cuñadita. Al fin,
con todos mis aforismos,
creo que caigo. ¡Hay en ella
una gracia, un atractivo! 50
Y sería chasco . . . Pero
no; si desde que ha salido
no he dejado de mirarla.

DON LUIS

¿Y a él?

DON JUAN

También. Nada; ni indicios
siquiera. Me impongo [27] yo 55
con una mirada. ¡Y digo,
a esa edad! Vamos, lo que es
entre Emilia y él . . . de fijo
no hay nada.

DON LUIS

¿Entre Emilia y él
crees tú que no? . . .

EMILIA

(¡Qué fastidio! 60
No se van.)

DON LUIS

(¡Será posible!
Y como Juan está frío,
observa con más acierto
que yo. ¡No hay mayor martirio
que la duda! En el café, 65
cuando los dos nos pusimos
a beber, me pareció
notar entre los amigos
risitas y cuchicheos.
¡Dios santo! ¿Estaré en ridículo? 70
¿Iré yo por esas calles
como iba el pobre marido
de Rosita?)

(*Un reloj de sobremesa* [28] *da las ocho.*)

[27] *Me impongo,* "I size things up."
[28] *reloj de sobremesa,* "desk clock."

EMILIA

Son las ocho.

ANTOÑITO

¿Sí? Pues lo que es hoy, prescindo
del teatro, por el gusto . . . 75
Esto es, si no han decidido
ustedes salir.

CLARA

No tal;
nosotras nunca salimos
de noche. Quien va al teatro
diariamente es mi marido. 80

ANTOÑITO

Pues ya es hora. Y hoy estrenan
un drama . . .

DON LUIS

Sí; ya lo he visto
anunciado. Y siento mucho
perderlo. Por un descuido
de Ramón. Fué tarde, y ya 85
no halló billetes.

EMILIA

(¡Dios mío!)

ANTOÑITO

No lo deje usted por eso;
justamente . . . en el bolsillo
traigo mi luneta.

(*Saca un billete y se lo ofrece.*)

DON LUIS

No
se prive usted . . .

ANTOÑITO

No me privo 90
de nada. No piense usted
que hago ningún sacrificio.

DON LUIS

(Lo creo.)

ANTOÑITO

Tómela usted.
Yo no he de ir. Determino
pasar la noche en la amable   95
compañía . . .

DON LUIS

(¡Pues no es pillo
que digamos! [29])

ANTOÑITO

Tome usted.

DON LUIS

Ya es tarde.

ANTOÑITO

No; si al principio
hay sinfonía. ¡Es un drama
precioso! Yo lo he leído.   100
No lo pierda usted. Es obra
de un muchacho amigo mío.
Tiene doce cuadros.

DON LUIS

(¡Sopla!)

ANTOÑITO

¡Y qué versos tan bonitos!

DON JUAN

¡Oh! Pues no debes perderlo.   105

DON LUIS

Si ya . . .

DON JUAN

Llegas en dos brincos:
está aquí al lado.

CLARA

Sí, Luis.
Vete. ¿Qué has de hacer metido
en casa?

DON LUIS

(Estoy sofocado.)

DON JUAN

¡Anda, hombre!

(*Le da el sombrero.*)

CLARA

Anda.

DON LUIS

(¡No hay arbitrio!)   110

ANTOÑITO

(*Le pone la luneta en la mano.*)
Vaya usted.

DON LUIS

(¡Irme yo ahora,
y echado por Antoñito!)

DON JUAN

(*Aparte a don Luis.*)
Vete; que quiero entablar
con Emilia . . .

DON LUIS

Pues te exijo
que hasta que vuelva has de estarte   115
aquí.

DON JUAN

Si me dan permiso
estas señoras.

EMILIA

(¡Adiós!)

CLARA

Bien. (*Con empacho.*)

DON LUIS

(¡La incomoda el testigo!)
Sí; acompaña a mi mujer.
(Estando Juan, no hay peligro.)   120

DON JUAN

Pierde cuidado.

---

[29] *¡Pues . . . digamos!* "He's no slouch, I'll say!"

DON LUIS

Ea, pues;
hasta luego.

CLARA

(¡Es mucho tino!)

ANTOÑITO

Que usted se divierta.

DON LUIS

Gracias.
Háblala de lo que has visto

(A don Juan.)

en Francia. En fin, entretenla.   125

(Se va.)

DON JUAN

Bien. (¡Cómo allana el camino,
cuando a sí propio se pone
en ridículo un marido!)

ESCENA XV

DON JUAN, CLARA, ANTOÑITO y EMILIA

CLARA

(A Antoñito.)

¿Y usted se priva de ver
esa comedia?

DON JUAN

Quizá,
señora, no faltará
quien lo sepa agradecer.

EMILIA

(Ya lo conoció.)

CLARA

(Se levanta y se acerca a un velador que
hay en el otro extremo del teatro; allí se
pone a hojear un libro.)

(Está visto;   5
Luis se lo confía todo.)

DON JUAN

(A Antoñito.)

¡Oh! ¡Y usted lo ha hecho de un modo! . . .
Bien; ¡con arte! ¡Es usted listo!

ANTOÑITO

¿Usted sabe? (Va a levantarse.)

DON JUAN

(Haciéndole sentarse.)

Quieto, quieto.
Me declaro protector   10
de tan inocente amor.
Yo sé guardar un secreto.
¿Y estos méritos, señora,

(A Emilia.)

bastan a que usted perdone
aquella ofensa?

CLARA

(¡Se pone   15
a hablar con Emilia ahora!)

EMILIA

Y usted, ¿de dónde ha sacado? . . .

DON JUAN

El amor, ¿sabe ocultarse?
Pueden ustedes hablarse,
sin tener ningún cuidado,   20
mientras yo entretengo a Clara.
¡Gozad, felices amantes!
Disfrutad de estos instantes
que la fortuna os depara.
(¡Qué bonita!)

CLARA

(¡Se extasía   25
con ella! ¡Estoy impaciente!)

DON JUAN

Y si acaso viene gente,
yo aviso; usted se desvía
y obedece al menor gesto.
Déjese usted gobernar,   30
joven incauto . . .

CLARA

(¡Qué hablar!)

¿Señor don Juan?

DON JUAN

(Bueno es esto;
que me llama.)

CLARA

Usted que ha estado
en París . . . ¿Es tan hermosa
la Magdalena [30] famosa   35
como muestra este grabado?

DON JUAN

Sí, señora; exactamente.
¡Hola, vistas de París!

(*Se sienta al lado de Clara, y siguen
hablando.*)

EMILIA

¡Se lo va a contar a Luis!

ANTOÑITO

No importa; que se lo cuente.   40
¡Yo no puedo resolverme
a vivir de esta manera!
El que espera desespera.

EMILIA

¿Te cansas ya de quererme?

ANTOÑITO

¿De quererte, vida mía?   45
¡Eso jamás! Pero sí
de no pasar junto a ti
todas las horas del día.
Esto no es vida; ¡esto es muerte!
En fin, decidido estoy: 50
si me amas, desde hoy
une tu suerte a mi suerte.

EMILIA

¿Qué dices?

ANTOÑITO

¡Prenda adorada!
Amor en el mundo es todo;
y amándonos de este modo,   55
¿qué necesitamos? ¡Nada!
Seis años llevo; [31] a los siete
soy abogado . . . hasta allá . . .
viviremos. ¡Dios dirá! [32]
Y en abriendo mi bufete . . .   60

EMILIA

Vamos, vamos, ten paciencia.

ANTOÑITO

¡Qué! ¿No te resuelves?

EMILIA

No.

ANTOÑITO

¡No amas tú como amo yo!
¡No amas con esta vehemencia!

EMILIA

Más que tú. Y porque amo así,   65
no quiero dar este paso,
y que luego llegue el caso
de verte infeliz por mí.
Yo te amo sin interés;
por amarte. Disfrutemos   70
esta dicha, y no pensemos
en lo que será después.—
Cuando esté aquí mi cuñado,
o no me mires, o vete.

ANTOÑITO

¿Por qué?

EMILIA

Porque no interprete,   75
de ese modo depravado
que suele, este puro amor
que él no conoce.

ANTOÑITO

¡Es tormento!
¡Nos vemos sólo un momento,
y ha de haber siempre un temor!   80

---

[30] *la Magdalena*, the famous church of the Madeleine.
[31] *Seis años llevo*, "I have already spent six years" (on my law course).
[32] *¡Dios dirá!* "Heaven will provide a way!"

EMILIA

¿Y qué remedio? Es en vano

(*Saca la sortija.*)

desesperarse. Oye aquí.
Para que pienses en mí ...
¿Miran?

ANTOÑITO

No.

EMILIA

Dame la mano.

(*Le pone la sortija.*)

En los momentos de ausencia 85
consuélate con mirarla.

ANTOÑITO

¡Ah! ¡Te juro conservarla

(*Besándola.*)

mientras dure mi existencia!

(*Siguen hablando.*)

CLARA

Pero todo eso es muy vago.

(*A don Juan.*)

DON JUAN

¿Y qué quiere usted que diga? 90

CLARA

Lo que se dice a una amiga;
si no, no me satisfago.
Luis se lo ha contado a usted.

DON JUAN

¿Y qué amigo es el que abusa? ...

CLARA

¡Bien! ¡Muy bien! . . . ¿Usted se excusa? 95

DON JUAN

(Voy a tenderla una red.)
¡Ay! ¡Ese enojo inhumano
me aterra, me desconcierta! ...
¡Hará usted que me convierta
en el hombre más villano! 100

CLARA

No señor; de ningún modo.

DON JUAN

Bien; lo seré, lo seré.
Su secreto venderé.

CLARA

No.

DON JUAN

Sí, sépalo usted todo.
La engaña a usted.

CLARA

(*Se levanta.*)

¡Ay! ¿De veras? 105
¿Es de veras?

DON JUAN

¡Sí, señora!
¿Quiere usted pillarlo ahora?

CLARA

¡Cómo! . . . ¿Ahora? . . .

DON JUAN

A las primeras
horas de la noche, sé
que se ven en cierto puesto. 110
Una mantilla ... un pretexto ...
y yo la acompaño a usted.

CLARA

Y ella, ¿quién es?

DON JUAN

(¿Qué le digo?)

CLARA

¡Pronto!

DON JUAN

(Salgamos del paso
con cualquier embuste; el caso 115
es que se venga conmigo.)
Va usted a saberlo ahora.

CLARA

¿Quién es?

DON JUAN

Es . . .

CLARA

(Me desespera.)

DON JUAN

¡Quien no merece siquiera
descalzar a usted, señora! 120

CLARA

¡Eso más!

DON JUAN

¡Mujer liviana! . . .
Vamos pronto.

CLARA

Sí.

DON JUAN

(¡He vencido!)

(*Ramón se asoma al foro y tose.*)

CLARA

¡Cielos!

DON JUAN

¡Es él!

CLARA

¡Mi marido!

DON JUAN

Disimule usted. Mañana . . .

(*En voz alta, mirando el libro.*)

¡Qué hermosa vista!—¿Antoñito? 125

ANTOÑITO

¿Mande usted?

DON JUAN

Venga usted presto.
¡Mire usted . . . mire usted esto!
¡Qué estampa!—¡Aquí quietecito!

ANTOÑITO

(*Queda al lado de Clara, mirando las
estampas.*)

¡Qué hermosa!

CLARA

(¿A qué volverá?)

DON JUAN

(*Se sienta al lado de Emilia.*)

¿Qué tal? ¿Cumplo lo que ofrezco? 130
Si en recompensa merezco
que usted . . .

ESCENA XVI

DICHOS y DON LUIS, *que al asomarse por
el foro se detiene, ve a Antoñito al lado de
Clara, y en un arranque de cólera tira el
sombrero al suelo.*

DON LUIS

(¡A su lado está!)

CLARA, EMILIA, ANTOÑITO

¡Ay!

CLARA

¿Qué tienes?

DON JUAN

¿Qué te ha dado?

CLARA

¿Vienes malo?

DON LUIS

Sí.

CLARA

¿De qué?

DON LUIS

De . . .

CLARA

Siéntate.

(*Le pone una silla.*)

DON LUIS

Yo no sé.

ANTOÑITO

Yo sé lo que le ha pasado. 5

DON LUIS

¡Oiga!

CLARA

(¡Será con la dama!)

ANTOÑITO

¿A que sí? [33]

DON JUAN

(Bien va el proyecto.)

ANTOÑITO

Le ha hecho demasiado efecto
el primer acto del drama.

DON LUIS

(¿Se está burlando de mí?)   10

ANTOÑITO

Es tremenda aquella escena
en que el amante envenena . . .

DON JUAN

¡Hombre! Pues si empieza así . . .

CLARA

Quizá el calor . . . (Con ironía.)

DON LUIS

Sí.

CLARA

Se irrita
la sangre . . .

DON LUIS

Sí.

CLARA

Y la cabeza . . .   15

DON LUIS

¡Sí!

(Mirándola, escamado.)

CLARA

¡Pobre, me da tristeza!

DON LUIS

(A Clara, levantándose.)

¡No me hagas caricias! . . . ¡Quita!

CLARA

(¡Ay! ¡Es verdad! . . . Viene ciego.
Disimulemos.) Señores . . .

DON JUAN

Sí; vámonos. Son vapores.   20

(Toman los sombreros.)

CLARA

(Llama.)

Una luz.—Con el sosiego . . .

ANTOÑITO

Que usted se alivie.

DON LUIS

Agradezco . . .
(A ver si tiene . . .) ¿Antoñito?

ANTOÑITO

¿Mande usted?

DON LUIS

(Alargándole la mano.)

Nada; repito
que esta casa . . .

ANTOÑITO

(Haciendo cortesías.)

Y yo me ofrezco . . .   25

CLARA

(¡No hay hombre que se corrija!)

DON LUIS

Esa mano.

ANTOÑITO

Yo deseo . . .

(Le da la mano.)

ESCENA XVII

DICHOS y BENITA con una luz.

BENITA

¿Señora?

[33] ¿A que sí? " What will you bet that I do? "

CLARA

Alumbra . . . (¡Qué veo!
¡Los pendientes! . . .)

DON LUIS

(¡La sortija!)

(*Don Luis y Clara se lanzan una mirada
de indignación. Don Juan y Antoñito se
despiden haciendo cortesías. Cae el telón.*)

ACTO CUARTO

La misma decoración del acto primero.

ESCENA PRIMERA

EMILIA, *sentada al velador escribiendo.*

« Mi hermana ha salido a misa:
vete hacia San Sebastián; ¹
te haces el encontradizo,²
y la acompañas acá.
Nos veremos un instante   5
con alguna libertad;
porque también mi cuñado
ha salido, y no vendrá
hasta cosa de las once,
que es la hora de almorzar.»   10

(*Doblando el papel en muchos dobleces.*)

No dirá que no aprovecho
las ocasiones. Si está,
como acostumbra, esperando
que me asome, en el umbral
del tirolés, se la echo   15
por el balcón. Voy allá.

(*Éntrase por la izquierda.*)

ESCENA II

DON LUIS y RAMÓN *que salen por el foro.
Don Luis con capa y embozado, con el
sombrero muy calado y como recatándose.
Mientras habla, da la capa y el sombrero
a Ramón, el cual los lleva dentro y vuelve
luego a salir.*

DON LUIS

No hay duda, a la iglesia iba;
allí la dejo. Y por más
que he mirado dentro y fuera,
yo no he visto al perillán
por allí. Me vuelvo a casa,   5
porque ya se va a acabar
la misa, y no quiero que ella
sospeche que he ido detrás.
Allí queda de rodillas,
sin moverse; sin mirar   10
a ningún lado. ¡Dios mío!
¿Seré yo tan animal
que me esté martirizando
sin fundamento? ¡Bah, bah!
¿No he visto yo la sortija?   15
¿No la estoy viendo imitar
en todo aquellas astucias
de que fuí cómplice allá
en otro tiempo . . . y que tengo
tan presentes, por mi mal?   20
¡Vive Dios, que estoy pagando
todo lo que he hecho pasar
a otros maridos! Parece
castigo providencial
el mío. Aquellos recuerdos   25
siempre me han de atormentar.
¡Cosa es de volverse loco! . . .

(*Sale Ramón.*)

¿Ramón?

RAMÓN

¿Señor?

DON LUIS

Ven acá.
Vamos, dime: ¿has hecho aquello?

RAMÓN

¿Pues no ha visto usted brillar   30
en sus orejas? . . .

DON LUIS

Y vamos,
ya viste anoche al galán
que vino aquí de visita.

---

¹ *San Sebastián,* a church S.E. of the Puerta del Sol, just off the Calle de Atocha.
² *te haces el encontradizo,* " meet her as if by chance."

RAMÓN

¿A quién?

DON LUIS

A Antoñito.

RAMÓN

¡Ah!

DON LUIS

Emilia, estando yo aquí,   35
disimula . . . es natural.

RAMÓN

(¡Qué rodeos! ¿A que piensa
que yo se lo he de contar
a su mujer?)

DON LUIS

Conque dime,
dime: ¿has sonsacado ya   40
a Benita?

RAMÓN

Sí, señor.

ESCENA III

DICHOS y EMILIA, *que sale muy alegre, y
se queda cortada al ver a don Luis.*

EMILIA

Ya va el pobrecillo.—¡Ay!
(Ya está aquí. ¡Qué pronto ha vuelto!
Se descompuso mi plan.)

DON LUIS

¡Hola, Emilia! (Mientras llega
Clara, quiero aprovechar . . .)   5

EMILIA

(Si no ha doblado³ la esquina,
le haré señas . . .) (*Yéndose.*)

DON LUIS

¿Dónde vas?
Ven aquí, querida Emilia.

EMILIA

Iba . . .

³ *doblado,* " rounded."

DON LUIS

Tenemos que hablar.

EMILIA

(¡Ay, Dios mío!)

DON LUIS

(*Aparte a Ramón.*)
Vete ahora . . .   10

RAMÓN

(*Con malicia.*)
Ya estoy . . .

DON LUIS

Luego me dirás . . .

RAMÓN

(Cuanto más tarde lo sepa . . .)

DON LUIS

Ponte al balcón . . .

RAMÓN

¡Voy allá!

DON LUIS

Oye: y en viendo que llega
la señora, sin tardar   15
me avisas. Cuidado.

RAMÓN

¡Estoy!
(¡Pues! lo dije. Anda detrás
de la cuñada. ¡En sabiendo
que Antoñito es su rival! . . .)

ESCENA IV

DON LUIS y EMILIA

DON LUIS

(*Mirando el reloj.*)
(Ya no puede tardar Clara.)
Conque, Emilia, la verdad:
¿qué tal te fué anoche?

EMILIA

¿Anoche?

DON LUIS

Dime: ¿estuvieron en paz
los rivales?

EMILIA

¿Qué rivales? 5

DON LUIS

¡Vamos! . . . Antoñito y Juan.
¿Quién ganó la palma?

EMILIA

Nadie.

DON LUIS

¡Vamos, ten franqueza!

EMILIA

¡Hay tal
cosa! ¿No digo que nadie?

DON LUIS

Si Juan me ha dicho que está 10
muerto por ti.

EMILIA

(Con mentira
quiere sacar la verdad.
¡Ya está fresco!)

DON LUIS

¿No se estuvo
a tu lado, sin cesar
de hablarte en toda la noche? 15

EMILIA

Sí.

DON LUIS

¿Sí? ¿Conque sí?

EMILIA

Sí tal.
(Él quiere engañarme, y yo
soy la que le va a engañar.)

DON LUIS

¡Pues . . . y Antoñito estaría
ciego . . . dado a Barrabás! 20

EMILIA

¡Qué disparate!

DON LUIS

Pues, ¿cómo?

EMILIA

Hombre, ¿no te he dicho ya
que a mí ni Antonio ni nadie
se me ha acercado jamás
a hablarme de amor? ¡Es mucho 2b
empeño de sospechar!

DON LUIS

¿Conque no? ¡Pues yo lo hallé
alterado! ¡Es natural!
Te hacía el otro el amor.

EMILIA

¡Dale! ¡Qué había de estar 30
alterado! [4] Allí se estuvo,

(Señalando al velador.)

con mi hermana en santa paz.

DON LUIS

¿Dónde?

EMILIA

Allí . . . mirando estampas.

DON LUIS

¡Estampas!

EMILIA

Pues; sin pensar
en el santo de mi nombre. 35

DON LUIS

(Cierto; yo los ví. ¡No hay más!
¡Infames; no cabe duda!)

EMILIA

(Me ha querido sonsacar,
pero se ha llevado chasco.)

---

[4] ¡Qué había de estar alterado! " Why should he have been upset ? "

ESCENA V

Dichos y Ramón

RAMÓN

¡Señor! ¡Señor! Ahí está.

DON LUIS

(¡Traidora!)

RAMÓN

Y viene ...

DON LUIS

¿Con quién?

RAMÓN

¡Con Antoñito!

(Con tristeza maliciosa.)

DON LUIS

(¡Qué tal!
¡Digo! ¡Y hace un cuarto de hora
que se ha debido acabar   5
la misa! En un cuarto de hora ...
¡Bestia! Si me estoy ⁵ allá,
los sigo, y ...)

RAMÓN

(No la conquista.
El chico la gusta más.)

(Se va.)

ESCENA VI

Don Luis, Emilia, Clara y Antoñito.
Clara sale del brazo de Antoñito, el cual
trae el devocionario en la mano.

EMILIA

(¡Pues! ¡Ahí viene!)

ANTOÑITO

(Ya está en casa
el cuñado. ¡Voto va!)
Señorita ... Caballero ...
usted me ha de perdonar ...
Al salir de misa dió   5

la feliz casualidad
de que encontrase a Clarita,
y aunque no es hora de ...

DON LUIS

¡Ya!

ANTOÑITO

Como anoche quedó usted
indispuesto ... mi ansiedad   10
por saber ...

DON LUIS

¡Gracias!

ANTOÑITO

(¡Qué cara!)

DON LUIS

(¡Es situación infernal
la de un marido! ¡Tenerlo
aquí ... y no poderlo ahogar!)

ANTOÑITO

¿No está usted mejor?

DON LUIS

Sí estoy.   15

ANTOÑITO

¡Ay! Pues si eso fué no más
que con el acto primero,
si usted se queda ⁶ ... ¡ya, ya!

DON LUIS

(¡Me está chuleando!)

ANTOÑITO

Yo fuí,
y aun alcancé la mitad.   20
¡Qué drama! ¡Qué versos tiene!
¡Hay una escena al final
del cuadro décimo, toda
en seguidillas, que está
versificada! ... ¡Pues digo,   25
y cuando van a quemar
los dos herejes ... marido

⁵ estoy = hubiese estado; sigo = habría seguido.
⁶ queda = hubiese quedado.

y mujer! ¡Y cada cual
dice, al subir a la hoguera,
un soneto!

DON LUIS

(Este truhán 30
se está burlando de mí,
y yo le voy a matar.)

CLARA

Lo que es el drama de anoche . . .
el que le hizo tanto mal
a Luis . . . tiene un desenlace . . . 35
que él no espera.

DON LUIS

(¡Se dará
un descaro! [7] . . . ¡Yo estoy ciego;
yo voy a escandalizar!)

ANTOÑITO

(Para no hablar y ver malas
caras, me voy al portal 40
del tirolés, que allí al menos . . .
si se asoma . . .) En fin . . .

(*Saludando.*)

EMILIA

(¡Se va!)

ANTOÑITO

¡Señora! . . . ¡Señor don Luis!

DON LUIS

¡Abur! (¡Me las has de pagar!)

ESCENA VII

DON LUIS, CLARA y EMILIA

DON LUIS

¡Qué larga ha sido la misa!

CLARA

¿Larga? Pues yo . . . la verdad . . .
como tú eres tan casero . . .
creí que el tiempo que estás
en casa . . . aunque yo esté fuera . . . 5
no te debía pesar.

DON LUIS

Habrás rezado.

CLARA

No. He ido
a una diligencia.

DON LUIS

¿Cuál?

CLARA

He ido a la agencia.

DON LUIS

¡A la agencia!

CLARA

A la agencia, sí; a encargar 10
crïada.

DON LUIS

¿Para qué?

CLARA

Ven,
Emilia.—Ya lo sabrás.

ESCENA VIII

DON LUIS

Esto es hecho; no resisto.
¿Qué espero? ¿Qué hay que saber?
Todo cuanto puede ver
un marido, yo lo he visto.
Quizá no ha echado borrón 5
en su honor; pero es el caso
que la que da el primer paso
ya demuestra la intención.
Y en la lógica del mundo,
pasa como verdadero 10
que la que ha dado el primero
da sin remedio el segundo.
La deducción será necia;
no importa; así hay que juzgar;
y nadie puede apreciar 15
mujer que el mundo no aprecia.
Mato a ese hombre. ¿Y qué se gana?

[7] *¡Se dará un descaro!* "Was there ever such effrontery!"

Evitar el riesgo de hoy.
Pero viene otro, y estoy
en igual riesgo mañana.   20
No hay remedio; una vez ya
la confïanza perdida,
no se recobra en la vida.
Y pues a tiempo se está,
evitemos desde aquí,   25
evitemos, ¡Dios piadoso!
el ridículo espantoso
que va a caer sobre mí.
Pero antes de dar el paso . . .
¿Ramón?—No me ha de quedar   30
escrúpulo: he de apurar
hasta las heces el vaso.

ESCENA IX

Don Luis y Ramón

RAMÓN

¿Señor?

DON LUIS

Ven acá, Ramón;
cuéntame pronto . . .

RAMÓN

¿Qué cosa?

DON LUIS

Vamos, cuenta, y poca prosa.

RAMÓN

(¡Ay, cómo está! ¡Hecho un león!)

DON LUIS

¿Te ha contado ya Benita? . . .   5

RAMÓN

Toda su historia.

DON LUIS

Pues anda.

RAMÓN

Benita nació en Arganda.

DON LUIS

Al grano.

RAMÓN

Y desde chiquita
se la trajo esta familia,
¡que la quiere! . . .

DON LUIS

(¡Estoy deshecho!)   10

RAMÓN

¡Es el ojito derecho
de la señorita Emilia!

DON LUIS

¿Y Emilia, en fin?

RAMÓN

¡Es honrada!

DON LUIS

Pero . . .

RAMÓN

Y lo es hasta el día.

DON LUIS

Conque . . .

RAMÓN

(Con un arranque de queja.)

¡Usted no merecía   15
que yo le dijese nada!

DON LUIS

¿Qué es esto?

RAMÓN

A un criado fiel
que siempre guardó en su pecho . . .

DON LUIS

¿Qué dices?

RAMÓN

Que siempre ha hecho
con usted otro papel;   20
que no fué nunca imprudente,
ni tuvo el menor desliz
en aquel tiempo feliz
en que era su confidente,
¡guardarle este desengaño!   25
¡Temer que vaya y lo charle! . . .

DON LUIS

¡Pero hombre!

RAMÓN

Vamos, ¡tratarle
como si fuera un extraño!
en vez de llamarlo aparte
y decirle: « Oye, Ramón;   30
tengo aquí, en mi corazón,
un secreto que contarte . . .»

DON LUIS

¡Cómo! ¿Qué dices?

RAMÓN

« Secreto
que confío a tu lealtad.
Oye mi debilidad,   35
y ayúdame en este aprieto.»

DON LUIS

(¡Dios mío! ¡Y yo que creía
que nadie había notado! . . .)
¿Conque tú has adivinado?

RAMÓN

¡No, que se me escaparía!   40

DON LUIS

(Pues. ¡Al que tiene la espina
de los celos, cosa es clara,
se le conoce en la cara!
¡No hay duda, estoy en berlina! [8]
Porque no hay pasión que dé,   45
entre la pícara gente,
más tormento al que la siente,
ni más risa al que la ve.)

RAMÓN

En diez años que he vivido
con usted . . . ¿Diez años? Más.   50

DON LUIS

Dime, dime: ¿y los demás,
crees tú que lo han conocido?

RAMÓN

Ninguno se lo malicia.

DON LUIS

Respiro. Y di: ¿hay fundamento
de temer?

RAMÓN

¡Señor, yo siento   55
dar una mala noticia!

DON LUIS

¿Mala?

RAMÓN

¡Remala!

DON LUIS

Di, ¿cuál?
¿Qué te ha dicho esa muchacha?
¡Vamos, pronto, habla, despacha!

RAMÓN

¡Que tiene usted un rival!   60

DON LUIS

¿Un rival? ¿Ese canalla?

RAMÓN

Antoñito; sí, señor;
ése es quien hace el amor
a la . . .

DON LUIS

¡No la nombres! ¡Calla!
¡Jamás tu labio revele   65
ese nombre! ¡Me sonrojo!

RAMÓN

¡Yo lo creo! ¡Es mucho antojo
preferir a ese pelele!

DON LUIS

(¡Venderme así! ¡Oh, Clara, Clara!)
Vamos, cuéntamelo todo;   70
cómo empezó, de qué modo.

RAMÓN

Antes que usted se casara.

DON LUIS

¡Antes!

---

[8] *estoy en berlina,* " I am a public laughing-stock."

RAMÓN

¡Mucho antes! Benita
ha sido la protectora;
y hoy riñó con la señora   75
por no sé qué sortijita
comprada para ese bicho,
y cartas que le ha llevado.
Y el ama la ha amenazado
con echarla. Esto me ha dicho.   80

DON LUIS

No digas más: ¡basta ya!

RAMÓN

Usted debe despreciarla.

DON LUIS

¡Sí; la desprecio!

RAMÓN

Y dejarla . . .

DON LUIS

Lo haré, y hoy mismo será.
¡Ay, no te cases, Ramón!   85
¡No te cases! Escarmienta.

RAMÓN

Ya; pero el que se contenta
con su mujer . . .

DON LUIS

¡Qué ilusión!
¡Ya ves lo que a mí me pasa!
Me caso como un bendito;   90
dejo el mundo; me limito
a lo que tengo en mi casa . . .

RAMÓN

¡Ya! Eso sí[9] . . .

DON LUIS

Nada más quiero;
y el primer recién venido . . .

RAMÓN

¡Pero usted huele a marido,   95
y el otro al fin es soltero!

[9] Ramón, of course, includes Emilia in this!

DON LUIS

(¡Separación! No se ría
más de mí. Voy a escribir.
La daré, para vivir,
mi hacienda de Andalucía.)   100

ESCENA X

DICHOS y DON JUAN

DON JUAN

¡Hola! Luisillo, ¿qué tal?
¿Se pasó ya el arrechucho?

DON LUIS

(Abrazándole tiernamente.)

¡Juan, no te cases!

DON JUAN

¡Qué escucho!

DON LUIS

¡Tú eres mi amigo leal!

DON JUAN

¡Oh! Eso sí.

DON LUIS

Pues no te cases.   5

DON JUAN

¿Ni con Emilia tampoco?

DON LUIS

Con ninguna.

DON JUAN

¡Tú estás loco!

DON LUIS

¡No, Juan!

DON JUAN

Pues, ¿y aquellas frases?

DON LUIS

Ya te diré. ¡En este estado
no se encuentran más que abrojos!   10

DON JUAN

¡Cómo!

DON LUIS

Hay que cerrar los ojos . . .

DON JUAN

Pero . . .

DON LUIS

¡O vivir desgraciado!

(*Se va a su cuarto.*)

ESCENA XI

DON JUAN y RAMÓN

DON JUAN

¿Qué es esto? ¿Qué tiene?

RAMÓN

   ¡Toma!
¿Pues no se lo dije a usted?
Enamorado y celoso.

DON JUAN

¿Celoso de su mujer?

RAMÓN

¡Qué! No, señor. Ahora mismo 5
me ha confesado de quién.

DON JUAN

¿De quién?

RAMÓN

De su cuñadita.

DON JUAN

¡Qué dices! ¿De Emilia?

RAMÓN

   ¡Pues!
Anda tras de ella hace mucho.

DON JUAN

¡Y me la ofrecía ayer 10
por esposa! ¡Ah, gran bribón!

¡Quiere hacerme su merced
el editor responsable!
¡Pillo! Yo me vengaré.
Su mujer tiene sospechas . . . 15

RAMÓN

¿Sí? Por fuerza. Si está él
que no disimula.[10] Acaba
ahora mismo de saber
que Antoñito es preferido,
y se ha puesto hecho un Luzbel. 20

DON JUAN

¡Ya caigo! Por eso yo
le notaba un no sé qué . . .
¡Ella viene!

RAMÓN

  Pues me voy.

(*Se va.*)

DON JUAN

Si se lo digo, va a arder
la casa. ¡Mejor! A río 25
revuelto [11] . . .

ESCENA XII

DON JUAN y CLARA

CLARA

  Yo le diré
a mi marido . . .

DON JUAN

  ¡Señora!

CLARA

(¡Qué posma! [12])

DON JUAN

  ¡Perdone usted!
Decidido vengo ya
a cumplir aquel crüel 5
precepto . . .

---

[10] *Si está . . . disimula,* " Why, he is in such a state that he doesn't even try to dissemble."

[11] *A río revuelto.* The complete proverb runs, *A río revuelto, ganancia de pescadores,* and is applied especially to one who artfully takes advantage of disturbances for his own profit.

[12] *¡Qué posma!* " What a nuisance ! "

CLARA

No es necesario.

DON JUAN

Anoche no estaba bien
enterado . . .

CLARA

Sí por cierto . . .

DON JUAN

Pero ya . . .

CLARA

Todo lo sé.
Tengo a esa digna rival   10
dentro de casa.

DON JUAN

¡Tal vez!

CLARA

Ya recuerdo la indirecta.
Me dijo usted que es mujer
la tal, que no merecía
descalzarme. ¡Y así es!   15

DON JUAN

(¡Pues no es poco vanidosa!)

CLARA

Y ahora mismo, sin perder
tiempo, la acabo de echar
de mi lado.

DON JUAN

¡Cómo! ¿A quién?

CLARA

A la niña desenvuelta . . .   20

DON JUAN

¿Es posible? . . . ¡Tanta hiel! . . .
(¡A su hermana! ¡Lo que ciegan
los celos a una mujer!)
¿Y dónde ha de ir? . . .

CLARA

A la calle.

DON JUAN

Pero . . .

CLARA

¡A la calle!

DON JUAN

¿Pues qué,   25
abandona usted así? . . .

CLARA

¡Infame! ¡Corresponder
de esa manera al cariño
con que desde la niñez
la he mimado!

DON JUAN

¡Eso es verdad!   30

CLARA

¡Así ha llegado a tener
esos humos!

DON JUAN

¡Ya!

CLARA

A escaparse
de casa . . .

DON JUAN

¿De casa?

CLARA

Pues.

DON JUAN

(¡Qué tal, la niña inocente!)
Pero, ¿dónde quiere usted   35
que vaya sola?

CLARA

Y a ese
hipócrita, yo le haré
entender si es noble acción
divertirse en corromper
a una muchacha . . .

DON JUAN

¡Ése sí;   40
ése merece! . . .

CLARA

Y también
a ese alhaja de criado,
que sin duda ha sido el que . . .

DON JUAN

¡Calma, señora! Estas cosas
se hacen . . .

(*En tono de intimidad amistosa.*)

CLARA

Y también a usted.　45

DON JUAN

¿A mí?

CLARA

A usted. Que si un momento
pude, por satisfacer
esta duda, tolerar
lo que una mujer de bien
no consiente a ningún hombre　50
cuyas intenciones ve,
ya es tiempo de que usted sepa
que se ha engañado esta vez.

DON JUAN

Como no diga usted eso,
señora, por el placer　55
de darme unas calabazas
que no he buscado, no sé . . .

CLARA

¿Va usted a hacerme la escena
del *Desdén con el desdén?* [13]
La sé de memoria.

DON JUAN

Juro　60
que ningún otro interés
que el de la amistad . . . (Con ésta
no saco partido. A ver
si con la hermana, que ahora
sale de casa . . .) Y en fe　65

de que es así . . . ¿Usted persiste
en la idea de expeler
a esa infeliz? . . .

CLARA

Sí, señor.

DON JUAN

Pues yo la recogeré.

CLARA

¿Usted?

DON JUAN

Sí, señora; yo.
Yo soy su amparo.

CLARA

Muy bien.　70

DON JUAN

Yo me la llevo a mi lado.

CLARA

Me alegro.

DON JUAN

¡Yo velaré
por su inocencia!

CLARA

¡Oh! ¡Eso sí,
por supuesto! Herede usted
a su amigote.—Ahí está:　75
cargue usted con ella.

DON JUAN

¿Eh?

ESCENA XIII

DON JUAN, CLARA *y* BENITA, *la cual sale
con mantilla puesta, llorando a lágrima
viva.*

BENITA

¡Señora! . . .

[13] *el Desdén con el desdén.* The title of a celebrated play of Agustín Moreto, in which the heroine, disdainful of all her suitors, is finally made to love one who had feigned even greater disdain for her.

CLARA

No, no te aflijas.
Mira, el señor quiere ser
tu protector . . .

BENITA

(*Va hacia él llorando.*)

¡Caballero! . . .

DON JUAN

¡Quita, quita! . . .

BENITA

¡Yo no sé
por qué me despide! . . .

DON JUAN

Bueno.   5
Yo tampoco.

BENITA

¡Quiero ver
al amo! . . . ¿Dónde está el amo? . . .

CLARA

¡Calla, infame!

BENITA

¡Yo sé que él
me protege!

CLARA

¡Sal de aquí!
¡Bribona!

DON JUAN

(¡Conque ésta es! . . .   10
¡Y ese bruto de Ramón! . . .)

ESCENA XIV

DICHOS y RAMÓN

RAMÓN

¡Qué gritos!

DON JUAN

¡Camueso!

RAMÓN

¿Qué?

DON JUAN

¡Si no es Emilia, borrico,
que es ésta!

RAMÓN

¡Benita!

DON JUAN

¡Pues!

RAMÓN

¡Ay! ¡San Francisco! ¡Por eso
me ha querido a mí también   5
casar con ella!

BENITA

¡Caramba!
¡Después que una cobra ley! [14] . . .

ESCENA XV

DICHOS y EMILIA

EMILIA

¿Qué sucede?

BENITA

¡Ay! ¡Señorita
de mi vida! ¡Venga usted;
que la señora me ha echado!

EMILIA

¡Te ha echado! ¿Por qué, por qué?

BENITA

¡Ella lo sabe!

EMILIA

(¡Yo soy   5
la causa! ¿Qué debo hacer?)

ESCENA XVI

DICHOS y DON LUIS, *que sale de su cuarto con un papel en la mano; se detiene
contemplando a Clara.*

[14] *cobra ley,* " becomes attached to."

DON LUIS

(¡Que oculte [15] tanta doblez
bajo ese aire de candor!
Pero es preciso. ¡Valor!
¡La hablo por última vez!)

BENITA

(*Se acerca a él llorando.*)

¡Ay, señor! . . . ¡Me ha despedido!   5

DON LUIS

¡Oiga! Tú te habrás negado
a hacer lo que te ha mandado . . .
¿No es eso, Clara?

CLARA

¡Eso ha sido!

DON LUIS

(Lo que me dijo Ramón.
¡Pues! Si aún me quedara duda . . .)   10

BENITA

¡Señor! Si usted no me ayuda . . .

CLARA

¡Pídele su intercesión!

DON LUIS

¡Clara! . . . Ya es en vano todo;
no necesitas echarla.

CLARA

¿No? Yo misma he de plantarla   15
en la calle de este modo.

(*Va hacia ella.*)

DON LUIS

Estáte quieta. (*Deteniéndola.*)

CLARA

¡Traidor!
¿Te atreves? . . .

DON LUIS

¡No escandalices!
Vamos, ¿y por qué no dices
la causa de ese rencor?   20

CLARA

¿Tú me provocas? ¡Ingrato! . . .
¿Quieres que en público diga
la razón que a esto me obliga?

DON LUIS

Eso es echarlo a barato.[16]
Dila, sí.

CLARA

¡Se ha visto tal!   25

BENITA

¡Diga usted!

EMILIA

¡Habla!

CLARA

¡Por vida! . . .

DON JUAN

(No hay cosa más divertida
que una riña conyugal.)

CLARA

(*Trayendo con violencia a Benita.*)

Cuenta, sin avergonzarte,
lo de anoche. ¿Adónde fuiste?   30
Y otras mil veces . . .

EMILIA

(¡Ay triste!)

CLARA

De cierto tiempo a esta parte . . .

BENITA

¡Ay, señorita! ¿Usted ve? . . .

CLARA

Vete al punto de mi casa.

---

[15] *Que oculte,* " To think that she should conceal . . . ! "
[16] *Eso es echarlo a barato,* " That is confusing the issue."

Don Luis

Basta, Clara; esto ya pasa . . .   35

Clara

¡Vete!

Don Luis

(*Acercándose a Clara.*)

¡Yo también me iré!
Ella, porque ya no quiere,
lo sé, servirte a tu gusto.
Yo, Clara, porque no es justo
que, sabido, lo tolere.   40

Clara

¡Luis! . . . ¿Qué dices?

Don Luis

Sí; los dos.

Clara

¿Quieres humillarme más?

Don Luis

¡No finjas!

Clara

¿Tan ciego estás? . . .

Don Luis

Lo he resuelto. Toma. ¡Adiós!

(*Le da el papel.*)

Clara

¿Qué es esto? (*Leyendo.*)

Benita

(*A Emilia.*)

¿Lo está usted viendo?   45
¡Por usted! ¡Yo bien decía!

Emilia

No llores.

Benita

¡Yo bien temía
lo que me está sucediendo!

Don Juan

(*A don Luis.*)

¿Conque a la chita callando
tú te arreglabas con ella?   50

Don Luis

¡Yo! . . . ¿Con quién?

Don Juan

Con la doncella.
¿Te vas a vivir a Arganda?

(*Siguen hablando; don Luis muestra extrañeza.*)

Clara

(*Leyendo.*)

¡Qué veo! ¡Celos! . . . ¿De quién?

Emilia

Ya que es ése tu delito,

(*A Benita.*)

no has de salir.

Clara

(*Leyendo.*)

¡De Antoñito!   55
¡Luis se ha vuelto loco!

Emilia

(*A Benita.*)

Ven.

Clara

¡Separación! (*Leyendo.*)

Emilia

Todo, sí,
aunque el contarlo me aflija,
se lo diré.

Clara

(*Leyendo.*)

¡La sortija!
¡Cómo! Si la tengo aquí. (*La saca.*)   60

EMILIA

(*Se acerca, trayendo de la mano a Benita.*)

Clara: aunque al dar este paso
me muera, hacerlo me toca;
y quiero que de mi boca
sepas la verdad del caso.
Yo defiendo su inocencia: 65
la culpada aquí yo he sido.
Cuantas veces ha salido
de casa, sin tu licencia,
y después de resistirlo,
es porque yo la he enviado.   70

CLARA

¿Tú?

EMILIA

Yo; con carta o recado . . .
a quién, excuso decirlo.

CLARA

¿Y anoche?

EMILIA

Instándola mucho,
logré que fuese . . . ¡hice mal!
por la otra sortija igual.   75

CLARA

¿Para Antoñito? . . .

DON LUIS

¡Qué escucho!
¿Conque hay dos sortijas?

CLARA

Sí;
mira.

DON LUIS

¿Y la otra?

EMILIA

Él la tiene.

DON LUIS

¿Dónde está?

EMILIA

Muy pronto viene.
¿Le llamo?

DON LUIS

Llámale aquí.

ESCENA XVII

DICHOS, *menos* EMILIA

DON LUIS

¡Clara! ¡Clara! . . . ¡Sí, ésta es!

(*Mirando la sortija.*)

¿Y por qué no me la diste?

CLARA

Y tú, ¿para quién trajiste
de casa del tirolés? . . .

DON LUIS

¡Ah! . . . ¿Los pendientes? . . . ¡Perdona! . . .   5
Quise ganarla . . . Pues mira,
toda esta infame mentira
es obra de esa bribona.

CLARA

¡De ella!—Ven acá, Benita.

(*La trae de un brazo, y don Luis a Ramón.*)

DON LUIS

(*A Benita.*)

Tú le has dicho a este tunante   10
que Antoñito . . .

RAMÓN

Era el amante . . .

CLARA

¿De quién?

BENITA

De la señorita.

DON LUIS

(*A Ramón.*)

¡Infame! ¿Pues no me has dicho
que era rival mío?

RAMÓN

Sí.

Pero fué porque creí   15
que usted tenía capricho
por su cuñada.

DON LUIS

¡Bribón!

(*Le da un puntapié; Ramón se escapa.*)

DON JUAN

(¡Qué enredo tan singular!)

CLARA

¡A lo que has dado lugar
con esa necia aprensión!   20
¿Pero de dónde ha nacido? . . .

DON LUIS

Ayer, hablando con Juan,
recordé cierto galán
a quien el mismo marido . . .

CLARA

¡Ya! . . . Y el señor, que es profundo   25
en esto de intrigas . . .

DON JUAN

No;

yo no lo dije . . .

DON LUIS

Fuí yo;

¡yo solo!

CLARA

¡El hombre de mundo!

ESCENA XVIII.

DICHOS, EMILIA y ANTOÑITO. *Emilia sale
de lo interior; Antoñito viene de la calle.*

EMILIA

Aquí viene . . .

ANTOÑITO

¡Emilia! . . . ¡Tate! [17]

17 *¡Tate!* "Well I declare!"

DON LUIS

¿Dónde estaba?

EMILIA

Ahí cerca.

ANTOÑITO

Pues;

en casa del tirolés.

DON JUAN

¡Cómo! ¿En el escaparate?

EMILIA

Todo se sabe, Antoñito.   5
Ha habido necesidad
de declarar la verdad.

ANTOÑITO

Me alegro. Ya estaba frito,
y resuelto, a fe de Antoñito,
sin consultar más contigo,   10
a presentarme a este amigo,

(*Por don Luis.*)

y pedirte en matrimonio.

DON LUIS

(*Mirando la sortija.*)

¡Esa mano! . . . (¡Ella es!) Muchacha,
¿qué dices tú?

EMILIA

Yo . . . si hubiera
acabado su carrera . . .   15

DON LUIS

¡Joven es!

CLARA

Ésa no es tacha.

EMILIA

¿No decías? . . .

CLARA

He adquirido
convencimiento profundo
de que el tener mucho mundo

no hace feliz a un marido. 20
Lo que él con otros ha hecho,
cree que hacen todos con él;
y esa sospecha cruel
le tiene en continuo acecho.
Ella las mañas pasadas 25
del marido sabe ya;
y al menor paso que da
cree que ha vuelto a las andadas.
De manera que a uno y otro,
¿de qué les viene a servir 30
tanto mundo? De vivir
eternamente en un potro.
Luego . . . a la menor sospecha . . .
nunca falta algún amigo . . .

DON JUAN

(¡Adiós! Esto va conmigo . . .) 35

DON LUIS

¡Hola! (*Fijando la vista en don Juan.*)

DON JUAN

La paz ya está hecha,
conque . . .

DON LUIS

Adiós, Juan.

DON JUAN

(No es extraño
que esté tan arisca ahora.
Lleva tres meses [18] . . .) ¡Señora!

(*Saludando.*)

(Volveré dentro de un año.) 40

ESCENA ÚLTIMA

DICHOS, *menos* DON JUAN

DON LUIS

Di: ¿conque éste? . . .

CLARA

¡Te has lucido!
Sospechas del inocente,
y de ese que es justamente . . .

(*Don Luis hace ademán de ir tras él.
Clara le detiene.*)

¿Qué vas a hacer? Ya se ha ido.
Déjalo estar.

DON LUIS

¡Voto a brios! 5
¿Conque no tenemos medio
de escapar?

CLARA

No hay más remedio
que echarse en brazos de Dios.

DON LUIS

¡Ah, en los tuyos!

(*La abraza.*)

CLARA

Haces bien.
Niños, a casarse pronto. 10

ANTOÑITO

¡Tu mano!

(*A Emilia.*)

EMILIA

(*Con vergüenza.*)

Anda, no seas tonto.

CLARA

Y quiero haceros también
un pequeño regalito.
Yo tengo en Andalucía
una posesión . . . que es mía. 15
¿No es verdad? Aquí está escrito.

(*A don Luis, mostrando un papel que
venía dentro de la carta.*)

DON LUIS

¡Calla! . . .

(*Aparte a Clara.*)

CLARA

Luis es tan galante,
que me la ha cedido a mí . . .
para que yo fuese allí

---

[18] *Lleva tres meses,* " She's only been married three months."

a habitar en adelante.   20
Yo os la regalo, y espero
que aceptéis . . .

DON LUIS

Pero . . .

CLARA

(*Aparte a don Luis.*)

El haber
dudado de tu mujer
te ha de costar el dinero.

DON LUIS

¡Qué quieres! ¡Lo ví de un modo   25
tan claro!

CLARA

No viste nada;
es que tu vida pasada
viene a envenenarlo todo.
Pon en olvido profundo
esa experiencia fatal;   30
que no basta pensar mal
para ser *hombre de mundo*.

GARCÍA GUTIÉRREZ

So closely is the name of García Gutiérrez connected with the early Romantic movement in Spain that it seems almost an anomaly to introduce him at this point. Chronological considerations demand it, however, since the play selected to represent him belongs to the period of his fullest maturity. Born in 1813 in a small town near Cádiz, Gutiérrez early gave indication of his literary vocation. He abandoned his medical studies at the age of twenty, and ran off to Madrid, where he arrived with two comedies and two tragedies as his sole fortune. Larra, Ventura de la Vega and other members of the *Parnasillo* welcomed him at the café del Príncipe and almost succeeded in having his comedy, *La noche de baile,* accepted by the most famous of Madrid theatres, *el Príncipe.* Judged too youthful for such an honor, he was instead offered a livelihood on the staff of *La Revista Española,* and advised to try another play. *El vampiro* (1834) and two other translations from Scribe (1835) preceded the triumph of *El Trovador* on March 1, 1836. In the meantime, despairing of having his work staged, Gutiérrez had enlisted in the militia then being raised to combat the Carlist uprising. On the opening night he absented himself without leave from his barracks and when a delirious audience called for the author, he was forced to borrow a military cloak to cover up his mechanic's uniform. As a result of this success, he was given his release from the army, and thereafter he allowed little to interfere with his dramatic career, which he continued almost to the time of his death in 1884. He was elected to the Academy in 1862.

His works consist of seventy-one plays, including sixteen translations or adaptations chiefly from Scribe and the elder Dumas, and two volumes of poetry: *Poesías* (1840) and *Luz y tinieblas* (1842). Although his plays are of uneven merit, nevertheless he ranks with the foremost playwrights of his century. He displays real dramatic instinct, a rich imagination and complete mastery of verse and language, which usually outweigh structural defects. He is at his best in the Romantic and historical drama, which he began under the influence of Rivas, Larra and Dumas. The majority of his works before 1850 are of this type; thereafter, comedies and zarzuelas predominate.

El Trovador was a potent factor in the definitive triumph of Romanticism in Spain. Both in its original form and in Verdi's operatic treatment, *Il Trovatore* (1853), the theme attained world renown and has remained Gutiérrez' most popular creation. Typical scenes of frenzied passion are found in *El paje* (1837), *El rey monje* (1837) and *El encubierto de Valencia* (1840), which reflect the continued influence of the French Romanticists. Among other plays of this period, the most successful was *Simón Bocanegra* (1843), a powerful drama of Genoese life and intrigue in the fourteenth century. *Las bodas de Doña Sancha* (1844) and *El tesorero del rey* (1850) return to the national past for their inspiration.

García Gutiérrez was still to produce two of his best historical dramas, but his work henceforth is for the most part in a lighter vein. *Afectos de odio y amor* (1850) represents the transition from drama to comedy and was followed by a dozen other plays of no lasting fame. Those most often recalled are *La bondad sin la experiencia* (1855), *Las cañas se vuelven lanzas* (1864) and *Un grano de arena* (1880), his last work, which was received with noisy acclaim. In but one of these comedies, *Eclipse parcial* (1863), did the author approach the moralizing note which Tamayo and Ayala were then sounding. *El grumete* (1853) was the first and most successful of a series of zarzuelas which catered to the popular tastes of the day.

When it appeared that his genius was about due to suffer eclipse, Gutiérrez produced two works superior in merit to all his previous efforts. Both were historical dramas, as distinct in spirit as was the reception accorded them. *Venganza catalana* (1864) was received with even more enthusiasm than *El Trovador*. The theme, already the subject of epic and dramatic treatments, is based on the expedition to Greece in 1304 of a band of Catalan and Aragonese mercenaries who performed prodigies of valor in delivering the Byzantine Empire from the hands of the Turks and then took bloody revenge for the murder of their leader. Romance and melodrama woven into this background make a stirring play; but its great success was largely due to its patriotic appeal to a nation already preparing for the Revolution of 1868.

The following year *Juan Lorenzo,* the author's personal favorite, and the play that many authorities recognize as his masterpiece, met with an indifferent if not hostile reception from both public and critics. The play deals with the *Germanía,* or uprising of the various guilds of Valencia in 1519 against the oppression of the nobility. Gutiérrez had already drawn on this movement for *El encubierto de Valencia* (1840), and Ayala had chosen it for the setting of *El conde de Castralla* (1856). But *Juan Lorenzo,* faithful to history in many details, restrained in tone, and the most profoundly philosophical and artistic of all his works, disappointed a public which had so recently been fired by the dramatic appeal of *Venganza catalana.* Gutiérrez was known to have Liberal sympathies, and it had been expected that his new play would sound the tocsin for revolt. It was, in fact, censored for its alleged political tendency, as Ayala's work had been after the third performance; but *Juan Lorenzo* proved to be the opposite of incendiary. Instead it gives clear warning that even the noblest attempt to remedy social injustice through revolution may defeat itself and degenerate into a reign of terror. The play does not depend for its effectiveness on a series of breathless episodes. It is a finished psychological study of character and of the mob spirit, and its beauties can probably be better appreciated by the thoughtful reader than by the average playgoer.

Bibliography: *Obras escogidas,* with *Prólogo* by Hartzenbusch, Madrid, 1866. *Teatro (Venganza catalana* and *Juan Lorenzo),* ed. J. R. Lomba, *Clásicos castellanos,* 65, Madrid, 1925. *El trovador,* ed. A. Bonilla y San Martín, Madrid, 1916.

To consult: E. FUNES, *G. Gutiérrez: estudio crítico de su obra dramática,* Cádiz, 1900. C. ROSELL, in *Autores dramáticos contemporáneos,* I. LARRA, *El trovador,* in *Obras,* III. A. SÁNCHEZ PÉREZ, *Dos fracasos. (Recuerdos de 1865.) El fracaso de "Juan Lorenzo," drama de D. A. G. Gutiérrez,* in *La España Moderna,* CLVII, 1902.

JUAN LORENZO

Por ANTONIO GARCÍA GUTIÉRREZ

(1865)

PERSONAJES

BERNARDA
LA MARQUESA DE BIAR
JUAN LORENZO, *pelaire*
GUILLÉN SOROLLA, *tejedor*

EL CONDE DE ***
VICENTE, *albardero*
FRANCÍN, *escudero del conde*
AGERMANADOS [1] y DESMANDADOS [2]

La acción pasa en Valencia,[3] en 1519.

ACTO PRIMERO

Sala baja [4] en la casa de Juan Lorenzo. En el fondo, a la izquierda del actor, una pieza con grande entrada, y una cortina que estará descorrida. También en el fondo, y en el lado opuesto, una escalera que comunica con las habitaciones del piso alto. A la derecha, puerta y ventana que dan a la calle, y a la izquierda la alcoba de Lorenzo. En el ángulo de la derecha, y pendientes de escarpias, algunos instrumentos del oficio de pelaire, y una espada. En la habitación del fondo, un pequeño estante con libros, un retrato del cardenal Cisneros,[5] una mesa y un sillón de baqueta; [6] más hacia el proscenio y cerca de la alcoba de Lorenzo, una mesa con algunos objetos de devoción, como cuadros con imágenes de santos, colocados contra la pared, y un crucifijo, alumbrado todo por una lámpara. Al levantarse el telón, estará Lorenzo en la habitación del fondo leyendo; otra lámpara arde sobre su mesa, aunque debe figurarse que es ya de día.

ESCENA PRIMERA

LORENZO y BERNARDA, *que viene por la puerta del fondo izquierda.*

BERNARDA

¿Qué haces, Lorenzo?

LORENZO

¡Qué! ¿es tarde?

BERNARDA

¡No has dormido!

LORENZO

No he dormido:
tienes razón; distraído . . .

---

[1] *agermanados,* i.e., members of the *germanía* or confederation of the brotherhoods (*gremios*) of artisans, who rose in revolt (1519–22) against the tyranny of the nobles in the early years of the reign of Charles V. This movement, in which more than 14,000 people are said to have perished, corresponds closely to a similar revolt of the *gremios* in Mallorca about a year later. It was distinct in origin and character from the famous rebellion of the *comunidades* of Castile, aimed rather at the exactions and policies of Charles V himself.

[2] *desmandados,* "lawless rabble," as described in III, i.

[3] *Valencia,* capital of the province of that name, and third largest city in Spain.

[4] *baja,* "downstairs."

[5] *Cisneros,* the cardinal-archbishop Francisco Jiménez (Ximenes) de Cisneros (1436–1517), one of the greatest figures of Spanish history.

[6] *baqueta = vaqueta,* "leather."

BERNARDA

¡Es posible! (*En tono de reconvención.*)

LORENZO

¡Como aún arde
mi lámpara! ... en mi avidez 5
por leer, ni aun las horas cuento.

BERNARDA

Yo acortaré el alimento
a tu lámpara otra vez.

LORENZO

¿Te has enojado?

BERNARDA

Sí, hermano:
tu salud se debilita. 10

LORENZO

¡Mi salud!

BERNARDA

Y ¿necesita
de ciencias un artesano?

LORENZO

No aspiro a más beneficio
que al que mi afición me guarda;
y sabes muy bien, Bernarda, 15
si amante soy de mi oficio;
yo, de vanidad desnudo,
aunque me tengan por bajo,
estimo en más mi trabajo
que algún hidalgo su escudo. 20
Sabes que aunque no nos sobre,
nuestra ambición es medida,
y para tan pobre vida
nos basta mi hacienda pobre.
Si estudio, no es que me venza 25
del medro el cuidado ansioso:
es que me cansa el reposo;
que el ocio me da vergüenza;
que de los gustos primeros
queda siempre la semilla. 30
—Ya sabes que fui en Castilla
familiar del gran Cisneros;

y como aspiraba a entrar
en la Iglesia con su amparo,
me fué preciso, está claro, 35
aplicarme y estudiar.
Mi padre con mano franca
me ayudaba, y decir puedo
que no le robé en Toledo
ni le afrenté en Salamanca.[7] 40
Pero fué inútil mi afán.
Recuerdo, y de ello me ufano,
cuando al noble franciscano
acompañaba en Orán.[8]
Un día, en una empeñada 45
función, no sé cómo fué
que en la batalla me entré
y a un muerto cogí la espada,
y la esgrimí de manera,
que me dijo el cardenal: 50
«¡Muy bien, Lorenzo, y muy mal!
¡si has errado tu carrera!
Pues no importa que alborote
el clarín tu pecho honrado,
que más vale buen soldado 55
que mediano sacerdote.»
—No he nacido para fraile:
mi genio es inquieto, activo;
lo cierto es que alegre vivo
en mi oficio de peraile. 60
Ocupando por sistema
mi tiempo, a todo me amaño,
y lo mismo cardo un paño
que me engolfo en un problema.

BERNARDA

Mas tu salud delicada 65
¿resistirá a tanto exceso?
¿Y si te murieras?

LORENZO

Eso
¿qué me importa? poco o nada.

BERNARDA

¿Qué dices, Juan? No haces bien
en hablarme de esa suerte. 70

---

[7] *Toledo, Salamanca,* i.e., at the universities in these two cities; that of Salamanca in its day ranked as one of the four greatest in the world.

[8] *Orán,* a rich city in northern Africa, captured (1509) by the Spaniards led by Cisneros.

Si no te importa la muerte,
¿no habrá quien la sienta?

LORENZO

¿Quién?

BERNARDA

¡Qué pregunta!

LORENZO

¿Digo mal?
(¡Esta prueba es inhumana!)

BERNARDA

O no me llames tu hermana,   75
o trátame como a tal.
Tu duda crüel me ofende.

LORENZO

(Con ella tu afecto pruebo.)
Ya sé el amor que te debo.

BERNARDA

No lo sabes. (No me entiende.)   80

LORENZO

Si temes que la vigilia
te robe en plazo temprano
al que, con nombre de hermano,
es tu amigo y tu familia,
ensaya en casa el poder   85
de tu autoridad suprema:
ríñeme, Bernarda, y quema
mis libros, si es menester.

BERNARDA

No tanto: jamás tocara,
aunque estimo tu reposo,   90
al pábulo generoso
de tu inteligencia clara.
Sé que te da noble guerra
tu ingenio en alzado vuelo;
mas desciende de tu cielo   95
alguna vez a la tierra.
Mira lo que en ella pasa;
que es triste y penoso estado
saber que vivo a tu lado
y encontrarme sola en casa.   100

⁹ *Él lo vea*, "Of course!"

LORENZO

Lo que quieras ha de ser.

BERNARDA

Alegrarte es mi intención.
(No lee en mi corazón.)

LORENZO

(No me quiere comprender.)

ESCENA II

DICHOS y GUILLÉN SOROLLA, *por el fondo
derecha.*

SOROLLA

¿Se puede entrar?

LORENZO

Él lo vea.⁹

BERNARDA

¡Guillén!

LORENZO

¿Qué Guillén?

SOROLLA

Tu amigo.
Bernarda, Dios sea contigo.

BERNARDA

Sorolla, en tu guarda sea.

LORENZO

¿Sorolla has dicho?

SOROLLA

No creo   5
que me desconocerá
Lorenzo.

LORENZO

¡Como hace ya
(*Alargándole la mano.*)
un siglo que no te veo!

SOROLLA

Y penas y desengaños,   10
¡es verdad! acaban mucho.

LORENZO

¿Tú penas, Guillén? ¡qué escucho!

SOROLLA

Que matan más que los años.

LORENZO

Mas ¿dónde has estado?

SOROLLA

Ausente,
y hoy he venido a Valencia   15
por verte, aunque mi presencia . . .
—¿No me das en qué me siente?

(A Bernarda.)

BERNARDA

Perdona, Guillén.

(Va a tomar una silla para presentársela a
Guillén, pero se lo estorba Lorenzo.)

LORENZO

¡Aguarda!
y ten, amigo, entendido
que nunca fué ni ha nacido   20
para mí sierva, Bernarda.
En mi casa no hay bambolla,
y ella y tú, y todo el que acierta
a entrar por mi humilde puerta,
es aquí dueño, Sorolla.   25

SOROLLA

Perdona si te ofendió . . .

LORENZO

Has sido poco oportuno.
Cuando hay que servir a alguno,
para eso estoy aquí yo.

(Coge una silla y se la presenta a Guillén.)

SOROLLA

¿Qué vas a hacer? (Queriendo impedírselo.)

LORENZO

                    Satisfecha   30
tu voluntad está ya.

SOROLLA

¡Gracias, amigo! (Esto va
despertando mi sospecha.)

BERNARDA

Lorenzo . . . perdón si aquí
a darle la razón vengo;   35
que en ese punto más tengo
que agradecerle que a ti.

LORENZO

¿Qué has dicho?

BERNARDA

                    O soy tu criada
o nada soy: te lo aviso.
Soy honrada, y es preciso   40
que me tengan por honrada.

LORENZO

Oye: más de un año habrá (A Sorolla.)
que sabiendo el grave estado
de mi madre, desalado
vine aquí desde Alcalá.[10]   45
Era tarde; sólo había,
donde era todo placer
en mi infancia, una mujer
a quien yo no conocía;
pero mi duda cesó   50
al verla junto a aquel lecho,
ronco y lacerado el pecho,
y llorando más que yo.
Me puse a su lado: unidas
nuestras lágrimas corrieron,   55
y a poco se confundieron[11]
en aquel dolor dos vidas.
Mas luego la ví volver,
su pobre ajuar[12] bajo el brazo,
diciendo: « Con este lazo   60

---

[10] *Alcalá*, a town 20 miles east of Madrid, seat of the university founded by Cardinal Cisneros.
[11] *se confundieron*, " were linked together," " fused."
[12] *ajuar*, " belongings."

se desligó mi deber.[13]
Dios lo ha querido: ¡bendito
Él, que sus bienes reparte!
Voy a buscar a otra parte
el calor que necesito.»   65
Yo la dije: «¡No te irás!
Tu antiguo puesto recobra,
y si es que alguno aquí sobra,
yo soy el que está demás.»
Es la alegre compañera   70
que en tu vejez, madre mía,
pasó la noche y el día
velando a tu cabecera.
En fin, ¿no era cosa fuerte,
era acción noble y honrada   75
cerrar a esa desdichada
la puerta que abrió la muerte?

BERNARDA

En el caso en que me encuentro
tal vez es lo que conviene ...

LORENZO

¡Hermana! la honra no viene   80
de afuera; sale de adentro.

BERNARDA

Pero ...

LORENZO

        ¡Vaya una ocurrencia! [14]
¡Bernarda, nada te aflija!
Mi madre te llamó su hija:
yo acepto la consecuencia;   85
y si por cosa tan parva
te infama algún insolente,
yo le probaré que miente
por la mitad de la barba.[15]

SOROLLA

¡Bravo! ¡eso está muy bien dicho!   90

LORENZO

Y esto sin que yo la prive
de libertad: aquí vive

cada cual a su capricho.
¿No es cierto?

BERNARDA

            Ni lo será;
y por eso, humilde esclava,   95
un favor de ti esperaba.

LORENZO

Tenlo por logrado ya.

BERNARDA

A la Virgen sin mancilla
celebra toda Valencia.

LORENZO

¿Qué quieres?

BERNARDA

            Con tu licencia,   100
ir a su santa capilla.

LORENZO

¿Pues tienes necesidad
de ella?

BERNARDA

        Dámela, Lorenzo.

LORENZO

De imaginar me avergüenzo
que no tienes libertad.   105
Vé, pues, y por mí la reza.

(Al pasar Bernarda al lado de Sorolla, le
dice éste aparte:)

SOROLLA

El mismo favor invoco.

BERNARDA

No lo necesitas poco. (Vase.)

SOROLLA

(Siempre la misma aspereza.)

---

[13] *Con este lazo ... deber,* i.e., with the breaking (through death) of the bond existing between her and Lorenzo's mother, Bernarda's obligation and even her right to remain in the household has also been discharged.
[14] *¡Vaya una ocurrencia!* " What a foolish notion! "
[15] *por la mitad de la barba,* " brazenly," " impudently."

ESCENA III

Juan Lorenzo y Sorolla

LORENZO

¿Qué te decía?

SOROLLA

Donaires.
(Si sospecha . . .) A verte vengo
con peligro de mi vida.

LORENZO

¡Con peligro! ¿cómo es eso?

SOROLLA

Ando a sombra de tejado [16]   5
por temor a un caballero
que jura que ha de matarme.

LORENZO

¡Ah!

SOROLLA

Y es muy capaz de hacerlo.

LORENZO

¿Le has dado causa?

SOROLLA

Ninguna,
si no lo es que nos hacemos   10
competencia.

LORENZO

¿En qué?

SOROLLA

En amores.

LORENZO

¿Tan alta la mira has puesto
de tu ambición?

SOROLLA

Al contrario;
no me tengas por tan necio.
¡Amar a una hidalga! fuera   15
no ya sólo atrevimiento,
sino ocasión de sufrir

su castigo o su desprecio.
La persuasión es inútil;
el rapto, crimen horrendo.   20
Del mísero Gil Quiñones
diciéndolo está el ejemplo.

LORENZO

Ése es delito de muerte.

SOROLLA

Para nosotros, es cierto:
así la Juana Corella   25
costó al buen Gil el pescuezo.

LORENZO

La mujer que tu rival
pretende . . .

SOROLLA

Es hija del pueblo.

LORENZO

¡Siempre lo mismo! esos hombres
no tienen ley ni respeto   30
que ataje sus demasías.

SOROLLA

Es verdad; mas ¿qué le haremos?

LORENZO

¡Eso preguntas! pues ¡qué!
¿no ha de llegar el momento
en que rompamos la infame   35
sujeción en que nos vemos?

SOROLLA

¿Qué dices, Juan? ¿qué demencia
te inspira esos pensamientos?
¡Estás delirando!

LORENZO

¿Quién
me los inspira? Primero   40
mi corazón, que no está
a tratos indignos hecho;
después, el que largos años
fué mi padre y mi maestro;
el que humilló las cabezas   45

[16] *a sombra de tejado*, "covertly," "secretly."

de esos próceres soberbios;
el que abatió tantas veces
bajo su cordón de hierro
a Ureña y al Infantado,
y a Alburquerque y a otros ciento.[17] 50
Bien se ve, Guillén Sorolla,
bien se conoce que ha muerto
nuestro padre y nuestro amparo,
el franciscano Cisneros.

SOROLLA

Si te digo la verdad, 55
¡eso es para mí tan nuevo,
diré más, tan imposible,
vamos, que no lo comprendo!

LORENZO

¿Y por qué? ¿porque desmiente
cuanto has visto?

SOROLLA

       Y cuanto veo, 60
y lo que veré.

LORENZO

      ¡Quién sabe!
hay mucho que hablar en ello.

SOROLLA

Si es natural ... Jerarquías
creó Dios hasta en el cielo:
¿no ha de haberlas en la tierra? 65

LORENZO

Hay jerarquías, es cierto.
Dios, al repartir sus dones,
nos hace a todos diversos;
y esto es de su omnipotencia
clara señal: nada ha hecho 70
que desmienta la admirable
variedad del universo.
Mas también quiso mostrarnos
su voluntad, y por eso
todo trae la indeclinable 75
sanción de su augusto sello.

Al uno le da la fuerza,
al otro le da el ingenio;
mas ¿con qué señal nos dice:
« Tú eres noble y tú plebeyo » ? 80

SOROLLA

Eso es decir que tú niegas ...

LORENZO

Entiéndeme: lo que niego
no es la razón con que gozan
los bienes de sus abuelos.
Ni me importan sus blasones, 85
ni de su orgullo me ofendo:
lo que me ofende es que toquen
a mis naturales fueros.
Me indigna que ante la absurda
invención del privilegio, 90
prevarique la justicia
y retroceda el derecho.
Tú mismo, ¿no estás ahora
su injusto rigor sufriendo?
y eso no es solo: el peligro 95
de la vida es lo de menos.
¿Qué hermana, qué hija, qué esposa
guardan nuestros pobres techos
que pueda decir mañana:
« ¡Honrada soy; quiero serlo! »? 100
Tu honor, tu caudal, tu fama,
nada es tuyo: todo es de ellos;
y quéjate y pide amparo
a jueces que tienen miedo.

SOROLLA

Eso es verdad; sin embargo, 105
como no hay otro remedio,
callaré y tú callarás.

LORENZO

¿Callarme yo? lo veremos.
¿Imaginas que soy hombre
para sufrir en silencio 110
una injusticia, un agravio,
no digo propio, ni ajeno?

---

[17] A reference to the stern and uncompromising way in which Cardinal Cisneros, member of the Franciscan Order (hence the allusion to his girdle), confessor and chief advisor of Isabel the Catholic, and regent of Spain on two critical occasions (1506 and 1516), curbed the ambitions of the nobles, including the three here mentioned, who sought to profit from unsettled political conditions.

SOROLLA

¿En qué piensas?

LORENZO

Tengo ya
en favor de mis proyectos
imaginada la traza   115
y preparado el terreno.

SOROLLA

¿Y cómo?

LORENZO

Ya han comenzado
a ensayarse nuestros gremios
en alardes belicosos
y en ejercicios guerreros.   120
El moro, que nuestras costas
ha llevado a sangre y fuego
mil veces, fué la ocasión,
o mejor dicho, el pretexto.
Y una vez que la costumbre   125
haga del cortante acero
dócil medio en nuestras manos
y familiar instrumento,
veremos si nos insultan
esos hidalgos; veremos   130
si aprenden a respetarnos.

SOROLLA

Siento verte en ese empeño.

LORENZO

¿Qué me puede suceder?

SOROLLA

Aventurar el pellejo.

LORENZO

Ya lo sé; por eso mismo   135
de mis bienes he dispuesto,
y dejo dueña a Bernarda
de todo cuanto poseo.

SOROLLA

¡Hola!

LORENZO

No tengo parientes.

SOROLLA

¿Has hecho ya testamento?   140

LORENZO

Sí.

SOROLLA

Ya ves; eso me prueba
lo temerario, lo expuesto
de tu empresa.

LORENZO

No es posible
que me disimule el riesgo.
Pues por lo mismo, si tiene   145
mi sacrificio algún mérito,
es que de antemano estoy
a padecerle dispuesto.
Sólo a Dios pido que sea
a sus ojos tan acepto   150
como es puro, como está
de toda ambición exento.

SOROLLA

¿No tienes ambición?

LORENZO

¿Yo?
ninguna.

SOROLLA

Te lo confieso:
tu desinterés admiro.   155
(Y diré más: no lo creo.)

ESCENA IV

DICHOS y la MARQUESA

MARQUESA

¿Juan?

LORENZO

¿Vos aquí, y a esta hora?
Algo extraordinario pasa
para que mi pobre casa
honre tan noble señora.
¿Cómo está su señoría   5
en la mansión de un villano?

MARQUESA

Por fuerza, puesto que en vano
te he llamado yo a la mía.
Por segunda vez Francín
vino a verte . . .

LORENZO

Harto me pesa.   10

MARQUESA

No quisiste, y la marquesa
tuvo que ceder al fin.

LORENZO

Es que temí, y con razón,
que reconvenirme fuera
vuestro intento.

MARQUESA

Acaso.

LORENZO

Y era   15
inútil reconvención.

MARQUESA

Es decir, que tú apadrinas . . .

LORENZO

Y de ello no me avergüenzo.

MARQUESA

Éste es el fruto, Lorenzo,
de tus extrañas doctrinas.   20
Y como nadie la guarda,
y es de agraciada persona,
Bernarda se nos entona.

LORENZO

¿Qué habéis dicho de Bernarda?
¿y qué tiene ella que ver   25
en esto?

MARQUESA

¿No has entendido?

SOROLLA

(Yo la entiendo.)

LORENZO

Había creído . . .

MARQUESA

Se trata de esa mujer.
(¿Cómo este paso interpreta?)

LORENZO

Como en campos y ciudades   30
se introducen novedades
y el pueblo bajo se inquieta;
como sabéis que sustento
su fe, que a su lado estoy,
y que gozoso le doy   35
mi vida y mi pensamiento,
imaginé que juzgando
mi convicción menos firme,
intentabais persuadirme
a abandonar ese bando.   40

MARQUESA

Menos vano te creí.
Tranquila estoy, no lo dudes;
esas locas inquietudes,
si me importan, es por ti:
que siento que tu despecho   45
te lleve a una demasía.
—Nunca olvidaré que un día
tu madre me dió su pecho.
—Mas ¿qué harán esos desmanes
en almas de origen noble?   50
Para eso ha nacido el roble:
para arrostrar huracanes.

LORENZO

Pero no siempre es feliz:
que cuando lo quiere el cielo,
más de un roble viene al suelo, 55
arrancado de raíz.
Mas, pues que no os interesa
esto, dejémoslo a un lado.
¿En qué Bernarda ha agraviado
a la señora marquesa?   60

MARQUESA

Con pretensión orgullosa,
—¡mire que mal no le salga!—

se nos quiere entrar a hidalga
por los blasones de hermosa.

LORENZO

(¡Dios mío!) ¿La nueva es cierta?　65

SOROLLA

Cierta es, Lorenzo.

LORENZO

¡Por Cristo! . . .

MARQUESA

¿Cómo es que al galán no has visto
en el umbral de tu puerta,
si tarde, noche y mañana,
publicando sus amores,　　70
cubren papeles y flores
los hierros de su ventana?

LORENZO

Pero ¿ella da a su deseo
alas? ¿acaso permite? . . .

MARQUESA

Yo no te diré si admite　　75
o rechaza el galanteo;
pero se dice en Valencia
que irrita su pasión loca,
con el desdén en la boca
y en los ojos la indulgencia.　80

LORENZO

¿Pensáis que le ama?

MARQUESA

Quizás.

LORENZO

¿En qué lo veis?

MARQUESA

Anda triste.

LORENZO

Y sin embargo, resiste.

MARQUESA

Para asegurarlo más.

LORENZO

¡Generosa rectitud!　　85
pensad siempre de ese modo;
creed de nosotros todo
lo que no fuere virtud.
Es decir, que ame o no ame,
es culpable: ¡fuerte cosa!　90
Si resiste, es ambiciosa,
y si sucumbe, es infame.
Las que a la ingrata fortuna
debéis ese humilde estado,
sobre el que pesa el sagrado　95
privilegio de la cuna,
¿cómo, degradados seres,
os atrevéis a agradar?
¡Si Dios no ha debido dar
ni hermosura a esas mujeres!　100

MARQUESA

Mas dado que fuera vano
el temor con que te advierto,
no por eso es menos cierto
que ha enloquecido a mi hermano.

LORENZO

¡Es él!

MARQUESA

Que no puede nada　105
poner a su audacia coto,
y que por Bernarda ha roto
su boda ya concertada.
La mujer a quien ha herido
con su injusta negativa,　110
es poderosa, es altiva,
y es deuda de mi marido.
Hay dos familias que están
a riesgo de una querella,
porque la muchacha es bella　115
y temerario el galán.
¡Ea, pues! ve si concilias,
de tu honor en testimonio,
la paz de mi matrimonio
y la unión de dos familias.　120

ESCENA V

DICHOS y VICENTE, apresurado.

VICENTE

¡Lorenzo, corre!

LORENZO

¿Qué gritas?

VICENTE

¡Qué gusto! ¡se ha armado ya! [18]

LORENZO

¿Qué hay, Vicente?

VICENTE

Una de palos

en la fiesta [19] . . .

(*Lorenzo hace ademán de salir.*)

SOROLLA

¿Adónde vas?

LORENZO

A ver qué es eso.

VICENTE

¡Con tiento! 5

LORENZO

¿Por qué?

VICENTE

Para todos hay:
no ha llovido tan menudo
desde San Isidro acá.[20]

LORENZO

Perdonadme; esto me importa,
y mucho.

SOROLLA

Cuidado, Juan. 10

ESCENA VI

DICHOS, *menos* JUAN LORENZO

SOROLLA

¿Por qué ha sido la pendencia?

VICENTE

Por una barbaridad.
Figuraos . . . esto se dice:
que allí mismo, en el umbral
de la iglesia, han pretendido 5
a una doncella robar.

MARQUESA

¿Quién?

VICENTE

¿Quién? ¡vaya una pregunta
rara! ¡pues dicho se está!
¿Quién se atreve aquí a esas cosas?
Un hombre de calidad. 10
Poniéndola sobre el cuello
de un poderoso alazán,
al noble bruto espolea,
desgarrándole el ijar;
y viendo que se le opone 15
la gente, con ademán
resuelto esgrime la espada,
gritando: « ¡Canalla, atrás! »
Pero el pueblo avanza, ruge,
se encabrita el animal, 20
y en un momento cien brazos
con él en el suelo dan.
De una y otra parte acuden;
con espadas los de allá,
los nuestros con argumentos 25
de acebuche y de nogal.
Hasta los chicos, ¡pardiez!
peleaban; yo ví un rapaz
romper murallas de hidalgos
con balas de pedernal. 30
Un David era el chiquillo,
y te puedo asegurar
que a golpe de peladilla
cayó más de un Golïat.

MARQUESA

(¡Cielos!)

[18] *¡se ha armado ya!,* " they have started it now ! " (with *gresca* or a similar word understood).

[19] *Una de palos en la fiesta,* " A whale of a scuffle ! "

[20] *no ha llovido . . . acá,* " there hasn't been such a fine rain (of blows) since San Isidro's day." Probably San Isidro Labrador is here indicated, although he was not canonized until a century later; he is widely revered as patron of peasants and day-laborers, as well as patron saint of Madrid and other cities; his day is May 15.

VICENTE

¡Bueno anda el granizo!   35
Yo quise curiosear,
¡y me alcanzó un garrotazo!

SOROLLA

¿También?

VICENTE

Pero ¡magistral!
Entonces comprendí que era
cosa de mucha entidad,   40
jarana completa, y dije:
« Voy a avisárselo a Juan.»

MARQUESA

Es decir, que la semilla
fructifica en la ciudad.

VICENTE

Sí, señora: esos hidalgos   45
son el mismo Barrabás;
y entre tanto que no ahorquemos
al último, no habrá paz.

SOROLLA

¡Necio, mira con quién hablas!
es la marquesa de Biar.   50

VICENTE

¿La marquesa?

MARQUESA

¡Desdichado!

VICENTE

¡Ah, señora, perdonad!
(Afectando sentimiento.)
Conque vos sois la marquesa
de . . . ¡Si soy un animal!

SOROLLA

¡Es cierto!

VICENTE

Pero no tanto   55
como podéis sospechar.

Yo no he dicho que es su hermano
el autor de este desmán.

MARQUESA

¡Mi hermano!

VICENTE

Tampoco he dicho
que puede pasarlo mal;   60
que está acorralado . . .

MARQUESA

Basta.
(Vase precipitadamente.)

ESCENA VII

SOROLLA y VICENTE

SOROLLA

¿Sabes que has estado audaz?

VICENTE

No lleva mal sinapismo.[21]

SOROLLA

Pero ¡es cosa singular!
Os hallo a todos inquietos.

VICENTE

Pues ¡qué! ¿no te han dicho ya? . . .   5

SOROLLA

Algo me explicó Lorenzo;
pero ¿es verdad?

VICENTE

¿Si es verdad?
Puede que no tardes mucho
en verlo; no tienes más
que preguntarlo a los tuyos.   10

SOROLLA

¿Los míos?

VICENTE

A tu hermandad.

SOROLLA

Los tejedores de lana . . .

---

[21] No lleva mal sinapismo, " I guess that will hold her for a while! "

VICENTE

¡Qué! ¡si los vieras marchar
de pífanos y tambores
al redoblado compás!   15
Todos los gremios se ensayan
en el arte militar.

SOROLLA

¡Hola!

VICENTE

Hasta los albarderos,
que vamos siempre detrás.

SOROLLA

¿Y conoces el objeto   20
de tanto apresto marcial?

VICENTE

Yo no lo sé a punto fijo,
aunque me lo explica Juan
muchas veces; pero yo
echo mis cuentas acá.[22]   25
Del tío Martín Puyades
nada tengo que esperar.

SOROLLA

¿Por qué?

VICENTE

Me aborrece, y yo
le pago: estamos en paz.
Los nobles, son todos ricos;   30
es decir, salvo tal cual
pelagatos, que no cuenta;
pero yo pienso contar.
Vencemos a los que tienen;
que por regla general   35
los más vencen a los menos,
y los pobres somos más.
Los despojos del vencido
son del vencedor: ¿qué tal?
¡digo yo! porque estas cosas   40
sin amo no han de quedar;
y puesto que yo he pasado
diez años das que le das [23]

sobre mis albardas, creo
que me toca descansar.   45

SOROLLA

¡Sabes, Vicente, que tienes
un talento natural! . . .
No me convenció Lorenzo;
pero . . .

VICENTE

¡Calla! aquí están ya.

ESCENA VIII

DICHOS, BERNARDA y JUAN LORENZO

LORENZO

Ven.

BERNARDA

Sosiégate.

LORENZO

¡Si estoy
tranquilo ya! ¿no lo ves?
(O expira bajo mis pies
o Juan Lorenzo no soy.)

SOROLLA

(¡Ella fué! . . .)

LORENZO

Guillén, amigo . . .   5

SOROLLA

¿Qué es eso?

LORENZO

Que han agraviado
a Bernarda, y no he llegado
a tiempo para el castigo.

BERNARDA

Vuelve en ti: cese el rencor.

SOROLLA

¿No dicen que ha habido lucha,   10
que ha corrido sangre?

---

[22] *echo mis cuentas acá,* " I'm doing my own figuring."
[23] *das que le das,* " toiling away."

LORENZO

Y mucha.

BERNARDA

Ésa es mi pena mayor.

LORENZO

Esa lucha rencorosa,
¡pueblo infeliz! es acaso
solamente el primer paso   15
de una campaña afanosa:
sobre esa sangre primera
en que tu pie se resbala,
la muerte ha batido el ala
saludando tu bandera.   20

BERNARDA

No digas eso.

LORENZO

            ¿Tendrás
compasión? . . .

BERNARDA

            Yo sólo puedo
decirte que tengo miedo
y lástima, y nada más.

LORENZO

¡Del pueblo eternizar quieres   25
las cadenas vergonzosas!

BERNARDA

¿Qué sabemos de esas cosas
nosotras, pobres mujeres?

LORENZO

Mujeres hay que en el fuego
se encienden de este amor santo. 30

BERNARDA

No pienses que yo me espanto
por eso; ¡si no lo niego!
mas si hay mujer semejante
a quien la guerra no aflija,
yo la diré: « Si eres hija,   35
esposa, madre o amante,
¿cómo la mortal zozobra

que yo siento no te asalta?
¿No lo eres? todo te falta;
sólo la vida te sobra.   40
Con tu soledad, la guerra
bien sus terrores concilia;
mas la que tiene familia
ama la paz en la tierra.»

SOROLLA

Pues bien, Bernarda; tú que eres, 45
por tu mal o tu fortuna,
huérfana, ¿no serás una
de esas heroicas mujeres?

BERNARDA

¿Qué has hablado de orfandad?
¿yo huérfana? ¡qué capricho!   50
Lorenzo, ¿oyes lo que ha dicho?
responde que no es verdad.

LORENZO

No, hermana, mientras Dios quiera
que sangre en mis venas arda.
Huérfana serás, Bernarda,   55
el día en que yo me muera.

BERNARDA

Pues si tengo tanta parte
en tu amor, ¿cómo te atreves? . . .

LORENZO

Esto es preciso.

BERNARDA

            ¿No debes
para tu hermana guardarte?   60

LORENZO

Piensa en que el pueblo por mí
esa bandera tremola.

BERNARDA

Piensa en que me quedo sola
cuando me quede sin ti.

LORENZO

¡La soledad te da afán!   65
yo te buscaré un marido.

BERNARDA

¡Oh! ¡jamás! (¡No me ha entendido!)

SOROLLA

(¡Dios mío! ¡si se amarán!)
¡Alienta! desde este instante
en que su agravio la mueve,   70
ya no le queda a la plebe
sino marchar adelante.

LORENZO

¿Tú quieres participar
del peligro? . . .

SOROLLA

              ¿Y qué he de hacer?
(Yo no tengo que perder,   75
y aquí hay mucho que ganar.)

LORENZO

¡Bien! ¡bien!

(Apretando la mano a Guillén.)

BERNARDA

              Y ¿qué va a venir?

VICENTE

Mañana será otro día.

LORENZO

La vida está en la osadía;
retroceder es morir.   80
Vé, Guillén; tú eres sagaz,
animoso, inteligente.
Puesto que es para esa gente
la razón ineficaz,
alienta a nuestros hermanos,   85
y Dios confunda al que ceje
o por un momento deje
el acero de las manos.

SOROLLA

Voy. *(Vase por el fondo.)*

ESCENA IX

DICHOS, *menos* SOROLLA

LORENZO

Tú, Vicente . . .

VICENTE

              ¿Hay que hacer?

LORENZO

Corre; avisa que esta tarde
hemos de hacer nuevo alarde
de nuestra unión y poder.

(Vase Vicente.)

ESCENA X

BERNARDA *y* LORENZO; *poco después el*
CONDE

LORENZO

Hoy verá el juez cohibido [24]
que el pueblo siente su afrenta
y quiere justicia, a cuenta
de lo mucho que ha sufrido;
pero si el oro le vicia   5
o le acobarda el poder,
de modo que venga a ser
oprimida la justicia,
pronto en su socorro armadas
acudirán nuestras gentes,   10
marchando a cajas batientes [25]
y banderas desplegadas. *(Sale el conde.)*

BERNARDA

¡Dios nos ampare! *(Viéndole.)*

LORENZO

              ¡Qué veo!
¡es el conde!—Ese trabajo

(Descolgando la espada.)

me ahorráis; sin duda aquí os trajo   15
el poder de mi deseo.
¡En guardia!

CONDE

¿Qué haces, villano?

BERNARDA

¡Juan, detente! (*Interponiéndose.*)

LORENZO

¡Dios le valga!
¡no saldrá como no salga
castigado de mi mano!   20

BERNARDA

¡No!

LORENZO

Te ha insultado, y no puedo . . .

BERNARDA

¿Quieres que muera a tus pies?

CONDE

Suéltale, digo; ¿no ves
que palidece de miedo?

LORENZO

¿Yo? (*Pugnando por desasirse.*)

BERNARDA

Perdóname que impida . . .   25

(*Abrazándose a las rodillas de Lorenzo.*)

CONDE

¡El tonsurado [26] es vehemente,
y gasta espada! ¡valiente
incensario, por mi vida!

LORENZO

¿No os defendéis?

CONDE

¡Temerario!
tiembla, que mi mano airada . . .   30

LORENZO

Mejor esgrimo la espada
que manejo el incensario;

mas puesto que quiere Dios
que imposible por hoy sea
mi venganza, que no os vea.   35

CONDE

Nos hallaremos los dos.

LORENZO

Salid de mi casa.

CONDE

Tengo
que hacer . . .

LORENZO

¿No queréis salir?

CONDE

Antes me es fuerza cumplir
una palabra: a eso vengo.   40
En un caballero es ley,
y a una mujer interesa.

LORENZO

¿Y qué es?

CONDE

Hice una promesa
a mi hermana y al virrey.[27]
Para atajar estos males   45
me lo ordena un padre viejo,
después de oír el consejo
de personas principales.
A disculpar mi locura

(*Dirigiéndose a Bernarda.*)

vengo, cual si no bastara   50
a excusarla, de tu cara
la tentadora hermosura.

LORENZO

Basta.

CONDE

Mis locos amores
me hicieron buscarte ciego;
me rechazaste, y no niego   55
que son justos tus rigores.

---

[26] *tonsurado*, a sarcastic allusion to Lorenzo's earlier ecclesiastical training.
[27] *virrey;* the viceroy at this time was Hurtado de Mendoza, Conde de Mélito.

Tu humildad es la razón
de tu esquivez; ¡eres justa!
tu humildad, que no se ajusta
con mi altiva condición;   60
mas viendo que he de perderte,
con mi nobleza enojado,
mil veces he deseado
participar de tu suerte.

LORENZO

Caballero . . .

BERNARDA

      A mí me toca   65
hablar.

CONDE

      Será con rigor;
pero no importa: mejor
quiero oírlo de tu boca.

BERNARDA

¡Caballero . . . principal!
mucho os habéis extasiado   70
en pintar de nuestro estado
la condición desigual.
Yo os perdono ese desaire,
si lo es; que somos, al cabo,
vos, de vuestro nombre esclavo,   75
y yo, libre como el aire.
Y o mi indignación me ofusca,
o nada, señor, os debe
esta mujer de la plebe,
que ni os codicia ni os busca.   80
Pero hay para ese amor loco
otro obstáculo.

CONDE

      Ya espero
que lo digas.

BERNARDA

      Que no os quiero,
¿lo oís? ni mucho ni poco.

LORENZO

Y añadid al que ha ultrajado   85
a una mujer buena y casta . . .

BERNARDA

¡Calla!

CONDE

    Sigue.

LORENZO

      Que no basta
la satisfacción que ha dado.

CONDE

Pues ¿qué más quieres?

LORENZO

        ¿Qué más?

CONDE

Habla.

LORENZO

    Un público escarmiento.   90

CONDE

¿Hay mayor atrevimiento?

LORENZO

Justicia.

CONDE

    ¿Y la pedirás?

LORENZO

Señor . . . con toda mi fe;
y os juro que si hay malicia,
que si no me hacen justicia . . .   95

CONDE

¿Qué harás?

LORENZO

    Me la tomaré.

ESCENA XI

DICHOS y SOROLLA

SOROLLA

¡Lorenzo! ¡vengo admirado!
—¿Quién es? ¡ah!

CONDE

      Si no me engaña
mi vista . . . Gracias a Dios
que nos vemos.

LORENZO

¿Por qué gracias?

CONDE

Porque he encontrado por fin   5
alguna sangre villana
en que desahogar mis iras
y comenzar mi venganza.

SOROLLA

¡Lorenzo! ése es mi enemigo.

LORENZO

Yo te juro que en mi casa   10
no ha de tocarte a un cabello,
si primero no me mata.

BERNARDA

Conde . . .

CONDE

¿Qué vas a decir?

BERNARDA

Que estáis ofendiendo . . .

CONDE

Calla
y no intercedas por él,   15
que tu protección le daña.
Pero más que me repugna,
tu necia elección te agravia;
que para tan vil marido
vales tú mucho,[28] Bernarda.   20

LORENZO

¡Conque era por ella! (¡Y yo
que insensato imaginaba! . . .)

BERNARDA

No es tiempo ni es ocasión
de desengañaros; basta
deciros . . .

LORENZO

Que es un sagrado   25
para todos mi morada;

que ha mucho que estáis haciendo
campo libre de esta sala,
y es tiempo ya de que cese
intervención tan extraña.[29]   30

CONDE

Dices bien; mas te aconsejo,
Guillén, que de aquí no salgas;
que de mis iras no estás
seguro en calle ni en plaza;
y primero que consienta   35
en tan absurda alïanza,
el amor con que la insultas
te arrancaré con el alma. (*Vase.*)

ESCENA XII

DICHOS, *menos el* CONDE

BERNARDA

No vayas a imaginar . . .

(*Aparte a Lorenzo.*)

LORENZO

¡Bien, bien! déjanos. (*Con severidad.*)

BERNARDA

No vayas
a suponer que he podido
jamás . . .

LORENZO

¿Te digo yo nada?

(*Procurando dulcificar su aspereza. Bernarda se aleja con muestras de abatimiento, y se ocupa en su labor durante los dos siguientes diálogos.*)

¿Qué has hecho, Guillén? ¿qué has visto?   5

SOROLLA

¡Lo que nunca imaginara!
un pueblo que se despierta.
Pero . . .

LORENZO

¿Qué?

---

[28] *mucho = demasiado*, as often.

[29] *que ha mucho . . . extraña,* "you have been making too free of this room (acting as though you were out in the open), and it is high time that your presence here should cease."

SOROLLA

Nos faltan armas.
Mas para suplirlas, todas
las artes de la paz cambian 10
sus instrumentos pacíficos
en dardo, cuchillo o lanza.
Los de mi gremio reunidos
en fiero tumulto estaban;
para que mejor me escuchen 15
invoco tu nombre, y callan.
Como aún iba resonando
el eco de tus palabras
en mi corazón, sentí
que mi aliento se ensanchaba. 20
Hablé . . . sin duda fuí el eco
de tu elocuencia gallarda:
inflamé sus corazones
y halagué sus esperanzas.
No sé cómo fué, que al cabo 25
de mi calurosa plática
me ví en los brazos robustos
de aquella gente bizarra.
Por su mensajero vengo:
los tejedores de lana 30
ofrecen vidas y haciendas
de la libertad en aras.

ESCENA XIII

DICHOS y VICENTE, que sale muy
alborotado.

VICENTE

¡Ya vienen! Lorenzo, sal.
Los gremios todos se ofrecen
a ti; soldados parecen
en el aspecto marcial.

LORENZO

¿Todos?

VICENTE

Todos vienen hoy 5
a dar de su afecto muestra.
Bernarda es hermana nuestra.

BERNARDA

(¡Qué desventurada soy!)

VICENTE

Toma tus armas y corre:
ya dan aliento al motín, 10
en las calles el clarín,
y la campana en la torre.

(Se oye tocar una campana a rebato, y al
mismo tiempo rumor de clarines y tambores.)

¿Oyes ese repiquete?
es la parroquia.

SOROLLA

Si hay lucha,
servirá de doble.[30]

(Suena otra campana más cerca.)

VICENTE

¡Escucha! 15
ahora empieza el Miguelete.[31]

LORENZO

Voy al punto. (Entra en su habitación.)

ESCENA XIV

DICHOS, menos LORENZO. El ruido de los
clarines y tambores se va haciendo más
perceptible.

VICENTE

¡Ya lo ves! (A Sorolla.)

SOROLLA

No creyera . . .

VICENTE

Sólo en mi arte
faltamos la mayor parte,
supuesto que somos tres.

SOROLLA

¿Por qué?

VICENTE

Francisquet se queja: 5
dice que siente mareo
y náuseas; pero yo creo

[30] servirá de doble, "it will serve as the death-knell."
[31] Miguelete, the beautiful octagonal bell-tower of the cathedral of Valencia, erected 1381–1429.

que su mujer no le deja.
Tampoco es del rebullicio
Pons, que su Inés le acobarda; 10
y es que ambos llevan la albarda,[32]
costumbre ya del oficio.

ESCENA XV

DICHOS y LORENZO, *que vuelve a salir con capacete y broquel; toma a su salida la espada, que pende de la pared.*

VICENTE

¡Lorenzo! bizarro estás.

LORENZO

Id delante: pronto os sigo.

(*Vanse Sorolla y Vicente.*)

—Necesito hablar contigo.
(Por última vez quizás.)
Lo que a tu ventura cuadre 5
es mi obligación primera.
Tú has sido mi compañera
desde que perdí a mi madre.
Reconocido a este bien,
debo pagar tus mercedes, 10
y quiero que hoy mismo quedes
desposada con Guillén.

BERNARDA

¡Si no le amo!

LORENZO

¿No? ¡Qué escucho!

BERNARDA

Que no.

LORENZO

Si eso me aseguras,
yo te juro . . .

BERNARDA

¿Qué me juras? 15

LORENZO

Que te lo agradezco, y mucho.

BERNARDA

(¡Es posible!)

LORENZO

Si en el blando
corazón tuyo no cabe
tan loco amor . . . En fin, sabe . . .

(*Vacilante.*)

Pero me están esperando. 20

BERNARDA

Antes explícame . . . Aguarda.

LORENZO

¿Ya al conde no lo has oído?

BERNARDA

¿Qué es?

LORENZO

Que para ese marido
vales tú mucho, Bernarda.

(*Vase apresuradamente.*)

ESCENA XVI

BERNARDA; *luego* SOROLLA

BERNARDA

¿Qué quiere decir? Sospecho
que en su mirada . . . ¡ilusión!
¡Mas por qué mi corazón
se quiere salir del pecho?

(*Asomándose a la reja. El ruido de los clarines y tambores se va alejando por momentos.*)

Aquél es. ¿Qué capitán 5
se le compara en el brío?
¡Qué airoso va el dueño mío!
¡qué bizarro y qué galán!
Como reinas en mí, seas
el sol del plebeyo bando. 10
¿Si me irán ya contagiando
sus peligrosas ideas?
¡Si era preciso! Mi suerte
¿no va con la suya unida?

---

[32] *ambos llevan la albarda,* " both wear the packsaddle," i.e., " both are ruled by their wives."

Yo he de vivir con su vida,   15
y he de morir con su muerte.

SOROLLA

Allí está: ¿qué mira?

(*Saliendo con precaución.*)

BERNARDA

          Siento
pasos.—¡Ah!

SOROLLA

        Siempre ese adusto
semblante.

BERNARDA

  ¡Guillén!

SOROLLA

       ¿Te asusto?

BERNARDA

Sal de aquí; sal al momento.   20

SOROLLA

Apártate de esa reja,
menos que tu pecho dura.

BERNARDA

¡No: vete!

(*Agarrándose a los hierros con terror.*)

SOROLLA

    Escuchar procura
por última vez mi queja.
Pero no; no vengo a eso,   25
aunque mis celos atroces
me asesinan. Ya conoces
de mi pasión el exceso.
Con Lorenzo desde aquí
a arrostrar peligros voy: 30
soldado del pueblo soy
por tu cariño, por ti.
Si tu piedad me concede
una esperanza no más,
habla, Bernarda, y verás   35
lo que el amor en mí puede.
Si esa esperanza me quitas . . .

BERNARDA

Pues yo . . .

SOROLLA

    ¡Deja que concluya!
Te lo juro: con la tuya
mi desgracia precipitas.   40
Del mal o el bien en un punto
se abren las sendas opuestas.
¿Me quieres o me detestas?
¿cuál seguiré, te pregunto?
Ángel o demonio soy: 45
elige.

BERNARDA

  Vete.

SOROLLA

  No, elige.

BERNARDA

Sorolla, ya te lo dije
mil veces.

SOROLLA

    La última es hoy.

BERNARDA

¿Es preciso?

SOROLLA

    Acaba ya,
y señálame el camino.   50

BERNARDA

¡Te abomino! ¡te abomino!

(*Con exaltación.*)

SOROLLA

Yo sé quién lo pagará.

(*Se aleja lentamente dirigiendo a Bernarda miradas rencorosas. Bernarda permanece agarrada convulsivamente a la reja, y dominada por el terror.*)

ACTO SEGUNDO

Patio de la Audiencia de Valencia. En el fondo. a la izquierda, gran escalera que conduce a la sala del tribunal; en medio, puerta

que da salida a la calle, y otra a la derecha
que se figura que comunica con el piso alto
por medio de una escalera excusada. Al levantarse el telón está ocupado el teatro por
diferentes grupos, entre los que reina grande
agitación. Vicente está en medio de uno de
los más numerosos, cerca del proscenio.

ESCENA PRIMERA

Vicente y Pueblo

Vicente

¡Nada! aún no se sabe nada;
mas lo sabrán, Dios mediante,
nuestros nietos. Si comienzan
con dilaciones y trámites
como siempre . . . verbigracia: 5
con el traslado a la parte,
la apelación, el recurso
y otras mil trampas con que hacen
en provecho de letrados
las causas interminables,   10
es posible que esto dure
por siglos y eternidades.
No extrañaré que los jueces
le absuelvan, y casi, casi,
me alegraría: ¡qué diablos!   15
es preciso que esto acabe,
y acabará, yo os lo fío.
En tanto, no hay que apurarse:
imperturbabilidad,
mala intención, y ¡adelante!   20
éste es mi sistema.—Vienes
en buena ocasión.

(*A Sorolla, que sale por la izquierda.*)

ESCENA II

Guillén Sorolla, Vicente y Pueblo

Sorolla

¿Qué haces?

Vicente

Estoy atizando el fuego:
preparo las voluntades
del pueblo menudo. Hoy juzga
la audiencia al conde.

¹ *de lance,* " half-hearted."

Sorolla

¿Y qué sabes?   5

Vicente

Nada; mas si no se atreven
sus jueces a condenarle;
si le dejan sin castigo,
entonces va a ser el baile.
—¿Estás decidido?

Sorolla

A todo.   10

Vicente

¡Bueno! voy a presentarte
a los nuestros.

Sorolla

¿Para qué?

Vicente

¡Toma! para que les hables.
Después de Lorenzo, tú eres
uno de los más capaces . . .   15

Sorolla

¿Quieres que verdad te diga?
yo no trabajo por nadie.
Más claro: no estoy contento.

Vicente

Puedes tomar el portante,
y luego: aquí no se quieren   20
conspiradores de lance.¹

Sorolla

¿Desconfías?

Vicente

Sí.

Sorolla

¿Me juzgas
tibio, traidor o cobarde?

Vicente

Me pareces sospechoso:
¡o dentro o fuera! ¡qué diantre!   25
Ya ves cómo yo hablo claro.

SOROLLA

Yo lo haré también . . . más tarde.
Tú nada aventuras.

VICENTE

¿Cómo?

SOROLLA

Aventuras lo que vales.
¿Qué arriesgas aquí?

VICENTE

El pellejo. 30

SOROLLA

¿Quién lo ha de querer de balde?
Tú eres solo, y con perderte
no das que sentir a nadie.
Tampoco tiene Lorenzo
afectos que le embaracen. 35

VICENTE

¿Y tú?

SOROLLA

Yo tengo familia.

VICENTE

Guillén, basta de romances.²

SOROLLA

¡Qué! ¿no es cierto?

VICENTE

¡Para el caso
que haces tú de tu linaje! ³
Casteluí, ¡que has renegado 40
hasta el nombre de tu padre!
Ensálzate: no me opongo;
mas no intentes compararte
conmigo.

SOROLLA

La diferencia
es, en efecto . . .

VICENTE

Importante. 45
Yo tengo, como es notorio,
al hermano de mi madre:
soy su propincuo heredero.

SOROLLA

Mas no piensas heredarle.

VICENTE

Eso es verdad: ¡viejo avaro! 50
más rico que cien abades . . .

SOROLLA

Que te odia.

VICENTE

También es cierto:
el cuarto que yo le atrape ⁴ . . .

SOROLLA

Vicente, vamos a cuentas;
no tengo por qué negarte 55
que soy ambicioso: tú
padeces del mismo achaque.
Mas yo tengo otra flaqueza:
que no quiero que me mande
ninguno de los que han sido 60
hasta el día mis iguales.
Pero ¡si tú me ayudaras!
Siendo yo jefe, ¡quién sabe! . . .
Lorenzo es ya el capitán
y el alma de los pelaires: 65
¿no es natural que yo aspire
a serlo de mis cofrades?
Los tejedores de lana
forman un gremio importante,
numeroso; mas compuesto 70
de gentecillas vulgares.
Si yo fuera capitán
de esa familia, es probable
que antes de mucho mandara
en Valencia sin rivales. 75

VICENTE

¿Y yo?

---

² *basta de romances,* "enough of that nonsense."
³ *¡Para el caso . . . linaje!* "A fine lot you think of your family!" Sorolla's real name, in fact, was Casteluí or Castellví.
⁴ *el cuarto . . . atrape,* "if I ever get a penny out of him!"

SOROLLA

Tú irás a mi lado
haciendo tu aprendizaje,
y como tienes talento ...

VICENTE

¡Mira, mira! ésas son frases.

SOROLLA

Pues ¿qué es lo que quieres?

VICENTE

                              Yo,   80
en teniendo lo bastante,
no pido más; no me gustan,
ni quiero superfluidades.
Me contento con la herencia
de cualquiera de esos grandes: 85
yo escogeré. Por lo pronto,
conozco unos olivares ...

SOROLLA

Dame esa mano.

VICENTE

¿Y tú?

SOROLLA

                              Yo,
con tal que no se me escape
el conde, por hoy no tengo   90
deseo más apremiante.

VICENTE

Pero después ...

SOROLLA

          ¿Qué he de hacer
si viene rodado un lance?

VICENTE

¡Así me gusta! Lorenzo
nos habla de libertades,   95
de leyes y de otras cosas
que están fuera de mi alcance:
así es que me quedo a oscuras;
mas tú tienes un lenguaje
más llano; lo que tú dices   100

me parece más palpable.
¡Vamos a ver! ¿en qué puedo
ayudarte y ayudarme?
Di.

SOROLLA

Pintándome a los ojos
de esos pobres badulaques   105
como un hombre perseguido.
El pueblo adora a los mártires.
Háblales de mi talento;
ensalza mis cualidades,
y mi honradez sobre todo: 110
ya sabes que soy un ángel.
Pero dejemos que vaya
el buen Lorenzo delante ...
por ahora.

VICENTE

Bien, bien.

SOROLLA

          Que arrostre
las primeras tempestades.   115
Así un experto piloto
puede observar el semblante
del tiempo, y buscar el rumbo
que más convenga a su nave.

VICENTE

¡Es verdad!

SOROLLA

          Y como yo   120
soy de flexible carácter,
si él acierta, le acompaño;
si se estrella, rumbo aparte.
¿Entiendes?

VICENTE

          ¡Vaya si entiendo!
La verdad, ¡eres buen sastre! ⁵   125

SOROLLA

¿Te convengo?

VICENTE

          Me convienes;
pero es preciso que ganes
la voluntad de la plebe.

---

⁵ ¡*eres buen sastre!* " you are mighty clever! "

SOROLLA

¿Qué quieres decir?

VICENTE

Que hables,
que grites; que ésta es la mina   130
de más de cuatro tunantes.

(*Aparecen en la puerta de entrada Juan
Lorenzo y Bernarda, rodeados de gente
del pueblo, a quien Lorenzo dirige las
primeras palabras.*)

ESCENA III

DICHOS, JUAN LORENZO y BERNARDA

LORENZO

¡Nada! mientras haya asomos
de esperanza, calle el labio.
—Hoy va a servirnos tu agravio

(*A Bernarda.*)

para saber lo que somos.

SOROLLA

Pero si con nueva afrenta   5
nos respondieran, primero
que sufrirla . . .

LORENZO

No; yo espero
que han de darnos buena cuenta.

VICENTE

Ya verás.

SOROLLA

Sobre la ley
está el miedo.

VICENTE

Ya me abraso   10
de impaciencia.

LORENZO

En todo caso,
cerca tenemos al rey:
en Barcelona.[6]

SOROLLA

¿Osarás
hablarle?

LORENZO

Tendré valor
para decirle: «¡Señor,   15
tu pueblo no puede más!
No quebranta tu obediencia
aunque justicia reclame,
ni al romper su yugo infame
te desconoce Valencia;   20
pero quiere averiguar
en sus tormentos prolijos,
si no nos llamas tus hijos,
qué nombre nos quieres dar.»

SOROLLA

El de esclavos.

LORENZO

Es muy bravo   25
el corazón que sustento
para sufrir un momento
ni la apariencia de esclavo.
Pero ese temor te engaña;
conoce el rey nuestra historia,   30
y sabe que no hay memoria
de tal oprobio en España.
Subamos: nuestra presencia
adviertan, y si es preciso,
sirva al tribunal de aviso   35
al pronunciar la sentencia.

(*Suben todos por la escalera.*)

ESCENA IV

La MARQUESA *y* FRANCÍN. *Vienen de la
calle.*

MARQUESA

Ha empezado ya, y me inquieta
esa pavorosa nube
de gentes del pueblo; sube
por la escalera secreta.

(*Dando a Francín varios billetes.*)

---

[6] *Barcelona*, capital of Catalonia, and industrially the most important city in Spain. The young king Charles I, as he is termed in the play, or Charles V, as he is usually known, paid his first visit to Barcelona in February 1519, remaining until January 20, 1520. His reception was not too cordial.

FRANCÍN

¿Y por allí?

MARQUESA

¡Si te ven   5
esos bandidos feroces! . . .
No, por acá: ya conoces . . .

FRANCÍN

A todos, señora. (*Vase por la izquierda.*)

MARQUESA

Bien.
—Temblando estoy; ¡singular
pavor! yo no soy cobarde;   10
pero el belicoso alarde
del partido popular,
bien podrá hacer que se tuerza
la ley; que adversa o propicia,
anda muy mal la justicia   15
donde amenaza la fuerza.

ESCENA V

La MARQUESA *y el* CONDE. *Éste viene de
la calle.*

MARQUESA

¡Félix! ¿tú aquí? ¡qué demencia!
¿quieres provocar las iras
del pueblo?

CONDE

¿De qué te admiras?
vengo a saber mi sentencia.

MARQUESA

Cuando te juzgaba oculto . . .   5

CONDE

¿Por tan cobarde me tienes?

MARQUESA

¿Tan leve es tu error que vienes
a remachar el insulto?

CONDE

Sí, hermana.

MARQUESA

¡Y en qué ocasión
el disgusto has provocado!   10
¡Hallo al pueblo en un estado
de febril agitación!

CONDE

¡Clara! riñe lo que quieras:
cuanto me digas es poco;
mas lo cierto es que estoy loco.   15

MARQUESA

Enamorado.

CONDE

Y de veras.
Acostumbrado a vencer,
y por condición altivo,
me desespera el esquivo
desamor de esa mujer.   20
No diré que no me pesa
de haber provocado el lance;
pero más siento el percance
de haber errado la empresa.
Dices que el pueblo por esto   25
se mueve; pero ello había
de suceder algún día:
ya estaba a hacerlo dispuesto.
Vendremos luego a las manos:
con eso aquí y en Castilla [7]   30
se extirpará la semilla
que han sembrado los villanos.

MARQUESA

¿Y si te condenan?

CONDE

¡Calla!
No habrá, ¡fuera cosa nueva!
letrado que a dar se atreva   35
la razón a la canalla.
Ya recordarán primero
que guardan nuestro decoro,
en nuestras arcas el oro,
y en nuestra cinta el acero.   40

---

[7] At this same time occurred a widespread revolt of the cities and towns of Castile, induced by the exactions and unpatriotic policies of Charles V. Supported at first by many of the nobles and clergy, the movement was soon suffocated after their disaffection.

MARQUESA

Es ése un error profundo
que nos traerá grandes males:
no son esos dos metales
únicos dueños del mundo,
ni tan inflexibles son 45
que otro poder no los tuerza.

CONDE

¿Y cuál es?

MARQUESA

Tiene más fuerza
que el acero, la razón.

CONDE

Sin respeto, ¡adiós, poder!
y eso es lo que hay que lograr. 50

MARQUESA

Hagámonos respetar,
pero haciéndonos querer.

CONDE

El pueblo levanta el cuello
y el rigor es necesario,
y que no piense.

MARQUESA

Al contrario; 55
¿qué mal encuentras en ello?
Tanto mejor.

CONDE

No lo creas.
Obedezca por costumbre.
Le daña a la muchedumbre
el pasto de las ideas. 60
Si el rigor no es oportuno,
yo no conozco otros modos . . .
El día en que piensen todos,
no va a entenderse ninguno.
Y no tienes que cansarte; 65
que erremos o que no erremos,
nosotros siempre tenemos
la razón de nuestra parte.

MARQUESA

Mas si ante el pueblo este día
los jueces muestran flaqueza . . . 70

CONDE

Se las ha con la nobleza
toda la chancillería.[8]
No hay sino las cuchilladas
para alcanzar estos fines:
veremos si los latines [9] 75
pueden más que las espadas.

MARQUESA

Lo mejor es al derecho
fiar nuestra causa.

CONDE

¿Andar
en súplicas?

MARQUESA

Sí, y hablar
a los jueces, y eso he hecho. 80
He buscado tu salud,
más que en sangrientos azares,
de los mismos populares [10]
en la soberbia actitud.
Hice ver que si al clamor 85
del pueblo irritado cede
el juez, su sentencia puede
traducirse por temor.
Esto es lo más eficaz,
hermano.

CONDE

¡Por vida mía! . . . 90

MARQUESA

Apela a la cortesía,
y deja a la espada en paz.

CONDE

Me es imposible.

MARQUESA

Estás ciego,
y acaso tu mal te labras.

---

[8] *Se las ha . . . chancillería*, "The whole chancery will have to reckon with the nobility."
[9] *latines*, i.e., the arguments or legal citations of the court.
[10] *populares*, "populace."

CONDE

No conozco las palabras 95
con que se envilece el ruego.
Pues que debo a la fortuna
los privilegios de hidalgo,
deja que los muestre: en algo
se ha de conocer la cuna. 100

MARQUESA

¿Quién viene?

ESCENA VI

DICHOS y FRANCÍN

CONDE

¡Estás temerosa!

MARQUESA

¿Qué hay, Francín?

FRANCÍN

Que se ha resuelto
el asunto.

MARQUESA

¿Cómo?

CONDE

Absuelto;
¿puedes pensar otra cosa?

FRANCÍN

Os condenan . . .

CONDE

¿Tan osados 5
son, que nos buscan querella?

FRANCÍN

A pagar a la doncella . . .

CONDE

¿Cuánto?

FRANCÍN

Quinientos ducados.

CONDE

¡Ya lo ves! (A la marquesa.)

MARQUESA

Corre, Francín,
y a nuestros deudos avisa 10
del caso.

CONDE

No te des prisa:
ya esperaban ese fin.
(Vase Francín. Ruido por la escalera.)

MARQUESA

¿Oyes?

CONDE

Sí: por la escalera
bajan ya.
(Se ve a Guillén Sorolla que baja por la
escalera seguido de Juan Lorenzo, Bernarda, Vicente y pueblo.)

MARQUESA

Vamos adentro:
debes evitar su encuentro. 15

CONDE

Te juro que no quisiera.
(Vanse por la derecha.)

ESCENA VII

BERNARDA, JUAN LORENZO, SOROLLA,
VICENTE y PUEBLO

LORENZO

Ya lo veis, hermanos; ¡no hay
insolencia más enorme!
el tribunal nos ha dado
por libre y absuelto al conde.
¡Absuelto, sí! que estrechando 5
de la ley los horizontes,
cuando justicia pedimos,
con oro se nos responde.
Bien hace el que nos agravia:
así pueden esos nobles 10
tratarnos como a rebaño
de esclavos y galeotes.
Juguete de sus caprichos
deben ser, y éste es el orden,
nuestro honor y nuestra vida, 15

únicas prendas [11] del pobre.
¡Maldito desde ahora sea
quien busque bella consorte!
¡Maldito el que de su seno
fruto codiciado logre! 20
que nace ya destinada
nuestra miserable prole,
las hembras para mancebas,
y para esclavos los hombres.
Para dulce compañera 25
de vuestros castos amores,
ya lo sabéis desde ahora,
más bella es la más deforme.
Mujer a quien Dios otorga
entre sus preciados dones 30
la hermosura, es mucha prenda
para tan rústicos goces;
y cuando no os la arrebaten
del día a los resplandores,
os la arrancarán del lecho 35
en la mitad de la noche.
¿Qué es esto? ¡nadie contesta!
¿adónde vamos? ¿adónde?
¿posible es que todo un pueblo
sufra tantas sinrazones? 40
¿Cómo es, decid, que en la frente
de sus duros opresores
las cadenas que le infaman
desesperado no rompe?
¡Ea! ¡sus! puesto que han sido 45
tanto tiempo nuestros cómitres,
restalle sobre su espalda
alguna vez el azote.
De otro modo, merecemos
que nuestras hembras deshonren, 50
que nuestra sangre derramen,
que insulten nuestros dolores.

SOROLLA

Habla, Lorenzo: ¿qué quieres?
todos aquí te conocen;
todos te escuchan, latiendo 55
de rabia los corazones.

LORENZO

¿Qué quiero? Si a esa pregunta
cada cual no se responde,

[11] *prendas*, " treasures."

morir nada más deseo.
¿Cuál es de mi afán el móvil? 60

SOROLLA

La venganza.

LORENZO

¡No, Sorolla!
libertad tiene por nombre:
aclamadla, y que del seno
de nuestras desdichas brote.
Acabe la inútil queja 65
y los cobardes clamores:
males que tanto lastiman
no se remedian con voces.
Cuando la justicia calla
y la razón se desoye, 70
¡la fuerza, Guillén, la fuerza
es el único resorte!

SOROLLA

Pero ¿los medios? . . .

LORENZO

Los medios,
aunque escondidos e informes,
los da la naturaleza 75
y la industria los dispone.
Para el bisoño soldado
dan fortalezas los montes;
de hierro son nuestras rejas
y las campanas, de bronce. 80
Demos la señal, hermanos,
y enjambres de labradores
van a afilar el acero
de sus encorvadas hoces.
Unámonos, pues: hagamos 85
con inteligencia acorde
una hermandad de plebeyos,
y acábense los señores;
y ya que de la justicia
los fueros se desconocen, 90
y tienen lugar de leyes
glosas e interpretaciones,
nombremos quien la administre
con sola razón por norte;
por arbitrio de prudentes, 95

no por trampas de doctores.
Éstos que deben poner
remedio a tanto desorden
han de ser trece, en memoria
de Cristo y de sus apóstoles.[12]   100

SOROLLA
Cuenta conmigo.

LORENZO
                    Eso espero.
¿Estamos todos conformes?

TODOS
¡Todos!

LORENZO
          Bien; en la inmediata
cofradía de San Jorge
se haga la elección.

SOROLLA
                    Marchemos.   105

LORENZO
¡Guillén!
(*Estrechándole la mano y animándole con
el ademán.*)

SOROLLA
De mi cuenta corre.

LORENZO
Norabuena: yo entre tanto
voy a arrancar a esos hombres
la prueba del fallo injusto
que motiva mis rencores.   110
(*Sube la escalera y desaparece.*)

SOROLLA
(*Aparte a Vicente.*) ¿Ves esa puerta, Vicente?

VICENTE
¿Qué quieres?

SOROLLA
          Ahí está el conde.
Que no salga de la Audiencia;

guarda los alrededores.
(*Sorolla, Vicente y el pueblo se van por la
puerta del fondo.*)

ESCENA VIII

BERNARDA; *luego la* MARQUESA

BERNARDA
¡Y nada puedo! El agravio
es mío; mas si quisiera
perdonar, tal vez creyera
Juan . . . ¡No! sellemos el labio.
¡Ni aun me ha hablado! ¿Pondrá en duda
la fe que aquí se acrisola?   6
¡Supremo Dios! . . .

MARQUESA
          Está sola. (*Asomando.*)

BERNARDA
Tú lo sabes: tú me escuda.

MARQUESA
Bernarda.

BERNARDA
          ¿Quién es?

MARQUESA
                    ¡Qué! ¿tanto
es tu enojo . . . ¡no lo creo!   10
que te ha cegado?

BERNARDA
          No: os veo;
pero a través de mi llanto.

MARQUESA
¿Te duele lo que aquí pasa?

BERNARDA
¡De ello mi pena os responde!

MARQUESA
¿Y perdonarás al conde?   15

[12] A *Junta* composed of thirteen *artesanos*, headed by Juan Lorenzo, was in fact created at this
time; the nobles later countered with a Council of Twenty.

BERNARDA

¡Maldigo a mi suerte escasa!
No puedo, señora.

MARQUESA

                    Vas
a provocar con tu impía
crueldad . . .

BERNARDA

          La culpa no es mía.

MARQUESA

Sé generosa.

BERNARDA

          Jamás. (*Haciéndose violencia.*)   20
De mi rigor me avergüenzo:
soy muy crüel, ya lo sé;
mas si perdonara, ¿qué
pensara de mí Lorenzo?

MARQUESA

Quizá en sus rencores locos   25
te imbuirá temerario.

BERNARDA

¡Qué! ¡no, señora! al contrario:
¡si es muy bueno! como hay pocos.

MARQUESA

La Audiencia tiene cercada
esa multitud bravía: 30
intercede . . .

BERNARDA

          Bien querría;
pero ¡si no puedo nada!

MARQUESA

Público fué tu desdén,
y así el perdón te enaltece.

BERNARDA

No sé; pero me parece   35
que no me estuviera bien.

MARQUESA

No daña el amante arrojo,
cuando halla noble defensa.

---

13 *¡ni por asomo!* "not a bit of it!"

BERNARDA

No, si mi mayor ofensa
es de Lorenzo el enojo.   40

MARQUESA

¿Es acaso algún tirano
contigo?

BERNARDA

          ¡Vaya una idea!
Mas no quiero que me crea
prendada de vuestro hermano.

MARQUESA

¡Ya!
(*La marquesa la mira con intención. Bernarda baja los ojos.*)

BERNARDA

          No vayáis a pensar   45
por el afán que me tomo,
que yo . . . ¡qué! ¡ni por asomo! 13
¡Vaya!

MARQUESA

          ¿Lo puedes jurar?

BERNARDA

Lo que es a eso no me atrevo.

MARQUESA

Prendió de amor la centella . . .   50

BERNARDA

¿Qué estáis diciendo?

MARQUESA

                    Eres bella,
y él cariñoso y mancebo.

BERNARDA

(Me está sofocando adrede.)

MARQUESA

No fuera tanta locura.
Confiésalo.

BERNARDA

Por ventura,   55
¿sé yo lo que me sucede?

MARQUESA

Mujeres somos las dos.
Si él te quisiera, hija mía,
¿le amaras?

BERNARDA

No pediría
más felicidad a Dios.   60

MARQUESA

Tal vez yo te desperté:
acaso sabes ahora
que le amas.

BERNARDA

¡Ay! ¡no, señora!
Hace tiempo que lo sé.
Mas de mi secreto avara,   65
aquí guardado le dejo.
¡Pues si me miro al espejo
y me lo niego en mi cara!

MARQUESA

¿Y a él lo ocultarás?

BERNARDA

De modo
que . . .

MARQUESA

Sigue.

BERNARDA

Ni aun lo barrunta;   70
pero si él me lo pregunta,
la verdad antes que todo.

MARQUESA

Aquí viene.
(*Viendo a Lorenzo, que baja por la escalera.*)

ESCENA IX

DICHAS y JUAN LORENZO

BERNARDA

Por Dios vivo,
no sepa . . .

MARQUESA

(¡Cuánto le adora!)

LORENZO

¿Qué buscáis aquí, señora?

MARQUESA

¿Quieres saber el motivo?
Sé que tienes en tu mano
mi paz.

LORENZO

Decís que yo tengo . . .

MARQUESA

Mi tranquilidad, y vengo
por el perdón de mi hermano.

LORENZO

No creo que os ha de costar
conseguirlo mucha pena: 10
Bernarda es buena.

MARQUESA

Muy buena;
mas se niega a perdonar.

LORENZO

¿Está airada?

MARQUESA

No está airada,
ni al conde profesa encono;
mas para decir *perdono*   15
tiene una razón sagrada.

LORENZO

¿Cuál?

MARQUESA

Con el temor se escuda
de que cómplice la crea
tal vez . . .

LORENZO

Nadie habrá que sea
capaz de abrigar tal duda;   20
y si alguno en tal desliz
diere, tiene adelantado

bastante para malvado,
y mucho para infeliz.[14]

BERNARDA

¿Lo oís?

LORENZO

Y, o yo le convenzo,   25
o se las habrá conmigo.

MARQUESA

¡Bien, Lorenzo!

BERNARDA

¡Cuando os digo

(*Aparte a la marquesa.*)

que hay pocos como Lorenzo!

LORENZO

Que esa sospecha bastarda
no te ocupe un solo instante.   30
¡Si yo creo en ti!

MARQUESA

Bastante
tiene con eso Bernarda.
Su cariño galardona;

(*Al oído de Lorenzo.*)

no le digas nada más
que un ¡*yo te quiero!* y verás   35
qué fácilmente perdona.

LORENZO

¿Qué queréis decirme?

MARQUESA

Mira
el rubor que hasta su frente
sube, el latido frecuente
del corazón que suspira;   40
y si tiene ese tesoro
un valor en tu esperanza . . .

LORENZO

¡Oh! ¡sí!

MARQUESA

Intercede y alcanza
y dame el perdón que imploro.

LORENZO

¿Es cierto? . . .

MARQUESA

No hay más que ver   45
su rostro.

LORENZO

¿No es un capricho? . . .

BERNARDA

(Me miran: algo le ha dicho.
¡Qué buena es esta mujer!)

MARQUESA

Sondea su corazón,
y adiós.

LORENZO

¡Adiós! Si eso es cierto,   50
¡qué mundos habréis abierto
a mi amorosa ambición!

(*Vase la marquesa por la izquierda. Bernarda queda confusa y con los ojos bajos; luego hace ademán de marcharse.*)

ESCENA X

BERNARDA y LORENZO

LORENZO

¿Te vas?

BERNARDA

¿Qué quieres?

LORENZO

Espera:
tengo que hablarte un momento.
Manifestarte quisiera . . .
(Voy a apretar el tormento
y a hacer la prueba postrera.)   5

BERNARDA

¿Qué es ello?

---

[14] *tiene adelantado . . . infeliz*, " he is pretty evil-minded by nature and very much of a wretch."

LORENZO

Ocupado estoy
con cierta perplejidad.
Perdóname si te doy
este pesar; pero voy
a decirte la verdad. 10
Me han enseñado cuán poco
valen las dichas terrenas,
los desengaños que toco.
¿No es verdad que he sido un loco
en correr tras de mis penas? 15

BERNARDA

¿Qué quieres decir?

LORENZO

¿No es cierto
que esta vida es un desierto
para mí, triste, infecundo?
¿No es verdad, di, que está muerto
quien vive solo en el mundo? 20

BERNARDA

¿Solo?

LORENZO

Sentirás mañana
tu pecho de amor herido.

(*Movimiento de Bernarda.*)

Es la condición humana.
Tú ganarás un marido
y yo perderé una hermana. 25

BERNARDA

Yo, nunca . . .

LORENZO

¡Qué insensatez!
—Y antes que de la vejez
sienta el peso, me resuelvo . . .

BERNARDA

Eso es decir . . .

LORENZO

Que me vuelvo
a mi convento otra vez. 30

BERNARDA

¿Qué más, Lorenzo?

LORENZO

Y curado
de mi ciego desvarío,
y sólo a Dios consagrado . . .
(*Pausa.*)
—¿Qué dices?

BERNARDA

¿Has acabado?

LORENZO

Sí tal.

BERNARDA

¡Pobre hermano mío! (*Sonriéndose.*) 35

LORENZO

¿Te ríes?

BERNARDA

Caso es de risa.

LORENZO

¿Por qué?

BERNARDA

Porque se va a ir
al infierno a toda prisa
el que no oyere otra misa
que la que tú has de decir. 40

LORENZO

Pero . . .

BERNARDA

No apruebo ese paso.

LORENZO

Pues ello alguno hay que dar.[15]

BERNARDA

(Ya en impaciencia me abraso.)

LORENZO

¿Y qué dirás si me caso?

[15] *Pues ello . . . dar,* " Well, the fact remains that some step has to be taken."

BERNARDA

(Por fin, empiezas a hablar.) 45
Digo que será bien hecho:
a casarse, y buen provecho.

LORENZO

¿Me lo apruebas?

BERNARDA

¿Por qué no?
¡Vaya! (Como que sospecho
que la esposa he de ser yo.) 50

LORENZO

¡Bernarda mía! levanta
los ojos; la paz recobra
y tu silencio quebranta:
mira que aún tiemblo, ¡y es tanta
y tan negra mi zozobra! 55
Habla, y di que no ha mentido
la que [16] toda una existencia
de dichas me ha prometido.
Está mi pecho oprimido
esperando tu sentencia. 60
Llena mi alma de contento:
¡Bernarda! ¿me quieres, di?

BERNARDA

Es tanto el placer que siento,
que apenas me deja aliento
para decirte que sí. 65

LORENZO

¡Feliz quien debe a tu fe
tal dicha, y tantas aguarda!
¿Cómo esta gloria alcancé?
¿qué hallaste en mí? ¿cómo fué
que te merecí, Bernarda? 70

BERNARDA

¿Qué he hallado? tu condición
honrada, que es tu blasón,
tu riqueza y tu abolengo.

LORENZO

Siendo así, desde hoy me tengo
en mayor estimación. 75

[16] *la que*, i.e., *la marquesa.*

BERNARDA

¡Lorenzo!

LORENZO

Y si injusta fueres,
¿qué me importa, si te escucho
que a los demás me prefieres?
Pensaré que valgo mucho
sólo porque tú me quieres. 80
¡Bien mío!

BERNARDA

Llámame hermana.

LORENZO

¿Y esposa?

BERNARDA

De buena gana . . .
mas no lo soy todavía.

LORENZO

¿Cuándo llegará ese día?

BERNARDA

No tengo prisa: mañana. 85

LORENZO

¡Hay sér más afortunado!
Y ¿tendrás por buena suerte
el vivir siempre a mi lado?

BERNARDA

¿Pues no, si lo he deseado
aun antes de conocerte? 90

LORENZO

¿Sí? ¿Cómo es eso?

BERNARDA

Este anhelo
antiguo es ya, ¡no lo dudes!
Tu madre, que está en el cielo,
en ti me pintó un modelo
de cariño y de virtudes. 95
Yo la oía, y de manera
perdí de mi alma el reposo,
sin que evitarlo quisiera,

que me decía: «¡Quién fuera [17]
la esposa de tal esposo! 100
Pero él con cilicio duro
tal vez su carne lastima,
huyendo del mundo impuro;
mejor que esta vida, estima
la vida del claustro oscuro.» 105
Y era tal mi devaneo,
que me apretaba el cilicio
que al fin quedó sin empleo,[18]
y me quejaba.—Ahora veo
que me quejaba de vicio. 110
Yo me decía, entre tanto
que en amoroso descuido
me abandonaba a este encanto:
«¿Cómo ha de ser mi marido,
si es poco menos que santo?» 115
Viniste y cambié de idea;
que ni esa fama mereces
ni mi amor te la desea,
y así dije muchas veces:
«¿Santo? ¡para el que te crea!»[19] 120

ESCENA XI

Dichos y Sorolla, *que sale apresurado.*

SOROLLA

Ya tenemos germanía,
Lorenzo.

LORENZO

¿Cómo? (*Mirándole como distraído.*)

SOROLLA

Bien puedes
decir que el pueblo te adora.
Mas ¿qué haces aquí? Tú eres
uno de los elegidos 5
para el gobierno. ¿Qué tienes?

LORENZO

¿Elegido? (*Lo mismo.*)

SOROLLA

Y el primero.
Tú y yo somos de los trece.
El bien público reclama
nuestra presencia: ¿no vienes? 10

BERNARDA

¿Qué vas a hacer?

LORENZO

Pues ¿lo dudas?
a cumplir con mis deberes.

BERNARDA

(Bien dije yo: no podía
durarme tan buena suerte.)

SOROLLA

Hay más: para hacer al rey 15
nuestra justicia presente,
y evitar que se nos crea
a su autoridad rebeldes,
se ha nombrado una embajada.

BERNARDA

¿Y él también?...

SOROLLA

¿Qué duda tiene? 20

BERNARDA

(¡Adiós, mi boda!)

SOROLLA

Y Juan Caro,[20]
que para la marcha ofrece
mil ducados; y Juan Coll,
y yo.

LORENZO

Pero ¿es tan urgente?...

SOROLLA

Esta noche partiremos: 25
hoy preparada en el muelle

[17] *¡Quién fuera!* ... "Would that I were ... !"
[18] *que ... empleo,* "which at length was laid aside" (when he renounced his church career).
[19] *¡para el que te crea!,* "try and make me believe it!"
[20] Juan Caro is mentioned in historical accounts as one of the leaders of this rebellion, but the editor has found no mention of Juan Coll. Juan Lorenzo served on the mission to the king at Barcelona, who adopted a vacillating and contradictory policy toward both factions.

del Grao [21] quedará la nave,
y los momentos son breves.
—¡Ea! ¿por qué estás remiso?

LORENZO

¿Quién? ¿yo remiso?

SOROLLA

Prevente.   30

BERNARDA

No le oigas, Juan. (*Al oído de Lorenzo.*)

SOROLLA

Yo esperaba
encontrarte más alegre.

LORENZO

No lo extrañes: para el pobre
Juan Lorenzo es muy solemne
este momento. ¡Por fin   35
la semilla prevalece!
Y soy yo quien fecundando
de su pensamiento el germen,
la obra santa de Cisneros
voy a realizar en breve.   40
En un día, en una hora,
en instantes solamente,
el apetecido fruto
lozano se me aparece.
La idea que acariciaba   45
con esperanza impaciente
ha tomado forma y vida.

BERNARDA

(¡No me quiere! ¡no me quiere!)

LORENZO

¡Y en qué momento, Bernarda!
Tú sola decirlo puedes: 50
como las desgracias, juntas
las felicidades vienen.
—Pero, ¡estás llorosa!

BERNARDA

(Siento
los terrores de la muerte.)

LORENZO

¡Grande es nuestra empresa! hacer   55
a tantos peligros frente,
y alcanzar la redención
para un pueblo que padece.
Iremos allá; conozca
el que sustenta en sus sienes   60
la corona que ilumina
la nueva luz de Occidente,[22]
que hombres somos y no esclavos;
y esto envanecerle debe;
que en los pueblos se refleja   65
la dignidad de sus reyes.

VICENTE

Ahí están los gremios: todos (*Saliendo.*)
a felicitarte vienen.

LORENZO

¡Día feliz! tú en la historia
vas a quedar para siempre.   70

ESCENA XII

DICHOS, VICENTE, *y los* AGERMANADOS *en
grupos que representan los gremios de los
diferentes oficios, llevando cada uno al
frente su estandarte.*

LORENZO

¡Hermanos míos! ¡El gozo
me inunda! Ya os considero
libres, como el prisionero
que rompe su calabozo.
Si era fuerte, la ocasión   5
que han dado nuestros tiranos
prestó fuerza a nuestras manos,
y espíritu al corazón.
Ya lo habéis visto: con oro
el tribunal nos contenta;   10
tarifa poner intenta,
sin duda, a nuestro decoro;

---

[21] *del Grao,* the port of Valencia, situated about two miles east of the city.
[22] *la nueva luz de Occidente:* an allusion to the discovery of the New World, which was to add such vast possessions to the Spanish crown.

y en ella, eso debe ser,
a las mujeres previene
el precio que su honor tiene,   15
si es plebeya la mujer.
Mas ¿por qué opuestas razones
ayer, estando a lo escrito,[23]
falló por igual delito
la muerte de Gil Quiñones?   20
Un grito lanzó Valencia
al saber esta noticia,
rechazando la injusticia
de la desigual sentencia.
Por eso acuden armadas   25
las hermandades; por eso
se os hace ligero el peso
de las cortantes espadas.
Por eso el pueblo este día
por su libertad se atreve   30
a tanto, y jura la plebe
guardar esta germanía.
Así, y no más, se responde
a necesidad tan alta.

SOROLLA

Es verdad; pero aún nos falta   35
juzgar otra vez al conde.

LORENZO

Dices bien; que la ley hable.

SOROLLA

Y hablará, que a eso aspiramos
todos.

TODOS

¡Todos!

LORENZO

Bien; hagamos
comparecer al culpable.   40
Pero justicia se hará,
y nada más; os lo aviso.
Buscadle, pues.

SOROLLA

No es preciso.

LORENZO

¿Por qué?

SOROLLA

Yo sé dónde está.

ESCENA XIII

DICHOS, el CONDE y la MARQUESA, por la
izquierda.

CONDE

¿Qué queréis?

LORENZO

Lo diré en breve.
Hoy se cierra este mercado [24]
de jueces: ya se ha agotado
la paciencia de la plebe;
y al ver tanta iniquidad,   5
y de crímenes tal copia,
quiere a su justicia propia
fïar su seguridad.

TODOS

¡Sí!

LORENZO

Y el pueblo valenciano,
sacudiendo su apatía,   10
se ha dado en este gran día
un gobierno de su mano.

CONDE

¡Cómo, un gobierno!

MARQUESA

¡Es posible!
el pueblo . . .

(La marquesa se dirige a Bernarda con
ademán suplicante, y le habla aparte.)

CONDE

¡Qué inicua trama!

LORENZO

Él, de su justicia os llama   15
al tribunal inflexible;
y allí, no como otras veces,

[23] estando a lo escrito, " in conformity with the written law."
[24] mercado, " trafficking."

tendrán desde este momento
nuestras leyes cumplimiento
y seguridad los jueces. 20

BERNARDA

Esperad: pues soy yo aquí,
y en este conflicto extremo
la agraviada, y ya no temo
que se sospeche de mí,
sin cólera, sin encono, 25
del conde el insulto olvido.

SOROLLA

Pero, Bernarda . . .

BERNARDA

Yo he sido
la agraviada, y le perdono.

LORENZO

¡Bien, hermana!

SOROLLA

Sella el labio.

LORENZO

¡Guillén!

SOROLLA

Con razón arguyo. 30
No es ya solamente suyo;
es de todos el agravio.
Sí, con su conducta aleve,
ese infame, ese atrevido
raptor, también ha escupido 35
a la cara de la plebe.

(*Murmullos de aprobación.*)

LORENZO

¡Perdona, sí! y no repares (*A Bernarda.*)
en más; que es de buen agüero
que al romper un pueblo entero
sus cadenas seculares, 40
ese rasgo de piedad,
realzando la santa idea,
el acto primero sea
que anuncie su libertad.
—Salid, conde.

SOROLLA

Quede preso. 45

LORENZO

¡Guillén!

SOROLLA

Tu acción es honrada;

(*A Bernarda.*)

mas la justicia agraviada
no se contenta con eso.
Pues si a perdonar nos damos,
lo que ellos jamás han hecho, 50
no perderán el derecho
a llamarse nuestros amos.

(*Aprobación de los agermanados.*)

Yo de la justicia invoco
el santo fuero.

CONDE

¡Insolente!

LORENZO

¡Sorolla!

SOROLLA

Tengo presente 55
lo que tú has dicho hace poco.
De este caso desdichado
deja que su infamia brote.
Volvámosles el azote
con que nos han deshonrado. 60

TODOS

¡Sí!

MARQUESA

¡Villano!

CONDE

¡Hermana mía!

MARQUESA

¡Villano!

SOROLLA

¡El nombre me place!

CONDE

El miedo es el que te hace
hablar con tanta osadía.

SOROLLA

Se acabó el temor; la suerte 65
se ha trocado de esta hecha.

CONDE

Pues la ocasión aprovecha:
mi libertad es tu muerte.

SOROLLA

Ya lo oís: aún hace alarde
de su audacia. ¿No oyes, Juan? 70

VICENTE

Guillén, disimula; van (*Aparte a Sorolla.*)
a tenerte por cobarde.

SOROLLA

Porque otra cosa no crea,
sométase como debe
al tribunal de la plebe, 75
y hoy salga libre.

MARQUESA

Bien; sea.

CONDE

¿Yo?...

MARQUESA

Silencio, hermano mío.

SOROLLA

Mas decid: ¿quién nos responde,
quién asegura que el conde
no huirá?

MARQUESA

Yo te lo fío. 80

LORENZO

Y yo, trece de Valencia,
yo con cuanto tengo y valgo
respondo de que ese hidalgo
vendrá a escuchar su sentencia.

CONDE

Mas sin acatarla.

SOROLLA

¿Oís? 85
¿Quién esa audacia soporta?

LORENZO

Sin acatarla: ¿qué importa?
nos basta si la sufrís.

CONDE

Gracias, y adiós. (*Vase con la marquesa.*)

ESCENA XIV

DICHOS, *menos el* CONDE *y la* MARQUESA

SOROLLA

(Desde hoy más,
una vez lanzado el guante,
te juro que iré adelante

(*Mirando a Lorenzo de reojo.*)

si te quedares atrás.)

LORENZO

¿Vienes?

SOROLLA

Perdón, si atrevido, 5
mi afecto en dureza trueco;
pero en este caso, el eco
del pueblo irritado he sido.

LORENZO

De mi piedad no te asombres.

SOROLLA

¿No? Pues algo significa. 10

LORENZO

Que la dicha dulcifica
las pasiones de los hombres.
Pero mi opinión no debe
prevalecer; bien has dicho.
Primero que mi capricho 15
es la razón de la plebe.

SOROLLA

Cierto.

LORENZO

Y tú mereces ser
de sus destinos custodio,
si es la justicia, y no el odio,
quien te hace así proceder. 20

SOROLLA

La justicia, y nada más;
te lo juro.

LORENZO

De esa suerte,
yo me ofrezco a obedecerte,
si es preciso.

SOROLLA

Eso, jamás.
¡No, no! ser tu igual prefiero . . .   25
y tu amigo. (*Alargándole la mano.*)

LORENZO

Eso te abona.

BERNARDA

(¡Traidor!)

LORENZO

Ahora, a Barcelona,
a hablar a Carlos primero.

SOROLLA

¡Lorenzo! ¡estás animoso!

LORENZO

¿Te admiras? ¿pues qué creías?   30
Hablo yo todos los días
a otro Rey más poderoso.

(*Señalando al cielo.*)

(*Vanse los dos con las manos enlazadas.
Bernarda los sigue con muestras de abatimiento. Los agermanados les abren paso y
los saludan con respeto.*)

ACTO TERCERO

La decoración del acto primero.

ESCENA PRIMERA

SOROLLA y VICENTE, *por la puerta de la
derecha.*

VICENTE

Te digo que entró.

SOROLLA

Y ¿está
en la casa?

VICENTE

No quisiera
mentir; pero me he plantado
desde entonces a esa puerta,
y no le he visto salir.   5

SOROLLA

¿Y era Francín?

VICENTE

Francín era.

SOROLLA

¿Y qué piensas de eso?

VICENTE

Tengo
por acá cierta sospecha.

SOROLLA

¿Sospecha de quién? ¿Presumes
que Bernarda? . . .

VICENTE

¿Quién se acuerda   10
de Bernarda? Juan Lorenzo
es el que nos interesa.

SOROLLA

¡Ya! ¿conque es de él?

VICENTE

Hace días
que ando escamado: [1] el que crea
pegármela . . .

SOROLLA

Pero tienes   15
dudas . . .

VICENTE

No, casi evidencia.
Vé juntando cabos: [2] él
nos ha metido en la gresca

---

[1] *escamado,* "suspicious."
[2] *Vé juntando cabos,* "Start putting two and two together."

con un objeto: igualar
la plebe con la nobleza.   20
Este afán, que en un hidalgo
digno de alabanza fuera,
en él no es sino ambición.

SOROLLA

Quizás.

VICENTE

    No hay que darle vueltas.
Él dijo: «Seamos iguales,»   25
que es como si se dijera:
«Seamos todos caballeros,
y ricos a buena cuenta.» [3]
Se ve en Bernarda agraviado,
y a vengar aquella ofensa   30
nos llama: como que estaba
toda la masa dispuesta;
y cuando el pueblo creía
que iba a estallar la tormenta
de su indignación, se calma,   35
y nuestras manos sujeta.
Salva al traidor, y lo fía
con su persona y su hacienda.
Di: ¿qué le habrán prometido?

SOROLLA

Baja la voz; si te oyera . . .   40

VICENTE

Es que vengo ya dispuesto
a hablar claro; de esta hecha
hemos de ver lo que puede
un albardero.

SOROLLA

    ¿Qué intentas?

VICENTE

Juan Lorenzo no es el hombre   45
que nos conviene.

SOROLLA

    ¿Eso piensas?
¿Pues quién es el que ha empeñado
a la plebe en esta empresa?

VICENTE

Él.

SOROLLA

¿Quién tiene para el caso
mayor prestigio y más fuerza?   50

VICENTE

Tú.

SOROLLA

  ¿Te burlas?

VICENTE

    Has ganado
mucho terreno en tu ausencia.[4]
Ya verás.

SOROLLA

    Pero Juan manda
en los gremios.

VICENTE

    Norabuena;
no se reduce a los gremios   55
la población de Valencia.
Al rumor de estos trastornos
y novedades, empieza
a acudir a la ciudad
mucha gente forastera,   60
animosa, levantisca,
y a cualquier lance resuelta.
A éstos llaman desmandados,
porque no tienen bandera
hasta hoy; viven como pueden,   65
y trabajan por su cuenta.

SOROLLA

Ésa es la chusma.

VICENTE

    Esa chusma
necesita una cabeza,
y tú debes serlo: ¿entiendes?

SOROLLA

Entiendo: me lisonjeas.   70

---

[3] *a buena cuenta,* "for good measure," "to boot."
[4] *en tu ausencia,* i.e., on the mission to Barcelona.

VICENTE

Gracias a mí, ya hace días
estás bienquisto con ella.

SOROLLA

Eso no es malo.

VICENTE

                    Y conocen
una por una tus prendas.
—¿Te conviene? . . .

SOROLLA

                    Ya veremos.   75

VICENTE

Sí o no: decídete.

SOROLLA

                    Deja . . .
Hablemos con Juan; sepamos
si es que a seguirnos se niega.

VICENTE

Se negará si Bernarda
lo exige.

SOROLLA

          ¿Pues le gobierna?   80

VICENTE

Quien le hace entrar en la santa
hermandad de la paciencia . . .

SOROLLA

¿Qué quieres decir?

VICENTE

                    ¿No sabes
que hoy mismo van a la iglesia?

SOROLLA

¿Bernarda?

VICENTE

          Con Juan Lorenzo.   85

SOROLLA

¡Se casan!

VICENTE

Sí.

SOROLLA

Te chanceas.

VICENTE

Es la verdad.

SOROLLA

          ¡Me ha engañado!
¡Éstos los hermanos eran!

VICENTE

¡Sí; hermano!

SOROLLA

          ¡Hipócrita, infame!

VICENTE

¿Te decides? . . .

SOROLLA

                    Por la guerra.   90
Tarde o temprano, ello había
de suceder; pues bien, ¡sea!
¡Adelante! estoy resuelto.

VICENTE

¡Bien!

SOROLLA

          Aunque todo se pierda.

VICENTE

En ganándonos nosotros . . .   95

SOROLLA

Sí, sí; pero antes es fuerza
desprestigiarle, y que el pueblo
clara su inconstancia vea.
Esperemos la ocasión
que ha de darnos la sentencia   100
contra el conde: es natural
que Lorenzo le defienda.
Si hoy es querido, pongamos
sus sentimientos a prueba,
y es hombre al agua. Yo debo   105
ser fuerte con su flaqueza.

VICENTE

¿Y si por ventura el conde
no cumpliere su promesa?
pues hay alguien que asegura
que está ausente de Valencia.   110

SOROLLA

Si es así, la perdición
del pobre Lorenzo es cierta.

VICENTE

Cierta, irremediable: él debe
responder con su cabeza.

SOROLLA
No tanto.

VICENTE

Pues ¿le defiendes?   115

SOROLLA

Que viva: de esta manera
se gastará la afición
que aún el pueblo le profesa.
Hay muchos hombres que en vida
el mundo no considera,   120
que nada son, y con sólo
morir a tiempo, interesan.
Y yo no sé por qué creo
que si Lorenzo muriera
por esta ocasión, la plebe   125
daba de nosotros cuenta.[5]

VICENTE
Viva, pues.

SOROLLA

Sí, pero viva
para presenciar su mengua
y mi triunfo.

VICENTE

Ése es seguro.

SOROLLA

La mejor venganza es ésta.   130

VICENTE

¿Y entre tanto?

SOROLLA

Nuestra lucha
ha de ser igual, artera,
hipócrita: él da el ejemplo.

VICENTE

Es verdad.

SOROLLA

No tendrá queja.

ESCENA II

DICHOS y FRANCÍN, *que viene del interior
de la casa.*

VICENTE
Alguien viene.

SOROLLA
¿Quién?

VICENTE
Francín.
—Muy buenos días.

FRANCÍN
Felices,
héroe del pueblo.

VICENTE
Lo dices
eso con un retintín . . .

FRANCÍN

No, Vicente; no hay malicia   5
en mis palabras.

VICENTE
Te entiendo:
lo dices porque defiendo
los fueros de la justicia.

FRANCÍN

Ni te insulto ni provoco,
y la causa es harto leve.   10
Yo también soy de la plebe.

VICENTE

¿De la plebe? Poco a poco.

[5] *daba de nosotros cuenta,* " would put an end to us."

FRANCÍN

Y tu igual.

VICENTE

Quien tiene dueño
que le castigue y le mande,
a otro conoce por grande,
y se confiesa pequeño. 15

FRANCÍN

Pequeño soy, es verdad;
y tú y todo.

VICENTE

¡Error profundo!
Pero ya brilla en el mundo
el sol de la libertad; 20
y no osará, cuando vibre
de su indignación el rayo,
medirse un pobre lacayo
con un ciudadano libre.

FRANCÍN

De la igualdad que proclamas 25
invocaré el santo nombre.

SOROLLA

Un lacayo no es un hombre.

FRANCÍN

Pues dime: ¿cómo le llamas?

SOROLLA

Quien tiene la servidumbre
por honrada ocupación . . . 30

FRANCÍN

Me es forzoso.

SOROLLA

¿La razón?

FRANCÍN

El deber.

VICENTE

Di la costumbre.

FRANCÍN

Tengo señor tan humano,
que no sólo no me ofende,

sino que a mi bien atiende 35
con larga y pródiga mano.
Fuera enojoso y prolijo
contaros por qué le quiero:
fuí de su padre escudero,
y me encomendó a su hijo; 40
y en fin, tengo contraída
obligación tan forzosa,
tal, que no hiciera gran cosa
en pagarle con la vida.

SOROLLA

Mas no tienes albedrío. 45

FRANCÍN

No esperes que yo te arguya;
tal vez la razón es tuya;
yo hablo de un deber que es mío.
Si en tu conducta hay virtud,
yo tengo con mis señores 50
deudas de antiguos favores,
que merecen gratitud.

SOROLLA

Pero ese innoble servicio
es bajo.

FRANCÍN

¡Cómo ha de ser!
Basta ya. (*Hace que se va.*)

VICENTE

Te voy a hacer 55
un regalo . . . de mi oficio.

ESCENA III

DICHOS y BERNARDA

BERNARDA

¡Francín! ¿qué es esto?

FRANCÍN

No es nada.

BERNARDA

Pensé oír . . .

FRANCÍN

Adiós, señora. (*Vase.*)

SOROLLA

¿Y Juan?

BERNARDA

Reposa.

SOROLLA

¿A esta hora?

BERNARDA

Le fatigó la jornada.

SOROLLA

Eso será. (*Con malicia.*)

BERNARDA

Quiera Dios 5
que no minen su existencia . . .

SOROLLA

Ya has visto qué diferencia (*A Vicente.*)
tan grande hay entre los dos.
Presto en su triunfo se engríe,
él, mi maestro y modelo: 10
mientras él duerme, yo velo;
yo sufro, mientras él ríe.

(*A Bernarda con intención.*)
—Llámale.

BERNARDA

¿A qué es ese afán?

SOROLLA

O lo sentirás después.

BERNARDA

¿Por qué?

SOROLLA

Bajo nuestros pies 15
está rugiendo un volcán.
Él, que presume de diestro,[6]
junto al riesgo se adormece.
El discípulo parece
que deja atrás al maestro. 20

BERNARDA

Pues ¿qué hay?

SOROLLA

Las desdichas todas
se agolpan: al riesgo acuda.

BERNARDA

¡Desdichas!

SOROLLA

Vienen sin duda
a festejar vuestras bodas.

BERNARDA

No hables así.

SOROLLA

¡Conque es cierto! 25
Tienes marido . . .

BERNARDA

Y honrado.

SOROLLA

Mas ¿por qué me has ocultado
vuestro amoroso concierto?

BERNARDA

Basta, Sorolla; no empieces . . .

SOROLLA

Grande amor por él animas 30
si tanto a Lorenzo estimas
como a Sorolla aborreces.
¡Oh! pero aún no me conoces.

BERNARDA

O calla, o sal de esta casa.

SOROLLA

Busco a Lorenzo.

ESCENA IV

DICHOS y LORENZO

LORENZO

¿Qué pasa?

SOROLLA

Soy yo.

---

[6] *que presume de diestro.* " who thinks himself clever."

LORENZO

¿Por qué dabais voces?

SOROLLA

Te traigo nuevas que a fe
que han de probar tu paciencia.
Hay grande mal en Valencia. 5

LORENZO

Explícate.

SOROLLA

Así lo haré.
Siguiendo las impulsiones

(*Con disimulada ironía.*)

de tu corazón sincero,
tú has sido el móvil primero
de nuestras alteraciones. 10
En muestra de gratitud
su jefe el pueblo te aclama,
y esta obligación te llama
a velar por su salud.
A Carlos fuimos a ver, 15
dóciles a tus consejos,
y entre aplausos y festejos
volvimos al Grao ayer.
Fruto fué de esta embajada,
logrado en término breve, 20
la libertad de la plebe
por el rey autorizada.
Con tu victoria orgulloso
al término ansiado llegas,
—¡tal lo pensaste!—y te entregas 25
incautamente al reposo;
pero yo, que en este empeño
me encuentro más prevenido,
—¡pobre insensato!—he venido
a arrancarte de tu sueño. 30

LORENZO

¿Qué es ello?

SOROLLA

Que la nobleza
con el rey se confabula;

que la concesión es nula;
que se desdice su Alteza.

LORENZO

¡Es posible!

SOROLLA

Y está el fuero 35
de don Pedro revocado.[7]
Ya no puede ser jurado
quien no fuere caballero.

LORENZO

Protestaremos.

SOROLLA

¿Qué importa
el ruego? ¿qué la amenaza? 40
Sepa una vez esa raza
que nuestra paciencia es corta.

LORENZO

Protestaremos, te digo;
esto es lo que hoy nos conviene.
¡Guillén! la prudencia tiene 45
al celo por enemigo.

VICENTE

¿Ves si su intención penetro?

(*Aparte a Guillén.*)

LORENZO

Hagamos ver al monarca
que si en sus manos abarca
de entrambos mundos el cetro; 50
que si brilla siempre el sol
en su imperio dilatado,
la sangre que lo ha ganado
es la del pueblo español.
Si la nobleza por ley 55
es de su trono sustento,
la plebe es el fundamento
de la nobleza y del rey.
Según que goza [8] o padece,
frutos o espinas le manda, 60

---

[7] Peter III of Aragon, who also ruled as Peter II of Catalonia and Peter I of Valencia (1276–85), is probably here meant; the son of James the Conqueror, he granted his subjects the famous *Privilegio general*, one of the broadest and most liberal constitutions ever devised.

[8] *Según que goza*, etc.: the subject of *goza* and the three following verbs is *la plebe*; *le* and *al que* refer to *el rey*.

y más rinde al que la agranda
que no al que la empequeñece.
Cierto de su amor leal
reinará sin sobresalto,
y en fin, se verá tan alto 65
cuanto suba el pedestal.

SOROLLA

Como esta ocasión no hay dos.

LORENZO

No hablemos de eso, te ruego.

SOROLLA

Aprovechémosla, y luego,
ya que nos la ofrece Dios. 70

LORENZO

Pero, en fin, ¿cuál es tu idea?

SOROLLA

Fundemos nuestro dominio
sobre el total exterminio
de esa pérfida ralea.

LORENZO

¿Para eso invocas el nombre 75
de Dios?

SOROLLA

¿Pues no?

LORENZO

¡Sacrilegio!
¡Guillén! mata al privilegio,
pero no toques al hombre.

SOROLLA

¿Qué otro recurso hallarás?

VICENTE

Sufrir.

LORENZO

De eso no se trate. 80
Que nos llamen al combate;
suene el clarín y verás.

SOROLLA

Pues de hacer esa experiencia
también ha llegado el día.

LORENZO

¿Cómo?

SOROLLA

El duque de Gandía [9] 85
está ya sobre Valencia.

LORENZO

¿En son de guerra?

VICENTE

Está claro.

LORENZO

Si viene con ese intento,
hagamos porque al momento
le salga al paso Juan Caro. [10] 90

SOROLLA

¿No es mejor, ya que estos males
ha de curar el acero,
segar este semillero
de enemigos naturales?
¿Fïar quieres al azar 95
nuestra fortuna?

BERNARDA

(¡Villano!)

SOROLLA

Lo que se tiene en la mano
no se pretende ganar.

VICENTE

Y tiene razón Guillén.

---

[9] *duque de Gandía,* Juan de Borja y Enríquez (1495–1533), third Duke of Gandía, who combatted the uprising of the *germanías.* He was a member of the famous Borgia family which included Pope Alexander VI, Caesar Borgia and Lucretia Borgia.

[10] *hagamos ... Juan Caro,* "let us send Juan Caro out to oppose him immediately."

LORENZO

¿Ése es también tu deseo?   100

VICENTE

Yo . . . yo no sé; pero creo . . .

LORENZO

¿Qué?

VICENTE

Que esto no marcha bien.
Ya se cansa la paciencia
de ver que siendo los amos . . .
¡Vamos a ver! ¿Cuándo echamos   105
a los nobles de Valencia?

LORENZO

¿Tú también?

VICENTE

Hasta ese día
no habrá libertad ni fueros.
Plebeyos y caballeros
hacen mala compañía.   110
No ha de costarnos trabajo
dar a esa raza opresora
una buena lección, ahora
que los tenemos debajo.
¿Se puede? aquí que no peco.[11]   115
¿No digo bien?

LORENZO

¡Inocente!
no te hagas, pobre Vicente,
de esas doctrinas el eco.

VICENTE

Mientras tenga autoridad
esa gente, mucho dudo   120
que logre el pueblo menudo
descanso ni libertad.
La prueba es lo que me pasa:
porque desde larga fecha
debo la renta, se me echa   125
a la fuerza de mi casa;
y de mi entusiasmo en premio,
un jurado de la plebe

a reclamarme se atreve
la contribución del gremio.   130

LORENZO

¿Y qué?

VICENTE

Ya ves que a este paso
volvemos a lo de ayer.
Pregunto: ¿qué debo hacer
en uno y en otro caso?

LORENZO

Obedecer y pagar.   135

VICENTE

¿Es decir, que, chico o grande,
quien nos pida y quien nos mande
nunca nos han de faltar?

LORENZO

Nunca.

BERNARDA

¿Ves qué sencillez?

VICENTE

Pues, Lorenzo, si eso pasa,   140
mejor me estoy en mi casa.
Ya lo sé para otra vez.

LORENZO

Parece que me amenazas.

VICENTE

Yo . . . no.

LORENZO

¿Pues qué significa? . . .

VICENTE

Otra cosa se predica   145
en las calles y en las plazas.

LORENZO

¿Has visto qué rumbo extraño? . . .

(A Bernarda.)

---

[11] *aquí que no peco*, "here is our chance!" (to get away with it).

VICENTE

Pues dicen, y yo el primero:
« Pues que les sirve el dinero
para hacer al pueblo daño,   150
y esa gente trae encendida
de la discordia la llama,
el bien público reclama
que se tome una medida.»

LORENZO

Y esa medida, ¿cuál es?   155

VICENTE

¡Toma! que hagamos de modo
que no perjudiquen.

LORENZO

          Todo
por el público interés.
—Eso está con la razón
y con la justicia en lucha.   160

VICENTE

Pues no falta quien lo escucha,
y con cierta devoción.

LORENZO

Sólo a tu imbecilidad
tolero . . .

VICENTE

       No lo disputo.
Lorenzo, yo seré un bruto;   165
pero estoy por la igualdad.

LORENZO

Cuando, harto ya de sufrir,
alcé esta santa bandera,
pensé que sólo tuviera
malvados que combatir: 170
conté con su ceguedad
para probar mi constancia;
pero no con la ignorancia,
más ciega que la maldad.

BERNARDA

¿Ves? (Aparte a Lorenzo.)

LORENZO

Y ésa será mi cruz.   175

SOROLLA

¡La ignorancia! ¿Eso te asombra?

LORENZO

Sí, que ésa es la única sombra
que se resiste a la luz.
Ya sé que no le hacen mella
la verdad ni el sentimiento.   180
¡Cuánto noble pensamiento
morirá embotado en ella!
Ya del mío la virtud
con el objeto se vicia:
si nos falta la justicia,   185
¿qué mayor esclavitud?

      (Cayendo en un sillón.)

BERNARDA

(¡Qué pálido está!) ¿Te sientes
mal?

LORENZO

    ¡Dejadme, desdichados!

BERNARDA

Idos.

VICENTE

    Estamos medrados [12]
si verdades no consientes.   190

SOROLLA

¡Oh! no le irrites: ¿ignoras
que de su mal la violencia
puede? . . .

LORENZO

       Ya sé que la ciencia
tiene contadas mis horas.

SOROLLA

¡No! no es decir . . .

LORENZO

        Sí, por Cristo;   195
mas vosotros . . . (En tono irritado.)

---

[12] Estamos medrados, " We'll be in a pretty pass."

BERNARDA

¡Mira! advierte . . .

LORENZO

Queréis abreviar mi muerte.

SOROLLA

Adiós.

VICENTE

No quiere: está visto.

(*Aparte a Sorolla.*)

ESCENA V

BERNARDA y LORENZO

BERNARDA

Cálmate.

LORENZO

(Me ha afligido este debate.)

BERNARDA

¿Qué es eso?

LORENZO

Un desaliento repentino;
un malestar que mi firmeza abate.

BERNARDA

Sin duda es el cansancio del camino.
¿No has reposado?

LORENZO

No: largo y penoso 5
el tiempo ha sido.

BERNARDA

El sueño . . .

LORENZO

Con empeño
en él busqué el reposo.

BERNARDA

¿Y no lograste? . . .

LORENZO

Sí; ¡pero qué sueño!

BERNARDA

Después de tanto afán, no es maravilla,
y perderás la calma. 10

LORENZO

¡Oh! y aun despierto ya, siento en el alma
el horror de mi negra pesadilla.

BERNARDA

¿La recuerdas tal vez?

LORENZO

Distintamente.
Tal fué su intensidad, que aun ahora creo
la siniestra visión tener presente. 15

BERNARDA

¿No me lo contarás?

LORENZO

Si es tu deseo . . .

BERNARDA

Di.

LORENZO

Ya el naciente resplandor del día
comenzaba a alumbrar en mi aposento,
y aún de las olas de la mar sentía
mi sangre el perezoso movimiento. 20
Me abandonaba mi razón, inerte;
cerrábanse mis párpados; a poco
la tenue luz del alba se convierte
de vivo rayo en penetrante foco,
y libre ya de aquella pesadumbre, 25
abarcaba mi vista un encantado
rico país, por la esplendente lumbre
de un imposible sol iluminado.
Bosques, montañas, enramadas bellas
de robusto verdor, palmas gentiles, 30
sendas doradas; mas notaba en ellas,
como en los campos africanos, huellas
de fieras y reptiles.
Tranquilizó mi espíritu afligido
hallar a breve trecho 35
a un gallardo mancebo, que dormido
mostraba inerme el sosegado pecho.
Era un pobre pastor: por la pradera
triscaba su ganado

aquí y allí con rápida carrera,   40
dejando en la espinosa cambronera
de su vellón el copo [13] enmarañado.
He aquí que de repente, de un fragoso
bosque, un león desmesurado avanza,
y salta, y sobre el grupo bullicioso   45
del ganado pacífico se lanza.
Rugiendo de placer, en un instante
arrebata una oveja,
que entre sus garras tiembla palpitante
y con balido trémulo se queja.   50
«¡Guarda el león!» grité, y arrebatado
de generoso impulso, hacia la fiera
me adelanté con ánimo esforzado;
y rugió sordamente
el vigoroso bruto, y los despojos   55
arrastrando a su cueva, de repente
despareció a mis ojos.
Tiemblo de gozo y vencedor me creo;
llamo al pastor, pero mi voz no escucha;
y le busco, y le veo   60
con una hiena en pavorosa lucha.
Pero ¡qué hiena! Al paso que rutila
en sus miradas la fiereza insana,
despide su pupila
rayos oblicuos de expresión humana.   65
Y el pastor, apurando su agonía,
exclamaba con voz de angustia llena:
«¡Tu grito me mató!», y es que yo había
despertado a la hiena,
que a largo espacio del pastor dormía.   70
Y yo que tan valiente y animoso
hice frente al león embravecido,
al oír este acento lastimoso
me sentí de pavor sobrecogido.
Tiemblo y huyo cobarde, en mi carrera   75
dejando atrás el bosque y la montaña,
hasta dar en la plácida ribera
que el fresco Turia [14] baña;

y a mirarme pasar, alborotado
el pueblo acude en turba presurosa,   80
y de una pica al hierro ensangrentado
una cabeza se asomó curiosa.
¿De quién era? ¿de quién? Yo he conocido
las facciones terribles de aquel hombre;
mas ya . . . ¡qué extraño olvido!   85
ni su cara recuerdo ni su nombre.[15]

BERNARDA

Comprendo ese terror: ¿no será aviso
de Dios? . . .

LORENZO

Tal vez.

BERNARDA

¿Que de tu mal te advierte?

LORENZO

¡Preocupación vulgar! ¿será preciso
que te escuche también el hombre fuer-
te?   90
¡No! ¡no! ¡necia aprensión! Dios no re-
vela
los sucesos futuros,
y en vano el hombre penetrar anhela
más allá de sus límites oscuros.
Ésos, de la pagana idolatría   95
sin duda son resabios,
o vanidad estéril de los sabios,
como la judiciaria astrología.
Olvidémoslo, pues; de otros temores
la expectación mi espíritu acobarda.   100
Si es verdad que han logrado los se-
ñores . . .
—Hoy tengo mucho en que pensar, Bernarda:
mil cosas a la vez. De cierto reo
hoy debe pronunciarse la sentencia.

---

[13] *copo*, " tuft."

[14] *Turia*, also called Guadalaviar, a river which empties into the Mediterranean at Valencia.

[15] Gutiérrez is fond of introducing an allegorical dream or vision in anticipation of some impending horror; cf. *El Trovador* (IV, vi). The device is common enough,—cf. also *Consuelo* (III, ii), *Guzmán el Bueno* (IV, i) and Tamayo y Baus' *Virginia* (III, i)—but it would be difficult to find a more beautiful and poignant example than the present one. Here the sleeping shepherd represents the people (as distinguished from the mob element), or possibly Justice; the lion is the symbol of the rapacious and insolent nobility, whom Juan Lorenzo is trying to curb; the hyena represents the *chusma* or lawless rabble which he has unwittingly aroused, and against which he proves helpless; the horrible head fastened to the pike is that of Francín, sacrificed to the blind fury of the populace

BERNARDA

Ya me olvidaba; hoy mismo, a lo que
 creo,   105
le tendrás en Valencia.

LORENZO

¡Insensato!

BERNARDA

  Francín, mientras dormías,
me avisó de su próxima llegada.
Su palabra te cumple, pues le fías.

LORENZO

Más se la agradeciera quebrantada. 110
Caro, Périz [16] y Coll serán sus jueces.

BERNARDA

Dios en sus almas la piedad influya.

LORENZO

¿Pensaste en nuestra boda?

BERNARDA

    Algunas veces.

LORENZO

¿Cuándo será?

BERNARDA

  Mi voluntad es tuya.

LORENZO

¡Y qué! ¿voy a ser dueño de tu mano? 115
¿puede tal dicha merecer un hombre?

(*Cogiéndola una mano, que ella procura
hacerle soltar.*)

BERNARDA

Adiós.

LORENZO

 ¡Bernarda mía!

BERNARDA

  Adiós, hermano.

(*Desasiéndose de él, y alejándose.*)

LORENZO

Por la postrera vez te oigo ese nombre.

(*Vase.*)

ESCENA VI

BERNARDA; *luego el* CONDE

BERNARDA

¡Buen Lorenzo! ¡y cuánto me ama!
Pero ¿cómo es que he podido,
siendo mi único deseo,
desconocer su cariño?
Y ¿cómo ocultarse pudo   5
a su perspicacia el mío?
¡Cuánto nos hemos mirado!
¡qué tarde nos hemos visto!
—¿Quién es?

(*Viendo al conde, que sale en este momento.*)

CONDE

 ¿Bernarda?

BERNARDA

   (¡Aquí el conde!)
¡Salid! ¡salid!

CONDE

 No des gritos.   10

BERNARDA

¡Qué atrevimiento!

CONDE

  Me tienes
con razón aborrecido.
Mas no temas; ahora vengo
a tu voluntad sumiso:

---

[16] *Périz*, i.e., Vicente Peris, a velvet weaver, active from the start in this uprising, and a member of the Council of Thirteen. Having won a victory over the nobles at Biar, led by the viceroy himself, he continued the rebellion even after the surrender of Valencia to the royal forces (November 1, 1521), and perished while leading a surprise attack on the city a few months later. According to some accounts, he was assassinated, his body dragged through the streets by the mob, then hanged and beheaded.

si con mucho afán te adoro,   15
con más respeto te miro.

BERNARDA

¿Qué buscáis?

CONDE

          Busco a Lorenzo:
fuera de mi cuna indigno
quebrantar una palabra
a tan honrado enemigo.   20
Sé que de mi breve ausencia
se me acusa; ya me han dicho
que mi honor se ha puesto en duda
por engañosos indicios;
mas si el deber me ha llamado   25
a otra parte, ya cumplido,
vengo a probaros que soy
del nombre que llevo digno.

BERNARDA

No lo ha dudado un momento
mi hermano; pero imagino   30
que vais a darle un pesar.

CONDE

¿Con mi venida?

BERNARDA

          Os lo afirmo.

CONDE

¿Por qué razón?

BERNARDA

          Porque está
vuestra existencia en peligro.

CONDE

¡Mi existencia!

BERNARDA

          En sus rencores   35
el pueblo está endurecido,
y debéis temer . . .

CONDE

          No alcanzan
hasta mi altura esos tiros.

BERNARDA

La presunción os deslumbra:
mirad por vos; ¡idos, idos!   40

CONDE

¿Y mi juramento?

BERNARDA

          Estáis
relevado de cumplirlo.
El jurado os amenaza;
no despreciéis el aviso,
que hay ya justicia en Valencia,   45
y aquí no estáis muy bienquisto.

CONDE

¡Yo huir de tales contrarios!

BERNARDA

Sí, conde.

CONDE

          Fuera el ludibrio
de la nobleza; el oprobio,
la deshonra de los míos.   50
¡Oh! por desgracia, no tiene
gran valor mi sacrificio:
mi riesgo está en otra parte;
está aquí; vive contigo.

BERNARDA

¿Otra vez?

CONDE

          El desdeñado   55
siempre ha tenido permiso,
ya que sienta su desprecio,
para aliviarle en suspiros.

BERNARDA

Pues yo no quiero escucharlos.

CONDE

¿Ni aun quejarme? . . .

BERNARDA

                    Os lo prohibo.   60

CONDE

¿Hay tan fiera tiranía?
¡Y hablaréis de despotismo!

—Pero mi amor es muy grande;
puede mucho.

BERNARDA

No conmigo.

CONDE

Podrá, mas sin ofenderte.   65
¡Bernarda! si hasta aquí he sido,
y con rubor lo confieso,
desalmado y libertino,
desde hoy por opuesto rumbo
la luz de tus ojos sigo.   70
No mires en mí al infame
que tu pudor ha ofendido,
y abra mi arrepentimiento
a tus piedades camino.

(*Bernarda hace que se va.*)

—No te alejes: es inútil;   75
o a dondequiera te sigo.

BERNARDA

Pero esto es infame.

CONDE

            Escúchame
hasta el fin, y me despido.

BERNARDA

Hablad, pues.

CONDE

            De Barcelona
en este momento mismo   80
llego, donde al rey de España,
don Carlos primero, he visto.
Después que hube terminado
asuntos de su servicio,
le hablé de mi amor, haciendo   85
confesión de mi delito.
Reprendiómelo el monarca;
me escudé con tus hechizos;
me habló de honor y deberes;
yo, de mi ardiente cariño;   90
y viendo que no podía
nada la razón conmigo,
« Ámala » exclamó; y entonces

sí que le escuché sumiso.
« Puesto que ese amor es causa   95
de alteraciones, me dijo,
nobleza para dos tienes:
casarte es mejor arbitrio.»
De mi embajada, esto es
lo mejor que aquí he traído: 100
el consejo, de palabra,
y el mandato, por escrito.

BERNARDA

¿Nada más?

CONDE

            ¿Pues no es bastante?

BERNARDA

¿Y el rey también os ha dicho:
« Sé amado »? ¿Presume el rey   105
disponer de mi albedrío?

CONDE

No manda en las voluntades;
pero sin duda ha creído
que mi amor ... En este punto,
perdóname, estoy tranquilo.   110

BERNARDA

Yo también: tan imposible
es que os dé jamás el título
de esposo ... En una palabra:
no os quiero para marido.
Suponed que yo os amara   115
con ardiente desvarío;
—y agradezco mucho al cielo
que me ha dado más juicio;
—nunca fuera vuestra esposa:
vuestros ultrajes indignos   120
lo hubieran hecho imposible,
si posible hubiera sido.

CONDE

¡Mal haya el corcel villano
que en el momento preciso
de alcanzar tan alta dicha   125
desmintió su ardiente brío!

BERNARDA

¡Bien, señor conde! ya veo
que venís arrepentido.

CONDE

¡Conque es decir, que prefieres
en tu loco desatino   130
tu pobreza a mi opulencia!

BERNARDA

Y aun gananciosa me estimo.
La riqueza ... Dios lo sabe,
me agrada, aunque no la envidio;
y a ser rico el que prefiero,   135
no le dejara por rico; [17]
pero ¿no será locura,
si por un falso egoísmo,
en cambio de vanidades,
mi voluntad esclavizo?   140
Si las galas han de ser
de mi libertad los grillos,
bien me estoy con la estameña
que mis manos han tejido.

ESCENA VII

DICHOS y JUAN LORENZO

CONDE

Lorenzo viene.

LORENZO

¡Era cierto!
¡el conde en mi casa!

CONDE

El mismo.
¿No me esperabas?

LORENZO

Sí, conde.

CONDE

Pero estarás más tranquilo
ahora que me ves, ¿no es cierto?   5

LORENZO

¿Y si al contrario, os afirmo? ...

CONDE

Mas yo sé lo que me debo.

LORENZO

Decid: ¿a qué habéis venido?

CONDE

A cumplirte mi palabra.

LORENZO

A aumentar nuestro conflicto.   10
¿No sabéis que hoy os sentencian?

CONDE

Ya lo sé.

LORENZO

¿Que con ahinco
se os busca por todas partes?

CONDE

Y ¿qué más?

LORENZO

Que estáis convicto ...

CONDE

Y confeso: ¡si yo tengo   15
vanidad en mi delito!
Aquí estoy: venga en buen hora
esa turba de asesinos.

LORENZO

Mirad que la ira de un pueblo
es ciega.

CONDE

Yo le autorizo   20
a deshonrar mis blasones
si me arrancan un gemido.

BERNARDA

Mas ¿cómo han averiguado
su venida?

LORENZO

Es muy sencillo.
Ha hecho cubrir de carteles   25
los más frecuentados sitios
de la ciudad, en que da
de su llegada el aviso.

---

[17] *a ser rico ... por rico,* "if the one I prefer were rich, I should not renounce him merely because of his wealth."

CONDE

En casa de Juan Lorenzo
espero mi fallo, digo;   30
y a jueces y a pueblo, a todos
y juntos los desafío.

LORENZO

¡Santo Dios! ¡qué poderosa
es la vanidad!

BERNARDA

    ¿Qué gritos

    (*Desde la ventana.*)

son ésos?

LORENZO

¡Callad!

(*Acercándose a la ventana.*)

BERNARDA

    Si llegan   35
a encontrarle en este sitio . . .

ESCENA VIII

DICHOS y VICENTE

LORENZO

¡Vicente!

BERNARDA

    ¿Vendrá a avisar
lo sucedido? . . .

VICENTE

    (Ecce homo . . .)

(*Viendo al conde.*)

LORENZO

¿Vienes del tribunal?

VICENTE

    ¿Cómo
había yo de faltar?
Toda la flor de Valencia   5
estuvo: ¡fué cosa brava!

LORENZO

¿Hablarás?

VICENTE

    Ahora se acaba
de pronunciar la sentencia.

BERNARDA

¿Y es?

VICENTE

    Caro lo contradijo;
pero habló poco: fué cauto.   10
En fin, acordóse el auto
tras de un examen prolijo,
y os aplican, por aquella (*Al conde.*)
y esta y las otras razones,
la pena que a Gil Quiñones,   15
raptor de Juana Corella.

LORENZO

¿Es cierto?

VICENTE

    Y en muy concisas
palabras.

BERNARDA

    ¡Eso es terrible!

LORENZO

¡Pena de muerte!

CONDE

(*Con tranquilidad.*) Imposible.   20

VICENTE

(Ya te lo dirán de misas.[18])
Así el tribunal lo acuerda;
y en horca.

CONDE

    ¡Insulto grosero!
¡horca para un caballero!

VICENTE

Con tres palos y una cuerda.[19]   25

---

[18] *Ya te lo dirán de misas,* "They'll soon be saying it to you with masses" (for the pardon and repose of your guilty soul).

[19] *Con tres palos y una cuerda,* i.e., a plain everyday gallows, made of two posts, a cross-beam and a rope.

CONDE

¡Malsín! (*Empuñando la espada.*)

VICENTE

Yo no aumento nada.

LORENZO

¡Calla!

CONDE

Su audacia me admira.

LORENZO

Conde, sosegad la ira,
que ya es inútil la espada.

(*Viendo aparecer a la puerta algunos desmandados.*)

CONDE

Esto es mi indignación,   30
y no miedo a la sentencia;
que antes se hundirá Valencia
que llegue a la ejecución.
Pero de esos leguleyos
váyase el celo a la mano,[20]   35
que aquel raptor fué villano.

ESCENA IX

DICHOS y GUILLÉN SOROLLA; *entran en
la escena los* DESMANDADOS

SOROLLA

Ya somos todos plebeyos.

LORENZO

¡Vienes a vengarte! (*Al oído de Sorolla.*)

SOROLLA

No.

LORENZO

¡A asesinarle, insensato!

SOROLLA

No, Juan; no hay asesinato
donde la justicia habló.   5
Le mata su mano fuerte.

LORENZO

¡Cómo han unido los hombres
los dos enemigos nombres
de la justicia y la muerte!

SOROLLA

Esa pena y otras tales   10
sancionaron sabios reyes,
y está escrita en nuestras leyes,
hoy para todos iguales.
« El que robare doncella
por fuerza,» escrito allí está   15
sin más glosa, « morirá.»

LORENZO

« Si no casare con ella.»

BERNARDA

Mas como noble y cristiano
que a su obligación responde,
a mi casa vino el conde   20
para ofrecerme su mano.

CONDE

Ahora resisto . . . (*Con altivez.*)

BERNARDA

Jurad
que no me habéis prometido,
hidalgo, ser mi marido.

CONDE

Nunca niego la verdad.   25

BERNARDA

Yo lo acepto.

CONDE

¡Qué! ¡sería
posible! . . .

VICENTE

¡Está en su juicio!

LORENZO

(¡Comprendo tu sacrificio,
pobre compañera mía!)

_____

[20] *de esos leguleyos . . . mano,* " let those pettifoggers curb their zeal."

CONDE

¡Si esa ventura me ofreces,　　30
yo feliz!

SOROLLA

Antes hagamos
otra averiguación.

BERNARDA

Vamos
adonde están vuestros jueces.

SOROLLA

¡Bernarda!

VICENTE

(¿Será verdad?)

SOROLLA

Pero el rapto es un delito . . .　　35

BERNARDA

¡Calla!

SOROLLA

No.

BERNARDA

Calla, repito:
contó con mi voluntad.

SOROLLA

Mas puso a tu infamia el sello
con aquel ultraje.

BERNARDA

No:
no hubo ultraje, porque yo　　40
dí licencia para ello.
¡Qué obstinación! ¡qué placer
el tuyo tan singular!
nada quieres perdonar
al rubor de una mujer.　　45

SOROLLA

Bernarda, sigue la huella
que los nobles nos trazaron:
ellos jamás perdonaron;
imita a Juana Corella.

BERNARDA

¡No! ¡no! (*Desde la puerta del fondo.*)

(*Vase por el fondo acompañada del conde
y seguida de Vicente y algunos desmandados.*)

ESCENA X

LORENZO, GUILLÉN SOROLLA y
DESMANDADOS

LORENZO

¡Su piedad le valga!

SOROLLA

¿No te indigna esa mujer?

LORENZO

Deja a la plebeya ser
más hidalga que la hidalga.

SOROLLA

Lo que noto, lo que veo,　　5
es que en su orgullo insolente,
siempre y en todo, esa gente
se sale con su deseo.
Con el desprecio en los labios,
con el rencor en el alma,　　10
nos quita la honra y la calma,
y nos las paga en agravios.
¡Pueblo! a vengarlos te exhorto:
no te queda otra esperanza;
pero marcha a la venganza　　15
por el camino más corto.
No uses de piedad: arrolla
cuanto se oponga a tus iras.

DESMANDADOS

¡Viva Guillén!

SOROLLA

¡Qué! ¿me miras?

LORENZO

¡Te compadezco, Sorolla!　　20

SOROLLA

Piensa en que va por allí,
ajena ya, tu Bernarda:

acuérdate de eso, y guarda
la compasión para ti.

LORENZO

Prefiero mi acerba pena   25
a tu victoria imprudente.

SOROLLA

Estamos ya frente a frente.

(*Vase seguido de los desmandados.*)

LORENZO

Yo he despertado a la hiena.

ACTO CUARTO

La misma decoración del acto anterior.

ESCENA PRIMERA

JUAN LORENZO, *que viene de la calle y se
dirige a su habitación después de exami-
nar un momento la escena; luego* GUI-
LLÉN SOROLLA

LORENZO

¡Nadie! . . . ¡mejor! me avergüenzo
de que mis rojas pupilas
vea Bernarda.—¡Qué! ¿aún vacilas?
¿te arrepientes, Juan Lorenzo?
¡Ea! ¡adelante! ¡es ya tarde!   5
si es que vencer te propones,
cesen las vacilaciones
de tu espíritu cobarde.
—¡Cobarde! ¡ay, no! quien destruye
su felicidad mayor   10
no es un cobarde: en amor
el valiente es el que huye.

(*Sorolla le detiene en el momento en que
va a entrar.*)

SOROLLA

¿Adónde vas?

LORENZO

¿A qué vienes?
entre nosotros no hay ya
lazo alguno . . .

SOROLLA

Vuelve acá   15
y dime: ¿qué es lo que tienes?

LORENZO

Aparta.

SOROLLA

Aún puedes conmigo,
y en tu provecho, hacer paces.

LORENZO

Nunca, Sorolla.

SOROLLA

Mal haces,
que soy temible enemigo.   20

LORENZO

Mas ya invulnerable soy.

SOROLLA

No conoces mi poder.

LORENZO

Pues di: ¿me puedo ya ver
más bajo de lo que estoy?
Aparta, digo.

SOROLLA

Cualquiera   25
al verte, ¡por vida mía!
de tu aliento dudaría.
—Aún no se ha casado: ¡espera!

LORENZO

No me hables ya de esperanza:
ya no la hay sino en la muerte   30
para mí.

SOROLLA

Vengo a ofrecerte . . .

LORENZO

Nada quiero.

SOROLLA

Mi alïanza.
Pero jura aborrecer
como yo, con alma y vida,

y siempre, a esa fementida,   35
a esa pérfida mujer.

LORENZO

No la ultrajes: te lo ruego.

SOROLLA

¿Aún la defiendes?

LORENZO

      Te juro . . .
—Grande es mi amor, pero es puro;
ardiente, pero no ciego.   40

SOROLLA

Sólo esa respuesta da . . .

LORENZO

El que su dicha desea.

SOROLLA

Pues yo no quiero que sea
del conde, y no lo será.
Esto a proponerte vengo: 45
¿lo aceptas? vamos a una;
¿no lo aceptas? por fortuna
medios para todo tengo.

LORENZO

¿Qué vas a hacer?

SOROLLA

      ¡Por mi nombre!
ya sabes mi historia amarga.   50
Tengo una cuenta muy larga
que ajustar con ese hombre.
Si hasta ahora he sellado el labio,
aplazando mi venganza,
sepa que ya en la balanza   55
he puesto el último agravio;
y hoy verá si vengador
de mis pesares ocultos,
sé pagar años de insultos
con instantes de dolor.   60
Ahora que por tal estilo
vengarme se me concede,
¡mira, no sé cómo puede
vivir ese hombre tranquilo!

¡Oh! si el cabello al primer   65
murmullo no se le eriza,
si no teme mi ojeriza,
¡qué valor debe tener!

LORENZO

¡Oh! (*Mirándole con espanto.*)

SOROLLA

    Y al salirle al encuentro
aspiro a un objeto doble.   70

LORENZO

¿Qué más?

SOROLLA

      Que no quede un noble
de las murallas adentro.

LORENZO

A mucho aspiras.

SOROLLA

      A más
se atreve y lo hará mi bando.
A las gentes que yo mando   75
esa gloria deberás.

LORENZO

Pero ¡cómo!

SOROLLA

      Es muy sencillo,
y aun verás otras empresas.

LORENZO

Guillén: ¿qué gentes son esas
que te llaman su caudillo?   80
Desde que eres tú el más fuerte,
una noche no ha dormido
Valencia, sin que al rüido
de algún crimen se despierte.
Dicho sea entre los dos,   85
aborrezco a esa canalla
que hace campo de batalla
hasta la casa de Dios.
Así, pues, ¿no me dirás,
—que conocerla deseo—   90
qué gente es ésa, que creo
no haberla visto jamás?

SOROLLA

La plebe es, que sin empacho
a los tiranos se atreve.

LORENZO

Mentira: ésa no es la plebe. 95

SOROLLA

¿No? pues ¿qué es?

LORENZO

El populacho.

SOROLLA

Mas quiere . . .

LORENZO

No me persuades.
Quiere licencia o cadenas.
Para esas gentes, son buenas
todas las calamidades. 100

SOROLLA

¡Vive Dios!

LORENZO

Deja ese bando,
y oye a tu propio egoísmo.
Tú no has medido el abismo
donde te vas despeñando.
Mientras con tales horrores 105
su buen nombre menoscabes,
el pueblo hallará suaves
sus antiguos opresores;
y tras de algún alboroto
pondrá a su infortunio el sello, 110
soldando sobre su cuello
la argolla que ayer ha roto.
No le acuses, si volver
le vieres a ser esclavo.
¿Qué le ha de importar, si al cabo, 115
de uno u otro lo ha de ser?

SOROLLA

No me hagas tales ofensas:
yo que de buena fe voy . . .

LORENZO

No me lo niegues: estoy
oyéndote lo que piensas. 120

Se están en tu corazón
librando espantosa lidia
el despecho con la envidia,
la rabia con la ambición.

SOROLLA

Tu causa juré en las aras. 125

LORENZO

No; tú no tienes bandera:
a tener una . . . cualquiera,
Guillén, no la deshonraras.

SOROLLA

No me insultes.

LORENZO

Es un lago
irritado, este que miras, 130
y que alteraron mis iras
en momento bien aciago;
y cuando se oye aún bramar
del huracán la violencia,
y consagro mi existencia 135
a la causa popular,
tú, esquivando mis afanes,
a aprovechar te das prisa
la perturbación precisa
que llevan los huracanes. 140
Tú de las aguas furiosas
sondaste el revuelto seno,
creyendo encontrarlo lleno
de riquezas fabulosas.
Pero, ¡ay necio, que te engañas! 145
lo que has arrancado al fondo
no es sino el légamo hediondo
que se pudre en sus entrañas.

ESCENA II

DICHOS y VICENTE

LORENZO

¿Qué traes, Vicente?

VICENTE

Hay noticias
de Juan Caro: un desmandado
del campo me las ha dado.

SOROLLA

¿Son malas?

VICENTE

No espero albricias.

LORENZO

Eso es decir . . .

VICENTE

Sólo digo 5
lo que digo.

LORENZO

No repares . . .

VICENTE

Se han vuelto los populares
sin buscar al enemigo;
y la gente descontenta
dice, bramando de enojo, 10
que fueron por el despojo
y se vuelven con la afrenta.

LORENZO

¿Qué dices? (*A Sorolla.*)

SOROLLA

Que por lo visto,
hay traidores.

VICENTE

Sí.

SOROLLA

¿Lo dudas?

LORENZO

¿Qué he de dudar? ¿no hubo un Judas 15
capaz de vender a Cristo?
Y al cabo conseguirán . . .

SOROLLA

Mas no provocan tu encono.

LORENZO

Es que ya los abandono
a su conciencia.

SOROLLA

No, Juan: 20
es que empezaste muy fiero,
y te has quedado sin pulso.
Siempre es el que da el impulso
el que se cansa primero.
Así de tu autoridad 25
el brillo has menoscabado;
pero yo, que no he gastado
mi fuerza y mi voluntad,
aunque pequeño y ruin,
desde hoy con mayor aliento 30
llevaré tu pensamiento
a su venturoso fin.

VICENTE

¡Qué! ¿ya reñís? ¡mal presagio!

LORENZO

Por distinto mar corremos:
mas todos nos hallaremos 35
en el día del naufragio.

(*Vase a su habitación.*)

ESCENA III

SOROLLA y VICENTE

SOROLLA

¿Qué te parece? ¿has oído?

VICENTE

Sí.

SOROLLA

¿Y qué?

VICENTE

Cuanto aquí oigo y veo
me escama: ahora sí que creo
que Lorenzo se ha vendido.

SOROLLA

Deja del pueblo la suerte 5
en mis manos.

VICENTE

¡Mentecato!

SOROLLA

Sin duda el frecuente trato
con los nobles le pervierte.
Con ellos todos los días
en roce, ¿a quién se le oculta? . . .   10

VICENTE

Ahí tienes lo que resulta
de las malas compañías.

SOROLLA

Pues bien: pese al mismo rey,
¡qué diablos! hagamos algo,
y aquí no quede un hidalgo,   15
a empezar por el virrey.
Tenemos autoridad,
hierro, manos y ardimiento,
¡y aún no barre nuestro aliento
de esas gentes la ciudad!   20

VICENTE

Pues a ver cómo les ganas
por la mano.[1]

SOROLLA

             Dios mediante . . .

VICENTE

¿Cuándo ha de ser?

SOROLLA

             Al instante.

VICENTE

¿Echo a volar las campanas?[2]
¡Caigan los pájaros gordos!   25

            (Haciendo que se va.)

SOROLLA

Espera: otro es mi deseo,
y con tanto campaneo
los más se han quedado sordos.

VICENTE

Pues ¿cómo?

SOROLLA

De esta manera.
Supón que un caudillo, un trece,   30
asesinado perece
por un hidalgo cualquiera.

VICENTE

¡Y si fueras tú, Guillén! (Entusiasmado.)
¡Hombre! ¡la ocurrencia es brava!
te juro que se abrasaba   35
toda la ciudad.

SOROLLA

             Pues bien;
yo he de ser el muerto.

VICENTE

                    ¿Cierto?
¡Qué noble!

SOROLLA

        (¡Qué imbécil eres!)

VICENTE

Ya comprendo lo que quieres.

SOROLLA

Pues figúrate que he muerto.   40

VICENTE

Cuando hay corazones tales,
¿quién nuestras cervices doma?
Envídiennos Grecia y Roma:
sepa el mundo lo que vales.
Tú quieres tu sangre dar   45
en generoso tributo . . .

SOROLLA

¡No, hombre! ¡no! (¡Tiene este bruto
un modo de interpretar! . . .)

VICENTE

¿No dieras tu vida? . . .

SOROLLA

                    Sí,
cuando fuera necesario.   50

---

[1] cómo les ganas por la mano, "how you will get the jump on them."
[2] ¿Echo a volar las campanas? "Shall I set the bells ringing?" (to summon the people to arms).

VICENTE

¿Conque no es eso?

SOROLLA

     Al contrario:
hago mucha falta aquí.
Mi muerte ha de ser fingida:
tú das la nueva, yo estoy
oculto entre tanto, y hoy   55
no nos queda un noble a vida.
—¿No es igual?

VICENTE

     No, a la verdad;
que a ser cierta, y no ficticia,
pudiera dar la noticia
con más naturalidad.   60

SOROLLA

¿Vamos?

VICENTE

    Aunque no sea justo
así, a secas . . .

SOROLLA

   Oigo ruido. (*Llevándosele.*)

VICENTE

Muchas veces he mentido;
pero no tan a mi gusto. (*Vanse.*)

ESCENA IV

BERNARDA; *luego la* MARQUESA

BERNARDA

¿Quién hablaba aquí? ¡dos hombres!

(*Asomándose a la ventana.*)

Aunque empieza a anochecer,
los reconozco: Vicente
es uno, y Sorolla aquél.
¿A qué vino ese malvado   5
a esta casa? Bien se ve
que falta de aquí Lorenzo.
Cerremos la puerta . . . ¿Quién?

(*Al ir a cerrar la puerta, aparece en ella
la marquesa cubierta con un manto. Se
descubre al entrar.*)

MARQUESA

¡Bernarda, amiga!

BERNARDA

    ¿Qué es eso?
¿cómo a estas horas? . . .

MARQUESA

       Tal es   10
mi temor.

BERNARDA

¡Y sola!

MARQUESA

   Sí,
que esto ha sido menester.
A solicitar tu amparo
vengo.

BERNARDA

  ¡Mi amparo queréis!
En bien miserable estado   15
habéis debido caer.

MARQUESA

En efecto, y a ti vengo
llena de espanto.

BERNARDA

    ¿Por qué?

MARQUESA

¿Por qué ha de ser? porque en esta
vertiginosa Babel   20
se desconoce el respeto,
y se ha olvidado el deber.
Esta noche ha pretendido
amenazador tropel
de desmandados, las puertas   25
de mi palacio romper,
y dejó, como señales
de tamaña avilantez,
horadadas las paredes
y quebrantado el cancel.[3]   30

[3] *cancel = cancela,* " front door grating."

BERNARDA

¡Malvados!

MARQUESA

      Por eso vengo
a implorar esta merced
por sólo una noche.—¿Dudas,
o recelas? . . .

BERNARDA

      Me ofendéis.
Si débil y sola, tanto   35
puede una pobre mujer . . .

MARQUESA

¿Y Juan Lorenzo?

BERNARDA

      ¡Ay, señora!

MARQUESA

¡Qué, vacilas!

BERNARDA

      No lo sé.
Tres días hace que huyendo,
en abandono crüel   40
me deja.

MARQUESA

    ¿Cómo es posible?

BERNARDA

¡Tres días, señora! ¡tres!
Yo, que antes que de la paz
llorara perdido el bien,[4]
¡no he pasado un solo día   45
sin que me mirara en él!
—Pero antes son vuestras penas:
las mías vendrán después.
¿Cómo es que a los desmandados
tan ciego rencor debéis?   50

MARQUESA

Tu sacrificio sublime
en ellos ha hecho crecer
el odio contra mi hermano.

BERNARDA

¡Vuestro hermano! . . . responded:
¿aún está en Valencia?

MARQUESA

      Nada   55
le ha podido convencer.
Cada vez más obstinado,
más amante cada vez,
ahora anima su esperanza
con la fuerza del deber.   60

BERNARDA

¡Ese hombre quiere mi muerte!
Por salvarle, no dudé
en calumniarme a mí misma,
lastimando mi honradez.
Una tregua, un breve plazo   65
para salvarle busqué;
pero no voy más allá,
que aun me fuera más crüel
dar mi libertad a un hombre
a quien no puedo querer.   70

MARQUESA

¿Pues le aborreces?

BERNARDA

      Lo ignoro.

MARQUESA

¿Qué dices?

BERNARDA

      No lo extrañéis.
¡Hace tan poco, señora,
que he aprendido a aborrecer!
Pero que nunca ha de verme   75
su esposa, que amante fiel
guardo a Lorenzo en el alma,
¡vaya! ¡eso sí que lo sé!

MARQUESA

¿Y si llega a abandonarte?

BERNARDA

¡Lorenzo! ¡no puede ser!   80
vendrá.

---

[4] *antes que . . . bien,* "until I had to mourn the now lost blessing of peace."

MARQUESA

¿Pues de qué lo sabes?

BERNARDA

Vendrá.—¿No os lo dije?

(Señalando a Lorenzo, que aparece en este momento a la puerta de su habitación.)

Él es.

MARQUESA

Ánimo.

ESCENA V

DICHAS y LORENZO

BERNARDA

¿No estoy temblando?

LORENZO

(¡Ay, desdichados amores!)

(Va a atravesar el teatro.)

MARQUESA

Ven aquí: yo te lo mando.

BERNARDA

No: yo te lo ruego; ¿cuándo
tendrán fin estos dolores?   5

LORENZO

Hoy mismo. *(Con severidad.)*

MARQUESA

    Estoy de por medio,⁵
y es injusto ese desvío.

BERNARDA

¿Qué tienes?

LORENZO

    Cansancio y tedio;
pero al fin hallé el remedio
a tu mal ... ya que no al mío.   10

BERNARDA

¿Cuál?

LORENZO

La ausencia lo ha de ser;
y en medio poniendo el mar,
que facilite el deber,
ni yo te veré casar
ni tú me verás volver.   15

MARQUESA

¡Insensato!

BERNARDA

    ¡Pobre amigo!
¡casarme yo! ¡estás terrible!

LORENZO

¿No?

BERNARDA

    ¡Cuando yo te lo digo!
—¡Pero Lorenzo! ¿es posible
que tú te enojes conmigo?   20
Si son de tu amor despojos
mis gustos; si eres mi gloria,
dando tregua a tus enojos,
recuérdalo en tu memoria
o pregúntalo a mis ojos.   25

LORENZO

¡Basta, Bernarda!

BERNARDA

    ¡No! ¡espera!
escúchame si no quieres
que de este pesar me muera.

LORENZO

¡Déjame huir!

BERNARDA

    ¡Huir!

MARQUESA

    Eres
un insensato, una fiera.   30

LORENZO

¿Por qué?

---

⁵ *Estoy de por medio,* " I am taking a hand in this matter."

MARQUESA

Su defensa tomo,
porque en ti no encuentro asomo
de amor, sino de egoísmo.
¿Dudas de Bernarda?

LORENZO

                    ¿Cómo,
si es la mitad de mí mismo?   35
Ya sé el móvil que la inspira;
que no es tan ciega mi ira,
ni mi razón es tan ruda.
Pues ¡qué, señora! ¿se duda
del aire que se respira?   40
Y ése es mi duelo mayor,
señora, y ésa es mi pena;
que conociendo su amor,
a perderlo me condena
del vulgo ciego el error.   45

MARQUESA

¿Quién oye esa autoridad?
¿Quién, que de intento no vaya
contra la misma verdad,
tira un diamante porque haya
quien dude de su bondad?   50

BERNARDA

¡Señora! ¡que eso os asombre!
se trata de su renombre,
de su honor, de sus deberes.
Ante la fama de un hombre,
¿qué valemos las mujeres?   55
Miradlo en mí: ¿yo he dudado
en poner mi nombre honrado
de la calumnia al juicio?
¿No hice de estar a su lado
el valiente sacrificio?   60
Yo, que aunque humilde, soy dama,
antepuse a mis sonrojos
el amor que hacia él me llama,
y amante, cerré mis ojos
al peligro de mi fama.   65
¿Verdad? y eso que tenía,
para que ningún tormento
faltara a la pena mía,

entero convencimiento
del peligro que corría.   70
Pero me dije, contenta
con mi inmerecida afrenta,
aunque era afrenta cruel:
«Vaya de su dicha a cuenta;
sufrámosla, que es por él.»   75
Y mi honor saldrá a su encuentro,
que un trono en mi pecho tiene,
y está en él como en su centro.

LORENZO

Mas la honra ...

BERNARDA

                    La honra no viene
de afuera; sale de adentro.[6]   80

MARQUESA

Más fe merece a [7] mi hermano,
que de su honradez seguro,
la ofrece su noble mano.

LORENZO

Tenéis razón.

MARQUESA

                    Y no en vano;
eso también te lo juro.   85

LORENZO

Pues yo no debo, no quiero
matar tu dicha; eso no,
que tu bien es lo primero.
Mejor suerte te brindó
el amor de un caballero.   90

BERNARDA

Mas cuando el cariño falta,
¿qué importa que el oro sobre?
Ni a mí la ambición me exalta,
ni quiero dicha más alta
que ser de mi amante pobre.   95

LORENZO

(¡Y aún resisto! ...)

---

[6] Bernarda here echoes the words of Lorenzo (I, ii).
[7] *Más fe merece a,* " She inspires more faith in."

BERNARDA

        Aquí me trajo
la mano de Dios; aquí
en estado humilde y bajo,
me he acostumbrado al trabajo,
y me he acostumbrado a ti.   100
Pongo a tu fe por testigo:
ya para olvidarte es tarde,
y si es del cielo castigo,
otra pena no me guarde
que vivir pobre y contigo.   105

LORENZO

    (*Medio vencido.*)

¡Por Dios!... ¡Ay, Bernarda mía!

BERNARDA

¡Lorenzo! (*Con esperanza.*)

LORENZO

      Enjuga tu llanto.

BERNARDA

¡Lorenzo!

LORENZO

      Ya yo sabía
que resistir no podía
de tu palabra al encanto.   110

BERNARDA

Pero ¡es posible!

LORENZO

      ¡Sí, hermosa!
al fin la fuerza rebosa
de mi cariño profundo.
Hoy mismo serás mi esposa,
piense lo que quiera el mundo.   115

ESCENA VI

DICHOS *y el* CONDE

LORENZO

Venid, conde.

CONDE

(*A Bernarda.*) Recibí
tu billete, y ¡vive Dios!

lo que más siento es que tengas
contra mí tanta razón.
Pero no darme la vida   5
hubiera sido mejor
que engañar mis esperanzas.

BERNARDA

La suerte así lo ordenó.

MARQUESA

¿No sabes que ama a Lorenzo?

CONDE

Bernarda, agradece a Dios   10
que te da tan buen esposo.

BERNARDA

Es verdad.

CONDE

      Mejor que yo.

LORENZO

¡Conde!...

CONDE

      Digo lo que siento:
soy un insensato, soy
un loco; pero no tengo   15
corrompido el corazón.

LORENZO

Pues bien; dadme de ello ahora
una prueba: ya pasó
el primer riesgo; evitadnos
de otro segundo el temor.   20
Salid de Valencia.

CONDE

      ¡Nunca!

LORENZO

Es necesario.

CONDE

      Eso no.

LORENZO

Pero mientras vos estáis
expuesto al ciego furor
de esos hombres, ni conviene   25
ni es posible nuestra unión.

CONDE

Nadie se atreve . . .

LORENZO

Eso es cierto,
porque imaginan que sois
esposo de quien ha dado
a otro hombre su corazón.   30

CONDE

Pues bien; por ti, por tu dicha,
por la de Bernarda, estoy
dispuesto a todo; mas pronto
volveré.

LORENZO

¡Quién sabe! Adiós.

CONDE

Mira: la verdad, Lorenzo,   35
es que puede tu valor
estar satisfecho, si era
darnos miedo tu intención.
Libre el pueblo, y de su fuerza
una vez conocedor,   40
temblamos cuando irritado
sus cadenas removió.
Mas ahora que los delirios
de esa canalla feroz
derraman en vuestro seno   45
espanto y desolación,
ahora, Lorenzo, ese mismo
pueblo, con alto clamor
nos llama: Guillén Sorolla
tus proyectos atajó.   50

LORENZO

Acaso es cierto.

CONDE

No dudes

que ya se acerca . . .

ESCENA VII

DICHOS y FRANCÍN

FRANCÍN

¡Señor!

CONDE

¿Qué es eso, Francín?

FRANCÍN

¡Aprisa!
Poneos en salvo: veloz
como el pensamiento, corre
por la ciudad un rumor . . .   5

CONDE

Pero explícate: ¿qué es ello?

FRANCÍN

Cunde entre el pueblo la voz
temerosa de la muerte
de Sorolla el tejedor.

LORENZO

¡Sorolla ha muerto!

FRANCÍN

Eso afirman;   10
y en terrible confusión
empieza a invadir las calles
gentío amenazador.
Huid; no perdáis momento.

CONDE

¿Y qué tengo que ver yo? . . .   15

MARQUESA

Habla, Francín.

FRANCÍN

De esa muerte
dicen que sois el autor.

CONDE

¡Ah! me acusan . . .

FRANCÍN

Y al virrey
y a los nobles: juran que hoy
se vengan de los hidalgos,   20
y sobre todo, de vos.

MARQUESA

¡Hermano mío!

CONDE

Veremos
si se atreven . . .

(*En ademán de dirigirse a la calle.*)

BERNARDA

Por Dios, ¡no!

MARQUESA

Detente.

LORENZO

¡Dónde vais! Eso
es locura y no valor.   25
Ya me lo habéis prometido,
y yo tranquilo no estoy
hasta veros partir.

CONDE

Sea.

FRANCÍN

Mas de esa capa el color
puede venderos.

(*Quiere cambiar su capa con el conde.*)

CONDE

¿Pues quieres   30
también esta humillación?

MARQUESA

Déjale hacer.

CONDE

No consiento.

LORENZO

Hacedlo por mí, señor;
vuestro orgullo compromete
no una vida, sino dos.   35
Considerad que es mi noche
de bodas.

CONDE

Tienes razón.
Toma, Francín.

(*Cambia de capa con Francín.*)

FRANCÍN

Con mi capa
cubríos.

CONDE

¿Dónde vas?

(*A Lorenzo, que toma también su capa*)

LORENZO

Voy
a acompañaros.

CONDE

¿Adónde?   40

LORENZO

Yo lo sé: venid en pos
de mí.

CONDE

Por ese arrabal . . .

LORENZO

Dudo que a la luz del sol
salgáis de ese laberinto,
y ha tiempo que anocheció.   45
Dejadme.

BERNARDA

Sí.

MARQUESA

Sí.

LORENZO

Conozco
el camino, y no hay rincón,
no hay acequia ni revuelta
que a ciegas no encuentre yo.

CONDE

Vamos, pues; pero le juro   50
por mi nombre a ese traidor,
si no ha muerto . . .

LORENZO

Muerto o vivo,
que no le abandone Dios.

(*Vanse por la derecha el conde, Lorenzo
y Francín.*)

ESCENA VIII

BERNARDA y la MARQUESA

BERNARDA

No temáis; aunque furioso
el pueblo se descarría
alguna vez, todavía
ama y respeta a mi esposo.

MARQUESA

Y lo merece.

BERNARDA

¿Es verdad?   5

MARQUESA

Y si todos como él fueran,
¿quién duda que merecieran
completa esa libertad?
Cierto, y de tu amor ufana
debes estar.

BERNARDA

¡Si es mi vida!   10

MARQUESA

Oye: tengo decidida
mi marcha para mañana.

BERNARDA

Mirad . . .

MARQUESA

              No; pueden mi huella
seguir; el peligro apura,
y no me creeré segura   15
hasta encontrarme en Morella.⁸
Antes, la mayor de todas
tus dichas presenciaré,
y si consientes, seré
madrina de vuestras bodas.   20

BERNARDA

¡Ah, señora!

MARQUESA

              Y puesto que hoy
se estrechará el santo nudo . . .

BERNARDA

¡Hoy!

MARQUESA

Él nos lo ha dicho.

BERNARDA

              Aún dudo.

MARQUESA

¿Por qué?

BERNARDA

              Tranquila no estoy.

MARQUESA

¿Qué temes?

BERNARDA

¡Ay!

MARQUESA

              Me sorprendes.   25

BERNARDA

Ser Lorenzo tan honrado
es mi orgullo . . . y mi cuidado.

MARQUESA

Con esa duda le ofendes.

BERNARDA

Si a tal extremo la llama
de su afecto le redujo,   30
temo que pierda su influjo
si oye otra vez a su fama.

MARQUESA

No lo hará: yo te lo fío.

BERNARDA

Mi cariño es receloso.

MARQUESA

Calla, y sorprende a tu esposo 35
con el nupcial atavío.
Ufano tienda tu amor

⁸ *Morella*, a high-perched, strongly fortified town north of Valencia, on the frontier of Aragon. It was practically the only town in the province of Valencia which remained loyal to the government at this time.

de su esperanza las alas:
viste tus mejores galas.

BERNARDA

Mi cariño es la mejor.   40

MARQUESA

Advierte que a tu presencia
pronto alegre volverá,
y el celo agradecerá
de tu amorosa impaciencia.

ESCENA IX

DICHAS y VICENTE, *que sale corriendo y cierra tras sí la puerta que da a la calle.*

BERNARDA

¡Un hombre!

VICENTE

Les dí esquinazo.

MARQUESA

¿No es Vicente?

BERNARDA

¿Qué te pasa?

VICENTE

Si está más lejos tu casa
me rompen el espinazo.

BERNARDA

¿A ti? ¿Cómo puede ser?   5

VICENTE

Pues ¿eso te maravilla?

MARQUESA

¿Pero quién fué?

VICENTE

Gentecilla
que no tiene que perder.
—Cuando salí de aquí, nada
noté que oliera a tumulto;   10
guardé, sin embargo, el bulto,[9]

y penetré en mi morada.
Esperábame impaciente
un labrador de Gandía,[10]
¡buen hombre! que me traía   15
cierta carta de un pariente,
que me dice: « Hay novedades;
por ésta te participo
que ha dado ya el postrer hipo
tu tío Martín Puyades;   20
y en el trance lastimero,
no pudiéndose llevar
su hacienda, aunque a su pesar,
te ha nombrado su heredero.»
¡Tío! ¡mi opinión impía   25
de tu bondad rectifico!
¡Pobre viejo!—¡Y era rico!

(*Enternecido.*)

¡más de lo que yo creía! (*Sollozando.*)
Por mí solo, por hacer
mi felicidad, fué avaro.   30
Ahora es cuando encuentro claro

(*Serenándose de repente.*)

y justo su proceder.

MARQUESA

Y en fin ...

VICENTE

En fin, de mi asombro,
que no de mi aturdimiento,
vuelvo apenas, cuando siento   35
que me tocan en el hombro.
Era un pobre menestral
de mi casa, que azorado:
« El pueblo está alborotado,»
me dice; « es cosa formal.»   40
¡Salgo, y una danza encuentro
armada de Lucifer!
Tiemblo. ¡Yo que estaba ayer
en ellas como en mi centro!
Escaparme solicito,   45
y esto aviva su sospecha;
me cerca el grupo y se estrecha.
« ¡Soy de los vuestros! » les grito;
pero ¡inútil precaución!

---

[9] *guardé ... el bulto*, "I proceeded, however, very cautiously."
[10] *Gandía*, a town forty-five miles south of Valencia.

tal era su furia brava,   50
que con ellos no bastaba
ꭒi esta recomendación.
Uno alzó en este momento
pica, lanza o lo que fuera;
pero yo le dije: «Espera,   55
que voy a contarte un cuento.»

MARQUESA

¿Y te defendiste?

VICENTE

Sí.

MARQUESA

¡Bien!

VICENTE

Y sin mucho trabajo:
tomé por la calle abajo
y no he parado hasta aquí.   60

MARQUESA

¡Ya ves!

VICENTE

De nuestra rüina
éste es el triste comienzo.
Vengo a avisar a Lorenzo,
para ver qué determina.
Dile que andan a la husma   65
de ricos. Esto ¿es razón?
Él tiene la obligación
de sujetar a esa chusma.
Dile que la libertad
se encuentra en terrible estrecho,   70
y que peligra el derecho
santo de la propiedad.

BERNARDA

¡Vicente! pues ¿cómo así?
no ha mucho . . .

VICENTE

Lo mío es mío;
¿no es verdad? Mi honrado tío   75

(A la marquesa.)

lo ha ganado para mí.

MARQUESA

Dime, ¿quién es el autor
de ese motín? ¿no has sabido? . . .

VICENTE

Yo no sé quién ha esparcido
por la ciudad el rumor . . .   80

MARQUESA

Sí, la nueva de una muerte.

BERNARDA

¿No es una odiosa mentira,
fraguada? . . .

VICENTE

Yo no sé. (Desconcertado.)

BERNARDA

Mira
que he aprendido a conocerte.

VICENTE

¡Qué dices!

BERNARDA

De tu lealtad   85
aquí el testimonio invoco:
tú y Guillén Sorolla ha poco
estabais aquí.

VICENTE

Es verdad.

BERNARDA

Juntos salisteis.

VICENTE

Es cierto;
pero la verdad . . .

BERNARDA

Espera.   90
Tú sabrás de qué manera
en tan breve espacio ha muerto.

MARQUESA

Testigos somos las dos
contra ti.

VICENTE

¡Cómo testigos!

MARQUESA

Y hay justicia.

BERNARDA

Y hay castigos.   95

MARQUESA

Y hay patíbulos.

BERNARDA

Y hay Dios.

VICENTE

(¡Y escribanos! ¡mentecato!)

MARQUESA

¿Hablas?

VICENTE

Yo soy un pobrete,
¡valga la verdad! juguete
de un ambicioso insensato.   100

BERNARDA

¿Vive?

VICENTE

Vive.

BERNARDA

La verdad.

VICENTE

Te lo juro por mi nombre;
puedes creerme: soy ya un hombre
de responsabilidad.
De él mismo salió esta embrolla. 105

MARQUESA

Búscale.

VICENTE

(¡Suerte maldita!)

BERNARDA

Vé a la calle; corre, grita
    (*Abriendo la puerta de salida.*)
que vive Guillén Sorolla.

VICENTE

Iré . . .

MARQUESA

Para luego es tarde.[11]

VICENTE

El peligro considero . . .   110

BERNARDA

¿Ahora tiemblas?

VICENTE

El dinero
ha sido siempre cobarde.

(*Vase por la puerta que da a la calle em-
pujado por Bernarda; ésta cierra un momento después.*)

ESCENA X

BERNARDA *y la* MARQUESA

BERNARDA

Pues nos quedamos las dos
solas . . .

MARQUESA

Sí; cierra esa puerta.
Ya ves; todo se concierta
en bien.

BERNARDA

¡Permítalo Dios!

MARQUESA

Corre; engalánate.

BERNARDA

Sí,   5
sí, que ahora a esperar comienzo.

MARQUESA

Ya no tardará Lorenzo.

BERNARDA

¿Y vos?

MARQUESA

Yo le espero aquí.

---

[11] *Para luego es tarde*, " If you delay it will be too late."

BERNARDA

Gracias. (*Se va a su habitación.*)

MARQUESA

Vé.—¡De qué crüel
temor está mi alma llena!   10
y por no aumentar tu pena ...

(*Se oye llamar a la puerta; la marquesa
acude presurosa.*)

LORENZO

(*Dentro.*) Abrid.

MARQUESA

¿Quién?

LORENZO

¡Abrid!

MARQUESA

Es él.

(*Abre la marquesa la puerta y aparece
Juan Lorenzo completamente demudado.*)

ESCENA XI

La MARQUESA *y* LORENZO

MARQUESA

¡Lorenzo!

LORENZO

¿Quién aquí? ...

MARQUESA

Soy yo; no temas:
te esperaba.

LORENZO

¡Callad!

MARQUESA

¿Qué te acongoja?
¡Habla! ¿qué pasa? di: ¿qué es de mi
hermano?

LORENZO

Huyó.

MARQUESA

¡Gracias al cielo!

LORENZO

Pero a costa
de una sangre leal.

MARQUESA

¡Francín! ¿ha muerto? 5

LORENZO

¡Que Dios le dé la prometida gloria!

MARQUESA

¡Infames!

LORENZO

¡No gritéis! ¡oh, ni una queja,
ni una voz, ni un suspiro! ¡que no os
oigan!
La hiena ha despertado, y yo, yo he sido
quien la arrancó de su letal modorra.   10

MARQUESA

Mas ¿cómo fué? ...

LORENZO

Dejadme que recobre
el aliento perdido.

MARQUESA

(*Conduciéndole al sillón.*) Ven, reposa;
pero habla.

LORENZO

Sí lo haré.

MARQUESA

Y esta impaciencia
a mi febril indignación perdona. (*Pausa.*)

LORENZO

Mientras que yo del arrabal cercano   15
guiaba al conde por las calles lóbregas,
Francín cruzó la plaza, en que rugía
viviente mar de alborotadas olas.
Cubriendo el rostro, y a su dueño el conde
remedando en el aire y la persona,   20
procuraba fijar de aquel airado
tumulto la mirada escrutadora.
No esperó largo tiempo; en corto instante
su inquietud, sus miradas recelosas
despiertan la atención de aquella gente, 25

que de Francín en derredor se agolpa.
« ¡El conde! » alguno prorrumpió; y en
    breve,
corriendo aquella voz de boca en boca,
se convirtió en bramido, resumiendo
mil y otras mil en suma pavorosa.   30
« ¡Muera! » gritaban; y tras él cruzaron
plazas y calles en carrera loca,
incansable, tenaz, como jauría
que al cervatillo fatigado acosa.
Ya de San Nicolás [12] próximo estaba   35
el triste fugitivo a la parroquia,
cuando salió el vicario, que a la turba
refrenó con palabras amorosas;
y se abrazó a Francín, y colocando
sobre su frente la sagrada forma,[13]   40
se abrió camino, dirigióse al templo,
y ya tocaba del umbral las losas.
Pero al ver [14] que la presa codiciada
de aquel anciano la piedad le roba,
volviendo en sí del momentáneo asom-
    bro,   45
aquella multitud gimió de cólera.
Llegué a este punto, y con sentido [15] ruego
la pedí compasión una vez y otra;
pero estaba en sus iras complacida,
y a todo humano sentimiento sorda.   50
Hollado el sacerdote, que imploraba
en el nombre de Dios, misericordia,
cayó, manchando el pórtico sagrado
con sangre de Francín y sangre propia.
Yo, señora, le ví, pálido el rostro   55
y desgarradas las talares ropas,
de nuevo alzar con el herido brazo,
iris de paz, la cándida custodia.
Y al verla sobre todos levantada
a la luz de las pálidas antorchas,   60
en medio del tumulto de asesinos,
manchada a trechos con señales rojas,
creí ver repetirse aquel misterio
que al mundo esclavo redimió en el Gól-
    gota.[16]

MARQUESA

¡Me horrorizas!

LORENZO

      De espanto dominado,   65
y llena el alma de mortal congoja,
huí de aquella escena abominable
hasta encontrarme con mi angustia a solas.
Pero al volver aquí, de nuevo escucho
fiero clamor: desordenada tropa,   70
obedeciendo al aguijón del crimen,
por delante de mí cruzó furiosa;
y clavada en el hierro de una pica,
despojo de su bárbara victoria,
ví de Francín la rígida cabeza   75
dibujarse en el fondo de las sombras.

MARQUESA

Lorenzo, ya lo ves: ésa es la plebe.

LORENZO

No es la plebe: es la turba licenciosa
de infames desmandados; es la chusma
que azuza contra mí Guillén Sorolla.   80
—Mirad . . . ¡siento mi sangre dilatarse,
y que mi pobre corazón se ahoga,
y que tiemblan sus fibras una a una
cual si quisieran desatarse todas!

MARQUESA

¡Calla, Lorenzo, calla!

LORENZO

          Sí; callemos.   85

(*Dominado por el terror.*)

MARQUESA

Y aleja esa visión de tu memoria;
bórrala, si es posible.

LORENZO

         ¡Que la borre!
¡no he de poder jamás! ¡jamás, señora!

---

[12] *San Nicolás,* an ancient church situated a short distance from the cathedral. Pope Calixtus III was once a priest of this church.

[13] *la sagrada forma,* the consecrated Host, contained in the *custodia* or monstrance, as mentioned below.

[14] *Pero al ver,* etc. Read, *Pero al ver que la piedad de aquel anciano le roba la presa codiciada.*

[15] *sentido,* "heartfelt."

[16] *Gólgota,* Golgotha, or Calvary, where Christ was crucified.

MARQUESA

Por compasión a la inocente niña
que galas viste y que te espera ansiosa . . .

LORENZO

¡Me espera! ¿para qué?

MARQUESA

      ¡Pregunta extraña!   91
cerca el momento está de vuestra boda.

LORENZO

¡Nuestra boda decís!

MARQUESA

      Pronto, ceñida
la casta sien de virginal corona,
vendrá a pedir a su dichoso amante   95
el prometido título de esposa.

LORENZO

¡Es verdad! ¡Cuál será mi sufrimiento
cuando, olvidado de mi dicha próxima,
sólo me ocupa este dolor!—Decidla
que llore sangre; que sus galas rompa, 100
y sus cabellos mese, y de su cara
borre también las naturales rosas.
¡Bodas en tal momento! ¡oh, que serían
del público dolor indigna mofa!

MARQUESA

Piénsalo bien, Lorenzo: si dilatas   105
el momento feliz que espera ansiosa,
creerá tal vez que la sospecha infame
tu lastimado corazón devora.

LORENZO

No.

MARQUESA

      Sí: sospechará que esa tardanza
nace de algún temor que la deshonra. 110

LORENZO

¿No aguardaremos a mejores días?

MARQUESA

¡Ay! ¡que comienzan hoy los de discordia!

LORENZO

Es cierto.

MARQUESA

      Y quiero ser vuestra madrina,
y he de partir al despuntar la aurora.

LORENZO

¡Un sacrificio más! a los altares   115
(*Después de una breve pausa.*)
llevaré mi aflicción; pero no importa.
Sonreiré . . . si al través de la sonrisa
la inmensidad de mi dolor no asoma.

MARQUESA

Que no sospeche la inocente . . .

LORENZO

              Nada.

MARQUESA

Triste va a ser la santa ceremonia;   120
mas no es posible retardarla.

LORENZO

             Cierto.

MARQUESA

Advertiré a Bernarda que ya es hora.

ESCENA XII

LORENZO, *solo.*

¡Bien! ¡bien!—No sé en qué consiste,
no sé; pero tengo miedo
ahora que a solas me quedo
con mi pensamiento triste.
Todo para mí se viste   5
del luto del corazón.
Calle la noble ambición,
que ya mi espíritu empieza
a sentir de su flaqueza
la humillante convicción.   10
Vuelva de su vano ensueño
y su camino desande
el que se creyó tan grande
y se encuentra tan pequeño.
Renuncia a tu loco empeño,   15
pues de tu error te persuades,
gigante en las vanidades,

pigmeo en fuerzas y arrojo,
que has pretendido a tu antojo
manejar las tempestades. 20
De un ambicioso vulgar
cuenta la mitología
que precipitó del día
el ardiente luminar.
A él me puedes comparar, 25
Cisneros, ¡Febo español!
Sol fué de puro arrebol
tu pensamiento bizarro,
y yo soy Faeton,[17] que el carro
precipité de tu sol. 30
Yo que de tantos asombros
siento la mortal zozobra,
quise tu difícil obra
levantar sobre mis hombros,
y hoy veo rodar entre escombros 35
con ella, mi vanidad.
¡Noble y santa libertad,
mi consoladora idea! . . .
vuelve a Dios: no te desea
la frívola humanidad. 40
Mas con esto la inquietud
de mi conciencia no aduermo.
¡Mentí! ¡mentí! no hay enfermo
que no quiera la salud.
Acuse a su ineptitud 45
el que, creyéndose fuerte,
jugó de un pueblo la suerte,
y a la calumnia no acuda;
que la humanidad no duda
entre la vida y la muerte. 50
—¿Qué es esto? ¡qué sensación
rara! . . . Dicen que conmigo
va mi mayor enemigo,
y es mi propio corazón:
que la ciencia a la inacción 55
o a la muerte me condena.
—¡Señor! si es ésta mi pena,
conozca yo mi delito.

(*Hace un esfuerzo para incorporarse.*)

—¡Bernarda! (*Pausa.*) Yo he dado un
grito;

¡pero mi voz no me suena! (*Con terror.*) 60
¡Muerte! eres tú, ¡no me engañas!
siento que te acercas; siento
que se adelgaza mi aliento,
que se hielan mis entrañas.
¡Mil sensaciones extrañas 65
siento a la vez! . . . ¡ya no veo! . . .
—¡Gran Dios! mío es . . . tu deseo . . .
tuya . . . mi pobre . . . existencia . . .
¡Padre! . . . ¡creo . . . en tu clemencia!
¡creo . . . Señor! ¡creo! . . . ¡creo! . . . 70

(*Expira; el teatro queda por un momento
solo; poco después sale Bernarda vestida
de blanco.*)

ESCENA XIII

LORENZO, *muerto;* BERNARDA

BERNARDA

¿Lorenzo? ¡mira!—No está.
Acaso en esotra sala . . .
o es que su traje de gala
aún le ocupa; eso será.
¿Para qué, si te desea 5
mi corazón, sólo amante,
y es tu apacible semblante
lo que más me lisonjea?
¡Si te basta una mirada
tranquila, exenta de enojos, 10
para deslumbrar los ojos
de tu esposa enamorada!
Me inunda sólo tu vista
de cariñosa zozobra,[18]
y una palabra te sobra 15
para tan fácil conquista.
¿Y yo? ¿no ha ajado mi frente
de los pesares la huella?
¿si me encontrará tan bella? . . .
¿Por qué no? seguramente. 20
Ya quisieran más de dos
presumidas . . . ¡y aún me quejo!
Ahora me miré al espejo
y he dado gracias a Dios.
¡Pero señor! . . . o es que tarda, 25
o es que mi amor tiene prisa

---

[17] *Faeton,* Phaeton, the son of Helios (the Sun), who set heaven and earth on fire in the attempt to drive his father's chariot.
[18] *cariñosa zozobra,* " delicious trembling."

de alcanzar una sonrisa
para la feliz Bernarda.
—Mas ¿qué es eso? ¿no me engaño?

(*Viendo a Lorenzo.*)

¡Allí Lorenzo! ¡y sin verme!　30
Si duerme, ¿cómo es que duerme
en tal momento? ¡es extraño!

(*Coge la luz y se dirige hacia él con muestras de temor.*)

¡Lorenzo! ¡Lorenzo mío!
—¡Su calma me desconcierta!
Soy yo, ¡Bernarda! ¡despierta!　35

(*Cogiéndole una mano.*)

¡Ay! ¡no despierta! ¡está frío!

(*Deja caer la luz; el teatro queda a oscuras.*)

¡Virgen del mayor dolor!
¡duélante mis desventuras!

(*Cayendo de rodillas.*)

¡Lorenzo!—¡He quedado a oscuras!
¡Favor! ¡se muere! ¡favor!　40

ESCENA XIV

DICHOS y la MARQUESA, con luz.

MARQUESA

¡Bernarda!

BERNARDA

Venid.

MARQUESA

¿Qué pasa?

BERNARDA

Dios sin duda os ha enviado.

MARQUESA

Pero ¿qué es esto?

BERNARDA

Que ha entrado
la desdicha en nuestra casa.

MARQUESA

Pero explícame . . .

BERNARDA

Quizá　5
padece, y yo . . . ¡ni me muevo!
Lorenzo . . . ¡Si no me atrevo!
Socorredle: allí . . . allí está.

(*Señalando al sillón.*)

(*La marquesa se dirige adonde está Lorenzo; le pone una mano sobre el corazón, y queda por algunos momentos en esta actitud. Bernarda, sin abandonar la suya, exclama con ansiedad:*)

BERNARDA

¿Vive? ¿vive?

MARQUESA

(¡Esto es atroz!)

BERNARDA

¿Vive? . . . ¡Ay! ¡no! ¡necia quimera!　10
A ser posible, hasta hubiera
resucitado a mi voz.

MARQUESA

(Me hace el corazón pedazos.)

BERNARDA

Desengañadme, señora.
¿No queda esperanza?

MARQUESA

Llora.　15

BERNARDA

¡Ay de mí!

MARQUESA

Llora en mis brazos;
ven.

(*La separa de Juan Lorenzo, y corre la cortina, de modo que el sillón en que está el cadáver quede oculto para el público.*)

BERNARDA

¿Quién le ha muerto?

MARQUESA

El dolor

ha minado su existencia.
Está llorando Valencia
los crímenes de un traidor.   20
¡Ah! ¡mírale!

(*Señalando a Guillén, que sale en este momento.*)

ESCENA ÚLTIMA

DICHOS y GUILLÉN SOROLLA

BERNARDA

¿Es él? ...

SOROLLA

En prueba
de la amistad que le tengo,
a dar a Lorenzo vengo
una dolorosa nueva.

MARQUESA

Vuélvete.

SOROLLA

Por su alianza   5
con los nobles, conmovida,
la plebe quiere su vida
y está clamando venganza.
La fuga ... puedes creerme;
si es que de temor se esconde ...   10

MARQUESA

Nada teme.

SOROLLA

Pero ¿dónde
está? quiero hablarle.

MARQUESA

Duerme.

SOROLLA

Le despertaré.

MARQUESA

Allí está.

(*Señala adonde está el cadáver; Sorolla se dirige a él precipitadamente, sin descorrer* la cortina, que permanecerá echada hasta la conclusión del acto.)

SOROLLA

¡Lorenzo! (*Pausa.*) ¡Esta mano fría! ...

(*Sale despavorido.*)

—¿No dijisteis que dormía?   15

BERNARDA

Ya no se despertará. (*Sollozando.*)

SOROLLA

¿Quién le ha muerto? ¿qué villano
traidor, qué mano iracunda? ...

BERNARDA

Es su herida más profunda
que la que infiere una mano.   20
Y es tuya la odiosa palma
de ese triunfo.

SOROLLA

¡Infausto yerro!

BERNARDA

Sólo al cuerpo alcanza el hierro;
tú le has herido en el alma.

SOROLLA

¡Yo he sido! ¡yo! ¡singular   25
acaso! ¡terrible idea!

MARQUESA

Aún puede, si lo desea,
sus delitos expïar.

SOROLLA

¿Y cómo?

MARQUESA

Ensaya, Guillén,
tu poder: ¡lucha! ¡avasalla   30
a esa impudente canalla!

SOROLLA

Nada puedo para el bien.
¡Han blanqueado mis cabellos
en horas! ¡Mi poderío!
¡Sarcasmo! yo no los guío;   35

soy arrastrado por ellos.
Y me llevan a un abismo;
sé que su víctima soy,
y voy, sin embargo, y voy
ayudándoles yo mismo. 40

MARQUESA

Huye.

SOROLLA

Fuera de mi muerte
cierta ocasión esa huída.

BERNARDA

(Con indignación.)

Pues dime: ¿aún amas la vida?

SOROLLA

Ya tengo echada mi suerte.[19]

VOCES

¡Sorolla! (Dentro.)

SOROLLA

¡Voy!

(Dirigiéndose a la puerta de salida.)

MARQUESA

Me avergüenzo 45
de mi compasión. (Se aleja Bernarda.)

SOROLLA

¡Bernarda! (Volviendo.)
oye mi disculpa; aguarda.

BERNARDA

Voy a orar por Juan Lorenzo.

VOCES

¡Sorolla!

(Más cerca. Sorolla vuelve a hacer ademán de partir.)

MARQUESA

¿A seguirlos vas?

SOROLLA

Soy su esclavo; no os asombre. 50

MARQUESA

Recemos por ese hombre,
que lo necesita más.

(Bernarda se ha arrodillado delante del crucifijo; la marquesa está de pie entre los dos. Guillén Sorolla, después de un momento de vacilación, se va por la puerta de la derecha como arrastrado por el bullicio de los desmandados. Un momento antes se habrá dejado ver resplandor de luces, y se habrá oído rumor lejano de voces. Cae el telón.)

[19] In 1522, Sorolla, a prisoner in the stronghold of Montesa, was by order of the viceroy of Aragon dragged through the streets and quartered; his head was sent to Valencia.

TAMAYO Y BAUS

If heredity and environment are considered, no author ever came more naturally by his dramatic gifts than Manuel Tamayo y Baus (1829–1898), regarded by many critics as the finest playwright of his century. The members of his immediate family as well as his closest friends were all connected with the theatre. His father, José Tamayo, was an actor and director of a company; his mother was Joaquina Baus, renowned for her beauty, talent and virtue; a brother, Victorino, created the rôle of Yorick in *Un drama nuevo* and collaborated with Tamayo in two minor plays; and finally, Tamayo's wife was a niece of the famous tragedian Máiquez. His first readings were the plays rehearsed and performed by his parents' company, and at the age of eight he was studying and adapting foreign works. He was only eleven when one such adaptation, *Genoveva de Brabante*, played by his parents at Granada, was received with tumultuous applause. His real career dates from 1847, with the performance, again by his parents, of *Juana de Arco*, a free version of Schiller's *Jungfrau von Orleans*. From then until 1870 he produced forty-five plays of varying character; but his remaining years were devoted wholly to his duties as secretary of the Spanish Academy and Director of the Biblioteca Nacional. Tamayo y Baus was a man of unusual nobility of character. He was so modest that after his election to the Academy in 1858 all his plays appeared under a pseudonym.

Throughout his dramatic career, Tamayo so consistently interspersed original work with adaptations, tragedy and serious drama with comedy of every degree, that it is impossible to classify his plays by periods. They can best be considered by groups, beginning with a few miscellaneous compositions. His first original play, *El cinco de Agosto* (1848), is an immature, lugubrious Romantic drama, commonly termed his first and last mistake. *Ángela* (1852), a second adaptation from Schiller (*Kabale und Liebe*), is more effective and is of interest because its *Prólogo* reveals the author's high moral conception of the function of the theatre. During the next few years Tamayo frequently collaborated with various friends in writing a number of plays, some original, others imitations of the French. In all his adaptations he took great liberties, changing plot and characters to an extent that made them almost unrecognizable.

One of Tamayo's greatest triumphs came with *Virginia* (1853), a five-act tragedy in verse, on the much-treated theme of the Roman maiden killed by her father to prevent her falling into the hands of the decemvir Appius Claudius. This work represents a deliberate attempt to revive the classic tragedy by infusing warmth, movement and variety into a genre whose severe beauty and rigidity had long since lost their appeal for the public. Tamayo, fired with youthful enthusiasm for his task, has here produced a work of great erudition and almost irreproachable correctness of form, which he endeavored to improve still further in a second version that occupied him intermittently for the rest of his life. But although *Virginia* has been acclaimed the finest modern tragedy, it does not escape the usual neo-classic defects of coldness and artificiality. Ta-

529

mayo himself must have sensed this, for he made no further experiments of this nature.

Instead, he turned almost immediately to the historical drama. *La Ricahembra* (1854), in collaboration with Aureliano Fernández-Guerra, dramatically recounts the story of Doña Juana de Mendoza, member of one of the proudest families of the Middle Ages, who refused all her suitors until one of them slapped her in exasperation; him she married, that it might not be said that any man except her husband had laid hands upon her. The following year appeared *La locura de amor,* which for sheer beauty and artistic merit is rivaled only by *Un drama nuevo.* No more sympathetic and penetrating psychological study has ever been made of the unfortunate Juana la Loca, daughter of Ferdinand and Isabel, whose jealous love for her faithless husband, Philip the Handsome, is here given as the real cause of her madness. The author, who had previously demonstrated his mastery of verse, in this as in most of his subsequent works employs prose—a prose of admirable purity, conciseness and faintly archaic flavor. There is also a foretaste of Echegaray's type of Romanticism in the succession of *fatalidades* and unfortunate coincidences which involve the leading characters in a maze of jealousies and cross purposes. The same idealized conception of the queen, pictured at the close of her long and dismal existence, is found in *Santa Juana de Castilla* (1918), the last dramatic work of Pérez Galdós.

A third and very important phase of Tamayo's work turns on the study of social and moral problems of the day. Alarcón and Moratín had already treated such themes with some seriousness; after them Bretón de los Herreros, and to some extent Hartzenbusch, Gil y Zárate and Ventura de la Vega, had cultivated the comedy of contemporary manners, but usually with an eye to the humor or irony involved in the situation, rather than with the purposeful attempt to correct abuses. The true *alta comedia* implies a lofty moral tone and aim, which is what Tamayo and López de Ayala provide at this time. As early as *Ángela,* Tamayo had given clear indication of his feelings in this regard, stating in his *Prólogo:* " Juzgo necesario, para que el drama ofrezca interés, hacer el retrato moral del hombre con todas sus deformidades, si las tiene, y emplearlo como instrumento de la Providencia para realizar ejemplos de provechosa enseñanza. En el estado en que la sociedad se encuentra es preciso llamarla al camino de la regeneración, despertando en ella el germen de los sentimientos generosos." Even *Virginia,* he felt, would owe any success it might have to the fact that it was founded on two noble sentiments, the love of honor and the love of liberty.

Three of Tamayo's plays in this category merit high consideration. *La bola de nieve* (1856) portrays the effects of unfounded jealousy. Although termed a drama, the predominating tone is humorous until near the close, when the snowball gathers momentum, forces a rather melodramatic duel and precipitates the two innocent but fortunate victims into each other's arms, leaving their former lovers in comical despair. The play might almost be regarded as an anticipated take-off on *El gran Galeoto* of Echegaray, with its lesson that the mere suggestion of a " guilty love " may produce it. Six years and a dozen plays of unequal merit intervened between *La bola de nieve* and *Lo Positivo* (1862), which had one of the greatest successes of the Spanish stage, and still ranks as Tamayo's most popular comedy. Once more he proved his skill in refashioning an obscure model, in this case *Le duc Job* of Léon Laya. *Lo Positivo* has little plot, but the construction is faultless, the characters are real, the mingled humor and sentiment are contagious, and the moral conveyed is as applicable to-day as then. Ayala's *Consuelo* depicts the tragic results of the failure to observe the same lesson, that true love rather than wealth is the most important thing in marriage.

Thus far Tamayo's preachments were without bitterness or excessive warmth. *Lances de honor* (1863), however, is a scathing denunciation of dueling as an outrage to the individual, to society and to God. The play is well motivated and works up to a scene of terrific effectiveness, but it is marred by the author's over-insistence on driving home his thesis. The plaudits of the first performance were quickly stilled, and the play was withdrawn from the boards because of the powerful opposition to what many considered an interference with the inviolable rights of a Spanish gentleman. Two further satires of increasing bitterness and aggressiveness brought Tamayo's career to a close. *No hay mal que por bien no venga* (1868) met with a favorable reception; but *Los hombres de bien* (1870), assailing the indifference of so-called honorable people toward dishonesty and shameless conduct, was received coldly by critics and with stormy protest by a certain element of society. It can only be conjectured whether this second display of hostility impelled Tamayo to renounce playwriting.

His masterpiece, composed just three years previously, is a drama of pure passion, free from theses or problems of any sort. *Un drama nuevo* (1867) is a perfect example of the play within a play, unfolded amidst the loves, ambitions and jealousies of a theatrical troupe—Shakespeare's own company. As but one example of the universal praise bestowed on this work both in Europe and America, the words of Manuel de la Revilla may be cited: " Tamayo agigantado hasta el punto de producir un asombro como *Un drama nuevo*, producción en que todo es admirable (incluso el lenguaje sentencioso), en la que palpita una inspiración gigante; en la que las pasiones humanas vibran al unísono con las que Shakspeare pintara en sus obras inmortales, y la fuerza dramática, el efecto escénico, el terror trágico y la atrevida originalidad de las situaciones llegan a un punto altísimo de perfección; producción que hace palpitar todas las fibras del corazón humano, y que lo mismo arranca lágrimas de ternura y de piedad que gritos de terror y espanto; producción, en suma, que basta, no ya para glorificar a un hombre, sino para enorgullecer a un pueblo."

Bibliography: *Obras*, with *Prólogo* of A. Pidal y Mon, 4 vols., Madrid, 1898–1900. *La locura de amor*, ed. Buck and Sutton, Century Modern Language Series, 1931.

To consult: E. Cotarelo, *Don Manuel Tamayo y Baus*, in *Estudios de historia literaria de España*, Madrid, 1901. I. Fernández Flórez, in *Autores dramáticos contemporáneos*, II. M. Revilla, *Bocetos literarios: Tamayo y Baus*, in *Revista contemporánea*, X. N. Sicars y Salvadó, *D. M. Tamayo y Baus: estudio crítico-biográfico*, Barcelona, 1906. B. Tannenberg, *Un dramaturge espagnol: M. Tamayo y Baus*, Paris, 1898. J. D. Fitz-Gerald, *Un drama nuevo on the American Stage*, in *Hispania*, VII, 1924. Fitz-Gerald and T. H. Guild, *A New Drama* (translation), New York, 1915.

UN DRAMA NUEVO

Por MANUEL TAMAYO Y BAUS

(1867)

PERSONAJES

YORICK
ALICIA
EDMUNDO
WALTON

SHAKSPEARE
EL AUTOR
EL TRASPUNTE [1]
EL APUNTADOR

Inglaterra—1605.

ACTO PRIMERO

Habitación en casa de Yorick: a la derecha, una mesa pequeña; a la izquierda, un escaño; puertas laterales, y otra en el foro.

ESCENA PRIMERA

YORICK *y* SHAKSPEARE [2]

Entran ambos por la puerta del foro; Shakspeare trae un manuscrito en la mano.

SHAKSPEARE. Y sepamos, ¿a qué es [3] traerme ahora a tu casa?

YORICK. ¿Duélete quizá de entrar en ella?

SHAKSPEARE. Pregunta excusada, que bien sabes que no.   6

YORICK. Pues ¿qué prisa tienes?

SHAKSPEARE. Aguárdanme en casa muchos altísimos personajes que, por el solo gusto de verme, vienen desde el otro a este mundo.   11

YORICK. Sabré yo desenojar a tus huéspedes con unas cuantas botellas de vino de España, que hoy mismo he de enviarles. Diz que este vinillo resucita a los muertos, y sería de ver que [4] los monarcas de Inglaterra, congregados en tu aposento, resucitasen a la par [5] y armaran contienda [6] sobre cuál había de volver a sentarse en el trono. Pero ¿qué más resucitados que ya lo han sido por tu pluma?   22

SHAKSPEARE. En fin, ¿qué me quieres?

YORICK. ¡Qué he de querer sino ufanarme con la dicha de ver en mi casa y en mis brazos al poeta insigne, al gran Shakspeare, orgullo y pasmo de Inglaterra! (*Echándole los brazos al cuello.*)

SHAKSPEARE. Con Dios se quede el nunca bien [7] alabado cómico, el festivo Yorick, gloria y regocijo de la escena; que

---

[1] While both *traspunte* and *apuntador* mean "prompter," the former, as will be noticed in this play, is the employee or call boy who gives the actors their cue for appearing on the stage, etc.; the *apuntador*, concealed from the public within his *concha* or box, does the actual prompting of the actors while they are on the stage.

[2] *Shakspeare*: the usual Spanish pronunciation is *Chekspir* or *Chespir*.

[3] *¿a qué es?* "what is the idea of?"

[4] *sería de ver que*, "it would be a curious spectacle if."

[5] *a la par*, "all at once."

[6] *armaran contienda*, "start a dispute."

[7] *bien = bastante bien.*

no es bien malgastar el tiempo en mimos y lagoterías. 33

YORICK. ¡Si no te has de ir!

SHAKSPEARE. Entonces—¿qué remedio? —me quedaré.

YORICK. Siéntate. 37

SHAKSPEARE. Hecho está: mira si mandas otra cosa. (*Siéntase cerca de la mesa y deja en ella el manuscrito.*)

YORICK. Francamente: ¿qué te ha parecido este drama que acabamos de oír? (*Siéntase al otro lado de la mesa, y mientras habla, hojea el manuscrito.*) 44

SHAKSPEARE. A fe que me ha contentado mucho.

YORICK. ¿Y es la primera obra de ese mozo?

SHAKSPEARE. La primera es. 49

YORICK. Téngola yo también por cosa excelente, aunque algunos defectillos le noto.

SHAKSPEARE. Los envidiosos contarán los defectos: miremos nosotros únicamente las bellezas. 55

YORICK. A ti sí que nunca te escoció la envidia en el pecho. Cierto que cuando nada se tiene que envidiar . . .

SHAKSPEARE. Temoso estás hoy con tus alabanzas: y en eso que dices te equivocas. Nunca faltará que envidiar al que sea envidioso. Pone la envidia delante de los ojos antiparras maravillosas, con las cuales a un tiempo lo ve uno todo feo y pequeño en sí, y en los demás, todo grande y hermoso. Así advertirás que los míseros que llevan tales antiparras, no sólo envidian a quien vale más, sino también a quien vale menos, y juntamente los bienes y los males. No hallando cierto envidioso nada que envidiar en un vecino suyo muy desastrado, fué y ¿qué hizo?: envidiarle lo único que el infeliz tenía para llamar la atención, y era una gran joroba que le abrumaba las espaldas. 75

YORICK. Algo debería yo saber en materia de envidias, que buen plantío [8] de ellas es un teatro. ¿Viste jamás cuadrilla de mayores bribones que una de comediantes? 80

SHAKSPEARE. Mejorando lo presente, has de añadir.

YORICK. Entren todos, y salga el que pueda. ¡Qué murmurar unos de otros! ¡Qué ambicionar éstos y aquéllos antes el ajeno daño que la propia satisfacción! ¡Qué juzgarse cada cual único y solo en el imperio de la escena! 88

SHAKSPEARE. Engendra ruindades la emulación; mas por ella vence el hombre imposibles. Déjala revolcarse en el fango, que alguna vez se levantará hasta las nubes. 93

YORICK. Dígote que hiciste muy bien en deponer el cetro de actor, quedándote nada más con el del poeta.

SHAKSPEARE. Hemos de convenir, sin embargo, en que la regla que has establecido no deja de tener excepciones. 99

YORICK. Tiénelas a no dudar; y mi mujer y Edmundo lo prueban. Bendito Dios, que me ha concedido la ventura de ver recompensadas en vida mis buenas acciones. Porque fuí generoso y caritativo, logré en Alicia una esposa angelical y en Edmundo un amigo—¿qué amigo? —un hijo lleno de nobles cualidades. ¡Y qué talento el de uno y otra! ¡Cómo representan los dos el Romeo y Julieta! Divinos son estos dos héroes a que dió ser tu fantasía: más divinos aún cuando Alicia y Edmundo les prestan humana forma y alma verdadera. ¡Qué ademanes, qué miradas, qué modo de expresar el amor! ¡Vamos, aquello es la misma verdad! 116

SHAKSPEARE. (¡Desdichado Yorick!) ¿Puedo ya retirarme?

YORICK. Pero si antes quisiera yo decir una cosa al director de mi teatro, al laureado vate, al . . . 121

SHAKSPEARE. Por San Jorge [9] que ya

---

[8] *plantío,* "nursery," "hotbed."

[9] *San Jorge,* St. George, patron saint of England.

tantos arrumacos me empalagan, y que anduve torpe en no adivinar que algo quieres pedirme, y tratas de pagarme por adelantado el favor. 126

YORICK. Cierto es que un favor deseo pedirte.

SHAKSPEARE. Di cuál.

YORICK. Eso quiero yo hacer, pero no sé cómo. 131

SHAKSPEARE. ¡Eh! habla sin rodeos.

YORICK. Manifiéstame con toda lisura tu opinión acerca de mi mérito de comediante. 135

SHAKSPEARE. ¡Pues a fe que la ignoras! No hay para tristes y aburridos medicina tan eficaz como tu presencia en las tablas.

YORICK. ¿Y crees que sirvo únicamente para hacer reír? 140

SHAKSPEARE. Creo que basta con eso para tu gloria.

YORICK. ¿Cuándo se representará este drama?

SHAKSPEARE. Sin tardanza ninguna. 145

YORICK. ¿Y a quién piensas dar el papel de Conde Octavio?

SHAKSPEARE. Gran papel es, y trágico por excelencia. A Walton se le daré, que en este género sobresale. 150

YORICK. ¡Pues ya me lo sabía yo! Un papel bueno, ¿para quién había de ser sino para Walton? ¡Qué dicha tienen los bribones! 154

SHAKSPEARE. Piérdese el fruto si, cuando empieza a sazonar, una escarcha le hiela; piérdese el corazón si, cuando está abriéndose a la vida, le hiela el desengaño. Walton fué muy desdichado en su juventud; merece disculpa. Adiós, por tercera y última vez. (Levantándose.) 161

YORICK. Si aún no he dicho . . . (Levantándose también.)

SHAKSPEARE. Pues di, y acaba.

YORICK. ¡Allá voy! Quisiera . . . Pero luego no has de burlarte ni . . . 166

SHAKSPEARE. Por Dios vivo, que hables, y más no me apures la paciencia.

YORICK. Quisiera . . .

SHAKSPEARE. ¿Qué? Dilo, o desaparezco por tramoya.[10] 171

YORICK. Quisiera hacer ese papel.

SHAKSPEARE. ¿Qué papel?

YORICK. El del drama nuevo.

SHAKSPEARE. Pero ¿cuál? 175

YORICK. ¿Cuál sino el de Conde Octavio?

SHAKSPEARE. ¿El de marido?

YORICK. Ése.

SHAKSPEARE. ¿Tú? 180

YORICK. Yo.

SHAKSPEARE. ¡Jesús! Ponte en cura,[11] Yorick, que estás enfermo de peligro.

YORICK. No de otro modo discurren los necios. Necio yo si, conociendo sólo tus obras trágicas, te hubiese tenido por incapaz de hacer comedias amenas y festivas. Porque hasta hoy no interpreté más que burlas y fiestas,[12] ¿se me ha de condenar a no salir jamás del camino trillado?

SHAKSPEARE. ¿Y a qué dejarle por la cumbre desconocida? Quisiste hasta hoy hacer reír, y rióse el público. ¡Ay si un día te propones hacerle llorar, y el público da también en reírse! 195

YORICK. ¡Ingrato! ¡Negar tan sencillo favor a quien fué siempre tu amigo más leal; a quien siempre te quiso como a las niñas de sus ojos! Pues corriente: haga otro el papel de Conde; pero ni ya somos amigos, ni el año que viene estaré en la compañía de tu teatro. Y conmigo me llevaré a mi Alicia . . . y a Edmundo igualmente. Veremos cuál de ambos pierde más. (Muy conmovido.) 205

SHAKSPEARE. ¡Qué enhilamiento[13] de palabras!

YORICK. No, no creas que ahora enca-

---

[10] por tramoya, " as by magic."

[11] Ponte en cura, " Put yourself under treatment."

[12] burlas y fiestas, i.e., comic rôles.

[13] enhilamiento. " stringing together."

jaría bien aquello de « Palabras, palabras, palabras,» que dice Hamlet.[14]　　210

SHAKSPEARE. ¡Esto de que en el mundo no ha de estar nadie contento de su suerte! ...

YORICK. Sí, que es divertido [15] el oficio de divertir a los demás.　　215

SHAKSPEARE. ¿Hablas formalmente? ¿Capaz serías de abandonarme?

YORICK. ¡Abandonarte! ¿Eso he dicho, y tú no lo crees? (*Llorando.*) Vaya, hombre, vaya; del mal el menos. No faltaba más sino que, desconfiando de mi talento, desconfiases también de mi corazón. No, no te abandonaré. Yorick podrá no saber fingir que siente, pero sabe sentir ... Tú le ofendes ... le humillas ... y él— míralo—te alarga los brazos.　　226

SHAKSPEARE. ¡Vive Cristo! ¿Lloras?

YORICK. Lloro porque el infierno se empeña en que yo no cumpla mi gusto; porque no es sólo Walton quien me tiene por grosero bufón, capaz únicamente de hacer prorrumpir a los necios en estúpidas carcajadas; porque veo que también tú ... Y eso es lo que más me duele ... Que tú ... ¡Válgame Dios, qué desgracia la mía!　　236

SHAKSPEARE. ¡Eh, llévete el diablo! ¿El papel de marido quieres? Pues tuyo es, y mal provecho te haga.

YORICK. ¿De veras? ¿Lo dices de veras? (*Dejando de pronto de llorar y con mucha alegría.*)　　242

SHAKSPEARE. Sí; sacia ese maldito empeño, de que mil veces procuré en vano disuadirte. (*Andando por el escenario. Yorick le sigue.*)　　246

YORICK. ¿Y si represento a maravilla el papel?

SHAKSPEARE. ¿Y si la noche del estreno a silbidos te matan?　　250

YORICK. A un gustazo, un trancazo.[16]

SHAKSPEARE. ¡Y qué bueno le merecías!

YORICK. Caramba, que en metiéndosete algo entre ceja y ceja [17] ...　　255

SHAKSPEARE. ¡No, que tú no eres porfiado!

YORICK. Hombre, me alegraría de hacerlo bien, no más que por darte en la cabeza.[18]　　260

SHAKSPEARE. Yo por excusar el darte en la tuya.

YORICK. Anda a paseo.

SHAKSPEARE. No apetezco otra cosa. (*Tomando el sombrero y dirigiéndose hacia el foro.*)　　266

YORICK. Es que me has de repasar [19] el papel. (*Con tono de cómica amenaza, deteniéndole.*)

SHAKSPEARE. Pues ¿quién lo duda? (*Con soflama.[20]*)　　271

YORICK. Con empeño, con mucho empeño.

SHAKSPEARE. ¡Vaya! ¡Pues no que no! [21]　　275

YORICK. La verdad, Guillermo; si en este papel logro que me aplaudan ... (*Con formalidad.*)

SHAKSPEARE. ¿Qué?　　279

YORICK. Que será muy grande mi gozo.

SHAKSPEARE. La verdad, Yorick; no más grande que el mío. (*Con sinceridad y ternura, dando la mano a Yorick. Éste se la estrecha conmovido y luego le abraza. Shakspeare se va por el foro.*)

---

[14] Cf. *Hamlet,* II, ii.

[15] *es divertido,* etc. Ironical.

[16] *A un gustazo, un trancazo,* " A big pleasure is worth a good cudgeling."

[17] *en metiéndosete ... ceja,* " when you once get an idea in your head."

[18] *darte en la cabeza,* " spite you," " prove you wrong."

[19] *repasar,* " go over," " rehearse."

[20] *Con soflama,* " Warmly," " With feeling."

[21] *¡Pues no que no!* " Why, of course! "

ESCENA II

Yorick

«¡Es tan fácil hacer reír!», me decían Walton y otros camaradas anoche. Verán muy pronto que también sé yo hacer llorar, si hay para ello ocasión; lo verán y rabiarán cuando, como antes alegría, infundiendo ahora lástima y terror en el público, logre sus vítores y aplausos. (*Toma de encima de la mesa el manuscrito.*) Hay, sin embargo, que andarse con tiento, porque el dichoso papel de Conde Octavio es dificilillo, y al más leve tropiezo pudiera uno caer y estrellarse. 13

¡Tiemble la esposa infiel; tiemble! . . .

(*Leyendo en el manuscrito.*) Aquí entra lo bueno. Un señor Rodolfo o Pandolfo . . . Landolfo, Landolfo se llama (*Encontrando este nombre en el manuscrito.*), pícaro redomado, entrega al Conde una carta, por la cual se cerciora éste de que Manfredo, con quien hace veces de padre, es el amante de su mujer, la encantadora Beatriz. Recelaba él de todo bicho viviente, excepto de este caballerito; y cuando al fin cae de su burro,[22] quédase el pobre—claro está—con tanta boca abierta, y como si el mundo se le viniese encima.

¡Tiemble la esposa infiel; tiemble la ingrata
que el honor y la dicha me arrebata! 30
Fué vana tu cautela,
y aquí la prenda de tu culpa mira.[23]

(*Abre la carta.*)

La sangre se me hiela.

(*Sin atreverse a mirar la carta.*)

¡Arda[24] de nuevo en ira!
¡Ay del vil por quien ciega me envileces! 35

¡Oh! ¡Qué miro! ¡Jesús, Jesús mil veces!

(*Fija la vista en la carta, da un grito horrible y cae en un sitial, como herido del rayo.*) (*Desde «Tiemble la esposa infiel» hasta aquí, leyendo en el manuscrito: las acotaciones con distinta entonación que los versos.*) Ea, vámonos a ver qué tal me sale[25] este grito. (*Toma una actitud afectadamente trágica, dobla el manuscrito como para que haga veces de carta, y declama torpemente con ridícula entonación.*) 47

¡Ay del vil por quien ciega me envileces!
¡Oh! ¡Qué miro! . . .

(*Dando un grito muy desentonado.*) No . . . Lo que es ahora, no lo hago muy bien. ¡Oh! (*Dando el grito peor que antes.*) Mal, muy mal; así grita uno cuando le dan un pisotón. ¡Oh! (*Gritando otra vez.*) Éste no es grito de persona, sino graznido de pajarraco. ¡Bah! Luego, con el calor de la situación . . . A ver aquí . . . 58

¿Conque eres tú el villano? . . .

Muy flojo.

¿Conque eres tú el villano? . . .

Muy fuerte.

¿Conque eres tú el villano? . . . 63

Villano yo, insensato yo, que a mi edad me empeño en ir contra naturales inclinaciones y costumbres envejecidas. Y quizá no sea mía toda la culpa . . . Alguna tendrá acaso el autor . . . Suelen escribir los poetas unos desatinos . . .

¿Conque eres tú el villano? . . . 70

¿Cómo diablos se ha de decir esto bien? Pues si el anuncio de Guillermo se cumple, si me dan una silba . . . No lo

---

[22] *cae de su burro,* "tumbles to himself."
[23] *tu* refers to the guilty wife; *prenda,* "token"; *mira* is imperative.
[24] *Arda,* an imperative; the subject is *sangre.*
[25] *qué tal me sale,* "how I get along with."

quiero pensar. Me moriría de coraje y vergüenza. Allá veremos lo que pasa. ¡Fuera miedo! ¡Adelante! (*Pausa, durante la cual lee en voz baja en el manuscrito, haciendo gestos y contorsiones.*) Ahora sí que me voy gustando. Lo que es en voz baja, suena muy bien todo lo que digo. ¡Si he de salirme con la mía! . . . ¡Si lo he de hacer a pedir de boca! . . . ¡Ah! ¿Eres tú? Ven acá, Edmundo, ven. (*A Edmundo, que aparece en la puerta del foro.*) ¿No sabes? . . .   85

ESCENA III

YORICK y EDMUNDO

EDMUNDO. ¿Qué? (*Como asustado.*)
YORICK. Que en esta obra que estás viendo, tengo un excelente papel.

(¡Tiemble la ingrata! . . .)

EDMUNDO. Con el alma lo celebro, señor.   6
YORICK. Tiempo ha que, en vez de padre, me llamas señor, y en vano ha sido reprendértelo.

(¡Tiemble la esposa infiel! . . .)

¿He dado impensadamente motivo para que tan dulce nombre me niegues?   12
EDMUNDO. Yo soy el indigno de pronunciarle.
YORICK. ¿A qué viene ahora eso? ¡Ay, Edmundo, me vas perdiendo el cariño!
EDMUNDO. ¿Qué os induce a creerlo?
YORICK. Fueras menos reservado conmigo, si cual antes me amaras.   19
EDMUNDO. ¿Y en qué soy yo reservado con vos?
YORICK. En no decirme la causa de tu tristeza.
EDMUNDO. ¿Yo triste?   24

YORICK. Triste y lleno de inquietud. ¿Qué va a que [26] estás enamorado?
EDMUNDO. ¿Enamorado? ¡Yo! ¿Suponéis? . . .   28
YORICK. No parece sino que te he imputado un crimen. (*Sonriendo.*) ¡Ah! (*Con repentina seriedad.*) Crimen puede ser el amor. ¿Amas a una mujer casada? (*Asiéndole de una mano.*)   33
EDMUNDO. ¡Oh! (*Inmutándose.*)
YORICK. Te has puesto pálido . . . Tu mano tiembla . . .
EDMUNDO. Sí . . . , con efecto . . . Y es que me estáis mirando de un modo . . .   38
YORICK. Enfermilla debe de andar nuestra conciencia cuando una mirada nos asusta. Piénsalo bien: no causa a un hombre tanto daño quien le roba la hacienda, como quien le roba el honor; [27] quien le hiere en el cuerpo, como quien le hiere en el alma. Edmundo, no hagas eso . . . ¡Ay, hijo mío, no lo hagas, por Dios!   47
EDMUNDO. Vuestro recelo no tiene fundamento ninguno. Os lo afirmo.
YORICK. Te creo; no puedes tú engañarme. En esta comedia, sin ir más lejos, se pintan los grandes infortunios a que da origen la falta de una esposa, y mira: ni aun siendo de mentirijillas [28] me divierte que Alicia tenga que hacer de esposa culpada, y tú de aleve seductor.   56
EDMUNDO. ¿Sí? (*Procurando disimular.*)
YORICK. ¡Yo seré el esposo ultrajado! (*Con énfasis cómico.*)   60
EDMUNDO. ¡Vos! (*Dejándose llevar de su emoción.*)
YORICK. Yo, sí . . . ¿Qué te sorprende? ¿Eres también tú de los que me juzgan incapaz de representar papeles serios?   65

---

[26] *¿Qué va a que?* " What will you wager that ? "
[27] Cf. *Othello*, III, iii:

> Who steals my purse steals trash . . .
> But he that filches from me my good name
> Robs me of that which not enriches him
> And makes me poor indeed.

[28] *de mentirijillas*, " in jest," " make-believe."

EDMUNDO. No, señor, no; sino que . . .

YORICK. Cierto que habré de pelear con no pequeñas dificultades. Y ahora que en ello caigo: ningún otro papel [29] menos que el de marido celoso me cuadraría; porque a estas fechas no sé yo todavía qué especie de animalitos son los celos. Obligado a trabajar continuamente desde la infancia, y enamorado después de la gloria, no más que en ella tuvo señora mi albedrío, hasta que, por caso peregrino y feliz, cuando blanqueaba ya mi cabeza, mostró que aún era joven mi pecho, rindiendo a la mujer culto de abrasadoras llamas. Y Alicia—bien lo sabes tú—ni me ha causado celos hasta ahora, ni me los ha de causar en toda la vida. No es posible desconfiar de tan hidalga criatura. ¿Verdad que no? 84

EDMUNDO. No, señor; no es posible . . .

YORICK. Fríamente lo has dicho. Oye, Edmundo. Hago mal en callarte lo que ha tiempo he notado.

EDMUNDO. ¿Algo habéis notado? ¿Qué ha sido? 90

YORICK. Que Alicia no te debe [30] el menor afecto: que tal vez la miras con aversión.

EDMUNDO. ¿Eso habéis notado? . . . ¡Qué idea! . . . (Muy turbado.) 95

YORICK. Y el motivo no se oculta a mis ojos. Reinabas solo en mi corazón antes de que Alicia fuera mi esposa, y te enoja hallarte ahora en él acompañado. ¡Egoísta! Prométeme hacer hoy mismo las paces con ella. Y de aquí en adelante, Alicia a secas la has de llamar. Y aun sería mejor que la llamases madre; y si madre no, porque su edad no lo consiente, llámala hermana, que hermanos debéis ser, teniendo los dos un mismo padre. (Abrazándole.) 107

EDMUNDO. (¡Qué suplicio!)

YORICK. ¿Lloras? Ea, ea, no llores . . . no llores, si no quieres que también yo . . .

(Limpiándose las lágrimas con las manos.) ¿Y sabes lo que pienso? Que si los celos de hijo son tan vivos en ti, los de amante deben ser cosa muy terrible. Diz que no hay pasión más poderosa que ésta de los celos; que por entero domina el alma; que hace olvidarlo todo. 117

EDMUNDO. ¡Todo! Sí, señor, ¡todo!

YORICK. ¿Conque tú has estado celoso de una mujer? ¡Qué gusto! Así podrás estudiarme el papel de marido celoso, explicándome cómo en el pecho nace y se desarrolla ese afecto [31] desconocido para mí; qué linaje de tormentos ocasiona; por qué signos exteriores se deja ver; todo aquello, en fin, que le corresponde y atañe. Empieza ahora por leerme esta escena. (Dándole el manuscrito abierto.) Desde aquí. (Señalando un lugar en el manuscrito.) Anda. 130

EDMUNDO. ¿Conque eres tú el villano . . .

YORICK. Eso te lo digo yo a ti. (Edmundo se inmuta, y sigue leyendo torpe y desmayadamente.)

EDMUNDO. Tú el pérfido y aleve . . . 135

YORICK. Chico, chico, mira que no se puede hacer peor. ¡Más brío! ¡Más vehemencia!

EDMUNDO. Tú el seductor infame que se atreve . . . 140

YORICK. ¡Alma, alma!

EDMUNDO. A desgarrar el pecho de un anciano?

YORICK. No estás hoy para ello. Dame. (Quitándole el manuscrito.) Escucha. 145

¿Conque eres tú el villano,
tú el pérfido y aleve,
tú el seductor infame? . . .

ESCENA IV
DICHOS y WALTON

WALTON. ¿Quién rabia por aquí? (Desde la puerta del foro.)

---

[29] ningún otro papel, etc. Read, ningún otro papel me cuadraría menos que, etc.
[30] no te debe, "isn't in debt to you for," i.e., "hasn't inspired in you."
[31] afecto, "passion."

Yorick. ¡Walton! (*Cerrando el manuscrito.*)

Walton. ¿Reñías con Edmundo? 5

Yorick. No reñía con nadie.

Walton. Al llegar me pareció oír . . .

Yorick. (De fijo [32] lo sabe ya, y viene buscando quimera.) 9

Walton. Jurara que no me recibes con mucho agrado.

Yorick. Porque adivino tus intenciones.

Walton. Adivinar es. 14

Yorick. Ahorremos palabras: ¿qué te trae por acá?

Walton. Si lo sabes, ¿a qué quieres que te lo diga? Pero ¿qué hacéis de pie, señor Walton? (*Dirigiéndose a sí mismo la palabra.*) Aquí tenéis silla. (*Tomando una silla y colocándola en el centro del escenario.*) Gracias. (*Sentándose.*) 22

Yorick. Mira, mira; lo que es a mí no te me vengas con pullitas, porque si me llego a enfadar . . .

Walton. ¡Oh, entonces! . . . ¡Vaya! ¡Pues ya lo creo! ¡Si tiene un genio como un tigre! . . . ¿Verdad, Edmundo? 28

Edmundo. ¿Eh? . . .

Yorick. ¿Te burlas de mí?

Edmundo. ¿Burlarse él de vos?

Walton. Justo es que defiendas a tu amigo Yorick, a tu protector, a tu segundo padre . . . ¡Oh, este muchacho es una alhaja! (*Dirigiéndose a Yorick.*) ¡Y cuánto me gustan a mí las personas agradecidas! 37

Edmundo. ¡Walton! (*Sin poderse contener y con aire amenazador.*)

Walton. ¿Las alabanzas te incomodan?

Edmundo. (¿Cuál es su intención?) 42

Walton. Vamos, se conoce que hoy todos han pisado aquí mala yerba.[33] Adiós. (*Levantándose.*) Tú te lo pierdes.[34] 46

Yorick. Que yo me pierdo . . . ¿qué?

Walton. Nada. Venía en busca de un amigo; hallo un tonto, y me voy.

Yorick. ¿Tonto me llamas? 50

Walton. No se me ha ocurrido cosa mejor.

Yorick. ¿Has visto a Shakspeare?

Walton. No, sino al autor del drama nuevo. 55

Yorick. ¿Y qué?

Walton. Shakspeare, al salir de aquí, se encontró casualmente con él, y le dijo que en su obra era menester que hicieses tú el papel de marido. 60

Yorick. Ya vamos entendiéndonos.

Walton. El autor se quedó como quien ve visiones.

Yorick. No es él mala visión. 64

Walton. Y muy amostazado se vino a mi casa para instarme a que reclamara un papel que en su concepto me correspondía . . .

Yorick. Y tú . . . , pues . . . , tú . . . 69

Walton. Yo . . . (*Como haciéndose violencia a sí mismo.*) Quiero que sepas la verdad . . . Yo al pronto me llené de ira; luego ví que no tenía razón, y dije al poeta . . . Pero ¿a qué me canso en referirte? . . . (*Da algunos pasos hacia el foro.*) 76

Yorick. No . . . Oye . . . Ven. (*Le coge de una mano y le trae al proscenio.*) ¿Qué le dijiste?

Walton. Le dije que tú eras mi amigo; que un actor de tu mérito y experiencia podía ejecutar bien cualquiera clase de papeles, con sólo que en ello se empeñara; que yo haría el de confidente, que es, como odioso, muy difícil; que te auxiliaría con mis consejos si tú querías aceptarlos . . . Adiós . . . (*Como despidiéndose y echando a andar hacia el foro.*) 88

Yorick. Pero ven acá, hombre, ven acá. (*Deteniéndole y trayéndole al proscenio, como antes.*) ¿Eso dijiste? . . .

Walton. Y cuando vengo, satisfecho

---

[32] *De fijo,* "Assuredly."

[33] *todos . . . mala yerba,* "everyone around here is in a bad humor."

[34] *Tú te lo pierdes,* "You will be the loser."

de mí mismo, a darte la noticia, se me recibe con gesto de vinagre y palabras de hiel . . . Por fuerza había de pagarte en la misma moneda. La culpa tiene . . . (*Dirigiéndose de nuevo hacia el foro.*) 97
YORICK. No, si no te has de ir. (*Deteniéndole y trayéndole al proscenio otra vez.*) ¡Es tan raro eso que me cuentas! . . .
WALTON. ¿Y por qué es raro, vamos a ver? 102
YORICK. Parecía lo más natural que te disgustase perder la ocasión de alcanzar un nuevo triunfo, y que en cambio yo . . .
WALTON. El templo de la gloria es tan grande, que no se ha llenado todavía ni se llenará jamás. 108
YORICK. Como tienes ese pícaro genio . . .
WALTON. Se me cree díscolo[35] porque no sé mentir ni disimular. 112
YORICK. ¿Pero ello es que no te enojas porque yo haga de Conde Octavio en ese drama?
WALTON. He dicho ya que no. 116
YORICK. ¿Y que tú harás de confidente?
WALTON. Ya he dicho que sí.
YORICK. ¿Y que me estudiarás el papel? 121
WALTON. Me ofendes con tus dudas.
YORICK. Edmundo, ¿oyes esto?
WALTON. A ver si alguna vez logro ser apreciado justamente. 125
YORICK. Mira: la verdad es que a mí me has parecido siempre un bellaco.
WALTON. Así se juzga a los hombres en el mundo. 129
YORICK. Confesar la culpa ya es principio de enmienda; y si tú ahora quisieses darme unos cuantos pescozones . . .
WALTON. Debiera dártelos a fe. 133
YORICK. Pues anda. No vaciles. En caridad te ruego que me des uno tan siquiera.
WALTON. ¡Eh, quita allá!

YORICK. Dame entonces la mano. 138
WALTON. ¡Eso sí! (*Estrechándose ambos las manos.*)
YORICK. Y yo que hubiera jurado . . . Si el que piensa mal merecía no equivocarse nunca. ¿Tienes ahora algo que hacer? 144
WALTON. Ni algo ni nada.
YORICK. ¡Me alegraría tanto de oírte leer el papel antes de empezar a estudiarle! 148
WALTON. Pues si quieres, por mí . . .
YORICK. ¿Que si quiero? ¡No he de querer![36] No quiero otra cosa. ¡Vaya, que me dejas atónito con bondad y nobleza tan desmedidas! ¿Quién había de imaginarse que tú? . . . 154
WALTON. ¿Vuelta a las andadas?[37] (*Con ira.*)
YORICK. No, no . . . Al contrario . . . Quería decir . . . Conque, vámonos a mi cuarto . . . Allí nos encerramos y . . . Francamente; el papel de marido ultrajado me parece algo dificultoso . . . 161
WALTON. Te engañas. El papel de marido ultrajado se hace sin ninguna dificultad. ¿A que Edmundo opina de igual manera? 165
EDMUNDO. ¿Yo? . . . (¿Qué dice este hombre?)
YORICK. Con tus lecciones todo me será fácil. Y di, ¿me enseñarás alguna de esas inflexiones de voz, de que sacas tanto partido? 171
WALTON. Seguramente.
YORICK. ¿Y alguna de esas transiciones repentinas, en que siempre te haces aplaudir?
WALTON. Pregunta excusada. 176
YORICK. ¿Y aquel modo de fingir el llanto, con que arrancas lágrimas al público?
WALTON. Sí, hombre, sí; todo lo que quieras. 181

[35] *díscolo*, " ill-natured," " crabbed."
[36] *¡No he de querer!* " Of course I want to! "
[37] *¿Vuelta a las andadas?* " Again? " " Harping on the same string? "

YORICK. ¿Y crees que al fin conseguiré? . . .

WALTON. Conseguirás un triunfo.

YORICK. ¿De veras? (*Restregándose las manos de gusto.*) 186

WALTON. Ni tú mismo sabes de lo que eres capaz.

YORICK. Pero hombre . . . (*Con júbilo que apenas le consiente hablar.*) 190

WALTON. ¡Oh, me precio de conocer bien a los actores!

YORICK. Digo si conocerás bien [38] . . . Me pondría a saltar de mejor gana que lo digo. Vamos adentro, vamos . . . (*Dirigiéndose con Walton hacia la derecha. Luego corre al lado de Edmundo. Walton se queda esperándole cerca de la puerta de la derecha.*) Pero, Edmundo, ¿es posible que viéndome tan alegre a mí, no quieras tú alegrarte? Alégrate, por Dios. Quiero que esté alegre todo el mundo.

¿Conque eres tú el villano? . . . 203

WALTON. Anda, y no perdamos tiempo . . .

YORICK. Sí, sí, no perdamos . . . (*Corriendo hacia donde está Walton.*) Lo que pierdo hoy de seguro es la cabeza . . . ¡Ah! oye. (*Volviendo rápidamente al lado de Edmundo y hablándole en voz baja.*) Aunque éste me repase el papel, no renuncio a que tú . . . ¿Eh? (*Va hasta el comedio del escenario y allí se detiene.*) (Con dos maestros así . . .) (*Consigo mismo, señalando a Edmundo y Walton.*) Y con Guillermo, por añadidura . . . Y que yo no soy ningún necio . . . 217

¡Tiemble la esposa infiel; tiemble la ingrata! . . .

¡No hay más,[39] lo haré divinamente! (*Saltando de alegría.*) ¿No lo dije? Ya salté de gozo como un chiquillo. 222

WALTON. Pero ¿no vienes?

YORICK. Sí, sí, vamos allá. (*Vanse Yorick y Walton por la puerta de la derecha.*) 226

---

[38] *Digo si conocerás bien,* " I'll say you know them well! "
[39] *¡No hay más!* " No question about it! "

ESCENA V

EDMUNDO, *y a poco* ALICIA

EDMUNDO. ¿Qué pensar? ¿Conoce Walton mi secreto? ¡Dios no lo quiera! ¿Hablaba sin malicia, o con intención depravada? ¡Siempre recelar! ¡Siempre temer! ¡Ay, qué asustadiza es la culpa! ¡Ay, qué existencia la del culpado! (*Siéntase cerca de la mesa, en la cual apoya los brazos, dejando caer sobre ellos la cabeza. Alicia sale por la puerta de la izquierda, y, al verlo en aquella actitud, se estremece y corre hacia él sobresaltada.*) 11

ALICIA. ¿Qué es eso, Edmundo? ¿Qué te pasa? ¿Qué hay?

EDMUNDO. ¡Tú también, desdichada, temblando siempre como yo! 15

ALICIA. ¿Y qué he de hacer sino temblar? Con la conciencia no se lucha sin miedo.

EDMUNDO. ¿Y hemos de vivir siempre así? Dime, por favor, ¿esto es vida? 20

ALICIA. ¿A mí me lo preguntas? Cabe en lo posible contar los momentos de un día; no los dolores y zozobras que yo durante un día padezco. Si alguien me mira, digo: ése lo sabe. Si alguien se acerca a mi marido, digo: ése va a contárselo. En todo semblante se me figura descubrir gesto amenazador; amenazadora retumba en mi pecho la palabra más inocente. Me da miedo la luz; temo que haga ver mi conciencia. La obscuridad me espanta; mi conciencia en medio de las tinieblas aparece más tenebrosa. A veces juraría sentir en el rostro la señal de mi delito; quiero tocarla con la mano, y apenas logro que desaparezca la tenaz ilusión mirándome a un espejo. Agótanse ya todas mis fuerzas; no quiere ya seguir penando mi corazón, y la hora bendecida del que necesita descanso, llega para mí con nuevos horrores. ¡Ay, que si duermo, quizá sueñe con él; quizá se escape de mis labios su nombre; quizá diga a voces que le amo! Y si al fin duermo a pesar mío, entonces soy más desdichada, porque los vagos temores de la vigilia toman durante el sueño cuerpo de realidad espantosa. Y otra vez es de día; y a la amargura de ayer, que parecía insuperable, excede siempre la de hoy; y a la amargura de hoy, que raya en lo infinito, excede siempre la de mañana. ¿Llorar? ¡Ay, cuánto he llorado! ¿Suspirar? ¡Ay, cuánto he suspirado! Ya no tengo lágrimas ni suspiros que me consuelen. ¿Vienes? ¡Qué susto, qué desear que te vayas! ¿Te vas? ¡Qué angustia, qué desear que vuelvas! Y vuelves, y cuando, como ahora, hablo a solas contigo, me parece que mis palabras suenan tanto que pueden oírse en todas partes; el vuelo de un insecto me deja sin gota de sangre en las venas; creo que dondequiera hay oídos que escuchan, ojos que miran, y yo no sé hacia dónde volver los míos . . . (*Mirando con terror hacia una y otra parte.*) y . . . ¡Oh! (*Dando un grito.*) 67

EDMUNDO. ¿Qué? ¡Habla! (*Con sobresalto y ansiedad, mirando en la misma dirección que Alicia.*)

ALICIA. Nada: mi sombra, mi sombra que me ha parecido testigo acusador. ¿Y tú me preguntas si esto es vida? ¡Qué ha de ser vida, Edmundo! No es vida, no lo es: es una muerte que no se acaba. 75

EDMUNDO. Serénate, Alicia, y considera que, a serlo más,[40] te creerías menos culpada. Parece siempre horrenda la culpa si aún brilla a su lado la virtud. 79

ALICIA. No me hables de virtud. Sólo con amarte, huello todos los deberes; ofendo al cielo y a la tierra. Sálvame; salva, como fuerte, a una débil mujer. 83

EDMUNDO. ¡Oh, sí; preciso es que ambos nos salvemos! Pero ¿cómo salvarnos? ¡Ver a mi Alicia idolatrada y no hablar con ella; hablar con ella y no decirle que la quiero; dejar de quererla, habiéndola querido una vez! . . . ¡Qué desatino! ¡Qué locura! Yo, sin embargo, todos los días me entretengo en formar muy buenos propósitos, con intención de no cumplirlos: así da uno que reír al demonio. Propóngome lo que todo el mundo en ocasiones parecidas: convertir en amistad el amor. El amor trabajando por hacerse más pequeño, se hace más grande. No se convierte el amor en amistad; si acaso,[41] en odio tan vivo y tan profundo como él. La idea de quererte menos me indigna, me enfurece. Amarte con delirio o aborrecerte con frenesí: no hay otro remedio. A ver, dime: ¿cómo lograría yo aborrecerte? 103

ALICIA. Los días enteros se me pasan a mí también discurriendo medios de vencer al tirano de mi albedrío. Si Edmundo se enamorase de otra mujer, me digo a mí misma, todo estaba arreglado; y con sólo figurarme que te veo al lado de otra mujer, tiemblo de cólera, y comparado con este dolor, no hay dolor que a mis ojos no tome aspecto de alegría. Póngome a pedir a Dios que me olvides, y noto de pronto que estoy pidiéndole que me quieras. No más pelear inútilmente. Conozco mi ingratitud para con[42] el mejor de los hombres: te amo. Conozco mi vileza: te amo. Sálvame, te decía. Mi salvación está en no amarte. No me puedes salvar. 119

EDMUNDO. ¡Alicia, Alicia de mi alma!

ALICIA. ¡Edmundo! (*Van a abrazarse y se detienen, oyendo ruido en el foro.*) ¡Oh, quita! 123

ESCENA VI
DICHOS y SHAKSPEARE; *después* YORICK y WALTON

SHAKSPEARE. ¡Loado sea Dios, que os encuentro solos! Buscándoos venía.

EDMUNDO. ¿A quién . . . a mí? (*Con recelo.*)

SHAKSPEARE. A ti y a ella. 5

ALICIA. ¿A los dos?

SHAKSPEARE. A los dos.

---

[40] *a serlo más*, " if you were more " (guilty).
[41] *si acaso*, " if it changes into anything, perchance."
[42] *para con*, " toward "; a common meaning.

EDMUNDO. (¡Cielos!)

ALICIA. (¡Dios mío!)

SHAKSPEARE. ¿Puedo hablar sin temor de que nadie nos oiga? 11

EDMUNDO. ¿Tan secreto es lo que nos tenéis que revelar?

SHAKSPEARE. Ni yo mismo quisiera oírlo. 15

ALICIA. (No sé qué me sucede.)

EDMUNDO. Hablad, pero ved lo que decís.

SHAKSPEARE. Mira tú lo que dices. (*Clavando en él una mirada.*) 20

EDMUNDO. Es que no debo tolerar . . .

SHAKSPEARE. Calla y escucha. (*Imperiosamente.*)

EDMUNDO. ¡Oh! (*Baja la cabeza dominado por el tono y el ademán de Shakspeare.*) 26

SHAKSPEARE. Tiempo ha que debí dar voluntariamente un paso que doy ahora arrastrado de la necesidad. Fuí cobarde. ¡Malditos miramientos humanos que hacen cobarde al hombre de bien! Ya no vacilo; ya en nada reparo: Edmundo, tú amas a esa mujer. 33

EDMUNDO. ¿Yo? . . .

SHAKSPEARE. Alicia, tú amas a ese hombre.

ALICIA. ¡Ah! (*Con sobresalto y dolor.*)

EDMUNDO. ¿Con qué derecho os atrevéis? . . . 39

SHAKSPEARE. Con el derecho que me da el ser amigo del esposo de Alicia y del padre de Edmundo.

EDMUNDO. Pero si no es cierto lo que decís; si os han engañado. 44

ALICIA. Os han engañado, no lo dudéis.

SHAKSPEARE. La hipocresía y la culpa son hermanas gemelas. Ven acá. (*Asiendo de una mano a Alicia y trayéndola cerca de sí.*) Ven acá. (*Asiendo de una mano a Edmundo y poniéndole delante de Alicia.*) Levanta la cabeza, Edmundo. Levántala tú. (*Levantando con una mano la cabeza de Edmundo y con la otra la de Alicia.*) Miraos cara a cara con el sosiego del inocente. Miraos. ¡Oh! Pálidos

estabais; ¿por qué os ponéis tan encendidos? Antes, el color del remordimiento; ahora, el color de la vergüenza. 58

ALICIA. ¡Compasión!

EDMUNDO. ¡Basta ya! (*Con profundo dolor.*)

ALICIA. Habéis hablado tan de improvisto . . .

EDMUNDO. La acusación ha caído como un rayo sobre nosotros. 65

ALICIA. Hemos tenido miedo.

EDMUNDO. Os diré la verdad.

ALICIA. Es cierto: me ama, le amo.

EDMUNDO. Sois noble y generoso.

ALICIA. Tendréis lástima de dos infelices. 71

EDMUNDO. No querréis aumentar nuestra desventura.

ALICIA. Al contrario; nos protegeréis, nos defenderéis contra nosotros mismos. 75

SHAKSPEARE. Vamos, hijos míos, serenidad.

ALICIA. ¡Hijos nos llama! ¿Lo has oído?

EDMUNDO. ¡Oh, besaremos vuestras plantas! 81

ALICIA. ¡Sí! (*Yendo a arrodillarse.*)

SHAKSPEARE. No; en mis brazos estaréis mejor. (*Abriendo los brazos.*)

EDMUNDO. ¡Guillermo! . . . (*Deteniéndose con rubor.*) 86

ALICIA. ¿Es posible? (*Con alegría.*)

SHAKSPEARE. ¡Venid!

EDMUNDO. ¡Salvadnos! (*Arrojándose en sus brazos.*) 90

ALICIA. ¡Salvadnos, por piedad! (*Arrojándose también en los brazos de Shakspeare.*)

SHAKSPEARE. Sí; yo os salvaré con la ayuda de Dios. (*Pausa, durante la cual se oyen los sollozos de Edmundo y Alicia.*) 97

ALICIA. Pero ¿qué miro? ¿Estáis llorando?

SHAKSPEARE. Viendo lágrimas, ¿qué ha de hacer uno sino llorar?

ALICIA. Edmundo, es un protector que el cielo nos envía. ¡Y le queríamos enga-

ñar, queríamos rechazarle! ¡Cuál ciega la
desdicha! Tener un amigo que nos con-
suele, que tome para sí parte de nuestras
aflicciones; ser amparados del hombre
que mejor puede curar los males del alma,
porque es el que los conoce mejor . . .
¡Oh gozo inesperado! ¿Quién me hubiera
dicho momentos ha que tan cerca de mí
estaba la alegría? Ya respiro. ¡Ay, Edmundo, esto es ya vivir!   113
SHAKSPEARE. No hay tiempo que perder. Hablad. Quiero saberlo todo. (*Pausa.*)
EDMUNDO. Vino ha dos años Alicia a
la compañía de vuestro teatro. Entonces
la conocí. ¡Nunca la hubiera conocido! [43]
ALICIA. ¡Nunca jamás le hubiera conocido yo!   121
EDMUNDO. La ví de lejos; me arrastró
hacia ella fuerza misteriosa. Llegué a su
lado; miré, no ví; hablé, no se oyó lo
que dije. Temblé: ¡la amaba!   125
ALICIA. ¡Yo le amaba también!
EDMUNDO. Quiere el amor, aun siendo
legítimo, vivir oculto en el fondo del corazón. Pasaron días . . . Resolví al fin decla-
rarme . . . ¡Imposible!   130
ALICIA. Yorick me había manifestado
ya su cariño.
EDMUNDO. Era mi rival el hombre a
quien todo se lo debía.   134
ALICIA. Cayó mi madre muy enferma;
carecíamos de recursos; Yorick apareció
a nuestros ojos como enviado de la Misericordia infinita.
EDMUNDO. ¿Podía yo impedir que mi
bienhechor hiciese bien a los demás?   140
ALICIA. « Alicia,» me dijo un día mi
madre; « vas a quedarte abandonada;
cásate con Yorick: ¡te quiere tanto y es
tan bueno! »   144
EDMUNDO. Yorick me había recogido
desnudo y hambriento de en medio de la
calle, para darme abrigo y amor y dicha
y un lugar en el mundo.
ALICIA. Por Yorick gozaba mi madre

en los últimos días de su existencia todo
linaje de consuelos.   151
EDMUNDO. Destruir la felicidad de ese
hombre hubiera sido en mí sin igual villanía.
ALICIA. Mi madre rogaba moribunda.
EDMUNDO. Lo que se hace, rindiendo
culto a la gratitud, eso es lo que yo hice.
ALICIA. Lo que se responde a una madre que suplica moribunda, eso es lo que
yo respondí.   160
EDMUNDO. Y juré que había de olvi-
darla.
ALICIA. Y según iba empeñándome en
quererle menos, le iba queriendo más.
EDMUNDO. Era vana la resistencia.   165
ALICIA. Pero decía yo: « Edmundo es
hijo de Yorick.»
EDMUNDO. « Yorick es mi padre,» decía
yo.   169
ALICIA. « En casándome con Yorick se
acabó [44] el amor que ese hombre me ins-
pira.»
EDMUNDO. « Se acabó el amor que sien-
to por esa mujer al punto mismo en que
Yorick se enlace con ella.»   175
ALICIA. « ¿Amar al hijo de mi esposo!
¡Qué horror! No cabe en lo posible.»
EDMUNDO. « ¿Amar a la esposa de mi
padre? ¡Qué locura! No puede ser.»   179
ALICIA. ¡Y con qué afán aguardaba yo
la hora de mi enlace!
EDMUNDO. Siglos se me hacían los mi-
nutos que esa hora tardaba en llegar.
ALICIA. ¡Y llegó por fin esa hora!
EDMUNDO. ¡Por fin se casó!   185
ALICIA. Y al perder su última espe-
ranza el amor, en vez de huir de nuestro
pecho . . .
EDMUNDO. Alzóse en él, rugiendo como
fiera acosada.   190
ALICIA. Callamos, callamos, sin embargo.
EDMUNDO. A pesar de los ruegos y lágrimas de Yorick, me negué a seguir viviendo en su casa.   195

[43] *¡Nunca la hubiera conocido!* "Would I had never known her!"
[44] *se acabó* = *se acabará.* Likewise in next sentence.

ALICIA. Pero tuvo que venir aquí con frecuencia.

EDMUNDO. Él lo exigía.

ALICIA. Nos veíamos diariamente; callamos. 200

EDMUNDO. Pasábamos solos una hora y otra hora; callamos.

ALICIA. Un día, al fin, representando Romeo y Julieta ...

EDMUNDO. Animados por la llama de la hermosa ficción ... 206

ALICIA. Unida a la llama de la ficción, la llama abrasadora de la verdad ...

EDMUNDO. Cuando tantas miradas estaban fijas en nosotros ... 210

ALICIA. Cuando tantos oídos estaban pendientes de nuestra voz ...

EDMUNDO. Entonces, mi boca—miento—mi corazón, le preguntó quedo, muy quedo: «¿Me quieres?» 215

ALICIA. Y mi boca—miento—mi corazón, quedo, muy quedo, respondió: «Sí.»

EDMUNDO. He ahí nuestra culpa.

ALICIA. Nuestro castigo, a toda hora recelar y temer. 220

EDMUNDO. ¡Implacables remordimientos!

ALICIA. ¿Consuelo? Ninguno.

EDMUNDO. ¿Remedio? Uno solamente.

ALICIA. Morir. 225

EDMUNDO. Ya nada falta que deciros.

ALICIA. Lo juramos.

EDMUNDO. ¡Por la vida de Yorick!

ALICIA. ¡Por su vida!

EDMUNDO. Eso es lo que sucede. 230

ALICIA. Eso es.

SHAKSPEARE. ¡Mísera humanidad! Vuélvese en ti manantial de crímenes la noble empresa acometida sin esfuerzo bastante para llevarla a cabo. ¡Mísera humanidad! Retrocedes ante el obstáculo pequeño; saltas por encima del grande. Os amáis; es preciso que no os améis. 238

EDMUNDO. Quien tal dice, no sabe que el alma esclavizada por el amor no se libra de su tirano.

SHAKSPEARE. Quien tal dice, sabe que el alma es libre, como hija de Dios. 248

ALICIA. Explicádmelo por piedad: ¿qué hará cuando quiera no amar el que ama?

SHAKSPEARE. Querer.

EDMUNDO. Querer no basta.

SHAKSPEARE. Basta, si el querer no es fingido.

ALICIA. ¿Quién lo asegura? 250

SHAKSPEARE. Testigo irrecusable.

EDMUNDO. ¿Qué testigo?

SHAKSPEARE. Vuestra conciencia. Si de la culpa no fuerais responsables, ¿a qué temores, a qué lágrimas, a qué remordimientos? Huirás de Alicia para siempre.

EDMUNDO. Mil veces se me ha ocurrido ya tal idea. No exijáis imposibles. 258

SHAKSPEARE. En la pendiente del crimen hay que retroceder o avanzar; retrocederás, mal que te pese.

EDMUNDO. ¿Haréis que me vaya por fuerza?

SHAKSPEARE. Si no queda otro remedio, por fuerza se ha de hacer el bien. 265

ALICIA. Edmundo os obedecerá. Teniendo ya quien nos proteja, veréis cómo en nosotros renacen el valor y la fe.

EDMUNDO. ¡Oh, sí! Con vuestra ayuda no habrá hazaña que nos parezca imposible. Soldados somos del deber. 271

ALICIA. Vos, nuestro capitán.

EDMUNDO. ¡Conducidnos a la victoria!

SHAKSPEARE. Si esta buena obra pudiera yo hacer, reiríame de Otelo y de Macbeth, y de todas esas tonterías. (Con íntimo júbilo.) Confío en la promesa de un hombre. (Estrechando a Edmundo la mano.) Y en la promesa de una mujer. (Estrechando la mano a Alicia.) 280

EDMUNDO.}
ALICIA. } ¡Sí!

SHAKSPEARE. Pues mientras llega el día de que Edmundo nos deje, nunca estéis solos; nunca delante de los demás os dirijáis ni una mirada. Esto pide el deber; esto reclama la necesidad. Me figuraba ser el único poseedor del secreto ... ¡Necio de mí! Nunca pudo estar oculto el amor.

ALICIA. ¿Qué decís? 290

EDMUNDO. ¡Explicaos!

SHAKSPEARE. Conoce también ese horrible secreto persona de quien fundadamente puede temerse una vileza.

EDMUNDO. ¿Qué persona? 295

SHAKSPEARE. Con motivo del reparto de papeles de un drama nuevo, está Walton enfurecido contra Yorick.

EDMUNDO. ¡Walton! (*Con terror.*) 299

SHAKSPEARE. Lo sé por el autor de la obra, que de casa de Walton fué hace poco a la mía, y me refirió la plática que ambos acababan de tener. Walton ha dicho estas o parecidas frases, que el autor repetía sin entenderlas: « Cuadra a Yorick divinamente el papel de marido ultrajado, y no se le debe disputar.» 307

ALICIA. ¡Dios de mi vida!

SHAKSPEARE. « Si por descuido o ceguedad no advirtiese las excelencias de papel tan gallardo, yo le abriré los ojos.» 311

ALICIA. ¡Oh, no hay duda; ese hombre es un malvado; nos perderá!

EDMUNDO. Sí, Alicia, estamos perdidos, perdidos sin remedio. (*Con mucha ansiedad.*) 316

SHAKSPEARE. Todavía no. Corro al punto en su busca, y en viéndole yo, nada habrá que temer. (*Dirigiéndose hacia el foro.*) 320

EDMUNDO. ¡Alicia! ¡Alicia! (*Yendo hacia ella y asiéndole las manos.*)

ALICIA. ¿Qué tienes? ¿Por qué te acongojas de ese modo? 324

SHAKSPEARE. Valor, Edmundo. Volveré en seguida a tranquilizaros. (*Desde el foro.*)

EDMUNDO. ¡No os vayáis, por Dios!

SHAKSPEARE. ¿Que no me vaya? ¿Por qué? (*Dando algunos pasos hacia el proscenio.*) 331

EDMUNDO. No está ahora Walton en su casa.

SHAKSPEARE. ¿Cómo lo sabes? (*Viniendo al lado de Edmundo.*) 335

EDMUNDO. Yo soy quien os dice: ¡Valor! (*A Shakspeare.*) ¡Valor, desdichada! (*A Alicia.*)

ALICIA. Sácame de esta horrible ansiedad. 340

SHAKSPEARE. ¿Dónde está ese hombre?

EDMUNDO. Aquí.

SHAKSPEARE. ¡Cielos!

ALICIA. ¿Con él?

EDMUNDO. ¡Con él! 345

SHAKSPEARE. ¿Tú le has visto, sin duda?

EDMUNDO. Delante de mí empezó ya a descubrir el objeto de su venida.

ALICIA. ¡Oh! ¿Qué hago yo ahora, Dios mío, qué hago yo? 351

EDMUNDO. Tierra enemiga, ¿por qué no te abres a mis plantas?

SHAKSPEARE. ¡Qué fatalidad!

ALICIA. ¡No me abandonéis; defendedme, amparadme! 356

EDMUNDO. ¡Por piedad, un medio, una esperanza!

SHAKSPEARE. Si nos aturdimos . . . Calma . . . sosiego . . . (*Como recapacitando. Yorick aparece en la puerta de la derecha, seguido de Walton, a quien da la comedia que trae en la mano y hace con semblante alegre señas para que calle, poniéndose un dedo en la boca. Después se acerca rápidamente de puntillas a su mujer.*) 367

EDMUNDO. ¿Qué resolvéis? (*Con mucha ansiedad a Shakspeare.*)

ALICIA. ¡Decid!

YORICK. ¡Tiemble la esposa infiel; tiemble! . . .

(*Asiendo por un brazo a su mujer con actitud afectadamente trágica, y declamando con exagerado énfasis.*) 375

ALICIA. ¡Jesús! (*Estremeciéndose con espanto.*) ¡Perdón! (*Cayendo al suelo sin sentido.*)

YORICK. ¿Eh?

EDMUNDO. ¡Infame! (*Queriendo lanzarse contra Walton.*) 381

SHAKSPEARE. ¡Insensato! (*En voz baja a Edmundo, deteniéndole.*)

YORICK. ¡Perdón! (*Confuso y aturdido.*) 385

Walton. (¡Casualidad como ella!) (*Irónicamente.*)
Yorick. ¡Perdón! ... (*Queriendo explicarse lo que sucede. Shakspeare va a socorrer a Alicia.*) 390

ACTO SEGUNDO

La misma decoración del primero.

ESCENA PRIMERA
Walton

Esperaré a que vuelva. (*Hablando desde el foro con alguien que se supone estar dentro. Deja el sombrero en una silla, y se adelanta hacia el proscenio.*) Pasa conmigo en el ensayo más de tres horas, y poco después va a mi casa a buscarme. ¿Qué me querrá? ¿Y hago yo bien en buscarle a él? Como el sér amado, atrae el sér aborrecido. Esta noche se estrenará la comedia nueva; esta noche representará Yorick el papel que debió ser mío, y que villanamente me roba. ¿Lo hará bien? Dejárselo hacer; animarle a intentar cosas muy difíciles, donde no pudiera evitar la caída; representar yo a su lado un papel inferior, me pareció medio eficaz de lograr a un tiempo castigo el más adecuado para él, para mí la más satisfactoria venganza. Hoy temo haberme equivocado. Singular es que todo el mundo crea que ha de hacerlo mal, excepto yo. Fuera de que el vulgo aplaude por costumbre ... Yorick es su ídolo ... Hasta la circunstancia de verle cambiar repentinamente el zueco[1] por el coturno,[2] le servirá de recomendación ... Ni mis enemigos desperdiciarán esta coyuntura que se les ofrece para darme en los ojos. ¡Y qué fervorosa es la alabanza dirigida a quien no la merece! ¡Qué dulce es alabar a uno con el solo fin de humillar a otro! Pues bueno fuera que viniese hoy Yorick con sus manos lavadas[3] a quitarme de las sienes el lauro regado con sudor y lágrimas en tantos años de combate; mi única esperanza de consuelo desde que recibió mi pecho la herida que no ha de cicatrizarse jamás. ¡Oh gloria! ¡Oh deidad, cuanto adorada, aborrecible! Pies de plomo tienes para acercarte a quien te llama; alas para la huída. Padece uno si te espera; mas, si por fin te goza, si luego te pierde, mil veces más. ¿Qué mucho[4] que el anhelo de conservarte ahogue la voz del honor y de la virtud? No bien supe que Yorick trataba de ofenderme, debí yo herirle con la noticia de su oprobio. La venganza más segura y más pronta, ésa la mejor. Alcance mi rival un triunfo en las tablas, destruyendo mi gloria, y vengarme de él será ya imposible. Dí palabra de guardar el secreto; la dí: ¿qué remedio sino cumplirla? ¡Ejerce Shakspeare sobre mí tan rara influencia! ... ¡Me causa un pavor tan invencible! ... Y, no cabe duda ninguna: Yorick tiene celos. Quiere ocultarlos en el fondo del corazón; pero los celos siempre se asoman a la cara. Hizo en parte la casualidad lo que yo hubiera debido hacer; y aunque Shakspeare agotó su ingenio para ofuscarle ... Clavada en el alma la sospecha, no hay sino correr en pos de la verdad hasta poner sobre ella la mano. Y ¿quién sabe si de los celos verdaderos del hombre estará recibiendo inspiraciones el actor para expresar los celos fingidos? Esto faltaba solamente: que hasta los males de mi enemigo se vuelvan contra mí. ¡Ah! ¿Eres tú? (*Cambiando de tono al ver entrar a Yorick por la puerta del foro.*) A Dios gracias. Ya me cansaba de esperarte. 72

[1] *zueco,* "sock," a low shoe worn by comic actors in ancient Greece and Rome; hence, a symbol of comedy.
[2] *coturno,* "buskin," a thick-soled shoe (to add height) worn by actors in the ancient tragedy.
[3] *con sus manos lavadas,* said of one who aspires to the profit of some enterprise without having toiled for it.
[4] *¿Qué mucho?* "What wonder?"

ESCENA II

WALTON y YORICK

YORICK. ¿Tú aquí?

WALTON. Sé que has estado en casa después del ensayo, y vengo a ver en qué puedo servirte. (*Yorick le mira en silencio.*) Di, pues; ¿querías algo? 5

YORICK. Quería solamente . . . (*Turbándose.*) Ya te diré.

WALTON. (¿Qué será?)

YORICK. He andado mucho y estoy rendido de fatiga. (*Sentándose.*) 10

WALTON. Descansa enhorabuena.

YORICK. Me prometía hallar alivio con el aire del campo, mas salió vana mi esperanza. 14

WALTON. ¿Qué? ¿Te sientes malo? (*Con gozo que no puede reprimir.*)

YORICK. Siento un malestar, una desazón . . . 18

WALTON. A ver, a ver . . . (*Tocándole la frente y las manos.*) Estás ardiendo. Si creo que tienes calentura.

YORICK. Posible es.

WALTON. ¿Por qué no envías un recado a Guillermo? 24

YORICK. ¿A Guillermo? (*Con enfado y levantándose de pronto.*) ¿Para qué?

WALTON. Quizá no puedas trabajar esta noche; tal vez haya que suspender la función . . . (*Con afectada solicitud.*)

YORICK. No es mi mal para tanto. 30

WALTON. Dejémonos de niñerías; yo mismo iré en busca de Guillermo, y . . . (*Dando algunos pasos hacia el foro.*)

YORICK. Te digo que no quiero ver a Guillermo. Te digo que he de trabajar. 35

WALTON. ¡Como esperas alcanzar un triunfo esta noche! . . . (*Con ironía, volviendo a su lado.*)

YORICK. Un triunfo . . . sí, un triunfo . . . (*Como si estuviera pensando en otra cosa.*) Walton . . . (*Sin atreverse a continuar.*) 42

WALTON. ¿Qué? (*Con desabrimiento.*)

YORICK. Walton . . .

WALTON. Así me llamo.

YORICK. No te burles de mí. (*Desconcertado.*) 47

WALTON. Lelo pareces a fe mía.

YORICK. Has de saber que tengo un defecto de que nunca puedo corregirme.

WALTON. ¿Uno sólo? Dichoso tú. 51

YORICK. Me domina la curiosidad.

WALTON. Adán y Eva fueron los padres del género humano. 54

YORICK. Verás. Hablabais esta mañana Guillermo y tú en un rincón muy obscuro del escenario, y, acercándome yo casualmente a vosotros, oí que decías . . .

WALTON. ¿Qué? 59

YORICK. (*Se turba.*) Oí que decías: «Yo no he faltado a mi promesa; Yorick nada sabe por mí.»

WALTON. ¿Conque oíste? . . .

YORICK. Lo que acabo de repetir, nada más. 65

WALTON. ¿Y qué?

YORICK. Que como soy tan curioso, anhelo averiguar qué es lo que Guillermo te ha exigido que no me reveles. 69

WALTON. Pues, con efecto, eres muy curioso.

YORICK. Advirtiéndotelo empecé.

WALTON. Tienes, además, otra flaqueza.

YORICK. ¿Cuál?

WALTON. La de soñar despierto. 75

YORICK. ¿De qué lo infieres?

WALTON. De que supones haberme oído pronunciar palabras que no han salido de mis labios.

YORICK. ¿Que no? 80

WALTON. Que no.

YORICK. Brujería parece.

WALTON. Y, si no mandas algo más . . . (*Yendo a coger el sombrero.*) 84

YORICK. (No saldré de mi duda.) Walton.

WALTON. ¿Me llamas? (*Dando algunos pasos hacia Yorick con el sombrero en la mano.*) 89

YORICK. Sí; para darte la enhorabuena.

WALTON. ¿Por qué?

YORICK. Porque mientes muy mal.

WALTON. Ni bien, ni mal: no miento.

Yorick. ¡Mientes! (*Con repentina có-lera.*) 95

Walton. ¡Yorick!

Yorick. ¡Mientes!

Walton. Pero ¿has perdido la razón?

Yorick. Cuando digo que mientes, claro está que no la he perdido. 100

Walton. Daré yo prueba de cordura, volviéndote la espalda.

Yorick. No te irás sin decirme lo que has ofrecido callar. (*En tono de amenaza.*) 105

Walton. Pues si he ofrecido callarlo, ¿cómo quieres que te lo diga? (*Sin poder contenerse.*)

Yorick. ¡Ah! ¿Conque no soñé? ¿Conque real y positivamente oí las palabras que negabas antes haber pronunciado? 111

Walton. Déjame en paz. Adiós.

Yorick. Walton, habla, por piedad.

Walton. Yorick, por piedad, no hablaré. 115

Yorick. ¿Luego es una desgracia lo que se me oculta?

Walton. ¡Si pudieses adivinar cuán temeraria es tu porfía, y cuán heroica mi resistencia! 120

Yorick. Por quien soy que [5] has de hablar.

Walton. Por quien soy que merecías que hablase.

Yorick. Di. 125

Walton. ¡Ah! . . . (*Resuelto a decir lo que se le pregunta.*) No. (*Cambiando de resolución.*)

Yorick. ¿No?

Walton. No. (*Con frialdad.*) 130

Yorick. Media hora te doy para que lo pienses.

Walton. ¿Me amenazas?

Yorick. Creo que sí.

Walton. ¡Oiga! 135

Yorick. Dentro de media hora te buscaré para saber tu última resolución.

Walton. ¿Y si no me encuentras?

Yorick. Diré que tienes miedo.

Walton. ¿De quién? ¿De ti? 140

Yorick. De mí.

Walton. Aquí estaré dentro de media hora.

Yorick. ¿Vendrás?

Walton. Tenlo por seguro. 145

Yorick. ¿A revelarme al fin lo que ahora me callas?

Walton. No, sino a ver qué haces cuando nuevamente me niegue a satisfacer tu curiosidad. 150

Yorick. Malo es jugar con fuego; peor mil veces jugar con la desesperación de un hombre.

Walton. ¿Desesperado estás?

Yorick. Déjame. 155

Walton. Sin tardanza. ¿Somos amigos todavía?

Yorick. No . . . Sí . . .

Walton. ¿Sí o no?

Yorick. No. 160

Walton. Excuso entonces darte la mano.

Yorick. Lo seremos toda la vida si cambias de propósito.

Walton. Hasta dentro de media hora, Yorick. 166

Yorick. Walton, hasta dentro de media hora.

Walton. Dios te guarde, Edmundo. (*Saludando a Edmundo que sale por la puerta del foro.*) 171

Edmundo. Y a ti. (*Con sequedad.*)

Walton. (Empeñándose él en saberlo, me será más fácil callar.) (*Vase por el foro.*) 175

ESCENA III

Yorick y Edmundo.

Yorick anda de un lado a otro del escenario, manifestando irrefrenable desasosiego.

Yorick. Hola, señor Edmundo, ¿por qué milagro se os ve al fin aquí?

Edmundo. Como esta mañana me habéis reprendido porque no vengo . . .

---

[5] *Por quien soy que,* " By my life, I swear that."

YORICK. ¿Y vienes porque te he reprendido, eh? ¿Solamente por eso?

EDMUNDO. No . . . Quiero decir . . . (*Turbado.*)

YORICK. No te canses en meditar una disculpa. 10

EDMUNDO. Me parece que estáis preocupado . . . inquieto . . . Sin duda el estreno de la comedia . . . (*Buscando algo que decir.*) 14

YORICK. El estreno de la comedia . . . Ciertamente . . . Eso es . . . (*Hablando maquinalmente abstraído en su meditación. Sigue andando en varias direcciones con paso, ora lento, ora muy precipitado; a veces se para; siéntase a veces en la silla que ve más cerca de sí, demostrando en todas sus acciones la agitación que le domina.*) 23

EDMUNDO. Por lo que a vos hace,[6] sin embargo, nada debéis temer. El público os ama ciegamente . . . Esta noche, como siempre, recompensará vuestro mérito, y . . . (*Notando que no se le escucha, deja de hablar, se sienta y contempla con zozobra a Yorick, que sigue andando por el escenario. Pausa.*) 31

YORICK. ¿Qué decías? Habla . . . Te oigo. (*Sin detenerse.*)

EDMUNDO. (Todo lo sabrá al fin. No hay remedio.) 35

YORICK. ¿No hablas?

EDMUNDO. Sí, señor . . . Decía que el drama de esta noche . . .

YORICK. No me has preguntado por Alicia. ¿Por qué no me has preguntado por ella? (*Parándose de pronto delante de Edmundo.*) 42

EDMUNDO. Habiéndola visto en el ensayo esta mañana . . .

YORICK. Sí . . . es verdad . . . (*Anda otra vez por el escenario.*) 46

EDMUNDO. (Crecían sus dudas por instantes: han llegado a lo sumo.[7])

YORICK. ¿Conque la función de esta noche? . . . 50

EDMUNDO. Me parece que agradará. Tiene interés y movimiento; es obra de autor desconocido, a quien no hará guerra la envidia. 54

YORICK. ¡No puede ser! (*Hablando consigo mismo, y dando una patada en el suelo.*)

EDMUNDO. ¡Oh! (*Levantándose.*) 58

YORICK. ¿Qué? ¿He dicho algo? Suelen estos días escaparse de mis labios palabras cuyo sentido ignoro. No ando bien estos días. (*Tocándose la frente.*) 62

EDMUNDO. ¿Estáis enfermo? ¿Qué tenéis? (*Con ternura, acercándose a él.*)

YORICK. Un papel tan largo y difícil . . . los ensayos . . . el estudio excesivo . . . Pero no hay que temer. Esto pasará . . . Ya pasó. Charlemos aquí los dos solos un rato. (*Sentándose en la mesa.*) Hablábamos . . . ¿De qué? . . . ¡Ah, sí, del drama nuevo! A ti, por lo visto en los ensayos, no te agrada mucho tu papel. ¿Y Alicia? ¿Cómo la encuentras en el suyo de esposa desleal? 74

EDMUNDO. Bien . . . muy bien.

YORICK. ¿Bien, eh? (*Impetuosamente, saltando de la mesa al suelo.*)

EDMUNDO. Sí, señor . . . ; yo creo . . .

YORICK. Y ya ves cuánto me alegro de que tú . . . (*Conteniéndose y disimulando.*) Edmundo, ven acá. (*Tomando de pronto una resolución, y acercándole mucho a sí.*) Dime: ¿sentiste alguna vez estallar en tu corazón tempestad furiosa? ¿Pudiste durante mucho tiempo evitar que se vieran sus relámpagos, que se oyeran sus truenos? ¿Es posible padecer y callar? ¿No arranca por fin el dolor ayes lastimeros al más sufrido y valeroso? ¿Hará bien la desgracia en dejarse agobiar de carga irresistible sin pedir ayuda a la amistad? ¿Y no eres tú mi hijo, el hijo de mi alma? 93

EDMUNDO. ¡Oh! sí; ¡vuestro hijo! (*Abrazándole.*)

YORICK. Quiere mucho a tu padre. ¡Ay,

---

[6] *Por lo que a vos hace,* " As far as you are concerned."
[7] *lo sumo,* " a climax," " their highest pitch."

tengo ahora tanta necesidad de que alguien me quiera! Porque sábelo, Edmundo: Alicia . . . ¡Oh, cuál se niegan mis labios a pronunciar estas palabras! ¡Y si a lo menos pudiese decirlas sin que llegaran a mis oídos! ¡Alicia no me ama! 102

EDMUNDO. ¡Cielos!

YORICK. ¿Ves qué horrorosa desventura? Parece imposible que haya desventura mayor. Parece imposible, ¿no es verdad? Pues oye: ¡Alicia ama a otro! Ahí tienes una desventura mayor; ahí la tienes. (*Muy conmovido.*) 109

EDMUNDO. Pero sin duda os engañáis. ¿Cómo sabéis que vuestra esposa? . . . ¿Quién os ha inducido a creerlo? (*Con ira en esta última frase.*) 113

YORICK. Al oír que la llamaba esposa infiel, con palabras de esa maldita comedia que le sonaron a verdad, sobrecogióse de modo que llegó a perder el sentido. 117

EDMUNDO. ¿Qué mucho, si es tan delicada y sensible que al más leve ruido inesperado se conmueve y altera? Ya os lo dijo Guillermo. 121

YORICK. Ciertamente que me lo dijo. (*Con ironía.*) Alicia, al desmayarse, pidió perdón.

EDMUNDO. Turbada por la voz acusadora, su mente, como ciega máquina, siguió el impulso recibido. Guillermo os lo dijo también. 128

YORICK. También me lo dijo, con efecto. (*Con ironía como antes.*) Pero en mi pecho quedó leve espina; espina que fué muy pronto clavo encendido. Yo antes nada veía, en nada reparaba. Como la luz del sol, deslumbra la luz de la felicidad. Nublado el cielo de mi dicha, todo lo ví claro y distinto. Recordé un sí ardiente como el amor, y otro sí tibio como la gratitud; [8] únicamente con el amor hace el amor nudo que no se rompa. Recordé lágrimas a deshora vertidas, zozobras y temores sin razón aparente. Parecióme ella más joven y hechicera que nunca; hallé en mí con asombro fealdad y vejez.

Ahora, a cada momento reciben nuevo pábulo mis sospechas, porque ya Alicia ni siquiera intenta disimular ni fingir; el peso de la culpa anonada la voluntad. Cuando la miro se agita y conmueve, como si las miradas que le dirijo tuviesen virtud sobrenatural para penetrar en su corazón a modo de flechas punzadoras. Nunca me habla sin que su labio tembloroso revele el temblor de la conciencia. ¿Asómase alguna vez a sus ojos lágrima rebelde? ¡Oh, cuál pugna por encerrarla de nuevo dentro de sí, y qué angustioso es contemplar aquella lágrima, haciéndose cada vez mayor en el párpado que la sujeta! ¿Quiere reírse alguna vez? Su risa es más triste que su llanto. ¡Oh, sí, Edmundo, lo juraría delante de Dios: Alicia esconde secreto abominable en su pecho! De ello me he convencido al fin con espanto; con espanto mayor que me causaría ver abrirse repentinamente el azul purísimo de los cielos, y detrás de él aparecer tinieblas y horrores infernales. ¿Quién es el ladrón de mi ventura? ¿Quién el ladrón de su inocencia? Responde. No me digas que no lo sabes: fuera inútil, no te creería. ¿Quién es? ¿No hablas? ¿No quieres hablar? Dios mío, ¿qué mundo es éste donde tantos cómplices halla siempre el delito? 174

EDMUNDO. Veros padecer tan cruel amargura me deja sin fuerzas ni aun para despegar los labios. Repito que sospecháis sin fundamento, que yo nada sé . . . 178

YORICK. ¿Por qué has sido siempre desdeñoso con Alicia? ¿Por qué has dejado de frecuentar esta casa? Porque sabías que esa mujer engañaba a tu padre; porque no querías autorizar con tu presencia mi ignominia. 184

EDMUNDO. ¡Oh! no lo creáis . . . ¡Qué funesta ilusión!

YORICK. Si te digo que ya empiezo a ver claro; que ya voy entendiéndolo todo. ¿Ignoras quién es mi rival? Ayúdame a buscarlo. ¿Será Walton quizá? 190

[8] Doubtless a reference to his betrothal or marriage to Alicia.

EDMUNDO. ¿Cómo os atrevéis a imaginar siquiera? . . . (*Con indignación.*)

YORICK. No te canses en disuadirme. No es Walton; de fijo que no. Desechado. ¿Será acaso lord Stanley? [9] 195

EDMUNDO. ¿Lord Stanley? ¿Porque la otra noche habló con ella un momento? . . .

YORICK. Calla, no prosigas. Tampoco es ése, tampoco. Ya me lo figuraba yo. ¿Será el conde de Southampton,[10] el amigo de Shakspeare? (*Pronunciando con dificultad este último nombre.*) 203

EDMUNDO. Ved que estáis delirando.

YORICK. Entonces, ¿quién es? Sí; no hay duda: será quien yo menos querría que fuese. No basta la traición de la esposa; habré de llorar también la traición del amigo. 209

EDMUNDO. No sospechéis de nadie. Ese rival no existe. Alicia no es culpada.

YORICK. A bien que [11] ahora mismo voy a salir de dudas . . . Si es culpada o no, ahora mismo voy a saberlo. (*Dirigiéndose hacia la puerta de la izquierda.*) 215

EDMUNDO. ¿Qué intentáis?

YORICK. Nada (*Volviendo al lado de Edmundo.*); la cosa más natural del mundo: preguntárselo a ella.

EDMUNDO. ¡Eso no! (*Horrorizado.*) 220

YORICK. ¿Cómo que no? ¿Puedo yo hacer más que fiarme de su palabra?

EDMUNDO. Pero ¿y si la acusáis sin motivo? ¿Y si es inocente? 224

YORICK. Si es inocente, ¿por qué tiembla? ¿por qué tiemblo yo? ¿por qué tiemblas tú?

EDMUNDO. El tiempo aclarará vuestras dudas. 229

YORICK. El tiempo que se mide por la imaginación del hombre, detiénese a veces, poniendo en confusión y espanto a las almas con anticipada eternidad. Días ha que el tiempo no corre para mí. Quiero volver a la existencia. 235

EDMUNDO. Esperad otro día, otro día no más. (*Asiéndole una mano.*)

YORICK. ¡Ni un día más, ni una hora más, ni un instante más! ¡Suelta! (*Procurando desasirse de Edmundo.*) 240

EDMUNDO. No lo esperéis.

YORICK. ¡Qué obstinación tan insufrible! ¡Vaya si es terco el mozo! (*Forcejeando para desprender de la suya la mano de Edmundo.*) 245

EDMUNDO. ¡Escuchad!

YORICK. ¡Y necio por añadidura! Aparta. (*Haciendo un violento esfuerzo, con el cual logra desprenderse de Edmundo.*)

EDMUNDO. ¡Oh! 250

YORICK. ¡Si no hay remedio! ¡Si he de saberlo todo! . . . (*Con furor.*)

EDMUNDO. ¡Piedad!

YORICK. ¡Si no quiero tener piedad! (*Cambiando de tono y con voz lacrimosa. Vase por la puerta de la izquierda.*) 256

ESCENA IV

EDMUNDO y ALICIA

EDMUNDO. ¡Cielo implacable! ¡Oh! (*Viendo aparecer a Alicia muy abatida y acongojada por entre la colgadura que cubre la puerta de la derecha. Breve pausa, después de la cual Edmundo corre al lado de Alicia, que habrá permanecido inmóvil, y la trae al proscenio.*) ¿Has oído?

ALICIA. Sí. 8

EDMUNDO. Mañana al amanecer se hace a la vela para clima remoto un bajel, cuyo capitán es mi amigo: huyamos. (*En voz baja y muy de prisa.*)

ALICIA. No.

EDMUNDO. De aquí a la noche quedarían dispuestos los medios de la fuga. 15

ALICIA. No.

---

[9] *lord Stanley.* The reference here is most likely to Ferdinand Stanley (1559–1594), fifth Earl of Derby; patron, like his father, of a theatrical troupe called Lord Strange's company.

[10] *Southampton:* Henry Wriothesly, third Earl of Southampton (1573–1624), one-time favorite of Queen Elizabeth, and friend and patron of Shakespeare.

[11] *A bien que,* " Fortunately."

EDMUNDO. Si de otro modo no fuera posible comunicártelos, en el teatro recibirías luego una carta, y por ella sabrías el término de mi solicitud [12] y lo que uno y otro deberíamos hacer. 21

ALICIA. No.

EDMUNDO. Tu marido va a descubrirlo todo.

ALICIA. ¡Cúmplase la voluntad del cielo! 26

EDMUNDO. ¿Y qué será de ti?

ALICIA. ¡Bah!

EDMUNDO. ¿Qué será de los dos?

ALICIA. Huye tú. 30

EDMUNDO. ¿Solo? ¡Nunca!

ALICIA. Huye.

EDMUNDO. Contigo.

ALICIA. ¡Mil veces no! 34

YORICK. ¡Alicia! ¡Alicia! (*Dentro, llamándola. Alicia se conmueve.*)

EDMUNDO. ¿Lo ves? Ya no alientas: ya no puedes tenerte en pie.

ALICIA. ¡Me busca! (*Con terror.*) 39

EDMUNDO. Para preguntarte si eres culpada. ¿Qué le responderás?

ALICIA. ¿Qué le he de responder? ¡Que sí! (*Con firmeza.*)

EDMUNDO. ¿Y después? 44

ALICIA. ¿Después? . . . ¿Crees tú que será capaz de matarme? (*Como animada de una esperanza lisonjera.*) ¡Oh, si me matara! . . . (*Manifestando alegría.*)

EDMUNDO. Su furia o tu propio dolor darán fin a tu vida. 50

ALICIA. ¿De veras? ¡Qué felicidad!

EDMUNDO. Y no buscas sólo tu muerte, sino también la mía.

ALICIA. ¡La tuya! (*Con pena y sobresalto.*) 55

YORICK. ¡Alicia! (*Dentro, más cerca.*)

EDMUNDO. Ya viene.

ALICIA. Callaré . . . fingiré . . . Ea, impudencia, dame tu serenidad, y con ella búrlese el reo de su juez. No puedo ser más desdichada; pero no temas, no temas; aún puedo ser más despreciable. 62

YORICK. ¡Alicia! (*Dentro.*)

ALICIA. Aquí estoy. Aquí me tenéis. (*Yendo hacia donde suena la voz de Yorick.*) 66

EDMUNDO, Aguarda. (*Yorick sale por la puerta de la izquierda.*)

ESCENA V

DICHOS y YORICK

YORICK. ¡Ah! (*Turbándose al ver a Alicia.*)

ALICIA. Me buscáis, yo a vos, y parece que andamos huyendo el uno del otro. (*Sonriéndose y aparentando serenidad.*) 5

YORICK. (¿Está ahora alegre esta mujer?) Tengo que hablar un momento a solas con Alicia. Espérame en mi cuarto. (*A Edmundo.*) 9

EDMUNDO. (La defenderé, si es preciso.) (*Vase por la puerta de la derecha.*)

ESCENA VI

YORICK y ALICIA

Yorick contempla un instante a Alicia en silencio. Luego se sienta en el escaño.

YORICK. Ven, Alicia, ven. (*Alicia da algunos pasos hacia él.*) Acércate más. (*Alicia se acerca más a Yorick.*) Siéntate a mi lado. ¿Acaso tienes miedo de mí?

ALICIA. ¿Miedo? ¿Por qué? (*Sentándose al lado de Yorick.*) 6

YORICK. (Parece otra.)

ALICIA. ¿Qué me queréis? (*Yorick se levanta.*) 9

YORICK. (Ella serena, yo turbado . . . Aquí hay un delincuente. ¿Lo es ella? ¿Lo soy yo?)

ALICIA. (Las fuerzas me abandonan.) (*Yorick se sienta otra vez.*) 14

YORICK. Alicia: el hombre, por lo regular, se despierta amando a la primera luz de la juventud; corre luego desatentado en pos del goce que mira delante de sí, y como en espinosas zarzas del camino de la vida, enrédase en uno y otro amorío,

---

[12] *el término de mi solicitud,* "the outcome of my efforts."

fútil o vergonzoso, dejando en cada uno de ellos un pedazo del corazón. Íntegro y puro estaba el mío cuando te ví y te amé. Y ¡oh, qué viva la fuerza del amor sentido en el otoño de la existencia, cuando antes no se amó, cuando ya no es posible amar otra vez! Así te amo yo, Alicia. ¿Me amas tú, como tú me puedes amar? Responde.

ALICIA. Yo . . . Ciertamente . . . Os debo tantos beneficios . . . 30

YORICK. ¡Beneficios! . . . ¡Si no hablamos de beneficios ahora! ¿Me amas?

ALICIA. ¿No lo sabéis? ¿No soy vuestra esposa?

YORICK. ¿Me amas? 35

ALICIA. Sí, señor, sí; os amo.

YORICK. ¿De veras? . . . ¿Sí? ¿Debo creerlo? (Con íntimo gozo.) Por Dios, que me digas la verdad. ¿No amas a nadie sino a mí? ¿A nadie? 40

ALICIA. ¿Qué me preguntáis? (Asustada y queriendo levantarse.)

YORICK. ¿No amas a otro? (Con energía y deteniéndola.)

ALICIA. No, señor, no . . . 45

YORICK. Mira que pienso que me engañas. ¡Ah! (Concibiendo esperanza halagüeña.) Quizá ames a otro y no hayas declarado tu amor todavía. Siendo así, no vaciles en confesármelo. Humildemente aceptaría yo el castigo de haber codiciado para esposa a quien pudiera ser mi hija; no con severidad de marido, sino con blandura de padre, escucharía tu confesión; te haría ver la diferencia que hay entre el amor adúltero que regocija a los infiernos, y el conyugal amor que tiene guardadas en el cielo palmas y coronas; redoblaría mis atenciones y finezas para contigo, mostrándote engalanado mi afecto con atractivos a cuál más dulce y poderoso; continuamente elevaría súplicas al que todo lo puede [13] para que no te dejase de la mano; y no lo dudes, gloria mía, luz de mis ojos; no lo dudes, Alicia de mis entrañas; conseguiría al fin vencer a mi rival, ganarme todo tu corazón, volverte a la senda del honor y la dicha; porque tú eres buena; tu pecho, noble y generoso; caerás en falta por error, no con deliberado propósito; y conociendo la fealdad del crimen, huirías de él horrorizada; y conociendo mi cariño . . . ¡Ay, hija mía, créelo! a quien tanto quiere, algo se le puede querer. 75

ALICIA. (Me falta aire que respirar; se me acaba la vida.)

YORICK. ¿Nada me dices? ¿Callas? ¿Amas y has declarado ya tu amor? Pues no me lo ocultes. Quiere la justicia que sea castigada la culpa. No debe quedar impune la mujer que afrenta a su marido . . . Y si este marido no tiene más afán que evitar a su esposa el menor disgusto, ni más felicidad que adorarla, ni más existencia que la que de ella recibe; si para ese infeliz ha de ser todo uno perder el afecto de su esposa y morir desesperado; y ella lo sabe y le condena a padecer las penas del infierno en esta vida y en la otra . . . ¡Oh, entonces la iniquidad es tan grande, que la mente no la puede abarcar; tan grande, que parece mentira! . . . No, si yo no creo que tú . . . ¡Conmigo tal infamia! ¡Conmigo! ¿Tú haber sido capaz? . . . No . . . no . . . Si digo que no lo creo . . . No puedo creerlo . . . ¡No lo quiero creer! (Cubriéndose el rostro con las manos, y llorando a lágrima viva. Alicia, mientras habla Yorick, da señales de ansiedad y dolor cada vez más profundos; quiere en más de una ocasión levantarse, y no lo hace porque su marido la detiene; vencida al fin de la emoción, va dejándose caer al suelo poco a poco hasta quedar arrodillada delante de Yorick. Al ver éste, cuando se quita las manos de los ojos, que Alicia está arrodillada, se aparta de ella con furor.) ¡Arrodillada! (Alicia apoya la cabeza en el escaño, dando la espalda al público.) ¡Arrodillada! Si fuera inocente, no se arrodillaría. ¿Conque no me en-

[13] al que todo lo puede, "to the Almighty."

gañé? ¡Infame! (*Va rápidamente hacia su mujer con ademán amenazador. Viendo que no se mueve, se detiene un instante, y luego se acerca a ella con expresión enteramente contraria.*) ¿Qué es eso? ¿Qué tienes? (*Levantándole la cabeza y poniéndole una mano en la frente.*) Desahógate ... Llora ... (*Alicia prorrumpe en congojoso llanto.*) ¿Te me vas a morir? ... Pero ¿qué estoy yo haciendo? (*Reprimiéndose.*) ¿Qué me importa a mí que se muera? (*Con nueva indignación, separándose de Alicia.*) No, no se morirá. ¡Mentira su dolor! ¡Mentira su llanto! ¡Mentira todo! Es mujer.   127

ALICIA. ¡Ay! (*Falta de respiración y cayendo al suelo desplomada.*)

YORICK. ¡Alicia! (*Corriendo otra vez hacia ella sobresaltado.*) ¡Alicia! Ea, se acabó ... Sosiégate ... Mañana veremos lo que se ha de hacer ... Hoy fuerza es pensar en otras cosas. El drama de esta noche ... Alicia, vuelve en ti ... ¡Alienta, por Dios! (*Shakspeare aparece en la puerta del foro. Yorick se incorpora de pronto y se pone delante de su mujer como para ocultarla.*) ¡Eh! ¿Quién es? ¿Qué se ofrece? ¿Por qué entra nadie aquí?   140

ESCENA VII
DICHOS y SHAKSPEARE

SHAKSPEARE. ¿Tan ciego estás que no me conoces?

YORICK. ¡Shakspeare! ¡Él!

SHAKSPEARE. Levanta, Alicia. (*Acercándose a ella.*)   5

YORICK. ¡No la toques!

SHAKSPEARE. Desde que te has aficionado al género trágico, no se te puede tolerar. (*Hace que se levante Alicia, la cual queda apoyada en él, sin dejar de sollozar angustiosamente.*)   11

YORICK. ¿No te he dicho que no la toques? (*Acercándose a su mujer.*)

SHAKSPEARE. Aparta. (*Con gran calma, alargando un brazo para detenerle.*)   15

YORICK. ¿Estoy soñando?

SHAKSPEARE. Yo juraría que sí, o más bien que estás ebrio o demente. Vamos a tu aposento, Alicia. (*Dirígese lentamente con ella hacia la puerta de la izquierda.*)   20

YORICK. ¡Qué! ¿Tú? (*Siguiéndolos.*)

SHAKSPEARE. Aguarda un poco. (*Deteniéndose.*) Ya hablaremos los dos.

YORICK. ¿Eres piedra insensible con apariencia humana?   25

SHAKSPEARE. ¿Eres mujer con aspecto de hombre? (*Echa a andar otra vez.*)

YORICK. ¡He dicho ya que Alicia no ha de separarse de mí! (*Recobrando su vigor, y yendo hacia su mujer como para separarla de Shakspeare. Éste, dejando a Alicia, que se apoya en la mesa con ambas manos, impele a Yorick hacia el proscenio con imponente serenidad, y mirándole atentamente a los ojos.*)   35

SHAKSPEARE. ¡He dicho ya que aguardes un poco! (*Vuelve pausadamente al lado de Alicia, y se va con ella por la puerta que antes se indicó, sin apartar un solo momento la mirada de Yorick, el cual permanece inmóvil, lleno de estupor.*)   41

ESCENA VIII
YORICK

Llévase, después de breve pausa, una mano a la frente, y mira en torno suyo, como si despertase de un sueño.

¿Qué es esto? ¿Se ha convertido la realidad de la vida en comedia maravillosa, cuyo desenlace no se puede prever? ¿Soy víctima de obscura maquinación de brujas, duendes o demonios? ... ¡Shakspeare! ... Sí, no hay duda ... No, no; ¡imposible! ¡Qué angustia vivir siempre en tinieblas! ¡La luz, Dios eterno, la luz! ¡Y se ha ido con ella! ... ¡Están juntos! ... ¡Condenación! ¡Yo los separaré! (*Dirigiéndose a la puerta por donde se fueron Shakspeare y Alicia.*)   12

ESCENA IX
YORICK y WALTON

WALTON. Ya es tiempo; aquí me tienes. (*Al aparecer en la puerta del foro.*)

YORICK. ¡Oh, que es Walton! Bien venido, Walton, muy bien venido (*Aparentando extraordinaria jovialidad.*) 5
WALTON. Bien hallado, Yorick.
YORICK. Esto sí que es cumplir fielmente las promesas.
WALTON. No las cumplo yo de otro modo. 10
YORICK. Y, por supuesto, vendrás decidido a seguir ocultándome lo que deseo averiguar.
WALTON. Por supuesto. 14
YORICK. Sólo que, como antes te amenacé, querrás demostrar que no me tienes miedo.
WALTON. Precisamente. 18
YORICK. ¡Así me gustan a mí los hombres! Pues no ha de haber riña entre nosotros. (*Poniéndole una mano en el hombro.*) Pelillos a la mar.[14] 22
WALTON. Como quieras. A fe que no esperaba que fueses tan razonable.
YORICK. Si ya no hay necesidad de que tú a mí me cuentes nada. Soy yo, por lo contrario, quien te va a contar a ti un cuento muy gracioso. 28
WALTON. ¿Tú a mí?
YORICK. Érase que se era [15] un mancebo de pocos años, todo vehemencia, todo fuego. Se enamoró perdidamente de una dama hermosísima. (*Walton se estremece.*) Fué correspondido: ¡qué placer! Se casó: ¡gloria sin medida! 35
WALTON. ¿Adónde vas a parar? (*Muy turbado.*)
YORICK. Disfrutaban en paz de tanta ventura, cuando una noche en que volvió a casa inopinadamente el mancebo, cátate que [16] halla a su mujer . . . 41
WALTON. ¡Es falso; es mentira! (*Impetuosamente, sin poderse contener.*)
YORICK. Cátate que halla a su mujer en los brazos de un hombre.
WALTON. ¡Vive Cristo! 46

YORICK. Vive Cristo diría él, sin duda, porque no era para menos el lance. Y figúrate qué diría después, al averiguar que aquel hombre, señor de alta prosapia, tenía de muy antiguo con su mujer tratos amorosos. 52
WALTON. ¡Es una vil calumnia! ¡Calla!
YORICK. Resolvió tomar venganza de la esposa, y la esposa desapareció por arte de magia para siempre.
WALTON. ¿Quieres callar? 57
YORICK. Resolvió tomar venganza del amante, y el amante hizo que sus criados le apalearan sin compasión.
WALTON. Pero ¿todavía no callas? (*Ciego de ira, asiendo de un brazo a Yorick.*) 63
YORICK. Pero ¿no hablas todavía? (*En el mismo tono que Walton y asiéndole de un brazo también.*) ¡Ja, ja, ja! Parece que te ha gustado el cuentecillo. (*Riéndose.*) Hoy el marido apaleado, con diverso oficio y veinte años más de los que a la sazón tenía, lejano el lugar de la ocurrencia, créela en hondo misterio sepultada; pero se engaña el mentecato. Sábese que lleva un nombre postizo, para ocultar el verdadero que manchó la deshonra. (*Hablando de nuevo con energía.*) 76
WALTON. ¿Qué estás haciendo, Yorick?
YORICK. No falta quien le señale con el dedo.
WALTON. ¡Oh rabia! 80
YORICK. Hay quien diga al verle pasar: «Ahí va un infame; porque el marido ultrajado que no se venga, es un infame.»
WALTON. Entonces, ¿quién más infame que tú? 85
YORICK. ¿Eh? ¿Cómo? . . . ¿Es que ya hablas al fin? Sigue, explícate . . . habla . . .
WALTON. Yo, a lo menos, descubrí al punto el engaño.[17]
YORICK. ¡Habla! 90

---

[14] *Pelillos a la mar*, "Let's be friends again," "Trifles to the wind."
[15] *Érase que se era*, "Once upon a time there was."
[16] *cátate que*, "lo and behold."
[17] This contradicts Yorick's statement above.

WALTON. Yo, a lo menos, quise vengarme.

YORICK. ¿Y yo? Habla. ¿Y yo?

WALTON. Tú eres ciego.

YORICK. ¡Habla! 95

WALTON. Tú vives en paz con la deshonra.

YORICK. ¡Habla!

WALTON. Tu mujer ... 99

YORICK. ¿Mi mujer? ... ¡Habla! ... ¡Calla, o vive Dios, que te arranco la lengua!

WALTON. ¿Lo estás viendo? Eres más infame que yo. 104

YORICK. ¿Mi mujer? ...

WALTON. Te engaña.

YORICK. ¡Me engaña! A ver; pruébamelo. Tendrás, sin duda alguna, pruebas evidentes, más claras que la luz del sol. No se lanza acusación tan horrible sin poderla justificar. Pues vengan esas pruebas; dámelas; ¿qué tardas? ¿No tienes pruebas? ¡Qué las has de tener! ¡No las tiene! ¡Bien lo sabía yo! Este hombre osa decir que un ángel es un demonio, y quiere que se le crea por su palabra. 117

WALTON. Repito que Alicia te es infiel.

YORICK. Repito que lo pruebes. (*Acercándose mucho a él.*) Y si al momento no lo pruebas, di que has mentido; di que Alicia es honrada esposa; di que a nadie ama sino a mí; di que el mundo la respeta y la admira; di que los cielos contemplándola se recrean. ¡Dilo! ¡Si lo has de decir! 126

WALTON. Alicia tiene un amante.

YORICK. ¿Eso dices?

WALTON. Sí.

YORICK. ¿Y no lo pruebas? ¡Ay de ti, villano, que no lo dirás otra vez! (*Lanzándose a Walton como para ahogarle.*)

ESCENA X

DICHOS, SHAKSPEARE, ALICIA y EDMUNDO

Shakspeare y Alicia salen por la izquierda; Edmundo por la derecha.

EDMUNDO.} ¡Oh!
ALICIA. }

SHAKSPEARE. Teneos. (*Poniéndose entre Yorick y Walton.*)

WALTON. ¡Shakspeare! (*Confundido al verle.*) 5

SHAKSPEARE. Faltar a una palabra es la mayor de las vilezas. (*Bajo a Walton, con expresión muy viva.*)

WALTON. ¡Oh! (*Dejando ver el efecto que le han causado las palabras de Shakspeare. Luego se dirige rápidamente al foro.*) Llorarás con lágrimas de sangre lo que acabas de hacer. (*A Yorick. Vase.*)

SHAKSPEARE. ¿Qué te ha dicho ese hombre? 15

YORICK. Lo que de antemano sabía yo. Que mi mujer tiene un amante. ¡Ese amante eres tú!

SHAKSPEARE. ¡Yo!

ALICIA. ¡Dios santo! ... 20

EDMUNDO. ¡Ah! (*Acercándose a Yorick como para hablarle.*)

SHAKSPEARE. ¡Yo! ... ¡Insensato! (*Con ira.*) ¡Ja, ja, ja! (*Soltando una carcajada.*) Vive Dios, que me hace reír. 25

YORICK. ¡No es él! ¿No eres tú? ¿No es el amigo quien me ofende y asesina? (*Con tierna emoción.*) Entonces algún consuelo tiene mi desventura. Temía dos traiciones. Una de ellas no existe. ¡Perdón, Guillermo; perdóname! ¡Soy tan desgraciado! 32

SHAKSPEARE. Si eres desgraciado, ven aquí, y llora sobre un pecho leal. (*Muy conmovido y con vehemencia.*)

YORICK. ¡Guillermo! ¡Guillermo de mi corazón! (*Arrojándose en sus brazos anegado en lágrimas.*) 38

EDMUNDO. ¿Alicia? ... (*En voz muy baja, lleno de terror.*)

ALICIA. ¡Sí! (*Con acento de desesperación.*)

EDMUNDO. ¡Mañana! 43

ALICIA. ¡Mañana! (*Vase Edmundo por el foro y Alicia por la derecha. Yorick y Shakspeare siguen abrazados.*)

ACTO TERCERO

PRIMERA PARTE

Cuarto de Yorick y Alicia en el teatro. Mesa larga con tapete, dos espejos pequeños, utensilios de teatro y luces; dos perchas salientes, de las cuales penden cortinas que llegan hasta el suelo, cubriendo la ropa que hay colgada en ellas; algunas sillas; puerta a la derecha, que da al escenario.

ESCENA PRIMERA

EL AUTOR y EL TRASPUNTE

Ambos salen por la puerta de la derecha: el Traspunte, con un manuscrito abierto en la mano y un melampo con vela encendida.

EL TRASPUNTE. Aquí tendrá agua, de fijo, la señora Alicia.

EL AUTOR. Sí; ahí veo una botella. (*Indicando una que hay en la mesa.*) 4

EL TRASPUNTE. Tomad. (*Echando agua de la botella en un vaso. El Autor bebe.*)

EL AUTOR. ¡Ay, respiro! . . . Tenía el corazón metido en un puño[1] . . . La vista empezaba a turbárseme . . . ¡Tantas emociones! . . . ¡Tanta alegría! . . . ¡Uf! . . . (*Toma un papel de teatro de encima de la mesa, y hácese aire con él.*) Conque dígame el señor Traspunte: ¿qué opina de mi drama? 15

EL TRASPUNTE. ¿Qué opino? ¡Vaya! ¡Cosa más bonita! . . . Y este último acto no gustará menos que los otros.

EL AUTOR. Quiera el cielo que no os equivoquéis. 20

EL TRASPUNTE. ¡Qué me he de equivocar! ¡Si tengo yo un ojo! . . . En el primer ensayo aseguré que vuestra comedia gustaría casi tanto como una de Shakspeare. 25

EL AUTOR. ¡Shakspeare! . . . ¡Oh, Shakspeare! . . . (*Con tono de afectado*

encarecimiento.[2]) Ciertamente que no faltará quien trate de hacerle sombra conmigo[3] . . . Pero yo jamás creeré . . . No, jamás. Yo soy modesto . . . muy modesto.

ESCENA II

DICHOS y EDMUNDO. *Éste en traje de Manfredo.*

EDMUNDO. Dime, Tomás: ¿Alicia no se retira ya de la escena hasta que yo salgo?

EL TRASPUNTE. Justo. (*Hojeando la comedia.*) 4

EDMUNDO. ¿Y yo me estoy en las tablas hasta el final?

EL TRASPUNTE. ¿Pues no lo sabéis? . . . (*Hojeando de nuevo la comedia.*) 8

EDMUNDO. (Acabado el drama, será ya imposible hacer llegar a sus manos . . . ¡Qué fatalidad!) (*Dirigiéndose hacia la puerta.*) 12

EL AUTOR. A ver, señor Edmundo, cómo os portáis en la escena del desafío. La verdad: os encuentro . . . así . . . un poco . . . pues . . . En los ensayos habéis estado mucho mejor. Conque, ¿eh? . . . 17

EDMUNDO. Sí, señor, sí . . . (*Se va pensativo.*)

ESCENA III

EL AUTOR y EL TRASPUNTE; *en seguida* WALTON. *Éste en traje de Landolfo.*

EL AUTOR. Apenas se digna contestarme. Rómpase uno los cascos haciendo comedias como ésta, para que luego un comiquito[4] displicente . . . 4

WALTON. ¿Sale Edmundo de aquí? (*Al Traspunte.*)

EL TRASPUNTE. Sí, señor.

WALTON. ¿Qué quería? 8

EL TRASPUNTE. Nada. Saber cuándo se retira de la escena la señora Alicia.

EL AUTOR. ¿Verdad, señor Walton, que Edmundo está representando bastante mal?

---

[1] *Tenía el corazón . . . puño,* "My heart was in my mouth."

[2] *encarecimiento,* "praise."

[3] *hacerle sombra conmigo,* "set me up over him."

[4] *comiquito,* "no-account actor."

El Traspunte. Algo debe sucederle esta noche. 14

El Autor. Con efecto, dos veces que he ido yo a su cuarto, le he encontrado hablando con Dérvil en voz baja, y cuando me veían, cambiaban de conversación. Debía prohibirse que los cómicos recibieran visitas en el teatro. 20

Walton. Y ese Dérvil, ¿quién es?

El Autor. El capitán de una embarcación que mañana debe hacerse a la vela.

El Traspunte. Pues en cuanto se fué el capitán, el señor Edmundo me pidió tintero y se puso a escribir una carta. 26

El Autor. ¡Escribir cartas durante la representación de una comedia!

Walton. (¡Una carta! . . . Una embarcación que se hará mañana a la vela . . .) 31

El Traspunte. Y a propósito de carta; ahí va la que en este acto habéis de sacar a la escena, para dársela al Conde Octavio. (Dándole un papel doblado en forma de carta.) 36

Walton. Trae. (Toma el papel y se lo guarda en un bolsillo del traje. Óyese un aplauso muy grande y rumores de aprobación. Walton se inmuta.) 40

El Autor. Eh, ¿qué tal? ¿Para quién habrá sido?

El Traspunte. ¡Toma! Para el señor Yorick. Apuesto algo a que ha sido para él. (Vase corriendo.) 45

ESCENA IV

Walton y El Autor

El Autor. ¡Cómo está ese hombre esta noche! . . . Cuando pienso que no quería que hiciese el papel de Conde, me daría de cabezadas [5] contra la pared. Mas ya se ve; ¿quién había de imaginarse que un comediante acostumbrado sólo a representar papeles de bufón? . . . De esta hecha se deja atrás a todos los actores del mundo. ¡Si es mejor que vos! 9

Walton. ¿De veras? (Procurando disimular su enojo.)

El Autor. Mucho mejor.

Walton. Y si tal es vuestra opinión, ¿os parece justo ni prudente decírmela a mí cara a cara? (Cogiéndole de una mano con ira y trayéndole hacia el proscenio.)

El Autor. Perdonad . . . (Asustado.) Creí . . . La gloria de un compañero . . .

Walton. ¡Sois un mentecato! (Soltándole con ademán despreciativo.) 20

El Autor. ¿Cómo es eso? . . . ¿Mentecato yo? . . .

ESCENA V

Dichos y El Traspunte

El Traspunte. Pues lo que yo decía: para él ha sido este último aplauso.

El Autor. (Se le come la envidia.) ¡Bravo, Yorick, bravo! (Vase.) 4

El Traspunte. Y vos, ¿cómo juzgáis al señor Yorick?

Walton. Eres un buen muchacho; trabajas con celo, y he de procurar que Shakspeare te aumente el salario. 9

El Traspunte. ¡Y qué bien que haríais! Ya sabéis que tengo cuatro chiquillos. ¡Cuatro!

Walton. ¿Conque preguntabas qué tal me ha parecido Yorick? 14

El Traspunte. Sí, señor.

Walton. Y sepamos: ¿qué te parece a ti? (Manifestándose muy afable con el Traspunte.)

El Traspunte. ¿A mí? 19

Walton. Sí, habla. Esta mañana decías que iba a hacerlo muy mal.

El Traspunte. ¡Y tanto como lo dije!

Walton. ¿Luego crees? . . . (Con gozo.) 24

El Traspunte. No creo; estoy seguro . . .

Walton. ¿De qué?

El Traspunte. De que dije una tontería.

Walton. ¡Ah! . . . 30

[5] me daría de cabezadas, " I could knock my head."

El Traspunte. Buen chasco nos ha dado. En el primer acto se conocía que estaba . . . así . . . algo aturdido; pero luego . . . ¡Cáspita, y qué bien ha sacado algunas escenas! . . . Si una vez me quedé embobado oyéndole, sin acordarme de dar la salida [6] a la dama; y a no ser porque el autor estaba a mi lado entre bastidores y me sacó de mi embobamiento con un buen grito, allí se acaba la comedia. Mirad, señor Walton: cuando os ví representar el Macbeth, creí que no se podía hacer nada mejor . . . Pues lo que es ahora . . . 44

Walton. Anda, anda. (*Interrumpiéndole.*) No vayas a caer en falta de nuevo.

El Traspunte. ¿Eh? (*Como asustado y hojeando la comedia.*) No: esta escena es muy larga. Se puede apostar a que mientras esté en la compañía el señor Yorick, nadie sino él hará los mejores papeles. ¿Quién se los ha de disputar? 52

Walton. A fe que charlas por los codos.

El Traspunte. Fué siempre muy hablador el entusiasmo. Y la verdad . . . yo estoy entusiasmado con el señor Yorick. Todo el mundo lo está. Únicamente las partes principales murmuran por lo bajo, y le dan con disimulo alguna que otra dentellada. Envidia, y nada más que envidia. 62

Walton. ¿Quieres dejarme en paz?

El Traspunte. (¡Qué gesto! ¡Qué mirada! ¡Necio de mí! Si éste es el que más sale perdiendo . . . Pues amiguito, paciencia y tragar la saliva.) 67

Walton. ¿Qué rezas entre dientes?

El Traspunte. Si no rezo . . . Al contrario.

Walton. Vete ya, o por mi vida . . . 71

El Traspunte. Ya me voy . . . ya me voy . . . (*Walton se deja caer en una silla con despecho y enojo.*) ¡Rabia, rabia, rabia! . . . (*Haciendo muecas a Walton sin que él lo vea. Vase.*) 76

---

[6] *salida,* " cue " (for entrance on stage).
[7] *sin orgullo,* " without boasting."

ESCENA VI

Walton

Permanece pensativo breves momentos.

¡Cómo acerté! ¡Yorick aplaudido con entusiasmo! ¡Qué triunfo! ¡Qué inmensa gloria! ¡Mayor que la mía! Sí; ¡mil veces mayor! No le perdono la injuria que antes me hizo . . . La que ahora me hace, ¿cómo se la he de perdonar? Sólo que no discurro, para mi desagravio, medio que no me parezca vil y mezquino. Quisiera yo tomar venganza correspondiente a la ofensa, venganza de que pudiera decir sin orgullo: [7] he ahí una venganza. (*Óyese otro aplauso.*) ¡Otro aplauso! (*Asomándose a la puerta de la derecha.*) ¡Ah! (*Tranquilizándose.*) Para Alicia. Se retira de la escena . . . Edmundo va a salir por el mismo lado . . . Se miran . . . ¡Oh! Sí . . . no cabe duda . . . Rápida ha sido la acción como el pensamiento, pero bien la he notado yo. Al pasar Alicia, algo le ha dado Edmundo. ¿Qué podrá ser? ¿Quizá la carta de que me han hablado? . . . ¿La prueba que Yorick me pedía? . . . ¡Si fuera una carta! ¡Si el destino me quisiese amparar! . . . Aquí viene . . . ¡Ah! (*Se oculta detrás de la cortina que pende de una de las perchas.*) 26

ESCENA VII

Walton y Alicia. *Ésta en traje de Beatriz.*

Alicia entra por la puerta de la derecha; después de mirar hacia dentro, la cierra poco a poco para que no haga ruido; dando señales de zozobra, se adelanta hasta el comedio del escenario, donde se detiene como perpleja, y al fin abre la mano izquierda, descubriendo un papel, que mira atentamente.

Walton. Sí, es la carta de Edmundo. (*Con expresión de gozo, sacando un instante la cabeza por entre la cortina detrás de la cual está escondido. Alicia se acerca rápidamente a la mesa donde hay luces, y lee la carta con visible temblor, mirando hacia la puerta.)* 7

ALICIA. « Hasta ahora no he sabido con certeza si podríamos huir mañana . . . Ya todo lo tengo preparado . . . Esta madrugada a las cinco te esperaré en la calle . . . No nos separaremos nunca . . . Mi amor durará lo que mi vida . . . Huyamos; no hay otro remedio: huyamos, Alicia de mi alma, y . . .» *(Sigue leyendo en voz baja.)* ¡Huir! . . . ¡Abandonar a ese desgraciado! . . . Hacer irremediable el mal . . . ¡Un oprobio eterno! . . . ¡Jamás! . . . ¡La muerte es preferible! *(Acerca el papel a la luz como para quemarlo. Walton, que habrá salido sigilosamente de su escondite, detiene el brazo que Alicia alarga para acercar el papel a la luz.)* ¡Oh! *(Cogiendo rápidamente con la otra mano el papel.)* ¡Walton! *(Reparando en él, y retrocediendo asustada.)* 26

WALTON. Yo soy.

ALICIA. ¿Dónde estabais?

WALTON. Detrás de esa cortina.

ALICIA. ¿Qué queréis? 30

WALTON. Ver lo que os dice Edmundo en el papel que tenéis en la mano.

ALICIA. ¡Misericordia! *(Apoyándose en la mesa con expresión de terror.)*

WALTON. Dádmele. 35

ALICIA. No os acerquéis.

WALTON. ¿Por qué no?

ALICIA. Gritaré.

WALTON. Enhorabuena.

ALICIA. ¿Cuál es vuestra intención? 40

WALTON. Ya lo veréis.

ALICIA. ¿Entregársele a mi marido?

WALTON. Quizá.

ALICIA. ¡Esta noche! . . . ¡Aquí! . . . ¡Durante la representación de la comedia! . . . Sería una infamia sin ejemplo, una maldad atroz . . . ¡No hay nombre que dar a semejante villanía! ¡Oh, clemencia! . . . ¡Un poco de clemencia para él, tan

sólo para él! Os lo ruego . . . ¿por qué [8] queréis que os lo ruegue? . . . ¿Qué amáis? ¿Qué palabras llegarían más pronto a vuestro corazón? Decidme qué he de hacer para convenceros. 54

WALTON. Sería inútil cuanto hicieseis. Necesito vengarme.

ALICIA. ¿Y por qué no habéis de vengaros? Pero ¿por qué os habéis de vengar esta noche? Mañana os daré el papel que me está abrasando la mano; creedme; lo juro. Mañana sabrá mi marido la verdad. Vos estaréis delante: con su dolor y el mío quedará satisfecha vuestra sed de venganza; no os pesará de haber aguardado hasta mañana para satisfacerla. Me amenazáis con la muerte; con más que la muerte. Dejadme que la sienta venir. Os lo pediré de rodillas. *(Cayendo a sus pies.)* Ya estoy a vuestras plantas. ¿Me concedéis el plazo que os pido? Me lo concedéis, ¿no es verdad? Decidme que sí.

WALTON. No, y mil veces no. *(Alicia se levanta de pronto, llena de indignación.)*

ALICIA. ¡Ah, que le tenía por un hombre, y es un demonio! 75

WALTON. Un hombre soy, un pobre hombre que se venga.

ALICIA. ¡Oh! *(Viendo entrar a Yorick por la puerta de la derecha. Llévase a la espalda la mano en que tiene el papel y se queda como helada de espanto.)* 81

ESCENA VIII

DICHOS y YORICK. *Éste en traje de Conde Octavio.*

YORICK. ¿Qué haces aquí? *(A Walton con serenidad.)* ¿Será prudente que nos veamos los dos esta noche fuera de la escena? 4

WALTON. Cierto que no lo es; pero cuando sepas lo que ocurre . . .

YORICK. Nada quiero saber. *(Sentándose con abatimiento.)* Esta noche somos del público. Déjame. 9

---

[8] *¿por qué?* " by what token? " " in the name of what? "

WALTON. ¿Tanto puede en ti el ansia de gloria que olvidas todo lo demás?

YORICK. ¡Ansia de gloria! (*Con expresión de tristeza.*) Déjame, te lo ruego.

WALTON. Como antes me habías pedido cierta prueba ... 15

YORICK. ¿Qué? ... ¿Qué dices? ... (*Levantándose y acercándose a Walton.*)

ALICIA. (Pero ¿es esto verdad?) (*Saliendo de su estupor.*)

YORICK. Walton ... Mira que está ella delante ... (*Reprimiéndose.*) Mira que en mi presencia nadie debe ultrajarla. ¿Una prueba? (*Sin poder dominarse.*) ¿Será posible? ¿Dónde está? 24

WALTON. Dile a tu mujer que te enseñe las manos.

ALICIA. No le escuchéis.

YORICK. Vete; déjanos. (*A Walton.*)

WALTON. En una de sus manos tiene un papel. 30

ALICIA. Pero ¿no veis que es un malvado?

YORICK. ¡Un papel! (*Queriendo ir hacia su mujer y conteniéndose difícilmente.*) Vete. (*A Walton.*) 35

WALTON. Ese papel es una carta de su amante.

ALICIA. ¡Ah! (*Apretando el papel en la mano.*) 39

YORICK. ¡Ah! (*Corriendo hacia ella.*) Dame esa carta, Alicia. (*Reprimiéndose de nuevo.*)

ALICIA. No es una carta ... ¿Ha dicho que es una carta? Miente; no le creáis.

YORICK. Te acusa, justifícate. Si ese papel no es una carta, fácilmente puedes confundir al calumniador. Hazlo. 47

ALICIA. Es que ... os diré ... Esta carta ...

YORICK. Es preciso que yo la vea.

ALICIA. Es imposible que la veáis. (*Abandonándose a la desesperación.*) 52

YORICK. ¿Imposible? (*Dando rienda suelta a su cólera.*) Trae. (*Sujetándola bruscamente con una mano y queriendo quitarle con la otra el papel.*) 56

ALICIA. ¡Oh! (*Haciendo un violento esfuerzo, logra desasirse de Yorick, y se dirige hacia la puerta. Yorick va en pos de Alicia; la detiene con la mano izquierda, y con la derecha corre el cerrojo de la puerta.*) 62

YORICK. ¿Qué intentas? ¿Quieres hacer pública mi deshonra?

ALICIA. ¡Compasión, Madre de los Desamparados! 66

WALTON. Es inútil la resistencia. Mejor os estaría ceder.

ALICIA. ¿Y quién os autoriza a vos a darme consejos? Haced callar a ese hombre, Yorick. Tratadme vos como queráis; sois mi marido, tenéis razón para ofenderme; pero que ese hombre no me ofenda, que no me hable, que no me mire. Ninguna mujer, ni la más vil, ni la más degradada, merece la ignominia de que se atreva a mirarla un hombre como ése. (*Walton sigue mirándola con sonrisa de triunfo.*) ¡He dicho que no me miréis! Yorick, ¡me está mirando todavía! (*Óyense golpes a la puerta.*) 81

YORICK. ¿Oyes? Tengo que salir a escena.

ALICIA. ¡Idos, idos, por Dios!

EL TRASPUNTE. ¡Yorick! ¡Yorick! (*Dentro, llamándole.*) 86

YORICK. No me obligues a emplear la violencia con una mujer.

EL TRASPUNTE. ¡Yorick, que estáis haciendo falta! (*Dentro.*) 90

YORICK. Pero ¿no oyes lo que dicen?

ALICIA. ¡Me vuelvo loca!

YORICK. ¿Mis amenazas son inútiles? ... 94

EL AUTOR. Abrid, abrid ... ¡Va a quedarse parada la representación! (*Dentro.*)

YORICK. ¡Oh, acabemos! (*Arrójase frenético a su mujer, y forcejea con ella para quitarle la carta.*) 100

ALICIA. ¡Piedad! ¡Piedad! (*Luchando con Yorick.*)

YORICK. ¡La carta! ¡La carta!

ALICIA. ¡No! ¡Me lastimáis! 104

SHAKSPEARE. ¿Quieres abrir con dos mil diablos? (*Dentro, golpeando la puerta.*)

ALICIA. ¡Shakspeare! ... ¡Shakspeare! ... (*Llamándole a gritos.*) 109

YORICK. ¡La carta!

ALICIA. ¡Primero la vida! (*Walton le ase la mano en que tiene la carta.*) ¡Ah!

WALTON. Ya está aquí. (*Quitándole la carta.*) 114

YORICK. Dámela.

EL AUTOR.
SHAKSPEARE. } ¡Yorick! ... ¡Yorick!
EL TRASPUNTE. ... (*Dentro.*)

WALTON. ¡Ah! (*Como asaltado de repentina idea.*) Todavía no. (*Guardándose la carta en un bolsillo.*) 119

YORICK. ¿No?

ALICIA. ¿Qué dice?

ESCENA IX

DICHOS, SHAKSPEARE, EL AUTOR y EL TRASPUNTE

Salta el cerrojo de la puerta, cediendo al empuje que hacen por fuera, y Shakspeare, el Autor y el Traspunte salen precipitadamente. Óyense golpes y murmullos.

SHAKSPEARE. ¡Walton!

EL AUTOR. ¡Me habéis perdido!

EL TRASPUNTE. Dos minutos hará que no hay nadie en la escena.[9] 4

YORICK. ¡Esa carta! (*Bajo a Walton.*)

WALTON. He dicho que ahora no.

EL AUTOR. Pero ¿qué os pasa? ¡Escuchad! ¡Escuchad! (*Por los murmullos y los golpes que se oyen.*) 9

EL TRASPUNTE. El cielo al fin me ayuda, y hoy romperé la cárcel de la duda.

(*Apuntándole los versos que ha de decir al salir a la escena.*)

YORICK. ¡Su nombre, su nombre a lo menos! (*Bajo a Walton.*)

WALTON. Después.

SHAKSPEARE. El público aguarda, Yorick. 16

EL TRASPUNTE. ¡El público está furioso!

EL AUTOR. ¡Corred, por compasión! (*Los tres empujan a Yorick hacia la puerta.*) 21

YORICK. ¡Dejadme! Yo no soy ahora un cómico ... Soy un hombre ... un hombre que padece. ¿Me la darás? (*Desprendiéndose de los demás y corriendo hacia Walton.*) 26

WALTON. No saldrá de mis manos sino para ir a las tuyas.

EL AUTOR. ¡Venid! (*Asiéndole de nuevo.*)

EL TRASPUNTE. El cielo al fin me ayuda ... (*Apuntándole.*) 32

SHAKSPEARE. ¡El deber es antes que todo!

YORICK. ¡Oh! ¡Maldito deber! ¡Maldito yo! (*Vase precipitadamente. Alicia habla con Shakspeare en voz baja.*) 37

EL TRASPUNTE. Vos ahora. (*A Alicia.*)

ALICIA. Una carta de Edmundo ... (*Bajo a Shakspeare.*)

EL AUTOR. ¡Eh! ¿Tampoco ésta quiere salir? (*Muy afligido y consternado.*) 42

ALICIA. Si la ve mi marido ... (*Bajo a Shakspeare.*)

SHAKSPEARE. No la verá. (*Bajo a Alicia.*)

EL AUTOR. ¡Señora! ... 47

ALICIA. Sostenedme, guiadme. (*Vase con el Autor, apoyada en él.*)

EL TRASPUNTE. Y vos, prevenido. Esta escena es un soplo.[10] (*Hojeando la comedia muy azorado.*) 52

WALTON. Ya lo sé.

EL TRASPUNTE. ¡Ah! ¿Os dí la carta que habéis de sacar ahora?

WALTON. Sí. 56

EL TRASPUNTE. No sé dónde tengo la cabeza. (*Vase.*)

---

[9] This is inexact. Edmundo, on entering the stage at the moment Alicia came off, was to remain there until the close of the play. Cf. opening lines of the second and third scenes of this act.

[10] *soplo*, " puff," i.e., " very short."

ESCENA X

SHAKSPEARE y WALTON; *a poco* EL AUTOR y EL TRASPUNTE

SHAKSPEARE. Walton, esa carta no te pertenece.

WALTON. Ni a ti.

SHAKSPEARE. Su dueño me encarga que la recobre de tus manos.   5

WALTON. Pues mira cómo has de recobrarla.

SHAKSPEARE. ¿Cómo? (*Con ira, que al momento reprime.*) Walton, los corazones fuertes y generosos no tienen sino lástima para la ajena desventura. Apiádate de Yorick; apiádate siquiera de Alicia. Sálvala, si aún está en lo posible. Su falta es menos grave de lo que imaginas, y fácilmente se remedia. Destruyamos ese papel.

WALTON. Yorick me ha ofendido.   16

SHAKSPEARE. ¿Te ha ofendido Yorick? Pues toma, enhorabuena, satisfacción del agravio; pero tómala noblemente, que no se restaura el honor cometiendo una villanía. Y si Alicia en nada te ofendió, ¿cómo quieres hacerla víctima de tu enojo? Herir con un mismo golpe al inocente y al culpado, obra es de la demencia o la barbarie. Ni aunque esa desdichada te hubiera causado algún mal podrías tomar de ella venganza, a menos de ser vil y cobarde. Se vengan los hombres de los hombres; de las mujeres, no.   29

WALTON. Pídeme lo que quieras, Guillermo, con tal que no me pidas la carta.

SHAKSPEARE. Y a ti, miserable, ¿yo qué te puedo pedir? No pienses que ignoro la causa del odio que tienes a Yorick. No le odias porque te haya ofendido: le odias porque le envidias.   36

WALTON. ¡Cómo! ¿Qué osas decir? (*Con violenta emoción.*)

SHAKSPEARE. Te he llamado vil y cobarde; eres otra cosa peor todavía: ¡eres envidioso!   41

WALTON. ¡Envidioso yo! Ninguna otra injuria me dolería tanto como ésa.

SHAKSPEARE. Porque es la que mereces más. Sí; la envidia tiene tu alma entre sus garras; la envidia, que llora el bien ajeno y se deleita en el propio mal; [11] la envidia, que fuera la desgracia más digna de lástima, si no fuera el más repugnante de los vicios; la envidia, oprobio y rémora de la mente, lepra del corazón. (*Óyese otro aplauso.*)   52

WALTON. El deber me llama. (*Estremeciéndose.*) Como tú has dicho a Yorick, el deber es antes que todo.

SHAKSPEARE. Le aplauden. ¡Óyelo! ¿Tiemblas de oírlo? No hay para un envidioso ruido tan áspero en el mundo como el del aplauso tributado a un rival. (*Sale el Autor lleno de júbilo.*)   60

EL AUTOR. ¡Albricias, albricias! Ya es nuestro el público otra vez. No ha podido menos de aplaudir calurosamente al oír aquellos versos: 64

Con ansia el bien se espera que de lejos
nos envía sus plácidos reflejos;
mas no con ansia tanta
cual daño que de lejos nos espanta.

¡Cómo los ha dicho Yorick! ¡Qué gesto! ¡Qué entonación! (*Óyese otro aplauso.*) ¡Otro aplauso, otro! ¡Admirable! ¡Divino! (*Palmoteando.*)   72

WALTON. Haré falta si no me dejas. (*Queriendo irse.*)

SHAKSPEARE. Dame antes la carta. (*Poniéndose delante.*)   76

EL AUTOR. Pero, señor, ¿qué tienen todos esta noche?

EL TRASPUNTE. Vamos, que al momento salís. (*Al llegar.*)   80

WALTON. ¿Lo ves? (*A Shakspeare.*) Anda, ya te sigo. (*Al Traspunte.*)

SHAKSPEARE. ¡Quieto aquí! (*Sujetándole con violencia.*)   84

EL AUTOR.   }¿Eh? (*Manifestando
EL TRASPUNTE.{   asombro.*)

---

[11] *que llora . . . mal,* " which makes one deplore another's good fortune and delight in one's own sorrow."

Shakspeare. Te la arrancaré con el alma, si es preciso.

El Autor. Shakspeare, ved lo que hacéis. 89

Walton. ¡Oh! (*Tomando una resolución.*)

Shakspeare. ¿Qué?

El Autor. No faltan más que cinco versos. (*Mirando la comedia.*) 94

Walton. El deber es más poderoso que mi voluntad. Tómala. (*Sacando una carta de un bolsillo del traje, y dándosela a Shakspeare.*) 98

Shakspeare. ¡Al fin! . . . (*Tomando la carta con anhelo. Walton se dirige corriendo hacia la derecha.*)

El Autor. ¡Corred! (*Siguiéndole.*) 102

El Traspunte. Vedme aquí, gran señor. (*Apuntándole lo que ha de decir al salir a la escena. Vanse Walton, el Autor y el Traspunte.*) 106

ESCENA XI

Shakspeare

Abre la carta con mano trémula.

¡Una carta en blanco! ¡Ah! (*Dando un grito terrible.*) ¡La que había de sacar a la escena! . . . ¡Y la otra! . . . ¡La otra! . . . ¡Fuego de Dios! (*Corre hacia la derecha, ciego de ira, y asómase a la puerta.*) ¡Oh! ¡Ya está delante del público! (*Volviendo al proscenio.*) La serpiente ha engañado al león. ¡Aplaste el león a la serpiente! (*Dirígese hacia la derecha, llevándose la mano a la espada. El blanco entre esta primera parte y la segunda ha de ser brevísimo, casi instantáneo.*) 12

SEGUNDA PARTE

Magnífico salón en el palacio del Conde Octavio. Mesa y sillón a la derecha. Una panoplia con armas a cada lado de la escena.

ESCENA ÚNICA [12]

El Conde Octavio (*Yorick*), Manfredo (*Edmundo*), Beatriz (*Alicia*), Landolfo (*Walton*), El Apuntador, *en la concha. Al final de la escena,* Shakspeare, El Autor, El Traspunte *y actores y empleados del teatro.*

El Conde y Landolfo hablan el uno con el otro sin ser oídos de Beatriz y Manfredo, que están al otro lado de la escena, y demuestran en su actitud y en la expresión de su semblante zozobra y dolor.

El Conde (*Yorick*)

¡Ay, Landolfo! en tu ausencia
honda ansiedad mi pecho destrozaba;
mayor afán me causa tu presencia.
Responde: ¿ese billete? . . .
Si está ya en tu poder, dilo y acaba. 5

Landolfo (*Walton*)

Tomad. (*Dándole la carta de Edmundo.*)

El Conde (*Yorick*)

¡Oh! (*Tomándola con viva emoción.*)

Landolfo (*Walton*)

(¡Me vengué!)

El Conde (*Yorick*)

Landolfo, vete.

(*Landolfo hace una reverencia y se retira. Al llegar Walton a la puerta de la izquierda, detiénese un momento y mira a Yorick con expresión de mala voluntad satisfecha.*)

Beatriz (*Alicia*)

¡Manfredo! (*En voz baja, con angustia.*)

Manfredo (*Edmundo*)

¡Beatriz! (*Lo mismo.*)

[12] In this scene, which is a masterpiece of its kind, the student must be on the alert to detect the infrequent, but extremely significant lines that depart from the text of the *drama nuevo* which the actors are representing, and reveal the progress of that more intimate and tragic drama which concerns the actors themselves.

BEATRIZ (*Alicia*)

¡Llegó el instante!

EL CONDE (*Yorick*)

Voy a saber al fin quién es tu amante.

(*A Beatriz.*)

¡Tiemble la esposa infiel; tiemble la ingrata
que el honor y la dicha me arrebata!   10
Fué vana tu cautela,
y aquí la prenda de tu culpa mira.

(*Abre la carta y se acerca a la mesa, donde hay luces.*)

La sangre se me hiela . . .

(*Sin atreverse a leer la carta.*)

¡Arda de nuevo en ira!
¡Ay del vil por quien ciega me envileces!   15

(*Fija la vista en el papel y se estremece violentamente.*)

¡Eh! ¡Cómo!

(*Vencido de la sorpresa, olvídase de que está representando, y dice lo que realmente le dicta su propia emoción, con el tono de la verdad. Edmundo y Alicia le miran con profunda extrañeza.*)

EL APUNTADOR

¡Oh! ¡Qué miro! . . .

(*Apuntándole en voz alta, creyendo que se ha equivocado, y dando golpes con la comedia en el tablado para llamarle la atención.*)

YORICK

¿Qué es esto?

EL APUNTADOR

¡Oh! ¡Qué miro! ¡Jesús!

(*Sacando la cabeza fuera de la concha y apuntándole en voz más alta.*)

EL CONDE (*Yorick*)

¡Jesús mil veces!

(*Dice estas palabras de la comedia como si fueran hijas de su propio dolor y verda-*

dero asombro. Cae desplomado en el sillón que hay cerca de la mesa, cubriéndose el rostro con las manos. Pausa. Levántase Yorick muy despacio; mira a Edmundo y a Alicia, luego al público, y quédase inmóvil sin saber qué hacer, apoyado en la mesa.*)

Aquí, no hay duda, la verdad se encierra.

(*Declamando como de memoria, sin interesarse en lo que dice.*)

Venid.

(*A Edmundo y Alicia, que se acercan a él llenos de turbación y miedo.*)

Mirad.

(*Mostrándoles la carta, y con nueva energía.*)

MANFREDO (*Edmundo*) y BEATRIZ (*Alicia*)

¡Oh!

(*Dando un grito verdadero al ver la carta, y retrocediendo espantados.*)

EL CONDE (*Yorick*)

¡Tráguenos la tierra!

(*Vuelve a caer en el sillón; contempla la carta breves instantes, y después, como tomando una resolución desesperada, se levanta y va hacia Edmundo con ademán amenazador; antes de llegar a él, se detiene y mira al público, dando a entender la lucha de afectos que le acongoja. Dirige la vista a otra parte, repara en Alicia, y corre también hacia ella; pero otra vez se detiene, y vuelve al comedio del escenario, llevándose las manos alternativamente a la frente y al corazón. Alicia y Edmundo le contemplan aterrados.*)

EL APUNTADOR

¿Conque eres tú el villano? . . .   20

(*En voz alta, y dando otra vez golpes en el tablado con la comedia.*)

¿Conque eres tú el villano? . . .

(*Yorick, cediendo a la fuerza de las circunstancias, y no pudiendo dominar su*

indignación y cólera, hace suya la situa-
ción ficticia de la comedia, y dice a Ed-
mundo como propias las palabras del
personaje que representa. Desde este mo-
mento, la ficción dramática queda con-
vertida en viva realidad, y, tanto en Yo-
rick como en Alicia y en Edmundo, se
verán confundidos en una sola entidad el
personaje de invención y la persona ver-
dadera.)

Eʟ Cᴏɴᴅᴇ (*Yorick*)

¿Conque eres tú el villano,
tú el pérfido y aleve,
tú el seductor infame que se atreve
a desgarrar el pecho de un anciano? 25
¿Tú, desdichado huérfano, que abrigo
debiste un día a mi piadosa mano,
que al par [13] hallaste en mí padre y amigo?
¿Tú me arrebatas la adorada esposa?
¿Tú amancillas mi frente? 30
¡Ya con acción tan noble y generosa
logró admirar el hombre a la serpiente! [14]
Y a fe que bien hiciste. ¡Por Dios vivo!
que este pago merece quien iluso
creyó deber mostrarse compasivo, 35
y en otro, amor y confianza puso.
No; que aun viéndome herido y humillado,
mi hidalga confianza no deploro.
¡Para el engañador mengua y desdoro!
¡Respeto al engañado! 40

Mᴀɴꜰʀᴇᴅᴏ (*Edmundo*)

¡Padre! ... ¡Padre! ...

Eʟ Cᴏɴᴅᴇ (*Yorick*)

¿No sueño? ¿Padre dijo?
¿Tu padre yo? Pues caiga despiadada
la maldición del padre sobre el hijo.

Mᴀɴꜰʀᴇᴅᴏ (*Edmundo*)

¡Cielos! ¡Qué horror!

Eʟ Cᴏɴᴅᴇ (*Yorick*)

Y a ti, desventurada,
¿qué te podré decir? Sin voz ni aliento,
el cuerpo inmóvil, fija la mirada, 46
parecieras tal vez de mármol frío,
si no se oyese el golpear violento
con que tu corazón responde al mío.
¿Dónde la luz de que, en fatal momento,
ví a tus ojos [15] hacer púdico alarde, 51
con mengua del [16] lucero de la tarde?
¿Dónde la faz divina,
en que unidos mostraban sus colores
cándido azahar y rosa purpurina? 55
Ya de tantos hechizos seductores
ni sombra leve a distinguir se alcanza
en tu semblante pálido y marchito.
¡Qué rápida mudanza!
¡Cuánto afea el delito! 60
Te hallé, ¡ay de mí! cuando anheloso y
   triste
pisaba los abrojos
que de la edad madura
cubren la áspera senda; y a mis ojos
como rayo de sol apareciste 65
que súbito fulgura,
dando risueña luz a nube obscura.
Y, vuelta la tristeza en alegría,
cual se adora a los ángeles del cielo,
con toda el alma te adoré rendido. 70
¿Quién dijera que tanta lozanía
era engañoso velo
de un corazón podrido?
Mas ya candor hipócrita no sella
el tenebroso abismo de tu pecho; 75
ya sé que eres traidora cuanto bella;
ya sé que está mi honor pedazos hecho;
ya sé que debo odiarte; sólo ignoro
si te odio ya, cual debo, o si aún te adoro.
¡Ay de ti, que el amor desesperado 80
jamás ha perdonado!
(*Asiéndola de una mano.*)
Y si no quieres que el furor me venza
y que te haga morir hierro inclemente,[17]
mírame frente a frente,
y muere de vergüenza. 85
(*Haciéndola caer al suelo de rodillas.*)

[13] *al par,* " at one and the same time."
[14] *logró admirar ... serpiente,* " man succeeded in exciting wonder (admiration) in the serpent,"
i.e., " you have outdone the serpent in treachery and ingratitude."
[15] *a tus ojos,* direct object of *vi.*
[16] *con mengua del,* " rivaling the."
[17] *hierro inclemente,* " pitiless sword."

BEATRIZ (*Alicia*)

¡Piedad!

EL CONDE (*Yorick*)

En vano gemirás sumisa:
piedad no aguardes.

MANFREDO (*Edmundo*)

Ella la merece.

EL CONDE (*Yorick*)

¡Ni ella ni tú!

BEATRIZ (*Alicia*)

Mi vida os pertenece:
género es de piedad matar de prisa.

MANFREDO (*Edmundo*)

Yo solo os ofendí: sobre mí solo   90
descargad vuestra furia.

EL CONDE (*Yorick*)

De ambos fué la maldad y el torpe dolo;
ambos me daréis cuenta de la injuria.

MANFREDO (*Edmundo*)

¿Ella también? ¿Capaz de asesinarla
vuestra mano será?

EL CONDE (*Yorick*)

Pues di, insensato,
en pena a la traición por que la mato,
¿qué menos que matarla?   97

BEATRIZ (*Alicia*)

Venga y dé fin la muerte a mi zozobra.
Si falta la virtud, la vida sobra.
Pero el honor mi sangre os restituya;
mi sangre nada más lave la afrenta.   101

EL CONDE (*Yorick*)

¿Con tal que él viva, morirás contenta?
Tu sangre correrá; también la suya.
¡Y la suya primero!
(*Toma dos espadas de una panoplia.*)

MANFREDO (*Edmundo*)

¡Noche fatal!

BEATRIZ (*Alicia*)

¡Qué horror!

EL CONDE (*Yorick*)

Elige acero.
(*Presentándole las espadas.*)

MANFREDO (*Edmundo*)

Sí, y en mi pecho clávese mi espada.   106
(*Tomando precipitadamente una espada y
volviendo la punta contra su pecho.*)

EL CONDE (*Yorick*)

Y la mía en el pecho de tu amada.
(*Yendo hacia su mujer como para herirla.*)

MANFREDO (*Edmundo*)

¡Oh!
(*Corriendo a ponerse delante de Beatriz.*)

EL CONDE (*Yorick*)

Defiéndela al menos. Considera
que la amenaza mano vengativa.   109

BEATRIZ (*Alicia*)

Deja, por compasión, deja que muera.

MANFREDO (*Edmundo*)

Tú no puedes morir mientras yo viva.
(*Con fuego, dejándose llevar de su amor.*)

EL CONDE (*Yorick*)

¿Conque ya, a defenderla decidido,
conmigo reñirás?
(*Acercándose mucho a él, y con hablar precipitado.*)

MANFREDO (*Edmundo*)

¡Sí!

EL CONDE (*Yorick*)

¿Como fuerte?   113
¿Quién eres y quién soy dando al olvido?

MANFREDO (*Edmundo*)

¡Sí!

EL CONDE (*Yorick*)

¿Y en la lid procurarás mi muerte?

MANFREDO (*Edmundo*)

¡Sí, por Dios!

EL CONDE (*Yorick*)

¡Ay, que [18] el cielo me debía
tras de tanto dolor tanta alegría!   117

BEATRIZ (*Alicia*)

Repara . . .

MANFREDO (*Edmundo*)

¡En nada!
(*Rechazándola.*)

BEATRIZ (*Alicia*)

Advierte . . .

MANFREDO (*Edmundo*)

¡Ese hombre es tu enemigo!
(*Fuera de sí.*)

BEATRIZ (*Alicia*)

¡Dios eterno!

EL CONDE (*Yorick*)

Soltemos, pues, la rienda a nuestra saña.

MANFREDO (*Edmundo*)

El crimen pide crímenes. ¡Infierno,   122
digna es de ti la hazaña!
(*Yorick y Edmundo riñen encarnizada-
mente.*)

BEATRIZ (*Alicia*)

¡Tened!
(*Sujetando a Edmundo.*)

MANFREDO (*Edmundo*)

Déjame.

BEATRIZ (*Alicia*)

Tente.

EL CONDE (*Yorick*)

Por culpa tuya perderá su brío.   125

BEATRIZ (*Alicia*)

Oídme vos entonces: sed clemente.
(*Pasando al lado de Yorick y sujetándole.*)

EL CONDE (*Yorick*)

¿Le ayudas contra mí?

[18] *que*, " indeed."

BEATRIZ (*Alicia*)

¡Destino impío!
(*Separándose horrorizada del Conde.*)

MANFREDO (*Edmundo*)

¡Cielos!
(*Sintiéndose herido. Suelta la espada y cae al
suelo desplomado.*)

EL CONDE (*Yorick*)

¡Mira!
(*A Alicia, señalando a Edmundo con la espada.*)

BEATRIZ (*Alicia*)

¡Jesús!

MANFREDO (*Edmundo*)

¡Perdón, Dios mío!
(*Expira. Alicia corre adonde está Edmundo; inclínase hacia él, y, después de
tocarle, da un grito y se levanta despavorida.*)

ALICIA. ¡Sangre! . . . ¡Edmundo! . . .
¡Sangre! . . . ¡Le ha matado! . . . ¡Favor!

YORICK. ¡Calla!   131

ALICIA. ¡Shakspeare! . . . ¡Shakspeare!
(*A voz en grito, corriendo por la escena.*)
¡Le ha matado! . . . ¡Favor! . . . ¡Socorro!

YORICK. ¡Calla! (*Siguiéndola.*)   135

SHAKSPEARE. ¿Qué has hecho? (*Saliendo por la izquierda. Acércase a Edmundo,
y le mira y le toca. El Autor, el Traspunte
y todos los actores y empleados del teatro
salen también por diversos lados: con expresión de asombro van hacia donde está
Edmundo; al verle dan un grito de horror,
y todos se apiñan en torno suyo, cuáles inclinándose, cuáles permaneciendo de pie.*)

ALICIA. Matadme ahora a mí.   145

YORICK. ¡Calla! (*Sujetándola y poniéndole una mano en la boca.*)

ALICIA. ¡Le amaba! (*Shakspeare sale
de entre los que rodean a Edmundo y se
adelanta hacia el proscenio.*)   150

YORICK. ¡Silencio!

ALICIA. ¡Edmundo! ¡Edmundo! (*Con
brusca sacudida logra desasirse de Yorick;*

corre luego hacia Edmundo y cae junto a él. Yorick la sigue, y estos tres personajes quedan ocultos a la vista del público por los que rodean el cadáver.) 157

SHAKSPEARE. Señores, ya lo veis. (*Dirigiéndose al público, y hablando como falto de aliento y muy conmovido.*) No puede terminarse el drama que se estaba representando. Yorick, ofuscada su razón por el entusiasmo, ha herido realmente al actor que hacía el papel de Manfredo. Ni es ésta la única desgracia que el cielo nos envía. También ha dejado de existir el famoso cómico Walton. Acaban de encontrarle en la calle con el pecho atravesado de una estocada. Tenía en la diestra un acero. Su enemigo ha debido matarle riñendo cara a cara con él. Rogad por los muertos. ¡Ay, rogad también por los matadores! 173

NÚÑEZ DE ARCE

Gaspar Núñez de Arce, according to recent investigations, was born at Valladolid on August 4, 1832, rather than September 4, 1834, as formerly believed. He showed the usual precociousness of Spanish men of letters, and at seventeen had his first drama, *Amor y orgullo,* produced with such success at Toledo that he was voted an adopted son of the city. Three years later he ran away from home to seek literary fame and fortune in the capital; he soon won a reputation by articles in various journals, particularly *La Iberia,* to which he later contributed as war correspondent during the African campaign of 1860–1861. His interest in political affairs brought him some misfortunes and many responsible offices. Imprisoned at one time and exiled on another occasion for his progressive ideas, he served as deputy from Valladolid and labored actively in support of the Revolution of 1868 which dethroned Isabel II; thereupon he served for a brief period as Governor of Barcelona and wrote the manifesto and other documents of the provisional government. Still later he filled the posts of Colonial Minister, Under-Secretary of State and many others; he was also a life senator, member of the Academy, and President of the *Ateneo.* In all these activities he distinguished himself for his unimpeachable integrity, high patriotism and a virile energy which belied his frail constitution and naturally retiring and melancholy temperament. His last years found him removed from active politics and producing little in the field of literature. He died at Madrid on June 9, 1903.

Although *El haz de leña* is regarded by many critics as the finest historical drama of the century, Núñez de Arce's chief claim to glory is not as dramatist but as the foremost lyric poet of his day. His poems, displaying almost classic perfection of form and a consummate mastery of a variety of meters, are not voluminous, and turn largely on two central themes, although other moods and subjects are not lacking. Just as Zorrilla was the poet of the national past, the last of the troubadours in singing of Spain's old traditions and legends, so Núñez de Arce was preëminently the poet of times which unfortunately were among the most troubled and disheartening that Spain has experienced. Zorrilla's twin inspiration was *la patria* and *la fe;* that of Núñez de Arce was *la patria* and *la duda.* The patriotic and political note is sounded in his first important collection, *Gritos del combate* (1875). Here, along with miscellaneous poems expressing his own doubts and disillusions, with a rare gleam of hope, is a magnificent outpouring of indignation and despair at the excesses of a revolution that he himself had helped to bring about, but which he soon discovered to be a hollow mockery of the principles of liberty, justice and virtue. Even more poignant and persistent in the poet is the note of philosophic doubt and lost religious faith, the product of the Darwinian and other materialistic doctrines which troubled his generation. A mystic at heart but intellectually a rationalist, he vainly strove to reconcile these opposing tendencies within him. The struggle finds expression in *La Duda* (1868) and *Tristezas* (1874), and is likewise the basis of several philosophic and symbolic poems of great beauty: *Raimundo Lulio* (1875), *La última lamentación de lord Byron* (1878), *La selva oscura* (1879) and *La visión de Fray Martín* (1880). Only in *¡Sursum corda!* (1900), his last poetic work, does he seem to have found a comforting religious faith and an optimistic hope that better days are at length in store for his country. Quite distinct in character are the charming *Idilio* (1878) and *La pesca* (1884), in which the author portrays the simple life of the people. *Maruja* (1886) is in somewhat the same vein, while *El vértigo* (1879) attempts the legendary and fantastic type of poem which was Zorrilla's special province.

In the theatre, Núñez de Arce cultivated chiefly two types of play, the historical drama and the *alta comedia,* with a distinct philosophic and moralizing tone after the manner of Ayala and Tamayo y Baus. In addition, he composed several one-act comedies (*Quién es el autor* and *La cuenta del zapatero,* both in 1859), a three-act play, *Ni tanto ni tan poco* (1865), and a zarzuela, *Entre el alcalde y el rey* (1875). Three historical dramas were written in collaboration with Antonio Hurtado: *El laurel de la Zubia* (1865); *La jota aragonesa* (1866), reflecting the heroic spirit which animated the nation in its struggle against Napoleon, and *Herir en la sombra* (1866), dealing with Philip II and his greatest enemy, the Secretary Antonio Pérez. From all his plays, Núñez de Arce himself selected but four, of varying type, as representative of his dramatic work. *Deudas de la honra* (1863), an example of " el drama íntimo, el drama de la conciencia," treats a big moral problem; but although it contains some dramatic situations and moving scenes, the intrigue and motivation are poorly handled and the tone and style often appear stilted and unnatural; in a word, although antedating by ten years the earliest of Echegaray's works, it has all the earmarks of a typical Echegarayan drama. *Quien debe paga* (1867), representing " la comedia de costumbres, variable, ligera, efímera," is more interesting and better elaborated than the first; but one who has read *El hombre de mundo* cannot forget that Ventura de la Vega had already treated the same underlying theme much more skilfully. In *Justicia providencial* (1868), " drama de tendencias sociales," the author is attacking particularly the antireligious, materialistic doctrines of Voltaire, Renan and other French thinkers, whose influence, he feels, has destroyed the faith and moral ideals of so many of his countrymen. His play, original and interesting as a psychological study, is again of very uneven merit.

Judging from the plays thus far considered, it must be admitted that Núñez de Arce's hesitation to publish them was not groundless. He feared that, set down in cold print, they would lose much of the effect that they might reasonably be expected to exert on the stage; although at the same time he protested that he never courted mere popularity by recourse to sensational, melodramatic devices such as the public habitually clamors for in its search for entertainment rather than instruction. There is a trace of bitterness, perhaps, in this last observation, which suggests that the author was conscious of not having found a perfect formula for his dramatic art. He needed to make no apologies, however, for *El haz de leña* (1872), which has been termed the most dignified play of the nineteenth century, and which certainly stands comparison with any historical drama of modern times. The pity is that having made this tremendous advance over his previous plays, he should have produced nothing further in the dramatic field except the zarzuela mentioned above.

For a full appreciation of *El haz de leña*, some knowledge is required of its historical background and of the legends which have grown up around its central theme. The play takes us back to the sixteenth century, the period of Spain's greatest power and prestige. Upon the abdication in 1555 of Charles V, who as king of Spain and emperor of the Holy Roman Empire had controlled the destinies of the vastest empire of Christian times, his son Philip II inherited all his possessions except the title of emperor and the Austrian domains which went with it. These latter, by previous arrangement, went to Charles' brother Ferdinand. Had Charles at the same time divorced the Netherlands and other regions from Spanish control, Spain would have been the gainer, for she was burdened, rather than strengthened, by European entanglements which became more and more hopeless in the face of Philip's narrow policies. The Netherlands in particular were a constant thorn in her side, struggling for the religious and political liberty which they finally obtained despite repressive measures. Charles, himself, was by birth, training and temperament more Flemish than Spanish and managed to keep the situation in control; but Philip proved Spanish to the core and goaded the Flemish to desperate resistance by his determination to crush rebellion and heresy at any cost. Such is the political situation at the opening of the play.

Meanwhile, Philip's first-born son, Don Carlos (1545–1568), had grown up with cruel physical and mental afflictions, which did not, however, prevent him from harboring mad ambitions for power. Implicated or not in a conspiracy to effect Flemish independence, he was intercepted in an attempted flight from the country and put under the closest surveillance. Not long afterward he died, under circumstances which many regarded as suspicious. The affair provoked the wildest speculation and rumors throughout Europe, for the unfortunate prince, in spite of being lame, stunted, epileptic and even imbecilic by spells, had still, as heir apparent to the vast Spanish possessions, been regarded as the greatest matrimonial prize in Europe. Three months after his death, Philip's third wife, Elizabeth of Valois, also died, following the birth of her third child. Young and beautiful, and originally destined for Don Carlos, her death was immediately linked with the latter's, and Philip's enemies charged that he had murdered them both. There were not lacking those who alleged that an illicit love between the two was the real motive. All such suspicions have since been proved wholly groundless, but they were long kept alive by Philip's enemies at home and abroad.

In literature this tradition received its chief impetus from a French work entitled *Don Carlos, nouvelle historique* (1672), by the Abbé Saint-Réal; this served as basis for the German drama *Don Carlos* (1787) of Schiller, and the Italian play *Filippo* (1776) of Alfieri, both of which to-day seem cold and declamatory. In Spain, Quintana's poem *El Panteón del Escorial* (1805) maintains a violently hostile attitude toward Philip II; but two dramas of the early seventeenth century, *El Príncipe Don Carlos*, by Diego Ximénez Enciso, and *El segundo Séneca de España y el Príncipe Don Carlos* of Juan Pérez de Montalbán, follow rather closely the true historical facts as given in Cabrera's account (1619), which were to be conclusively demonstrated by the investigations of Gachard in 1863.

Núñez de Arce, politically a liberal monarchist, and therefore detesting the fanatical despotism of which Philip was the symbol, followed Quintana in spirit in his poem *Miserere* (1873), as also in the historical drama *Herir en la sombra*. In *El haz de leña*, however, he made a noble effort to treat with absolute impartiality, " libre de prejuicios de escuela, de odios póstumos y de tendencias políticas," the tragic theme of Don Carlos' death and the circumstances leading up to it. In this he has been signally successful. If anything, he has idealized somewhat the character of Philip, but in so doing he has given a masterly portrayal of the conflict between Philip's paternal instincts and his stern duty to Church and State, as he saw it. He has idealized much more the figure of Don Carlos; but, avoiding the exaggerations into which his predecessors had fallen, he presents him with enough of his failings to justify the king's procedure. Don Carlos inspires sympathy; Philip, respect and even admiration. The author has naturally taken liberties with details. The actual participation of Don Carlos in the conspiracy to free the Low Countries is very doubtful; wholly fictitious is the rôle of Cisneros as the son of the Duque de Sesa, seeking to involve the prince in a course of action which will compel Philip to carry out the threat he is credited with making: " Y aun si mi hijo fuera hereje, yo mismo traería la leña para quemarle." But for the rest, historical details are followed to a surprising extent; with the exception of Catalina and Mónica, all the characters introduced in the play are strictly historical and can definitely be linked, in one way or another, with the tragic fate of the young prince. Catalina is a very happy creation, to replace, with her pure and disinterested love for Don Carlos, the romantic but ill-founded rôle that his stepmother, Elizabeth of Valois, had played in most treatments of the subject.

Bibliography: *Obras dramáticas*, Madrid, 1879. *Poesías completas*, New York, 1920. *Miscelánea literaria* (contains the *Recuerdos de la Guerra de África*), Barcelona, 1886.

To consult: J. DEL CASTILLO Y SORIANO, *Núñez de Arce, apuntes para su biografía*, Madrid, 1904. MENÉNDEZ Y PELAYO, *Don Gaspar Núñez de Arce*, in *Estudios de crítica literaria*, Madrid, 1893, or in *Autores dramáticos contemporáneos*, vol. II, Madrid, 1882. For historical background of the play: M. HUME, *Philip II of Spain*, 1897. R. B. MERRIMAN, *The Rise of the Spanish Empire*, vol. IV: *Philip the Prudent*, New York, 1934. W. H. PRESCOTT, *History of the Reign of Philip the Second*, 3 vols., 1858. L. CABRERA, *Historia de Felipe II*, 4 vols., Madrid, 1876–1877. L. P. GACHARD, *Don Carlos et Philippe II*, Brussels, 1863. H. C. LEA, *A History of the Inquisition of Spain*, 4 vols., 1906. T. McCRIE, *History of the Progress and Suppression of the Reformation in Spain*, Philadelphia, 1842.

EL HAZ DE LEÑA

Por GASPAR NÚÑEZ DE ARCE

(1872)

PERSONAJES

Catalina	Don Rodrigo de Mendoza [4]
Mónica	El Cardenal Espinosa [5]
Don Carlos de Austria [1]	Príncipe de Éboli [6]
Alonso Cisneros [2]	Barón de Montigní [7]
Felipe II	Conde de Berghen [8]
Conde de Lerma [3]	Un Ujier

Duque de Feria,[9] el prior don Antonio de Toledo,[10] Bribiesca de Muñatones,[11] don Diego de Acuña, Santoro, Bernate,[12] caballeros de la corte y monteros de Espinosa.[13]

1568.[14]

[1] *Don Carlos de Austria,* so called because from the reign of Charles I (i.e., the emperor Charles V) (1516) to the death of Charles II (1700), the Spanish throne was occupied by members of the Austrian house of Hapsburg.

[2] *Alonso Cisneros,* a famous actor, playwright and theatrical director in the second half of the sixteenth century; as such he enjoyed the patronage of Don Carlos. The author, by a violent but effective poetic license, here presents him as the son of Don Carlos de Sesa.

[3] *Conde de Lerma* (Francisco de Sandoval y Rojas) (1552–1623), at this time a page in the royal service, later rose to enormous wealth and power as the unscrupulous favorite of Philip III; he fell into disgrace shortly after becoming Cardinal, and died soon afterward. His career is magnificently dramatized in Ayala's play, *Un hombre de Estado* (1851).

[4] *Don Rodrigo de Mendoza,* the eldest son of Éboli.

[5] *El Cardenal Espinosa* (1502–1572), as President of the Council of Castile and of the Indies and member of the Council of State, was one of the king's most trusted advisers, but was generally detested for his arrogance. As Inquisitor-general he imposed terrific conditions on the Moriscos, who finally rose in a desperate revolt (1567); and in the same fanatical spirit he sought to stifle all liberty of conscience in the Netherlands. The rôle given him in this play, as Don Carlos' greatest enemy, seems at least partially true to fact. (Cf. Prescott, III, 404ff.)

[6] *Príncipe de Éboli* (Ruy Gómez de Silva) (1517–1573), a boyhood friend of Philip II, high-chamberlain and state councillor, as well as *ayo* or governor of Don Carlos, was the closest and most influential of all the king's advisers. Through his moderation and diplomacy he served as a useful offset to the fiery Duke of Alva; his power was so great that he was sometimes referred to as *Rey* Gómez, but never, say his contemporaries, was royal favor better deserved.

[7] *Barón de Montigni* (Florence de Montmorency), a Flemish noble, brother of Count Horn (cf. I, vii), and like the latter a Catholic, but staunch defender of the political liberties of the States. Sent to Spain on a mission to Philip II (1566), he was detained on various pretexts, then imprisoned in the castle of Segovia and finally secretly executed, October 16, 1570.

[8] *Conde de Berghen* (= Bergen or Bergues), one of the most active of the Flemish malcontents. Accompanying Montigny on his mission to Spain, he died in semi-arrest, May 21, 1567.

[9] *Duque de Feria* (Gómez Suárez de Figueroa) (1514–1571), another boyhood intimate of

575

ACTO PRIMERO

Cámara del rey don Felipe II amueblada según el gusto de la época. Puerta en el fondo, y a sus lados los retratos del emperador Carlos V [15] y de la emperatriz doña Isabel. Dos puertas laterales.

ESCENA PRIMERA

FELIPE II, *sentado junto a un bufete despachando; el* CARDENAL ESPINOSA *de pie.*

CARDENAL

(*Entregando al Rey unos papeles.*)

Esto los doctos varones [16]
que las diócesis ilustran
de Canarias y Orihuela,
contestan a la consulta
que se les hizo.

FELIPE

Está bien.   5

CARDENAL

Ambos su dictamen fundan
en razones de gran peso,
que honran su prudencia suma.
En él exponen que Vuestra
Majestad, firme columna   10
de la Iglesia y del Estado,
cuyo sosiego perturban
la herética pravedad
y la rebelión injusta,

debe ahogar los sentimientos   15
de su alma, y con mano dura,
allí donde el fuego asome,
no consentirle que cunda.
Que la salvación del reino
expuesto a sangrientas luchas,   20
y la paz de las conciencias
alterada como nunca,
exigen pronto remedio,
sin que sirvan de disculpa
ni los lazos de la sangre,   25
ni la grandeza y alcurnia
de los que delincan.

FELIPE

Cierto.
Cuanto más alta es la cuna
del error, tanto más fácil
es que se extienda y difunda.   30
Más rápido es el torrente
que el arroyo. Manso cruza
el río vegas y valles
y dilatadas llanuras;
pero cuando el sol derrite   35
la nieve y bajan con furia
las aguas de la montaña,
entonces todo lo inundan.

CARDENAL

¿Es decir que en este caso
Vuestra Majestad se ajusta   40

Philip II, served as ambassador to England and was Captain of the Spanish Guard. As such we find him on the night of Don Carlos' arrest.

[10] *Don Antonio de Toledo,* a brother-in-law of the Duke of Alva; as grand prior he is mentioned as being in attendance on the prince during his last days of confinement.

[11] *Bribiesca de Muñatones,* whose name is curiously omitted from the cast in all editions of the play, was a royal councillor, appointed to prepare the indictment of Don Carlos.

[12] *Don Diego de Acuña, Santoro* and *Bernate* were historical persons in the royal household.

[13] *monteros de Espinosa,* the guards of the royal bed-chamber, traditionally drawn from among the natives of the town of Espinosa (now Espinosa de los Monteros) in the province of Burgos, to reward the loyalty of one of its inhabitants who, in the eleventh century, discovered a plot of Doña Sancha to murder her son Sancho, Count of Castile.

[14] The first three acts of the play, culminating with the dramatic arrest of Don Carlos, can be definitely dated January 18, 1568; the fourth act takes place but a few days previous to the death of the prince, subject of Act V, on July 24th of the same year. The author occasionally takes slight liberties in chronological details.

[15] *Carlos V.* Cf. Introduction; Doña Isabel of Portugal was the wife of Charles V and mother of Philip II.

[16] *doctos varones,* i.e., the bishops of the Canary Islands and of Oriheula (in the province of Alicante), who are specifically mentioned as being consulted by Philip regarding Don Carlos.

al parecer de esos doctos
prelados?

FELIPE

(*Con gravedad.*)

No sé.

CARDENAL

¿Y que juzga

preciso? . . .

FELIPE

(*Con tono más severo.*)

No sé. El despacho
urge. Excusad más preguntas.
—Seguid.

CARDENAL

Fray Diego de Chaves   45
en este papel, renuncia
al cargo de confesor
del Príncipe, por ocultas
razones [17] que ya conoce
Vuestra Majestad . . .

FELIPE

Es justa   50
resolución.

CARDENAL

Asimismo
de esta obligación se excusa
Fray Juan de Tobar . . .

FELIPE

Tampoco
me sorprende su repulsa.
Mal anda con su conciencia   55
mi hijo don Carlos. ¡Qué oscura
debe de estar cuando todos
sus confesores se asustan!
Proseguid.

CARDENAL

(*Entregándole otros pliegos.*)

Nuevas de Flandes.

FELIPE

¿Y qué empresa nos anuncia   60
el duque de Alba,[18] mi primo? [19]
Sepamos.

CARDENAL

Señor, ninguna.
Pero dice que en la mano
tiene, merced a su industria,
los hilos de una atrevida   65
conspiración, y asegura
que antes de poco, si el cielo
sus propósitos secunda,
impondrá a los sediciosos
el silencio de las tumbas.   70

FELIPE

Bocas que de Dios reniegan
no importa que queden mudas.

CARDENAL

Añade que únicamente
la espada y la hoguera juntas
pueden templar la osadía   75
de aquella revuelta chusma;
que el incendio luterano
por todas partes circula,
y que es preciso apagarle
sin contemplación alguna.   80

FELIPE

Como quien es habla el duque.
Cuando la herejía apunta,
merecen duro castigo
hasta que calle y sucumba,
el corazón que la abriga,   85
el labio que la formula,

---

[17] *ocultas razones.* According to varying accounts, these words refer to Don Carlos' mortal hatred for his father, his desire to kill his father, or to his irregularity in devotions.

[18] *el duque de Alba* (1508–1583), the most famous general of his time, and the only member of the high nobility among the king's close advisers. Of inestimable service to both Charles V and Philip II in their wars, he has left an unenviable reputation for cold-blooded ferocity in crushing rebellion. In his vain effort to suppress the revolt in Flanders, during which he himself boasted that 18,000 were executed, to say nothing of the fearful massacres committed by his soldiery, it is evident that he went beyond even Philip's ideas of what constituted necessary severity.

[19] *mi primo.* All the grandees of Spain were thus addressed by the king.

la mano que la sustenta
y el oído que la escucha.
Haga, pues, lo que es debido
el duque mi primo, y cumpla 90
con Dios y el Rey . . .

CARDENAL
(*Mostrando nuevos papeles.*)

Juan de Herrera,[20]
a presentar se apresura,
ya reformada, la traza
de la gigantesca cúpula
del Escorial . . .

FELIPE
(*Examinando los planos.*)

Bien. Espero 95
que será, como obra suya,
admiración portentosa
de las edades futuras.
¿Qué despachos hay de Francia?

ESCENA II
DICHOS, PRÍNCIPE DE ÉBOLI

ÉBOLI
Señor . . .

FELIPE
¿Qué es eso?

ÉBOLI
Con mucha
insistencia y pretextando
que el bien del Estado busca,
el comediante Cisneros . . .

FELIPE
¡Ah, sí! Cediendo a sus súplicas 5
hele concedido audiencia.

CARDENAL
Es del Príncipe de Asturias [21]
confidente y consejero.

FELIPE
Razón que a verle me impulsa.
—Hacedle entrar en seguida. 10
Según dicen es aguda
su discreción. ¡Quiera el cielo
que al fin no llore sus burlas!

ESCENA III
FELIPE II, CARDENAL ESPINOSA

CARDENAL
Señor, merecido fuera
su castigo. Él presta ayuda
al Príncipe en sus excesos
y hacia el abismo le empuja.
Porque intenté poner coto 5
a sus torpes aventuras,
siguióme airado su Alteza
con una daga desnuda
por todo palacio [22] . . .

FELIPE
Temo
que el mal tiene más profundas 10
raíces. Pero si sólo
es de Cisneros la culpa,
yo le pondré a buen recaudo
donde ni el sol le descubra.

ESCENA IV
DICHOS, ALONSO CISNEROS, *postrándose a
los pies de Felipe II.*

CISNEROS
Aunque no merezca tanta
merced, señor, mi humildad,

---

[20] *Juan de Herrera,* pupil and successor of Juan Bautista de Toledo in the construction of the Escorial, the stupendous structure serving as palace, monastery and mausoleum, upon which Philip II lavished six million ducats and nearly thirty years of his life. Rising in solitary grandeur among the Guadarrama mountains, it seems to reflect the austere tastes of its founder.

[21] *Príncipe de Asturias,* title given to the heir-apparent. Note that he is addressed as *Alteza,* while the king receives the term *Majestad.*

[22] This incident is apparently based on fact. The Cardinal having banished Cisneros from the palace, where he was to have performed that night for the prince's diversion, Don Carlos threatened him with death in these words: " Curilla, vos os atreveis a mi, no dexando venir a servirme Cisneros? por vida de mi padre que os tengo de matar." (Cf. Prescott, II, 523.)

déme Vuestra Majestad
a besar sus pies . . .

FELIPE
(*Contemplándole un momento en silencio
con aire severo y desdeñoso.*)
Levanta,
histrión.

CISNEROS
No niego mi oficio.   5
Con harta desdicha mía
gano el pan de cada día
en tan penoso ejercicio.
Que en arte tan singular
mi deber es divertir   10
al vulgo, y le hago reír . . .
cuando otros le hacen llorar.
Siempre alegre y bullicioso
a la plebe satisfago
y en los entremeses hago   15
los papeles de gracioso.²³

FELIPE
¿Y nunca has llorado?

CISNEROS
Sí.
¿A quién el dolor olvida?
En las farsas de la vida
guardo el llanto para mí.   20

FELIPE
Quizás conveniente sea
que conozcas sus rigores,
porque es posible que llores
donde mi pueblo te vea.

CISNEROS
Harto me someto al yugo   25
de mi dura profesión.

FELIPE
Es que yo tengo un histrión
trágico . . .

CISNEROS
¿Quién?

FELIPE
El verdugo.

CISNEROS
(*Con humildad.*)
Vasallo sumiso y fiel
ante vos mi frente inclino.   30

FELIPE
Pienso que estás en camino
de representar con él.

CISNEROS
¡Señor!

FELIPE
Nada hay en tu abono.²⁴
Tienes instintos aviesos,
y el rumor de tus excesos
llegó a las gradas del trono.   35

CISNEROS
No es exacto ese rumor,
¡oh, no! Tal vez mi delito
consiste en ser favorito
del Príncipe, mi señor.
Pero la plebe insensata   40
no ve, cuando así me nombra,
que hay árboles cuya sombra,
llena de perfumes, mata.

FELIPE
Tú la buscas con empeño.

CISNEROS
Mi condición lo ha exigido.   45
¿Cuándo el esclavo ha tenido
la libre elección de dueño?
Si Vuestra Real Majestad
oírme a solas quisiera,
acaso se convenciera   50
de mi firme lealtad;
que a vuestros pies he llegado

²³ *gracioso*. No play of the period was complete without its *gracioso*, a stock character who enlivened the most serious situations with his wit and puns.
²⁴ *abono*, " favor," " behalf."

tan sólo con este objeto,
porque importa mi secreto
a Dios, al Rey y al Estado.   55

FELIPE
(*Al Cardenal Espinosa.*)
Salid.

ESCENA V

FELIPE II, CISNEROS

FELIPE

Ya puedes hablar.

CISNEROS

Señor, la suerte enemiga
quiere y me manda que os diga
lo que fuera bien callar.
Esto me impone la ley   5
de vasallo . . .

FELIPE

Ya te escucho.

CISNEROS

Que al Príncipe debo mucho;
pero más debo a mi Rey.
—¿A qué encubrir los errores
ajenos?

FELIPE

(*Impacientado.*) ¡Pronto! ¿Qué pasa?   10

CISNEROS

Señor, que es centro mi casa
de rebeldes y traidores.

FELIPE
(*Sorprendido.*)
¿De traidores dices?

CISNEROS

Sí.

FELIPE

¿Y quiénes son en Castilla?

CISNEROS

Los flamencos que acaudilla   15
el barón de Montigní.[25]

FELIPE

Mi justicia irá a buscarlos.

CISNEROS

Hará muy mal en entrar,
pues pudiera tropezar
con el príncipe don Carlos.   20

FELIPE
(*Irritado.*)
¡Vive Dios! La lengua ten,
que el no arrancártela es mengua.

CISNEROS

¿Qué culpa tiene la lengua
de lo que los ojos ven?
No son vanas invenciones,   25
y aunque la nueva os aflija,
mi casa, señor, cobija
sus secretas relaciones.
Hace tres noches que van
allí, que esto ha decidido   30
su Alteza . . .

FELIPE

(*Con ira.*)   ¿Y no has resistido?

CISNEROS

¿Quién resiste al huracán?
Son temerarios y grandes
sus proyectos . . .

FELIPE

(*Con asombro.*) ¡Quién diría! . . .

CISNEROS

Quiere la soberanía   35
de los estados de Flandes.

FELIPE

¡Loco está!—¿Por qué no espera?
¿A qué arrancar de mis brazos

[25] *Montigní.* Aside from the fact that Montigny was already under arrest at this time, and that his companion, Bergen, had died, much uncertainty still exists as to the actual share that they or other Flemish nobles had in negotiating with Don Carlos for aid. (Cf. Prescott, II, 529, 551 note.)

su propia hacienda a pedazos
pudiendo heredarla entera?   40
—¿Quiénes sus cómplices son?

CISNEROS

Le ayudan, según infiero,
los sectarios de Lutero [26]
que buscan su protección.

FELIPE
(Con hondo desaliento.)

¿Esto más, Dios soberano?   45
—¿Adónde el rencor le lleva?—
Tú pones, Señor, a prueba
al padre, al Rey y al cristiano.
Teme el mundo mis enojos;
firme y robusta sostengo   50
mi autoridad . . . ¡Y no tengo
a donde volver los ojos! [27]
Y en mi hogar, en mi hogar mismo
la torva traición me espía.
¡Oh triste grandeza mía   55
que se pierde en el abismo!
(Cubriéndose el rostro con las manos,
abrumado por el dolor.)

CISNEROS
(Observándole con profunda alegría.)

(¡Llora! . . . ¡El gozo me enajena!
—¡Bien, histrión! Hazte aplaudir.
¿Qué no podrás conseguir
si haces llorar a una hiena?)   60

FELIPE

¡Siempre cercado de intrigas! . . .
¡Mal mi cólera resisto!
Calla; no digas que has visto
llorar al Rey. ¡No lo digas!
—¿Vives solo?

CISNEROS

No, señor.   65
Conmigo vive una hermana
que mi existencia engalana
con su fraternal amor.

FELIPE

¡Feliz tú! ¿Y esa mujer
sabe? . . .

CISNEROS

Ni el menor indicio.   70

FELIPE

Pues conviene a mi servicio
que nada llegue a entender.

CISNEROS

Os juro que ignorará
lo que pasa . . .

FELIPE

Te lo mando.
¿Cuándo irá el Príncipe?

CISNEROS

¿Cuándo?   75
Esta noche . . .

FELIPE

Bien está.
Allí iré. ¿Quién con la duda
descansa? Vé prevenido,
la faz serena, el oído
atento y la boca muda.   80
De todo me darás cuenta.

CISNEROS

Aunque mi vida peligre
todo lo sabréis. (Ya el tigre
despertó. ¡Venganza, alienta!)

ESCENA VI
FELIPE II, CISNEROS, el CARDENAL

CARDENAL

Señor, de llegar acaba
un correo en este instante,
que el duque de Alba os envía
con nuevos pliegos de Flandes.
Dice que la urgencia es mucha,   5
y por esta causa . . .

[26] *sectarios de Lutero*, "followers of Luther," or more loosely, the Protestants in general, inasmuch as both Lutheranism and Calvinism were already at work in the Netherlands.
[27] *¡Y no tengo . . . ojos!* "And I have nobody to turn to!" (in time of need).

FELIPE

(*Tomando los despachos.*)

Dadme.

(*A Cisneros, señalándole la puerta de la izquierda.*)
Vé y espera en esa estancia
hasta que avise.
(*Cisneros se retira inclinándose humildemente.*)

ESCENA VII

FELIPE II, CARDENAL ESPINOSA

FELIPE

¡Mensaje
del duque! ¿Qué habrá ocurrido?
(*Leyendo.*)
« Señor, la mano que armasteis
con la espada de la ley
castiga ya inexorable.   5
Los condes de Horn y de Egmont,[28]
traidores y desleales,
en un público cadalso
han derramado su sangre.»
(*Declamando.*)
Lo siento, porque algún día   10
me sirvieron bien.
(*Leyendo de nuevo.*) « Culpables
de mantener relaciones
con el príncipe de Orange,[29]
en la plaza de Bruselas,
para escarmiento de audaces,   15
fueron ayer degollados.»

CARDENAL

¡Dios de sus almas se apiade!

FELIPE

(*Sin interrumpir la lectura.*)

Amén. « Entre sus papeles
que remito, tal vez halle
Vuestra Majestad algunos   20
que le sorprendan y espanten.
Hay cartas de los rebeldes.
Hailas también, y muy graves,
del . . .» (*Felipe II contrariado.*)
¡Si parece imposible!

CARDENAL

(¿Quién será? ¡Que Dios le ampare!)   25

FELIPE

(*Continuando.*)

« En ellas se manifiesta
que no es extraño a estos planes
el . . .»

CARDENAL

(¡Otra vez se detiene! . . .)

FELIPE

(*Con amargura.*)

¡Tendré al fin que castigarle!
« Desde principios de enero   30
espéranle . . .» (*Con resolución.*)
Será en balde.
« Y estas locas esperanzas
de los sediciosos, hacen
que a pesar de mis esfuerzos
el incendio se propague.   35
Mas yo templaré su furia,
pues pondré para atajarle
una hoguera en cada plaza
y un cadalso en cada calle.

[28] *Horn, Egmont,* two of the highest nobles in the Netherlands. Count Horn, or Hoorn (Philip de Montmorency), a brother of Montigny, was Admiral of the Low Countries, a governor of various provinces and chief of the Council of State. Count Egmont had been a prime favorite of Charles V and had rendered Philip II signal service in the victories of Saint Quentin (1557) and Gravelines (1558). Both were marked men, however, for their patriotic resistance to Spanish despotism; and having been treacherously seized by Alva in 1567 they were publicly beheaded at Brussels, June 5, 1568, after a farcical trial by the Council of Blood. Their execution, theme of Goethe's *Egmont,* fanned the flames of open revolt, resulting eventually in the loss of the Netherlands for Spain. (Cf. Prescott, II, 253ff.)

[29] *el príncipe de Orange,* known in history as William the Silent (1533–1584). Fighting for the same general cause as Egmont, Horn and the others, he differed from them in being, after 1567, an open leader of the Protestant party. Although his death by assassination left unaccomplished his life's dream, the union of the Netherlands, he is considered the founder of the Dutch Republic.

Será mi rigor severo, 40
ya que la piedad no vale;
y si Flandes se resiste
al debido vasallaje,
arrasaré sus llanuras,
abrasaré sus ciudades, 45
y pondré un pilar que diga
al mundo: ¡Aquí existió Flandes!
Piérdase para la historia
y para los hombres, antes
que para su Dios y el Rey.» 50
(Declamando.)
Quien tal hizo, que tal pague.

CARDENAL

Señor, sin que yo pretenda
detener con mi dictamen
el brazo de la justicia,
pienso que a veces es hábil 55
castigar con una mano
y halagar con otra . . .

FELIPE

¡Es tarde!
¡Oh! si sólo me agraviaran
a mí, quizás encontrasen
perdón; pero a Dios ofenden, 60
y no es justo que lo alcancen.
Me impone el cielo terribles
deberes. Como el gigante
que entrevió el profeta, tiene
este imperio formidable 65
la cabeza de oro, el cuerpo
de plata y los pies de frágil
barro.[30] Confusión extraña
de diversas sociedades,
con diferentes costumbres 70
y con distinto lenguaje,
un solo vínculo enlaza
y liga todas sus partes: [31]
¡Dios! ¡la religión! El día
en que esa ley se quebrante, 75

se derrumbará el coloso
al menor soplo del aire.
No será mientras yo viva.
Que en este rudo combate
a que el Señor me condena, 80
por deber seré implacable.

CARDENAL

Pero . . .

FELIPE

Mientras examino
estos papeles, dejadme,
y llamad de parte mía
al Príncipe.

CARDENAL

El cielo os guarde. 85

ESCENA VIII

FELIPE II

¡Que tan criminal intento
abrigue! ¡Que así me hiera! . . .
Ocultárselo quisiera
a mi propio pensamiento.
¡Vergüenza, vergüenza siento, 5
porque al cabo [32] es sangre mía!
¡Vive el cielo! ¿Quién diría
que arrastrado por su instinto,
un nieto de Carlos quinto
su estirpe deshonraría? 10

ESCENA IX

FELIPE II, entregado a sus tristes reflexiones; DON CARLOS

CARLOS
(Entrando.)
Señor . . .
(Alzando la voz para llamar la atención
del Rey que no le ha oído.)
¡Señor!

[30] Cf. the Book of Daniel, II, 31ff.
[31] At this time, Philip's empire embraced Spain, Naples, Sicily, Milan and other Italian districts; Franche-Comté, the Netherlands, possessions in Africa, the Canaries, the Philippines, West Indies and all the vast American colonies. Previously he had been titular king of England during his marriage with Mary Tudor (1554–1558).
[32] al cabo, " after all."

FELIPE

(*Reparando en él.*) ¡Ah! Llegad.
Hace días que no os veo.
Me habéis olvidado.

CARLOS

Creo
que Vuestra Real Majestad
en esto no va acertado.   5

FELIPE

¿Pues me quejo sin motivo?

CARLOS

Yo soy, señor, el que vivo
en vuestro reino olvidado.

FELIPE

Vuestra soberbia os engaña.
No es cierto.

CARLOS

(*Con amargura.*)

¡Pluguiera a Dios! [33]   10

FELIPE

(*Con intención.*)

Harto sabéis que de vos
se acuerdan . . . fuera de España.

CARLOS

(*Alterado.*)

¿De mí, señor?

FELIPE

Sed más cuerdo,
y pensad lo que os conviene.

CARLOS

(*Reponiéndose y con tono resuelto.*)

Se acuerdan, porque algo tiene   15
la compasión de recuerdo. [34]

FELIPE

¡Cómo! ¿Os compadecen?

CARLOS

Sí.

FELIPE

No temáis que yo lo impida.

CARLOS

Cuantos conocen mi vida
tienen lástima de mí.   20

FELIPE

¿Esto más? (*Reprimiéndose.*)

CARLOS

De genio altivo,
ansiando más luz y espacio,
por cárcel tengo el palacio
donde vegeto cautivo.
Ved si con razón me quejo,   25
pues vuestra mano me cierra
el camino de la guerra
y la entrada en el Consejo. [35]
Y cuando puedo aspirar
a engrandecer nuestra historia,   30
veo la gloria . . . ¡La gloria
que no me es dado alcanzar!
Sumido en ocio infecundo
a vuestra ley me resigno.
¡Ya veis, señor, si soy digno   35
de la lástima del mundo!

FELIPE

Duras vuestras quejas son,
y es de sentir solamente
que no tenga vuestra mente
los vuelos de su ambición.   40
¿Ansiáis glorias militares?
Id y conquistad Europa
con vuestra aguerrida tropa
de histriones y de juglares.

CARLOS

(*En un arranque de ira.*)

¡Padre!

---

[33] ¡*Pluguiera a Dios!* (from *placer*), " Would to God ! "

[34] *algo . . . recuerdo*, " pity involves some degree of remembrance."

[35] *en el Consejo.* Actually, Philip had only a year previously, in a last attempt to fix the prince's mind by serious work, appointed him to the presidency of the Council of State. The experiment failed utterly. " He openly mocked and derided his father, whom he cordially hated and delighted to thwart." (Cf. Hume, 118.)

FELIPE

Con esa cuadrilla 45
que doquier os acompaña,
y que es vergüenza de España
y escándalo de la villa.

CARLOS

¡No más! ...

FELIPE

Decís, ¡vive Dios!
que de mi lado os alejo. 50
¿De qué sirve en el Consejo
un príncipe como vos,
que con ira licenciosa
y fiero rencor insano
persigue, puñal en mano, 55
al Cardenal Espinosa?

CARLOS

Debo vengar mis injurias.

FELIPE

Por Dios, que erráis el camino.
Decidme, ¿sois asesino
o sois Príncipe de Asturias? 60

CARLOS
(Fuera de sí.)

¡Padre!

FELIPE

Ciego de despecho,
os perturba y arrebata
esa ambición insensata
que no cabe en vuestro pecho.
Siempre entregado al azar, 65
rebelde siempre al deber,
ni sabéis obedecer
ni sois digno de mandar.

CARLOS

¡Qué implacable estáis conmigo!

FELIPE

No con falta de razón. 70
Moderad vuestra ambición
o sentiréis el castigo.

CARLOS
(Arrebatado por la cólera.)

Pues bien: haced lo que os cuadre;
a todo estoy resignado.
Ya sé que el cielo me ha dado 75
un tirano en vez de padre.
Sobre mí caiga la ley.
No la temo ...

FELIPE
(Con ira reconcentrada, estrechando la
mano de don Carlos y obligándole a caer
a sus pies.)

¿Así me humillas,
desdichado? ¡De rodillas!
Ya no habla el padre, habla el Rey. 80
¡Quién tanta audacia concibe!
Pues si yo fuera tirano,
¿dónde estaría la mano
que estos papeles escribe?
(Mostrándole las cartas remitidas por el
duque de Alba.)
¿Así ensalzas y proteges 85
la gloria de tus mayores,
amparador de traidores,
patrocinador de herejes?
Mira, si puedes, el falso
camino que has emprendido; 90
mira esas cartas que han sido
cobradas en el cadalso.
Si aún permanecen ocultas
tus sugestiones aleves,
no al monarca se lo debes 95
sino al padre a quien insultas.
Mas si con loca osadía
persistes en tu maldad,
fiado en la impunidad
que te da la sangre mía, 100
yo sabré, si no la enfrenas,
verterla, mal que me pese,
¡y no la tuya! Aunque fuese
la que corre por mis venas.

CARLOS
(Aterrado.)

¡Señor!

FELIPE

Por última vez   105
mi voz te avisa y advierte.
¡Ay de ti si se convierte
el padre en severo juez!

ESCENA X

DON CARLOS, *levantándose lentamente del
suelo, entre confuso y airado.*

Mi plan está descubierto,
y me hostiga y amenaza . . .
¡No, no conoce su raza
cuando a sus pies no me ha muerto!
¡Yo vivir encadenado! . . .   5
¡Si imaginarlo es quimera!
¡Oh! ¡Devolverle quisiera
la ruin vida que me ha dado!

ESCENA XI

DON CARLOS, CISNEROS *saliendo inquieto
y azorado por la izquierda.*

CISNEROS

(Me manda salir . . . ¡Valor!)

CARLOS

(*Dirigiéndose hacia la puerta del fondo.*)
Pronto veremos . . .
    (*Reparando con sorpresa en Cisneros.*)
¿Tú aquí?

CISNEROS
(*Receloso.*)

(Quizás nos observa . . .) Sí.
Vengo a buscaros, señor.

CARLOS
(*Maravillado.*)
¿Y osaste? . . .

CISNEROS

No soy cobarde,   5
y me ha movido la idea
de que Vuestra Alteza vea
la comedia de esta tarde.

CARLOS

¡Hay función!

CISNEROS

Pero función
que adquirirá eterna fama.   10
Es nueva, es mía, y se llama . . .
    (*Con tono intencionado.*[36])
¡Callar hasta la ocasión! [37]

CARLOS

El título me provoca
a risa . . .

CISNEROS

De veras hablo.

CARLOS

(*Cuya agitación va en aumento hasta la
terminación del acto.*)
¡Oh! Diríase que el diablo   15
me aconseja por tu boca.
¿Habrá mucho enredo?

CISNEROS

¡Mucho!
Hay aventuras muy graves.

CARLOS

¿Es eso verdad? ¡No sabes
con cuánto placer te escucho!   20

CISNEROS

Hay citas, hay emboscadas . . .

CARLOS

¿Nada más que eso, Cisneros?

CISNEROS

Y empeños de caballeros
y nocturnas cuchilladas.

CARLOS

¿Y nada más?

CISNEROS

Hay en toda   25
la farsa vivo interés.

---

[36] *intencionado,* " significant," " meaningful."
[37] *¡Callar hasta la ocasión!* A play of this same significant title is attributed by Moratín to Cisneros, but others deem it the work of a certain Juan Hurtado y Cisneros, of a later period.

CARLOS

¿Y cómo acaba? ...

CISNEROS

Después
acaba el asunto en boda.

CARLOS

¿Y no en muerte? ... Pues declaro
que eres malísimo autor.   30
¡Es mejor, mucho mejor
la fiesta que yo preparo!
¡Oh, ya verás, ya verás
qué algazara y qué alborozo!

CISNEROS
(Observando la alteración del Príncipe.)
¿Estáis llorando? ...

CARLOS

Es de gozo.   35
¡El gozo de Satanás!
Si se logra mi esperanza
habrá en la comedia mía
tristes ayes de agonía,
roncos gritos de venganza.   40

CISNEROS

¿Qué decís?

CARLOS

¡Verás qué enredo!
Habrá lucha, y en la lucha
mucha sangre, mucha, mucha ...
(Con risa sardónica.)
Ja, ja, ja, ja ...

CISNEROS

¡Me dais miedo!

CARLOS

¡Qué peripecias tan grandes!   45
¡Qué escenas tan peregrinas!

CISNEROS
(Asombrado.)
¿En dónde?

CARLOS

¿No lo adivinas,
imbécil?

CISNEROS

Señor ...

CARLOS

En Flandes.

ACTO SEGUNDO

Morada de Alonso Cisneros, modestamente
amueblada. Puerta en el fondo, y en segundo
término otra que se supone ser la de entrada
en la casa. Puertas laterales. Son las primeras
horas de la noche.

ESCENA PRIMERA

MÓNICA

¡Siempre en casa recogida
y siempre llorosa! Todo
parece indicar que oculta
pesares agudos, hondos.
¡Pobre Catalina! A veces   5
riegan su apacible rostro
lágrimas acusadoras
que se escapan de sus ojos.
¿Por qué se aflige? ... Es preciso
averiguar ... pero ¿cómo?   10
Si no atiende a mis deseos
ni a mis súplicas tampoco.
Pues yo he de saber ...
(Óyense dos aldabonazos en la puerta de
entrada. Mónica se detiene sorprendida, y
vuelven a sonar nuevos y más violentos
golpes.)
¿Quién llama?

ÉBOLI
(Desde fuera con tono imperioso.)
¡Abrid!

MÓNICA

La voz desconozco.
¿Quién sois?

ÉBOLI

Abrid, o derribo   15
la puerta.

MÓNICA

(Abriendo.) ¡Jesús, qué tono!

ESCENA II

MÓNICA, FELIPE II, PRÍNCIPE DE ÉBOLI, *embozados en largas capas y recatando el rostro.*

MÓNICA (*Sorprendida.*)

¿Qué se ofrece, caballero?

ÉBOLI

¿Vive en esta casa Alonso
Cisneros?

MÓNICA

Sí. Pero diga
vuesa merced . . .

ÉBOLI

Poco a poco.
¿Está en casa?

MÓNICA

No está en casa.   5
¿Qué queréis?

ÉBOLI

Pues es forzoso
que nos ocultes.

MÓNICA

(*Asustada.*)   ¡Dios santo!
¿Qué dice usarced?

ÉBOLI

(*Con imperio.*)   Y pronto.

MÓNICA

Paréceme, caballero,
que no es éste el mejor modo   10
de pedir . . .

ÉBOLI

Señora dueña,
yo no os consulto, dispongo.

MÓNICA

¿Y no hay más que entrar así
como almas del purgatorio,
con el sombrero calado   15
y hasta el sombrero el embozo,
diciendo: « Acá nos metemos »?

ÉBOLI

Por vuestro bien os exhorto
al silencio y obediencia.

MÓNICA

¿De veras? Pues yo respondo   20
que si no os vais ahora mismo
pediré a voces . . .

FELIPE

(*Adelantándose.*)   Y si oigo
el menor grito, os arranco
la lengua . . .

MÓNICA

(*Sobrecogida.*) ¡Dios poderoso!

FELIPE

En nombre del Rey venimos.   25

MÓNICA

¡Oh! . . .

FELIPE

Sus emisarios somos.
Haced, pues, lo que se os manda
o despertaréis su enojo.

MÓNICA
(*Amedrentada.*)
Señor . . .

FELIPE

¿En dónde podremos
ocultarnos?

MÓNICA

¡San Antonio   30
me valga! Yo no sabía . . .
Perdonad.

FELIPE

Bien: os perdono.
Pero despachad.

MÓNICA
(*Señalando una de las habitaciones de la derecha.*)
En ese
cuarto, retirado y solo,
podéis estar y enteraros   35
de cuanto pase . . .

FELIPE

¿De todo?

MÓNICA

Sí, señor. Nadie le habita . . .

FELIPE

Entremos. Oye: si noto
la menor incertidumbre,
si observo el más leve asomo   40
de traición, si nos engañas
y llego a entender el dolo . . .

MÓNICA
(*Espantada.*)

¡Señor, descuidad!

FELIPE

Te juro,
y yo no falto a mis votos,
que de un balcón de esta casa   45
mañana mismo te ahorco.

ESCENA III

MÓNICA *santiguándose; después*
CATALINA

MÓNICA

In nomine patris, filii
et spiritu . . . ¡Ay, me ahogo!
Ya me parece que tengo
puesto el dogal en los hombros.
Prometo, si Dios me saca   5
con bien . . .

CATALINA

(*Entrando en escena.*) ¡Mónica!

MÓNICA

(*Asustada.*)   ¡Socorro!

CATALINA
(*Surprendida.*)
¿Qué es eso?

MÓNICA

¡Flaquezas mías!
Contóme ayer Fray Ambrosio,
mi confesor, un suceso
tan tremendo y pavoroso,   10
que el menor ruido me asusta
desde entonces . . .

CATALINA

(*Sonriendo.*)   ¡Lo conozco!

MÓNICA

Figúrate que un hereje . . .

CATALINA

¡Calla! (*Con vehemencia.*)

MÓNICA

Un luterano, un monstruo
sin religión, con mentidas   15
prácticas y actos devotos,
estuvo engañando al mundo
y al Santo Oficio [1] a su antojo.
Pues figúrate que en este
estado pecaminoso,   20
muere . . .

CATALINA

¡Te he dicho que calles!

MÓNICA

Pero ¡qué espanto! ¡Qué asombro!
No bien expiró sintióse
en toda la casa sordo
rumor de cadenas, luego   25
gritos discordes y broncos;
después como removida
por interno terremoto

---

[1] *Santo Oficio,* i.e., the Inquisition. Although some form of Inquisition had existed from early times in various countries, the dreaded tribunal was first officially established in Castile by Ferdinand and Isabel in 1478. From then until its final suppression in 1834, countless thousands passed through its hands, to be strangled, burned alive or let off with lesser punishments. Although figures vary fantastically as to the actual number of victims, we are told that in the first 36 years of its existence, some 13,000 people were burned alive out of a total of 191,000 that were summoned before the several tribunals. The Spanish Inquisition was fully as much a political instrument as it was religious. For a full treatment of its practices, *autos de fe,* etc., consult Lea and McCrie.

la casa vínose abajo,
y entre mil nubes de polvo,   30
el muerto, dando alaridos,
desapareció de pronto
conducido por un diablo
rabilargo y uñicorvo.[2]
Lo cual prueba, según dice   35
mi confesor, hombre docto,
que los herejes no entienden
su interés y son muy tontos,
pues por huir de la quema,
que dura en el mundo un soplo,   40
prefieren estar ardiendo
per sæcula sæculorum.[3]
Mas ¡por Dios! ¿Te pones mala?
¿Lloras?

CATALINA

Sí, Mónica, lloro,
y no me preguntes . . .

MÓNICA

¡Vamos!   45
El caso es tan espantoso
que te ha trastornado . . .

CATALINA

¿Quieres
callar?

MÓNICA

¡No me dió un soponcio
cuando lo supe! . . . ¡Ay, qué cosas
dicen que dijo el demonio!   50

CATALINA

(*Esforzándose y variando de conversación.*)

¿Quién ha venido?

MÓNICA

(*Inquieta.*)   ¿Aquí? Nadie.
Ya sabes. Hasta las ocho
no podrá volver tu hermano,
y en su ausencia no descorro,
sin conocer al que llama,   55

ni pestillos ni cerrojos.
¡No faltaba más! Pues bueno
anda el mundo . . . Hay cada robo
de noche [4] . . .
(*Observando la profunda melancolía de Catalina.*)
Pero ¿qué tienes?
Hace tiempo que no logro   60
ver la sonrisa en tus labios
ni la alegría en tus ojos.
Las rosas de tus mejillas
pierden su color hermoso:
suspiras, y tus suspiros   65
casi parecen sollozos.
¿Qué tienes?

CATALINA

Nada.

MÓNICA

No es cierto.
(¡Jesús! que escuchan los otros.
No me acordaba . . .) Si quieres
callarte . . . Bien: no me opongo.   70

CATALINA

Y nunca pretendas, nunca,
llegar, Mónica, hasta el fondo
de mi corazón . . .

MÓNICA

Lo mandas . . .

CATALINA

Mi pecho es un calabozo
donde sin luz y sin aire   75
los recuerdos aprisiono.
Dolor que no se confía,
dolor mudo, misterioso,
desesperado es el mío,
implacable como el odio.   80
Déjame a solas con él,
que si en el alma lo escondo
harta desdicha es la mía.

---

[2] *uñicorvo,* " cloven-footed."
[3] *per sæcula sæculorum,* " through all eternity."
[4] *Hay cada robo de noche,* " There are so many robberies by night."

MÓNICA

Me callo, ya que te enojo.
(*Llaman en la puerta de entrada.*)
¿Quién es?

CARLOS

(*Fuera.*)   Yo soy.

CATALINA

(*Agitada.*)   Es su Alteza.   85
Abre.

MÓNICA

(*Con miedo.*) (Mis pies son de plomo.
Y esos hombres espiando . . .)

CATALINA

¿No abrirás? (*Impaciente.*)

MÓNICA

(*Rezando.*)   *Dominus, dominus* . . .

ESCENA IV

CATALINA, DON CARLOS, *abatido;*
MÓNICA

CARLOS

Catalina, Dios te guarde.

CATALINA

Seáis bien venido.

CARLOS

                ¿Alonso
no está?

CATALINA

   No, señor.
(*Reparando en el desaliento del Príncipe.*)
                ¡Dios mío!
¿Estáis enfermo?

CARLOS

(*Excitándose.*)   Estoy loco.
¡Loco, sí!

CATALINA

(*Con interés.*) Pues ¿qué os sucede?   5
No sé . . .

CARLOS

   Triste y sin apoyo,
para irrisión de los hombres
nací en las gradas del trono.

CATALINA

¡Que eso digáis! . . .

MÓNICA

(*Amedrentada.*)   (¡Desgraciados,
y van a hablar! . . . No me expongo   10
a escucharlos . . . ¡Quiera el cielo
apiadarse de nosotros!)

ESCENA V

CATALINA, DON CARLOS

CATALINA

Pero ¿qué os pasa? Agitado
estáis . . .

CARLOS

   No, desesperado.
Tú no sabes, Catalina,
el odio reconcentrado
que en mi corazón germina.   5
Por mis venas se derrama:
como el fuego comprimido
ocultamente me inflama.
¡Ay, cuando rompa esa llama
y surja! . . .

CATALINA

   ¡Estaréis perdido!   10

CARLOS

¿No es verdad que te amedrenta?
¡Oh! yo quisiera callar,
pero no puedo. Revienta
mi furor. ¿Quién puede ahogar
las iras de la tormenta?   15
Expláyese el alma mía
lejos de esa turba impía
que me sigue y acompaña,
que me adula y que me espía,
que se postra y que me engaña.   20
En este oculto rincón
salgan la voz de mi pecho,

la hiel de mi corazón,
los ayes de mi despecho,
las ansias de mi ambición.   25
Aquí sólo puedo ser
dueño de mí mismo. Aquí
no necesito esconder
este ardiente frenesí . . .

CATALINA

Príncipe, ¿qué vais a hacer?   30
Templad ese vivo encono.
Ved quién sois . . .

CARLOS

                  ¡Ay, Catalina!
Nada soy en mi abandono.

CATALINA

Sois heredero de un trono
que sobre el mundo domina.   35

CARLOS

Más esto me desespera.

CATALINA

¿Por qué, señor?

CARLOS

                  Si yo hubiera
en pobre cuna nacido,
con resignación sufriera
la oscuridad y el olvido.   40
Pero cuando altiva toca
en la elevación mi frente
y la ambición me provoca,
¡vivir atado a la roca
de una grandeza impotente!   45
¡Solo, triste, sin empleo,
en mi lastimoso estado,
sentir, nuevo Prometeo,[5]
mi pecho despedazado
por las garras del deseo!   50
¡Ser tan grande y ser tan poco!
¡Morir de sed a la orilla
del agua que miro y toco! . . .

¡Esto me mata, me humilla,
y temo volverme loco!   55

CATALINA

Pero mirad . . .

CARLOS

                  En la oscura
soledad de mi recinto,
a veces se mi figura
que ante mis ojos fulgura
la imagen de Carlos quinto.   60
A su vista me confundo
temeroso, y quiero en vano,
en mi respeto profundo,
besar la potente mano
que llegó a abarcar el mundo.   65
Mi espíritu desfallece,
y, como a través de un sueño,
la imagen se eleva y crece;
y a medida que engrandece
me siento yo más pequeño.   70
Y la bélica armonía
de la militar porfía
en mi corazón resuena,
y mi cerebro se llena
con las glorias de Pavía.[6]   75
Y mudo, asombrado, yerto
al mirar su rostro altivo,
juzgo, de rubor cubierto,
que viene a quejarse muerto
del ocio infame en que vivo.   80
Estos recuerdos se imprimen
tenazmente en mi memoria,
y me conturban y oprimen . . .

CATALINA

Cuidad que ese afán de gloria
no os precipite en el crimen.   85

CARLOS
(Alterado.)

¡El crimen!

CATALINA

                  Pobre mujer,
no sé qué impulso secreto

---

[5] *Prometeo*, Prometheus.
[6] *Pavía*, a city in northern Italy, where Charles V in his most dramatic victory defeated and captured his French rival, Francis I (1525).

me lleva a vos sin querer.
¡Quizás la voz del respeto,
quizás la voz del deber! 90
No quiero buscar su origen.
Sólo sé que esos sombríos
dolores consuelo exigen;
sé tan sólo que me afligen
como si fueran los míos. 95

CARLOS
(*Enternecido.*)
¡Eres buena, Catalina!

CATALINA

Sé que es llama abrasadora
la ambición cuando domina . . .

CARLOS
(*Con decaimiento.*)
¡Es verdad!

CATALINA

Sé que ilumina;
mas sé también que devora. 100
¿Qué entiendo yo de la ciencia
del mundo? Pero ¡ay, señor!
conozco en mi inexperiencia
que debe estar el valor
de acuerdo con la prudencia. 105
Ya que en vuestras venas arde
la ambición, marchad con tino,
ni arrojado ni cobarde,
pues vale más llegar tarde
que perderse en el camino. 110
Agítese cuanto quiera
aquel que en humilde esfera
y en bajo estado se mueve,
porque es larga la carrera
y nuestra vida muy breve. 115
Pero vos . . . ¡vos, cuya mano
está a punto de alcanzar
el mayor poder humano! . . .

CARLOS

Porque le miro cercano
tengo anhelos de llegar. 120

CATALINA

Mas ¿a qué correr en pos
de un deseo? ¿No estáis vos
casi tocando con él?

CARLOS

No ambicionara Luzbel
a estar [7] más lejos de Dios. 125

CATALINA

Pero Vuestra Alteza olvida
que sufrió duro escarmiento
su soberbia . . .

CARLOS

¡Por mi vida!
¿Desde cuándo la caída
empequeñece el intento? 130
Cayó Luzbel: es verdad.
Mas tan grande, que Dios mismo
para encerrar su maldad,
produjo otra inmensidad:
la inmensidad del abismo. 135

CATALINA

De horror y espanto me llena
vuestra inquietud. Tened calma.

CARLOS

¡Ay! ¿Cómo será mi pena
cuando tu voz no serena
esta tempestad del alma? 140
No sé qué secreto encanto
ejerce en mí, que la escucho
con recogimiento [8] santo.
¿Mas cómo vencerme? Lucho
sin fuerzas. ¡No puedo tanto! 145

CATALINA

¡Ah! que me faltan razones,
y no alcanzo a convenceros . . .

CARLOS

¡Ardua empresa te propones!

[7] *a estar,* "if he had been."
[8] *recogimiento,* "devotion," "reverence."

ESCENA VI

Dichos, Cisneros, *lleno de júbilo.*

CISNEROS
(Entrando.)
¡Vítor, vítor!

CARLOS

(Sorprendido.) ¿Qué hay, Cisneros?

CISNEROS

¡Qué aplausos! ¡Qué aclamaciones!
¡Qué entusiasmo en las mujeres!
En los hombres ¡qué locura!
¡Qué igualdad de pareceres!   5
La grandeza y la hermosura,
clérigos y mercaderes,
plebeyos y caballeros
gritaban: «¡Vítor, Cisneros!»
Y yo loco de alegría   10
aplaudía . . . ¡Me aplaudía!
¡La gloria tiene sus fueros!

CATALINA

¿Es decir, que has conseguido
seguro triunfo?

CISNEROS

                        ¡Oh, seguro!
¡Qué función habéis perdido!   15
¡De eterna memoria!—Os juro
que resistirá al olvido.
¿Hay placer más singular
que el de ver a una asamblea
dominada a su pesar,   20
que ni habla, ni pestañea,
ni se atreve a respirar;
que en un solo pensamiento
se confunde, que hace un alma
de todas, que a vuestro acento   25
agitada y sin aliento
o se alborota o se calma?
¡No le hay! En esa ocasión
sujetando el corazón
del público, me agiganto,   30
y como un rey ¡yo el histrión!
sobre todos me levanto.
Fieramente me apodero

de la multitud sumisa:
mando en ella, en ella impero.   35
Si quiero, excito su risa,
su llanto excito si quiero.
Padece o goza conmigo,
y ante el sentimiento igualo
al contrario y al amigo,   40
al magnate y al mendigo,
al hombre de bien y al malo.
¡Oh, qué placer, qué placer!

CARLOS

Y al cabo de la partida,
¿qué sacas de ese poder?   45
—¡Farsa, no más!

CISNEROS

                        ¡Qué ha de ser!
¿No es todo farsa en la vida?
Teatro el mundo parece
donde el esclavo y el dueño,
el que manda, el que obedece,   50
el que oprime, el que padece,
el grande como el pequeño,
con más o menos ventura,
fingen su papel, que dura
sólo el tiempo necesario   55
para ir desde el escenario
del mundo a la sepultura.

CARLOS

No es cierto que todo acabe
cuando el sepulcro se cierra.
—¿Y la gloria?

CISNEROS

                        ¿Quién no sabe   60
que la gloria humana cabe
bajo siete pies de tierra?
Pero ¿quién nos mete en esto?
Vivamos como es debido,
cada cual en nuestro puesto . . .   65
(Dirigiéndose hacia la puerta de la dere-
cha, donde están ocultos Felipe II y el
príncipe de Éboli.)

CARLOS

¿Adónde vas?

CISNEROS

Vuelvo presto.
(Veré si el Rey ha venido.
(*Entra en la habitación y sale en seguida.*)
No me engañó.—¡Ya está aquí!
¡Infierno! ¡Ven en mi ayuda!)
(*Prestando atención y aproximándose
para ocultar su turbación a la puerta de
entrada.*)
Pero alguien se acerca . . . Sí.   70
Estoy seguro . . .
          (*En voz alta y con intención.*)
          Sin duda
el barón de Montigní.

ESCENA VII

DICHOS, *el* BARÓN DE MONTIGNÍ, *el*
MARQUÉS DE BERGHEN

CISNEROS

(*Saliendo a abrir la puerta de entrada y
mirando por ella.*)
Él es.
          (*Viéndoles aparecer.*)
     Entrad. Dios os guarde,
señores . . .

MONTIGNÍ

Gracias, Cisneros.

(*Postrándose Berghen y él a los pies de
don Carlos.*)

¡Príncipe! dadnos la mano
a besar . . .

CARLOS
(*Levantándolos.*)
Alzad del suelo.

MONTIGNÍ

Perdónenos Vuestra Alteza   5
si contra nuestro deseo
hemos acudido tarde,
que antes lo hubiéramos hecho
a no habérnoslo impedido
justa causa . . .

CARLOS

No os comprendo.   10

MONTIGNÍ

Desde esta misma mañana,
con empeño manifiesto,
siguiéndonos han estado
cual sigue la sombra al cuerpo,
varios hombres sospechosos;   15
y en vano, dando rodeos,
hemos querido librarnos
de su peligroso acecho;
hasta que al fin decididos
a no sufrirlo más tiempo,   20
en la calleja inmediata
arremetimos con ellos,
donde callando la lengua
y centellando el acero,
hemos dado a los fantasmas   25
el merecido escarmiento.
Uno, más tenaz que todos
y más que todos resuelto,
echando mano a la espada
quiso defender su puesto.   30
Mal hizo. ¡Dios le perdone!
Pues sin valerle su esfuerzo,
pasado de una estocada
a mis plantas cayó muerto.

CATALINA
(*Asustada.*)
¡Jesús mil veces!

CARLOS
     Señores,   35
la precaución agradezco,
que en empresas atrevidas
es mejor, a lo que entiendo,
pecar por golpe de más
que no por golpe de menos.   40

MONTIGNÍ
Él ha buscado su muerte.

CARLOS
Descartad ese suceso,
que de otros de más cuantía
noticias que daros tengo.

MONTIGNÍ
Nosotros también.
(*Hablan en voz baja con grande anima-
ción.*)

CISNEROS

(*A Catalina.*)   Hermana,   45
déjanos solos . . .

CATALINA

¿Qué es esto?
Ha dos noches que esos hombres
vienen aquí con misterio,
y cuando tanto temor
tienen de ser descubiertos,   50
y así con sangre pretenden
borrar sus huellas, sospecho
que algún propósito abrigan
injusto, y quiero saberlo.

CISNEROS

¿Qué te importa?

CATALINA

(*Con ardor.*)   ¡Vuestra vida   55
me importa mucho!

CISNEROS

¡Silencio!
Después sabrás lo que pasa,
pero ahora vete . . .

CATALINA

(*Marchándose.*)   (¡Velemos!)

ESCENA VIII

DON CARLOS, CISNEROS, MONTIGNÍ,
BERGHEN

MONTIGNÍ
(*Aterrado.*)

¡Todo descubierto!

CARLOS

Sí.

MONTIGNÍ

No hay esperanza ninguna;
¿qué hemos de hacer?

CARLOS

La fortuna
se nos vuelve, Montigní.

MONTIGNÍ

Nuestro plan ha fracasado.   5

BERGHEN

Es menester desistir,
hüir . . .

CARLOS

¿Y sabéis hüir?
Nunca lo hubiera pensado.

MONTIGNÍ

Pero ¿qué hacer? Descubierto
nuestro plan, ¿quién nos responde   10
del éxito? El noble conde
de Egmont nos decís que ha muerto;
que en poder del soberano
vuestras cartas han caído . . .

CARLOS

¿Qué importa que haya sabido   15
mis proyectos de antemano?

MONTIGNÍ

¡Los trastornará!

CARLOS

Ya es tarde.

MONTIGNÍ

Mas . . .

CARLOS
(*Con resolución.*)

¡Ni desisto ni cedo!
No piense que tengo miedo
y huyo del riesgo cobarde.   20
Nunca mejor ocasión.
Juzgará el Rey desde luego
que habiendo perdido el juego
vacilaré en mi intención:
que el temor . . . ¡no me conoce!   25
influye en mí.

MONTIGNÍ

¿Y qué logramos? . . .

CARLOS

Decidido estoy. Partamos.

MONTIGNÍ

¿Cuándo?

CARLOS

Esta noche a las doce.
Demos principio a la lid,
suceda lo que suceda. 30
Y para que el Rey no pueda
sorprendernos en Madrid,
mientras con maña y secreto
mis preparativos hago,
id y esperadme en Buitrago,[9] 35
donde estaré, os lo prometo,
antes de rayar el día.

MONTIGNÍ
(Con decisión.)
Allí nos verá su Alteza.

CARLOS

Y así está vuestra cabeza
al abrigo de la mía. 40

BERGHEN

Perdonad la confusión
que en mí la nueva produjo.
Si entonces cedí al influjo
de torpe alucinación,
hoy con vos, arrepentido, 45
sabré morir o vencer.
¿Pues qué menos puedo hacer
por la patria en que he nacido?
¡Partamos!

MONTIGNÍ

La resistencia
es justa. El Rey nos obliga. 50
Y hasta que Flandes consiga
la libertad de conciencia,
descanso al hierro no dé;
ya que sordo a nuestro ruego
quiere el Rey a sangre y fuego 55
que prevalezca su fe.

BERGHEN

Combátase la herejía
donde levante bandera;
mas no arrojando a la hoguera
con sangrienta hipocresía, 60
mujeres y hombres, en pos
de la sospecha más leve,
que quien a tanto se atreve
injuria y maltrata a Dios.

CARLOS

¡Oh, no será! Si propicio 65
premia el cielo mis afanes,
yo atajaré los desmanes
y horrores del Santo Oficio;
que en vano del alma quiero
borrar su crüel historia. 70
Fijo tengo en mi memoria
un recuerdo horrible, fiero.
Aún al través de la edad
me hiere cual dardo agudo.

MONTIGNÍ

¿Es tan pavoroso?

CARLOS

Dudo 75
que otro le iguale. Escuchad.
Estaba yo—¡era muy niño!—
en esa edad inexperta
en que el corazón despierta
lleno de fe y de cariño. 80
¡Ay! ajeno a todo ardid,
de mis ilusiones dueño,
era mi existencia un sueño
de gloria en Valladolid.[10]
En mi forzosa orfandad,[11] 85
sin ningún temor vivía
en esa dulce alegría
que engendra la libertad.
De pronto una nueva extraña

---

[9] *Buitrago,* a small village forty-seven miles north of Madrid, on the road to Burgos.

[10] *Valladolid,* a city about 150 miles north of Madrid which has served at various times as capital of the kingdom. In 1560, Philip II removed the capital to Madrid. Both he and Don Carlos were born in Valladolid.

[11] *orfandad.* Don Carlos lost his mother at birth; his father spent the years 1548–1551 away from Spain, chiefly at Brussels with Charles V; again in 1554 he left for England to marry Mary Tudor, spent much time in the Netherlands, and did not return to Spain until 1559.

regocijó nuestra tierra.   90
Súpose que de Inglaterra
el Rey regresaba a España,
y en su respeto profundo
no hubo ciudad ni hubo villa
que no obsequiara en Castilla   95
al rey Felipe segundo.
Entre el público bullicio
y el general alborozo,
también demostró su gozo
el austero Santo Oficio.   100
Y con majestad, que fué
por el vulgo celebrada,
dispuso para la entrada
del Rey un *auto de fe*.[12]

CISNEROS
(*Alterado*.)
Sí, bien me acuerdo . . .

MONTIGNÍ
                        ¡Qué horror!   105
¿A quién no asombra y aflige
que el hombre se regocije
con el ajeno dolor?
¿Y la plebe envilecida
goza en esto?

CARLOS
            No os asombre   110
que aplauda el dolor del hombre
quien a Dios quitó la vida.
¿Quién habrá que no recuerde
aquel día? . . .

CISNEROS
(*Cada vez más agitado*.) ¡Fué tremendo!
¡infausto!

CARLOS
            Marchaba, abriendo   115
paso a todos, la *cruz verde*.[13]
Y entre el inmenso turbión
de las olas populares,
seguían los familiares
de la Santa Inquisición.   120
Allí, luciendo su porte
bizarro, graves y austeros,
marchaban los caballeros
más ilustres de la corte,
y detrás, de dos en dos,   125
los frailes en larga fila,
con voz solemne y tranquila
pidiendo clemencia a Dios . . .

MONTIGNÍ
(*Irritado*.)
¿Y no a los hombres? ¡Cruel
sarcasmo!

CARLOS
            Desde un estrado   130
en la plaza levantado
bajo ostentoso dosel,
cercados de hombres de pro,
con faz alegre y serena,
presenciábamos la escena   135
que digo, mi padre y yo.
Ví indiferente cruzar
prelados, inquisidores,
grandes, títulos, doctores
y ministros del altar.   140
Mas cuando escuché los gritos
de horror, y mal ordenados
ví pasar los sentenciados
con velas y sambenitos,
y miré entre aquellos seres,   145

[12] The *auto de fe* about to be described here was actually held on October 8, 1559, to celebrate with the greatest pomp and splendor the return of Philip to Valladolid. 200,000 people flocked to witness the event. Don Carlos, then 14 years old, sat by his father's side, along with some of the highest notables of the land. This was not the first *auto* that the young prince had witnessed. On May 21st of the same year he had attended, with his aunt, the regent Joanna, the first public *auto* of Protestants held in Valladolid, at which two victims were delivered alive to the flames and twelve others who asked for confession at the last moment were "mercifully" strangled before burning. It is little wonder that Don Carlos conceived a mortal hatred for the Inquisition at that time; but it should be added that since the actual burning of the victims took place in the *quemadero*, outside the city, and after the other ceremonies, it is not at all certain that the king and other dignitaries witnessed this horror. (Cf. Lea, III, 209ff., 437ff. and McCrie, 204ff.)

[13] *la cruz verde*, i.e., the emblem of the Inquisition.

a los fúnebres reflejos
de la luz, niños y viejos,
¡hasta débiles mujeres!
y observé su agitación,
y ví su faz descompuesta, 150
¡tuve miedo de la fiesta
que daba la Inquisición!

CISNEROS

¡Ay! Yo también presenciaba
el cuadro siniestro, impío.

CARLOS

Mi padre, impasible y frío, 155
con trémula voz rezaba.
Apiñábase la gente
gozosa.—De pronto, veo
que ante el Rey se para un reo
y alza la lívida frente . . . 160

CISNEROS
(Hondamente agitado.)
¡Don Carlos de Sesa! [14] . . .

CARLOS
Sí.
¡Él era! Ante tanto duelo
cubrió mis ojos un velo
de sangre. ¡Miré y no ví!

CISNEROS
(Con desesperación.)
¡Qué día! . . .

CARLOS
Vagos temores 165
me hirieron, y con pavor

le oí: « ¡Buen premio, señor,
dais a vuestros servidores! »
« Si como vos mi hijo fuera,
dijo el Rey, no dudaría: 170
el Haz de leña echaría,
para quemarle, a la hoguera.» [15]

CISNEROS
(Cada vez más conmovido.)
¡Eso dijo!

ESCENA IX

DICHOS, CATALINA, que oye el diálogo,
presa de la más violenta agitación, sin poder apenas reprimir sus sollozos, va acercándose lentamente, como atraída por el
interés de la narración.

CARLOS
Siguió aquel
desgraciado su camino,
y yo, trémulo, sin tino,
con la vista fija en él.
Cubierto de vilipendio 5
llegó al brasero . . .

CISNEROS
(Enternecido y a la vez airado.)
¡Y le ató
el verdugo! . . .

CARLOS
Y estalló
la llama . . .

CISNEROS
¡Y creció el incendio!

[14] Don Carlos de Sesa (usually found as Seso or Sesso), in this play fictitiously presented by the author as the father of Cisneros, was in reality a most distinguished gentleman of Italian origin (born at Verona, 1516). For his services to Charles V he had been highly honored, and had received in marriage Doña Isabel de Castilla, a lady of royal descent. Embracing the Protestant faith, he had made converts in the region of Valladolid when at length he fell into the hands of the Inquisition. During the auto here described he was burned alive for heresy, and his wife and niece were condemned to forfeit their property, to wear the sambenito and to be imprisoned for life.

[15] According to several authorities, Philip addressed almost these same words to Seso; others claim that it was another of the victims (Domingo de Rojas, son of that marqués de Posa who is the real hero of Schiller's Don Carlos) who spoke to the king and received this reply; still others maintain that Seso was gagged during the whole proceedings and therefore could not have spoken to the king. (Cf. McCrie, 175, 219; Lea, III, 429, 441ff.; Prescott, I, 432ff.)

CARLOS

Entonces, con ansia viva,
entre horribles crispaduras,[16]   10
rompiendo sus ligaduras
trepó el de Sesa hasta arriba.
Cerré los ojos, y cuando
volví a abrirlos, temblé, viendo
que la llama iba subiendo   15
y el humo le estaba ahogando.

CISNEROS

Y encaramado en la punta
del palo, con la mirada
incierta, desencajada
la faz, la color difunta,   20
se agitaba y retorcía
por la llama perseguido . . .

CARLOS

Hasta que, al cabo, vencido
en tan estéril porfía;
torvo, erizada la greña,   25
desatalentado [17] y ciego,
precipitóse en el fuego
gritando: « ¡Allá va más leña! »

CATALINA
(Rompiendo en sollozos y dejándose caer
desfallecida en un sitial.)

¡Ay!

CISNEROS
(Corriendo hacia ella y con tono amenazador.)

¿Qué has hecho?

CARLOS

(Sorprendido.)   ¡Catalina! . . .
(Catalina quiere hablar y Cisneros se lo
impide.)

CISNEROS

¡Cállate!

CATALINA

(Afligida.) ¡Si apenas puedo!   30

CARLOS

¿Qué pasa?

CISNEROS

¡Que tiene miedo!
¡Hay cosa más peregrina!
Hízola mella, a mi ver,
esa historia lastimosa.
Perdonadla. ¡Fué curiosa!   35
Siempre es Eva la mujer.
Pecó de celo indiscreto;
mas no volverá a pasar.
(Por poco dejo escapar
del corazón mi secreto,   40
y allí el Rey . . . ¡Qué torpe he sido!)

CATALINA
(Avergonzada y llorosa.)

¡Perdonad! . . .

CARLOS

(Con dulzura.)   Calma tu pena,
y esta dolorosa escena
demos todos al olvido.
—Adiós.—Proyectos más grandes   45
me llaman . . .

CATALINA

(Con terror.) ¡Ved lo que hacéis!

CARLOS
(A Montigní y Berghen.)

Caballeros, ya sabéis:
en Buitrago . . .
(Salen Montigní, Berghen y don Carlos,
hablando en voz baja.)

---

[16] crispaduras, usually crispaturas, " spasmodic contractions."
[17] desatalentado, " beside himself," " crazed." According to McCrie's account (p. 221), it was
not Seso but a certain Juan Sánchez who leaped from the stakes when the ropes were burned
away, and unwittingly jumped upon a platform used for receiving the confessions of those who
recanted in their last moments; then, seeing Seso standing unmoved in the midst of the flames, he
walked deliberately back to the stake, and calling for more fuel, said: " I will die like de Seso!"
This horrible description of the stake recalls a somewhat parallel scene (III, i) in El Trovador of
García Gutiérrez (1836).

ESCENA X

CISNEROS, CATALINA, *desconsolada.*

CATALINA

¡Y luego en Flandes!
¡En Flandes! Su perdición
es cierta . . .

CISNEROS

(*Inquieto.*)   Si has escuchado,
calla . . .

CATALINA

Habéis despedazado
sin piedad mi corazón.   5
¡Oh, nunca, nunca recuerdes
esa historia o lograrás
matarme! . . .

CISNEROS

(*Impaciente.*) ¡No callarás!

CATALINA
(*Llorando.*)

¡Ay de mí!

CISNEROS

(*Viendo salir al Rey.*) Ve que me pierdes.

ESCENA XI

DICHOS, FELIPE II, PRÍNCIPE DE ÉBOLI

CATALINA
(*Asustada.*)

¿Quiénes son ésos? . . .

CISNEROS

(*Humildemente.*)   Señor . . .

FELIPE
(*Al príncipe de Éboli.*)

¡Pronto! Salgamos de aquí.
No han de escapar Montigní
ni Berghen de mi rigor.
No quedó lejos la ronda.   5
—¡Tarde llegué a conocellos!—[18]
Daré esta noche con ellos
aunque el diablo los esconda.

[18] *conocellos = conocerlos.*

ÉBOLI

Y en una prisión oscura
lloren . . .

FELIPE
(*Moviendo la cabeza.*)

¡Pueden darme guerra!   10
Cuatro paladas de tierra
son la cárcel más segura.
¡Me han herido en lo profundo
del corazón! ¡Los sentencio
a muerte! . . .

ÉBOLI

Señor . . .

FELIPE

¡Silencio!   15
Ya no caben en el mundo.

ESCENA XII

CISNEROS, CATALINA

CISNEROS
(*Lleno de júbilo.*)

¡Bien, muy bien!—¿No has conocido
a ese hombre? . . .

CATALINA

No, y me da espanto.

CISNEROS

¡Es el Rey! . . .

CATALINA

(*Aterrada.*)   ¡El Rey! . . . ¡Dios santo!
El Príncipe está perdido.
Oh, corre a avisarle . . .

CISNEROS

(*Con acento desdeñoso.*) ¿Yo?   5

CATALINA

Le amenaza un fin siniestro.
¡Vuela! No tardes . . .

CISNEROS

(*Con amargura.*)   A nuestro
padre nadie le avisó.
Nadie a don Carlos de Sesa
dió amparo . . .

CATALINA

(*Fuera de sí.*)   Pero ¿y la ley   10
que debes? . . .

CISNEROS

(*Resueltamente.*) Quiero que el Rey
cumpla su impía promesa.

CATALINA

¡Oh, ten piedad!

CISNEROS

                  No soy hombre
que dé su ofensa al olvido.
Recuerda que hemos perdido   15
patria, hogar, familia y nombre.

CATALINA

Al Príncipe no le alcanza
la culpa . . .

CISNEROS

                  ¿Te compadeces?
¡Necia! gozar no mereces
del placer de la venganza.   20
No cederé si se empeña
el cielo. Soy testarudo
como el Rey . . .

CATALINA

(*Fuera de sí.*)   ¿Qué hacer?

CISNEROS

                  Le ayudo
a llevar el *Haz de leña.*

ACTO TERCERO

Dormitorio del príncipe don Carlos. Muebles
de la época. Lecho oculto entre amplias y ri-
cas colgaduras. Puerta grande en el fondo que
comunica con la antecámara, grande y espaciosa. Dos puertas laterales. Es de noche.

1 *reconcome,* " itches."

ESCENA PRIMERA

El CONDE DE LERMA, DON RODRIGO DE
MENDOZA, *gentiles-hombres del Príncipe;*
CISNEROS, *apartado y como dormitando.*

MENDOZA

Tarda su Alteza . . .

LERMA

                  ¿Quién sabe
dónde andará? . . .

MENDOZA

                  Apuesto doble
contra sencillo, a que pierde
en aventuras la noche.
Cuando no ha vuelto a palacio . . .   5

LERMA

Es posible. Pero ¿en dónde
y con quién? Sabéis que sólo
con ese bribón las corre,
                  (*Señalando a Cisneros.*)
y Cisneros hace rato
que le espera . . .

MENDOZA

                  Mudo, inmóvil,   10
dormido . . .

LERMA

                  Me dan impulsos
de emprender con él a golpes.

MENDOZA

¿De veras? Pues es deseo
que también me reconcome.[1]
Desde que el Príncipe trata   15
con él, es todo desorden
y confusión. No parece
sino que el seso le sorbe.

LERMA

Escuchad.—Estamos solos.—
Nadie nos ve, y pues el gozque   20
se mete entre los lebreles,
¿queréis que pague su escote?

Unos cuantos cintarazos
le vendrán como de molde.
¿Qué decís?

MENDOZA

¡Que es brava idea!　25
No nos detengamos.

LERMA

(*Llamando a Cisneros.*) Oye,
bergante . . .

CISNEROS

(*Despertándose.*) ¿Es a mí?

LERMA

¿Lo dudas?

CISNEROS
(*Reprimiéndose.*)

Sí tal: no es ése mi nombre.

LERMA

Pero es tu oficio . . .

CISNEROS

(Estos mozos
llevan malas intenciones.　30
Vamos con tiento.) ¿Qué quieren
vueseñorías?

MENDOZA

Que tomes
la puerta, y mañana mismo
dejes por siempre la corte.

CISNEROS
(*Tranquilamente.*)

¿Lo manda el Rey?

LERMA

No.

CISNEROS

¿Su Alteza?　35

LERMA

Tampoco.

CISNEROS

¿Quién manda entonces?

LERMA

Quien puede.

CISNEROS
(*Con desdén, arrellanándose en el sitial.*)

No me persuade
la razón.

LERMA

¿No? Pues disponte
a llevar, pese a quien pese,
más palos que un galeote.　40

CISNEROS
(*Con calma.*)

¿Y quién va a dármelos?

MENDOZA

Yo.

LERMA

Yo también. No más histriones
que los alcázares regios
con su presencia deshonren.

MENDOZA

¡Fuera bellacos!

CISNEROS
(*Levantándose irritado.*)

¡Por Cristo!　45

LERMA

¿Qué? ¿Te rebelas?

CISNEROS
(*Recobrando su sangre fría y sentándose de nuevo.*)

Señores,
tengamos en paz la fiesta.

LERMA

Pues escúchame y escoge.
O pones tierra por medio,
y con tal arte la pones　50
que no se sepa siquiera
el lugar en que te escondes,
o por Jesucristo vivo,
que si te niegas indócil,

he de forrar con tu cuero 55
los asientos de mi coche.
¿Qué decides?

CISNEROS
(*Sin cambiar de postura.*)

Bastarían
esas corteses razones
para que yo me quedara,
a pesar de todo el orbe. 60

MENDOZA

¿Eso dices?

CISNEROS

Eso digo.

MENDOZA

¡Eh! no más contemplaciones.

CISNEROS

Si tenéis prisa, salgamos,
que con dos y hasta con doce
como vosotros me atrevo. 65

LERMA
(*Con tono irónico.*)

¡Cuidado! No te alborotes.
¿Pensará este mal nacido,
porque goza altos favores,
que puede medir sus armas
de igual a igual con los nobles? 70

CISNEROS
(*Alterado.*)

¡Oh!

LERMA

¿No sabes que tu oficio
bajo y ruin, infame y torpe,
como a leproso te aparta
del trato humano? Responde.

CISNEROS

¡No me humilléis! ...

LERMA

¡Es difícil 75
empresa! No te conoces.
No alcanzarás en tu vida
la estimación de los hombres;
te negarán, cuando mueras,
sus preces el sacerdote, 80
la religión, sepultura [2] ...

CISNEROS

Pero no sus resplandores
la fama.

MENDOZA

¡Triste consuelo!

CISNEROS

Que no tendréis, aunque agobien
vuestros huesos olvidados, 85
mármoles, jaspes y bronces.

LERMA

¡Acabemos! ¿Has creído
tener por competidores
a dos caballeros?

CISNEROS
(*Con burlona humildad.*)

Ruego
a usía que me perdone ... 90

LERMA

No tengo a manos la cincha
de un rocín que nadie monte
ya, por inútil y viejo,
para derrengarte a azotes;
pero, en cambio, con el pomo 95
de mi espada, aunque te honre,
he de molerte los huesos,
histrión.

CISNEROS
(*Con fría resolución empuñando la daga;
pero sin desenvainarla.*)

¡Ay del que me toque!

[2] These lines afford a good idea of the actual status of an actor in that period. Over a hundred years later, Molière experienced just this fate in France.

MENDOZA

(*Asombrado.*)

¡En palacio! [3] . . .

CISNEROS

¡Qué en palacio!
En la iglesia, si hay quien ose   100
ponerme la mano encima . . .

LERMA

(*Avanzando hacia él.*)

¿Y esto toleramos? . . .

ESCENA II

DICHOS, *un* UJIER *que se interpone entre
Lerma y Cisneros cuando aquél se prepara a castigarle.*

UJIER

(*Entregándole un pliego.*) Orden
del Rey . . . (*Se retira.*)

CISNEROS

(*Guardando disimuladamente la daga que
ha desenvainado para defenderse.*)

(¡A buen tiempo llega!)

LERMA

(*Leyendo el sobrescrito.*)

« Señores gentiles-hombres
de la cámara del Príncipe.»
¿Qué es esto?

MENDOZA

(*Impaciente.*) Romped el sobre.   5

LERMA

(*Leyendo el pliego en un extremo del salón, desde donde Cisneros no pueda oírlo.*)

« Tendréis abierta la entrada
de la cámara esta noche,
y suceda lo que quiera
ni os resistáis ni deis voces.
Conviene al servicio mío   10
que nadie en palacio ronde,
sin que se entienda que en esto

hay mandatos superiores.
Preparadlo de manera
que no se comprenda y note   15
quién lo ha dispuesto.—*Yo el Rey.*— »
¡Extrañas resoluciones!

MENDOZA

Nuestro deber es cumplirlas.

LERMA

Mas ¿no queréis que me asombre?

CISNEROS

(*Observándolos con curiosidad.*)

(¿Qué pasará?)

MENDOZA

No consiente   20
el caso más dilaciones,
y ejecutar es forzoso
cuanto ordena . . .

LERMA
Vamos.

(*A Cisneros.*)
Doite
de plazo hasta el nuevo día
para que el campo abandones.   25
Hoy te libras por milagro
de mis manos; pero conste
que si mañana te encuentro . . .

CISNEROS

(*Con resolución.*)

¡Me hallaréis!

LERMA

Quizás lo llores.

ESCENA III

CISNEROS, *dejándose caer abatido en un
sillón y cubriéndose el rostro con las manos.*

¡Desgraciado, desgraciado
de mí! Cuando considero
que he nacido caballero

---

[3] *¡En palacio!* It was considered a most grave offense to draw the sword in the palace or in
the king's presence.

ilustre, rico y honrado,
y me miro en este estado   5
tan lejos de lo que fuí,
y mido en mi frenesí
todo el fondo del abismo,
¡oh! me horrorizo yo mismo
del odio que hierve en mí.   10
¡Odio! . . . Mas ¿por qué lo siento?
¡Imbécil! Mirar debía
con inefable alegría
mi propio envilecimiento.
Él me da vigor y aliento   15
para que vengarme pueda.
¡Rueda, desdichado, rueda
al precipicio! ¡Ahoga en cieno
todo instinto hidalgo y bueno,
si alguno en tu pecho queda!   20
¡No tengas clemencia, no!
Sigue tu camino . . . —Ah, tente.—
El Príncipe es inocente . . .
—¡Pero también lo soy yo!—
No es culpado, no pecó . . .   25
—¡Yo tampoco!—Necesito
apagar el hondo grito
de mi conciencia, y no puedo . . .
—Mas si yo la pena heredo,
¡claro! él hereda el delito.—   30
Mi vano escrúpulo cesa:
él representa en el mundo
al rey Felipe segundo
y yo a don Carlos de Sesa.
¡Hijo por padre! La empresa   35
es ardua, mas no desmayo.
   (Con profunda melancolía.)
¡Esta comedia que ensayo
me desgarra el corazón! (Vacilando.)
Y es que al cabo . . .
(Como queriendo alejar de su pensamiento las sombrías ideas que le asaltan.)
   ¡Maldición!
¿Por qué no me mata un rayo?   40

ESCENA IV

CISNEROS, sentado y ocultando su cara con las manos; DON CARLOS

CARLOS
(Acercándose y tocando a Cisneros en el hombro.)
¡Cisneros!

CISNEROS
(Alzando la cabeza.)
¿Señor?

CARLOS
  ¿Dormías
por ventura?

CISNEROS
  Me rendí
cansado al sueño . . .

CARLOS
  ¿Y así
cumples las órdenes mías?
¿De esta manera me apoyas?   5

CISNEROS
Perdonad: todo está listo.

CARLOS
(Con alegría.)
¡Esto es decirme que has visto
a Osorio,[4] mi guardajoyas!

CISNEROS
Sí, señor . . .

CARLOS
  Merece albricias
tu diligencia. Contento   10
estoy . . .

CISNEROS
  Yo no, porque siento
daros muy malas noticias.

CARLOS
(Inquieto.)
¿Qué dices? ¿Qué ha sucedido?

CISNEROS
¡Mala estrella os acompaña,
señor! Los grandes de España   15

[4] Osorio. There is a Garcí Álvarez Osorio mentioned as Carlos' agent in raising money for his projected flight; he obtained 150,000 escudos, not more than a fourth of what was desired. (Cf. Prescott, II, 535 note.)

cuyo amparo habéis pedido,
con estudiado respeto
se excusan . . .

CARLOS
(*Con abatimiento.*)

¡Oh suerte mía!
¡Suerte crüel!

CISNEROS

Juraría
que han sospechado el objeto . . .   20

CARLOS
(*Irritado.*)

¡No lo creas! Son avaros.

CISNEROS

Con crecidos intereses
sólo algunos genoveses
se han atrevido a prestaros . . .

CARLOS
(*Animándose.*)

Pero ¿hay dinero? . . .

CISNEROS

Del modo   25
que os digo.

CARLOS

¡El alma me has vuelto!
Ya sabes que estoy resuelto,
resuelto a intentarlo todo.
¡Aunque pidan la mitad
del reino, apruebo el contrato!   30
¿No comprendes que rescato
mi vida, mi libertad?
Salga yo del calabozo
donde mi alma se enmohece,
y en Flandes ya . . . ¡Oh, me parece   35
que va a asesinarme el gozo!

CISNEROS

¿Estáis decidido?

CARLOS

Sí.

CISNEROS

¿No desistiréis?

CARLOS

¡Me enfada
la pregunta!

CISNEROS

Es arriesgada
la empresa . . .

CARLOS

¡Es digna de mí!   40

CISNEROS

Engañan en ocasiones
tan altivos pensamientos.

CARLOS

Para los grandes intentos
son los grandes corazones.

CISNEROS

Miradlo bien . . .

CARLOS
(*Gozosamente.*)

¡Qué aturdido   45
mi padre se va a quedar
cuando sepa, al despertar,
que el pájaro huyó del nido!
¡Será divertido paso! [5] . . .
¡Qué lances! ¡Qué alternativas! [6]   50
—Quiero que en Flandes escribas
una comedia del caso.
Represéntale mohino
y espantado de la treta.
Porque la burla es completa.   55
¿No te parece? . . .

CISNEROS

(*Con amargura.*)   (¡Es su sino!)
Sí tal . . .

CARLOS

¡He estado con él!

---

[5] *paso*, here, as later in scene x, used in the theatrical sense of a short farce or skit.

[6] *alternativas*, " vicissitudes."

CISNEROS

¿Con el Rey habéis hablado?
¿Dónde?

CARLOS

En la fiesta que ha dado
la reina doña Isabel.[7]   60
Pensé y me dije: «Es forzoso
ir allá. Si yo faltara,
posible es que sospechara
el Rey, siempre receloso.»
Fuí, pues, al regio aposento: 65
allí estaba, a él me acerqué,
que me vió llegar, no sé
si sorprendido o contento.
Sé que, avanzando hacia mí,
con blando acento me dijo: 70
«¿Quizás me buscabais, hijo?»
«Sí, señor,» le respondí.
«¿Tenéis algunos secretos
que contarme?» Y yo, con dolo,
contesté: «Vengo tan sólo   75
a ofreceros mis respetos.»
Siguió la conversación,
y con mil frases compuestas
hícele vagas protestas
de cariño y sumisión.   80
No fueron mal escuchadas ...

CISNEROS

Pero vos ...

CARLOS

¡Ay! yo sentía
algo que en mí se reía
con siniestras carcajadas.
Despidióse a poco rato,   85
y dijo, templando el ceño:
«Dios os dé tranquilo sueño.
¡Dormid bien!» ¡Sí; de eso trato!
Cumplir sus órdenes quiero.
A su voz me dormiré.   90
Sólo que despertaré
en Flandes, terrible y fiero.
¡Con qué lentitud la aguja

marca los instantes! ...¡Oh,
qué impaciencia! ...

CISNEROS
(Contestando a sus propias ideas.)

(¡No soy yo: 95
el hado fatal le empuja!)

CARLOS

¡A nueva vida despierta
mi ser! Siento que se enciende ...

ESCENA V

DICHOS, CONDE DE LERMA

LERMA

Señor, hablaros pretende
una mujer encubierta.

CARLOS
(Sorprendido.)

¿Y quién es esa tapada? ...

LERMA

No puedo deciros tanto.
Parece, a través del manto,   5
llorosa y acongojada.
«Id, me ha dicho, id con presteza;
avisadle por favor;
ved que en esto va el honor
y la vida de su Alteza.»   10

CARLOS

¿Eso dijo? ¡Singular
aventura! ...

LERMA

Y yo, temiendo
algo grave ...

CARLOS

No lo entiendo.

CISNEROS
(Receloso.)

(¿Qué hay aquí?)

---

[7] *doña Isabel*, i.e., Elizabeth of Valois (1545–1568), third wife of Philip II, and daughter of Henry II and Catherine de' Medici of France. It was this beautiful princess, of the same age as Don Carlos and originally intended for him, whose name came to be linked with his in such romantic fashion.

CARLOS

Dejadla entrar.

ESCENA VI

DON CARLOS, CISNEROS

CARLOS

¿Has oído? Esa mujer
sabe . . . (Con ira.) ¡Luego alguien me
 vende!

CISNEROS

Mucho el caso me sorprende,
y apurarlo es menester.

CARLOS

Será alguna deslealtad.   5
¡De fijo!

CISNEROS

(Reflexionando.) No sé qué os diga.
Bien puede ser una intriga
para inquirir la verdad.
¡Dama encubierta a estas horas! . . .

CARLOS

En mil dudas me confundo.   10

CISNEROS

Pues recordad que en el mundo
hay sirenas tentadoras.

CARLOS

¿Temes? . . .

CISNEROS

         No hay hombre discreto
ante una ardiente pupila.
Sansón entregó a Dalila   15
su vida con su secreto . . .

CARLOS
(Alterado.)

¡Por Cristo! Si esto es así,
que a esa mujer daré muerte.

CISNEROS
(Meditando.)

(¿Quién del peligro le advierte?
Pensemos . . .)

ESCENA VII

DICHOS, CATALINA, con manto.

CATALINA

(Deteniéndose con indefinible angustia en
el umbral de la puerta al ver a su hermano.)

(¡Mi hermano aquí!)

CARLOS
(Ásperamente.)

Ya estáis, señora, servida.
¿Qué queréis?

CATALINA

(Atribulada.) (¡Sálveme Dios!)

CARLOS

¿Qué secretos sabéis vos
que en riesgo ponen mi vida?   5
¡Hablad, os digo!
(Impacientándose ante el obstinado si-
lencio de Catalina.)
                    ¿Estáis muda?
Ved que mi cólera estalla.

CATALINA
(Sollozando.)

(¡Ay de mí!)

CISNEROS

         (Solloza y calla . . .
Si el Rey acaso . . . ¡No hay duda! . . .)

CARLOS
(Más alterado.)

¿Pretendéis volverme loco?   10

CISNEROS
(Respondiendo a sus sospechas.)

(Le ataja en sus extravíos.)

CARLOS
(A Catalina.)

Ya que no habláis, descubríos.

CATALINA
(Desfalleciendo.)

(¡Estoy perdida!)

CARLOS

¿Tampoco?
Pues juro que os he de ver,
y que con mi propia mano ...   15
(*Acércase violentamente a Catalina con
ánimo de arrancarla el manto.*)

CATALINA
(*Dícele rápidamente en voz baja.*)

¡Mirad que observa mi hermano!

CARLOS
(*Reconociéndola.*)

¡Ah!

CATALINA
(*Suplicando.*)

¡Por piedad!

CARLOS

(*Apartándose.*)   ¿Qué iba a hacer?
¡Sólo el intento me infama!
Poca hidalguía demuestra
quien pone osado la diestra   20
en el rostro de una dama.
                    (*A Cisneros.*)
Déjanos.

CISNEROS

Os aconsejo
que si a preguntar se mete ...

CARLOS

Quiere hablarme a solas. Vete
y vuelve pronto.

CISNEROS

(*Con desconfianza.*) Ya os dejo.   25

ESCENA VIII

DON CARLOS, CATALINA

CATALINA

(*Dejándose caer en un sillón, deshecha en
lágrimas y descubriéndose.*)

¡Dios mío!

CARLOS
(*Calmándola.*)

Segura estás.
Mis arrebatos perdona.

CATALINA

¡Ay! el valor me abandona.
¡No puedo, no puedo más!
Invádeme mortal frío.   5

CARLOS

Pero ¿qué causa te inquieta? ...

CATALINA

¿Por qué la fuerza secreta
que dirige mi albedrío,
impulsándome a cruzar
entre mortales porfías,   10
por calles menos sombrías
que mi angustia y mi pesar,
por qué me falta? ¡ay de mí!
Explicármelo no puedo.
Sólo sé que tengo miedo,   15
miedo de encontrarme aquí.

CARLOS

¡Vamos! Enjuga tu llanto.
Ese temor que te oprime
desecha ...

CATALINA

No acierto ...

CARLOS

                    Y dime
la razón de tu quebranto.   20
Muy grande debe de ser
cuando te arroja a este extremo.

CATALINA
(*Pasándose las manos por la frente.*)

Y ya me olvidaba ... ¡Temo
que el juicio voy a perder!

CARLOS

El tiempo apremia ...

CATALINA

(*Desolada.*)   ¡Ah, señor,   25
aún no lo sabéis bastante!
Ved al Rey, vedle al instante;
confesadle vuestro error.

CARLOS

¿Juzgas que soy tan cobarde?

CATALINA

Será mortal el retraso.   30
Id, no os detengáis. ¡Acaso
mañana llegaréis tarde!
Os lo suplico . . .

CARLOS

(*Sorprendido y aterrado.*) ¿Qué es esto?
Algo de extraño y horrible
sabes. ¡Habla!

CATALINA

                       ¡Es imposible!   35

CARLOS

¡Habla, mujer, habla presto!
¿A qué conduce ocultar
la verdad?—¿Lloras? ¿No quieres?—
¡Vive Cristo! Estas mujeres
no saben más que llorar.   40
Alguno me hace traición;
alguno faltó al sigilo
de mi empresa . . . ¡Dilo, dilo,
y no tendré compasión!
¿Quién es? ¿Dudas? ¿Te estremeces? 45

CATALINA
(*Agitada.*)
¡Ay!

CARLOS

Disimulas en vano.
Te has descubierto. ¡Es tu hermano,
tu hermano! . . .

CATALINA

(*Espantada.*)   ¡Jesús mil veces!

CARLOS

Él mi proyecto vendió
con infame alevosía.   50

CATALINA
(*Con ardor.*)

Pues si eso fuera, ¿vendría
a descubríroslo yo?

CARLOS

¡Con mis sospechas batallo!

CATALINA

(Si revelo mi secreto,
a mi hermano comprometo,   55
y al Príncipe si lo callo.
¿Hay mujer más desdichada?)

CARLOS

No ocultes mis desventuras . . .

CATALINA

Si nada sé . . .

CARLOS

                       ¿Me lo juras?

CATALINA

Os digo que no sé nada.   60

CARLOS

Entonces, ¿cómo se explica
tu angustiosa incertidumbre,
y esa mortal pesadumbre
que te abruma y mortifica?
¿Ni qué pretexto o excusa   65
podrán encontrar ahora
esta venida a deshora,
este llanto que te acusa?
¿Con qué míseras patrañas
vienes a anunciar mi ruina?   70

CATALINA
(*Confusa.*)
Yo . . .

CARLOS

          Me engañas, Catalina,
me engañas . . .

CATALINA

¡Señor!

CARLOS

　　　　¡Me engañas!

CATALINA

(¿Qué hacer en trance tan fuerte?)
¡Ay! os digo lo que siento,
y si sospecháis que miento   75
dadme por favor la muerte.
El alma me dice a voces
que vais mal, que estáis perdido.
¡Si supierais! He tenido
presentimientos atroces.   80
Os he visto en lucha interna
llorar solitario y preso,
abrumado bajo el peso
de la maldición paterna.
Y en lo oscuro porvenir   85
han visto las penas mías
dolorosas agonías,
¡y me he sentido morir!
Y vengo a veros . . .

CARLOS

　　　　No llores.
Ni me juzgues tan pequeño   90
que desista de mi empeño
por mujeriles temores.
Desde el día en que te ví,
—¡bendígale Dios mil veces!—
tal crédito me mereces   95
que antes dudara de mí.
Dime si sólo el deseo
de salvarme te ha movido
a venir aquí . . .

CATALINA

(Con ansiedad.) ¡Eso ha sido,
señor! . . .

CARLOS

　　　　Dímelo y te creo.   100
Que no hay razón que despierte
tus terrores, que son vanos . . .
Pero mira que en tus manos
tienes mi vida o mi muerte.
—Dime la verdad.

CATALINA

(Incierta.)　　　(¿Qué hacer?)   105
¿Queréis que me vuelva loca?
¡Creedme! No se equivoca
mi corazón de mujer.
Me lo dicen sus latidos,
que de zozobra me llenan;   110
¡que dentro de mí resuenan
como angustiosos gemidos!

CARLOS

¿Pero es temor nada más?

CATALINA

¿No veis que de espanto muero?

CARLOS

Pues no desisto: ni quiero   115
ni puedo volverme atrás.
Hombre soy, espada ciño
y mi palabra empeñé.
Pero nunca olvidaré
tu adhesión y tu cariño.   120

CATALINA
(Desesperada.)

¡Ay! señor . . .

CARLOS

　　　　Nada me adviertas.
—En ti la fe se acrisola.—
Vuelve a tu hogar . . . mas no sola
por esas calles desiertas.
Juan Iniesta, mi criado,   125
podrá servirte de guía.
(Enternecido.)
—¡Pobre Catalina mía,
qué sustos habrás pasado!

CATALINA

¡Señor, mirad lo que hacéis!
¡De rodillas os lo ruego!   130

CARLOS
(Prestando atención.)

Espera. Alguien viene.
(Empujándola hacia la puerta de la
derecha.)
　　　　　　　　Luego
saldrás.—Entra.

CATALINA

(*Resistiéndose.*) ¡Que os perdéis!
(*Don Carlos la obliga suavemente a penetrar en la habitación, cerrando después la puerta.*)

ESCENA IX
DON CARLOS, CISNEROS

CISNEROS

Señor, vengo a preveniros,
porque el momento se acerca.
Van a dar las doce.

CARLOS

                    ¿Viste
si falta? . . .

CISNEROS

                    Todo está en regla.
Los caballos preparados,   5
el dinero en las maletas.
Ya para marchar tan sólo
vuestras órdenes se esperan.

CARLOS

¡Hora dichosa!

CISNEROS

                    Temiendo
yo que la dama encubierta,   10
prolongando la entrevista,
retrasara vuestra empresa,
he querido adelantarme . . .

CARLOS
(*Receloso.*)
Hiciste bien.

CISNEROS
(*Con mal disimulada curiosidad.*)
                    ¿Y quién era?

CARLOS

No quiso quitarse el manto.   15

CISNEROS

¡Señal infalible! Es fea.
¿Y conoce por ventura
vuestros proyectos?

CARLOS

(*Con fingida indiferencia.*) Apenas.
Sabe lo que el vulgo dice:
rumores, vagas sospechas . . .   20
¡Nada en suma!

CISNEROS

(*Maliciando.*) (Juraría
que está engañándome. ¡Alerta!)

CARLOS

Pero ¡asómbrate! ¡Qué cosas
la murmuración inventa!
(*Fijando con atención su mirada escrutadora en Cisneros.*)
Me ha dicho que tengo un Judas   25
cerca de mí.

CISNEROS
(*Dominándose y con aire tranquilo.*)
                    Bien pudiera
ser verdad. ¡Algunos hombres
tienen el alma tan negra!

CARLOS
(*Observándole.*)
(No se inmuta.)

CISNEROS
                    (Me descubro
si vacilo.)

CARLOS

(*Con intención.*) ¿A que no aciertas   30
el nombre que ha pronunciado?

CISNEROS

¡Difícil es eso!

CARLOS
                    Prueba.

CISNEROS

¿Garcí-Osorio?

CARLOS
                    No.

CISNEROS
                    ¿Martínez
de Cuadra?

CARLOS

No.

CISNEROS

Quizás sea
Quintanilla . . .

CARLOS

No.

CISNEROS

¿Tampoco?   35
Pues ya he resuelto el problema.
Soy yo. (¡Válgame la audacia!)

CARLOS

Has acertado. (No tiembla.)
¿Y qué harías en mi caso?

CISNEROS

¿Quién pregunta? . . . Si creyera   40
en la traición, mataría
al traidor. ¡Mi daga es ésta!
(*Ofreciéndosela con resolución al Príncipe.*)

CARLOS

(*Convencido, rechazando la daga.*)
¡Oh, guárdala! Estoy seguro
de tu adhesión. Es completa.
(No me mintió Catalina.   45
Todas sus zozobras eran
hijas del miedo.)

CISNEROS

Lo dicho,
dicho. No me duelen prendas.[8]
(Por milagro me he escapado.
¿Qué pasa aquí, y quién es ella?)   50

CARLOS

Oye: preciso es que aguces
el seso. Mendoza y Lerma
vendrán a ver si descanso.
Entretenlos como puedas.
Yo me acostaré vestido,   55
y para que nada adviertan
conviene . . .

CISNEROS

Perded cuidado:
eso de mi cargo queda.

CARLOS

Antes de emprender la fuga,
irás a buscar a Iniesta   60
mi criado . . .

ESCENA X

DICHOS, LERMA, MENDOZA

CARLOS

(*Viéndoles.*) Entrad, señores.
Entrad . . .

LERMA

¿Tiene Vuestra Alteza
algo que ordenarnos?

CARLOS

(*Con fingida alegría.*) ¡Vive
Dios! Se me ocurre una idea.
Para que durmamos todos   5
sin temor y sin que vengan
a turbar nuestro reposo
los sueños que el tedio engendra,
¿no os parece que podría
el bueno de Alonso, mientras   10
me desnudo, recitarnos
algún lance de comedia?

MENDOZA

¡Por Dios! que está bien pensado.

CISNEROS

Mas Vuestra Alteza comprenda
que de pronto y sin . . .

CARLOS

¿Te apuras   15
por eso? ¡Di lo que quieras!

CISNEROS

No sé cómo . . .

---

[8] *No me duelen prendas.* Cf. the proverb, *Al buen pagador no le duelen prendas,* "He who means to pay doesn't mind giving good security."

LERMA

(*Con intención.*) Haz a lo vivo
un buen paso. Representa
los terrores, las zozobras,
los sobresaltos y penas   20
de algún pícaro . . .

MENDOZA

(*En el mismo tono.*) Esa gente
es de tu gusto.

LERMA

Que espera,
porque se lo han ofrecido,
perder entrambas orejas.

MENDOZA

¡Bah, las orejas! Es poco.   25
¿No será mejor que tema
perder la vida? . . .

CISNEROS

(*Furioso.*)   (¡Me hostigan!
¡Viven los cielos! . . .)

CARLOS

¿No empiezas?

CISNEROS

Recordaré por serviros
algo de la farsa nueva   30
que estoy ensayando . . .

CARLOS

¿Tiene
buena invención?

CISNEROS

¡Oh, muy buena!

LERMA

¿Y qué argumento es el suyo?

CISNEROS

Un hombre ruin que apalea
a cierto hidalgo atrevido.   35

LERMA

¿Será a traición?

CISNEROS

¡Buena es ésa!
¡Cara a cara! Porque el mozo
es de un alma tan resuelta
que no ha conocido el miedo.

LERMA

¿Y sufre en calma la ofensa   40
el hidalgo?

CISNEROS

(*Con desprecio.*)
¡Bah! El hidalgo
tiene más larga la lengua
que la espada . . .

LERMA

(*Irritado.*)   (¡Vive Cristo!)

CISNEROS

Para que el caso se entienda,
expondré en pocas palabras   45
lo que la fábula encierra.
—El villano, que es casado,
sabe que el noble corteja
a su mujer, se apercibe,
busca la ocasión, la encuentra;   50
de acuerdo con el marido
cítale la esposa, llega
el hidalgo echando chispas . . .

CARLOS

¡Y el lance entonces se encrespa!
¡Bien, muy bien! Mientras me acuesto   55
recítanos esa escena,
que es divertida.
(*Dirígese al lecho sin permitir que le
acompañen sus gentiles-hombres, y corre
las cortinas.*)
Señores,
muy buenas noches . . .

CISNEROS

¡Comienza
la farsa! ¡Atención!

LERMA

(Te juro
que habrás de llorar la fiesta.)

CISNEROS
(*Declamando.*)

Quiere robarme el hidalguillo a Menga.[9]
Va a venir esta noche . . . ¡Pues que
   venga!   61
¡Ay! si ya me parece que le veo
asomar, retozándole el deseo,
buscar a mi mujer para regalo,
pedir un beso . . . y recibir un palo.   65
¿Un estacazo [10] nada más? Es corta
ración. Daréle ciento. ¿Qué me importa
si ambos pagamos la función a escote?
Él pondrá las costillas, yo el garrote.

CARLOS
(*Entre las cortinas.*)

¡Bien, Cisnerillos, bien!

CISNEROS

(*Recitando.*)   Busca a mi esposa,   70
que es para su apetito miel sabrosa,
y no sabe que guardo la colmena . . .
¡Zángano! ¡Dios te la depare buena! [11]
(*Mirando de hito en hito a Lerma y Mendoza con aire provocativo.*)

¡Pues qué! ¿Para vengarse los villanos
no tienen lengua, corazón y manos?   75

LERMA
(*A Mendoza.*)

¡No ví mayor osadía!
¿Estáis oyendo? ¡Nos reta! . . .

CISNEROS
(*Suspendiendo el recitado.*)

Suena en esto una palmada
en la calle, Brito presta
atención . . .

CARLOS

      Será el galán   80
que sin duda hace la seña . . .

CISNEROS

Eso mismo.

CARLOS
(*Impaciente.*)

      Sigue, sigue,
que ya el lance me interesa.

CISNEROS
(*Recitando.*)

Tal vez es la impaciencia con que espero;
pero jurara que se acerca . . . Quiero   85
recibir dignamente a la hidalguía . . .
(*Aparecen en este momento en la puerta
de la antecámara el príncipe de Éboli, el
duque de Feria [12] y el prior don Antonio
de Toledo.*)

CISNEROS
(*Viéndolos aproximarse lenta y sigilosamente, recita en voz baja.*)

¡Cayó en la trampa! ¡La partida es mía!
(*Detrás de aquellos señores entran Santoro y Bernate, éste con algunas herramientas de cerrajería, don Diego de Acuña
con un hachón, y el último, Felipe II.
Todos deben avanzar con el mayor silencio.*)

CISNEROS
(*Siempre recitando en voz baja, pero con
intención.*)

Apagaré la luz y no haré ruido.
Ya llega . . . ya está aquí . . .
(*Viendo entrar al Rey en el dormitorio.*)
             ¡Ya está cogido!

ESCENA XI

DON CARLOS, *en el lecho;* CISNEROS
alejado; LERMA y MENDOZA, *vueltos de
espaldas a la puerta de entrada;* FELIPE
II *y su comitiva.*

*El Rey se adelanta hacia la cama del
Príncipe, recoge algunas armas colgadas
al lado del lecho, entregándoselas a San-*

---

[9] *Menga,* the wife of Brito the peasant, in Cisneros' improvisation.

[10] *estacazo,* " blow with a cudgel."

[11] *¡Dios te la depare buena!* " May God give you your just deserts! "

[12] *duque de Feria.* All editions read Sesa, which is manifestly a slip. Prescott's account from an eyewitness (II, 538) shows that Feria, as captain of the guard, was present that night.

toro.[13] *Lerma y Mendoza reparan en él y quedan como petrificados por la sorpresa. Pausa.*

CARLOS

(*Acostado en el lecho, notando el prolongado silencio de Cisneros.*)
¡Prosigue, prosigue! El caso . . .
(*Felipe II descorre las cortinas y se presenta a su hijo, que salta aterrado del lecho.*)
¡Ah!

FELIPE

No os asustéis.

CARLOS

(*Alterado.*)   ¿Qué intenta
Vuestra Majestad? ¿Matarme
o prenderme?

CISNEROS

(*Mirando al Rey con reconcentrada ira.*)
(¡Al fin me vengas!)

FELIPE

(*Reposadamente a su hijo.*)
No os quiero matar.

CARLOS

(*Fuera de sí corre a buscar sus armas, antes recogidas por el Rey. El príncipe de Éboli le detiene.*)
                  ¡Oh triste   5
de mí! . . .

ÉBOLI

(*Sujetándole.*) ¡Señor! . . .

CARLOS

(*Forcejeando.*)   ¡Suelta, suelta!
Dejadme morir . . .

FELIPE

Calmaos.
Cuanto dispongo es por vuestra
seguridad.

CARLOS

(*Arrojándose a los pies del Rey con la más viva desesperación.*)
¡Suerte ingrata!
—Señor, no os pido clemencia,   10
que ceder a la desdicha
menguado y cobarde fuera.
Tan sólo la muerte os pido.
¡Dádmela! Porque me pesa
esta miserable vida   15
de humillación y vergüenza.

FELIPE

(*Alzándole del suelo y con tono grave, pero apacible.*)
¡Mirad quién sois! Tened calma.
        (*A los señores de su comitiva.*)
Id y coged con presteza
cuantas armas y papeles
guarde el Príncipe.

CARLOS

                  ¡Esa ofensa! . . .   20

FELIPE

¡Lo mando yo!

(*El príncipe de Éboli, obediente a las órdenes del Rey, se dirige hacia el cuarto donde está oculta Catalina.*)

CARLOS

(*Interponiéndose.*) No consiento . . .
¡Atrás! ¡Ay del que se atreva
a pisar estos umbrales!

ÉBOLI

(*Tratando de persuadirle.*)
Pero ved . . .

FELIPE

(*Interrumpiéndole.*) No le hagáis fuerza.
Iré yo mismo.—Id clavando,   25
Santoro, puertas y rejas.

[13] Don Carlos is reported to have slept with his sword and dagger by his side, and a loaded musket within reach; as further security he had a secret bolt on the door of his chamber. On the night of his arrest, the king appeared in helmet and armor, accompanied by the Duke of Feria, several lords and a dozen privates of the guard. The historical details of the scene agree almost exactly with those here given, except that Philip prudently remained in the background until the weapons of the prince had been seized. (Cf. Prescott, II, 537ff. and Hume, 119.)

ESCENA XII

TODOS, *menos* FELIPE II

Don Carlos se deja caer abatido en un
sillón. Cisneros le contempla en silencio.

MENDOZA
(Aparte a Lerma.)
¿Habéis visto?

LERMA

Cuando el mundo
el grave suceso sepa,
se estremecerá de espanto.

MENDOZA

Es verdad. ¡Quién lo creyera!

CARLOS
(En un movimiento de ira.)
¡Oh! ¿Por qué no se desploma   5
sobre mí el cielo? . . .

CISNEROS

(Observándole.)   (¡Flaqueza
indigna! ¿Pues no me aflige
mi venganza satisfecha?)

ESCENA XIII

DICHOS, FELIPE II, CATALINA, *con man-*
to, conmovida y sin poder apenas sos-
tenerse.

FELIPE
(A Catalina.)
Acaso sienta después
no haber tu ruego atendido.

CISNEROS
(Reparando en ella.)
(¡La mujer que me ha vendido! . . .
¿Y no he de saber quién es?)

FELIPE
(Con tristeza.)
Desoyó tu voz amiga . . .   5

CATALINA
(Señalando al Príncipe.)
Ved cuánto sufre . . . ¡Piedad,
señor! . . .

FELIPE

(Gravemente.) ¡Basta!
(Al príncipe de Éboli.) ¡Acompañad
a esta dama adonde os diga.
Perdono por la intención   10
la imprudencia . . .

CATALINA
(Siempre con la vista fija en don Carlos,
desconsolada y vacilante.)
                    ¡Cuánto llora!
(Al pasar por cerca de Cisneros, éste, que
debe haber ido descendiendo hasta colo-
carse en primer término, dice a su her-
mana con voz fingida y tono amenaza-
dor:)

CISNEROS

¿Sabes tu suerte, traidora?

CATALINA

(Vencida por la emoción se desmaya, y al
caer, descubre el rostro. El príncipe de
Éboli la recoge en sus brazos. Algunos
caballeros de la comitiva rodéanla con
curiosidad e interés.)
¡Ay!

CISNEROS
(Horrorizado.)
¡Mi hermana! ¡Maldición!

ACTO CUARTO

Una de las habitaciones de la cámara del
Príncipe. Puerta en el fondo, dos a la izquierda, y a la derecha dos balcones con
grandes cortinas. Bufete en el centro y tres
sillones. El del medio con las armas reales en
el respaldo.

ESCENA PRIMERA

PRÍNCIPE DE ÉBOLI, CISNEROS, CATALINA
a un extremo.

ÉBOLI

Esto el Rey ordena y quiere.

CISNEROS

Pues se hará como lo manda
su Majestad . . .

ÉBOLI

Así espero.
Encargado de la guarda
del Príncipe, me parece   5
toda vigilancia escasa.[1]

CISNEROS

No huelgan las precauciones:
tanto el dolor le quebranta,
que lo digo con profunda
pena, su salud se estraga.   10

ÉBOLI

Según el docto Olivares,[2]
que de orden del Rey le trata
y asiste, de día en día
su mal estado se agrava.
Es tan activa la fiebre,   15
que si pronto no se ataja
pondrá en peligro su vida.

CISNEROS

Es verdad.

ÉBOLI

Esto declara
la ciencia . . .

CISNEROS

Pues imagino
que el Príncipe lleva trazas   20
de hacer difícil la cura,
si de sistema no cambia.
Sus desarreglos son tales,
que a pesar de su cristiana
condición, a veces creo   25
que la existencia le cansa.
Sus excesos . . .

ÉBOLI

Tú, a quien oye
con algún reposo y calma,
podrías . . .

CISNEROS

¡Ay! cuando el fuego
de sus iras se desata,   30
sólo una voz le apacigua:
la voz de mi pobre hermana.

ÉBOLI

Por eso el Rey, convencido
de ese influjo y de que nada
hay en él que menoscabe   35
los respetos de su casa,
ha dispuesto que en palacio
viváis . . .

CISNEROS

¡Ay, señor, qué amarga
satisfacción! En la corte
enemigos no me faltan . . .   40

ÉBOLI

El Rey os honra y protege.

CISNEROS

Es verdad, pero no basta.
Por ella sólo lo siento,
que por mí . . . (Señalando a su hermana.)

ÉBOLI

Si alguien osara
ofenderla, perdería   45
del soberano la gracia.

CISNEROS
(Resignándose.)
Su Majestad lo dispone,
y yo . . .

ÉBOLI

La junta nombrada
para investigar los hechos
de esta empresa temeraria . . .   50

[1] Éboli was in fact entrusted with the responsibility of guarding Don Carlos at this time; it is, also true that the prince's confinement was surrounded by what many regarded as needless precautions and severity.

[2] *Olivares*, frequently mentioned as Don Carlos' personal physician, not only during these last days, but in his earlier illnesses. He has left an interesting *Relación de la enfermedad del Príncipe*, apropos of Don Carlos' fall at Alcalá and its consequences.

CISNEROS

Pero ¿el Rey quiere que juzguen
a su Alteza?

CATALINA
(*Saliendo de su abatimiento.*)
¡Dios me valga!
¿Qué dices, hermano? Si esto
es imposible . . .

ÉBOLI

(*Severamente.*) El monarca
para administrar justicia   55
sólo tiene una balanza.

CATALINA

(¡Ay, mi valor desfallece! . . .)
¿Y a qué personas encarga? . . .

ÉBOLI

El Cardenal Espinosa
es presidente . . .

CATALINA

(*Exaltándose.*)   ¡Esto clama   60
a Dios! El mayor contrario
del Príncipe . . .

CISNEROS

(*Asustado, a Éboli.*) ¡Perdonadla!

ÉBOLI

Porque conozco que el celo
a tal exceso la arrastra,
olvidando mis deberes,   65
no pongo coto a su audacia . . .

CATALINA
Pero ved . . .

ÉBOLI

¡Silencio, digo!
Excusad necias palabras.
(*A Cisneros.*)
Dentro de poco cumpliendo
las órdenes soberanas,   70
el Cardenal Espinosa
vendrá conmigo a esta estancia.
Díselo.

CATALINA

Pero si llega
su Alteza a saber la causa,
¿no comprendéis? . . .

ÉBOLI

(*Secamente.*)   Esto quiere   75
su Majestad.

ESCENA II

CISNEROS, CATALINA

CISNEROS

(*Alterado.*) ¡Desgraciada!
¿Qué te propones? ¿Qué intentas?

CATALINA
(*Con amargura.*)
¿Y me lo preguntas?

CISNEROS

¿Tanta
es tu pasión que no puedes
siquiera disimularla?   5

CATALINA

Harto ha dormido en mi pecho
escondida y solitaria.
¡Ay! ¡Cuántas noches de insomnio
he pasado! ¡Cuántas, cuántas
oculto llanto he vertido   10
sin que tú lo sospecharas!
« ¿Qué haces, loca? » me decía
llena de zozobras. « Amas
un vago sueño, una sombra,
un imposible que mata.   15
Arráncale de tu pecho.
¡Arráncale! » Y yo, agitada,
a su influjo resistía;
mas ¿cómo huir de las garras
de este amor que me trastorna   20
¡ay! si le llevo en el alma?

CISNEROS
(*Con angustia.*)
¡Es verdad! ¡Estaba ciego,
ciego por mi mal estaba!

CATALINA

¡Sí, bien dices! Dominado
por ese afán de venganza,   25
que oscurece tus sentidos,
y te envilece y te infama,
no conociste mis penas,
no penetraste mis ansias . . .

CISNEROS
(Desesperado.)
¡Bien el cielo me castiga!   30

CATALINA

¡No viste, no viste nada!

CISNEROS

¡Maldiga el cielo la hora
en que le hablaste! . . .

CATALINA
                    ¡Mal haya
el momento en que le trajo
a nuestro hogar la desgracia!   35
¿Por qué razón misteriosa,
que no se explica y me espanta,
causó en nuestros corazones
sacudidas tan contrarias?

CISNEROS

¡Ambas mortales!

CATALINA
                    Bien dices,   40
hermano; mortales ambas.
En ti el odio, en mí el amor,
¡pero amor sin esperanza!

CISNEROS
(Con acerbo dolor.)
Es que yo he debido hacer
lo que he hecho. ¿No es cierto?

CATALINA

(Con indignación.)   ¡Oh, calla!   45

CISNEROS

Era justo que tomase
del Rey fieras represalias,
que la ofendida memoria

de mi padre apaciguara,
que vengase nuestra afrenta,   50
que lavase nuestra infamia . . .
¡Estoy satisfecho!

CATALINA

(Con ira.)   ¡Mientes!

CISNEROS
(Con decaimiento.)
¡Ay, es verdad! ¡Tenme lástima!
Mas ese amor, Catalina,
te mancilla . . .

CATALINA
                    Pura y casta   55
puedo levantar mi frente.

CISNEROS

Lo sé. Pero si intentara
el Príncipe . . .

CATALINA
                    ¡Nada sabe!

CISNEROS

¡Infeliz, cómo te engañas!
Tú, que cediendo al influjo   60
de esa inclinación bastarda,
viniste a verle la noche
de su prisión; tú, ¡insensata!
¿piensas que no lo adivina?
El amor, como la llama,   65
cuanto más se le comprime
con tanta más fuerza estalla.
Pero aún tiene cura el daño.
Huyamos lejos de España,
¡muy lejos! Donde consigas   70
olvidar con la distancia
ese amor desesperado . . .

CATALINA
(Con desaliento.)
¿Olvidar? Cuando no lata
mi corazón . . .

CISNEROS
                    No desoigas
mi ruego . . .

CATALINA

¡Súplica vana! 75
¿Yo renunciar a la dicha
que los cielos me deparan
de compartir su infortunio?
¡Si era cuanto deseaba!
Está enfermo, está oprimido, 80
y si mi adhesión no alcanza
a evitar sus desventuras,
podrá al menos consolarlas.

CISNEROS

¿Y la honra? . . .

CATALINA

¡Yo me defiendo!

CISNEROS
(*Fuera de sí.*)
¿Qué esperas? dime, ¿qué aguardas? 85

CATALINA
(*Con resolución.*)
¡Si muere, morir con él,
y salvarme si él se salva!

CISNEROS
(*Con viva aflicción.*)
¡Triste de mí! He concentrado
mis afecciones más caras
en ti, ¡mi sola familia, 90
mi dicha, mi honor, mi patria!
y tú, olvidándolo todo,
de tu vil pasión esclava,
cuando te tiendo la mano
sin compasión me rechazas. 95
¡Ay! al sentir tus rigores
en mi pecho se levantan,
como terribles ensueños,
sospechas mal apagadas.
Y a pesar de tus excusas, 100
recuerdo la noche infausta
de la prisión . . .

CATALINA

(*Con desprecio.*) ¿Y recelas
de mí? . . .

CISNEROS

¡Y esta herida sangra!

CATALINA

Pues si él hubiera sabido,
¡monstruo! que tú le engañabas, 105
¿no ves que te hubiera muerto,
como a traidor, por la espalda?

CISNEROS

¡Ah! Perdóname. ¡Estoy loco!
Si un solo recuerdo guardas
de aquel afecto nacido 110
al calor de nuestra infancia,
por nuestro propio sosiego
huyamos de aquí . . .

CATALINA

(*Con resolución.*)　　Te cansas
en vano.

CISNEROS

¡Te lo suplico
por la memoria sagrada 115
de nuestro padre!

CATALINA

Sería,
si cediese, deshonrarla.

CISNEROS

Piénsalo bien, Catalina.
Mira, por Dios, que me apartas
de la salvación . . .

CATALINA

¡No puedo! 120

CISNEROS

Mira que sólo desatan
los lazos que nos sujetan
la ausencia . . . ¡o la muerte! . . .

CATALINA

¡Oh, basta!

CISNEROS

¿Estás resuelta?

CATALINA

¡Y lo dudas
todavía!

CISNEROS

(*Enternecido.*) ¡Ingrata, ingrata!   125

CATALINA
(*Viendo salir a don Carlos.*)
¡Silencio! El Príncipe . . .

ESCENA III

DICHOS, DON CARLOS, *sin espada, demudado.*

CARLOS

¿Aquí
estabais?

CISNEROS

Si Vuestra Alteza
quiere estar solo . . .

CARLOS

(*Con amarga ironía.*) ¡Simpleza
como la tuya!

CISNEROS

Creí . . .

CARLOS

¡Querer, querer! En verdad   5
que no he visto majadero
como tú.—¡Yo nada quiero!—
¿Tengo acaso voluntad?
¡Por Dios, la salida es buena! ³ . . .

CATALINA

(¡Cuánto sufre el desdichado!)   10

CARLOS

¡Querer! Y estoy amarrado
como un perro a su cadena.

CATALINA

Calmad la viva inquietud
que vuestro espíritu abate.
Ved que este rudo combate   15

quebranta vuestra salud.
Enfermo estáis . . .

CARLOS

No lo ignoras.
Pero deja que celebre
mi próximo fin . . . ¡Oh fiebre
que mis entrañas devoras,   20
con qué profunda alegría
te siento hervir en mis venas!
Tú romperás las cadenas
en que gime el alma mía.
Las puertas me vas a abrir . . .   25

CATALINA

Con lágrimas os lo ruego.
Corréis desalado y ciego
a la muerte . . .

CARLOS

(*Extraviado.*) ¿Qué es morir?
Morir es no conocer,
guardar cuanto el alma encierra   30
en dura cárcel de tierra
que nadie puede romper.
Es penetrar el destino
siempre oscuro y agitado.
Es en fin, haber llegado   35
al término del camino.
¿Qué importa, pues, que sucumba?
—Pero ¿por ventura, es cierto
que aún existo?—¡No! ¡Si he muerto!
Este palacio es mi tumba.   40
Sólo que Dios compasivo
da la paz al que murió,
y yo sufro mucho . . . ¡Y yo
estoy enterrado vivo!

CISNEROS

(¡Esto me horroriza! . . .)

CARLOS

Sí.   45
Claro lo dice esa puerta
¡ay! para todos abierta
y cerrada para mí.

---

³ *la salida es buena,* "that's a good one!"

CATALINA

¡Qué aciaga suerte la mía!
Diera la mitad del alma   50
por devolveros la calma
que vuestro espíritu ansía.
¿Qué puedo hacer? Ordenad,
señor ...

CARLOS

    ¡No llores, no llores!
¡Si estos intensos dolores   55
anuncian mi libertad!
Miro acercarse el ocaso
de mi vida ... ¡Estoy enfermo! ...

CATALINA
(Acongojada.)

Señor ...

CARLOS

    Sobre hielo duermo,
y no sosiego y me abraso.   60
Y en el silencio supremo
de mis noches borrascosas,
por las heladas baldosas
ando descalzo y me quemo.
Y no puedo mitigar   65
mi sed [4] ...

CATALINA
(Llena de dolor.)
¡Oh Dios! ¿Que esto pase? ...

CARLOS

¡No podría, aunque agotase
las olas del hondo mar!
Nada apacigua este interno
ardor, este frenesí ...   70
¿Y cómo, si llevo en mí
todo el fuego del infierno?
Si en este insondable abismo
llevo mi ambición inquieta
que aprisionada y sujeta   75
se ha vuelto contra mí mismo.

Mi esperanza malograda
y muerta por la mentira,
que se ha convertido en ira,
¡en ira desesperada!   80
Mi vivo anhelo de gloria,
cuyo recuerdo me altera ...
(Cayendo de codos sobre la mesa y cubriéndose el rostro.)
¡Ay, Dios mío! ¡Quién pudiera [5]
arrancarse la memoria!

CISNEROS
(Confuso y amedrentado al ver la deses-
peración de don Carlos.)
¡No, no! Me falta el valor.   85
Preciso es que esto concluya.

CATALINA
(Aparte a Cisneros.)
¿Y por qué? ¿No es obra tuya?
¡Gózate, hermano!
(En un arranque de ira.) ¡Ah, traidor!

CISNEROS

¡Vamos de aquí! Te prometo ...

CATALINA

¡Desdichado! ¿Adónde irás   90
que no te persiga? Estás
a tu víctima sujeto.

CISNEROS

Huyamos por compasión.
Tengo miedo ...

CATALINA

    Es tu castigo.

CARLOS
(Levantándose con la mayor exaltación.)
Pero ¿quién? ¿Qué falso amigo   95
se goza en mi perdición?
(Aproximándose a Cisneros.)
Tú quizás ...

[4] All this and much more is literally true. There can be no doubt that the unfortunate prince, deliberately or not, hastened his death by rash excesses at this time. Whether these same excesses were deliberately allowed him, as some claim, is another question.

[5] ¡Quién pudiera! ... " Would that I could ... ! "

CISNEROS

¡Por Belcebú! [6]
¿Otra vez? . . . (Estoy turbado . . .)

CARLOS
(*Desechando este pensamiento.*)
¡Imposible! Te he colmado
de favores. ¡No eres tú!   100
(*Cisneros baja la cabeza abrumado por la
vergüenza.*)
¿Quién puede ser? . . . —Bien decías,
Catalina . . .

CATALINA

(¡Esto es cruel!)

CARLOS

El corazón te era fiel
cuando mi mal presentías.
¡Si yo te hubiera creído!   105

CATALINA

No se abata Vuestra Alteza,
porque también hay grandeza
en la calma del vencido.

CARLOS
(*Desalentado.*)
¡Es verdad! ¿De qué me quejo? . . .

ESCENA IV

DICHOS, *el* CONDE DE LERMA

LERMA

Señor . . .

CARLOS
(*Volviéndose.*)
¿Qué queréis? ¿Quién osa? . . .

LERMA

El Cardenal Espinosa
y otros miembros del Consejo,
piden para entrar licencia . . .

CISNEROS

(Y yo, que nada le he dicho . . .)   5

CARLOS
(*Maravillado.*)
¿El Cardenal? . . . Ya es capricho.
¿Y qué busca su Eminencia?

LERMA

Obedeciendo a la ley
y por el bien del Estado . . .

CARLOS

¡Ah! comprendo. ¡Es que ha mandado   10
abrir mi proceso el Rey!
(*Con desdén.*)
Id, a mis jueces espero.

ESCENA V

DICHOS, *menos el* CONDE DE LERMA

CISNEROS
(*Queriendo explicarle lo que pasa.*)
Acaso su Majestad . . .

CARLOS
(*Sin oírle, a Catalina.*)
¿Lo ves? No tiene piedad.
No la tiene . . . ¡Ni la quiero!
Me amaga con el castigo . . .

CATALINA

Señor, ¿qué vértigo os ciega?   5

CARLOS
(*Amargamente.*)
¿Qué más ventura? Me entrega
a mi mayor enemigo.

CISNEROS

De fijo [7] el monarca ignora . . .

CARLOS
(*Con ironía.*)
¡Padre piadoso! Me diste
una vida ociosa y triste.   10
¡Arráncamela en buen hora!
—¡Oh dicha jamás soñada!—
Cuando me impongas la muerte
no tendré que agradecerte
nada . . .

---

[6] *Belcebú*, " Beelzebub."
[7] *De fijo*, " Assuredly."

CATALINA

¡Qué horror!

CARLOS

(*Fuera de sí.*)   ¡Nada, nada!   15
Mi vida es pesado yugo,
padre . . .

CATALINA

¡Qué espantosa idea!

CARLOS

Rómpele pronto, aunque sea
por la mano del verdugo.
(*Reponiéndose por medio de una transición brusca.*)
—¿Qué digo? El verdugo no.   20

CATALINA
(*Horrorizada.*)

¡Callad!

CARLOS

        Esa mano impura
jamás llegará a la altura
en donde me encuentro yo.

CATALINA

¿Por qué no tenéis piedad
de mí?

CARLOS
(*Con ternura.*)
        Tú eres, Catalina,   25
la única luz que ilumina
mi profunda oscuridad.
Sólo una gracia te pido.

CATALINA

Decid . . .

CARLOS

        Si juzgado fuera,
no, no consientas que muera   30
deshonrado, envilecido.

CATALINA

No llegará esa ocasión.

CARLOS

Mas si llega . . .

CATALINA
(*Con tono resuelto.*)
        ¡Estad seguro!

CARLOS

¿Me lo juras?

CATALINA

(*Con solemnidad.*) Os lo juro
por mi eterna salvación.   35

CARLOS

Pero ya se acercan . . . ¡calla!

CISNEROS
(*Haciendo esfuerzos para llevarse a su
hermana, que permanece muda y llorosa.*)
¡Oh, vamos!

CARLOS

(*A Catalina.*) Sólo en ti fío.

CATALINA
(*Siguiendo a Cisneros.*)
¿Qué corazón es el mío
que sufre tanto y no estalla?

ESCENA VI

DON CARLOS, *el* CARDENAL ESPINOSA, *el*
PRÍNCIPE DE ÉBOLI, *el licenciado* BRI-
BIESCA, *secretario.*[8]

CARLOS

Entrad, señores.

CARDENAL

        Con pena
nuestro imperioso deber
cumplimos . . .

CARLOS

(*Irónicamente.*) ¿Qué habéis de hacer
si el Rey mi padre lo ordena?

---

[8] Although much obscurity still remains as to the supposed trial of Don Carlos, it seems evident that some sort of a process was held, and that the special committee appointed for it con-
sisted of the three here mentioned. (Cf. Prescott, II, 548.)

CARDENAL

No es cosa que satisfaga   5
la misión . . .

CARLOS

                Ella os permite
tomar al cabo desquite
del lance aquel de la daga.

CARDENAL

Mal me juzgáis, según veo,
y no hay motivo . . .

CARLOS

                Tal vez.   10
Pero no es bueno que el juez
recuerde agravios del reo.

CARDENAL

En mi rectitud confío.
—¡Empecemos!
(*Se sienta en el sillón de cabecera, y los
demás se disponen a hacerlo en los inmediatos.*)

CARLOS

(*Al Cardenal.*) Estáis mal
colocado. Ese sitial   15
no os corresponde. Es el mío.

CARDENAL
(*Levantándose confuso.*)
Vuestra Alteza olvida . . .

CARLOS
                No.
Mucho os estimo y venero.
Pero soy el heredero
del reino, y presido yo. (*Sentándose.*)   20

CARDENAL
(*Humildemente.*)
Fuera en mí temeridad
resistir . . .

CARLOS

                Tal me parece.

CARDENAL

¿Permitís, señor, que empiece
la información?

CARLOS

(*Gravemente.*) Empezad.

CARDENAL

Se os hacen cargos muy grandes,   25
imputándoos el delito
de haber buscado y escrito
a los rebeldes de Flandes;
de haber con esto alentado
la herejía pertinaz,   30
poniendo en riesgo la paz
de la Iglesia y del Estado;
de haber tenido intención
de escapar furtivamente
para poneros al frente   35
de esa injusta rebelión . . .

CARLOS

¿Eso es todo?

CARDENAL

                Averiguar
debo . . .

CARLOS

                Excusadme el trabajo
de oíros.
                (*Al licenciado Bribiesca.*)
                Poned debajo
que no quiero contestar.   40

CARDENAL

Mirad que es notable error . . .

CARLOS
(*Sin hacerle caso.*)
Secretario, acabad luego,
y escribid en otro pliego
esto que os dicto.
                (*El licenciado Bribiesca escribe.*)
                (*Dictando.*)

                « Señor:
obediente a vuestra ley,   45
podéis, y no he de ofenderme,
como padre aborrecerme,
castigarme como Rey.
El cielo al nacer os dió
derechos. Hijo y vasallo   50
me sujeto a vuestro fallo,

pero a la ignominia, no.
Ni perdón ni gracia pido,
mas recuso una y cien veces
el tribunal y los jueces 55
a que me habéis sometido.
No es que defienda mi vida.
Casi desde que nací
viene siendo para mí
dura carga aborrecida. 60
Y en prueba de que no abrigo
tan cobarde pensamiento,
con profundo acatamiento
ante vos declaro y digo:
que ansioso de sacudir 65
yugo que me es tan pesado,
es cierto que he conspirado
y que he pretendido huir.
Que es criminal este empeño,
causa de mi rebeldía; 70
pero ¡ay Dios! que todavía
con él vivo y con él sueño.»
            (*Tomando una pluma.*)
Pongo mi firma.

                CARDENAL

              En conciencia
os digo ...

                CARLOS

            Todo es en vano.
Dadle al Rey en propia mano, 75
y excusad vuestra presencia.
Nada le expongo en mi abono,
todos mis actos confieso.
    (*Marchándose y con acento desdeñoso.*)
Mirad si podéis con eso
dar pábulo a vuestro encono. 80
(¡Me siento morir!)

ESCENA VII

DICHOS, *menos* DON CARLOS; *después*
FELIPE II

                CARDENAL

              Señores,
el furor que le trastorna
le hace olvidar el respeto
debido a nuestras personas.

                ÉBOLI

Nuestra competencia niega. 5
Preciso es que el Rey conozca
lo que pasa ...

                FELIPE

(*Entrando.*)   Por desdicha,
todo lo escuché.

                CARDENAL

              No hay forma
de vencer su resistencia.

                FELIPE

Harto lo he visto y me enoja. 10
Dadme esa carta y dejadme.

ESCENA VIII

FELIPE II

¿Conque es decir que su loca
obstinación ni se ablanda
con la piedad, ni se doma
con el rigor? ¿Conque es fuerza
que a mil peligros exponga 5
el reino, o que de mi sangre
misma los gritos desoiga?
—¡Señor, a qué duras pruebas
me sujetáis! Largas horas
pacientemente he esperado 10
que alumbrarais su memoria.
¡Vana ilusión! ¡Imposible
deseo! Ni una vez sola
me ha llamado.—Y cuando intento
ver si la amenaza logra 15
ponerle en mejor camino,
en este papel pregona
su incurable rebeldía,
que aun vencida, se desborda.—
Es culpado ... pero es mi hijo. 20
            (*Rompiendo el pliego.*)
¡Oh, rompa mi mano, rompa
esta acusadora carta,
no dé con ella la historia!
Tanto su razón confunde
esa ambición desastrosa, 25
que nada escucha ... ¡Ay, no sabe
lo que pesa una corona!

ESCENA IX

FELIPE II, CATALINA

CATALINA

Aquí el Rey . . . ¡si me atreviera
a suplicarle! . . .

FELIPE

Me asombra . . .
(*Reparando en Catalina.*)
¡Ah!

CATALINA

Perdonad si confusa,
llena de mortal zozobra,
me atrevo a hablaros . . .

FELIPE

¿Qué quieres? 5
Habla: tu adhesión te abona.

CATALINA

Pero ¿quién mira impasible
las desventuras que agobian
a su Alteza?

FELIPE

(*Con pena.*) ¡Él lo ha querido!

CATALINA

¡Si vierais, señor, cuán honda   10
es su amargura! ¡Qué tristes
son sus días! ¡Qué espantosas
sus noches! . . . Tenaz dolencia
sus fuerzas destruye y postra,
y como luz sacudida   15
por ráfagas borrascosas,
su vida se va apagando
entre continuas congojas.

FELIPE

¡Él lo ha querido!

CATALINA

¡Si es cierto!
¡Si es verdad! Pero ¿qué importa?   20
Cuanto mayor es la ofensa

9 *boga,* " rides," " ploughs."

es más grande el que perdona.
Dios, que es la suma justicia,
busca al alma pecadora . . .

FELIPE

Pero arrepentida.

CATALINA

Acaso   25
lo está . . .

FELIPE

Díganlo sus obras.
Cuando la oveja perdida
al redil seguro torna,
vuelve humilde y no soberbia,
y en vez de quejarse, implora.   30

CATALINA

Tal vez teme vuestras iras . . .

FELIPE

¿Y por eso las provoca?

CATALINA

Está enfermo, sus dolencias
turban su razón que boga [9]
cual desmantelada nave   35
por las alteradas olas.
¡Y padece tanto . . . tanto! . . .
¡Ay, si yo pudiera a costa
de la mitad de mi vida
salvarle! . . .

FELIPE

(*Conmovido.*)
¡Eres buena! ¡Lloras! . . .   40
¡Ojalá que tus consejos
seguido hubiera! Mas todas
tus súplicas se estrellaron
en su corazón de roca.
Y hoy mismo, cuando le envuelven   45
de su perdición las sombras,
como el acero templado
se rompe, mas no se dobla.

CATALINA

No miréis más que sus penas.
¿A qué recordar ahora   50

los pasados extravíos?
Padre sois, ¡misericordia,
señor! . . .

FELIPE

(*Conmovido*.) ¡Basta!

CATALINA

¡Es hijo vuestro!

FELIPE

Él mis reinos alborota.

CATALINA

¿Por qué a venceros no alcanzan   55
mis ruegos? Si se prolonga
su estado . . .

FELIPE

Como tú misma,
por él mi cariño aboga.
Pero el Rey está ofendido,
porque conservar le toca   60
la paz de la monarquía
que está bajo su custodia.
Y mientras el Rey no obtenga
pruebas de adhesión notorias,
el padre, ahogando en el pecho   65
su pena profunda y sorda,
llorará quizás . . . ¿Quién duda
que llorará? ¡Pero a solas!
—¿Dónde está el Príncipe?

CATALINA
(*Señalando la puerta de la izquierda*.)
En esa
estancia, quizás esconda
sus pesares . . .

FELIPE

(*Avanzando*.)   Iré a verle.
(*Viéndole aparecer*.)
Mas no es preciso: él asoma.

ESCENA X

DICHOS, DON CARLOS

CARLOS
(*Observándolos*.)

(¡El Rey con ella! . . . ¿Qué es esto?)

¿Aquí vos? . . . (¡Cuán recelosa
es la desgracia! . . .)

FELIPE

¿Os sorprende?
(*A Catalina*.)
Déjanos.

CATALINA

(*Llorando*.) (¡Dios le socorra!)

ESCENA XI

FELIPE II, DON CARLOS

CARLOS

Señor . . .

FELIPE

Estáis alterado.
Nada temáis . . .

CARLOS

(*Altivo*.)   ¿Pues yo tengo
que temer?

FELIPE
(*Afectuosamente*.)
A veros vengo,
aunque no me habéis llamado.
¿Tenéis empeño, por Dios,   5
en aumentar mis pesares?
El buen doctor Olivares
no está contento de vos.
Desoyendo sus expresos
mandatos, solo y sin guía,   10
os entregáis noche y día
a perniciosos excesos;
estragáis vuestra salud,
y acabaréis, si esto dura,
con la vida . . .

CARLOS

¿Por ventura,   15
es vida la esclavitud?

FELIPE

Pídole a Dios con fervor
que os saque de tanto duelo.

CARLOS

Cuentan que mi excelso abuelo,
el glorioso emperador, 20
contrariando su piedad,
de que el mundo ejemplo toma,
dispuso el cerco de Roma [10]
y prendió a su Santidad.
Cuando vió bajo su mano 25
el cayado y la tiara,[11]
rogóle a Dios que librara
al pontífice romano.
Y decía en su simpleza
la plebe alegre y burlona: 30
« Si reza, ¿por qué aprisiona?
Si aprisiona, ¿por qué reza? »

FELIPE
(*Dominando su indignación.*)

¡Vive Dios, que estáis discreto!
El vulgo piensa quizá
que el Rey, por serlo, no está 35
a ley alguna sujeto.
Mil veces, en la fatiga
que el regio oficio ocasiona,
dícele el amor: « ¡Perdona! »
y la obligación: « ¡Castiga! » 40

CARLOS

Ni la ley ni la conciencia
quieren implacables jueces.

FELIPE

Mas sí justos. ¡Cuántas veces
es crüeldad la clemencia!
¿Qué dijerais en su daño 45
del pastor que en necio arrobo
tuviera piedad del lobo,
cuando le diezma el rebaño?

CARLOS

Desechad la compasión
del alma. ¡Nada deseo! 50

FELIPE
(*Dominándose difícilmente.*)

Tanta altivez en el reo
hace imposible el perdón.

CARLOS

¿Pues yo, señor, os le pido?

FELIPE

Vuestra audacia me provoca.

CARLOS

Ha tiempo sé que me toca 55
sufrir la ley del vencido.
¡No me es la suerte propicia!

FELIPE

La ambición os tiene ciego.

CARLOS

¿Qué más queréis, si me entrego
sumiso a vuestra justicia? 60
Puedo, en el tremendo azar
que me depara la suerte,
padecer, sufrir la muerte.
Pero ¡humillarme! ¡rogar! ...
¡sucumbir a los temores 65
del riesgo a que estoy sujeto!
¡labrar mi infamia! ... —¡Yo, nieto
de reyes y emperadores!—
ante el mal que me amenaza
mostrar torpe cobardía ... 70
¡Oh, nunca! Os deshonraría
a vos y a toda mi raza.

[10] *cerco de Roma.* In the midst of popular rejoicing over the birth of Philip II the nation was shocked to learn that Rome had been captured and plundered by the German and Spanish troops of Charles V. This event occurred on May 6, 1527, during the papacy of Clement VII. Although the leader of the expedition, Charles, Duke of Bourbon, doubtless exceeded the emperor's wishes in the actual capture and sacking of the city, and although the emperor immediately suspended the rejoicings for the birth of his heir, he could not have felt too badly over the plight of the pope, who was at that time allied with Francis I against him. The people saw bad augury in all this for the future Philip II; and we find the latter's army, under the Duke of Alva, on the point of repeating the act in 1557, in open warfare with Paul IV.

[11] *el cayado y la tiara,* " the crosier and the mitre," i.e., the papal insignia.

FELIPE
(*Exaltándose.*)

¡Insensato! ¿adónde vas?
Me espanta lo que profieres.
¿Qué buscas, dime, qué quieres?   75
¡Soberbia de Satanás!
Airado Dios te abandona.

CARLOS

Es que el honor me ilumina.

FELIPE

Di, más bien, que te fascina
el brillo de mi corona.   80
¡Que tanto ese afán te irrite!
Te revuelves, te exasperas
contra mí . . . ¿Por qué no esperas
a que el tiempo me la quite?
¿Soy inmortal, por ventura?   85

CARLOS

¿Y quién a pensar se atreve? . . .

FELIPE

¿Temes quizás que me lleve
el reino a la sepultura?
Pero Dios vela por mí.
Nadie ampara tus traiciones.   90
¡Ni siquiera esos histriones
que has elevado hasta ti!
Tu ambicioso desconcierto
sólo contrarios te crea.
Estás aislado . . .

CARLOS

(*Alterado.*)   ¡Qué idea   95
mi razón asalta! . . . ¡Es cierto!

FELIPE
¡Oh!

CARLOS

Los dejáis a mi lado
porque ingratos me han vendido.
¡También ella!
(*Con profunda desesperación.*)
            ¿Habré nacido
sólo para ser odiado?   100

¡En todos, en todos dolo,
falsedad e hipocresía!

FELIPE
(*Fuera de sí.*)

¡Este insensato quería
ser en la perfidia solo!

CARLOS

¡Sed implacable, crüel!   105
¡Estoy ansiando el castigo!
—¡Oh dolor! mi último amigo,
el único acaso fiel,
tú matas; ¡pero no engañas!—
¡Y mentían! . . . Y su celo,   110
su compasión . . . ¡Siento el hielo
de la muerte en las entrañas!
¡Ay, qué abismo tan profundo
de maldad!—Y no poder
vengarme . . . —¡Con qué placer   115
viera desquiciarse el mundo!
¡Estoy preso, y nada puede
mi desesperado encono! . . .

FELIPE

¡Oh, callad! Os abandono.
¡No permita Dios que quede   120
sujeto reino cristiano
a tan fieros extravíos! . . .

CARLOS

¡Me estoy ahogando! . . .

FELIPE

(*Ciego de ira.*)   ¡Moríos,
si habéis de ser un tirano!

ESCENA XII

DON CARLOS, *solo.*

¡Moríos! dijo . . . ¡Es verdad!—
¡Alma incorregible y terca,
cede! . . . ¡No puedo!—Se acerca
la muerte en la oscuridad.
¡Todos en mi desventura   5
se gozan! . . . ¡Cisneros! ¡Ella! . . .
—¡Ella! ¡qué asombro! ¡tan bella . . .
y tan pérfida y tan dura!—

¿Para su inicua traición
hay motivo? ¿Qué les he hecho?   10
Este golpe va derecho
a herirme en el corazón.

ESCENA XIII

Don Carlos, Catalina

CATALINA

Solo está . . . Podré saber
si el Rey al fin conmovido . . .
(*Se acerca al Príncipe con interés.*)

CARLOS
(*Rechazándola.*)

¿Por qué te habré conocido?

CATALINA
(*Maravillada.*)

No acierto . . .

CARLOS

¡Aparta, mujer!

CATALINA

Señor, me llenáis de dudas.—   5
No sé . . .

CARLOS

¡Me habéis engañado!

CATALINA

¡Dios del cielo!

CARLOS

¿Qué os han dado,
ruin descendencia de Judas?
¡Regocíjate! La herida
es mortal.—¡Llama a Cisneros!—   10
¡Me habéis vendido!

CATALINA

¿Venderos,
yo que os consagro la vida?
¿Yo, que mi parte reclamo
en vuestro dolor sombrío? . . .

CARLOS

¡Oh, calla, calla!

CATALINA

¡Dios mío!   15
¿Yo venderos? ¡Yo, que os amo!
Pero ¿qué he dicho? ¡Delira
mi razón! . . .

CARLOS
(*Perdiendo las fuerzas.*)

¡Oh, suerte aciaga!
Me está engañando y me halaga
en sus labios la mentira.   20
¡Qué dulcemente me hiere
su acento! . . .
(*Desvanecido, sin ver ya a Catalina y
como buscándola.*)
¿Dónde estás? ¿Dónde?
(*Cae desplomado en un sillón.*)

CATALINA
(*Fuera de sí, llamándolo.*)

¡Señor, señor! (*Horrorizada.*)
¡No responde! . . .
(*Gritando desesperada.*)
¡Favor! ¡Su Alteza se muere!

ESCENA XIV

Dichos, Cisneros, *después el* Conde de
Lerma, Don Rodrigo de Mendoza, *caballeros, monteros de Espinosa y gentiles-
hombres que acuden en auxilio del Príncipe al fin del acto.*

CATALINA

¡Socorro! ¡Favor!

CISNEROS

(*Entrando.*)   ¿Qué es esto?

CATALINA
(*Furiosa.*)

¡No te acerques! Te abomino.
Cuando mata un asesino . . .

CISNEROS
(*Aterrado.*)

¡Hermana!

CATALINA

¡Abandona el puesto!

ACTO QUINTO

La misma decoración del acto anterior. En lugar del bufete, un mueble de la época, donde pueda descansar el príncipe don Carlos.

ESCENA PRIMERA

CISNEROS, CATALINA

CISNEROS

¡Llora! Si el llanto es la lluvia
del corazón que padece
y que sin este consuelo
se agosta, se seca y muere.
¡Ay! A todo me resigno.   5
Pero, por Dios, no te empeñes
en continuar en palacio
por más tiempo. No es prudente.
¿Callas? . . . ¿Nada me contestas?
Ese silencio es mil veces   10
peor que el ansia que estalla
con los gritos de la fiebre.

CATALINA

¡Es verdad! ¿Por qué estoy muda?
¿Por qué el corazón doliente
para sentir sus pesares   15
ni voz ni lágrimas tiene?
Quiero llorar, y no acierto.
Quiero gritar, y parece
que a mi garganta se enrosca
el dolor como una sierpe.   20

CISNEROS

¡Ten ánimo!

CATALINA

                ¿Puedo acaso?
¡Desesperación! Tú eres
implacable, misteriosa,
y muda como la muerte.

CISNEROS

¡Es imposible! Sería   25
un crimen si consintiese
por más tiempo estas torturas
que nos matan lentamente.
El Rey, viendo que su Alteza
ni hablarnos ni vernos quiere,   30
para abandonar la corte
su permiso nos concede.
¡Vámonos hoy mismo! ¡Hoy mismo!
(Observando la distracción de su hermana.)
¡Triste de mí! ¿No me atiendes?
Óyeme, hermana.

CATALINA

                ¿Qué dices? . . .   35
¡Ay Dios! ¡Tormento como éste!
Estás hablándome, escucho,
quiero enterarme, y se pierden
tus palabras en mi oído
confusas e incoherentes.   40
La luz del sol con sus vivos
resplandores me entristece,
y por todas partes, sombras,
terribles sombras me envuelven.
¿Esto es vida? Si esto es vida,   45
¿qué pasa en la tumba? . . .

CISNEROS
(Con honda amargura.)

                                Denme
los cielos valor y calma,
si mi culpa lo consiente.
Digo, Catalina, y quiero
que procures entenderme,   50
que hoy partiremos de España,
porque estoy, pese a quien pese,
resuelto a salir de aquí.

CATALINA
(Distraída.)

¿Pues me opongo acaso? Vete.

CISNEROS

Pero contigo . . .

CATALINA

                ¿Conmigo?   55
¡Ay, Alonso! No lo intentes.
Yo he de apurar gota a gota
mi dolor hasta las heces.

CISNEROS

¡Desdichada! ¿Qué consigues
con esto? Piénsalo. Desde   60

que el Príncipe entró en sospechas,
nos odia, nos aborrece.
No ha permitido siquiera
que le veamos, ni esperes
que se ablande . . .

CATALINA

       ¡Era tan justo   65
su rencor! . . . Aunque viviese
cien años, no olvidaría
aquel momento solemne.
—¡Porque me ama! . . . Estoy segura.
¡Ah, sí lo estoy!—Su rugiente   70
cólera fué como el rayo
que ilumina cuando hiere.
Sus quejas eran gemidos,
esos gemidos que suele
lanzar quebrantado el pecho   75
cuando un desengaño siente.
Y en mí fijaba sus ojos,
¡sus tristes ojos! Con ese
afán angustioso y blando
del que espera y del que teme.   80
¡Me ama! ¡Me ama! ¡Oh! ¿Quién diría
que mi corazón pudiese,
feliz y a la vez herido,
regocijarse y romperse?

CISNEROS

Estás loca, Catalina,   85
loca estás; pues aunque fuesen
tus esperanzas fundadas,
¿de qué podrían valerte?
Quiero suponer que atinas;
mas ¿quién la distancia vence   90
que hay de tu origen oscuro
al sucesor de cien reyes?
Porque imaginar que en mengua
de tu honor . . . ¡Eso me enciende
la sangre! . . .

CATALINA

       Pura y honrada   95
viviré. Pero ¿no adviertes
que hay para las almas otra
patria inmortal y celeste,

¹ *se cierne,* " is hovering."

donde el amor que en la tierra
es imposible, florece?   100

CISNEROS

Además, si es todo inútil.
Si por más que te rebeles,
la muerte, insaciable y fría,
sobre el Príncipe se cierne; ¹
si están contadas sus horas,   105
si quizás antes que llegue
el sol a su ocaso . . .

CATALINA

       ¡Calla,
calla! . . .

CISNEROS

     Sus dolores cesen.

CATALINA

¡Morir él! . . . ¿Esto es posible?
¿Es posible que no encuentre   110
la ciencia remedio alguno?

CISNEROS

Ya lo ves . . .

CATALINA
(*Desesperada.*)

       ¡Ciencia impotente!
¡Ciencia engañosa! ¡Dios mío!
Si yo a su lado estuviese,
lucharía, hasta postrarla,   115
brazo a brazo con la muerte.
Fuerzas amor me daría . . .

CISNEROS

Por Dios, no te desesperes.
Vamos a lejanas tierras
donde en ignorado albergue   120
el tiempo cure tu herida,
y yo del alma deseche
este horror . . . ¡Pero no es fácil,
no es fácil, no! . . . ¿Qué resuelves?
Decídete.

CATALINA

(*Con ira.*) ¿Yo? ¿Contigo   125
yo?

CISNEROS

No comprendo . . .

CATALINA

    ¿Yo verte
siempre a mi lado? No creo
que a tal pena me condenes.
Eso es dejar en la herida
el puñal, y complacerse   130
en ahondarle a todas horas.—
¡Siempre!

CISNEROS
(*Con el mayor abatimiento.*)

  ¡Desdichado!

CATALINA

    ¡Siempre!
¡Tú, el origen de mis males! . . .

CISNEROS

Pero ¿tanto me aborreces,
hermana?

CATALINA

  Acaba de un golpe   135
conmigo y no me atormentes.

CISNEROS

¿Es decir, que estás resuelta?

CATALINA
Resuelta estoy.

CISNEROS

    ¿Que no vienes?

CATALINA
¡No!

CISNEROS

  Pues entonces, a gritos   140
clamaré que soy hereje
y luterano . . . (*Con decisión.*)

CATALINA

(*Sobrecogida.*) ¡Oh, qué espanto!
No sigas . . .

CISNEROS
(*Alzando la voz.*)

  El descendiente
de Carlos de Sesa . . .

CATALINA

  ¡Basta!

CISNEROS

Si prefiero que me tuesten
vivo, al tormento que paso   145
y a la angustia de perderte.
—Yo soy . . .

CATALINA
(*Interrumpiéndole.*)

  Haré lo que quieras;
pero no grites . . .

CISNEROS

    Pues vente
conmigo.

CATALINA

  Déjame al menos
verle . . .

CISNEROS
(*Resuelto.*)

  Es inútil que ruegues.   150

CATALINA
(*Suplicando.*)

¡La última vez! . . . ¡Moriría
de pesar si no le viese!
De rodillas te lo pido.

CISNEROS
¡No quiero!

CATALINA
(*Apoderándose por un movimiento rápido
de la daga de su hermano, y amenazán-
dose con ella.*)

  ¿No? Pues ya puedes
gritar. ¡Grita! Pero muerta   155
me hallarán cuando se acerquen.

CISNEROS
(*Temeroso ante la firme resolución de su
hermana.*)

¡Ah! . . . . Dame la daga . . . Juro
que no pretendo oponerme . . .
—No le verás . . .

EL HAZ DE LEÑA

637

CATALINA

(*Con decisión.*)   Eso corre
de mi cuenta.

CISNEROS

   ¿ Me prometes   160
venir luego? . . .

CATALINA

   Soy tu esclava.

CISNEROS

Pues dame la daga, y quédate.
   (*Recobrando el arma.*)
¡Si yo me atreviera! . . .

CATALINA

(*Con efusión.*)   ¡Gracias,
Alonso! . . .

CISNEROS

   Volveré en breve.
¡Oh funesto amor! . . .

ESCENA II

CATALINA

   Quería
arrancarme . . . ¡Qué crüeles
son los hombres! . . . Pero ¿cómo
lograría yo? . . . Si abriesen
esa puerta . . .
(*Acercándose a la primera de la izquierda.*)
   ¡Maldecida   5
puerta, que me impides verle!—
¡Y pensar que allí, entregado
al dolor, tal vez perece!
¡Si esto no es cierto! Olivares
se engaña . . . ¡Olivares miente!   10
¡Esos médicos no saben
lo que dicen!
   (*Poniéndose a escuchar.*)
   Si pudiese
alcanzar . . . ¡Nada! . . . El silencio
pavoroso de la muerte.
Sólo los sordos latidos   15
de mi corazón rebelde . . .
—Mas oigo pasos . . . se acercan . . .

hablan . . . ¿Quién será?
(*Asustada.*)   ¡Valedme,
cielos! Si aquí me encontraran . . .
(*Buscando donde ocultarse repara en los cortinajes de los balcones de la derecha, y corre apresuradamente a esconderse detrás de uno de ellos.*)
¡Ah!

ESCENA III

DON CARLOS, *apoyado penosamente en los brazos del* CONDE DE LERMA *y* MENDOZA; CATALINA, *oculta.*

LERMA

   Vuestra Alteza no debe
cansar sus fuerzas . . .

CARLOS

   Me ahogaba
en ese cuarto . . . Mis sienes
se saltan . . . ¡Aquí respiro!

LERMA

(*Ayudándole a sentar.*)

Descansad. Estáis muy débil   5
y quizás os perjudique . . .

CARLOS

¡Nada hay ya que pueda hacerme
daño! ¡Mi vida se acaba!
Dios de mí se compadece.
Abrid, abrid los balcones,   10
y permitid que penetren
a darme la despedida
los rayos del sol poniente.
   (*Con melancolía.*)
¡Cuántas locas esperanzas
y cuántos sueños alegres   15
han pasado ante mis ojos
como esa luz que se pierde!
(*Mendoza descorre los cortinajes y deja descubierta a Catalina.*)

MENDOZA

(*Sorprendido.*)

¡Ah!

CARLOS
(*Reparando en ella.*)

¿Qué es eso? ¡Catalina!
Tú aquí . . .

CATALINA
(*Avergonzada.*)

Señor . . .

CARLOS

No te alejes.
¡Nada temas! ¡Ya no tengo   20
fuerzas para aborrecerte!—
Id, avisad a mi padre
y señor, y si merece
mi agonía este consuelo,
rogadle que venga a verme.   25
¡Pronto! ¡Pronto!

MENDOZA

Mas ya sabe
Vuestra Alteza . . .

LERMA

(*A Mendoza.*)   Es más urgente
de lo que pensáis el caso.

MENDOZA

Pero . . .

LERMA

¿No veis que se muere?

ESCENA IV

CARLOS, CATALINA, *sumida en profundo
desconsuelo.*

CARLOS

¡Ay! Ya lo ves, Catalina.
¡Ya lo ves! Mi desventura
a su término camina.
Como ese sol que declina
y se hunde en la noche oscura,   5
hacia la tumba cercana,

fin de la soberbia humana,
avanzo el medroso pie.
¡Pero el sol vendrá mañana
y yo nunca volveré!   10
¡Sombra, eternidad, misterio,
ya llegáis! . . .

CATALINA

(*Sollozando.*) Aún Vuestra Alteza
romperá su cautiverio,
para aumentar la grandeza
de este dilatado imperio.   15
Os quedan altos deberes
que cumplir. ¡Gloria y placeres
os brinda el mundo! . . .

CARLOS

(*Con amargura.*)   ¿Aún no estás
contenta? ¿Para qué quieres
que vuelva la vista atrás?   20
¡Grandeza, gloria mentida!
Quiso el cielo que naciera
en la cumbre esclarecida,
sin duda para que fuera
más ejemplar mi caída.   25
Pero a medida que crece
mi angustia mortal, despierto
al desengaño, y parece
que ante el sepulcro entreabierto
mi ambición se desvanece.   30
De toda gloria alcanzada
¿qué le queda al hombre? Nada.
Sólo la tumba en que yace,
y ésa la tiene ganada
sin luchar, desde que nace.   35
Ya no anhelo,[2] ya no ansío,
ya en mi corazón no influye
el afán de poderío,
que pasa, se pierde y huye
como las ondas de un río.   40
Y así como van al mar
en rauda y continua guerra,
yo también iré a parar

---

[2] *Ya no anhelo,* etc. This spirit of resignation, and of a certain measure of peace and reconciliation with his fate, appears actually to have come over Don Carlos in his last days. But he did not see his father again; Philip entered the chamber when the prince was unconscious, gave him his silent and parting benediction; and then, as the historian Cabrera cynically remarks, " se recogió en su cámara con más dolor y menos cuidado." (Cf. Prescott, II, 565ff.)

EL HAZ DE LEÑA

que por fuerza me han de dar. 45
¡Muerte! Tu equidad alabo,
que en tu regazo profundo,
lo mismo pesan al cabo
las cenizas de un esclavo
que las de un dueño del mundo. 50

CATALINA

¿A qué, señor, esa queja
inútil, cuando después? . . .

CARLOS

¡No, no! La vida me deja.
La ambición sólo se aleja
de los muertos. ¿No lo ves? 55
No me duele haber caído,
hoy que los vivos destellos
de la verdad me han herido.
Siento la traición de aquellos
a quienes más he querido. 60
¿Adónde podré volver
la vista que no halle dolo?
¡Ah! Triste cosa es perder
la vida engañado y solo . . .

CATALINA

¿Hay más infeliz mujer? 65
Os oigo hablar y me agito
desesperada y sombría,
que si en mi afán infinito
gritara, mi ronco grito
los cielos traspasaría. 70
Me maltratáis y os perdono.
Ni siquiera me defiendo.
¿Qué he de decir en mi abono,
si en vuestro terrible encono
no veis que me estoy muriendo? 75
¿Qué puedo deciros? Nada.
¡Nada! Lloraré mi suerte . . .

CARLOS

¡No, no! ¡Si quiero creerte!
¿Cómo has de ser tan malvada
que te burles de la muerte? 80
La eternidad muda y fría
se levanta entre los dos.
¡No mientas!

CATALINA

Eso sería
querer engañar a Dios,
y Dios me castigaría. 85

CARLOS

¡Su santa bondad proclamo!
Sufro tormentos atroces.

CATALINA

¿Las lágrimas que derramo
no están pregonando a voces
que os amo? . . .

CARLOS

¡Ay de mí!

CATALINA

¡Que os amo! 90
¿A qué ocultar mi pasión?
De mi propio pensamiento
se escapa esta confesión,
sin querer, como un lamento
del fondo del corazón. 95
Harto la tuve escondida
y ahogada . . . ¡Callar no puedo!

CARLOS
(Con inefable ternura.)

¡Oh dicha no merecida!
Sigue, sigue . . . ¡Tengo miedo
de que me falte la vida! 100
Tu amante voz me enajena,
y en mis oídos resuena
con melancólico encanto . . .

CATALINA

¡Ay, he guardado mi pena
tanto tiempo, tanto, tanto! . . . 105
Nunca la hubierais sabido
siendo feliz, que hice voto
de callar y le he cumplido.
¡Mi pecho se hubiera roto
sin exhalar un gemido! 110
No aspiraba a la ventura
de llegar a vuestra altura;
mil veces, y esto me aflige,
—¡ay, perdonad mi locura!—

gloria y grandeza maldije. 115
Mas ya puedo, sin temor,
dar rienda a mi desvarío.
¡Sois desgraciado, señor!
Sufrís . . . ¿Quién vuestro dolor
puede disputarme? ¡Es mío! 120
¡Es mío!

CARLOS

(*Con amargura.*) ¡Oh, fortuna fiera!
Deslumbróme una quimera
y tras su engaño corrí,
sin sospechar que estuviera
tanto amor cerca de mí. 125
Y hoy que me despide el mundo,
hoy que me rindo al desmayo
mortal, eterno, profundo,
él es el único rayo
que ilumina al moribundo. 130

CATALINA

Tal vez de una triste historia
sois la víctima expiatoria . . .
—¿Qué os decía? No me acuerdo . . .
no sé . . . ¡Parece que pierdo
con el dolor la memoria! 135

CARLOS
(*Desvaneciéndose.*)

¡Silencio! Ahí está la muerte . . .
se acerca . . . —¡No me da enojos
sino el temor de perderte!—
¡Ay, Catalina! Mis ojos
se nublan . . . ¡No alcanzo a verte! 140
La inmensidad me rodea . . .

CATALINA
(*En el colmo de su desesperada angustia.*)

¡Si no es posible que sea
verdad!

CARLOS
(*Buscándola con la vista.*)

¡No te apartes, no!

CATALINA

¿Cómo pretendéis que os crea
si aún aliento y vivo yo? 145

¡Ay, mi razón se extravía!
(*Llamándole con afán.*)
¡Señor, señor! . . .

CARLOS

(*Extraviado.*)   Es en vano
resistir. ¡Dios me la envía!
Tu mano . . .

CATALINA

Escuchad . . .

CARLOS

(*Desfalleciendo.*)   ¡Tu mano
por vez postrera! . . .

CATALINA
(*Estrechando la del Príncipe con pasión,
exclama horrorizada:*)
                    ¡Está fría! 150
¡Fría! . . . ¡Se muere! . . .

CARLOS
                ¡Oh bondad
divina, a ti me encomiendo!

ESCENA ÚLTIMA

CATALINA, DON CARLOS, *en la agonía;*
FELIPE II, *el* CARDENAL ESPINOSA, *el*
PRÍNCIPE DE ÉBOLI, *el* CONDE DE LERMA,
MENDOZA, *señores de la corte,* CISNEROS

CATALINA
(*Corriendo al encuentro del Rey con la
mayor exaltación.*)

¡Ay, señor! ¡Se está muriendo!

FELIPE
(*Lanzándose hacia don Carlos. El Cardenal Espinosa y Éboli pretenden detenerle.*)

¡Hijo!

CARLOS

¿Quién es? . . .

FELIPE
(*Ásperamente a los que le detienen.*)

        Apartad.

CARLOS
(*Reconociéndole, toma la mano del Rey
y la lleva a sus labios.*)

¡Padre! ¡padre! Me cegó
la ambición. ¡Dios me castiga!

FELIPE
(*Enternecido extiende sus manos sobre la
cabeza del Príncipe.*)

¡Muere en paz! Él te bendiga   5
como te bendigo yo.

CARLOS
(*Expirando.*)

¡Ya es hora!
(*Todos rodean al Príncipe ocultándole a
la vista del público. El Rey, profundamente conmovido, contempla el cadáver
de don Carlos y parece orar. Catalina y
Cisneros, al extremo opuesto de la escena,
hablando en voz baja y contenida hasta
el fin del acto.*)

FELIPE
(*Alzando los ojos al cielo y con voz en-
trecortada.*)

    ¡Tú me le diste,
tú me le quitas!

CISNEROS
(*Sobrecogido de terror invencible.*)

    No acierto
a hablar ...
(*A su hermana.*) El Príncipe ha muerto.

CATALINA
(*Trastornada.*)

¡Ah! ¡Mientes! ¡Mientes!

CISNEROS
    ¡No existe!   10
(*Agarrándola violentamente del brazo.*)
Vamos de aquí ...

CATALINA
(*Perdiendo el juicio.*) ¡Dulce paz
del alma! ¡No me desdeña! ...
    (*Cada vez más extraviada.*)
¡El tablado ... el *Haz de leña!* ...
(*A Cisneros, con acento breve y ahoga-
do.*)
¡Ah, verdugo! Aparta ese haz.

CISNEROS
(*Aterrado, sacudiéndola el brazo con
frenética energía.*)

¡Hermana!

CATALINA
(*Sin conocerle.*) ¿Tú eres mi hermano?
¡No, no eres tú! ...   16

CISNEROS
(*Con desgarradora angustia, mirando a
Catalina.*)
    Estuve ciego.
¿Ya qué aguardo?
(*Gritando con voz ronca y desesperada.*)
    ¡Al fuego! ¡Al fuego!

FELIPE
(*Saliendo penosamente de su abatimien-
to.*)
¿Quién turba? ...

CISNEROS
    ¡Soy luterano!
(*Todos se vuelven a mirarle con horror,
y cae el telón.*)

LÓPEZ DE AYALA

The dramatist most intimately connected with Tamayo y Baus in the post-Romantic period is Adelardo López de Ayala (1828–1879). Early abandoning his law course at Seville, he went to Madrid in 1849 and embarked on a literary and political career. The latter brought him renown as an orator and elevation to responsible posts, but it seriously interfered with his literary production. After representing several districts as *diputado*, he switched from the moderate to the Liberal party and worked actively to overthrow the régime of Isabel II. Still later, under the Restoration, he served as Colonial Minister on four occasions, and was President of the *Cortes* at the time of his death.

Among Ayala's non-dramatic work are several political manifestos, especially that of Cadiz in 1868; a few outstanding lyric poems; an unfinished novel, *Gustavo*, and the notable *Discurso acerca del teatro de Calderón*, read on his reception into the Academy in 1870. In the drama he offers striking parallels with the work of Tamayo, to whom he was united by a strong bond of friendship. Both began in boyhood to compose for the stage; both were conscientious artists and masters of dramatic technique; both were attracted to the historical drama, combining its best Romantic qualities with an almost classic sobriety and elegance of form; and Ayala, finally, to a still greater degree than Tamayo, was preoccupied by social and moral problems, which he introduced even into his historical plays.

This characteristic is well illustrated by his first work performed at Madrid, *Un hombre de Estado* (1851). It depicts the career of Don Rodrigo Calderón, who rose from obscurity to be minister and favorite of Philip III, only to fall into disgrace almost immediately. On his ascent he had heeded nothing but his mad ambition, stifling every protest of his better nature; on reaching his goal he possessed everything but peace and happiness, which he recovered, in a certain measure, only in the shadow of the gallows. The philosophic idea underlying the play is thus explained in the author's foreword: " He procurado en este mi primer ensayo, y procuraré lo mismo en cuanto salga de mi pobre pluma, desarrollar un pensamiento moral, profundo y consolador. Todos los hombres desean ser grandes y felices; pero todos buscan esta grandeza y esta felicidad en las circunstancias exteriores, es decir, procurándose aplausos, fortuna y elevados puestos. A muy pocos se les ha ocurrido buscarlos donde exclusivamente se encuentran: en el fondo del corazón, venciendo las pasiones y equilibrando los deseos con los medios de satisfacerlos, sin comprometer la tranquilidad." For so youthful a work (Ayala was but twenty when he composed it), *Un hombre de Estado* is of remarkable profundity and artistry. *Rioja* (1854), inferior as a play, glorifies the chivalrous sacrifice of the poet Francisco de Rioja, who renounced love and career at the court of Philip IV in order to repay a service rendered to his father.

Both of these dramas are of a Calderonian and traditional character. More or less historical and Calderonian also, though of a different spirit, are several comedies and zarzuelas which Ayala composed about this time. *Los dos Guzmanes* (1851), written at seventeen, has all the earmarks of a typical cape and sword play of the Golden Age, with its *damas, galanes* and *gracioso*. *Castigo y perdón* (1851) is a drama laid in the period of Philip V, as is also the zarzuela *Guerra a muerte* (1855). *La estrella de Madrid* (1853), introducing Philip IV, is inspired by Lope de Vega's *Estrella de Sevilla; Los comuneros* (1855) caused political demonstrations, and *El conde de Castralla* (1856) was forbidden after the third performance. This last play, laid in Valencia at the time of the *Germanía,* has more than one parallel in setting and spirit with *Juan Lorenzo.*

With *El tejado de vidrio* (1856), Ayala forsook his interest in the past and turned definitely to a study of contemporary morals and manners. Like those of Tamayo, his plays in this second period progress in tone from the humorous to the tragic. In this respect *El tejado de vidrio,* an exemplification of the *lex talionis,* corresponds to *La bola de nieve,* although in both spirit and theme it is closer to Ventura de la Vega's *Hombre de mundo. El tanto por ciento* (1861) blends elements of comedy and deep pathos, as Ayala takes up a problem of broader scope, the pernicious results of the wave of materialism which was then sweeping the country, undermining in all classes of society the most elementary notions of honor, loyalty and virtue. *El nuevo Don Juan* (1863), a revamped zarzuela, returns less happily to the familiar figure of a libertine who for once is left in discomfiture, if not adequately punished. The cool reception accorded this play, following the total failure of a zarzuela, *El agente de matrimonios,* shortly before, appears to have piqued Ayala; but his fifteen-year silence from this date, broken only by his collaboration in *La mejor corona* (1868), a *loa* on Calderón's anniversary, was perhaps due chiefly to political preoccupations.

Consuelo (1878), Ayala's finest drama, was also his last, for his untimely death a year later prevented completion of several works that he had under way. Nowhere is his combined inspiration and artistry revealed to better advantage than in this study of a woman who chooses wealth and luxury in preference to true love, and pays the penalty for it. There is nothing new in such a theme, but Ayala has given it complete originality by his choice of detail and his searching analysis of character. His own papers reveal the meticulous care taken at every stage of its composition, resulting in a perfectly constructed work which does not, however, leave the impression of being merely another " thesis play " in an artificial setting.

Bibliography: *Obras,* 7 vols., ed. Tamayo y Baus, Madrid, 1881–1885.

To consult: J. O. PICÓN, in *Autores dramáticos contemporáneos,* II. L. ALAS (CLARÍN), *Consuelo,* in *Solos de Clarín.* J. M. RUANO Y CORBO, *Estudio analítico de la poesía dramática en el drama " Consuelo " de Ayala,* Madrid, 1901.

CONSUELO

Por ADELARDO LÓPEZ DE AYALA

(1878)

PERSONAJES

CONSUELO, *hija de*
ANTONIA
RITA, *criada*
FERNANDO

FULGENCIO
RICARDO
LORENZO, *criado*

Época presente.

ACTO PRIMERO

Sala modesta, pero decentemente amueblada. Dos puertas a la derecha del espectador: la primera conduce a las habitaciones de Consuelo, la segunda a las de Antonia. En el fondo una puerta que conduce al resto de la casa y a la calle; a cada lado de esta puerta un espejo; debajo del espejo de la izquierda una mesa, y debajo del de la derecha un piano. A la izquierda un balcón. En los dos ángulos de la sala floreros llenos de flores. El estrado de seda encarnada con fundas blancas. El sofá y la mayor parte de las sillas tienen quitadas las fundas, que estarán reunidas sobre el sofá; algunas las conservan puestas.

ESCENA PRIMERA

ANTONIA, *haciendo labor;* RITA, *que sale de la habitación de Consuelo.*

ANTONIA

Pero ¿esa niña no sale
de su cuarto?

RITA

        Sin demora
saldrá, que ya ha concluído
el peinado, que es la obra
peliaguda; está calzada   5

y vestida, y más hermosa
que el mismo sol.

ANTONIA

        Pues entonces,
¿qué la detiene?

RITA

        ¡Señora!
lo más grave: el minucioso
retoque de la persona;   10
la corrección de mil faltas
que salen a última hora:
una flor que ya en el pelo
colocada se deshoja;
una trenza que rebelde   15
de pronto se insurrecciona;
un corchete que se rompe;
un alfiler que se dobla;
el ajuste de los pliegues
de todo el traje; la borla [1]   20
que al extender por el rostro
blanca nube polvorosa,
suele invadir las pestañas,
las cejas, y hasta las ondas
del pelo, y hace preciso   25
que la mano cuidadosa
con el cepillo menudo
quite los polvos que estorban,
y devuelva a lo que es negro

[1] *borla*, "powder puff."

645

el contraste de las sombras;   30
y otras muchas menudencias
imprevistas y forzosas,
que exigen tiempo y cuidado,
y hasta paciencia de mona.
Y luego que está el espejo   35
comiéndosela a lisonjas,
y sus gracias una a una
le desmenuza y elogia:
« Ese talle es una palma;
ese cuello es de paloma;   40
tus ojos son dos luceros
y tus mejillas dos rosas,
y está el cielo en esa risa
y en esos ojos la gloria.»
De esta manera el espejo   45
la requiebra y la enamora,
y ya usted ve, señorita,
que a quien dice tales cosas
cuesta trabajo dejarle
con la palabra en la boca.   50

ANTONIA

¡Ay, Rita! más te quisiera,
si hablaras menos.

RITA

    ¿Qué importa?
Nadie nos oye; ni usted
consigo yo que me oiga
las más veces. (Quita las fundas a los
    sillones.)

ANTONIA

    Esta tarde   55
nuestro vecino y su esposa
quieren llevarla en su coche
por el Prado [2] y por Atocha,[3]
y ésa sin duda es la causa
de que tanto se componga.   60

RITA

Puede ser; mas yo he pensado . . .

ANTONIA

¿Qué has pensado?

RITA

Se me antoja . . .

ANTONIA

¡Eh! ¿qué haces? (Reparando en la faena
    de Rita.)

RITA

    Les quito el gorro
de dormir a estas señoras.

ANTONIA

¡Muchacha! y ¿quién te ha mandado   65
semejante maniobra?

RITA

La señorita Consuelo,
que dice que la encocora
mirar siempre estos fantasmas
tan serios y en camisola;   70
estas damas con blanquete;
y que, una de dos: o sobra
la túnica que las cubre,
o el primor que las decora;
y quiere que al menos hoy   75
estén mondas y lirondas.

ANTONIA

¿Hoy?

RITA

    Deje usted que les quite
la cáscara.—Ya están todas
en cueros, y de vergüenza,
mire usted, se han puesto rojas.   80

ANTONIA

¿Te ha mandado? . . .

RITA

    Que a estas niñas
el babero les recoja.
Y ella misma ha coronado
de ramos y frescas rosas
los floreros que hay en casa,   85
los jarros, y hasta las copas;
y les ha mudado el agua

---

[2] el Prado, the general name given to one of the widest and longest boulevards in the world; it includes the Paseo del Prado, Salón del Prado, Paseo de Recoletos and Paseo de la Castellana.

[3] Atocha, a main thoroughfare leading S.E. from the Plaza Mayor to the Paseo del Prado.

a los peces, que retozan
de gusto; y, en fin, ha hecho
menuda requisitoria [4]   90
de todo el tránsito que hay
desde esta puerta a la otra
de la calle, procurando
su adorno, como se adorna
la entrada de algún lugar   95
cuando aguarda la persona
del monarca. Y por mi gusto,
aún se ha quedado muy corta,
que hoy hubiera en este barrio
repique, música y pólvora.   100

ANTONIA

Pero, ¡chica! . . .

RITA

Y colgaduras
en las rejas.

ANTONIA

¿Estás loca?
Pues ¿qué presumes?

RITA

Presumo
que dentro de pocas horas
entra el señor don Fernando   105
por esas puertas.

ANTONIA

(*Muy contenta.*) ¿Sí?

RITA

¡Hola!

ANTONIA

¿Quién te lo ha dicho?

RITA

Parece
que usted también se alboroza.

ANTONIA

Sí que me alegro. ¿Te ha dicho
la señorita? . . .

RITA

Ni jota.   110
Mas ya han faltado tres cartas,
y se me ha puesto en la cholla
que prepara una sorpresa
a la niña: ella no es boba . . .

ANTONIA

Puede ser.

RITA

Y se ha comido   115
la partida [5]: « ¿A mí con bromas? »
se ha dicho; « pues día de gala
con uniforme.» Y se porta
muy rebién, que es el ausente
digno de toda la pompa,   120
requilorios y perfiles [6]
que en honra suya disponga.
Como hay una pillería
tan grande, cuando se logra
un novio que sólo busca   125
la ventura de su novia,
y constante y decidido
la sirve, mima y adora,
y entregando confiado
las llaves del alma toda,   130
al fin se casa, merece
corazones y coronas,
y . . . sabe usted que he nacido
en Sevilla.[7]

ANTONIA

Algo se nota.

RITA

Y aunque hace ya mucho tiempo   135
que no rezo en mi parroquia,
conservo el aquel [8] . . .

[4] *requisitoria,* " inspection."
[5] *se ha comido la partida,* " she sees through his little game, but isn't letting on."
[6] *perfiles,* " adornments," " decorations."
[7] Sevillans have long been proverbial for their loquaciousness and exaggerations.
[8] *el aquel,* " that what-do-you-call-it " (predilection, fondness, etc.)

ANTONIA

           Y todo
lo que trajiste.

RITA

         ¡Ay, señora! . . .
Es el sello de mi tierra
tan hondo, que no se borra,   140
y, la verdad, tengo afecto
a la gente querenciosa.
Lo que es a la señorita,
¿no he de amarla por arrobas,
si a las dos nos dió su pecho   145
mi madre que está en la gloria?
Pues al señor don Fernando,
no sólo todas nosotras
le queremos, sino, apenas
por nuestras puertas asoma,   150
hasta los bichos de casa
de contento se alborotan;
y el perro le echa los brazos,
y el gato maya y se esponja,
y . . .

ANTONIA

    Cállate. (*Pausa.*) ¿No has oído? 155

RITA

Yo no.

ANTONIA

    Con tu charla . . . (*Pausa.*)

RITA

            Ahora
cierran la puerta. La Juana . . .

ANTONIA

¡Oh! Quizás . . .
(*Deja la labor y se dirige a la puerta del
fondo, donde aparece Fernando.*)
         ¡Fernando!

FERNANDO

(*Se abrazan.*)   ¡Antonia!

ESCENA II

DICHAS *y* FERNANDO

RITA

¡Eh! ¿No lo dije? . . . (*Muy contenta.*)

FERNANDO

         Y Consuelo,
¿dónde está?

RITA

       Se emperifolla
para . . .

FERNANDO

   ¡Rita!

RITA

      ¡Señorito!
En nombrando al ruin de Roma [9] . . .

ANTONIA

¡Muchacha!

RITA

      Si es que ahora estábamos 5
haciendo de usted memoria.

ANTONIA

Llama a Consuelo.

FERNANDO

       No digas
que he venido.

RITA

(*A Antonia.*) ¿Soy yo tonta?

ANTONIA

Llámala de parte mía.

RITA

Si pienso que ella no ignora . . . 10

FERNANDO

Pues ¿quién se lo ha dicho?

RITA

        El alma,
que habla más que una cotorra.

---

[9] *En nombrando*, etc. The full proverb is, *En nombrando al ruin de Roma, luego asoma,*
"Speak of the devil and he is sure to appear."

FERNANDO

No obstante . . .

RITA

Voy . . . (*Va y vuelve.*)
    ¡Mire usted
qué bellas flores, qué aroma! . . .

FERNANDO

Y es verdad . . .

RITA

    Ella las puso   15
con sus manitas sedosas.

FERNANDO

¡Oh! . . . Corre.

RITA

    Voy. (*Volviendo.*)
        Y a los peces
también les ha puesto ropa
limpia.

ANTONIA

    ¡Rita!

RITA

    Voy.

FERNANDO

    Si llevas
esa cara tan gozosa   20
sospechará . . .

RITA

    ¡Quiá! Ya estoy
más seria que una priora.

ESCENA III

ANTONIA *y* FERNANDO

FERNANDO

(¡Oh! ¡me parece mentira
que ya respiro su atmósfera!)

ANTONIA

¿Cuándo has llegado?

10 *por la posta,* " in all haste."

FERNANDO

    Ahora mismo:
me he vestido por la posta [10] . . .

ANTONIA

Siéntate y descansa.

FERNANDO

(*Mirando a la habitación de Consuelo.*)
        Deje   5
usted que salga la aurora.

ESCENA IV

DICHOS *y* RITA

RITA

Pronto vendrá: no ha acabado
de acicalarse.

ANTONIA

    ¡Qué posma!

RITA

No he querido darle prisa . . .

ANTONIA

Yo iré.

RITA

    Porque no conozca . . .

FERNANDO

No la inquiete usted, no: quiero   5
hablar con usted a solas,
y en tanto que ella se viste . . .

ANTONIA

Sal, Rita.

RITA

    Cierta es la boda. (*Recoge las fundas.*)
Me llevaré de camino
los estuches de estas joyas.   10

ESCENA V

ANTONIA *y* FERNANDO

ANTONIA

Conque, dime, ¿qué noticias? . . .

FERNANDO

Tan buenas son las que tengo ...

ANTONIA

Pero siéntate.

FERNANDO

(*Sentándose.*) Que vengo
yo mismo por las albricias.

ANTONIA

Ya ves que no han sido vanos   5
tus afanes.

FERNANDO

No, señora:
la sociedad constructora
aprueba y compra mis planos.
¡Ya, por fin, la suerte aciaga! ...

ANTONIA

¿Los compra?

FERNANDO

Inmediatamente;   10
y lo que es más sorprendente
en estos tiempos, los paga.

ANTONIA

Ya tú ves ...

FERNANDO

Sin dilación,
y no en papel, en dinero;
y yo seré el ingeniero   15
en jefe de una sección.
¿Eh? ¿Qué tal?

ANTONIA

(*Tomándole la mano.*) ¡Bien lo mereces!

FERNANDO

Sueldo fijo tengo ya
por tres años: no será
lo que era un sueldo otras veces.   20
Aquel derrochar bizarro
ejerce fatal influjo:
ha sido asiático el lujo
y espantoso el despilfarro;
y hoy todo es orden y ...

ANTONIA

Amigo,   25
donde no existe él, se pone.

FERNANDO

Sí; pero usted reflexione
a quién alcanza el castigo
de las costumbres asiáticas
y los fondos derrochados: 30
a mí, que en libros prestados
aprendí las matemáticas.
Pero, en fin, nada mitiga
el placer que ahora disfruto,
que es muy grato el primer fruto   35
de nuestra propia fatiga;
y más grato y más suave
aun puede ser, si consigo
que lo disfrute conmigo ...
¡Ay, Antonia! Ya usted sabe   40
cuál es el fin que procura
mi ardiente desasosiego:
temblando de gozo llego
al templo de mi ventura;
y aunque tengo el dulce sí   45
de la prenda de mi amor,
y el afecto protector
que siempre a usted merecí;
y aunque por ella he vivido
solícito y anhelante,   50
como el pájaro que amante
busca las pajas del nido,
hoy me confunde y espanta
mi propio bien, y sospecho
que sin razón ni derecho   55
aspiro a ventura tanta.
Con temor la solicito,
porque dicha tan inmensa,
más que premio y recompensa,
es siempre don gratüito.   60
Mas Dios ve mi corazón,
y que diera un paraíso
a la que ofrezco sumiso
tan modesta posición.
Que la acepte no merezco,   65
si algún valor no le presta

el trabajo que me cuesta
y el alma con que la ofrezco.

ANTONIA

Bien te quise desde niño;
y hoy que comienza tu aumento,   70
es muy grande mi contento,
pero es igual mi cariño.
Más modesta posición
tenías cuando en mi casa
entraste . . .

FERNANDO

    Cierto: la escasa   75
intercadente pensión
de mi tío. Sin más padre
ni más sostén que mi honrado
corazón, solo, enlutado
por la muerte de mi madre . . .   80
¡Oh! ¡Qué angustiado me ví
en Madrid la vez primera
que pisé sus calles! Era
un desierto para mí.
Ansioso en mi soledad   85
de un afecto bienhechor [11]
que diese luz y calor
a mi temprana orfandad,
recordé, solo en mi estancia,
que mi madre a cada instante   90
nombraba a usted, a su amante
compañera de la infancia.
« Las dos amigas,» decía,
« nos llamó Sevilla toda;
ella dilató su boda,   95
porque la suya y la mía
se juntaran; sus intentos
logró con tal perfección,
que una sola bendición
hizo los dos casamientos.»   100
Y aunque ausente usted de allí,
adonde nunca volvió,
ni a Consuelo conoció
mi madre, ni usted a mí,
yo, en fin, tomé el buen acuerdo   105
de buscar su residencia,
fiado en que mi presencia
despertase un buen recuerdo.

[11] bienhechor, " comforting."

Salí resuelto a la calle;
llegué a su casa impaciente;   110
subí, entré . . . tengo presente
hasta el último detalle.
Usted, un libro en la mano,
allí rezaba o leía;
y Consuelo, que aquel día   115
estrenaba su pïano,
las teclas estaba hiriendo,
muy sorprendida y risueña
de que mano tan pequeña
moviese tan grande estruendo.   120
Hablé, y usted, azorada,
apenas oyó mi acento,
abandonando su asiento
en mí fijó su mirada.
Sus ojos mostraban pena   125
y ternura; al fin me dijo:
« ¡Ah! no hay duda; tú eres hijo
de Elena . . . ¡Mi pobre Elena! »
Llorando a usted me acerqué;
y al ver que usted me abrazaba,   130
¡pensé que resucitaba
mi madre! . . . No me engañé.
    (Besándola una mano.)

ANTONIA
(Enjugándose los ojos.)

¿A qué afligirnos? No niego
que a su memoria has debido
el ser con gozo acogido   135
en esta casa; mas luego
que en una y otra ocasión
hice tan larga experiencia
de tu clara inteligencia
y tu noble condición,   140
¿qué más te puedo decir?
miré con placer y en calma
que mi hija, luz de mi alma,
fïara su porvenir
de aquel mísero escolar   145
que en tal estrechez vivía,
que, cual dices, no tenía
ni aun libros en que estudiar.
Te hablo así, porque no entiendas
que yo en ocasión alguna   150
aguardé que la fortuna

calificase tus prendas;
y aunque a la cumbre te eleves
y alcances . . .

FERNANDO

¡Pobre de mí!

ANTONIA

Bien creerás que sólo a ti,   155
a ti solamente debes
este cariño profundo . . .

FERNANDO

¡Oh! ¿pues no lo he de creer,
si es ése el mayor placer
que tiene el pobre en el mundo?   160
Ni ¿quién soy yo? . . . ¡Ay, madre mía! . . .
No sabe usted cuán intenso
es mi terror cuando pienso
que puede llegar un día,
si de esta España infelice   165
Dios no tiene compasión,
que, estéril mi profesión,
termine el contrato que hice,
y a encontrar otro no acierte,
y mi familia se vea   170
pobre, abatida . . . Esta idea
me aterra más que la muerte.

ANTONIA

¡Jesús, Jesús! ¡Qué locura!
¿Tan mal empezáis los dos?
¿Quieres acaso que Dios   175
te firme alguna escritura
dándote seguridad
de vida larga y dichosa?
Prudencia tan recelosa
es género de impiedad.   180

FERNANDO

Quien bien ama, desconfía.

ANTONIA

Pues qué, ¿los demás no amamos?
Dios manda que le pidamos
sólo el pan de cada día;

para que siempre pidiendo,   185
nadie de él se desentienda.
Mas ya cada cual enmienda
el Padre Nuestro, diciendo:
« Señor, dígnate en seguida,
y de un golpe, concederme   190
todo el pan que he de comerme
mientras me dure la vida.»

FERNANDO

Usted me vence y arrolla
cual siempre: no dudo más.

ANTONIA

Pues yo no he dicho jamás   195
« Contigo pan y cebolla.» [12]
Mas ya en carrera te veo;
tienes aptitud, saber;
y yo . . . ¿de quién ha de ser
lo poco que yo poseo?   200
Podéis vivir con decencia.
El quererse asegurar
de todo, es como tratar
de burlar la Providencia.
Trabajad, cumplid los dos   205
vuestro deber, y adelante;
que al fin siempre lo importante
se queda en manos de Dios.

FERNANDO

Diga usted: saber anhelo . . .
(Se detiene como escuchando.)
Ella sale. (Pausa breve.) No: creí . . . 210

ANTONIA

Yo la llamaré. Mas di:
¿preguntabas? . . .

FERNANDO

Si Consuelo,
a vivir acostumbrada
en Madrid, verá sin pena
que su esposo la condena   215
por tres años a Granada.
Si no le será penoso . . .

[12] Contigo pan y cebolla, title of a famous parody of Romanticism by the Mexican dramatist Manuel Eduardo de Gorostiza (1833).

ANTONIA

¿Qué penoso le ha de ser,
cuando sea tu mujer,
acompañar a su esposo?   220

FERNANDO

Haré que Rita la llame:
ya no sosiego ... (*Levantándose.*)

ANTONIA

          Contén
tu impaciencia: yo también
tengo que hablarte.

FERNANDO

          ¿ Usted?

ANTONIA

               Dame
tu palabra ...

FERNANDO

          Sin reparo   225
pida usted: mostrar ansío ...

ANTONIA

Ya no me queda, hijo mío,
ni más bien ni más amparo
que vosotros. No son graves,
gracias a Dios, mis dolencias;   230
y si tengo impertinencias,
ya tú las sufres y sabes.
Con un poco de bondad ...
En fin, no soy una santa,
pero cualquiera me aguanta   235
sin mucha dificultad.
Siempre con mi hija viví:
¡juzga cuál será mi duelo
si me apartas de Consuelo,
y ¿a qué negarlo? de ti!   240

FERNANDO

Y ¡usted, mi apoyo, mi guía,
usted me pide llorando! ...

ANTONIA

¿Verdad que nunca, Fernando? ...

FERNANDO

Ni yo lo consentiría,
ni es posible que Consuelo   245
viva contenta y ausente ...
ni tampoco lo consiente
mi madre que está en el cielo.

ANTONIA

¡Oh! ¡Gracias!

ESCENA VI

DICHOS y RITA

RITA

¿Señora?

ANTONIA

          ¿Quién?

RITA

Don Fulgencio, que desea
ver a usted.

ANTONIA

          Que entre y me vea.
Oye, Rita: y luego ven,
y dale a esa niña priesa.   5

RITA

Diré que este señor tiene
que hablarle.

ANTONIA

          Cierto. Así viene
y logras tú la sorpresa.
Nos obsequian a porfía,
don Fulgencio y su mujer.   10

FERNANDO

No es flojo defecto ser
obsequioso en demasía.

ESCENA VII

ANTONIA, FERNANDO, FULGENCIO y RITA

(*Rita entra en las habitaciones de Consuelo.*)

FULGENCIO

¿Qué tal?

ANTONIA

Bien.

FULGENCIO

(*Observándola.*) Cierto alborozo
en su rostro resplandece,
y hasta la casa parece . . .
¡Oh! ¡Fernando! . . . ¡Guapo mozo!
(*Se abrazan.*)

ANTONIA

¿Y Facunda?

FULGENCIO

      Cada día   5
más fuerte y más placentera.
Ya está vestida, y espera
a Consuelo.—Yo te hacía
en Granada.

FERNANDO

Ahora he llegado.

FULGENCIO

Sea enhorabuena. (*Dándole la mano.*)

FERNANDO

      ¿De qué?   10

ANTONIA

Pues . . . ¿quién le ha dicho?

FULGENCIO

          Ya sé
que por tu nuevo trazado . . .

ANTONIA

¡Ah! . . .

FULGENCIO

      Se rebaja el importe
de las obras, y haces graves
mejoras . . .

FERNANDO

      ¿Conque ya sabes? . . .   15

FULGENCIO

He andado la villa y corte [13]
el triunfo que te enaltece

esparciendo y comentando.
Yo estimo mucho a Fernando,
señora.

ANTONIA

      Y él lo merece.   20

FULGENCIO

Merecerlo [14] . . .

FERNANDO

      ¿No?

ANTONIA

          Vecino,
siéntese usted . . . (*Se sientan.*)

FERNANDO

      ¿Aún tu encono
subsiste?

FULGENCIO

      No te perdono
aquel grande desatino.

ANTONIA

¿Cómo es eso? ¿Algún desliz? . . .   25

FULGENCIO

Sin su necia rebeldía,
a estas horas ya sería
feliz, pero muy feliz.

ANTONIA

¿Feliz? Pues no me lo explico.
¿Tan desgraciado es ahora?   30

FULGENCIO

No: quise decir, señora,
que fuera rico, muy rico.

ANTONIA

¿Sí? (*Mirando a Fernando.*)

FERNANDO

      Tiene razón Fulgencio.

ANTONIA

Sepamos . . .

[13] *la villa y corte,* a stock phrase for Madrid.
[14] *Merecerlo,* " As for deserving it."

FULGENCIO

Si es montaraz.

ANTONIA

¿Y cómo?

FULGENCIO

Usted es capaz   35
de prudencia y de silencio.

ANTONIA

Diga usted. (*Acercando la silla.*)

FULGENCIO

En producción
estaba una rica mina,
cuando de pronto, vecina,
desapareció el filón.   40
Hubo alarma, desconsuelo . . .
los trabajos se pararon,
y las acciones bajaron,
y bajaron hasta el suelo.
Yo supe, como he sabido   45
mucho de lo que hoy sucede,
que el filón estaba adrede
oculto, mas no perdido;
y que, en cambiando de mano
las acciones, se hallaría,   50
y el papel recobraría
todo su valor.

ANTONIA

Es llano.

FULGENCIO

Sin yo tomar parte alguna
en el plan, me ví delante
de esta ocasión. Cada instante   55
importaba una fortuna.
Compré por no malograr . . .
mas como había para todos,
y yo busco de mil modos
la dicha y el bienestar   60
de mis amigos, que en eso
fundo mi gloria, a este chico,
con ansia de hacerlo rico,
le dí cuenta del suceso.

Me fuí a buscarle en persona,   65
y le hice mil reflexiones.
« En Barcelona hay acciones,
le dije; vé a Barcelona;
buscas, indagas, adquieres
cuantas hallares . . . »

FERNANDO

Es cierto.   70

FULGENCIO

« Y gírame al descubierto [15]
la cantidad que quisieres.»
Todo por pura amistad;
pues de que él tomase o no
parte en el negocio, yo   75
nada sacaba.

FERNANDO

Es verdad.

FULGENCIO

Pues en cambio a mis finezas,
casi me insultó.

FERNANDO

No: exijo
la exactitud. Dije . . .

FULGENCIO

(*Incomodado.*)   Dijo
simplezas sobre simplezas.   80

FERNANDO

Simple, tonto, majadero . . .
Es el premio que hoy anima
al hombre que más estima
su conciencia que el dinero.
Y el que pierde una ganancia   85
que todo el mundo desea,
¡hombre, por Dios! no se crea
que es por sandez o ignorancia;
pues aunque uno no sea diestro,
y aunque se dé mala maña,   90
de estas cosas ya en España
hay tanto, tanto maestro,
que en lo posible no cabe

---

[15] *gírame al descubierto,* " draw on me at sight."

que nadie a ciegas esté,
pues todo ¡todo se ve!   95
y todo ¡todo se sabe!

FULGENCIO

¡Hombre, que no te persuadas
de que no sabes vivir,
y que siempre has de salir
con notas desafinadas!   100
Si en aquello hubo maldad,
¿tú la hiciste? Estaba hecha.

FERNANDO

El que calla y se aprovecha,
ya tiene complicidad.
Y aun yo, mi dulce Fulgencio,   105
cumplí a medias mi deber,
sólo a medias, con volver
la espalda y guardar silencio.
Viendo el engaño a ojos vistas,
debí atropellar por todo,   110
e informar de cualquier modo
a los pobres accionistas
de aquella estafa evidente.

FULGENCIO

¡Estafa!

FERNANDO

        No: estoy conforme;
cuando la estafa es enorme,   115
ya toma un nombre decente.
Esto mi conciencia dice
que hacer debí.

FULGENCIO

            ¡Bah! ¡Qué alarde
quijotesco!

FERNANDO

        Y de cobarde
o indolente [16] no lo hice;   120
que nadie ya se conserva
libre de la influencia vil

de esta gangrena senil
que al que no pudre lo enerva.

FULGENCIO

¿Ve usted?

ANTONIA

        Confieso, vecino,   125
que yo le escucho con gozo.

FULGENCIO

Pues aplauda usted al mozo,
y para en San Bernardino.[17]
Ustedes dos han tratado [18]
a Ricardo.

FERNANDO

    Sí.

ANTONIA

        Lo he visto   130
en casa de usted.

FULGENCIO

            Bien quisto,
intachable, respetado . . .
Pues le llevé tu desecho:
tomó acciones, y . . . ahí lo tienes:
no hay en Madrid unos trenes   135
más bizarros . . .

FERNANDO

            ¡Buen provecho!
Él fué a Barcelona el día . . .

FULGENCIO

Que te quedaste en Belén.[19]

FERNANDO

Pues no sabes tú muy bien
el ansia que yo tenía   140
de agenciar, de hacer carrera . . .

FULGENCIO

Pues con tanta ceremonia . . .

---

[16] *de cobarde o indolente,* " through cowardice or indolence."
[17] *y para en San Bernardino,* " and he will end up in the poor house." La Mendicidad de San Bernardino, founded in 1834, is an asylum located in the northwestern part of Madrid.
[18] *tratado,* " met," " had dealings with " (in a social way).
[19] *Que te quedaste en Belén,* " That you remained here day-dreaming, like a ninny."

FERNANDO

Mas no era posible, Antonia,
que yo a mi novia ofreciera
fortuna cuyo cimiento 145
es . . . ya sabe usted cuál es.
¿Ni cómo vivir después,
temiendo a cada momento,
si mi esposa se atavía
y luce joyas y seda, 150
que alguno al mirarla pueda
decir: « Esa gala es mía »?
Si aumenta mis regocijos
un bien que el alma desea,[20]
¿cómo sufrir que alguien crea 155
robado el pan de mis hijos?

ANTONIA

¡Bien, Fernando!

FULGENCIO

(¡Qué demencia!)

ANTONIA

A tu santa madre oí.

FULGENCIO

Pero, hombre, ¿qué hablas ahí
de mujer y descendencia? 160
¿Te casas?

ANTONIA

Sin duda alguna.

FULGENCIO

¿Te casas sin darme parte?

FERNANDO

Ya lo haré.

FULGENCIO

¿Vas a casarte
antes de hacer tu fortuna?

FERNANDO

En mi trabajo confío. 165

ANTONIA

Y . . . sobre todo, en el cielo.

FULGENCIO

¿Y con quién?

ANTONIA

Con mi Consuelo.
Ya Fernando es hijo mío.

FULGENCIO

(¡Me luzco si me desmando! [21])

FERNANDO

¡Es ella! . . .

FULGENCIO

(¡Y . . . me hacen venir! . . .) 170

CONSUELO

Vecino, a medio vestir [22] . . . (Saliendo.)

FERNANDO

¡Consuelo!

CONSUELO

¿Quién? . . . ¡Ah! . . . ¡Fernando!
(Retrocede como asustada, y se apoya en
una silla.)

ESCENA VIII

DICHOS y CONSUELO

ANTONIA

¡Hija! . . .

FERNANDO

¡Gran Dios! . . .

CONSUELO

La sorpresa . . .
Nada.

ANTONIA

Se ha sobrecogido . . .

FERNANDO

¡Ah! perdón . . .

---

[20] Si aumenta . . . desea, i.e., if his hopes of having children are realized.

[21] ¡Me luzco si me desmando! " I should have made a fine break if I had let out much more! "
Fulgencio has come, on Ricardo's behalf, to ask for Consuelo's hand.

[22] a medio vestir, " I was only half dressed."

CONSUELO

Muy bien venido.
(*Reponiéndose y alargándole la mano.*)

FERNANDO

¡Necia broma! Ya me pesa . . .

FULGENCIO

Niña . . . (*Acercándosele y saludándola.*)

CONSUELO

Vecino . . .

FULGENCIO

¿Qué es esto? 5
(*Acercándose a Consuelo, y aparte entre
los dos con gran rapidez y disimulo.*)

CONSUELO

Suspenda usted . . .

FULGENCIO

Claro está.

CONSUELO

Saque usted a mi mamá
de aquí con cualquier pretexto.

FULGENCIO

Usted me habló de vender
su deuda del personal.[23] 10
(*Dirigiéndose a doña Antonia.*)

ANTONIA

Mire usted, no vendrá mal . . .
(*Hablan Consuelo y Fernando.*)

FULGENCIO

La lámina quiero ver.

ANTONIA

La . . . ¿qué?

FULGENCIO

El papel que acredita . . .

ANTONIA

Ya entiendo: allí está guardada.
Y ¿qué tal? (*Mirando a su hija.*)

CONSUELO

No tengo nada. 15

ANTONIA

Voy.

FULGENCIO

Vamos.

ANTONIA

Quédate, Rita.

ESCENA IX

CONSUELO, FERNANDO y RITA

FERNANDO

(*Siguiendo la conversación.*)

Quien rectifica un trazado
para, si logra parar,[24]
cada noche en un lugar
y muchas en despoblado.
Yo he vivido de esta suerte: 5
¿con quién te había de escribir?
Después, resuelto a venir,
se me ocurrió sorprenderte.
Mas no fué sólo esta idea
puerilidad del cariño, 10
aunque amor, que siempre es niño,
en los juegos se recrea;
pues tuve en cuenta también
que llega el tren con retraso,
y que, de avisarte, acaso 15
fueras a esperar el tren.
Y me daba compasión
imaginarte, bien mío,
falta de sueño, y con frío,
y aburrida en la estación. 20
No quise, a tu calma atento,
que amor en todo repara,
que el verme a mí te costara
el menor desabrimiento.
¿Son estas culpas tan graves? 25

---

[23] *su deuda del personal*, " your treasury bonds " (one of the special types of bonds issued for the amortization of the Treasury debt in the past century).
[24] *para, si logra parar*, " puts up, if he is lucky enough to put up at all."

¿Piden penas tan crüeles?
Háblame, como tú sueles;
mírame, como tú sabes.
No goces en retardar
la gloria de tu Fernando. (*Pausa.*) 30

RITA

(¡Ay qué niña! . . . ¿Para cuándo
se ha inventado el abrazar?)

CONSUELO

¿Qué hay de Granada? ¿No cuentas
algo de allá? Sus mujeres
son muy graciosas.

FERNANDO

        ¿Qué quieres 35
decir? ¿Por qué me atormentas?

CONSUELO

Fué vano ardid tu profundo
silencio.

FERNANDO

¡Cómo! ¡Yo ardid! . . .

CONSUELO

Porque se sabe en Madrid
cuanto sucede en el mundo. 40

FERNANDO

¿Qué sabes?

CONSUELO

        Sé de un amor . . .
de un rapto; de cierta dama;
y hasta nos dijo la fama
el nombre del seductor.

FERNANDO

¿Su nombre? ¡Ah, sí! . . . ¿Tú has
creído? . . . 45

CONSUELO

Ya recuerdas.

FERNANDO

        Sí; que a un hombre
que tiene mi mismo nombre . . .

CONSUELO

Y hasta tu mismo apellido . . .

FERNANDO

Le prendieron cuando huía . . .
¡Pero si esto sucedió 50
en Granada estando yo
en Málaga, y te escribía
diariamente!

CONSUELO

        Recibí
tus cartas.

FERNANDO

        Y ¿no consigo? . . .

CONSUELO

¿Y no pudiste a un amigo 55
remitirlas, y él a mí? [25]
(*Pausa. Fernando la mira con sorpresa.*)

FERNANDO

Consuelo, ¿no me conoces?
¿No me has tratado? ¿Qué es esto?
¿Cuándo he dado ni aun pretexto
a sospechas tan feroces? 60
¿Yo fingir mi residencia? . . .
¡Si me han visto más de cien
personas! ¿Será también
falsa la correspondencia
que en Málaga recibía 65
de obreros de mi sección,
de aquí, de la Dirección,
la Junta, la Compañía,
las cartas que de Granada
recibí, precisamente 70
contándome ese incidente
del rapto?

CONSUELO

        No he visto nada
de eso.

FERNANDO

        Voy sin dilación . . .
(*Se dirige hacia la puerta y vuelve.*)
Pero es muy triste, en verdad,

---

[25] Consuelo remembers her *Sí de las niñas* and the trick that Don Carlos played on his uncle.

que no halles de mi lealtad   75
la prueba en tu corazón.
Bien quisiera, vida mía,
que mi defensa encontraras
en tu fe. ¿Por qué acibaras
este momento, este día   80
que yo juzgué el más feliz? . . .
Mas voy . . . no quiero tardar.
¡Yo traidor! . . . Voy a arrancar
tu sospecha de raíz.

(*Vase por la puerta del fondo.*)

ESCENA X

Consuelo *y* Rita

Rita

¡Ay, señorita! . . . Reviento
si callo.

Consuelo
¡Rita!

Rita

¿Qué pasa,
que pierde usted la memoria
de la noche a la mañana?
¿No recuerda usted que el día   5
que supo lo de Granada,
el cabo de los civiles,[26]
mi primo, llegó de Málaga,
pues contó que no querían
los malagueños la Guardia,   10
que era allí toda la gente
tan buena, que no hacía falta,
y añadió que a don Fernando
había visto, y lo dejaba
con salud? ¿No sabe usted? . . .   15

Consuelo
(*Interrumpiéndola.*)

Sé que hablas mucho, y me causas
dolor de cabeza . . . Vete.

Rita
Pero si esto . . .

Consuelo
Que te vayas.

ESCENA XI

Consuelo; *después* Antonia

Consuelo

Pero ¿y mi madre? . . . ¡Tan buena!
Si ella también . . . si lograra . . .

Antonia
¿Y Fernando?

Consuelo
Se ha marchado.

Antonia
¡Cómo!

Consuelo
Volverá.

Antonia
¡Se marcha
sin despedirse de mí!   5
Primera vez que esto pasa.
Cierto que hoy tiene disculpa . . .
Pero, chica, ¡cuánto tardas
en salir! ¿Qué diablos haces
ahí dentro? ¿No te empalagas   10
de ti misma?

Consuelo
No te enojes
hoy conmigo.

Antonia
Callo.

Consuelo
(*Acercándose a ella con mucho cariño.*)
Habla,
que, aunque sea para reñirme,
tu acento siempre me halaga.

Antonia
¡Zalamera!

Consuelo
¡Si hoy te quiero   15
más que nunca!

---

²⁶ *cabo de los civiles,* " corporal of the civil guard."

ANTONIA

(*Abrazándola.*) ¡Hija del alma!

CONSUELO

Mira, mamá: sea cual fuere
el porvenir que me aguarda,
yo lo sufriré gustosa
si nunca, nunca te apartas   20
de mi lado; si yo puedo
oír tu voz, besar tus canas . . .

ANTONIA

¡Ah, simple! . . . Yo he madrugado
más que tú [27] . . . Pues ¿qué pensabas?
Juntitas.

CONSUELO

            ¡Siempre conmigo,   25
mamita de mis entrañas!
Ven acá: tengo que hablarte.
Siéntate aquí.
(*Sienta a su madre en una butaca; pone
a sus pies un almohadón, y se sienta sobre
él.*)
                Yo a tus plantas.
Así, cuando yo volvía
del colegio, me tomabas   30
la lección.

ANTONIA

            En un principio,
que a poco ya eras más sabia
que tu madre. ¡Cuánto apuro
pasé porque te educaran! . . .

CONSUELO

Cierto; en mi colegio había   35
hijas de grandes de España,
de hacendados, de banqueros,
y yo, como una de tantas . . .

ANTONIA

Locura fué del cariño.

CONSUELO

Tú verás que no es ingrata   40
tu Consuelo. Yo quisiera . . .

Di, mamá: ¿no te agradara
que fuese tuya una quinta
espaciosa e inmediata
a Madrid, con pabellones   45
de buen gusto, rodeada
de soberbios eucaliptos
que la atmósfera embalsaman,
con hileras de castaños
de Indias, bosques de acacias,   50
y estufas donde las flores
de las tierras más lejanas,
en fuerza de oro y cuidado,
viven cual niñas mimadas,
y, siempre tristes, parece   55
que suspiran por su patria?
A ti que andar por el campo
te deleita . . .

ANTONIA

            Y me hace falta.
Pero, chica, si el Retiro [28]
me ofrece sus puertas francas,   60
y entro en él siempre que quiero,
y allí disfruto a mis anchas
de su estanque, de sus flores,
de sus calles dilatadas,
de todo. ¿Qué más haría   65
si fuese su propietaria?
Ya verás. Lo que es jardines
y bosques como en Granada . . .

CONSUELO

Y di . . . No podrás negarme
que la música te encanta.   70

ANTONIA

Cierto.

CONSUELO

            ¿No te agradaría
oír artistas de fama,
tener un palco dïario
en el Real,[29] marchar a Italia,
Alemania . . .

[27] *más que tú*, i.e., Antonia has already obtained Fernando's promise to that effect.
[28] *el Retiro*, a beautiful public park of Madrid, formerly a royal domain.
[29] *el Real*, i.e., the Teatro Real, or royal opera house of Madrid.

ANTONIA

(*Muy sorprendida.*)

¡Qué! . . . (*Pausa.*)

La música   75
me gusta; pero no tanta.
Cuando declina la tarde,
y escuchamos la campana
de la oración, y te acercas
al piano y te acompañas   80
la sublime *Ave María*,
sencilla y tierna plegaria . . .

CONSUELO

La de Schubert.

ANTONIA

No ambiciono
más música: ésa me basta.

CONSUELO

Pero a ti que la pintura   85
te embelesa . . .

ANTONIA

¿Esta muchacha
se ha vuelto loca?

CONSUELO

¡Hoy que hay tantos
pinceles que honran a España! . . .
¡Ay, mamá! ¡si tú pudieras
llenar una y otra estancia   90
de acuarelas, *impresiones*,
paisajes, lienzos de varias
costumbres! . . . ¿Dónde hay placer
como entrar en una sala,
donde elocuentes y vivas   95
todas las paredes hablan,
sin que en ellas desperdicien

los ojos ni una mirada?
¡Esto sí que es de buen tono,
éste es lujo que entusiasma!   100

ANTONIA

Cierto, sí; mas, por fortuna,
no hay príncipe, ni aun monarca,
que tenga mejores cuadros
que yo.

CONSUELO

¡Tú!

ANTONIA

Cada semana
puedo ver los del Museo.[30]   105
Ya tú ves si hay abundancia:
y en la Trinidad [31] no hay pocos;
y todos los que se guardan
en la Academia.[32] No ha mucho
que absorta allí contemplaba   110
la *Santa Isabel*, un cuadro
de Murillo.

CONSUELO

Es una alhaja.

ANTONIA

¿Verdad que sí? ¡Qué dulzura!
¡Qué compasión tan cristiana,
qué abnegación, qué modestia   115
resplandecen en la Santa!
¡Qué noble desprendimiento
de vanidades mundanas!
¡Es Reina, es joven, es bella,
y se acerca, y toca, y palpa   120
los harapos del mendigo
y del leproso las llagas!
Y cuanto más se aproxima
a las miserias humanas,
más radiante su figura   125

[30] *del Museo*, i.e., the Museo del Prado, one of the world's finest art galleries.

[31] *la Trinidad*, i.e., the convent of that name, founded by Philip II, formerly located on the calle de Atocha, but now demolished. At one time, following the suppression of the religious orders (1835), it housed an important collection of primitives taken from the monasteries of Madrid and vicinity; this collection was later removed to the Prado Museum.

[32] *la Academia*, i.e., the Real Academia de Bellas Artes de San Fernando, founded by Philip V in 1744; it still contains a number of noted works, although the best of its collection were removed to the Prado in 1902. This is the case with the *Santa Isabel* of Murillo (1617–1682) here referred to; the painting represents St. Elizabeth of Hungary ministering to a group of ragged beggars and washing the scabby head of one of them.

a los cielos se levanta.
¡Esto sí que es de buen tono,
y esto es lujo y elegancia!
Di: ¿no te agrada este cuadro?

CONSUELO

Sí, mamá; porque me agradan   130
los buenos cuadros, quisiera
meterlos dentro de casa.

ANTONIA

Pero ¿qué riquezas tiene
Fernando? . . .

CONSUELO

            Si no se trata
de casarme con Fernando,   135
mamá.

ANTONIA
(*Levantándose.*)

        ¡Qué dices! ¡Qué! ¿Hablas
de veras?

CONSUELO

        ¡No te alborotes! . . .

ANTONIA

¿Qué infortunio te amenaza?
Responde: ¿quién envenena
tu corazón?

CONSUELO

        ¡Por Dios! ¿Llamas   140
infortunio a que me case
con Ricardo?

ANTONIA

        ¡Él! . . .

CONSUELO

            ¡Me idolatra!

ANTONIA

¡Jesús! . . . ¡Jesús! . . .
(*Cubriéndose el rostro con las manos.*)

CONSUELO

            Y su inmensa
fortuna pone a mis plantas.

ANTONIA

¿Cómo? ¿Cuándo?

CONSUELO

        Por las noches   145
nos hemos visto en la casa
de Fulgencio. Largo tiempo
a sus continuas instancias
me resistí . . .

ANTONIA

        ¡Largo tiempo!

CONSUELO

Pero faltaron las cartas   150
de Fernando.

ANTONIA

        ¡Tres faltaron!

CONSUELO

Por esto, y por otras causas,
yo pensé que estaba libre,
y, en fin, le dí mi palabra.
Fulgencio vino a pedirte   155
mi mano, y . . . ¡Madre del alma! . . .
Oponte tú a que me case
con Fernando.

ANTONIA

        ¡Yo tal farsa!
¡Yo fingir! . . .

CONSUELO

        Todas las madres,
como es natural, se afanan . . .   160
Dile que tú no consientes,
que mi porvenir . . .

ANTONIA

        ¡Oh! ¡Calla!

CONSUELO

Por Dios, haz el sacrificio
de concederme esta gracia,
por ti, por mí, por el bello   165
porvenir que nos aguarda.

ANTONIA

Calla, que estás renovando
la memoria más infausta
de mi vida. De ese modo
tu padre infeliz me hablaba. 170
« Quiero ascender, me decía;
quiero ceñirme la faja
de general, y moverme
en una esfera más alta.
Por ti, por mí, por la prenda 175
de mi amor »; y te mostraba
a ti, que estabas durmiendo
en la cuna. Fueron vanas
mis reflexiones: surgió
la rebelión insensata; 180
surgió su afrenta y su muerte,
y tu orfandad y mis lágrimas.[33]

CONSUELO

¡Por Dios, mamá! No compares,
no exageres . . . ¿Oyes? ¡Llaman!
¡Es Fernando!

ANTONIA

　　　　Aquí te quedas: 185
soporta tú sus miradas.
Ten valor, ya que lo vendes,
y díselo cara a cara.

ESCENA XII

RICARDO y CONSUELO

CONSUELO

¡Ah! ¡Ricardo!

RICARDO

　　　　Dime: ¿es cierto
lo que ahora Fulgencio acaba
de contarme? ¿Que tu madre
tal vez se oponga? . . .

CONSUELO

　　　　Ten calma.

RICARDO

¿Qué anhela? ¿Sabe quién soy? 5
¿Conoce mis circunstancias?
¿No sabe que generoso
mi amor? . . . ¿Para quién te guarda
tu madre? . . . ¿Qué amor de madre
es el suyo?

CONSUELO

　　　　Es tan mirada, 10
es tan noble, que a sus ojos
tiene excesiva importancia
lo de Fernando[34]: ya sabes . . .
ya te conté . . .

RICARDO

　　　　¡Bah! ¡Lilailas! [35]
¡Ñoñerías!

CONSUELO

　　　　Tú debieras 15
hablarle.—¿Mamá?
(En la puerta por donde entró Antonia.)

RICARDO

　　　　Que salga.
Que diga . . .

CONSUELO

　　　　Pero cuidado,
cuidado cómo le hablas:
¡es mi madre, y es tan buena! . . .

RICARDO

Pero que diga la causa . . . 20
Y ya sabes que Fulgencio
y su mujer nos aguardan,
y que hemos de ir en su coche
los cuatro a la Castellana.[36]

CONSUELO

Sí; ya me dió su permiso. 25
Iré.—¿Mamá? . . .

ANTONIA

　　　　¿A qué me llamas?

---

[33] Doña Antonia's husband, having participated in one of the numerous *pronunciamientos* or rebellions which harassed Spain all through the nineteenth century, had apparently been executed.
[34] *lo de Fernando,* i.e., the previous engagement with Fernando.
[35] *¡Lilailas!* " Tommyrot! " " Bosh! "
[36] *la Castellana,* i.e., the northern section of the great Prado promenade.

ESCENA XIII

ANTONIA, RICARDO y CONSUELO

CONSUELO

Ricardo . . .

ANTONIA

(¡Él aquí!)

RICARDO

Señora . . .
Ya sabe usted mi demanda;
y aunque Consuelo no dudo
que ha de cumplir su palabra,
mucho perderá mi crédito   5
si usted, su madre, rechaza
mi pretensión. ¿Qué motivos
tiene usted? . . .

ANTONIA

¡Yo! . . . Yo pensaba
que un compromiso solemne
y anterior . . .

CONSUELO

Sólo me falta   10
que tú, mi madre, me acuses
a Ricardo.

ANTONIA

(¡Ay! ¡Esto acaba
conmigo!)

RICARDO

Si esta repulsa
por el mundo se propala,
murmurarán . . .

ANTONIA

Si ya ustedes   15
lo han tratado a mis espaldas;
si ustedes ya lo han resuelto,
lo demás, ¿qué importa? Nada.
¿Qué importa a nadie esta pobre
mujer?

CONSUELO

¡Por Dios! . . . ¿Así agravias   20
mi amor? . . .

ESCENA XIV

DICHOS y FULGENCIO

FULGENCIO

Siguiéndome viene
Fernando. Yo estoy en ascuas,
porque si aquí no hay prudencia,
puede haber una desgracia.

RICARDO

¿Qué desgracia, ni qué? . . .
(Con desprecio.)

FULGENCIO

Vente.   5
(Movimiento de Ricardo.)
¡Pues si vengo a que te vayas!
Él vuelve, y no es generosa
tu presencia en esta casa.

CONSUELO

Fulgencio, usted que lo quiere
tanto, ¿por qué no se encarga   10
de hablarle, de? . . .

FULGENCIO

¡Ah! no: ¡no gusto
de notas desafinadas!
Ustedes ahora lo amansen;
que en pasando esta borrasca,
yo le buscaré una novia   15
opulenta y hasta guapa.

CONSUELO

¡Madre! . . .

ANTONIA

¡Nunca!

RICARDO

Yo me encargo
de hablar con él; y si tarda . . .

CONSUELO

¡No, Ricardo, no! Yo misma
le hablaré. (Pausa.) Pero ¿qué pasa,   20
que todos? . . . ¡Pues no parece
sino que es extraordinaria
la cosa! ¿Soy la primera

que tuvo un novio y se casa
con otro? ¿Es éste un suceso　　25
nuevo en el mundo?

FULGENCIO

(¡Qué clara
inteligencia!)

ESCENA XV

DICHOS y FERNANDO

FERNANDO
(*Trae algunos papeles en la mano.*)
¿Consuelo?
¡Señores! . . . (¿Aquí se halla
Ricardo? . . .)

FULGENCIO

Chico, tú vienes
cuando ya estamos en marcha
nosotros.

RICARDO
(*Saludando.*) Señoras . . .
(*Consuelo, después de saludar a Ricardo,
tira del cordón de la campanilla.*)

FULGENCIO

Sabes　　5
que en la buena y en la mala
fortuna, yo soy tu amigo,
y amigo de veras.

FERNANDO

Gracias.
(¿Qué quiere indicarme?) Antonia,
¿qué tiene usted?

ANTONIA

¡Dios te haga　　10
feliz!

FERNANDO
(¡Se aleja llorando!)

ANTONIA
(¡Oh, qué vejez tan amarga
me espera!) (*Sale Rita.*)

CONSUELO
(*A Rita.*)　Voy a salir
dentro de poco: entra, y saca
el sombrero y . . . lo que hallares　　15
sobre mi mesa. Despacha.

ESCENA XVI

FERNANDO y CONSUELO; *después* RITA

FERNANDO
¿Vas a salir?

CONSUELO
Sí.

FERNANDO
¿A qué entró
Ricardo?

CONSUELO
Aquí le encontré . . .

FERNANDO
Él antes nunca . . . ¿Por qué
no me miras?

CONSUELO
(*Alzando los ojos con aparente tranquili-
dad.*)
¿Por qué no?

FERNANDO
¡Consuelo! . . . ¿Qué novedad　　5
hay en ti que me estremece?
¿Y tus celos? . . . Ya parece
que no te inquietan, ¿verdad?
¿Por qué se aparta de mí
tu madre, y llora, y se esconde?　　10
(*Consuelo baja la vista.*)
Pero mírame y responde:
mírame: ¿qué pasa aquí?

CONSUELO
Ya te dije que en tu ausencia
nos dijeron . . .

FERNANDO
¡Evidentes
calumnias!

CONSUELO

Siento . . .

FERNANDO

¿Qué sientes? 15
¿La calumnia o mi inocencia? (*Pausa.*)
No hay duda; quisieras hoy
que yo fuese, ¡oh! ¡qué señal
tan aciaga! un criminal,
un monstruo. No, no lo soy. 20
Es el único favor
que en vano me habrás pedido,
Consuelo. Si me has vendido,
vendes a un hombre de honor.
¿Pues tú lo ignoras? . . . Corrí 25
para calmar tus crüeles
celos. ¡Necio! Estos papeles
se están mofando de mí. (*Los arroja.*)

CONSUELO

Ten calma, Fernando.

FERNANDO

¡Ea!
¡Basta ya de falsedad! 30
¡Venga, venga la verdad,
por más horrible que sea!
(*Entra Rita y coloca sobre la mesa un
sombrero y algún adorno de la señorita.*)

CONSUELO

A la voz que te acusaba
se unió el silencio funesto
que tú . . .

FERNANDO

Bien; da por supuesto [37] 35
mi crimen. ¿Qué has hecho? Acaba.

CONSUELO

Yo . . . Yo pensé que tenía
libertad, y la he ejercido.
Ya es necesario el olvido:
ya mi voluntad no es mía. 40

FERNANDO
(*Maquinalmente.*)
¿El olvido es necesario?

CONSUELO

Sí, Fernando.

RITA

(¡Qué serena!
¡Y se desmayó de pena
cuando se murió el canario!)

CONSUELO

Yo siento dolor profundo, 45
créelo, de afligirte así,
y quisiera para ti
todos los bienes del mundo.

FERNANDO

¿Quién te compra?

CONSUELO

¡Por piedad!
Óyeme sin agraviarme. 50

FERNANDO

¡Qué buena! . . . Quiere matarme
con toda comodidad.
¡Es Ricardo! . . . Anda insultando
con su lujo, y ese tren
debe a la estafa.

CONSUELO

¿De quién 55
no se murmura, Fernando?
Ésa es costumbre notoria
de la malicia importuna,
que para cada fortuna
inventa una mala historia. 60

FERNANDO

¡Él, él me roba tu amor!
¡Yo soy presa de un horrible
delirio! . . . ¿Cómo? . . . ¿Es posible
que la estafa, el impudor, [38]
la odiosa desfachatez 65
se mofen de mi decoro,
comprándote con el oro
que despreció mi honradez?
¡Y eres tú, tú el instrumento

[37] *da por supuesto,* "assume to be true."
[38] *impudor,* "shamelessness."

con que la infamia se venga   70
de mí!

RITA

(Yo tiemblo . . . que venga
la señora . . . Voy . . .)

CONSUELO

        Me ausento
si hablas así: basta ya.

FERNANDO

No, por Dios: oye segura;
oye . . . tanta desventura   75
no puede ser, no será.
¡No te execraré, descuida,
porque desprecies en calma
el amor de toda un alma,
la fe de toda una vida!   80
Yo devoraré el desdén
que me anula de este modo,
y por darte gusto en todo
me despreciaré también.
Sólo de ti quiero hablarte;   85
¡de ti, mi dueño [39] querido!
que ni hollado ni aun vendido
puedo dejar de adorarte.
¿Y has pensado, en tu locura,
que es tan fácil prescindir   90
del amor, la fe . . . vivir
sin conciencia y con ventura?
No eres tan mala: yo siento
mejor de ti: no te ciegues;
no es posible que tú llegues   95
a tanto embrutecimiento.
El tierno afán, el cuidado
con que amor sabe halagar,
crees que no te han de faltar
porque nunca te han faltado.   100
Mas si su esposa te llama . . .
¡Oh! mátenme tus enojos;
mas no te miren mis ojos
en sus brazos . . . Ni él te ama,
ni sabe lo que es amar,   105
ni sabrá nunca . . . ¡Por Dios!
¡Ten lástima de los dos,
Consuelo! (*Cayendo a sus pies.*)

[39] *dueño,* " beloved," " darling."
[40] *impío,* " cruel," " heartless."

CONSUELO

¿A qué dilatar
un conflicto tan impío? [40]
No puedo retroceder: 110
no puedo.

FERNANDO

Y ¿esto ha de ser? . . .
¡Antonia! ¡Antonia!

CONSUELO

(*Con angustia.*)   ¡Dios mío!

ESCENA XVII

ANTONIA, RITA, CONSUELO y FERNANDO;
después LORENZO

FERNANDO

¿Ve usted esto? . . . ¿Este desdén . . .
esta traición? . . .

ANTONIA

        (¡Qué funesto
delirio!)

FERNANDO

¿Merezco? . . .

ANTONIA

        (Esto
no puede parar en bien.)

FERNANDO

Todo lo ha olvidado ya: 5
¡todo! ¡Ni aun quiere siquiera
escucharme! . . .

LORENZO

        El coche espera.

CONSUELO

Voy.

FERNANDO

¿Lo oye usted? . . . Y se va.

ANTONIA

¡Consuelo!

CONSUELO

¡Por compasión!

ANTONIA

¡Te vas con ojos serenos!   10

CONSUELO

Pero, madre . . .

ANTONIA

      ¡Dale al menos
dignidad a tu traición!

CONSUELO

(¡Si Ricardo se presenta!)
Recuerda que tu permiso
me has dado; que un compromiso   15
me obliga . . . y es muy violenta,
¡por Dios! mi presencia aquí.

ANTONIA

Pero ¿si yo te lo mando? . . .

CONSUELO
(*Con sequedad y energía.*)

¿Eres madre de Fernando,
o mía?

ANTONIA

     Y me hablas a mí . . .   20
a mí . . . (*Se desmaya.*)

FERNANDO

     ¡Cayó sin sentido!
¡Agua, Rita! (*Sale Rita.*)

CONSUELO

     ¡Madre mía!
¡Perdón! . . . ¡Perdón! ¡Qué agonía!

FERNANDO

Late; no tiembles: no ha sido . . .

LORENZO

¡Señorita!

CONSUELO

     ¿Vuelve ya?   25
¿Qué nueva desdicha aguardo?

LORENZO

El señorito Ricardo,
que sube si usted no va.

CONSUELO

No, que iré; que se detenga.
Pero y . . . (*Mirando a su madre.*)
         No: no me desvío   30
de ella.
(*Va a acercarse a ella, y al oír su voz se
detiene.*)

ANTONIA

¡Ay Dios!

CONSUELO

     ¡Gracias, Dios mío!

ANTONIA

Ya estoy bien.
(*Rita vuelve con un vaso de agua. Antonia bebe.*)

CONSUELO
(*Coge rápidamente los adornos que dejó
Rita sobre la mesa, y al salir dice:*)

     ¡Ah! ¡Que no venga!

ANTONIA

¿Y ella?

FERNANDO

     A sus pies se arrojó
llorando . . .

ANTONIA

     ¿Sí? ¿Pero dónde? . . .

FERNANDO

¡Consuelo!

ANTONIA

     No, no responde.   35

FERNANDO

¡Consuelo!

ANTONIA

     No hay duda, huyó.

RITA

Sube ai coche. (*Asomada al balcón.*)
     Está aquí.

ANTONIA

(*Deteniendo a Fernando.*) ¡Ah! ¡Ven!

RITA

Ya se alejan; ya se han ido.

FERNANDO

¡Esto es hecho! ¡La he perdido
para siempre!

ANTONIA

¡Ay, yo también!   40

ACTO SEGUNDO

Elegante despacho en el hotel de Fulgencio.
En el fondo una puerta y dos grandes ventanas sin reja, por las cuales se descubre una
galería de cristales adornada de flores y arbustos; por la izquierda de la galería hay
paso al jardín, y por la derecha al hotel contiguo de Ricardo. Dos puertas laterales: la
de la izquierda conduce al jardín y la de la
derecha al interior del hotel. A la derecha, y
en primer término, mesa con recado de escribir.

ESCENA PRIMERA

RITA; *despúes* LORENZO

RITA

(*Después de mirar alrededor.*)

Ni aquí . . . pues se pasa el día
sin verme . . . ¡Vaya una flema! (*Pausa.*)
Y esas cartas . . . ¿Con quién diablos
un lacayo se cartea?
¿Si habrá vuelto a engatusarle   5
su paisana? . . . ¡Pues si piensa! . . .
                    (*Pausa.*)
Pero ¿es posible que a mí
tal desgracia me suceda?
¡a mí, nacida en Sevilla,
en la misma Macarena,[1]   10
crïada con tanto mimo
por mi madre! ¿Habrá quien crea
que yo estoy enamorada
de un gallego?[2]

LORENZO

(*Saliendo.*)   ¡Rita!

RITA

                    ¡A buena
hora!

[1] *Macarena,* a well-known popular suburb lying north of Seville.

[2] *gallego.* The Galicians, inhabitants of the extreme N.W. portion of Spain, a hardy, thrifty and sober race largely of Celtic stock, have long been the burden-bearers for the rest of the country and the butt of universal ridicule for their supposed obtuseness. They speak a dialect of Portuguese, numerous examples of which occur here in the speech of Lorenzo. In order to facilitate, in the briefest possible form, the student's recognition of these Galicianisms, which are italicized in the text, the following deviations from Castilian usage should be noted. Most of the words fall into one of the following easily recognizable classes; others are so similar to the Spanish as to be self-evident; hence only such forms as might cause difficulty will be noted separately on their first appearance. A number of these dialectal forms are common in popular speech in other regions of Spain; e.g., *naide, ainda mais, mesmo, probe,* etc.

Among the vowels are the following peculiarities:

e = ie: ben = bien; cubertos, dormendo, festas, mentras, quero, tempo, terra.
ei = e: primeira = primera; aparcería, cadeira, veigas.
o = u: cobre = cubre; dormendo, sospiran.
o = ue: acosta = acuesta; bon, contas, corpo, folga, fontes, nostra, pode.
ou = o: dourado = dorado; emboubadiña, ouro, outro, pouco.
u = o: manu = mano; casémunos, peru, u.

Among the consonantal changes are to be observed:

f = h: desafogo = desahogo; facienda, faga, farina, fartas, fembra, fidalgas, folga, formigas.
ll = j: fillos = hijos; pallares, traballos.
r = l: branca = blanca; apacibres, arboredas, cumprida, froridas, pranchadiña, tembrando.
iño = ito, illo: angeliños = angelitos; arrugadiñas, cordeiriña, encogidiñas, emboubadiña, fontiñas, gargantiña, juntiñas, pajariños, pranchadiña, Ritiña, vaquiñas.

LORENZO

El servicio del amo . . .   15

RITA

¡Y que yo tenga impaciencia
por ver esa cara!

LORENZO

El alma
que se me sale por ella
para verte y para amarte
y hacerte mimos y fiestas,   20
bien merece tu cariño,
¡remunona! [3] ¡Quién te viera [4]
en el campo del mío pueblo
vestidita de gallega,
al modo que allí se visten   25
las rapaciñas [5] gaiteras!
¡Bien justadiño [6] el zapato,
branca y justadiña media;
saya de vivos colores
que casi cobre la pierna;   30
chambra dividida en rayas
azuladas y bermejas,
rematada en guarniciones
que tocan y juguetean
con la cintura delgada   35
y la rumbosa cadeira;
gargantiña que dichosa
por el pecho sale y entra;
cofia más limpia que el ouro,
ben pranchadiña y ben puesta,   40
como una branca paloma
que se pousa en la cabeza;
y en esas manos fidalgas
las alegres castañetas,
y oyendo de monte en monte   45
el eco de la muñeira! . . .
¡Ay, Rita!

RITA

Pierde el juicio
en hablando de su tierra.

LORENZO

Verás, cuando allí derrames
la gloria de tu presencia,   50
cómo las verdes coliñas,[7]
las fontes, las arboredas,
las flores, los pajariños,
la gaita, la pandereta,
se vuelven locos de gusto   55
y de . . . de . . . ¡Bendita seas!

RITA

Eso sí: mi galleguito,
debajo de esta corteza
tiene su azúcar en punto [8]
y su sal.

LORENZO

Hártate de ella.   60

RITA

Y ¿cómo has tardado tanto?

LORENZO

Ya digo, el amo me emplea . . .

RITA

¿Qué tiene el amo? Parece
caviloso.

LORENZO

¿Te interesa
saberlo?

RITA

Sí: porque temo   65
que también este año quiera
llevarnos de pingo, pingo
a Francia, y a Inglaterra,
y a Alemania, y . . . Todavía
me dura a mí la jaqueca   70
de tanto ferrocarril
y tanta maldita jerga
como hablaba aquella gente.

---

[3] remunona = remonona, "my pretty one."
[4] ¡Quién te viera! "Would that I could see you!"
[5] rapaciñas = rapacitas (from rapaz), "lasses."
[6] justadiño = ajustadito, "tight-fitting."
[7] coliñas = colinas, "hills."
[8] en punto, "in just the right amount."

LORENZO

No pienso que en eso piensa.

RITA

Y dime: ¿qué te decía   75
ayer con tanta reserva? . . . (*Pausa.*)

LORENZO

¿A qué fin preguntas eso?

RITA

¿Sabes tú que ya me quema
esa maña?

LORENZO

¿Cuál?

RITA

Que nunca
me respondas a derechas,   80
y a cada pregunta mía
en otra des la respuesta.

LORENZO

Meniña,[9] pólvora fina,
ven acá: ¿no consideras,
si el amo me habla en secreto,   85
que es para que no lo sepa
la gente?

RITA

¿Soy yo la gente?

LORENZO

Yo le sirvo y él me aprecia;
me quiere bien, y . . . *Tountona,*
el buen servicio es moneda.   90
¿Te pregunto yo del ama?

RITA

Pregunta, que acá se juega
limpio, ¿estás? Hoy me ha enviado

a que pagase una cuenta
a su florista.

LORENZO

¿En la plaza   95
de Santa Ana?[10]

RITA

Y a la tienda
de su joyero.

LORENZO

¿El que vive? . . .

RITA

El que vive en la Carrera[11] . . .

LORENZO

¿Fuiste andando?

RITA

En coche.

LORENZO

¿En coche
de alquiler?

RITA

¿Qué cara es ésa?   100

LORENZO

Yo fuí cochero de plaza[12]
antes de tener librea. (*Pausa.*)
¿Y luego fuiste a la calle
Ancha?[13]

RITA

No: vivo en la estrecha.
¿Tú te has propuesto quemarme   105
la sangre?

LORENZO

Vaya, recuerda.
Yo lo sé *toudo.*

---

[9] *Meniña = Niña.*
[10] *plaza de Santa Ana,* now called Plaza del Príncipe Alfonso, situated in the central part of the city, east of the Plaza Mayor.
[11] *Carrera,* i.e., the Carrera de San Jerónimo, one of the principal arteries leading east from the Puerta del Sol, and the most fashionable shopping street in the city.
[12] *cochero de plaza,* " public hackman," " cabman."
[13] *la calle Ancha,* i.e., la calle (Ancha) de San Bernardo, a long street leading to the University quarter, in the N.W. part of the city. Rita puns on the word *ancha,* " broad."

RITA

(*Remedándole.*) Pues dilo
toudo.

LORENZO

Me encontré a Pereira
que bajaba de vacío
con el alquila derecha.[14]　　　110
«¿Qué hay?» le dije. «¡En ese hotel
he descargado una *fembra*! ...
¡Buena! ...» Y acá señalaba.
Y añadió que fué con ella
al puesto de una florista,　　　115
y a la tienda de Ansorena.
Y después ... ¿Por qué callabas
la *terceira* diligencia?
Llevóte a la calle Ancha
de San Bernardo; a la puerta　　　120
de la casa donde vive
don Enrique, el que frecuenta
el trato de don Fulgencio
y de su mujer, y te echa
requiebros,—yo los he oído,—　　　125
siempre que sola te encuentra.
«¿Y estuviste mucho tiempo?»
le pregunté, y él contesta:
«Una hora muy cumplida
allí descansó la bestia.»　　　130

RITA

¿Y piensas? ...

LORENZO

¿Por qué ocultabas
la diligencia *terceira?*

RITA
(*Aparentando serenidad.*)

Si usted, señor don ... gallego,
siente la antigua querencia
por Antera, su paisana,　　　135
con quien ahora se cartea
diariamente, no me opongo,
lo aplaudo.

LORENZO

Ni esas esquelas
que yo recibo son suyas,
ni tratan de esa materia.　　　140

RITA

Usted tiene sus ahorros;
ella, aunque moza soltera,
tiene oficio productivo ...

LORENZO

Mientras yo claro no vea ...

RITA

Y casados ...

LORENZO

No me caso　　　145
contigo ni con Antera.

RITA

Si Antera es ama de cría,[15]
¿no has de casarte con ella,
regallego?

LORENZO

¡No me dejo
embaucar! ...

ESCENA II

ANTONIA, CONSUELO y RITA

ANTONIA

Estará llena
la sala. Luego entraré.

CONSUELO

Rita: ¿qué cosa era aquella
que ibas a decir? ...

RITA

¿Yo? ¿Cuándo?

CONSUELO

Hoy: te quedaste suspensa　　　5
cuando el señorito entró
a verme.

[14] *de vacío ... derecha,* "empty (without passengers), and with his 'for hire' sign displayed."
[15] Many Galician girls still find this the most profitable profession to follow.

RITA

¡Ah! Que la florera
me dijo que el señorito
la llamó a la portezuela
del coche para encargarle   10
flores.

CONSUELO

(*Con alegría.*) ¿Sí?

RITA

Muchas y frescas.

CONSUELO

Vé y bájate aquel estuche
que trajiste.

RITA

(Estaré alerta:
si le traen carta, la apaño.)

CONSUELO

¿No vas?

RITA

(¡Si es de la gallega!)   15

ESCENA III

ANTONIA y CONSUELO

CONSUELO

(¡Se acuerda, sí!)

ANTONIA

¿Qué meditas?

CONSUELO

Nada . . . Caprichos, quimeras,
que a veces como desgracias
positivas atormentan.
Hoy es . . . Voy a revelarte   5
un secretillo.

ANTONIA

Pues venga.

CONSUELO

Siempre celebró Fulgencio
con el gusto que hoy celebra
los días de su Facunda.

Bien lo recuerdo, que es fecha   10
memorable.
(*Movimiento de sorpresa en Antonia.*)
En este día
hice solemne promesa
de unirme . . . Facunda sólo
fué testigo de esta escena.
Nada te dije . . .

ANTONIA

Comprendo.   15

CONSUELO

Ricardo siempre recuerda
esta fecha, y me regala,
y hasta Facunda me obsequia
con algún recuerdo. Este año
no daba Ricardo muestras   20
de que pensase . . . Yo estaba
consumida de impaciencia;
y ofuscándome por grados,
hasta pensaba hallar pruebas . . .
¡Ah, madre! La primer duda,   25
¡qué de fantasmas engendra!

ANTONIA

¡Niña! . . .

CONSUELO

No: Rita me ha dicho,
disipando mis sospechas,
que él en persona ha encargado
las flores.

ANTONIA

Vaya, que sea   30
para bien.

CONSUELO

También yo tengo
preparada mi fineza.
Pasó la nube, y aquí
me tienes ya tan contenta.

ANTONIA

Pues mira, niña: el olvido   35
de esa fecha novelesca
y memorable, era asunto
para una broma ligera,
y nada más. No violentes

a tu esposo; no pretendas
que perfecto corresponda
a tu fantástica idea.
Ámale; ten confïanza
en tu virtud, en tus prendas,
y deja que obre espontáneo,   45
como su amor le sugiera.
Di, ¿no te empalagan esos
recién casados que, en fuerza
de mimarse tanto, dan
al matrimonio apariencia   50
de unión ilícita? Halagos,
delirios en la primera
temporada; luego hastío
y frialdad, que degeneran
en recíprocas traiciones   55
y en cínica indiferencia.
La otra noche cometiste
una falta . . .

CONSUELO

¡Yo!

ANTONIA

Tremenda.

CONSUELO

¿Cuándo?

ANTONIA

Cuando dió el concierto
Fulgencio, para que oyera   60
su tertulia a esa cantante,
esa Abelina o Abela.

CONSUELO

Es verdad.

ANTONIA

Pocos notaron,
por fortuna, la imprudencia.

CONSUELO

¿No viste? . . . Todo el concurso   65
palmoteaba; mas ella
a Ricardo dirigía
la inclinación de cabeza;
siempre a él, como ofreciéndole
la ovación. Y ¡qué risueña   70
le habló después! ¡Cuánto tiempo

duró la charla! ¡Y aquellas   40
miradas alegres, fijas
y fijas, y más intensas
cada vez! . . . ¡Me pareció   75
que allí brotaba una hoguera
en que se estaba abrasando
mi amor, mi dicha, la hacienda
del alma! Vino en seguida
a hablarme; dí media vuelta: 80
no pude más; la dejé
con su risa contrahecha
en la boca, y su mirada
dulzona, mas no tan tierna
como otras que había fijado   85
en él.

ANTONIA

Con ojos de hiena
te siguió.

CONSUELO

Me lo figuro.

ANTONIA

Pues si tanto te molesta
que hable Ricardo a las gentes,
¿para qué buscas y anhelas   90
las reuniones? ¿Para dar
al mundo función perpetua
de amor conyugal? Pensaba
que el tuyo a Ricardo era
un amor . . . más reflexivo,   95
más sujeto a la prudencia.

CONSUELO

Es verdad: le dí mi mano
sin amarle. Su soberbia
posición, su tren, su lujo
resucitaron las muertas   100
memorias de mi colegio:
recordé mis opulentas
amigas; puse la mira
en igualarme con ellas.
En vano continuamente   105
me acusaba mi conciencia,
recordando la ternura
de Fernando y mis promesas.
Yo me alegré de que ausente
sus cartas interrumpiera,   110

y ví con gusto aquel lance
y la feliz coincidencia
de los nombres; y avanzando
inflexible, y sorda, y ciega
al propio remordimiento   115
y a su dolor y a tus quejas,
me casé; sí, me casé
sin amor. ¡Hoy me sujeta,
hoy me manda, madre mía,
más de lo que yo quisiera!   120
No he tenido que apelar
al deber que ya me ordena
tenerle amor. Los arranques
de su condición resuelta;
el contraste que formaba   125
su altivez con la modestia
del silencioso retiro
donde viví; la vehemencia
con que supo arrebatarme
casi de la misma iglesia;   130
su entereza; su dominio
de sí; su pasión espléndida,
que no hay capricho en mi mente
que en realidad no convierta;
todo me apasiona. Y . . . mira,   135
si he de decirte completa
la verdad, yo siento y toco
que, a pesar de su violenta
pasión, Ricardo en su pecho
algo para sí reserva;   140
algún rincón donde vive
solo, donde no penetra
mi ternura, donde guarda
su indómita independencia.
Mi amor crece y se fatiga   145
por romper esta barrera,
por dominar este punto
rebelde, para que sea
la posesión de las almas
tan igual como perfecta.   150

ANTONIA

Ese afán . . .

CONSUELO

Oigo su voz . . . (*Levantándose.*)

ESCENA IV

DICHAS, FULGENCIO y RICARDO

FULGENCIO

¡Señoras! . . . ¿por qué no entran?

RICARDO

¡Amada suegra!

ANTONIA

¡Jesús!
Esas palabras reniegan
de verse juntas. Suprime
lo de amada o lo de suegra.   5

CONSUELO

¿Has visto a Facunda?

RICARDO

No.
Hemos estado hora y media
Fulgencio y yo en mi despacho
examinando esa empresa
Los dos Continentes. Chica,   10
¡gran porvenir!

FULGENCIO

(*A Antonia.*) ¡Qué pareja
tan bizarra! . . . Me deleito,
como en mi obra maestra,
en la suerte de estos chicos.
Yo tengo muy buena estrella,   15
muy buena sombra, vecina,
y en torno mío prospera
todo el mundo. ¿Y qué tal vamos
de salud?

ANTONIA

No estoy muy buena.

FULGENCIO

¿Cómo es eso?

ANTONIA

Mis achaques.   20
Su buena sombra no reza
conmigo.

CONSUELO

(*A Antonia.*) ¿No entramos?

ANTONIA

Antes
quisiera dar una vuelta
por el jardín.

RICARDO

Voy a ver
a Facunda, y, como pueda,   25
iré a buscarlas.

ESCENA V

ANTONIA, CONSUELO y FULGENCIO

FULGENCIO

Y yo,
si no hay gente de etiqueta
que me lo impida.
(Se dirige a la puerta, y vuelve.)
Esta noche
les preparo una sorpresa.

ANTONIA

¿Agradable?

FULGENCIO

¡Ya lo creo!   5

CONSUELO

¡Qué! ¿Vuelve a cantar Abela?

FULGENCIO

Viene a comer con nosotros . . .

CONSUELO

¿Quién?

FULGENCIO

Fernando.

ANTONIA

(Con alegría.)   ¿Sí?

CONSUELO

(Con sencillez.)   Que venga.

ANTONIA
(Incomodándose por grados.)

Mire usted, porque le estimo

como a un hijo, no quisiera . . .   10
y usted, que lo sabe todo,
no sé yo cómo se empeña
en que . . .

FULGENCIO

¡No desafinemos,
por Dios!

ANTONIA

Para mí es tan nueva
la música que usted toca,   15
que no es extraño que pierda
el compás.

FULGENCIO

Pues no hay motivo,
vecina. Fernando lleva
la dirección de un negocio,
de esa sociedad inglesa   20
que se titula Los dos
Continentes: ¡gran idea!

CONSUELO

Pues Ricardo . . .

FULGENCIO

Pertenece
al Consejo. De Inglaterra
mandaron su nombramiento   25
y el mío : sí, nadie intenta
ningún negocio en España,
en no contando con ciertas
personas. En el Consejo
trata a Fernando y alternan.[16]   30
¿Qué se opone? ¿Sabe usted
que el tal Fernando se eleva? . . .
Fué a Londres por material
para su línea, y empieza
a tratar ingleses. Luce,   35
porque la tiene, su ciencia;
y como es tan formalote,[17]
y sabe el inglés, y piensa
seriamente, se ganó
la confïanza completa . . .   40

ANTONIA

¡Oh! ¡Bien la merece!

[16] trata . . . alternan, " he associates with Fernando and they are on friendly terms."
[17] formalote, " strictly (almost excessively) honorable."

FULGENCIO

Luego
tuvo la buena ocurrencia [18]
de esta industria . . .

ANTONIA

¿Y qué es?

FULGENCIO

La cosa
más sencilla y más soberbia.
Nuestro azúcar de la Habana,   45
esa producción inmensa,
se refina en los Estados
Unidos, que sacan de ella
más producto [19] que nosotros.
Fernando halló la manera   50
de establecer los refinos
en España, y de que vengan
acá millones de pesos
que en tierra extraña se quedan.
Esto, ayudado del cambio   55
de producciones diversas
entre los dos continentes . . .
¡Le digo a usted que la empresa! . . .

CONSUELO

¿Ves, madre? También Fernando
será feliz.

ANTONIA

¡Dios lo quiera!   60

FULGENCIO

¡Buen ánimo! Todavía
he de curar las dolencias
de usted. Hasta luego.

CONSUELO

Este hombre
a todos ama de veras.
¡Es tan benévolo! . . .

ANTONIA

Sí;   65
tiene una benevolencia . . .
corrosiva. Ven.

CONSUELO

Espero.
Ya iré. (*Vase Antonia.*)
Que no andes de priesa,
que te hace mal. Esa Rita,
¿en qué se entretiene? ¡Bella   70
edición!
(*Examinando un libro que hay sobre la
mesa.*)

ESCENA VI

CONSUELO y RITA

(*Sale Rita, procurando entender una
carta que trae en la mano.*)

CONSUELO

Fotografías
de los lienzos y acuarelas
de Fortuny.[20] He de comprarla.
¡De Goupil! [21]

RITA

¡De la gallega! . . .
No hay duda. (*Lee.*) « Gradisco mol-
to [22] . . .»   5
¿Mucho granizo? . . . ¡Y tormenta!
(*Lee.*) « Il rico . . . rico . . . ricordo . . .»
¿Quién entiende esta monserga?
(*Lee.*) « Bei fiori . . .» ¿Bei? . . . Dirá
buey.
¡Y si se casa con ella! . . .   10

CONSUELO

¿Rita?

RITA

Tome usted.
(*Le entrega un estuche pequeño.*)

---

[18] *ocurrencia,* " idea."
[19] *producto,* " profit."
[20] *Fortuny,* a noted Catalan painter (1838–1874).
[21] *Goupil,* a well-known French portraitist and genre painter (1839–1883).
[22] *Gradisco molto.* These and the following Italian words, which Rita mistakes for Galician, mean, *Mucho agradezco el recuerdo. Bellas flores.*

CONSUELO

¿Ya es hora
de venir?

RITA

Si usted quisiera,
señorita . . .

CONSUELO

¿Qué hay?

RITA

Usted
que entiende todas las lenguas,
¿entiende usted el gallego?   15

CONSUELO

¿Qué dices? ¿Estás inquieta?
¿Qué te pasa?

RITA

¡Ay, señorita,
es la partida más perra [23]
y más vil! . . . No hay que fiarse
de ninguno . . . Si no fuera   20
porque vergüenza me da
de que la gente me vea
llorando por un gallego,
hoy reventaba [24] de pena.

CONSUELO

¿Qué es ello?

RITA

Lorenzo . . .

CONSUELO

¿Habéis   25
reñido?

RITA

¿Pues no se empeña
en que al hacer los encargos
del platero y la florera
he visitado también,
¡habrá animal! [25] . . . a ese que entra   30
en casa de don Fulgencio?

¡A don Enrique! Por fuerza
reñimos. Yo que tenía
mi escama al ver la frecuencia
con que recibe cartitas . . .   35

CONSUELO

¿Él?

RITA

Él; logré coger ésta,
que es de Antera, su paisana,
porque está en gallego.

CONSUELO

Muestra.
(*La coge, y después de leer para sí las dos
primeras palabras, dice con sencillez:*)

¿Qué gallego? . . . Es italiano.

RITA

¿Sí?

CONSUELO

(*Va a leer la carta, y se detiene dominada
por un siniestro presentimiento.*)

(No me atrevo a leerla.)   40
Vete . . . No es para Lorenzo
la carta . . . (*La lee para sí.*)

RITA

(¡Ya estoy contenta!
Mas ¿quién le saca del morro
la tercera diligencia
que me achaca? Que lo indague   45
o que reviente. ¿Habrá bestia?)

ESCENA VII

CONSUELO; *después* ANTONIA

CONSUELO

¡No me engañé! Su traición
(*Con desaliento.*)
manifiesta. No tenía
que leerla . . . Ya la había
leído mi corazón.

---

[23] *la partida más perra,* " the meanest trick."
[24] *reventaba = reventaría.*
[25] *¡habrá animal!* " was there ever such a brute! "

ANTONIA

Pero ¿no sales de aquí?   5
¿No vienes?

CONSUELO

¡Madre del alma!
(*Arrojándose en sus brazos.*)

ANTONIA

¿Qué es esto?

CONSUELO

¡Me vende!

ANTONIA

¡Calma,
por Dios!

CONSUELO

¡Me vende!

ANTONIA

Habla: di . . .

CONSUELO

(*Mostrando la carta.*)
De Abela . . . de esa . . .

ANTONIA

Ya sé.

CONSUELO

A Ricardo se la envía . . .   10

ANTONIA

¿Y es una prueba, hija mía? . . .

CONSUELO

Oye . . .
(*Va a leerla, y se detiene para enjugarse
los ojos.*)
¡No sé si podré!
(*Lee.*) « Mucho agradezco el recuerdo.—
Hermosas flores.—Temo que al fin habré
de cantar en el concierto del Marqués del
Monte. Supongo que allí nos veremos.»
Ya ves, ¡hoy, precisamente
hoy, este dardo me clava!
Las flores que yo aguardaba   15
eran para . . . ¡Ah! Voy . . .

ANTONIA

¡Detente!
¿Qué intentas?

CONSUELO

¡No es justo, no,
que intercepte esta misiva;
y a fin de que la reciba
voy a entregársela yo!   20

ANTONIA

¡Ni una palabra, ni un grito! . . .
¡Por Dios, hija, que no parta
de ti! . . . Ni está en esa carta
tan probado su delito.
Son obsequios inocentes   25
dar flores a los artistas . . .

CONSUELO

(¿Qué haré?)

ANTONIA

Tú misma . . .

CONSUELO

No insistas,
no me engañas; no le intentes.
Yo tengo la culpa, sí,
la tengo. Está ese traidor   30
tan seguro de mi amor,
que no se acuerda de mí.
¿Quién duda que ni un momento
me olvidara, si le diera
a probar algo siquiera   35
de este placer que ahora siento?
¡Oh! Yo diré al fementido . . .

ANTONIA

¿Qué?

CONSUELO

¿Pides que no le ultraje?

ANTONIA

Que mi hija no se rebaje
hasta ultrajarle; eso pido.   40
¿Cómo quieres que no impida
que suene en lucha afrentosa
con el nombre de su esposa

el nombre de su querida,[26]
si después de esa cuestión   45
quedaréis, en realidad,
tú con menos dignidad,
él con menos sujeción?
Bien sé que en este momento
de dolor y de arrebato   50
te parecerá más grato
el recurso más violento;
mas nunca llegues a usar
las armas de la violencia:
obrar bien; prestar paciencia;   55
tenerle amor, y esperar.
Será terrible destino,
será suerte desgraciada;
pero una mujer honrada
no conoce otro camino.   60
Créeme: ninguna triunfó
sin abnegación y calma.[27]

CONSUELO

Y ¿quién se queda en el alma
con esta flecha? ¡Yo no!

ANTONIA

(¿Cómo haré?) Libre te dejo: 65
él con prevención injusta,
cuando algo en ti le disgusta,
dice que yo lo aconsejo.
Me increpará: no podré
seguir viviendo a tu lado ...   70

CONSUELO

¡No, madre! Pierde cuidado:
yo callaré; callaré.

ANTONIA

(¡Infeliz!) Ven. Yo confío
que si juzgas advertida
el caso ...

CONSUELO

Y ¡con esta herida   75
sufrir y callar, Dios mío!

ESCENA VIII

DICHAS y FULGENCIO, *que oye las últimas palabras; después* RICARDO

FULGENCIO

¿Qué es esto? ...

ANTONIA

Ya usted lo ve:
que llora.

FULGENCIO

Pues no adivino ...

ANTONIA

La buena sombra, vecino,
la buena estrella de usté,
que hoy no parece que está   5
en su mejor inflüencia.

FULGENCIO

¿Yo? ...

RICARDO

¿Vamos?

CONSUELO

(*Levantándose.*) (En su presencia
no podré ...) ¿Vamos, mamá?

ESCENA IX

FULGENCIO y RICARDO

(*Se miran un momento sorprendidos.*)

RICARDO

Partió lo mismo que un rayo
al verme. ¿Qué hay?

FULGENCIO

Mar de fondo.[28]
Si el lacayo ...

RICARDO

No: respondo
de la lealtad del lacayo.

---

[26] *¿Cómo quieres ... querida?* "How can you expect me not to try to prevent the name of his mistress from being linked in shameful rivalry with the name of his wife?"

[27] For an almost exaggerated defense of this theory, cf. the play of Luis de Eguílaz, *La cruz del matrimonio* (1861).

[28] *Mar de fondo,* "Heavy sea," "A storm brewing."

FULGENCIO

¿Si habrá pasado revista   5
a tu escritorio?

RICARDO

No temo.

FULGENCIO

¿No hay cartas?

RICARDO

Todas las quemo.
Yo no soy coleccionista
de ternezas.

FULGENCIO

Pues, Ricardo,
aquí ha habido algún tropiezo.   10
¿Te hicieron el aderezo
igual al suyo?

RICARDO

Lo aguardo.
Pronto estará concluído.

FULGENCIO

Hombre, ¿quién llega a entregar? . . .

RICARDO

Pero ponte en mi lugar: 15
Abela . . .

FULGENCIO

¡Chist!

RICARDO

Ya se han ido.
La noche que aquí cantó
se humanó por vez primera,
y hasta me dió la pulsera
que el Marqués le regaló.   20
El gustillo de vencer
a saborear empiezo,
cuando exclamó: «¡Qué aderezo
tan lindo el de tu mujer! . . .»
Yo repliqué desdeñoso: 25
«Poco vale»; y no mentía;
pero ella insiste y porfía
en que es muy lindo y precioso.

Y como tanto insistió,
dije: «No lo alabes más: 30
otro idéntico tendrás
mañana mismo.» Aceptó.
Francamente, yo creía,
como era cosa ligera
el aderezo, que hubiera   35
otro igual. Pues no lo había.
Y, puesto en apuro tal,
para salir del empeño,
mandé sacar un diseño
y entregué el original.   40

FULGENCIO

Si nota . . .

RICARDO

No tengas pena:
le diré que tú lo tienes,
porque a Facunda previenes
otro igual.

FULGENCIO

Hombre, ¡qué buena
ocurrencia! ¡Conque yo   45
otro regalo he de hacer! . . .

RICARDO

Pregúntale a tu mujer
si es buena ocurrencia o no.

FULGENCIO

Por eso no quedas mal.
Pero esa Abela y su halago   50
pueden hacer un estrago
en tu fama y tu caudal.

RICARDO

No temas tales reveses.
Yo nunca suelto la rienda,
y gasto de alma y hacienda   55
no más que los intereses.
Nunca llegan mis dispendios
al capital: tengo calma
interior, y hacienda y alma
aseguradas de incendios.   60

FULGENCIO

Consuelo . . .

RICARDO

Tan de verdad
la quiero, que aún no me ha hastiado
el amor desatinado
que me tiene.

FULGENCIO

¡Qué bondad!
Joven, hermosa . . .

RICARDO

Excelente;   65
con gracia y entendimiento;
la hice, y no me arrepiento,
mi mujer . . . perpetuamente.
Mas si celosas pasiones
exaltan su fantasía,   70
y se convierte en espía
y en fiscal de mis acciones,
y me atosiga e increpa
por la apariencia más leve . . .

FULGENCIO

Si llega a saber . . .

RICARDO

Pues debe   75
(Con mucha energía.)
ignorarlo, aunque lo sepa.

FULGENCIO

Mira, mira: eres testigo
del gozo particular
con que ayudo al bienestar
y al deleite de un amigo.   80
Mas si surgen incidentes
de drama, y tú te alborotas,
y ella se irrita, y hay notas
desafinadas, no cuentes
con mi apoyo.

RICARDO

¡Hombre, por Dios! . . . 85

FULGENCIO

Pues bien: acepta un remedio.

RICARDO

¿Cuál es?

FULGENCIO

Poner tierra en medio.[29]
La empresa de que los dos
somos consejeros tiene
hoy en París importantes   90
negocios . . .

RICARDO

Sí, y apremiantes;
y está acordado y conviene
que uno de nosotros parta . . .

FULGENCIO

Hoy pensaba proponerte
a Fernando.

RICARDO

¿Sí? (¡Qué suerte!)   95

FULGENCIO

Ya tengo escrita la carta
credencial. Él va a venir.

RICARDO

¿Y firmará?

FULGENCIO

De seguro.
Pero tú, ¿te irás?

RICARDO

Lo juro.

FULGENCIO

¿Te irás?

RICARDO

¿Pues no me he de ir?   100
¡Si a París se marcha Abela!

FULGENCIO

¡Demonio!

RICARDO

Y tiene interés
en que la acompañe un mes . . .

[29] *Poner tierra en medio,* " Put ground between you," " Get away from her."

FULGENCIO

Pues digo . . .

RICARDO

Y tanto lo anhela,
que si hoy mismo puntual   105
mi decisión no le advierto,
dice que dará un concierto
en casa de mi rival.
¡Oh! Tú eres mi providencia.
Sácame la comisión,   110
y entonces ya la excursión
no es convenio, es coincidencia.
Y me puedo ir y volver
sin que censuras severas . . .
¿Ves, hombre? . . . ¡Si aunque no quieras,
me tienes que proteger! . . .   115
Ayudabas mi aventura
cuando tú estabas pensando . . .
Oigo la voz de Fernando
ahí dentro . . . Por Dios, procura . . .   120
haz que el nombrado sea yo.

FULGENCIO

Pues dígole a usted que el cuento . . .

RICARDO

O me voy sin nombramiento,
y el escándalo . . .

FULGENCIO

Eso no.
No, por Dios. En mí confía.   125
Pero has de restablecer
la paz. Hoy que mi mujer
celebra . . .

RICARDO

Cierto, y la mía . . .
¡Ah! Ya la causa comprendo
de su enojo extraordinario.   130

FULGENCIO

¿Cuál es?

RICARDO

Cierto aniversario
que había olvidado.

FULGENCIO

Corriendo
tranquilízala.

RICARDO

Y si tiene
algún recelo de Abela . . .

FULGENCIO

Vé . . .

RICARDO

Sí; cualquier bagatela   135
dispondré . . . Fernando viene.

ESCENA X

FERNANDO y FULGENCIO

FULGENCIO

¡Oh, Fernando!

FERNANDO

¿Cómo va?

FULGENCIO

¡Hombre, que sea menester
que te escriba mi mujer
para que vengas acá!

FERNANDO

Mis asuntos, mis desvelos . . .   5
¡Vives muy bien! (Mirando al jardín.)

FULGENCIO

Bien vivimos.
Ricardo y yo construimos
estos hoteles gemelos.
Jardín en comunidad,
y lo demás separado.   10

FERNANDO

¿Viven? . . .

FULGENCIO

En éste de al lado.
Es toda la vecindad
de amigos. Aquí reúno
concurso muy escogido.
Tú faltabas, has venido,   15
ya no me falta ninguno.

FERNANDO

Yo ni visito, ni sé . . .

FULGENCIO

Pues vida nueva, Fernando.
Ahora me estaba ocupando
en aquel asunto . . .

FERNANDO

¿En qué? 20

FULGENCIO

Que pensara me encargaste
qué individuo del Consejo
sabrá con mejor despejo
tratar en Francia . . .

FERNANDO

¿Y pensaste? . . .

FULGENCIO

Sí tal.

FERNANDO

¿Y quién?

FULGENCIO

Juzgo yo 25
que Ricardo es la persona . . .

FERNANDO

Pero ¿él con gusto abandona
su . . . su casa?

FULGENCIO

¿Por qué no?
Toma con gran interés
los negocios.

FERNANDO

No se duerme. 30

FULGENCIO

A otra cosa. Vas a hacerme
un gran favor.

FERNANDO

Y ¿cuál es?

FULGENCIO

La plaza que aún no has provisto,
la de segundo letrado,
para Enrique Maldonado 35
la pretendo: es hombre listo
y capaz; y esto mi esposa
me pide con gran instancia,
que es amiga de la infancia
de su familia, y me acosa, 40
y . . . chico, no hay quien posea
tranquilidad ni placer
en tanto que su mujer
no alcanza lo que desea.
A prevención [30] tengo allí 45
las credenciales escritas
de ambos. Firmas, y acreditas
tu amistad . . . ¿Qué miras?

FERNANDO

(*Mirando hacia el jardín.*) Sí . . .
¡Antonia! . . . ¡Pobre mujer! . . .
¡Qué desmejorada está! 50

FULGENCIO

También Consuelo andará
por el jardín. A comer
vendrán las dos.

FERNANDO

(*Con gran sorpresa.*) ¡Las dos vienen! . . .

FULGENCIO

¿Qué significa ese espanto?

FERNANDO

¿No hay causa?

FULGENCIO

No para tanto. 55
¡Qué! ¿temes que te envenenen?

FERNANDO

Pues, Fulgencio, aunque me pesa
burlar tan dulces intentos,
ni firmo los nombramientos
ni os acompaño a la mesa. 60

[30] *A prevención,* " In anticipation," " Just to be forehanded."

FULGENCIO

¿Cuándo serás servicial
y complaciente conmigo?

FERNANDO

¿Cuándo, dulcísimo amigo,
tendrás sentido moral?

FULGENCIO

¿Procurar la unión, la calma   65
y el bienestar de las gentes? . . .

FERNANDO
(*Interrumpiéndole.*)

Pero, hombre, ¡que nunca cuentes
con el corazón ni el alma!
¿Quieres que acepte el convite
con sonrisa de placer;   70
y a fin de que esa mujer
ni se alarme ni se agite,
quieres que tanta amargura
dentro de mi pecho guarde,
siendo cómplice cobarde   75
de mi propia desventura?
O al ver tanto testimonio
como la fama publica
de que el crimen rectifica
errores del matrimonio,   80
¿quieres que acechando esté,
mendigo de torpe amor,
por ver si logro traidor
lo que honrado no logré?
¿Quieres que mi abatimiento   85
dé disculpa a su traición,
y mi propia humillación
calme su remordimiento?
¡No! ¡Deja que la importune
la conciencia, que la hiera;   90
deja que exista siquiera
este lazo que nos une!

FULGENCIO

¿Estás loco? ¿Quién, ni cuándo? . . .

FERNANDO

Adiós, adiós.

FULGENCIO

¿Ni aun te quedas?

FERNANDO

Discúlpame como puedas.   95

CONSUELO

¿Fulgencio? (*Entrando.*)

FERNANDO

¡Esa voz!

CONSUELO
(*Entra sorprendida y cortada.*)
¡Fernando!

ESCENA XI

CONSUELO, FERNANDO y FULGENCIO

FULGENCIO
(*Notando la turbación de los dos, y riendo.*)

¡Jesús! . . . ¡Qué ridiculez!
¡Vaya un paso divertido!
¿No os conocéis? ¿No habéis sido
amigos de la niñez?
Pues con gran placer oía (*A Fernando.*)
tus triunfos hace un momento.   6

CONSUELO

Y lágrimas de contento
mi pobre madre vertía. (*Pausa.*)
Pero si estaban tratando . . .
Si estorbo . . .

FULGENCIO

¡Qué desatino!   10

CONSUELO

Quisiera saber, vecino . . .
Con tu permiso, Fernando.
(*Pasa al lado de Fulgencio.*)
¿Es verdad que da un concierto
el Marqués del Monte?

FULGENCIO

Sí.
Digo, eso dicen; a mí   15
aún no me ha invitado.

CONSUELO

(*Con amargura.*)   (¡Es cierto!)

FULGENCIO

Facunda sabrá mejor . . .
Saluda. (*Aparte a Fernando.*)

CONSUELO

(¿Cómo evitar? . . .
¡Si yo pudiera abrasar
en celos a aquel traidor!   20
Éste sólo, éste podría
inquietarle.) ¿Conque hoy
comes aquí?

FERNANDO

No: me voy.

CONSUELO

Vecino, pues yo creía . . .

FULGENCIO

Tiene que hacer, pero aún trato . . .   25

CONSUELO

Pues, Fernando, que nos veas
antes de irte; que no seas
ingrato.

ESCENA XII

FERNANDO *y* FULGENCIO

FERNANDO

¡Me llama ingrato!
¿Has oído? . . . ¡Ingrato a mí!
¡Ingrato!

FULGENCIO

No tal: si fué . . .

FERNANDO

¿Por qué no me fuí? ¿Por qué
la escuché? . . . ¿Por qué la ví?   5
(*Cae desolado en una silla, cubriéndose el
rostro con las manos.*)

FULGENCIO

Tú que tienes tanta calma,
tanto valor, no acrecientes . . .

FERNANDO

Sí; ¡pero son más valientes
los que han nacido sin alma!

¡Qué pronto se recobró!   10
¿La viste? . . . ¡Y yo, conmovido,
temí perder el sentido
cuando a mi lado pasó!

FULGENCIO

Ese aislamiento enfadoso
en que te encierras, agrava   15
tu pasión.

FERNANDO

Yo recordaba
su proceder cauteloso,
su crueldad, su engaño atroz;
cómo me hirió, de qué modo
me trató; mas todo, todo   20
al encanto de su voz
huía, y en su lugar
iban ganando mi ser
su costumbre de vencer
y mi costumbre de amar.   25

FULGENCIO

¿Tan pronto rindes la palma?

FERNANDO

¡Desde niña la he querido,
y a un mismo tiempo ha crecido
en el mundo y en mi alma!
Yo . . .

ESCENA XIII

DICHOS *y* LORENZO

LORENZO

Señor . . . (Hay dos señores.)

FULGENCIO

Di.

LORENZO

Mi amo pretende . . .

FULGENCIO

¿Qué?

LORENZO

Que la señora de usté
le preste un ramo de flores

hoy mismo; y es necesario   5
que mi ama no lo entienda
ni lo atisbe.

FULGENCIO

(Ni comprenda
que olvidó el aniversario.
Éste cubre la apariencia,
y aquél de amor desvaría.)   10
Bien.

LORENZO

(¿Y por qué callaría
la *terceira* diligencia?)

ESCENA XIV

FERNANDO y FULGENCIO

FULGENCIO

¿Ves, Fernando? Es un abismo
el corazón. Hoy te abrasas
por ella . . . Pues si te casas,[31]
quizás te pase lo mismo
que a Ricardo.
(*Fernando lo mira con sorpresa.*)
      Ya es sabida   5
la historia.

FERNANDO

¿Cuál?

FULGENCIO

Es amante
de Abela.

FERNANDO

¿De esa cantante? . . .

FULGENCIO

De ésa.

FERNANDO

¿La ama?

FULGENCIO

Es su querida.

FERNANDO

¿A Consuelo es desleal?

FULGENCIO

¡Qué diablos, sí!

FERNANDO

¿Y ella ignora? . . .   10

FULGENCIO

Yo no lo sé; pero llora
su rigor.

FERNANDO

(*Con ira.*) ¿La trata mal?

FULGENCIO

¡Quiá! . . . No: le da cuanto anhela;
es generoso y cortés;
mas quiere pasar un mes   15
en París con esa Abela.
Por esto . . .

FERNANDO

¡Quiere marchar! . . .

FULGENCIO

Tras ella se quiere ir.
Yo te ruego, por cubrir
la apariencia y evitar   20
las censuras, que le demos
la misión . . .

FERNANDO
(*Pasándose la mano por la frente y muy
abstraído.*)

(¡Abandonada!)

FULGENCIO
(*Reparando en su turbación.*)

¿Qué tienes, chico?

FERNANDO

No, nada . . .

RICARDO

Señores . . . (*Entrando.*)

FULGENCIO

(*A Fernando.*) Luego hablaremos.

---

[31] *si te casas* = *si te hubieras casado; pase* = *pasara* (*pasaría*).

ESCENA XV

DICHOS y RICARDO; *después* CONSUELO

RICARDO

Fernando, muy bien venido.

FERNANDO

Gracias.

RICARDO

¿Firmó? (*Aparte a Fulgencio.*)

FULGENCIO

No ha firmado.
Ahora le hablaba . . .

RICARDO

Después
hablaré a usted de los varios
asuntos que hay que tratar   5
en París.

FERNANDO

Sí: más despacio
hablaremos. Hoy no puedo . . .

FULGENCIO

Hoy no puede acompañarnos.

RICARDO

¿No?

FERNANDO

Tengo que hacer . . . ¡Señores! . . .

CONSUELO

Pero ¿te marchas, Fernando,   10
sin saludar a mi madre?
En el jardín inmediato
está; ven: tiene noticia
de que has venido, y acaso
la pobre aguarda impaciente   15
tu visita.

ESCENA XVI

DICHOS y LORENZO

LORENZO

De un lacayo
del señor Marqués del Monte.
(*Entrega una carta a Ricardo.*)

CONSUELO

¿De quién?

FERNANDO

Sí, ¿cómo excusarlo?
(La veré, me iré . . .)

FULGENCIO

(Ya puedo
hacer el curioso encargo   5
de las flores.)

ESCENA XVII

CONSUELO y RICARDO

CONSUELO

¿Da por fin
el concierto?

RICARDO

Sí; y estamos
invitados.

CONSUELO

¿Canta Abela?

RICARDO

Si a ese fin . . .

CONSUELO

¡Ah! ¿Se ha marchado
Fernando sin despedirse?   5

RICARDO

Es tan raro y tan huraño . . .

CONSUELO

Raro, sí: tiene talento,
tiene saber, va ganando
reputación, acrecienta
su fortuna con aplauso   10
de todos, y no por eso
piensa que está autorizado
para ser falso y perjuro
¡y traidor! . . . ¿Verdad que es raro?

RICARDO
(*Con ira, que reprime en seguida.*)

¡Qué dices! . . . No, no es rareza   15
la honradez.

CONSUELO

¿Y qué has pensado
contestar?

RICARDO

Que iremos.

CONSUELO

No.
Yo no iré.

RICARDO

Sí; me hago cargo . . .
Como tu madre está enferma,
querrás quedarte a su lado.   20

CONSUELO

(¡Infame!)

RICARDO

(*Leyendo la esquela.*) « Contestación
urgente.» Voy en el acto.
(*Se sienta a la mesa y coge papel y
pluma.*)

CONSUELO

¿Vas a escribir que? . . .

RICARDO

Pues ¿cómo
contesto?

CONSUELO

(*Se sienta a la mesa.*) Pues escribamos.
(*Coge papel y pluma.*)
Llamaré quien me acompañe,   25
por no aburrirme.

RICARDO

Lo aplaudo.
Facunda irá.

CONSUELO

Sí.

RICARDO

(*Escribiendo.*) « Querido
Marqués.»

CONSUELO

(*Escribiendo.*) « Querido Fernando.»
(*Se miran un momento en silencio. Ri-*

cardo continúa escribiendo.)
Sí; no debe interrumpirse
amistad de tantos años.   30
Vendrá a vernos, y hablaremos,
mezclando en desorden grato
lances de tiempo presente
y recuerdos del pasado.
(Y ¡calla! . . . ¿No he de lograr   35
ver en sus ojos un rayo
de cólera? . . .)

RICARDO

(Escribe: apela
al recurso extraordinario
de los celos. Mucha calma:
si nota en mí sobresalto,   40
soy perdido; cada día
tendremos un nuevo ensayo
de este sistema.)

CONSUELO

Ahora el sobre.
Puedes tomarte el trabajo
de cerrarla, y cuando mandes   45
la tuya, dale al criado
también ésa, porque a un tiempo
pueda hacer los dos encargos.

ESCENA XVIII

RICARDO; *después* FULGENCIO
(*Va a coger la carta, y se detiene.*)

¡No! Sólo porque lo lea
el tal billete ha fraguado:
que cuando vuelva lo encuentre
en el mismo sitio, intacto.
A Fernando la dirige   5
porque lo juzga más apto,
porque fué . . . ¡Cuánto se engaña!
Le ha ofendido demasiado
para que otra vez la ame.
Penetro el íntimo arcano   10
de su pecho; que quien tiene
menos amor ve más claro.

FULGENCIO

Ya tienes el ramo listo.

RICARDO

¿Sí? Buena está para ramos
Consuelo; mas yo cual siempre 15
le pienso hacer mi regalo.

FULGENCIO

Muy bien; y si el otro firma
la comisión . . .

RICARDO

Sin escándalo
me marcharé; mas que firme
o que no firme, me marcho. 20

ESCENA XIX

FULGENCIO; *después* FERNANDO

FULGENCIO

Éste rabia; la otra llora;
mi mujer echa venablos
contra mí, pues se figura
que si esa plaza no alcanzo
es porque yo [32] . . . ¡Bien! ¿Se ha ido 5
sin despedirse? No tanto:
aquí vuelve. Si pudiera
hacerle firmar al paso [33] . . .
(*Se acerca a la mesa, repara en la carta
de Consuelo, y la coge.*)
A Fernando. Y es la letra
de Consuelo. ¿Habrá logrado 10
mi esposa que ésta también
escriba recomendando
a Enrique? . . .

FERNANDO

(No me engañé . . .
Consuelo: sintió sus pasos
el corazón. Lejos de ella 15
podré romper este encanto
que me perturba.)

FULGENCIO

Consuelo
aquí esta carta ha dejado
para ti.

FERNANDO

¿Qué?

FULGENCIO

Ni yo sé
qué dice, ni de eso trato. 20
Ahí tienes los nombramientos,
por si te ocurre firmarlos.

ESCENA XX

FERNANDO

« Sola en casa de once a una
mañana . . . » ¿Estoy delirando?
« Ven, y hablaremos, Fernando,
de nuestra varia fortuna.» (*Pausa.*)
Punzante frío penetra 5
mis huesos. No es sueño, no.
(*Mirando el sobre y recreándose en él.*)
Es mi nombre: lo escribió
su mano letra por letra . . .
Brilla entre ellas cariñosa
su mirada; oigo su acento; 10
y . . . ¿quién lo creyera? ¡Siento
una angustia dolorosa!
¡Dichas que yo merecí
en cambio de amor sincero;
por tan oscuro sendero, 15
qué tristes llegáis a mí!
En la paz de la inocencia
las buscó mi tierno afán;
¿por qué, por qué se me dan
a costa de mi conciencia? (*Pausa.*) 20
Surge al par que mi deseo,
de la vida que me aguarda
el cuadro . . . ¡Y no me acobarda! . . .
¡Y es horrible! . . . ¡sí! Ya veo
el acechar escondido; 25
la perdurable falsía;
el placer sin alegría;
el tormento sin gemido;
afectos que se reprimen;
conflictos que la impostura 30
protege; y como ventura
suprema, ¡paz en el crimen!

[32] Fulgencio apparently suspects, or knows the nature of his wife's real interest in Enrique, but characteristically overlooks it. Cf. last note to this act
[33] *al paso*, " as he goes by," " on his way out."

(*Pausa corta.*)
¡Cese tu latir extraño,
        (*Con la mano en el corazón.*)
y préstame decidido,
o virtud para el olvido,   35
o infamia para el engaño!
Huir . . . ¡Mil veces huiría,
y el papel que ahora recibo,
como esclavo fugitivo,
a sus pies me arrastraría   40
mil veces! ¡Honor! . . . ¡Deber! . . .
Calle, conciencia, tu grito:
        (*Golpeándose en el pecho con ira.*)
si no impides el delito,
¿por qué turbas el placer? . . .
Yo, ¿qué he jurado? . . . Me espera . . . 45
Yo no he jurado extinguir
mi amor. Iré. ¿No he de ir? . . .
¡Aunque el mundo se opusiera!
¡Abra el alma con anchura
sus poros, y entre de lleno   50
el delicioso veneno
de que el mundo me satura!
        (*Pausa corta.*)
Ni ella le quiso, ni él la ama.
Los unió la ceguedad . . .
Fué un sueño . . . ¡Sólo es verdad 55
que la adoro y que me llama!
¡Eh! . . . ¡Valor! . . . Que no trascienda
el dulce y activo fuego
que ya me inunda. ¡Sosiego! . . .
¡Calma! . . . Temo que me venda 60
mi afán; que mi rostro mismo
mis intenciones proclame . . .
¡Si alguno de tanto infame
me prestara su cinismo! . . .
¡Oh! Yo aprenderé a encubrir 65
mi pasión; yo aprenderé.
¿Qué semblante miraré
que no me enseñe a mentir?
¿Él? . . . Ya prepara su ausencia . . .
¿Ella? . . . Burló mi pasión, 70
y aun quiso que la traición
me pareciese inocencia.
¿Fulgencio? . . . ¡Si ése ha nacido
para que el remordimiento
no exista, y viva contento 75
el mundo!

ESCENA XXI

FERNANDO y FULGENCIO; *después y su-cesivamente* LORENZO, RITA, ANTONIA, CONSUELO y RICARDO

FULGENCIO

¿Qué has decidido?

FERNANDO

Servirte; hacer cuanto anheles:
quererte, amarte . . .

FULGENCIO

        ¡Oh sorpresa!

FERNANDO

¡Y acompañarte a la mesa,
y firmar esos papeles!   5

FULGENCIO

Pues éste es el nombramiento
de Enrique.

FERNANDO

(*Se acerca a la mesa.*) Verás si tardo
en firmar.
(*Firma. Fulgencio toca el botón de un teclado. Suena dentro una campanilla.*)

FULGENCIO

El de Ricardo
es aquél . . . (*Sale Lorenzo.*)

FERNANDO

        Sí, sí; al momento.
Ya está el uno, toma. (*Se lo entrega.*)

FULGENCIO

                Ten: 10
(*Dándole el mismo papel a Lorenzo.*)
a mi esposa . . . Oye.

LORENZO

(*Volviendo.*)   ¿Señor?

FULGENCIO

Y que agradezca el favor
a tu señorita. (*Vuelve a tocar el botón.*)

LORENZO

Bien. (*Vase.*)

FERNANDO

Ya están firmados los dos;
y aun ciento . . . (*Sale Rita.*)

FULGENCIO

(*A Rita.*)   Di sin demora   15
a tus amas que ya es hora
de comer.
(*Se va Rita por la puerta que da al jardín.*)
      ¡Gracias a Dios
que ya tu ingrato desvío! . . .

FERNANDO

¿Desvío? . . . ¡De tal manera
te quiero ya, que fundiera   20
tu corazón en el mío! . . . (*Se abrazan.*)
(*Salen doña Antonia, Consuelo y Rita.*)

FULGENCIO

Aquí están . . . (*A Fernando.*)

ANTONIA

(*A Fernando.*) ¡Ah! . . . ¿Te arrepientes
de marcharte?

FERNANDO

Sí. (*Sale Ricardo.*)

FULGENCIO

Le insté . . .

FERNANDO

Y me he quedado. Pues ¡qué! . . .
¿No he de vivir entre gentes?   25

FULGENCIO

Ahí tienes: comisionado
en París.
(*Entregando a Ricardo el nombramiento.*)

RICARDO

¡Oh gozo! Emigro.
Con Abela sin peligro . . .
      (*Aparte a Fulgencio.*)

FULGENCIO

De nada. Quita el enfado . . .

RICARDO

Ya no hay concierto; no iré.   30

FULGENCIO

Pues vé . . .
      (*Empujándole hacia Consuelo.*)

RICARDO

¿Chica?

CONSUELO

      (¿Qué me quiere?)

FERNANDO

(Esta mirada me hiere:
      (*Esquivando la mirada de Antonia.*)
ésta sola.)

RICARDO

¿Sabes? . . .

CONSUELO

¿Qué?

RICARDO

Quiero verte satisfecha.
No iré al concierto.

CONSUELO

      (¡Surtió   35
su efecto la carta!)

RICARDO

      Yo
tengo respeto a la fecha
que corre. En casa te guardo
algo que te ha de agradar.

ANTONIA

¡Fernando! . . .

FERNANDO
(*Esquivando su mirada.*)

      Tengo que hablar . . .   40

ANTONIA

(¿Qué le perturba?)

FERNANDO

¿Ricardo?
Ya sabe usted la importancia,
y aun la urgencia . . .

RICARDO

Ya lo sé.
Mañana mismo saldré,
si es preciso, para Francia.   45

CONSUELO

¡Ay, madre! . . . ¡Ya he conseguido! . . .

FERNANDO

¿Mañana?

RICARDO

Si esto conviene . . .

CONSUELO

No va al concierto: me tiene
su regalo prevenido.

FULGENCIO

¿No ve usted? Paz bienhechora   50
          (A Antonia.)
va reemplazando el afán . . .

LORENZO

(Saliendo.)

Ya los señores están
servidos. De la señora,
(Entregando a Consuelo un ramito de
flores, en medio del cual viene un broche
de los que llaman imperdibles.)
que desea, si es posible,
que usted lo luzca en la mesa.   55

CONSUELO

¡Oh! ¡Qué agradable sorpresa!
¡Gardenias y un imperdible!

Nadie a Facunda le gana
en buen gusto. ¿Ves qué broche?

LORENZO

Pues, de trapillo, y en coche   60
de alquiler y de mañana,
para elegir con esmero
el regalo, fué muy lista
al puesto de la florista
y a la tienda del joyero;   65
que llevó sus complacencias,
hasta hacer doña Facunda [34]
la primera, y la segunda,
y todas las diligencias.

CONSUELO

Es amable y cariñosa.   70

RITA

¡Y tanto! . . . Calla, o reviento.
(A Lorenzo, que se le acerca: los dos hacen esfuerzos por contener la risa.)

ANTONIA

¿Qué os pasa? (A Rita y Lorenzo.)

FULGENCIO

Nada; el contento
que en los semblantes rebosa.
Note usted . . .
(Señalando a Ricardo y a Fernando, que
se dan las manos.)
          ¡Mi estrella es buena!

ANTONIA

¡Pues mire usted qué manía! . . .   75

RICARDO

¡En marcha!

ANTONIA

          ¡Tanta alegría
a mí me mata de pena!

---

[34] que llevó . . . doña Facunda, " for Doña Facunda in her desire to please went so far as to perform herself . . ." Lorenzo has by now learned that it was not Rita, but Doña Facunda, who had gone on that mysterious third errand, Rita having done her two errands quite independently. This also explains further Doña Facunda's interest in having Enrique receive his appointment.

ACTO TERCERO

Gabinete de Consuelo, adornado al estilo moderno con el mayor lujo y elegancia posibles. Paredes cubiertas de acuarelas, paisajes y cuadros de diferentes tamaños, con marcos riquísimos de talla. Magníficos jarrones del Japón en las rinconeras. Dos puertas a cada lado y una en el fondo. Un armario antiguo, que sirve de joyero, colocado entre las dos puertas de la izquierda del espectador.

ESCENA PRIMERA

LORENZO

(*Lorenzo se asoma con cuidado a la puerta del fondo y examina con la vista la habitación antes de entrar.*)

¡Bien! . . . *Naide.*[1] Ya doña Antonia
se encontrará recogida,
que es la *primeira* en la casa
que se escurre y se retira
a su cuarto: anda la *probe*[2]   5
fatigosa y *coitadiña.*[3]
Aquí estarán: si pudiera . . .
(*Mira por las cortinas de la primera puerta que está a la derecha del espectador.*)
Aquí están, las dos *juntiñas:*
el ama *mu*[4] reverenda
en su butaca, y mi Rita   10
está echadita a sus pies,
como mansa *cordeiriña.*
¿*Falan?*[5] No. Rezando están,
rezando las dos solitas . . .
¡Qué *ben* me la está criando   15
el ama! ¡*Ben* me la cría!
Dobla el rosario. Ya sale
mi nena . . . No, que se arrima
a la mesa, y coge un vaso,
y a su ama se lo aplica   20
a la boca.—*Bon* provecho
la *faga* la medicina.
Hora le arregla el cabello.
¡Ay qué *manu!* Y pone y quita
horquillas . . . *Peru* ¡qué *manu*   25
tan cariñosa y tan linda!
Ya viene; ya sus pasicos[6]
me están haciendo cosquillas
en el alma.

ESCENA II

RITA y LORENZO

RITA

¡Hola! ¿Tan pronto
de vuelta?

LORENZO

Quien *vene enriba*[7]
del coche, *volve* muy presto;
y *ainda mais*[8] si camina
sobre querencia.[9] Ya queda   5
el ama joven metida
en su palco del Teatro
Real.

RITA

¡Y qué pocas habría
tan hermosas!

LORENZO

Esta noche
estaban *toudas* garridas.
Por las *portas* de los coches
bajaban *encogidiñas*
y *arrugadiñas;* y a *logo,*[10]
al tomar tierra, se erguían
dando un brinquito, y brillaban   15
cuajadas de *pedras* finas.

---

[1] *Naide = Nadie.* Cf. the second note to Act II for most of these Galicianisms.
[2] *probe = pobre.*
[3] *coitadiña = cuitadita,* " afflicted."
[4] *mu = muy.*
[5] *Falan = Hablan.*
[6] *pasicos,* " dainty little footsteps."
[7] *enriba = arriba.*
[8] *ainda mais = aún más.*
[9] *si camina sobre querencia,* "if he is on his way to his heart's desire."
[10] *a logo = luego.*

Todas con falda rumbosa;
todas sus brazos lucían
desnudos, pero *cubertos*
con un *pouco* de *farina;*   20
y el pelo con miriñaque,
y los hombros sin camisa.
Es función regia. Vendrá
mu tarde la señorita.
Pero ¿*cándo* [11] la señora   25
se *acosta?*

RITA

Duerme vestida
en la butaca, que así
no siente tanta fatiga.
Ya le he dado la tintura
de digital, que la alivia   30
el corazón. Ya estará
durmiendo.

LORENZO

Pues ya es justicia
que goce el alma un ratito
de *desafogo* y de dicha.
Conque Rita ... estoy *resolto;*   35
he echado mis *contas*, Rita.

RITA

Y de esas cuentas, ¿quién sale
alcanzado?

LORENZO

Yo querría,
la verdad, que tú salieras
alcanzada, y aun cogida   40
y presa ... presa en mis brazos,
mentras me dure la vida.

RITA

¿Nada más?

LORENZO

Porque eres *bona*
rapaza, *bona* y *cumprida;*
y *ainda mais* tan *falangueira* [12]   45

y tan mimosa ... Y *ainda* ...
Porque te *quero* y *requero,*
¡*miña carrapucheiriña!* [13]

RITA

¡Demonio! ¡Pues sabe Dios
lo que habrás dicho!

LORENZO

¿ Te *enrita* [14]   50
el *requebro mais* süave
que hay en mi *terra?*

RITA

Pues, mira,
no me sonó la palabra
a cosa buena.

LORENZO

¡*Meniña!* ...
Ben pode ya mantener   55
mi *facienda*, aunque *pouquita,*
a ti, y a mí, y a los *fillos*
tamén,[15] si Dios los envía.
¡*Fartas* penas y *traballos*
y angustias *teño* [16] sufridas!   60
Ya de rapaz porteaba,
lo *mesmo* que las *formigas,*
dos *u* tres veces el peso
de mi *corpo* en las costillas.
Y *dormendo* en los *pallares*,   65
y *vivendo* en las esquinas,
con mi sudor he regado
todo el *solo* de la Villa.
Y a *logo* sobre el pescante
pasaba las noches frías,   70
engarroutado y *tembrando*
con la nieve y la ventisca.
¡*Non* sirvo *mais!* ¡Ya *non* sirvo
mais que a Dios y a mi *Ritiña!*
Heredada del mío padre   75
teño una casa bonita;
y *traballando* y guardando,

[11] *cándo = cuándo.*
[12] *falangueira = halagüena,* "endearing," "attractive."
[13] ¡*miña carrapucheiriña!* "my dear little pipkin," or possibly, "my little pouty face."
[14] *enrita = irrita.*
[15] *tamén = también.*
[16] *teño = tengo.*

y en *forza* de economías,
ya *teño* mercado un campo,
y *outro* mayor, y una *hortiña*,[17]   80
y *trenta vaquiñas, trenta,*
que dadas a *aparceiría,*
dejan *mu ben* lo que basta
al sostén de una familia.
Toudo es tuyo, nos casamos,   85
y nos vamos en seguida.
¡De pensarlo, el corazón
se *folga* y brinca que brinca! [18]
Ven, gozarás en mi *terra*
el fruto de mis fatigas,   90
y verás, *sempre juntiños,*
qué *ben* pasamos la vida;
que pan tan *ben traballado*
se goza con alegría.

RITA

Esto de hacerme gallega,   95
la verdad, me causa grima;
mas te quiero, y . . . ¿Qué he de hacer?
Me iré contigo a Galicia;
que, en fin, ¿adónde no irá
la que salió de Sevilla?   100

LORENZO

Y ¿*pensas* que hay en el mundo
mejor *terra* que la mía?
Nenguna. Ya te estoy *vendo*
absorta y *emboubadiña.*
Verás cascadas y lagos   105
donde los cielos se miran,
y montañas *sempre* verdes,
y *veigas sempre froridas,*
y torrentes que se esconden
en hondonadas *sombrisas,*[19]   110
y *ribeiras apacibres,*
y *fontiñas* cristalinas,
y cabos tempestuosos

que a los mares desafían;
y allí las olas *berrando* [20]   115
veñen y van, *sempre* vivas,
y *cando* trepan, se alegran,
y *cando cayen, sospiran.*
Y en las *festas* populares . . .
¡Ay Rita! . . . Ya se aproxima   120
de la Virgen de la Barca [21]
la famosa romería.
Casémunos y *marchémunos;*
verás la Virgen bendita
que *ben* ocupa su barca   125
dourada, y en las orillas
dos *angeliños* que reman
y parece que la guían;
y verás llenas de gente
las *veigas* y las *coliñas,*   130
que de la *terra* y la *mare*
venen a hincar la rodilla
a los pies de *nostra* Virgen
de la Barca. ¡*Ay, rapaciña!*
¡Quién escuchara [22] contigo   135
las campanas de su ermita!

RITA

Me iré . . . me iré hasta la fin
del mundo en tu compañía.
Mas, Lorenzo, ten paciencia:
mientras mi señora viva   140
no la dejo, y más estando
enferma.

LORENZO

    ¡Esperar *ainda*
tanto *tempo!* . . .

RITA

    Por desgracia
será poco. Cada día
siente al subir la escalera   145
más angustia y sofoquina.[23]

---

[17] *hortiña = huertezuela* or *huertecita,* " little garden."
[18] *y brinca que brinca,* " and skips and frisks about."
[19] *sombrisas = sombrosas* or *sombrías,* " shady."
[20] *berrando = berreando,* " bellowing."
[21] *la Virgen de la Barca,* one of the local images of the Virgin, object of picturesque pilgrimages and festivals. To be compared with the description of the festival of Nuestra Señora de la Mar in *La de San Quintín* (III, i).
[22] *¡Quién escuchara!* " Would that I could hear! "
[23] *sofoquina,* " suffocation," " shortness of breath."

LORENZO

Si ha de ser . . . mímala: así
cuando el testamento escriba
te dejará algún *recordo*.

RITA

¡Eh, calla! Lo mismo haría   150
si fuera mi ama más pobre
que las ratas. ¡Pobrecita! . . .
¡De puerta en puerta pidiera
limosna para asistirla!
Tan buena, tan . . . —Que en presencia 155
del ama joven no digas
si está grave o no está grave
la señora.

LORENZO

¿Yo? Ni pizca.

RITA

No quiere que le hable nadie
de su mal, y aun le suplica   160
al doctor que se lo oculte,
y le ofrece que ella misma
se lo dirá poco a poco.

LORENZO

¿Y le ha dicho? . . .

RITA

¡Quiá! Unos días
porque su niña está alegre   165
y le da pena afligirla,
y otros porque se figura
que está muy triste su niña,
calla y sufre . . . ¡Y está mala!
¡Si vieras qué pesadillas   170
tan horribles! . . .

LORENZO

¿Se lo has dicho
al doctor?

RITA

Dice que es síntoma
de su mal. Pugnaba anoche
por gritar, y no podía.
¡Ay, qué susto! A duras penas   175

la desperté; y ya tranquila,
me contó que había soñado
que salió sola su hija
en un coche, y que movidos
de cólera repentina   180
los caballos, se lanzaron
al escape, y en seguida
quedó por tierra el cochero
y rotas todas las bridas.
Siguieron ya desbocados   185
y furiosos; y a medida
que iban corriendo—¡ay Lorenzo,
qué miedo!—se convertían
en tigres; y acelerando
aun más su feroz huída,   190
entraron en un desierto
espantoso, sin orillas,
sin un árbol, ni una fuente,
ni . . . ¿Quién?
(*Sintiendo los pasos de Consuelo que entra apresurada por la puerta del fondo y
se dirige al armario. Viste de rigurosa etiqueta y gran lujo.*)
                    (¡Ah! ¿Qué significa
esta vuelta?)

LORENZO

                    (Pues ¿en dónde   195
ha venido? El coche . . .)

ESCENA III

CONSUELO y RITA

CONSUELO

                    ¿Rita?

La llave . . .

RITA

¿Dónde? . . .

CONSUELO

                    En la bata
que me quité; vé, registra
los bolsillos. (*Pausa.*) ¡Si lo he visto
con mis ojos! ¿Todavía   5
dudo? ¡Si estaba en el palco
inmediato, y ella misma
me provocaba y ansiaba

que yo fijase mi vista
en su! . . . ¡Calma! No perdamos   10
la cabeza.

RITA

(*Volviendo.*) Señorita . . .
(*Le entrega la llave, y sale por la puerta del fondo.*)

ESCENA IV

CONSUELO; *después* FULGENCIO

CONSUELO

Estoy segura, y aún temo
que la evidencia me impida
dudarlo . . .

FULGENCIO

(Sí . . . aún no ha salido
de su casa, y yo la hacía [24] . . .
¿Qué busca? . . . Temo que llego   5
tarde, a pesar de mi prisa.)

CONSUELO

No, no está.

FULGENCIO

(Notó la falta.)

CONSUELO

Ni aquí . . . Ni aquí . . .

FULGENCIO

Vecinita,
no busque usted su aderezo.

CONSUELO

¿Usted? . . .

FULGENCIO

Sí tal; si venía   10
a dejárselo . . .

CONSUELO

Pues ¿cómo? . . .

FULGENCIO

Nada: una prueba sencilla
de amor conyugal; un mero
capricho.

CONSUELO

Pero ¿qué enigma? . . .

FULGENCIO

Lo diré; ya no es posible   15
gozar, como pretendía,
la sorpresa. Por Ricardo
pude sacar a escondidas
ese aderezo, y mandé
hacer en la platería   20
otro igual para Facunda.

CONSUELO

¿Otro igual? . . .

FULGENCIO

Sí, con la mira
de que usted y ella, que forman
una pareja tan linda,
luciesen dos aderezos   25
iguales el mismo día.

CONSUELO

¡Ah! Comprendo . . .

FULGENCIO

(Al fin me cuesta
el dinero.) Ya están limpias
las piedras.

CONSUELO

Sí, sí; ya noto . . .

FULGENCIO

Y brillan más.

CONSUELO

Sí que brillan.   30
¿Y usted no forma esta noche
parte de la comitiva
campestre?

FULGENCIO

¡Ah! ¿Ya sabe usted
la nueva?

CONSUELO

Tengo noticia . . .

[24] *yo la hacía,* " I supposed she was " (at the opera).

FULGENCIO

Como Ricardo se marcha   35
a París por unos días,
y mi quinta es deliciosa,
y la noche está magnífica,
piensan al salir del Real
irse a dormir a mi quinta.   40
Mañana cazan mi coto,[25]
y Ricardo en la vecina
estación tomará el tren
de la noche. A esta partida [26]
se han agregado gozosos   45
varios amigos.

CONSUELO

Y amigas.

FULGENCIO

¿Qué?

CONSUELO

¿Sabe usted que estas piedras
no me parecen las mismas
de mi aderezo?

FULGENCIO

(¡Demonio!)
Pero son piedras más finas   50
y de más fondo, y, en fin,
mejores.

CONSUELO

No son las mías.

FULGENCIO

Diré a usted: notó Ricardo
que estaban oscurecidas
algunas, que no eran claras,   55
y mandó sustitüirlas
con ésas, aprovechando
esta ocasión tan propicia
de dar a usted una prueba
de su ternura exquisita.   60

CONSUELO

¡Qué tierno! Mas la ternura
que ahora me pasma y me hechiza

es la de usted. ¡Oh, qué celo
tan próvido! ¡Qué infinita
bondad! ¡A todos alcanza,   65
a todos se comunica;
y después de hacer el gasto
de [27] su casa y su familia,
se rebosa en las ajenas,
tan dulce como solícita!   70

FULGENCIO

Soy bondadoso; mas creo
que habla usted con ironía,
con ira.

CONSUELO

Pues ¿hay motivo
para que yo tenga ira?

FULGENCIO

No tal.

CONSUELO

Si mi esposo marcha   75
a París . . .

FULGENCIO

Si le designa
la sociedad . . .

CONSUELO

Y antes de irse
prepara una cacería,
y en ambas expediciones
lleva consigo a esa indigna   80
mujer . . .

FULGENCIO

¡Cómo! . . .

CONSUELO

¡A esa extranjera
infame! . . .

FULGENCIO

¡Jesús María!

---

[25] coto, " game preserve."
[26] partida = partida de caza, " hunting party."
[27] hacer el gasto de, " supply."

CONSUELO

Que ahora mismo en el teatro
luce mis joyas encima
de su busto, y me provoca ...   85

FULGENCIO

Coïncidencias fortuitas,
casualidades ...

CONSUELO

                    ¡Vilezas,
y maldades, y! ...

FULGENCIO

                    Vecina,
esas desafinaciones
ya sabe usted que me crispan   90
los nervios; ya sabe usted ...

CONSUELO

Sí, sí; que a usted le horripila,
le repugna que las gentes
tengan alma. Lo sabía.

FULGENCIO

Pero usted ...

CONSUELO

                    Como no soy   95
de condición tan ... benigna,
le llamo a la infamia, infamia,
y a la perfidia, perfidia;
y al hombre que las protege
con apacible sonrisa,   100
le llamo ...

FULGENCIO

¿Cómo?

CONSUELO

                    Fulgencio;
que es lo que más significa
en esto de mansedumbre,
dulzura y filantropía.

FULGENCIO

¿Pretende usted irritarme?   105

CONSUELO

No es fácil que lo consiga.

FULGENCIO

Óigame usted con paciencia,
verá usted desvanecida ...

CONSUELO

Ya basta: y esa paciencia
que con su ejemplo predica,   110
guárdela usted para sí,
que toda la necesita.[28]

FULGENCIO

¿Qué es esto? Explíqueme usted ...

CONSUELO

(Si habrá emprendido la huída
el traidor sin despedirse ...)   115
(*Mira por la puerta de la habitación de
Ricardo.*)

FULGENCIO

(Es ingrata, es viperina,
es malvada. Me ha irritado
la bilis ... ¿Quién me diría? ...
Me parece que no vuelvo
a verla en toda mi vida.)   120

ESCENA V

CONSUELO; *después* RITA

CONSUELO

Hay prendas de su equipaje
aquí: volverá ... ¡Qué fría
iniquidad! « Que este abrazo
nos sirva de despedida.
Vete al Real: dame ese gusto,   5
amor mío; y no te aflijas,
que es breve mi ausencia.» ¡Infame!
Y con esto quizás finja
que ignora mi vuelta y ... Voy
a su estancia, y allí fija   10
le espero ... No: no perdamos ...
(*Toca el botón de una campanilla eléctrica.*)

[28] Another hint that Fulgencio's wife may not be all that she should be.

Mejor es: esto le obliga
a entrar sin que yo ... (*Se presenta Rita.*)
                    Vé, y cierra
la puerta que comunica
con estas habitaciones.   15

RITA

¿La del pasillo?

CONSUELO

                    Sí, y quita
la llave. Al ir a su estancia
tendrá que entrar en la mía.

ESCENA VI
CONSUELO

Mal hice en mostrar enojos (*Se sienta.*)
y el dolor que me provoca
a Fulgencio. ¡Si estoy loca! ...
¡Si está fija ante mis ojos,
para hacerme enloquecer,   5
la causa de mi querella;
y veo aquel palco, y aquella
                    (*Levantándose.*)
desfachatada mujer,
y su orgullo satisfecho,
y su mirada impudente,   10
y el brillo fosforescente
de mis joyas en su pecho;
y habla, y oyéndola estoy:
sus voces a mis oídos
llegaban como silbidos   15
de serpiente: « Sí, me voy
de caza; a París después;
¡que no me olvidéis, señores! »
Y torpes aduladores,
en tono dulce y cortés,   20
« divina, sublime, brava,»
y hasta « diosa » le decían.
¡Parece que la aplaudían
por lo bien que me mataba!
¡Ah, no! Ricardo no irá   25
con esa mujer ... ¡Dios santo!
¡Y si a pesar de mi llanto
y de mis ruegos se va!
¡Si detenerle no puedo! ...
¡Ay! Al pensarlo, Dios mío,   30

penetra en mi pecho el frío
del desamparo y el miedo. (*Pausa.*)
¡Qué triste será el momento
en que muestre la experiencia
que ya perdió su influencia   35
el amor ... que el blando acento,
la queja que amor indica
y que al orgullo suspende,
el enojo que reprende,
la mirada que suplica,   40
las sonrisas, las memorias
del amor recién nacido,
las armas que han conseguido
tantas, tan dulces victorias,
dejan, perdiendo su encanto,   45
el alma desamparada,
y ni alegra la mirada,
ni causa dolor el llanto,
ni conmueve el corazón
la voz que lo hizo vibrar! ...   50
¡Qué pena debe causar
tan amarga convicción!
                    (*Procura sosegarse.*)
¿Por qué me atormento así,
cuando acaso mi recelo? ...
Siento pasos ... Él ...   55
                    (*Dirigiéndose al fondo.*)

ESCENA VII
FERNANDO y CONSUELO
FERNANDO
                              ¡Consuelo! ...

CONSUELO

¡Tú, Fernando!

FERNANDO
                    Yo.

CONSUELO
                              ¡Tú aquí!
¿Qué pretendes? ¿Qué reclamas?
¡Tú en mi casa, y a estas horas!
¿En mi casa?

FERNANDO
                    ¿Pues ignoras   5
la ocasión? ¿Pues no me llamas?

CONSUELO

¿Que yo te llamo?

FERNANDO

    ¿Es fingida
la carta que recibí? (*La saca.*)
¿Tú no has escrito? . . .

CONSUELO

       ¡Sí, sí! . . .
¡Ah, qué infamia! ¡Soy perdida!   10
¡Vete!
(*Fernando muestra de nuevo la carta.*)
    Sí, yo la tracé;
pero fué, Dios es testigo,
porque a Ricardo contigo
darle celos intenté.
Delante de él la escribía,   15
y escribí de esa manera,
sólo para que él la viera.
¡Y el infame te la envía!
¡Huye por Dios! . . . Su maldad
sin duda un lazo me tiende.   20
¡Con mi deshonra pretende
conquistar su libertad!

FERNANDO

(¡Celos! . . .)

CONSUELO

    Márchate, y no des
lugar a tan vil intento.

FERNANDO

(¡Conmigo!)

CONSUELO

    ¡Vete al momento!   25
(*Pausa corta.*)
¿No te vas?
(*Fernando la mira con calma feroz, coge
una silla, y se sienta.*)
    ¿Qué haces?

FERNANDO

    Ya ves.

CONSUELO

¿Qué es esto? Vida y honor
arriesgo . . . Sal de mi casa.

(*Con voz angustiada y suplicante.*)
¡Cada momento que pasa
hace el peligro mayor;   30
y tanto, que pienso ya
que se aproxima Ricardo,
que aparece! . . .

FERNANDO

    Aquí lo aguardo.

CONSUELO

¡Fernando! . . .

FERNANDO

    ¡Aquí me hallará!

CONSUELO

Di, ¿qué proyecto enemigo   35
alimentas? ¿Por qué agravas
mi mal?

FERNANDO

    ¡Por eso me hablabas
con amor! . . . ¡Celos conmigo!

CONSUELO

¿No te mueve mi aflicción?
¿No ves mi angustia?

FERNANDO

       Sí, sí;   40
y ya es razón que por mí
sufras algo; ya es razón.
¡Yo padecí de mil modos;
yo solo, solo y oscuro! . . .
¡Mas lo que es hoy, te aseguro   45
que habrá penas para todos!

CONSUELO

¿Vienes? . . .

FERNANDO

    Vengo . . .
    (*Se contiene.*)
        a realizar,
como siempre, tu capricho.
¿No quisiste, tú lo has dicho,
por mi medio despertar,   50
estimular la dormida

alma de tu esposo amado?
¿No es esto? . . . ¡Pierde cuidado!
Tú quedarás complacida.

CONSUELO

¿Qué me anuncia ese sosiego   55
aterrador que comprime
mi espíritu?

FERNANDO

Pero dime:
cuando empezaste por juego
a fingirme afecto . . .

CONSUELO

(¡Ay triste! . . .)

FERNANDO

¿No te advirtió el corazón   60
la odiosa profanación
que intentabas? ¿No temiste
resucitar con tu engaño
esperanzas malogradas,
promesas que reiteradas   65
mil veces, año tras año,
de tu boca fementida
el alma absorta escuchó?

CONSUELO

Yo no debo . . .

FERNANDO

¿No tembló
tu mano al tocar mi herida? . . .   70
¿No sentiste el desconcierto,
el espanto repentino
que hasta siente el asesino
en la presencia del muerto?

CONSUELO

Soy honrada . . . No me es dado   75
defenderme, aunque condenes . . .
(Mira a la puerta del foro.)
Si tienes alma, si tienes
conciencia . . .

FERNANDO

¿Me la has dejado?
Era mi único sostén

en mi desamparo triste;   80
pero tú no consentiste
que me quedara ese bien;
y por juego y de pasada
aniquilarlo dispones:
dos palabras, dos renglones   85
de tu mano, una mirada . . .
¿No es verdad? ¡Con falso halago
matan la voz del deber,
para que en todo mi ser
fuera completo el estrago!   90
¡Y a un hombre mi mano dí
con pérfido pensamiento!
¡Y presté consentimiento
al crimen! ¡Y estoy aquí!
¿Hay más plagas que derrame   95
tu ingratitud en mi pecho?
¿Qué hiciste de mí? ¿Qué has hecho
de mi probidad? ¡Infame!
¡Infame!

CONSUELO

(Con imperio.) ¡Vete!

FERNANDO

¡Si aquí
la venganza me detiene!   100
Pero ¿no viene . . . no viene
tu Ricardo?

CONSUELO

¿Intentas? . . .

FERNANDO

Sí . . .
En su rostro he de estampar
la expresión de mis enojos.
¡La sangre a tus propios ojos   105
ha de correr, y manchar
esa riqueza, este tren,
precio vil de tu falsía!

CONSUELO

¡Madre! . . . (Gritando.)

FERNANDO

¡Calla!

CONSUELO

¡Madre mía!

ANTONIA

¡Hija! . . . (*Dentro.*)

CONSUELO

¡Socórreme! . . . ¡Ven!   110

ESCENA VIII

CONSUELO, ANTONIA y FERNANDO

ANTONIA

Habla, di . . .

CONSUELO

Fernando entró . . .
No quiere marcharse . . . Intenta . . .

ANTONIA

¡Y eres tú, tú quien afrenta
la casa en que vivo yo!
Di: ¿qué designios te obligan   5
a entrar, y arriesgar la fama? . . .

FERNANDO

Esa mujer que me llama;
ella y él; que ellos lo digan.

ANTONIA

¡Tú! (*A Consuelo.*)

CONSUELO

Yo escribí, madre mía,
ante mi esposo un papel   10
sin intención de . . .

FERNANDO

Sí; y él
con intención me lo envía.
Me llama, y vengo, y aquí
darle la respuesta quiero
en el rostro . . .

ANTONIA

¡Ah!

FERNANDO

(*Arrostrando con ira la mirada de Antonia.*)
¡Sí!

ANTONIA

¡Primero   15
pondrás las manos en mí,
en mi cara! . . .

FERNANDO

(*Retrocediendo.*) ¡Yo!

ANTONIA

(*Siguiéndole encarada con él.*)
¡Pues qué!
¿No intentas furioso un hecho
que del rencor de tu pecho
al mundo noticia dé?   20
Pues ¿cuál hay que mejor cuadre
al furor que te espolea?
¡Ten valor, y abofetea
la memoria de tu madre!

FERNANDO

Pretende usted . . .

ANTONIA

Que respetes . . .   25

FERNANDO

¿Que deje en calma este abismo
de iniquidad? . . .

ANTONIA

Que tú mismo
tu desgracia no completes.

FERNANDO

¡Puede aumentarse mi mal! . . .
¿Puede ser mi suerte cruda   30
más negra?

ANTONIA

Pues ¿quién lo duda,
si intentas ser criminal? . . .

FERNANDO

¡Criminal!

ANTONIA

El que se venga . . .

FERNANDO

¡La venganza que demando
es justicia!

ANTONIA

¡No, Fernando! . . .   35

CONSUELO

(*Mirando con angustia a la puerta del
foro.*)
¡Si viene! . . . ¡Dios le detenga!

FERNANDO

¡No bastó de un alma esclava
vender la pasión más pura! . . .
Su perjurio, mi amargura . . .
era poco, no bastaba.   40
Y del mal que ella causó
haciendo desprecio impío . . .

ANTONIA

(*Interrumpiéndole, tomándole una mano
y abrazándole.*)
Tienes razón, hijo mío;
tienes razón. Pero yo,
yo que conservo en mi pecho   45
grabada tu desventura,
que te amé con la ternura
de madre, yo ¿qué te he hecho?
¿No merece mi aflicción
que tu furia se sosiegue,   50
siquiera porque no llegue
su estrago a mi corazón?
Yo que animé tu virtud,
que lloro el mal que te aqueja,
¿no tengo, porque soy vieja,   55
derecho a tu gratitud?
¿Sólo ya la ancianidad
su flaqueza representa
y es estímulo a la afrenta?
¿Es que de esta sociedad   60
en el alma corrompida
ya sólo efecto produce
la belleza que seduce
o la fuerza que intimida,
y otras razones son vanas   65
aunque el deber las ordene? . . .
¡Ay triste del que no tiene
más defensa que sus canas!

FERNANDO

¡Antonia!

ANTONIA

Si esto es así,
no me lo digas, Fernando.   70
Acaso te estoy hablando
por última vez.
(*Fernando la mira con sorpresa.*)
                       Sí, sí.
Tanta pena, tanto daño
van abreviando mi vida:
no me des por despedida   75
tan horrible desengaño.
Vete: te irás, ¿no es verdad?

FERNANDO

¡Triunfa el crimen! ¿Quién lo duda,
si hasta le prestan su ayuda
la virtud y la bondad?   80

ANTONIA

¡Piensa en tu madre, y en mí,
y en tu conciencia y en Dios!

FERNANDO

¡Oh! ¡Cuanto debo a las dos
pago, saliendo de aquí!

CONSUELO

¡Ricardo!

ANTONIA

(*Deteniendo a Fernando, que se dirige a
la puerta del fondo.*)
                ¡Que no te encuentre!   85
Ven.
(*Dirigiéndole a la primera puerta de la
izquierda.*)
            Esta sala está abierta:
¡vete! Salte por la puerta
del pasillo, cuando él entre.

CONSUELO

¡Oigo su voz! (*En el fondo.*)

FERNANDO

                  Sí, vendrá;
y hostigado por mis celos . . .   90

ANTONIA

¿Tú quieres matarme?

FERNANDO

¡Cielos!

¿Qué es justicia? ¿Dónde está? (*Entra.*)

ANTONIA

¡Ah!

CONSUELO

¡Por fin! . . . Vete a la cama.

ANTONIA

Ve si Ricardo . . . procura . . .

CONSUELO

¡Rita!

ANTONIA
(*Yendo a su cuarto.*)

Estoy firme . . . (Aún me dura   95
la fiebre.) (*Sale Rita.*)

CONSUELO

Cuida a tu ama.
Pues tarda en subir, no creo
que sepa Ricardo nada.
Veré . . . (*Se dirige al fondo.*)

FERNANDO

(*Saliendo.*) La puerta cerrada . . .

RICARDO

¡Lorenzo! (*Dentro.*)

FERNANDO

¡Él es! . . . ¡Si le veo! . . .   100
(*Vuelve a la habitación de que salió.*)

ESCENA IX

RICARDO, CONSUELO, LORENZO, *que entra
y sale, y* FERNANDO *en la habitación de la
izquierda.*

LORENZO

¿Muda usted de traje?

RICARDO

No:
con éste a la quinta iré.

CONSUELO
(*Observando a su marido.*)

(No tiene aspecto . . . No fué
quien la carta le envió.)

RICARDO

¿Tú en casa sin que termine   5
la función? Pues ¿qué manía? . . .

CONSUELO

Ya lo ves: ¡me divertía
tanto, tanto! . . . que me vine.

RICARDO

¿Qué es esto? Me hablas de un modo
que . . .

CONSUELO

¿Te causa pesadumbre?   10
(*Sale Lorenzo de la segunda habitación de
la izquierda con algunos utensilios de
viaje, pero no maletas ni cosa de tanto
bulto.*)

RICARDO

No olvides, según costumbre,
alguna cosa.

LORENZO

Va todo. (*Sale por el fondo.*)

CONSUELO

¿Vas a salir?

RICARDO

Ya te dije
que a la quinta vamos hoy,
y que mañana me voy   15
a París a . . . ¿Qué te aflige?
Un mes, lo más, me detengo
en París; y aun menos. Chica,
¿qué tienes?

CONSUELO

Y ¿no te indica
el alma lo que yo tengo?   20

RICARDO

¡Bah! No te muestres sañuda
cuando me voy.

CONSUELO

Mira, mira,
más que la eterna mentira
quiero la ofensa desnuda.

RICARDO

Ya se guardarán mis labios　　25
de ofenderte sin razón.

CONSUELO

¡Y en cambio tu corazón
está rebosando agravios!

RICARDO

¿Me miras con frente torva
porque voy? . . .

CONSUELO

　　　　　Y ella también　　30
va a la quinta.

RICARDO

　　　　Y varias: ¿quién? . . .

CONSUELO

Y a París.

RICARDO

　　　¿Y quién estorba? . . .

CONSUELO

Pues bien: retarda tu empresa.

RICARDO

¿Eso propones a un hombre?

CONSUELO

¿No sabes que ya tu nombre　　35
corre unido al de esa, al de esa? . . .

RICARDO

¿Abelina? ¡Qué impostura!
No pienses cosas tan graves
de esa infeliz. Pues ¿no sabes
que de todos se murmura? [29]　　40
Basta a muchos sorprender
una apariencia ilusoria,

para inventar una historia
que deshonre a una mujer.

CONSUELO

Y ¿puedes negarme a mí　　45
que la insolente extranjera? . . .

RICARDO

¡Por Dios, calma!

LORENZO

(Saliendo.)　　　El coche espera.

RICARDO

Voy al punto.

CONSUELO

　　　¿Te vas?

RICARDO

　　　　　　Sí;
ya estarán . . .

CONSUELO

　　　　Ya oigo el estruendo
de coches que se detienen　　50
a la puerta. ¿Todos vienen
a esperarte?

RICARDO

　　　No comprendo
tu alarma. Por esta calle
se va a la quinta, y aquí
vive Fulgencio, que así　　55
nos obsequia.

CONSUELO

　　　¡Harás que estalle
mi cólera!

RICARDO

　　　Mal harías;
porque si estalla, será
sin motivo.

CONSUELO

　　　¡Basta ya
de torpes supercherías!　　60

[29] Note how in these words, as in the announcement of the waiting carriage and its impatient occupant, the tables are exactly turned on Consuelo. (Cf. I, xvi, xvii.)

RICARDO

¡Prudencia! ...

CONSUELO

¡Ricardo! ... Yo
sé la verdad. La mujer
que el amor, la vida, el ser
entero te consagró,
tiene derecho, en verdad, 65
a que respeten su calma,
y a obtener alma por alma,
voluntad por voluntad.

RICARDO

Y el hombre que diligente
consagra atención tan fina 70
a su esposa, que adivina
los caprichos de su mente,
y respeto y atenciones
le guarda, tiene derecho
a que no turben su pecho 75
odiosas cavilaciones.

CONSUELO

¡Odiosas! ... Mucho he tenido
que cavilar para ver
¡yo misma! en esa mujer
mis joyas. Sí, mi marido 80
respetuoso ...

RICARDO

Pues defiendo
que un joyero multiplica ...

CONSUELO

¡Es verdad!

RICARDO

Todo se explica
fácilmente en suprimiendo
tu malicia. Y esa alhaja, 85
¿no está allí? (Señalando al aderezo.)

CONSUELO

(Arrojándolo al suelo.) ¡Farsa traidora!

LORENZO
(Saliendo.)

¡Mi amo!

30 ¡Vuelta! "Again!"

CONSUELO

¿Quién?

LORENZO

(Aparte a Ricardo.) Esa señora
que se va, si usted no baja.

RICARDO
(Con resolución.)

Que voy al momento yo.

CONSUELO

(¡Ay de mí!)

RICARDO

(Despidiéndose.) Conque ...

CONSUELO

¡Me dejas 90
con este dolor! ...

RICARDO

¿Más quejas
y más insultos?

CONSUELO

No, no.
Óyeme: no escucharás
ninguno, yo te lo ofrezco;
mas ... en verdad ... no merezco 95
(Enterneciéndose a pesar suyo.)
este pago que me das.

RICARDO

¡Vuelta! 30

CONSUELO

¿Por qué mi dolor,
Ricardo, llevas a mal?
Piensa que es muy natural
que yo defienda tu amor. 100
De ti solamente aguardo
mi ventura, mala o buena;
piensa que toda mi pena
nace de amarte, Ricardo.
Pero no por mi aflicción, 105
por tu bien, no te abandones
a esas impuras pasiones

que secan el corazón;
que si llegas a lograr
hacer el alma insensible,   110
harás después imposible
la ventura del hogar.
¡Piensa en tu fama, y en ti,
y en la dicha de los dos! ...
                    (*Arrodillándose.*)

RICARDO

¡Pero, Consuelo!

CONSUELO

                    ¡Por Dios,   115
no me abandones así!

RICARDO

Si tengo que resolver (*Levantándola.*)
asuntos de gran urgencia:
¿he de disculpar mi ausencia
con que llora mi mujer?   120

CONSUELO
¡Ricardo!

RICARDO

                    Basta de duelo,
y basta de desvarío.
¡Adiós! (*Se va.*)

CONSUELO

          ¡Qué infamia, Dios mío!

FERNANDO

¡Qué infamia! ¿Verdad, Consuelo?

ESCENA X

FERNANDO y CONSUELO

CONSUELO

¡Ah! ... ¡Fernando!

FERNANDO

                              ¡Qué ambicionas,
infeliz! ¿Amor y fe?

CONSUELO

Perdóname; no tendré
dicha si no me perdonas.

FERNANDO

¿De qué lloras y te espantas?   5
¿Qué te importa que jamás
logres amor? Vivirás
como tantas, como tantas,
cercada de ostentación,
alma muerta, vida loca,   10
con la sonrisa en la boca
y el hielo en el corazón.

CONSUELO

¡Perdóname! ...

FERNANDO

                    ¿Qué más quieres?
¿Puro amor?

CONSUELO

          Yo te ofendí.

FERNANDO

En mí lo mataste, en mí: 15
¡no lo esperes, no lo esperes!

ESCENA ÚLTIMA

CONSUELO; *después* RITA

CONSUELO

¡Ay! ¡Qué terror tan profundo
mi pecho oprimiendo está!
¡Tú sola me quedas ya,
madre del alma, en el mundo!
(*Se dirige a la habitación de Antonia, de
donde sale Rita despavorida.*)

RITA

¡Socorro!

CONSUELO

          ¿Qué ha sucedido?   5

RITA

¡Deténgase usted!

CONSUELO

                    ¡Qué! Di.

RITA

Mi señora . . . Yo creí
de pronto que era un vahido.

CONSUELO

¡Mi madre! . . .

RITA

(*Deteniéndola.*) ¡No, por piedad!
¡No entre usted!

CONSUELO

¡Saber ansío! . . . 10

RITA

¡Ha muerto!

CONSUELO

¡Muerta! ¡Dios mío!
¡Qué espantosa soledad!
(*Cae desmayada.*)

ECHEGARAY

José Echegaray (1832–1916) had one of the most amazingly active and varied careers of any modern man of letters. He began with a passionate interest in mathematics and engineering, and was professor of these subjects for some sixteen years; his published works in this field won for him a European reputation and election to the Academy of Exact Sciences in 1866. A similar interest in the social sciences, particularly economics, in which he championed the cause of free trade, added to his wide reputation and prepared the way for his political career, immediately following the Revolution of 1868. Several times Minister of Public Works and of the Treasury, he became known for his brilliant oratory and for his democratic, even radical ideas on politi̇cal, economic and religious questions. He had reached the age of forty-two before he gave his first dramatic work to the public, but he had long had a passion for the theatre, and having once launched himself on this new path he followed it up with his accustomed vigor and daring. Few Spanish dramatists have caused such a sensation at home or have become so well known abroad as this man of many contrasts, who dominated the stage for a quarter of a century. Received into the Spanish Academy in 1883, he ended his career with a veritable apotheosis when awarded, with the Provençal poet Mistral, the Nobel prize for literature in 1904, the first Spaniard to receive this distinction. Since that date, however, his popularity has waned, most of his plays have been forgotten, and modern critics are busily engaged in ridiculing the very qualities which once gave his work its greatest appeal.

Examination of the titles of the sixty-eight plays left by Echegaray quickly reveals the trend of his inspiration. The great majority of them are somber dramas of uniformly tragic ending, conforming to his own conviction that " lo sublime del arte está en el llanto, en el dolor y en la muerte." Three dramatic monologues, an opera and a zarzuela, and a dozen plays which may be classified as comedies and satires, are all that fall outside the category of serious drama. Even in the lighter plays there is usually an undercurrent of near-tragedy, as seen in *El libro talonario* (1874), with which Echegaray made his début, *Un sol que nace y un sol que muere* (1876), *Iris de paz* (1877), *Correr en pos de un ideal* (1878) and *Piensa mal ¿y acertarás?* (1884). Of the satires, *Un crítico incipiente* (1891), termed a *capricho cómico*, is a witty attack directed against the author's critics, somewhat in the manner of *La comedia nueva* of Moratín; but his last great success, *A fuerza de arrastrarse* (1905), is pitched on a key of bitter sarcasm, very different from what we should expect in a *farsa cómica*.

An inspection of the remaining works discloses the fact that Echegaray, despite his training in rigid scientific methods, has not merely resurrected the Romantic drama in its most florid form, but has grafted upon it the modern realistic theatre of ideas and social problems. It matters little to him whether his dramas have a historical or legendary background, or deal with contemporary times; to all of them he brings the same fondness for complicated plot, violent passions and exuberant lyricism, and the same implacable moral lesson. Examples of the first type are found in such characteristic titles as *La esposa del vengador* (1874), *En el puño de la espada* (1875), *Morir por no despertar*, *En el seno de la muerte* and *Bodas trágicas*, the last three of 1879. In all of these there are scenes of great dramatic power and beauty, but the author piles horror upon horror, revealing as much ingenuity in creating hair-raising situations as he displays inability to justify them. In one group of dramas, Echegaray studies more impartially than Pérez Galdós the question of religious intolerance. If *En el pilar y en la cruz* (1878) assails the Catholic Inquisition, *La muerte en los labios* (1880) depicts the equally ferocious zeal of Calvin at Geneva. *Un milagro en Egipto* (1883) attempts an historically exact reproduction of the time of the Gentiles, and *Dos fanatismos* (1887) opposes a zealot to an atheist.

Echegaray early began to intersperse among his dramas of past epochs others of present-day setting; after 1885 the majority are of this type, and reveal also an increasing tendency to substitute prose for verse. *La última noche* (1875), his first attempt at the realistic drama of manners, portrays the repentance which comes to a libertine at the end of his life. A trilogy composed of *Cómo empieza y cómo acaba* (1876), *Lo que no puede decirse* (1877) and *Los dos curiosos impertinentes* (1882), daringly treats of moral problems, with the general thesis that the consequences of an original sin may be cumulative and far-reaching. In 1877, Echegaray obtained one of his most extraordinary and lasting successes with *O locura o santidad,* a harrowing *caso de conciencia* which engulfs the protagonist when he suddenly discovers that his name and fortune are not rightfully his.

Conflicto entre dos deberes (1882) bears a title which might well serve to characterize most of these plays, as could also, for different reasons, *La realidad y el delirio* (1887) and *Manantial que no se agota* (1889). *Vida alegre y muerte triste* (1885) shows the fearful results of libertinage, and the same lesson is carried to almost morbid extremes in *El hijo de Don Juan* (1892), suggested by Ibsen's *Ghosts.* This pathological study of a father's sins taking their toll on his son finds an echo ten years later in *Malas herencias.* It is in such works that the influence of the naturalistic school is most in evidence. Except for the typical Echegarayan ending, *Mariana* (1892), perhaps his second-best play, is comparatively free from the tense and melodramatic tone of the other works; but in the solution of the problem here presented, as in *Mancha que limpia* (1895), the author has recourse to the barbarous conception of honor which is associated with Calderón's dramas of the type of *El médico de su honra.* The list of Echegaray's more important works is completed with *El gran Galeoto* (1881); *El poder de la impotencia* (1893), mordantly satirical rather than tragic; *La calumnia por castigo* (1897); and two plays of symbolic character, *La duda* (1898) and *El loco Dios* (1900).

Echegaray has been charged with destroying the serious theatre of ideas which Ayala and Tamayo had created. He is more often credited with lifting the stage from the state of neglect and prostration in which he found it. During most of his career no outstanding dramatist figures beside him, although several could have done so. Ayala (died 1879) produced only *Consuelo* after 1863; Tamayo (died 1898) was silent after 1870; Núñez de Arce (died 1903) quit the stage after *El haz de leña*

(1872); Zorrilla (died 1893) was through in 1849, Hartzenbusch (died 1880) in 1860: and García Gutiérrez (died 1884) produced only an occasional play. Pérez Galdós began his dramatic career only in 1892, and Benavente followed two years later.

This dearth of worthy rivals may partially account for Echegaray's monopoly of the stage. His success was furthered also by the marvelous interpretations given his rôles by Vico, Calvo and María Guerrero; but the chief explanation of his popularity must lie within his own art. He has been criticized unmercifully, often justly, for resorting to sensationalism and bombast to conceal the artificiality of his plots; his theses, it is alleged, turn on problems rarely encountered in life and are handled in the unmoral fashion of the French naturalists; he is weak in psychology and in character delineation, and his style, whether prose or verse, is alleged to be defective. Not much would seem to remain on which to hang his literary reputation, yet Echegaray completely fascinated his generation. Assailed as vigorously by the irreconcilable few as he was acclaimed by the many, every *estreno* of his plays was the occasion of a renewed battle in which he rarely failed to triumph, although so great was the tumult at times that the audience itself was left in doubt as to the outcome.

El gran Galeoto reveals its author at his best, with just enough of his faults to hint at what he could be at his worst. The play created indescribable enthusiasm on its first appearance and was soon being performed with brilliant success throughout Europe and America. This is understandable, for its theme is of universal appeal. There may be some question as to the truth of the central thesis, but no one can deny the dramatic power behind its presentation. In Echegaray's hands, the spirit of slander, sometimes malicious, more often thoughtless, gradually takes on palpable form and through the irresistible power of suggestion creates a guilty passion which previously existed only in the minds of idle gossips. The initial situation of Julián, Teodora and Ernesto recalls that of Yorick, Alicia and Edmundo in *Un drama nuevo,* and the play-within-a-play motive of the latter work is to some extent suggested by Ernesto's drama; but the action is entirely original and moves swiftly to the climax. The characters, both principal and secondary, have clear-cut individuality; the prose and the verse style are well suited to the situation; and if, particularly toward the close, Echegaray falls into melodramatic devices, he is merely justifying his reputation as the chief effectivist of the Spanish theatre.

Bibliography: *Obras dramáticas,* 9 vols., Madrid, 1874–1898. *Recuerdos,* 3 vols., Madrid, 1917. Translations of *El gran Galeoto* in *Masterpieces of Modern Spanish Drama,* ed. B. H. Clark, New York, 1917, and by Hannah Lynch, London-Boston, 1895.

To consult: L. ALFONSO, in *Autores dramáticos contemporáneos,* II. H. CURZON, *Le théâtre de José Echegaray: étude analytique,* Paris, 1913. C. EGUÍA RUIZ, *Crítica patriótica,* Madrid, 1921. E. MÉRIMÉE, *José Echegaray et son œuvre dramatique,* in *Bulletin hispanique,* XVIII, 1916. L. A. OLMET Y A. GARCÍA CARRAFFA, *Los grandes españoles: Echegaray,* Madrid, 1912. F. PÍ Y ARSUAGA, *Echegaray, Sellés y Cano,* Madrid, 1884. M. REVILLA, *Obras,* Madrid, 1883; *Críticas,* Burgos, 1884.

EL GRAN GALEOTO

Por JOSÉ ECHEGARAY

(1881)

PERSONAJES

TEODORA, *esposa de*
DON JULIÁN
DOÑA MERCEDES, *esposa de*
DON SEVERO

PEPITO
ERNESTO
UNO DE LOS TESTIGOS
DOS CRIADOS

Época moderna; año 18 . . . ; la escena, en Madrid.

DIÁLOGO

La escena representa un gabinete de estudio. A la izquierda, un balcón; a la derecha, una puerta; casi en el centro, una mesa con papeles, libros y un quinqué encendido; hacia la derecha, un sofá. Es de noche.

ESCENA PRIMERA

ERNESTO

Sentado a la mesa y como preparándose a escribir.

¡Nada! . . . ¡Imposible! . . . Esto es luchar con lo imposible. La idea está aquí; bajo mi ardorosa frente se agita; yo la siento; a veces luz interna la ilumina, y la veo. La veo con su forma flotante, con sus vagos contornos, y, de repente, suenan en sus ocultos senos voces que la animan, gritos de dolor, amorosos suspiros, carcajadas sardónicas . . . ¡todo un mundo de pasiones que viven y luchan . . . y fuera de mí se lanzan, y a mi alrededor se extienden, y los aires llenan! Entonces, entonces me digo a mí mismo: «Éste es el instante,» y tomo la pluma, y con la mirada fija en el espacio, con el oído atento, conteniendo los latidos del corazón, sobre el papel me inclino . . . Pero, ¡ah, sarcasmo de la impotencia! . . . ¡Los contornos se borran, la visión se desvanece, gritos y suspiros se extinguen . . . y la nada, la nada me rodea! . . . ¡La monotonía del espacio vacío, del pensamiento inerte, del cansancio soñoliento! [1] Más que todo eso, la monotonía de una pluma inmóvil y de un papel sin vida, sin la vida de la idea. ¡Ah! . . . ¡Cuántas formas tiene la nada, y cómo se burla, negra y silenciosa, de creadores de mi estofa! Muchas, muchas formas: lienzos sin colores, pedazos de mármol sin contornos, ruidos confusos de caóticas vibraciones; pero ninguna más irritante, más insolente, más ruin que esta pluma miserable (*Tirándola.*) y que esta hoja en blanco. ¡Ah! . . . ¡No puedo llenarte, pero puedo destruirte, cómplice vil de mis ambiciones y de mi eterna humillación! Así . . . así . . . más pequeños . . . aun más pequeños . . . (*Rompiendo el papel. Pausa.*) ¿Y qué? . . . La fortuna es que nadie me ha visto; que por lo demás, estos furores son ridículos y son injustos. No . . . pues no cedo. Pensaré más, más . . . hasta vencer o hasta estrellarme. No; yo nunca me doy

---

[1] *soñoliento,* "heavy," "soporific."

por vencido. A ver . . . a ver si de este modo . . . 46

ESCENA II

Ernesto, Don Julián

Éste por la derecha, de frac y con el abrigo al brazo.

Julián. (*Asomándose a la puerta, pero sin entrar.*) Hola, Ernesto.

Ernesto. ¡Don Julián!

Julián. ¿Trabajando aún? . . . ¿Estorbo? 5

Ernesto. (*Levantándose.*) ¡Estorbar! ¡Por Dios, don Julián! . . . Entre usted, entre usted. ¿Y Teodora? (*Don Julián entra.*) 9

Julián. Del Teatro Real[2] venimos. Subió ella con mis hermanos al tercero, a ver no sé qué compras de Mercedes, y yo me encaminaba hacia mi cuarto cuando ví luz en el tuyo, y me asomé a darte las buenas noches. 15

Ernesto. ¿Mucha gente?

Julián. Mucha, como siempre; y todos los amigos me preguntaron por ti. Extrañaban que no hubieses ido.

Ernesto. ¡Oh! . . . ¡Qué interés! 20

Julián. El que tú mereces, y aún es poco. Y tú, ¿has aprovechado estas tres horas de soledad y de inspiración?

Ernesto. De soledad, sí; de inspiración, no. No vino a mí, aunque rendido y enamorado la llamaba. 26

Julián. ¿Faltó a la cita?

Ernesto. Y no por vez primera. Pero si nada hice de provecho, hice, en cambio, un provechoso descubrimiento.

Julián. ¿Cuál? 31

Ernesto. Éste: que soy un pobre diablo.

Julián. ¡Diablo! Pues me parece descubrimiento famoso.

Ernesto. Ni más, ni menos. 36

Julián. ¿Y por qué tal enojo contigo mismo? ¿No sale acaso el drama que me anunciaste el otro día?

Ernesto. ¡Qué ha de salir![3] Quien sale de quicio soy yo. 41

Julián. ¿Y en qué consiste ese desaire que juntos hacen la inspiración y el drama a mi buen Ernesto?

Ernesto. Consiste en que, al imaginarlo, yo creí que la idea del drama era fecunda; y al darle forma, y al vestirla con el ropaje propio de la escena, resulta una cosa extraña, difícil, antidramática, imposible. 50

Julián. Pero ¿en qué consiste lo imposible del caso? Vamos, dime algo, que ya voy entrando en curiosidad. (*Sentándose en el sofá.*) 54

Ernesto. Figúrese usted que el principal personaje, el que crea el drama, el que lo desarrolla, el que lo anima, el que provoca la catástrofe, el que la devora y la goza, no puede salir a escena. 59

Julián. ¿Tan feo es? ¿Tan repugnante o tan malo?

Ernesto. No es eso. Feo, como cualquiera: como usted o como yo. Malo, tampoco: ni malo ni bueno. Repugnante, no en verdad: no soy tan escéptico, ni tan misántropo, ni tan desengañado de la vida estoy, que tal cosa afirme o que tamaña injusticia cometa. 68

Julián. Pues entonces, ¿cuál es la causa?

Ernesto. Don Julián, la causa es que el personaje de que se trata no cabría materialmente en el escenario. 73

Julián. ¡Virgen santísima, y qué cosas dices! ¿Es drama mitológico, por ventura, y aparecen los titanes?

Ernesto. Titanes son, pero a la moderna. 78

Julián. ¿En suma? . . .

Ernesto. En suma, ese personaje es . . . *todo el mundo,* que es una buena suma.

Julián. ¡*Todo el mundo!* Pues tienes razón: todo el mundo no cabe en el

[2] *Teatro Real,* the royal opera house of Madrid.
[3] *¡Qué ha de salir!* " I should say it doesn't come out! "

teatro; he ahí una verdad indiscutible y muchas veces demostrada. 85

ERNESTO. Pues ya ve usted cómo yo estaba en lo cierto.

JULIÁN. No completamente. *Todo el mundo* puede condensarse en unos cuantos tipos o caracteres. Yo no entiendo de esas materias, pero tengo oído que esto han hecho los maestros más de una vez.

ERNESTO. Sí; pero en mi caso, es decir, en mi drama, no puede hacerse. 94

JULIÁN. ¿Por qué?

ERNESTO. Por muchas razones que fuera largo el explicar, y sobre todo a estas horas. 98

JULIÁN. No importa; vengan algunas de ellas.

ERNESTO. Mire usted: cada individuo de esa masa total, cada cabeza de ese monstruo de cien mil cabezas, de ese titán del siglo que yo llamo *todo el mundo,* toma parte en mi drama un instante brevísimo, pronuncia una palabra no más, dirige una sola mirada, quizá toda su acción en la fábula es una sonrisa: aparece un punto y luego se aleja; obra sin pasión, sin saña, sin maldad, indiferente y distraído; por distracción muchas veces. 111

JULIÁN. ¿Y qué?

ERNESTO. Que de esas palabras sueltas, de esas miradas fugaces, de esas sonrisas indiferentes, de todas esas pequeñas murmuraciones y de todas esas pequeñísimas maldades; de todos esos que pudiéramos llamar rayos insignificantes de luz dramática, condensados en un foco y en una familia, resulta el incendio y la explosión, la lucha y las víctimas. Si yo represento la totalidad de las gentes por unos cuantos tipos o personajes simbólicos, tengo que poner en cada uno lo que realmente está disperso en muchos, y resulta falseado el pensamiento; unos cuantos tipos en escena, repulsivos por malvados, inverosímiles porque su maldad no tiene objeto; y resulta, además, el peligro de que se crea que yo trato de pintar una sociedad

infame, corrompida y cruel, cuando yo sólo pretendo demostrar que ni aun las acciones más insignificantes son insignificantes ni perdidas para el bien o para el mal, porque sumadas por misteriosas influencias de la vida moderna, pueden llegar a producir inmensos efectos. 137

JULIÁN. Mira: no sigas, no sigas; todo eso es muy metafísico. Algo vislumbro, pero al través de muchas nubes. En fin, tú entiendes de estas cosas más que yo: si se tratase de giros, cambios, letras y descuentos, otra cosa sería. 143

ERNESTO. ¡Oh, no; usted tiene buen sentido, que es lo principal!

JULIÁN. Gracias, Ernesto, eres muy amable. 147

ERNESTO. Pero ¿está usted convencido?

JULIÁN. No lo estoy. Debe de haber manera de salvar ese inconveniente.

ERNESTO. ¡Si fuera eso sólo!

JULIÁN. ¿Hay más? 152

ERNESTO. Ya lo creo. Dígame usted, ¿cuál es el resorte dramático por excelencia?

JULIÁN. Hombre, yo no sé a punto fijo qué es eso que tú llamas *resorte dramático;* pero yo lo que te digo es que no me divierto en los dramas en que no hay amores, sobre todo amores desgraciados, que para amores felices tengo bastante con el de mi casa y con mi Teodora. 162

ERNESTO. Bueno, magnífico; pues en mi drama casi, casi no puede haber amores.

JULIÁN. Malo, pésimo, digo yo. Oye: no sé lo que es tu drama, pero sospecho que no va a interesar a nadie. 168

ERNESTO. Ya se lo dije yo a usted. Sin embargo, amores pueden ponerse, y hasta celos.

JULIÁN. Pues por eso, con una intriga interesante y bien desarrollada, con alguna situación de efecto . . . 174

ERNESTO. No, señor; eso sí que no; todo ha de ser sencillo, corriente, casi vulgar . . . como que [4] el drama no puede

---

[4] *como que,* "inasmuch as."

brotar a lo exterior. El drama va por dentro de los personajes; avanza lentamente; se apodera hoy de un pensamiento, mañana de un latido del corazón; mina la voluntad poco a poco. 182

JULIÁN. Pero todo eso, ¿en qué se conoce? Esos estragos interiores, ¿qué manifestación tienen? ¿Quién se los cuenta al espectador? ¿Dónde los ve? ¿Hemos de estar toda la noche a caza de una mirada, de un suspiro, de un gesto, de una frase suelta? Pero, hijo, ¡eso no es divertirse! ¡Para meterse en tales profundidades se estudia filosofía! 191

ERNESTO. Nada: repite usted como un eco todo lo que yo estoy pensando.

JULIÁN. No; yo tampoco quiero desanimarte. Tú sabrás lo que haces. Y . . . ¡vaya! . . . aunque el drama sea un poco pálido, parezca pesado y no interese . . . con tal que luego venga la catástrofe con bríos . . . y que la explosión . . . ¿eh? 199

ERNESTO. ¡Catástrofe . . . explosión! . . . Casi, casi, cuando cae el telón.

JULIÁN. ¿Es decir, que el drama empieza cuando el drama acaba? 203

ERNESTO. Estoy por decir que sí, aunque ya procuraré ponerle un poquito de calor.

JULIÁN. Mira: lo que has de hacer es escribir *ese segundo drama,* ese que empieza cuando acaba el primero; porque el primero, según tus noticias, no vale la pena y ha de darte muchas. 211

ERNESTO. De eso estaba yo convencido.

JULIÁN. Y ahora lo estamos los dos; tal maña te has dado, y tal es la fuerza de tu lógica. ¿Y qué título tiene? 215

ERNESTO. ¡Título! . . . ¡Pues ésa es otra! . . . Que no puede tener título.

JULIÁN. ¿Qué? . . . ¿Qué dices? . . . ¡Tampoco! . . . 219

ERNESTO. No, señor; a no ser que lo pusiéramos en griego para mayor claridad, como dice don Hermógenes.[5]

JULIÁN. Vamos, Ernesto; tú estabas durmiendo cuando llegué; soñabas desatinos y me cuentas tus sueños. 225

ERNESTO. ¿Soñando? . . . Sí. ¿Desatinos? . . . Tal vez. Y sueños y desatinos cuento. Usted tiene buen sentido y en todo acierta. 229

JULIÁN. Es que para acertar en este caso no se necesita gran penetración. Un drama en que el principal personaje no sale; en que casi no hay amores; en que no sucede nada que no suceda todos los días; que empieza al caer el telón en el último acto, y que no tiene título, yo no sé cómo puede escribirse, ni cómo puede representarse, ni cómo ha de haber quien lo oiga, ni cómo es drama. 239

ERNESTO. ¡Ah! . . . Pues drama es. Todo consiste en darle forma y en que yo no sé dársela.

JULIÁN. ¿Quieres seguir mi consejo?

ERNESTO. ¿Su consejo de usted? . . . ¿De usted, mi amigo, mi protector, mi segundo padre? ¡Ah! . . . ¡Don Julián!

JULIÁN. Vamos, vamos, Ernesto; no hagamos aquí un drama sentimental a falta del tuyo que hemos declarado imposible. Te preguntaba si quieres seguir mi consejo. 251

ERNESTO. Y yo decía que sí.

JULIÁN. Pues déjate de dramas; acuéstate, descansa, vente a cazar conmigo mañana, mata unas cuantas perdices, con lo cual te excusas de matar un par de personajes de tu obra, y quizá de que el público haga contigo otro tanto, y a fin de cuentas tú me darás las gracias. 259

ERNESTO. Eso sí que no. El drama lo escribiré.

JULIÁN. Pero, desdichado, tú lo concebiste en pecado mortal. 263

ERNESTO. No sé cómo, pero lo concebí. Lo siento en mi cerebro; en él se agita; pide vida en el mundo exterior, y he de dársela. 267

---

[5] *don Hermógenes,* the ridiculously pedantic character of that name in Moratín's play, *La comedia nueva.* Discussing the merits of a certain play (I, iv), he begins by citing Aristotle in Latin, and then adds: " Pero lo diré en griego para mayor claridad," which he does with all fluency.

Julián. Pero ¿no puedes buscar otro argumento?

Ernesto. Pero ¿y esta idea?

Julián. Mándala al diablo. 271

Ernesto. ¡Ah, don Julián! ¿Usted cree que una idea que se ha aferrado aquí dentro se deja anular y destruir porque así nos plazca? Yo quisiera pensar en otro drama; pero éste, este maldito de la cuestión no le dejará sitio hasta que no brote al mundo. 278

Julián. Pues nada . . . que Dios te dé feliz alumbramiento.

Ernesto. Ahí está el problema, como dice Hamlet. 282

Julián. ¿Y no podrías echarlo a la inclusa literaria de las obras anónimas? (*En voz baja y con misterio cómico.*)

Ernesto. ¡Ah, don Julián! Yo soy hombre de conciencia. Mis hijos, buenos o malos, son legítimos: llevarán mi nombre. 289

Julián. (*Preparándose a salir.*) No digo más. Lo que ha de ser está escrito.

Ernesto. Eso quisiera yo. No está escrito, por desgracia; pero no importa; si yo no lo escribo, otro lo escribirá. 294

Julián. Pues a la obra; y buena suerte, y que nadie te tome la delantera.[6]

ESCENA III

Ernesto, Don Julián, Teodora

Teodora. (*Desde fuera.*) ¡Julián! . . . ¡Julián!

Julián. Es Teodora.

Teodora. ¿Estás aquí, Julián? 4

Julián. (*Asomándose a la puerta.*) Sí; aquí estoy; entra.

Teodora. (*Entrando.*) Buenas noches, Ernesto. 8

Ernesto. Buenas noches, Teodora. ¿Cantaron bien?

Teodora. Como siempre. Y usted, ¿ha trabajado mucho?

Ernesto. Como siempre: nada. 13

Teodora. Pues para eso, mejor le hubiera sido acompañarnos. Todas mis amigas me han preguntado por usted.

Ernesto. Está visto que *todo el mundo* se interesa por mí. 18

Julián. ¡Ya lo creo! . . . Como que de *todo el mundo* vas a hacer el principal personaje de tu drama. Figúrate si les interesará tenerte por amigo. 22

Teodora. (*Con curiosidad.*) ¿Un drama?

Julián. ¡Silencio! . . . Es un misterio . . . No preguntes nada. Ni título, ni personajes, ni acción, ni catástrofe . . . ¡lo sublime! Buenas noches, Ernesto. Vamos, Teodora. 29

Ernesto. ¡Adiós, don Julián!

Teodora. Hasta mañana.

Ernesto. Buenas noches.

Teodora. (*A don Julián.*) ¡Qué preocupada estaba Mercedes! 34

Julián. Y Severo hecho una furia.

Teodora. ¿Por qué sería?

Julián. ¡Qué sé yo! En cambio, Pepito, alegre por ambos. 38

Teodora. Ése siempre. Y hablando mal de todos.

Julián. Personaje para el drama de Ernesto. (*Salen Teodora y don Julián por la derecha.*) 43

ESCENA IV

Ernesto

Diga lo que quiera don Julián, yo no abandono mi empresa. Fuera insigne cobardía. No, no retrocedo . . . ; adelante. (*Se levanta y se pasea agitadamente. Después se acerca al balcón.*) Noche, protégeme, que en tu negrura, mejor que en el manto azul del día, se dibujan los contornos luminosos de la inspiración. Alzad vuestros techos, casas mil de la heroica villa,[7] que, por un poeta en necesidad suma, no habéis de hacer menos que por aquel diablillo cojuelo que traviesamente

---

[6] *y que nadie . . . delantera,* " and may nobody get ahead of you " (in producing the play).

[7] *heroica villa,* a term frequently applied to Madrid, often rather contemptuously.

os descaperuzó.[8] Vea yo entrar en vuestras salas y gabinetes damas y caballeros, buscando, tras las agitadas horas de públicos placeres, el nocturno descanso. Lleguen a mis aguzados oídos las mil palabras sueltas de todos esos que a Julián y a Teodora preguntaron por mí. Y como de rayos dispersos de luz, por diáfano cristal recogidos, se hacen grandes focos, y como de líneas cruzadas de sombra se forjan las tinieblas, y de granos de tierra los montes, y de gotas de agua los mares, así yo, de vuestras frases perdidas, de vuestras vagas sonrisas, de vuestras miradas curiosas, de esas mil trivialidades que en cafés, teatros, reuniones y espectáculos dejáis dispersas, y que ahora flotan en el aire, forje también mi drama; y sea el modesto cristal de mi inteligencia lente que traiga al foco luces y sombras, para que en él broten el incendio dramático y la trágica explosión de la catástrofe. Brote mi drama, que hasta título tiene, porque allá, bajo la luz del quinqué, veo la obra inmortal del inmortal poeta florentino, y dióme en italiano lo que en buen español fuera buena imprudencia y mala osadía escribir en un libro o pronunciar en la escena. Francesca y Paolo, ¡válganme vuestros amores! (*Sentándose a la mesa y preparándose a escribir.*) ¡Al drama! . . . ¡El drama empieza! Primera hoja: ya no está en blanco . . . ya tiene título. (*Escribiendo.*) EL GRAN GALEOTO.[9] (*Escribe febrilmente.*)   47

ACTO PRIMERO

La escena representa un salón en casa de don Julián. En el fondo, una gran puerta; más allá, un pasillo transversal; después, la puerta del comedor, que permanece cerrada hasta el final del acto. A la izquierda del espectador, en primer término, un balcón; en segundo término, una puerta. A la derecha, en primero y segundo término, respectivamente, dos puertas. En primer término, a la derecha, un sofá; a la izquierda, una pequeña mesa y una butaca. Todo lujoso y espléndido.

Es de día, a la caída de la tarde.

ESCENA PRIMERA

TEODORA, DON JULIÁN

Teodora, asomada al balcón; don Julián, sentado en el sofá y pensativo.

TEODORA

¡Hermosa puesta del sol!
¡Qué nubes, qué luz, qué cielo!
Si en los espacios azules
está el porvenir impreso,
como dicen los poetas   5
y nuestros padres creyeron;
si en la esfera de zafir
escriben astros de fuego
de los humanos destinos
el misterioso secreto,   10
y es esta espléndida tarde
página y cifra del nuestro,
¡qué venturas nos aguardan,
qué porvenir tan risueño,
cuánta vida en nuestra vida,   15
cuánta luz en nuestro cielo!
¿No es verdad? (*Dirigiéndose a Julián.*)
           Pero ¿qué piensas?
Ven, Julián; mira aquel lejos.
¿No me contestas?

JULIÁN (*Distraído.*)
           ¿Qué quieres?

TEODORA (*Acercándose a él.*)
¿No me escuchaste?

---

[8] The reference is to Vélez de Guevara's *Diablo cojuelo* (1641), imitated by Le Sage in *Le diable boiteux*. In this satire on contemporary manners, a student frees a limping devil whom a necromancer had kept imprisoned in a flask; as a reward he is taken through the air over towns and cities, where the imp, removing the roofs of the houses, shows him all that is going on within.

[9] The allusion to the episode of Paolo and Francesca in Dante's *Divina Commedia*, and to the title *El gran Galeoto* (" The Great Go-Between ") will be more fully explained in Act II, scene v.

JULIÁN

El deseo 20
siempre está donde estás tú,
que eres su imán y su centro;
pero a veces, importunos,
acosan al pensamiento
preocupaciones, cuidados, 25
negocios . . .

TEODORA

De que reniego,
pues de mi esposo me roban
la atención, si no el afecto.
Pero ¿qué tienes, Julián?
(Con sumo cariño.)
Algo te preocupa, y serio 30
debe ser, pues hace rato
que estás triste y en silencio.
¿Tienes penas, Julián mío?
Pues las reclama mi pecho:
que si mis dichas son tuyas, 35
tus tristezas yo las quiero.

JULIÁN

¿Penas? ¡siendo tú dichosa!
¿Tristezas? ¡cuando poseo
de todas las alegrías
en mi Teodora el compendio! 40
En mostrando[10] tu semblante,
de la salud de tu cuerpo
como fruto, esas dos rosas;
y tus ojos ese fuego,
que es el resplandor del alma 45
que se extiende por dos cielos;
en sabiendo, como sé,
que yo solo soy tu dueño,
¿qué tristezas ni qué penas,
ni qué sombras, ni qué duelos, 50
pueden impedirme ser,
del corazón hasta el centro,
el hombre más venturoso
que existe en el universo?

TEODORA

¿Y tampoco son disgustos 55
de negocios?

JULIÁN

El dinero
no me hizo perder jamás
ni el apetito ni el sueño;
y como siempre le tuve,
no aversión, mas sí desprecio, 60
él se vino hacia mis arcas
sumiso como un cordero.
Y fuí rico, y rico soy,
y hasta que muera de viejo,
don Julián de Garagarza, 65
en Madrid, Cádiz y el Puerto,[11]
gracias a Dios y a su suerte,
será, Teodora, el banquero,
si no de mayor fortuna,
más seguro y de más crédito. 70

TEODORA

Pues bien, entonces, ¿por qué
estabas hace un momento
tan preocupado?

JULIÁN

¡Pensaba!
y pensaba en algo bueno.

TEODORA

No es maravilla, Julián, 75
siendo tuyo el pensamiento. (Con mimo.)

JULIÁN

¡Lisonjera! ¡No me adules!

TEODORA

Pero sepa yo qué es ello.

JULIÁN

Quería encontrar remate
para cierta obra de mérito. 80

TEODORA

¿Para la fábrica nueva?

JULIÁN

No es obra de piedra y fierro.

[10] *En mostrando,* etc. Read, *Cuando tu semblante muestra esas dos rosas* (" your rosy cheeks ") *como fruto de la salud de tu cuerpo,* etc.

[11] *el Puerto:* doubtless El Puerto de Santa María, near Cádiz.

TEODORA

Pero ¿es? ...

JULIÁN

De misericordia
obra, y de lejanos tiempos
deuda sagrada.

TEODORA

(*Con alegría natural y espontánea.*)

Ya sé.   85

JULIÁN

¿Sí?

TEODORA

Pensabas en Ernesto.

JULIÁN

Acertaste.

TEODORA

¡Pobre chico!
Bien hacías. ¡Es tan bueno,
tan noble, tan generoso!

JULIÁN

Todo a su padre: [12] ¡modelo   90
de lealtad y de hidalguía!

TEODORA

¡Vaya! ¡Y de mucho talento!
Veintiséis años ... ¡y sabe!
¿qué sé yo? ... ¡si es un portento!

JULIÁN

¿Si sabe? ¡Pues ahí es nada!   95
Y ése es el mal: porque temo
que allá, perdido en sublimes
esferas su pensamiento,
no sepa andar por el mundo,
que es prosaico y traicionero,   100
y no se paga jamás
de sutilezas de ingenio,
hasta tres siglos después
de habérselas dicho el muerto.

TEODORA

En teniéndote por guía ...   105
porque tú, Julián ... ¿no es cierto?
no piensas abandonarle.

JULIÁN

¡Abandonarle! Muy negro
era menester que fuese
el corazón que en el pecho   110
me late, para que yo
olvidase lo que debo
a su padre. Por el mío
arriesgó don Juan de Acedo
nombre y caudal, y la vida   115
acaso. Si ese mancebo
necesita de mi sangre,
que la pida; que la tengo
siempre dispuesta a pagar
deudas del nombre que llevo.   120

TEODORA

¡Bien, Julián! ¡Ése eres tú!

JULIÁN

Tú lo viste: me dijeron
hace un año, o poco más,
que el buen don Juan era muerto,
y que su hijo en la miseria   125
quedaba, y faltóme tiempo
para meterme en el tren,
ir a Gerona,[13] cogerlo
casi a la fuerza, hasta aquí
volver con él, y en el centro   130
de esta sala colocarle
y decirle: «Eres el dueño
de lo mío, que ya es tuyo,
porque a tu padre lo debo.
Si quieres, amo serás   135
de esta casa, o cuando menos
por segundo padre tenme;
que si no alcanzo al primero,
por lo mucho que valía,
tras él voy con el deseo;   140
y en cuanto a quererte ... ¡vaya!
quién es más, allá veremos.»

---

[12] *Todo a su padre*, "Exactly like his father."
[13] *Gerona*, a city fifty-two miles N.E. of Barcelona.

TEODORA

Es verdad; eso dijiste;
y el pobre . . . como es tan bueno,
rompió a llorar como un niño   145
y colgósete del cuello.

JULIÁN

Es un niño: dices bien;
y pensar en él debemos
y en su porvenir. Y ahí tienes
por qué preocupado y serio   150
me viste ha poco, buscando
forma y modo a lo que pienso
hacer por él, mientras tú
me brindabas con un bello
panorama, y un celaje,   155
y un rojo sol, que desdeño,
desde que brillan dos soles [14]
más puros en nuestro cielo.

TEODORA

Pues no adivino tu idea.
¿Lo que piensas por Ernesto   160
hacer?

JULIÁN

Tal dije.

TEODORA

¿Pues cabe
hacer más de lo que has hecho?
Hace un año vive aquí,
con nosotros, como nuestro.
Ni aun cuando hijo tuyo fuese,   165
ni mi propio hermano siendo,
le mostraras más cariño
ni en mí hallara más afecto.

JULIÁN

Está bien; pero no basta.

TEODORA

¿Que no basta? Pues yo creo . . .   170

JULIÁN

Tú piensas en lo presente
y yo en lo futuro pienso.

[14] *dos soles,* i.e., Teodora's eyes.

TEODORA

¿Lo futuro? ¿El porvenir?
Pues fácilmente lo arreglo.
Mira: vive en esta casa   175
cuanto quiera, años enteros,
como suya, pues es claro,
hasta que allá, con el tiempo,
por ley justa y natural,
se enamore y le casemos.   180
Entonces, de tu fortuna
le entregas con noble empeño
una buena parte; vanse
a su casa, desde el templo,
ella y *él;* que el refrán dice,   185
y yo a su razón me atengo,
que el casado casa quiere;
y no porque vivan lejos
hemos de olvidarle nunca
ni hemos de quererle menos.   190
Y ya lo ves: son felices;
nosotros más, por supuesto.
Tienen hijos: ¿quién lo duda?
¡nosotros más! . . . ¡Po lo menos
(*Con mimo.*)
una niña! . . . Se enamoran   195
ella y el hijo de Ernesto,
y se casan . . .
(*La volubilidad, el gracejo, los matices de
este parlamento, quedan encomendados al
talento de la actriz.*)

JULIÁN

Pero ¡adónde
vas a parar, justo cielo! (*Riendo.*)

TEODORA

Hablabas del porvenir,
y este porvenir te ofrezco;   200
que si no es éste, Julián,
ni me gusta, ni lo acepto.

JULIÁN

Es como tuyo, Teodora.
Pero . . .

TEODORA

¡Ay, Dios! Ya tiene un pero.

JULIÁN

Mira, Teodora: nosotros 205
pagamos lo que debemos
al amparar a ese joven
desdichado como a deudo,
y a la obligación se agregan
exigencias del afecto, 210
que vale tanto por sí
como por hijo de Acedo.[15]
Pero en toda acción humana
siempre hay algo de complejo;
siempre hay dos puntos de vista, 215
y siempre tiene un reverso
la medalla. Con lo cual
decirte, Teodora, quiero,
que en este caso son casos
más que contrarios, diversos, 220
el de dar y recibir
protección, y que me temo
que al fin le sepan mis dones
a humillación [16] por lo menos.
Él es noble, y es altivo, 225
y casi, casi, soberbio,
y a su situación, Teodora,
es forzoso hallarle término.[17]
Hagamos por él aun más,
y finjamos hacer menos. 230

TEODORA

¿De qué modo?

JULIÁN

Vas a ver . . .
Pero él viene. (*Mirando hacia el fondo.*)

TEODORA

Pues silencio.

ESCENA II

TEODORA, DON JULIÁN, ERNESTO *por el
fondo.*

JULIÁN

Bien venido.

ERNESTO

Don Julián . . .
Teodora . . .
(*Saluda como distraído y se sienta junto
a la mesa, quedando pensativo.*)

JULIÁN

¿Qué tienes? (*Acercándose a él.*)

ERNESTO

Nada.

JULIÁN

Algo noto en tu mirada,
y algo revela tu afán.
¿Tienes penas?

ERNESTO

¡Desvarío! 5

JULIÁN

¿Tienes disgustos?

ERNESTO

Ninguno.

JULIÁN

¿Acaso soy importuno?

ERNESTO

¡Usté importuno! ¡Dios mío!
(*Levantándose y acercándose a él con
efusión.*)
No; su cariño le inspira,
su amistad es su derecho, 10
y lee dentro de mi pecho
cuando a los ojos me mira.
Algo tengo, sí, señor;
pero todo lo diré.
Don Julián, perdone usted, 15
y usted también, ¡por favor! (*A Teodora.*)
Yo soy un loco, y un niño,
y un ingrato; en puridad,
ni merezco su bondad,
ni merezco su cariño. 20

---

[15] Julián's reasoning is that they are under obligations to provide generously for Ernesto, not only because he is the son of Acedo, but because of the real affection they feel for him.
[16] *le sepan . . . a humillación,* "my gifts will savor of (i.e., be a source of) humiliation to him."
[17] *término,* "solution."

Yo debiera ser dichoso
con tal padre y tal hermana,
y no pensar en mañana,
y, sin embargo, es forzoso
que piense. La explicación 25
me sonroja . . . ¿No me entienden? . . .
Sí, sí; que ustedes comprenden
que es falsa mi situación.
De limosna vivo aquí. (*Con energía.*)

TEODORA

Esa palabra . . .

ERNESTO

Teodora . . . 30

TEODORA

Nos ofende.

ERNESTO

Sí, señora,
dije mal; pero es así.

JULIÁN

Y yo te digo que no.
Si de limosna, y no escasa,
alguien vive en esta casa, 35
ése no eres tú: soy yo.

ERNESTO

Conozco, señor, la historia
de dos amigos leales,
y de no sé qué caudales
de que ya no hago memoria. 40
A mi padre le hace honor
rasgo de tal hidalguía;
pero yo lo mancharía
si cobrase su valor.
Yo soy joven, don Julián, 45
y aunque es poco lo que valgo,
bien puedo ocuparme en algo
para ganarme mi pan.
¿Será esto orgullo o manía?
No lo sé, y el tino pierdo; 50
pero yo siempre recuerdo
que mi padre me decía:
« Lo que tú puedas hacer,
a nadie lo has de encargar;

lo que tú puedas ganar, 55
a nadie lo has de deber.»

JULIÁN

De modo que mis favores
te humillan y te envilecen;
tus amigos te parecen
importunos acreedores. 60

TEODORA

Usted discurre en razón; [18]
usted sabe mucho, Ernesto;
pero mire usted, en esto
sabe más el corazón.

JULIÁN

Esa altivez desdeñosa 65
no mostró mi padre al tuyo.

TEODORA

La amistad, según arguyo,
era entonces otra cosa.

ERNESTO

¡Teodora!

TEODORA (*A Julián.*)

Es noble su afán.

ERNESTO

Es cierto: soy un ingrato, 70
ya lo sé, y un insensato . . .
Perdone usted, don Julián.
(*Profundamente conmovido.*)

JULIÁN

¡Su cabeza es una fragua!
(*A Teodora, refiriéndose a Ernesto.*)

TEODORA

¡Si no vive en este mundo!
(*A Julián, lo mismo.*)

JULIÁN

Eso sí; sabio y profundo, 75
y se ahoga en un charco de agua.

[18] *Usted discurre en razón,* " You are arguing from rational grounds."

ERNESTO

¿Que de esta vida no sé,   (*Tristemente.*)
ni hallo en ella mi camino?
Es verdad; mas lo adivino,
y tiemblo no sé por qué.   80
¿Que en las charcas de este mundo
como en alta mar me anego?
Me espantan más, no lo niego,
mucho más que el mar profundo.
Hasta el límite que marca   85
suelta arena, el mar se tiende;
por todo el espacio extiende
emanaciones la charca.
Contra las olas del mar
luchan brazos varoniles;   90
contra mïasmas sutiles
no hay manera de luchar.
Y yo, si he de ser vencido,
que no humilla el vencimiento,
en el último momento   95
sólo quiero, y sólo pido,
ver ante mí, y esto baste,
al mar que tragarme quiera,
a la espada que me hiera
o a la roca que me aplaste.   100
A mi adversario sentir,
su cuerpo y su furia ver,
y despreciarle al caer,
y despreciarle al morir.
Y no aspirar mansamente   105
mi pecho, que se dilata,
el veneno que me mata
esparcido en el ambiente.

JULIÁN

¿No te dije? ¡Perdió el seso! (*A Teodora.*)

TEODORA

Pero, Ernesto, ¿adónde vamos?   110

JULIÁN

Con el caso que tratamos,
¿qué tiene que ver todo eso?

ERNESTO

Que al verme, señor, aquí,
amparado y recogido,
lo que he pensado, he creído   115
que piensan todos de mí:
que al cruzar la Castellana [19]
en el coche con ustedes,
con Teodora o con Mercedes
al salir una mañana,   120
al ir a su palco al Real,
al cazar en su dehesa,
al ocupar en su mesa
de diario el mismo sitial,
aunque a su optimismo pese,   125
el caso es, señor, que todos,
con estos o aquellos modos,
se preguntan: «¿Quién es ése?
¿Será su deudo?»—«No tal.»
—«¿Su secretario?»—«Tampoco.»   130
—«¿Su socio?»—«Si es socio, poco
trajo a la masa social.» [20]
Eso murmuran.

JULIÁN

                    Ninguno.
Eso sueñas.

ERNESTO

          Por favor . . .

JULIÁN

Pues venga un nombre.

ERNESTO

                    Señor . . .   135

JULIÁN

Me basta sólo con uno.

ERNESTO

Pues lo tienen a la mano:
está en el piso tercero.

JULIÁN

¿Y se llama?

[19] *la Castellana,* i.e., the Paseo de la Castellana, the northern portion of the fashionable boulevard known as the Prado.

[20] *poco trajo . . . social,* " he has contributed very little to the firm."

ERNESTO

Don Severo.

JULIÁN

¿Mi hermano?

ERNESTO

Justo: su hermano.   140
¿No basta? Doña Mercedes,
su noble esposa y señora.
¿Más? Pepito. Conque ahora,
a ver qué dicen ustedes.

JULIÁN

Pues digo, y juro, y no peco, (Con enojo.)
que él, más que severo, es raro;   146
que ella charla sin reparo,[21]
y que el chico es un muñeco.

ERNESTO

Repiten lo que oyen.

JULIÁN

Nada:
ésas son cavilaciones.   150
Donde hay nobles intenciones,
y a la gente que es honrada,
le importa poco del mundo;
cuanto el murmurar más recio,
más soberano el desprecio,   155
y más grande, y más profundo.

ERNESTO

Eso es noble, y eso siente
todo pecho bien nacido;
pero yo tengo aprendido
que lo que dice la gente,   160
con maldad o sin maldad,
según aquel que lo inspira,
comienza siendo mentira
y acaba siendo verdad.
La murmuración que cunde,   165
¿nos muestra oculto pecado,
y es reflejo del pasado,
o inventa el mal y lo infunde?
¿Marca con sello maldito
la culpa que ya existía,   170

[21] sin reparo, "thoughtlessly."

o engendra la que no había
y da ocasión al delito?
El labio murmurador,
¿es infame o es severo?
¿es cómplice o pregonero?   175
¿es verdugo o tentador?
¿remata o hace caer?
¿hiere por gusto o por pena?
y si condena, ¿condena
por justicia o por placer?   180
Yo no lo sé, don Julián:
quizá las dos cosas son;
pero el tiempo y la ocasión
y los hechos lo dirán.

JULIÁN

Mira: no entiendo ni jota   185
en esas filosofías.
Presumo que son manías
con que tu ingenio se agota;
pero, en fin, tampoco quiero
afligirte ni apurarte.   190
Quieres, Ernesto, crearte,
independiente y severo,
una posición honrada
por ti solo. ¿No es así?

ERNESTO

Don Julián . . .

JULIÁN

Responde.

ERNESTO

(Con alegría.)   Sí.   195

JULIÁN

Pues la tienes alcanzada.
Me encuentro sin secretario;
de Londres me brindan uno;
pero no quiero ninguno,
más que un ser estrafalario   200
(Con tono de cariñosa reconvención.)
que su pobreza prefiere,
su trabajo y sueldo fijo,
como cualquiera, a ser hijo
de quien por hijo le quiere.

ERNESTO

Don Julián . . .

JULIÁN

Pero exigente 205
(Con tono de cómica severidad.)
, ıı mbre de negocios soy,
y mi dinero no doy
nunca de balde a la gente.
Y he de explotarte a mi gusto,
y he de hacerte trabajar, 210
y en mi casa has de ganar
únicamente lo justo.
Diez horas para el tintero,
despierto al amanecer,
y contigo voy a ser 215
más severo que Severo.
Esto serás ante el mundo:
víctima de mi egoísmo . . .
pero, Ernesto, ¡siempre el mismo
de mi pecho en lo profundo! 220
(Sin poder contenerse, cambiando de tono
y abriéndole los brazos.)

ERNESTO

¡Don Julián! . . . (Abrazándole.)

JULIÁN

¿Aceptas?

ERNESTO
Sí.
Haga de mí lo que quiera.

TEODORA

Al fin domaste la fiera. (A Julián.)

ERNESTO

¡Todo por usted! (A Julián.)

JULIÁN

Así,
así te quiero. Ahora escribo 225
a mi buen corresponsal;
le doy, como es natural,
las gracias, y que concibo
el mérito extraordinario

del inglés de que hace alarde; 230
pero que ha llegado tarde,
porque tengo secretario.
(Dirigiéndose a la primera puerta de la
derecha.)
Eso, ahora . . . Pero andar
deja el tiempo . . . ¡Socio, luego!
(Volviéndose y fingiendo que habla con
misterio.)

TEODORA

¡Calla, por Dios! . . . Te lo ruego. 235
¡No ves que se va a espantar!
(A don Julián.)
(Sale don Julián por la derecha, primer
término, riendo bondadosamente y mi-
rando a Ernesto.)

ESCENA III

TEODORA, ERNESTO

Al final de la escena anterior comenzó a
anochecer, de suerte que al llegar a este
momento el salón está ya completamente
oscuro.

ERNESTO

¡Ah! ¡Que su bondad me abruma!
¿Cómo pagarle, Dios mío?
(Se deja caer en el sofá profundamente
conmovido. Teodora se acerca a él y queda a su lado en pie.)

TEODORA

Dando de mano al desvío [22]
y a la desconfianza. En suma,
teniendo juicio y pensando 5
que de veras le queremos,
que lo que fuimos seremos,
y en fin, Ernesto, que cuando
Julián promete, no es vana
su promesa, y la mantiene, 10
de manera que usted tiene,
en él, padre, y en mí, hermana.

ESCENA IV

DICHOS, DOÑA MERCEDES, DON SEVERO
Los dos últimos se presentan por el fondo

---

[22] Dando . . . desvío, " By putting aside all discontent."

y en él se detienen. El salón a oscuras;
sólo una pequeña claridad en el balcón,
hacia el cual se dirigen Teodora y Ernesto.

ERNESTO

¡Ah, qué buenos son ustedes!

TEODORA

¡Y usted qué niño! De hoy más
no ha de estar triste.

ERNESTO

Jamás.

MERCEDES

¡Qué oscuro! (*Desde fuera en voz baja.*)

SEVERO

(*Lo mismo.*) Vamos, Mercedes.

MERCEDES

No hay nadie. (*Pasando la puerta.*)

SEVERO

(*Deteniéndola.*) Gente hay allí.   5
(*Se quedan los dos en el fondo observan-*
do.)

ERNESTO

Teodora, mi vida entera,
y otras mil, gustoso diera
por el bien que recibí.
No me debe usted juzgar
por mi carácter adusto: 10
de hacer alardes no gusto
de amor; pero yo sé amar,
y también aborrecer,
que en propios iguales modos [23]
en mi pecho encuentran todos   15
lo que en él quieren poner.

MERCEDES

¿Qué dicen? (*A Severo.*)

SEVERO

        Cosas extrañas
que no oigo bien.

'(*Teodora y Ernesto siguen hablando en*
voz baja en el balcón.)

MERCEDES

Si es Ernesto.

SEVERO

Y ella . . . es ella . . . por supuesto.

MERCEDES

Teodora.

SEVERO

        Las mismas mañas: 20
siempre juntos. ¡No hay paciencia! . . .
Y esas palabras . . . ¿Qué espero?

MERCEDES

Es verdad; vamos, Severo,
es ya caso de conciencia.
Todos dicen . . .

SEVERO

(*Avanzando.*)   A Julián   25
he de hablar hoy mismo, y claro.

MERCEDES

Pero también es descaro
el de ese hombre.

SEVERO

                ¡Voto a san! [24]
El de él y el de ella.

MERCEDES

                ¡Infeliz!
¡Es tan niña! De ella yo   30
me encargo.

TEODORA

        ¿A otra casa? No.
¿Dejarnos? ¡Pues es feliz
la idea! No lo consiente
Julián.

SEVERO

(*A Mercedes.*) Ni yo, ¡vive Cristo!
        (*En voz alta.*)
¡Eh, Teodora! ¿No me has visto?   35
¿Se recibe así a la gente?

---

[23] *en propios iguales modos,* " in exact proportions."
[24] *¡Voto a san!* " By all the saints!"

TEODORA

(*Separándose del balcón.*)
¡Don Severo! . . . ¡Qué placer!

MERCEDES

¿No se come? Qué, ¿no es hora?

TEODORA

¡Ah, Mercedes!

MERCEDES

Sí, Teodora.

SEVERO

(¡Cómo finge! ¡Qué mujer!)   40

TEODORA

Pediré luces.
(*Tocando un timbre que está sobre la mesa.*)

SEVERO

¡Bien hecho!
La gente debe ver claro.

CRIADO

Señora . . . (*Presentándose en el fondo.*)

TEODORA

Luces, Jenaro. (*El criado sale.*)

SEVERO

Quien sigue el camino estrecho
del deber y la lealtad,   45
y es siempre lo que parece,
no se apura ni enrojece
por la mucha claridad.
(*Entran criados con luces; el salón queda
espléndidamente iluminado.*)

TEODORA

(*Después de una pequeña pausa dice con
naturalidad y sonriendo.*)
Eso me parece a mí
y a cualquiera. (*Dirigiéndose a Mercedes.*)

MERCEDES

Por supuesto.   50

SEVERO

¡Hola, hola, don Ernesto!
Conque ¿estaba usted aquí,
con Teodora, cuando entré?
(*Con intención.*)

ERNESTO

Aquí estaba, por lo visto. (*Fríamente.*)

SEVERO

Por lo visto, no, ¡por Cristo!   55
que en las sombras no se ve.
(*Acercándose a él, dándole la mano y mirándole fijamente. Teodora y Mercedes
hablan aparte.*)
(Su color es encendida,
y parece haber llorado.
De niño y de enamorado,
se llora sólo en la vida.)   60
¿Y Julián?

TEODORA

Pues allá dentro
se fué a escribir una carta.

ERNESTO

(Aunque mi paciencia es harta,
me saca éste de mi centro.)

SEVERO

Voy a verle. ¿La comida   65
da tiempo? (*A Teodora.*)

TEODORA

Tiempo de sobra.

SEVERO

(Bien; pues manos a la obra.)
(*Restregándose las manos y mirando a
Teodora y a Ernesto.*)
¡Adiós!

TEODORA

¡Adiós!

SEVERO

(¡Por mi vida!)
(*Mirándolos rencorosamente al salir.*)

ESCENA V

TEODORA, MERCEDES, ERNESTO

Las dos mujeres se sientan en el sofá. Ernesto, en pie.

MERCEDES

Hoy no nos ha visto usted. (*A Ernesto.*)

ERNESTO

No.

MERCEDES

Ni tampoco a Pepito.

ERNESTO

No, señora.

MERCEDES

Está solito
allá arriba.

ERNESTO

(Que lo esté.)

MERCEDES

(*A Teodora con seriedad y misterio.*)
Yo quisiera que se fuese,   5
porque he de hablarte . . .

TEODORA

¿Tú?

MERCEDES

(*Lo mismo que antes.*)   Sí.
De asuntos graves.

TEODORA

Pues di.

MERCEDES

Como no se marche ése . . .

TEODORA

No te comprendo. (*Todo en voz baja.*)

MERCEDES

¡Valor!
(*Le coge la mano y se la estrecha afectuosamente. Teodora la mira con asombro sin comprender nada.*)
Haz porque nos deje presto.   10

TEODORA

Si tú te empeñas . . .
(*En voz alta.*)   Ernesto . . .
Si me hiciera usted un favor . . .

ERNESTO

Con mil amores.

MERCEDES

(Con uno,
y sobra.[25])

TEODORA

Pues . . . suba usted . . .
y a Pepito . . . vamos . . . que . . .   15
Pero acaso le importuno
con este encargo.

ERNESTO

No tal.

MERCEDES

(¡Con qué dulzura y qué tono!)

TEODORA

Que . . . si renovó el abono
de nuestro palco del Real,   20
como le dije; ya sabe.

ERNESTO

Con mucho gusto; al momento.

TEODORA

Gracias, Ernesto; yo siento . . .

ERNESTO

¡Por Dios! (*Dirigiéndose al fondo.*)

TEODORA

¡Adiós!
(*Sale Ernesto por el fondo.*)

ESCENA VI

TEODORA, MERCEDES

TEODORA

¡Cosa grave!
¡Alarmada estoy, Mercedes!
Ese tono, ese misterio . . .
¿Se trata? . . .

[25] *Con uno, y sobra,* "One is enough, and even too many."

MERCEDES

De algo muy serio.

TEODORA

Pero ¿ de quién?

MERCEDES

Pues de ustedes. 5

TEODORA

¿ De nosotros?

MERCEDES

De Julián,
de Ernesto y de ti. Ya ves.

TEODORA

¿ De los tres?

MERCEDES

Sí; de los tres.
(*Teodora contempla con asombro a Mercedes. Pequeña pausa.*)

TEODORA

Pues di pronto.

MERCEDES

(¡Ganas dan! ...
Pero no; cierro la mano, 10
que es el asunto escabroso.[26])
Mira, Teodora: mi esposo,
al fin, del tuyo es hermano,
y de una familia todos
venimos a ser; de suerte 15
que en la vida y en la muerte,
por estos o aquellos modos,
nos debemos protección,
y ayuda, y consejo ... Es claro:
hoy, yo te brindo mi amparo, 20
y mañana, en la ocasión,
sin sonrojos en la tez,
acudimos al de ustedes.

TEODORA

Y cuenta con él, Mercedes.
Pero acaba de una vez. 25

MERCEDES

Hasta hoy no he querido dar,
Teodora, este paso; pero
hoy ya me dijo Severo:
« De aquí no puede pasar;
que de mi hermano el honor, 30
cual mi propio honor estimo,
y al ver ciertas cosas, gimo
de vergüenza y de dolor.
Siempre indirectas oyendo,
siempre sonrisas mirando, 35
siempre los ojos bajando
y de las gentes huyendo.
En esta de infamias lid
es necesario acabar,
que no puedo tolerar 40
lo que se dice en Madrid.»

TEODORA

¡Sigue, sigue!

MERCEDES

Pues escucha.
(*Pausa. Mercedes mira fijamente a Teodora.*)

TEODORA

Vamos, ¿ qué dicen, Dios mío?

MERCEDES

Mira: cuando suena el río,
agua lleva, poca o mucha. 45

TEODORA

¡No sé si suena o no suena,
si agua lleva, mucha o poca!
¡Sólo sé que ya estoy loca!

MERCEDES

(¡Pobre niña! ¡Me da pena!)
Pero, en fin, ¿ no has comprendido? 50

TEODORA

¿ Yo? No.

MERCEDES

(Torpeza es también.)
¡Está en ridículo! (*Con energía.*)

---

[26] *¡Ganas dan!* ... *escabroso,* "I feel like ... ! (cuffing her.) But no; I'll contain myself, for it's a delicate matter."

TEODORA

¿Quién?

MERCEDES

¿Quién ha de ser? Tu marido.

TEODORA

(*Levantándose con ímpetu.*)
¿Julián? ¡Mentira! Villano
quien habló de esa manera.   55
¡Ah, si Julián le tuviera
al alcance de su mano! . . .

MERCEDES

(*Calmándola y haciéndola sentar otra vez
junto a ella.*)
Necesitara tener
manos para mucha gente,
que si la fama no miente,   60
todos son de un parecer.

TEODORA

Pero, en fin, ¿qué infamia es ésa?
¿Cuál el misterio profundo?
¿Qué es lo que repite el mundo?

MERCEDES

¿Conque te pesa?

TEODORA

¡Me pesa!   65
¿Pero qué?

MERCEDES

Mira, Teodora:
eres muy niña; a tu edad
se cometen, sin maldad,
ligerezas [27] . . . ¡y se llora
después tanto! . . . ¿Todavía   70
no me comprendes? Di.

TEODORA

No.
¿Por qué he de entenderte yo
si esa historia no es la mía?

MERCEDES

Es la historia de un infame,
y es la historia de una dama . . .   75

TEODORA

¿Y ella se llama? . . . (*Con ansia.*)

MERCEDES

Se llama . . .

TEODORA

¿Qué importa cómo se llame? . . .
(*Conteniéndola.*)
(*Teodora se separa de Mercedes sin levantarse del sofá. Mercedes se le acerca a medida que habla. Este doble movimiento de
repugnancia y alejamiento en Teodora, de
protección e insistencia en Mercedes, muy
marcado.*)

MERCEDES

El hombre es ruin y traidor,
y exige de la mujer,
por una hora de placer   80
una vida de dolor.
La deshonra del esposo,
de la familia la ruina,
y la frente que se inclina
bajo sello vergonzoso;   85
como social penitencia
el desprecio en los demás,
¡y Dios que castiga aun más
con la voz de la conciencia!
(*Ya están al otro extremo del sofá. Teodora huye del contacto de Mercedes, inclina hacia atrás el cuerpo y se cubre el
rostro con las manos: al fin ha comprendido.*)
Ven a mis brazos, Teodora . . .   90
(¡Pobrecilla, me enternece!)
Ese hombre no te merece.

TEODORA

Pero ¿adónde va, señora,
con ese arrebato ciego?
¡Si no es miedo, ni es espanto;   95
si no hay en mis ojos llanto;
si en mis ojos sólo hay fuego!
¿A quién oyó lo que oí?
¿Quién es ese hombre? ¡Será! . . .
¿Él acaso? . . .

[27] *ligerezas,* " thoughtless acts," " indiscretions."

MERCEDES

Ernesto.

TEODORA

¡Ah! . . . (*Pausa.*) 100
La mujer, yo; ¿no es así?
(*Señal afirmativa de Mercedes. Teodora
se levanta.*)
Pues escucha, aunque te irrites:
cuál es más vil no sé yo:
si el mundo que lo inventó
o tú que me lo repites. 105
¡Maldito el labio mundano
que dió forma a tal idea!
¡y maldito quien lo crea
por imbécil o villano!
¡Tan maldita [28] y tan fatal, 110
que sólo por no arrancarla
de mi memoria y llevarla
en ella,[29] ya soy criminal!
¡Jesús, nunca lo pensé;
Jesús, nunca lo creí: 115
tan desgraciado le ví
que como a hermano le amé!
Julián fué su providencia . . .
y él es noble y caballero . . .
(*Deteniéndose, observando a Mercedes y
volviendo el rostro.*)
(¡Cómo me mira! . . . No quiero 120
alabarle en su presencia.
¡De modo que ya, Dios mío,
he de fingir!)
(*Acongojándose visiblemente.*)

MERCEDES

Vamos, calma.

TEODORA

¡Qué angustia siento en el alma . . .
qué desconsuelo . . . y qué frío! 125
¡Por la pública opinión
de esta manera manchada! . . .
¡Ay, mi madre! . . . ¡Madre amada! . . .
¡Ay, Julián del corazón!

(*Cae sollozando en el sillón de la izquierda. Mercedes procura consolarla.*)

MERCEDES

Yo no presumí . . . perdona . . . 130
no llores . . . Si no creía
nada serio . . . ¡Si sabía
que tu pasado te abona!
Pero siendo el caso así,
has de confesar también 135
que de cada ciento, cien,
de tu Julián y de ti
dirán, con justo rigor,
que fuisteis harto imprudentes
dando ocasión a las gentes 140
a pensar en lo peor.
Tú, joven de veinte abriles,
Julián en su cuarentena,
y Ernesto la mente llena
de fantásticos perfiles [30] . . . 145
En sus asuntos tu esposo;
el otro en sus fantasías,
más ocasiones que días,
y tu pensamiento ocioso . . .
La gente que os ve en paseo, 150
la gente que os ve en el Real . . .
mal hizo en pensar tan mal.
Pero, Teodora, yo creo
que en justicia y en razón,
en todo lo que ha pasado, 155
el mundo puso el pecado
y vosotros la ocasión.
La moderna sociedad,
permíteme que te diga,
que la culpa que castiga 160
con más saña y más crueldad,
y en forma mas rica y varia,
en la mujer y en el hombre,
es, Teodora, y no te asombre,
la imprudencia temeraria. 165

TEODORA

(*Volviéndose a Mercedes, pero sin atender
a su parlamento.*)
¿Y dices que Julián? . . .

---

[28] *maldita* refers to *idea,* above.

[29] *sólo . . . en ella,* " merely because I can not wrest it from my memory, and because I retain
it there."

[30] *perfiles,* " notions."

MERCEDES

¡Sí!

Es la mofa de la corte.
Y tú . . .

TEODORA

De mí . . . no te importe.
¡Pero Julián! . . . ¡ay de mí!
¡tan bueno! . . . ¡tan caballero! . . .   170
cuando sepa . . .

MERCEDES

Lo sabrá,
porque ahora mismo estará
hablando con él Severo.

TEODORA

¡Qué dices!

JULIÁN

(*Desde dentro.*) ¡Basta!

TEODORA

¡Dios mío!

JULIÁN

¡Que me dejes! (*Ídem.*)

TEODORA

¡Ay de mí!   175
Vámonos pronto de aquí . . .

MERCEDES

(*Después de asomarse a la primera puerta
de la derecha.*)
¡Sí, pronto, que es desvarío! [31] . . .
(*Teodora y Mercedes se dirigen hacia la
izquierda.*)

TEODORA (*Deteniéndose.*)

Pero ¿por qué? . . . ¡No parece
sino que yo soy culpable!
¡La calumnia miserable   180
no mancha sólo, envilece!

¡Es engendro [32] tan maldito,
que, contra toda evidencia,
se nos mete en la conciencia
con el sabor del delito!   185
¿Por qué de un necio terror
me oprimen los ruines lazos?
(*En este momento aparecen en la puerta
de la derecha, primer término, don Julián,
y detrás don Severo.*)
¡Julián!

JULIÁN

¡Teodora!
(*Corre a él, que la oprime apasionada-
mente contra su pecho.*)
¡En mis brazos!
Éste es tu puesto de honor.

ESCENA VII

TEODORA, MERCEDES, JULIÁN, SEVERO

*El orden de los personajes, de izquierda a
derecha, es el siguiente: Mercedes, Teodora, Julián, Severo. Teodora y Julián
formando un grupo; ella en los brazos de
él.*

JULIÁN

Pase por primera vez,
y ¡vive Dios! que es pasar; [33]
pero quien vuelva a manchar
con lágrimas esta tez,
(*Señalando a Teodora.*)
yo juro, y no juro en vano,   5
que no pasa, si tal pasa,
los umbrales de esta casa, [34]
ni aun siendo mi propio hermano.
(*Pausa. Julián acaricia y consuela a Teodora.*)

SEVERO

Repetí lo que la gente
murmura de ti, Julián.   10

JULIÁN

Infamias.

---

[31] *desvarío*, " folly," " madness."

[32] *engendro*, " spawn," " product."

[33] *Pase . . . es pasar*, "Let it pass for a first time, and by Heaven! it is passing over a great deal."

[34] *no pasa . . . casa*, " he will not cross, if such a thing happens, the threshold of this house."

SEVERO

Pues lo serán.

JULIÁN

Lo son.

SEVERO

Pues deja que cuente
lo que todo el mundo sabe.

JULIÁN

¡Vilezas, mentiras, lodo!

SEVERO

Pues repetirlo . . .

JULIÁN

No es modo   15
ni manera de que acabe.³⁵
(*Pequeña pausa.*)

SEVERO

No tienes razón.

JULIÁN

Razón
y de sobra. Fuera bueno
que me trajeses el cieno
de la calle a mi salón.   20

SEVERO

¡Pues será!

JULIÁN

¡Pues no ha de ser!

SEVERO

¡Mío es tu nombre!

JULIÁN

¡No más!

SEVERO

¡Y tu honor!

JULIÁN

Piensa que estás
delante de mi mujer. (*Pausa.*)

SEVERO (*A Julián en voz baja.*)

¡Si nuestro padre te viera!   25

JULIÁN

¡Cómo! . . . Severo, ¿qué es esto?

MERCEDES

Silencio, que viene Ernesto.

TEODORA

(¡Qué vergüenza! . . . ¡Si él supiera!)
(*Teodora vuelve el rostro y lo inclina.
Don Julián la mira fijamente.*)

ESCENA VIII

DICHOS, ERNESTO, PEPITO

*Los dos últimos por el foro. El orden de
los personajes es el siguiente, de izquierda
a derecha: Mercedes, Pepito, Teodora,
don Julián, Ernesto, Severo. Es decir, que
al entrar Ernesto y Pepito se separan:
aquél viene al lado de don Julián; éste, al
de Teodora.*

ERNESTO

(*Observando un instante desde el fondo
el grupo de Teodora y de don Julián.*)
(Ella y él . . . no es ilusión.
¿Si será lo que temí? . . .
Lo que a ese imbécil oí . . .
(*Refiriéndose a Pepito, que en este mo-
mento entra.*)
No fué suya la invención.)

PEPITO

(*Que ha mirado con extrañeza a uno y
otro lado.*)
Salud y buen apetito,   5
porque se acerca la hora.
Aquí está el palco, Teodora.
Don Julián . . .

TEODORA

Gracias, Pepito.
(*Tomando el palco maquinalmente.*)

³⁵ *No es modo . . . acabe,* " Is not the way to make it stop."

ERNESTO

¿Qué tiene Teodora?
(*A don Julián en voz baja.*)

JULIÁN

Nada.

ERNESTO

Está pálida y llorosa. (*Como antes.*)   10

JULIÁN (*Sin poder contenerse.*)

No te ocupes de mi esposa.
(*Pausa. Don Julián y Ernesto cruzan una mirada.*)

ERNESTO

(¡Miserables! Fué jornada
completa.)

PEPITO

Loco de atar.[36]
(*A su madre en voz baja señalando a Ernesto.*)
Porque le dí cierta broma
con Teodora . . . toma, toma . . .   15
¡que me quería matar!

ERNESTO

(*En voz alta; triste, pero resuelto y con ademán noble.*)
Don Julián, pensé despacio
en su generosa oferta . . .
y aunque mi labio no acierta . . .
y anda torpe y va reacio . . .   20
y aunque conozco que yo
ya de su bondad abuso . . .
En fin, señor, que rehuso
el puesto que me ofreció.

JULIÁN

¿Por qué?

ERNESTO

Porque soy así: 25
un poeta, un soñador.
Nunca mi padre, señor,
hizo carrera de mí.[37]

Yo necesito viajar;
soy rebelde y soy inquieto;   30
vamos, que no me sujeto,
como otros, a vegetar.
Espíritu aventurero,
me voy cual nuevo Colón . . .
En fin, si tengo razón,   35
que lo diga don Severo.

SEVERO

Habla usted como un abismo
de ciencia y como hombre ducho.
Hace mucho tiempo, mucho,
que pensaba yo lo mismo.   40

JULIÁN

¿Conque sientes comezón
de mundos y de viajar?
¿Conque nos quieres dejar?
Y los medios . . . ¿cuáles son?

SEVERO

Él . . . se marcha . . . adonde sienta   45
que ha de estar más a su gusto.
Lo demás, para ser justo,
ha de correr de tu cuenta. (*A Julián.*)
Cuanto quiera . . . no concibo
que economice ni un cuarto.   50

ERNESTO

Ni yo deshonras reparto, (*A Severo.*)
ni yo limosnas recibo. (*Pausa.*)
Pero, en fin, ello ha de ser;
y como la despedida
fuera triste, que en la vida . . .   55
quizá no les vuelva a ver,
es lo mejor que ahora mismo
nos demos un buen abrazo . . . (*A Julián.*)
y rompamos este lazo . . .
y perdonen mi egoísmo.   60
(*Profundamente conmovido.*)

SEVERO

(¡Cómo se miran los dos!)

TEODORA

(¡Qué alma tan hermosa tiene!)

---

[36] *Loco de atar*, " Fit to be tied! "
[37] *hizo carrera de mí*, " made a success of me."

ERNESTO

Don Julián, ¿qué le detiene?
Éste es el último adiós.
(*Dirigiéndose a don Julián con los brazos
abiertos. Don Julián le recibe en los suyos
y se abrazan fuertemente.*)

JULIÁN

No; las cosas bien miradas,   65
ni el último ni el primero;
es el abrazo sincero
de dos personas honradas.
De ese proyecto insensato
no quiero que me hables más.   70

SEVERO

Pero ¿no se va?

JULIÁN

    Jamás.
Yo no mudo a cada rato
el punto en que me coloco,
o aquel plan a que me ciño,
por los caprichos de un niño   75
o los delirios de un loco.
Y aun fuera mayor mancilla
el sujetar mis acciones
a necias murmuraciones
de la muy heroica villa.   80

SEVERO

Julián . . .

JULIÁN

    Basta, que la mesa
nos aguarda.

ERNESTO

    ¡Padre mío! . . .
no puedo.

JULIÁN

    Pues yo confío
en que podrás. ¿O te pesa
mi autoridad?

ERNESTO

¡Por favor!   85

JULIÁN

Vamos allá, que ya es hora.
Dale tú el brazo a Teodora (*A Ernesto.*)
y llévala al comedor.

ERNESTO

¡A Teodora! . . .
    (*Mirándola y retrocediendo.*)

TEODORA

(*Lo mismo.*)   ¡Ernesto! . . .

JULIÁN

        Sí;
como siempre.
(*Movimiento de duda y vacilación en ambos. Al fin se acerca Ernesto, y Teodora se
apoya en su brazo, pero sin mirarse, cor-
tados, conmovidos, violentos. Todo ello
queda encomendado a los actores.*)
(*A Pepito.*)   Y vamos, tú . . .   90
el tuyo . . . ¡por Belcebú! [38]
a tu madre. Y junto a mí,
    (*Pepito da el brazo a Mercedes.*)
Severo, mi buen hermano:
    (*Apoyándose en él un momento.*)
y así, en familia comer,
¡y que rebose el placer   95
con las copas en la mano!
¿Hay quien murmura? Corriente;
pues que murmure o que grite,
a mí se me da un ardite
de lo que dice la gente.   100
Palacio quisiera ahora
con paredes de cristal,
y que a través del fanal [39]
viesen a Ernesto y Teodora
los que nos traen entre manos,[40]   105
porque entendiesen así
lo que se me importa a mí
de calumnias y villanos.
Cada cual siga su suerte.

[38] *Belcebú*, " Beelzebub."
[39] *fanal*, " glass."
[40] *nos traen entre manos*, " are bandying us about," " are traducing us."

(*En este momento aparece un criado con traje de etiqueta: de negro y corbata blanca.*)

La comida.

CRIADO

Está servida.　110

(*Abre la puerta del comedor; se ve la mesa, los sillones, lámpara colgada del techo, etcétera; en suma, una mesa y un comedor de lujo.*)

JULIÁN

Pues hagamos por la vida,
que ya harán por nuestra muerte.
Vamos ... (*Invitando a que pasen.*)

TEODORA

Mercedes ...

MERCEDES

Teodora ...

TEODORA

Ustedes ...

MERCEDES

Pasen ustedes ...

TEODORA

No; vé delante, Mercedes.　115
(*Mercedes y Pepito pasan delante y se dirigen al comedor lentamente. Teodora y Ernesto quedan todavía inmóviles y como absortos en sus pensamientos. Ernesto fija en ella la vista.*)

JULIÁN

(¡Él la mira y ella llora!)
(*Siguen muy despacio a Mercedes; Teodora vacilante, deteniéndose y enjugando el llanto.*)
¿Se hablan bajo? (*A Severo, aparte.*)

SEVERO

No lo sé,
pero presumo que sí.

JULIÁN

¿Por qué vuelven hacia aquí
la vista los dos? ... ¿Por qué?　120

(*Ernesto y Teodora se han detenido y han vuelto la cabeza furtivamente. Después siguen andando.*)

SEVERO

Ya vas entrando en razón.

JULIÁN

¡Voy entrando en tu locura!
¡Ah! ¡La calumnia es segura:
va derecha al corazón!
(*Él y Severo se dirigen al comedor.*)

ACTO SEGUNDO

La escena representa una sala pequeña y excesivamente modesta, casi pobre.

Una puerta en el fondo; a la derecha del espectador, otra puerta, una sola; a la izquierda, un balcón. Un estante de pino con algunos libros; una mesa; un sillón. La mesa, a la izquierda; sobre ella una fotografía de don Julián en su marco; al lado, otro marco igual al anterior, pero sin ningún retrato: ambos son bastante pequeños. También sobre la mesa un quinqué apagado, un ejemplar de la *Divina Comedia,* del Dante, abierto por el episodio de Francesca, y un pedazo de papel medio quemado; además papeles sueltos y el manuscrito de un drama. Algunas sillas. Todos los muebles pobres, en armonía con la pobreza del cuarto. Es de día.

ESCENA PRIMERA

JULIÁN, SEVERO, UN CRIADO

Los tres entran por el fondo.

SEVERO

¿No está el señor?

CRIADO

No, señor;
ha salido muy temprano.

SEVERO

No importa, le esperaremos;
porque supongo que al cabo
don Ernesto ha de venir.　5

CRIADO

Es lo probable, que el amo
es puntual como ninguno,
y como ninguno exacto.

SEVERO

Bueno; vete.

CRIADO

Sí, señor.

Si algo mandan, fuera aguardo.   10
(*Sale el criado por el fondo.*)

ESCENA II

JULIÁN, SEVERO

SEVERO

¡Qué modestia! (*Mirando el cuarto.*)

JULIÁN

   ¡Qué pobreza,
dirás mejor!

SEVERO

   ¡Vaya un cuarto! [1]
Una alcoba sin salida,
(*Mirando por la puerta de la derecha;
luego por la del foro.*)
la antesala, este despacho,
y pare usté de contar.[2]   5

JULIÁN

Y empiece a contar el diablo,
de ingratitudes humanas,
de sentimientos bastardos,
de pasiones miserables,
de calumnias de villanos,   10
y no acabará jamás
aunque cuente aprisa y largo.

SEVERO

La casualidad lo quiso.

JULIÁN

Ése no es el nombre, hermano.
Lo quiso . . . quien yo me sé.   15

SEVERO

¿Y quién es ése? ¿Yo acaso?

JULIÁN

Tú también. Y antes que tú,
los necios desocupados,
que de mi honor y mi esposa
sin rebozo murmuraron.   20
Y después yo, que cobarde,
y celoso, y ruin, y bajo,
dejé salir de mi hogar
a ese mancebo, que ha dado
pruebas de ser tan altivo,   25
como yo de ser ingrato.
Ingrato: ¿porque tú ves
mi ostentación y regalo,
el lujo de mis salones,
de mis trenes el boato,   30
el crédito de mi firma,
los caudales que gozamos?
Pues todo, ¿sabes de dónde
procede?

SEVERO

   Y hasta olvidado
lo tengo.

JULIÁN

   Tú lo dijiste;   35
el olvido: premio humano
a toda acción generosa,
a todo arranque bizarro,
que en su modesto retiro,
sin trompetas ni reclamos,   40
realice un hombre por otro,
como amigo o como honrado.

SEVERO

Eres injusto contigo;
tu gratitud llegó a tanto,
que tu honor y hasta tu dicha   45
casi le has sacrificado.
¿Qué más se puede pedir?
¿Ni qué más hiciera un santo?
Todo su término tiene;
lo bueno como lo malo.   50

---

[1] *¡Vaya un cuarto!* " What an apartment! "
[2] *pare usté de contar,* " stop counting," i.e., " that's all there is to it."

Es orgulloso . . . empeñóse . . .
y aunque te opusiste . . . claro . . .
él es dueño de sí mismo,
de su persona y sus actos,
y una mañana dejó,   55
porque quiso, tu palacio,
y en este zaquizamí
metióse desesperado.
Es muy triste; pero, amigo,
¿quién ha podido evitarlo?   60

JULIÁN

Todos, si estuviesen todos
atentos a sus cuidados,
y de las honras ajenas
no se llevasen pedazos,
al revolver de sus lenguas   65
y al señalar de sus manos.[3]
¿Qué les importaba, di,
que yo, cumpliendo un sagrado
deber, hiciese de Ernesto
un hijo, y ella un hermano?   70
¿Es suficiente en mi mesa,
o en paseo, o en el teatro,
junto a una joven hermosa,
ver a un mancebo gallardo,
para suponer infamias   75
y para aventar escándalos?
¿Acaso el amor impuro,
en este mundo de barro,
es entre hombres y mujeres
único y supremo lazo?   80
¿No hay amistad, gratitud,
simpatía, o tal estamos,
que juventud y belleza
sólo se unen en el fango?
Y aun suponiendo que fuese   85
lo que suponen menguados,
¿qué falta me hacen los necios
para vengar mis agravios?
Para ver tengo mis ojos,
para observar mis cuidados,   90
y para vengar injurias
hierro, corazón y manos.

SEVERO

Bien; pues hicieron muy mal
las gentes que murmuraron;
pero yo, que soy tu sangre,   95
que llevo tu nombre . . . vamos,
¿debí callar?

JULIÁN

¡No, por Dios!
pero debiste ser cauto,
y con prudencia, a mí sólo,
hablarme del triste caso,   100
y no encender un volcán
en mi casa y en mi tálamo.

SEVERO

Pequé sólo por exceso
de cariño. Pero aun cuando
reconozca yo mi culpa;   105
aunque confiese que el daño
entre el mundo y yo lo hicimos,
él infamias inventando,
y yo recogiendo torpe
los ecos mil del escándalo;   110
(Acercándose a él con expresión de interés y cariño.)
lo que es tú, Julián, estás
limpio y libre de pecado;
conque escrúpulos desecha,
y ensancha [4] tu pecho hidalgo.

JULIÁN

No puedo ensanchar mi pecho,   115
que albergue en mi pecho he dado
a eso mismo que condenan
mi entendimiento y mis labios.
Yo las calumnias del mundo
con indignación rechazo.   120
« Mienten,» digo a voz en cuello,
y repito, por lo bajo:
« ¿Y si mintiendo no mienten,
y si aciertan por acaso? »
De modo que en esta lucha   125
de dos impulsos contrarios,
para los demás soy juez,

---

[3] si estuviesen . . . manos, " if all had minded their own affairs, and had not destroyed, bit by bit, other people's honor with their tongue-wagging and finger-pointing."

[4] ensancha, " tranquilize." A few lines below it has its usual meaning, " to enlarge."

y soy su cómplice en tanto.
Y en mí mismo me consumo,
conmigo mismo batallo;   130
la duda crece y se ensancha,
ruge el corazón airado,
y ante mis ojos de sangre
se extiende rojizo manto.[5]

SEVERO

¡Deliras!

JULIÁN

   No, no deliro;   135
el alma te muestro, hermano.
¿Acaso piensas que Ernesto
mi casa hubiese dejado,
si yo, con firme propósito
de oponerme y estorbarlo,   140
cuando él cruzó sus umbrales,
le hubiera salido al paso?
Se fué, porque allá en el fondo
de mi espíritu turbado,
traidora voz resonaba   145
diciéndome: « Deja franco
el portillo a la salida,
y cierra bien en pasando,[6]
que en fortalezas de honor
es mal alcaide el confiado.»   150
Y en lo interior un deseo,
y otro deseo en los labios:
y « Vuelve, Ernesto,» en voz alta,
y « No vuelvas,» por lo bajo.
A un mismo tiempo, con él,   155
con apariencias de franco,
¡era hipócrita y cobarde,
era astuto y era ingrato!
No, Severo; no se porta
así quien es hombre honrado.   160
(*Se deja caer en el sillón que está junto
a la mesa, mostrando gran abatimiento.*)

SEVERO

Así se porta quien cuida
a esposa de pocos años,
y de espléndida hermosura,
y de espíritu exaltado.[7]

JULIÁN

¡No hables tal de mi Teodora!   165
Es espejo que empañamos
con nuestro aliento al querer
imprudentes acercarnos.
¡La luz del sol reflejaba,
antes que del mundo airado   170
las mil cabezas de víboras
se acercasen a mirarlo!
Hoy bullen en el cristal
dentro del divino marco;
pero sombras son sin cuerpo,   175
ha de espantarlas mi mano,
y otra vez verás en él
el limpio azul del espacio.

SEVERO

Mejor que mejor.

JULIÁN

    No así.

SEVERO

Pues ¿qué falta?

JULIÁN

    ¡Falta tanto!   180
Advierte que estas internas
luchas que te he confesado
han hecho de mi carácter
otro carácter contrario.
Ahora mi esposa me ve   185
siempre triste, siempre huraño;
no soy el mismo que he sido,
por serlo me esfuerzo en vano;
y ella debe preguntarse
al observar este cambio: 190
« ¿Dónde está Julián, Dios mío?
¿Dónde está mi esposo amado?
¿Qué hice yo para perder
su confianza? ¿Qué villanos
pensamientos le preocupan   195
y le arrancan de mis brazos? »
Y una sombra entre los dos
se va de este modo alzando,

---

[5] *manto*, " veil," " mist."
[6] *en pasando*, " when he has gone out."
[7] *de espíritu exaltado*, " high-spirited," " impulsive."

y nos separa y aleja
lentamente y paso a paso.   200
No ya más dulces confianzas,
no ya más coloquios plácidos;
heláronse las sonrisas,
los acentos son amargos,
en mí recelos injustos,   205
en Teodora triste llanto;
yo herido en mi amor, y en ella,
heridos, y por mi mano,
su dignidad de mujer,
y su cariño. Así estamos.   210

SEVERO

Pues estamos en camino
de perdición. Si tan claro
ves lo que pasa, ¿por qué
no pones remedio?

JULIÁN

                    Es vano
mi esfuerzo. Yo sé que soy   215
injusto de ella dudando:
es más, si por hoy no dudo; [8]
pero, ¿quién dice que al cabo,
yo perdiendo poco a poco,
y él poco a poco ganando,   220
no será verdad mañana
lo que hoy mentira juzgamos?
(Cogiendo por el brazo a Severo y hablándole con reconcentrada energía y mal con-
tenidos celos.)
Yo, el celoso; yo, el sombrío;
yo, el injusto; yo, el tirano;
y él, el noble y generoso,   225
siempre dulce y resignado,
con la aureola del martirio,
que a un mozo apuesto y gallardo
sienta tan bien a los ojos
de toda mujer: es llano   230
que él lleva la mejor parte
en este injusto reparto,
y que gana lo que pierdo,
sin que pueda remediarlo.
Esto es lo cierto, no dudes;   235
y agrega que con reclamos

infames, llega traidor
el mundo a los dos en tanto,
y aunque dicen con verdad
«¡Pero si no nos amamos! »   240
a fuerza de repetirlo
acabarán por pensarlo.

SEVERO

Si así estás, mira, Julián,
yo creo que lo más sano
es dejar que Ernesto lleve   245
todo su proyecto a cabo.

JULIÁN

Pues a estorbárselo vengo.

SEVERO

Pues eres un insensato.
¿A Buenos Aires pretende
marcharse? Pues ni de encargo: [9]   250
váyase en buque de vela,
viento fresco y mucho trapo.

JULIÁN

Y a los ojos de Teodora,
¿quieres que aparezca ingrato,
y miserable y celoso?   255
¿Tú no sabes, pobre hermano,
que hombre a quien mujer desprecia,
podrá ser su amante al cabo,
pero que si lleva nombre
de esposo, está deshonrado?   260
¿Quieres que mi esposa siga,
a través del mar amargo,
con el pensamiento triste,
al infeliz desterrado?
¿No sabes que si yo viese   265
sobre su mejilla el rastro
de una lágrima no más,
y pensase que era el llanto
por Ernesto, la ahogaría
entre mis crispadas manos?   270
(Con reconcentrado furor.)

SEVERO

Pues entonces, ¿qué debemos
hacer?

[8] es más ... no dudo, " what's more, right now I don't doubt."
[9] Pues ni de encargo, " Well, it couldn't be better even if made to order."

JULIÁN

Sufrir: que el cuidado
de preparar desenlace
para este drama está a cargo
del mundo que lo engendró   275
solamente con mirarnos;
tal su mirada es fecunda
en lo bueno y en lo malo.

SEVERO

Presumo que viene gente.
                (*Acercándose al fondo.*)

CRIADO

No puede tardar el amo.   280
        (*Desde dentro, pero sin presentarse.*)

ESCENA III

JULIÁN, SEVERO, PEPITO, *por el fondo.*

SEVERO

¿Tú por aquí?

PEPITO

                (¡Toma, ya
lo supieron! Me he lucido.[10])
Pues todos hemos venido.
¡Adiós, tío; adiós, papá!
(Nada: saben lo que pasa.)   5
¿Conque ustedes . . . por supuesto,
buscando vendrán a Ernesto?

SEVERO

Pues ¿a quién en esta casa?

JULIÁN

¿Y tú estarás al corriente
de lo que trata ese loco?   10

PEPITO

¿De lo que? . . . Pues claro; un poco.
Sé . . . lo que sabe la gente.

SEVERO

¿Y es mañana cuando? . . .

PEPITO

                        No;
mañana se ha de marchar,
y tiene que despachar [11]   15
hoy mismo.

JULIÁN

(*Con extrañeza.*) ¿Qué dices?

PEPITO

                        ¿Yo?
Lo que dijo Pepe Rueda
a la puerta del casino
ayer noche; y es padrino
del Vizconde de Nebreda.   20
Conque si él no acierta . . . Pero,
¡miran ustedes de un modo!
¿Acaso no saben? . . .

JULIÁN

                        Todo.
(*Con resolución, previniendo un movimiento de su hermano.*)

SEVERO

Nosotros . . .

JULIÁN

(*Aparte a Severo.*) Calla, Severo.
Que parte mañana oímos, (*En voz alta.*)
y que hoy . . . se juega la vida . . .   25
y a evitar duelo y partida . . .
como es natural, vinimos.
(*En toda esta escena don Julián finge
estar enterado del lance para sonsacar a
Pepito, aunque claro es que sólo venía por
el viaje de Ernesto. Todos los pormenores
y accidentes del diálogo quedan encomendados al talento del actor.*)

SEVERO

¿Qué duelo es ése? (*Aparte a Julián.*)

JULIÁN

(*Aparte a Severo.*) No sé;
pero lo sabremos pronto.   30

---

[10] *Me he lucido,* " I lost out that time." Pepito, ever eager to be first in divulging gossip or bad news, is disappointed to find, as he thinks, that others have got ahead of him this time.
[11] *despachar,* " settle the affair."

PEPITO

(Vamos, pues no he sido un tonto.[12])

JULIÁN

Nosotros sabemos que . . .
(*Con tono de estar muy enterado.*)
con un Vizconde . . .

PEPITO

Sí tal.

JULIÁN

¡Tiene Ernesto concertado
un duelo! . . . Nos lo ha contado   35
cierta persona formal
que lo supo en el instante.
¡Dicen que es grave la cosa! . . .
(*Señas afirmativas de Pepito.*)
¡Una riña escandalosa! . . .
¡Y mucha gente delante! . . . (*Lo mismo.*)
« ¡Que tú mientes! . . .» « ¡Que yo mien-
to! »   41
¡Y palabras en montón! . . .

PEPITO

(*Interrumpiendo con el placer y el afán
del que sabe más.*)
¡Palabras! . . . ¡Un bofetón
más grande que un monumento!

SEVERO

¿Quién a quién?

PEPITO

Ernesto al otro.   45

JULIÁN

¡Ernesto! . . . ¿No te enteraste?
(*A Severo.*)
Ese Vizconde dió al traste
con su paciencia. En un potro
le tuvo . . . vamos . . . de modo . . .
que el pobre chico rompió.[13]   50

PEPITO

Cabal.

JULIÁN

Si te dije yo
que nos lo han contado todo.
(*Con suficiencia.[14]*)
¿Y el lance es serio?
(*Con ansiedad mal contenida.*)

PEPITO

Muy serio.
Pena el decirlo me da;
pero con ustedes ya   55
es inútil el misterio.

JULIÁN

¿Con qué objeto, ni a qué fin? . . .
(*Se acercan con ansiedad a Pepito, y éste
hace una pausa y se da todo el tono del
que comunica una mala noticia.*)

PEPITO

¡Pues a muerte!
(*Les mira con aire de triunfo. Movimiento
de don Julián y de don Severo.*)
                      Y el Vizconde
ni se espanta ni se esconde:
¡y es un gran espadachín!   60

JULIÁN

Y la disputa . . . ¿por qué?
A Nebreda se le imputa . . .

PEPITO

Si casi no hubo disputa . . .
Yo les diré cómo fué.
(*Pausa. Se acercan a Pepito con ansiedad
profunda.*)
Como Ernesto proyectaba   65
dejar mañana a Madrid,
por si pasaje en el *Cid*
a tiempo en Cádiz lograba;
y como Luis Alcaraz
prometida le tenía   70

---

[12] *pues no he sido un tonto,* " if I haven't been a fool! " Pepito still bemoans the fact that the others know his secret.

[13] *rompió,* " broke loose," " boiled over."

[14] *Con suficiencia,* " with a know-it-all air."

una carta, que decía
que era de efecto eficaz
como recomendación,
a recogerla se fué
el pobre chico al café   75
con la mejor intención.
No estaba el otro: le espera;
ninguno allí le conoce,
y prosiguen en el goce
sublime de la tijera,[15]   80
sin reparar en su faz,
ni en sus dientes apretados,
unos cuantos abonados
a la mesa de Alcaraz.
Venga gente, y caiga gente;   85
mano larga, y lengua lista:
¡allí se pasó revista
a todo bicho viviente!
Y en medio de aquel cotarro [16]
con más humo que echa un tren,   90
entre la copa de ojén,[17]
la ceniza del cigarro,
y alguno que otro terrón
de azúcar allí esparcido,
quedó el mármol convertido   95
en mesa de disección.
Cada mujer deshonrada,
una copa de lo añejo; [18]
cada tira de pellejo,
una alegre carcajada.   100
En cuatro tijeretazos,
dejaron aquellos chicos
las honras hechas añicos,
las damas hechas pedazos.
Y, sin embargo, ¿qué fué,   105
ni qué era aquello en verdad?
Ecos de la sociedad
en la mesa de un café.
Esto no lo digo yo,
ni lo pienso, por supuesto;   110

esto me lo dijo Ernesto,
cuando el lance me contó.

JULIÁN

¡Acaba! ¿No acabarás?

PEPITO

Por fin, entre nombre y nombre,
el nombre sonó . . . de un hombre,   115
y Ernesto no pudo más.
« ¿Quién se atreve a escarnecer
a un hombre de honor? » exclama;
y le responden: « ¡La dama! »
y nombran a una mujer.   120
Brotando fuego el semblante
se arroja sobre Nebreda;
el pobre Vizconde rueda;
y es un campo de Agramante [19]
aquel centro principal.   125
Resumen de la jornada:
hoy es el duelo, y a espada,
en un salón. No sé cuál.

JULIÁN

(Cogiéndole por un brazo con furor.)
¿Y el hombre era yo?

PEPITO

¡Señor!

JULIÁN

¿Y Teodora la mujer?   130
¡Dónde fueron a caer
ella, mi nombre y mi amor!
(Se desploma sobre el sillón, ocultando el
rostro entre las manos.)

SEVERO (Aparte a Pepito.)

¡Qué has hecho, desventurado!

[15] tijera, " scissors," i.e., " slander." The abonados, or habitués of the café, are pictured as being gathered around the table, dissecting and snipping away at the reputation of their victims.

[16] cotarro, " assembly of idlers."

[17] ojén, " brandy "; from Ojén, in the province of Malaga.

[18] añejo, " old wine."

[19] campo de Agramante, " bedlam let loose." Agramante was chief of the Saracens who opposed Charlemagne and besieged Paris. In response to the prayers of the Christians, St. Michael sent Discord to sow confusion in the enemy camp. Cf. Ariosto's Orlando Furioso, canto xxvii.

PEPITO

¿No dijo que lo sabía?
Pues yo . . . por eso . . . creía . . .   135

JULIÁN

¡Deshonrado! ¡Deshonrado!

SEVERO

¡Julián! (*Acercándose con cariño.*)

JULIÁN

Es verdad; ya sé
que es preciso tener calma . . .
pero ¡ay! que me falta el alma
cuando me falta la fe.   140
(*Cogiéndose a su hermano con ansia.*)
Pero ¿por qué de este modo
nos infaman, cielo santo?
¿Dónde hay razón para tanto
revolver y echarnos lodo? . . .
No importa; yo sé cumplir   145
como cumple un caballero.
¿Cuento contigo, Severo?

SEVERO

¿Si cuentas? . . . ¡Hasta morir!
(*Se aprietan la mano con energía.*)

JULIÁN

¿El duelo? (*A Pepito.*)

PEPITO

A las tres.

JULIÁN

(¡Le mato!
¡Sí . . . le mato! . . .) Vamos. (*A Severo.*)

SEVERO

¿Dónde?   150

JULIÁN

A buscar a ese Vizconde.

SEVERO

¿Tratas por ventura? . . .

JULIÁN

Trato . . .
trato de hacer lo que puedo:
de vengar mi honra ofendida,
y de salvarle la vida   155
al hijo de Juan Acedo.
¿Quienes los padrinos son? (*A Pepito.*)

PEPITO

Los dos: Alcaraz y Rueda.

JULIÁN

Los conozco. Aquí se queda
ése por si hay ocasión   160
(*Señalando a Pepito.*)
y vuelve Ernesto . . .

SEVERO

Entendido.

JULIÁN

Tú, sin inspirar recelo, (*A Pepito.*)
averiguas dónde el duelo
debe ser.

SEVERO

Ya lo has oído.

JULIÁN

Ven.

SEVERO

Julián, ¿qué tienes?

JULIÁN

¡Gozo!   165
como ha mucho no sentí.
(*Cogiéndole el brazo nerviosamente.*)

SEVERO

¡Qué diablo, no estás en ti!
¿Gozo?

JULIÁN

De ver a ese mozo.

SEVERO

¿A Nebreda?

JULIÁN

Sí; repara
que hasta hoy la calumnia fué 170
impalpable, y no logré
ver cómo tiene la cara.
¡Y al fin sé dónde se esconde;
al fin tomó cuerpo humano,
y se me viene a la mano 175
bajo forma de un Vizconde!
Devorando sangre y hiel
tres meses, ¡por Belcebú!
y ahora ... figúrate tú ...
¡frente a frente yo con él!
(*Salen por el fondo Julián y Severo.*)

ESCENA IV

PEPITO

¡Pues señor, vaya un enredo!
y un enredo sin motivo.
Aunque también fué locura,
por más que diga mi tío,
poner bajo el mismo techo, 5
casi en contacto continuo,
a una niña como un sol,
y a Ernesto, que es guapo chico,
con un alma toda fuego
y dado al romanticismo. 10
Él perjura que no hay nada,
que es un afecto purísimo,
que como a hermana la quiere,
y que es su padre mi tío;
pero yo, que soy muy zorro, 15
y que aunque joven he visto
muchas cosas en el mundo,
de hermanazgos [20] no me fío,
cuando los hermanos son
tan jóvenes y postizos. 20
Mas supongamos que sea,
como dicen, su cariño:
la gente, ¿qué entiende de eso?
¿Qué obligación han suscrito

para pensar bien de nadie? 25
¿No los ven siempre juntitos
en el teatro, en el paseo,
a veces en el Retiro? [21]
Pues el que los vió, los vió,
y como los vió, lo dijo. 30
Que no, me juraba Ernesto,
que *casi nunca* han salido
de ese modo. ¿Fué una vez?
Pues basta. Si les han visto
cien personas ese día, 35
es para el caso lo mismo
que haberse mostrado en público,
no en un día, en cien distintos.
Señor, ¿ha de hacer la gente
información de testigos, 40
y confrontación de fechas,
para averiguar si han sido
muchas veces o una sola
cuando pasearon juntitos
su simpatía purísima 45
y su fraternal cariño?
Esto ni es serio ni es justo,
y además fuera ridículo.
Lo que vieron dicen todos
y no mienten al decirlo. 50
«Les ví una vez.»—«Otra yo.»
Una y una, dos: de fijo.[22]
«Y yo también.»—Ya son tres.
Y ése, cuatro y aquél, cinco.
Y de buena fe sumando 55
se llega hasta lo infinito.
Y vieron, porque miraron,
y, en fin, porque los sentidos
son para usados [23] a tiempo,
sin pensar en el vecino. 60
Que él se ocupe de lo suyo,
y recuerde que, en el siglo,
el que quita la ocasión,
quita calumnia y peligro.
(*Pequeña pausa.*)
Y cuidado que [24] concedo 65

[20] *hermanazgos,* " this brother-and-sister business."
[21] *el Retiro,* a beautiful public park in Madrid, laid out in 1630 as a *Buen Retiro* or " pleasant retreat " for the king.
[22] *de fijo,* " assuredly."
[23] *son para usados,* " are meant to be used."
[24] *Y cuidado que,* " And mind you."

la pureza del cariño,
y éste es asunto muy grave,
porque a mis solas cavilo,[25]
que estar cerca de Teodora
y no amarla, es ser un risco.   70
Él será sabio, y filósofo,
y matemático y físico;
pero tiene cuerpo humano,
y la otra cuerpo divino,
y basta, ¡corpo di Bacco![26]   75
para cuerpo de delito.[27]
¡Si estas paredes hablasen!
¡Si los pensamientos íntimos
de Ernesto forma tangible
tomasen, aquí esparcidos! . . .   80
Vamos a ver, por ejemplo,
aquel marco está vacío,
y en el otro don Julián
luce su semblante típico.
Antes estaba Teodora   85
pendant haciendo[28] a mi tío:
¿por qué su fotografía
habrá desaparecido?
¿Para evitar tentaciones?
    (Sentándose junto a la mesa.)
Si ésta es la causa, ¡malísimo!   90
Y peor si dejó el cuadro
para mejorar de sitio,
y cerca del corazón
buscar misterioso abrigo.
Vamos a ver: ¡acusad   95
de la sospecha, diablillos
que flotáis por el espacio
tejiendo invisibles hilos!
¡Acusad sin compasión
a ese filósofo místico!   100
(Mirando a la mesa y observando el Infierno del Dante.)
Y ésta es otra: ni una vez
a ver a Ernesto he venido
que en su mesa no encontrase
abierto este hermoso libro.

Dante: Divina Comedia, (Leyendo.)   105
su poema favorito.
Y no pasa del pasaje (Mirando otra vez.)
de Francesca, por lo visto.
Tiene dos explicaciones
el caso; ya lo concibo: 110
o que Ernesto no lee nunca,
o que siempre lee lo mismo.
Pero aquí noto una mancha,
como si hubiese caído
una lágrima. ¡Señor,   115
qué misterios, y qué abismos,
y qué difícil es ser
casado y vivir tranquilo!
¿Un papel hecho ceniza? . . .
    (Recogiéndolo de la mesa o del suelo.)
No, que aún queda algún vestigio.   120
(Se levanta y se acerca al balcón procurando leer en el pedazo de papel. En
este momento entra Ernesto y se detiene
observándole.)

ESCENA V

PEPITO, ERNESTO

ERNESTO

¿Qué estás mirando?

PEPITO

            ¡Hola, Ernesto!
Pues . . . un papel que flotaba . . .
El aire se lo llevaba . . .

ERNESTO

(Tomándolo y devolviéndoselo después de
un instante de observación.)
No recuerdo lo que es esto.

PEPITO

Eran versos. Tú sabrás.   5
    (Leyendo, pero con dificultad.)
« El fuego que me devora.»
(Pues, consonante a Teodora.)

---

[25] a mis solas cavilo, " I have my own doubts."
[26] ¡corpo di Bacco! an Italian oath, " By the body of Bacchus! " Bacchus himself, of course, was the product of a divine and a human body (Jupiter and Semele).
[27] cuerpo de delito, in legal use corpus delicti, means " the body of the crime," i.e., the proofs or evidence essential to establish a crime.
[28] pendant haciendo, from the French (pron. pandán), " serving as companion-piece."

ERNESTO

Cualquier cosa.

PEPITO

(*Desistiendo de leer.*) Y nada más.

ERNESTO

Nuestra vida simboliza
ese papel sin valor: 10
unos gritos de dolor,
y unos copos de ceniza.

PEPITO

Pero ¿fueron versos?

ERNESTO

Sí.
A veces no sé qué hacer;
dejo la pluma correr . . .   15
y anoche los escribí.

PEPITO

Y para ayudar al estro
y ponerte en situación,
¿buscabas inspiración
en el libro del maestro?   20

ERNESTO

Me parece . . .

PEPITO

No hay que hablar . . .
es una obra gigantesca.
Episodio de Francesca.
(*Señalando el libro.*)

ERNESTO

(*Con ironía e impaciencia.*)
Hoy estás para acertar.

PEPITO

No en todo, ¡por Belcebú!   25
Ahí mismo, donde está abierto,
algo dice que no acierto,
y que has de explicarme tú.
Leyendo un libro de amor,
por pasatiempo tan sólo,   30
diz que Francesca y Paolo
llegaron donde el autor
gallardamente celebra,
demostrando no ser zote,
amores de Lanzarote,   35
y de la reina Ginebra.[29]
Tal fuego para tal roca:[30]
trajo un beso el libro aquel,
y un beso le dió el doncel,
loco de amor, en la boca.   40
Y en tal punto y ocasión,
el poeta florentino,
con acento peregrino
y sublime concisión,
dice lo que aquí hallarás,   45
(*Señalando el libro.*)
y lo que yo no alcancé:
que Galeoto el libro fué,
y que no leyeron más.[31]
¿No leyeron? Entendido,
y no está mi duda ahí.   50
Pero ese Galeoto, di,
¿por qué sale y quién ha sido?
Y tú lo debes saber:
es el título del drama

[29] We have here and a little later in this scene the full explanation of the title of the play, as it applies both to Ernesto's drama and to the situation which has arisen between him and Teodora. In Canto V of the *Inferno* of Dante's *Divina Commedia* is related one of the most famous and tragic episodes in the whole poem. Francesca da Rimini, already married without love to the brave but ill-favored Giovanni di Malatesta, lord of Rimini, discovered her true love in Paolo, her husband's brother. Their supreme temptation came, as here related, while reading of the loves of Lancelot and Guinevere; and just as Gallehaut (Galeotto, in Italian), Lancelot's squire, had served as intermediary in that illicit passion, so the recital of it became another Galeotto in bringing Paolo and Francesca together. The guilty lovers were murdered by the outraged husband, and their tormented but still united souls are met by Dante in the circle of Hell destined for carnal sinners.

[30] *Tal fuego para tal roca,* "From such flint came the inevitable spark."

[31] "Galeotto fu il libro e chi lo scrisse: Quel giorno più non vi leggemmo avante" (*Inferno* V, 137–38).

(Señalando unos papeles que se supone que son el drama.)

que escribiste y tanta fama 55
te ha de dar. Vamos a ver.
(Coge el drama y lo examina.)

ERNESTO

De la reina y Lanzarote
fué Galeoto el medianero;
y en amores, *el tercero*
puede llamarse por mote, 60
y con verdad, *el Galeoto;*
sobre todo si se quiere
evitar nombre que hiere,
y con él un alboroto.

PEPITO

Bueno; justo; lo concibo; 65
pero ¿no hay en castellano
nombre propio y a la mano?

ERNESTO

Muy propio y muy expresivo.
Este oficio que en doblones
convierte las liviandades, 70
y concierta voluntades,
y se nutre de aficiones,
nombre tiene y yo lo sé;
pero es ponerme en un brete
hacer que diga ... y concrete 75
(Señalando el drama.)
lo que al cabo no diré.[32]
(Le arranca el drama y lo arroja sobre la mesa.)
En cada caso especial,
uno especial también noto;
pero a veces es Galeoto
toda la masa social. 80
Obra entonces sin conciencia
de que ejerce tal oficio,
por influjos de otro vicio
de muy distinta apariencia;

pero tal maña se da 85
en vencer honra y pudor,
que otro Galeoto mayor
ni se ha visto, ni verá.
Un hombre y una mujer
viven felices y en calma, 90
cumpliendo con toda el alma
uno y otro su deber.
Nadie repara en los dos,
y va todo a maravilla;
pero esto en la heroica villa 95
dura poco, ¡vive Dios!
Porque ocurre una mañana,
que les miran al semblante,
y ya desde aquel instante,
o por terca, o por villana, 100
se empeña[33] la sociedad,
sin motivo y sin objeto,
en que ocultan un secreto
de impureza y liviandad.
Y ya está dicho y juzgado: 105
no hay razón que les convenza,
ni hombre existe que les venza,
ni honra tiene el más honrado.
Y es lo horrible de esta acción,
que razón, al empezar, 110
no tienen, y al acabar,
acaso tienen razón.
¡Porque atmósfera tan densa
a los míseros circunda,
tal torrente los inunda, 115
y es la presión tan intensa,
que se acercan sin sentir,
y se ligan sin querer,
se confunden al caer,
y se adoran al morir![34] 120
El mundo ha sido el ariete
que virtudes arruinó;
él la infamia preparó;
fué Galeoto y ... (¡Vete, vete,
pensamiento de Satán, 125
que tu fuego me devora![35])

---

[32] The term Ernesto so resolutely avoids using here (as also above, at the close of the Diálogo) is *alcahuete*.

[33] *se empeña ... en que,* " will have it that," " insists that."

[34] Cf. Tamayo's play, *La bola de nieve,* for a less tragic dramatization of this same argument.

[35] Again the opprobrious term almost slips from his tongue under the influence of the rhyme, together with a confession which he dares not make even to himself.

PEPITO

(Si discurre así Teodora,
¡Dios proteja a don Julián!)
¿Y acaso sobre ese tema
fueron los versos de anoche?   130

ERNESTO

Ciertamente.

PEPITO

            ¡Que derroche
su tiempo con esa flema,
y que esté ... así ... tan sereno ...
sin ocuparse de nada,
quien ha de cruzar su espada   135
muy pronto sobre el terreno
con Nebreda, que en rigor,
con un florete en la mano
es mucho hombre! ¿No es más sano
y no te fuera mejor,   140
preparar un golpe recto,
o una parada en tercera,[36]
que exprimirte la mollera
sobre tal verso incorrecto,
o sobre tal consonante   145
declarado en rebeldía? [37]
¿Con toda tu sangre fría,
no piensas que estar delante
del Vizconde es serio?

ERNESTO

            No.
Y en buena razón me fundo.   150
Si le mato, gana el mundo;
si me mata, gano yo.

PEPITO

¡Bueno! Mejor es así.

ERNESTO

No hablemos más del asunto.

PEPITO

(Ahora con maña pregunto ...)   155
¿Y es hoy mismo?
(Acercándose a él y en voz más baja.)

ERNESTO

Hoy mismo; sí.

PEPITO

¿Vais a las afueras?

ERNESTO

            No.
No era posible a tal hora.
Un lance que nadie ignora ...

PEPITO

¿En alguna casa?

ERNESTO

            Yo   160
lo propuse.

PEPITO

            ¿Dónde?

ERNESTO

            Arriba.
(Todo esto con frialdad e indiferencia.)
Un cuarto desalquilado:
gran salón, luz de costado ...
Sin que nadie lo perciba,
mejor sitio que da un cerro,   165
para el caso que se trata,
nos da un puñado de plata.

PEPITO

¿Y ya sólo falta? ...

ERNESTO

            ¡Hierro!

PEPITO

Hablan fuera ... gente viene ...
        (Acercándose al fondo.)
¿Los padrinos? (A Ernesto.)

ERNESTO

            Podrá ser.   170

---

[36] parada en tercera, fencing term for a particular form of parry (tierce).
[37] declarado en rebeldía, a legal term, "declared in default" (for failure to appear when summoned).

PEPITO

Parece voz de mujer . . .
(*Asomándose a la puerta.*)

ERNESTO

Pero ¿por qué les detiene?
(*Acercándose también.*)

ESCENA VI

ERNESTO, PEPITO, CRIADO

CRIADO (*Con cierto misterio.*)

Preguntan por el señor.

PEPITO

¿Quién pregunta?

CRIADO

Una señora.

ERNESTO

Es extraño.

PEPITO

¿Pide? (*En voz baja al criado.*)

CRIADO (*Lo mismo a Pepito.*)
Llora.

PEPITO

¿Es joven? (*En voz alta.*)

CRIADO

Pues en rigor
yo no lo puedo decir:
la antesala es muy oscura,
y la señora procura
de tal manera cubrir
la cara, que el percibirla
ya es empresa y ya es trabajo;   10
y habla tan bajo, tan bajo,
que no hay manera de oírla.

ERNESTO

¿Quién será?

PEPITO

Quien quiere verte.

ERNESTO

No adivino . . .

PEPITO

(*Está perplejo.*)
Oye: a tus anchas te dejo;   15
un abrazo y buena suerte.
(*Dándole un abrazo y tomando el sombrero.*)
¿Qué esperas, bobalicón? (*Al criado.*)

CRIADO

Que mande el señor que pase.

PEPITO

En asuntos de esta clase
se adivina la intención.   20
Y después, hasta el momento
en que salga la tapada,
no abras la puerta por nada,
aunque se hunda el firmamento.

CRIADO

¿Conque la digo que sí?   25

ERNESTO

Bueno. ¡Adiós!
(*A Pepito, que está ya en la puerta.*)

PEPITO

¡Adiós, Ernesto!
(*Salen él y el criado por el fondo.*)

ERNESTO

¿Una dama? . . . ¿Qué pretexto? . . .
¿O qué razón?
(*Pausa. En este momento se presenta en la puerta del fondo, y en ella se detiene, cubriéndose con un velo, Teodora.*)
Ya está aquí.

ESCENA VII

TEODORA, ERNESTO

Ella en el fondo, sin atreverse a avanzar; él en primer término, volviéndose hacia ella.

ERNESTO

Usted hablarme deseó;
si usted se digna, señora . . .
(*Invitándola a que pase.*)

TEODORA

Perdón, Ernesto. (*Levantando el velo.*)

ERNESTO

¡Teodora!

TEODORA

Hago mal, ¿no es cierto?

ERNESTO

(*Cortado y balbuciente.*[38]) Yo . . .
no lo sé . . . porque yo ignoro . . . 5
honra tal a que debí . . .
Pero ¿qué digo? ¡Ay de mí!
¡Si en mi casa su decoro
ha de hallar respeto tal . . .
que ya más no puede ser! 10
(*Con exaltación.*)
¿Por qué, señora, temer
que en ello pueda haber mal?

TEODORA

Por nada . . . y un tiempo ha sido,
¡que para siempre ha pasado!
en que, ni hubiera dudado, 15
ni hubiera, Ernesto, temido;
en que cruzara un salón
cualquiera, de usted cogida,[39]
sin la frente enrojecida,
sin miedo en el corazón; 20
en que al partirse de aquí . . .
como dicen que mañana
a la tierra americana
parte usted . . . yo misma . . . sí . . .
como aquellos que se van . . . 25
acaso no han de volver . . .
como es tan triste perder . . .
un amigo . . . ante Julián . . .
ante el mundo . . . conmovida . . .
pero sin otro cuidado . . . 30
yo misma . . . le hubiera dado . . .
¡los brazos por despedida!

ERNESTO

(*Hace un movimiento, luego se detiene.*)
¡Ah, Teodora! . . .

[38] *balbuciente*, " stammering."
[39] *de usted cogida*, " on your arm."

TEODORA

Pero ahora . . .
presumo que no es lo mismo.
Hay entre ambos un abismo. 35

ERNESTO

Tiene usted razón, señora.
Ya no podemos querernos
ni siquiera como hermanos:
ya se manchan nuestras manos
si se aproximan al vernos. 40
Lo que ha sido ya se fué;
es necesario vencerse . . .
es preciso aborrecerse.

TEODORA

(*Con ingenuidad y angustia.*)
¡Aborrecernos! ¿Por qué?

ERNESTO

¡Yo aborrecerla! ¿Tal dije? 45
¿A usted, pobre niña?

TEODORA

Sí.

ERNESTO

No haga usted caso de mí;
y si la ocasión lo exige,
y mi vida ha menester,
mi vida, Teodora, pida, 50
que dar por usted la vida
será . . . (*Con pasión.*)
(*Transición: conteniéndose y cambiando
de tono.*)
cumplir un deber.
(*Pequeña pausa.*)
¡Aborrecer! Si mis labios
dijeron palabra tal,
fué que pensaba en el mal, 55
que pensaba en los agravios
que sin querer hice yo
a quien tanto bien me hacía.
Usted, Teodora, debía
aborrecerme; yo . . . no. 60

TEODORA

Mucho me han hecho llorar;
(*Con tristeza.*)
razón tiene usted en esto;
(*Con mucha dulzura.*)
pero a usted . . . a usted, Ernesto,
yo no le puedo acusar.
Ni pensando sin pasión 65
hay nadie que le condene;
porque usted, ¿qué culpa tiene
de tanta murmuración,
ni del ponzoñoso afán
que muestra ese mundo impío, 70
ni del carácter sombrío
de nuestro pobre Julián?
De su enojo, que es dolor;
de su acento, que me hiere;
¡de la pena con que muere, 75
porque duda de mi amor!

ERNESTO

Eso es lo que no concibo,
y en él, aun menos que en otro.
Lo que me pone en un potro,
lo que juro por Dios vivo 80
que no es digno de merced,
ni hay pretexto que lo escude,
que exista [40] un hombre que dude
de una mujer como usted.
(*Con profunda ira.*)

TEODORA

¡Bien paga su duda fiera 85
mi Julián!

ERNESTO

(*Espantado de haber acusado a don Julián delante de Teodora.*)
¡Qué dije yo!
¿Yo acusarle? . . . ¡No! . . . Dudó
(*Apresurándose para disculpar a don Julián y para borrar el efecto de lo que
dijo.*)
como dudara cualquiera,
como duda quien adora,

si no hay cariño sin celos. 90
¡Hasta del Dios de los cielos
hay quienes dudan, Teodora!
Es terrenal egoísmo;
es que el dueño de un tesoro
guarda su oro, porque es oro 95
y teme por él. Yo mismo,
si por arte sobrehumano
consiguiera hacerla mía,
¡dudaría! . . . ¡dudaría! . . .
¡hasta de mi propio hermano! 100
(*Con creciente exaltación: de repente se
detiene al observar que otra vez, y por
distinto lado, va a caer en el mismo abismo de que antes huyó. Teodora en este
mismo instante oye voces hacia la puerta
del fondo y se dirige a ella.*)
(¿Adónde vas, corazón?
¿Qué hay en tu seno profundo?
¡Dices que calumnia el mundo,
y tú le das la razón! [41])

TEODORA

Escuche usted . . . gente viene . . . 105

ERNESTO

Las dos apenas . . .
(*Acercándose al fondo.*) ¿Serán? . . .

TEODORA (*Con cierto terror.*)

¡Ésa es la voz de Julián!
¡Entrará!

ERNESTO

No . . . se detiene . . .

TEODORA

(*Lo mismo, como preguntando a Ernesto.*)
Si es Julián . . .
(*Hace un movimiento para dirigirse a la
puerta de la derecha. Ernesto la detiene
respetuosa pero enérgicamente.*)

ERNESTO

Si es él, aquí:
nuestra lealtad nos escuda. 110

---

[40] *que exista.* Read, *es que exista.*
[41] *tú le das la razón,* "you yourself prove it is justified in its slander."

Si es ... esa gente que duda,[42]
entonces, Teodora, allí.
(*Señalando la puerta de la derecha.*)
Nada ... nada ... (*Escuchando.*)

TEODORA

¡El corazón
me salta!

ERNESTO

No hay que dudar;
marchóse quien quiso entrar,   115
o todo fué una ilusión.
(*Viniendo al primer término.*)
¡Por Dios, Teodora! ...

TEODORA

(*Lo mismo.*)   Tenía
que hablar con usted, Ernesto,
y el tiempo pasa tan presto ...

ERNESTO

¡Vuela el tiempo!

TEODORA

Y bien, decía ...   120

ERNESTO

Teodora ... perdón le pido;
pero ... acaso no es prudente ...
si llegase gente ... y gente
debe llegar ...

TEODORA

He venido
precisamente por eso ...   125
para evitarlo.

ERNESTO

¿De modo? ...

TEODORA

De modo que lo sé todo,
y que me horroriza el peso
de esa sangre que por mí
quieren ustedes verter;   130

la siento en mi frente arder,
¡la siento agolparse aquí!
(*Oprimiéndose el pecho.*)

ERNESTO

¡Porque afrentada se esconde,
afrentada y encendida,
hasta que arranque la vida   135
yo por mi mano al Vizconde!
¿Lodo quiso? ¡Tendrá lodo
de sangre!

TEODORA

(*Con espanto.*) ¿Su muerte?

ERNESTO

Sí.
(*Reprimiendo un movimiento de súplica
de Teodora.*)
Usted dispone de mí;
conmigo lo puede todo,   140
todo, con una excepción:
¡la de lograr que yo sienta,
recordando aquella afrenta,
por Nebreda compasión!

TEODORA

(*Con acento lloroso y suplicante.*)
¿Y por mí?

ERNESTO

¿Por usted?

TEODORA

Sí;   145
¡será el escándalo horrible!

ERNESTO

Es posible.

TEODORA

¿Que es posible?
¡Y lo dice usted así,
sin procurar evitarlo,
cuando yo misma intercedo!   150

ERNESTO

Evitarlo yo no puedo,
pero puedo castigarlo.

---

[42] *esa gente que duda*, i.e., the seconds for the duel, who would be showing lack of confidence in
his keeping his engagement if they have come thus early for him.

Esto pienso y esto digo,
y esto corre de mi cuenta:
otros buscaron la afrenta,   155
pues yo buscaré el castigo.

TEODORA

(*Acercándose a él, y en voz baja, como temiendo oírse a sí misma.*)
¿Y Julián?

ERNESTO

¿Julián? ¿Y bien? . . .

TEODORA

¡Si lo sabe! . . .

ERNESTO

Lo sabrá.

TEODORA

¿Y qué dirá?

ERNESTO

¿Qué dirá?

TEODORA

¿Que en mi defensa . . . que quién [43] . . . 160
pudo mostrar su valor . . .
sino mi esposo, que me ama? . . .

ERNESTO

¿En defensa de una dama?
Cualquiera que tenga honor.
Sin conocerla, sin ser   165
pariente, amigo ni amante;
con escuchar es bastante
que insultan a una mujer.
¿Que por qué a ese duelo voy?
¿Que por qué la defendí?   170
Porque la calumnia oí,
¡y porque yo soy quien soy!
¿Quién hay que defensas tase
ni tal derecho repese? [44]
¿No estaba yo? ¡Pues quien fuese,   175
el primero que llegase!

TEODORA

(*Que lo ha oído atentamente y como dominada por el acento enérgico de Ernesto, se acerca a él y le estrecha la mano con efusión.*)
¡Eso es noble y es honrado,
y es digno de usted, Ernesto!
(*Se detiene, se aleja de Ernesto, y dice tristemente lo que sigue.*)
Pero mi Julián con esto,
Ernesto, queda humillado.   180
(*Con profunda convicción.*)

ERNESTO

¿Él humillado?

TEODORA

Sí a fe.

ERNESTO

¿Por qué razón?

TEODORA

Sin razón.

ERNESTO

¿Quién lo dirá?

TEODORA

La opinión
de todos.

ERNESTO

Pero ¿por qué?

TEODORA

Cuando llegue hasta la gente   185
que un insulto he recibido,
y que mi esposo no ha sido
quien ha dado al insolente
su castigo . . . y además
(*Bajando la voz y la cabeza, y huyendo la mirada de Ernesto.*)
que usted su puesto ha tomado,   190

[43] *que quién*. The *que* here, as also twice below, is untranslatable; it is common after a verb of asking, expressed or understood.
[44] *¿Quién hay . . . repese?* "Who is qualified to restrict the privilege of defense, or would quibble over such a right?"

sobre el escándalo dado,
habrá otro escándalo más.

ERNESTO

(*Convencido, pero protestando.*)
Si en lo que hayan de decir
hay que pensar para todo,
¡vive Dios, que ya no hay modo   195
ni manera de vivir!

TEODORA

Pero es como digo yo.

ERNESTO

Es así; pero es horrible.

TEODORA

¡Pues ceda usted!

ERNESTO

Imposible.

TEODORA

¡Yo se lo suplico!

ERNESTO

No.   200
Y bien mirado, Teodora,
más vale que ante Nebreda,
suceda lo que suceda,
que lo que ha de ser se ignora,
acuda yo; porque al fin,   205
a ese Vizconde malvado,
lo que le falta de honrado,
le sobra de espadachín.

TEODORA

(*Algo herida de la especie de protección,
un tanto humillante, que Ernesto dispensa
a don Julián.*)
Corazón tiene también
mi esposo.

ERNESTO

¡Suerte fatal! . . .   210
O yo me explico muy mal,
o usted no me entiende bien.
Yo conozco su valor;
pero entre hombres de coraje,

cuando hay un sangriento ultraje   215
a la fama o al honor,
no se puede adivinar
lo que puede suceder,
ni quién llegará a caer,
ni quién logrará matar.   220
Y si ese hombre, en conclusión,
vence en el lance funesto,
entre don Julián y Ernesto
no es dudosa la elección.
(*Con sinceridad, pero con tristeza.*)

TEODORA (*Con verdadera angustia.*)

¿Usted? . . . ¡Eso no! . . . ¡Tampoco!   225

ERNESTO

¿Por qué? Si es ésa mi suerte . . .
Nadie pierde con mi muerte,
y yo mismo pierdo poco.

TEODORA

(*Casi sin poder contener el llanto.*)
¡No diga usted eso, por Dios! . . .

ERNESTO

Pues ¿qué dejo yo en el mundo?   30
¿Qué amistad, qué amor profundo?
¿Qué mujer seguirá en pos
de mi cadáver, llorando
con llanto de enamorada?

TEODORA

(*Sin poder contener las lágrimas.*)
Toda la noche pasada . . .   235
por usted estuve rezando . . .
y dice usted que ninguno . . .
¡Yo no quiero que usted muera!
(*Con explosión.*)

ERNESTO

¡Ah! . . . ¡Se reza por cualquiera!
¡Sólo se llora por uno! (*Con pasión.*)   240

TEODORA

¡Ernesto! . . . (*Con extrañeza.*)

ERNESTO

(*Asustado de sus propias frases.*)
¿Qué?

TEODORA

(*Separándose de él.*) Nada . . .

ERNESTO

(*Con timidez, bajando la cabeza y huyen-*
do también de Teodora.)
                                            Sí . . .
si ya lo dije hace rato,
que yo soy un insensato . . .
no haga usted caso de mí.
(*Pausa. Quedan silenciosos, pensativos,*
lejos uno de otro y sin osar mirarse.)

TEODORA

¡Otra vez! (*Señalando hacia el fondo.*)

ERNESTO

(*Siguiendo el movimiento de Teodora.*)
                    ¡Gente ha venido! . . .   245

TEODORA

(*Acercándose al fondo y prestando oído.*)
Y quieren entrar . . .

ERNESTO

(*Lo mismo.*)   No hay duda.
¡Allí, Teodora! . . .
                    (*Señalándole el cuarto.*)

TEODORA

                            ¡Me escuda
mi honor!

ERNESTO

            Si no es su marido.

TEODORA

¡No es Julián!

ERNESTO

            No.
            (*Llevándola a la derecha.*)

TEODORA

                    Yo esperaba . . .
(*Deteniéndose junto a la puerta y supli-*
cante.)
Renuncie usted a ese duelo.   250

ERNESTO

Si he llegado, ¡vive el cielo!
a su rostro [45] . . .

TEODORA

                    ¡Lo ignoraba! . . .
(*Con desesperación; pero comprendiendo*
que todo arreglo es imposible.)
¡Pues huya usted!

ERNESTO

                    ¡Que huya yo!

TEODORA

¡Por mí! ¡por él! ¡por Dios vivo!

ERNESTO

Odiarme . . . sí . . . ¡lo concibo!   255
¡Pero despreciarme! . . . ¡no!
                    (*Con desesperación.*)

TEODORA

Una palabra no más.
¿Vienen por usted?

ERNESTO

                    No es hora.

TEODORA

¿Lo jura usted?

ERNESTO

                    Sí, Teodora.
¿Me aborrece usted?

TEODORA

                    ¡Jamás!   260

PEPITO

Nada . . . ¡verle necesito! . . .
                    (*Desde fuera.*)

ERNESTO

¡Pronto!

TEODORA

    Sí. (*Sale por la derecha.*)

[45] *Si he llegado . . . rostro,* " I tell you I have struck him in the face," which makes a duel
absolutely unavoidable. No more deadly insult could be given than a *bofetada*.

PEPITO

¿Quién se me opone?

ERNESTO

¡Ah! La calumnia se impone
y hace verdad el delito.

ESCENA VIII

ERNESTO, PEPITO

Éste por el fondo, sin sombrero y profundamente agitado.

PEPITO

¡Vete al infierno! . . . ¡Entraré!
¡Ernesto! . . . ¡Ernesto! . . .

ERNESTO

¿Qué pasa?

PEPITO

Yo no sé cómo decirlo . . .
y es necesario . . .

ERNESTO

Pues habla.

PEPITO

¡La cabeza me da vueltas!   5
¡Jesús! ¡Jesús! ¡Quién pensara!

ERNESTO

Pronto y claro, ¿qué sucede?

PEPITO

¿Qué sucede? ¡Una desgracia!
Supo don Julián el duelo; (*Muy rápido.*)
vino a buscarte, no estabas;   10
se fué a ver a tus padrinos,
y todos juntos a casa
del Vizconde.

ERNESTO

¿De Nebreda?
Pero ¿cómo?

PEPITO

¡Vaya en gracia! [46]
Como quiso don Julián,   15
que era tromba que arrastraba
voluntades, conveniencias . . .
todo, todo . . .

ERNESTO

¡Sigue, acaba!

PEPITO

(*Separándose de Ernesto y acercándose al fondo.*)
Ya suben . . .

ERNESTO

¿Quiénes?

PEPITO

Pues ellos . . .
Le traen en brazos . . . (*Asomándose.*)

ERNESTO

¡Me espanta   20
lo que dices! . . . ¡Sigue! . . . ¡Pronto! . . .
(*Cogiéndole con violencia y trayéndole al primer término.*)

PEPITO

Le obligó a batirse; nada,
no hubo medio; [47] y el Vizconde
dijo: « Pues los dos,» y a casa:
a la tuya . . . Don Julián   25
sube; tu fámulo atranca
la puerta y jura que tú
con una señora estabas
y que no entra nadie, nadie.

ERNESTO

¿Y entonces?

PEPITO

Don Julián baja   30
diciendo: « Mejor, a mí
por entero la jornada.»
Y él, Nebreda, los padrinos,

[46] *¡Vaya en gracia!* " How do you suppose! "
[47] *no hubo medio,* " there was no way out of it."

mi padre, y yo que llegaba,
arriba todos ... ya sabes ...   35

ERNESTO

¿Y se han batido?

PEPITO

      ¡Con rabia!
¡con furor, como dos hombres
que van buscando con ansia
un corazón que aborrecen
tras la punta de una espada!   40

ERNESTO

¿Y don Julián? ... ¡No! ... ¡Mentira!

PEPITO

Ya están aquí.

ERNESTO

      ¡Calla! ¡calla!
¡Di quién es! ... ¡Y dilo bajo!

PEPITO

Por acá.
(*Se presentan en el fondo don Julián, don
Severo y Rueda. Traen a don Julián mal
herido entre los otros dos. El orden de izquierda a derecha es: Severo, Julián, Rueda.*)

ERNESTO

¡Jesús me valga!

ESCENA IX

DICHOS, DON JULIÁN, DON SEVERO,
RUEDA

ERNESTO

¡Don Julián! ... ¡Mi bienhechor!
¡Mi amigo! ... ¡Mi padre!
(*Precipitándose a su encuentro llorando.*)

JULIÁN

(*Con voz débil.*)   Ernesto ...

ERNESTO

¡Maldito yo!

SEVERO

Vamos presto.

ERNESTO

¡Padre!

SEVERO

¡Le vence el dolor!

ERNESTO

¡Por mí!

JULIÁN

No es cierto ...

ERNESTO

      ¡Por mí! ... 5
¡perdón!
(*Cogiéndole la mano a don Julián por el
lado de la derecha, y arrodillándose e inclinándose.*)

JULIÁN

No lo has menester.
Cumpliste con tu deber;
yo con mi deber cumplí.

SEVERO

¡Un lecho!
(*Suelta a Julián; le sustituye Pepito.*)

PEPITO

(*Señalando la puerta de la derecha.*)
¡Vamos a entrar!

ERNESTO

¡Nebreda! ... (*Con acento terrible.*)

SEVERO

      No más locura.   10
¿O es que quieres por ventura
acabarlo de matar?

ERNESTO

¡Locura! ... ¡Veremos! ... ¡Oh!
(*Frenético.*)
¡Vengan dos [48] ... es mi derecho!
(*Precipitándose hacia el fondo.*)

---

[48] *¡Vengan dos!* " Let two follow me! " (as his seconds).

SEVERO

(*Dirigiéndose a la derecha.*)
A tu alcoba y en tu lecho ...   15
(*Ernesto, que ya estaba en el fondo, se detiene espantado.*)

ERNESTO

¿Adónde?

SEVERO

Adentro.

PEPITO

¡Sí!

ERNESTO

¡No!
(*Se precipita y cubre la puerta con su cuerpo. El grupo que conduce a don Julián casi desfallecido, se detiene mostrando asombro.*)

SEVERO

¿Tú le niegas? ...

PEPITO

¡Estás loco!

SEVERO

¡Aparta! ... ¿No ves? ... ¡Se muere!

JULIÁN

¡Pero qué dice! ... ¡No quiere! ...
(*Incorporándose y mirando con mezcla de asombro y espanto a Ernesto.*)

RUEDA

¡No comprendo!

PEPITO

¡Yo tampoco!   20

ERNESTO

¡Está muriendo! ... ¡Y me implora! ...
¡Y duda! ... ¡¡Padre!! ...

SEVERO

¡Ha de ser!
(*Por encima del hombro de Ernesto empuja la puerta: Teodora se presenta.*)

ERNESTO

¡Jesús!

SEVERO, PEPITO

¡Ella!

RUEDA

¡Una mujer!

TEODORA

(*Precipitándose sobre él y abrazándole.*)
¡Mi Julián!

JULIÁN

(*Separándola para mirarla y por un violento esfuerzo poniéndose en pie y desprendiéndose de todos.*)
¿Quién es? ¡¡Teodora!!
(*Cae sin sentido en tierra.*)

ACTO TERCERO

La misma decoración del primer acto; en vez del sofá una butaca. Es de noche; un quinqué encendido sobre la mesa.

ESCENA PRIMERA

PEPITO

Escuchando en la puerta de la derecha, segundo término; después viene al centro.

Al fin la crisis pasó,
o al menos no se oye nada.
¡Pobre don Julián! Muy grave,
muy grave. De la balanza
está en el fiel su existencia;   5
a un lado la muerte aguarda,
y al otro lado otra muerte:
¡la del honor, la del alma!
Dos abismos más profundos
que un amor sin esperanza.   10
¡Diablo! Que me voy volviendo,
con las tragedias de casa,
más romántico que el otro
con sus coplas y sus dramas.
¡Qué! ¡Si tengo la cabeza   15
hecha toda un panorama
de escándalos, desafíos,
muertes, traiciones e infamias!

¡Jesús, qué día! ¡Y qué noche!
¡Y lo peor es lo que falta!   20
     (*Pequeña pausa.*)
¡Vamos, que también ha sido
imprudencia temeraria
en tal estado sacarle ...
y traerle! ... Pero ¡vaya! ...
¿Quién a mi tío se opone   25
cuando entre las dos arcadas
poderosas de sus cejas
una idea se le graba?
Y hay que darle la razón:
ninguna persona honrada,   30
teniendo un soplo de vida,
en tal caso y en tal casa
se hubiera quedado. Y él
es hombre de temple y alma.
¿Quién viene? ... (*Acercándose al fondo.*)
     Mi madre. Sí.   35

ESCENA II

PEPITO, MERCEDES

MERCEDES (*Por el fondo.*)

¿Y Severo?

PEPITO

     No se aparta
ni un momento de su hermano.
Mucho pensé que le amaba,
pero a tanto no creí
que su cariño llegara.   5
¡Si sucede lo que temo! ...

MERCEDES

¿Y tu tío?

PEPITO

     Sufre y calla.
Algunas veces, « ¡Teodora! »
dice con voz ronca y áspera;
« ¡Ernesto! » dice otras veces,   10
y entre las manos la sábana
arruga. Después se queda
inmóvil como una estatua,
en el espacio vacío
fija tenaz la mirada,   15
y helado sudor de muerte
su frente copioso baña.

De pronto la calentura
vigor le presta; en la cama
se incorpora; escucha atento;   20
dice que *ella* y *él* le aguardan;
se arroja, quiere venir,
y sólo a fuerza de lágrimas
y de súplicas, mi padre
consigue calmar sus ansias.   25
¿Calmar? No; ¡que por sus venas
lleva su sangre abrasada
las iras del corazón,
del pensamiento las llamas!
Vamos, madre, que da angustia   30
ver la contracción amarga
de su boca; ver sus dedos
crispados como dos garras;
y aquel cabello en desorden
y aquellas pupilas anchas,   35
me parece que codician,
y beben desesperadas
todas las sombras que flotan
alrededor de su estancia.

MERCEDES

¿Y tu padre al verle? ...

PEPITO

          ¡Gime   40
y jura tomar venganza!
Y también dice « ¡Teodora! »
y también « ¡Ernesto! » clama.
¡Quiera Dios no los encuentre;
porque si los encontrara,   45
quién sus enojos disipa,
quién sus furores ataja!

MERCEDES

Tu padre es muy bueno.

PEPITO

         Mucho.
Pero con un genio, ¡vaya! ...

MERCEDES

Eso sí; muy pocas veces,   50
muy pocas veces se enfada;
pero como llegue el caso ...

PEPITO

¡Es un tigre de Bengala! . . .
salvo el respeto debido.

MERCEDES

Siempre con razón sobrada.   55

PEPITO

No sé si siempre la tiene;
pero esta vez no le falta.
¿Y Teodora?

MERCEDES

      Arriba queda.
Quiso bajar . . . ¡y lloraba! . . .
¡Una Magdalena! . . .

PEPITO

          ¡Ya!   60
¿Arrepentida o liviana?

MERCEDES

No digas eso; ¡infeliz!
¡Si es una niña!

PEPITO

      Que mata,
inocente y candorosa,
dulce, purísima y mansa,   65
a don Julián. De manera,
que si vale tu palabra,
y es una niña, y tal hace
casi al borde de la infancia,
deja los años correr   70
y Dios nos tenga en su gracia.

MERCEDES

Ella casi no es culpable.
Tu amiguito, el de los dramas,
el poeta, el soñador . . .
¡el infame! fué la causa   75
de todo.

PEPITO

    Si no lo niego.

MERCEDES

¿Y por dónde anda?

PEPITO

      ¡Pues anda! . . .
Ernesto a estas horas corre
por las calles y las plazas,
huyendo de su conciencia   80
y sin poder evitarla.

MERCEDES

Pero ¿la tiene?

PEPITO

     Es posible.

MERCEDES

¡Qué tristezas!

PEPITO

     ¡Qué desgracias!

MERCEDES

¡Qué desengaño!

PEPITO

     ¡Crüel!

MERCEDES

¡Qué traición!

PEPITO

     ¡De mano airada! [1]   85

MERCEDES

¡Qué escándalo!

PEPITO

     ¡Sin igual!

MERCEDES

¡Pobre Julián!

PEPITO

     ¡Suerte aciaga!

ESCENA III

MERCEDES, PEPITO, CRIADO

CRIADO

Don Ernesto.

[1] ¡De mano airada! " Violent ! "

MERCEDES

¡Y él se atreve! . . .

PEPITO

¡Es osadía que pasma!

CRIADO

Yo pensé . . .

PEPITO

Pensaste mal.

CRIADO

Viene sólo de pasada.
Al cochero que traía,   5
le dijo: « Ya salgo; aguarda.»
De modo . . .

PEPITO
(*Consultando con su madre.*)

¿Qué hacer?

MERCEDES

Que pase.
(*Sale el criado.*)

PEPITO

Yo le despido.

MERCEDES

Con maña.

ESCENA IV

MERCEDES, PEPITO, ERNESTO *por el fondo.*

*Mercedes, sentada en la butaca; al otro
lado, en pie, Pepito; en segundo término,
Ernesto, sin que nadie se vuelva a saludarle.*

ERNESTO

(¡Desdén; silencio hostil; asombro mudo!
Prodigio de maldad y de insolencia
seré desde hoy, sin culpa que me man-
che . . .
¡para todos! . . . ¡que todos me desprecian!)

PEPITO

Escucha, Ernesto.
(*Volviéndose hacia él y con acento duro.*)

ERNESTO

¿Qué?

PEPITO

(*Lo mismo.*)   Quiero decirte . . .   5

ERNESTO

¿Que salga acaso?

PEPITO
(*Cambiando de tono.*)

¡Yo! . . . ¡Jesús, qué idea! . . .
Era . . . no más . . . que preguntar . . . si
es cierto . . .
(*Como buscando algo que decir.*)
que después . . . al Vizconde . . .

ERNESTO
(*Con voz sombría y bajando la cabeza.*)

Sí.

PEPITO

¿Tu diestra? . . .

ERNESTO

Salí loco . . . bajaban . . . los detuve . . .
subimos otra vez . . . cierro la puerta.   10
Dos hombres . . . dos testigos . . . dos
espadas . . .
Después . . . no sé . . . dos hierros que se
estrechan . . .
¡un grito! . . . ¡un golpe! . . . un ¡ay! . . .
sangre que brota . . .
un asesino en pie . . . ¡ y un hombre en
tierra!

PEPITO

¡Qué diablo! Tiras bien. ¿Oye usted,
madre?   15

MERCEDES

¡Más sangre aún!

PEPITO

Lo mereció Nebreda.

ERNESTO (*Acercándose.*)

¡Mercedes, por piedad! . . . ¡una palabra!
¿Don Julián? . . . ¿Don Julián? . . . ¡Si
usted supiera

cuál es mi angustia . . . mi dolor! . . .
¿Qué dicen?

MERCEDES

Que la herida mortal dentro la lleva   20
y más se encona cuanto más al lecho
de muerte y de dolor usted se acerca.
Salga usted de esta casa.

ERNESTO

Quiero verle.

MERCEDES

Salga usted pronto.

ERNESTO

No.

PEPITO

¡Tal insolencia! . . .

ERNESTO

Es muy digna de mí. (*A Pepito.*)
(*A Mercedes, con tono respetuoso.*)
Perdón, señora;   25
soy como quieren los demás que sea.

MERCEDES

¡Por Dios, Ernesto!

ERNESTO

Mire usted, Mercedes:
cuando a un hombre cual yo se le atropella,
y sin razón se le declara infame,
y al crimen se le obliga y se le lleva,   30
la lucha es peligrosa . . . para todos;
pero no para mí, que en lucha fiera
con invisibles seres, he perdido
honra, cariño, amor, y no me resta
ya por perder más que jirones tristes   35
de insípida y monótona existencia.
Sólo vine a saber si hay esperanza . . .
¡no más! ¡no más! . . . Pues bien, ¿por
qué me niegan
este consuelo?
(*Suplicando a Mercedes.*)
¡Una palabra!

MERCEDES

Vamos . . .
dicen . . . que está mejor.

ERNESTO

¿Pero de veras? . . .   40
¿No me engañan? . . . ¿Es cierto? . . . ¿Lo
aseguran? . . .
¡Usted es compasiva! . . . ¡Usted es buena! . . .
¿Será verdad? . . . ¿Será verdad, Dios
mío? . . .
¡Que se salve, Señor! . . . ¡Que no se
muera!
¡Que torne a ser feliz! . . . ¡Que me perdone!   45
¡Que me abrace otra vez! . . . ¡Que yo le
vea!
(*Cae en el sillón próximo a la mesa, y
oculta el rostro entre las manos sollozando. Pausa.*)

MERCEDES

Si oye tu padre . . . Si tu padre viene . . .
(*A Pepito.*)
(*Se levanta Mercedes, y ella y Pepito se
acercan a Ernesto.*)
¡Juicio! . . . ¡Valor! . . . (*A Ernesto.*)

PEPITO

¡Que un hombre llanto vierta!
(¡Estos seres nerviosos son terribles:
lloran y matan por igual manera!)   50

ERNESTO

Si llanto vierto, si el sollozo acude
a mi garganta en convulsión histérica,
si débil soy, como mujer o niño,
no piensen que es por mí. ¡Por él! ¡Por
ella!
Por su dicha perdida; por su nombre,   55
manchado para siempre; por la afrenta
que a cambio de su amor y beneficios
les dió . . . ¡no mi maldad, mi suerte
negra!
¡Por eso lloro! Y si el pasado triste
con lágrimas, ¡ay Dios! borrar pudiera,   60
en lágrimas mi sangre trocaría
sin dejar una gota por mis venas.

MERCEDES

¡Silencio por piedad!

PEPITO

Luego, más tarde,
hablaremos de llantos y tristezas.

ERNESTO

Si todos hablan hoy, ¿por qué nosotros 65
no hemos de hablar también? ¡La villa
    entera
es hervidero y torbellino móvil
que llama, absorbe, atrae, devora, anega,
tres honras, y tres nombres, y tres seres,
y entre espumas de risas se los lleva, 70
por canalizos de miseria humana,
al abismo social de la vergüenza,
y en él hunde por siempre de los tristes
el porvenir, la fama y la conciencia!

MERCEDES

Más bajo, Ernesto.

ERNESTO

No; si ya son voces, 75
si murmullos no son; ¡si el aire atruenan!
Ya nadie ignora el trágico suceso,
mas cada cual lo dice a su manera.
Todo se sabe siempre, ¡gran prodigio!
mas nunca la verdad, ¡suerte funesta! 80
(*Ernesto en pie; a su lado, y mostrando
interés por saber lo que corre por la villa,
Mercedes y Pepito.*)
Los unos, que en mi casa sorprendida
Teodora por su esposo, yo con ciega
furia le arremetí, y al noble pecho
infame hierro le asestó mi diestra.
Los otros, mis amigos por lo visto, 85
de asesino vulgar al fin me elevan
a más noble región: yo le dí muerte,
pero en lucha leal . . . ¡un duelo en regla!
Hay, sin embargo, quien la historia sabe
con más exactitud, y *ése* ya cuenta 90
que tomó don Julián mi vez y puesto
en el pactado lance con Nebreda.
¡Llegué tarde . . . por cálculo o pavura,

o porque en brazos! . . . ¡No! Mis labios
    quema
la frase impura, y mi cerebro loco 95
es todo llamas que volcán semejan.
Buscad lo que más mancha, lo más bajo,
lo más infame, lo que más subleva: [2]
¡lodos del corazón, cienos del alma,
escoria vil de míseras conciencias! 100
¡Echadlo al viento que las calles cruza,
con ello salpicad labios y lenguas,
y la historia tendréis de este suceso,
y encontraréis en ella lo que resta
de dos hombres de honor y de una dama
cuando sus honras por la villa ruedan! 106

MERCEDES

Es triste, no lo niego; pero acaso
no todo es culpa en la opinión ajena.

PEPITO

Fué Teodora a tu casa . . . En ella esta-
    ba . . .

ERNESTO

Para evitar el duelo con Nebreda. 110

PEPITO

Pues ¿por qué se ocultó?

ERNESTO

Porque temimos
que fuese mal juzgada su presencia.

PEPITO

La explicación es fácil y sencilla;
lo difícil, Ernesto, es que la crean; 114
porque hay otra más fácil y más llana . . .

ERNESTO

¡Y que deshonra más! ¡Y ésa es la buena!

PEPITO

Pues concede que al menos en Teodora
si malicia no fué . . . fué ligereza.[3]

ERNESTO

¡El delito es prudente y cauteloso!
En cambio, ¡qué imprudente la inocencia!

---

[2] *lo que más subleva,* " what is most revolting."
[3] *ligereza,* " imprudence," " indiscretion."

PEPITO

Pues mira: sólo hay ángeles y santos   121
como apliques a todos esa regla.

ERNESTO

Pues bien, tienes razón: tales calumnias,
¿qué importan, ni qué valen, ni qué pesan?
¡Lo horrible es que se mancha el pensa-
    miento   125
al ruin contacto de la ruin idea!
¡Que a fuerza de pensar en el delito,
llega a ser familiar a la conciencia! [4]
Que se ve repugnante y espantoso . . .
¡pero se ve! . . . ¡de noche en la tiniebla!
¡Esto sí! . . .   131
    (Pero ¿qué? . . . ¿Por qué me escuchan
con curiosa mirada y faz suspensa?)
Yo soy quien soy: mi nombre es nombre
    honrado;
si sólo por mentir maté a Nebreda,
¿por trocar en verdades sus calumnias   135
yo, conmigo culpable, qué no hiciera?

PEPITO

¡Y negaba! . . . Si es claro.
    (Aparte a Mercedes.)

MERCEDES

(Aparte a Pepito.)   Hay extravío.[5]

PEPITO

Lo que hay en puridad es que confiesa.

MERCEDES (En voz alta.)

Retírese usted, Ernesto.

ERNESTO

         No es posible.
Si yo esta noche lejos estuviera   140
de aquel lecho . . . señora, perdería
¡el juicio! . . . ¡la razón! . . .

MERCEDES

         Pero ¿si llega
Severo, y si le ve?

ERNESTO

        ¿Y qué me importa?
Él es hombre leal . . . ¡Mejor! . . . ¡Que
    venga! . . .
Huye quien teme, y teme quien engaña;
y no es fácil que yo ni huya ni tema.   146

PEPITO

Pues se acercan. (Después de escuchar.)

MERCEDES

¡Es él!

PEPITO

(Yendo al fondo.)   No es él. Teodora.

ERNESTO

¡Es Teodora! . . . ¡Teodora! . . . ¡Quiero
    verla!

MERCEDES

¡Ernesto! (Con severidad.)

PEPITO

¡Ernesto!

ERNESTO

        Sí . . . para pedirle
que me perdone.

MERCEDES

       ¿Usted no considera? . . .   150

ERNESTO

Lo considero todo y lo comprendo.
¿Juntos los dos? ¡Ah! no. Basta; no
    teman.
¡Dar por ella mi sangre, dar mi vida,
mi porvenir, mi honor y mi conciencia! . . .
Pero ¿vernos? jamás; ya no es posible.

---

[4] Cf. Pope's familiar lines,
      " Vice is a monster of so frightful mien,
        As to be hated needs but to be seen,
        Yet seen too oft, familiar with her face,
        We first endure, then pity, then embrace."
[5] *Hay extravío,* " He's losing his mind."

¡Vapor de sangre entre los dos se eleva!
(*Sale por la izquierda.*)

ESCENA V

MERCEDES, PEPITO

MERCEDES

Déjame a solas con ella.
Vete con tu padre adentro.
Quiero llegar hasta el centro
de su corazón. Y mella
le han de hacer, lo sé de sobra,   5
mis palabras.

PEPITO

Pues las dos
os quedáis.

MERCEDES

¡Adiós!

PEPITO

¡Adiós!
(*Sale por la derecha, segundo término.*)

MERCEDES

Pongamos mi plan por obra.

ESCENA VI

TEODORA, MERCEDES

*Teodora entra tímidamente, se detiene
junto a la puerta de don Julián (segundo
término derecha) y escucha con ansia,
ahogando con el pañuelo sus sollozos.*

MERCEDES

Teodora ...

TEODORA

¿Eres tú? ...
(*Viniendo a su encuentro.*)

MERCEDES

Valor.
Con llorar, ¿qué se consigue?

TEODORA

¿Cómo sigue? ... ¿Cómo sigue?
¡La verdad!

MERCEDES

Mucho mejor.

TEODORA

¿Se salvará?

MERCEDES

Ya lo creo.   5

TEODORA

¡Mi vida por él, Dios mío!

MERCEDES
(*La trae cariñosamente al primer término.*)

Y después ... después confío
en tu juicio ... que harto veo
por tu llanto y tu ansiedad
tu arrepentimiento.

TEODORA

Sí;   10
(*Mercedes asiente y parece satisfecha.*)
hice muy mal, ¡ay de mí!
en ir a verle; es verdad.
(*Desagrado de Mercedes al ver que no es
la clase de arrepentimiento que creía.*)
Pero anoche me dijiste
lo del insulto y el duelo ...
Yo te agradezco ese celo,   15
aunque el daño que me hiciste
no lo puedes sospechar,
ni explicártelo sabría;
¡ay qué noche, madre mía!
(*Cruzando las manos y mirando al cielo.*)
¡Qué gemir, qué delirar!   20
¡De mi Julián los enojos! ...
¡El escándalo! ... ¡La afrenta! ...
¡La sangre! ... ¡La lid violenta! ...
¡Todo pasó ante mis ojos!
Y también el pobre Ernesto   25
muriendo tal vez por mí ...
¿Por qué me miras así?
Pero ¿qué mal hay en esto?
¿Es que no estás convencida?
¿Piensas como los demás?   30

MERCEDES

Pienso que estaba de más (*Con tono seco.*)
que temieses por la vida
de ese joven.

TEODORA

No; ¡Nebreda
es famoso espadachín!
Ya ves . . . mi Julián . . .

MERCEDES

Al fin 35
tu Julián vengado queda,
y el espadachín tendido
de un golpe en el corazón;
de suerte que sin razón
(*Con intención y dureza.*)
has llorado y has temido. 40

TEODORA

¿Y fué Ernesto? . . . (*Con interés.*)

MERCEDES

Ernesto, sí.

TEODORA

¡Al Vizconde!

MERCEDES

Frente a frente.

TEODORA (*Sin poder dominarse.*)

¡Ah! ¡Qué noble y qué valiente!

MERCEDES

¡Teodora!

TEODORA

¿Qué quieres? Di.

MERCEDES

Te adivino el pensamiento. 45
(*Con severidad.*)

TEODORA

¿Mi pensamiento?

MERCEDES

Sí.

TEODORA

¿Cuál?

MERCEDES

¡Bien lo sabes!

TEODORA

Hice mal
al demostrar mi contento
por ver a Julián vengado;
mas del alma impulso ha sido 50
que refrenar no he podido.

MERCEDES

No es eso lo que has pensado.

TEODORA

Pero ¿tú lo has de saber
mejor que yo misma?

MERCEDES

(*Con profunda intención.*) Mira:
cuando mucho el alma admira, 55
va camino del querer.

TEODORA

¿Que yo admiro?

MERCEDES

La bravura
de ese mozo.

TEODORA

¡Su nobleza!

MERCEDES

Da lo mismo, así se empieza.

TEODORA

¡Eso es delirio!

MERCEDES

¡Es locura, 60
pero en ti!

TEODORA

¡No cede! . . . ¡No! . . .
¡Siempre esa idea maldita! . . .
¡Lástima inmensa, infinita!
Eso es lo que siento yo.

MERCEDES

¿Por quién?

TEODORA

¿Por quién ha de ser?   65
Por Julián.

MERCEDES

¿Nunca has oído
que van lástima y olvido
a la par en la mujer?

TEODORA

¡Calla por Dios! . . . ¡Por piedad!

MERCEDES

Quiero alumbrar tu conciencia   70
con la voz de mi experiencia
y la luz de la verdad. (*Pausa.*)

TEODORA

Te escucho, y al escucharte,
no mi madre, no mi hermana,
no mi amiga me parece;   75
tal me suenan tus palabras,
que Satanás por tus labios
aconseja, inspira y habla.
¿Por qué quieres convencerme
que mengua, y mengua en el alma,   80
el cariño de mi esposo,
y que en ella impuro se alza
otro cariño rival
con fuego que quema y mancha?
¡Si yo quiero como quise! [6]   85
¡Si yo diera, hasta agotarla,
toda la sangre que corre
por mis venas y me abrasa,
por sólo un punto de vida
(*Señalando hacia el cuarto de don Julián.*)
de aquél de quien me separan!   90
¡Si yo entraría ahora mismo,
si tu esposo me dejara,
y en mis brazos a Julián,
inundándole de lágrimas,
con cariño tan entero   95
y tal pasión estrechara,

que se fundieran sus dudas
al calor de nuestras almas!
Y porque a Julián adore,
¿he de aborrecer ingrata   100
al que noble, generoso,
por mí su vida arriesgaba?
¿Y no aborrecerle es ya . . .
amarle? ¡Jesús me valga! . . .
Tales cosas piensa el mundo,   105
oigo historias tan extrañas,
tan tristes sucesos miro,
tales calumnias me amagan,
que a veces dudo de mí,
y me pregunto espantada: 110
«¿Seré lo que dicen todos?
¿Llevaré pasión bastarda
en el fondo de mi ser,
quemándome las entrañas,
y sin saberlo yo misma,   115
en hora triste y menguada,[7]
por potencias y sentidos
brotará la infame llama?»

MERCEDES

¿Luego me dices verdad?

TEODORA

¡Si digo verdad!

MERCEDES

¿No le amas?   120

TEODORA

¡Mira, Mercedes, que yo
no sé cómo te persuada!
¡Tal pregunta en otro tiempo
la sangre me sublevaba,
y ahora, ya lo ves, discuto   125
si soy o no soy honrada!
¿Es esto serlo de veras?
¿Es serlo con toda el alma?
¡No! ¡Sufrir la humillación
es ser digna de la mancha! . . .   130
(*Se oculta el rostro entre las manos y cae
en la butaca de la derecha.*)

---

[6] *¡Si yo quiero como quise!* "Why, I love (him) as I always have!"
[7] *menguada,* "fatal."

MERCEDES

No llores; vamos, te creo.
No llores, Teodora . . . basta.
No más. Ya sólo te digo,
y concluyo, una palabra:
Ernesto no es lo que crees;   135
no merece tu confianza.

TEODORA

Es bueno, Mercedes.

MERCEDES

No.

TEODORA

Quiere a mi Julián.

MERCEDES

Le engaña.

TEODORA

¡Otra vez! . . . ¡Jesús mil veces!

MERCEDES

No digo que tú escucharas   140
su pasión; tan sólo digo . . .
digo tan sólo *que te ama.*

TEODORA

¿Él a mí? (*Con asombro y levantándose.*)

MERCEDES

¡Lo saben todos!
Hace poco, en esta sala,
delante de mí, de mi hijo . . .   145
¡ya ves tú! . . .

TEODORA

(*Con ansia.*)   Y bien . . . acaba.
¿Qué?

MERCEDES

¡Que confesó de plano!
¡Y con frase arrebatada
juró que por ti daría
vida, honor, conciencia y alma!   150
¡Y al llegar tú, quiso verte,
y sólo a fuerza de instancias
conseguí que se marchase

adentro! Y estoy en ascuas
por si lo encuentra Severo   155
y sus enojos estallan.
Y ahora, ¿qué dices?

TEODORA

(*A pesar suyo ha seguido esta relación
con una mezcla extraña de interés, asombro y terror, algo indefinible.*)
                    ¡Dios mío,
será verdad tanta infamia!
¡Y yo que por él sentía! . . .
¡Y yo que le profesaba   160
cariño tan verdadero! . . .

MERCEDES

¿Otra vez lloras?

TEODORA

                    ¿El alma
no ha de llorar desengaños
de esta vida desgraciada?
Un ser tan noble, tan puro . . .   165
ver cómo se hunde y se mancha . . .
Y dices que está allí dentro . . .
¡él! . . . ¡Ernesto! . . . ¡Virgen santa!
Mira, Mercedes . . . Mercedes . . .
¡que se aleje de esta casa!   170

MERCEDES

Eso quiero yo también,
y tu energía me agrada.
          (*Con verdadero gozo.*)
¡Perdóname! . . . ¡que ahora creo! . . .
          (*Abrazándola con efusión.*)

TEODORA

¿Y antes no?
(*La actriz dará a esta frase toda la intención que el autor ha querido que tenga.*)

MERCEDES

                    Silencio . . . Calla . . .
él se acerca.

TEODORA

(*Con ímpetu.*) ¡No he de verle!   175
Dile tú. ¡Julián me aguarda!
          (*Dirigiéndose a la derecha.*)

MERCEDES

Imposible . . . ya lo sabes . . .
(*Deteniéndola.*)
él mis órdenes no acata;
y ahora que conozco a fondo
tus sentimientos, me agrada   180
que encuentre el desprecio en ti
que antes halló en mis palabras.

TEODORA

¡Déjame!

ERNESTO

    ¡Teodora! . . .
    (*Deteniéndose al entrar.*)

MERCEDES

(*Aparte a Teodora.*) Es tarde.
Cumple tu deber y basta.
    (*En voz alta a Ernesto.*)
El mandato que hace poco   185
de mis labios escuchaba,
va a repetirlo Teodora
como dueña de esta casa.

TEODORA

No me dejes. (*En voz baja a Mercedes.*)

MERCEDES

(*Lo mismo a Teodora.*) ¿Temes algo?

TEODORA

¡Yo temer! . . . No temo nada.   190
    (*Le hace señal de que salga.*)
(*Sale Mercedes por la derecha, segundo término.*)

ESCENA VII

TEODORA, ERNESTO

ERNESTO

Que saliese . . . fué el mandato.
(*Pausa. Los dos guardan silencio y no se atreven a mirarse.*)
¿Y usted . . . lo repite ahora?
(*Teodora hace una señal afirmativa, pero sin fijar la vista en él.*)

Pues no tema usted, Teodora;
yo lo cumplo y yo lo acato.
    (*Triste y respetuoso.*)
¡Los demás no hallarán modo   5
de obediencia, aunque les pese!
    (*Con dureza.*)
De usted . . . aunque me ofendiese . . .
de usted . . . yo lo sufro todo.
    (*Con sumisión.*)

TEODORA

¡Ofenderle, Ernesto . . . no!
¿Cree usted que yo? . . .
    (*Sin mirarle, contrariada y temerosa.*)

ERNESTO

        No lo creo.   10
    (*Nueva pausa.*)

TEODORA

¡Adiós! . . . Su dicha deseo.
    (*Sin volverse ni mirarle.*)

ERNESTO

¡Adiós, Teodora! . . .
(*Se detiene un momento, pero Teodora no se vuelve, ni fija en él los ojos, ni le tiende la mano. Al fin se aleja. Después de llegar al fondo, vuelve y se acerca a ella. Teodora le siente venir y se estremece, pero no dirige a él la vista.*)
        Si yo
todo el mal que a mi pesar,
por mi maldecida suerte,
le he causado, con mi muerte   15
ahora pudiese borrar,
bien pronto no quedaría,
lo juro como hombre honrado,
ni una sombra del pasado,
ni un suspiro de agonía,   20
ni esa triste palidez,
(*Teodora levanta la cabeza y le mira con profundo terror.*)
ni esa mirada que espanta,
ni un sollozo en su garganta,
(*Teodora ahoga, en efecto, un sollozo.*)
ni una lágrima en su tez.

TEODORA
(*Alejándose de Ernesto.*)

(¡Mercedes dijo verdad! . . .   25
Y yo ciega, inadvertida . . .)

ERNESTO

Un adiós de despedida,
uno sólo, ¡por piedad!

TEODORA

¡Adiós! . . . sí . . . yo le perdono
el mal que nos hizo.

ERNESTO
                    ¡Que hice!   30
¡Yo, Teodora!

TEODORA

Usted lo dice.

ERNESTO

¡Esa mirada! . . . ¡Ese tono! . . .

TEODORA

¡No más, Ernesto, por Dios!

ERNESTO

¿Qué hice yo que mereciera? . . .

TEODORA

Como si yo no existiera: 35
todo acabó entre los dos.

ERNESTO

¡Ese acento! . . . ¡Ese desdén! . . .

TEODORA

(*Con dureza y extendiendo el brazo hacia
la puerta.*)
¡Salga usted!

ERNESTO
                    ¡Que salga . . . así!

TEODORA

¡Mi esposo se muere allí . . .
y aquí me muero también! . . .   40

(*Vacila y tiene que apoyarse en el respaldo de la butaca para no caer.*)

ERNESTO

¡Teodora! . . .
                (*Precipitándose para sostenerla.*)

TEODORA

                (*Rechazándole con energía.*)
                ¡Tocarme, no!
¡Sola!
(*Pausa. La actitud y las miradas de los
actores, las que su talento les inspire.*)
                Ya el pecho se ensancha.[8]
(*Quiere dar unos pasos; de nuevo le faltan las fuerzas y de nuevo quiere sostener-
la Ernesto. Ella lo rechaza y se aleja de
él.*)

ERNESTO

¿Por qué no?

TEODORA

(*Con dureza.*) ¡Porque usted mancha!

ERNESTO

¿Que yo mancho?

TEODORA

Cierto.

ERNESTO
                    ¡Yo! (*Pausa.*)
Pero ¿qué dice, Dios mío? . . .   45
¡Ella también! . . . ¡Imposible!
¡Si la muerte es preferible! . . .
¡No es verdad! . . . ¡Yo desvarío! . . .
¡Diga usted que no, Teodora!
¡Una frase, por el cielo,   50
de perdón, o de consuelo,
o de lástima, señora!
¡Yo me resigno a partir,
y a no verla a usted ya nunca,
aunque esto desgarra y trunca,   55
y mata mi porvenir!
Pero es si a mi soledad
me siguen, con su perdón,
su afecto, su estimación . . .

---

[8] *Ya el pecho se ensancha,* " I am all right now."

¡por lo menos su piedad! 60
¡Es creyendo que usted cree
que soy leal, que soy honrado,
que ni mancho, ni he manchado,
ni afrento, ni afrentaré!
¡Me importa poco del mundo; 65
desdeño sus maldiciones,
y me inspiran sus pasiones
el desprecio más profundo!
¡Hiera terco, o hiera cruel,
murmure de lo que fuí, 70
nunca pensará de mí
todo lo que pienso de él!
¡Pero usted! ¡El ser más puro
que forjó la fantasía!
¡Usted, por quien yo daría, 75
una y mil veces, lo juro,
y con ansia, con anhelo,
en esta insensata guerra,
no ya mi vida en la tierra,
sino mi puesto en el cielo! 80
¡Usted sospechar que yo
de traiciones soy capaz,
que no está el alma en mi faz! . . .
Eso, Teodora . . . ¡eso, no!
(*Con profunda emoción, con angustia pro-*
fundísima, con acento desesperado.)

TEODORA

(*Con creciente ansiedad.*)
No me ha comprendido usted. 85
Separémonos, Ernesto.

ERNESTO

¡Así no es posible! . . .

TEODORA

            ¡Presto! . . .
¡Se lo pido por merced!
Julián . . . sufre . . .
            (*Señalando hacia su cuarto.*)

ERNESTO

            Ya lo sé.

TEODORA

Pues no lo olvidemos.

ERNESTO

            No. 90
¡Pero también sufro yo!

TEODORA

¡Usted, Ernesto! . . . ¿Por qué?

ERNESTO

¡Por su desprecio!

TEODORA

            No hay tal.

ERNESTO

Usted lo dijo.

TEODORA

            Mentí.

ERNESTO

¡No! Fué por algo; y así 95
no sufrimos por igual.
¡En este luchar eterno,
en esta implacable guerra,
él sufre como en la tierra
y *yo* como en el infierno! 100

TEODORA

¡Por Dios! . . . ¡Se abrasa mi frente!

ERNESTO

¡Se oprime mi corazón!

TEODORA

¡Basta, Ernesto; compasión!

ERNESTO

¡Eso pido solamente!

TEODORA

¡Piedad!

ERNESTO

            ¡Pues eso, piedad! 105
De mí . . . ¿qué teme . . . o qué piensa?
            (*Acercándose a ella.*)

TEODORA

Perdone usted si hubo ofensa . . .

ERNESTO

Ofensa, no. ¡La verdad! . . .
¡La verdad es lo que quiero! . . .
¡Y la pido de rodillas,   110
con el llanto en las mejillas!
(*Se inclina ante Teodora y le coge una
mano. En este momento, en la puerta que
corresponde al cuarto de don Julián,
aparece don Severo y en ella se detiene.*)

SEVERO

(¡Miserables!)

TEODORA

¡Don Severo!

ESCENA VIII

TEODORA, ERNESTO, SEVERO

*Ernesto se separa hacia la izquierda; Se-
vero viene a colocarse entre él y Teodora.*

SEVERO

(*A Ernesto con ira reconcentrada, y en
voz baja para que no les oiga Julián.*)
Por no encontrar ni frase ni palabra
que mi cólera exprese y mi desprecio,
habré de contentarme con decirle:
«¡Es usted un miserable! . . . ¡Salga presto!»

ERNESTO (*Lo mismo.*)

Por respeto a Teodora y a esta casa,   5
porque sufre quien sufre en aquel lecho,
habré de contentarme, señor mío,
con poner la respuesta . . . en el silencio.

SEVERO

(*Creyendo que sale, y con cierta ironía.*)
Callar y obedecer es lo prudente.

ERNESTO

No me ha entendido usted; si no obedezco.   10

SEVERO

¿Se queda usted?

ERNESTO

En tanto que Teodora
no reitere el mandato, aquí me quedo.

Iba a salir ha poco para siempre,
y Dios o Satanás me detuvieron.
Vino usted, me arrojó, y a sus injurias, 15
cual si fuesen conjuros del infierno,
raíces sentí brotar, que de mis piantas
se agarraban firmísimas al suelo.

SEVERO

Voy a probar, llamando a los criados,
si a palos las arrancan.

ERNESTO

Pruebe.
(*Ernesto da un paso hacia Severo con aire
amenazador; Teodora se precipita entre
los dos y le contiene.*)

TEODORA

¡Ernesto! 20
(*Volviéndose después con energía y dig-
nidad hacia su cuñado.*)
Olvida usted, sin duda, que es mi casa,
mientras viva mi esposo, que es su dueño.
Para mandar aquí, los dos tan sólo
autoridad tenemos y derecho.
(*A Ernesto con dulzura.*)
No por él . . . Por mi causa, por mi an-
gustia . . .   25
(*Ernesto no puede ocultar su alegría al
ver que Teodora le defiende.*)

ERNESTO

Teodora, ¿usted lo quiere?

TEODORA

Se lo ruego.
(*Ernesto se inclina respetuosamente y se
dirige al fondo.*)

SEVERO

¡Me confunde y me asombra tu osadía
tanto . . . no, mucho más que la de Ernesto!
(*Acercándose amenazador a Teodora. Ernesto, que ha dado unos pasos, se detiene;
pero luego, haciendo un esfuerzo sobre sí
mismo, sigue su camino.*)
¡Alzar osas la frente, desdichada,

y delante de mí! ¡La frente al suelo! 30
(*Ernesto hace movimientos análogos a los anteriores, pero más acentuados.*)
Tú, tímida y cobarde, ¡cómo encuentras
por defenderle enérgicos acentos!
¡Bien habla la pasión!
(*Ernesto, ya en el fondo, se detiene.*)
        ¡Pero tú olvidas
que antes de echarle a él, supo Severo
de esta casa arrojarte, que manchabas 35
con sangre de Julián! ¿Para qué has vuelto?
(*Cogiéndola brutalmente de un brazo, sujetándola con furor y acercándose más y más a ella.*)

ERNESTO

¡Ah! ¡No es posible! . . . ¡No! . . .
(*Se precipita entre Teodora y Severo y los separa.*)
        ¡Suelta, villano!

SEVERO

¡Otra vez!

ERNESTO

   ¡Otra vez!

SEVERO

     ¡Vienes de nuevo!

ERNESTO

Pues a Teodora tu insolencia ofende
(*Desde este momento no es dueño de sí.*)
y me siento con vida, ¿qué remedio? 40
¡Volver, volver, y castigar tu audacia,
y llamarte cobarde a voz en cuello!

SEVERO

¡A mí!

ERNESTO

Sin duda.

TEODORA

¡No!

ERNESTO

     ¡Si él lo ha querido!
¡Si la mano le ví poner colérico

sobre usted, sobre usted! . . .
     (*A Teodora.*)
         ¡De esta manera! 45
(*Coge violentamente a don Severo por un brazo.*)

SEVERO

¡Insolente!

ERNESTO

    ¡Es verdad; pero no suelto!
¿Tuvo usted madre? Sí. ¿La amaba mucho?
¿La respetaba aun más? ¡Pues así quiero
que respete a Teodora y que se humille
de esta mujer ante el dolor inmenso! 50
¡¡De esta mujer más pura y más honrada
que su madre de usted, mal caballero!!

SEVERO

¡A mí! ¡Tal dice!

ERNESTO

     Sí; y aún no he concluído.

SEVERO

¡Tu vida! . . .

ERNESTO

     Sí, mi vida; pero luego.
(*Teodora quiere separarlos; pero él la aparta dulcemente con una mano, sin soltar la otra.*)
En un Dios creerá usted; es necesario . . .
¡Un Hacedor! . . . ¡Una esperanza! . . .
     Bueno: 56
¡pues como dobla sus rodillas torpes
ante el altar del Dios que está en los cielos,
ante Teodora han de doblarse, y pronto!
¡Abajo! . . . ¡Al polvo!

TEODORA

        ¡Por piedad!

ERNESTO

         ¡Al suelo! 60
(*Le obliga a arrodillarse delante de Teodora.*)

TEODORA

¡Basta, Ernesto!

SEVERO

¡Mil rayos!

ERNESTO

¡A sus plantas!

SEVERO

¡Tú!

ERNESTO

¡Yo!

SEVERO

¡Por ella!

ERNESTO

¡Sí!

TEODORA

¡No más! . . . ¡Silencio!
(*Teodora, aterrada, señala hacia el cuarto de don Julián. Ernesto suelta su presa. Severo se levanta y retrocede hacia la derecha. Teodora se lleva hacia el fondo a Ernesto. De este modo ella y él forman un grupo que se aleja.*)

ESCENA IX

DICHOS; *después* JULIÁN, MERCEDES

JULIÁN

¡Déjame! . . . (*Desde dentro.*)

MERCEDES

¡No por Dios! . . . (*Lo mismo.*)

JULIÁN

¡Son ellos . . . vamos! . . .

TEODORA

¡Salga usted! . . .
(*A Ernesto, llevándoselo.*)

SEVERO

(*A Ernesto.*)   ¡Mi venganza!

ERNESTO

No la niego.
(*En este momento se presenta don Julián,*

pálido, descompuesto,[9] *casi moribundo, y Mercedes conteniéndolo. Al presentarse él, don Severo está a la derecha, primer término, y Teodora y Ernesto formando un grupo en el fondo.*)

JULIÁN

¡Juntos! . . . ¿Adónde van? . . . ¡Que los detengan!
¡Huyen de mí! . . . ¡Traidores!
(*Quiere precipitarse sobre ellos, pero le faltan las fuerzas y vacila.*)

SEVERO

(*Acudiendo a sostenerle.*)   ¡No!

JULIÁN

¡Severo, me engañaban! . . . ¡Mentían! . . . ¡Miserables!   5
(*Mientras pronuncia estas palabras, entre Mercedes y Severo le traen a la butaca de la derecha.*)
¡Allí! . . . ¡Mira! . . . ¡Los dos . . . ella y Ernesto!
¿Por qué están juntos? . . .

TEODORA, ERNESTO

(*Se separan uno de otro.*)   ¡No!

JULIÁN

¿Por qué no vienen?
¡Teodora! . . .

TEODORA

(*Tendiéndole los brazos, pero sin acercarse.*)
¡Mi Julián! . . .

JULIÁN

¡Sobre mi pecho!
(*Teodora se precipita en los brazos de Julián, que la estrecha fuertemente. Pausa.*)
¿Ya lo ves? . . . ¿Ya lo ves? . . . ¡Sé que me engaña! . . .
(*A su hermano.*)
¡Y en mis brazos la oprimo y la sujeto! . . .   10

---

[9] *descompuesto,* " haggard."

¡Y puedo darle muerte! . . . ¡Y la merece! . . .
¡Y *la miro!* . . . ¡*La miro!* . . . ¡Y ya no
puedo!

TEODORA

¡Julián!

JULIÁN

¿Y aquél? . . .
(*Señalando a Ernesto.*)

ERNESTO

¡Señor! . . .

JULIÁN

¡Y yo le amaba! . . .
Calla y acércate . . . (*Ernesto se aproxima.*)
(*Sujetando a Teodora.*)
¡Aún soy su dueño!

TEODORA

¡Tuya! . . . ¡Tuya! . . .

JULIÁN

¡No finjas! . . . ¡No me mientas! . . . 15

MERCEDES

¡Por Dios santo! . . .
(*Procurando calmarle.*)

SEVERO

(*Lo mismo.*)   ¡Julián! . . .

JULIÁN

(*A los dos.*)   ¡Callad! . . . ¡Silencio! . . .
(*A Teodora.*)
¡Si yo te adiviné! . . . ¡Si sé que le
amas! . . .
(*Teodora y Ernesto quieren protestar, pe-
ro no les deja.*)
¡Si lo sabe Madrid! . . . ¡Madrid ente-
ro! . . .

ERNESTO

¡No, padre!

TEODORA

¡No!

JULIÁN

¡Lo niegan! . . . ¡Y lo niegan! . . .
¡Si es la evidencia! ¡Si en mi ser la sien-
to!   20
¡Porque esta calentura que me abrasa
con su llama ilumina mi cerebro!

ERNESTO

¡Del hervor de la sangre, del delirio,
todas esas traiciones son engendros!
¡Escuche usted, señor!

JULIÁN

¡Vas a mentirme! 25

ERNESTO

¡Es inocente! (*Señalando a Teodora.*)

JULIÁN

¡No! . . . ¡Si no te creo! . . .

ERNESTO

¡De mi padre, señor, por la memoria!

JULIÁN

¡No profanes su nombre y su recuerdo!

ERNESTO

¡Por el último beso de mi madre! . . .

JULIÁN

¡No está en tu frente ya su último beso! 30

ERNESTO

Por cuanto quiera usted, ¡oh, padre mío!
juraré, juraré.

JULIÁN

No juramentos,
ni engañosas palabras, ni protestas . . .

ERNESTO

Pues bien, ¿qué quiere usted?

TEODORA

¿Qué quieres?

JULIÁN

¡Hechos!

ERNESTO

¿Qué desea, Teodora? ¿Qué nos pide? 35

TEODORA

¡Yo no lo sé! . . . ¿Qué hacer? ¿Qué hacer,
Ernesto?

JULIÁN

(*Que les ha seguido con mirada febril y
con instintiva desconfianza.*)
¡Ah! ¿Delante de mí buscáis engaños? . . .
¡Os concertáis, infames! . . . ¡Lo estoy
viendo! . . .

ERNESTO

¡Por la fiebre ve usted, no por los ojos!

JULIÁN

¡La fiebre, sí! ¡Como la fiebre es fuego, 40
la venda consumió que ante la vista
me pusisteis los dos, y al fin ya veo!
Y ahora, ¿por qué os miráis? . . . ¿Por
qué, traidores?
¿Por qué brillan tus ojos? ¡Habla, Ernesto!
No es el brillo del llanto . . . Ven . . . Más
cerca . . . 45
Aun más . . .
(*Le obliga a acercarse; le hace bajar la
cabeza, y al fin viene a caer de rodillas
ante él. De este modo queda don Julián
entre Teodora, que está a su lado, y Ernesto que está a sus pies. En esta actitud
le pasa la mano por los ojos.*)
¿Lo ves? . . . ¡No es llanto
. . . si están secos!

ERNESTO

¡Perdón! . . . ¡Perdón! . . .

JULIÁN

¡Pues si perdón me pides,
confiesas tu maldad!

ERNESTO

¡No!

JULIÁN

¡Sí!

ERNESTO

¡No es eso!

JULIÁN

Pues cruzad ante mí vuestras miradas . . .

SEVERO

¡Julián!

MERCEDES

¡Señor!

JULIÁN (*A Teodora y Ernesto.*)

¿Acaso tenéis miedo? 50
¿No os amáis como hermanos? ¡Pues pro-
badlo!
¡De las anchas pupilas a los cercos
salgan las almas, y sus castas luces
en mi presencia mezclen sus reflejos,
que yo veré, porque veré de cerca, 55
si esos rayos de luz son *luz* o *fuego!*
Tú, Teodora, también . . . si ha de ser . . .
vamos . . .
¡Venid! . . . ¡Los dos! . . . ¡Aun más! . . .
(*Hace caer ante él a Teodora, los aproxima a la fuerza y los obliga a mirarse.*[10])

TEODORA

(*Separándose por un violento esfuerzo.*)
¡Ah! ¡No!

ERNESTO

(*Procura desasirse, pero Julián le sujeta.*)
¡No puedo!

JULIÁN

¡Os amáis! . . . ¡Os amáis! . . . ¡Claro lo
he visto! . . .
¡Tu vida! (*A Ernesto.*)

ERNESTO

¡Sí!

JULIÁN

¡Tu sangre!

[10] This whole scene recalls that of *Un drama nuevo* (I, vi), where Shakespeare puts Alicia and
Edmundo to a similar test.

ERNESTO

¡Toda!

JULIÁN

(*Sujetándole de rodillas.*)   ¡Quieto! 60

TEODORA

¡Julián! (*Conteniéndole.*)

JULIÁN

¿Tú le defiendes? . . . ¡Le defiendes! . . .

TEODORA

¡Pero si no es por él!

SEVERO

¡Por Dios! . . .

JULIÁN

(*A Severo.*)   ¡Silencio!
¡Mal amigo! . . . ¡Mal hijo! . . .
(*Sujetándole a sus pies.*)

ERNESTO

¡Padre mío!

JULIÁN

¡Desleal! . . . ¡Traidor! . . . (*Lo mismo.*)

ERNESTO

¡No, padre!

JULIÁN

Voy el sello
a ponerte de vil en la mejilla . . .   65
¡hoy con mi mano! . . . ¡pronto con mi
acero! . . .
(*Con un resto de suprema energía se incorpora y le golpea en el rostro.*)

ERNESTO

(*Da un grito terrible, se levanta y se separa hacia la izquierda cubriéndose la cara.*)
¡Ah!

SEVERO

¡Justicia!
(*Extendiendo el brazo hacia Ernesto.*)

TEODORA

¡Jesús!
(*Se oculta el rostro entre las manos y va
a caer en una silla de la derecha.*)

MERCEDES

¡Delirio ha sido!
(*A Ernesto como disculpando a Julián.*)
(*Estos cuatro gritos rapidísimos. Momentos de estupor. Julián siempre en pie y mirando a Ernesto. Mercedes y Severo conteniéndole.*)

JULIÁN

Delirio, no; castigo, ¡vive el cielo!
¿Qué pensabas, ingrato?

MERCEDES

Vamos . . . vamos . . .

SEVERO

Ven, Julián . . .

JULIÁN

¡Sí, ya voy!
(*Se encamina penosamente hacia su cuarto, sostenido por Severo y Mercedes; pero
deteniéndose algunas veces para mirar a
Ernesto y Teodora.*)

MERCEDES

¡Pronto, Severo! 70

JULIÁN

¡Míralos! . . . ¡Los infames! . . . ¡Fué jus-
ticia!
¿No es verdad? . . . ¿No es verdad? . . .
Yo así lo creo.

SEVERO

¡Por Dios, Julián! . . . ¡Por mí!

JULIÁN

¡Tú solo! ¡Solo . . .
me has querido en el mundo! . . .
(*Abrazándole.*)

SEVERO

¡Yo, sí! ¡Cierto!

JULIÁN

(*Sigue caminando; cerca de la puerta se detiene y otra vez los mira.*)
¡Y ella llora por él! . . . ¡Y no me
    sigue! . . .   75
¡Ni me mira ni ve . . . que yo me mue-
    ro! . . .
¡Me muero . . . sí! . . .

SEVERO

¡Julián! . . .

JULIÁN

¡Espera . . . espera! . . .
(*Deteniéndose en la misma puerta.*)
¡Deshonra por deshonra! . . . ¡Adiós, Er-
    nesto!
(*Salen Julián, Severo y Mercedes por la
derecha, segundo término.*)

ESCENA X

TEODORA, ERNESTO

*Ernesto cae en el sillón próximo a la mesa.
Teodora continúa a la derecha. Pausa.*

ERNESTO

(¡De qué sirve la lealtad!)

TEODORA

(¡De qué sirve la inocencia!)

ERNESTO

(¡Se oscurece mi conciencia!)

TEODORA

(¡Piedad, Dios mío, piedad!)

ERNESTO

(¡Suerte fiera!)

TEODORA

(¡Triste suerte!)   5

ERNESTO

(¡Pobre niña!)

TEODORA

(¡Pobre Ernesto!)

SEVERO

(*Desde dentro; los que siguen son gritos
de suprema angustia.*)
¡Hermano!

MERCEDES

¡Socorro!

PEPITO

¡Presto!
(*Ernesto y Teodora se levantan y se acercan uno a otro.*)

TEODORA

¡Gritos de dolor! . . .

ERNESTO

¡De muerte!

TEODORA

¡Vamos pronto!

ERNESTO

¿Dónde?

TEODORA

¡Allí!

ERNESTO

No podemos. (*Deteniéndola.*)

TEODORA

¿Por qué no?   10
¡Yo quiero que viva! (*Con ansia.*)

ERNESTO

(*Lo mismo.*)   ¡Y yo!
Pero no puedo . . .
(*Señalando hacia el cuarto de don Julián.*)

TEODORA

(*Precipitándose hacia allá.*)
Yo sí.

ESCENA ÚLTIMA

TEODORA, ERNESTO, SEVERO, PEPITO

*La disposición de los personajes es la si-
guiente: Ernesto, en pie, en el centro;*

*Teodora, en la puerta del cuarto de don
Julián; cerrándole el paso Severo, que sale
un momento después que Pepito.*

PEPITO

¿Dónde vas?

TEODORA

(*Con desesperada ansiedad.*)

¡Le quiero ver!

PEPITO

¡No es posible!

SEVERO

¡No se pasa! ...
¡Esa mujer en mi casa! ...
¡Pronto ... arroja a esa mujer! ...
(*A su hijo.*)
¡Sin compasión! ... ¡Al instante!   5

ERNESTO

¿Qué dice?

TEODORA

¡Yo desvarío!

SEVERO

¡Aunque tu madre, hijo mío,
se ponga de ella delante,
has de cumplir mi mandato!
¡Aunque suplique! ... ¡Aunque implore!
Si llora ... nada. ¡Que llore!   11
(*A su hijo con ira reconcentrada.*)
¡Lejos ... lejos ... o la mato!

TEODORA

¡Julián manda! ...

SEVERO

¡Julián, sí!

ERNESTO

¿Su esposo? ... ¡No puede ser!

TEODORA

¡Verle! ...

SEVERO

¡Pues le vas a ver,   15
y después ... huye de aquí!

PEPITO

¡Padre! ... (*Como queriendo oponerse.*)

SEVERO

Deja ...
(*A Pepito separándole.*)

TEODORA

¡Si no es cierto!

PEPITO

¡Si es horrible!

TEODORA

¡Si es mentira!

SEVERO

¡Ven, Teodora! ... ¡Ven y mira!
(*La coge por un brazo, la lleva a la puerta del cuarto de don Julián, levanta el cor-
tinaje y señala el interior.*)

TEODORA

¡Él! ... ¡Julián! ... ¡Mi Julián! ...
¡Muerto! ...   20
(*Dice esto retrocediendo en ademán trá-
gico y cae desplomada en el centro.*)

ERNESTO

¡Padre! (*Cubriéndose el rostro.*)
(*Pausa. Severo los contempla con mirada
rencorosa.*)

SEVERO

(*A su hijo, señalando a Teodora.*)
¡Arrójala!

ERNESTO

(*Poniéndose delante del cuerpo de Teodora.*)
¡Cruel!

PEPITO

¡Señor! (*Dudando.*)

SEVERO

(*A su hijo.*) Es mi voluntad.
¿Dudas?

ERNESTO

¡Piedad!

SEVERO

¡Sí, piedad!
¡La que ella tuvo con él!
(*Señalando hacia dentro.*)

ERNESTO

¡Ah! ... ¡Que mi sangre se inflama!   25
¡Saldré de España!

SEVERO

No importa.

ERNESTO

¡Moriré!

SEVERO

La vida es corta.

ERNESTO

¡Por última vez!

SEVERO

No; llama. (*A su hijo.*)

ERNESTO

¡Que es inocente! ¡Lo digo
y lo juro! ...

PEPITO

¡Padre!
(*Como intercediendo.*)

SEVERO

(*A su hijo, señalando con desprecio a Ernesto.*)
¡Miente!   30

ERNESTO

¿Me arrojas a la corriente?
¡Pues ya no lucho, la sigo!
Qué pensará, no presiento,
(*Señalando a Teodora.*)
del mundo y de tus agravios,
que mudos están sus labios,   35
y duerme su pensamiento.
Pero lo que pienso yo ...
eso ... ¡lo voy a decir!

SEVERO

¡Inútil! No has de impedir
que yo mismo ...
(*Queriendo aproximarse a Teodora.*)

PEPITO

(*Conteniéndole.*) ¡Padre! ...

ERNESTO

¡No! (*Pausa.*)   40
Nadie se acerque a esta mujer; es mía.
Lo quiso el mundo; yo su fallo acepto.
Él la trajo a mis brazos: ¡ven, Teodora!
(*Levantándola y sosteniéndola en sus bra-
zos, en este momento o en el que el actor
crea conveniente.*)
¡Tú la arrojas de aquí! ... Te obedece-
mos.

SEVERO

¡Al fin! ... ¡Infame!

PEPITO

¡Miserable!

ERNESTO

Todo.   45
¡Y ahora tenéis razón! ... ¡Ahora confieso!
¿Queréis pasión? ... Pues bien, ¡pasión,
delirio!
¿Queréis amor? ... Pues bien, ¡amor inmenso!
¿Queréis aun más? ... Pues más, ¡si no
me espanto!
¡Vosotros a inventar! ... ¡Yo a recoger-
lo!   50
¡Y contadlo! ... ¡Contadlo! ... ¡La noticia
de la heroica ciudad llene los ecos!
Mas si alguien os pregunta quién ha sido
de esta infamia el infame medianero,
respondedle: «¡Tú mismo, y lo ignora-
bas!   55
¡Y contigo las lenguas de los necios! »
¡Ven, Teodora! La sombra de mi madre
posa en tu frente inmaculada un beso.
¡Adiós! ... ¡Me pertenece! ¡Que en su día
a vosotros y a mí nos juzgue el cielo!   60
(*Hace el movimiento de llevarse a Teodora en brazos, desafiando a todos con la
mirada y el ademán. Severo y Pepito, en
primer término, en la actitud que se crea
conveniente.*)

RICARDO DE LA VEGA

At the same time that Echegaray was terrifying Spanish audiences with his dramas of violent emotions, Ricardo de la Vega (1839–1910) was amusing them with his *sainetes* and *zarzuelas*. Through his father, the author of *El hombre de mundo,* he was introduced to the highest aristocratic and theatrical circles of the day; but his inspiration was wholly popular, and he deserted those circles in order to follow his natural bent. For some years, during which he was chiefly engaged in fashioning *zarzuelas* from French plays, his efforts won little recognition. By 1875 he had found his true vein, and for thirty years was the acknowledged master in his field.

A *sainete* may be defined as a brief comedy or farce, usually in one act, depicting scenes from popular or middle-class life. The tone is humorous, ironical or satirical, but no attempt is made at preaching or reforming manners. Plot is of less importance than humor of situation and liveliness of dialogue. The characters, often representing familiar types from the lower classes, vary in number from two to twenty, and they talk and act in a perfectly natural manner. The majority of *sainetes* are simply *tranches de vie,* slightly exaggerated, that might be seen at any time in the cafés, squares and market-places of a big city; occasionally they represent provincial life. Add to such a picture the elements of music and dancing, and the result is a *zarzuela.*

Both of these types reach far back in their origin. The *sainete* under various names has existed as a popular type since the days of the Roman *mimes;* the later pantomimes, often accompanied by burlesque dialogue, song and dance, are found in Spain in the form of *juegos de escarnio* as early as the thirteenth century. Juan del Encina restored their literary character at the opening of the sixteenth century; but it was only with the *pasos* of Lope de Rueda, after the middle of that century, that the genre became definitely established in the Spanish theatre. In the next century, Cervantes and Quiñones de Benavente composed the best *entremeses* and *sainetes,* while Calderón made a notable advance in the *zarzuela.* In the eighteenth, Ramón de la Cruz surpassed all his predecessors in these two fields; his realistic sketches, numbering nearly five hundred, were almost the only form of the national art to resist successfully the neoclassic invasion.

The second half of the nineteenth century saw a revival in the vogue for both *sainete* and *zarzuela.* Up to this time the *sainete* in its various forms had largely been used as a curtain-raiser or interlude; but in 1869 an innovation was made which led to the establishment of the *teatro por horas* featuring the *género chico.* The cafés of Madrid, as a means of drawing patronage, began to offer brief skits which were variously termed *sainetes, pasillos, juguetes, parodias, disparates,* etc. So successful were these that several theatres were built with the sole purpose of staging them at popular prices. Naturally the demand for new works was endless, and legions of authors, good, bad and indifferent, sprang up to meet it. The number of *sainetes* and *zarzuelas* turned out in the course of half a century is to be reckoned not by hundreds but by thousands.

787

The best attain a high level of literary and artistic merit, but many are worthless. The *sainete* easily degenerates in unskilled hands into a mummery of stereotyped characters, where keen observation of living manners and naturalness of dialogue give way to far-fetched puns and crudities of language and situation. Today the type has lost all value. The true *zarzuela* likewise has disappeared, replaced by vaudeville and variety shows, whose appeal lies in catchy music and splendor of costume and scenic effects.

Outstanding among the authors of these works, after Ricardo de la Vega, are Javier de Burgos, Ramos Carrión, Vital Aza, Carlos Arniches and Tomás Luceño, all of whom cultivated other forms of the comedy as well. The great popularity of the *zarzuela* at this time was chiefly due to a group of composers of unusual excellence (Chueca, Valverde, Bretón, Chapí, Vives, Caballero), whose music caught the exact spirit reflected in such compositions. Without this musical accompaniment and the stage effects that go with it, the best *zarzuela* seems flat. The student who merely reads *La Praviana* of Vital Aza, or Ricardo de la Vega's *La canción de la Lola,* can have no conception of the appeal that these works had, and still have, for an entire nation. On the other hand, a good *sainete* vividly portrays an interesting phase of Spanish life, and the reader's enjoyment of it is limited only by the extent to which he can enter into the spirit of the picture. Some of the best works are rendered difficult by a profusion of slang and dialect, puns, allusions to current events and personalities, or technical terms for the bullfight. Others may offend by a continental plainness of speech. *Pepa la Frescachona o el colegial desenvuelto* (1886), comparatively free from all these objections, is generally recognized as the finest *sainete* of modern times. It is thoroughly Spanish in atmosphere and spirit and introduces a variety of figures who are not mere types but individuals with distinctive traits.

Among the most interesting of Ricardo de la Vega's other works are the following, many bearing formidable double and triple titles which delighted the public: *Los baños del Manzanares* (1875); *Café de la libertad* (1876); *¡A los toros!* (1877), very entertaining for those who know their bullfights; *La función de mi pueblo* (1878); *La canción de la Lola* (1880) and *La verbena de la paloma o el boticario y las chulapas, y celos mal reprimidos* (1894), his most famous *sainetes líricos; Sanguijuelas del Estado* (1883), a satire on the " maldito furor de ser empleados," one of many treatments of governmental foibles reflecting the author's experience in the Department of Public Works and Instruction; *La abuela* (1884), a *sainete lírico-trágico-realista* which parodies Echegaray's " sangrienta dramaturgia "; *Novillos en Polvoranca o las hijas de Paco Ternero* (1885); *Bonitas están las leyes, o la viuda del interfecto* (1890); *El Sr. Luis el Tumbón, o despacho de huevos frescos* (1891); and *Amor engendra desdichas, o el guapo y el feo y verduleras honradas* (1899).

Bibliography: There is no collection of the works of Ricardo de la Vega; several titles will be found in Vol. III of *Teatro Moderno,* Madrid, 1894, with foreword by Eduardo Benot; the other plays must be sought in separate editions.

To consult: José Yxart, *El arte escénico en España,* Vol. II, Barcelona, 1896. M. Zurita, *Historia del género chico,* Madrid, 1920.

PEPA LA FRESCACHONA
O
EL COLEGIAL DESENVUELTO

POR RICARDO DE LA VEGA

(1886)

PEPA, *portera de la casa*
MARIANO, *su marido, guardia municipal*
MOISÉS, *colegial*
CASTA VERDECILLA, *viuda joven*
PURA VERDECILLA, *soltera joven*
LAURA, *pollita de quince años*
EL BRIGADIER TORRENTE, *su padre*
DOÑA BRUNA, *patrona de huéspedes*

JUSTINIANO, *estudiante de leyes*
ESPOLETA, *alférez de artillería*
PUNTILLO, *pianista de café*
FERNANDO, *pollo sietemesino*
FELIPA, *criada del cuarto principal*
UN CARTERO
UN MOZO DE CUERDA,[2] *que no habla*
UN NIÑO DE DOS AÑOS, *ídem*

ACTO ÚNICO

Patio grande de una casa de Madrid. A la derecha, puerta que da al portal. En el foro y costados, ventanas de los cuartos [3] entresuelo, principal y segundo. Las del entresuelo son más bien pequeños balcones con barandilla de poca altura, y tienen sus persianas de cortinas que se corren y descorren a su tiempo. A la izquierda del patio dos puertas: la primera derecha, a las habitaciones de la portera, y la segunda, a la escalera interior de la casa, que comunica con todos los cuartos, y está destinada al servicio de criados, etc. Fuente al foro.

ESCENA PRIMERA

Óyese repetidas veces la campanilla del cuarto entresuelo derecha. PEPA *sale de su cuarto trayendo una olla de agua caliente, que echa en una artesa de madera que hay en medio del patio, cerca del foro y al lado de la fuente. Es una mujer de treinta y ocho años, hermosota, frescachona y alegre. Sale con el vestido recogido hacia atrás y los brazos remangados. Luego sale* el CARTERO *con varias cartas en la mano. Son las doce del día y hace mucho calor.*

PEPA. Ayer estaba el agua muy fría. ¡Pobrecito mío! No vaya a coger un constipado . . . ¿A ver? (*Mete el brazo en la artesa y remueve el agua.*) Me parece que está a buen temple.[4] Hoy no dará tiritones como ayer. ¡Y el alma mía no chista! [5]

---

[1] It will be observed that several of the characters have names significant of their calling or temperament. *Moisés* is the object of several allusions to his great namesake, Moses; *Casta* and *Pura Verdecilla* are given names whose irony is self-evident (cf. note 53); *Torrente* suggests the impetuous and irascible character of the Brigadier; *Justiniano* recalls the great Justinian I, emperor of the Eastern Roman Empire, and famed as legislator and codifier of the laws of his time; *Espoleta's* name means "fuse of a bomb"; and *Puntillo*, in musical parlance, means "dot," "point."

[2] *mozo de cuerda*, "street porter."

[3] *cuartos*, "apartments."

[4] *a buen temple*, "just about right."

[5] *no chista*, "doesn't open his mouth" (to complain).

¡Bendito sea Dios y qué pasta de criatura! [6] (*Sigue removiendo el agua.*)   8

CARTERO. (*Saliendo.*) Portera . . . Buenos días.

PEPA. Felices.

CARTERO. ¿No están en casa esas señoras?   13

PEPA. ¿*Cuálas?*

CARTERO. Doña Casta y doña Pura Verdecilla. Estoy dando campanillazos hace media hora, y nadie me contesta.

PEPA. Pues yo no las he visto salir. A la cuenta [7] es que no se han levantado todavía.   20

CARTERO. Aquí tengo dos cartas; pero no las dejo como otras. Dígales usted que me deben veinticinco perros chicos, y que ando yo muy aperreado para servir de balde a los tramposos. Abur.   25

PEPA. ¡Pero si estará la criada!

CARTERO. Abur. (*Vase gruñendo.*)

PEPA. ¡Anda, anda! ¡Ja, ja, ja! Pues si no tuvieran más trampas que las del cartero . . .   30

ESCENA II

PEPA y MARIANO, *su marido, que es un hombre de cuarenta años, asturiano, con bigote y perilla. Es guardia municipal y sale de uniforme.*

PEPA. (*A su marido.*) ¡Calla! Pues ¿qué? ¿Son ya las doce?

MARIANO. Falta media hora; pero me he venido antes de concluir el servicio—con permiso del jefe, por supuesto,—en atención a que pudiera llegar el niño Moisés con doña Bruna, y tú tener que acompañarles a alguna parte, y porque no se quedara la portería sola.   9

PEPA. ¡Ca! El niño, en cuanto llegue, querrá almorzar y dormir la siesta . . . Digo . . . me lo supongo yo. En fin, allá veremos lo que disponen. Yo ya lo tengo todo listo y su cuartito preparado.   14

MARIANO. Mejor es que el niño tenga su cuarto solito y no se meta entre los huéspedes de arriba, que, al fin, son jóvenes atolondrados y el niño no aprendería cosa buena.   19

PEPA. ¡Claro! Por eso los señores encargaron a doña Bruna que se le pusiera en una habitación apartada; y nada mejor que ese cuartito interior al lado del nuestro. Yo podré cuidar de él a todas horas, y . . . ¡Anda! ¡Qué demonio! Me haré la cuenta de que todavía soy su niñera, como lo era cuando el niño tenía un año.   27

MARIANO. Ahora debe de tener dieciséis o cerca de diecisiete.

PEPA. Sí; pero como si tuviera cuatro. Dice doña Bruna que está tan inocentón, que da gozo verle.   32

MARIANO. Lo creo. Y si todos los padres, mayormente hablando, educaran a sus hijos como los señores han educado a Moisés, no irían tantos jóvenes a la prevención.   37

PEPA. ¡Ay! Pero yo me estoy aquí, y tengo que bañar a Marianito. ¿Se habrá enfriado el agua? (*Metiendo otra vez el brazo.*) No; está buena. Voy por el niño. (*Vase a su cuarto.*)   42

ESCENA III

MARIANO *se sienta en una silla o taburete junto a la puerta de su cuarto. Se limpia el sudor, saca un cigarro de papel y fuma tranquilamente. En este momento las de* VERDECILLA *descorren las persianas de su cuarto entresuelo, y dejan ver la habitación. Son dos jóvenes muy guapas, andaluzas, alegres, expresivas y zalameras. Aparecen con peinador blanco y el pelo medio recogido, como quien se acaba de levantar de la cama. Luego* PEPA *con el* NIÑO *en brazos, envuelto en una sábana.*

MARIANO. Esto de ser portero y guardia, todo junto, tiene sus ventajas y sus inconvenientes. Tener que aguantar a las señoras de Verdecilla en el entresuelo de la derecha, y a los huéspedes de doña

---

[6] ¡*qué pasta de criatura!* " what a darling baby ! "

[7] *A la cuenta,* " Evidently."

Bruna en el principal de encima, y a la señora americana en el otro cuarto, que tiene una pachorra la tal americana, y un desmenchamen [8] que da gusto verla. El que me gusta es el inquilino nuevo, el brigadier Torrente. Pero tiene un geniecito el tal brigadier ... Cuatro días lleva en el entresuelo de la izquierda, y yo creo que se le oye desde las guardillas ... Éstos son los inconvenientes. Las ventajas son que alguna vez andan las propinas, y así vamos viviendo. 17

CASTA. ¡Jesús! ¡Qué tarde debe de ser! ... Hoy se nos han pegado las sábanas. Buenos días, Mariano. 20

MARIANO. Felices.

CASTA. ¿Qué hora es, Mariano?

MARIANO. Cerca del mediodía.

CASTA. ¡Ay! ¡Qué escándalo! ¡Las doce y sin haber hecho nada todavía! (*Llamando a su hermana.*) Pura ... 26

PURA. Allá voy.

CASTA. Anda, hija, que ya hemos descansado bastante.

PURA. (*Presentándose a la ventana.*) Sí, descansar ... Serás tú, que lo que es yo no he pegado los ojos en toda la noche.

CASTA. ¡Se acuesta una tan tarde! 33

PURA. ¿Y la muchacha no ha venido de la compra?

CASTA. Se conoce que no.

PURA. Pues no es la primera vez que pasa esto. A la cuenta es que tiene alguna trapisonda. 39

CASTA. Pues déjala, que yo la ataré corto. Aquí no queremos trapisondas.

PURA. ¿Y los bichos? [9] Se van a morir. ¡Sin haberles dado el aire en toda la mañana! 44

CASTA. Tráetelos. (*Pura entra dentro.*) ¿Le parece a usted, Mariano, estar sin desayunarnos a las doce del día?

MARIANO. Eso le pasa a mucha gente. 48

CASTA. ¿Y por un arrapiezo de criada? ¿Por una chiquilla que no tiene un capirotazo? [10] Y es el novio, que la tiene revueltos los cascos.[11]

MARIANO. A las cuatro de la madrugada, cuando yo volvía del servicio, salía ella. 55

CASTA. Justo: en cuanto nos dejó acostadas, se fué a buscar al novio. ¿Le parece a usted que las cuatro de la mañana es hora de ir a buscar al novio? 59

MARIANO. Para buscar al novio no parece mala hora.

CASTA. Y como ve que mi hermana y yo somos dos señoras solas, abusa de nuestra posición. ¡Calle usted, por Dios! ... Si mi marido viviera, que para gobernar la casa era un hombre de mucha cabeza, no pasaría esto. 67

MARIANO. Lo creo. (*Aparece Pura en la ventana con cuatro jaulas. Una tiene un loro; otra un mirlo; otra un canario, y otra una codorniz. Las dos hermanas hacen fiestas exageradas a los pájaros, y cuelgan las jaulas en unos clavos que hay en la parte de afuera de la ventana.*) 74

PURA. ¡Hijos de mi alma! ¡Sin haber respirado el aire matutino de la mañana! ¡Mira, mira qué tristecitos están!

CASTA. ¿Y cómo han de estar los pobrecitos? 79

PURA. ¡Y mi loro sin tomar su chocolatito! ...

CASTA. Anda, hija, que tampoco lo hemos tomado nosotras. 83

PURA. (*Al loro.*) Anda, mi vida, saluda a Mariano como tú sabes; dile: «Buenos días, Mariano.» Anda ... ¿No quieres saludarle, corazoncito?

LORO. *¡Viva la República!* 88

CASTA. ¡Ay qué gracia!

PURA. No, hijo, no; eso no se dice. Dile: «Buenos días, Mariano.»

---

[8] *desmenchamen,* "dishevelment," probably a humorous formation on *desmechar.*

[9] *bichos,* "creatures"; here, "birds."

[10] *que no tiene un capirotazo,* "who hasn't *that much* brains" (indicated by a snap of the fingers).

[11] *que la tiene ... cascos,* "who has turned her head."

Loro. *¡Viva la República!*

Pura. ¡Jesús, qué terco! 93

Mariano. Ese grito no debiera yo consentirlo, dado mi carácter de autoridad; pero me hago el cargo de que es *irreflexivo*, y por eso no me le llevo a la prevención. 98

Pura. Como está en ayunas el pobrecito . . . por eso grita . . . ¿Y mi canario? ¿Qué dice mi canario? (*Imitando el canto del canario.*)

Casta. ¿Ha oído usted cantar a la codorniz, Mariano? 104

Mariano. Sí, señora, muchas veces, demasiadas veces.

Casta. ¡Es una delicia! (*Imitando el canto de la codorniz.*) ¡Pa-teté, pa te-té, pate-té! Da siete golpes,[12] lo que no da nadie en el mundo. ¡Bendita seas! Me muero por los pájaros. 111

Mariano. (¡No estás tú mala pájara!) (*Suena la campanilla.*)

Casta. Ya está ahí la muchacha. Anda, Pura, ríñela tú a ver si a ti te hace caso.

Pura. Lo primero es desayunarse. (*Se retira de la ventana.*) 117

Pepa. (*Saliendo con el niño.*) ¡Al agua mi niño! ¡Al agua mi niño! (*Levantándole en alto y acariciándole.*) Buenos días, señorita Casta. 121

Casta. Buenos días, Josefa. ¿Qué es eso? ¿Va usté a bañar al pequeñín?

Pepa. ¡Vaya! Sí, señora. Todos los días le doy su bañito. 125

Casta. ¡Qué monada!

Pepa. Y le sientan muy bien.

Casta. Ven acá, pimpollo, dame un besito. (*Pepa acerca el niño a la ventana para que Casta le bese.*) 130

Pepa. Anda, rico. Da un besito, así, con tu boquita.

Casta. ¡Ay, qué ángel! Ya me le ha dado. ¡Precioso! ¡Preciosísimo! . . . ¡Repreciosísimo! Me muero por los niños. Ya se ve, como que no los tengo . . . 136

Mariano. (Tú te mueres por todo.)

Casta. ¡Ay! ¡Qué carnes tan divinas tiene! ¡Si parece un rollito de manteca! ¡Y qué piernecitas! ¡Mire usted qué muslitos y qué pantorrillitas! . . . ¡Hechas a torno![13] 142

Pepa. ¡Je, je! ¡Es de familia! (*Casta da mil vueltas al niño, lo besa, lo estruja, y Mariano se impacienta.*)

Mariano. Pepa . . . que se va a enfriar ese niño. 147

Pepa. ¡Ca! ¡Si le gusta tanto estar en cueritos! . . . Ea, a la una, a las dos, a las tres . . . ¡Ajajá! (*Mete al niño en la artesa y le moja la cabeza con una esponja. Mariano entra en su cuarto a quitarse la levita de uniforme, y sale luego en mangas de camisa. En este momento se oye tocar el piano en el cuarto principal de la derecha, que es casa de huéspedes, y cuyas ventanas caen encima de las del cuarto de las Verdecillas.*) 158

Casta. Ya tenemos música. Los huéspedes de arriba son incansables. Pues cuando se ponen todos a cantar . . . ¡Virgen del Carmen! . . . 162

Pepa. No hay que extrañarlo, señorita. Gente joven y de buen humor . . . ¿qué quiere usted que hagan? ¿Te gusta el bañito, mi vida? Juega tú con el agüita, pichón. (*Acariciando al niño en la artesa.*)

Casta. Guapos, sí que lo son. Lo que es como guapos, verdaderamente son guapos. El abogado es un muchacho que habla muy bien . . . ¡Qué labia tiene! Pues el artillero es una pólvora. ¿Y el músico? Encanta oírle tocar el piano . . . ¡Ay, cómo toca! Pero cuando cantan todos a la vez, no se les puede oír. 175

ESCENA IV

Dichos. Mariano *se ha colocado de rodillas junto a la artesa, y juega con el niño.* Pepa *se pone de pie y prepara la sábana. Se asoma a una ventana del principal* Jus-

---

[12] *Da siete golpes*, evidently used in the sense of "beats" or "measures." In Europe, quails are frequently kept in cages, but only the males have a true song.

[13] *¡Hechas a torno!* "Turned as with a lathe!" "Shapely!"

TINIANO, *estudiante de leyes, joven alegre y decidor.* ESPOLETA, *alférez de artillería,* y PUNTILLO, *alumno del Conservatorio de Música, hablan, ríen y cantan dentro.*

JUSTINIANO. Pepa . . . hermosa y desenfadada Pepa . . .

PEPA. ¿Qué manda usted, señorito?

JUSTINIANO. Pepa . . . Sirena fiel y guardadora de esta casa-habitación . . . 5

PEPA. ¡Huy, qué señorito! ¡Qué cosas tiene! (*Riendo.*)

JUSTINIANO. ¿Y doña Bruna? ¿Qué es de doña Bruna? ¿Se sabe dónde para doña Bruna? ¿Por qué nos tiene a las doce del día sin almorzar? 11

CASTA. En todas partes cuecen habas.[14]

PEPA. Pues ya lo sabe usted; ha ido a recibir al colegial que estamos esperando.

JUSTINIANO. Sí, ya sé que ha ido a buscar a Moisés; pero supongo que no habrá ido al Nilo, porque está un poco lejos.

PEPA. ¿Al *nido?* ¿A qué *nido?* ¡Ja, ja, ja! ¡Qué buen humor gasta este señorito!

MARIANO. Al Nilo, mujer, al Nilo; un río que hay en las Américas. 21

PEPA. ¡Anda! ¡Mira este otro! En las Américas no hay más que trastos viejos.[15]

JUSTINIANO. ¡Bravo, Pepa, bravo! Habéis dado una lección geográfica a vuestro imperturbable esposo. 26

CASTA. ¡Ay qué graciosísimo!

JUSTINIANO. Por otra parte, ya sabemos que nuestra doña Bruna, modelo de patronas, no quiere que Moisés viva aquí con nosotros. ¡Oh! La juventud . . . la juventud del día . . . 32

PEPA. ¡Buenos mozos están ustedes!

JUSTINIANO. ¿Y se sabe si Moisés traerá las Tablas,[16] o se vendrá sin ellas?

PEPA. ¿Qué tablas? Si tiene aquí ya su camita de hierro preparada. 37

JUSTINIANO. ¡Bravo, Pepa, bravo!

MARIANO. Anda, mujer, anda; seca al niño, que ya se ha bañado bastante, y prepara la comida. 41

PEPA. Ven, querido, ven . . . así. (*Saca al niño y le envuelve en la sábana.*)

JUSTINIANO. Pero ¿es ése Moisés?

PEPA. ¡Anda, salero! [17] Si éste es mi chico. 46

JUSTINIANO. Como veo que le saca usted del agua . . .

PEPA. ¡Pero qué ideas tiene este señorito! . . . (*Se lleva al niño adentro.*)

CASTA. (*Despidiendo al niño.*) Adiós, pimpollito, adiós. 52

JUSTINIANO. ¡Ah! Que estaba usted ahí, vecinita. Usted perdone.

CASTA. Buenos días.

JUSTINIANO. No puedo ponerme a los pies de usted . . . Como yo estoy arriba . . . 58

CASTA. Es verdad; si viviéramos viceversa, sería más fácil.

JUSTINIANO. ¡Ah! Que está aquí el teléfono. (*Desata un hilo largo que hay en la ventana, con dos cañas* [18] *a los extremos, y lo echa para que Casta lo coja. Se hablan y se escuchan alternativamente.*) ¿Quiere usted que echemos un párrafo por teléfono? 67

CASTA. ¡Ay! ¡El teléfono! ¡Qué recuerdos tiene para mí! Así hablaba yo con mi esposo, que esté en gloria, todos los días.

JUSTINIANO. Pero ¿no se comunicaba usted con su esposo más que por teléfono?

CASTA. Digo cuando éramos novios. 73

JUSTINIANO. ¡Ya! ¡Vamos! . . . Óigame usted.

CASTA. ¿Qué va usted a decir? (*Coge el hilo y escucha.*)

JUSTINIANO. (*Por el hilo.*) Es usted hechicera. 79

CASTA. (*Ídem.*) ¡Guasón!

---

[14] *En todas partes cuecen habas,* a proverbial expression, " That happens everywhere."

[15] This is doubtless intended as a dig at the *americana* who lives upstairs.

[16] *Tablas,* a reference to the two tables of stone on which was written the Decalogue given by God to Moses; Pepa takes the word in the meaning of " bedstead."

[17] *salero,* " rogue," " wag "; often used in admiration of a person's grace or witticism, etc.

[18] *cañas,* " reeds " or " sticks," which form a make-believe telephone of the hand set variety.

JUSTINIANO. (*Ídem.*) Es usted la primer viuda de la Península e islas adyacentes.

CASTA. (*Ídem.*) ¡Guasón! ⁸⁴

JUSTINIANO. (*Ídem.*) Me casaría con usted.

CASTA. (*Ídem.*) ¿A que no? Una apuesta.

JUSTINIANO. (*Ídem.*) No tengo dinero.

CASTA. (*Ídem.*) Soy ya vieja para usted. ⁹¹

JUSTINIANO. (*Ídem.*) ¿Le gustan a usted los abogados?

CASTA. (*Ídem.*) Mi esposo lo era.

JUSTINIANO. (*Ídem.*) ¿Conoce usted las Partidas? ¹⁹ ⁹⁶

CASTA. (*Ídem.*) Algunas me jugó mi difunto.

JUSTINIANO. (*Ídem.*) ¿Y las leyes de Toro? ²⁰

CASTA. (*Ídem.*) También las conozco. Soy muy amiga de la justicia. ¹⁰²

JUSTINIANO. (*Ídem.*) Pues sea usted amiga mía, porque yo soy hombre de ley.

CASTA. ¡Ay, qué gracia! (*Riendo y hablando al mismo tiempo por el hilo.*) Pues, hijo, si no fuera usted hombre de ley, estaría usted divertido ²¹ . . . ¡Digo! ¡Siendo abogado! . . . Ja, ja, ja . . . ¹⁰⁹

JUSTINIANO. ¡Maliciosilla! (*Ídem.*) Oiga usted, oiga usted . . . Voy a decirle a usted una cosa, pero muy bajito.

CASTA. (*Ídem.*) ¿A ver? (*Justiniano habla sin que se oiga lo que dice. Ella escucha y ríe.*) ¡Ja, ja, ja! (*Pausa.*) ¿De veras? ¡Ja, ja, ja! (*Pausa.*) ¡Hijo! . . . ¡Por Dios! . . . ¡Ave María Purísima! (*Pausa.*) ¡Ay, qué miedo! (*Pausa.*) ¿Sí? (*En este momento sale Mariano con una regadera, y empieza a regar el patio, mirando maliciosamente a Casta y a Justiniano.*) ¹²²

MARIANO. El patio está echando bombas ²² y hay que refrescarlo.

CASTA. Ea, basta, señor don Justiniano.

ESPOLETA. (*Dentro, llamándole.*) Justiniano . . . ¹²⁷

JUSTINIANO. ¿Qué?

ESPOLETA. (*Dentro.*) El almuerzo está en la mesa.

JUSTINIANO. (*En tono declamatorio.*) ¡Oh inesperada sorpresa! Voy allá. (*Recoge el teléfono.*) ¹³³

CASTA. Vaya usted, vaya usted.

JUSTINIANO. ¿Quiere usted almorzar con nosotros, bella Casta?

CASTA. Buen provechito. Yo ya lo he hecho. ¹³⁸

JUSTINIANO. Pues hasta luego.

CASTA. Hasta luego. (*Justiniano se mete dentro y se oye cantar a los tres: «A la mesa, a la mesa,» acompañándose al piano. En seguida cesa la música.*) ¹⁴³

ESCENA V

DICHOS. FERNANDO, *pollo sietemesino, en traje de mañana, que se dirige a* MARIANO. *Luego* PEPA

CASTA. ¡Qué cabeza! ¿Ha visto usted qué cabeza, Mariano?

MARIANO. Sí . . . (*La tuya.*)

FERNANDO. (*Saliendo.*) Buenos días. (*Preguntando.*) ¿Las señoras de Verdecilla? ⁶

MARIANO. Ahí. (*Señalando la ventana*).

CASTA. Fernando . . . ¿es usted?

FERNANDO. A los pies de usted, Castita.

CASTA. (*Invitándole a que entre.*) Pase usted, Fernando, pase usted. ¹¹

---

¹⁹ *las Partidas.* Justiniano refers to the famous code of laws known as the *Siete Partidas*, compiled by Alfonso X (1265); but Casta takes it in the sense of "trick," "mean turn."

²⁰ *las leyes de Toro*, another celebrated collection of laws, designed to clarify and reconcile previous codes. Sponsored by the Catholic Kings, it was approved during the *Cortes* held in the city of Toro, 1505. Justiniano, as usual, is playing rather broadly on a word which Casta seems to comprehend perfectly.

²¹ *estaría usted divertido*, "you'd be in a bad way."

²² *El patio . . . bombas*, "It's getting pretty hot around this patio!"

FERNANDO. (*Señalando la ventana.*) ¿Cómo? ¿Por ahí?

CASTA. No, hijo. ¡Ave María! ¡Por la puerta! ¿Quiere usted tomar mi casa por asalto? ¡Ja, ja, ja! 16

FERNANDO. Con permiso. (*Vase por donde ha entrado.*)

CASTA. (*Llamándola.*) Pura . . .

PURA. (*Dentro.*) ¿Qué? 20

CASTA. Ven, que está aquí Fernando.

PURA. Allá voy, que me estoy peinando.

CASTA. Hasta luego, Mariano. 24

MARIANO. (*De mal humor.*) Vaya usted con Dios. (*Casta se mete dentro*)

LORO. ¡*Viva la República!*

MARIANO. Tienes razón, tienes razón . . . Te disculpo, animalito. (*Dirigiéndose al loro. Óyese dentro ladrar a un perrito de aguas que tienen las Verdecillas.*) 31

CASTA. (*Dentro.*) Calla, Sultán, calla. Vamos a ver . . . Ahí, quietecito. (*El perro deja de ladrar.*)

MARIANO. El perrito de las Verdecillas. La casa de estas señoras parece un gabinete de *Historia Zongológica.*[23] 37

PEPA. (*Saliendo.*) ¿Sabes que tarda doña Bruna? ¿Si se habrá puesto malo el niño?

MARIANO. No; el tren, que vendrá retrasado. Anda, sácate la mesa y comeremos aquí, que ahí dentro hace mucho calor. 44

PEPA. Mejor será. Y si viene alguien, estamos a la mira.

(*Pepa saca al patio una mesita de pino: extiende el mantel; pone platos de Talavera*[24] *y cubiertos de palo, una libreta, una botella de vino y dos vasos, todo muy limpio y muy aseado. Acerca dos sillas y luego sirve la comida: sopa, cocido, ensalada y uvas. Mientras ella hace esto, el mirlo de las Verdecillas empieza a dar saltos en la jaula y a cantar la marcha real.*)

MARIANO. ¡Hola! Ya canta el mirlo de las Verdecillas. ¡Bien, monárquico! (*Dirigiéndose al mirlo, que sigue cantando la marcha real.*) Éste es como si dijéramos el . . . el . . . el contrapunto del loro . . . es decir: el . . . el antípoda. (*El loro repite: « ¡Viva la República! » y el mirlo sigue cantando.*) ¡Eh! Caballeros, poco a poco, que estoy yo aquí. Un poquito más de respeto. ¡Hola, hola! (*Amenazando a los pájaros, que al fin se callan.*) El día menos pensado hago yo un arroz[25] con estos pájaros políticos. (*Entra en el cuarto y luego ayuda a Pepa a poner la mesa.*)

ESCENA VI

LAURA *descorre las persianas del cuarto entresuelo de la izquierda y deja ver la habitación. Es una niña de quince años, muy linda y muy elegante. Su padre, el brigadier* TORRENTE, *es un hombre de cincuenta años, de carácter violento, aunque de modales distinguidos. Laura se asoma a la ventana y su padre aparece en seguida detrás de ella, vestido para salir a la calle y con el sombrero puesto.* MARIANO *y* PEPA *se sientan a comer. Él tiene al niño sobre sus rodillas y ella se ocupa en servir.*

TORRENTE. Laura . . .

LAURA. Papá . . .

TORRENTE. ¿Qué haces?

LAURA. Nada, papá.

TORRENTE. Me voy a la capitanía general.

LAURA. Bueno, papá.

TORRENTE. Y no te llevo, porque no es cosa de llevarte a la capitanía general.

LAURA. ¡Si a mí no me gusta salir! 10

TORRENTE. Sí . . . ya sé que lo que a ti te gusta es devanarte los sesos pensando en el monigote del colegialito que conociste en Burgos. Pero yo te aseguro que como cogiera por aquí al tal niño, se había de acordar del brigadier Torrente.

---

[23] *Zongológica* for *Zoológica.*

[24] *platos de Talavera.* Talavera de la Reina, a town in the province of Toledo, was formerly renowned for its ceramics. The industry, after being abandoned, has only recently begun to revive.

[25] *arroz,* i.e., *paella,* a dish of rice with meat of any kind.

Y eso que nunca le he visto la cara. ¡Bonita será ella!   18

LAURA. Pero, papá . . .

TORRENTE. Cállate. ¡Enamorarse de un sacristán que canta en el coro *fervorines* [26] y *motetes!* Gracias a que sus padres le destinan a la iglesia, y así concluirán estos ridículos amoríos.   24

LAURA. Pues si nuestros amores han de concluir en la iglesia, será casándonos.

TORRENTE. Quítate de ahí. ¡El brigadier Torrente aceptar un yerno de *pastaflora!* [27] Vaya, vaya, no hablemos más de ello. Me voy a la capitanía general; me llevo las llaves de las puertas exterior e interior. No quiero que la criada salga cuando yo estoy fuera. El asistente no vendrá hasta la tarde. Si necesitas algo, se lo dices a la portera, ¿estás? (*Con voz fuerte.*) ¿En qué demonios piensas?   36

LAURA. ¡Ay! ¡Ave María! En nada, papá.

TORRENTE. ¡En el colegialito! ¡Cuatrocientos mil cañonazos! Abur. (*Se retira gruñendo.*)   41

LAURA. ¡Qué genio! Pero ¿olvidar yo a mi Moisés? Eso nunca. Voy a escribirle a Burgos diciéndole que nos hemos mudado a esta casa. ¿Si vendrá a Madrid durante las vacaciones? Me temo que no. ¡Sus padres le tienen tan sujeto! . . . ¡Ay! Si le viera entrar de repente, de seguro que me daba algo.[28] ¡Seis meses sin vernos! . . . ¡Y yo aquí encerrada! Ahora sí que puedo decir: 51

> « Presa en estrecho lazo
> la codorniz sencilla,
> daba quejas al aire
> ya tarde arrepentida.» [29]   55

(*Se retira sin echar las persianas. La codorniz de las Verdecillas empieza a cantar; en seguida sale el brigadier Torrente trayendo las llaves de su cuarto. Mariano*

y Pepa se levantan cuando el brigadier entra.)

MARIANO. (*Mirando a la codorniz.*) ¡Sólo faltabas tú! ¡La que da siete golpes!

PEPA. Pues hoy ha cantado menos que otros días.

TORRENTE. (*Saliendo.*) Portero . . .   60

MARIANO. Señor . . .

TORRENTE. Buenos días.

PEPA. Téngalos usted muy buenos. Si el señor gusta de comer . . .   64

TORRENTE. Gracias. Ahí van las dos llaves del cuarto. Mientras yo esté fuera no quiero que entre nadie en mi casa. La señorita y la muchacha se quedan solas. Si necesitan algo, estén ustedes a la mira.

MARIANO. Descuide el señor.   70

PEPA. ¡Vaya! ¡Pues no faltaba más! Pues, sí, señor; todo lo que quiera el señor. Ya sabe el señor que en todo lo que podamos servirle . . . no tiene el señor más que mandar.   75

TORRENTE. Bueno; basta, basta. Hasta luego.

MARIANO. Vaya con Dios, señor.

PEPA. Que usted lo pase bien, señor. (*Vase el brigadier a la calle.*)   80

MARIANO. El inquilino nuevo parece hombre de mucho carácter. Como buen militar.

PEPA. Sí; pero a su hija la tiene asustada. Algunas veces le oigo desde aquí dar unos berridos . . . ¡Brr! . . . ¡Brr! . . . ¡Brr! . . .   87

MARIANO. Así se debe educar a los hijos.

PEPA. Hombre, a berridos, no. (*Óyese el ruido de un coche que para a la puerta, y luego la voz de doña Bruna.*)   92

MARIANO. ¡Calla! ¡Un coche ha parado a la puerta!

PEPA. Es verdad. Me parece que oigo la voz de doña Bruna.   96

---

[26] *fervorines,* " jaculatory prayers," used particularly during general communion.

[27] *pastaflora,* a delicacy made of flour, sugar and egg.

[28] *me daba algo,* " something would happen to me."

[29] These are the first lines of *La Codorniz,* a fable by Samaniego (1745–1801), depicting the laments of a quail who has forfeited liberty and all other delights " por un grano de trigo."

Bruna. (*Dentro*.) Venga el equipaje por aquí.

Pepa. Ellos son. Ven, monín,[30] a jugar allí dentro. 100

(*Se lleva al niño dentro y vuelve a salir. Mariano se dirige al portal.*)

ESCENA VII

Mariano, Pepa, Doña Bruna y Moisés. *Doña Bruna es una señora de cincuenta años, muy habladora. Viste con decencia, pero sin lujo. Moisés es un muchacho de diecisiete años, que aparenta ser muy encogido y medroso; viste uniforme de colegial. Sale un mozo con un baúl y una maleta o saco de noche.*

Bruna. (*Saliendo*.) Por aquí, hijo, por aquí. ¡Gracias a Dios que estamos en casa!

Mariano. Bien venido sea el colegialillo. 5

Bruna. ¡Hola, Mariano! (*A Moisés*.) Mira: éste es el marido de tu niñera. (*A Mariano.*) ¿Y la Pepa?

Mariano. Ahí viene. Yo soy, galán, yo soy. 10

Pepa. (*Saliendo*.) ¡Ay! ¡Santa María de la Cabeza,[31] y quién le hubiera conocido! Pero, hijo, ven aquí. ¡Santos y santas del cielo, lo que ha cambiado desde que no le he visto! 15

Bruna. ¿Te acuerdas tú de tu niñera?

Moisés. No. Digo . . . quiero decir . . . La recuerdo, así como en sueños.

Pepa. Algunos sueños has echado en mis brazos cuando te quitaron el pecho.

Moisés. No me acuerdo de cuando me quitaron el pecho. 22

Pepa. ¡Anda, salero! Pero ¿cómo te has de acordar, inocente, si tenías un año?

Bruna. ¿Qué le parece a usted? ¡Y tan inocente! Eso es sólo para visto.[32] ¿Quién dirá que es un bachiller? 27

Pepa. ¡Quite usted por Dios! ¿Qué ha de ser bachiller la criatura, si es un bendito de Dios?

Mariano. Bachiller en estudios, mujer. No digas simplezas. 32

Pepa. Bueno; ¿yo qué sé de eso? Pero, hijo . . . pero ¡qué guapo eres! Pero ¡mira que eres guapo!

Moisés. Muchas gracias. Usted también lo es. (¡Y de órdago!) 37

Pepa. ¡Huy qué muchacho! ¡Pues no me llama de usté!

Bruna. Tutéala, querido, tutéala. ¡Si ha sido tu niñera! No seas tan corto.

Moisés. Bueno; todo se andará.[33] 42

Mariano. El equipaje, por aquí. (*Entra con el mozo en su cuarto y vuelve a salir. El mozo se va a la calle.*)

Moisés. ¡Qué patio tan alegre! No se parece al del colegio. (*Se pasea mirándolo todo.*) 48

Bruna. Ahora la criatura se esparcirá un poco. Unas tardes usté, y otras yo, le sacaremos a dar un paseo, porque ¡vamos! . . . Es increíble la ignorancia de este niño. No sabe nada . . . No tiene idea de nada. ¡Ya se ve! En un colegio toda su vida . . .

Pepa. Pues mire usted que eso también es un poco . . . 56

Bruna. Y a cargo de un profesor que, aunque joven, dicen que es un santo. Un francés que se vino a España y puso colegio cuando la *explosión*[34] de los jesuitas.

Pepa. ¡Ya! 61

Bruna. Los señores, como siempre andan viajando por necesidad, no quieren que el niño vaya de aquí para allá viendo este pícaro mundo; porque ¡ay, Pepa! ¡Cómo está este mundo! ¡Ay qué mundo! ¡Ay qué mundo! ¡Cómo están los jóvenes

---

[30] *monín*, " precious lambkin."

[31] *Santa María de la Cabeza*, the pious wife of San Isidro Labrador, patron of Madrid. She died in 1175, and her festival is observed on September 8th.

[32] *para visto*, " on the surface," " outward appearance."

[33] *todo se andará*, " we'll get accustomed to all that in due time."

[34] *cuando la explosión*, " at the time of the expulsion " (*expulsión*). The Jesuits had only recently been expelled from France (1880).

del día! Mire usted que tengo yo arriba tres, que arden en un candil.[35]   69

PEPA. Sí; pero no son malos chicos.

BRUNA. ¡Calle usted, por Dios! Y como Moisés quieren sus padres que sea Arzobispo . . . y no la yerran. El niño más se inclina a eso que a otra cosa . . . Y como es rico . . . Porque este niño, ahí donde usted le ve, el día que se mueran sus padres se queda con una fortuna de cuatro o cinco millones.   78

PEPA. Pues mejor sería que se casara . . . ¡qué demonio! Y haría feliz a una pobre.

BRUNA. ¡Casarse! ¡Sí, sí! Háblele usted de mujeres, y se echa a llorar.   83

PEPA. ¡Angelito! . . .

BRUNA. Y como está tan delicado . . . El año pasado estuvo muy malito. Perdió la color y las ganas de comer, y andaba tan triste . . . Tanto, que los médicos creyeron que tenía la *samaritana*,[36] pero afortunadamente no era eso.   90

PEPA. ¡Pícara enfermedad! Mi marido la tuvo.

(*Óyese cantar a los huéspedes la plegaria del* Moisés,[37] *Dal tuo stellato solio, acompañándose al piano. Moisés escucha atento, y luego, sin poderse contener, rompe a cantar con ellos la misma plegaria.*)

MOISÉS. (¡Hola! La plegaria del *Moisés*. Me la dedican a mí.) (*Canta.*)

BRUNA. Ya están cantando mis huéspedes.   96

PEPA. ¡Toma! Como siempre.

BRUNA. Pero, niño, ¿qué cantas tú?

PEPA. (*Riendo.*) ¡Ay, qué muchacho!

MOISÉS. (No me he podido contener.)

Es un canto de iglesia que cantamos todos en el colegio al toque de oraciones.   102

BRUNA. ¡Ah, vamos! ¡Ya decía yo! Siendo cosa de iglesia . . .

PEPA. ¡Pobrecito! ¡Bendita sea tu vida, hermoso!   106
(*Acariciándole.*)

MOISÉS. (¡Qué frescachona y qué rica!)

BRUNA. Pero lo que me choca es que mis huéspedes sepan cantos de iglesia. Si fueran tangos o malagueñas . . .

MOISÉS. (¡Ah barbianes![38])   111

BRUNA. Di, Moisesito: ¿te acuerdas de aquellos versos que te compuso tu profesor para que los recitaras en los exámenes de religión y moral?

MOISÉS. No sé si me acordaré.   116

BRUNA. Anda, dilos.

MARIANO. Dilos, galán, dilos.

MOISÉS. Si no sé si . . . A ver . . . (*Queriendo recordar, y haciéndose el distraído, le coge a Pepa la mano y luego el brazo, que lleva desnudo, y empieza a recitar. Los tres le escuchan con cara de gozo.*)

«Luz de donde el sol la toma,
hermosísima paloma   121
privada de libertad . . .»[39]

BRUNA. No es eso, hijo, no es eso.

MOISÉS. (*Sonriendo.*) Calle usted . . . si es que . . . A ver . . .
(*Hace pausa para recordar.*)

PEPA. ¡Qué cara de gloria tiene!   126

MOISÉS. « El bruto se le ha encarado,
desde que le vió llegar,
de tanta gala asombrado.»[40]

BRUNA. ¡Si eran unos versos a la imagen de Nuestra Señora!   131

MOISÉS. ¡Ah! Sí, sí; ahora me acuerdo.

---

[35] *que arden en un candil*, " who are lively enough to burn in a lamp." The expression is usually applied to wine which is very strong and powerful, but it may refer also to the sagacity or trickiness of an individual.

[36] *samaritana*, a popular term for an unidentified malady.

[37] *Moisés*, i.e., *Mosè in Egitto*, an opera by Rossini (1818), with the famous prayer here mentioned, " From thy starry threshold."

[38] *barbianes*, " fine fellows."

[39] The opening lines of Don Juan's impassioned letter to Doña Inés, in Zorrilla's *Don Juan Tenorio* (III, iii).

[40] From Nicolás Fernández de Moratín's poem, *Fiesta de toros en Madrid*.

(*Recitando en tono de colegial y accio-
nando acompasadamente con los brazos.*)
« Ese arco guarnecido
de piedras y de diamantes,   136
es el arco relumbrante
que en el cielo ha aparecido.
En donde está sostenido
con grande magnificencia
de toda la Omnipotencia,   141
el Espíritu divino
que como paloma vino
a honrarnos con su presencia.»
BRUNA. ¡Bien, hijo, bien!   145
PEPA. ¡Jesús qué criatura! La verdad
es que es una monada.
MARIANO. No saben bien sus padres la
alhaja que tienen.
BRUNA. Si no fuera tan corto . . .   150
MARIANO. Déjelo usted que sea corto.
(*En este momento se oye tocar en el piano
el preludio de los tres ratas de* La Gran
Vía,[41] *acompañado de* ¡olés! *y palmas,
por los huéspedes. Moisés, que se ha retirado al foro, no se puede contener y empieza a mover los pies al compás de la
música. Bruna, Mariano y Pepa se vuelven de repente, y él disimula. Luego cesa
la música entre carcajadas.*)   160
BRUNA. ¿Qué es eso, hijo?
PEPA. ¿Qué tienes, hermoso?
MOISÉS. Nada; que me ha dado un
calambre en esta pierna.   164
BRUNA. Como viene entumido del
viaje . . .
MARIANO. (*A Pepa.*) Dale una friega,
verás cómo se le quita.   168
PEPA. Eso no es nada. Estira y encoge
la pierna, pichón . . . Así. (*Le hace que
estire y encoja la pierna. Él mira a Pepa
con intención y se apoya en su hombro
para sostenerse.*)   173
MOISÉS. Ya no me duele.

PEPA. Ea, ven, te enseñaré tu cuarto,
a ver si te gusta. Está al lado del nuestro.
MOISÉS. ¿Al lado del vuestro? Me alegro, porque de noche me da miedo estar
solo.   179
MARIANO. ¡Alma de Dios!
BRUNA. Pues ya ves; teniendo a Pepa y
a Mariano, ¿qué más quieres?
MARIANO. Yo, una noche sí y otra no,
hago el servicio de vigilancia de doce a
cuatro de la madrugada.   185
PEPA. Es verdad.
MOISÉS. ¿De doce a cuatro de la madrugada?
MARIANO. Sí; pero para que el niño
esté tranquilo (*A doña Bruna.*) cambiaré
las horas de servicio con el compañero, y
él lo hará de noche y yo de día.   192
MOISÉS. No, no, Mariano; eso sí que
no . . . de ninguna manera. Por culpa mía
no quiero que se altere el orden público.
Lo primero es el orden público, lo segundo
el orden privado.   197
BRUNA. Bueno; no se alterará nada.
La noche que a Mariano le toque vigilar
(*A Pepa.*) yo me bajaré a dormir con
usted.
PEPA. También es verdad.   202
MOISÉS. No, no, doña Bruna, eso sí
que no; de ninguna manera. Usted tiene
casa de huéspedes. Lo primero es la casa
de huéspedes, lo segundo mi conveniencia
particular.   207
PEPA. ¡Pobrecillo!
BRUNA. Bueno, bueno; haremos lo que
más convenga. Y en verdad que voy a dar
una vuelta a mis huéspedes, y en seguida,
a la calle otra vez. Los padres de éste me
escriben haciéndome una porción de encargos. ¡Ah! Lo primero es recoger mis
lentes, que están desde ayer en casa del
optimista.[42] Vaya, hasta luego, hijo. Hasta luego, Pepa. Hasta luego, Mariano.

[41] *La Gran Vía,* a *zarzuela* or musical review by Felipe Pérez y González (1854–1910), with
music by Chueca and Valverde. Appearing July 2, 1886, only three and a half months before this
play, it enjoyed an unprecedented number of consecutive performances in Spain and America. The
song here referred to is sung by three pickpockets, who begin: "Soy el rata primero," etc.
[42] *optimista,* another of Doña Bruna's malapropisms; a mixture of *óptico* and *oculista.*

PEPA. ⎫
MARIANO. ⎰ Vaya usted con Dios. 218

MOISÉS. Él vaya con usted. (*Al salir doña Bruna, tropieza con el brigadier, que entra muy de prisa. Moisés le ve y desaparece corriendo por la puerta que da a la habitación de Pepa y Mariano. Éste entra detrás de Moisés. Pepa se queda.*) 224

ESCENA VIII

DICHOS; *el brigadier* TORRENTE; *luego* LAURA, *a la ventana.*

TORRENTE. ¡Señora! . . . ¿No ve usted cómo sale? (*Con tono agrio.*)

BRUNA. ¡Caballero! ¿No ve usted cómo entra? 4

TORRENTE. (*Gruñendo.*) ¡Cuarenta escuadrones de lanceros!

BRUNA. (¡Qué geniecito tiene el nuevo inquilino!) (*Vase corriendo.*)

MOISÉS. ¡Huy! ¡Mi futuro suegro! ¿A qué vendrá aquí? (*Vase corriendo.*)

TORRENTE. Portera . . .

PEPA. Señor . . .

TORRENTE. Las llaves. 13

PEPA. En seguida. (*Va a buscarlas y vuelve con ellas.*)

TORRENTE. El que no tiene memoria, tiene pies. ¡Me dejo las cartas sobre la mesa de despacho! Y si no, déjelas usted. (*A Pepa, que se las vuelve a llevar.*) ¿A qué entrar para salir otra vez? Laura . . . (*Acercándose a la ventana de su cuarto, que sigue abierta.*) Tomaré un coche en la esquina de esta calle. Laura . . . (*Llamando más fuerte.*) ¿Dónde estará esta muñeca? Laura . . . (*Más fuerte aún.*) 25

LAURA. (*A la ventana.*) ¿Qué es eso, papá?

TORRENTE. ¿Qué diablos hacías?

LAURA. Nada, leyendo. 29

TORRENTE. Pensando en el memo del colegial.

LAURA. No, papá.

TORRENTE. Tráeme unas cartas que me he dejado olvidadas en la mesa de despacho. 35

LAURA. Voy, papá. (*Se retira de la ventana.*)

PEPA. ¿Quiere alguna cosa el señor?

TORRENTE. Nada por ahora.

ESCENA IX

DICHOS. FELIPA, *criada de la* AMERICANA. *Se asoma a la ventana del cuarto principal izquierda y sacude el mantel, cayendo al patio, y sobre el brigadier* TORRENTE, *migas de pan, cáscaras de naranja y otros comestibles; luego se asoman a sus respectivas ventanas las* VERDECILLAS, FERNANDO *y los tres huéspedes de* DOÑA BRUNA. *Después* LAURA *con varias cartas que entregará a su padre.*

TORRENTE. ¿Eh? . . . ¡Vive Dios! . . . ¿Qué granizada es ésta? (*Sacudiéndose y mirando a la ventana.*)

PEPA. ¡Ay, qué barbaridad! Pero, demonio de mujer, ¿no está usted viendo lo que hace? (*Encarándose con la Felipa.*)

FELIPA. ¡Ave María! Pues ¿qué hago?

PEPA. ¿Pues no está usted viendo que hay gente en el patio? 9

FELIPA. No había visto al *cabayero*.

PEPA. (*Remedándola.*) ¡No había visto al *cabayero*! ¿Y no sabe usted que el patio de esta casa no es vertedero ni muladar? ¿Y cree usted que no tengo yo otra cosa que hacer que ponerme a barrer lo que usted ensucie? 16

JUSTINIANO. (*A la ventana.*) Me parece que hay bronca.

FELIPA. Ésa es su obligación de usted: barrer el patio, que es la antesala de las habitaciones de *usía* la portera. 21

PEPA. Pues ahora va usted a bajar a barrerlo.

FELIPA. (*Con sorna.*[43]) Más tarde; ahora estoy *ocupá*.[44] 25

TORRENTE. ¡Háse visto la fregona! Si

---

[43] *Con sorna,* " Maliciously."
[44] *ocupá* = *ocupada*, a common form of contraction in familiar speech.

no me dieran más trabajo que subir y tirarla a usted por la ventana . . .

FELIPA. Algo menos sería, señor.   29

PEPA. ¡Cállese usted, desvergonzada . . . *exploticadora* [45] . . . que toda la vecindad es *testiga* de lo que es usted!

FELIPA. ¡Ay qué risa!   33

CASTA. (*A la ventana.*) Déjela usted, Josefa.

PURA. (*Ídem.*) No se mezcle usted con esa gente.   37

FERNANDO. (*Ídem.*) ¡Esto tiene mucha gracia!

JUSTINIANO. ¡Contente, ¡oh fámula! contente!   41

MARIANO. (*Saliendo.*) ¿Qué es esto?

PEPA. Mira cómo ha puesto el patio la criada de la americana, que la tengo ya hasta dos varas por encima del moño. [46]

FELIPA. ¡Ay! ¡Qué alta me pone usted!

MARIANO. Bueno; basta.   47

FELIPA. O que recoja los mendrugos la criada de las Verdecillas, y ya tienen para dar de comer a los pájaros.

CASTA. Oiga usted: mis pájaros comen lo que comemos nosotras, ni más ni menos.

FELIPA. Justo: la nada entre dos platos.

PURA. ¿Qué sabe usted lo que comemos nosotras, grandísima embustera?   55

FERNANDO. No se altere usted, Purita.

PURA. Pero ¿ha visto usted? . . .

PEPA. ¿Ves qué provocativa? (*A Mariano.*)   59

MARIANO. He dicho que basta. Mañana la cito a usted al juzgado.

FELIPA. ¿A mí citarme? ¡Quiá! Yo no voy a citas.   63

PEPA. ¿No, eh? Como la citara a usted algún chulapón, [47] ya iría usted.

LOS TRES HUÉSPEDES. (*Aplaudiendo.*) ¡Bravísimo, Pepa, bravísimo!

MARIANO. Cállate tú. (*A Pepa.*)   68

TORRENTE. ¡Qué escándalo! Laura . . . (*Llamándola con voz de trueno.*)

PEPA. No me da la gana de callarme. ¡Pues hombre! . . .   72

LAURA. (*A la ventana.*) ¿Qué es esto?

TORRENTE. Dame las cartas, y adentro. No quiero que presencies estas escenas.

LAURA. Pero ¿qué ha pasado?   76

TORRENTE. ¡Adentro he dicho! (*Laura se mete dentro y corre las persianas.*)

CASTA. Dice usted bien, caballero.

PURA. Tiene usted muchísima razón.

CASTA. Esa criada es una cualquier cosa.   82

PURA. Una trapisondista.

FELIPA. ¡Ay, las señoritas! ¡Y parece su casa una agencia de matrimonios!

FERNANDO. No hagan ustedes caso.   86

TORRENTE. Yo le diré a su ama de usted cuántas son cinco . . . ¡Cenicienta! (*Dice lo que antecede poniéndose en medio del patio y encarándose con la Felipa. Da media vuelta y se va en seguida.*)   91

FELIPA. (*Burlándose de Torrente.*) ¡Ay! ¡Disimule usted, cabayero!* No lo volveré a hacer, *cabayero.* Vaya usted con Dios, *cabayero.* ¡Ay qué *cabayero!* ¡Ay qué *cabayero!*   96

PEPA. (*A Mariano.*) Pero ¿no la ves?

LOS TRES. (*Cantando.*)
Caballero de Gracia
me llaman,
y efectivamente   101
soy así, etc. [48]

¡Ja, ja, ja!

FELIPA. *Delen* [49] ustedes una taza de tila al *cabayero.*—Voy, señorita. (*Contestando a su ama, que se supone la llama desde dentro, y retirándose.*)   107

PEPA. ¡Quítese usted de ahí! Vaya usted enhoramala . . . ¡Lameplatos!

MARIANO. Pepa, que Moisesito lo es-

---

[45] *exploticadora = explotadora,* "hussy."

[46] *que la tengo . . . moño.* Pepa graphically indicates how sick and tired she is of the servant by saying that she is full of her up to a spot two yards higher than her chignon!

[47] *chulapón,* augmentative of *chulo,* "bull-fighter's assistant," "popular dandy."

[48] Another fragment of the musical comedy, *La Gran Vía.*

[49] *Delen = Denle.*

tará oyendo todo y le va a dar una congoja.   112

PEPA. Por el niño me callo. Pero me las ha de pagar.

MARIANO. Quédate tú con él, que yo me voy a la alcaldía, y verás cómo la escarmiento.   117

FERNANDO. Es rara la casa de vecindad donde no ocurren estas cosas.

CASTA. Pero ¡qué imprudente!

PURA. ¡Y qué mal hablada! (*Se retiran de la ventana y se sientan dentro, de modo que el público lo vea. Mariano se pone la levita de uniforme y se va a la calle. Pepa se va a la portería por la derecha.*)   126

PEPA. ¿Y los periódicos para el cuarto tercero?

MARIANO. En la portería.

PEPA. Voy a subirlos. ¡Vaya con la criadita! (*Vanse los dos.*)   131

ESCENA X

MOISÉS, *que sale con precaución. Los huéspedes en la ventana.*

JUSTINIANO. Chico, aquél es Moisés.

ESPOLETA. Sí; vestido de colegial.

PUNTILLO. Sin duda.

JUSTINIANO. ¿Vamos a divertirnos con él?   5

ESPOLETA.⎫ Sí, sí; vamos. (*Se retiran*
PUNTILLO.⎭ *de la ventana.*)

MOISÉS. ¿Qué es lo que acabo de saber? ¡Mi Laura viviendo en esta casa hace cuatro días, y yo sin sospecharlo! . . . Y ella sin tener noticia de mi llegada. Moisés: aquí de tu talento. Es preciso dar el golpe decisivo. Basta de sujeción, basta de colegio. Me escapo con mi novia, y de este modo su padre y los míos no tienen más remedio que casarnos. Me caso para ser libre. Pero, entretanto, me conviene seguir haciendo mi papel de inocentón, sobre todo con mi niñera. ¡Ay! ¡Qué rica es mi niñera! Calla, Moisés, calla, que te vas a casar. Si yo tuviera quien me ayudara . . .

¡Hola! ¿Qué es esto? (*Viendo a los tres huéspedes que acaban de salir por la derecha.*)   24

JUSTINIANO. (*En tono de guasa y haciéndole una cortesía.*) ¿Es usted el autor del Decálogo?

ESPOLETA. (*Ídem.*) ¿El descendiente de los Faraones?   29

PUNTILLO. (*Ídem.*) ¿El extraído de las aguas?

MOISÉS. (Éstos me tienen por tonto. ¡Ya les daré yo el tonto!) Para servir a ustedes. Y usted es don Justiniano, estudiante de Derecho; y usted el señor de Espoleta, alférez de Artillería; y usted el señor de Puntillo, profesor de música, ¿verdad?   38

JUSTINIANO. ¡Hola! ¿Nos conoce el colegial?

ESPOLETA. Por lo visto.

PUNTILLO. Sin duda.   42

MOISÉS. De oídas. Doña Bruna siempre está hablando de ustedes . . . ; dice que no le pagan ustedes . . . el cariño que les profesa.   46

JUSTINIANO. Efectivamente: no la pagamos todo lo que la debemos.

MOISÉS. Eso no tiene nada de particular. ¿Para qué se han escrito tantos libros de Derecho, sino para aprender a no pagar? (*A Justiniano.*)   52

JUSTINIANO. ¿Eh?

MOISÉS. (*A Espoleta.*) ¿Y cuál es el objeto de las armas? Dar sablazos a diestro y siniestro.

ESPOLETA. ¿Cómo?   57

MOISÉS. (*A Puntillo.*) ¿Y para qué sirven los compases de espera? [50] Para hacer esperar a los acreedores hasta el día del Juicio final . . . ¿Verdad, caballero? (Estos me van a ayudar.)   62

PUNTILLO. ¡Demonio!

JUSTINIANO. (*A los otros dos.*) ¿Sabéis que no me parece tan tonto como yo creía?   66

MOISÉS. ¿Quieren ustedes que subamos un ratito a su cuarto?

---

[50] *compases de espera,* in music, "holds," "pauses."

JUSTINIANO. Sí, hombre, sí.

MOISÉS. Como sé que tienen ustedes piano, nos divertiremos en *hacer música,* como dicen ahora. 72

PUNTILLO. Pero ¿usted sabe música?

MOISÉS. *Orechiante* [51] y con mala voz. (*Se prueba la voz haciendo una escala. Los otros se le quedan mirando.*)

PUNTILLO. ¡Caracoles! 77

ESPOLETA. ¡Éste sabe más de lo que le han enseñado!

JUSTINIANO. ¡Éste es un tunante disfrazado! 81

MOISÉS. (Anunciaré a Laura mi llegada.)

JUSTINIANO. Vamos arriba. Subiremos por la escalera interior. 85

MOISÉS. ¿Hay aquí escalera interior? Me alegro.

JUSTINIANO. ¿Por qué?

MOISÉS. Por . . . por . . . por nada. (Laura mía, pronto te verás en mis brazos.) 91

JUSTINIANO. ¡Ah, valiente! Vamos arriba.

ESPOLETA. Andando.

PUNTILLO. Andando. (*Vanse los cuatro por la puerta izquierda que da a la escalera interior.*) 97

ESCENA XI

LAURA *aparece en la ventana con una carta en la mano.* PEPA *sale por la derecha; las* VERDECILLAS *y* FERNANDO *siguen dentro, aunque a la vista del público, charlando y riendo.*

LAURA. Le escribo dándole las señas de mi nueva casa. ¿Y quién echa la carta al correo, si estamos encerradas? ¡Qué horrible esclavitud! . . . ¡Ah! . . . Si la portera, que parece buena mujer . . . Portera . . . (*Llamando a Pepa, que acaba de salir.*) 7

PEPA. Señorita . . .

LAURA. ¿Tiene usted las llaves del cuarto?

PEPA. Sí, señorita. 11

LAURA. ¿Quiere usted hacer el favor de abrir, para que la muchacha vaya a echar una carta al correo, que mi papá se ha dejado olvidada? 15

PEPA. Sí, señorita: ¿por qué no? Voy a abrir. (*Coge las llaves, que estarán colgadas en un clavo, al lado de la puerta de su habitación, y se va con ellas por la derecha.*) 20

LAURA. Muchas gracias.

PEPA. ¡Vaya! No hay por qué, señorita. (¡También encerrar así a las mujeres, como si fueran animales dañinos, es mucha cosa!) (*Laura se saldrá un momento para dar la carta a su criada, y en seguida vuelve a la ventana. Moisés se asoma a la del cuarto de los huéspedes y luego se retira para cantar dentro. Pepa sale luego por la izquierda y cuelga las llaves en su sitio.*) 31

MOISÉS. Me parece que mi novia está a la ventana. Sí; éste es el momento de la sorpresa. (*Se mete dentro.*)

LAURA. Mañana recibe mi carta; pero ¡sabe Dios cuándo le veré! Quizá pase un año sin oír su voz . . . La voz de mi Moisés, que la tengo siempre en el oído. (*Moisés canta dentro, acompañándose al piano, la siguiente letra, con música del* Trovador.[52]) 41

MOISÉS. « Oye, niña, mis amargas quejas;
ten piedad de un alma enamorada.
Calma este frenesí;
sal, amor mío, sal,
que ya te espera aquí 46
tu amante colegial.»

LAURA. (*Temblando y agarrándose a la barandilla.*) ¿Qué es esto? ¡Ay, Dios mío!

[51] *Orechiante,* i.e., *Orecchiante* (Italian), " By ear."
[52] *Trovador,* i.e., the opera by Verdi (1853) based on the Romantic drama of that title by García Gutiérrez (1836).

Los huéspedes. (*Aplaudiéndole.*) ¡Bravo! ¡Bravísimo!   51

Laura. ¡Es él! ... ¡Es su voz! ... No, imposible. ¡Ay! ¡Yo me pongo mala! ¡Portera ... portera! ... (*Casi desvanecida.*)

Pepa. ¿Qué es eso, señorita?   56

Laura. Entre usted ... que me siento muy mala. Entre usted, por Dios. ¡Ay! ¡Ay! (*Se deja caer en una silla que habrá cerca de la ventana. Pepa coge las llaves y entra precipitadamente por la puerta de la izquierda. En seguida se la ve dentro auxiliando a Laura y retirándose con ella al interior del cuarto. Las Verdecillas y Fernando se han asomado al oír la música.*)   66

Pepa. ¡Anda, salero! ¡Y la pobrecita está sola! Por aquí llego antes. (*Vase por la izquierda.*)

Fernando. ¿Quién canta?   70

Casta. Los huéspedes que viven encima de nosotras.

Pura. Esa voz es nueva para mí.

Fernando. Esa voz parece la de Moisés.   75

Casta. ⎱
Pura. ⎰ ¡La de Moisés!

Fernando. Un colegial del Seminario de Burgos, que fué mi condiscípulo.

Casta. ¡Calla! ... Pues ése debe ser. Justamente estaban esperando a un joven llamado Moisés, que viene a vivir a esta casa.   82

Pura. Pues es el mismo. ¡Y qué voz tan bonita tiene!

Fernando. Sí, pero es un memo, un tonto de remate. Y lo más gracioso es que la echa de enamorado. Yo me he divertido mucho con él.   88

Casta. ¡Un colegial enamorado! ¡Ay qué gracia! Preséntenosle usted.

Pura. ¡Ay! Sí, queremos conocerle.

Fernando. Se van ustedes a morir de risa. Parece un monaguillo. (*En este momento se oye a Moisés cantar la romanza de tenor de* Fausto.[53] *Las Verdecillas y Fernando escuchan atentos y se miran asombrados.*)   97

Moisés. « Salve dimora
           casta e pura.
           Salve dimora
           casta e pura . . .»

Casta. ¿Oyes? Es a nosotras.   102

Pura. ¡Ay! Sin duda nos conoce.

Casta. ¡Claro! ¿No has oído? Casta y Pura.

Fernando. ¡Pues es verdad! Las conoce a ustedes ... ¿Y de dónde?   107

Casta. ¡Vaya usted a saber! Somos tan conocidas ... (*Siguen hablando y riendo.*)

Moisés. (*En la ventana con los huéspedes.*) ¿Me habrá oído cantar?   112

Justiniano. De seguro.

Moisés. Voy a ver si puedo hablarla. Oídme: poneos al balcón, y cuando veáis que el brigadier dobla la esquina [54] de la calle, me avisáis con el piano.   117

Justiniano. Con la marcha real. Se trata de un brigadier con mando.

Espoleta. Eso es; la marcha real.

Puntillo. A toda orquesta.   121

Moisés. Me voy abajo. ¡Mucho ojo! (*Los tres se retiran de la ventana.*)

ESCENA XII

Pepa y Laura *por la izquierda. Luego* Moisés *por el mismo lado.*

Pepa. Venga usted, señorita; aquí respirará usted un poco al aire libre. ¡Si en ese pícaro cuarto hace un calor de todos los demonios! Y siempre encerrada ...   4

Laura. Muchas gracias. Pero no quisiera que la vecindad se enterara.

Pepa. ¡Anda, salero! ¿Pero hay en ello alguna cosa mala?

---

[53] *Fausto*, i.e., the opera by Gounod (1859) based on Goethe's drama. Moisés starts to sing the famous cavatina, " All hail, thou dwelling pure and lowly," from Act III (cf. the names of Casta and Pura).

[54] *dobla la esquina*, " rounds the corner."

Laura. Como mi papá no me deja salir ... 10

Pepa. También el papá, dígole a usted que ... En fin, hay cosas que ...

Laura. Pero si mi papá supiera las consecuencias de encerrar así a las muchachas de mi edad ... 15

Pepa. Que no tienen vocación de monjas, ¿verdad, señorita?

Moisés. (Saliendo.) ¡Laura! ...

Laura. (Dando un grito.) ¡Ay! 19

Pepa. ¿Qué es eso? ¿Se pone usted peor? ¡Ah! ¿Eres tú, galán?

Laura. No. ¿Pero el señor? ...

Pepa. Este niño es como si fuera mío. Le tengo a mi cuidado. 24

Moisés. (Serenidad.) Yo conozco a esta señorita ... Digo, me parece ...

Laura. Sí, en efecto ...

Pepa. ¡Ah! ¿Se conocen ustedes?

Moisés. Ha vivido en Burgos. ¿Cómo está usted, señorita? (Hace señas a Laura para que disimule.) 31

Laura. Bien. ¿Y usted, caballero?

Moisés. ¿Y su papá de usted, sigue tan ... tan ... bru⁵⁵ ... digo ... tan? ...

Laura. Tan bueno. Muchas gracias. 35

Pepa. Pero no te atortoles. (¡Bien dice doña Bruna! En viendo una mujer, se asusta.)

Fernando. (A la ventana.) Miren ustedes, aquél es Moisés. 40

Casta. ¡Ay! ¡Qué jovencito!

Pura. ¡Si no ha salido del cascarón!

Fernando. ¿Quieren ustedes reírse un rato?

Las dos. Sí, sí. 45

Fernando. Pues voy a traerle. (Los tres se meten dentro.)

Moisés. (Aparte a Laura.) Laura mía ... luego hablaremos.

Laura. ¿Y cómo? 50

Moisés. ¿Estás dispuesta a todo?

Laura. A todo.

Pepa. ¿Quiere usted venirse al patiecito del emparrado, que está más fresco, mientras vuelve su criada? 55

Laura. Bueno; donde usted quiera.

Pepa. Porque estar sola en la casa ... Si se pone usted mala ...

Moisés. (La casa está sola, y las llaves ahí.) 60

Laura. Sí, vamos.

Pepa. (A Moisés.) Vente, pichón.

Moisés. No, yo iré luego. Ahora me quedo aquí. 64

Pepa. ¡Bendito sea Dios, qué criatura! Haz lo que quieras, hijo, haz lo que quieras. Vamos, señorita. (Vase con Laura por la izquierda. Moisés, por señas, la indica que esté preparada y la envía un beso con la mano. Ella le mira con cariño, y desaparece.) 71

ESCENA XIII

Moisés; luego Fernando, por la derecha; luego los tres huéspedes a la ventana. Después Mariano, que viene de la calle por la derecha.

Moisés. ¡Bendita sea tu vida! Ea, Moisesito, ¿estás decidido? Sí. La bomba final. Un coche de punto, y la fuga antes que vuelva su padre. (Al salir por la derecha entra Fernando y le detiene.) 5

Fernando. ¡Moisesito! ... ¿Tú por aquí?

Moisés. (¡Maldita sea tu estampa!)

Fernando. ¿Ya no te acuerdas de tus condiscípulos? 10

Moisés. Sí, Fernando, sí que me acuerdo.

Fernando. Ya me han dicho que vives en esta casa y ahora te he visto desde la ventana de ese cuarto. 15

Moisés. Sí; aquí vivo. (¡Qué obra me está haciendo este simple!)

Fernando. Y por cierto que estabas hablando con una muchacha muy linda. Dime, ¿quién es ella? Me ha gustado mucho. 21

Moisés. (¿A que le pego?) Es mi prima.

⁵⁵ bru ... Moisés starts to say bruto.

FERNANDO. ¿Tu prima?

MOISÉS. Sí; vive en este cuarto con su padre, y yo con ellos.   26

FERNANDO. ¡Magnífico! Preséntame. Me gusta mucho tu prima, y como supongo que no la querrás para ti . . .

MOISÉS. (¿A que le mato?)   30

FERNANDO. En cambio yo te presentaré a unas vecinas muy guapas que desean conocerte. Se mueren por los memos . . . digo . . . por los chicos listos como tú.   34

MOISÉS. (¡Dios me tenga de su mano!) (*Óyese a los huéspedes tocar y cantar la marcha real. Justiniano canta asomado a la ventana.*)

FERNANDO. ¿Qué te parece?   39

MOISÉS. (¡El brigadier! ¡Estoy perdido! Este imbécil tiene la culpa.)

FERNANDO. ¿Conque me llevas a tu casa?

MOISÉS. (¡Ah! ¡Qué idea!) Ahora mismo. Ven; entraremos por la puerta interior. Mi tío no está en casa, pero verás a mi prima.   47

FERNANDO. Mejor. (¿Será majadero? [56])

MOISÉS. Vamos . . . (Echemos carne al león para que se entretenga.) (*Descuelga las llaves interiores y se va con Fernando por la izquierda. En seguida se les ve por la ventana del cuarto de Laura.*)   53

MARIANO. (*Saliendo por la derecha.*) Mañana paga cuarenta reales de multa la criadita de la americana. Veremos si su ama la libra del castigo que la impone un guardia del Ayuntamiento como yo.

FERNANDO. (*Dentro.*) ¡Chico! ¡Qué casa tan magnífica!   60

MOISÉS. Entra en el despacho y espera, que voy a buscar a mi prima.

FERNANDO. Sí, sí. (¡Es delicioso!) (*Desaparece hacia el interior. Moisés se va, dejándole encerrado. Sale al patio, cuelga las llaves en su sitio y se vuelve a ir por la izquierda.*)

MOISÉS. (¡Dios tenga misericordia de ti!)   69

ESCENA XIV

MARIANO. *El brigadier* TORRENTE, *que viene de la calle por la derecha.*

TORRENTE. (*Saliendo.*) Portero . . .

MARIANO. Señor . . .

TORRENTE. Las llaves.

MARIANO. En seguida. (*Las descuelga y se las da.*)   5

TORRENTE. (Hoy todo me sale mal. ¡Por vida de Napoleón primero! ¡Tengo una gana de descargar mi furia sobre alguien! . . .) Gracias. Hasta luego.   9

MARIANO. Vaya con Dios, señor. (*Torrente se va por la derecha para entrar en la casa. Los huéspedes salen a la ventana. Luego las Verdecillas.*) ¡Mal humor tiene hoy el inquilino nuevo! ¡La una! (*Mirando al reloj.*) La Pepa estará dando de almorzar a Moisesito. Vamos adentro. (*Vase primera izquierda.*)   17

JUSTINIANO. (*A los otros.*) ¿Qué apostáis a que el colegialito da hoy el gran escándalo en la casa?

ESPOLETA. ¡El tal niño es de oro!   21

PUNTILLO. ¿A que se fuga con la muchacha? Fuga a dos voces.[57] (*En este momento óyense en el cuarto de Torrente las voces de éste y las de Fernando. Gran estrépito de muebles que caen, cristales que se rompen y gritos de «¡Socorro!» que da Fernando.*)   28

TORRENTE. (*Dentro.*) ¡Infame!

FERNANDO. (*Ídem.*) ¡Caballero! . . . ¡Por Dios! . . .

TORRENTE. ¡Villano!

FERNANDO. Soy inocente.

TORRENTE. Vas a morir.   34

FERNANDO. ¿No hay quién me favorezca? (*Sigue el ruido.*)

JUSTINIANO. ¿Oís?

ESPOLETA. Algo grave sucede.

PUNTILLO. ¡Demonio!   39

---

[56] *¿Será majadero?* "Was there ever such a ninny?"

[57] *Fuga a dos voces.* The musician Puntillo naturally puns on the word *fuga*, meaning "flight," "elopement" and "fugue."

CASTA. (*A la ventana.*) ¿Qué pasa en el cuarto de al lado? ¡Qué baraúnda!

PURA. (*Ídem.*) ¡Ay, Dios mío! ¡Si parece que se están matando!

FERNANDO. (*Dentro.*) ¡Socorro! . . . ¡Socorro! 45

PURA. Es la voz de Fernando.

CASTA. Es verdad. Mariano . . . Pepa . . . (*Llamándolos.*)

PURA. (*Ídem.*) Pepa . . . Mariano . . . 40

ESCENA XV

DICHOS, MARIANO, *y luego* FERNANDO, *que salta por la ventana al patio, perseguido por* TORRENTE, *y cae en brazos de* MARIANO. *Luego* PEPA *por la izquierda.*

MARIANO. ¿Qué sucede, señoras?

CASTA. ¿No oye usted qué escándalo ese?

PURA. Entre usted, por Dios. 4

MARIANO. ¡Por vida de Santo Toribio! [58] (*Al acercarse a la ventana para mirar por ella, salta Fernando. En seguida aparece Torrente en la ventana con el bastón enarbolado.*)

FERNANDO. ¡Que me asesinan! 10

MARIANO. ¡Caracoles!

PEPA. (*Saliendo.*) ¡Huy! ¡Ave María Purísima! ¡Qué dos de Mayo! [59]

CASTA. ¡Fernando! . . . ¡Fernan-
PURA. do! . . . 15

TORRENTE. (*A Mariano.*) Sujétemelo usted, que le voy a matar. (*Se retira de la ventana.*)

MARIANO. (*Sacudiéndole fuertemente.*) ¿Qué hacía usted ahí dentro? 20

FERNANDO. ¡Por piedad!

MARIANO. A la prevención ahora mismo.

PEPA. Déjale, y que diga lo que hacía.

JUSTINIANO. ¡El amigo de las Verdecillas! (*Los tres huéspedes se retiran de la ventana y bajan al patio. Lo mismo hacen las Verdecillas.*)

FERNANDO. ¡Estoy descoyuntado! 29

TORRENTE. (*Saliendo y con voz de trueno.*) ¡Miserable!

MARIANO. Cálmese, señor, que está aquí la autoridad. (*Poniéndose delante de Fernando para que Torrente no le pegue. Pepa hace lo mismo.*) 35

PEPA. No le haga usted daño, señor.

CASTA. (*Saliendo.*) ¡Caballero! . . . ¡Por Dios! . . .

PURA. (*Ídem.*) ¡Por Dios! . . . ¡Caballero! . . . 40

TORRENTE. Es el seductor de mi hija.

CASTA. ¡Cómo! . . . ¿Es de veras, Fernando?

PURA. Fernando, explíquese usted. 44

FERNANDO. ¡Dios mío! ¡Si no la conozco!

TORRENTE. ¿Eh? Pues ¿qué? ¿Este mequetrefe se llama Fernando?

FERNANDO. Sí, señor. 49

TORRENTE. Entonces, ¿qué hacía usted en mi casa? ¿Dónde está mi hija?

PEPA. No se alarme usted, señor. La señorita está ahí dentro. Se puso mala, y yo la hice salir al jardinito para que tomara un poco el aire. No tenga usted cuidado. Está con el niño. 56

TORRENTE. ¿Con qué niño?

MARIANO. Con nuestro pupilo.

PEPA. Un colegialito que está a cargo nuestro y se llama Moisés. 60

TORRENTE. (*Gritando furioso.*) ¡¡¡Moisés!!! ¡Ah, tunante! (*Quiere ir a buscarle, y Mariano y Pepa le detienen.*)

ESCENA XVI

DICHOS, MOISÉS *y* LAURA *por la izquierda; los tres huéspedes.*

MOISÉS. Señor brigadier, todo es inútil.

TORRENTE. ¡Miserables!

PEPA. ¿Qué va usted a hacer, se-
MARIANO. ñor?

FERNANDO. ¡Y me dijo que era su tío! 5

---

[58] *Santo Toribio.* There are two saints of this name, one, bishop of Astorga (died 460), and the other, more famous, archbishop of Lima (1538–1606).

[59] *¡Qué dos de Mayo!* "What an uproar!" An allusion to the bloody uprising of the populace of Madrid against the French on May 2, 1808.

Moisés. Laura y yo nos queremos. Mi familia me educaba para fraile, y éstos me tenían por tonto. Ni pienso vestir el hábito, ni ése es el camino. Soy joven, pero rico; y me comprometo a hacer feliz a su hija de usted.   11

Torrente. ¡Pero burlarse así de mi autoridad militar y paterna! . . .

Pepa. Pero ¿qué dice este chico?

Justiniano. Señor brigadier; la boda de estos muchachos es ya cosa *ejecutoriada*, como decimos los jurisconsultos.

Espoleta. Es una granada que ha estallado.

Fernando. Sí; sobre mis costillas.   20

Puntillo. Es el *allegro* final.

Torrente. ¡Y usted, señorita! . . .

Laura. ¡Papá! . . . ¿Qué quieres? . . . ¿Qué quieres que yo haga?   24

Torrente. (*A Moisés.*) Basta: yo me veré con su padre de usted.

Fernando. (*A las Verdecillas.*) ¿Tienen ustedes árnica?

Casta. Sí; yo tengo un frasquito.   29

Pura. ¿Dónde le duele a usted, Fernando?

Fernando. En todo el cuerpo.

Torrente. Usted perdone, caballerito; una equivocación cualquiera la tiene.   34

Fernando. ¡Me gusta!

Casta. Dispense usted, caballero, que le diga que ha sido una barbaridad.

Pura. Una solemnísima barbaridad, muy propia de este caballero.   39

Torrente. ¡Señora! . . . (¿A que la pego?)

Casta. Véngase usted, Fernando.

Pura. Sí, sí, véngase usted, que hay cosas que dan vergüenza.   44

Fernando. ¡Animal! (*Yéndose con ellas por la derecha. Torrente quiere seguirle, y los tres huéspedes le detienen.*)

Justiniano. Déjele usted, que ya tiene para rascarse una semana.   49

Torrente. ¡Cien mil cañonazos!

Moisés. Todo se acabó. Pepa: ¿quieres venirte a mi servicio?

Pepa. (*Asombrada.*) ¡Jesús! ¡Ave María Purísima! Pero . . . ¡criatura!   54

Mariano. (*Ídem.*) (¡No vuelvo de mi apoteosis! [60])

Pepa. (La verdad es que ha habido un momento en que no me pareció tan inocente.)   59

Justiniano. Señor brigadier: nada, nada . . .

A lo hecho, pecho,
y digamos con Bretón: [61]
« A los niños de esta edad   64
—ten presente mi lección,—
ni extremada sujeción
ni excesiva libertad.»

Moisés. (*Al público.*[62])

Público: ya estoy absuelto.
Sé tú indulgente, y perdona   69
a *Pepa la frescachona*
y al *colegial desenvuelto*.

---

[60] *¡No vuelvo de mi apoteosis!* This malapropism has become a favorite popular expression.

[61] *Bretón*, i.e., Bretón de los Herreros. The lines quoted form the closing words of his play, *A lo hecho, pecho* (1844), with a substitution of *los niños* for *las niñas* in the original.

[62] All *sainetes* preserve the ancient tradition of appealing to the audience for a favorable reception to the play just performed.

PÉREZ GALDÓS

Benito Pérez Galdós (1843–1920), the greatest novelist of modern Spain, exerted an important influence on the drama as well. Born at Las Palmas in the Canaries, he spent his youth in an atmosphere quite distinct from that of the mainland, attending an English school and absorbing a spirit of religious tolerance, or perhaps hatred of intolerance. When about twenty he went to Madrid, where he reluctantly studied law and, at the same time, dabbled in journalism and literature. Like every wide-awake Spanish youth, as he relates in his *Memorias,* he first suffered from the *prurito dramá-tico,* composing many more than the two plays commonly ascribed to this period: " Yo enjaretaba dramas y comedias con vertiginosa rapidez, y lo mismo los hacía en verso que en prosa." None of these works, however, saw the footlights, and in 1873 Galdós, following four years of journalistic work, turned exclusively to the novel where he had already had promising success with *La fontana de oro, La sombra* and *El audaz.* Henceforth he interrupted his writing only to travel extensively at home and abroad. A keen observer of life, endowed with a retentive memory and ability to visualize the past, he came to know Spain well, and at the same time he acquired a broad cosmopolitan viewpoint seldom found in a Spaniard. Modest and reticent, and preferring always to play the rôle of spectator, he consented to enter political life on but two occasions, as *diputado* representing Porto Rico in 1885, and Madrid in 1907. He was admitted to the Academy in 1897. His last years were darkened by financial reverses and by the loss of his sight in 1912, although he continued his literary activities almost to the end.

It was as novelist that Galdós won his preëminent position and his popularity as the best-beloved of modern Spanish authors. His immense production of seventy-six novels affords an all-embracing view of the historical and social conditions of his century, such as can be obtained nowhere else. The forty-six titles of the series called *Episodios nacionales* form the epic of modern Spain, blending history and fiction in a vivid description of events from Trafalgar to the period of Cánovas. In the remaining works, of very different spirit, Galdós reveals his social preoccupations and justifies, so far as such comparisons are valid, his title as the Spanish Dickens and Balzac. Whereas a large proportion of the best Spanish novels since 1850 have been regionalistic in character, those of Galdós give but little space to the description of Nature and *paisaje.* His interests were in humanity, particularly in the problems confronting the middle and lower strata of society for which he had abounding sympathy. Galdós differed also from many of his contemporaries in his advanced ideas on all matters touching the individual and national welfare, whether social, economic or religious; he believed that only by throwing off the shackles of tradition and obscurantism could Spain resume her rightful position among progressive nations. To mention but a few of these novels, *Doña Perfecta, Gloria* and *La familia de León Roch* are powerful attacks on clericalism and religious fanaticism; *Marianela,* his best example of the sentimental or psychological novel, is not wholly free from social problems; *Fortunata y Jacinta,* perhaps the finest Spanish novel since *Don Quijote,* portrays the lower bourgeois life of Madrid; the four *Torquemada* novels form a penetrating study of avarice; *Ángel Guerra* and *Nazarín* are of mystical and symbolic character, in contrast with the earlier naturalistic trend seen in *Lo Prohibido* and *Tormento.*

The position of Galdós in the theatre is unique. Measured in terms of numbers and success, his twenty-two plays cannot stand comparison with his novels. A few critics have denied him any consideration as dramatist; some have lauded him to the skies; the majority, who are doubtless nearer the truth, feel that technical defects alone prevent his ranking with the greatest. These so-called technical weaknesses are due in part to his long neglect of the dramatic art and in part to his determination to strike out along new paths.

When Galdós finally returned to the theatre in 1892, some twenty-five years had elapsed since his youthful attempts in this field. Meanwhile, his biographers allege, he had not kept abreast of current stage practices and had not even witnessed an *estreno* since *Venganza catalana* in 1864. But through the years the theatre had remained his first love, and he turned to it now as the most direct and natural medium for expressing his ideas. The experience of many writers, including Cervantes, Zola, Balzac, Daudet and Flaubert, might have taught him that seldom or never has a novelist had genuine success in the theatre, but Galdós was not to be intimidated by such a tradition. On the other hand, it soon became evident that he was not merely trying to capitalize his popularity in one field in order to obtain an easy triumph in another, for he refused to cater to the public or to the *chicos de la prensa,* and deliberately persisted in certain practices that made success difficult for him.

Galdós was not wholly ignorant of what was going on in the contemporary theatre. In an article contained in *Nuestro Teatro,* composed about 1885, he discusses the decadence of the drama as revealed in its stereotyped nature, the paucity of its subjects, and the purely conventional type of morality actuating the characters. The public, he feels, now wants real characters, with logical, human action and passions replacing the timeworn tricks of the trade; yet he recognizes also that the public is so wedded to the latter that it misses them when they are absent. Seeing little hope of avoiding the usual conventions until the whole conception of the stage should undergo a rather radical change, he sounds the keynote to his own future dramaturgy in the following remark: " Convenced al público para que soporte actos de más de cuarenta minutos, hacedle comprender que debe prestar atención a un diálogo de carácter analítico, que no hay razón ninguna estética para que los actos terminen con una emoción viva; quitadle de la cabeza la preocupación de los *caracteres simpáticos,* y el teatro ganará en verdad." Not the least interesting of his observations is that " el Teatro es un calvario para cuantos en él viven o pretenden vivir."

During this same period Galdós, convinced that no real barrier exists between the novel and the drama, had been working toward the dramatic type in certain of his works. Here description became more and more subordinated to dialogue, resulting in what he termed the *novela intensa* and the *drama extenso.* The last stage of this process is seen in the *novela dialogada* of the type of *Realidad* (1889), *La loca de la casa*

(1893), *El abuelo* (1897) and *Casandra* (1905), all of which originally appeared labeled as novels, although divided into *jornadas* or acts, with scenic directions and dialogue. Such a hybrid form had an early precedent in *La Celestina* (1499) and was soon to be imitated in the *Comedias bárbaras* of Valle-Inclán after Galdós' example. It was but natural that Galdós should eventually adapt his four works for stage performance. The experiment was interesting, but hardly a complete dramatic success. It involved more or less arbitrary pruning of lines, scenes and even entire characters, with the result that the reader who is familiar with the original version continually misses certain episodes and essential motivations; and yet in the truncated form the action still moves too slowly for an audience impatient of the novelist's abuse of analysis and minute detail. Similar drawbacks are found in two other plays adapted from earlier novels, *Gerona* (1893) and *Doña Perfecta* (1896).

If six of Galdós' plays (disregarding *Zaragoza*, a libretto for an opera) are but adaptations of his novels, they all are written with almost the same technique and reveal similar moral and social preoccupations. Glorification of wholesome love and honest toil coupled with the doctrine that true happiness comes oftenest as the result of service and self-sacrifice—freedom of the individual conscience from the blighting restraints of stupid conventions, class prejudice, and religious or political intolerance— these are some of the ideals that Galdós seeks to suggest, frequently by means of a symbolic device.

His first drama reveals how sharply he meant to break with tradition. *Realidad* (1892) is a triangle play with a philosophical rather than a conventional solution. Had Echegaray been composing it, he would scarcely have refrained from introducing a furious duel, resulting perhaps in the death of the seducer and a mortal wound for the dishonored husband, who with a last superhuman effort would strangle his repentant wife as she rushed to embrace him. Galdós has given a psychological study of such depth and subtlety as almost defies treatment on the stage. In the end, the seducer commits suicide, tormented by remorse, but the husband would forgive his wife, as he has already forgiven the tortured soul of her betrayer, if only she could rise to his level of stoic virtue and declare her repentance. This play, eagerly awaited by the public, was received with mixed emotions. The anti-Calderonian honor conception, the author's fusion of novel and drama, the action which drags at times, the fantastic use made of hallucinations and the ghost of the seducer, all came in for heated discussion in which many of the profound beauties and sane innovations in the work passed unobserved. On the whole, critics and public were unprepared to accept such a play with enthusiasm. *La loca de la casa* (1893), a paraphrase of the fable of Beauty and the Beast, is another character study of almost too great complexity to be adequately treated within the limits of a play. As a result, the symbolic victory of virtue over evil, or of spirit over matter, is attained without sufficient justification.

The subsequent plays met with varying fortune. Among the less successful were *Los condenados* (1894), *Voluntad* (1895), *La fiera* (1896), *Alma y vida* (1902), *Bárbara* (1905) and *Amor y ciencia* (1905). Their failure to win popularity is understandable. At times Galdós has introduced elements at variance with long-established practice; again he has employed a symbolism of debatable significance, or has indulged

in illogical, even melodramatic devices which appear incongruous in an author usually
so realistic. Yet these works contain profound philosophic ideas developed in original
and interesting fashion. Galdós himself, usually serene in the face of provocation, protested bitterly over the reception accorded *Los condenados* and *Alma y vida*, and in
his prefaces to these works gave an important exposition of his dramatic creed.

Electra (1901), his stormiest success, contains scenes of admirable strength as well
as of weakness. Like *Doña Perfecta*, it was readily interpreted as an attack on religious
intolerance. *Casandra* (1910), even more anti-clerical, also provoked violent debate.
Mariucha (1903), one of the most interesting, affords a strong picture of the ruined
aristocracy, reduced almost to alms-begging yet too proud to renounce its empty titles.
The heroine, energetic and resourceful, is a favorite type with Galdós, as is also the
youth who redeems his past life by a noble effort of the will. No play of Galdós has
provoked such spontaneous and lasting enthusiasm as *El abuelo* (1904), with its
masterly characterization of the old Conde de Albrit and his obsession that blue blood
and nobility are interdependent. Although indubitably suggested by *King Lear*, of
which Galdós once began a translation, the theme has received very distinctive treatment in his hands. The most noteworthy of his later plays are *Sor Simona* (1915) and
Santa Juana de Castilla (1918). The former returns to the central idea of *La fiera* in
assailing the two-headed monster of civil discord, preaching moderation and concilia-
tion, since " la verdadera y única patria es la humanidad." The poetic, saintly character of Sister Simona finds a striking counterpart in the aged queen, Juana la Loca,
whose shadowy figure Galdós has evoked with exquisite delicacy.

Of the plays composed before the close of the century, *La de San Quintín* (1894)
seems the most desirable to put before the student. It makes no claim to perfection,
nor is it the most powerful of his dramas, but it offers positive advantages over *Realidad* and others of the period. It was by far his most brilliant success before *Electra*.
Since it is not an adaptation of a previous novel, it escapes the difficulties inherent in
such works. The theme, free from moral or religious problems of a controversial nature,
is refreshingly original and develops, by means of a transparent symbolism, some of
the author's favorite social theories. His ideal of a new, invigorated democracy created
by an amalgamation of the social classes may be Utopian but is interesting nevertheless. Perhaps the greatest charm of the play lies in the scenes of picturesque realism,
appropriately set off by a style of notable simplicity and directness. The introduction
of descriptions of homely life in a patriarchal setting was a happy innovation.

Bibliography: *Obras inéditas:* (vol. V) *Nuestro Teatro*, 1923; (vol. X) *Memorias*,
1930. There is no collected edition of Galdós' works.

To consult: J. M. AICARDO, *De literatura contemporánea*, Madrid, 1905. L. ALAS
(CLARÍN), *Galdós*, Madrid, 1912. H. C. BERKOWITZ, Introduction to *El abuelo*, Cen-
tury Co., New York, 1929. M. BUENO, *Teatro español contemporáneo*, Madrid, 1909.
C. EGUÍA RUIZ, *Crítica patriótica*, Madrid, 1921. I. GOLDBERG, in *The Drama of
Transition*, Cincinnati, 1922. E. MARTINENCHE, *Le théâtre de M. Pérez Galdós*, in
Revue des Deux Mondes, 15 avril, 1906. L. A. OLMET Y A. GARCÍA CARRAFFA,
Galdós, Madrid, 1912. PÉREZ DE AYALA, *Las máscaras*, I, Madrid, 1919. J YXART,
El arte escénico en España, I, Barcelona, 1894.

LA DE SAN QUINTÍN

POR BENITO PÉREZ GALDÓS

(1894)

PERSONAJES

ROSARIO DE TRASTAMARA, *Duquesa de San Quintín* (*27 años*)
RUFINA (*15 años*)
LORENZA, *ama de llaves de Buendía*
RAFAELA, *criada de la Duquesa*
SEÑORA 1.ª
ÍDEM 2.ª
ÍDEM 3.ª
DON CÉSAR DE BUENDÍA (*55 años*), *padre de Rufina*
VÍCTOR (*28 años*)
DON JOSÉ MANUEL DE BUENDÍA (*88 años*), *padre de don César*
EL MARQUÉS DE FALFÁN DE LOS GODOS (*35 años*)
CANSECO, *notario* (*50 años*)
CABALLERO 1.º
ÍDEM 2.º

La acción es contemporánea, y pasa en una villa marítima del Norte de España, designada con el nombre convencional de Ficóbriga.[1] *Es verano.*

ACTO PRIMERO

Sala en casa de Buendía. Al fondo, próxima al ángulo de la izquierda, una gran puerta, con forillo, por la cual entran todos los que vienen del exterior o de la huerta, y un ventanal grande, al través de cuyas vidrieras se ven árboles. Dos puertas a la derecha, y una grande a la izquierda, que es la del comedor. Muebles de nogal, un vargueño, arcones, todo muy limpio. Cuadros religiosos, y dos o tres que representan barcos de vela y vapor: en la pared del fondo, la fragata *Joven Rufina* en tamaño grande. La decoración debe tener el carácter de una casa acomodada de pueblo, respirando bienestar, aseo, y costumbres sencillas. Una mesa a la derecha; velador a la izquierda. Es de día. Por derecha e izquierda, entiéndase la del espectador.

ESCENA PRIMERA

DON JOSÉ, DON CÉSAR, RUFINA, CANSECO, LORENZA, SEÑORAS, CABALLEROS

Don José, sentado, en el sillón próximo a la mesa. A su lado, Rufina. A la izquierda, junto al velador, don César y una señora. A la derecha, junto a la mesa, dos señoras, sentadas, y dos caballeros, en pie. En el centro de la escena, Canseco, en pie. Lorenza entra y sale sirviendo Jerez.[2] *En la mesa y velador, servicio de copas y botellas, y una bandeja de rosquillas. Al al-*

---

[1] *Ficóbriga.* This imaginary town, located in the general region of the mining district of Bilbao, serves also as setting for the author's novel *Gloria*.

[2] *Jerez,* "sherry wine," from Jerez de la Frontera, near Cadiz.

zarse el telón, Canseco está en actitud de pronunciar un discurso; ha terminado una frase que provoca aplausos y bravos de todos los personajes que se hallan en escena. Copa en mano, impone silencio, y prosigue hablando.

CANSECO. Concluyo, señoras y caballeros, proponiéndoos beber a la salud de nuestro venerable patriarca, gloria y prez de esta honrada villa industrial y marítima; del esclarecido terrateniente, fabricante y naviero, don José Manuel de Buendía, que hoy nos hace el honor de cumplir ochenta y ocho años ... digo ... que hoy cumple ... y se digna invitarnos ... en fin ... (*Embarullándose.*) 10

TODOS. Bien, bien ... que siga ...

CANSECO. Bebamos también a la salud de su noble hijo, el gallardo don César de Buendía. (*Risas.*)

D. CÉSAR. (*Mofándose.*) ¡Gallardo! 15

CANSECO. Quiero decir, del nobilísimo don César, heredero del cuantioso nombre y de los ilustres bienes raíces,[3] y no raíces, del patriarca cuyo natalicio celebramos hoy. Y, por último, brindo también por su nieto. (*Rumores de extrañeza. Movimiento de sobresalto en don José y don César.*) (¡Ay ... se me escapó!) (*Tapándose la boca.*) 24

SEÑORA 1.ª (Que te resbalas, Canseco.)

D. CÉSAR. (¡Majadero como éste!)

CANSECO. (*Disimulando con toses y gestos, y enmendando su inconveniencia.*[4]) De su ... quiero decir, de su nieta (*Encarándose con Rufina.*), de esta flor temprana, de este ángel, gala de la población ... 32

RUFINA. (*Burlándose.*) ¡Ay, Dios mío ... de la población!

CANSECO. De la familia, de la ... (*Vacilando.*) En fin, que viva mil años don José, y otros mil y pico don César y Rufinita, para mayor gloria de esta culta villa, célebre en el mundo por su industria minera y pesquera, y, entre paréntesis, por sus incomparables rosquillas; de esta villa, digo, en la cual tengo la honra de ser notario, y como tal, doy fe del entusiasmo público, y me permito notificárselo al señor de Buendía en la forma de un apretado abrazo. (*Le abraza. Lorenza ofrece a los invitados rosquillas. Todos comen y beben. Risas y aplausos.*) 48

D. JOSÉ. Gracias, gracias, mi querido Canseco.

SEÑORA 3.ª (*La que está junto a don César.*)¡Qué hermosura de vida!

SEÑORA 1.ª ¡Qué bendición de Dios!

SEÑORA 2.ª ¿Y siempre fuertecito, don José? 55

D. JOSÉ. Como un roble veterano. No hay viento que me tumbe, ni rayo que me parta. Pueden ustedes llevar la noticia a los envidiosos de mi longevidad. La vista clara, las piernas seguras todavía ... el entendimiento como un sol. En fin, no hay más que dos casos en el mundo: yo y Gladstone.[5]

CAB. 1.º ¡Prodigioso! 64

CANSECO. ¡Qué enseñanza, señores; qué ejemplo! A los ochenta y ocho años, administra por sí mismo su inmensa propiedad, y en todo pone un orden y un método admirables. ¡Qué jefe de familia, previsor cual ninguno, atento a todas las cosas, desde lo más grande a lo más pequeño! 71

D. JOSÉ. (*Con modestia.*) ¡Oh, no tanto!

RUFINA. Diga usted que sí. Lo mismo dirige mi abuelito un pleito muy gordo, de muchísimos pliegos ... así,[6] que dispone la ración que debemos dar a las gallinas.

---

[3] *del cuantioso ... raíces.* Canseco, of course, means to say *del ilustre nombre y de los cuantiosos bienes raíces.*

[4] *inconveniencia,* "slip."

[5] *Gladstone:* Wm. E. Gladstone, the great English statesman (1809–1898), was eighty-five years old at the time this play appeared, and still possessed of remarkable power and vitality.

[6] *así,* "so big" (with the corresponding indication of the hands or fingers).

CAB. 2.º Así, todo es prosperidad en esta casa.   80

D. JOSÉ. Llámenlo orden, autoridad. Cuantos viven aquí bajo la férula de este viejo machacón, desde mi querido hijo hasta el último de mis criados, obedecen ciegamente el impulso de mi voluntad. Nadie sabe hacer ni pensar nada sin mí; yo pienso por todos.   87

CAB. 1.º ¿Qué tal?

CAB. 2.º ¡Esto es un hombre!

CANSECO. Nació de padres humildísimos . . . Entre paréntesis, ya sé que no se avergüenza . . .   92

D. JOSÉ. Claro que no.

CANSECO. Y desde su más tierna edad ya mostraba disposiciones para el ahorro.

D. JOSÉ. Cierto.   96

CANSECO. Y a poco de casarse empezó a ser una hormiga para su casa. (*Risas.*)

D. JOSÉ. No reírse . . . la idea es exacta.

D. CÉSAR. Pero la forma es un poco . . .

CANSECO. Total, que en una larga vida de laboriosidad ha llegado a ser el primer capital[7] de Ficóbriga. Hállase emparentado con ilustres familias de la nobleza de Castilla . . .   105

SEÑORA 1.ª Señor don José, ¿es usted pariente de los Duques de San Quintín?

D. JOSÉ. Sí, señora, por casamiento de mi hermana Demetria con un segundón pobre de la casa de Trastamara.[8]   110

SEÑORA 2.ª ¿Y la actual Duquesa Rosario?

D. JOSÉ. Mi sobrina en grado lejano.

CANSECO. Usted lo tiene todo: nobleza por un costado, y por otro, mejor dicho, por los cuatro costados, riquezas mil. Suyas son las mejores fincas rústicas y urbanas del partido; suyas las dos minas de hierro . . . dos minas, señores, y mejor

será decir tres (*A don José.*), porque la fábrica de escabeches y salazones, que usted posee a medias con Rosita *la Pescadera,* mina es, y de las más productivas.

D. JOSÉ. Regular.   124

CAB. 1.º Suma y sigue: la fábrica de puntas de París . . .

CANSECO. Ítem: los dos vaporcitos que llevan mineral a Bélgica. Ainda mais:[9] los dos buques de vela . . .   129

RUFINA. (*Vivamente.*) Tres.

CANSECO. Verdad. No contaba yo la fragata *Joven Rufina,* que no navega.

RUFINA. Sí que navega. Barquito más valiente no lo hay en la mar.   134

CANSECO. Otra copita, la última, para celebrar este maravilloso triunfo del trabajo (*En tono oratorio.*), señores, de la administración, del sacrosanto ahorro . . . ¡Oh gloriosa leyenda del siglo de hierro, del siglo del papel sellado, del siglo de la fe pública que a manera de . . . que a manera de los! . . . (*Embarullándose.*)

CAB. 1.º Que se atasca . . . (*Todos ríen.*)   144

CANSECO. Del siglo de oro de nuestra literatura, digo, de nuestra economía política, y de la luz hipotecaria . . . (*Risas estrepitosas.*) No . . . de la luz eléctrica, eso . . . y del humo, es decir, del vapor . . . de la locomotora . . . ¡uf! He dicho. (*Aplausos.*)   151

D. CÉSAR. (*Levantándose.*) ¿Quién viene?

RUFINA. (*Mirando por las vidrieras del fondo.*) Un caballo de lujo veo en el portalón[10] de la puerta.   156

D. JOSÉ. ¿Caballo dijiste? Tenemos en casa al Marqués de Falfán de los Godos.

RUFINA. (*Mirando por el fondo.*) El mismo.   160

---

[7] *el primer capital,* "the wealthiest individual."

[8] The house of Trastamara has numbered among its members several rulers of Castile, beginning with Henry II (1334–1379), illegitimate son of Alphonse XI, and slayer of his half-brother Peter I the Cruel (1369), and virtually ending with Isabel the Catholic, whose marriage with Ferdinand of Aragon (1469) was to pave the way for the accession of the Hapsburg family starting with Charles V, her grandson.

[9] *Ainda mais,* "Furthermore."

[10] *portalón,* "entrance gate."

ESCENA II

DICHOS; *el* MARQUÉS DE FALFÁN DE LOS GODOS *en traje de montar, elegante sin afectación, a la moda inglesa.*

EL MARQ. Felices . . .

D. JOSÉ. Señor Marqués, ¡cuánto le agradezco! . . .

D. CÉSAR. (*Contrariado.*) (¡A qué vendrá este farsante!) 5

EL MARQ. Pues, señor, me vengo *pian pianino,*[11] a caballo, desde las Caldas a Ficóbriga, y al pasar por la villa en dirección a la playa de baños, advierto como un jubileo de visitantes en la puerta de esta mansión feliz. Pregunto; dícenme que hoy es el cumpleaños del patriarca, y quiero unir mi felicitación a la de todo el pueblo. 14

D. JOSÉ. (*Estrechándole las manos.*) Gracias.

EL MARQ. ¿Conque ochenta?

D. JOSÉ. Y ocho: no perdono el pico.

EL MARQ. No tendremos nosotros cuerda para tanto.[12] (*A don César.*) Sobre todo, usted. 21

D. CÉSAR. Ni usted.

EL MARQ. Gozo de buena salud.

D. CÉSAR. ¿Qué haría yo para poder decir lo mismo? ¿Montar a caballo? 25

EL MARQ. No: tener menos dinero . . . (*En voz baja.*) y menos vicios.

D. CÉSAR. (*Aparte al Marqués.*) Graciosillo viene el prócer. 29

EL MARQ. No es gracia. Es filosofía.

CAB. 1.º Señor Marqués, ¿mucha animación en las Caldas?

EL MARQ. Tal cual. 33

D. JOSÉ. ¿Y no tomará usted baños de mar?

EL MARQ. ¡Oh, sí! . . . ¡Mi océano de mi alma! Dentro de un par de semanas me instalaré en el establecimiento. 38

CAB. 2.º ¿Ha venido usted en *Ivanhoe?*

EL. MARQ. No, señor; en *Desdémona.*

SEÑORA 3.ª (*Con extrañeza.*) ¿Qué es eso?

D. CÉSAR. Es una yegua. 43

SEÑORA 3.ª Ya.

D. JOSÉ. (*Con interés.*) Dígame, ¿salió usted de las Caldas a eso de las diez?

EL MARQ. Ya sé por qué me lo pregunta. 48

D. JOSÉ. ¿Llegó la Duquesa?

EL MARQ. ¿Rosario? Sí, señor. Díjome que vendrá luego, en el mismo coche que la trajo de la estación.

D. JOSÉ. ¿Y está buena? 53

EL MARQ. Tan famosa y tan guapa. Parece que no pasan catástrofes por ella. Me encargó que le dijese a usted . . . Ya no me acuerdo. 57

D. JOSÉ. Ella me lo dirá . . . ¿No toma usted una copita?

EL MARQ. Sí, señor, vaya. (*Le sirve Rufina.*) 61

D. JOSÉ. Y pruebe las rosquillas, que dan celebridad a nuestra humilde Ficóbriga.

EL MARQ. Son riquísimas. Me gustan extraordinariamente. 66

RUFINA. Hechas en casa.

EL MARQ. ¡Ah! . . .

CANSECO. (*Tomando otra rosquilla.*) Y mucho más sabrosas que todo lo que se vende por ahí. (*Las señoras y caballeros se despiden para marcharse. Rufina y don César les atienden.*) 73

D. JOSÉ. ¿Se van ya?

SEÑORA 1.ª Mil felicidades otra vez.

CAB. 1.º Repito . . .

SEÑORA 2.ª Mi querido don José . . . Marqués . . . (*El Marqués les hace una gran reverencia.*) 79

D. JOSÉ. Saldremos a despedirles. (*Al Marqués.*) Dispénseme . . .

SEÑORA 3.ª No se moleste . . . (*Salen todos, menos Canseco y el Marqués. Éste come otra rosquilla.*) 84

---

[11] *pian pianino,* (Italian) "slowly and leisurely."
[12] *No tendremos . . . tanto,* "We won't last that long."

ESCENA III

El Marqués, Canseco

El Marq. Dispense usted, caballero. ¿Tengo el honor de hablar con el médico de la localidad?

Canseco. No, señor. Canseco, notario, para servir a usted.   5

El Marq. ¡Ah! sí . . . ya recuerdo: tuve el gusto de verle . . . (*Queriendo recordar.*)

Canseco. Sí, tres años ha, cuando otorgamos aquella escritura de préstamo . . . del préstamo que hizo a usted don César.

El Marq. Sí, sí. Usted ha de dispensarme si me permito hacerle una pregunta. ¿No le parecerá impertinente mi curiosidad?   15

Canseco. ¡Oh! no, señor Marqués . . .

El Marq. ¿Usted conoce bien a esta familia?

Canseco. Soy íntimo. La familia merece todo mi respeto.   20

El Marq. Y el mío. Yo respeto mucho al patriarca . . . Pero a su hijo . . .

Canseco. Pues don César es . . .

El Marq. Es . . . ¿qué?

Canseco. Una bellísima persona.   25

El Marq. El pillo más grande que Dios ha creado, ejemplar que sin duda echó al mundo para que admiráramos la infinita variedad de sus facultades creadoras; porque si no es así . . . Confiéseme usted, señor de Canseco, que nuestra limitada inteligencia no alcanza la razón de que existan ciertos seres molestos y dañinos.

Canseco. Verbigracia, los mosquitos, las . . .   35

El Marq. Por eso yo, cuando me levanto por las mañanas, o por las tardes, en la corta oración que dirijo a la soberana voluntad que nos gobierna, siempre acabo diciendo: «Señor, sigo sin entender por qué existe don César de Buendía.»   41

Canseco. (*Con malicia.*) (Éste le debe dinero.)

El Marq. Y . . . dígame usted, si no le

parezco importuno: ¿el inmenso caudal amasado por ambos Buendías . . . dejo a un lado el porqué y el cómo del tal amasijo . . . esta inmensa fortuna pasará íntegramente a la nieta, a esa Rufinita angelical? . . .   50

Canseco. ¿Íntegramente? . . . No. La mitad, según creo . . .

El Marq. (*Comprendiendo.*) ¡Ya!

Canseco. Y entre paréntesis, señor Marqués, ¿no es un dolor que esa niña, en quien veo un partido excelente para cualquiera de mis hijos, haya dado en la manía de meterse monja?   58

El Marq. Entre paréntesis, me parece un desatino . . . Ha dicho usted la mitad. Pues aquí encaja mi pregunta.

Canseco. A ver . . .

El Marq. ¿No será indiscreción?   63

Canseco. Que no.

El Marq. (*Llena dos copas.*) ¿Es cierto que? . . . (*Da una copa a Canseco.*) Otro paréntesis, amigo Canseco . . . ¿Es cierto que don César tiene un hijo natural?   69

Canseco. (*Con la copa en la mano, lo mismo que el Marqués, sin beber.*) Sí, señor.

El Marq. ¿Es cierto que ese hijo natural, nacido de una italiana llamada Sarah, está aquí?   75

Canseco. Desde hace cuatro meses.

El Marq. ¿Le ha reconocido su padre?

Canseco. Todavía no.

El Marq. Luego piensa reconocerle.

Canseco. Sí, señor, porque hoy mismo me ha dicho que prepare el acta de reconocimiento.   82

El Marq. Bien, bien. (*Beben ambos.*)

Canseco. Es guapo chico; pero de la piel del diablo. Criado en tierras de extranjis, su cabeza es un hervidero de ideas socialistas, disolventes [13] y demoledoras. Por dictamen del abuelo, le han sometido a un tratamiento correccional, a una disciplina de trabajos durísimos, sin tregua ni respiro.   91

[13] *disolventes,* " destructive."

EL MARQ. ¿Aquí?

CANSECO. Vive en la fábrica de clavos, y allí trabaja de sol a sol, menos cuando le encargan alguna reparación aquí, o en los barcos, o en los almacenes ... porque, entre paréntesis, es gran mecánico, sabe de todo. En fin, como talento y disposición, crea usted que Víctor no tiene pero.

EL MARQ. (*Calculando.*) Su edad debe ser ... veintiocho años.   101

CANSECO. Por ahí. Tiénenle en traje de obrero, hecho un esclavo; y en realidad, ideas tan revoltosas, temperamento tan inflamable, bien justifican lo duro del régimen educativo, señor Marqués. Esperan domarle, y, entre paréntesis, yo creo que le domarán.   108

EL MARQ. Bueno, bueno. Un millón de gracias, amigo mío, por haber satisfecho esta curiosidad ... enteramente caprichosa, pues no tengo interés ...   112

ESCENA IV

El MARQUÉS, CANSECO, DON CÉSAR

D. CÉSAR. (¡Aquí todavía este tarambana!)

EL MARQ. ¡Ah! ¡Don César! ... Pues no sólo por felicitar a mi señor don José me he detenido aquí, sino por hablar con usted dos palabras.   6

D. CÉSAR. Ya, ya me figuro ...

CANSECO. (*Apártase a la derecha y llena otra copa.*) (Éste quiere otra prórroga ... Y van seis.)   10

EL MARQ. Sin duda, usted cree que vengo a solicitar otra prórroga ...

D. CÉSAR. Naturalmente. Y lo peor del caso es que yo, sintiéndolo mucho, señor Marqués, no podré concedérsela. (*Con afectación de sentimiento.*)   16

EL MARQ. No hay que afligirse. Vengo a participar al que ha sido mi pesadilla durante diez años que ... (*Echando mano al bolsillo.*) Aquí tengo el telegrama de mi apoderado, que recibí anoche ... En-

térese. (*Se lo muestra.*) Ayer quedaron cancelados los dos pagarés.   23

D. CÉSAR. ¿El grande también? ¿El de las doscientas mil y pico? ...

EL MARQ. Ése y el otro, y el de más allá.[14]   27

CANSECO. (¡Pagar este hombre! Celebremos el milagro con otra copa, precedida de su correspondiente rosquilla.) (*Come y bebe.*)   31

D. CÉSAR. ¡Qué milagro! ¿Le ha caído a usted la lotería?

EL MARQ. Me ha caído una herencia. Usted es dichoso cobrando, y yo reviento de júbilo al verme libre de la ignominiosa servidumbre que impone una deuda inveterada, mayormente cuando el acreedor es de una complexión moral ... intolerable.   40

D. CÉSAR. (*Con falsa humildad.*) No lo dirá usted por mí.

EL MARQ. (*Con malicia revestida de formas corteses.*) ¡Oh, no! ... Dios me libre de chillar ahora por el fabuloso incremento de los intereses, que en los cuatro años últimos han triplicado la suma que debí a su misericordia ... Es la costumbre, ¿verdad?   49

D. CÉSAR. (*Afectando franqueza.*) Hijo, lo convenido.

EL MARQ. Eso, lo convenido. Basta. Deferente con usted, y tan conocedor de los negocios como del resto de la vida humana, no incurriré en la vulgaridad de llamarle a usted usurero, judío, monstruo de egoísmo, como hacen otros ... sin duda injustamente.   58

D. CÉSAR. (*Quemado, pero disimulando su rencor con falsa cortesía.*) Usan ese lenguaje los mismos que tienen la audacia de decir que es usted un perdido ... ¡Infamia como ésa!   63

EL MARQ. (*Dándole palmaditas.*) Despreciamos la maledicencia, ¿verdad? ¡Ay, amigo don César! ¡Qué hermoso es pagar! (*Suspirando fuerte.*) Soy libre, libre.

[14] *y el de más allá,* " and all the rest of them " (implying that there are no others).

¡Roto al fin el vergonzoso grillete! El pagador recobra los fueros de su personalidad, amigo mío . . . Los afanes, la sorda vergüenza, los mil artificios que trae la insolvencia, transfiguran nuestro carácter. Un deudor es . . . otro hombre . . . no sé si me explico. 74

D. César. Y usted, al cumplir sus compromisos, vuelve a ser . . .

El Marq. Lo que debí ser siempre, lo que soy en realidad. 78

D. César. (*Como queriendo concluir.*) Lo celebro mucho. De modo que nada nos debemos el uno al otro.

El Marq. ¿Nada?

D. César. Que yo sepa. 83

El Marq. Piénselo bien. Puede que tengamos alguna olvidada cuentecilla que ajustar . . .

D. César. ¿Cuentas? . . . ¿mía . . . de usted? . . . No hay nada. 88

El Marq. No es de dinero.

D. César. ¿Pues de qué? ¡Ah! algún supuesto agravio . . .

El Marq. Justo.

Canseco. (Esto se pone feo.) 93

D. César. Pues si he agraviado a usted . . . de un modo inconsciente, sin duda, ¿por qué no me pidió usted explicaciones en tiempo oportuno? 97

El Marq. Porque el infeliz deudor, ¿quiere que se lo repita? carece de personalidad frente al árbitro de su vida y de sus actos todos. Se interpone la delicadeza, que es la segunda moral de las personas bien educadas, y ya tiene usted al hombre atado codo con codo, como los criminales. El dinero prestado hace un tremendo revoltijo en el orden lógico de los sentimientos humanos. 107

Canseco. (¡Vaya unas metafísicas que se trae este aristócrata!)

D. César. No entiendo una palabra, señor Marqués . . . ¡Ah! cuestión de mujeres quizás . . . 112

El Marq. Hablo con el hombre más mujeriego y más enamoradizo del mundo.

D. César. ¡Cosas que fueron! . . . ¡Bah! ¿Y al cabo de los años mil sale usted con esa tecla? (*Riendo.*) ¡Vaya unas antiguallas que desentierra el buen Marqués de Falfán! . . . 119

El Marq. Me gusta refrescar sentimientos pasados.

D. César. A mí no. Soy muy positivo. Lo pasado, pasó. Y el presente, mi noble amigo, es harto triste para mí. (*Sentándose triste y desfallecido.*) Estoy muy enfermo. 126

El Marq. ¿De veras?

D. César. (*Con abatimiento.*) Gravemente enfermo, casi casi condenado a muerte. 130

El Marq. Sería muy sensible . . . (*Poniéndole la mano en el hombro.*) ¡Pobrecito! La codicia y la concupiscencia son polilla de las naturalezas más robustas. 135

D. César. Pero, en fin, ¿qué agravio es ése? Yo no recuerdo . . .

El Marq. No hay prisa. Cuando usted recobre su salud, pasaremos revista a diferentes períodos de nuestra vida, y en alguno de ellos hemos de encontrar ciertos actos que no tuvieron correctivo . . . debiendo tenerlo . . . 143

D. César. (*Recordando y queriendo desvirtuar el hecho recordado.*) ¡Ah! . . . ¿Tanta importancia da usted a bromas inocentes? 147

El Marq. (*Con seriedad, reprimiendo su ira.*) Bromas, ¿eh? Pues ahora que estoy libre, no extrañe usted que yo también . . . ¡Y las gasto pesadas! [15] 151

D. César. O quizás se refiera usted a sucesos, o accidentes, motivados por una equivocación lamentable, por un *quid pro quo* . . . 155

El Marq. (*Con intención.*) También sé yo equivocarme lamentablemente cuando quiero dar un sofoco . . . Golpes a mansalva que he aprendido de usted . . .

Canseco. (*Confuso.*) (¿Pero qué significa esto? . . .) 161

[15] *¡Y las gasto pesadas!* "And I can play pretty good ones, too!"

ESCENA V

Dichos, Don José, Rufina; después Lorenza

D. José. (*Entrando fatigado.*) Ya se han ido. Gracias a Dios.

El Marq. Yo también me voy. (*Estrechando las manos a don José.*) Mi querido patriarca . . . 5

D. José. Amigo mío . . . César, acompáñale. Si encuentra usted por el camino a Rosario, dígale que la espero impaciente. Adiós. 9

El Marq. Bien. (*Despidiéndose.*) Señor Canseco . . .

Rufina. (*Entrando presurosa.*) Ahí está don Buenaventura de Lantigua. 13

D. José. ¿Más visitas? . . . (*A don César.*) Recíbele tú. Di que estoy rendido. Después te vienes aquí. Tengo que hablarte. 17

D. César. (*Con desabrimiento.*) (¡Dichosas visitas!) (*Vanse por el fondo el Marqués y don César. Entra Lorenza, que, ayudada de Rufina, recoge el servicio del refresco.*) 22

Canseco. Yo también me despido . . . (*Abraza a don José.*) Conque . . . No faltar a la reunión de mayores contribuyentes en el Ayuntamiento.[16] 26

D. José. (*Sentándose fatigado.*) No faltaré . . . Adiós. (*Vase Canseco.*)

ESCENA VI

Don José, Rufina, Lorenza

D. José. ¿Cuánto Jerez se han bebido?

Lorenza. Once botellas.

D. José. Con media docena habría bastado. 4

Lorenza. Pues de las siete libras de rosquillas que hicimos para hoy, mire usted lo que dejan.

D. José. En estos días ya se sabe . . .

(*Recordando.*) ¡Ah! antes que se me olvide . . . (*Saca varias llaves y da una a Lorenza.*) Saca tres botellas de clarete para la comida de hoy. 12

Lorenza. Bien. ¿Y ponemos otro principio?[17]

D. José. No.

Lorenza. Como me dijo que quizás tendría un convidado . . . 17

D. José. (*Con extrañeza.*) ¿Quién?

Rufina. Sí, abuelito: la Duquesa . . .

D. José. ¡Ah! sí . . . Pero ignoro si querrá comer con nosotros. Por si acaso, mata una gallina. 22

Rufina. ¿La moñuda?

D. José. No: reservar la moñuda, que es la mejor. Maten la pinta.[18] Di, tú, ¿cuántos huevos pusieron ayer?

Lorenza. (*Retrocediendo.*) Nueve. 27

D. José. Poco es. Más vale el maíz que se comen.

Lorenza. ¡Pobrecillas! Si supieran de cuentas lo que usted, ya igualarían el provecho que dan con la pitanza que consumen. Pero Dios no ha querido que las aves sean tan . . . matemáticas . . . (*Vase con la loza.*) 35

D. José. En cambio, ha querido que tú seas respondona. (*A Rufina.*) La cuenta de hoy.

Rufina. (*Sacando papel y lápiz.*) Aquí está. Carne, siete y medio.[19] Pescado, cinco . . . (*Escribe.*) 41

D. José. Apúntalo todo, y a la noche lo pasas al libro. Quiero que hasta la hora de mi muerte se lleve cuenta y razón del gasto de la casa. La regularidad es mi goce, y el orden mi segunda religión. ¡Benditos sean los números, que dan paz y alegría a una larga existencia! 48

Rufina. (*Examinando sus papeles.*) Hay que añadir alpiste para los canarios: seis. Y salvado para las gallinas. He traído

---

[16] *Ayuntamiento,* " Town Hall."
[17] *principio,* " entrée," or perhaps " cover " in this case.
[18] *pinta,* " mottled," " speckled."
[19] *siete y medio,* etc. Supply *reales* with this and the following items.

ambas cosas por mayor para que salga
más arreglado.²⁰   53

D. José. (*Con entusiasmo.*) ¡Eres un
ángel! . . . (*La besa.*) El ángel de la administración . . . No extraño que Dios te
quiera para sí . . . ¿Vas ahora a la iglesia?

Rufina. (*Guardando sus papeles.*) Todavía no puedo. Ha de venir más gente.

D. José. Es verdad.   60

Rufina. El capitán y marineros de la
Joven Rufina. ¿No sabes? Te traen una
fragata de guirlache, con los palos de alfeñique, y cargamento de tocino del cielo.

D. José. (*Gozoso.*) Ja, ja . . . ¡Qué
bonito! . . . ¡Cuánto regalo hoy! (*Rego-
deándose.*) ¡Los capones del alcalde, qué
hermosos!   68

Rufina. ¿Pues y la lengua ahumada
de don Cosme?

D. José. ¿Y el jamón del cura?

Lorenza. (*Presurosa por el fondo.*)
Señor, los del Resguardo traen una docena de cocos; y también está el rentero
de la Juncosa ²¹ con muchas mantecas,
morcillas y sin fin de golosinas.   76

Rufina. (*Con alegría.*) Voy a verlo.

D. José. Obséquiales con una copa.
(*Vanse Rufina y Lorenza. Entra don
César.*)   80

ESCENA VII

Don José, Don César

D. José. (*Indicándole el asiento próximo.*) Ya deseaba estar solo contigo.

D. César. (*Sentándose fatigado.*)
¡Condenadas visitas!

D. José. Tenemos que hablar.   5

D. César. Hablemos.

D. José. Has cumplido cincuenta y
cinco años.

D. César. (*Suspirando.*) Sí, señor. ¿Y
qué?   10

D. José. Que eres un muchacho.

D. César. Comparado con usted . . .

Pero si miramos a la salud, el muchacho
es mi padre, y yo el octogenario. ¡Si viera
usted qué mal me siento de algunos días
acá! (*Apoya los codos en las rodillas, y
la frente en las manos.*)   17

D. José. Ea, no marear con dolencias
imaginarias. César, no seas chiquillo. Si has
de casarte, no hay que perder el tiempo.

D. César. (*Sin alzar la cabeza.*) ¿Acaso el casarse por segunda vez es ganarlo?

D. José. En este caso sí. Vuelvo a decirte que conviene a los intereses de la
casa que sea tu mujer ese espejo de las
viudas, Rosita Moreno, por mal nombre
la Pescadera.   27

D. César. (*Alzando la cabeza.*) Y usted se empeña en que me pesque a mí.

D. José. Exactamente. Y tengo poderosas razones para desear ese matrimonio.
Es tu deber crear una familia, asegurar
. . . como si dijéramos, nuestra dinastía.

D. César. Tengo una hija.   34

D. José. (*Vivamente.*) Pero Rufinita
quiere ser monja.

D. César. Tengo un hijo.

D. José. Un hijo natural, no reconocido
aún.   39

D. César. Le reconoceré . . . Ya dije a
Canseco . . .

D. José. Sí; pero . . . Por dictamen
mío, el reconocimiento no se verificará
hasta no asegurarnos de que Víctor merece pertenecer a nuestra familia. En
vista de la mala fama que trajo del extranjero, donde se educó, y de Madrid,
donde vivió los últimos meses, opiné, y tú
lo aprobaste, que debíamos someterle a
un sistema de observación correccional.
Figúrate que resultara imposible . . .   51

D. César. Víctor tiene talento.

D. José. Si como tiene talento tuviera
juicio . . .

D. César. Espero que el rigor con que
le tratamos le enderezará. Y ya ve usted
que soy inexorable . . . No le dejo vivir.

---

²⁰ *arreglado,* " economical."

²¹ *el rentero de la Juncosa,* " the tenant of la Juncosa," an estate formerly belonging to Rosario's family.

D. José. Así, así. Pero ¡ay! tan arraigadas están en su magín las ideas disolventes, que . . . 60

D. César. Fruto de las malas compañías y de las lecturas ponzoñosas. Créalo usted: los pícaros libros son la perdición de la humanidad. 64

D. José. No exageres . . . Hay libros buenos.

D. César. Pero como para saber cuál es bueno y cuál no, hay que leerlos todos, y esto no es posible, lo mejor es proscribir la lectura en absoluto . . . En fin, yo trato de formar a Víctor a nuestra imagen y semejanza, antes de admitirle legalmente en la familia . . . ¡Y cómo trabaja el pícaro! ¡Todo es fácil para él! ¡Qué inteligencia, qué prontitud, qué manos! 75

D. José. Pero esas cualidades poco significan solas. El obrero que a su habilidad no une el don del silencio, no sirve para nada.

D. César. Por eso le tengo prohibido que dirija a los obreros más palabras que *buenos días*, y *sí*, y *no*. Temo que arroje en los talleres alguna semilla de insubordinación. (*Don José empieza a dar cabezadas de sueño.*) Si he de decir verdad, a mí mismo, que soy tan árido de palabra y tan seco de trato, me cautiva si me descuido. Y aunque me parecen absurdas sus ideas sobre la propiedad, el trabajo, la política y la religión, de tal modo reviste sus disparates de una forma reluciente, que me seduce, me emboba . . . ¡Ah! pues ¡si yo lograra, con este régimen de esclavitud en el trabajo, que aquel talento superior entrara por el camino derecho . . . (*Advirtiendo que don José se ha dormido, inclinando la cabeza sobre el pecho.*) Pero, padre . . . ¿se duerme usted? 97

D. José. (*Despertando lentamente y creyendo que habla con otra persona.*) Rosario de Trastamara, Duquesa de San Quintín . . . perdóname si te digo que . . . (*Sacudiendo el sopor y viendo claro.*) ¡Ah! . . . creí . . . De tal modo me embarga el ánimo la visita de esa mujer, que . . .

D. César. ¿Pero es de veras? . . . ¿Tendremos aquí a Rosarito? 106

D. José. Ya oíste al Marqués de Falfán. No puede tardar. Su carta dice que viene a pedirme consejo.

D. César. ¡Pedir consejo! Traduzca usted la frase al lenguaje corriente, y diga: pedir dinero.

D. José. ¿Pero tan pobre está? 113

D. César. En la última miseria.

D. José. ¿Lo ha perdido todo?

D. César. Todo. A poco de morir el botarate de su marido, la propiedad inmueble pasó a manos de tres o cuatro acreedores. Rosario tuvo que vender los cuadros, armaduras y tapices, la plata labrada, las vajillas, y hasta las libreas de los lacayos. 122

D. José. ¡Qué demonches!

D. César. En París, según oí, ha malbaratado sus joyas. Hoy no le queda más que el guardarropa, la colección de trapos elegantes, que no valen nada. 127

D. José. ¡Dios misericordioso, concluir de ese modo casa tan poderosa! . . . Y dime, ¿viste a Rosario en Madrid últimamente? 131

D. César. No, señor. Desde las cuestiones agrias que tuve con su padre, la más orgullosa, la más atufada nulidad que he visto en mi vida, no me trato con ningún Trastamara, y el parentesco es letra muerta para ellos y para mí. 137

D. José. ¡Pobre Rosario! No puedo olvidar que la tuve sobre mis rodillas, que la he dado mil besos . . . Por cierto que si su pobreza es tal como dices, no habrá más remedio que facilitarle algunos recursos . . . 143

D. César. (*Levantándose.*) Usted hará lo que quiera. Yo no le daría un cuarto. Ella no pedirá, no; pero llorará. Verá usted cómo llora: las lágrimas son en esa nobilísima raza la forma elegante del pordioseo. (*Se aleja.*) 149

D. José. Pero aguarda . . . óyeme.

D. César. Tengo que ir al Ayuntamiento.

ESCENA VIII

Dichos, Rufina; *poco después* Víctor

Rufina. (*Presurosa y alegre, por el comedor.*) Abuelito, papá; el capitán, piloto y marineros de la *Joven Rufina.* Vengan, vengan a ver el barco de dulce. 4

D. José. Voy. Que pasen al comedor.

Rufina. ¿Les damos Jerez?

D. José. No: ron de Jamaica, del que levanta ampolla. Voy allá. ¿Vienes tú? (*Vase con Rufina por el fondo.*) 9

D. César. Yo no. (*Preocupado.*) Esta aparición de la Duquesita me da mala espina. ¡A pedir consejo! . . . ¿Para qué? . . . ¿Querrá casarse? Infeliz mujer, ¡qué mal se avienen orgullo y pobreza! (*Viendo aparecer a Víctor, que entra por la derecha, segundo término.*) ¡Ah! Víctor . . . (*Con severidad.*) ¿Qué buscas aquí?

Víctor. (*En traje de obrero, con blusa; trae varias herramientas.*) Me dijo usted que viniera a las once para encargarme . . . no sé qué. 21

D. César. ¡Ah! sí, ya no me acordaba . . . Ante todo, ¿reconociste la fragata?

Víctor. Sí, señor; ayer.

D. César. ¿Podrá hacer un viaje, uno solo? 26

Víctor. Difícilmente. La cuaderna mayor está quebrantada; casi todos los baos deben ponerse nuevos. El codaste y la roda no ofrecen seguridad, y el palo mayor está astillado por la fogonadura.

D. César. ¿De modo que será peligroso? . . . Pero un viaje, un solo viaje, en estos meses de bonanza, bien podrá.

Víctor. Si no vuelve antes del equinoccio de octubre, podría quedarse en el camino. 37

D. César. Pues nada, la mandaremos con mineral a Inglaterra. Retorno de carbón, y después, hacha en ella.

Víctor. Como usted quiera. 41

D. César. ¿Está listo el laminador que se descompuso la semana pasada?

Víctor. Listo, y marcha perfectamente.

D. César. Bien. Ahora trae el metro, el martillo, el cortafrío . . . 46

Víctor. (*Mostrándolos.*) Los traigo.

D. César. (*Llevándole hacia la puerta de la derecha.*) Ya te dije que proyecto levantar un piso sobre estas habitaciones. Mide con toda exactitud las tres piezas, y hazme el plano de ellas. Examina el grueso de las paredes, descubre las vigas de carga [22] de los tabiques para reconocerlas . . . Y todo eso pronto, hoy mismo.

Víctor. Está bien. (*Vase por la derecha, segundo término. Don José y Rufina, que vuelven del comedor, le ven salir.*)

Rufina. Pero qué, papá, ¿en día como éste no hay descanso para el pobre Víctor?

D. José. Ya descansará, hija. 61

D. César. Lo que hace hoy no es trabajo para él.

D. José. La ociosidad es su mayor enemigo. 65

Rufina. ¡Qué tiranía! . . . Todos contra él. (*Con resolución.*) Pues sepan que estoy aquí para defenderle.

D. César. ¿Tú? . . . Me parece muy bien . . . 70

ESCENA IX

Dichos; Lorenza, *presurosa por el fondo*

Lorenza. Señor, ahí está.

D. César. ¿La Duquesa?

Lorenza. El coche acaba de parar en el portón. Viene con ella una criada; detrás un carro cargado de baúles. 5

D. César. Yo me escabullo. Adiós. (*Vase por el comedor.*)

D. José. La recibiré aquí. (*Vase Lorenza.*) Por si come en casa, conviene que en la cocina se esmeren un poco. Manda por una lata de conservas . . . café superior, azúcar fino. 12

Rufina. Sí, sí.

D. José. Y cuida de poner un bonito ramo en la mesa.

Rufina. Descuida. ¿Me quedo? 16

---

[22] *las vigas de carga,* " the supporting beams."

D. José. No. Rosario querrá hablarme a solas. Después la verás. Vete a la iglesia.

Rufina. Voy, sí . . . (*Vase por el comedor. Aparece Rosario por el foro.*)

ESCENA X

Don José; Rosario, *en traje de viaje, muy elegante.*

Rosario. Señor de Buendía . . .

D. José. (*Abrazándola.*) ¡Rosario, hija mía!

Rosario. (*Examinándole el rostro.*) Viejecito, sí . . . pero muy bien conservado. ¡Qué hermosa ancianidad! ⁶

D. José. ¡Y qué hermosa juventud! (*Se sientan.*)

Rosario. Paréceme que veo a mi abuelito . . . ¿Se acuerda usted? ¹⁰

D. José. (*Con recordar penoso.*) ¡Ah! . . .

Rosario. Y a mi padre.

D. José. ¡Pobre Mariano! Si hubiera hecho caso de mí, no te verías hoy en tan triste situación. Pero tanto a él como a tu mamá, las verdades de este viejo predicador por una oreja les entraban y por otra les salían. Durante el tiempo que administré los cuantiosos bienes de la casa de San Quintín en esta provincia, luché como un león para poner orden en el presupuesto de la familia. ¡Ay! era como poner puertas al campo. Tuve que dejar la administración. Enfriáronse nuestras relaciones, y al fin dejé de escribirle . . . no te acordarás . . . cuando salió a remate la Juncosa. ²⁸

Rosario. ¡Ay, qué tristeza al pasar hoy por la Juncosa! ¡Y pensar que aquellas hermosas arboledas fueron mías, y el monte, y las marismas! . . . Allí, en aquel caserón que parece un castillo feudal, con sus hiedras, su muro almenado, su soledad misteriosa y su romanticismo, pasé los mejores días de mi infancia. Y ahora, la Juncosa, y San Quintín, y el palacio de leyenda . . . ³⁸

D. José. (*Premioso.*) Son míos . . . sí. Yo se los compré al rematante. Otras fincas valiosas de San Quintín han venido a mi poder por los medios más legítimos. La maledicencia, hija mía, que nada respeta, ha querido ofenderme susurrando que hice préstamos usurarios a tu familia . . . ⁴⁶

Rosario. ¡Oh, no! . . . Si cité el caso de hallarse nuestra propiedad en manos de ustedes, no ha sido en son de censura, no . . . Señalo un caso, un fenómeno . . .

D. José. Fenómeno muy natural, y que está pasando todos los días. La riqueza, que viene a ser como la anguila, se desliza de las manos blandas, finas, afeminadas del aristócrata, para ser cogida por las manos ásperas, callosas del trabajador. Admite esta lección, y apréndetela de memoria, Rosarito de Trastamara, descendiente de príncipes y reyes, mi sobrina en segundo grado . . . ⁶⁰

Rosario. Y a mucha honra . . .

D. José. Y añadiré, para que la lección agarre más en tu mente, que mi padre fué un triste pastelero de esta villa . . . No creas que carecía de timbres nobiliarios . . . Dice la tradición que inventó . . . ¡que inventó! (*Con orgullo.*) las sabrosas rosquillas que dan fama a Ficóbriga. ⁶⁸

Rosario. ¡Oh! . . .

D. José. Sesenta años ha, cuando tu abuelo, el Duque de San Quintín, escandalizaba este morigerado país con un lujo estrepitoso, José Manuel de Buendía se casaba con Teresita Corchuelo, hija de confiteros honradísimos. Pues bien: el día de mi boda no tenía yo valor de cuatro pesetas. Y me casé, y pusiéronme a llevar cuenta y razón de las rosquillas, que entonces empezaron a exportarse, y gané dinero, y supe aumentarlo, y fuí un hombre, y aquí me tienes. ⁸¹

Rosario. ¡Soberano ejemplo!

D. José. ¡Ah, si yo te hubiera cogido por mi cuenta! . . . (*Con ademán de pegarla.*) En fin, dime lo que te pasa; cuéntame. ⁸⁶

Rosario. ¡Ah, señor don José, mis des- dichas son tantas que no sé por dónde empezar! A poco de perder a mi esposo, que era, como usted sabe . . .　　　90

D. José. Una calamidad. ¡Dios le ten- ga en su santísima gloria! Adelante.

Rosario. Me ví envuelta en pleitos y cuestiones muy desagradables con mis tías las de Gravelinas, con mi primo Pepe Trastamara. Esto y la ruina total de mi casa, hiciéronme la vida imposible en Ma- drid. Refugiéme en París, y allí nuevos disgustos, humillaciones, conflictos diarios, una vida angustiosa.　　　100

D. José. Ya, ya entiendo . . . Y que no habrás sufrido poco, pobrecilla, dado tu carácter altanero . . .

Rosario. ¿Altanero?

D. José. Lo dice la fama.　　　105

Rosario. ¡Ay! las desdichas me han abatido el orgullo más de lo que usted cree . . . ¡Si viera usted! . . . Siento en mí una vaga tristeza, la pena de haber nacido en la más alta esfera social. Y al mismo tiempo, me cruzan por aquí (*Por la mente.*) no sé qué ideas, y sorprendo en mí aptitudes de mujer práctica, encerradi- ta en un modesto hogar . . .　　　114

D. José. Un poco tarde, un poco tarde ya.

Rosario. Apetezco la soledad, la quie- tud, la sencillez; vivir con verdad, sin- tiendo y pensando por cuenta propia . . .

D. José. Vamos, quieres retirarte del mundo. ¿Acaso te llama la vida religiosa?

Rosario. Será quizás mi única salva- ción. Sobre esto quiero consultar a usted.

D. José. Lo pensaremos, lo discutire- mos; calma. Óyeme: has venido a pe- dirme consejo, y yo, sin negarte el con- sejo, te doy una cosa que vale más: te doy asilo en esta humilde morada.　　　128

Rosario. (*Con efusión.*) ¡Oh, gracias, gracias! . . .

D. José. Mientras resuelves si entras o no en un convento, y en cuál ha de ser, te estás aquí tan tranquila.　　　133

Rosario. Molestaré quizás.

D. José. Nada. Te juro que no he de alterar mis costumbres sencillotas. Donde comen cuatro, comen cinco. El clásico pu- chero: sota, caballo y rey; [23] ya sabes. La casa es grandísima. Buenas vistas, luz, aire, alegría por todas partes.　　　140

Rosario. No me tiente usted, señor de Buendía . . . ¡Cuánta dicha, qué dulce re- poso, qué encanto! . . . ¡Y cómo me gus- tan estas casas patriarcales, este lujo del aseo, este nogal bruñido por el tiempo, y el trapo [24] de manos hacendosas! (*Leván- tase y mira por la vidriera del fondo.*) ¿Pues y esa huerta? La he visto al pasar. ¡Qué delicia de manzanos, con tanta fruta! ¿Y el gallinero? ¿Y esa terraza, donde veo que planchan, bajo el fresco emparrado? . . . Y allá un horno . . . Y un palomar con tanto *ru-ru* . . . Esto es un paraíso. (*Vuelve al lado de don José.*)　　　154

D. José. Además del reposo que ofrezco a tu espíritu enfermo, esta vida ha de ser para ti un curso de filosofía del hogar do- méstico. El ejemplo de mi nieta te en- señará muchas cosas que ignoras.　　　159

Rosario. (*Batiendo palmas.*) Sí, sí . . . He oído contar maravillas de esa preciosa joven . . .

D. José. Es un ángel, un verdadero ángel administrativo, y una gobernadora de casa que podría poner cátedra.[25]　　　165

Rosario. ¿Dónde está? Ya deseo cono- cerla.

D. José. Luego la verás.

Rosario. Y aquí no tiene usted más familia.　　　170

D. José. También tengo a mi hijo.

[23] *sota, caballo y rey.* In cards, these figures correspond to our knave, queen and king; used familiarly to express something plain and ordinary, such as the usual Spanish meal consisting of three courses (*sopa, cocido y principio*).

[24] *trapo,* " dress," " clothing."

[25] *poner cátedra,* " occupy a chair, or professorship " (for teaching the subject).

Rosario. ¡Don César! (*Con repentino sobresalto, levantándose.*)

D. José. Sí. ¿Qué te pasa?   174

Rosario. Creí que su hijo de usted continuaba en Madrid.

D. José. Llegó el mes pasado.

Rosario. (*Muy inquieta.*) No, no . . . No acepto su hospitalidad. Ese hombre y yo no podemos estar bajo un mismo techo.   181

D. José. ¡Pero qué tontería! ¿Por qué temes a César?

Rosario. No es temor; es más bien repugnancia.   185

D. José. ¡Ah! . . . ya entiendo . . . Los rozamientos con tu papá hace algunos años . . .

Rosario. (*Muy nerviosa.*) ¿Rozamientos? Es algo más. He visto a mi padre, ya casi moribundo, derramar lágrimas de ira por no hallarse con fuerzas, delante del mismo Dios sacramentado, para perdonar a don César.   194

D. José. Es que tu papá era la misma exageración . . . Hija de mi alma, olvida . . . y perdona . . . ¡Bah! Yo te aseguro que mi hijo no te molestará. Mira tú: en el fondo, César no es mala persona. Pero no me ciega el amor paternal, y reconozco en él un gravísimo defecto.   201

Rosario. ¿Cuál?

D. José. Su desmedida afición al bello sexo. Ha sido en él una enfermedad, un ciego instinto . . . Mujer que veía, mujer que deseaba. De ese defecto provienen todos sus errores, y los graves disgustos que nos dió a su pobre mujer y a mí.   208

Rosario. ¡Qué calamidad de hombre!

D. José. Con una buena cualidad, hay que ser justos, atenuaba esa locura; y era . . . que nunca les daba dinero, o muy poco.   213

Rosario. Quería que le amasen de balde . . . Y a propósito . . . Mi primo Falfán me habló de . . . Parece que don César tiene un hijo . . .   217

D. José. El cual nos ha traído un problema grave.

Rosario. Dígame: ¿ese joven no es hijo de una italiana llamada Sarah, que murió hace bastantes años?   222

D. José. Justo. ¡Vaya unos regalos que me hace mi hijo!

Rosario. Y luego pretende usted que yo sea benévola con don César, cuando usted mismo . . .   227

D. José. Pero tus agravios son pura cavilación, y además cosa ya pasada. Me haces una ofensa renunciando por tan fútil motivo a la hospitalidad que te ofrezco.   232

Rosario. Ofensa no.

D. José. (*Estrechándole las manos.*) ¿Te quedas?

Rosario. Por usted, por su nieta.   236

D. José. Bien. Yo cuidaré de que la vida te sea grata dentro de la humildad de este pacífico reino mío.

Rosario. (*Conmovida.*) ¡Gracias, gracias! Sospecho, mi querido anciano, que ha de gustarme tanto, tanto esta vida, que al fin . . . tendrán ustedes que echarme.   244

D. José. (*Bromeando.*) ¡Bueno! . . . te echaremos cuando nos estorbes . . .

ESCENA XI

Dichos, Lorenza, Rafaela, *y dos mozos que traen cuatro baúles.*

D. José. Dejarlo todo aquí. (*A Rosario.*) Saca la ropa modesta que has de usar en mi casa. Lo demás déjalo guardado.

Rosario. Así lo haremos.   5

D. José. (*Señalando por la derecha, primer término.*) Ocuparás estas tres habitaciones, que fueron las de mi esposa. De esas ventanas verás el mar, la playa de baños.   10

Rosario. Veámoslo. (*Sale seguida de don José por la derecha.*)

Lorenza. (*A Rafaela.*) Dígame: ¿todo eso viene lleno de ropa?   14

Rafaela. Claro: todo el tren de verano, y algo de entretiempo. Total: vientisiete trajes.

LORENZA. ¡Oh! ¡qué rica debe de ser esa señora! 19

ROSARIO. (*Volviendo a entrar con don José.*) Hermosísimo. Rafaela, abre ese mundo.[26] Quiero mudarme en seguida. Saca el traje de percal con lunares.[27] 23

D. JOSÉ. Vaya: ahora te quedas solita. Yo estorbo. Tengo que ir un rato al Ayuntamiento. (*A Lorenza.*) Tú, mi sombrero. (*Lorenza le da el sombrero.*) Procura estar lista, y vete acostumbrando a la puntualidad. (*A Lorenza.*) No olvides . . . ya sabes . . . (*Habla rápidamente en voz baja con Lorenza.*) 31

RAFAELA. (*Que ha abierto uno de los baúles y saca de él algunas ropas, que pone sobre las sillas.*) Ahora que recuerdo: aquí no está el vestido azul con lunares. 36

ROSARIO. (*Señalando otro baúl.*) Ahí, tonta.

D. JOSÉ. Ésta es tu casa. Lorenza y todos mis criados, a tu disposición. (*Besa la mano a Rosario, y vase por el fondo con Lorenza.*) 42

ROSARIO. Bien . . . (*Con gracejo.*) Ya está usted aquí de más. (*Se quita el sombrero y lo pone encima de la mesa.*)

ESCENA XII

ROSARIO, RAFAELA

ROSARIO. Sácame también un par de blusas.

RAFAELA. (*Forcejeando con la cerradura, sin poder abrirla.*) Señorita, no puedo abrirlo. 5

ROSARIO. Pues déjalo. Saca la ropa de éste. (*El que está abierto.*), y la vas poniendo en aquel armario de nogal. (*Señalando al interior por la puerta de la derecha.*) 10

RAFAELA. (*Impaciente.*) ¡Maldita cerradura!

ROSARIO. Alguien habrá por ahí que te ayude. (*Óyense fuertes golpes en la pared, por la derecha.*) ¿Qué es esto? 15

RAFAELA. Parece que derriban la casa.

ROSARIO. Vamos, date prisa. Mira, yo lo sacaré. Vete a traerme agua. (*Revolviendo en una bandeja de ropas que Rafaela, al salir, dejó sobre la silla.*) Aquí está el de cuadros.[28] Éste no me gusta. (*Lo saca; y al volverse hacia la derecha para extenderlo sobre una silla, ve a Víctor, que entra por la puerta derecha, segundo término, trayendo martillo, cortafrío y el metro. Rosario se asusta, da un ligero grito. Quédase Víctor suspenso, inmóvil, contemplándola.*) 28

ESCENA XIII

ROSARIO, VÍCTOR; RAFAELA, *que entra y sale varias veces durante la escena.*

ROSARIO. ¡Ah! . . . Es un operario . . . Dispense usted: me asusté. Si hiciera usted el favor de abrir ese baúl . . .

VÍCTOR. (¡Ella es . . . sí!) (*Continúa contemplándola extático.*) 5

ROSARIO. ¿Pero no oye lo que le digo? ¿Es usted el que daba esos martillazos en mis habitaciones?

VÍCTOR. (*Sin poder disimular su alegría.*) (¡Vive aquí! . . .) 10

ROSARIO. (*Observándole con expresión de duda y curiosidad.*) Pero . . .

VÍCTOR. Perdóneme usted, señora Duquesa. ¿Qué mandaba? 14

ROSARIO. (*Confusa.*) (¡Cosa más rara! ¡Yo conozco a este hombre!)

VÍCTOR. (*Advirtiendo la atención con que le mira Rosario.*) Difícilmente me reconocerá en este traje. 19

ROSARIO. ¡Reconocerle! . . . ¡Pues qué! ¿Le he visto yo a usted alguna vez?

VÍCTOR. Sí, señora. (*Sorpresa y mayor confusión de Rosario. Pausa.*) En fin, ¿qué mandaba? (*Entra Rafaela con dos jarros de agua.*) 25

---

[26] *mundo,* " trunk."

[27] *percal con lunares,* " dotted muslin."

[28] *el de cuadros,* " the plaid dress."

RAFAELA. Este baúl es el que hay que abrir. (*Vase por la derecha. Víctor examina la cerradura. Rosario no deja de mirarle.*) 29

ROSARIO. (O yo me he vuelto tonta, o en efecto . . . conozco a este hombre . . . ¿Pero quién es? ¿Dónde le he visto? Ese traje . . .) 33

VÍCTOR. (*Que, después de varias tentativas, ha abierto la cerradura.*) Ya está.

ROSARIO. Ahora, puede usted retirarse.

VÍCTOR. (*Después de una pausa, dudando si atreverse o no.*) ¿Sin satisfacer su curiosidad? . . . Porque la señora Duquesa, en este momento, se devana los sesos por recordar dónde y cuándo me ha visto. 42

ROSARIO. Es cierto. (Atrevidillo es el mozo.)

VÍCTOR. Si la señora me lo permite, refrescaré su memoria con cuatro palabras. 47

ROSARIO. ¿Es usted el hijo de don César?

VÍCTOR. Sí, señora.

ROSARIO. Ya . . . ¿Y qué tal? Condenadito a trabajos forzados por su mala cabeza. 53

VÍCTOR. Sí, señora.

ROSARIO. Pues sí: no puedo refrenar mi curiosidad. Dígame cómo y cuándo . . .

VÍCTOR. Ante todo, si por mi osadía he merecido su enojo, le ruego me perdone . . .

ROSARIO. (*Con altanería.*) Está usted perdonado . . . Vamos a ver. Contésteme.

VÍCTOR. ¿Dónde y cuándo he tenido el honor de que usted me vea? 62

ROSARIO. Sí . . .

VÍCTOR. ¿Y el honor más grande de que usted me hable?

ROSARIO. (*Vivamente.*) ¿Hablarle? Eso no. 67

VÍCTOR. Eso sí . . . óigame un instante. No siempre he vestido de obrero. Mi padre, hombre inflexible, me ha impuesto este traje . . . como correctivo . . . Crïéme en Francia . . . 72

ROSARIO. (*Vivamente.*) Y en Biarritz [29] quizás . . . me vió usted.

VÍCTOR. No, señora . . . hace cinco años me mandó mi padre a Lieja [30] a aprender mecánica. Concluídos los estudios teóricos, pasé a Seraing, y trabajaba en la gran fábrica que llaman Cockerill. Los sábados nos reuníamos tres o cuatro muchachos de distintas nacionalidades, y nos íbamos a pasar el domingo, de jarana, en Amberes, Malinas o Brujas. Un día se dirigió la cuadrilla a Ostende. Era la época de los baños de mar. Juntando el poco dinero que teníamos, dimos unos cuantos golpes [31] en la ruleta de la Cursaal, y la loca suerte nos favoreció.

ROSARIO. (*Riendo.*) ¿Ganaron?

VÍCTOR. Lo bastante para creernos ricos por unas cuantas horas. Éramos tres: un alsaciano, un suizo, y este humilde criado de usted. Resueltos a dar un bromazo gordo,[32] nos instalamos aparatosamente en el *Hotel del Círculo de Baños*, haciéndonos pasar por príncipes rusos. 96

ROSARIO. ¡Ah, valientes pillos! Ya, ya recuerdo . . . una tarde de agosto . . . Me acuerdo, sí, del principillo ruso.

VÍCTOR. Era yo. Invité a usted a dar un paseo por los jardines en un entreacto del concierto. Fuimos a la vaquería, charlamos un rato, y por la noche, en el baile, me permití . . . tuve la increíble audacia de hacer a usted una declaración amorosa. 106

[29] *Biarritz*, the fashionable sea-side resort in S.W. France, near the Spanish frontier.

[30] *Lieja*, etc. Liège, Seraing, Antwerp, Malines, Bruges and Ostend are all cities in Belgium Liège has a University to which are attached a School of Mines and a Technical Institute; Seraing, an important industrial town nearby, owes its prosperity to the great Cockerill machine works here mentioned; Ostend is a fashionable sea-side resort.

[31] *golpes*, "chances." *Cursaal*, Kursaal or Casino, situated on the bathing beach.

[32] *dar un bromazo gordo*, "play a big hoax."

Rosario. (*Riendo.*) Sí, sí . . . y que fué de lo más volcánico y relampagueante . . . Ya me acuerdo . . . Pero diga usted . . . Si me pareció que hablaba usted alemán con sus compañeros . . .   111

Víctor. Hablo el alemán como el español.

Rosario. Conmigo hablaba usted francés . . . lo mismo que un parisién.

Víctor. Sí, señora . . .   116

Rosario. ¿Gran facilidad para lenguas?

Víctor. Hablo también el inglés. Tengo ese don, a falta de otros. Desgraciadamente, en aquella ocasión ninguno sabía una palabra de ruso; y por esto, y porque se nos acabó repentinamente el miserable metal, tuvimos que dejar nuestro disfraz y salir escapados en el primer tren de la mañana del lunes.   126

Rosario. Y ya no nos vimos más.

Víctor. ¡Oh, sí! . . .

Rosario. (*Con gran curiosidad.*) ¿Pero cuándo?   130

Víctor. Aún falta mucho que contar.

Rosario. ¿De veras?

Rafaela. (*Entra por la derecha; señala otro baúl.*) También éste . . . no sé qué tiene. (*A Víctor imperiosamente.*) Oye, abre también éste. (¡Qué obrerito más guapo!) (*Coge ropa para llevarla.*) Ya podías ayudarme a traer las bandejas.

Rosario. Anda tú y déjale. (*Mientras Víctor abre el otro baúl.*) (Si esto parece novela . . . ¡Qué gracioso! El príncipe ruso de Ostende en Ficóbriga abriéndome los baúles.) (*Vuelve a salir Rafaela llevando ropa.*)   144

Víctor. (*Con una rodilla en tierra, abriendo la cerradura.*) ¿Sigo contando?

Rosario. Sí, sí . . . Me cautiva todo lo que sale de los caminos trillados y vulgares. Pero cuidadito, no me cuente usted nada que no sea verdad.   150

Víctor. Si usted me conociera, señora, sabría que adoro la verdad, y que a ella lo sacrifico todo. (*Abre el baúl.*) Ya está.

Rosario. Adora la verdad, y se fingió ruso, y príncipe.   155

Víctor. Una broma de estudiante. ¡Ah, qué día de agosto! Entonces era usted recién casada, y hermosísima.

Rosario. Va pasando el tiempo.   159

Víctor. Y ahora es usted mucho más hermosa.

Rosario. (Paréceme que se propasa.) Basta ya. Algo tendrá usted que hacer en otra parte.   164

Víctor. (*Desconsolado.*) Me despide . . . sin oír lo que . . . ¿Cree usted que se degrada oyéndome?

Rosario. ¡Oh, no! . . . Hable, diga lo que quiera . . . Vamos, ¡qué picardías habrá usted hecho para que le tengan así!

Víctor. Reconozco que mi padre está en lo justo. He sido malo, sí.   172

Rosario. Rebelde al estudio, quizás.

Víctor. Sí, señora . . . Yo no estudiaba, digo, estudiar sí, y mucho; pero solo. Leía lo que me acomodaba, y aprendía lo más grato a mi mente. Repugné siempre la enseñanza en escuelas organizadas; me resistí a ganar grados y títulos. Lo que sé, lo sé sin diploma, y no poseo ninguna marca de la pedantería oficial. En Bélgica aprendí muchas cosas con más práctica que teoría. Soy algo ingeniero, algo arquitecto . . . sin título, eso sí. Pero sé hacer una locomotora, y si me apuran hago una catedral, y si me pongo fabrico agujas, vidrio, cerámica . . .   187

Rosario. ¡Cuántas habilidades, y venir a parar a esa triste condición de obrero! . . .

Víctor. Verá usted . . . En Bélgica me sedujo la idea socialista. Cautivóme un alemán, hombre exaltado, que predicaba la transformación de la sociedad; y tomé parte en una huelga ruidosa, pronuncié discursos, agité las masas . . . ¡Terrible campaña, que terminó con mi prisión! . . .

Rosario. Bien merecido.   198

Víctor. Seis meses me tuvieron en la cárcel de Amberes. Mi padre me escribió echándome los tiempos,[33] y negándome todo auxilio. 202

ROSARIO. Y con razón. ¡Vaya que defender[34] esas barbaridades! Pero usted no creía eso: lo defendía por pasatiempo, por travesura. 206

VÍCTOR. No, señora: lo creía . . . y lo creo. Al salir de la prisión, me fuí a Inglaterra. Mas no pude consagrarme al estudio de mis caras doctrinas, porque en Londres tropecé con un español que se empeñó en reconciliarme con mi padre . . . y lo consiguió. Fué mi padre en busca mía, y me trajo a España y me plantó en Madrid. 215

ROSARIO. ¿Y allí era usted también obrero?

VÍCTOR. No, señora: era señorito. Mi padre tomó mil precauciones para apartarme de la propaganda socialista. Yo alternaba con[35] multitud de jóvenes de la mejor sociedad, algunos muy ricos. Por las noches me ponía mi fraquecito,[36] y al amparo de la democracia mansa que allí reina, tenía acceso en todas partes. 225

ROSARIO. Ya . . . (Comprendiendo.) Y alguna vez quizás me vió usted . . . Pues no recuerdo . . .

VÍCTOR. Yo sí . . . Además, la veía a usted constantemente en teatros, paseos, en la iglesia . . . 231

ROSARIO. ¿También frecuentaba las iglesias? . . .

VÍCTOR. Como todos los sitios donde podía ver a una persona que me fascinaba, que me volvía loco, que . . . (Entra Rafaela.) 237

RAFAELA. (Todavía el obrerito aquí. ¡Qué le estará contando a mi señora!)

ROSARIO. ¿Y en Madrid también predicaba usted la destrucción de la sociedad, y todos esos desatinos? 242

VÍCTOR. Hacía propaganda oral y teórica; pero sin resultado.

RAFAELA. (Recogiendo más ropa.) (¡Vaya si es guapo el obrerito! A éste le pesco yo, como tres y dos son cinco.) (Sale llevando ropa.) 248

ROSARIO. Vamos, que no se atrevía usted.

VÍCTOR. Diré a usted con toda verdad, y sin altanería, que yo me atrevo a todo. Nada existe en lo humano, nada, nada, que ponga miedo en mi corazón. 254

ROSARIO. (Con admiración.) ¿De veras?

VÍCTOR. Y las dificultades, los peligros, aumentan mi valor. 258

ROSARIO. Bravísimo. Por valiente le tienen en esta esclavitud. ¡Sabe Dios las atrocidades que habrá usted hecho en Madrid! 262

VÍCTOR. No: mi vida en Madrid era de lo más inocente . . . No vivía más que para seguir a la mujer que era mi encanto y mi suplicio, pues me fascinaba sin mirarme. 267

ROSARIO. Y no le miraba a usted. ¡Qué pícara!

VÍCTOR. Desconocía . . . y desconoce . . . mi loca pasión. 271

ROSARIO. Amor solitario, delirio, embuste.

VÍCTOR. (Con calor.) Pasión de una realidad indudable, pues en ella he vivido y viviré; pasión de acendrada pureza, pues nunca esperé ser correspondido, ni lo espero ahora; pasión en la cual tanto me enloquece la ausencia como la presencia de la soberana hermosura que . . .

ROSARIO. (Echándose a reír.) Basta, basta. ¡Qué chaparrón de poesía! Deje usted que me guarezca . . . (Apártase de él.) Francamente, no creo en esas pasiones, que hasta en los dramas y novelas resultan ya de un gusto dudoso. ¡Prendarse insípidamente de una mujer de alta clase; espiar su coche; dar caza a su

---

[33] echándome los tiempos, " berating me soundly."
[34] ¡Vaya que defender! . . . " The idea of your defending . . . ! "
[35] alternaba con, " associated with."
[36] fraquecito, dim. of frac or fraque, " dress coat."

sombra en la calle, flechándola con miradas no devueltas, en paseos y teatros; adorarla en puro éxtasis nebuloso, y! . . . Eso se lo cuenta usted . . . a quien conozca el mundo menos que yo. 293

VÍCTOR. Se lo cuento a usted, porque es verdad y porque ha deseado saberlo. Vivo de esa ilusión y con ella moriré. Es la savia de mi existencia. No comprendo la vida sin la continua presencia de mi ídolo aquí (*En la mente.*), y aquí la llevo, y aquí la adoro, criatura sin semejante, prodigio de la Naturaleza, trasunto de la divinidad . . . 302

ROSARIO. Ja, ja, ja . . . Pero, hombre, dígame usted quién es esa diosa. Quiero saber quién es. ¿Acaso la conozco?

VÍCTOR. Perdone usted mi atrevimiento, que viene a ser la compensación de mi insignificancia. Quien nada es, ni nada tiene, ni nunca será nada tal vez, bien puede permitirse el don de la sinceridad, de la claridad. 311

ROSARIO. No, si la sinceridad me gusta muchísimo. Es el mayor de los goces para quien ha vivido tanto tiempo en un mundo de ficciones y mentiras. 315

VÍCTOR. (*Con entusiasmo.*) Bendita sea la boca que tal dice.

ROSARIO. (*Impaciente.*) El nombre, venga el nombre.

VÍCTOR. ¿Para qué? 320

ROSARIO. Pronto . . . ¿quién es?

VÍCTOR. No, no.

ROSARIO. Mire que si usted no lo dice, lo digo yo, y le pongo la cara colorada. La dama de quien usted ha hecho un ídolo en tonto . . . (*Pausa.*) soy yo. 326

VÍCTOR. ¡Oh!

ROSARIO. Lo adiviné al momento. ¿Cree usted que yo no he leído novelas?

VÍCTOR. Señora, observe usted que nada pretendo; que no tengo esperanzas, ni las tendré nunca. 332

ROSARIO. Naturalmente.

VÍCTOR. Y si lo que sabe le parece

monstruoso, aplásteme con su indiferencia. 336

ROSARIO. (*Siempre con gracejo.*) Hombre, tanto como aplastarle . . . Nadie se ofende por ser ídolo . . . más o menos falso. 340

VÍCTOR. Y lo que he dicho no excluye el respeto más vivo. Yo le juro a usted que no hablaré más de . . .

ROSARIO. Sí: estas cosas no deben repetirse. Tanta poesía empalaga. Porque usted se cree socialista, y no es más que poeta; un poeta que quiere demoler el mundo y ponerme a mí de pasmarote [37] sobre las ruinas. ¡Qué gracioso! 349

VÍCTOR. No se cuide usted de mí; no me mire siquiera . . .

ROSARIO. ¡Pero, hombre, también prohibirme que le vea! Si delante se me pone . . . no voy a cerrar los ojos cuando usted pase . . . 355

VÍCTOR. Pues si mi existencia significa algo para usted, hágame su esclavo.

ROSARIO. Eso sí . . . Empecemos. (*Entra Rafaela por la derecha.*) Haga el favor de ayudar a mi criada . . . (*Señalando las bandejas de ropa que están sobre las sillas.*) 362

RAFAELA. (*Dándoselas.*) Toma. Es tarde . . . Ya están ahí los señores.

VÍCTOR. Mi padre, el abuelo. (*Sale por la derecha llevando ropa.*) 366

ROSARIO. (*Con admiración y acento de entusiasmo.*) (¡Atrevido como él solo!) (*Entran por el fondo don José y Rufina. Tras él, algo cohibido,[38] don César.*) 370

ESCENA XIV

DICHOS, DON JOSÉ, RUFINA, DON CÉSAR

D. JOSÉ. (*Presentando a Rufina.*) Mi nieta.

ROSARIO. ¡Qué linda! (*Se besan cariñosamente.*) 4

D. CÉSAR. (*Quedándose en el fondo hacia la derecha, contempla a Rosario*

---

[37] *de pasmarote,* " like a silly statue."

[38] *cohibido,* " embarrassed."

con arrobamiento. Avanza y hace una gran reverencia, a la cual contesta Rosario fríamente.) (¡Qué hermosa! ¡Brava mujer!) (*Entran de nuevo por la derecha Rafaela y Víctor en busca de más ropa.*) ¿Qué haces aquí? (*A Víctor con displicencia.*) A la fábrica pronto. Suspende el trabajo que te encargué . . . Y esta tarde puedes pasear. Pero lejos, lejos . . . 15

Víctor. (*Retirándose por la puerta derecha, segundo término.*) Bien, señor . . . Lejos iré, muy lejos . . .

D. José. (*A Rosario.*) ¿Y qué . . . comemos? Es la hora. 20

Rosario. (*Con prisa.*) Cinco minutos nada más. Salgo al instante. (*Corre hacia su cuarto.*)

D. José. Cinco minutos, niña. (*Gritando hacia fuera.*) ¡Lorenza, la sopa! 25

ACTO SEGUNDO

Terraza en casa de Buendía. Al fondo, una fila de manzanos y otros frutales, en *espalier*,[1] con un hueco al centro, por donde entran los que vienen de la huerta. En el forillo, paisaje rústico. Puertas laterales en primer término. La de la izquierda, cubierta de enredaderas, da paso a las habitaciones de servicio, cocina y despensa, y junto a ella hay un hueco de emparrado, que conduce al sitio en que se supone que está el horno. La de la derecha comunica con las habitaciones de los señores. A la izquierda, cerca del proscenio, una mesa grande que sirve para planchar y amasar. Dos sillas y una banqueta de madera.

ESCENA PRIMERA

Rosario, Rufina, Lorenza, *las tres con mandil. La primera plancha una camisola. Lorenza la dirige y enseña. Rufina apila en una banqueta la ropa planchada ya.*

Lorenza. Más fuerte, señora.

Rosario. (*Apretando.*) ¿Más todavía?

Lorenza. No tanto . . . ¡Ah! las pecheras de hombre son el caballo de batalla.

Rosario. ¡Qué torpe soy! 5

Lorenza. ¡Quiá! si va muy bien. Ya quisieran más de cuatro . . .

Rufina. No te canses. Lorenza concluirá. 9

Rosario. (*Fatigada, dejando la plancha.*) Sí . . . No puedo más. Hoy ya me he ganado el pan.

Lorenza. (*Planchando con brío.*) Concluyo en un periquete.

Rufina. Nosotras a guardar.[2] 15

Rosario. (*Apilando en una bandeja de mimbres almohadas y sábanas.*) Déjame a mí.

Rufina. No . . . yo . . . tú te cansas. 19

Rosario. Que no me canso, ea. ¡Qué placer llenar los armarios de esta limpia, blanquísima y olorosa ropa casera! . . . y ponerlo todo muy ordenadito, por tamaños, por secciones, por clases . . . (*Cogiendo la bandeja de ropa.*) Venga. (*Rufina le ayuda a cargársela a la cabeza.*) ¡Hala!

Rufina. (*Señalando por la derecha.*) ¡Al armario grande de allá! (*Sale Rosario por la derecha.*)

Lorenza. Parece que no; pero tiene un puño . . . y un brío . . . 31

Rufina ¡Ya, ya!

Rosario. (*Reapareciendo presurosa por la derecha.*) Ahora, las sábanas.

Rufina. Ahora me toca a mí. (*Cargando un montón de ropa. Vase por la derecha.*) 37

Rosario. ¿Y yo? Lorenza, dame la plancha otra vez. Me habéis acostumbrado a no estar mano sobre mano,[3] y ya no hay para mí martirio como la ociosidad. 42

Lorenza. Si estoy acabando.

Rufina. (*Por la derecha resueltamente.*) Conque . . . señora Duquesa de San

---

[1] *espalier*, French for *espaldera*, an arrangement for growing fruit trees, etc., against a supporting wall, for protection and earlier ripening.

[2] *Nosotras a guardar*, "And we shall put the linen away."

[3] *estar mano sobre mano*, "to remain with folded hands," "to be idle."

Quintín, concluyó el planchado. ¿Qué hacemos hoy? 47

LORENZA. Manteca.

ROSARIO. No: hoy toca rosquillas. Don José lo ha dicho.

RUFINA. Y ya mandé a Víctor que encendiera el horno. (*Lorenza recoge la última ropa, y la lleva adentro; después va retirando los utensilios de plancha.*) 54

ROSARIO. Hoy me pongo yo a la boca del horno, yo, yo misma . . . y ya verás . . . (*Indica el movimiento de meter la pala en el horno.*) 58

RUFINA. No . . . tú no sabes; no tienes práctica, y quemarás la tarea. Déjame a mí el horno. 61

ROSARIO. Bueno, bueno. (*Con inquietud infantil, haciendo movimiento de amasar sobre la mesa.*)

LORENZA. ¿Amasan aquí? 65

ROSARIO. Aquí, que está más fresco.

RUFINA. Y Víctor se encargará de llevarme la masa.

ROSARIO. ¿Pero le dejarán venir acá? 69

RUFINA. Si está ahí. (*Señalando a la huerta.*) Papá le ha mandado arreglar la esparraguera y replantar el fresal viejo.

ROSARIO. ¿Qué? ¿también entiende de horticultura? 74

RUFINA. De todo entiende ese pillo. (*Va hacia el fondo, y llama, haciendo señas con la mano.*) ¡Eh, Víctor! . . .

ROSARIO. ¡Eh, señor socialista, señor nivelador social, venga usted acá! 79

ESCENA II

DICHAS; VÍCTOR, *por el fondo.*

VÍCTOR. ¿Qué mandan las lindas proletarias?

RUFINA. Que te prepares. Necesitamos de tu co . . . operación revolucionaria y disolvente. 5

ROSARIO. Somos las hordas populares . . . Pedimos pan y trabajo; y como no nos dan el pan, lo hacemos; pero no para que se lo coman los ricos. 9

VÍCTOR. (*Riendo.*) ¿Van a hacer pan?

ROSARIO. Rosquillas, hombre, para el pueblo soberano. (*Señalándose a sí misma.*) 13

RUFINA. Y traerás aquí la tabla de amasar, las latas y todos los adminículos.

ROSARIO. Y luego usted se dignará llevar la tarea a la boca del horno.

VÍCTOR. Encendido está ya. Parece un corazón enamorado. Conviene esperar a que se temple. 20

ROSARIO. Con el frío de la sana razón.

RUFINA. Vuélvete a la huerta. No diga papá que te entretenemos.

VÍCTOR. (*Contemplando extático a Rosario.*) (¡Divina, sobrenatural mujer! . . . ¡Miserable de mí!) ¿Me llamarán luego? ¿Es de veras que me llamarán? 27

ROSARIO. Sí, hombre, sí.

VÍCTOR. Pues abur. (*Vase por el fondo.*)

RUFINA. ¡Qué guapo y qué simpático!

ROSARIO. Sí que lo es. Corazón grande, alma de niño. 33

LORENZA. (*Que ha entrado y salido repetidas veces en la escena, llevando los trastos de planchar.*) Señoritas, no olvidarme las gallinas. Es hora de darles de comer. 38

ROSARIO. Sí, vamos. (*Al ir hacia el fondo son detenidas por don José y el Marqués, que entran. Vase Lorenza por la izquierda.*) 42

ESCENA III

ROSARIO, RUFINA, DON JOSÉ, *el* MARQUÉS

D. JOSÉ. Aquí la tiene usted.

EL MARQ. (*Riendo de la facha de Rosario.*) Ja, ja, ja . . . Rosarito, ¿eres tú? ¡Increíble metamorfosis! 4

ROSARIO. (*Por don José.*) Aquí tienes al autor del milagro.

D. JOSÉ. ¿Qué cree usted? Se levanta a las cinco de la mañana.

EL MARQ. Justamente a la hora a que se acostaba en Madrid. 10

ROSARIO. ¿Y tú qué tal?

EL MARQ. Ayer me instalé en los baños, y mi primera visita en la gran Ficóbriga es para la nieta de reyes, hoy aprendiza de planchadora. 15

D. José. Se pasa el día de faena en faena; vida gozosa, entretenida y saludable.

El Marq. Sí que lo será. ¿Me admiten en la partida? 19

Rufina. Mire usted que aquí se trabaja de veras.

D. José. Diga usted que también se divierten, triscan y retozan. 23

Rosario. ¡Ay! ayer tarde, por el monte arriba, ¡qué espectáculo, qué pureza de aires, qué aromas campesinos! Nunca he sentido tan grande amor a la Naturaleza y a la soledad. 28

El Marq. Pues en los baños me dijeron que una tarde, al subir al monte, por poco te matas. 31

Rosario. ¿Yo?

Rufina. No fué nada.

D. José. Una torpeza[4] de Víctor. Ya le he reprendido. Empeñóse en llevar el burro por un desfiladero . . . 36

Rufina. No fué culpa de Víctor. ¡Vaya! ¡que todo lo malo lo ha de hacer el pobre Víctor! . . . 39

Rosario. Fué culpa mía. Yo, yo misma le mandé que me llevara por aquellos riscos. Por poco nos despeñamos, amazona, burro y borriquero . . . En fin, gracias al arrojo de ese valiente muchacho, no pasó nada. 45

D. José. Ni volverá a ocurrir. Ya tendrá cuidado.

Rosario. Y finalmente, Currito[5] Falfán, primo mío, vástago ilustre de la segunda rama de los Otumbas, ¿quieres ayudarnos a hacer rosquillas? 51

El Marq. (Riendo.) ¿De veras? . . . ¿Pero tú? . . .

D. José. Amasa que es un primor.[6] 54

El Marq. Ayudaré . . . a comerlas. Y acepto también la invitación de don José, que sostiene que no hay sidra como la suya . . .

D. José. (Ponderando.) Hecha en casa. ¡Verá usted qué sidra! 60

Rosario. Y ahora, al gallinero.

El Marq. Espérate, hija: tengo que hablarte. ¿Acaso valgo menos que las aves de corral?

Rufina. Quédate. Yo iré. (Vase por el fondo.) 66

ESCENA IV

Dichos, *menos* Rufina; Don César, *presuroso por el fondo; después* Lorenza, *por la izquierda.*

D. César. ¿No ha venido Canseco? . . . Hola, Marqués . . . (*Receloso y displicente.*) (¡Aquí otra vez este botarate!)

D. José. El notario no puede tardar. 4

El Marq. Dígame, don César, ¿es cierto que compra usted los dos caballos de tiro, y la yegua del Marqués de Fonfría, que hoy salen a subasta?

D. César. (*Con vanidad.*) Sí, señor . . . ¿Y qué? 10

D. José. ¿Pero te has vuelto loco? ¡Caballos de lujo . . . tú!

D. César. Yo, yo . . . El señor Marqués, tan perito en asuntos caballares, me dará informes . . . 15

El Marq. Con muchísimo gusto.

D. José. (*Asustado.*) ¿Pero te ha entrado el delirio de grandezas? César, vuelve en ti. 19

El Marq. Los dos de tiro, *Eclair* y *Néstor*, son de la yeguada de mi hermano, media sangre. La yegua, *Sarah* fué mía. Procede de las cuadras del Duque de Northumberland . . . pura sangre, fina como el coral, y veloz como el viento. (*Rosario limpia la mesa, y acaba de retirar algunos objetos que sobran.*) 27

D. César. Me dará usted, si no le molesta, la filiación exacta de los tres animales . . .

El Marq. La tengo en mi libro, y los

---

[4] *torpeza,* " a stupid bit of carelessness."

[5] *Currito,* one of the many familiar variants of *Francisco.*

[6] *Amasa que es un primor,* " She kneads exquisitely."

datos de alzada, edad . . . Compre usted sin miedo: es verdadera ganga.[7] 33

D. José. (*Inquieto.*) ¿Pero no es broma? . . . ¡Despilfarro mayor!

Rosario. (*Acercándose al grupo.*) Don César piensa poner coche a la *gran d'Aumont*,[8] para que se pasee por Ficóbriga Rosita *la Pescadera.* 39

D. César. Se paseará . . . quien se pasee.

El Marq. ¿Pero se casa? ¡Oh, Providencia! 43

D. José. (*Malhumorado.*) Como la elección no sea buena, vale más no pensar en ello.

Rosario. ¿Casarse? . . . Si dice que se va a morir pronto. 48

El Marq. Mejor para encontrar novia.

D. César. Todavía daré alguna guerra. (*A Rosario bruscamente, en tono afectuoso.*) Rosarito, no trabaje usted tanto, que se le estropearán las manos. 53

Rosario. ¿Y a usted qué le importa?

D. César. Me importa . . . puede importarme mucho. Y no debe andar usted tanto al sol si quiere conservar la finura de su cutis. 58

D. José. Si así está más bonita.

El Marq. Más pastoril, más campestre.

D. José. (*Regañón.*) A buenas horas te entra la manía de lo aristocrático. 62

Rosario. Cuando a mí me da por lo popular.

D. César. Rosarito de mi alma, no me lleve usted la contraria. Ya sabe que la quiero bien, que . . . 67

D. José. (*Incomodado.*) Ea, basta de bromas.

D. César. Si no es broma. (*A Rosario.*) ¿Ha tomado usted a broma lo que le he dicho? 72

El Marq. ¿Pero qué es ello? (*Bromeando.*) Don José, esto es muy grave.

D. José. Insisto en que mi hijo no tiene la cabeza buena. 76

D. César. Y hay más . . .

D. José. (*Alejándose airado.*) No quiero, no quiero saber más locuras. Tendría que tratarte como a un chiquillo. Marqués, ¿probamos o no probamos esa sidra?

El Marq. Estoy a sus órdenes. 82

D. José. Voy un instante a la bodega. Le espero a usted en el comedor. (*En la puerta mirando a don César.*) (¡Calamidad de hijo! ¡Ah, veremos, veremos quién puede más!) (*Vase por el fondo.*) 87

Lorenza. (*Por la derecha.*) El señor de Canseco.

D. César. Que pase a mi cuarto. (*A Rosario.*) Tengo que ocuparme de cosas graves. Hablaremos luego. (*Al Marqués.*) Dispénseme. No se olvidará usted de mandarme . . . 94

El Marq. ¿El registro de caballos? . . . Sí, sí. Descuide.

D. César. Hasta ahora. (*Vase por la derecha.*) 98

ESCENA V

Rosario, *el* Marqués

Rosario. (*Viendo alejarse a don César.*) ¿Has visto qué cócora de hombre?

El Marq. Juraría que se ha prendado de ti.

Rosario. Tengo esa desdicha. 5

El Marq. ¿Y se ha declarado?

Rosario. Salimos a declaración por día, en diferentes formas. Ayer, en una carta larguísima, fastidiosa y con muy mala gramática, me hizo proposición de casamiento. 11

El Marq. ¡Y tú! . . .

Rosario. ¡Cállate, por Dios! Te juro que antes me casaría con un albañil, con un peón, con un presidiario que con ese hombre. 16

---

[7] *ganga,* "bargain."

[8] *gran d'Aumont,* "daumont," a style of coaching introduced in France by the duc d'Aumont, in the period of the Revolution. The carriage or coach is drawn by four horses, guided by two postilions mounted on the near horses, with the usual coachman's seat suppressed; sometimes the coach is preceded by an outrider, with two footmen standing or seated in the rear.

EL MARQ. Bien dicho. Todo antes que esta dinastía de pasteleros enriquecidos. El que inventó las rosquillas debió de ser un excelente hombre. Pero la raza ha ido degenerando, y don César es rematadamente protervo. Tú le odias; yo más. 22

ROSARIO. No: yo más. Reclamo el privilegio. Las mordeduras de ese reptil han sido más venenosas para mi familia que para la tuya. 26

EL MARQ. ¡Ah! tú no sabes . . . No quiero hablarte de la humillación en que he vivido diez años, sufriendo sus perfidias, y sin poder defenderme. Luego, el maldito, con refinada hipocresía, afectaba una adhesión servil a mi persona; y después de jugarme una mala pasada, se deshacía en cumplidos y protestas de amistad . . . ¡Y qué solapada astucia para fiscalizar mis actos, qué actitudes de polizonte! . . . Nada, que no me dejaba vivir . . . Me seguía los pasos . . . Era mi sombra, mi pesadilla. ¿No te conté aquel caso? . . . ¡Ah! verás. Logró apoderarse de siete cartas mías, dirigidas a la Estéfani . . . 42

ROSARIO. Y se las mandó a tu mujer. Lo supe, sí.

EL MARQ. Tenía que enviar a Dolores una cantidad en billetes. Dentro del sobre puso las cartas. 47

ROSARIO. ¡Infamia mayor! ¿Y no le mataste?

EL MARQ. Me fuí a él como un tigre . . . Habías de verle y oírle, tembloroso, servil, queriendo encubrir la cobardía con la lisonja . . . Juróme que se había equivocado . . . que las cartas pensaba mandármelas a mí. En efecto: bajo otro sobre me mandaba una nota de réditos . . . 56

ROSARIO. Debiste ahogarle.

EL MARQ. Debí . . . sí . . . pero ¡ay! aquella noche necesitaba yo dos mil duros

. . . Cuestión de honor . . . cuestión de pegarme un tiro [9] si no los tenía. 61

ROSARIO. Comprendo . . . ¡ah!

EL MARQ. Y tuve que humillarme. Rosario de mi vida, nada envilece como cierta clase de deudas. No debas. Si para verte libre de tal suplicio necesitas descender en la escala social, baja sin miedo, cásate con un guarda de consumos,[10] o con el sereno de tu barrio. 69

ROSARIO. Tienes razón. He sido también esclava y mártir. Gracias a Dios, estoy libre . . . aunque pobre.

EL MARQ. Y ahora, prima querida, resuelto a no morirme sin dar a mi verdugo un bromazo como los que él me ha dado a mí, pongo en tu conocimiento que ya se la tengo armada. 77

ROSARIO. ¿Un bromazo? . . .

EL MARQ. Una equivocación de la escuela fina, del estilo de las suyas.

ROSARIO. Cuéntame . . . ¿Qué es eso?

EL MARQ. Una cosa tremenda . . .

ROSARIO. (Con vivo interés.) Pues dímelo. ¿Es algún secreto?

EL MARQ. Para ti no. 85

ROSARIO. ¿Qué harás, pues?

EL MARQ. (Temeroso de ser oído.) Destruir la ilusión de su vida. Ya sabes que anda por ahí un hijo . . .

ROSARIO. Sí: le conozco; está aquí. 90

EL MARQ. Por más señas,[11] demagogo, sectario de la Commune,[12] del ateísmo y del mismísimo infierno. Pues con todo, no será tan antipático como César. 94

ROSARIO. En efecto: no es antipático. No parece hijo de tal padre.

EL MARQ. ¡Toma! como que no lo es . . . como que no lo es . . . ¿Lo quieres más claro? 99

ROSARIO. (Estupefacta.) ¡Qué me cuentas! (Pausa.)

EL MARQ. Lo que oyes. Puedo probar-

---

[9] *cuestión de pegarme un tiro,* " a case of shooting myself."
[10] *guarda de consumos,* " guard in the customs service."
[11] *Por más señas,* " As further description."
[12] *Commune,* freely, " socialism " or " communism "; a reference to the Commune of Paris in 1871, an uprising which led to the so-called first " workers' republic " with a semi-socialist program.

lo. Es decir, lo que puede demostrarse es que la filiación del joven reformador de la sociedad es un enigma, una equis [13] . . .

ROSARIO. (*Con ardiente curiosidad.*) Explícame eso . . . ¿Pero es de veras que? . . . 108

EL MARQ. ¿Conociste a una tal Sarah Balbi?

ROSARIO. ¿Italiana, institutriz en la casa de Gravelinas? A mamá oí hablar de esa mujer. Ya, ya voy comprendiendo. Y don César la amó, y la creyó fiel . . . 114

EL MARQ. Rarezas, anomalías de los caracteres humanos.

ROSARIO. Un hombre que tan bien conoce la moneda falsa, que entre mil centenes buenos encuentra el malo, sólo con revolverlos sobre una tabla . . . ¡no conocer a Sarah! 121

EL MARQ. ¡Y tenerla por oro de ley! . . . Cegueras que impone el cielo como castigo. 124

ROSARIO. Pero tú, ¿cómo sabes? . . .

EL MARQ. Recordarás que hace pocos meses murió en casa el pobre Barinaga.

ROSARIO. (*Recordando.*) Coronel de ejército, figura noble . . . barba blanca . . .

EL MARQ. Por meterse en trapisondas políticas, acabó sus días en la miseria. Yo le recogí para que no fuera al hospital. [14]

ROSARIO. Ya, ya . . . Y ese infeliz tuvo amores con la italiana . . . 134

EL MARQ. Sí.

ROSARIO. Al mismo tiempo que don César.

EL MARQ. Dos días antes de morir, refirióme el pobre coronel su martirio. Porque verás. La amó locamente. Conservaba siete cartas de ella . . . ¡siete! fíjate en el número; siete cartas, que me entregó. 142

ROSARIO. ¿Y las tienes?

EL MARQ. Como que ellas serán el cartucho de dinamita que pienso poner en las manos del caballero de las equivoca-

ciones . . . ¡Ah! me faltaba decirte que Barinaga padeció el suplicio de los celos . . . 149

ROSARIO. De modo que la tal Sarah le engañaba también . . .

EL MARQ. Él lo creía, o lo temía . . . Era un misterio esa mujer . . . Misterio lleno de seducciones: me consta . . . Corramos un velo [15] . . . 155

ROSARIO. Sí, corrámoslo.

EL MARQ. En las siete cartas, que yo llamo *las siete partidas,* se ve bien claro que explotaba la ceguera de don César . . .

ROSARIO. Con el argumento de su maternidad. 161

EL MARQ. Que era en ella como una palanqueta para forzar aquella arca tan difícil de abrir. [16] 164

ROSARIO. ¡Horrible historia! ¡Y ese infeliz joven! . . . ¿Pero qué culpa tiene él? ¡Arrancarle su nombre, privarle de su fortuna! . . . No, no, primo; no hagas eso . . . déjale que . . . 169

EL MARQ. La cosa es grave. No creas . . . Yo también dudo a veces . . .

ROSARIO. (*Cambiando súbitamente de idea.*) ¡Oh, qué ideas me asaltan! Pues sí, debes . . .

EL MARQ. ¿Opinas que? . . . 175

ROSARIO. (*Rectificándose con espanto de sí misma.*) No, no . . .

EL MARQ. Entonces, ¿te parece que? . . . 179

ROSARIO. (*Después de vacilar, afirma de nuevo.*) Sí, sí . . . Siento en mí impulsos rencorosos, vengativos. Merece el tal don César un golpe duro, muy duro, y no seré yo quien le compadezca . . . Esta aversión la heredé de mi padre . . . 185

EL MARQ. Ya sé . . .

ROSARIO. La heredé también de mi madre. Ese hombre se permitió hacerle proposiciones amorosas, y colérico y vene-

[13] *una equis,* " an X," " an unknown quantity."
[14] *hospital,* " asylum," " poor house."
[15] *Corramos un velo,* " Let's turn over that page."
[16] Cf. the words of Don José regarding Don César's niggardliness in dealing with women (**I, x**).

noso, al verse rechazado con horror, la calumnió infamemente . . .   191

EL MARQ. ¡A quién se lo cuentas! . . . Dijo de ella . . .

ROSARIO. (*Indignada, tapándole la boca.*) Cállate.   195

EL MARQ. ¿Conque decididamente . . . *me equivoco?*

ROSARIO. (*Con firmeza.*) Sí, sí.

EL MARQ. Él me ha pedido la filiación de la yegua . . . que también se llama Sarah . . . ¡Bromas del Altísimo, Rosario! . . . Pues este cura . . . *se equivoca,* y en vez de meter en el sobre . . .   203

ROSARIO. Comprendido . . . (*Turbada y confusa.*) ¡Ay, no sé qué pensar . . . ni lo que siento sé! ¡Si supieras, primo, por qué camino tortuoso ha venido a tener este asunto para mí un interés inmenso!

EL MARQ. Sí, sí. Yo creo que en conciencia debemos . . .   210

ROSARIO. (*Con resolución.*) ¿Harás lo que te mande?

EL MARQ. ¿Qué es?

ROSARIO. Dame *las siete partidas.*

EL MARQ. ¿Y tú? . . .   215

ROSARIO. Déjame a mí.

EL MARQ. Te enviaré el paquetito con persona de confianza.

ROSARIO. Tomo sobre mi conciencia el cuidado y la responsabilidad de la *equivocación.* (*Sintiendo voces por la derecha.*) Chist . . . Creo que el patriarca te llama.   223

EL MARQ. (*Presuroso.*) ¡Ah! sí, la sidra . . . Quedamos en que te mando eso.

ROSARIO. Sí, sí.

ESCENA VI

DICHOS; DON JOSÉ, *por el foro; tras él* LORENZA

D. JOSÉ. Pero, Marqués, le estoy esperando . . .

EL MARQ. Allá iba . . .

D. JOSÉ. (*Registrando con la mirada toda la terraza.*) ¿No ha vuelto ese loco? (*A Lorenza.*) ¿Y César?   6

LORENZA. En su cuarto. El señor de Canseco ha salido: dijo que volverá.

D. JOSÉ. Ya . . . (Reconocimiento tenemos.)   10

EL MARQ. ¿Pero no sabe usted lo mejor?

ROSARIO. Que soy causa de su delirio, señor don José de mi alma.   14

D. JOSÉ. ¿Crees que no lo había comprendido? Hace días que me dió en la nariz el tufo del volcán.

ROSARIO. Yo, triste de mí, no le he dado el menor motivo.   19

D. JOSÉ. Ya me lo figuro . . . Hija mía, yo te suplico que hagas lo posible y lo imposible por quitarle de la cabeza esa idea caprichosa. Ni a él le conviene, ni . . .

ROSARIO. Claro, ni a mí.   24

D. JOSÉ. Yo deseo casarle con una mujer sencillota, sin pretensiones . . .

ROSARIO. Alianza muy natural. Y así aseguramos el negocio del pescado.

D. JOSÉ. No lo digas en broma. (*Receloso.*) (¡Si alentará ésta su locura! Estaremos en guardia.)   31

ESCENA VII

DICHOS; RUFINA, *por el fondo con una cesta de huevos.*

RUFINA. Hoy van ocho.

D. JOSÉ. (*Examinando embelesado los huevos, y mostrándolos al Marqués.*) ¡Vea usted qué hermosura!

EL MARQ. ¡Oh, sí!   5

D. JOSÉ. Y puede usted asegurar que no hay en el mundo gallinas tan ponedoras como las mías.

EL MARQ. Así lo proclamaré *urbi et orbi,*[17] y ¡guay de quien lo ponga en duda!   11

LORENZA. (*A Rufina.*) Señorita, la llave para sacar el azúcar.

---

[17] *urbi et orbi,* " to the city and to the world," i.e., " everywhere."

D. José. (*Asombrado.*) ¡Azúcar!

Rosario. Claro . . . para las rosquillas.

D. José. ¡Ah! ya.   16

Rufina. Tarea de cinco libras, abuelito.

D. José. Pues una libra de azúcar. Saca el azúcar y la canela. (*Tentándose los bolsillos.*) ¿Tienes tú las llaves? (*Rufina da las llaves a Lorenza.*) Libra y media de manteca, ¿sabes? . . . Primero separas las claras; bates bien las yemas con el azúcar, y cuando esté bien espeso, lo . . .

Lorenza. (*Interrumpiéndole.*) Si ya sé, señor . . .   27

D. José. Digo que haces tú la primera pasta, para facilitarles el trabajo . . . Anda. (*Vase Lorenza.*) Conque . . . señor Marqués, ¿vamos a probar la sidra?   31

El Marq. *Andiamo* [18] . . . y después me bajo al establecimiento. Conque abur. (*A Rosario.*) A trabajar se ha dicho. (*Con intención.*) Afinar bien la masa . . .   35

D. José. En marcha. (*El Marqués le da el brazo. Vanse por el fondo.*)

ESCENA VIII

Rosario, Rufina, Víctor; *después* Lorenza

Víctor. (*Que sale por la izquierda con una tabla de amasar, un rodillo y varias latas.*) ¿Dónde pongo esto?

Rosario. Aquí. ¿Y Lorenza, ha batido las yemas?   5

Víctor. En eso está. Las yemas y el azúcar: alegoría de la aristocracia de sangre unida con la del dinero.

Rosario. (*Con gracejo.*) Cállese usted, populacho envidioso.   10

Víctor. ¿Está mal el símil?

Rosario. No está mal. Luego cojo yo las aristocracias, y . . . (*Con movimiento de amasar.*) las mezclo, las amalgamo con el pueblo, vulgo [19] harina, que es la gran liga . . . ¿Qué tal? y hago una pasta . . . (*Expresando cosa muy rica.*)   17

Rufina. Pero ese pueblo, alias harina, ¿dónde está?

Rosario. ¿Y la manteca, clase media, como quien dice?   21

Víctor. Voy por la masa.

Rosario. Pero no nos traiga acá la masa obrera.

Rufina. Ni nos prediques la revolución social.   26

Rosario. (*Empujándole.*) Vivo, vivo.

Víctor. A escape. (*Vase por la izquierda.*)

Rufina. (*Arreglando la tabla de amasar y pasándole un trapo.*) ¡Qué bueno es Víctor!   32

Rosario. ¿Le quieres mucho?

Rufina. Sí que le quiero. ¡Qué hermoso es tener un hermano! ¿Verdad? . . .

Rosario. (*La mira fijamente. Suspira con tristeza. Pausa.*) Sí. (*Entra Lorenza con una jofaina y toalla, que pone al extremo de la mesa; detrás Víctor con la masa, que forma un bloque sobre una tabla.*)   41

Lorenza. Ya está todo mezclado.

Rosario. ¿Y bien cargadito de manteca?

Lorenza. Sí, señora. (*Pone la masa sobre la tabla y le da golpes con el puño.*)

Rosario. (*Impaciente.*) Yo, yo. (*Apartando a Lorenza, golpea la masa.*)   48

Lorenza. Antes de trabajar con el rodillo . . . así, así . . . (*Indica el movimiento de ligar con los dedos.*)

Rufina. Y le das muchas vueltas, y aprietas de firme para que ligue bien.   53

Rosario. (*Hundiendo las manos en la masa.*) Si sé, tonta. Vete tú al horno. ¿Está bien caldeado?

Lorenza. Hay que verlo.   57

Rufina. Vamos.

Rosario. En seguidita te mando masa. (*Vanse Rufina y Lorenza por la izquierda, segundo término.*)   61

---

[18] *Andiamo*, Italian for *Vámonos.*
[19] *vulgo* = *como vulgarmente se dice* or *comúnmente.*

ESCENA IX

ROSARIO, VÍCTOR

ROSARIO. (*Suspendiendo el trabajo.*) Gracias a Dios que estamos solos.

VÍCTOR. Cortos instantes de felicidad para mí, robados a la soledad y a la tristeza de este presidio. 5

ROSARIO. (*Trabajando de nuevo.*) Tengo que reñirle a usted, caballerito. Anoche, al volver de paseo por la playa con Rufinita y las sobrinas del cura, cuando se hizo usted el encontradizo,[20] me dijo usted cosas muy malas. He soñado con hordas populares desbordadas, con la guillotina y el saqueo . . . 13

VÍCTOR. Eso no va con usted.

ROSARIO. Porque soy pobre y nada tengo que saquear.

VÍCTOR. No es por eso. 17

ROSARIO. Vamos, que usted, cuando toquen a derribar ídolos, hará una excepción en favor mío. Porque este señor socialista escarnece sus ideas enamorándose locamente de una aristócrata. 22

VÍCTOR. Locamente, sí.

ROSARIO. ¡Traidor, desertor, apóstata! ¡Eso es burlarse de los principios! . . .

VÍCTOR. Pues me burlo . . . 26

ROSARIO. Abandona un imposible por aspirar a otro.

VÍCTOR. (*Vivamente.*) No, si yo no aspiro a nada. Sé que usted no puede amarme. 31

ROSARIO. Pues si no puedo amarle, domínese; coja usted su corazón, y haga con él (*Apretando la masa.*) lo que hago yo ahora con esta masa insensible. 35

VÍCTOR. Y después al horno de la imaginación . . .

ROSARIO. (*Vivamente.*) Eso es lo que le pierde a usted. 39

VÍCTOR. Al contrario, me salva. ¡Bendita imaginación! Mi único consuelo es cabalgar en ella y lanzarme por el espacio infinito, hacia la región de lo ideal, del pensar libre y sin ninguna traba. Deli-

rando a mi antojo, construyo mi vida conforme a mis deseos: no soy lo que quieren los demás, sino lo que yo quiero ser. No me importan las leyes, porque allí las hago todas a mi gusto. Me instalo en el planeta más hermoso. Soy rey, semidiós, dios entero; amo y soy amado. 51

ROSARIO. Basta. Eso me recuerda mi niñez, cuando, con mis amiguitas, jugaba yo a los disparates.

VÍCTOR. ¿Qué es eso? 55

ROSARIO. ¿Pero usted, de muchacho, no ha jugado a los desatinos? Es cosa muy divertida. Yo deliraba por ese juego. Vea usted: mis amigas y yo nos desafiábamos a cuál inventaba un disparate mayor; y la que sacaba de su cabeza un absurdo tal que no pudiera ser superado, ésa ganaba. (*La actriz determinará, conforme a la intención de cada frase, cuándo debe interrumpir y cuándo reanudar el trabajo.*) 66

VÍCTOR. ¡Qué bonito!

ROSARIO. Juguemos a los desatinos. A ver cuál de los dos inventa una cosa más disparatada.

VÍCTOR. Más imposible. 71

ROSARIO. Justo: la otra noche pensaba yo que era una hormiga, y que daba vueltas alrededor del mundo, siempre por un mismo círculo, hasta que al fin, con el roce de mis patitas, partía el globo terráqueo en dos . . . Imagínese usted el número de siglos que necesitaría para . . . 78

VÍCTOR. (*Riendo.*) Sí . . . ¡Qué gracioso! Pues yo he pensado un desatino mayor. Que usted y yo vivíamos en un planeta donde los vegetales hablaban. 82

ROSARIO. Y los animalitos echaban hojas.

VÍCTOR. En que nosotros éramos como arbustos que caminaban, y nuestros ojos flores que reían, y nuestras bocas flores que besaban . . . En aquel extraño mundo, usted no era aristócrata. 89

ROSARIO. Como que probablemente sería una calabaza, quizás una apreciable

---

[20] *cuando . . . encontradizo,* " when you met us as if by chance."

ortiga . . . ¡Bah! sus disparates no valen nada, amigo Víctor. Se puede inventar un despropósito incomparablemente mayor.

Víctor. ¿A ver?   95

Rosario. Un absurdo . . . vamos, que apenas se concibe. (*Pausa. Se miran un momento.*) Que yo, no en ese planeta donde hablan las hierbas, sino aquí, en éste, pudiera llegar a quererle a usted, a simpatizar con sus ideas primero, con la persona después . . .   102

Víctor. Señora Duquesa, ¿quiere usted que yo me vuelva loco?

Rosario. ¿A que no inventa usted una barbaridad como ésa?

Víctor. ¡Quererme usted . . . y! . . . Duquesa . . .   108

Rosario. Ea, ya me empalaga usted con tanto *Duquesa, Duquesa* . . . Si sigue usted tan fino, las rosquillas van a salirme muy cargadas de dulce. Llámeme usted Rosario.   113

Víctor. ¿Así, con toda esa llaneza?

Rosario. ¿Pero usted no sabe que la de San Quintín es también revolucionaria y disolvente? Sí, señor: creo que todo anda muy mal en este planeta; que con tantas leyes y ficciones nos hemos hecho un lío, y ya nadie se entiende; y habrá que hacer un revoltijo como éste (*Amasando con brío.*), mezclar, confundir, baquetear encima, revolver bien (*Haciendo con las manos lo que expresan estos verbos.*), para sacar luego nuevas formas . . .   125

Víctor. ¡Admirable idea! . . . Yo voy más allá.

Rosario. (*Vivamente.*) A donde va usted ahora, pero volando, es a ver si el horno está a punto.[21]   130

Víctor. Sí que estará.

Rosario. Vaya usted, le digo.

Víctor. (*Sonriendo.*) ¡Despótica! (*Alejándose.*)   134

Rosario. No soy yo la despótica, sino la masa, la soberana masa. (*Vase Víctor por la izquierda, segundo término.*)

---

21 *a punto*, " just right."
22 *placa*, " thin sheet."

ESCENA X

Rosario; *después* Rafaela

Rosario. (*Dejando de amasar, coge el rodillo para extender la masa.*) ¡Ay, Dios mío! (*Suspirando fuerte.*) ¡Si apenas me atrevo a decírmelo a mí misma! Pero es un hecho, y me lo digo, me lo confieso, me lo arrojo a mi propia cara . . . Las ideas de este hombre me seducen, me enamoran . . . No, no son las ideas; es la persona, es él . . . (*Ha extendido la masa formando una placa*[22] *sobre el tablero. Con el cuchillo saca una tira de masa. Suspende el trabajo, cogiendo entre los dedos un pedacito de masa, y trabajando maquinalmente, pensando en otra cosa.*) ¿Pero qué? Rosario, ¿no te avergüenzas de tu debilidad? ¡Enamorada de un pobre bastardo! . . . de un . . . ¡Ah! ¡si yo pudiera hacer un mundo nuevo, sociedad nueva, personas nuevas, como hago con esta pasta las figuritas que se me antojan! (*Examinando una figurita que ha moldeado rápidamente.*) No, no: hay que aceptar el muñeco humano como él es, como lo hicieron los pasteleros de antes . . . (*Deshaciendo la figurita y estrujando la masa.*) Aún no está bien ligada. (*Arrolla la placa y pasa el rodillo de nuevo.*) ¡Pobre Víctor! . . . ¡Qué destino el suyo! (*Quédase meditabunda, las manos en el rodillo.*)   30

Rafaela. (*Por el foro con un paquetito.*) De parte del señor Marqués. Encargóme que lo entregara en propia mano.

Rosario. ¡Ah! las cartas . . . Sarah . . . (*Sin poder cogerlo.*) Pónmelo en el bolsillo del delantal.   36

Rafaela. (*Poniendo el paquetito en el bolsillo.*) ¿Quiere la señora que le ayude?

Rosario. (*Volviendo a formar la placa.*) No, déjame sola. (*Vase Rafaela.*) Pues, señor . . . causa espanto mirar el abismo que se abre entre Víctor y don César. (*Coge el cuchillo y hace tiras de* masa. *Quédase meditabunda, y suspende el trabajo.*) ¿Me atreveré yo? . . . No . . . imposible . . .   46

ESCENA XI

ROSARIO; VÍCTOR *por la izquierda, segundo término.*

VÍCTOR. Dentro de dos minutos a punto estará.

ROSARIO. (*Distraída.*) ¿Quién?

VÍCTOR. El horno.   4

ROSARIO. (*Pónese a labrar las rosquillas, enroscando tiritas de masa.*) Rosario, date prisa.

VÍCTOR. Parecióme, al entrar, que hablaba usted sola.   9

ROSARIO. Sí; y decía que es gran simpleza sacrificarlo todo a la verdad, y que el supremo arte de la vida consiste en amoldarnos ciegamente a este cúmulo de ficciones que nos rodea.   14

VÍCTOR. No pienso lo mismo, y a toda mentira, cualquiera que sea su valor, le declaro guerra a muerte.

ROSARIO. ¿Ama usted la verdad?

VÍCTOR. Sobre todas las cosas.   19

ROSARIO. ¿Y sostiene que la verdad debe imperar siempre?

VÍCTOR. Siempre.

ROSARIO. ¿Aunque ocasione grandes males?   24

VÍCTOR. La verdad no puede ocasionar males.

ROSARIO. Muy pronto lo ha dicho. Está usted muy puritano.

VÍCTOR. Y usted muy preguntona.   29

ROSARIO. Otra preguntita. Quiero enterarme de todos sus gustos y aficiones. ¿Ama usted el dinero, las riquezas?

VÍCTOR. (*Desconcertado.*) Esa pregunta . . . hecha así . . . Pues según y conforme . . .   35

ROSARIO. Usted es enemigo del capital . . . De modo que le será muy desagradable ver al pícaro capital entrándosele por las puertas. Cogerá usted un palo, y . . .

VÍCTOR. Tanto como eso . . .   40

ROSARIO. Vamos, que eso del odio al capital es música,[23] sobre todo cuando el capital es propio . . . (*Víctor quiere hablar. Le impone silencio.*) Aguarde y déjeme concretar la cuestión. Usted tiene una riqueza en perspectiva, una posición, un nombre . . . Si perdiera todo eso, ¿lo sentiría?   48

VÍCTOR. Riqueza y pobreza serán igualmente buenas para mí si usted me quiere.

ROSARIO. ¡Quererle yo! ¿Volvemos al disparate imposible?   52

VÍCTOR. Volvamos a él, y dígame usted que es un imposible . . . posible.

ROSARIO. (*Mirándole fijamente.*) ¡Ah! Víctor . . . Entre usted y yo se alza un fantasma odioso.   57

VÍCTOR. (*Asombrado.*) ¡Un fantasma! . . .

ROSARIO. Sí; y para destruirlo, fíjese usted bien en lo que le digo, tendría yo que cometer un crimen.   62

VÍCTOR. (*Estupefacto.*) ¡Un crimen!

ROSARIO. Sí, señor: un crimencito . . . el crimen de Ficóbriga. (*Riendo.*) ¡Qué cara pone!

VÍCTOR. De veras no entiendo.   67

ROSARIO. ¿Pero usted no sabe una cosa? Que yo soy muy mala, pero muy mala.

VÍCTOR. Eso no. Es usted un ángel.

ROSARIO. Un ángel capaz de matar; el ángel del asesinato, como llamaron a Carlota Corday.[24]   74

VÍCTOR. (*Con creciente asombro.*) ¿Usted . . . usted capaz de matar?

ROSARIO. Sí.

VÍCTOR. ¿A quién?

ROSARIO. A usted.   79

VÍCTOR. (*Tomándolo a broma.*) ¿A mí? Pues bien: de esa mano acepto yo la muerte, siempre que me traiga también el amor.   83

---

[23] *música*, " nonsense," " hypocrisy."

[24] *Carlota Corday*, Charlotte Corday, the French girl who assassinated the tyrant Marat, in 1793.

Rosario. ¿Y no se enojará conmigo . . . si le mato?

Víctor. Nunca . . . Si lo duda, póngame usted a prueba . . . ¿Qué tengo que hacer yo? 88

Rosario. (*Presentándole una lata con rosquillas.*) Por de pronto, llevarme la primera hornadita . . . (*Alarmada al ver venir a don César por la derecha.*) ¡Ah! Don César . . . Disimulo. 93

ESCENA XII

Rosario, Víctor, Don César

D. César. (*Con sequedad, sorprendido de ver a Víctor.*) ¿Qué tienes tú que hacer aquí?

Rosario. No le riña usted. Yo le mandé venir. 5

D. César. Ocupación es ésta, señora mía, más propia de chiquillos y mujeres . . . Su criada de usted . . .

Rosario. La tengo ocupada en otras cosas. 10

D. César. Pues venga la Pepita. Y tú . . . lleva eso, y después . . . ya sabes: esta misma tarde quiero tener el proyecto de drenaje de la huerta de abajo. 14

Víctor. Bien . . . (*Retirándose.*) (¡Insoportable tiranía!) (*Vase por el fondo.*)

ESCENA XIII

Rosario, Don César

D. César. Entre usted y Rufina me tienen revuelta la casa con sus trabajitos de juguete y sus . . .

Rosario. A don José no le parece mal lo que hacemos. Pero si a usted le disgusta . . . 6

D. César. No, no. Usted manda aquí . . . Permítame que me siente. No puedo con mi alma.[25] (*Acerca una silla y se sienta junto a la mesa.*)

Rosario. Como me reprendía . . . 11

D. César. ¡Reprender, no! . . . Siga, siga usted, ya que tiene el mal gusto de rebajarse a menesteres tan impropios de su clase.

Rosario. (*Labrando las rosquillas con presteza.*) Ja, ja . . . ¿Ahora sale usted con esa antigualla de las clases? Fíjese en que soy pobre, don César . . . (*Suspirando.*) y hay que ir aprendiendo a ganarse la vida. 20

D. César. Y siguen las bromitas. Señora Duquesa de San Quintín, usted hará sus cuentas . . .

Rosario. Nunca he servido para la contabilidad. 25

D. César. Quiero decir, reflexionará . . . Porque usted ha de casarse.

Rosario. O no.

D. César. Si busca su segundo esposo en la aristocracia, es fácil que vuelva a caer en manos de un desdichado como Gustavito. Yo soy hombre poco simpático, así, a las primeras de cambio,[26] según dicen; pero después . . . ¡Oh, Rosarito! Yo la querré a usted con alma y vida; le daré una gran posición. 36

Rosario. ¿Sabe usted que he tomado asco a las grandes posiciones?

D. César. Fraseología.

Rosario. Digo lo que siento. ¡Vaya con don César![27] Al cabo de una vida consagrada a la usura, se le ha metido en la cabeza ser duque . . . Vamos, que si mi padre levantara la cabeza, y viera que usted me pide por esposa . . . 45

D. César. Pues se alegraría.

Rosario. Y si mi pobre madre resucitara . . .

D. César. También se pondría muy contenta. Ea, Rosarito de mi alma, olvidemos antiguas discordias . . . que nunca tuvieron fundamento. Dígame, por Dios, qué debo hacer para disipar esa aversión . . . 54

Rosario. Pues volver a nacer.

D. César. Seré su esclavo, y me amol-

---

[25] *No puedo con mi alma,* " I can't carry my own soul," i.e., " I'm all in."
[26] *a las primeras de cambio,* " at first acquaintance."
[27] *¡Vaya con don César!* " What a queer man this Don César is! "

daré a sus gustos y caprichos. Seré como esa masa blanda que usted coge entre sus deditos de rosa para hacer de ella lo que quiere. 60

Rosario. Sería usted muy duro de amasar.

D. César. Es que llevaría conmigo mucho azúcar. 64

Rosario. Azúcar . . . dinero . . . ¡Ay, don César: para endulzarle a usted no bastaría todo un océano de miel de caña!

D. César. Añadiríamos manteca superior, sentimiento, cariño, paz conyugal.

Rosario. No, no: siempre resultaría un bollo muy amargo. 71

D. César. (*Levantándose y dando un golpe en el suelo con la silla.*) ¡Diabólica pastelera, usted me vuelve loco! Juega conmigo como un gatito con un ovillo de algodón, y me enreda y me desenreda el alma, y me hace todo una maraña, un lío . . . y no sé lo que pienso, ni lo que siento . . . (*Con entereza.*) Ea, concluyamos.

Rosario. Eso quiero yo, concluir. 80

D. César. ¿Usted leyó mi carta?

Rosario. Ya lo creo.

D. César. ¿Y por qué no me contesta?

Rosario. Tenga calma. 84

D. César. ¿Más todavía? Me gustan las situaciones despejadas. Sí, o no . . . Lo contrario de usted, que, como aristócrata de lo fino, se pirra por[28] lucir el ingenio flexible, y marea, sí, marea[29] . . .

Rosario. Gracias. 90

D. César. No . . . si tengo de usted mejor idea de la que debiera tener . . . Creo firmemente que usted me contestará, que quizás ha escrito ya la contestación . . . 95

Rosario. Puede ser . . .

D. César. (Coquetea furiosamente, afectando despreciar lo que anhela . . . ¡Si entiendo yo a estas mujeres! . . .)

Rosario. ¿Qué dice? 100

D. César. (*Alardeando de sincero.*) Que usted juega conmigo . . . y con todo ese trasteo, me prepara una grata sorpresa. (*Acércase a la mesa, y apoyando las manos en ella, contempla a Rosario de cerca, endulzando la voz.*) 106

Rosario. ¿Grata sorpresa? . . . ¿Está seguro de ello?

D. César. Sí . . . Y usted me contestará con un sí muy redondo y muy bonito que me hará feliz . . . (*Reparando en el paquetito que Rosario tiene en el bolsillo del delantal.*) ¡Ah! . . . ¿Qué tiene usted ahí? . . . ¿una carta? . . . 114

Rosario. Puede ser.

D. César. (*Apartándose de la mesa.*) Ya, ya . . . Ésa es la contestación que deseo. Si soy adivino, Rosario . . . Soy, por desgracia, perro viejo en achaque de diplomacia femenina. 120

Rosario. Se conoce, sí.

D. César. Les calo la intención, les cojo al vuelo los pensamientos . . .

Rosario. ¡Qué pillín![30] . . . Pues adivíneme la respuesta que tengo aquí . . .

D. César. Pues . . . apostaría que accede . . . pero con mil circunloquios elegantes, y muchos tiquismiquis . . . El eterno procedimiento femenil. Mujer al fin . . . digo, dama. 130

Rosario. Lo mismo da.

D. César. (*Mostrando gran impaciencia.*) ¿Me permite usted que me acerque? (*Sin aguardar el permiso, acércase a Rosario y mira el paquetito, del cual asoma la mitad.*) Mucho abulta . . . Veo mi nombre . . . Letra del Marqués de Falfán.

Rosario. Si es un pliego que mi primo mandó para usted. 139

D. César. (*Descorazonado.*) ¿Lo de los caballitos? . . . ¿Por qué no me lo entrega?

Rosario. No puedo usar las manos.

D. César. Pues permítame cogerlo. (*Movimiento para coger el paquete. Ro-*

---

[28] *se pirra por,* " love to," " are dying to."
[29] *marea,* " you make one dizzy."
[30] *pillín,* " sly rogue," " smart dog."

sario, con súbito sobresalto, lo impide poniendo la mano sobre el bolsillo.) 147

Rosario. No. (*Pausa. Asombro de don César.*)

D. César. Pero . . .

Rosario. (*No me atrevo, no . . . Cúmplase el destino, y triunfe la mentira.*)

D. César. (*Muy serio.*) Si ese paquete no es más que lo que creo, ¿por qué no me lo entrega usted? 155

Rosario. (*Sin saber qué decir.*) Es que . . . (*Con una idea feliz.*) Acertó usted, don César. Aquí tengo mi contestación. La junté con los papeles que me dió el Marqués, y lo até todo con esta cinta encarnada. 161

D. César. (*Impaciente y nervioso.*) ¡Pues démela por Cristo!

Rosario. No, no.

D. César. (*Con acritud desdeñosa.*) ¿Tan atroz es lo que usted me dice?

Rosario. Naturalmente. Concreto mis agravios, como usted me pedía en su carta . . . 169

D. César. (*Mostrándose descarado y grosero.*) Y saca usted a colación el caso de su papá . . . Si su papá de usted, el noble Duque de San Quintín, tenía mucho que agradecerme a mí, sí, señora. Le libré de ir a la cárcel . . . Y no soy yo de los que dicen, ¡cuidado! que lo merecía . . . no soy yo, no . . . 177

Rosario. (*Nerviosa, balbuciente de ira.*) ¿Y por qué dicen que es usted tan rastrero como venenoso?

D. César. Y también me hablará usted de su madre . . . 182

Rosario. No la nombre usted. Sus labios manchan . . .

D. César. ¿Que manchan? . . . ¡Vamos, inocente! . . . ¿Usted qué sabe? 186

Rosario. (*Furiosa.*) Se atreve a repetir . . . ¡Oh, que no pueda una débil mujer ahogar al indigno! . . . (*Detiénese, sofocando la ira. Le mira con desprecio.*) Don César . . . no hablemos más. No merece usted consideración . . . ni lástima si-

quiera. (*Dándole el paquete.*) Tome usted eso. 194

D. César. Venga. (*Lo toma.*)

Rosario. Suplico a usted que me deje.

D. César. Bueno . . . Me retiraré . . . (*Dirígese a la puerta de la derecha y se detiene vacilante, como descontento de sí mismo.*) (¡Demonio! Estuve muy torpe . . . Me cegó la ira.) (*Queriendo reanudar la conversación.*) Rosario . . . 202

Rosario. Basta.

D. César. (*Humillándose.*) Pero usted . . . ¿ha tomado en serio lo que dije? (*Con hipocresía.*) Sin pensarlo, una palabra tras otra, me voy corriendo, desvarío, llego a la broma impertinente. (*Rosario se aparta, volviéndole la espalda.*) ¿Pero qué . . . no quiere oírme? (*Da algunos pasos hacia ella.*) Es que . . . mi cabeza está muy débil . . . del no dormir, del no comer. Confundo los recuerdos . . . Cualquiera se equivoca . . . y más un pobre enfermo . . . 215

Rosario. (La bajeza de sus disculpas ofende más que sus ultrajes . . .)

D. César. ¿De veras no quiere que le explique? . . .

Rosario. (*Con sequedad.*) No. 220

D. César. ¿Me guarda rencor? . . .

Rosario. (*Con desdén que tiene algo de compasión.*) Ya . . . no.

D. César. (*Alejándose hacia la puerta.*) Leeré su respuesta, y hablaremos luego. Usted ha de hacerme justicia. 226

Rosario. ¡Justicia! . . . De eso se trata.

D. César. (*Desde la puerta, mirándola con pasión.*) (Fierecilla indómita, yo te cogeré . . . aunque sea con trampa.) (*Vase.*) 231

ESCENA XIV

Rosario; Víctor, *que aparece por la izquierda, segundo término, momentos antes de salir don César, y se detiene acechando su salida.*

Víctor. Se fué . . . Paréceme que hablaban ustedes con cierta agitación. ¿Qué ocurre?

Rosario. (*Turbada y confusa.*) Nada, no . . .   5

Víctor. (*Cogiendo las latas.*) ¿Llevo esto?

Rosario. (*Se las quita.*) No, ahora no. ¡Dios mío, lo que he hecho! (*Lávase precipitadamente las manos en la jofaina.*) Víctor, perdóname. No, no me perdonarás . . . Imposible.   12

Víctor. (*Alarmado.*) ¿Pero qué? . . . ¿Qué hace usted? . . .

Rosario. Ya ves: lavarme las manos, como Pilatos [31] . . . digo, no: soy culpable . . . las tengo ensangrentadas.   17

Víctor. (*Sin comprender.*) ¡Rosario!

Rosario. ¡Ay, Víctor de mi alma! La verdad sobre todo . . . ¿No piensas eso tú?

Víctor. Sí.   22

Rosario. ¿Siempre, y en todo caso?

Víctor. Siempre, siempre.

Rosario. (*Dejando la toalla, corre hacia Víctor y le pone ambas manos en el pecho, interrogándole con mirar cariñoso.*) ¡Víctor!   28

Víctor. ¿Qué?

Rosario. ¿Me querrás siempre, siempre?

Víctor. (*Fascinado y sin saber qué responder.*) ¡Rosario!   33

Rosario. ¡Pero qué loca estoy, Dios mío! Le tuteo a usted . . . ¡Qué inconveniencia! [32]

Víctor. Es la verdad que hierve y sale . . .   38

Rosario. Sí, sí . . . Y ahora, vuelvo a repetir: ¿me querrá usted siempre, siempre, a pesar de? . . .

Víctor. (*Vivamente.*) ¿A pesar de qué? . . .   43

Rosario. De . . . de esto. Porque el cariño de usted es lo que más estimo en este mundo; y estoy condenada, sí (*Con vivísima emoción.*), a que usted me aborrezca.   48

Víctor. ¿Yo? . . . ¡Qué desvarío! ¡Pero qué! . . . ¿Llora usted?

Rosario. (*Secando sus lágrimas.*) No, no.   52

Víctor. (*Con pasión.*) Impóngame usted los mayores sacrificios, la esclavitud más dura; sométame a pruebas dolorosas. Este amor no me parecerá bastante puro y grande si no padezco por él agonías de muerte.   58

Rosario. (*Con profunda tristeza.*) No pida usted pruebas. Ya vendrán.

Víctor. Pero explíqueme usted . . .

Rosario. No puedo decir nada. Me voy . . .   63

Víctor. (*Queriendo detenerla.*) No . . .

Rosario. ¡Oh, déjeme usted! . . . Ahora voy . . . al horno. (*Con risa forzada.*) Ya ve usted, tengo que llevar . . . (*Señalando las dos latas de masa.*), y quiero ver cómo ha salido mi hornada . . . Adiós . . . adiós. (*Se aleja rápidamente por la izquierda, segundo término.*)   71

ESCENA XV

Víctor, *agitadísimo.*

Amor, sí, amor . . . Lo declara el centelleo de sus ojos, la vibración de su acento . . . ¿Me equivocaré? (*Confuso.*) No sé . . . (*Meditando.*) ¿Qué misterio es éste que revolotea invisible en torno de mí? . . . Rosario . . . esta casa . . . mi familia . . .   7

ESCENA XVI

Víctor, Don José

D. José. (*Por el foro.*) Me huele a tostado [33] . . . Esas locas han dejado pasar la tarea. ¡Ah, Víctor!

Víctor. (*Con vehemencia.*) Abuelo venerable, padre de mi padre, yo quiero ser otro: ya lo soy. Me declaro corregido, transformado . . .   7

---

[31] Galdós repeats this gesture in both the novel and the drama entitled *Doña Perfecta.*
[32] *inconveniencia*, " impropriety."
[33] *Me huele a tostado*, " I smell something burning! "

D. José. Bien; pero hay que probarlo.

Víctor. ¿Lo duda? Disponga usted de mis actos, y también de mis pensamientos. Abjuro de todas las ideas que a usted le repugnaban; me someto, me identifico con la familia que ha de recibirme en su seno . . . 14

D. José. Cabalmente, hoy pensaba tu padre . . . Ya está ahí Canseco con el acta . . .

ESCENA XVII

Dichos; Canseco, *por el foro; luego* Don César

Canseco. Mi señor patriarca . . . Señor don Víctor . . .

D. José. (*Reparando en el documento que Canseco saca del bolsillo.*) ¿Es el acta? 5

Canseco. Sí, señor. (*Se la entrega.*)

D. José. (*Llamando por la derecha.*) César . . . hijo mío.

D. César. (*Que sale por la derecha, expresando en su rostro confusión y cóle-ra, que difícilmente puede contener. Víctor y Canseco le contemplan aterrados.*) ¿Qué quiere usted, padre? 13

D. José. (*A don César, dándole el documento.*) Entérate. (*Don César le echa la zarpa y lo arruga convulsivamente.*) ¿Qué haces? 17

D. César. Lo que debo. (*Rompe el papel y arroja los pedazos.*)

D. José. (*Atónito.*) Pero, hijo, ¿qué es eso? 21

D. César. ¡Destruir, aniquilar! . . . ¡Oh, no, necio de mí! Fácilmente rasgo este papel . . . pero aquel oprobio, aquel engaño en que viví, ¿cómo romperlos y reducirlos a la nada? ¿Quién destruye el tiempo, quién los hechos aleves, la super-chería infame, mi obcecación estúpida? (*Aterrado mirando a Víctor que con-tinúa a la izquierda del proscenio en ex-pectación dolorosa y muda, y sin entender lo que ocurre.*) ¡Ah! . . . ahí está . . . ese fraude vivo, mi error de tantos años . . .

¡Su persona, que hasta hace poco me era grata, ahora me abochorna, me aterra! 35

Víctor. (¡Dios! ¿Qué dice?)

D. José. Hijo mío, tú deliras.

D. César. (*Con desvarío, los ojos espantados.*) Eso quisiera . . . delirar . . . soñar. Pero no, no. Ni aun me queda el consuelo de dudarlo. 41

D. José. ¿Qué?

D. César. (*Aparte a don José en voz baja y lúgubre.*) Es la propia evidencia, padre; la verdad viva. Es su letra, su fina escritura, bonita y pérfida; es ella misma, que sale del sepulcro, para revelarme su infame impostura. 48

Víctor. (*Comprendiendo por la acti-tud de don César que pasa algo muy grave, pero sin entender lo que es.*) ¿Qué misterio es éste? (*A Canseco que se aproxima.*) ¿Le habrán dicho algo de mí? Calumnia tal vez . . . 54

Canseco. (*Confuso.*) No sé . . .

Víctor. (*Dando dos o tres pasos hacia don César.*) Señor . . .

D. César. (*Con terror.*) No te acerques a mí. 59

D. José. Víctor, ¿has dado algún dis-gusto a tu padre?

ESCENA XVIII

Dichos; Rufina, Rosario, *por la izquier-da, segundo término. Rosario permanece junto al emparrado, y no avanza hasta que Víctor queda solo.*

Rufina. (*Corriendo hacia Víctor.*) Chiquillo, ¿qué haces? Nosotras aguar-dándote allá.

D. César. Hija mía, apártate de ese hombre. 5

Rufina. (*Asustada.*) ¿Por qué, pa-pá? . . .

Canseco. Don César no quiere que na-die se le aproxime. 9

Rufina. (*A su padre.*) Papá, ¿qué ha hecho Víctor?

D. César. (*Aparte a Rufina y a don José.*) Nada . . . Es inocente . . .

RUFINA. No entiendo. 14

D. JOSÉ. Yo sí . . . pero explícanos . . .

D. CÉSAR. (*Con gran desaliento.*) No puedo . . . la verdad me quema los labios . . . Imposible que yo declare mi afrenta. (*Cae desvanecido en un sillón.*) Me siento muy mal . . . yo me muero. (*Rodéanle todos, menos Víctor.*) Me falta valor para esta crisis de honra, de conciencia. No sé más que padecer, y maldecir mi destino, y culpar al cielo y a la tierra. (*Con inquietud nerviosa se incorpora en el sillón, sostenido por don José y Rufina.*) ¡Oh, siento que por mis venas corre fuego, hiel, vergüenza! . . . 28

VÍCTOR. (*Anonadado.*) ¡Pavoroso enigma! . . . ¿Pero de qué me acusan, vive Dios? (*Con rabia, cerrando los puños.*) ¿De qué debo acusarme? 32

D. CÉSAR. ¡Acusarte! . . . de nada, de nada . . . No, no digo nada, no puedo . . . Siento una cobardía que me abruma . . . No puedo, no puedo . . . 36

VÍCTOR. ¡Dios mío!

RUFINA. (*Abrazando a su padre.*) ¿Estás enfermo?

D. JOSÉ. Llevémosle adentro. 40

CANSECO. Y avisar al médico.

D. JOSÉ. Sí, sí.

D. CÉSAR. (*Conducido por don José, Rufina y Canseco.*) Hija mía . . . mi única verdad. (*La besa, llevándola abrazada.*) 46

D. JOSÉ. Vamos, ven. (*Vanse por la derecha.*)

ESCENA XIX

VÍCTOR, ROSARIO

VÍCTOR. (*Airado, corriendo hacia la derecha.*) No, no: yo quiero saber . . .

ROSARIO. (*Que avanza y le detiene.*) Aguarda. Lo sabrás por mí. 4

VÍCTOR. ¿Usted, Rosario, usted posee la clave de este horrible misterio?

ROSARIO. Sí.

VÍCTOR. ¿Y usted sabe? . . . ¡Oh, por lo que usted más quiera en el mundo, explíqueme! . . . Mi padre . . . 10

ROSARIO. No le des tal nombre.

VÍCTOR. ¿Por qué?

ROSARIO. Porque no lo es.

VÍCTOR. (*Con espanto.*) ¡Que no lo es! . . . ¡Que no soy! . . . 15

ROSARIO. (*Rápidamente.*) No me pidas más explicaciones . . . No eres culpable. (*Gravemente.*) Los culpables no existen . . . Dios les habrá tomado cuenta. 19

VÍCTOR. (*Cubriéndose el rostro.*) ¡Oh! . . . (*Déjase caer en una silla.*)

ROSARIO. La vida humana es caprichosa, y nos sorprende con bruscas revoluciones y mudanzas. ¿No caen los poderosos, los magnates y hasta los reyes? Pues si los grandes caen, ¿por qué no han de caer también los pequeños hasta hundirse y desaparecer en la nada? 28

VÍCTOR. (*Sin oír lo que dice.*) Las pruebas, las pruebas de eso . . . no sé lo que es. 31

ROSARIO. Son irrecusables.

VÍCTOR. (*Agitadísimo.*) ¿Quién ha manifestado a mi padre? . . . ¿a don César? . . . ¿quién . . . usted? ¿Con qué objeto, con qué fin? 36

ROSARIO. Con el de la verdad. Creí que no me acusaría por esto quien ama la verdad sobre todas las cosas.

VÍCTOR. (*Confuso.*) Sí; pero . . . 40

ROSARIO. ¡La verdad, siempre la verdad! ¿Cabe en tu condición moral usurpar un nombre y una posición que no te pertenecen? [34]

VÍCTOR. ¡Oh, eso nunca! 45

ROSARIO. ¿Y te causa pena la pérdida de esos bienes que creías poseer?

VÍCTOR. ¡Oh! sería un hipócrita si dijera que este golpe no me hiere en lo más vivo. Ahora, precisamente ahora, anhelaba yo nombre y fortuna para poder aspirar . . . 52

---

[34] Cf. Echegaray's *O locura o santidad* (1877) for a powerful treatment of this theme. A supposed offense of the same nature lies back of the estrangement of the two brothers in Benavente's *El nido ajeno* (1894).

Rosario. ¿A qué?

Víctor. (*Con grande abatimiento y amargura.*) ¡Y me lo pregunta! ¡Con qué crueldad pone ante mis ojos, prolongada ya hasta lo infinito, la distancia que nos separa! 58

Rosario. (*Cariñosamente.*) Víctor, resígnate . . . ¡Cuántas veces, charlando conmigo, protestabas de las jerarquías sociales, maldecías la propiedad, y hasta los nombres, ¡los nombres! vanos ídolos, según tú, ante los cuales se inmolaban a veces los sentimientos más puros del alma! Pues bien: ya se ha realizado tu ideal, ya no tienes propiedad, ya no tienes nombre, ya no eres nadie. 68

Víctor. (*Rehaciéndose.*) ¿Nadie? . . . ¡Oh! no tanto, no tan bajo. (*Levántase bruscamente.*) Fuera flaquezas impropias de mí. Pasó, pasó la tremenda conmoción de la caída. Aún vivo; soy quien soy. (*Con gran entereza.*) Acepto con ánimo tranquilo las situaciones más difíciles y abrumadoras. No temo nada. El abismo en que caigo no me impone pavor, ni sus soledades tenebrosas me hacen pestañear . . . Creí poseer los bienes de la tierra, todos, todos: los que dan paz y recreo a la vida, los que estimulan la inteligencia, los que halagan ¡ay! el corazón. ¡Sueño, mentira! Mi destino lo quiere así . . . ¡Destino cruel, durísimo! (*Con bravura.*) Pues con todas sus durezas y crueldades, yo lo acepto, lo afronto, me abrazo a él para seguir viviendo . . . Adelante, pues . . . ¿Qué soy . . . nadie? Bien . . . soy un hombre, y me basta. 89

Rosario. Un hombre, sí, de inteligencia poderosa, de firme voluntad.

Víctor. ¡Mi voluntad! Ahí tiene usted el único bien que me queda. 93

Rosario. (*Con intención.*) ¡Y algo más!

Víctor. Me queda un triste amor sin esperanza, ahora con menos esperanza que

nunca . . . (*Con gran vehemencia y profunda curiosidad.*) Pero dígame usted, Rosario de mi vida, por amor de Dios, ¿qué interés tenía usted en revelar a mi padre, a don César, eso . . . eso? . . . no sé lo que es. 103

Rosario. ¡Un interés grande, inmenso!

Víctor. ¿Cuál?

Rosario. (*Cohibida.*) Que yo quería decirte . . . 107

Víctor. (*Con ansiedad.*) ¿Qué?

Rosario. Una cosa que no podía decirte siendo hijo de ese hombre, que aborrezco. Entre el padre apócrifo y el hijo postizo, he abierto un abismo infranqueable. (*Transición de ternura.*) Y ahora que estás solito en el mundo, ahora que no tienes sobre ti la sombra execrable de don César de Buendía, puedo decirte que . . . 117

Víctor. ¿Qué?

Rosario. (*Con arranque de amor y entusiasmo.*) Nieto de Adán, desheredado de la fortuna, huérfano . . . del mundo entero, pobrecito mío . . . (*Pausa: clava los ojos en Víctor. Éste, abriendo los brazos, va hacia ella.*) te quiero . . . 124

Víctor. ¡Alma mía!

Rosario. ¡Amor de mi vida! (*Se abrazan. Telón rápido.*)

ACTO TERCERO

La misma decoración del acto primero.

ESCENA PRIMERA

Lorenza, *arreglando la habitación;* Rufina, *que entra por el fondo, con sombrero y traje de calle.*

Rufina. ¡Qué animación, qué alegría! . . . ¡Cómo está de gente [1] esa plaza, y todo el prado de San Roque, y la calzada de Lantigua hasta el santuario! 4

Lorenza. Sí, sí: pocos años se ha visto tan concurrida como éste la romería de Nuestra Señora del Mar.[2] ¡Ay, mi 15 de

---

[1] *¡Cómo está de gente!* . . . "How crowded is . . . ! "

[2] Another of the popular religious festivals which, like that in honor of Nuestra Señora de la Barca described in *Consuelo* (III, ii), have lost a good part of their purely devotional significance.

agosto, fiesta grande de Ficóbriga, quién te conoció en aquellos tiempos! . . . Hoy todo se vuelve bullangas, borracheras, comilonas, mucha gente de tierra adentro y de mar afuera . . . pero devoción . . . lo que se llama devoción . . . eso que no lo busquen, porque no lo hay . . . Y qué . . . ¿llegaron las señoritas hasta la ermita? 15

RUFINA. Trabajillo nos costó romper por entre la muchedumbre . . . ¡Qué oleaje, qué remolinos! . . . Pero al fin llegamos, y ofrecimos a la Santísima Virgen los tres ramos de flores: los dos nuestros, y el tuyo. (*Inquieta, mirando a la derecha.*) Pero esta Rosario . . . 22

LORENZA. ¿No entró contigo?

RUFINA. No: yo creí que había llegado antes.

LORENZA. No la he visto entrar. 26

RUFINA. En el prado de San Roque me entretuvieron, charla que charla,[3] las niñas de Lantigua. ¡Ay, qué picoteras! Cuando de ellas pude zafarme, Rosario no estaba al lado mío . . . La busqué por los puestos y barracas de la feria, y nada. La señora Duquesa de San Quintín, sin parecer por parte alguna . . . Creí que se habría adelantado y que la encontraría aquí. 36

LORENZA. (*Alarmada.*) ¿Se habrá perdido entre el barullo de gente, y no sabrá volver a casa?

RUFINA. ¡Quiá! . . . ¿Ésa? Sabe llegar adonde quiere. No se pierde, no. 41

LORENZA. ¿Pero qué mala hierba ha pisado[4] mi señora la Duquesa? . . . Ya no madruga, ya no trabaja; se pasa las mañanas cogiendo florecillas silvestres, y las noches haciéndole cucamonas a la luna, y contando las estrellas por ver si alguna se ha perdido. 48

RUFINA. Rarezas de su carácter.

LORENZA. Rareza es, y de las gordas, poner esa cara de entierro, teniendo mo-

tivo para estar más contenta que unas pascuas. 53

RUFINA. ¡Bah! . . . ¿Ya empiezas?

LORENZA. Sí . . . Que estamos acá poco enterados . . . Si en el pueblo no se habla de otra cosa.

RUFINA. ¿Qué . . . qué dicen? 58

LORENZA. Que pronto serás hijastra de una excelentísima señora.

RUFINA. Quita, quita. No digas desatinos. ¿Tú qué sabes? . . .

LORENZA. Más que tú.

RUFINA. Lo ocurrido en casa tú no lo entiendes, ni puedes entenderlo. 65

LORENZA. (*Por sí misma.*) (A fe que es tonta la niña.) (*Con misterio.*) Desde el día de la revolución de casa . . .

RUFINA. Cállate: no me lo recuerdes . . . 70

LORENZA. Desde el día en que repudiaron al señorito Víctor, dejándomele en la clase de pueblo soberano, ¡ay! en la casa de Buendía están pasando cosas muy raras. ¡Pobre joven! Cuando ya le íbamos tomando cariño, resultó que . . . 76

RUFINA. (*Melancólica.*) Que no es mi hermano. Para mí lo será siempre. Como a hermano le miré desde que vino a casa, y por tal le tendré mientras viva. Cuando sea monjita . . . y cada día me atrae más la vida religiosa . . . rezaré por él mañana y tarde, pidiendo al Señor que le conceda alguna felicidad . . . de la poquita que anda por esos mundos. 85

LORENZA. Bien se lo merece, ¡ángel de Dios! Nunca me olvidaré de aquella tarde en que le ví salir de casa para no volver más . . . Y no creas que iba caidito y con los humos aplacados[5] . . . Lo que dije: para pueblo, paréceme demasiado altanero. 92

RUFINA. (*Con interés.*) ¿No has vuelto a verle?

LORENZA. No.

---

[3] *charla que charla,* " chatting incessantly."
[4] *¿Pero qué mala hierba ha pisado?* . . . " But what has got into . . . ? "
[5] *con los humos aplacados,* " with the wind taken out of his sails."

Rufina. Dime la verdad.

Lorenza. Te juro que no. 97

Rufina. ¿Y no has sabido nada de él?

Lorenza. Ni esto. Yo pregunto a cuantos obreros conozco, y ninguno me da razón. 101

Rufina. ¡Cosa más rara!

Lorenza. Se habrá ido por esos mundos . . .

Rufina. No, no. Está aquí. Canseco debe saber dónde, porque el abuelito y papá le han dado el encargo . . . esto me consta: lo he oído yo . . . han dado a ese señor notario, tan diligente como oficioso, el encargo de proponerle . . . 110

Lorenza. ¿Cómo? . . . ¿qué?

Rufina. Verás. Yo le pedí por Dios al abuelo que no abandonara al pobre Víctor, y él . . . ¿a que no me aciertas lo que ha discurrido nuestro adorado patriarca? Pues . . . regalarle la *Joven Rufina*, que ya está lista para darse a la vela, bien cargadita de mineral, y con víveres para dos meses. Anoche le dijo al capitán que abriera registro [6] para Boston o Filadelfia, con cargamento a la orden.[7] Le dan el barco a Víctor, con escritura en regla, a condición de partir inmediatamente. La nave y cuanto contiene es suyo, y al llegar a los Estados Unidos puede venderlo, y comprar terrenos en el Oeste, y hacer unas fincas muy grandes, muy grandes . . . 127

Lorenza. ¡Ay, qué señor! ¡Qué manera de estar en todo, y darle a cada uno su porqué! Es la mismísima Providencia. Y el otro, ¿acepta?

Rufina. Pronto hemos de saberlo, porque el capitán de la fragata quiere salir en la pleamar de mañana. 134

Lorenza. (*Apuntando una idea.*) ¡Ay! ¿Estará don Víctor a bordo?

Rufina. (*Vivamente.*) ¡Oh! . . . pues no se me había ocurrido . . . Hay que averiguarlo pronto, pronto. 139

Lorenza. Sí: por mi sobrino Juan, el contramaestre. (*Va hacia el foro.*)

Rufina. Oye. ¿Sabes que me inquieta la tardanza de Rosario? 143

Lorenza. Mandaré a Rafaela en su busca. (*Mirando por el fondo.*) ¡Ah! si ya está aquí. (*Entra Rosario por el foro. Lorenza se detiene al verla, como queriendo entablar conversación.*) ¡Buen paseíto, señora Duquesa! . . . 149

Rufina. Anda, anda a lo que te encargué, y déjanos.

ESCENA II

Rosario, Rufina

Rufina. ¡Gracias a Dios! ¿Pero dónde te metiste?

Rosario. (*Desasosegada.*) No me perdí, no . . . Es que . . . (*Con gran viveza.*) Dime, ¿sabes algo? 5

Rufina. Nada, hija.

Rosario. Y esa Lorenza, que todo lo sabe y en todo se mete, ¿no ha podido averiguar? . . .

Rufina. Todavía no. 10

Rosario. (*Inquietísima.*) ¡Qué ansiedad! Desde aquel día . . . que no olvidaré nunca, no hemos vuelto a verle ni a saber de él. ¿Por qué se esconde? ¿Es que huye de mí? 15

Rufina. ¡Oh, no!

Rosario. Sería mudanza inexplicable. Sus últimas palabras, al despedirse de mí y de esta casa, fueron de apasionada ternura, de cristiana entereza. No sé qué me llegó más al alma, si el cariño que me mostraba, o la fiera arrogancia con que afrontar quería la adversidad . . . Pero después . . . ahora . . . esta desaparición . . . esta fuga, si en efecto ha partido . . . No sé qué pensar . . . ¡Si vieras qué cosas se me ocurren! . . . 27

Rufina. ¿Qué?

Rosario. Que al encontrarse solo, su espíritu ha caído en el marasmo, en esa

---

[6] *que abriera registro,* " that he take out clearance papers."

[7] *a la orden,* i.e., made over in Victor's name.

pereza que ahoga los sentimientos nobles, dejando crecer la desconfianza, la malicia, el rencor. 33

RUFINA. ¡Oh, no creas eso!

ROSARIO. Bien pudiera ser que el amor que le inspiré haya sido ahogado por el sentimiento del mal que le hice. 37

RUFINA. Quita, quita: eso no puede ser. Más bien me inclino a creer que hayan torcido su voluntad las voces absurdas que corren por el pueblo. 41

ROSARIO. Que yo me caso con tu papá . . . ¡Ridícula invención!

RUFINA. De ello me hablaron esta tarde mis amiguitas, y cuantas personas encontré al volver a casa. Claro: si Víctor da en creer también . . . 47

ROSARIO. No puede, no debe creerlo . . . ¡Qué afán, Dios mío! . . . ¡Si al menos tuviera la seguridad de que llegó a sus manos la carta que ayer le escribí! 51

RUFINA. Se la dí al carretero de la fábrica, que de fijo [8] revuelve toda la villa y sus alrededores por encontrarle.

ROSARIO. ¡Quiéralo Dios! . . . Esta tarde, ¿por qué crees que me separé de ti en San Roque, cuando charlabas con tus amigas? Fué que me pareció ver entre el gentío de la feria . . . 59

RUFINA. ¿A Víctor?

ROSARIO. Habría jurado que era él. Corrí tras aquel rostro que se me apareció un instante en las oscilaciones de la multitud . . . No era, no. Movida de un impulso irresistible, me lancé a recorrer toda la feria, con la idea, con el presentimiento de que había de encontrarle. Entre el bullicio loco, en medio de aquel tumulto mareante, yo me deslizaba ligerísima: entra por aquí, sale por allá . . . Aquí bailaban, allá comían. Todos, viejos y niños, hombres y mujeres, respiraban el contento del vivir, esa alegría franca que no conocemos los que hemos nacido y vivido en un mundo artificioso, todo sequedad y formas

afectadas . . . que se sostienen con alambres . . . Yo no hacía más que mirar, mirar, mirar, toda el alma en los ojos, revolviendo con ellos el sin fin de caras de aquella muchedumbre hirviente de vida, humanidad fresca, con sangre, con músculos, con alma . . . Ví rostros atezados de marineros, con todo el ceño de la mar en sus ojos; caras de obreros, marcadas con el sello del carbón . . . ví aldeanos, trajinantes, diversa gente . . . pero ¡ay! entre tantas caras no ví la que buscaba. ¡Y yo confiada ciegamente en que la Virgen me concedería lo que le pedí! . . . ya ves . . . le pedí bien poca cosa . . . He sido muy desgraciada . . . he vivido en la aridez de la vida elegante . . . Le pedía que me concediera volver a ver al único hombre que ha sabido entrar en mi corazón . . . y quedarse dentro. 95

RUFINA. ¡Oh, bien puede concedértelo! Es que te equivocaste de ruta. En vez de ir al prado, debiste bajar hacia el puerto.

ROSARIO. Si fuí, tonta. Bajéme a la ría, y la recorrí desde la machina del mineral hasta la rampa [9] de los pescadores . . . Ví tres, cuatro, muchas lanchas que llegaban de la otra orilla, los palos engalanados con banderas, follaje y enormes matas de arbustos preciosísimos; venían llenas de peregrinos, todos con ramas de laurel y guirnaldas de flores para ofrecerlas a la Virgen . . . ¡Tampoco, tampoco allí! . . . Y aquella gente que desembarcaba gozosa, como si al poner el pie en tierra creyera descubrir un mundo, pasaba junto a mi pena inmensa sin advertirla. ¡Oh, mi pena, qué pequeña, qué diminuta, qué invisible para los demás, para el mundo entero . . . para mí qué grande! . . . 115

RUFINA. Tranquilízate. De hoy no pasa que sepamos . . . Por Dios, ten paciencia.

ROSARIO. Eso es lo que no puedo tener. Recomiéndame todas las virtudes; pero la paciencia no. 120

[8] de fijo, " assuredly."
[9] rampa, " ramp."

Rufina. Cuidado . . . Papá y el abuelito.

ESCENA III

Dichas, Don César, *dando el brazo a Don José*

D. José. ¡Ah, picaronas! ¿Habéis estado en la feria?

Rosario. Sí, señor; y hemos llevado flores a la Virgen. 4

Rufina. Y le hemos pedido que os dé a los dos muchísima salud.

D. César. ¿A mí también? ¿Han rezado por mí?

Rosario. Sí, señor . . . también por usted. 10

D. César. Gracias. Pero hasta ahora, la Virgen no le ha hecho a usted maldito caso, porque hoy no me siento mejor que ayer. 14

Rosario. Es que Nuestra Señora del Mar, este año, no está muy benigna que digamos . . . No concede nada de lo que se le pide.

D. José. ¿Van esta noche al baile del Casino? 20

Rosario. Yo no.

Rufina. Y si quisiéramos ir, ¿nos dejarías, abuelito?

D. José. ¡Ah, hijas mías, ya no soy el que manda aquí! ¿Sabéis la resolución que he tomado? 26

Rufina y Rosario. ¿Qué?

D. José. Pues . . . considerando que mi querido hijo tiene en poco la autoridad que ejerzo en esta casa desde hace más de medio siglo; considerando que se empeña en ir por caminos que no son de mi gusto, nos . . . abdicamos. (*Se sienta.*) 33

Rosario. ¿Es de veras?

D. José. (*Con seriedad.*) Sí. Y algo muy importante que yo debiera decirte hoy, él te lo dirá. Allá os entendáis vosotros. (*Don César habla aparte con Rosario; don José con Rufina.*) Él quiere perderse, y se perderá. 40

Rosario. Pero, don César, ¿todavía insiste usted?

D. César. ¿Cómo no? La constancia es mi único mérito. Insisto, sí. 44

Rosario. ¿A pesar de la reyerta desagradable del otro día?

D. César. A pesar de todas las reyertas pasadas, presentes y futuras.

Rosario. Creí que me guardaría usted rencor. 50

D. César. ¿Por qué? ¡Ah! por haberme revelado . . . Al contrario . . . si debo agradecerlo . . . Con intención o fines que no comprendo bien, usted me libró de un error afrentoso . . . Al herirme, me hirió con la verdad; y la verdad, dígase lo que se quiera, siempre se agradece . . . Ya ve usted que soy claro. Imíteme en la claridad, y dígame . . . 59

Rosario. (*Disgustada.*) Si le parece, dejemos para otra ocasión ese asunto. Tengo que escribir a mi familia . . . Estoy muy holgazana. 63

D. César. ¡Ingratuela! Siempre huyendo de mí.

Rosario. Hasta luego. (*A Rufina.*) ¿Vienes? (*Vanse por la derecha.*) 67

ESCENA IV

Don José, Don César

D. José. Por lo que veo, sus desdenes no te curan de tu loca inclinación.

D. César. Usted lo ha dicho: inclinación ciega, locura . . . No puedo remediarlo. Es mi temperamento, es mi carácter que se embravece con los obstáculos, mayormente cuando conoce que son más artificiosos que sinceros. Rabiando, rabiando está ella por amasar su nobleza sin jugo con la vulgaridad substanciosa de la casa de Buendía. Sólo que con habilidad suma regatea su consentimiento para obtener las mayores ventajas. 13

D. José. (*Levantándose airado.*) Repito que . . .

D. César. (*Flemático.*) Pero, padre, abdica usted, ¿sí o no? 17

D. José. (*Sentándose.*) ¡Ah, ya no me acordaba! . . . Haz lo que quieras . . . No digo nada. Me he metido en Yuste,[10] y desde mi humilde monasterio, asistiendo a mis propios funerales, veo cómo te las gobiernas solo. 23

D. César. Me las gobernaré como pueda . . .

D. José. Ya no intervengo más que para hacer cumplir una de las últimas disposiciones de mi reinado. Di: ¿vendrá pronto el amigo Canseco? 29

D. César. Le espero de un momento a otro.

D. José. Y nos dirá si ese pobre joven acepta o no . . . 33

D. César. ¿Pero usted lo duda? . . . ¿Qué más puede desear? . . . Pues no sé . . . Le damos, por su linda cara, un barco magnífico . . . 37

D. José. Sí, con todas las maderas podridas . . . Está como nosotros. En fin, sepamos si ese diligente notario . . .

D. César. (Que se acerca al foro como para dar órdenes.) En nombrando al ruin de Roma [11] . . . Aquí está ya. 43

ESCENA V

DICHOS, CANSECO

D. César. ¿Qué hay?

Canseco. (Enfáticamente.) Grande, estupenda novedad.

D. César. A ver . . . 4

Canseco. Entre paréntesis . . . (Estrechando con efusión la mano de don César.) Sea mil y mil veces enhorabuena, mi queridísimo don César.

D. César. ¿Por qué? 9

Canseco. Si en el pueblo no se habla de otra cosa . . . ¡Y cuán dichoso será para todos los habitantes de Ficóbriga el día en que vengamos a felicitar al excelentísimo señor Duque de San Quintín! . . . 14

D. César. ¡Oh . . . no hay nada todavía! . . . Podría ser . . . pero . . . En fin, amigo mío, ¿qué hay de? . . .

D. José. ¿Le ha visto?

Canseco. Sí, señor.

D. César. ¿Dónde vive? 20

Canseco. Pásmense ustedes. (Expectación.) ¿Se han pasmado ya?

D. César. Sí; pero sepamos . . .

D. José. ¿Dónde está?

Canseco. En la Virgen del Mar. 25

D. José. ¿En el santuario?

Canseco. En la rectoral, en la casa del cura.

D. César. ¿Don Florencio? 29

Canseco. Sí: ahora resulta que son muy amigos.

Rufina. (Asomada a la puerta de la derecha, oye las últimas frases.) ¡Ah! . . . (Vuelve a entrar en la habitación de Rosario.) 35

D. José. ¿Habló usted con él?

Canseco. Sí, señor. Más de media hora.

D. César. Por de contado, admite el socorro, y se embarcará inmediatamente.

Canseco. Pues no me ha declarado de un modo explícito su conformidad. 42

D. César. ¿Que no?

D. José. Pues . . .

Canseco. Vamos por partes. Me contó que, al día siguiente de su salida de esta casa, fué a Socartes,[12] llamado por un ingeniero belga, amigo suyo, y camarada de la escuela de Lieja. 49

D. César. ¡Ah, sí . . . Trainard, que es aquí cónsul de Bélgica!

Canseco. Acompañado de su amigo y de la señora de su amigo, regresó aquí esta mañana.

D. César. ¿Y qué más? 55

Canseco. Pues nada . . . Pretende que

<hr/>

[10] *Yuste*, a celebrated monastery in western Spain, near Plasencia, to which Charles V withdrew after his abdication in 1555. Legend has it that the emperor here rehearsed the ceremonies for his own funeral.

[11] *En nombrando al ruin de Roma (luego asoma)*, "Speak of the devil and he is sure to appear."

[12] *Socartes*, an imaginary mining district which serves as the setting for the author's novel, *Marianela*.

ustedes le concedan una audiencia, y en su nombre vengo a solicitarla.

D. José. ¡Audiencia, aquí!　　　59

D. César. No, no: aquí no tiene que poner los pies. No faltaba más . . . Dígale usted que no, que no.

Canseco. Según me indicó el interfecto,[13] tiene que manifestar a ustedes cosas de la mayor importancia . . .　　　65

D. César. ¡Bah, bah! . . . Que nos deje en paz.

Canseco. Presumo . . . no es que yo sepa . . . presumo que será algo referente a la triste revelación hecha por la señora Duquesa . . . Y, entre paréntesis, ya que hablo de la ilustre dama . . .　　　72

D. César. ¿ Qué?

Canseco. (Con misterio.) Pues . . . cuando en el curso de nuestra conversación salió a relucir el nombre de la señora Duquesa, noté en el rostro del Víctor una turbación, un sobresalto . . . vamos . . . al momento comprendí . . . ¿Para qué quiero yo esta perspicacia que me ha dado Dios? . . . Claro, como la nobilísima pariente de los señores de Buendía fué quien rectificó aquel gravísimo error de familia, es perfectamente lógico que el interfecto, víctima inocente de la manifestación de la declarante, haya cobrado a ésta un odio mortal . . . Conviene que estén ustedes prevenidos.　　　88

D. César. Pero qué . . . ¿se atrevería? . . .

D. José. No creo . . .

Canseco. A Segura llevan preso.[14] Adelantémonos con sabia previsión a cualquier trama diabólica que pudiera imaginar el deseo de venganza.　　　95

D. César. ¡Oh! es imposible . . .

Canseco. Yo no afirmo . . . sospecho . . . Pesimismos de curial que ha visto muchas picardías . . . Y, entre paréntesis, ¿qué contesto a la petición?　　　100

D. José. Eso tú.

D. César. Ya he dicho que no, resueltamente que no.

ESCENA VI

Dichos; Rosario, Rufina, por la derecha.

Rosario. (Desde la puerta.) ¿Es secreto lo que se habla?

D. César. No . . . pasen.

Canseco. (Adelantándose a saludarla.) Excelentísima señora . . . (Con misterio y oficiosamente.) No tenga usted miedo.　　　6

Rosario. ¡Miedo!

Canseco. Está usted segura . . . No hay cuidado. Aquí estamos todos para velar por su preciosa existencia . . . La única precaución que puede usted tomar es no salir de casa hasta que . . .　　　12

D. César. Pero si de una manera o de otra, el interfecto, como usted dice, ha de salir pronto de Ficóbriga . . . ¡Pues no faltaba más! . . .　　　16

Rosario. ¡Ah! ya sé de quién hablan.

D. César. Y ahora sale con la ridícula pretensión de que le concedamos una entrevista.　　　20

Canseco. Una audiencia . . . aquí.

D. José. Pretenderá un auxilio más positivo.

Rufina. Concédeselo, abuelito.　　　24

D. José. Yo no mando . . . Ése dispondrá . . .

D. César. ¡Recibirle aquí! ¡En mi casa!　　　25

Rufina. Papá . . . recíbele . . . ¿Qué te importa? . . . (A Canseco.) ¿Dónde está?

Canseco. Bien cerca de aquí. Vino conmigo hasta la puerta, y en los pórticos de la plaza está aguardando la resolución de los señores.　　　34

Rosario. (Aparte a Rufina.) Corre, llámale. (Vase Rufina por el fondo.) Por de-

---

[13] interfecto, literally, " a person who has suffered violent death "; here, " disinherited," " cut off." It will be recalled that Rosario herself had spoken of " killing " Victor, if the occasion arose.

[14] A Segura llevan preso, " One can't be too cautious." Cf. the saying, " Don Juan Segura vivió muchos años."

ber de conciencia, señor don César, y recordando la parte principal que tuve en un suceso . . . lamentable, estoy obligada a interceder por el desgraciado interfecto . . . Los señores de Buendía, tan hidalgos y generosos, deben . . . por lo menos oírle y enterarse de lo que pretende. 43

D. César. (*Excusándose.*) Rosario, yo siento mucho . . .

Rufina. (*Presurosa por el fondo.*) Ya está aquí. 47

Rosario. Que pase . . .

D. César. ¿Usted lo manda?

Rosario. Y usted lo aprueba. 50

D. César. Sea.

ESCENA ÚLTIMA

Don José, Don César, Rosario, Rufina, Canseco, Víctor. *Siéntanse todos. Don José a la derecha, teniendo a su derecha a Rufina, a su izquierda a Rosario; enfrente don César, y Canseco a su lado. Queda despejado el centro de la escena. Aparece Víctor en la puerta del foro, vestido de caballero, decentemente sin afectación de elegancia. Permanece un instante en la puerta, esperando que le manden pasar.*

D. José. Pasa. (*Víctor no se mueve.*)

Rufina. Dice el abuelito que pases. (*Adelántase Víctor, y saluda a los dos grupos con grave reverencia.*) 4

Rosario. (¡Dios mío, qué emoción! ¡No sé cómo componer mi rostro!)

Canseco. Ya ve usted. Los señores de Buendía, accediendo a mis instancias, han tenido la bondad de recibir a usted en esta casa. 10

Víctor. Bondad que agradezco infinito. Corresponderé a ella abreviando esta visita todo lo posible, porque mi presencia, lo reconozco, no puede ser agradable a todos los individuos de esta digna familia. 15

Rufina. (*A Víctor en voz baja.*) Siéntate . . .

Víctor. No . . . gracias.

D. César. (*Alarmado.*) ¿Qué ha dicho?

Víctor. Su hija de usted me invitaba a sentarme, y he respondido que no me canso de estar en pie. 22

D. César. Bien. Pues si tú deseas la brevedad, más la deseo yo. Me adelanto a tus manifestaciones diciéndote que si el socorro que pretendes, además del barco, es razonable . . . 27

Víctor. ¡Oh! no pretendo socorro, no. Ni lo necesito. Solo en el mundo, pobre, sin nombre, sabré encontrar un manantial de vida en medio del páramo que me rodea. Señores de Buendía, ni ustedes pueden darme auxilio, ni yo puedo aceptarlo. Un error nos unió. La verdad, o una apariencia de verdad, nos ha separado para siempre. Don César, corto con usted toda clase de relaciones, dejando sólo la gratitud, pues a usted debo mi educación, lo poco que sé, lo poco que valgo. 39

D. José. (*A Rosario.*) No está mal.

Rosario. Ya lo creo.

D. César. Entonces . . .

Canseco. (*Aparte a don César.*) No quiere auxilio. ¿Le digo que se siente? 44

D. César. No . . . (*A Víctor.*) ¿Pues qué quieres? No entiendo. Acaba, que tu presencia es tormento indecible para mí. Tienes el triste privilegio de sumergir mi alma en un estupor insano. Eres inocente del mal que me has hecho, y no puedo amarte; eres mi desilusión, y no puedo aborrecerte. Para curarme de este malestar horrible, es preciso que huyas de mí . . . (*Levántase.*), pero lejos, lejos, al último confín del mundo. 55

Canseco. (*Obligándole a sentarse.*) Calma, amigo mío . . . No excitarse sin motivo . . . Yo seguiré por usted. (*A Víctor.*) Lo que importa, caballerito, es que usted se ausente de Ficóbriga, y de España . . . y de Europa. Para eso, los generosos señores en cuyo nombre hablo, le regalan a usted un barco magnífico. 63

D. José. Eh . . . ahora entro yo. Eso es de mi reinado. Víctor, di pronto si estás dispuesto a embarcarte para los Estados Unidos en la nave que te doy.

CANSECO. Eso. 68

VÍCTOR. Agradezco con toda el alma la donación del venerable patriarca, y el interés que se toma por mí. Pero no acepto, no puedo aceptar. (*Estupor en todos.*)

ROSARIO. (*Con entusiasmo.*) (¡Oh, qué noble orgullo! Así te quiero.) 74

D. JOSÉ. ¿Pero de veras? . . . ¿Qué razones? . . .

RUFINA. (Mejor. Que se quede.)

ROSARIO. Es natural. Víctor no quiere privar al comercio de una embarcación tan hermosa, tan gallarda y tan segura.

VÍCTOR. La principal razón es que antes moriré que recibir de esta familia, que respeto, ni el valor de un alfiler. 83

CANSECO. Hola, hola . . .

D. CÉSAR. (¿Qué es esto?)

D. JOSÉ. Entonces . . . ¿qué quieres de nosotros? ¿A qué has venido? 87

VÍCTOR. A dirigir una pregunta a don César.

D. CÉSAR. ¡A mí!

ROSARIO. (¡Ahora es ella!) 91

VÍCTOR. Deseo que el señor don César desmienta o confirme . . . lo que me ha dicho el señor notario aquí presente . . . noticia, además, que corre de boca en boca por todo el pueblo. 96

CANSECO. (Ya sé . . .)

D. CÉSAR. ¿Qué?

D. JOSÉ. ¿Qué?

VÍCTOR. (*A don César.*) Deseo saber si es cierto que usted ha hecho proposiciones de casamiento a la señora Duquesa de San Quintín. 103

D. CÉSAR. (*Receloso y colérico.*) ¡Tú . . . tú! ¿Y qué te importa?

D. JOSÉ. ¡Atrevimiento igual!

D. CÉSAR. ¡Pero tú! . . .

VÍCTOR. Yo, yo. Pregunto a usted si son ciertas sus pretensiones, porque, sépanlo todos, ¡me opongo a ellas! 110

D. CÉSAR y D. JOSÉ. ¡Tú!

VÍCTOR. Yo, con toda la energía de mi voluntad, tan soberana como otra cualquiera, me opongo. La razón es bien clara. Amo a Rosario. (*Estupor y sobresalto.*

Don José y don César se levantan bruscamente.) 117

D. JOSÉ. ¡Jesús!

RUFINA. (¡Ay, Dios mío!)

D. CÉSAR. ¡Oh, qué ignominia! Calla, miserable. (*Mirando a Rosario y a Víctor con desvarío.*) ¡Rosario, Víctor! . . . ¡Horrible, horrible! ¡Y usted calla, usted no protesta! . . . 124

D. JOSÉ. (*A Rosario, volviendo a sentarse.*) Pero tú . . .

D. CÉSAR. Fuera de aquí. Rosario, confúndale usted con su desprecio.

D. JOSÉ. Pero habla, hija. 129

RUFINA. (*Pasando al lado de Rosario.*) Contesta, mujer. (*Rosario continúa sentada, inmóvil y silenciosa.*)

D. CÉSAR. Pero usted . . . al menos . . . ¿no se indigna de que ese desdichado? . . . (*Asaltado de una horrible sospecha.*) ¡Acaso! . . . ¡Dios, lo que pienso! (*Aterrado de su idea.*) Díganos usted que esta idea que ha fulminado aquí (*En la mente.*) es absurda . . . díganoslo pronto, pronto. 140

RUFINA. Habla.

VÍCTOR. (*Suplicante.*) Hable usted, por Cristo . . .

D. JOSÉ. A ver . . . di . . .

ROSARIO. (*Se levanta. Expectación en todos. Pausa. Con solemne acento pronuncia las palabras que siguen.*) Soy noble, nací en la más alta esfera social. De niña, enseñáronme a pronunciar nombres de magnates, de príncipes, de reyes, que ilustraron con virtudes heroicas la historia de mi raza . . . Pues bien: mi nobleza, la nobleza heredada, ese lazo espiritual que une mi humildad presente con las grandezas de mis antepasados, me obliga a proceder en todas las ocasiones de la vida conforme a la ley eterna del honor, de la justicia, de la conciencia. Yo privé a este hombre de todos los bienes de la tierra. Él cree que mi mano es la única compensación de su infortunio, y yo se la doy, y con ella el alma y la vida. (*Pasa al lado de Víctor.*)

D. César. (*Trastornado.*) ¡A él! ¡Amarle a él! . . . ¡Mentira! 165

Víctor. (*Con entusiasmo.*) A mí, a mí solo.

D. José. (*Rezando.*) En el nombre del Padre . . .

D. César. (*Abrumado, cae en el sillón.*) Yo estoy loco. El mundo se desquicia, el universo se rompe en pedazos mil . . . ¡Oh, oh! ¡La descendiente de reyes . . . el hijo anónimo de Sarah! . . . ¡Inaudita fusión, amasijo repugnante en que veo la mano de Lucifer! . . . ¡Oh, no! . . . ¡Díganme que es sueño, mentira! . . . 177

Canseco. Calma, serenidad, mi querido don César.

Víctor. Perdóneme usted . . . No es culpa mía . . . 181

D. César. Déjame. Has invadido mi casa, has entrado a saquearme, a llevarte mi dicha, mi esperanza. ¡Qué bien ha hecho Dios en demostrarme que no eres mi hijo! (*Canseco trata de calmar a don César.*) 187

D. José. (*Severamente, cogiendo a Rosario por una mano.*) Perturbadora de mi casa, si la demencia de mi hijo merece este desengaño, la tuya merece un manicomio. 192

Rosario. Sí, mi señor patriarca. Víctor y yo somos dos locos que nos lanzamos a la increíble aventura de buscar la vida y la felicidad en nosotros mismos. 196

D. César. (*A Canseco con ansiedad.*) ¿Qué dicen, qué hablan?

Canseco. Ella misma reconoce que está loca perdida. 200

D. César. (*Alto.*) ¡Y arroja al lodo su ducal corona!

Rosario. ¡Mi ducal corona! El oro de que estaba forjada se me convirtió en harina sutil, casi impalpable. La amasé con el jugo de la verdad, y de aquella masa delicada y sabrosa he hecho el pan de mi vida. 208

D. José. Y ahora, Víctor . . . puesto que no vas a América . . .

Víctor. Sí que voy.

D. José y Rufina. ¿Y tú? 212

Rosario. Yo también. Para completar su existencia, le falta una familia, un hogar ordenado y tranquilo, el cariño y la compañía de una mujer . . . y esa mujer seré yo, aquí, o en el último rincón del mundo. 218

Víctor. (*Abrazándola.*) Que será un cielo para mí.

D. José. ¡Alabada sea la infinita Misericordia! . . . 222

Víctor. Sí: pida usted el favor del cielo para estos pobres emigrantes.

D. César. (*A Canseco.*) ¿Qué dicen? . . . ¿De qué tratan? 226

Canseco. Nada . . . que, según parece, se van juntos al otro mundo. (*Don César presta atención a lo que sigue.*)

Víctor. Por mediación de un ingeniero belga, amigo mío, voy a una comarca industrial del estado de Pensilvania, en calidad de emigrante. Exígenme que lleve una familia, y ya la tengo. Nos embarcamos en el vapor de la *Mala Real,* que hace escala en este puerto. 236

Rufina. Llega esta noche.

Víctor. Y parte mañana.

D. César. (*Con desvarío.*) ¡Huye con él . . . le ama! . . . el Infierno arriba, en el zenit; el Cielo abajo, en los profundos abismos. 242

D. José. No podéis partir así.

Rufina. No tenéis tiempo de casaros.

D. José. Espérate, y . . .

Rosario. Después de lo ocurrido, no puedo permanecer aquí ni un momento.

Rufina. ¿Y adónde vas? 248

Víctor. El cónsul de Bélgica y su digna esposa nos albergan, y apadrinarán nuestra boda.

Rosario. ¡Oh, sí! 252

Víctor. (*Con entusiasmo, llevándose a Rosario.*) Ven, mi vida, mi ilusión, mi idea.

Canseco. (*Pasando al grupo del centro.*) Urge que se retiren . . . 257

Rosario. (*Despidiéndose de don José.*) Adiós.

D. José. (*Abatido.*) Adiós, hija mía. (*Rosario y Rufina, en el centro de la escena, se besan cariñosamente, permaneciendo un rato abrazadas. Después Rufina se despide de Víctor, el cual la abraza. En el transcurso de esta escena muda, don José, tomando la mano a Canseco, le dice:*) ¡Ay, qué desolación en mi familia! Mi hijo medio loco; mi nieta será monja cuando yo falte . . . Así concluye esta poderosa casa.   270

Canseco. De poco le ha valido a usted tanta administración.

D. José. (*A Rufina, que, después de la despedida, vuelve a su lado llorando.*) ¿Lloras?   275

Rufina. Sí . . . les quiero a los dos.

D. José. ¡Mi hijo . . . César! . . .

D. César. (*Levántase airado.*) Acábese esta pesadilla horrible . . . (*A Rosario y Víctor.*) Marchaos de aquí . . . (*Como buscando consuelo al lado de su padre.*) Padre, soy hombre concluído, sin ninguna ilusión, sin más esperanza que la muerte.

D. José. Ven acá. (*Echa un brazo a Rufina y otro a don César, formando estrecho grupo.*) Agrupémonos, para que nuestra soledad sea menos triste.   287

Rufina. ¡Se van para siempre!

Víctor. ¡A la mar, a un mundo nuevo!

Rosario. Volvamos la espalda a las ruinas de éste. (*Dirígense a la puerta del foro; se vuelven, abrazados, hacia la escena, y extendiendo el brazo que les queda libre, saludan con entusiasmo y alegría.*)   295

Rosario y Víctor. (*Al unísono, con voz clara y vigorosa.*) ¡Adiós!

D. César. Se van . . . Es un mundo que muere.

D. José. No, hijos míos: es un mundo que nace. (*Telón.*)   301

BENAVENTE

As Moratín represents the connecting link between the eighteenth and nineteenth centuries, so Jacinto Benavente fittingly ushers in the contemporary period of which he has been the outstanding figure. Born at Madrid in 1866, Benavente is the only living dramatist to have won recognition before the close of the past century. Since childhood he has had a passion for everything pertaining to the theatre. It is not surprising, therefore, that when left independent by his father's death in 1885 he renounced his law course, first to travel in England, France and Russia, where it is said that he served as circus manager, later to become a prolific playwright, who could fill on occasion the rôle of actor and director. In 1922, while on a triumphal tour of both Americas, he was awarded the Nobel prize for literature, and on his return he received a great public tribute at Madrid as " príncipe de los modernos ingenios españoles." He had already been elected to the Academy (1912). His path has not been all roses, however. The peculiar nature of his plays long kept him from achieving real popularity; and while competent critics have not hesitated to place him in the front rank of present-day European dramatists, others have been bitterly hostile.

Although Benavente is still active at this writing (1935), it is unlikely that the future will materially change the estimate that can now be made of him. The best of his non-dramatic work is found in the volumes entitled *Teatro fantástico* (1892), *Versos* and *Cartas de mujeres* (1893), *Figulinas* (1898), *De sobremesa* (1910–1916) and *Acotaciones* (1914). His plays, including a dozen translations and adaptations, now number well over one hundred, of astonishing variety and range. There could be no more delicate task than to attempt to analyze his complex art in a few lines. At the time his first play was performed in 1894 he had composed, he relates, ten or twelve works, of which one, *El nido ajeno,* was finally accepted " por menos mala." It will be recalled that Galdós had produced his first drama only two years previously, and that Echegaray was still the real monarch of the stage. There is a hint of Echegaray and a vague reminiscence of Tamayo's *Un drama nuevo* in *El nido ajeno;* but in most respects the latter recalls nothing that had gone before it. On the other hand, Benavente's second play, *Gente conocida* (1896), totally different in structure and tone, and the keystone of his characteristic manner, was actually written before *El nido ajeno;* although the critics, as Benavente maliciously observes, detected in it a great advance. Another early experiment, *El primo Román,* was staged, after revision, in 1901; it is suggestive of the later works of Martínez Sierra, or even of the Quinteros, in their sentimental moods, yet it contains some of the satirical, realistic elements of *Gente conocida.* From the first Benavente had more than one string to his lyre, and the order in which his plays were staged does not always indicate the order of their composition.

Broadly speaking, Benavente's theatre represents an art new to Spain. Few traces of the older national dramatists are to be found in it: Shakespeare and Molière have influenced him more than Lope and Calderón. His most immediate models have likewise been European rather than Spanish: Ibsen, Björnson and, particularly in his début, French writers like Lavedan, Donnay and Capus. But despite these and other influences, Benavente's art is ultra-personal. It has been criticized as non-dramatic because in the majority of cases action, character development and clash of passions are either non-existent or are subordinated to dialogue—to what Cejador regards as interminable " filosofía crítica de la vida " and " ingeniosas conferencias dialogadas." In this emphasis placed upon analysis of ideas and scorn for theatrical effects and conventions, Benavente's theatre is outwardly akin to that of Galdós. But Galdós often had more of a message than he could crowd into a play; if Benavente sometimes spins too finely and takes too long to get somewhere from nowhere, he is incomparably more deft in stage technique. Both are realists and skeptics in their way, but Galdós had more decided convictions; Benavente, the personification of elegance, malice and discretion, takes life less seriously; his satire, more ironical than pessimistic, is often destructive, yet it could be turned to noble purposes.

A glance at the list of Benavente's plays reveals the futility of attempting to classify them by periods. It may be said that in the plays of the first period (1894–1902) he is concerned chiefly with satirizing the middle and upper classes of Madrid; that in the next ten years he branches out in several different directions, producing works which betray more cosmopolitan interests and a trend toward the serious drama; and that thereafter he has continued to cultivate the previous types with an increasing tendency toward moralizing and symbolism. A clearer idea of his variety of interests and inspiration can be obtained by grouping under several main headings a few representative titles, arbitrarily proceeding from the lighter to the more serious themes without regard for chronology.

Light comedies of manners and character. To Benavente's lighter vein belong a considerable number of one-act playlets: *El marido de la Téllez* (1897), a racy picture of what goes on behind the stage, and *No fumadores* (1904). Longer comedies, almost farces, are *El tren de los maridos* (1902), *El automóvil* (1902) and *Las cigarras hormigas* (1905). On a higher level for their character portrayal are *Amor de amar* (1902) and *Al natural* (1903). The dramatic monologue is represented by *De alivio* (1897) and *Cuento inmoral* (1905); the *sainete*, of less popular flavor than with Ricardo de la Vega, is seen in *Modas* (1901). *Teatro feminista* (1898) and *La copa encantada* (1907) are *zarzuelas; Mefistófela* (1918) is a *comedia-opereta. La cenicienta* (1920) is a *comedia de magia.*

Children's theatre. An interest doubtless inspired by his father, a specialist in childhood diseases, led Benavente in 1909 to attempt the establishment of a children's theatre. This effort, renewed in 1912 and 1919, did not meet with lasting success, but it produced several delightful fantasies whose poetic charm and moral interest are by no means confined to young folk. Such are *El príncipe que todo lo aprendió en los libros* (1909), *Ganarse la vida* (1909) and *El nietecito* (1910).

Madrid society. It was as satirist of the middle and upper classes of Madrid society that Benavente first attracted attention. With this society he was thoroughly familiar, and he has exposed unmercifully, though without animosity, its vices and foibles. *Gente conocida* (1896) is typical of the whole group and of Benavente's art in general. In a succession of scenes without a real dénouement, he paints the corrupt manners of " lo mejor de Madrid," represented by the ruined aristocracy of birth and the new aristocracy of wealth. *La farándula* (1897) mingles aristocrats, high pressure politicians and newspapermen. *La comida de las fieras* (1898) and *Lo cursi* (1901) continue these studies of contemporary high-life.

Provincial life. Of the plays laid wholly or partly in the provinces, *La gobernadora* (1901) is the most important for its pitiless exposure of political intrigues and social hypocrisies, such as the life of a small-town capital affords. In a similar setting, though more farcical in character, is *El marido de su viuda* (1908).

The cosmopolitan theatre. With *La noche del sábado* (1903) Benavente inaugurated a series of plays in which reality and fantasy, satire, poetry and philosophy mingle in a pageant set in countries and periods impossible to define precisely, and peopled by a cosmopolitan society, seeking new thrills either by forgetting what they are or by feigning to be what they are not. *La princesa Bebé* (1905) typifies the pursuit of love and happiness through the flouting of conventions; *La escuela de las princesas* (1909), on the contrary, suggests that happiness may come through sacrifice and fulfillment of duty. *El dragón de fuego* (1904), a vast kaleidoscopic spectacle, opposes to the ruthless greed of the European powers the poetic virtues and vices of unenlightened peoples, who are crushed beneath the unwanted benefits of " civilization."

The comedy of masks. Outwardly more artificial than Benavente's previous plays is one generally regarded as the most perfect synthesis of his art. *Los intereses creados* (1907), presented as a *comedia de polichinelas*, is a " puppet-show " seen from the inside, with the familiar characters of the Italian *commedia dell'arte* come to life. Underlying the adventures of Leandro and his servant Crispín is the idea of the necessary union of good and evil in life. A sequel, *La ciudad alegre y confiada* (1916), provoked extraordinary enthusiasm on its first appearance; the public saw in it a patriotic appeal, but critics rate it less highly than *Los intereses creados*. The latter, played in this country in 1919 under the title of *The Bonds of Interest,* proved too subtle for the American taste, although a revival in 1929 was more successful.

The didactic play. Observers of Benavente in his first period naturally came to regard him as a cynic. Manuel Bueno, writing about 1902, concludes that Benavente, too intelligent to set himself up as an apostle, has no educative purpose, no thesis to prove; he knows that there is no remedy for anything, hence his moral indifference to suffering and misery. Yet there were already elements in *El nido ajeno* and *El primo Román* which suggested other sides of Benavente's nature. He never ridicules the unfortunates in life; he reserves his satire for those most worthy of it and best able to endure it. He himself once confessed that if any remorse pricked his artistic conscience, it was that he had frequently sacrificed art to preaching, a thing so necessary in Spain! Varying degrees of this tendency may be found in *Alma triunfante* (1902), a drama of love and renunciation, and *Rosas de otoño* (1905), somewhat akin to Martínez Sierra's *Primavera en otoño. Los malhechores del bien* (1905), like the recent *Pepa Doncel* (1928), assails the soulless charity which seeks to enslave its victims—a type foreshadowed in Galdós' *Marianela. La fuerza bruta* (1908) behind its drab picture of circus life preaches the happiness that comes through sacrifice; while *Por las nubes* (1909) is a realistic study of the discouraging economic conditions confronting the middle classes of Madrid, with emigration to South America offered as one solution.

Dramas of rural life. Although it has been claimed that Benavente knows neither the life nor the language of the rural districts, he has produced two plays which in setting, at least, give the illusion of reality. *Señora ama* (1908), his personal favorite, is a study of feminine psychology, of a woman whose resignation and melancholy pride in the face of the constant infidelities of her husband suddenly gives way to a fierce resolve to end all this for the sake of her unborn child. What seemed like a certain tragedy is replaced at the end by reconciliation and happiness—of doubtful permanence. In the sombre but powerful tragedy *La Malquerida* (1913), much acclaimed in this country as *The Passion Flower*, the enigmatical passion of a step-father and his step-daughter is perhaps given more melodramatic than artistic treatment.

Dramas of tragic passions. Benavente's many-sided repertoire is rounded out by plays of tragic character involving various social classes. In *Más fuerte que el amor* (1906), more truly tragic than the ending indicates, love, jealousy and maternal compassion struggle in an aristocratic *milieu; Los ojos de los muertos* (1907), the closest in spirit to Echegaray's manner, is a mystery drama unfolding within a bourgeois family; and *Los andrajos de la púrpura* (1930), is a tragedy of theatrical circles.

The bulk of Benavente's production falls outside the scope of this collection. *El nido ajeno,* however, affords an interesting opportunity to study his art in its beginnings. More conventional in form than the majority of his works, it nevertheless anticipates some of his later moods where a serious theme is treated neither didactically nor satirically. It already reveals his insight into the human heart and that poetic touch which is one of the most delightful if surprising features in a number of his works. If the influence of Echegaray is still discernible, the advance in the direction of sobriety and naturalness is striking; the structure of the play is simple, the action is free from melodramatic devices, the interest lies entirely in the penetrating study of characters. Perhaps this is why *El nido ajeno* did not attract more favorable attention on its first appearance: critics and public were still too much under the spell of Echegaray. Later, when Benavente's name had become established, the same play was highly praised in Italy and subsequently applauded on the Spanish stage.

Bibliography: *Teatro,* 38 volumes to date, Madrid, 1904–.

To consult: M. Bueno, *Teatro español contemporáneo,* Madrid, 1909; I. Goldberg, *The Drama of Transition,* Cincinnati, 1922; A. González-Blanco, *Los dramaturgos españoles contemporáneos,* Valencia, 1917; A. Lázaro, *Jacinto Benavente: de su vida y de su obra,* Madrid, 1925; H. M. Martin, Introduction to *¡A ver qué hace un hombre!* and *Por las nubes,* Century Co., New York, 1931; F. de Onís, *J. Benavente: estudio literario* (with important bibliography), New York, 1923; R. Pérez de Ayala, *Las máscaras,* I, Madrid, 1919; W. Starkie, *J. Benavente,* Oxford, 1924; J. G. Underhill, Translated plays, with introductions (4 series), New York, 1917–1924.

EL NIDO AJENO

Por JACINTO BENAVENTE

(1894)

PERSONAJES

María	José Luis
Emilia	Manuel
Luisa	Julián

La acción en Madrid. Época actual.

ACTO PRIMERO

Comedor elegante en casa de José Luis.

ESCENA PRIMERA

Emilia y Luisa, *entrando.*

Emilia. ¿Dice usted que no tardará en volver la señorita?

Luisa. No, señora. Salió a misa y de compras. Van a dar las once, la hora del almuerzo, y ya sabe usted la puntualidad de los señoritos. 6

Emilia. ¡Digo! No hay casa más ordenada. Ni más ni menos que la mía. ¡Mayor desbarajuste! Pero vaya usted a poner orden con cuatro chiquillos y los criados y las amas correspondientes . . . Aquí, ya se ve, el matrimonio solito, dos criados . . . Si no tendrán ustedes nada que hacer. 13

Luisa. No hay mucho trabajo.

Emilia. Y el señorito, ¿está mejor?

Luisa. Delicado, como siempre. La semana pasada tuvo uno de sus ataques, quedó muy resentido;[1] pero desde que llegó el señorito Manuel, parece que está más animado. 20

Emilia. ¡Cómo! ¡Llegó el señorito Manuel?

Luisa. Sí, señora; cuatro días hace.

Emilia. Sí, le esperaban de un día a otro. Pero me choca no haber sabido que estaba aquí . . . Mi marido ve en Bolsa todos los días al señorito, y es extraño que no le haya dicho nada. 28

Luisa. El señorito habla tan poco . . .

Emilia. Y ¿ha venido bueno?

Luisa. Muy bueno, sí, señora. ¿Usted no le conoce? 32

Emilia. Si hace tantos años que anda por esos mundos . . . Desde antes de casarse su hermano; y mi amistad en esta casa es por la señorita María. He oído hablar mucho de él, de sus viajes, de sus aventuras. ¿Se parece a su hermano? Dicen que es otro genio. 39

Luisa. No se parece en nada. Es muy simpático, buen mozo, muy alegre, muy cariñoso . . .

Emilia. Vaya, vaya. Con eso la casa estará más animada. 44

Luisa. Sí, señora; créalo usted. Hay más alegría, más animación . . . ¡Ah! la señorita. (*Viendo llegar a María. María entra, como de misa; mientras saluda a Emilia, Luisa le quita la mantilla, recoge el devocionario y demás prendas y se retira.*) 51

---

[1] *resentido,* " weakened."

ESCENA II

EMILIA y MARÍA

EMILIA. ¿Cómo estás, querida?

MARÍA. ¿Hace mucho que me aguardabas?

EMILIA. Un instante. Ya sé que estáis buenos, que llegó tu cuñado. 5

MARÍA. ¿Y tu marido y los chicos?

EMILIA. Buenos, todos buenos. Fernando muy ocupado. Ya vendrá conmigo a saludar a tu hermano político . . . ¿Tú apenas le conocías, verdad? 10

MARÍA. Le conocí cuando éramos niños. Ya sabes que su familia y la mía estaban muy unidas; su padre y el mío eran socios. Pero Manuel marchó de España tan joven . . . No esperábamos volverle a ver. 15

EMILIA. Dicen que ha hecho dinero por esas tierras.

MARÍA. ¡Un gran caudal! Él es muy emprendedor, la suerte le ha favorecido . . . 20

EMILIA. Sigue soltero, por supuesto.

MARÍA. Y sin intenciones de casarse, según afirma.

EMILIA. ¡Un tío rico y solterón! Pero vosotros, ¿en qué pensáis? No tenéis decoro si no le obsequiáis con una docena de sobrinos . . . ; si no queréis molestaros, en casa hay cuatro y allí no hay dinero ni herencias en perspectiva . . . ¡Bueno anda todo! 30

MARÍA. Manuel es joven, y figúrate si le faltarán proporciones.

EMILIA. En cuanto se enteren en Madrid os le secuestran. ¡Buenas andan las madres que tienen hijas! [2] El papel hombre [3] ha subido mucho. Antes, más o menos bonita una muchacha, a cierta edad, no le faltaba novio, bueno o malo. Nos cotizábamos a la par; pero ahora, hija, está el cambio por las nubes. Las madres debían hacer un empréstito al extranjero. 42

MARÍA. ¡Qué ocurrencia!

EMILIA. Y ¿qué es de tu vida? ¿Te has abonado al Real? [4]

MARÍA. No. ¿Para qué? El año pasado fuimos tres noches en toda la temporada; es tirar el dinero. José Luis está delicado, no tiene humor ni ganas de vestirse, le cansa todo . . . Ya sabes cómo es él. 50

EMILIA. Sí . . . ; pero, hija mía, hacéis una vida muy triste . . . metidos entre cuatro paredes. Siquiera [5] recibierais alguna gente . . . 54

MARÍA. A todo se acostumbra una, y yo no estoy acostumbrada a divertirme mucho. Bien lo sabes tú; en mi casa pasaba lo mismo. 58

EMILIA. En tu casa, siquiera, había tertulia los sábados. Se jugaba al julepe, se tomaba chocolate, iban nuestros novios.

MARÍA. Nuestros maridos hoy. 62

EMILIA. Y el tuyo fué el primero y el único. ¡Has sido siempre tan formal! Yo mariposeé un poco con aquel sevillano, ¿te acuerdas? Si me caso con él me luzco. [6] ¡Qué vida dió a su pobre mujer! Nosotras no podemos quejarnos. Tuvimos buen acierto. 69

MARÍA. ¡Ve una matrimonios tan desdichados!

EMILIA. Es un horror . . . Y los que, en apariencia, son muy felices, y si va uno a mirar . . . ¡Qué pendientes tan bonitos!

MARÍA. Regalo de mi cuñado. 75

EMILIA. ¡Preciosas perlas! Hija, la gente rica . . .

MARÍA. ¡Oh! Me ha traído preciosidades . . . Ya verás . . . (Dan las once.) 79

EMILIA. ¡Las once y no ha venido tu marido! (Suena la campanilla.)

MARÍA. Ya está ahí. (Toca un timbre.)

---

[2] ¡Buenas andan . . . hijas! " Mothers with daughters on their hands are in a fine predicament! "

[3] papel hombre, " man shares " (on the matrimonial stock-exchange).

[4] Real, i.e., el Teatro Real, the Opera house of Madrid.

[5] Siquiera, " If only." Just below, " at least," the usual meaning.

[6] Si . . . luzco, " If I had married him, I'd have got into a fine mess."

EMILIA. ¡La puntualidad misma! (*Entra Julián.*) 84

MARÍA. (*A Julián.*) Vea usted si se ha levantado el señorito Manuel y sirva usted el almuerzo en seguida. (*Sale Julián. A Emilia.*) ¿Quieres almorzar? 88

EMILIA. No, me voy corriendo. ¡Bueno andaría aquello si yo faltase! Venía a convidarte al teatro. Tenemos palco para el estreno de esta noche. 92

MARÍA. No sé si José Luis querrá que vayamos ... Ya te avisaré.

ESCENA III

DICHAS y JOSÉ LUIS

JOSÉ. Muy buenos días.

EMILIA. Llega usted a tiempo.

JOSÉ. (*Sentándose a la mesa.*) Me he retrasado un poco. ¿Quiere usted almorzar? 5

EMILIA. ¡Jesús! ¡Que no se enfríe! Son las once en punto. Quise decir que llegaba usted a tiempo de aceptar una invitación para el estreno de esta noche. María no se atreve a darme su palabra sin contar con usted. 11

JOSÉ. Cualquiera dirá que soy un tirano.

EMILIA. No es usted tirano. Nadie lo dice. Pero María es una esposa ejemplar y cumple muy bien aquellas menudencias de la epístola, que no todas guardamos puntualmente ... «La mujer no saldrá de casa sin permiso del marido ...» 18

JOSÉ. (*A María.*) ¿Quieres ir?

MARÍA. Si tú vienes ...

JOSÉ. No estoy bueno. Esta mañana tuve un ataque de bilis. 22

MARÍA. Entonces nos quedaremos en casa. (*A Emilia.*) Ya lo oyes.

EMILIA. Vaya, hay que animarse. Si no hace usted por distraerse ... Dicen que es preciosa la comedia de esta noche. Estará muy bien el teatro ... Por supuesto, hago extensiva la invitación a su hermano, aunque no tengo el gusto de conocerle, y reciba usted mi enhorabuena por su feliz

llegada. Ya tendría usted deseos de verle ... ¿Es el único hermano que tiene usted?

JOSÉ. El único. Fuimos cuatro; sólo quedamos el menor, Manuel, y yo, el primogénito. Manuel ha sido el único sano y robusto en la familia. ¿No se ha levantado todavía? 38

MARÍA. Ya he dicho que le avisen.

JOSÉ. Acostumbrado a vivir solo, no se acomoda a la vida de familia. Siempre fué muy desordenado ... Si tarda, almorzaremos. Ya sabe cuánto me gusta la puntualidad. El desarreglo en las comidas me mata. 45

MARÍA. (*Llama.*) Almorzaremos. (*A Julián, que entra.*) El almuerzo.

JULIÁN. El señorito Manuel viene en seguida. (*Sale a preparar la mesa.*) 49

EMILIA. Yo me retiro ... Conque, ¿contamos con ustedes?

MARÍA. No, ya ves que José Luis no está bueno. Espera un momento, conocerás a su hermano. 54

EMILIA. Tengo curiosidad ... No estoy muy presentable, salí de trapillo.

MARÍA. Eres de casa.[7]

JOSÉ. Dame la magnesia. 58

MARÍA. (*Trayendo un frasco del aparador.*) Toma ... (*Prepara el refresco.*) ¿Pero de veras no estás bueno?

JOSÉ. (*De mal humor.*) ¡De veras! Creerás tú que mi enfermedad es como tus jaquecas ... Estoy muy malo. 64

EMILIA. Trabajan ustedes demasiado. Es mi tema con Fernando ... Fernando es fuerte, pero el afán de los negocios, la Bolsa, el Congreso ..., es no parar en todo el día. Al fin, él tiene cuatro hijos por quien mirar ..., pero usted solo con su mujercita ... Debía usted dejarse de negocios, y descansar y cuidarse y divertirse mucho, que la vida es corta. 73

MARÍA. (*Ofreciéndole la copa.*) ¿Está bien así? ¿Quieres más azúcar?

JOSÉ. (*Con ira.*) Ya no sé qué tomar ni qué hacer. ¡Hay para desesperarse! 77

[7] *Eres de casa,* " You are like one of the family," "You are not *company*."

María. (*Cariñosa.*) Vamos. Ten paciencia. Hoy no sales de casa.

José. Sí, justamente. Poco tengo que hacer.

María. Lo dejas para otro día.   82

José. ¿Tú crees que mis asuntos son como los vuestros? ... Visitas y compras que a cualquier hora y cualquier día da lo mismo.   86

María. (*Con reconvención cariñosa y queriéndole hacer notar la presencia de Emilia.*) Vas a echar fama de mal genio.

Emilia. (*Ha comprendido y quiere disculparle.*) Cuando está uno enfermo todo incomoda. Es natural.   92

ESCENA IV

Dichos y Manuel

Manuel. ¡Salud, hermanos! (*Al ver a Emilia.*) Señora ...

María. (*Presentándoles.*) Mi hermano Manuel ... La señora de Ordóñez, amiga mía de toda la vida ...   5

Emilia. ¡Tanto gusto! (*Aparte a María.*) ¡Es muy simpático!

Julián. (*Entra con el almuerzo.*) El almuerzo.   9

Emilia. (*Despidiéndose.*) Ya tendremos el gusto de verle por casa. Sabe usted que cuenta con unos amigos. (*A José Luis.*) Que usted mejore. (*A María, besándola.*) Adiós, monísima; no dejes de ir por casa. (*Sale.*)   15

ESCENA V

María, José Luis y Manuel, *sentados;* Luisa y Julián *sirven el almuerzo.*

José. ¡Gracias a Dios! Creí que no almorzábamos.

Manuel. ¿No habíais empezado por la visita, o por esperarme?   4

María. Por la visita. (*A José Luis, viendo que no se sirve.*) ¿No te sirves?

José. No. Es muy indigesto. No me atrevo.   8

María. ¿Quieres otra cosa? ¿Un huevo pasado por agua, un filete de lenguado? ¿Por qué no dices lo que quieres? (*A Manuel.*) ¿Ves qué rareza? Hay que adivinarle los pensamientos.   13

Manuel. Conozco el sistema. Pasarás el día mirándole a la cara para comprender lo que quiere. Estarás más ducha en fisonomía que el mismísimo Lavater.[8]   17

José. (*Molestado.*) Cuando está uno enfermo y por lo tanto de mal humor, creo que sea más prudente no hablar que decir cosas desagradables.   21

María. No me importaría muchas veces que me dijeras algo desagradable, con tal de entenderte ... Tienes razón, Manuel ...; siempre le estoy mirando a la cara para adivinarle los pensamientos. Pero soy tan torpe ... o él es tan poco expresivo, que rara vez acierto.   28

José. ¿Que hablo poco? ... Los más elocuentes por dentro suelen ser los más silenciosos, los menos expresivos ... como tú dices. Los que piensan poco, los más habladores. Como son pocas sus ideas, pronto les dan salida, con fluidez pasmosa ... ¡Es natural! Dos o tres personas solas pasan más fácilmente por una puerta que una multitud agolpada.   37

Manuel. ¿Es motejarme por hablador? Lo seré porque pienso menos que tú lo que digo ... Pero siento ... y cuando siento algo he de decirlo ... aunque diga una tontería o algo desagradable.   42

María. (*A José Luis.*) ¿Tampoco comes de esto?

José. No tengo gana. ¿Qué hay después?

María. Para ti carne asada.   47

Manuel. Pero ... ¿no estás bueno? ... No comes nada. Yo en cambio tengo un apetito ... He cogido a deseo la comida casera.   51

María. ¿De veras te gusta? Yo que procuro darte de comer a estilo de fonda ...

---

[8] *Lavater*, a Swiss philosopher (1741–1801), inventor of the science of physiognomy.

MANUEL. Pues agradezco más una paella, un buen cocido y hasta unas albondiguillas. 57

JOSÉ. ¡Lo que son las cosas! No sabes las peleas que tenía en casa con nuestra madre, por las comidas. Entonces, todo eso que ahora pondera le parecía guisotes, y prefería comer en el café o en la fonda.

MANUEL. (*Con tono ligero apenas tocado de cierta gravedad y ternura; sobre todo debe evitarse el tono solemne y declamatorio.*) Es la condición humana. El espíritu de rebeldía constante que existe en nuestro espíritu contra todo lo que se nos impone; hasta contra el cariño maternal. A nadie quizás atormentamos en el mundo como a nuestra madre; con nadie somos tan ingratos. ¡Egoísmo humano! Tan seguros estamos de que nadie como nuestra madre ha de perdonarnos la ingratitud. Pero hay en la vida una hora de justicia para todos . . . , y las lágrimas que al morir una madre lloramos, con dolor a ninguno parecido, deben ser, si desde el cielo pueden verlas, la mayor, la más pura alegría que podemos dar al alma de nuestras pobres madres los hijos ingratos. 82

JOSÉ. Yo no lo fuí nunca.

MANUEL. Porque nunca fuiste joven. Porque en ti se alteraron las leyes de la vida. Fué una rebeldía también, a tu modo. Pero ya ves lo mal que te ha probado. Créelo, la Naturaleza es muy sabia. Hemos de ser niños, jóvenes, hombres, viejos por fin; a su tiempo cada cosa, con las pasiones, vicios y virtudes propios de cada edad. Tan mal parece un niño reflexivo y juicioso como un vejete travieso y casquivano; y tan impropio es de un muchacho contentarse sin protestas con el cocido casero, como en un hombre de juicio irse de bureo a la fonda. Hay que distinguir la maldad permanente de cada uno y las maldades propias de cada edad, pasajeras con ella. Digo esto, porque en mí tomasteis por maldad las ligerezas de la juventud. Sí, María, tú, como todos,

habrás oído hablar de mí a mis padres, a José Luis; tú sabrás lo que de mí pensaban . . . Yo bien lo sé. Era el Judas de la casa. 106

MARÍA. Eso no. Tu madre te disculpaba siempre, y todos te queríamos.

JOSÉ. Más que él a nosotros. ¿Qué le faltaba al lado nuestro? Sin pena nos dejaste y has vivido feliz sin nosotros. (*Han concluído de almorzar; los criados se retiran, dejando preparado el café. Hay más intimidad en el diálogo.*) 114

MANUEL. Por eso he vuelto a ti, a que me juzgues, ahora que mi vida de aventuras ha concluído, en nombre de nuestros padres que ya no existen. Tú dirás si fuí mal hijo, si soy mal hermano; y por si a ti te ciegan antiguos rencores, que no deben subsistir entre nosotros, María juzgará. Las mujeres entienden mejor lo que hay de bueno en el corazón de un hombre. En casa, ¡cómo habíais de conocer el mío, si nunca pude hablar con el corazón! 125

MARÍA. Vamos, no te acalores. Lo pasado, pasado. Hoy todos sabemos lo que vales. No hubieras tenido tanta suerte a no ser digno de ella. 129

MANUEL. (*Siguiendo su idea y dirigiéndose a María principalmente.*) Ya sabes cómo vivíamos en nuestra casa. Erais vecinos, y tu padre igual en carácter al nuestro; por algo eran socios. Allí nadie tenía más voluntad que la de mi padre. ¡Qué rigidez, qué severidad! Cuando él estaba en casa hablábamos en voz baja; nuestros juegos le incomodaban, nuestras risas le hacían daño. Le veíamos salir con alegría, respirábamos con libertad, jugábamos, reíamos. Nuestra madre no era así. Toda bondad, toda dulzura, nuestra defensora siempre, nuestra cómplice muchas veces. «No incomodéis a vuestro padre—nos decía—; es muy bueno, pero está siempre preocupado con sus negocios. Todo por vosotros, hijos míos; por vosotros trabaja tanto y se afana . . .» ¡Pobre madre! Quería convencernos de que nuestro padre era muy bueno . . . y nos quería, y nos besaba por los dos . . . Mi padre no me besó nunca. Trabajar, afanarse por los negocios, era la manifestación de su cariño. Pero aquel trabajo, jamás confortado con nuestras caricias, parecía sin ellas más penoso, forzado, aborrecible, ingrato . . . ¡Farsa de cariño paternal! Se afanaba en sus negocios, porque eso era su goce único en la vida; hiciera igual sin mujer y sin hijos a quienes legar el fruto de sus afanes. Era la pasión del negociante codicioso. Más duro es el trabajo para el infeliz obrero, carga más pesada para él son los hijos, y concluída la jornada, aún le quedan fuerzas para tomarlos en brazos y ternura en el corazón para besarlos. (*A José Luis.*) Tú no sentiste la falta de halagos y caricias. Entendías muy bien de cuentas y sabías lo que ganaba nuestro padre . . . Yo me rebelaba contra su severidad injusta, protestaba en mi corazón . . . contra aquella farsa de cariño, y por eso era el malo, el Judas, porque . . . por más que hacía, no podía querer ni respetar a mi padre. 175

JOSÉ. (*Se levanta. Con severidad.*) No le respetaste vivo, tampoco respetas su memoria. Nunca estuvimos de acuerdo en apreciarle. Como es mi sentimiento más respetable, porque es más natural y más digno de un hijo, respétale. 181

MARÍA. (*Se levanta también. Dirigiéndose a uno y a otro, queriendo conciliarlos.*) ¡José Luis! . . . ¿No estáis incomodados? Dejad los recuerdos, desechad esa desconfianza recelosa . . . Si lo sé: el uno desconfía del cariño del otro; es el modo de no llegar a quererse nunca. (*A Manuel.*) Eres injusto; José Luis tenía tantos deseos de verte . . . (*A José Luis.*) Y Manuel, cuando no estás tú, ¡me habla de ti con un cariño! . . . ¡Qué remedio! Si sois hermanos . . . (*Atrayéndoles uno a otro.*) Un abrazo muy fuerte, muy fuerte. (*Se abrazan.*) Y otro a mí, que nos una a los tres . . . (*A Manuel.*) También yo soy tu hermana . . . , y en mi cariño has de creer . . . (*Con infantil confianza.*) Yo

soy muy expansiva . . . (*Bajo.*) José Luis es otro carácter . . . En el fondo es muy bueno. 201

MANUEL. (*Bajo también a María, pero no como aparte. José Luis se ha retirado hacia el fondo.*) ¡En el fondo! Eso decían de mi padre. ¿Qué me importa que en el fondo de un pozo haya un tesoro, si para llegar a él he de ahogarme? 207

JOSÉ. (*A María.*) ¿Vas a salir esta tarde? Te mandaré el coche. Voy a la Bolsa.

MANUEL. (*Con desprecio cómico.*) ¿El coche? . . . No nos hace falta tu coche.

JOSÉ. ¡Alguna locura! 213

MANUEL. (*A María.*) Me permito poner a tu disposición la berlina y el tronco que tanto te gustaron ayer.

MARÍA. No, Manuel. Eso es un disparate. Has gastado un caudal en obsequiarme. 219

MANUEL. ¡Pobres hijos míos! No vayan a quedarse en la miseria.

MARÍA. Puedes tenerlos todavía.

MANUEL. (*En broma.*) ¡Eso sí que no! Ya lo sabes. Los hijos somos muy ingratos. Yo no quisiera ser hijo mío, y si yo fuera hijo mío, no quisiera ser mi padre.

MARÍA. (*Risueña.*) ¡Qué tonterías! Pues no acepto el regalo. 228

MANUEL. Me enfadaré. (*A José Luis.*) Con esa condición hago las paces contigo. (*Cariñoso, echándole un brazo por el cuello.*) ¡Mal genio! ¡Si tendrás por fin que quererme! Un abrazo. 233

MARÍA. (*Complacida.*) ¡Pobre Manuel! Bien dicen: mala cabeza, pero buen corazón. Ya ves si te hago justicia.

MANUEL. ¡Ay, María! Es que de ti fluyen raudales de bondad; al lado tuyo nadie puede ser malo. Aunque sólo fuera por haberte elegido por esposa, y por lo que te quiere, tendría yo que querer a mi hermano. Sí, señor hermano; todo se lo perdono a usted, pero cuidado con ser mal marido . . . Anda a la Bolsa, a tus negocios . . . ¿Sabes lo que pienso? ¡Quiera Dios que no te parezca infame! Me alegraría que todo te saliese mal, que lo perdieses todo, que te arruinases . . . , y entonces verías quién soy yo, el tunante, el desalmado . . . (*José Luis, conmovido, le abraza*.) 251

MARÍA. (*Con alegría*.) ¡Así me gusta!

MANUEL. ¡Estoy más contento! . . . Lloro de alegría . . . ¡Si vosotros supierais lo que es vivir solo, sin nadie para quien nuestras penas o nuestras alegrías puedan ser alegría ni pena! . . . No poder desahogar el corazón . . . Ir amontonando en él tristezas y goces no compartidos . . . ¡Ay, por fuerza ha de endurecerse! Dejad ahora que llore y que ría entre vosotros, que me queréis y tenéis lástima de lo que he llorado solo . . . y sois felices hoy con mi alegría. 264

MARÍA. (*Conmovida*.) ¡Pobre Manuel! ¡Qué bueno eres!

MANUEL. ¡Soy bueno! ¿No es verdad? . . . Lo dices tú, mi madre lo decía también, las dos personas mejores que he conocido. ¡Tendré que creerlo! 270

MARÍA. Lo dicen muchos pobres también, Manuel. Todo se sabe.

MANUEL. Eso no. ¡Vaya un mérito dar lo que a uno le sobra! 274

MARÍA. Es que en América bendicen tu nombre muchos desvalidos; es que hiciste la caridad con amor.

MANUEL. ¿Amor? También me sobraba; no me convences. Verás ahora cómo economizo el amor y el dinero. Y si al fin . . . ¡qué demonio! yo he venido aquí por un Manolito.[9] Ya podéis traérmele.

MARÍA. (*Con malicia*.) Enviaremos un memorial. 284

MANUEL. ¡Eso, eso, muchos memoriales!

JOSÉ. (*Despidiéndose*.) ¿Conque te mando el coche? 288

MANUEL. No, señor; no hay más que hablar.

MARÍA. Estrenaré tu regalo. Pero has de acompañarme. 292

MANUEL. (*A José Luis*.) Iremos a buscarte . . . Hasta luego.

JOSÉ. Hasta luego. (*Se abrazan*.)

ESCENA VI

MARÍA y MANUEL; al final, LUISA

MARÍA. ¿Ves cómo es muy bueno?

MANUEL. ¡Huroncillo, huroncillo! ¿Qué voy a contarte? ¡Demasiado le conocerás tú! 4

MARÍA. Carácter reconcentrado,[10] corazón que no se abre al primero que llega. ¡Cuesta mucho franquear la entrada!

MANUEL. Hay personas así, como algunas viviendas: con magníficas habitaciones y mala escalera. 10

MARÍA. ¡Podré muy poco si no consigo que os queráis con verdadero cariño de hermanos!

MANUEL. ¡Ansioso vengo de cariño! ¡He vivido tanto tiempo solo! . . . Extraño en todas partes. Mi protector, mi verdadero padre, don Gabriel, murió a poco de llevarme consigo. Desde entonces no he tenido un amigo, no he tenido a nadie. Ni aventuras pasajeras, ilusiones de amor, para engañar mi soledad tristísima. Hay espíritus prácticos que saben repartir de tal modo el corazón en afectos ligeros, sin entregarle por entero en ninguno, que de mil cariños suaves, tranquilos, componen un grato calorcillo que conforta y alivia el corazón . . . Yo fuí siempre arrojado en mis empresas, siempre comprometí en ellas todo mi capital: en un día, la ruina o la opulencia. Por eso tuve miedo a querer, porque en un solo cariño hubiera puesto todo mi corazón, el alma entera . . . ¡Y acaso hubiera sido mi ruina! Fuí muy dichoso en mis empresas. ¡Quizás la suerte se hubiera vengado! Era desafiarla pretender dicha en todo. 36

MARÍA. Por lo mismo que no has malgastado tu corazón, has de hallar para él

---

[9] *Manolito*, i.e., Manuel wants them to present him with a little nephew, named after him.

[10] *reconcentrado*, " reserved," " self-centered."

digno empleo. Manuel, yo creí siempre que eras bueno; mereces ser feliz. 40

MANUEL. (*Sentado en un sillón o chaise-longue, adormecido.*) Allá veremos. Rendido estoy. No quiero volver errante por esos mundos. 44

MARÍA. No, Manuel. Descansa, descansa, y vé pensando en labrar tu nido.

MANUEL. Sí, María. Mientras,[11] dejad un lugar en el vuestro a esta ave de paso.

MARÍA. (*Cariñosa.*) ¿Tienes sueño? ¡Te acostaste tan tarde! . . . 50

MANUEL. ¡Hay un silencio, una tranquilidad en esta casa! . . .

MARÍA. Duerme . . . (*Pausa.*)

MANUEL. (*Bajo, medio dormido.*) ¡María! . . . 55

MARÍA. (*Acercándose con cariño.*) ¿Qué? Manuel . . .

MANUEL. Llámame hermano.

MARÍA. ¡Hermano! 59

MANUEL. Así . . . Era una ilusión mía tener una hermana . . .

MARÍA. Ya la tienes.

MANUEL. (*Durmiéndose poco a poco.*) Sí . . . ¡Qué buena . . . , qué hermosa! ¡Tú . . . y mi madre! (*Queda dormido.*)

MARÍA. (*Contemplándole.*) ¡Pobre Manuel! . . . ¡Es un niño! 67

LUISA. (*Desde la puerta.*) Señorita . . .

MARÍA. (*Imponiendo silencio.*) ¡Chist! . . . Voy. No hagan ustedes ruido. (*Indicando a Manuel.*) El señorito está dormido. (*Sale.*) 72

ACTO SEGUNDO

Gabinete elegante.

ESCENA PRIMERA

JOSÉ LUIS y MANUEL, *sentados.*

MANUEL. Yo no creí que volverías tan pronto. Esos asuntos son tan enredosos . . .

JOSÉ. Gracias a mi intervención, todo pudo arreglarse a tiempo. Hice bien en no detenerme. La cantidad era insig-

nificante, y se trataba de uno de mis corresponsales más estimados por su honradez y su actividad. De ningún modo podía yo consentir que fuese declarado en quiebra. Pero cada día me cansan más los negocios, no estoy para nada . . . ; este viaje, este asunto, me han producido un malestar, una excitación . . . 13

MANUEL. María quedó pesarosa de haberte dejado marchar. Temía que no te sentase bien el viaje. Lo que no debiste hacer es marcharte solo; porque conozco tu genio y te opusiste con energía, no insistí en acompañarte; pero debí hacerlo.

JOSÉ. Llegabas de un viaje largo, penoso, y ¿habías de molestarte? . . . Y que María se quedaba sola . . . , con su carácter triste . . . 23

MANUEL. ¡Qué buena es María! ¿Verdad? ¡Bien he tenido ocasión de apreciar lo que vale! (*Pausa.*) Llegué a España, pesaroso ya de haber emprendido el viaje de regreso. Era triste hallarme extranjero en todas partes. ¡Pero volver a mi patria y sentirme también extranjero en ella! . . . ¿Quién se acordaba ya de mí? ¿Quién me esperaría? . . . Tú estabas casado . . . ; nos separamos casi niños y nuestro afecto paternal llevaba revueltos rencorcillos y rivalidades . . . Tú eras el preferido de nuestro padre, yo el de mi madre . . . La lucha era continua entre nosotros . . . ¡Y tú vencías siempre! Nos separamos sin tristeza, nos comunicamos apenas; una carta de tarde en tarde. ¡Ya ves qué podía esperar de ti al volver! Mi primera intención fué irme a una fonda. ¡Y mira cómo soy! Al ir a dar las señas de un hotel al mozo que llevaba mi equipaje hasta un coche, me pareció que el suelo de mi tierra me faltaba, que se me obscurecía el cielo . . . , y con lágrimas en los ojos, en un arranque del corazón, dí las señas de tu casa . . . ¡Es la casa de mi hermano! . . . Así dije, con orgullo. ¡Mi hermano! . . . ¡Me daba vergüenza y dolor que me to-

---

[11] *Mientras* = *Mientras tanto,* "Meanwhile."

masen por extraño en donde he nacido!
Entré en tu casa, desconfiado, receloso.
Tú, por tu parte, me recibiste lo mismo.
¡Bah! pensé; cumpliremos con este deber
de familia, estaré una semana . . . y a
vagar otra vez; mi destino es ése. Y, ya lo
ves, los recelos se desvanecieron; hoy con-
fiamos en nuestro cariño y no pienso en
marcharme . . . ¡No quiero pensarlo!
Vivo feliz en el nido ajeno. Pues todo ello
es obra de María; sin ella hubiéramos
enconado los pasados rencores. ¡Sabe Dios
cómo hubiéramos roto para siempre! Yo
conozco mi genio, conozco el tuyo . . .
¡María ha hecho que seamos por fin hermanos! (*Le abraza.*) 67

José. ¡Mucho ha simpatizado contigo!

Manuel. La divierte oír relaciones de
mis viajes.

José. Los viajes la entusiasman. Hace
tiempo le prometí llevarla a París, Londres, Italia . . . , un viaje por Europa.
Pero mis asuntos y mi salud no me han
permitido cumplirle la promesa. 75

Manuel. Pues sí debíais hacer ese
viaje. ¡Viajar en compañía de una persona
querida debe de ser delicioso! Para uno
solo, todo reviste cierta melancolía en
tierra extraña . . . ¡Cuanto más grandioso
el paisaje, cuanto más admirable la obra
de arte, más nos abruma con su grandeza! ¡Solos ante tanta magnificencia,
pigmeos enfrente de la grandiosidad! . . .
Pero dos corazones amorosos, gozando a
medias la admiración, en dulce saboreo [1]
de amor, como golosina mordida a un tiempo de dos bocas enamoradas, más por
el gusto del besuqueo que de la golosina
. . . No, no hay grandeza ni sublimidad
capaces de abrumarlos. El panorama espléndido de la Naturaleza, los sublimes
primores del Arte . . . fondo, accesorio
decorativo para ellos, de algo más grande,
más sublime que Arte y Naturaleza . . .
El amor que palpita en sus almas em-
belesadas. 97

José. ¡Chico, chico! ese parangón no
lo hiciste de memoria. Mucho habrás viajado solo . . . Pero, vamos, algún viajecito
has hecho en compañía, en dulce saboreo
de amor, como tú dices. Hay cosas que no
pueden expresarse bien si no se han sentido. 104

Manuel. ¡Sentirlo, sí! . . . Pero hay
dos vidas en nosotros, paralelas siempre.
Una, la que vivimos, urdimbre de la
casualidad y del destino, en la que somos
juguete de circunstancias, de accidentes
imprevistos, inevitables . . . Otra, la que
soñamos, rompiente de luz [2] que abre la
imaginación a otros mundos, donde somos
superiores a la fatalidad de nuestro destino, donde la trama de la vida se teje
con hilillos de luz irisada. Lo que en esta
segunda vida sentimos, por espiritual e
inefable, no deja sensación menos honda
que lo sentido en la primera . . . Y de las
dos, es mejor la imaginada que la vivida.

José. No está mal esa idealidad poética
para un negociante. ¡Y dirán que los
números secan la imaginación! 122

Manuel. Es que los números maneja-
dos por mí eran como copioso caudal de
rimas manejado por un poeta. Los números tienen también su poesía, cuando acuden obedientes a ser afirmación matemáti-
ca del pensamiento poderoso que los
concibiera. Se pensaron mil, mil resultan
. . . ; millares de millones, pues millares
. . . ¡Ah! el arte de hacer dinero tiene
también su estética. Hay negocios buenos
y malos, ya se sabe; también los hay
bonitos y feos. Parece que da lo mismo
decir: Fulano ha hecho un buen negocio,
o un bonito negocio. Pues no es lo mismo.
Cuando se dice de un negocio que es
bueno, parece que sólo se atiende al resultado, no a los procedimientos. In-
genioso o burdo en su traza, llevado a
término entre altibajos, tumbos y tropie-
zos, como la ganancia al fin se logre, ¡bueno fué el negocio! ¡Qué diferencia, cuando

---

[1] *saboreo,* "delight," "relish."
[2] *rompiente de luz.* "a sudden burst of light."

bien delineado en todos los pormenores, combinado con ingeniosa habilidad, ni un detalle se aparta de lo previsto, todo llega a su punto, como atraído por encanto maravilloso! ... Así han de ser los negocios bonitos, así fueron siempre los míos. He sido el Byron de la Aritmética; en perpetua orgía de millones ideaba poemas asombrosos. 152

José. Asombrosos, cierto. Que te permitirán, al fin, unir esas dos vidas, que tú dices paralelas, en un hermoso y real poema de amor y de ventura.

Manuel. ¡Es tarde para mí! 157

José. ¿Crees que te será difícil hallar una mujer como María?

Manuel. (*Levantándose.*) ¡Los dichosos aseguran que es muy fácil serlo! ¡Qué fácil recoger un brillante en la calle, cuando el pie le tropieza! ¡Loco desatinado quien saliese de su casa todos los días, empeñado en tropezar con uno! Soy humilde, José Luis; porque he luchado mucho con la suerte, sé que la suerte es superior a nosotros. No se envanezca nadie de la dicha. ¡Desvanecido y soberbio será quien crea merecerla! 170

José. (*Receloso.*) Según eso . . . ¿no merezco la mía?

Manuel. Una vez lograda, puede uno mostrarse digno de ella. 174

José. (*Acercándose a Manuel, bajo.*) ¿Tiene María alguna queja de mí?

Manuel. ¡Qué idea!

José. Vino al pensamiento, no pude callarla. Porque, como tú dices, no creo merecer la dicha de tener a María por esposa, desconfío de mí . . . 181

Manuel. Pero debes confiar en ella.

José. Es que, a veces, pienso que María no es feliz a mi lado. ¡Sabe Dios si la quiero con toda el alma! ¡Pero no sé expresarlo! Figúrate una melodía dulcísima en la mente de un artista sublime, y como medios de expresarla los dedos torpes y trémulos pulsando un teclado desafinado . . . Veces hay en que mi alma toda, suspendida, va hacia ella en extática

adoración . . . , pero el alma sólo . . . ¡Nunca me ha visto de rodillas, y la estoy adorando siempre! No, María no sabe cuánto la quiero. Tú eres otro carácter; seguro estoy de que habéis hablado de mí. ¿Qué te ha dicho? Manuel, ¿es dichosa conmigo? Si no lo es, yo prometo enmendarme, no puede ser por maldad mía; no soy malvado, será por defectos que desconozco, por algunos que veo en mí y procuro vencer . . . , por cosas así, pequeñeces, que estará en mi mano evitar . . . Dímelo todo. ¿Qué no haría yo por verla dichosa? 205

Manuel. ¿Por qué no ha de serlo? ¡Defectos! ¿Quién no los tiene? A mí nada me ha dicho. Su tristeza mayor es por verte delicado: eso es lo único que sé . . . , que no gozáis mucho de la vida por el estado de tu salud; que no vais a diversiones; que no tenéis mucho trato con la gente . . . Eso no puede ser motivo de infelicidad en un matrimonio, cuando la mujer, como María, se resigna a vivir retirada. 216

José. (*Pensativo.*) Sí, nuestra vida no es muy alegre.

Manuel. Haz por animarte. Deja los negocios; la vida se gasta en ellos muy de prisa. No empieces a ser viejo cuando María sea joven todavía. 222

José. Tienes razón. Cambiaré de vida. Siento haber emprendido ese nuevo negocio, que me tendrá todo el año sujeto. Viajaremos, frecuentaremos la sociedad, los teatros . . . (*Vacila como acometido de un mareo y se apoya en Manuel.*) 228

Manuel. (*Alarmado.*) ¿Qué tienes?

José. Nada, un mareo . . . Nada, ya pasó. (*Con rabia.*) ¿Lo ves? ¡Bueno estoy! ¡Maldita salud! Es mejor morirse.

Manuel. ¿Quieres algo? . . . ¿Pasó ya?

José. Sí, no es nada. (*Sintiendo que llega María.*) María; no le digas una palabra, que no se alarme . . . Ya estoy bien. (*Animándose.*) Perfectamente . . . Dame un cigarro . . . (*Se levanta y pasea aparentando animación.*) 239

ESCENA II

DICHOS y MARÍA

MARÍA. (*A Manuel.*) Di lo que quieras. Concluyó la buena armonía entre nosotros. Vengo a enemistaros. (*A José Luis.*) Tienes que reñir a Manuel, pero muy serio. 5

MANUEL. ¡Bah!

JOSÉ. ¿Qué ha sido? . . . Ya supongo, algún nuevo regalo . . . (*A Manuel.*) Tiene razón María.

MANUEL. Me voy a la calle . . . 10

MARÍA. ¡Quieto! . . . (*Mostrando un estuche.*) Mira . . . (*A José Luis.*) No puedo salir con él, no puedo fijarme en un escaparate . . . Dile que lo devuelva o reñimos; es un despilfarro. 15

MANUEL. Pero si eso no vale la pena. Un alfiler, una pulsera . . . Tengo gusto en que lo luzca esta noche en el teatro Real . . . ¡Ay! Se me escapó, descubrí la trama . . . Lo diré todo. María tenía capricho de ir a la función de esta noche; es la ópera nueva, función fuera de abono; [3] pude tomar un palco . . . He invitado a tu amiga Emilia y a su esposo; son tan amables conmigo . . . 25

MARÍA. ¿Lo ves? . . . Nada, reñimos. Te dije que no iría. No iré. José Luis ha llegado esta mañana de viaje, estará cansado, no tendrá ganas de ir al teatro. ¿Verdad? 30

JOSÉ. Pues sí. Deseo oír esa ópera. He oído hablar de ella . . . Iremos.

MARÍA. (*Con alegría.*) ¿De veras quieres que vayamos? . . . ¡Cuánto me alegro! No me atrevía a decírtelo, pero tenía mucho deseo de ir esta noche al teatro; dicen que será una cosa magnífica . . . Vaya, Manuel, por esta vez no reñimos; muchísimas gracias . . . ¿Cuánto tiempo hace que no vamos al teatro? ¡Qué sé yo! . . . ¿Es platea el palco, verdad? . . . Estrenaré el broche y el collar . . . No sé qué vestido ponerme . . . 43

JOSÉ. ¿Estás contenta? (*Con dulce reprensión.*) ¿Por qué no me lo dices, siempre que desees ir al teatro? ¡Algunas veces te privarás de este gusto! . . . No eres franca conmigo. 48

MARÍA. No creas que me cuesta ningún sacrificio. Esta noche voy con gusto, porque estás bueno, porque vamos los tres . . . Con ir de tarde en tarde le parece a uno algo extraordinario; como cuando éramos chicos y nos llevaban a ver una función de magia por Navidad o por algún santo . . . Celebraremos con eso la llegada de Manuel . . . ¡Al teatro! como los chicos . . . ¡Pero vamos de noche y al teatro Real! . . . 59

MANUEL. ¡Y no nos divertiremos como entonces! . . . Voy a salir. Volveré en seguida. Al bajar pediré el coche para las nueve. (*A María.*) ¿Quieres algo? ¿Necesitas alguna cosa? ¿Flores? ¿Un abanico? . . . 65

MARÍA. ¿Flores? Tengo llenos los cacharros del tocador . . . y aquí, mira. Todas las mañanas hace que me traigan una porción de ellas . . . ¡Y abanicos! . . . No, de veras, Manuel, estás muy mal acostumbrado. Guarda los regalos para los que sólo por ellos te quieran. Aquí damos el cariño de balde. 73

MANUEL. Y el cariño de balde ¿con qué se paga?

MARÍA. Con cariño.

MANUEL. Pues atenciones de cariño son mis obsequios, y si algo valen, como prenda será de que, llegado el caso de pagar las que debo, con alma y vida las pagaría. (*Sale.*) 81

ESCENA III

JOSÉ LUIS y MARÍA

MARÍA. ¡Tu madre decia bien! Hay locuras de la cabeza y locuras del corazón. Manuel es loco de corazón. ¡Hermosa locura capaz de todo lo bueno y de todo lo grande, puesta en ocasiones de realizarlo!

---

[3] *función fuera de abono,* i.e., a performance not on the regular subscription program.

Pero no se pretenda encerrar a estos locos, traerlos a la razón ni a la medida de las almas vulgares. ¿Qué hubiera sido de Manuel a vuestro lado? Los impulsos emprendedores de su espíritu se hubieran resuelto en luchas mezquinas contra la autoridad paterna, en calaveradas indignas de su ánimo generoso. En medio a propósito donde explayar [4] su genio, ha logrado fortuna, consideración. Y frente a frente con su conciencia, ha sabido educarse por la conciencia propia, que es la mejor educadora cuando el corazón está sano. 18

José. (*Irónico.*) ¿Desde cuándo te has dado a esas lucubraciones? ¿Habéis abierto discusión filosófica Manuel y tú? Pues advierte a Manuel que toda la filosofía y todas las leyes dictadas por su conciencia, por lo visto [5] de acuerdo con su conducta, no podrán disculparle de haber amargado la vida de mi padre, de haberle matado a disgustos. 27

María. (*Disgustada.*) ¡José Luis!

José. Ésa es la verdad. No pretendo, porque logró favores de la fortuna, ¡quién sabe si acomodando leyes de su conciencia a los medios empleados para lograrla!, que el buen éxito de la culpa le absuelva de ella . . . Pero no parece sino que te ha fascinado; le crees un ser superior, le escuchas absorta. Y él, que es avisado en conocer dónde produce admiración, con los fuegos artificiales de paradojas, teorías extravagantes, ideas absurdas, procura que le admires, que le comprendas, que le quieras . . . (*Movimiento de María.*) ¡Que le quieras! . . . Y la verdad es que en cuatro días ha sabido hacerse querer. 43

María. (*Entre ofendida y lastimada.*) Y . . . ¿lo sientes?

José. Sentirlo, no . . . Siento . . . Lo que voy notando en ti desde que ha llegado, que estás de su parte, que me crees injusto con él . . . Ya tendrás ocasión de juzgar si lo he sido, si lo fué mi padre . . . Apenas

ha llegado . . . ¡Tiempo tendrá de hacer de las suyas! 52

ESCENA IV

Dichos y Julián

Julián. Esta carta y este telegrama han traído de casa del señor Montero.

José. Trae. (*Coge la carta y el telegrama.*)

Julián. Y esta esquela para el señorito Manuel . . .

José. (*Sin mirarla, abriendo ya la carta.*) Llévala a su cuarto . . . o déjala ahí; no tardará en volver. (*Julián deja la carta sobre la mesa, y sale.*) 10

José. (*Lee la carta con muestra de mal humor; al concluir arruga el papel. Con ira.*) ¡Qué torpeza! [6] ¡No puede uno fiarse de nadie! 14

María. (*Acudiendo a José Luis, asustada.*) ¿Qué sucede?

José. Montero me envía este telegrama en que le piden órdenes sobre un asunto que ya debía estar resuelto . . . ¡Escribí hace ocho días! ¡Es imposible ganar tanto tiempo perdido! 21

María. ¡No te alteres!

José. (*Llama. Entra Julián.*) No . . . Iré yo . . . (*A Julián, disponiéndose a salir.*) Nada. 25

María. (*Deteniéndole.*) ¿Vas a salir?

José. Tengo que ver a Montero.

María. ¡Por Dios, José Luis! No salgas ahora. No te agites . . . Pon dos letras . . . (*A Julián, que se dispone a salir.*) Espere usted . . . 31

José. (*Convencido.*) Mejor será . . . Estoy muy nervioso; no respondo de mi calma. ¿Tienes con qué escribir? (*Buscando con la vista.*) 35

María. (*Llevándole a la mesa y abriendo un pupitre.*) Aquí hay de todo . . . Toma . . . Es muy tarde para salir . . . Antes de ir al teatro tendrás que tomar algo . . . Hemos comido muy temprano . . . (*Prepa-

---

[4] *En medio . . . explayar,* "In an environment favorable for giving free play to . . ."
[5] *por lo visto,* "apparently."
[6] *torpeza,* "stupidity."

rando papel, pluma, etc.) Aquí tienes. (*Se sienta enfrente de él.*) 42

JOSÉ. (*Entre dientes mientras escribe muy nervioso.*) ¡El teatro . . . el teatro! (*María ha cogido la carta para Manuel, la cual dejó Julián sobre la mesa, y la examina con atención.*) 47

JOSÉ. (*A Julián entregándole una carta y dos pliegos de papel.*) Corriendo a casa del señor Montero y desde allí a la Central [7] . . . este telegrama . . . urgente . . . , contestación pagada. 52

JULIÁN. Está bien. (*Sale.*)

JOSÉ. (*Reparando en la carta que tiene María en la mano.*) ¿Qué carta es ésa?

MARÍA. La carta para Manuel. (*Sin soltarla.*) 57

JOSÉ. (*Con dureza.*) ¿Vas a abrirla?

MARÍA. (*Risueña.*) ¡Qué disparate! Miraba si sería de mujer . . . Tiene toda la traza . . . Aunque recién llegado, no le faltará algún amorío . . . 62

JOSÉ. (*Severo.*) ¿Te importa?

MARÍA. Nada . . . (*Notando la actitud de José Luis, ya grave, se levanta y se dirige hacia él siempre con la carta en la mano.*) ¿Por qué me preguntas así? ¿Qué quieres decirme? 68

JOSÉ. (*Fuera de sí.*) ¡Deja en paz esa carta! ¡Me estás poniendo nervioso!

MARÍA. (*Ofendida, más cerca.*) ¡Pero José Luis! . . . 72

JOSÉ. (*Le arranca la carta, la estruja y la arroja sobre la mesa.*) ¡Ábrela, entérate! . . . ¿Estás celosa? . . .

MARÍA. (*Ofendida, primero con energía, con profundo sentimiento después, rompiendo a llorar.*) ¡José Luis! . . . ¡José Luis! (*Se deja caer en un sillón.*) 79

JOSÉ. ¡Eso me faltaba! ¡Estoy yo para llantos! (*Sale. Pausa.*)

ESCENA V

MARÍA y MANUEL

MANUEL. ¡María! ¿Qué tienes? ¿Por qué estás así?

[7] *Central*, i.e., the central telegraph office.

MARÍA. ¡Nada! . . . No es nada . . .

MANUEL. ¿Y José Luis? (*Dirigiéndose como en su busca.*) 5

MARÍA. (*Deteniéndole.*) ¡No, no! Déjale . . . , déjame . . . ; si no es nada. José Luis se sintió mal, me asusté . . . , estoy muy nerviosa . . . y me eché a llorar. ¡Qué tontería! 10

MANUEL. (*Fijándose en la carta arrugada y cogiéndola.*) ¿Una carta? ¿Para mí? . . . ¿Qué es esto?

MARÍA. José Luis recibió al mismo tiempo un telegrama y una carta desagradable, y furioso lo estrujó todo . . . Por eso está así . . . ¡Perdona! . . . 17

MANUEL. Pero, ¿qué le sucede? ¿Qué noticias son ésas?

MARÍA. Un asunto . . . , una torpeza de un corresponsal . . . Ya conoces su genio; en el pronto . . . 22

MANUEL. ¡Cuánto debe hacerte sufrir!

MARÍA. Es que soy muy tonta, no me hago cargo de que se le pasa en seguida.

MANUEL. ¡Qué carácter! . . . Hace un rato estuvo conmigo, aquí mismo, departiendo tan alegre, tan expansivo . . . ¿Te acuerdas? . . . Él nos animó a ir al teatro . . . ¡Bah! No puede ser esto . . . Voy a buscarle . . . 31

MARÍA. No, Manuel . . . Ya vendrá . . . No vayas tú.

MANUEL. Cualquiera dirá que le tienes miedo . . . Mira, ¿sabes lo que pienso? Que debemos castigarle como a los chicos temosos . . . Nos vamos al teatro y le dejamos solito. ¡Es mucha rareza de genio!

MARÍA. No. Yo no voy al teatro. Vé tú solo. Prescinde de nosotros, te lo suplico . . . ¡No porfíes con José Luis esta noche! . . . 42

MANUEL. Conmigo no creo que esté enfadado . . .

MARÍA. Cuando está de mal humor, lo está para todos. 46

MANUEL. ¡Pues dígote que mayor aguafiestas! . . . ¡Tan contentos como estábamos con nuestra ópera! . . . Y hemos de ir, ya verás . . . Voy a vestirme . . . y créeme, haz lo mismo . . . No es cosa de afligirse porque se torció un asunto . . . Todo ello será unas cuantas pesetas de menos, de menos que ganar, ¿eh? . . . , pero ganando siempre . . . El caso es quejarse.[8] 56

MARÍA. ¡Ya lo ves! ¿Quién podía ser más dichosos que nosotros?

MANUEL. ¡Ay, hija! Pues si los ricos no rabiaran ni se murieran, la revolución social sería ya un hecho. Conviene hacer creer que somos unos infelices, que el dinero no da la felicidad . . . , y mira, de eso estoy convencido hace mucho tiempo. Voy a vestirme . . . , vuelvo por vosotros, y si él no quiere venir, maldita la falta que nos hace . . . Iremos solos. (*Sale.*) 67

ESCENA VI

MARÍA

¡Qué diferencia! . . . ¡Hermanos más distintos! . . . José Luis ha llegado a un extremo de rareza, que no es posible entenderle. Se atormenta a sí mismo y nos atormenta a todos . . . No quiere a su hermano . . . , ya se ve . . . Es una antipatía, una repulsión invencibles. Conozco que lucha por arrancarlas, pero están arraigadas muy hondo . . . Ideas, sentimientos . . . , todo es distinto en ellos . . . Y Manuel le quiere . . . Manuel es bueno. José Luis es injusto con él . . . Mi corazón se rebela contra su inquina en acriminarle . . . ¡Aquel ceño severo de su padre! . . . Me parece que lo estoy viendo. Cuando éramos pequeños, nos asustaba . . . , sólo José Luis se atrevía a afrontarle . . . Su madre, en cambio . . . ¡Qué buena para todos! ¡Todos cabíamos en sus brazos, para todos había caricias! . . . Tan opuestos eran los dos, que ni al dar vida a sus hijos se confundieron.[9] ¡Pobre madre!

¡Cuántas veces la vi llorar a escondidas! . . . Como yo ahora . . . ¡Dios mío, qué tristeza! (*Con llanto silencioso.*) ¡Qué perpetuo sacrificio el de mi vida! . . . ¡Y no me quejé nunca! Con todo el cariño, con toda la abnegación de mi alma, procuré hacerle dichoso . . . ¡Y no lo es! (*Con amargura.*) Y si no lo es él, ¿cómo puedo yo serlo? . . . No es culpa mía. ¡Dios mío! No lo es . . . ¡Madre mía! (*Queda llorando.*) 33

ESCENA VII

MARÍA y EMILIA

EMILIA. (*Dentro.*) Deje usted . . . , ¡donde estén! . . .

MARÍA. (*Al oír la voz de Emilia se levanta y procura serenarse.*) ¡Ah! Emilia . . . 5

EMILIA. Aquí me tienes. Tu hermano político ha sido tan amable que nos ha invitado al teatro esta noche. Pero Fernando no puede acompañarme a primera hora; yo no quería llegar tarde y vengo para ir contigo . . . si no molesto. Traigo el coche. Nosotras podemos ir en el mío, y José Luis y Manuel en el vuestro . . . ¡Qué calor hace aquí! (*Quitándose el abrigo.*) ¡Me he vestido tan de prisa! . . . Temí no encontrarte . . . , y todavía estás así. Es cerca de las ocho y media . . . Ya sé que José Luis llegó bien . . . ¿Qué te pasa? Tienes mala cara . . . Pero, anda, criatura, vístete . . . Yo soy muy ordinaria, no me gusta llegar a función empezada. 21

ESCENA VIII

DICHAS y MANUEL, *de frac y una flor en el ojal.*

MANUEL. Por mí cuando queráis . . . (*Al ver a Emilia.*) ¡Ah! . . . Señora . . .

EMILIA. (*Saludándole.*) Tantas gracias por su atención.

MANUEL. ¿Y su esposo? 5

---

[8] *El caso es quejarse,* "The main thing is to have something to complain about."
[9] *se confundieron,* "did they become one."

EMILIA. Irá más tarde. Tiene junta en el Círculo . . .

MANUEL. (*A María*.) ¿Y José Luis? . . .

MARÍA. (*Aparte a Manuel*.) ¡Por Dios, Manuel! Ya ves qué situación . . . ¡Cómo decir a Emilia! . . . Y yo no puedo ir. 11

MANUEL. ¡Cómo! Vé a vestirte. Yo hablaré a José Luis.

MARÍA. No, no . . . ¡Esta noche le tengo miedo! 15

MANUEL. ¡María! . . . . ¿Eso pasa? ¡Miedo! . . . Serás otra pobre víctima como mi madre. ¡Tú, tan buena, tan santa como ella! ¡Oh! No puede ser, te digo que me oirá José Luis. 20

MARÍA. No, Manuel, te lo ruego . . . No le conoces . . . No crea que soy yo quien te anima en contra suya . . . ¡Sabe Dios lo que pensaría! (*Siguen hablando en voz baja*.) 25

EMILIA. (*Observando*.) (¿Qué sucede aquí? . . . Algo extraño ocurre . . . ¿Si tendría razón ayer Paca? . . . No lo creo . . . Pero, ¡tendría que ver! [10] . . .) (*Mira al reloj. Alto*.) Las nueve menos cuarto . . . ¿Es que he venido a incomodar? ¿No pensabas ir al teatro? 32

MANUEL. Sí, sí . . . Vamos, María, vístete . . . Ya lo ves . . . ¿Cómo dejar a Emilia? . . . Voy por José Luis . . . Te digo que irá . . . A punto llega. 36

ESCENA IX

DICHOS y JOSÉ LUIS

EMILIA. Bien venido.

JOSÉ. Buenas noches, Emilia. (*Se sienta*.)

MANUEL. También tú sin vestir . . . Vamos . . . ¿Qué tardas? . . . 5

JOSÉ. No voy al teatro . . . , estoy malo . . . Hace mucho frío . . . , no tengo humor de teatros . . .

MARÍA. (*Sentándose a su lado*.) Me quedaré entonces . . . Vé tú, Manuel. 10

EMILIA. (¡Me he lucido! [11] ¿Van a mandarme sola, con el cuñado? . . . ¡Un soltero rico! . . . ¡Bonitas lenguas hay en Madrid!) Si está usted malo, nos quedaremos . . . (*Se sienta*.) 15

MARÍA. (*Que ya no se acordaba de Emilia, advirtiendo su presencia*.) Es verdad, tú . . . (¿Qué pensará Emilia? ¡Estoy angustiada!) 19

MANUEL. Está bien . . . ¡Nos quedaremos! (*Se sienta resignado*.) Nos quedaremos a velar al moribundo . . .

JOSÉ. (*Irritado*.) No . . . Yo me acuesto . . . Pueden ustedes ir . . . (*A María*.) Tú también. 25

MARÍA. No, yo no.

JOSÉ. ¡Te digo que vayas!

EMILIA. (*Conciliadora*.) ¡Vamos! (*A José Luis*.) Y usted también. Anímese . . . Hoy tiene usted mejor semblante que nunca . . . Se distraerá; Fernando quiere hablarle . . . Vaya, a vestirse. ¡No es usted ningún carcamal para acostarse a las ocho! ¡Por Dios! Si se apoltrona usted . . . a su edad . . . Aprenda usted de su hermano . . . Así, hecho un pollo . . . 36

MANUEL. (*A José Luis, aparte*.) ¡Vamos, José Luis! . . . Ya ves que María no puede quedarse . . . No des que decir. Ven con nosotros . . . 40

JOSÉ. (*Con dureza*.) ¿Os prohibo que vayáis?

MANUEL. Pero María no va gustosa si tú no vienes.

JOSÉ. ¿Qué falta hago yo? 45

MANUEL. (*Con enfado*.) ¡Eres insoportable! . . . No sé cómo María tiene paciencia . . .

JOSÉ. ¡Siempre la tuvo! . . . Menos hoy, que estáis todos muy impacientes . . . 50

MANUEL. (*Perdiendo la paciencia*.) ¡Ea, María . . . , vístete!

JOSÉ. Sí; vístete . . . ¡No me hagas que parezca un marido ridículo! . . . ¡Que vayas, te digo! Yo me quedo. (*Sale María*.)

---

[10] *¡tendría que ver!* "it would be interesting!"

[11] *¡Me he lucido!* "I'm in a pretty situation!"

ESCENA X

EMILIA, JOSÉ LUIS y MANUEL

EMILIA. (*Aparte a Manuel.*) Diga usted. ¿Le da muy a menudo? [12]

MANUEL. (¡Ahora, los comentarios de la amiguita con la mejor intención! . . . ¡Qué tino el de José Luis para dar espectáculo!) 6

EMILIA. (*A José Luis.*) Amigo mío . . . , no lleva usted buen sistema . . .

JOSÉ. (Ésta concluirá de sacarme de quicio.) 10

EMILIA. María va disgustada sin usted . . . ¡Qué maridos! Vea usted dos mujeres, con su marido cada una, y la noche que se les ocurre ir al teatro tienen que buscar quien las acompañe. (*A Manuel.*) Gracias a que usted está soltero . . . 16

MANUEL. Señora . . .

EMILIA. Si estuviera usted casado, no habría que contar con usted; sería usted desatento y grosero como todos. ¡Pero, Señor! ¿en qué consistirá? Un día antes de casarse, los lleva una de modistas, de tiendas, al teatro, donde una quiere, como corderitos . . . , y después de casados . . . no hay quien les haga ir a ninguna parte. No se case usted. 26

MANUEL. ¡Si dan ustedes un ejemplo! . . .

EMILIA. Y que usted no necesita casarse. ¡Si estuviera usted solo! . . . Pero ha encontrado usted aquí su rinconcito. ¡Quién como usted! Con todas las ventajas y ningún inconveniente del matrimonio . . . El orden, la familia . . . Ya, ya sé que lleva usted una vida muy arreglada, que no sale usted de noche . . . 36

MANUEL. Estos días que José Luis estuvo fuera, por no dejar sola a María . . . , aquí pasábamos la velada. Yo refería mis viajes, o jugábamos un rato al bezigue,[13] o leíamos uno enfrente de otro . . . novelas de Loti.[14] María no las conocía, yo se las dejé, y la encantaron . . . 43

EMILIA. (*A José Luis.*) ¿Lo ven ustedes? ¿A que no se le ocurre a ningún marido traer a su mujer novelas de Loti? . . . ¡Ni de nadie! 47

JOSÉ. (Esta mujer me desespera . . . ¿Habla con intención . . . o habla por hablar, sin saber lo que dice, y soy yo quien va dando intención a cada palabra suya? . . .) 52

EMILIA. ¿Estaba usted ayer tarde en el paseo de coches con María?

JOSÉ. No, si he llegado hoy . . . 55

EMILIA. ¡Ya decía yo! Una amiga, Paca Contreras, porfiaba que había usted llegado ayer, que había visto a María en paseo con su esposo . . . , y yo que no sería su esposo, sería su hermano, y ella que sí . . . 61

MANUEL. (*Exasperado.*) Y usted que no . . . Pues tenía usted razón . . . Éramos María y yo. Ya lo sabe usted . . . (¡Qué mujer! José Luis está lívido. ¡Mucho será que no le suelte algún exabrupto! [15]) 66

ESCENA XI

DICHOS y MARÍA, *vestida para el teatro.*

EMILIA. ¡Qué guapa! ¡Qué elegante! ¡Precioso vestido! . . . Los regalos de tu hermano. Así me gusta . . . ¡Magnífico collar! (*Cogiéndola de una mano y presentándosela a José Luis.*) Mire usted. ¡Tantos le envidiarán a usted esta noche . . . , y usted aquí, mientras, tan tranquilo! 7

JOSÉ. (*Con sarcasmo.*) ¡Tan tranquilo!

MARÍA. (Me asusta su cara. Comprendo lo que pasa en su interior.) ¿Te sientes bien? ¿No te molesta que te deje? 11

---

[12] *¿Le da muy a menudo?* "Does he get that way very often?"

[13] *bezigue,* "besique" or "bézique" (from the French); a card game played with several packs, and resembling pinochle.

[14] *Loti:* Pierre Loti (Julien Viaud, 1850–1923), French marine officer and novelist, author of impressionistic and hauntingly beautiful works, many of which are reminiscent of his world-wide travels. They are hardly of a nature, however, to reassure a jealous husband.

[15] *¡Mucho será . . . exabrupto!* "It will be a wonder if he doesn't fly off the handle at her!"

José. No . . . ¿Por qué? Diviértete mucho . . .

María. (*Con pena.*) ¡Mucho! ¡Sí! ¡Ya sabes lo que yo me divierto cuando te veo así!   16

Manuel. (*Poniéndose el abrigo.*) (¡Pobre María! Está para echarse a llorar.) Volveremos temprano. Saldremos antes de que concluya . . . (*Ofreciendo el brazo a Emilia.*) Emilia. (*A José Luis.*) Hasta luego . . .   22

Emilia. (*A José Luis.*) Que usted se alivie . . . (*A Manuel, aceptando el brazo.*) ¡No parecen ustedes hermanos!   25

María. José Luis, dime por qué estás así . . . Mira que me quedo . . . (*Con decisión.*) ¡Me quedo!

José. (*Con sequedad.*) ¡Que espera Emilia!   30

María. (*Afligida.*) ¡Qué mal me tratas!

José. (*Cogiéndola una mano con ira.*) ¿Yo? ¿Te trato mal? . . .

María. (*Asustada.*) ¡Ay! (*Manuel y Emilia, al oír el grito, vuelven desde la puerta; Manuel se acerca a José Luis.*) 36

Manuel. (*Con autoridad.*) ¡Pero, José Luis . . . , José Luis!

Emilia. ¿Se siente usted peor?

José. (*A María.*) Vete, vete . . . Si te digo que estoy bueno, que no me haces falta . . .   42

Emilia. (*Al salir.*) (¡Ay, ay, ay! ¡Me parece que Paca tenía razón!) (*Salen todos menos José Luis.*)   45

ESCENA XII

José Luis *y después* Julián

José. ¡Qué mal me tratas! ¡Qué mal me tratas! ¡Nunca pensé oírlo! . . . ¡Y dejarme así! . . . ¡Calma, calma! Necesito poner orden en este tumulto de mis pensamientos . . . , se atropellan, se obscurecen unos en otros, y quiero percibirlos uno por uno, clarísimos, palpables. ¿Qué pasa por mí? . . . ¡Quiero verlo! . . . ¡Sí, lo veo! . . . ¡Mi madre! ¡Eso es, mi madre! . . . Era buena, era honrada como María, nunca se rebeló contra la severa autoridad de mi padre, vivió feliz en la virtud más acendrada . . . Pero un día llegó el viajero, el amigo a quien se abre la casa como a hermano . . . , llegó risueño, halagador de la imaginación y de los sentidos . . . , y una vida de honradez, de virtudes, no pudo resistir al atractivo encanto de aquel hombre. Era yo muy niño . . . y recuerdo, recuerdo . . . , y el recuerdo fortifica en mí el odio que sentí por el intruso . . . ¡No, no es mi hermano! Es un intruso como aquél, que viene a robarme . . . ¡Ah! ¡No! . . . ¡Enloquezco! ¡María es honrada! . . . ¡Lo será siempre! . . . Pero, ¿por qué se ha ido? Se ha ido con él . . . ¡No, no te escapes, pensamiento; quiero oír lo que dices, ver lo que imaginas! . . . ¡Que María no me quiere! ¿Es eso? ¡Que no puede quererme! . . . Eso es la verdad de lo que pienso . . . ¡Horrible verdad! . . . No es amor el suyo. Había más respeto que cariño en su afecto para conmigo. Educada con rigor por su padre, trasladó al esposo el respeto filial, sumisa, resignada. Confiado en mi autoridad, creía yo ir formando para mí su espíritu, al mismo tiempo que la Naturaleza formaba la mujer . . . ¡Mía pude llamar la corporal hermosura, pero el espíritu rebelde nunca fué mío! Halló forma su aspiración, y hacia ella va el espíritu, y en pos de sí arrastrará la vida entera . . . , ¡cuerpo y alma! . . . ¡Si ya no fué en mi ausencia! . . . Emilia hablaba con intención . . . Aquí todas las noches, juntos siempre . . . ¡Ay, el único halago de mi vida! ¡Todo negrura y tristeza ahora! ¿Por qué razón vivir vida tan miserable? (*Se mira al espejo.*) Envejecido, enfermo . . . ¿Cómo puede quererme? . . . ¡Ella, joven y hermosa! . . . ¡Qué hermosa estaba! . . . ¡Y la dejé con él . . . después de atormentarla con mi violencia, cuando acaso sintiera odio hacia mí . . . , odio y desprecio! . . . Y él a su lado, apuesto, seductor . . . ¡Oh, no puede ser! ¡María es honrada! ¡No puedo ser tan desdichado! . . . ¡La culpa es del miserable, sí, miserable ladrón como aquél..., como su padre! ...¡No puedo más! ... ¡Me ahogo! Julián. (*Llama. Entra Julián.*)   62

JULIÁN. ¿Qué manda el señorito?

JOSÉ. Tráeme el gabán, el sombrero..., pronto ... (*Sale Julián y vuelve en seguida.*) (*Dan las diez.*) ¡Las diez! Las diez ...¡Qué temprano todavía! ... Iré al teatro, hay tiempo ... Tengo fiebre ... Iré así como estoy ... Iré ... Avisa un coche ... No ..., espera ... Iré a pie. Me conviene andar ... Les extrañará verme ..., no me esperan ... ¿Qué decir? ... ¡Bah! Diré ... diré ... Lo pensaré por el camino, eso me distraerá. Me haré anunciar como una visita, les daré broma ... Tengo ganas de hablar, de hablar mucho ..., esta noche no dejo hablar a Manuel ... Les divertiré, les haré reír ..., ¡reír, eso ..., reír! ¡Qué ocurrencia! ¡Oh, no! No haré sainete para los demás lo que es tragedia espantosa para mi corazón ... Esperaré ... Pero esta noche ..., esta noche eterna, no puedo ...¡Me ahogo! Necesito andar, andar mucho, hasta caer rendido, hasta quebrantar mis nervios; si no, esta noche será de ruina para todos ... Estoy loco, no respondo de mí ... El abrigo ... (*Palpando el interior del gabán.*) ¿Qué es esto? ¡Un arma!   90

JULIÁN. El revólver de bolsillo del señorito.

JOSÉ. ¡Oh! No, no ... Quita eso, quita ... Guárdalo ... (*Sale.*)

JULIÁN. (*Asombrado.*) Pero ¿qué tendrá el señorito esta noche?   96

ACTO TERCERO

La misma decoración del anterior.

ESCENA PRIMERA

MANUEL, *leyendo, y después* MARÍA

MARÍA. (*Entrando.*) ¿Estás solo? ¿Y José Luis?

MANUEL. Ha salido.

MARÍA. ¿Otra vez? ...¡Es raro! Él que antes no salía de casa sino lo preciso, hace unos días que no deja de entrar y salir ... Estoy con cuidado ... José Luis no está bueno.   8

MANUEL. No, no lo está.

MARÍA. ¡Vaya una temporada que estás pasando! ...¡Si deseabas tranquilidad! ...   12

MANUEL. ¡Oh, eso no! ... Pues si tú supieras que necesito recogerme dentro de mí para darme cuenta de que soy el mismo ..., el inquieto y vagabundo Manuel, para quien eran quietud y reposo sinónimos de encarcelamiento o de muerte ... ¿Yo complacido en esta vida que, por decirlo así, me dan hecha, sin tener que preocuparme por otra cosa que por ir viviendo? ...¡Yo que había de pensar y ocuparme cada día ... en todo lo que constituye la existencia diaria, en lo grande y en lo pequeño! Plantear un negocio y disponer el almuerzo, las liquidaciones de Bolsa y la cuenta de la lavandera ... No podía fiarme de nadie. Un solterón es como terreno baldío, en donde todos se creen con derecho a cosechar; y si sobre no casarse y no tener familia, no se deja uno explotar de todos, ¡buena fama echará de egoísta empedernido! Sólo los que no tenemos hijos podemos apreciar lo que vale ante los pedigüeños la solemne protesta del padre de familia: «Señor mío, tengo hijos ... » Con lo que me ha costado a mí no tenerlos, hubiera criado dos docenas.   39

MARÍA. ¿Por qué no te casas? No sabes lo que me alegraría de verte casado. Te lo digo como lo siento ... Y José Luis también se alegraría mucho ... Dime ... ¿No has hallado nunca en el mundo una mujer que, al conmover dulcemente tu corazón, te hiciera pensar ...¡con esta mujer viviría yo dichoso!? ... En tus viajes y correrías incesantes, ¿no diste nunca con un lugar apacible, donde parece que sólo en contemplarlo calma el corazón todos sus anhelos? . . . Pues une en tu pensamiento aquella mujer y este lugar, y considera qué feliz serías al labrar con ella tu nido de amor en aquel rinconcito apacible . . .   55

MANUEL. ¡He viajado casi siempre en tren expreso, y he pasado de largo . . . por los lugares y por las mujeres! . . .

MARÍA. ¡Si yo conociese alguna! He de buscar . . . ¿Me das permiso?   60

MANUEL. ¡Esas cosas no se buscan, se encuentran!

MARÍA. ¿Piensas estar aquí mucho tiempo todavía? Por más que digas, estarás ya cansado . . . ¡Esta vida nuestra! . . . ¡El carácter de José Luis! . . .   66

MANUEL. ¿Lo creerás? . . . Me distrae hasta eso, las reyertas y regañinas[1] con mi querido hermano . . . ¡Pobre José Luis! Le quiero a pesar de todo. Es un niño mimado . . . Ha tenido siempre quien le mime . . . ¡Dichoso él! Sus rarezas son de chiquillo; es mayor que yo y le trato como si fuera hermano pequeño. Empleo en él los sentimientos de paternidad que a mis años empiezan a manifestarse . . . Siente uno afán de proteger, de dirigir a un ser más débil . . . Y en esta casa sois dos, él con sus impaciencias y egoísmo de niño enfermo; tú, con tus inquietudes y desvelos de madre amorosa . . . Yo seré el fuerte, el cariño que ampara sin debilidad, sin blandura . . . ; el padre, el suegro, lo que haga falta . . . ¡Digo, si no me echáis de aquí por importuno! . . .   85

MARÍA. Yo, no, Manuel. Puedes creerlo.

MANUEL. Tengo mi plan. En cuanto pase el frío y José Luis arregle esos asuntos, haremos un viaje, corre de mi cuenta.[2] Por tierras alegres de cielo azul y sol de fuego, de flores y cantares . . . Por Andalucía, por Italia . . . Sevilla, Málaga, Venecia, Nápoles . . . , donde amanece el día con más luz y el vivir por sí solo es alegría; donde los pobres cantan y el viento susurra y los mares mecen . . . ¡Tierras

que Dios bendice! . . . ¡Donde ni el pecar es pecado! Eso es lo que necesita José Luis para curarse. Un baño de aire puro, saturado de luz y de alegría . . . , y tú también . . . , ¡pobre niña! para que tus ojos cobren luz y tu pecho respire sin angustia . . . , sin lágrimas ni suspiros . . . , que con tu hermosura triste me pareces Dolorosa de este penoso calvario de la vida . . .   106

MARÍA. No halagues la imaginación con perspectiva tan risueña . . . Bien sé que no será. José Luis no está enfermo . . . , es enfermo . . .   110

MANUEL. ¡Bien lo acertaste!

MARÍA. Es por naturaleza triste y se complace en la tristeza . . . ¡Le hace daño la luz! . . . No le propongas siquiera ese viaje . . . Vé tú solo . . .   115

MANUEL. (Con desaliento.) ¿Solo? . . . ¡Solo, no!

ESCENA II

DICHOS y JOSÉ LUIS, que entra sigiloso.

MARÍA. (Encontrándose de pronto con él, asustada.) ¡Ay!

MANUEL. ¡José Luis!

JOSÉ. ¿Te he asustado?   4

MARÍA. Entraste de pronto . . . ¿No has llamado?

JOSÉ. Salía Julián . . .

MARÍA. (No hay duda, lleva la llave para entrar sin que se le sienta . . . ¿Qué sospecha de mí? ¡Dios mío!)   10

MANUEL. (A José Luis.) Contra ti . . . , digo, no, en favor tuyo conspirábamos . . .

JOSÉ. Sí, ya noto que andáis siempre juntos . . . , de conspiración por lo visto.

MARÍA. (¡Su sospecha es horrible! Mi corazón se subleva . . . ; es ira ya, más que tristeza, lo que siento . . .)

MANUEL. Tenemos un plan . . .   18

JOSÉ. (Aparentando jovialidad.) ¿Cada uno, o los dos el mismo? . . . Es curioso; hoy nos dimos todos a hacer planes . . . Yo tengo otro.

---

[1] regañinas, "bickerings," "squabbles."
[2] corre de mi cuenta, "it will be my party."

MANUEL. Veamos.

JOSÉ. No. Veamos primero el vuestro. No quisiera que el mío le trastornase. 25

MANUEL. Se trata de un viaje . . .

JOSÉ. ¿De un viaje? . . . ¿Si habrá que creer en eso que llaman la sugestión a distancia? [3] De viaje es el mío . . . (*Con firmeza.*) En esta semana me iré con María a París. 31

MARÍA. (¡Desconfía de mí! ¡Quiere separarme de su hermano! . . .)

MANUEL. (*Con extrañeza.*) ¿En esta semana? . . . 35

JOSÉ. Me han hablado de un negocio en proyecto . . . Iré a estudiarlo, y de paso cumpliré lo ofrecido a María.

MANUEL. Yo creí que irías a descansar. ¡Un viaje de negocios . . . no vale la pena! . . . 41

JOSÉ. Yo siento dejarte . . . Pero ya sabes que puedes permanecer aquí cuanto gustes. La casa está a tu disposición.

MANUEL. (*Con sequedad.*) Gracias. (Me echa de aquí . . . no quisiera comprender por qué.) 47

MARÍA. (*No pudiendo contenerse.*) ¿Pero es tan urgente ese viaje? ¿No podíamos esperar?

MANUEL. (*Apoyando.*) El clima de París en esta estación no es muy favorable a tu padecimiento. 53

JOSÉ. (*Receloso.*) ¡Es gracioso! Estáis de continuo porfiándome para que deje mis asuntos, salga de Madrid, procure distraerme . . . , y ahora que soy yo quien lo propone, os desagrada y os contraría.

MARÍA. (*Protestando.*) ¿Contrariar? No. 60

JOSÉ. ¿Qué plan era el vuestro? ¿Ese plan que lleváis combinando días y días, en largas conversaciones secretas? . . .

MARÍA. Secretas, no . . . Todo el mundo puede oírlas. Manuel proponía un viaje por Italia . . . 66

JOSÉ. (*Con intención.*) Él puede hacerlo.

MANUEL. (*Con decisión.*) Lo emprenderé esta noche mismo. 70

MARÍA. ¿Te vas?

JOSÉ. Lleva aquí mucho tiempo . . . Estará aburrido.

MARÍA. Pero esta noche . . . , así, de improviso. 75

MANUEL. (*A María.*) Me voy antes de que me echen.

MARÍA. (¡Ha comprendido! . . . ¡Me muero de vergüenza!) 79

MANUEL. Voy a disponerlo todo . . . Pronto os dejaré tranquilos. (*Sale.*)

ESCENA III

JOSÉ LUIS y MARÍA

JOSÉ. (*Alegre y animado, como quien se ha quitado un peso de encima.*) Así podemos marcharnos sin cuidado . . . Tomaremos casa en París . . . , podemos llevar a los criados . . . Tú verás cómo allí vamos a todas partes, a teatros, a fiestas . . . ¡Qué teatros aquéllos! ¡Qué lujo! Ya verás . . . Y para vosotras tiene mayores encantos: las tiendas, los bazares . . . ¿No me oyes? . . . ¿Estás triste? . . . ¡Siempre triste conmigo! . . . ¿Te disgusta el viaje? . . . (*Impaciente, con acritud.*) ¿Qué sientes dejar? ¿Por qué estás triste? 13

MARÍA. ¡José Luis, lo que has hecho es horrible! . . . ¡Por primera vez he tenido de que avergonzarme! Tu hermano comprende que estás celoso . . . ¿Qué pensará de mí? ¿Que soy mujer de quien puede sospecharse tal infamia? ¿Has pensado en ello? . . . No lo has pensado, como no has visto que días ha mi vida es un infierno, que me siento morir . . . , ¡que no puedo más! 23

JOSÉ. Donde no hay culpa, no hay recelo de que pueda ser sospechada. Si Manuel comprende lo que pasa por mí . . . , antes habrá comprendido lo que pasa por él. 28

MARÍA. ¡Estás ciego, José Luis; estás loco! ¿Cómo nació en ti esa sospecha? . . .

---

[3] *la sugestión a distancia*, " mental telepathy."

Sólo en celoso desvarío pudiste sospechar de tu hermano . . . ¿Pero de mí? ¡Tan cruel es la ofensa, que ni por locura puedo perdonarla! ¿Qué devaneos, qué liviandad, qué ligereza siquiera, viste en mí, para hacerla posible? . . . ¿Esa estimación te merecí? . . . ¡a cambio de consagrarte mi vida entera! . . . ¡Si no he vivido más que para ti! ¿Sacrificada? . . . No; porque el cariño no se sacrifica nunca . . . ; complacida, porque era mi única dicha verte dichoso a mi lado . . . ¡Y no lo conseguí! ¡No lo fuiste nunca! En lo que era para mí gustoso deber cumplido sin pena, veías tú sumisión forzosa. ¿Pensaste que el amor sólo puede vivir y gozar en una vida de fiestas, de placeres, y que el mío no podría subsistir de otro modo? ¿No viste agrado en mí? ¿No viste virtud? . . . Entonces, es que para ti fuí la esclava sometida por fuerza, no la esposa virtuosa, la esposa cristiana . . . que aun ahora, roto el lazo de amor, humillada, ofendida . . . será fiel, será honrada . . . porque mi madre, honrada, cristiana como yo, supo infundir en mi alma, al calor de oraciones y de besos, un sentimiento más profundo que todos los afectos, que todas las pasiones humanas . . . ¡Santo temor de Dios! Y todavía, si él me faltase, la memoria de mi madre me salvaría . . . ¡Por Dios y por mi madre, soy honrada!   62

JOSÉ. ¡Lo eres, sí! ¡No podría dejar de creerlo! Para ti no hubo ofensa . . . Es que sé cuánto vales y lo poco que valgo . . . Sé que no te merezco y temí que me robaran tu cariño . . . ¡Tú no sabes cómo te quiero! ¡Nunca supe decírtelo! . . . Soy así . . . No quisiera que nadie conociera lo que vales . . . , ¡ni tú misma! . . . Por eso nunca te lo dije . . . , ¡que fuera yo solo a quererte . . . y a nadie más que a mí debieras cariño! . . . Egoísmo, sí . . . ; ¡pero es que para mí no había más que tu cariño en el mundo! . . . Desconfianza en mí, eso eran mis celos . . . No debí dudar, lo sé . . . Perdona . . . Es maldición mía dudar de todo . . .   78

MARÍA. (Compadecida.) José Luis, llevas un odio en el corazón que amarga tu vida.

JOSÉ. ¡Por Manuel, sí! . . . ¡La culpa es suya!

MARÍA. No hay culpa en él.   84

JOSÉ. (Sin oírla, desentrañando sus recuerdos.) ¡Siempre a tu lado! . . . ¡Hostigándote contra mí, afilando sin cesar el ingenio para zaherirme! . . . Y tú, escuchándole embelesada . . . (Movimiento de María.) ¡Y siempre juntos! . . . No salí una vez, que al volver no le hallase en tu cuarto . . . y la conversación había sido larga . . . Siempre había tres o cuatro puntas de cigarros en el cenicero . . .   94

MARÍA. ¡Hasta en eso repararon tus celos!

JOSÉ. ¡Reparé en todo! . . . Manuel te quiere . . . ; es seductor, es cínico . . . , hay mucho escándalo en su vida . . . Mina con frialdad, espera . . . Ahora mismo, si recuerdas las conversaciones que tuvo contigo, notarás frases maliciosas en las que no reparaste primero . . . De seguro te habló de amores . . . , te hizo notar lo monótono y triste de nuestra vida, te habló de otros goces, de otras emociones . . . , de arte, de viajes . . . ; puso novelas en tus manos, que hablaran por él con más elocuencia . . . Puso cerco a tu espíritu para rendirte . . . Piensa, recuerda.   110

MARÍA. No, no hallo culpa en él, por más que rebusco . . . Siempre me trató como a hermana. Eres injusto con él, José Luis, una vez más te lo digo.   114

JOSÉ. ¡Es que a pesar tuyo le quieres! . . . Subyugó tu imaginación, le comparaste conmigo . . . Es joven, gallardo, obsequioso, vivo de ingenio . . . ¡A pesar tuyo, le comparaste conmigo! . . . ¡A pesar tuyo, sentiste que de los dos hermanos no fuese yo el que viniera de lejos! . . . Acaso la idea de mi muerte . . . , estoy enfermo . . . , libre tú, ¡oh!, seguro estoy de que lo habéis pensado . . . él y tú, como lo pienso yo . . . Sí, sí . . . Él enfrente de

mí, yo a tu lado . . . ¡Por fuerza ha de
pensarse! 127

María. ¡José Luis! Eso es ya locura. Si
hablas así, creeré que estás enfermo, y como a enfermo habrá que tratarte. 130

José. ¿Enfermo? ¿Loco dices? ¡Así lo
estuviera! . . . Por lástima entonces habías
de darme el cariño que he perdido . . .
¡No, no puedes quererme! ¡Desdicha mía!
¡A toda costa quiero para mí todo tu cariño, y de cada vez más lo pierdo! . . .
¡Perdóname, María! ¡Ten lástima de mí!
Si es cariño el mío, porque es cariño; si
es locura, porque es locura . . . , de todos
modos necesito tu amor . . . ¡Has sido el
único de mi vida! . . . Si yo supiera que te
había perdido para siempre, que mi vida
era un estorbo en la tuya . . . , que sin mí
serías dichosa . . . , ¡sin dudarlo me mataría . . . y sin que tú lo sospecharas, para
no dejarte un remordimiento en tu felicidad! . . . (Llora.) 147

María. ¡José Luis, llora! ¡Llora! Las
lágrimas alivian.

ESCENA IV
Dichos y Manuel

Manuel. (Desde la puerta hablando
con Julián.) Sí, recógelo todo. Haz que lo
lleven al hotel . . . Yo iré en seguida . . .
(Acercándose.) He dispuesto mi marcha
. . . Vengo a deciros adiós (Conmovido.),
a daros gracias por todo . . . , a pediros
perdón . . . 7

José. (Con decisión.) Manuel . . . No
es culpa mía. Nuestra situación era violenta. Joven, soltero, famoso por tus aventuras, sospechoso por tu vida pasada, tu
estancia en mi casa ha dado ocasión a
murmuraciones . . . La gente es mal pensada . . . , llegaron hasta mí . . . Tu asidui-
dad con mi esposa, tus obsequios, eran
asunto de comentarios, que yo no podía
tolerar. La honra de María está para mí
antes que todo . . . Mientras yo exista,
nadie, por ninguna ocasión, pondrá sospe-

cha en ella, sea quien fuere . . . No extrañes que no te detenga, que te deje salir
de mi casa de este modo. Por fortuna
tuya, para nada me necesitas . . . ; yo a
ti, tampoco . . . Sé muy feliz. ¡De corazón
te lo deseo! 25

Manuel. (Con arranque.) ¡Oh! ¡No
puede ser! María, déjanos . . . Tengo que
hablar con José Luis . . . No puedo marcharme sin hablarle . . . (María se acerca
a José Luis como negándose a dejarlos.) 30

José. (A María.) Déjanos . . . Estoy
tranquilo . . . Es mejor hablar claro. (Sale
María.)

ESCENA V
José Luis y Manuel

José. ¡Habla! Di cuanto tengas que
decirme. Te escucho tranquilo.

Manuel. ¡Si no sé qué decirte! ¡Si no
sé lo que pasa por mí desde que he visto
claro en tu corazón! . . . Quise tomarlo a
risa, como genialidad tuya [4] . . . , una idea
disparatada que pasó un instante por ti,
sin advertirlo tú mismo, en una sacudida
de tus nervios . . . ¡Pero ahondar la sospecha y espiarnos . . . y llegar a creerla cer-
tidumbre! . . . ¡Atormentar a esa pobre
niña! . . . ¿Qué negruras de infierno llevas
en ti, que todo lo entenebrecen? . . . ¿De
qué infamias eres capaz, que todas son
para ti posibles? . . . 15

José. (Fuera de sí.) ¡No hay infamia
de que no crea capaz a quien nació en
ella!

Manuel. ¿Qué has dicho? . . . ¡Repite
eso que has dicho! . . . ¿Quién nació infame? 21

José. Si me odias como yo a ti, si odias
la memoria de mi padre como yo la del
tuyo . . . , bastante dije. Quien usurpó al
nacer nombre y herencia, bien puede ser
capaz de traer a mi casa otra vez la deshonra y la infamia . . . ; ya lo oíste. Sal
de mi casa. 28

Manuel. (Conteniéndose a duras pe-

---

[4] como genialidad tuya, "as one of your queer streaks."

nas.) ¡Desdichado! ¿Lo dices? . . . ¿Lo pensaste? . . . ¡Pues si por mis venas corriese sangre extraña a la tuya . . . , una sola gota no más . . . , no lo dirías! . . . ¡Hermano, hermano! ¡Lo eres, sí! Nunca salió tan hondo del corazón esta palabra como sale ahora, a defender contra ti, contra su hijo, la honra de nuestra madre . . . ¡Oh, pobre hermano! ¡Hermano te digo! Si ahora es cuando me das lástima . . . ¡Dudar de tu madre! ¡Toda la vida enroscada al corazón esa sospecha, envenenando la sangre gota a gota! . . . ¡Dudar de tu madre y aborrecer en mí su memoria! Sí, ya entiendo que no pudieras ser feliz, que tu vida fuera perpetua condenación; sin fe en el amor, sin confianza en el cariño, sin nada de lo que alivia la carga abrumadora de la vida . . . Si digo que me das compasión, que ahora te quiero como nunca te quise . . . ¡Condenado eterno de una duda infernal . . . , ven aquí, ven! . . . ¡Si yo voy a salvarte! (*Atrayéndole junto a sí y acariciándole.*)

José. (*Separándose.*) Concluyamos. Es inútil que nos atormentemos. En un pronto te dije . . . lo que me pesa haberte dicho. Pero pedías una razón a mi sospecha . . . Ya te la dí. Ni una palabra más . . . si no quieres que esa palabra te muestre la evidencia de una culpa que para ti, por dicha tuya, no existe. 61

Manuel. ¡No existe, no! Si conozco la historia, si sé a quién se refiere . . . , don Gabriel, mi protector.

José. ¡Tu padre! 65

Manuel. ¡Así tuvieras razón! ¡A poder escogerle, no hubiera yo escogido otro padre! . . . Pero escucha: don Gabriel me refirió muchas veces la historia, la última vez al morir, ya expirante, y en esa hora, la eternidad abierta ante nosotros, nadie miente. ¿Y para qué mentir? ¡si mi corazón como a padre le veneraba! Nuestro padre tuvo celos de su amigo, su hermano casi . . . , como tú los tuviste de mí . . . Dudó de nuestra madre, santa, bendita . . . , como dudaste tú de María . . .

¿Por qué? Porque su egoísmo, como el tuyo, era inmenso . . . ; porque vuestro amor no es amor, es apetito; impulso devorador, absorbente, que no tolera voluntad ni vida propias en el ser apetecido, que ahoga y tritura el impulso ajeno . . . Es tan grande vuestro egoísmo, que no cabéis en vosotros. Sois como esos tiranos conquistadores, ansiosos de poderío, a quienes no les basta con sus dominios y rompen fronteras para avasallar al mundo entero, si pudieran . . . ¡Eso es amar para vosotros! Ensanchar vuestros dominios . . . Así amó nuestro padre, así amas tú . . . ¿Qué vió nuestro padre en las relaciones de don Gabriel con nuestra madre? . . . Lo que tú has visto en María y en mí, dulce simpatía de dos corazones limpios, honrados; el afecto con que las almas nobles se saludan al conocerse. ¿Con efusión, con entusiasmo? ¡Ya lo creo! Por estos mares de la vida, entre vaivenes y tormentas, saluda uno tanto barco pirata, tanto pabellón extranjero, que al divisar en alta mar nuestra bandera, el corazón pusiéramos por enseña para responder al saludo . . . Don Gabriel sintió por nuestra madre . . . , por su memoria me lo juró, purísimo afecto, ¡tan inmaterial, tan inefable, que ni podía tener nombre! Fervor de creyente, entusiasmo de artista, lo más elevado del alma, esencia suya . . . , eso fué su pasión . . . , amor, si quieres darle nombre, pero amor que a sí mismo se sacrifica; amor que no puede confundirse con el egoísmo. 113

José. ¿El que sentiste tú por María?

Manuel. ¡El que sintió don Gabriel por nuestra madre . . . , el que yo siento, sí! ¡Mi madre y María bien pueden ir juntas en un recuerdo! Moribundo me confesó por última vez la historia del único amor de su vida . . . Sabía que mi padre dudó de la virtud de nuestra madre, que por eso nunca me quiso como a hijo. Temió que alguien, ¡habías de ser tú! pusiera un día en mi corazón la duda horrible de la honra de mi madre . . . , y quiso que yo supiera la verdad . . . , y la verdad he dicho, como la dijo él . . . ¡Aquel hombre no mintió jamás! 128

José. (*Luchando consigo mismo.*) ¡No, no puedo! . . . Lo que mi padre dijo también es sagrado para mí . . . Evidencia de la sospecha, junto con un recuerdo de mi niñez, que envenenó mi vida para siempre, que secó de golpe en el corazón el candor del mío, las ilusiones de la juventud, envejeciéndome en un instante. ¡Un beso maldito! 137

Manuel. ¿Un beso? ¡Dado con paternal efusión lo sentí mil veces sobre mi frente! . . . Era el mismo que don Gabriel dió a nuestra madre, en el momento de separarse . . . cuando, traspasados de angustia, sintiéronse unidos por la sospecha en común infamia. Y ante la virtuosa constancia de la esposa mártir, ante la santidad de la virtud calumniada, fué el beso aquel, homenaje de admiración, el primero, el único . . . purísimo, como la frente de nuestra madre; santo, como su alma . . . Sí, le llevo aquí, sobre mi frente . . . Mi noble protector, mi verdadero padre, exhaló el alma en él . . . Mi madre había muerto poco antes, lejos yo de ella . . . « ¡Por tu madre y por mí! . . . » dijo al expirar, y me besó en la frente . . . y murió al besarme . . . ¿Callas? ¿Crees en la honra de nuestra madre? ¿Crees que la misma sangre sin mancha corre por nuestras venas . . . , que soy tu hermano verdadero? . . . Pues un abrazo, hermano . . . y ¡adiós para siempre! (*Le abraza.*) 161

ESCENA ÚLTIMA
Dichos y María

María. (*Muy conmovida.*) ¡Manuel! La mano . . . ¡Un beso! (*Le besa.*) Así, en la frente . . . ¡El de tu madre . . . José Luis! mira . . . (*Afrontando su mirada.*) Si hubo pasión culpable en nosotros . . . , ¡mátame, duda de mí . . . , duda de tu madre! 7

Manuel. (*Anonadado.*) (¿Qué es esto? . . . ¿Qué sentí al besarme? ¿Hubo culpa en mí? . . . Los celos de mi hermano, ¿vieron mejor que yo mismo en mi alma? ¡El alma dejo al separarme de ella! . . . ¡Era amor! Sí, ¡el único de mi vida! Siento al dejarla lo que no sentí nunca . . . ¡Corazón traidor! . . . ¡Oh, lejos, lejos!) ¡Adiós! Sed muy dichosos . . . Perdonad al ave de paso si turbó la tranquilidad de vuestro nido . . . 18

José. (*Conmovido.*) ¡Adiós, hermano! (*Le abraza.*)

María. ¡Adiós! No para siempre . . . 21

Manuel. ¡Para siempre, no! . . . Hasta que seamos muy viejos y no quepan desconfianzas ni recelos entre nosotros . . . Cuando no podamos dudar . . . ni de nosotros mismos . . . Entonces volveré a buscar un rincón donde morir en el nido ajeno. (*Sale.*) 28

THE CENTURY MODERN LANGUAGE SERIES

For the study of Spanish Drama the following editions of separate plays may be recommended. Each edition contains a scholarly introduction, notes, and a vocabulary.

Luis Vélez de Guevara, *Los Novios de Hornachuelos* (17th century), edited by J. M. Hill and F. O. Reed.

Gaspar Melchor de Jovellanos, *El Delincuente honrado* (1774), edited by H. C. Berkowitz and S. A. Wofsy.

Leandro Fernández de Moratín, *La Comedia nueva* (1792) and *El sí de las niñas* (1806), edited by G. W. Umphrey and W. E. Wilson.

M. Tamayo y Baus, *La Locura de amor* (1855), edited by V. H. Buck and A. von B. Sutton.

B. Pérez Galdós, *El Abuelo* (1904), edited by H. C. Berkowitz.

J. Benavente, *¡A ver qué hace un hombre!* and *Por las nubes* (1909), edited by H. M. Martin.

S. y J. Álvarez Quintero, *Puebla de las mujeres* (1912), edited by L. G. Adams.

E. Marquina, *Las Flores de Aragón* (1915), edited by S. E. Leavitt.

Azorín, *Old Spain* (1926), edited by G. B. Fundenburg.

Five One-act Spanish Plays, edited by A. M. Brady and M. S. Husson (containing plays by G. Martínez Sierra, J. Benavente, S. y J. Álvarez Quintero, M. Linares Rivas and S. Rusiñol).